U0587810

上海市志

图书·文博分志
文博卷

1978—2010

上海市地方志编纂委员会　编

上海古籍出版社

1961 年公布为第一批全国重点文物
保护单位的上海孙中山故居

1961 年公布为第一批全国重点文物保护
单位的中国社会主义青年团中央机关
旧址

1961 年公布为第一批全国重点文物保护
单位的鲁迅墓

1961 年公布为第一批全国重点文物保护单位的中国共产党第一次代表大会会址

1982 年公布为第二批全国重点文物保护单位的豫园

1982 年公布为第二批全国重点文物保护单位的宋庆龄墓

1988 年公布为第三批全国重点文物保护单位的松江唐经幢

1988 年公布为第三批全国重点文物保护单位的龙华革命烈士纪念地

1996 年公布为第四批全国重点文物保护单位的真如寺大殿

1996年公布为第四批全国重点文物保护单位的外滩建筑群之上海总会

1996年公布为第四批全国重点文物保护单位的外滩建筑群之汇丰银行

1996年公布为第四批全国重点文物保护单位的外滩建筑群之汇中饭店

1996 年公布为第四批全国重点文物保护单
位的外滩建筑群之沙逊大厦

1996 年公布为第四批全国重点文物保
护单位的外滩建筑群之百老汇大厦

1996 年公布为第四批全国重点文物保护
单位的上海邮政总局

2001年公布为第五批全国重点文物保护
单位的宋庆龄故居

2001年公布为第五批全国重点文物保护
单位的张闻天故居

2006年公布为第六批全国重点
文物保护单位的马勒住宅

1980 年公布为第二批上海市文物保护单位的上海工人第三次武装起义工人纠察队沪南总部——三山会馆

1989 年公布为第五批上海市文物保护单位的淮阴路姚氏住宅

1992 年公布为第六批上海市文物保护单位的黄炎培故居

2002 年公布为第七批上海市文物保护单位的陈云故居

1994 年闵行马桥遗址全景

2000 年松江龙潭苑唐开成二年沈仁儒
墓出土墓志

2004 年青浦崧泽遗址发现马家浜文化
房屋遗迹

2004年松江广富林遗址全景

2006年普陀志丹苑元代水闸遗址全景

韬奋纪念馆

松江博物馆

长宁区革命文物陈列馆

金山区博物馆

上海博物馆

上海鲁迅纪念馆

上海公安博物馆

上海毛泽东旧居陈列馆

上海淞沪抗战纪念馆

陈云故居暨青浦革命历史纪念馆

青浦博物馆

中国共产党第二次全国代表
大会会址纪念馆

上海科技馆

奉贤区博物馆

上海汽车博物馆

上海三山会馆

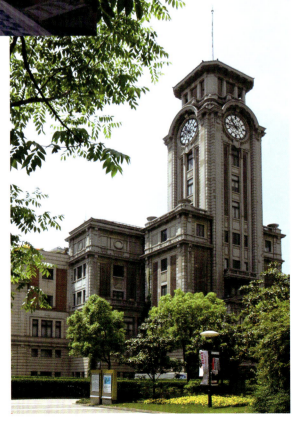

上海美术馆

鸡骨白玉纺轮

春秋 牺尊

秦 彩绘云鸟纹漆樽

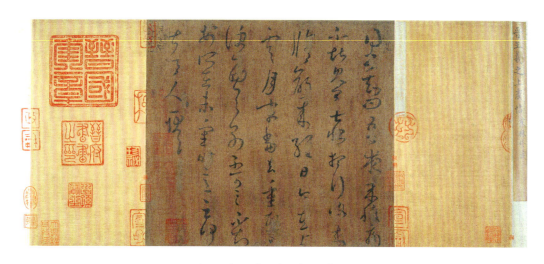

晋 王羲之《上虞帖》唐摹本

宋 景德镇窑青白釉注子温碗

元 至元通行宝钞

元 铁锭榫

明永乐 剔红花卉纹圆盒

明永乐 戗金八宝纹律师戒行经第一卷经板

明　黄花梨圆后背交椅

明　徐光启像

明　木舵

清康熙　黑漆描金山水人物图长方盒

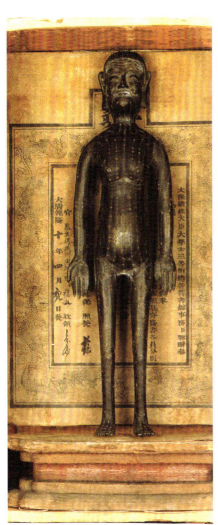

清乾隆　御制针灸铜人

清乾隆　陆锡熊父母诰命

清咸丰 纪正记银饼

清 明黄缂丝五彩金龙十二章纹龙袍

清 锁纹织金锦绣蟒战袍

清　紫檀木雕云龙纹嵌玉石座屏风

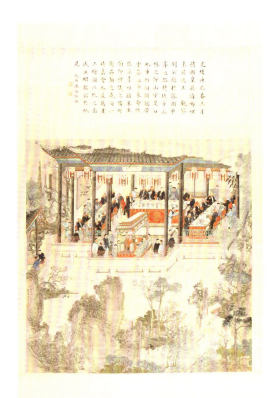

清光绪　吴友如《豫园宴乐图》

清　御制《耕织全图》集锦墨

"童涵春堂" 匾额

清　大龙邮票

清　试金石与对金碑

清 商船会馆彩绘花板

人参娃娃

1886 年德国奔驰 1 号三轮汽车

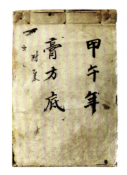
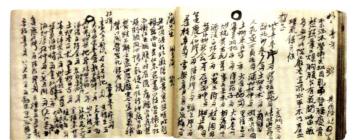

张骧云膏方底本

道白生公司制造的清花机

淞沪铁路钢轨

关山东公所界石碑

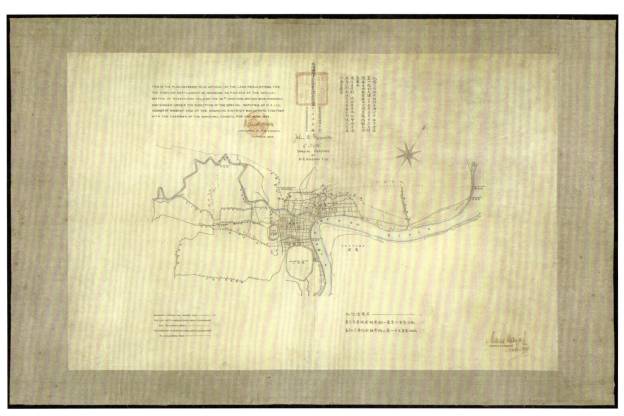

中英勘界地图

"电报沪局"石碑

清末民初 孙中山自卫用勃朗宁手枪

外白渡桥落成铭牌

苏省铁路股票

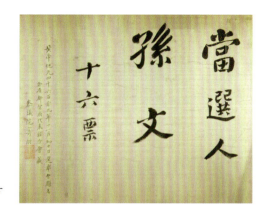

1911 年民国总统当选斗方

上海汇丰银行铜狮

物华号百子大礼轿玻璃画构件"麒麟送子""天官送子"

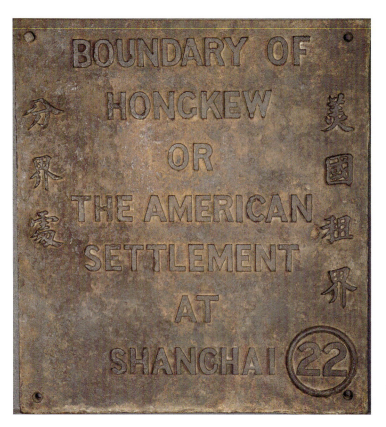

上海美租界界碑

工部局警务处徽章

亚细亚火油公司壳牌中文铜牌

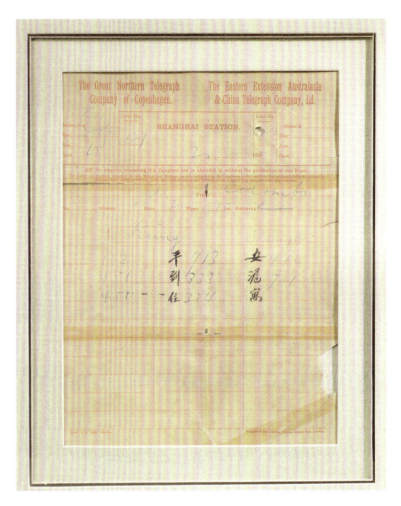

丹麦大北电报公司上海站收到的电报

狼毫长锋对笔

救國入獄運動宣言

我們準備好去進監獄了！我們自願為救國而入獄，我們相信這是我們的光榮，也是我們的責任！

沈鈞儒等七位先生關在牢裏已經七個月了。現在第二次開審，聽說還要判罪，沈鈞儒等犯了什麼罪？就只是犯了救國罪。救國如有罪，不知誰才沒有罪？

我們都是中國人，我們都要搶救這危亡的中國，我們不能因為畏罪，立即把沈鈞儒等七位先生釋放。不然，我們就應該和沈先生等同罪。沈先生一天不釋放，我們受良心驅使，願意永遠陪沈先生等坐牢。

我們準備去入獄，不是專為了營救沈先生等。我們要使全世界知道中國人決不是貪生怕死的懦夫，愛國的中國人決不只是沈先生等七個，而有千千萬萬個。中國人心不死，中國永不會亡！

我們都為救國而入獄罷！中國人都有為救國而入獄的勇氣，再不能害怕敵人、再不用害怕日本帝國主義的侵略！

中華民國萬歲！

救國入獄運動規約

一、救國入獄運動以爭取救國無罪為其唯一目的。凡參加者，可一人或數人聯合向江蘇高等法院或當地法院具狀，聲明願與沈鈞儒等案各被告聯帶負責，並請求法院傳押審訊。如沈等無罪，則同獲自由、沈等有罪，願同受處罰。

二、參加者接到法院傳票以後，應於二十四小時內即行到庭，束身待質。在沈鈞儒等七人未經全體無罪開釋之前，決不請求法院釋放。

三、救國入獄運動應完全在合法範圍以內為之。對政府應熱誠擁護，對法律應嚴格遵守。且不得有任何擾亂治安，妨害秩序以及其他一切軌外行動。

　姓名　　　　　　　　　住址
　　參加者

救国入狱运动宣言

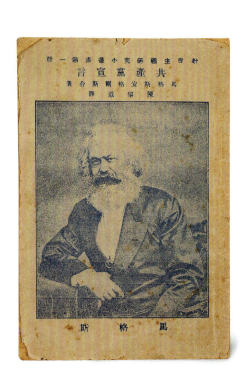

1921 年版《共产党宣言》

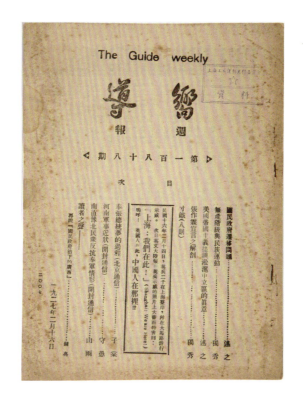

1927年《向导》

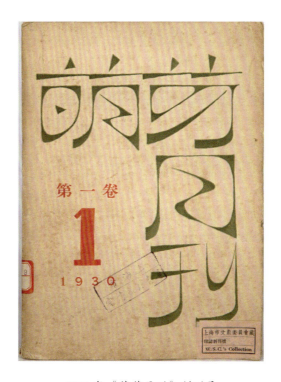

1930年《萌芽月刊》创刊号

李白烈士致亲属的信

关于不参加国民党任何工作的宣言

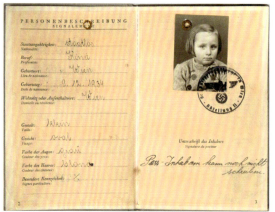

犹太人 Yerti Washroiither 的护照

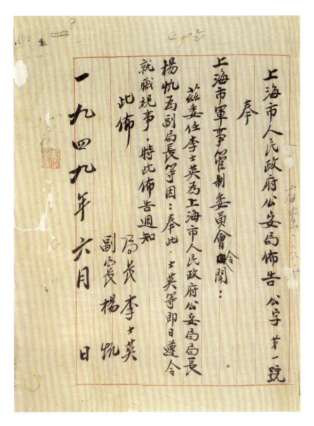

上海市公安局第一号布告

"全国山河一片红"邮票

1964 年　中国上海 SH760 轿车

陈列展览

上海市历史博物馆举办的"近代上海城市发展历史陈列"荣获1997年首届全国博物馆十大陈列展览精品奖。
图为该展览场景

改造后的上海博物馆中国历代书法绘画馆重新对外开放，并荣获1998年第二届全国博物馆十大陈列展览精品奖。
图为书法陈列馆

上海博物馆和西藏自治区文物局联合举办"雪域藏珍——西藏文物精华展"，该展荣获2001—2002年度全国博物馆十大陈列展览精品奖。
图为展厅场景

2002 年 11 月 30 日，"晋唐宋元书画国宝展"在上海博物馆开幕。该展荣获 2003—2004 年度全国博物馆十大陈列展览精品奖。

图为观众排队等待参观

上海孙中山故居纪念馆 1988 年 3 月故居正式对外开放。

图为上海孙中山故居纪念馆原状陈列

崇明区博物馆新馆经改造后于 1999 年 12 月 8 日对外开放，设于上海市文物保护单位——崇明学宫内。

2010 年左右，位于南京西路 422 号的上海朵云轩
古玩公司，四楼提供书画、古玩鉴定服务

21 世纪初东台路古玩市场街景

1987年5月，举办"陈宝定算具收藏五十周年纪念大会"，前右二叶永烈，右三陈宝定、右四张成之（原中共一大纪念馆馆长）、右五陆春龄（著名笛王）

1990年，上海收藏欣赏联谊会在上海人民广场参加市民政局主办的社团登记管理条例宣传活动

1990年，首届上海民间收藏精品展开幕式上，吴少华会长致辞，汪道涵为展览题名

1990年上海美术馆举办的首届民间收藏精品展场景

2004年9月18日，于上海三山会馆举行上海市收藏协会更名揭牌仪式

2007 年 11 月 16 日 "世博遗珍" 展开幕式

2008 年 10 月 8 日，首届世界华人收藏家大会与会嘉宾合影

2005 年 12 月 8 日 "纪念国务院命名上海市为国家历史文化名城十九周年暨阮玲玉、来楚生故居揭牌仪式"

2006 年 4 月 15 日，举行上海市历史文化风貌区和优秀历史建筑保护系列宣传活动暨群众摄影活动启动仪式

2006 年 12 月 11 日 "纪念国务院命名上海市为国家历史文化名城 20 周年暨上海宋庆龄故居修缮竣工开馆仪式"

2010 年 6 月上海土山湾博物馆开馆仪式

复旦大学文物与博物馆学系

2002 年 11 月 29 日，千年遗珍国际学术研讨会于上海举行

2003 年 3 月 26 日，国际博物馆馆长高峰论坛于上海举行

上海市地方志编纂委员会

主任委员　　　周慧琳

副主任委员　　翁铁慧　李逸平　朱咏雷　宗　明

委　　　员　　（以姓名笔画为序）

于福林　上官剑　马正文　王　平　王　华　王　岚　王旭杰

方世忠　白廷辉　朱　民　朱勤皓　邬惊雷　刘　健　严爱云

李　谦　李佘涛　李国华　杨　莉　肖跃华　吴金城　吴海君

余旭峰　沈山州　沈立新　张　全　张小松　张国坤　陆方舟

陈　臻　陈宇剑　陈德荣　金鹏辉　周　强　周夕根　郑健麟

房剑森　赵永峰　胡广杰　钟晓咏　姜冬冬　洪民荣　姚　凯

姚　海　秦昕强　袁　泉　袁　鹰　桂晓燕　顾　军　徐　枫

徐　建　徐　炯　徐　彬　徐未晚　高奕奕　高融昆　唐伟斌

黄德华　曹吉珍　曹扶生　盖博华　董建华　解　冬　缪　京

薛　侃

办公室主任　　洪民荣

副　主　任　　生键红　姜复生

上海市地方志编纂委员会
（2007.8—2018.6）

主任委员　　　殷一璀（2007.8—2014.11）　徐　麟（2014.11—2015.9）

董云虎（2015.9—2018.6）

副主任委员　　（2007.8—2011.8）

王仲伟　杨定华　姜　樑　李逸平　林　克

副主任委员　　（2011.8—2014.11）

屠光绍　杨振武　洪　浩　姚海同　蒋卓庆　林　克

办公室主任　　李　丽（2008.7—2010.10）

刘　建（2010.10—2014.2）

副　主　任　　沙似鹏（1997.12—2007.9）　朱敏彦（2001.1—2012.5）

沈锦生（2007.7—2009.2）　莫建备（2009.9—2013.11）

王依群（2016.8—2020.3）

《上海市志·图书·文博分志·文博卷（1978—2010）》
编纂委员会及编纂人员

编纂委员会

主　　任　朱咏雷（2011.12—2012.02）

　　　　　胡劲军（2012.02—2016.09）

　　　　　于秀芬（2016.09—2020.12）

　　　　　方世忠（2020.12—　）

副 主 任　褚晓波（2011.12—　）

委　　员　（以姓氏笔画为序）

　　　　　王小明　王经鑫　王莲芬　王锡荣　方　坤　年继业　李孔三　杨志刚

　　　　　邹　波　宋　建　张　岚　陈克伦　陈　杰　欧晓川　罗　毅　金京生

　　　　　周丽中　郑　亚　赵　婧　胡　江　施　彤　夏建琴　顾音海　倪兴祥

　　　　　徐　明　高国营　陶喻之　韩陈青　裘争平　谭玉峰

顾　　问　李俊杰　陈燮君

编纂办公室

主　　编　张　岚　胡　江

主　　任　黄　勇　裘争平

副 主 任　顾音海　夏蓓蓓　陈汉鸿

成　　员　张　霞　吴来明　邵文菁　吕承朔　丁佳荣　戎静侃　王成兰　金建平

总　纂	裘争平		
分　纂	大事记　王成兰		第一篇　张　霞
	第二篇　戎静侃		第三篇　陈汉鸿
	第四篇　邵文菁		第五篇　丁佳荣　张泽广
	第六篇　吕承朔　周享弘		第七篇　王成兰
编　务	孙晓芝　韩吉婕		

《上海市志·图书·文博分志·文博卷（1978—2010）》
撰稿人（以姓氏笔画为序）

于　颖　万晓旻　马　骏　马今洪　马启辰　王　怡　王　娟　王　辉
王　斌　王广川　王光乾　王军馥　王建文　王效玮　计颖媛　孔品屏
平玲芝　叶亦帆　史国庆　白亦辰　包燕丽　冯雨程　冯泽洲　冯锡单
师若予　朱　刚　朱艳婷　任建顺　仰　睿　刘　刚　刘　华　孙丹妍
孙晓芝　李　兰　李　娅　李　娜　李　晓　李　浩　李　晶　李必成
李佳蕾　李荣虎　李海洁　李涌金　杨治垫　杨雯磊　吴少华　吴旦敏
吴来明　吴婧玮　谷娴子　沈　山　沈申甫　宋飞波　张　东　张　坚
张　岚　张　倩　张　鹏　张力华　张天晔　张云飞　张中兴　张中倜
张珮琛　陆　琰　陆佳欢　陆建松　陈　正　陈　吉　陈　伟　陈　亮
陈　洁　陈玉婷　陈克涛　陈震恩　陈爕君　陈馨虹　邵　林　林　杰
易澄澄　金建平　周　云　周　莉　周　浩　周　浩　周成慧　周丽娟
周金金　周保春　周群华　郑　博　郑秀文　郑晓蕖　郎需颖　赵　礜
胡　炜　胡　巍　俞　蕙　宫洁菁　祝君波　姚　畅　夏建宏　顾　雯
顾良辉　顾惠康　钱莉馨　徐　坚　徐　蕾　徐文娟　徐方圆　徐聿强
徐佳妮　徐征伟　徐珏卿　徐笺寒　高守雷　郭　骥　浦炜华　黄　河
黄　瑛　黄　翔　黄之宜　黄丹君　黄振炳　梅国强　曹　蓉　常　娥
崔淑妍　麻赛萍　章正浩　渠雨桐　彭　涛　韩　晶　程天翔　傅天溦
曾凌颂　游梦婷　谢　燕　廉海萍　裔传臻　褚　昊　廖　俊　谭玉峰
翟　杨　熊樱菲　颜晓军　潘　熙　潘法铨　潘祎斐

《上海市志·图书·文博分志·文博卷（1978—2010）》
评议专家名单

组　　长　　祝君波
委　　员　　（以姓氏笔画为序）

万　勇　王卫红　王莲芬　卢永毅　宋　建　陆建松　杨继光　倪兴祥

曹永康　谭玉峰

《上海市志·图书·文博分志·文博卷（1978—2010）》
审定专家名单

组　　长　　祝君波
委　　员　　（以姓氏笔画为序）

卢永毅　占旭东　刘　妮　宋　建　陆　健　陆建松　顾祥虞　谭玉峰

《上海市志·图书·文博分志·文博卷（1978—2010）》
验收单位和人员名单

验收单位　　上海市地方志办公室
验收人员　　洪民荣　姜复生　黄晓明　过文瀚　杨军益
业务编辑　　刘雪芹

《上海市志(1978—2010)》凡例

一、本志坚持以马克思主义为指导,遵循辩证唯物主义和历史唯物主义原理,实事求是记述上海市自然、政治、经济、文化和社会的历史与现状。

二、本志为上海市首轮社会主义新方志中《上海通志》《上海市专志系列丛刊》之续,续义不续例,体例方面创新调整,并对首轮志书补缺正误。采用小篇平列体,分别编纂,陆续出版,汇为全志。

三、本志记述地域范围,以2010年底上海市行政区划为准。由上海市辐射至全国其他地区及国外事物,兼及记述。

四、本志记述内容的时限,上起1978年,下迄2010年,反映这一时期上海改革开放全貌。首轮《上海市专志系列丛刊》所缺或记述内容不够丰富的分志、分卷,上溯至事物发端。中国共产党分志、人民代表大会分志、人民政府分志、人民政协分志、民主党派分志,为保持同一届次内容记述的完整性,下延至2010年后的首个换届年份。

五、本志按自然、政治、经济、文化和社会为序设置分志、分卷,事以类从,类为一志,并兼顾当代社会分工的原则。全志除总述外,中国共产党分志、农业分志、工业分志、商业分志、服务业分志、城乡建设分志、金融分志、口岸分志设置综述卷,并设经济综述分志,加强全志整体性。各分志、分卷采用篇章节体,卷首设概述、大事记,以专记、附录、索引殿后。

六、本志体裁以述、记、志、传、图、表、录为主,力求内容与形式统一。

七、本志人物传遵循"生不立传"原则。入传人物排列先后以卒年为序,在世人物以人物简介(排列以生年为序)、人物表(人物录)记载。

八、本志采用规范的语体文、记述体,行文按《〈上海市志(1978—2010)〉编纂行文规范》,力求严谨、朴实、简洁、流畅,以第三人称记述。

九、本志纪年,凡1949年5月27日上海市解放以前的用历史纪年,一般标示朝代、年号、年份,括注公元纪年;1949年5月27日上海市解放后,一律采用公元纪年。

十、本志所记述的地名、机构名称、职称及币种、计量单位,一般按当时称谓。

十一、本志所用统计资料,原则上根据统计部门公布的材料;未列入统计部门统计的,根据部门统计的材料。

十二、本志资料来源于国家档案馆、上海市及有关省市档案馆、部门档案馆(室),以及历史文献、口碑资料、社会调查、部门提供的材料等,均经考证核实,一般不注明出处。

编 纂 说 明

一、插图。为尽量保存更多的图片资料,全卷图片首选符合时间、地点、人物、事件要素者,次满足其中之一者并作说明。卷前图片以全卷篇目为序排列。正文图片随文排列。

二、收录年代。原则上收录1978—2010年间的地点、事件、物品和人物,有时为保持事件的完整性对时间的上下限有所突破。例如,第一篇收录不可移动文物、名村名镇、历史文化风貌区单体均以2010年为下限,但遇文物普查相关事件,由于第三次文物普查始于2007年,止于2011年,则表述均以2011年为下限。第三篇收录博物馆、纪念馆、陈列馆、美术馆,由于2010年没有对全市场馆进行统计,即按照原上海市文化广播影视管理局2011年公布的全市博物馆、纪念馆、陈列馆、美术馆名单和顺序为准,以求最符合2010年之情况。

三、收录不可移动文物的标准。由于上海不可移动文物普查登录点数以千计,且各区依照实际情况有设置有撤销,限于篇幅,本卷收录以国家级文物保护单位、市级文物保护单位为主,区县文物保护单位以表格形式附录于后,以便稽查。文物保护点则不作收录。

四、著录文物保护单位公布时间的方式。凡与篇目标题重复的公布信息在正文中不予重复著录。今所举上海市文物保护单位由上海市人民政府自1977年起逐批公布,此前由上海市人民委员会公布的文保单位则作为史料予以著录存真。

五、各类场馆的排序。第三编收录的博物馆、纪念馆、陈列馆、美术馆以场馆性质分类。由于历史资料不全及各馆对成立的定义不完全一样,为便于查询,各类场馆按正式向公众开放的时间排序。

六、收录文物。第三篇第二章馆藏文物,分为古代文物、近现代文物和自然标本三大类。古代文物,分为青铜、陶瓷、书法、绘画、工艺品、家具和其他七类,各类文物按时间顺序排列,使读者便于了解此艺术门类的发展过程。近现代文物,因同一时期种类繁杂、内容繁多,因此按照表3-1-9的顺序,将各馆所藏文物排序,便于读者了解上海各综合类、专题类、行业类博物馆的馆藏特征。

七、收录展览的标准。由于上海的博物馆展览数量众多,类型丰富,从不同的角度进行评价则标准各异,优秀展览不胜枚举,故第三篇仅以博物馆界公认的全国十大陈列展览精品和上海十大陈列展览精品为入选重要展览的标准。中国2010上海世博会作为近年来博物馆和会展行业的重大事件,已有专志出版,为彰显其在博物馆领域不可替代的价值,本卷仍挑选上海文物博物行业参与的城市足迹馆和世博会博物馆内容进行介绍。

八、收录学术专著的标准。第五篇收录反映文物博物馆界各类学术研究人员的研究成果,以展览图录、考古报告、学术论文等图书专著形式的正式出版物。凡内容涉及在某一学科领域内从事多年系统深入的研究,在理论上有重要意义或实践上有重大发现的学术著作,予以收录。凡内容涉及某学科或某专业领域,具有一定创新性,对专业学习、研究具有价值的图录、论文集,予以收录。其余限于篇幅不予收录。

九、收录文博人物的标准。第七篇人物传略收录上海已故文博人物,人物简介收录上海在世文博人物。凡获正高二级职称及以上者,国家文物鉴定委员会委员,享受国务院津贴者,在文博领域获得国家、上海市表彰者,担任国家级学术团体副职以上职务者,符合其一即予以收录。

目　　录

Contents

3

概　述

一

上海地区自东汉后,为江东士族之封地,已有名士风流。三国陆逊封华亭侯,顾雍曾任娄县令,陆顾两姓成为上海地区的名门大族。唐宋元至明清,华亭、嘉定、上海等地,人文荟萃、人才辈出,方志记载名人宅第、墓冢甚多,然而留存至今者已罕见。唐经幢、元黄道婆、明徐光启墓、唐一岑墓、夏允彝墓、陈子龙墓、清钱大昕墓等文化遗产,现已得到较好的保护。1840 年鸦片战争后,上海是 19世纪的"十里洋场",20 世纪 30 年代的远东经济中心,近现代历史上涌现出的著名政治家、革命家、文学家、艺术家、实业家、科学家等曾居住、工作、战斗在上海,甚至在上海去世。其中有代表性的人物故居、墓冢已分别列为国家级、市级和区县文物保护单位,有的还辟为纪念馆以供后人瞻仰。

上海是中国工人运动的摇篮和中国共产党的诞生地,是近代中国的革命中心之一。中国共产党一大、二大和四大均在上海召开。中共中央机关曾长期设在上海,领导全国的革命斗争。五卅运动、工人三次武装起义等许多重大的革命事件在上海发生。1949 年中华人民共和国成立以来,人民政府多次对革命史迹进行勘查和保护。1952 年勘查核实并修复中国共产党第一次全国代表大会会址。1958 年前后,又组织力量对上海的革命史迹进行普查,勘实了一批革命史迹,并于 1959年、1960 年、1962 年将其中较为重要的分三批上报,经上海市人民委员会公布为市级文物保护单位。"文化大革命"期间,革命史迹的勘查保护工作曾一度停顿。十一届三中全会后,市、区、县的文物和党史资料征集部门又陆续勘查到许多革命史迹。姚子青营抗日牺牲处、中华职业教育社旧址、山海工学团遗址、吴淞炮台遗址、上海总工会秘密办公机关遗址、同盟会中部总会秘密接洽机关遗址、上海书店遗址等一大批革命史迹或被列为文物保护单位,或被命名为革命纪念地点,这些都是上海弘扬爱国主义和革命传统教育的重要阵地。

1982 年全国人大颁布《中华人民共和国文物保护法》,标志着我国以文物保护为中心内容的历史文化遗产保护制度形成,同时提出了对历史文化名城的保护。遵循"保护为主、抢救第一、合理利用、加强管理"的文物工作方针,结合城市历史特点,上海构建起包括历史文化名城、风貌区、名镇、名村、名街以及古建筑、名人故居和纪念地、革命史迹、工业遗产、优秀历史建筑和其他遗存的单体文物保护单位的文化遗产保护方案。1988 年 11 月,建设部、文化部发布《关于重点调查、保护优秀近代建筑的通知》,上海市建设委员会和上海市文物管理委员会共同组织各有关单位进行了调查研究、专家评鉴和推荐活动,提出首批 59 处优秀近代建筑,1989 年 9 月经上海市人民政府批准公布为市级文物保护单位。从 20 世纪 80 年代开始,上海市文物管理委员会会同市规划局、市房地局、同济大学等单位,对上海近代历史建筑进行了大规模调查和多角度研究,近百处具有保护价值的工业遗产被陆续公布为全国重点文物保护单位、上海市文物保护单位、区县级文物保护单位、登记不可移动文物等。

2002 年《文物保护法》重新修订,将历史文化街区、历史文化村镇的保护纳入法律内容,标志着我国开始建立起单体文物、历史地段、历史文化名城的多层次保护体系。同年 7 月,上海市人大颁布《上海市历史文化风貌区和优秀历史建筑保护条例》,保护立法的范围由单个建筑及建筑群扩展至历史文化风貌区,保护建筑的范围由近代建筑扩大为建成30年以上的历史建筑,保护工作的法律依据由政府规章上升为地方法规。2004年9月,《上海市人民政府关于进一步加强本市历史文化风貌区和优秀历史建筑保护的通知》指出,要按照"全面规划、整体保护、积极利用、依法严管"的原则,实行最严格、最科学的保护制度。这些受保护的优秀历史建筑门类较多,包括有寺庙、教堂、古塔、经幢、住宅、园林、桥梁、城堡、衙署、文庙、会馆公所等,大部分集中在黄浦、松江、嘉定、青浦等区县。2006年编制完成的《上海市中心城历史文化风貌区风貌保护道路规划》,划定了历史文化风貌区内144条风貌保护道路,对其中64条道路进行整体规划保护,道路红线永不拓宽,街道两侧的建筑风格、尺度均保持历史原貌,行道树等道路空间的重要组成部分也受到保护。作为近代史迹型城市,从2002年至2011年,上海先后划定44个历史文化风貌区,陆续有8个村镇公布为中国历史文化名镇,2条街区公布为历史文化名街,历史文化名城保护规划逐步实施。按照《文物保护法》和其他有关法规制订,上海按照"修旧如旧"的原则加强对文物保护单位的修缮。自1996年至2010年不完全统计,完成14处全国重点文物保护单位修缮项目,28处完成市级文物保护单位修缮项目和51处区县文物保护单位修缮项目。

二

截至2010年,上海地区已调查发现30余处古代文化遗址,除戚家墩为1936年发现外,其他均为1957年以后配合农业工业生产、基础设施建设等,通过保护文物宣传,依靠群众提供线索,由市文物管理委员会、上海博物馆考古研究部调查发现。这些考古发掘证明了先民在上海地区所创造的6000年历史,反映了上海古代文明的形成、变化和演进的轨迹。

上海考古的历史,大致可以分为前后两个阶段,第一阶段从20世纪50年代到80年代,上海考古的基本任务是发现新的遗址、研究考古学文化、建立本地区考古学文化发展序列。第二阶段从20世纪90年代发展至今,上海考古的重点在继续完善考古学文化发展序列的同时,以课题意识带动考古发掘和研究工作,采用多学科合作方式,深入研究各个时期的人地关系、生活状况和社会结构等,这一阶段的主要成就体现在马桥遗址、广富林遗址、志丹苑元代水闸遗址的抢救性发掘和福泉山遗址、青龙镇遗址的考古工作中。

上海地区遗址包含的史前文化内涵,按年代序列,有以下几种类型:

一、马家浜文化:上海地区迄今已发现3处马家浜文化遗址,包括崧泽、福泉山、查山等。

二、崧泽文化:上海地区发现的崧泽文化遗址达8处以上,其中以青浦区的崧泽遗址为代表,此处集中发现了100多座崧泽文化墓葬。

三、良渚文化:上海地区已发现良渚文化遗址多达18处,其中福泉山遗址的良渚文化墓地已发现不同等级的11座权贵大墓。

四、钱山漾文化:上海地区目前的发现主要集中于广富林遗址。

五、广富林文化:上海地区目前的发现主要集中于广富林遗址。

六、马桥文化:以闵行马桥遗址最为典型,上海发现这类文化遗存16处。

据此,大致可将上海最早的近3000年历史划分为两大阶段:第一阶段从马家浜文化开始,经崧泽文化到良渚文化,它反映了长江三角洲原始土著文化从形成到发展至史前文明高峰的过程;第二阶段从钱山漾文化开始,经广富林文化至马桥文化,反映了新石器时代末期以后,上海地区与周边地区文化不断碰撞和融合的过程。

从西周后期至汉代，上海地区进入新一轮发展期，许多遗址都包含这个时期的遗存，广富林遗址周至汉时期的聚落范围至少达数十万平方米，一系列重要发现充分显示当时此处已是相当繁荣、等级较高的聚落，已经显露出上海早期城镇的雏形。而从唐代开始，上海地区已有独立行政建制，2010 年以来对青龙镇遗址的考古发掘，正逐步揭开自唐代以来上海地区市镇繁荣的面貌。宋元时期是吴淞江流域水系变迁、上海地区经济社会快速发展的阶段，发现于 2001 年的志丹苑元代水闸遗址对这一系列相关问题的研究具有非常重要的科学价值。明清时期，上海地区人口稠密、城镇密集、经济发达，诸多反映当时贸易活动、城防海防、社会生活的遗存通过考古工作被发现。

上海地区发现的古代墓葬，年代从距今 5 000 年前的崧泽文化直至明清。西周至唐宋时期，上海地区古墓葬的形制、葬俗和随葬品变迁，反映了本地区从吴越文化向江南文化的演变转型。明清时期，墓葬数量和密度剧增，反映了上海地区人口稠密、城镇密集、经济发达。1995 年之后发现的重要唐宋元墓葬有松江中山南二路唐墓，重新进行调查研究的有任仁发家族墓地等；发现的明代墓葬主要有肇嘉浜路沿线顾从礼、永郡孙氏、李惠利中学、斜桥墓葬等 30 多处，松江工业区开发中发现的古林纸工、科贝特公司墓葬等，以及陆深后裔、严南野、陆醒心、岳山、杨四山、韩思聪、李新斋、叶榭董氏、昆冈李家坟、松江清真寺穆斯林墓地、宛平南路明墓等。这些墓葬的发现使得对各时期墓葬进行系统研究成为可能，为研究古代习俗、人物地名，以及各种手工艺品，提供了大批珍贵文物和资料，再现上海地区经济、社会、城镇、文化发展的历史进程。

三

清同治七年（1868 年），法国人在上海创建中国第一个博物馆——自然历史博物院（震旦博物院），标志着现代意义的博物馆在上海诞生。20 世纪 30 年代，随着城市发展和都市经济的繁荣，上海市博物馆、中国医学会医史博物馆等博物馆陆续建立开放。至 1949 年，上海先后建立了 5 个博物馆，其中 2 个是外国人建立，3 个是中国人自建。这些博物馆受限于政治、经济与时局的影响，未能获得持续充沛的运营发展经费及专业人才，规模受到现实条件限制，在发挥博物馆启蒙教育基础功能的基础上，有待获得更大的发展空间。

新中国成立后至改革开放前，上海市政府在接管、改造旧有博物馆的基础上，在市、区、县筹建了一批具有一定规模与质量的博物馆、纪念馆，为上海文博事业和中国文物博物馆事业的发展奠定了良好基础。1986 年，国务院颁布上海为历史文化名城，为上海各博物馆、纪念馆和美术馆事业的发展提供了新的动力。1990 年代，邓小平南方谈话与浦东大开发的时代大潮，催动了上海文博界的思想与精神解放。以上海博物馆新馆开放为契机，特别是进入新千年后直至 2010 年，国际博物馆协会第 22 届大会暨第 25 届全体会议在上海顺利召开，上海文博界以海纳百川、兼容并蓄的胸怀，在积极吸收世界博物馆新动向、新思路、新技术和新成果的基础上，积极参与上海城市精神的沉淀与塑造，陆续筹建、开放了一大批博物馆、纪念馆。包括历史、艺术、科普、行业、专题类的博物馆磅礴发生，包括企业、私人等经营形式的博物馆如雨后春笋般迅速生长，上海博物馆界的生态迎来前所未有的黄金时代。

以 1996 年上海博物馆新馆开放为标志，上海博物馆事业在向世界最高水准学习、创新的基础上，迅速确立了在中国博物馆界的领先地位。围绕高质量陈列展览设计水平、以人为本的博物馆服务理念、面向观众的教育活动,上海博物馆事业的业务质量与服务内容得到极大提升;上海博物馆界与海外的展览、文物、科研及人员交流成为引领中国博物馆事业发展的先潮,也较快地推动中国博物馆事业向世界博物馆界主流质量快步靠拢。至2010年不完全统计,上海大约有超过100家博物馆登记注册:青浦博物馆、崇明博物馆、闵行博物馆、南汇博物馆等区县博物馆的开放为各区县的历史文化传承和江南文化的沉淀增添了独特风韵;上海消防博物馆、上海公安博物馆等主题博物馆的建成,为上海博物馆界增添了更丰富的都市内涵元素;上海中国航海博物馆、银行博物馆等行业博物馆的开放为上海国际航运中心、上海国际金融中心建设贡献了博物馆文化力量;上海铁路博物馆、上海汽车博物馆等交通类博物馆为上海的城市交通留下历史痕迹。

以展览、科研工作为突破口,上海文物博物馆事业蓬勃发展。1996—2010年,上海博物馆界以更加全球化、更加多元化的目标定位,陆续举办出国出境展102个,涉及全球21个国家和地区;与此同时引进境外展览48个,涉及全球17个国家和地区。这些丰富多彩的国际交流展览,对弘扬中华文化和传统,推动博物馆事业的发展,提高博物馆学术水平,加快中国博物馆更好更快融入世界发挥了积极的作用。同时,大量境外展览的引入,也进一步丰富了中国博物馆界对世界博物馆的认知,加深了上海观众对世界异域文明、文化的交流与理解,不断增加上海城市整体文化软实力的厚度。围绕展览,一系列配套展览的高质量学术会议、教育活动、展览图录及文化衍生品的开发逐渐形成并确立,成为上海博物馆界高质量展览的基本配置。以上海博物馆举办的"晋唐宋元书画国宝展""千年丹青——日本、中国藏唐宋元绘画珍品展"为例,以展览提升博物馆知名度、以展览推动博物馆相关业务研究深度、以展览扩大文化衍生品的销售、以展览带动教育品牌的确立,逐步成为上海乃至全国各博物馆学习模仿的经典案例。

博物馆事业发展的核心是人才队伍建设,人才资源是上海博物馆事业的第一资源。大批涌现的文物科技、文物修复、书画裱拓、标本剥制、考古、鉴赏以及博物馆学方面的专家为上海文博事业的发展注入不懈动力,确保博物馆事业的快速度、高质量、可持续发展。遵循文化、文博人才成长的基本规律,抓住培养、选拔、吸引和使用人才的重点环节,坚持公平公正原则,上海文博界走出一条符合行业特点和发展规律的人才培养之路。1996年,复旦大学文博学院拆分,文物与博物馆学系独立成系;同年,上海大学成立文物与考古中心。2005年,上海工会管理职业学院设立文物鉴定与修复专业(后更名为文物修复与保护专业),并建有国内先进水平的集教学、实训、科研、培训等多功能为一体的艺术品保护技术实训中心。2008年,上海视觉艺术学院创办文物保护与修复专业。这些文博专业学科及教学实训机构的设立,为上海文博事业的新鲜血脉提供了源源不断的养分。与此同时,一批专业的高等级国家重点科研基地和学术团体也在上海同步建立,为不断加强文物科研工作深度、创造有益于博物馆事业的科研成果提供了加速器。1998年,中国铸造协会下属艺术铸造专业委员会在上海成立;2005年,馆藏文物保存环境国家文物局重点科研基地在上海博物馆成立;2008年,经国家文物局批准,上海成立古陶瓷科学研究国家文物局重点科研基地。截至2010年,上海各博物馆、纪念馆有280人拥有高级职称,出版学术专著238本,发表文物科技保护专业论文276篇,承担国家级、省部级科研项目27项,1个项目获国国家级奖项,8个项目获得省部级荣誉嘉奖,申请或授权专利成果11项,取得了一批重大科研成果。其中,《严重朽蚀饱水竹简的真空冷冻干燥研究》获1998年度国家文物局文物科学技术进步一等奖,《上海科技馆重大工程建设与研究》获2003年国家科技进步二等奖,《出土铁器文物脱盐缓蚀保护处理研究》获1996年度国家科学技术进步三等奖。

四

上海的文物保护和博物馆事业在中华人民共和国成立后曾由上海市文化局履行行政管理的职能，但上海市文物管理委员会的基本职责始终未变。至1988年，上海市文物管理委员会再次与上海市文化局分工，由文管会统一管理上海文物博物馆事业。与此同时，80年代后期及整个90年代，各区县逐步建立起文物保护机构，或独立、或将职能划归文化局，2000年后整个市—区（县）两级文物保护管理体系逐渐健全，逐渐形成具有上海特点的文物保护与博物馆事业发展的法制框架体系。上海文物与博物馆事业依托高效、科学的管理，依托自身的优势资源，紧密结合"贴近实际、贴近生活、贴近群众"要求，积极开展"5·18"国际博物馆日、中国文化遗产日活动、国家历史文化名城公布纪念日等形式多样的文化服务和社会教育活动，使上海的文博事业更上一层楼。

中华人民共和国成立之前，上海是中国文物走私、盗卖的集散地。1950年，中央人民政府政务院颁布《禁止珍贵文物图书出口暂行办法》，加强对文物走私的打击查处，严把文物进出口关。上海市市长陈毅要求文物管理委员会把好海关这一关，"今后凡属报关出口文物，概由你们派员验查。如果有奸商以真报假，企图蒙混出口的一律没收，以资惩罚。"1956年，"上海市文物图书暨特种手工艺品鉴定委员会"成立，定期配合海关鉴定组织或个人携带、邮寄出口的文物、图书等。1978年起，国家文物局委托上海负责江苏、安徽、福建、云南四省的文物商店零售文物的鉴定工作。1988年文物管理委员会独立建制，下属的流散文物管理处主要负责上海口岸文物出入境鉴定、监管；受国家文物局委托负责其他五省文物出入境鉴定工作；社会性文物经营市场管理、监督；会同公安、海关、工商行政管理部门打击文物走私、盗窃、投机倒把犯罪活动；以及征集社会流散文物（包括抢救文物）。1994年，经国家文物局重新审核确定，上海市文管会流散文物部文物出境鉴定组可用国家文物出境鉴定上海站名称进行工作，并具备承担国家委托的办理私人携运文物出境鉴定资格，授予九四年版火漆印章。2008年，根据《文物进出境审核管理办法》的规定，由国家文物局授权使用"国家文物进出境审核上海管理处"的名称进行工作。上海市文管会流散文物部文物出境鉴定组根据国家文物局颁布的规定条例，推进机构建设、加强人员培养、加大经费投入、增强科技检测能力。与海关、公安部门联动合作，在查处被盗或非法出口文物、促进海外中国文物回流、加强文物入境展览管理的方面取得了新的进展，抢救保护了大量珍贵文物，为防止文物流失发挥了必要的作用。

上海民间收藏的历史源远流长，清道光年间就有李筠嘉、任伯年等收藏名家。中华民国成立后，钱化佛开启了火花、烟标、门券、戏单等"大众收藏品"门类，成为民间收藏的先驱。1930年代，随着中国民族工业经济的崛起，民间收藏日渐繁荣，造就了张伯驹、吴湖帆、郑逸梅、柳亚子等海上收藏精英。1980年代，民间收藏进入了新的发展阶段。收藏队伍从知识阶层扩展到社会各阶层，藏品类型从古玩字画拓宽到日用品等现玩。进入21世纪以后，民间收藏队伍壮大，收藏者视角也日趋独特，新藏品门类层出不穷。上海解放以前的各种日用品、货品，以及各类消费卡、当代艺术品等现玩都成为收藏热点。上海民间收藏门类已达200多种，有"中国收藏半壁江山"的美誉。1912年成立的上海邮票会，是中国最早的集邮组织，也是最早的收藏组织。后有中国古泉学会、中国泉币学社、中国纸币集藏会等兼具收藏、研究功能的社会团体相继成立。改革开放以后，新的收藏类社会团体纷纷成立。1981年上海市集邮协会成立，1983年成立上海市钱币学会。1986年6月，上海收藏欣赏学会成立，2004年更名上海市收藏协会，是上海规模最大的收藏社团。各类收藏团体的成立，密切了同行之间的关系，加强了信息交流，有利于集合社会力量，开展有益的公共服务和社会活动,促进收藏事业的发展。

上海文物交易市场可分为三类:2001年上海市文物行政部门根据《上海市文物经营管理办法》批准的文物交易市场、新的《文物保护法》颁布后工商部门继续以古玩市场之名核发市场执照的古玩市场以及未经批准的从事文物交易的市场。截至2010年9月,文管会批准的文物交易市场有8家还在经营,约有自然人经营户1 600多家(不含藏宝楼),工商局批准的文物交易市场约5到6家,经营户数不详。此外,还有77家花鸟市场、12家茶叶市场以及为数不等的其他市场可能涉及文物交易。

古玩市场和文物拍卖市场的兴起,打破了国有文物商店独家经营的垄断局面,繁荣了市场竞争环境。上海有机构批准的文物经营单位24家,甲等14家,乙等10家,包括上海文物商店、朵云轩等国有文物商店,也包括自然人和股份制企业,其中新的《文物保护法》颁布后申请成立的文物商店5家,以自然人或股份制为主。解放初期,随着社会主义工商业的改造,新中国的文物商业由私营转变为公私合营或合作。1960年国务院批准《关于改变文物商业的性质和管理体制的方案》,把文物商店的纯商业性质改变为实行企业管理的文化事业单位,成立国营文物商店,并作为国家文物部门的派出机构购、销文物。在职能上,国有文物商店通过商业手段征集收购流散在社会上的文物,使之得到保护。老的文物商店依然承袭着大而全的传统,经营品种齐全,诚信度高,库房商品有很大吸引力,并能在新的形势下,以代销、体外循环、库存调剂等方式搞活经营。新的文物商店以专业经营为主,如主营书画的,主营珠宝的。

上海的古玩市场最初由马路市场发展而来,1992年,国家文物局、国家工商行政管理局、公安部、海关总署联合发布《关于加强文物市场管理的通知》,将文物市场规范化运作。2001年,上海市文物行政部门根据《上海市文物经营管理办法》批准了9家古玩市场,核准其经营1911年以后的文物,对市场和经营人员按规章要求进行管理,定期检查市场文物商品,重点查处出土文物,建立了文物、公安、工商三家联合办公室,驻场办公。2002年《文物保护法》颁布后,《上海市文物经营管理办法》中关于文物交易市场的规定已不适用,文物行政部门退出了管理,由工商部门对古玩市场进行监管。

个体古玩商户是古玩市场的重要力量。所有的个体古玩商户,若其经营的古玩中包括文物,即可认为是未经批准的文物经营单位。上海市文物局将未经批准的文物经营单位中的个体工商户称为"自然人经营户"。截至2010年9月,上海市文物局批准过的8家古玩市场约有自然人经营户1 600多家,此外有工商部门批准的古玩市场约5到6家,经营户数不详。据统计,嘉定州桥、朱家角、七宝、枫泾共有个体古玩商户48家。

上海拍卖机构共有192家,与北京、香港并列的我国文物拍卖三大中心,其中文物拍卖机构有42家。仅从拥有文物拍卖资质的拍卖公司的数量看,名列全国第一;但从成交总额看,上海文物拍卖市场投放数量大,但高价位精品少,导致文物拍卖市场整体上距离北京和香港有很大差距。朵云轩、敬华、青莲阁、崇源、博古斋等知名拍卖公司占据了上海文物拍卖市场的多数份额。中国书画、陶瓷在拍卖市场上无论是成交数量还是成交金额,均长期占据最大份额。

五

综上所述,党的十一届三中全会的召开,开启了上海文博事业发展的历史新篇章。在以发展为目标,以改革开放为时代特征的背景下,上海文博行业与全国一样,碰到了一些新问题,有了很多新机遇,在抓住机遇、解决问题的过程中,有了新突破和新发展,也为行业自身完善,为上海城市的文化建设,作出了应有的贡献。有以下几方面特点:

一、拨乱反正,以法治业,营造行业发展的良好环境。

党的十一届三中全会以后,鉴于"文化大革命"时文博事业的严重损害,上海文博界进行了拨乱反正、落实政策的工作。对一些受到不公正处理的文博专家、收藏家给予平反,调动了他们的积极性、创造性。对全市抄家文物进行清理,落实中央的相关政策,受到了人民群众的欢迎,凝聚起了文博界、收藏界的力量。

《文物保护法》的修订颁布以及文物行政管理机构的恢复,使行业进入了以法治业的历史阶段。有法可依,违法必究成为工作的重要依据。行政部门的恢复和完善,使上海文博工作形成了政府、文博单位和社会三方面资源的有效整合,力量得以充分发挥。

二、在城市建设的同时,加大对上海历史建筑、历史风貌区以及城镇的发掘和保护。

上海是我国近代有代表性的特大型城市,有着丰富的资源,也有亟须改造的街区、旧住宅区,特别是城市道路交通和居民住宅的矛盾非常突出。所以,八九十年代以来,上海一直在进行道路和建筑开发,以增强城市的功能,提高人民的生活水平。但这与保护城市的历史遗产会产生矛盾。

在文博界以及社会的积极努力、市政府的大力支持下,上海先后出台了若干规定,尤其是2004年9月出台的市政府通知,加强了本市历史文化风貌区和优秀历史建筑的保护,先后规定将144条风貌保护道路、44个历史文化风貌区、8个历史文化名镇列入范围,使上海最优质的历史资源以及各类型的建筑得到了保护,为城市保存了历史文脉。

三、全面推进国有博物馆、美术馆的硬件和软件建设,完善场馆功能,提升文化品质。

近三十年,上海持续加大对文博场馆的投入,建成了一批在全国有影响的标志性场馆。上海博物馆新馆建成,为全国行业树立了现代博物馆的标杆。上海美术馆两次新馆的落成,提升了美术馆在全国的地位。刘海粟美术馆是全国第一家以艺术家个人命名的美术馆,具有开创性的意义。中国共产党第一次全国代表大会会址的恢复和改建,也为挖掘上海的红色资源起到示范作用。

在硬件建设的同时,上海文博界加强队伍建设,创建职称评定机制,尊重知识,尊重人才,以发挥专家的作用。广泛征集藏品,获得了一批珍贵文物。通过国际交流,结合我国的情况,适应新时代的发展,使文博机构逐步实行功能化的重塑,从重视收藏、展览,到同时重视研究、教育和传播。上海的文博机构面貌一新,在专业收藏、展览的基础上,成为公众教育和文化传播中心,跟上世界博物馆业的发展趋向。

四、举办各类省际、国际的双向展览及活动,促进文化交流。

上海作为全国的中心城市,这三十多年,担负起了与各兄弟省市交流展览的职能。仅以上海博物馆、上海美术馆为例,就策划了《中国文物精华展》《晋唐宋元国宝展》《北大荒知青纪实摄影展》等大型展览,并与新疆、西藏、内蒙古、山西等省区博物馆合作举办专题文物展。同时,上海也去其他城市举办文博展览,加强了与相关城市的联系及交流。

文博类国际交流展览,是文化交流和开展外交工作的一个重要领域。改革开放以来,上海引进有关世界的近50个展览,包括意大利、埃及、日本的历史文物展,法国油画、达利、罗丹、蒙克等的美术展,受到观众欢迎。而上海的文博机构,也将各类展览带往美国、日本、俄罗斯、法国、德国、比利时、澳大利亚、新加坡等地展出,计有一百多次,增进了各地人民对我国艺术文化的了解。

2010年5月在上海举办的世博会以"城市,让生活更美好"为主题,观众达7 300余万人,成为上海省际、国际文化交流的世纪盛会。各省、各国带来了大量的展品,让观众一睹风采,同时,专设的"城市足迹馆""中华瑰宝展"以及动画演绎的《清明上河图》,都以鲜明的中华元素,给来上海观展、参展的海外人士以深刻的印象。

上海于2010年8月举办国际博物馆协会第22届大会及展览,也为中国融入全球文博业,加强交流,起到了促进作用。

上海文博界一系列的活动,配合了我国改革开放的国策宣传,为文化交流和外交工作创造了条件。

五、鼓励藏宝与民,促进民间收藏和非公文博场馆的建设。

在计划经济时代,我国形成了国藏文物、国营文物的单一模式,随着《文物保护法》的修改和《拍卖法》等的颁布,上海的这种单一模式也被多元格局所取代,呈现出盛世收藏、欣欣向荣的景象。

上海是民国以来我国大藏家比较集中的中心城市,改革开放以及落实政策,使大藏家们积极性得到发挥,他们将一批文物捐给文博机构,比较有代表性的有刘海粟、程十发、唐云、钱君匋、戚叔玉、夏衍等人,丰富了上海及各地的收藏。

同时,上海先后成立了上海市收藏协会、上海市收藏鉴赏家协会,以及举办多届世界华人收藏家大会,在团结收藏队伍,提高他们的专业能力和道德素养以及促进民间收藏方面起了积极作用,是国家收藏以外的重要补充。

民营收藏进入90年代初,呈现出兴办非公博物馆的发展趋势。1992年许四海的四海壶具博物馆成为政府批准的第一家民办博物馆,引发了后来上海成为亚洲区民营文博机构蓬勃发展的热点城市。截至2010年,上海已有登记在此的非国有博物馆9家,这是一个重大的行业转型。

收藏交易是文博事业发展的重要环节。在1978年以前,上海只有上海文物商店、朵云轩等少数几家文物店专营文物以及艺术品。随着国家政策的鼓励,80年代上海出现了私营文物商,1992年秋季,上海批准朵云轩成立上海朵云轩艺术品拍卖公司,具有经营文物的资质。1993年6月举办首届拍卖会获得成功,被誉为敲响艺术品拍卖第一槌。此后,上海多家拍卖行成立,至2010年达到60余家。改变了文物交易的格局。随着《拍卖法》的颁布,民营拍卖行占了主要比例。此后,民办文物店、文物市场以及文博展览活动,也更趋开放和活跃。民藏、民营与国藏和国营共同发展的大格局最终形成。

六、以藏品为基础,利用展览、出版、论坛、培训、媒介等方式,传播文博知识,提供艺术信息,提升市民的文化素养。

计划经济时代,文博工作以专业人士为主要对象,以专业研究为主要方式,是一项少数人参与的文化活动。1978年以后,尤其是进入新世纪,文博以及艺术展览活动在坚持专业化、学术性的同时,转向以市民公共教育为主要对象,其传播方式和传播力度,都有了前所未有的改变和发展。

在此期间,公众的参与得到重视,文博机构通过广泛宣传,吸引市民前来观展以及参与各类讲座,担任志愿者,拓宽市民参与文博活动的渠道,培养广大市民的兴趣和热情。

上海电视台、《解放日报》《文汇报》《新民晚报》等主流媒体也创办了文博收藏栏目,传播文博知识,吸引公众关心文物保护等话题。各出版机构、杂志社也大量出版文博类读物,以满足社会需要。

总之,这33年是上海文博发展史上的辉煌时期。在党和政府的领导下,在各项政策以及资金的支持下,上海文博业在硬件和软件建设、在对内和对外文化交流、在专业化建设和大众传播、在继承传承和开拓创新等方面,都取得了巨大的历史性进步,并给后世的再发展奠定了基础。

大事记

1978 年

1月24日　法国总理巴尔由上海市革命委员会第二副主任彭冲陪同参观上海博物馆。

6月21日　西班牙国王胡安·卡洛斯和王后由上海市革命委员会第二副主任彭冲、外交部副部长章文晋陪同参观上海博物馆。

6月　上海博物馆举办"青铜器修复培训班",为12个省、市博物馆培训青铜器修复人员12人。

7月14日　中共中央副主席叶剑英为《韬奋文集》和上海韬奋纪念馆题词。

8月9日至11月　上海市文物保管委员会接收上海市工艺品进出口公司移交不准出口文物102 920件。

9月6日　民主柬埔寨人大委员长农谢参观中共一大会址纪念馆,全国人大常委会副委员长邓颖超陪同。

1979 年

2月6日　中国共产党代表团驻沪办事处旧址(即周公馆)修缮复原。

2月26日　上海市文化局任命沈之瑜为上海博物馆馆长,黄宣佩为副馆长,谢稚柳为顾问。

4月4日　中共上海市委宣传部副部长吴建视察上海革命烈士史料陈列室,同意陈列于4月5日对外开放。

5月16日　国家文物局委托上海博物馆举办陶瓷器修复培训班。培训陶瓷器修复技术人员5名。

5月18日　上海市文化局举办的"突尼斯迦太基出土文物展"在上海博物馆开幕。上海市革命委员会副主任杨恺主持开幕式。

7月24日　上海韬奋纪念馆重新开放,以纪念邹韬奋逝世35周年。

8月9日　上海市革命委员会调整充实上海市文物保管委员会,委员23名,张承宗任主任,方行、沈之瑜、陈植任副主任。机构仍与上海博物馆合署办公。

9月18日　丹麦女王玛格丽达二世由国务院副总理谷牧及上海市革命委员会主任彭冲、副主任王一平陪同参观上海博物馆。

9月22日至11月29日　上海市文物保管委员会与上海博物馆联合举办"捐献文物展览",展出西周大克鼎等珍贵文物300余件。

11月2日至12月1日　上海市文物保管委员会对青浦县重固乡福泉山古文化遗址进行试掘,发现新石器时代至商周的古文化遗存。其中,良渚文化直接叠压在崧泽类型上面的地层关系,是证实崧泽类型早于良渚文化的又一重要依据。

11月21日　上海博物馆与湖北省博物馆联合举办"湖北省出土战国秦汉漆器展"在上海博物

馆展出。

12月13日　全国人大常委会副委员长胡厥文,上海市政协副主席刘靖基及上海市文物保管委员会部分委员赴嘉定视察文物保护单位。

1980 年

1月19日　上海市文物保管委员会举办"严庆祥、张子美、沈莱舟、陆颂年、沈粹缜、王亢元捐献文物受奖会",上海市文物保管委员会主任张承宗为捐献者颁发奖状。

2月7日　上海市文物保管委员会第三次全体会议通过上海市文物图书暨特种手工艺品出口鉴定委员会和上海市文物图书收购鉴别委员会调整名单。沈之瑜和方行分别担任委员会主任。

2月13日　上海博物馆主办的"上海地方历史文物、文献展览"开幕。

4月17日　中共上海市委办公厅批准中共六大以后中共中央政治局机关旧址为上海市文物保护单位。

6月9日　上海市文物保管委员会举行"刘靖基同志捐献珍藏文物授奖会"。上海市文物保管委员会主任张承宗代表上海市人民政府授予刘靖基褒奖状。1982年5月10日至31日　上海博物馆特举办"刘靖基同志珍藏书画展览"。

7月10日　中国古外销陶瓷研究会成立。上海博物馆沈之瑜当选为名誉理事,汪庆正为理事。

8月26日　上海市人民政府公布《上海市文物保护单位第二批调整补充名单》。《新青年》编辑部旧址,松江清真寺,夏允彝、夏完淳父子墓等10处重新列为上海市文物保护单位。

9月24日　意大利总统山德罗·佩尔蒂尼由上海市人大常委会副主任严佑民陪同参观上海博物馆。

9月　复旦大学分校(后为上海大学文学院)历史系设考古与博物馆学专业。

10月1日　上海自然博物馆为庆祝建馆20周年举办"珍稀动物展览"。

10月9日　中共上海市委办公厅发文,通知全市各单位对在"文化大革命"期间从上海市文物图书清理小组和上海图书馆调走的文物、图书、唱片,于一月之内拣出退还市文物图书清理小组,以便落实政策,归还原主。

10月24日　中共上海市委批复同意谈家桢教授兼任上海自然博物馆筹委会主任。

10月29日　上海市文物保管委员会举行"孙伯渊、戚叔玉、沈云鹏、项隆周、沈受真捐献文物授奖会",由上海市文物保管委员会主任张承宗颁发奖状。

12月24日　中国文物保护技术协会在北京召开第一次代表大会。沈之瑜、王维达、陈元生、吴福宝、周庚余出席会议。

12月29日　上海博物馆收购胡云升收藏的东晋王羲之行书《上虞帖》(唐摹本)。

1981 年

1月　上海市文物保管委员会建立市文清组乌鲁木齐北路仓库,负责接收中国工艺品进出口公司上海市分公司移交的32万件查抄字画、旧工艺品。

3月25日至4月9日　上海博物馆馆长沈之瑜应美国克里夫兰艺术博物馆的邀请,赴美参加该馆举办的"中国古代绘画讨论会"。

4月25日　中国共产党代表团驻沪办事处纪念馆(即周公馆)开始筹建,1982年3月5日内部开放。1986年9月1日对外开放。

6月4日　万国公墓宋氏墓地举行中华人民共和国名誉主席宋庆龄骨灰安葬典礼。国家领导人邓颖超、乌兰夫、廖承志等参加。6月5日,邓颖超等一行人视察中国共产党代表团驻沪办事处纪念馆。

8月18日　上海博物馆收购龚旭仁收藏的战国秦孝公十八年商鞅方升。

8月25日　上海市人民政府公布邹容墓、宋教仁墓为市文物保护单位。

9月10日至10月7日　中共中央决定:宋庆龄在上海的住宅作为永久纪念地——宋庆龄故居,并结合纪念辛亥革命70周年揭幕开放。

9月24日　上海市领导杨恺、张承宗、宋日昌、夏征农等和文艺界代表举行"纪念鲁迅诞辰100周年扫墓仪式"。仪式结束后,代表们参观了上海鲁迅纪念馆及鲁迅故居。

10月9日　上海市纪念辛亥革命70周年筹备委员会为"上海宋庆龄故居"举行揭幕仪式。宋庆龄于1948年迁居此处。中共上海市委第一书记陈国栋为故居揭幕。

10月20日至11月9日　上海市文化局主办的"美国波士顿博物馆名画原作展"在上海博物馆展出。

10月22日　上海市人民政府批准公布上海宋庆龄故居为市级文物保护单位。

11月　上海市政协视察市文物图书清理小组,检查落实政策工作。

12月13日　美国各州博物馆馆长代表团访问松江县博物馆(筹)。

1982 年

2月12日　中共上海市委派遣上海市查抄文物图书落实政策检查组进驻市文物图书清理小组,督查落实政策工作。该检查组于1987年11月23日撤销。

2月19日　上海市文化局主办的"美洲印第安人文物和美国西部名画原作展"在上海博物馆展出。

2月23日　国务院公布"宋庆龄墓"和"豫园"为全国重点文物保护单位。

3月23日　上海博物馆馆长沈之瑜当选为中国博物馆学会副理事长。

4月5日　全国人大副委员长赛福鼎瞻仰鲁迅墓并参观上海鲁迅纪念馆。

6月20日　松江县博物馆新馆工程开工。因醉白池公园扩建,松江县人民政府择地松江县中山东路233号建松江县博物馆新馆。1984年9月竣工,建筑面积约1 200平方米,总投资25.6万元。

8月12日　中共上海市委宣传部批复同意由上海市文物保管委员会筹建上海地方历史文物陈列馆。

9月6日至12月8日　上海市文物保管委员会对青浦福泉山遗址进行考古发掘,清理了8座崧泽文化墓葬和3座良渚文化墓葬,出土了新石器时代玉琮、玉璧、玉钺和象牙雕刻器等文物。

9月29日　圆应塔(西林塔)列为上海市文物保护单位。

10月25日　中共中央顾问委员会常委、全国政协副主席陆定一参观中共一大会址纪念馆并题词,上海市文化局副局长方行陪同参观。

12月20日　上海博物馆举行建馆30周年大会。翌日,举办《捐献书法精品展览》。

1983 年

1月31日　上海博物馆举办的"上海博物馆珍藏中国青铜器展览"在香港艺术馆展出。上海博物馆馆长沈之瑜、青铜器专家马承源赴港参加开幕式,并进行学术交流活动。

3月16日　上海市人民政府公布批准松江县天马山宋代护珠塔(斜塔)为上海市文物保护单位。

3月21日　上海市文化局和上海市文物保管委员会召开《用TLD测量 αβ 年剂量的细粒热释光测定年代技术》《软X射线对书画、漆木器等文物的无损检测》《宋代漆器圈叠胎制作工艺》等三项科研成果技术鉴定会。三项科研成果分别获得1983—1984年度文化部科技成果三等奖和四等奖。

4月22日至5月2日　上海博物馆与中国美术家协会上海分会联合在上海博物馆举办"张大千遗作展览"。

4月　上海历史文物陈列馆筹备组设立,黄宣佩任组长。

5月2日　上海博物馆在美国旧金山亚洲艺术博物馆举办的"六千年的中国艺术展"开幕。上海市市长汪道涵、上海博物馆馆长沈之瑜出席开幕式。该展在旧金山、芝加哥、休斯敦、华盛顿四地展出19个月,于11月结束,观众达82万人,随展副馆长黄宣佩应邀赴纽约和波士顿作了学术演讲。该展览获得美国"艺术特别成就奖"。

6月8日　朝鲜劳动党中央委员会书记金正日到中共一大会址纪念馆参观并留言。中共中央书记处书记胡启立、候补书记乔石、上海市委书记陈国栋、副书记杨堤等陪同参观,市文化局局长方行接待。

7月　文化部全国书画鉴定组成立。谢稚柳为组长。

8月7日　美国旧金山爱国侨领、文物收藏家周锐捐赠给上海博物馆历代名瓷10件,随展组组长李俊杰代表上海博物馆接受捐赠。中国驻旧金山总领事吴定一出席捐赠仪式。此后,周锐还向上海博物馆捐赠了《台湾故宫藏瓷图录》33册、战国铜剑2把、宋瓷1件。上海市人民政府向周锐颁发褒奖状。

9月21日　华笃安家属毛明芬及其子女向上海博物馆捐赠历代印章和名人尺牍1 881件,上海市文物保管委员会为此举行授奖会,文物保管委员会主任张承宗颁发奖状和奖金。1984年11月18—30日,上海博物馆特举办"毛明芬女士捐赠华笃安先生珍藏文物——明清篆刻和尺牍展"。

10月17日　中共上海市委下达《关于上海自然博物馆领导班子配备的通知》。谈家桢教授兼任上海自然博物馆馆长,邱莲卿、张松龄任副馆长。

11月8日　为纪念明代杰出科学家徐光启逝世350周年,上海博物馆举办"徐光启文献展览",上海市文物保管委员会在光启公园内建立徐光启手迹石刻碑廊;市政府公布徐光启故居为市级纪念地点,并于11月7日举行勒石纪念揭幕仪式。

11月30日　上海市文物保管委员会为了研究新石器时代的良渚文化,由黄宣佩领队,对青浦福泉山遗址进行发掘,发现这是一座新石器时代堆筑的高台墓地。清理了多座崧泽文化和良渚文化墓葬,出土一批罕见的玉、石、陶和象牙器文物精品。1984年11月3日起又进行后续发掘,在崧泽文化层第一次发现以男子为中心的3人合葬墓。1984年10月1—31日在上海博物馆举办"青浦县福泉山遗址出土文物展览"。

12月26日　为纪念毛泽东诞辰90周年,"毛泽东同志早期在上海革命活动史料展览"在中共一大会址纪念馆展出。中共中央和上海市委、市府、市人大、市政协及驻沪三军领导人陈丕显、魏文伯、陈国栋、胡立教、汪道涵等参观并瞻仰中共一大会址。

1984 年

1月1日　上海博物馆新辟的"中国古代雕刻陈列室"对外开放。

1月27日　中共中央、全国人大常委会、国务院在宋庆龄陵园举行宋庆龄雕像揭幕典礼。国家副主席乌兰夫、国务委员方毅、全国人大常委会副委员长陈丕显和全国政协副主席、宋庆龄基金会主席康克清出席。参加典礼的各界人士共 700 余人。

2月4日　市长汪道涵到上海博物馆鉴赏文物。同日,上海市文物保管委员会主任张承宗邀请正在上海的香港各界知名人士鉴赏文物珍品。

3月　中央军委主席、中央顾问委员会主任邓小平为中共一大会址纪念馆题写馆名。

4月　天马山护珠塔(斜塔)修缮工程开工。主修师傅徐文达。1986 年底竣工。总投资约 30万元。

5月4日　上海市人民政府公布上海市第三批市级文物保护单位 7 处,保护地点 4 处。

5月27日　上海历史文物陈列馆在虹桥路 2270 号(上海农业展览馆内)开馆,上海市副市长阮崇武出席开馆仪式。馆名由陆定一题写。1991 年 7 月 24 日更名为上海市历史博物馆,馆长姚庆雄,副馆长俞乐滨。1992 年 9 月迁入虹桥路 1286 号新馆舍。

7月2日　上海博物馆、湖南省博物馆联合举办的"马王堆出土文物展览"在上海博物馆开幕。

8月26日　中共中央政治局常委陈云为青浦县博物馆题写馆名。

10月1日　松江县博物馆开馆仪式暨"松江历代名人墨迹展"开幕式举行。上海市人大常委会副主任赵祖康、市文化局副局长方行、上海中国画院院长程十发、上海博物馆馆长沈之瑜等参加开幕式。

10月26日　朝鲜最高人民会议副议长、祖国统一民主主义战线中央局局长吕燕九参观中共一大会址纪念馆,全国政协副主席肖华陪同参观。

11月14日　上海市人民政府公布蔡元培故居为上海市文物保护单位。

11月17日　以弘扬民族文化、鉴赏文物为宗旨的"文物之友"成立。名誉会长刘靖基,会长张承宗,副会长方行、谢稚柳、杨通谊、顾小坤,总干事沈之瑜。

同年　复旦大学历史系设文物与博物馆学专业。

1985 年

1月　上海孙中山故居、宋庆龄故居和陵园管理委员会成立。上海市政府秘书长万学远兼主任委员,田光、张益群为副主任委员。1997 年 2 月 18 日更名为"上海市孙中山宋庆龄文物管理委员会"。

2月25日　经上海市文化局决定,中共上海市委宣传部批准沈之瑜任上海博物馆名誉馆长,马承源任馆长,黄宣佩、李俊杰、汪庆正任副馆长。

同日　上海市文化局任命张成之为中共一大会址纪念馆馆长,张祥康、倪兴祥为副馆长。

3月26日　上海市文物清理组在大场仓库开仓认领、发还被查抄的文物。

4月23—27日　文化部文物局在上海博物馆召开"部分博物馆电脑管理"座谈会。

5月29日　上海市文物保管委员会在南京东路原老闸捕房前（今大光明钟表店）举行"五卅惨案烈士流血处"勒石揭幕仪式。市总工会主席袁张度出席，上海市文物保管委员会主任张承宗到会讲话并揭幕。

5月　金山县博物馆成立。馆址设在金山县朱泾镇罗星路200号，1988年12月13日正式对外开放。

6月14日　由上海博物馆、上海电视台、解放日报社、团市委联合举办的"灿烂文化六千年文史博物知识竞赛"在上海博物馆举行。

8月24日　吴昌硕故居列为上海市文物保护单位。

9月19日　川沙张闻天故居列为上海市文物保护单位。

10月　上海自然博物馆副馆长张松龄在中国自然科技博物馆学会第二届年会上当选为副理事长。

11月13日　李白烈士故居列为上海市文物保护单位。

11月26日　中共中央宣传部发出《关于中共"一大"会址纪念馆修改陈列方案的复函》，同意该馆在辅助陈列中对中共一大代表照片，采取"全部展出，尺寸和位置地位、方式有所不同"的做法；另外，全国其他博物馆根据自己特点，在展出一大会议时，可不必全部展出13人单人像。

11月29日　上海自然博物馆在新加坡举办"动物演化史展览"，馆长谈家桢出席开幕式。

12月28日　文化部召开全国文物博物馆系统先进工作者表彰大会，上海博物馆青铜部、豫园管理处获先进集体称号，上海市文物保管委员会杨嘉祐、中共一大会址纪念馆陈绍康及上海文物商店薛贵笙被评为先进个人。

1985年下半年至1986年上半年　文化部书画鉴定组在上海博物馆、朵云轩、上海书店、上海美术馆、上海中国画院等11家单位鉴定历代书画10 651件。

1986年

1月　上海自然博物馆编纂的《博物》杂志更名为《自然与人》，第一期出版。

2月10日　上海市市长江泽民、市委副书记杨堤等视察上海博物馆。

3月15日　国家文物鉴定委员会在北京成立，上海博物馆马承源、汪庆正、谢稚柳、郑为、万育仁和上海文物商店薛贵笙被聘为委员。

3月20日　上海博物馆举办的"虚白斋珍藏明清书画展览"开幕，虚白斋主人——香港著名书画收藏家刘作筹先生出席开幕式。《艺苑掇英》出版专辑二集。

4月　上海市文物保管委员会修复"文化大革命"中被铲除的元黄道婆墓。

5月9日　中共中央委员、国务院副秘书长罗青长参观宋庆龄故居。

5月29日　宋庆龄纪念碑揭幕典礼在宋庆龄陵园举行。全国人大常委会副委员长楚图南主持。中共中央政治局委员习仲勋为纪念碑揭幕。

6月1日　中共中央政治局委员胡乔木参观宋庆龄陵园，上海市委副书记曾庆红陪同。

6月21日　中共中央政治局委员、中央书记处书记胡乔木参观中共一大会址纪念馆，中共上海市顾问委员会主任陈国栋陪同。

6月23日　上海市人民政府调整上海市文物保管委员会成员，委员会由29位委员组成，主任张承宗,副主任方行、陈植、马承源、谢稚柳。

7月10日　上海市文物保管委员会决定聘请20名专家组成上海市文物鉴定委员会,主任委员谢稚柳、副主任委员马承源。

7月20日　上海市文物保管委员会与市工商行政管理局及南市区工商行政管理局、南市区公安局联合取缔会稽路非法文物市场。

7—8月　为纪念鲁迅逝世50周年,上海鲁迅纪念馆与上海电视台等单位联合举办"鲁迅文学知识竞赛"。

9月10日　上海市文物保管委员会举行"抢救青铜器十万件嘉奖大会",表彰上海冶炼厂、上海铁锅厂、上海铜铁一厂、永胜冶炼厂、新艺有色铸造厂等25家单位在抢救和保护文物工作中作出的贡献。

10月2日　松江县张泽收藏家封文权于抗战前埋在张泽八图村老宅基下的文物,在乡政府、公安局、文化局和博物馆组织发掘下重见天日。这批文物有青铜器、玉器、砚、钱币、印章、金银器、珠宝等共737件。12月15日,松江县博物馆举办《封氏捐献窖藏文物陈列展览》。

10月7日　中国纺织大学纺织史陈列室正式对外开放,陈列室设在延安西路1882号中国纺织大学内,隶属校本部。

10月19日　上海市编制委员会批复同意恢复上海革命历史博物馆筹备处,与中共一大会址纪念馆合署办公。

10月23日　文化部文物局委托上海市文物保管委员会在上海筹备召开全国文物出口鉴定管理工作会议。

11月10日　为纪念孙中山诞辰120周年,上海博物馆、孙中山故居、宋庆龄故居等8家单位联合举办的"孙中山在上海"文物展览在上海博物馆开幕。中共上海市委副书记曾庆红、上海市政协主席李国豪等出席。

同日　外交家顾维钧的女儿顾菊珍偕丈夫、物理学家钱家其在上海市政协副主席、市委统战部长毛经权陪同下,将其父80多幅生前活动照片捐赠给嘉定县博物馆。

11月12日　纪念孙中山诞辰120周年活动在孙中山故居举行。

12月3日　上海市文物保管委员会对青浦县福泉山古文化遗址进行第三次考古发掘,首次发现良渚文化的祭祀遗迹和使用奴隶殉葬的墓葬。

12月8日　国务院批准上海列入第二批国家历史文化名城。

1987 年

1月1—20日　上海博物馆与镇江博物馆联合举办的"镇江地区吴文化考古成果展览"暨"吴文化学术讨论会"在上海博物馆举行。

2月24日　全国政协副主席刘靖基参观松江县博物馆及封氏捐献文物陈列。

3月16日　上海市人大常委会副主任裘先白、舒文及上海市20名人民代表至上海市文物保管委员会视察《中华人民共和国文物保护法》贯彻执行情况及本市部分文物保护单位。

3月23日　上海市文物保管委员会与市农委联合召开市郊文物保护工作会议。

4月22日　中共中央政治局委员胡乔木瞻仰参观孙中山故居。

4月　上海博物馆"中国青铜器陈列馆"改建竣工,重新对外开放。

同月　闸北革命史料陈列馆建立,1988年7月1日正式对外开放。

5月6日　中共上海虹口区委举行李白烈士故居开馆仪式。陈云为故居题写馆名。

6月6日　为配合上海国际艺术节,上海博物馆举办"玉雕和青铜艺术珍品展览"。

6月13日　上海市文物保管委员会召开全体委员扩大会议,传达贯彻国务院发布的《关于打击盗掘和走私文物活动的通知》。

6月23日　上海市文化局受文化部委托召开"科技成果授奖会",上海博物馆《东汉"水银沁"铜镜表面处理技术》《溴甲烷熏蒸剂在文物保护中的应用及废气治理》《微机在热释光测定年代中的应用》等4项科研成果,分别获文化部1985—1986年度科技成果一、二、三等奖。

6月24日　上海博物馆与天津图书馆合作编辑《康有为大同书》一书,获1986年中国图书荣誉奖。

6月26日　上海市文物保管委员会与市公安局联合召开"打击盗掘和走私文物有功人员给奖表彰大会"。

7月13日　中国驻联合国常设代表团参赞吴建民参观嘉定县博物馆。

9月29日至10月4日　上海博物馆与上海市人民对外友好协会、中国书法家协会上海分会联合举办"日本著名书法家村上三岛从事书法艺术六十周年书法展",上海市副市长刘振元出席开幕式。

10月11日　上海市人民政府印发《关于恢复上海市文物管理委员会名称及调整领导成员的通知》。

10月28日　上海博物馆为纪念建馆35周年,举办"渐江、石谿、八大山人、石涛绘画艺术国际学术讨论会"暨"清初四画僧精品展览"。国家文物局副局长庄敏到会致词,上海市副市长刘振元为开幕式剪彩。

11月17日　上海市人民政府公布上海市第四批文物保护单位和革命纪念地共17处。

12月1—14日　为纪念上海被批准为国家历史文化名城一周年,上海市文物保管委员会举行市级文物保护单位——天马山宋护珠塔修复工程验收仪式、黄道婆墓修复工程竣工仪式以及青浦县博物馆新馆落成揭幕仪式。

1988 年

1月13日　国务院公布第三批全国重点文物保护单位,其中上海有龙华革命烈士纪念地、松江唐经幢、徐光启墓3处。

2月1日　金山县文化局任命姚连根为金山县博物馆馆长。

3月5日　为纪念周恩来诞辰90周年,中国共产党代表团驻沪办事处纪念馆与上海革命历史博物馆筹备处联合举办"周恩来同志在上海"史料展。

3月14日　上海孙中山故居正式对外开放。

5月14日　上海宋庆龄故居正式对外开放。

5月14日、22日　苏联东方艺术博物馆馆长纳巴特奇科夫等分别到上海博物馆、青浦县博物馆进行访问交流。翌年9月14日,上海博物馆副馆长黄宣佩赴莫斯科回访交流。

5月23日　上海市文物保管委员会对金山县亭林古文化遗址进行抢救性发掘,发现多座良渚文化墓葬,出土一批新石器时代文物。

5月24日　嘉定县人民政府接受顾菊珍女士捐赠的顾维钧先生遗物40余件。

5月　上海博物馆根据美国纽约大都会艺术博物馆的请求出借一批上海市出土及馆藏的新石器时代文物共20件,供该馆作中国古代艺术陈列馆展览。1990年6月,该馆再次借展21件。两次借展期限均为一年。

6月9日　上海博物馆"藏品编目图像管理系统"通过技术鉴定,并获1988年度文化部科技进步四等奖和上海市文化局科技进步一等奖。

6月16日　上海博物馆应意大利米兰市文化局的邀请,赴意大利米兰举办"中国古代青铜器展览"。上海博物馆馆长马承源应邀出席开幕式,10月4日,转赴法国里昂展出。

7月1日　闸北革命史料陈列馆在共和新路1667号(闸北公园内)建成对外开放。

7月1—30日　中共一大会址纪念馆"群英结党救中华——中国共产党创建史"流动展览赴广州作首次巡展。后该展又先后赴湖南省长沙市、湖北省武汉市、四川省重庆市等展出。

7月11日　全国人大常委会副委员长、中福会主席黄华瞻仰参观宋庆龄故居,题词"宋庆龄伟大精神永远鼓舞人民前进"。

7月14日　"上海孙中山、宋庆龄故居和陵园管理委员会"在香山路9号甲挂牌。

9月15日　上海博物馆应联邦德国汉堡工艺美术博物馆邀请,到该馆举办"中国艺术——上海博物馆藏文物展"。副馆长黄宣佩出席开幕式并作学术演讲。

10月11日　上海市人民政府下达《恢复上海市文物管理委员会名称及调整领导成员的通知》。调整后的领导成员为：主任刘振元,副主任徐俊西、马承源(常务)、刘念劬。上海博物馆、中共一大会址纪念馆等6家单位由上海市文化局划归市文物管理委员会领导。

10月24日　长宁区革命文物陈列馆暨《布尔什维克》编辑部旧址修复竣工。

10月31日　中国社会主义青年团中央机关旧址维修工程竣工。1989年5月4日对外开放。

11月8日　上海博物馆"浸渗处理青铜器有害锈的研究"和"不测剂量的热释光断代技术"科研成果,分别获文化部科技进步二等奖和四等奖。

1989 年

1月13日　上海博物馆《文物保护与考古科学》编辑部组成,编委会主任马承源,编辑部主任张岚。6月创刊号出版。这是全国第一份文物保护与考古科学的学术刊物。

1月26日　上海市人民政府机关事务管理局决定,孙志远为宋庆龄故居管理处处长,刘国友为宋庆龄陵园管理处处长。

3月21日　上海市文物管理委员会决定上海历史文物陈列馆自1989年1月起施行独立建制。

3月28日　由国家文物局和上海复旦大学共同筹建的复旦大学"文物博物馆学院"正式成立。

4月20—25日　为纪念上海—大阪缔结友好城市15周年,上海博物馆与日本书艺院共同在日本大阪举办"上海博物馆所藏书迹名品展"。8月24日,在上海博物馆举办"上海、大阪书法交流展",上海市市长朱镕基、大阪市市长西屋正分别为展览题写贺词,并提供了作品。

5月4日　中国社会主义青年团中央机关旧址对外开放。旧址位于上海卢湾区淮海路渔阳里6号。

5月16日　上海市编制委员会批复"同意建立龙华烈士陵园(筹)"。筹建办公室主任由市民政局副局长许竞成兼任。

5月26日　上海革命历史博物馆筹备处、中共上海市委党史研究室等单位联合举办的"上海人民迎解放——纪念上海解放 40 周年史料展览"在上海美术馆开幕。

6月1日　上海博物馆中国陶瓷器陈列室改建竣工,举行开放仪式。上海市文物管理委员会领导张承宗、马承源,及美国、日本、澳大利亚等国驻上海领事等数十人出席仪式。

6月　中国考古学会在湖南省长沙市召开第四次年会。上海博物馆马承源、黄宣佩被选为理事。

7月1日　为纪念上海解放 40 周年,上海市文物管理委员会在上海海关举行上海人民保安队总指挥部旧址标志揭幕仪式。副市长刘振元、市文物管理委员会顾问张承宗等出席仪式并揭幕。

7月24日　上海博物馆和上海文艺出版社联合举行《上海博物馆藏宝录》出版新闻发布会。

8月7日　上海市文物管理委员会召开文物工作会议,传达贯彻全国文物工作会议精神。

9月9日　上海市文物管理委员会第一届委员、香港著名收藏家胡惠春将其存沪的宋钧窑月白釉尊、明宣德青花人物罐等 76 件珍贵文物捐赠给上海博物馆。为表彰其爱国热忱,上海市人民政府向胡氏家族颁发褒奖状;同时,授予胡惠春上海市文物管理委员会永久名誉委员的聘书。上海博物馆特为此举办"胡惠春先生、王华云女士捐赠瓷器珍品展"。

9月19日　由松江县人民政府协办、松江县博物馆参办的董其昌国际学术研讨会在松江县红楼宾馆召开。上海市副市长刘振元莅临松江致贺。

9月22日　上海博物馆举行夏衍捐献的珍品纳兰成德诗翰鉴赏会。1991 年 2 月 21 日,上海博物馆又举办"夏衍先生捐赠邮票鉴赏会"。

9月25日　上海市人民政府公布原汇丰银行大楼、和平饭店等 59 处近代优秀建筑为市文物保护单位。

9月　由陈云题额的张闻天故居修缮竣工,并作内部开放。

10月19日　中国左翼作家联盟成立大会会址纪念馆修复落成。中共上海市委副书记陈至立、"左联"成员夏征农、陈沂等出席落成仪式。

10月27日　上海市文物管理委员会成立上海市考古发掘资格初评组,组长马承源,副组长黄宣佩。

10月29日　中共一大会址纪念馆举办"中国共产主义运动的先驱——纪念李大钊 100 周年诞辰史料展览"。

10月　上海烈士陵园革命烈士史料陈列室新馆落成,并改名为上海革命烈士史料陈列馆。

12月1日　上海历史文物陈列馆在上海博物馆举办"上海历史景观展览"。

12月30日　上海市文物管理委员会任命姚庆雄兼任上海历史文物陈列馆馆长,俞乐滨为上海历史文物陈列馆副馆长。

1990 年

2月　上海博物馆"中国古代雕刻陈列室"改建后开放。

3月2日　中共上海市委书记、市长朱镕基参观嘉定县博物馆。

6月3日　"民族英雄陈化成殉职处"纪念碑在宝山区古炮台遗址落成。

7月6—31日　上海市文物管理委员会在上海博物馆举行"上海地区良渚文化学术讨论会"。来自北京、江苏、上海、浙江等地的专家、学者 30 多人参加会议。会议由黄宣佩主持,马承源致辞。"上海地区良渚文化展览"同时在上海博物馆展出。

7月25日　上海博物馆馆长马承源应英国剑桥大学李约瑟研究所邀请,赴英国伦敦参加第六届中国科学史国际会议,并发表《汉代青铜蒸馏器的考古考察和实验》的学术论文。

9月2日　上海市对外友好协会举行"接受日本书艺院捐赠上海博物馆书画陈列改建的3 000万日元目录礼单"交接仪式。

10月15日　中共中央总书记、中央军委主席江泽民为龙华烈士陵园纪念碑题词"丹心碧血为人民"。24日,前中央军委主席邓小平为龙华烈士陵园题写园名。次年2月22日,中央顾问委员会主任陈云为龙华烈士纪念馆题写馆名。

11月11日　龙华烈士陵园第一期工程正式开工。次年6月26日竣工。

11月12日　上海博物馆接受中国古文字研究会委托在江苏省太仓县召开"中国古文字研究会第八次年会"。

11月　中共上海市委书记吴邦国、市委副书记陈至立参观嘉定县博物馆。

11月至1991年1月15日　市文物管理委员会对青浦县大盈乡寺前村古文化遗址进行抢救性的发掘。

1991 年

1月7日　上海鲁迅纪念馆举行庆祝建馆40周年座谈会和"四十周年回顾展"。

1月　上海博物馆馆长马承源、副馆长汪庆正在香港收购了流散在境外的珍贵文物商晚期铜豆、西周康王保员簋、北朝石刻造像等18件。

2月5日　"胡阙文生平事迹展览暨胡阙文家属捐赠文物颁奖仪式"在嘉定县博物馆举行。全国政协副主席刘靖基及上海市有关领导参加。

2月11日　嘉定县博物馆的"嘉定古代历史陈列""嘉定竹刻艺术陈列"和"科举文物陈列"开放。

3月3日　上海鲁迅纪念馆举办"鲁迅版画展",副市长刘振元出席开幕式。

3月7日　上海宋庆龄故居经全面大修后对外开放。

3月15日　上海市人民政府公布嘉定镇、松江镇、南翔镇、朱家角镇为上海市第一批市级历史文化名镇。

3月24日　原上海市市长汪道涵参观嘉定县博物馆。

3月28日　国家文物局在上海博物馆召开全国博物馆工作会议,各省、自治区、直辖市博物馆主管部门的负责人及馆长84人出席。上海博物馆馆长马承源在会上介绍上海博物馆办馆经验。

4月25日　上海博物馆"中国明清书画展览"应邀到日本大阪、东京展出。

4月　宝山区文物保护管理所成立。

5月28日　为纪念宋庆龄名誉主席逝世10周年,上海宋庆龄故居举办"宋庆龄珍藏部分精品陈列"展览。翌日,上海宋庆龄研究会成立,主要宗旨是推动和繁荣上海地区的宋庆龄研究工作。会长由市政府顾问、上海宋庆龄基金会主席汪道涵担任,上海市政府秘书长万学远及杜淑贞、汪均益担任副会长,华平任秘书长。

同日　上海市文物管理委员会《上海文物博物馆志》编纂委员会成立,上海博物馆馆长马承源任主任,副馆长黄宣佩、李俊杰任副主任。

6月15日　为纪念中国共产党诞生70周年,上海革命历史博物馆筹备处与上海市文物管理委员会、上海档案馆和中共上海市委党史研究室联合举办的"中国共产党在上海"史料展览在上海博物馆开幕。

6月 青浦县文化局任命蔡雪源为青浦县博物馆馆长。

7月27日至8月10日 上海博物馆邀请范季融、朱儒明、杜维善、顾小绅等来自美国、英国、香港等国家和地区的"文物之友"40余人，赴甘肃、新疆等地参观考察。

7月 上海博物馆馆长马承源被选为第三届中国博物馆学会副理事长，丁义忠为理事。

8月21日 上海博物馆"中国历代书画陈列"改建后开放。陈至立、叶公琦、赵启正等有关部门领导和国内外同行近300人参加开幕典礼。

10月 上海博物馆聘请香港钱币收藏家杜维善为博物馆特别顾问。

11月 上海自然博物馆举行建馆35周年庆祝活动。

11月至1992年7月 市文物管理委员会对青浦县青龙塔进行纠偏加固，取得成功。

12月4日 上海自然博物馆"中国恐龙"展览在意大利特伦托自然博物馆展出。

同日 上海市人民政府机关事务管理局任命吴光祥为宋庆龄故居管理处处长。

12月5日 上海市人民政府公布《上海市优秀建筑保护管理办法》。1992年1月起执行。

12月18日 上海市市长黄菊、副市长倪天增视察上海博物馆。黄菊建议将上海博物馆新馆舍建造工程列入上海"八五"规划项目，作为上海市重点建设项目之一。

1992 年

1月12日 上海博物馆组建新馆舍筹建处，胡建中、李俊杰为正、副主任。同时组建筹款班子，由汪庆正负责国内外筹款活动。

2月5日 上海市市长黄菊参观嘉定县博物馆。

3月10日 为纪念中日邦交正常化20周年和上海博物馆建馆40周年，上海博物馆举办日本友人"殿村蓝田书法作品展"。

3月11日 上海鲁迅纪念馆、北京鲁迅纪念馆合编的《鲁迅辑校古籍手稿》一书获全国古籍整理图书奖三等奖。

3月30日 国家文物局副局长马自树参观嘉定县博物馆。

4月9日 上海博物馆和香港市政局联合主办的"上海博物馆馆藏良渚文化珍品展"在香港博物馆开幕，展览期间召开了"良渚文化研讨会"，上海博物馆副馆长黄宣佩出席开幕式并共同主持了研讨会。

4月17日 上海博物馆应中国文化交流中心要求，为"董其昌世纪展"提供馆藏藏品50件、辅助展品25件，赴美国堪萨斯城、洛杉矶、纽约三地展出。展览期间召开了"董其昌国际学术讨论会"，上海博物馆副馆长汪庆正、顾问谢稚柳等应邀出席。

4月30日 上海市文物管理委员会聘请香港中文大学教授张光裕为名誉顾问。

5月8日 上海市文物管理委员会与松江县政府联合成立松江西林塔修缮领导小组，由上海博物馆副馆长黄宣佩任组长。

5月27日 川沙县黄炎培故居经修缮复原后正式对外开放。

6月16日 宝山区人民政府在宝山区孔庙大成殿举行陈化成纪念馆开幕仪式。

6月 上海市人民政府公布第六批市级文物保护单位7处、纪念地7处。

7月10日　嘉定县文物管理委员会成立。

8月5日　上海市文物管理委员会调整部分组成成员，副市长刘振元兼文管委主任，徐俊西、马承源（常务）为副主任。杨堤、张承宗、裴先白、方行、陈植、谢稚柳为顾问。

8月19日　国务院副总理、外交部部长钱其琛参观嘉定县博物馆；20日，钱其琛到松江县视察方塔和朱舜水纪念堂。

8月20日　上海市文物管理委员会在上海鲁迅纪念馆举行上海市博物馆、纪念馆教育工作者讲解比赛。全市18个博物馆、纪念馆的22名讲解员参加比赛。

8月21—23日　由上海博物馆举办的"吴越地区青铜器研究座谈会"在沪举行。出席会议的有来自全国各地，包括港台地区和美国、英国、日本等国的著名学者37人。开幕式由陈佩芬主持，马承源致辞。

9月1日　为纪念中日邦交正常化20周年，上海鲁迅纪念馆举办"鲁迅与日本文物史料展"。

9月15—30日　由上海博物馆与上海市人民政府外事办公室、瑞典东印度公司"哥德堡号"基金会、哥德堡海洋博物馆、哥德堡历史博物馆联合举办的"沉船重现——瑞典东印度公司船只'哥德堡号'展"开幕，上海市副市长刘振元、瑞典文化大臣劳伦、哥德堡市市长斯卡格等出席开幕式。

9月25日　上海博物馆"中国钱币馆"在虹桥路1286号开馆，这是我国第一座钱币博物馆。馆中陈列中国历代钱币1.3万余件（枚、张），并辟有香港著名收藏家杜维善和夫人谭端言捐赠中亚古国金银币专室。中央顾问委员会常委陈丕显、国家文物局副局长彭卿云、上海市委副书记陈铁迪、副市长刘振元等出席开幕式。

9月28日　中国劳动组合书记部旧址陈列馆正式开放。

9月30日　韩国总统卢泰愚瞻仰大韩民国临时政府旧址（马当路306弄4号）。

9月　中共一大会址纪念馆举行建馆40周年活动，召开座谈会，同时展出"四十年回顾展"。

10月21—23日　"哥窑瓷器学术讨论会"在上海博物馆召开。应邀出席会议的有来自全国各地包括港台地区和美国、英国、日本等国的代表42人。汪庆正主持开幕式，马承源致辞。

11月6日　上海市人民政府机关事务管理局任命朱其招为孙中山故居管理处处长。

11月18日　上海地区第一座民办博物馆——四海壶具博物馆对外开放。馆址在兴国路321号。

11月　青浦县革命历史陈列馆在练塘镇开馆。

同月　海军上海博览馆开馆，主要陈列中国海军发展史。

12月3日　上海自然博物馆王惠基主持研究的《西藏海相中生代腹足类》、杨松年主持研究的《药用矿物的研究和开发》、王继筠主持研究的《我国自然博物馆的现状、结构及发展趋势》分别获1992年上海科学院科技进步奖二、三等奖。

12月　上海鲁迅纪念馆和江苏古籍出版社编纂《版画纪程》一书获中国第六届图书一等奖。

同月　上海博物馆为庆祝建馆40周年活动举办"四十年来成果展"，同时奖励谢稚柳、黄宣佩、汪庆正、陈佩芬、李俊杰、丁义忠、钟银兰、陈元生、朱淑仪9名有40年馆龄的老同志。

1993年

1月5日　上海自然博物馆"古人类史陈列"开幕。中共上海市委副书记陈铁迪、市人大常委会副主任谈家桢及北京自然博物馆代表等200余人出席开幕式。

1月6日　中共代表团驻沪办事处纪念馆"周恩来在上海"展览赴江苏省淮安市周恩来故居展出。副馆长蔡金法被选为淮安市周恩来研究会副会长。

1月11日　上海市文物管理委员会配合旧城区改造,在卢湾区打浦路工地清理明代古墓葬两座,发现明代干尸一具和玉器、金银器等文物12件。

1月12日　上海宋庆龄故居编印的《宋庆龄在上海》画册首发式在上海展览中心举行。

1月18日　为纪念宋庆龄诞辰100周年,中共中央政治局委员、上海市委书记吴邦国、上海市市长黄菊和市党、政、军领导及离退休老同志、宋庆龄在沪部分亲属和国际友人百余人,瞻仰宋庆龄陵园并献了花圈。

2月20日至5月20日　上海自然博物馆"中国恐龙展"在意大利罗马历史博物馆展出,常务副馆长何新桥出席开幕式。

3月15—19日　上海孙中山故居筹办的"孙中山先生生平事迹展"在上海鲁迅纪念馆展出。

4月10日　孙中山故居管理处和宋庆龄故居管理处被上海旅游优质服务办公室评为"1992年度上海市优质服务竞赛优胜单位"。

4月13日　大韩民国临时政府旧址正式对外开放。同日,韩国独立纪念馆馆长崔昌圭等8人为纪念韩国临时政府成立74周年,专程到此参观。

4月15日　上海博物馆副馆长汪庆正赴日出席有田陶瓷公园开幕式。同时访问佐贺资县立陶瓷文化馆。

4月　3795部队建筑工地民工挖出吴淞炮台铁炮一尊。炮身上有铭文"振远将军兼护两江总督江苏巡抚部院程矞采督造"。

5月4日　日本政府通过联合国教科文组织援助中国文物保护合作项目,认定援助上海博物馆5000万日元。

5月4日　上海市文物管理委员会任命潘君祥为上海市历史博物馆馆长。

5月17—19日　中共上海市委宣传部在太仓召开宣传系统史志工作会议,上海市文物管理委员会作了经验交流发言。

5月22日　上海博物馆聘请日本书艺院常任顾问村上三岛为上海博物馆特别顾问和特约研究员。

5月26日　保加利亚社会党全国最高委员会主席维德洛夫参观中共一大会址纪念馆。

同日　上海自然博物馆科研成果《獐的驯化养殖》获得上海科学院93年科技进步三等奖。

5月26—28日　上海孙中山故居、宋庆龄故居和陵园管理委员会、上海宋庆龄研究会、中福会、上海师范大学等联合举办"宋庆龄学术研讨会",近百人出席。

6月4日　联合国教科文组织驻中国代表武井士魂和日本驻华使馆文化参赞荒木喜代志,就日本政府通过联合国教科文组织援助中国文物保护合作项目访问上海博物馆,决定资助上海博物馆仪器设备。1994年6月,日本文部省捐赠的X射线荧光谱仪和X射线衍射分析仪运抵上海博物馆。

6月6日　宝山区文物保护管理所举行陈化成纪念馆建馆一周年庆祝活动,上海市和厦门市有关领导及陈化成族亲等60余人参加。同时,举办陈化成学术研讨会。

6月17日　复旦大学博物馆举办美国现代派艺术家波托亚夫妇和瑞蒙德·赖特联合画展。美国艺术家布利去塔瓦兰蒂娜波托亚和瑞蒙德·赖特专程来沪参加开幕式,并捐赠30余件作品。

6月20日　朵云轩首届书画拍卖会在上海静安希尔顿酒店成功举行,总成交830余万元,张大千《晚山看云图》、任伯年《花鸟草虫册》成交价逾百万元。

6月23日　文化部批准上海博物馆书画研究部副主任、研究馆员单国霖为1992年度文化部优秀青年专家。

6月24日　澳大利亚总理保罗·基廷参观上海博物馆陶瓷、青铜陈列室。

6月29日至11月7日　上海博物馆举办的"上海博物馆名品展"在日本东京国立博物馆、爱知县美术馆、福冈市美术馆先后展出。展品126件，其中宋元时期书画为中华人民共和国成立以来第一次在国外展出。馆长马承源、副馆长黄宣佩分别率队出席三地开幕式。国家文物局副局长马自树和日本前内阁总理大臣海部俊树、前文部大臣瀬户三男、文化厅长官内田以及日本各界著名人士1 000余人出席东京开幕式。

7月5—10日　青浦县博物馆对全县境内大部分乡镇开展文物古迹普查。

7月11日　上海博物馆与江苏省文化厅、浙江省文化厅联合举办首次"江浙沪中学生文物博物馆考察团"活动，三地中学生32人参加。

7月14日　上海市人民政府公布基督教慕尔堂、董家渡天主堂两处优秀近代建筑为市级文物保护单位。

7月29日　上海市副市长龚学平兼任上海市文物管理委员会主任。

7月　上海市文化局任命陈鹏担任上海文物商店经理。

8月24日　市文物管理委员会在嘉定召开区、县级优秀博物馆、优秀社会教育基地表彰会。文物管理委员会姚庆雄主持，黄宣佩致辞。嘉定县博物馆、张闻天故居纪念馆受表彰，并被推荐参加全国评比。

8月30日　上海博物馆新馆建设举行开工典礼，中共上海市委副书记陈至立、副市长龚学平及市委、市府老同志王一平、杨堤、张承宗等150余人出席典礼活动。

9月11日　上海自然博物馆接受澳大利亚维多利亚博物馆赠送的澳国珍稀特有动物鸭嘴兽标本一件。

9月16日至11月5日　上海博物馆51件青花瓷器赴日参加在日本佐贺县立九州陶瓷文化馆举办的"世界之青花展"。副馆长顾祥虞率团出席开幕式。

9月20日　国家文物局、上海博物馆联合举办的"1993中国文物精品展"在上海博物馆开幕。全国政协副主席苏步青、常委房维中、国务院副秘书长徐志坚、国家文物局局长张德勤、副市长龚学平和有关省、市文物博物馆领导及美国、英国、日本等国家和香港、台湾等地区来宾600余人出席开幕式，展览定于1994年3月20日结束。

9月　上海博物馆的青铜、陶瓷、书画等基本陈列因建新馆而关闭。

10月29日至11月28日　上海市历史博物馆参展的"横滨市与上海市关于都市形成历史共同研究纪念展览"在横滨市开港资料馆展出。

10月　西林塔（圆应塔）修缮工程开工，1994年11月15日竣工。总投资160万元，承建单位上海华亭营造公司。西林塔修缮工程中，在塔刹"宝瓶"夹层内及天宫中发现大量明清时期的文物。

11月13日　龙华烈士纪念馆陈列工作审定委员会会议召开。有关单位领导和专家出席审定会，讨论通过《龙华烈士纪念馆陈列工作总体方案》《龙华烈士纪念馆室外雕塑工作方案》。

同日　越南国家主席黎德英一行27人在上海市副市长沙麟陪同下瞻仰了上海宋庆龄故居。

11月　上海自然博物馆成立新馆规划办公室，负责人储保海。

12月1日　乌拉圭东岸共和国总统路易斯·阿尔韦托拉卡列参观"1993中国文物精品展"。

12月10日　豫园增建文物库房举行奠基典礼，同时展出"豫园藏文物、字画、瓷器展"。

12月13日　上海博物馆举行新馆建设捐款签字仪式，上海市市长黄菊、国家文物局局长张德勤等出席。香港北海集团有限公司徐展堂、天民楼基金会、香港敏求精舍、中协实业有限公司屈桂流、香港文化委员会主席何鸿卿，原IBM公司高级顾问范季融等分别在捐款协议书上签字。合计捐款290万美元。

12月15日　中共上海市委党史研究室、上海市文物管理委员会、上海市档案馆、中共一大会址纪念馆联合举办"毛泽东在上海——纪念毛泽东同志100周年诞辰图片史料展览"在一大会址纪念馆展厅展出。展出150余件珍贵照片、史料和实物。

12月20日　上海儿童博物馆工程破土动工。

1994 年

1月10日　嘉定博物馆被国家文物局评为1993年度"全国优秀社会教育基地"。

1月12日　青浦县文物管理委员会成立，张应魁为主任。

1月25日　市文物管理委员会在进行明松江西林塔修缮工程中，从地宫内出土了元明贴金银佛像、玉佛、银塔、舍利子等文物500余件。

2月15日　上海市人民政府批准将市工人文化宫等175处建筑列为优秀近代建筑保护单位。

2月20日　中共中央总书记、国家主席、中央军委主席江泽民为位于江苏路的中共中央上海局机关旧址题词："中共中央上海局旧址"、"开辟第二战线，配合解放上海"。

同日　上海鲁迅纪念馆与市档案馆、虹口区档案馆联合举办的"旧上海掠影——纪念上海开埠150周年照片档案展"在上海鲁迅纪念馆开幕。

3月3日　应墨西哥当代文化艺术中心的邀请，上海博物馆"古代青铜器展"赴墨西哥城展出，馆长马承源、副馆长陈佩芬出席开幕式。

3月22日　上海博物馆在新锦江大酒店举行香港著名人士叶仲午、陆宗霖、朱昌言、顾小坤、董慕节为新馆建设捐款仪式，所捐款项用于筹建中国古代书法馆。副市长龚学平出席捐赠仪式，并作了讲话。

3月26日　韩国总统金泳三参观大韩民国临时政府旧址。

4月9日　上海鲁迅纪念馆与日本"1930年代上海·鲁迅展"实行委员会合作举办的"鲁迅与木版画展"在日本东京都町田市立国际版画美术馆开幕。5月20日，该展又转至山梨县立美术馆继续展出，6月26日结束。

4月18日　为庆祝上海市和日本大阪市建立友好城市20周年，大阪市立美术馆在上海博物馆举办"大阪市立美术馆藏中国书画名品展（阿部藏品回归展）"。副市长龚学平出席开幕式。同年5月24日，上海博物馆在日本大阪市立美术馆举办"上海博物馆珍藏书画展"。馆长马承源、副馆长黄宣佩出席开幕式。

5月11日　为筹建新馆，上海博物馆正式迁出河南南路16号老馆舍。

5月12日　上海市历史博物馆、上海孙中山故居纪念馆、中共一大会址纪念馆、上海鲁迅纪念馆、豫园"点春堂"、海军上海博览馆被上海市政府命名为"上海市首批青少年教育基地"，并分别举行了揭牌仪式。

5月20日　奉贤县博物馆建成开馆。

5月23日　香港梁銶琚为上海博物馆新馆建设认捐300万港币,所捐款项用于筹建二楼展览厅。

5月24日　澳大利亚乌瑞尔郡友好代表团一行十五人参观金山县博物馆。

6月8日　市编制委员会同意将上海孙中山故居管理处和上海宋庆龄故居管理处分别更名为上海孙中山故居纪念馆和上海宋庆龄故居纪念馆。

6月28日　上海自然博物馆与新加坡雅乃木业有限公司联合举办的"瑰丽的海洋世界——活生物、观赏鱼、活珊瑚展"在自然博物馆展出。

6月　日本岩井(株式)公司无偿提供价值4 800万日元的X射线荧光分析仪和X射线衍射分析仪给上海博物馆用于文物保护工作。

7月1日　中共一大会址纪念馆举办"我们的总设计师邓小平图片展览",市委、市府领导陈至立、罗世谦、金炳华、龚学平莅临参观。

7月2日　上海市人民政府机关事务管理局任命辛永康为孙中山故居、宋庆龄故居和陵园管理委员会办公室主任。

7月4日　嘉定区法华塔维修工程领导小组成立,上海博物馆副馆长黄宣佩任组长。嘉定区区长王忠明任名誉组长。

7月26日　"孙中山铜像安置揭幕仪式"在上海孙中山故居举行。仪式由上海市政协副主席赵定玉主持,上海市政协主席陈铁迪为铜像揭幕。

7月　香港邵逸夫为上海博物馆新馆建设捐款50万美元,所捐款项用于筹建绘画馆。

8月15日　应台湾文物艺术品收藏家协会邀请,上海博物馆副馆长汪庆正赴台访问交流。在台期间,参观了台北故宫博物院、鸿禧美术馆及台湾历史博物馆,会见了台北故宫博物院院长秦孝仪,并与台湾的文物收藏家进行了学术交流。

8月16日至9月15日　上海市文物管理委员会对马桥古文化遗址进行第三次考古发掘。发现夏商时代马桥文化水井与墓葬等,出土了印纹红陶、泥质黑陶等文物。11月1日至1995年1月18日,又再次对该遗址进行发掘,出土铜斤等文物。

8月25日　应日本东亚文化交流史研究会邀请,上海自然博物馆常务副馆长何新桥、副研究员黄象洪赴日本东京进行学术交流活动。

9月13日至1995年2月12日　上海博物馆"中国六千年秘宝展"分别赴日本新潟市美术馆、北海道立带广美术馆、郡山市立美术馆展出。上海博物馆副馆长陈佩芬参加在新潟市美术馆举行的开幕式。

9月25日　上海市文物管理委员会和松江县博物馆联合举办的《西林塔文物珍品展》开展。上海市副市长龚学平,上海市文物管理委员会领导马承源、胡建中、黄宣佩以及日本福冈县客人等国内外来宾前来参观陈列。

9月28日　为加强上海市旧工艺品市场的文物监管工作,市文物管理委员会文物市场办公室与卢湾区工商行政管理局工艺品市场管理所、卢湾区公安局济南路派出所签订了《三方联合办公协议书》,建立浏河路工艺品市场联合办公制度。

9月29日　上海自然博物馆"中国历代古尸展"赴澳大利亚墨尔本展出,12月30日结束。次年3月17日,该展在澳大利亚悉尼展出。

10月19日至11月21日和1995年5月11日至6月11日　上海市文物管理委员会对崧泽古

文化遗址进行第四次发掘。发掘面积93平方米,共发现崧泽文化墓葬36座、马家浜文化墓葬1座,出土文物400余件。在崧泽文化考古中首次发现燎祭遗迹,将出现燎祭的年代推前了数百年。

10月21日　上海市历史博物馆举行开馆仪式,国家文物局党委副书记陈浩然、市文物管理委员会常务副主任马承源及社会各界人士200余人出席。该馆"近代上海城市发展历史陈列"同时开放。是日下午,上海国际友好城市纪念牌在上海市历史博物馆广场上举行落成揭牌仪式。

10月25日　上海宋庆龄故居纪念馆举行"宋庆龄汉白玉半身雕像揭幕仪式"。原全国人大常委会副委员长廖汉生为雕像揭幕,市人大常委会主任叶公琦、副市长龚学平等出席揭幕仪式。

同日　上海自然博物馆助理研究员曹丽琴主持研究的"红罗非鱼繁殖育种海水驯养及单性化实验的研究"获1994年上海科学院科学技术进步三等奖。

11月8日　澳大利亚维多利亚博物馆向上海自然博物馆赠送针鼹标本1件。

11月23日　由上海市历史博物馆主办的"沿江、沿海部分省市历史博物馆陈列研讨会"在该馆举行。来自江苏、浙江等16个省、市博物馆的20位领导、专家出席研讨会。

11月26日　北京市对外文化交流协会、上海市人民政府新闻办公室、中国金币总公司、新加坡钱币学会和新加坡泰邮标钱币公司联合主办的"新加坡钱币文化展"在上海自然博物馆展出,12月4日结束。

11月27日　应佳士得国际有限公司邀请,上海博物馆馆长马承源、副馆长汪庆正赴美国纽约考察文物市场和文物保护情况。

12月1日　金山县博物馆《金山古文化陈列》举行开放揭幕仪式。原中共上海市委领导杨堤和中共金山县委副书记沈振新为陈列揭幕。

12月8日　上海市文物管理委员会在松江举行上海列为国家历史文化名城8周年纪念暨松江西林塔修复竣工典礼。

12月16日　中共上海市委副书记王力平,市委常委、市公安局局长朱达人,市消防局局长徐耀标视察上海自然博物馆防火情况,并召开现场会。王力平要求上海自然博物馆迅速采取整改措施,落实安全责任制,防止火灾发生。

12月20日　《南方青铜器》编撰会在上海博物馆举行。马承源、陈佩芬、陈公柔、彭适凡等11人出席。代表们就上海博物馆近年来从海外抢救回归的青铜器及其他文物进行了讨论。

12月25日　上海博物馆祝鸿范研究员主持研究的"出土铁器文物脱盐缓蚀保护研究"获国家文物局文物科技进步一等奖,陈元生研究员主持研究的"史前漆膜分析鉴定研究"获三等奖。

12月26日　上海市文物管理委员会在马桥古文化遗址发掘现场举行成果展示会。

1995 年

1月16日　上海博物馆、陕西省文物局、浙江省文物局共同举办的"中国越窑秘色瓷学术讨论会"在上海博物馆召开。国内外有关专家、学者及文物收藏家40余人参加讨论会。

1月26—31日　上海市文管委派专家对法华塔地宫进行清理挖掘,先后发现明代和宋末元初两下地室,出土一批珍贵文物。

2月1日　应瑞典哥德堡罗斯工艺美术博物馆的邀请,"上海博物馆藏中国古代艺术展"赴瑞典哥德堡展出。上海博物馆馆长马承源出席开幕式,展览于4月30日结束。

2月6日　上海市人民政府发布《上海市文物市场管理办法》,4月1日起实施。

3月6—8日　上海市文物管理委员会在青浦县沈巷镇张马村西、泖河中央太阳岛上发现泖塔古文化遗址,并作了试掘。同月27日至30日,再次对该遗址进行发掘,出土了马桥文化与春秋战国时代的有段石锛、陶片等文物。

3月16日　刘海粟美术馆举行开馆仪式,馆址在虹桥路1660号。中共上海市委副书记陈至立、上海市政协主席陈铁迪出席,市委常委、宣传部部长金炳华致辞。

同日　美国翟克诚爵士为上海博物馆新馆建设捐款50万美元,所捐款项用于筹建少数民族工艺馆。

3月22日　上海市历史博物馆主办的"海上寻梦——近代上海服饰大观文物文献展"在该馆开幕,市府副秘书长周慕尧出席开幕式。该展览为1995年上海服装节活动的一部分。

3月25日　上海市机关事务管理局任命黄步洲为上海孙中山故居纪念馆馆长。

3月27日　美国STARR基金会为上海博物馆新馆建设认捐85万美元,所捐款项用于筹建钱币馆。

3月　青浦县博物馆与中国革命博物馆联合举办《世界各国赠给毛泽东、周恩来、邓小平等的稀世珍宝展》。展品来自世界五大洲90多个国家和地区,共150件。

4月4日　美国林秀槐为上海博物馆新馆建设认捐20万美元,所捐款项用于书画装裱研究室的筹建。

4月20日　中共中央政治局常委、国务院总理李鹏在上海市委书记黄菊等陪同下赴龙华烈士陵园祭扫。

4月21日　上海博物馆与日本朝日新闻社、日本国有田VOC株式会社联合举办的"上海博物馆珍藏·中国陶瓷名品展"在日本佐贺县有田町内的陶瓷公园展出,上海博物馆副馆长黄宣佩出席开幕式。展览在10月10日结束。

5月　上海自然博物馆编辑的《世界自然博物馆信息》创刊。

6月5日　美国通用汽车公司副总裁杨雪兰为上海博物馆新馆建设认捐15万美元,用于筹建新馆休息厅。

6月8日　香港何鸿章捐赠上海博物馆新馆贵宾室30万美元装修资金仪式在上海博物馆新馆举行。中共上海市委常委、宣传部部长金炳华,市府副秘书长周慕尧和各界人士150多人参加捐赠仪式。

6月11日　日本大日本印刷株式会社赠送价值5万美元的HDG设备给上海博物馆,用于对文物数码资料和影像资料进行整理开发。

6月23日　上海博物馆与法国纳瓦拉美术馆联合举办法国著名雕塑家贝纳·维尼的"不定型线条雕塑展",副市长龚学平及各界人士200多人出席开幕式。

6月30日　中共一大会址纪念馆被团中央命名为"全国青少年教育基地"并举行挂牌揭幕仪式。

7月1日　上海市龙华烈士陵园正式对外开放。

7月4日　上海市新闻出版局任命倪墨炎为韬奋纪念馆馆长。

7月14日　松江李塔修缮领导小组成立,黄宣佩任组长。

7月　上海市文物管理委员会完成对上海市文物建筑的普查工作,并在全市137处市级以上文物保护单位设立了说明标志。

8月1日　应台中自然科学博物馆的邀请,"上海博物馆藏中国古代青铜器展"赴台湾展出,上海博物馆新馆筹建处主任胡建中、副馆长陈佩芬出席开幕式。展览持续至11月7日。

8月11日　上海博物馆举行村上三岛、谢稚柳为筹建上海博物馆新馆赠款仪式。上海博物馆向两位先生颁发感谢状,市政府副秘书长周慕尧出席并讲话。

8月13日　上海市文物管理委员会与宝山区人民政府联合举办的抗日纪念地点"姚子青营抗日牺牲处"的揭碑仪式在宝山临江公园内举行,副市长龚学平题写碑文并揭碑。

8月15日　中共上海市委宣传部、市委党史研究室、市档案局主办,市档案馆、中共一大会址纪念馆承办的"抗日战争与上海——纪念抗日战争胜利50周年图片展览"在上海美术馆开幕。中共上海市委副书记陈至立、市委宣传部部长金炳华、副市长龚学平等参加开幕式。

8月29日　上海自然博物馆主办的"中国恐龙展"在日本群马县草津渲泉爬虫类公园开幕,副馆长宗愉出席开幕式。

8月　上海市文物管理委员会在奉贤县南桥西南江海乡发现一处古文化遗址,采集到许多自良渚文化到战国时代的陶片、骨器等文物。

9月8日　应澳门市政厅的邀请,上海博物馆"中国千年佛像展"赴澳门展出,副馆长陈佩芬、王仁波出席开幕式。

9月12日　上海吴昌硕纪念馆开馆仪式在华夏八景园举行,市委副书记龚学平、副市长顾传训出席。

9月13日　上海市文物博物馆学会成立,马承源为理事长。

9月30日　外滩历史纪念馆正式对外开放,馆址在外滩陈毅广场。

10月9日　上海自然博物馆与上海艺术研究所联合举办的"中国五千年服饰展"在自然博物馆开幕。

10月26日　大境阁修复并开放迎客,同时举办"老城厢史迹展"开幕仪式,副市长龚学平出席。

10月　上海市文物管理委员会对青浦泖塔进行修缮,施工队伍开始进场。

11月10日　静安古寺设立文物楼,展出历代书画、瓷器、文房四宝等各类文物314件。

12月2日　越南共产党中央总书记杜梅一行在中共上海市委书记黄菊陪同下瞻仰宋庆龄故居。

同日　为配合李塔修缮工作,上海市文物管理委员会对李塔地宫进行发掘,出土铁塔、料器豆、银舍利塔、银造像等明代文物70件。

12月26日　上海市文物管理委员会在上海博物馆新馆召开全体委员会议,并参观了青铜、陶瓷、雕刻3个陈列馆。

12月27日　香港实业家何鸿章捐赠春秋晚期吴王夫差盉仪式在上海博物馆新馆举行。副市长龚学平、国家文物局局长张德勤及有关人士100余人出席。

12月29日　崇明县教科文委员会发文任命李青舫为崇明县博物馆馆长。

12月30日　上海博物馆新馆局部建成并试行开放,副市长龚学平参观陈列并会见工程总指挥、市重大工程建设办公室及参加新馆工程建设的各设计、施工、安装单位的领导。

1996 年

1月9日　上海博物馆举行美籍华人许骧夫人捐赠字画仪式。95岁高龄的许张继英将珍藏的明清书画10件捐赠给上海博物馆。市人大常委会主任叶公琦、副市长龚学平出席捐赠仪式。

1月10日　全国人大常委会副委员长王光英参观上海博物馆新馆。

1月12日　中共一大会址纪念馆荣获国家文物局"一九九五年度全国文物系统优秀爱国主义教育基地"的称号。

1月25日　上海自然博物馆与北京民族文化宫等单位联合举办的《达赖、班禅敬献中央政府礼品展览》开幕。市人大常委会副主任、自博馆长谈家桢为展览剪彩,市委统战部副部长陶人观、市民委主任哈宝信等领导出席开幕式。

1月30日　上海科技城建设专题会议召开,审议通过了上海科技城"三馆合一"的建设方案以及总体布局、建设用地、建设资金、组织机构等若干重大事宜。

1月　上海市文物管理委员会接受海内外爱国人士捐赠文物81件,征集收购文物46件,共127件,入藏上海博物馆。其中极大部分属于珍贵文物。

同月　荣获首届"'95上海国际服装文化节'中华杯'全国服装设计大赛"金奖的"欧亚风情"现代服饰系列作品,由作者赵玉峰捐赠给了上海市历史博物馆。上海市副市长龚学平,市委副秘书长姜光裕,市府办公厅副主任夏钟善、上海市文物管理委员会常务副主任马承源等出席捐赠仪式。

2月1—10日　上海市历史博物馆与上海市人民政府新闻办公室等单位联合举办的"'阔步走向新世纪'大型图片模型展览"在上海展览中心展出。展览通过130余幅珍贵历史照片,介绍了上海6000年的文明发展史,将上海过去的历史、今天的成就和未来的蓝图向观众作了系统的展示。

2月7日　上海市文物管理委员会鉴于上海市政协委员、市人大代表呼吁"重建上海鲁迅纪念馆"的提案和书面意见,向市政府报送"关于改建、扩建上海鲁迅纪念馆的请示"。

2月28日　国务委员、国务院副总理邹家华赴龙华烈士陵园祭扫。

3月4日　上海市文物管理委员会向市委宣传部报送《关于在"九·五"期间新建上海市历史博物馆的请示》。

同日　上海市计划委员会批复同意上海科技城项目立项《沪计科(1996)08号文》。

3月12日　上海市政府决定,冯国勤兼任上海孙中山故居、宋庆龄故居和陵园管理委员会主任。

3—9月　上海自然博物馆与日本国立科学博物馆的专业人员开展联合考察。分4批前往南麂岛、凤阳山——百山祖、西天目山、大别山进行生物采集考察,获取了大量的动植物标本。

4月1日　中共中央政治局常委、全国政协主席李瑞环在市委副书记陈至立、市委常委朱达人、市府秘书长周慕尧陪同下参观上海博物馆新馆。

4月4日　为纪念中奥建交25周年,由上海社科院、奥中友协和上海市历史博物馆联合主办的"中国人民的伟大朋友——罗生特大夫生平事迹展览会"在上海市历史博物馆开幕,副市长谢丽娟、奥地利对华交流协会会长卡明斯基等参加开幕式。

4月8日　上海交通大学校史博物馆在纪念交大校庆100周年之际举行开馆仪式。4月29日中共中央总书记、国家主席、中央军委主席江泽民视察了交大校史博物馆并题写馆名。

4月19日　"嘉定法华塔征集藏品、募捐集资义演文艺演出"在嘉定体育馆举行,收到各项捐款58.6万元,至年底,共收到募捐款162万元。

4月25日　中共中央政治局委员、国务院副总理、外交部部长钱其琛参观上海博物馆新馆,市人大常委会副主任沙麟陪同。

4月30日　江泽民在市委书记黄菊、市长徐匡迪陪同下参观上海博物馆新馆,同时鉴赏库藏书画,并题词"国之瑰宝"。

5月3日　国家副主席荣毅仁在市委、市政府领导陪同下参观上海博物馆新馆,鉴赏库藏书画、玉器,并题词"百代遗珍,华夏之英"。

5月26日　全国政协副主席吴学谦在市政协副主席赵定玉陪同下参观上海博物馆新馆。

5月29日　上海儿童博物馆举行开馆仪式。上海市委常委、宣传部部长金炳华,副市长左焕琛等300余人出席开幕式。

5—11月　上海市文物管理委员会考古部在郊县奉贤江海镇西侧新发现一处古文化遗址,并进行了三次发掘。5月,第一次探掘,发现了距今约四千多年的良渚文化墓葬。6月至7月对江海遗址被压于路基下的部分第二次考古发掘,又发现马桥文化陶窑一座以及出土斧、锛、凿等石器30余件。11月,第三次发掘,发现了良渚文化时期的玉方形锥器、长三角形石犁等重要文物。

6月4日　中共中央政治局委员、国务院副总理吴邦国在市委副书记陈至立陪同下参观上海博物馆新馆,并鉴赏库藏书画。

6月10日　中共中央政治局常委、国务院总理朱镕基在市委书记黄菊、市长徐匡迪、副市长龚学平陪同下参观上海博物馆新馆,并鉴赏库藏书画。

6月15日　上海博物馆特辟的香港胡惠春捐赠陶瓷专馆——"暂得楼陶瓷馆"对外展出。

6月20日　上海博物馆举行"庄氏珍藏明清家具捐赠签字仪式",副市长龚学平出席捐赠仪式。

6月22日　中共代表团驻沪办事处举行50周年纪念活动暨"我心目中的周公馆"全市中、小学生征文比赛活动颁奖仪式。中共上海市委宣传部副部长方全林、共青团上海市委副书记韦源、上海市文物管理委员会常务副主任马承源等一百余人参加活动。

6月　"中国科举文物展"首次赴广州农民运动讲习所(番禺学宫)展出,开启全国巡展第一站。

8月16日　上海市人民政府公布《上海市文物市场管理办法》。

9月24日　由上海市委宣传部主办、上海市历史博物馆承办的"红军不怕远征难——纪念中国工农红军长征胜利60周年图片展览"在上海市历史博物馆开展。展览共展出了224张历史图片、49件红军长征的文物,以及段德彰等部分红军老战士捐赠的30多件革命文物。图片展于11月24日结束,参观的中外人士达82 254人次。

9月25日至10月15日　为纪念鲁迅诞辰115周年,上海鲁迅纪念馆举办《馆藏美术品展》。

10月12日　位于市中心人民广场的上海博物馆新馆正式开馆,11个陈列馆和3个展览厅全部对外开放。中共中央政治局委员、上海市市委书记黄菊,上海市市长徐匡迪,上海市人大常委会主任叶公琦,上海市政协主席陈铁迪,国家文物局局长张文彬,以及热心赞助人、国内外文博界知名人士2 000余人参加开馆仪式。黄菊、徐匡迪为新馆开馆揭牌。

10月19日　上海市文物管理委员会、上海自然博物馆联合举办,松江县博物馆承办的"上海出土文物与史迹展"在松江县博物馆展出。

同日　时值鲁迅逝世60周年纪念日,由中国作协、中国鲁迅研究会、上海市作协、市文联和上海鲁迅纪念馆联合举办鲁迅纪念活动。主要活动有:纪念大会及祭扫鲁迅墓、"不朽的民族魂——鲁迅逝世60周年纪念展"、全国鲁迅研究学术研讨会等。

11月9日　原国家主席杨尚昆在市委副书记陈至立陪同下参观上海博物馆。

11月28日　西藏日喀则地委和地区行署向上海博物馆赠送了两件古代藏传鎏金佛像。上海市副市长左焕琛和以西藏自治区党委常委、日喀则地委书记桑珠为团长的日喀则地区党政代表全体成员出席赠送仪式。

11月30日　"上海市第二批青少年教育基地命名、揭牌仪式"在上海博物馆举行。市委副书记陈至立,市委常委、宣传部部长金炳华,副市长龚学平等出席仪式。此次被命名为青少年教育基地的有上海博物馆、外滩历史纪念馆、宋庆龄故居等14个单位。至此,上海由市政府命名的青少年教育基地已达34个。

12月6日　上海市文物管理委员会和嘉定区人民政府在嘉定举行法华塔修缮竣工典礼暨纪念国务院命名上海为国家历史文化名城十周年,上海市人民政府命名嘉定为上海历史文化名镇五周年庆典活动。副市长龚学平、市委宣传部副部长兼文管委副主任方全林、市府老领导杨堤等参加仪式。修缮过程中,在塔心室底下发现明代和宋末元初两个地宫并清理出一批珍贵文物。

12月7日　由上海市文物管理委员会主办,上海市历史博物馆承办的《上海六千年》大型文物展览在上海市历史博物馆开幕。展览从上海博物馆、上海市历史博物馆、中共一大会址纪念馆、鲁迅纪念馆等文博单位遴选展品300余件进行展出。

12月22日　由上海博物馆和伦敦玛勃洛画廊合作举办的《陈逸飞回顾展》在上海博物馆展出,这是陈逸飞绘画作品首次在大陆展出。市委副书记陈至立,市委常委、宣传部部长金炳华,副市长沙麟、龚学平等参加开幕式。展览持续到1997年1月19日。

12月27日　上海大学文学院文物考古研究中心成立。

12月30日　国务院副总理邹家华在市委副书记陈至立、市府秘书长周慕尧陪同下参观上海博物馆,并题词"国家之瑰宝,民族的骄傲"。

同年　根据市府专题会议精神,由谢希德院士为主任,叶叔华、谈家桢、杨福家、翁史烈等20多位著名科学家组成的专家委员会成立,指导上海科技城的内容设计和布局工作。

1997年

1月12日　中共中央政治局常委、全国人大常委会委员长乔石在上海市副市长龚学平陪同下参观上海博物馆。

同日　日本大阪市国际交流株式会社辻田顺一、京都大学地下文物研究会五十川神矢等12人参观青浦县博物馆。

2月3日　上海市政府发文,周慕尧兼任上海孙中山故居、宋庆龄故居和陵园管理委员会主任。

3月28日　美国副总统戈尔一行在上海市市长徐匡迪的陪同下到上海博物馆参观。

3月　上海博物馆新馆建设荣获1996年上海市建筑工程最高荣誉——"白玉兰"优质建筑工程奖;12月,又荣获1997年度"中国建筑工程鲁班奖",属国家级优秀工程奖。另获有"上海优秀设计一等奖""全国建筑创作奖"以及"美国洛克菲勒奖"3项大奖。

4月1日　国务院副总理邹家华赴龙华烈士陵园祭扫。

4月5日　泰国总理差瓦力·永猜裕由铁道部部长韩杼滨、上海市副市长冯国勤陪同参观上海博物馆。

4月8日　中共中央政治局常委、国务院总理李鹏在上海市委书记黄菊、市委副书记陈至立的陪同下到上海博物馆参观。

4月17日　俄罗斯国防部长罗季奥罗夫由中央军委副主席迟浩田陪同到上海博物馆参观。

4月24日　国务院副总理谷牧在上海市委副秘书长王仲伟、市委原副秘书长王一平陪同下参观上海博物馆。

4月　嘉定博物馆为了提高和改善藏品管理,建成电脑网络并开通使用,开创了全国县级博物馆使用电脑管理的先例。

5月8日　上海儿童博物馆列为上海首批22家科普教育基地之一。

5月9—16日　上海博物馆举办"过云楼捐赠书画回顾展",以纪念和弘扬顾公雄、沈同樾夫妇的爱国主义精神。

5月11日　联合国秘书长科菲·安南夫妇在上海市副市长赵启正陪同下参观上海博物馆。

5月12日　系统反映百年来上海自来水业发展历史的上海市城市自来水发展史展览馆落成揭幕。

5月18日　法国总统雅克·希拉克在上海市市长徐匡迪陪同下到上海博物馆参观。希拉克总统对中国历史和文化颇有研究,对青铜器很感兴趣。参观后,希拉克总统邀请马承源馆长访问巴黎。

5月20日　中共中央政治局委员、中央书记处书记、中宣部部长丁关根在上海市委副书记陈至立,市委常委、市委宣传部部长金炳华陪同下到上海博物馆参观。

5月27日　龙华烈士纪念馆举行开馆仪式。中共中央政治局委员、上海市委书记黄菊为纪念馆落成开馆揭幕。

5月29日　为纪念宋庆龄逝世16周年,宋庆龄文物馆开馆仪式在上海宋庆龄故居举行。上海市委副书记孟建柱、市人大常委会主任叶公琦、副市长赵启正、市政协副主席谢丽娟、宋庆龄研究会会长汪道涵等参加开馆仪式。

5—7月　中共代表团驻沪办事处纪念馆与天津周恩来青年时期在津革命活动纪念馆在周公馆联合举办"青年周恩来业迹展"。

6月5日至7月10日　为迎接7月1日香港回归祖国,也为庆祝中国共产党建党76周年,中共一大会址纪念馆举办"迎接香港回归祖国图片展"。展览共接待观众22465人。

6月6—14日　上海市历史博物馆馆长潘君祥应法国国立第三大学(东方语言文化学院)之邀访问巴黎,为法国研究中国、研究上海的学者作了题为《近代上海都市发展和都市历史陈列》的学术报告。

6月6日　上海自然博物馆馆长助理钱之广等3人出席在台湾举行的上海自然博物馆赠送给台湾自然科学博物馆鸟类标本的捐赠仪式。自博此次共捐赠鸟类标本24种48件,并与台湾自然科学博物馆联合举办"台湾特有鸟类展"。

6月10日　中共中央宣传部公布了全国百家爱国主义教育示范基地。上海的中共一大会址纪念馆、上海龙华烈士陵园、宋庆龄陵园、上海博物馆4处场馆名列其中。

同日　由上海孙中山故居纪念馆、上海宋庆龄故居纪念馆联合主办的"孙中山宋庆龄生平史料展览"在上海青年文化活动中心开幕。

6月11日　上海博物馆举行子仲姜盘捐赠仪式。子仲姜盘是香港太阳集团有限公司董事会主席叶肇夫以重金购得捐赠给国家。出席捐赠仪式的有上海市副市长龚学平、国家文物局副局长董保华、上海市侨办主任袁采等100余人。上海市政府和国家文物局向叶肇夫颁发了奖状和捐赠证书。

6月27日至9月15日　"西方现代艺术精粹·纽约古根海姆博物馆珍藏展"在上海博物馆展出。

7月15日　中共一大会址纪念馆在该馆专题陈列室举办"中华人民共和国元帅图片史料展"。展览于8月15日在该馆结束,之后又到上海武警总队一支队、二支队及海军3757部队巡回展出,共接待观众14 000多人次。

7月20日　位于卢湾区的徐家汇路肇周路附近的李惠利中学,在新建教学楼工程中发现了一批明清家族墓群。

7月22日　上海市文物管理委员会主编的《上海文物博物馆志》举行首发式。该志以中华人民共和国成立以来的上海文物、博物馆事业为主,上限追溯事物之发端,下限至1995年。

7月23日　上海博物馆馆长马承源赴美国接受约翰·D·洛克菲勒奖。美国亚洲文化委员会为表彰马承源为建设上海博物馆新馆所做的杰出贡献和在学术研究中取得的成果,决定将1996—1997年度的亚洲文化协会洛克菲勒三世奖颁发给他。该奖创建于1986年,马承源是第九位获奖者,也是第一位获该奖的中国学者。

7月24日至9月10日　为纪念中国人民解放军建军70周年,由上海市委宣传部主办、上海市历史博物馆、"八一"南昌起义纪念馆和井冈山革命博物馆承办的"中国革命之路——'八一'南昌起义、井冈山革命根据地创建70周年图片展览"在上海市历史博物馆展出。中共上海市委副书记陈至立,市委常委、宣传部部长金炳华,井冈山市委副书记游会龙,井冈山革命博物馆馆长黄永荣及各界人士200余人出席开幕式。

7月31日　全国政协副主席叶选平由上海市政协主席陈铁迪陪同到上海博物馆参观。

8月1日至1998年2月1日　上海博物馆和台湾台中自然科学博物馆文教基金会共同举办的"五千年前长江古文明——良渚文化特展(上海博物馆珍藏)"在台中自然科学博物馆展出。上海博物馆提供96件/组文物和4组模型。

10月8日　由中华人民共和国第八届运动会组委会主办、上海市历史博物馆、上海图书馆、中国体育博物馆承办的《中华百年体育回顾展》在上海体育场开幕。上海市副市长龚学平、市体委主任金永昌、市文物管理委员会常务副主任马承源等参加开幕式。该展览在10月8日至24日展出的期间,观众达14万人。

10月12日　为配合第八届全国运动会召开,由国家体委、中国奥委会、中国美术家协会、第八届全运会组委会联合主办的"第四届全国体育美术展"在上海博物馆开幕,500多人出席开幕式。国务委员、国家体改办主任李铁映,国家体委主任伍绍祖,国际奥委会主席萨马兰奇,上海市市长徐匡迪及中国美术家协会主席华君武为展览剪彩。

10月18—26日　为迎接上海旅游节,更好地拓展文物艺术市场,由上海文物商店主办、上海古玩有限公司协办的"1997年上海首届全国文物艺术品展销会"在城隍珠宝总汇举行。中国国家文物流通协调中心负责人范世民、上海文物管理委员会常务副主任马承源为开幕式揭幕。

10月19日　上海鲁迅纪念馆与上海信息世界有限公司合作的"中华民族魂——鲁迅"信息库举行开通仪式。上海市邮电局、上海市文物管理委员会有关领导和学术界、图博界人士出席开通仪式。

10月24日至1998年1月4日　上海博物馆与香港中文大学文物馆联合举办的"紫泥清韵——陈鸣远紫砂陶器研究展"在香港展出。国家文物局副局长张柏与由上海博物馆副馆长汪庆正带领的上海博物馆代表团出席开幕式。

10月26日至11月6日　上海博物馆与挪威王国驻上海领事馆、挪威蒙克博物馆联合举办"蒙克画展",挪威国王哈拉尔五世为展览开幕剪彩致贺。

11月3日　为配合上海"97旅游年",承德市避暑山庄博物馆举办的"清代帝后宫廷文物珍品展"在上海豫园举行开幕式。河北省文物局局长张立柱、承德市副市长于素伟、上海市人大常委会副主任孙贵璋出席开幕式。

11月7日　全国人大常委会副委员长田纪云参观上海博物馆,上海市委副书记龚学平陪同。

11月9日　中共中央政治局常委、书记处书记胡锦涛参观上海博物馆,上海市市长徐匡迪、市委副书记龚学平陪同。

11月21日　《上海历史货币汇展》在上海市历史博物馆举行开幕式。该展由中国金币总公司、中国钱币博物馆、中国人民银行上海市分行和本馆主办,上海造币厂、上海印钞厂、上海钱币学会协办,为1997年上海国际邮票钱币博览会的活动内容之一。

11月27日　上海博物馆举办"辽宁省博物馆藏中国古代书画珍品暨古今书画真伪作品展"。展览持续到1998年2月1日。

12月4日　上海博物馆的"中国青铜时代陶范铸造技术研究"和上海博物馆、上海材料研究所、宝钢钢铁研究所合作的"东周铜兵器菱形纹饰技术研究"两个课题研究报告,通过上海市科学技术委员会的技术鉴定,被认为达到了国际领先水平。

12月11日　上海市文物管理委员会和崇明县政府联合在崇明学宫举行纪念上海命名为国家历史文化名城11周年暨崇明学宫大成殿修复竣工典礼。

12月29日　在松江县博物馆举行"纪念松江博物馆建馆四十周年"仪式,松江县各界和上海市文物管理委员会以及区、县文博界来宾100余人出席仪式。

12月　历时6年编纂,第一部全面介绍上海文物博物馆事业的史志著作《上海文物博物馆志》出版。

同年　上海浦东发展银行获得全国重点文物保护单位——原汇丰银行大厦的使用权。该行在委托上海建筑装饰集团对大厦内部进行清理复原时,发现33副巨大的彩色马赛克壁画。

同年　上海鲁迅纪念馆新辟"朝华文库"。著名出版家赵家璧成为该库个人专库第一人。"朝华文库"系鲁迅纪念馆为保护文化遗产新建的集收藏、展示、研究为一体的名人书稿馆,将收藏鲁迅友人、同时代人及著名鲁迅研究专家的藏书与文稿。

1998 年

1月2日　共青团上海市委在上海博物馆举行"上海青年志愿者'节日献真情、新年送新风'服务活动暨青年志愿者服务示范基地揭牌仪式"。"青年志愿者服务示范基地"由团中央、中国青年志愿者协会命名,上海博物馆是上海市第一个国家级、全国首批十个"青年志愿者服务示范基地"之一。

1月22日　上海市人民政府机关事务管理局任命孙娟娟为上海孙中山故居纪念馆馆长,伍伯容为上海宋庆龄故居纪念馆馆长。

1月29日　上海自然博物馆举办"虎年说虎"展览。

2月25日　由中共上海市委宣传部主办,中国共产党代表团驻沪办事处纪念馆、天津周恩来纪念馆、宋庆龄陵园管理处协办的"纪念周恩来诞辰一百周年图片展"在宋庆龄陵园揭幕。中共上海市委副书记龚学平和市委常委、宣传部部长金炳华出席开幕式。

2月27日至4月19日　作为"98中国国际美术年"系列展之一的"意大利美第奇家族藏品展"在上海博物馆展出。此展由中华人民共和国文化部和意大利共和国外交部主办。上海市副市长周慕尧、意大利驻华大使夸罗尼等300余人出席开幕式。此次展出的是美第奇家族庞大收藏中的一部分,包括绘画、雕刻、家具、工艺美术品等120件展品。

3月1日　由共青团上海市委、中共代表团驻沪办事处纪念馆和上海市红领巾理事会联合举办的上海市少先队纪念周恩来百年诞辰暨周恩来塑像落成揭幕仪式在周公馆举行。

3月14—17日　应国家文物局邀请,美国时代华纳公司前总裁夫人柯尼·罗斯来沪访问。16日　罗斯夫人代表罗斯基金会和上海博物馆馆长马承源签署向上海博物馆捐助100万美元建设多媒体报告厅的意向书。国家文物局局长张文彬、上海市府副秘书长殷一璀和上海文化界、教育界有关人士共60余人出席。

3月19—20日　为贯彻落实全国文物局长会议精神,1998年上海市文物工作座谈会在浦东新区召开。会议由上海市文物管理委员会主持,上海各区县文化局及文博单位、上海市文物管理委员会直属单位共42名代表参加座谈讨论。

3月25日　国家文物局古建筑专家组组长、中国文物学会会长罗哲文考察青浦县白鹤镇青龙塔;5月1日,罗哲文和国家历史文化名城保护专家委员会副主任郑孝燮考察朱家角和金泽二镇。

3月25日至4月12日　为配合上海市第十七届"爱鸟周"宣传活动,"鸟类——我们的朋友"展览在上海自然博物馆举办,向观众介绍鸟对人类的直接和间接利益、鸟类在维护生态平衡及食物链中不可缺少的重要作用。

3月　在嘉定西北角护城河畔和南城河西街发现两段各长150米的古城墙。

4月1日至10月5日　新疆文物局、新疆博物馆、新疆考古所与上海博物馆联合举办的"丝路考古珍品展"在上海博物馆展出,展出新疆出土文物300余件。

4月上旬　龙华烈士纪念馆增建了一座雕塑作品:五卅惨案纪念碑。纪念碑由一块高1.1米,长5.93米的大理石铭碑和一座高3米,长6.78米的青铜雕像组成。纪念碑由中国著名雕塑家王克庆教授创作,历时两年,由海军4805厂翻铸成青铜雕像。

4月14日　上海市历史博物馆举行慎昌洋行招牌捐赠仪式。出席仪式的有慎昌洋行创始人马易尔的嫡孙、现任丹麦驻华大使白慕申及其家庭访问团一行40余人。在圆明园路原慎昌洋行楼内发现的招牌,为研究近代上海的经济发展提供了实物资料。

4月18日　为了促进中日两国间的文化科技交流,上海自然博物馆与日本鸟羽水族馆经过多次协商,达成缔结姐妹友好馆协议。11月8日,上海自然博物馆常务副馆长杨松年赴日本正式签约。包括NHK电视台在内的日本多家新闻单位为此发了报道。

4月19日　由上海儿童博物馆和日本玩具博物馆联合举办的"世界玩具展"在儿童博物馆展出。

4月23日　上海市人民政府决定,任命黄跃金兼上海市孙中山宋庆龄文物管理委员会主任。

5月12日　上海中医药大学医史博物馆举行建馆60周年庆典。医史博物馆是中国最早建立的医学史专业博物馆,创建于1938年。

5月12日至6月14日　"历代花鸟画精品展"在上海博物馆展出,展出历代名家的花鸟画精品佳作90多件,展示了中国花鸟画创始一千多年来的发展概貌及各个流派的风格特色。

5月28日至6月14日　"杨惠珊现代中国琉璃艺术展"在上海博物馆开幕。上海市人大常委会副主任厉无畏,上海市政协副主席郑励志、俞云波出席开幕式。

6月1日　为纪念文物鉴定专家、书画家、诗人谢稚柳逝世一周年,上海市文物管理委员会、上海博物馆在万国公墓名人墓园举行谢稚柳纪念雕像揭幕仪式。中共上海市委副书记龚学平,市委常委、市委宣传部部长金炳华为雕像揭幕。纪念雕像由上海雕塑家陈古魁设计制作。

6月10日　中共一大会址纪念馆扩建工程举行开工仪式。中共上海市委副书记龚学平等参加工程开工仪式。

6月12日　上海博物馆首批49位志愿者义务讲解员正式上岗。业务时间(以周六、日为主)为观众义务讲解。

6月18日　有着百年历史的上海最大的文物古玩商店上海文物商店经过重新扩建,喜庆复店20周年。扩建后的文物商店占据广东路从河南中路到江西路路段长达300多米的店面,店堂展示面积扩展到1 800多平方米。

6月30日　上海市市长徐匡迪在上海博物馆举行欢迎美国总统克林顿的招待会。招待会后,克林顿总统参观上海博物馆"中国古代青铜馆"。

6月下旬　南市区文庙大成殿、尊经阁和仿明清建筑先后修缮竣工。

7月10日至11月8日　"世界珍稀两栖爬行动物巡回展"在上海自然博物馆展出。这种颇具规模的两栖爬行动物活体展,在中国博物馆中尚属首次。展览共接待观众5万人次。

7月15日至8月16日　由上海博物馆和香港中文大学文物馆联合举办的《紫泥清韵——陈鸣远陶艺研究》在上海博物馆展出。

7月22日　上海博物馆举办首届青少年探索古代文物夏令营。光明中学、上海师大附中等学校50多位中学生参加活动。

8月1日　上海鲁迅纪念馆改扩建工程正式举行开工典礼。中共上海市委副书记龚学平出席开工典礼并讲话。市人大常委会副主任胡正昌、副市长周慕尧、市政协副主席郑励志、老领导夏征农以及方行、马承源、袁雪芬等文化界人士300余人出席典礼。中共绍兴市委副书记冯顺桥等还专程来沪代表绍兴市政府和绍兴各界人士向工程捐款55万元。

8月9日　中共中央政治局常委、国务院副总理李岚清在教育部部长陈至立、上海市委副书记龚学平陪同下参观上海博物馆。

8月12日　《上海百年》多媒体光盘于上海市历史博物馆举行首发式。上海市历史博物馆珍藏着一大批自上海开埠以来的图片、实物和文献资料。《上海百年》光盘从中精选了1 700余幅照片和20余万文字,展示上海前尘往事、世俗风情。

8月27日　上海市历史博物馆因新馆筹建工作的需要,经上级批准设立"上海市历史博物馆新馆筹建处"。

同日　上海市历史博物馆《近代上海城市发展历史陈列》荣获国家文物局评选的"一九九七年全国十大陈列精品展览"奖。

9月21日　为庆贺巴黎池努奇博物馆建馆100周年,法国巴黎市博物馆协会和巴黎池努奇博物馆特邀上海博物馆在池努奇博物馆举办"中国古代的礼仪与盛筵——上海博物馆藏青铜器展",展出中国古代青铜器57件。上海市人大常委会主任陈铁迪、中国驻法公使衔参赞孔泉、巴黎市长蒂贝里、文化副市长爱莱娜等1 300余人出席开幕式,法国总统希拉克也参观了中国古代青铜展。此外,希拉克总统还在爱丽舍宫总统办公室会见了以马承源为团长的上海代表团,并亲自授予"法兰西共和国荣誉勋章"。在此期间,巴黎池努奇博物馆也将该馆收藏的世界著名的中国商代晚期"虎卣"送至上海博物馆青铜馆展出。虎卣除了1935年在英国伦敦世界博览会展出之外,这是第二次出国展出。

9月26日　法国总理利奥内尔·若斯潘在上海市副市长周慕尧陪同下参观上海博物馆。

10月15日　上海市历史博物馆举行文物、文献捐赠表彰会,并展出捐赠文物精品。上海市历史博物馆接受了上海市居民和单位捐赠的文物、文献700余件,涉及上海近现代历史的各个方面。

同日　宋庆龄生平事迹陈列室举行改版开放仪式。上海市人大常委会副主任孙贵璋、市政府秘书长黄跃金、市委宣传部副部长尹继佐出席开幕式。

10月19日　由上海鲁迅纪念馆和中国民主促进会上海市委员会、上海市妇联共同举办的"许广平诞辰100周年纪念座谈会"在上海民主党派大厦举行。中共上海市委副书记、市政协主席王力平，市委宣传部、统战部、市政协、民进上海市委、市妇联、市文教委等单位领导和周海婴夫妇及专家学者等80余人出席座谈会。

10月20日至12月8日　上海市文物管理委员会投资52.6万余元对朱家角放生桥进行整修。

10月23日　由上海文物商店主办的"上海1998全国文物商店文物艺术品联展"在上海工人文化宫举办。同时在文物商店和上海博物馆内的文物商店分店设立了两个分展区。这次联展是上海规模最大的一次文物工艺品展览。来自北京、黑龙江、江苏、贵州等全国各地58家文物商店参展。

10月26日　国家文物局在北京举行"郑振铎——王冶秋文物保护奖"颁奖会,全国共十个集体奖,49个个人奖,上海市松江区博物馆馆长林晓明获个人奖。

10月　上海市历史博物馆在北京西路1110弄某号的住宅墙脚下,发现一块高112厘米,宽29厘米的界石。该石镌有"A.E.A B.C.Lot 七九九六顾夏庐界"。A.E.A 是"东区第一区"英文的缩写;"B.C.Lot"是英国领事馆地产界线编号的缩写。7996即为编号。上海市历史博物馆藏有多种界石,但镌有这么多文字,并附有中文的还是第一块,为研究近代上海租界土地制度提供了一份重要史料。

11月9日　上海博物馆"庄志宸、庄志刚明清家具馆"举行揭幕仪式。中共上海市委副书记龚学平,国家文物局局长张文彬,市委常委、市委宣传部部长金炳华为开幕式剪彩。香港庄氏家族之先祖庄志宸、庄志刚早年创办民族工业于沪上,并爱好设计与制造木器家具。上海博物馆新馆落成后,庄氏家族代表庄贵伦为纪念其先祖,特将搜集到的79件明代家具捐赠给上海博物馆。

11月11—16日　上海自然博物馆副馆长金杏宝出席在澳大利亚墨尔本市会议中心举行的第十八届国际博物馆大会。会议期间,金杏宝副馆长参加国际博协的自然史博物馆学会的研讨活动,并参加成立自然历史博物馆委员会的筹备活动。

11月12日　在刘少奇诞辰百年纪念日来临之际,中共上海市委党史研究室、中共一大会址纪念馆和上海市档案馆等单位联合在中共一大会址纪念馆专题陈列厅举办《刘少奇在上海》图片史料展览。中共上海市委常委、组织部部长罗世谦和市委老领导王一平、夏征农、陈沂、王尧山以及刘少奇生前亲友等50余人参加展览开幕仪式。展览展出1个月,观众达17 000余人次。

11月26日至12月30日　上海市文物管理委员会对青浦县环城镇唐郁村的元明水边建筑遗址进行了发掘,揭开面积达228平方米。挖掘出了数排木桩和散落的木板;同时通过清理,发现了一条南北走向的元代古河道,宽8—10米。此水边建筑系简易码头性质。元代河道、水边建筑的发掘,在上海尚属首次,为上海地区考古发现和古文化研究填补了一项空白。

12月2—3日　上海博物馆的"严重朽蚀饱水竹简的真空冷冻干燥研究"项目获国家文物局"1998年度文物科技进步奖一等奖",上海博物馆和上海材料研究所共同开发的"东周铜兵器菱形纹饰技术研究"项目获"1998年度文物科学技术进步二等奖"。

12月4日　为纪念和缅怀赵家璧为中国现代文化出版事业作出的重要贡献,上海鲁迅纪念馆和上海文艺出版社在上海邮电饭店联合举办"赵家璧诞辰90周年纪念座谈会暨《赵家璧先生纪念集》首发式"。来自上海市新闻出版、文化教育和鲁迅研究界的专家、学者和赵家璧的亲属70余人出席会议。

12月8日　上海市文物管理委员会、松江区人民政府在松江秀道者塔前举行古塔修复竣工仪式。

12月18日　上海科技城举行开工仪式。仪式由上海市副市长、上海科技城建设领导小组组长左焕琛主持,宣告上海"九五"科技重大标志性工程——上海科技城正式开工。

12月25日　由上海市文物管理委员会拨款修复的"放生桥"举行验收仪式。放生桥位于上海历史文化名镇朱家角镇东,横跨漕港,为南北两岸居民交通要道。此桥建于明隆庆五年(1571年)。乾隆末年,桥倾圮,清嘉庆十六年(1811年)重建。自嘉庆年间重建后,近两百年间,放生桥从未修缮,桥拱严重撞损。经全面整修后,这座沪上古桥重展新姿。

1999 年

1月22日　上海市文物管理委员会在青浦赵巷镇方东村的上海茂华实业公司清理出一座明代砖室墓葬。

1月28日　在淞沪抗战爆发67周年之际,"一·二八"无名英雄纪念碑在抗战遗址宝山庙行落成,安置于泗塘二中校园内。

1月29日　嘉定区委、区政府在法华塔院举行"顾维钧生平陈列"开幕仪式。

2月2日　上海市文物管理委员会在检查金山松隐寺华严塔修缮工程时,在塔刹室瓶内发现一批珍贵文物,计有元、明、清历代文物39件。

同日　上海博物馆举行孔祥勉捐赠文物仪式。上海市政协委员、香港浙江第一银行董事长孔祥勉以其父孔绶蘅的名义向上海博物馆捐赠了一件大理国大日如来鎏金铜佛像。

2月27日至3月28日　由上海博物馆、培梅克委员会承办的"比利时著名画家培梅克作品展"在上海博物馆展出。

2月　全国重点文物保护单位——"上海外滩建筑群主体建筑"、原汇丰银行大楼修缮改造竣工。4月6日,上海市文物管理委员会在现场召开总结研讨会。国家文物局文物保护司长杨志军和国家建设部中国城市规划设计研究院高级建筑师王端珠出席专题研讨。

3月4日　上海市委、市政府调整上海市文物管理委员会和上海博物馆领导班子,马承源任上海市文物管理委员会顾问、上海博物馆顾问,不再担任上海市文物管理委员会常务副主任、上海博物馆馆长职务;陈燮君任上海市文物管理委员会常务副主任、上海博物馆常务副馆长、上海博物馆党委副书记,汪庆正任上海市文物管理委员会副主任。

3月5日　为纪念中共代表团驻沪办事处旧址纪念馆建馆20周年,该馆在旧址举办"上海周公馆史迹图片展览"。

3月21日　上海博物馆的"中国历代书法绘画陈列"荣获国家文物局"1998年度全国博物馆十大陈列展览精品奖"。

3月29日　中共中央政治局常委、中纪委书记、中华全国总工会主席尉健行在上海市委副书记龚学平的陪同下参观上海博物馆。

3月和7月　上海博物馆主办的"中华瑰宝——来自上海博物馆的中国五千年艺术展"分别在新西兰南方城市达尼丁和北方城市汉密尔顿两地展出。

4月1日至5月30日　上海自然博物馆与昆虫专家马恩沛联合举办"蝴蝶艺术展"。

4月13日　由复旦大学文博系19名师生组成的复旦第一支考古队启程前往三峡,对位于重庆万县武陵镇附近的麻柳沱遗址开始为期一个半月的考古发掘工作。

4月　上海博物馆被上海市人民政府外事办公室评为"文博系统优秀外事接待单位"。

5月5日　上海市公安局任命俞烈任上海公安博物馆馆长。

5月16日　为纪念著名画家唐云逝世6周年,唐云纪念馆建成开放,其家属将唐云珍藏的195件文物捐赠给了国家。原上海市市长汪道涵任唐云纪念馆名誉馆长。

5月20日至6月20日　上海博物馆在孙志飞家族捐赠文物20周年之际,举办"孙志飞先生藏书画回顾展"。

5月25日　为加强文物拍卖标的出入境管理,上海市文物管理委员会召集文物拍卖企业举行会议。参加"1999春季艺术品拍卖"的朵云轩等13家拍卖公司代表出席会议。

5月26日　中共一大会址纪念馆扩建工程竣工开放仪式在纪念馆大厅举行。中共中央总书记、国家主席、中央军委主席江泽民为中共一大会址纪念馆扩建工程竣工开放题词:"没有共产党就没有新中国。"中共中央政治局委员、上海市委书记黄菊,市委副书记、市长徐匡迪在竣工开放仪式上为江泽民总书记题词揭牌。市委副书记龚学平在仪式上讲话。

5月28日　中国民族乐器博物馆举行《中国民族乐器博物馆馆藏目录》首发式。

6月10—11日　由连云港博物馆、日本书艺院承办的"尹湾汉墓简牍展"在上海博物馆展出。

6月18日至8月20日　"大英博物馆藏古埃及艺术珍品展"在上海博物馆展出。

6月25日　上海市文物管理委员会举行博物馆、纪念馆讲解比赛。来自上海博物馆、中共一大会址纪念馆、上海市历史博物馆等10余个单位26名讲解员参加比赛。

6月　南市区文庙修缮工程竣工。历经两年多的修缮,昔日学宫恢复原貌,重现风采。

7月15日　全国政协副主席毛致用在上海市政协主席王立平陪同下到上海博物馆参观。

7月15日至8月14日　上海博物馆为纪念甲骨文发现一百周年,举办"甲骨文发现一百周年特展"。

8月31日至9月1日　上海市文物工作会议在上海友谊会堂召开。中共上海市委副书记龚学平、副市长周慕尧出席会议并作重要讲话。上海市文物管理委员会常务副主任陈燮君作"继承开创,开拓奋进,进一步做好文物保护管理工作"的报告。

9月11日　上海市公安局主管的上海公安博物馆建成开放。中共上海市委副书记龚学平、上海市副市长周慕尧、国家公安部政治部主任祝春林、市公安局局长刘云耕出席开幕式。

9月11—12日　为庆祝建国50周年,由国家文物局和中国博物馆学会主办,龙华烈士纪念馆承办的"龙华杯"讲解比赛在龙华烈士纪念馆举行。来自广东、福建、江西、江苏、浙江、重庆、上海六省二市博物馆、纪念馆共32名优秀讲解员参加比赛。

9月24日　上海博物馆举行郭鹤年捐赠文物仪式。在港华裔马来西亚实业家郭鹤年向上海博物馆捐赠了1997年购得的西周晚期冀侯簋和一对波曲纹壶。

9月24日至1999年1月2日　上海博物馆举办"亚洲艺术遗珍——亚洲协会洛克菲勒藏品精选"展览。

9月25日　上海鲁迅纪念馆新馆落成典礼在鲁迅公园内举行。中共上海市委副书记龚学平,市委常委、市委宣传部部长金炳华为新馆揭幕。

9月28日至10月8日　上海博物馆为庆祝建国50周年,举办"上海博物馆藏书画精品展",从其收藏的万余件书画珍品中遴选出历代书画精品50余件进行展出。

10月19日至11月15日　由上海鲁迅纪念馆、上海美术家协会承办的"鲁迅的世界"绘画雕塑展在上海鲁迅纪念馆展出。

10月22—30日 由长宁区革命文物陈列馆承办的"共和国辉煌五十年"展览在上海市女子监狱、上海市北新泾监狱、上海市青少年管教所分别展出。

11月13日 全国人大常委会副委员长邹家华赴龙华烈士陵园祭扫。

11月 上海博物馆馆长陈燮君当选为上海文物博物馆学会第二届理事会理事长,陈克伦为秘书长。

同月 青浦县文化局任命陈菊兴为青浦县博物馆馆长。

12月3日 "神奇的北极——中国首次北极科考李文祺摄影展"在上海自然博物馆三楼临展厅开幕。此次摄影展由上海自然博物馆、解放日报社、上海科技开发交流中心联合主办,《自然与人》杂志社承办。

12月8日 崇明县博物馆新馆建成开放。新馆位于上海市文物保护单位——崇明学宫内。上海市文物管理委员会和崇明县人民政府在崇明学宫联合举行"纪念上海命名为国家历史文化名城十三周年暨崇明县博物馆新馆开馆典礼"。

12月19日 由上海儿童博物馆承办的"迎澳门回归——少年儿童书画作品展"在该馆展出。

12月29日 上海监狱陈列馆建成。陈列馆位于提篮桥监狱(长阳路147号)十字楼内,分为监狱史馆、综合馆、演艺馆3个部分,建筑面积2800平方米。

12月 上海文物考古工作者对迄今为止上海地区发现的规模最大的古村落遗址——松江佘山附近的广富林古村落遗址进行发掘。广富林古村落遗址的发掘是上海地区一项跨世纪的重大考古发掘工程。

同月 《中国文物定级图典》由上海辞书出版社出版。该书为中国第一部图文并茂的文物定级工具书。

2000 年

1月3日 上海市人民政府任命沈善良为陈云故居暨青浦革命历史纪念馆馆长。

1月10日 位于金山区的市级文物保护单位东林寺大殿"佛教艺术现代雕塑陈列"向社会开放。

1月26日 上海市文物管理委员会举行"大沽路出土清代窖藏钱币文物表彰会",向发现这批钱币并及时上交的上海市电力电缆输配电公司下属单位恰尔斯安装工程公司颁发了奖状。

1月29日 上海自然博物馆在上海梅龙镇广场举行恐龙蛋化石移交仪式。虹口公安分局党委书记、局长魏伟明将缴获的国家重点保护化石恐龙蛋化石36枚和东北虎皮1张移交给自然博物馆。

2月1日至3月15日 上海博物馆举办"历代花鸟画精品展",共展出馆藏宋元明清历代名家的花鸟画珍品90件。

2月17日至5月20日 上海博物馆举办的"上海博物馆藏中国绘画展"在英国苏格兰爱丁堡市苏格兰皇家博物馆展出。开幕式由苏格兰皇家博物馆董事、原香港总督卫奕信主持,当地政府和文化界名人、中国驻英国使馆和驻苏格兰地区总领馆、英国各地博物馆、美术馆、大学中的中国艺术专家等300余人参加开幕式。苏格兰地区文化部部长萨姆·加尔布雷、中国驻英国大使马振岗和上海博物馆代表团团长胡建中发表了讲话。

2月19日　上海博物馆在北京举行了董逸新及其子女捐赠施嘉幹旧藏钱币仪式。

2月　文化部在京召开全国文化系统先进表彰会,上海博物馆顾问、原馆长马承源荣获全国文化系统"先进工作者"称号。

3月4日　上海博物馆举行接受里昂·勃兰克捐赠战国青铜龙纹壶仪式。上海博物馆顾问、著名青铜专家马承源、上海博物馆常务副馆长陈燮君等参加仪式,并向里昂·勃兰克颁发了奖状。

3月5日　上海周公馆举行周恩来生前使用过的"别克"同铭牌轿车修复交接仪式。

3月5—21日　上海博物馆举办"中国古代青铜乐器学术研讨会"和"古乐新韵——中国古代青铜乐器展"。出席会议的有中国博物馆界、考古界和大学中研究中国古代青铜文化和青铜乐器的专家、学者,以及来自美国的中国文物研究专家30余人。青铜乐器展展出了借自湖北省博物馆、长沙市博物馆和上海博物馆的古代青铜乐器21件。

3月14日　中国科普协会在上海海洋科普馆举行全国首批科普教育基地授牌仪式。上海包括上海自然博物馆等14家单位被列入首批"全国科普教育基地"。

3月31日至4月8日　由上海鲁迅纪念馆和黑龙江革命烈士纪念馆承办的"黑土英魂"展在上海鲁迅纪念馆展出。

3月　上海公安博物馆浮雕群被收入大世界吉尼斯纪录,成为"国内最大型的室内浮雕群"。

4月9日　国内第一家银行博物馆在浦东大道9号世纪金融大厦举行开馆典礼。中国工商银行总行行长姜建清、中共上海市委副书记龚学平为博物馆揭幕。

4月17日至7月6日　上海博物馆举办的"上海博物馆藏青铜器名宝展"在日本佐川美术馆展出。日本守山市市长、佐川美术馆馆长、中国人民对外友好协会秘书长韦东、上海博物馆副馆长李朝远等250余人出席开幕式。

4月25—27日　由上海市孙中山宋庆龄文物管理委员会、中国福利会和上海宋庆龄研究会联合举办的"宋庆龄与20世纪学术研讨会"在上海田林宾馆召开。中国福利会主席黄华、中共上海市委常委,市委宣传部部长金炳华出席开幕式并作了讲话。参加研讨的有来自广东、山东、陕西、甘肃、湖北、江苏、北京、重庆、上海以及日本、韩国等境外代表共80余人。会议收到学术论文56篇。

4月27日　澳大利亚国立大学克林格罗博士、德国女学者恩雅·布朗、英国科学家彼得·格鲁勃博士前往上海自然博物馆进行为期7天的东南亚哺乳动物研究。陪同前往的还有中国科学院动物研究所杨奇森博士。

5月18—24日　上海博物馆举办"国际博物馆日活动周"。7月,上海博物馆教育部组织"5·18"国际博物馆日和"2000年我看博物馆"中学生征文优秀奖、入围奖的获得者参加"2000年文博夏令营"活动。参加活动的两批学生分别于7月27日至28日、7月30日至8月5日在上海松江和西安、洛阳举行了专题考察活动。

5月19日　为展示中国民主革命先驱孙中山在上海开展革命活动的经历,上海孙中山故居纪念馆举办"孙中山与上海文物史料展"。市委常委、上海市政协副主席、市委统战部部长黄跃金参加展览开幕式。

5月21日　上海市文物管理委员会在上海公安博物馆举行了"上海市发展行业博物馆座谈会"。参加会议的有来自全市各委办局、各行业企业和部分行业博物馆的代表80余人。中共上海市委副书记龚学平,上海市副市长、上海市文物管理委员会主任周慕尧出席会议。龚学平副书记对上海发展行业博物馆提出了目标和具体要求。

5月底　嘉定明代古城墙全面修复竣工。

6月6日　陈云故居暨青浦革命历史纪念馆举行开馆仪式,市委副书记孟建柱、市委副书记龚学平及陈云家属等300余人参加。

6月22日　上海自然博物馆和香港中文大学医学院历时4年合作进行的明代古尸研究取得了新的进展。上海自然博物馆人类学专家徐永庆教授宣布打浦桥地区出土的古尸研究结果:我国首次从古尸骨骼中成功提取线粒体DNA并测序成功,这为今后古尸及古代人遗骸的种系、族系、谱系以及古代遗传性疾病研究提供帮助,使我国古尸研究达到了与国际同步水平。

6月26日　上海市各界人士在上海市政协会议中心举行了"曹聚仁先生诞辰100周年座谈会暨《曹聚仁先生纪念集》首发式"。上海市学术、教育、新闻出版等部门、专家学者、曹聚仁的生前好友及亲属60余人参加会议。上海市政协主席王力平、副主席朱达人、中共市委宣传部副部长方全林、统战部副部长陶人观及上海市文物管理委员会常务副主任陈燮君等出席会议。

6月30日　由黄浦区科委、科协、教育局、上海自然博物馆、黄浦区青少年活动中心在上海自然博物馆大厅联合举办"千思杯"2000年黄浦区青少年科普之夏活动。活动主题为"人、鸟与自然"。

6月30日至11月30日　上海博物馆举办"草原瑰宝——内蒙古文物考古精品展"。展览分为三个部分,共展出内蒙古地区兴隆、红山、东湖、匈奴、鲜卑、契丹古文化时期的石器、陶器、玉器、石雕、青铜器和金银器等文物300余件(套),介绍了新发现的辽代耶律羽之墓、陈国公主墓等珍贵文物遗迹。

7月3—10日　为了加强对上海市文物拍卖行业的管理,上海市文物管理委员会在上海博物馆举办第一期"上海市文物拍卖专业知识人员资格培训班"。

7月9—31日　由上海市精神文明建设委员会办公室、中国保利集团公司、文汇新民联合报业集团联合举办的"毋忘国耻,爱我中华"为主题的圆明园牛首、猴首、虎首等3件国宝回归展览在浦东上海证券大厦免费对外公开展出。近10万人参观了展览。

7月10日至9月3日　由上海鲁迅纪念馆和日本藤野严之郎纪念馆承办的"藤野先生纪念展"在上海鲁迅纪念馆展出。

7月14日至8月15日　上海博物馆举办"施嘉幹先生旧藏中外钱币展"。该展览从施嘉幹家属捐赠给上海博物馆的4 086枚珍藏钱币中精选出近767枚进行展出。

7月17日　市政府决定建成后的上海科技城定名为"上海科技馆"。

7月18日　上海市文物管理委员会和上海市教育委员会在上海鲁迅纪念馆召开"上海市博物馆、纪念馆教育工作座谈会"。参加座谈的有上海文博界、教育界90余人。

7月19日起　上海博物馆为增进观众与博物馆专家的进一步交流,将最新的学术研究动态及时传达给观众,推出了专家义务讲解服务。至年底,上海博物馆共组织了21次专家讲解,受到观众的欢迎和赞许。

7月26日　上海市文物管理委员会在青浦镇召开"上海市文物普查总结暨表彰大会"。各区县文化局领导和文物部门代表约60人参加这次会议。

8月5—7日　上海市文物管理委员会考古部在松江华阳桥镇清理发掘出了6座古墓葬,出土保存完好的尸体一具,文物100余件。

8月30日　在上海市政府大厅召开的上海市科普教育大会命名了上海自然博物馆等6家为全国青少年科技教育基地,并进行了授牌仪式。

9月7日　上海自然博物馆藏品管理信息系统第一期验收会在上海自然博物馆召开。经专家评审,上海自然博物馆藏品管理信息系统在国内自然博物馆行业中达到了领先水平。

9月23日　为配合上海历史文化名城嘉定旅游节的举办,嘉定博物馆对原有"科举文化陈列"进行了全面的调整并正式对外开放。

9月26日至11月26日　上海博物馆举办"夏弘宁捐赠夏丏尊旧藏弘一法师墨迹回顾展"。本次展览共展出夏丏尊裔孙夏弘宁捐赠的弘一法师墨迹121件,其中21件为弘一书法作品。

9月28日至10月21日　"浙江省博物馆藏元明清书画展"在刘海粟美术馆展出。

9月28日至10月28日　由松江区文化局、松江博物馆、金鹤发展公司承办的"松江华阳明墓古尸文物展"在松江博物馆展出。

10月22日至12月30日　由上海鲁迅纪念馆承办的"民族魂——大型史料文献展"在虹口区多伦路开发管委会展出。

10月24日至11月1日　上海文物博物馆学会为贯彻上海市文物管理委员会召开的"发展行业博物馆座谈会"精神,与复旦大学文博系、大唐博物馆研究所合作举办应用博物馆学系列讲座9次。

11月1日　中共上海市委员会同意建立上海科技馆,机构性质为事业单位,机构级别定为相当于局级;撤销上海自然博物馆建制,其功能并入上海科技馆。

同日　上海博物馆举行"上海博物馆信息化工程"签字仪式,标志着上海博物馆信息化工程正式启动。

11月14日　中共中央政治局常委、国家副主席胡锦涛参观了中共一大会址纪念馆。中共中央政治局委员、上海市委书记黄菊,市长徐匡迪和市委副书记孟建柱、龚学平、刘云耕陪同。胡锦涛在参观后指出,各级党委要利用好纪念建党80周年的重要时机,广泛开展党的光辉历史、伟大成就和优良传统的教育,引导广大党员鉴定正确的理想信念,增强建设有中国特色社会主义事业的信心,坚定地实践"三个代表"的要求,在跨世纪发展中充分发挥先锋模范作用。

11月17日　上海市人民政府任命陈燮君为上海博物馆馆长。

11—12月　松江广富林遗址进行了第三次考古发掘,共挖掘335平方米,出土了100多件随葬品,获得丰硕成果。

12月8日　由上海市文物管理委员会和静安区政府联合举办的蔡元培故居陈列揭幕仪式在蔡元培故居陈列馆举行,同日正式对外开放。

同日　上海博物馆被上海市人民政府侨务办公室评为华侨捐赠管理先进单位,副馆长汪庆正被评为先进个人。

12月16日　松江区泗泾镇举行爱国主义者、杰出的新闻事业家史量才故居修缮落成仪式,同日正式对外开放。

12月29日　上海自然博物馆和复旦大学遗传学研究所举行"分子人类学与人类群体遗传学联合实验室"揭牌仪式。

12月29日至2001年11月10日　由上海大剧院、上海民族乐器一厂、中国民族乐器博物馆共同举办的"老弦遗韵——30年代上海丝竹乐器史料展"在上海大剧院展出。

2001 年

年初　青浦博物馆新馆筹建工程启动。新馆选址青浦新城区中心的崧泽文化广场西南侧,占地面积 3 300 平方米，建筑面积 7 800 平方米。

1月2日　上海市人民政府第 83 次常务会议通过《上海市文物经营管理办法》。自4月1日起实施。

1月8—11日　由上海鲁迅纪念馆和中国文物报社联合主办的"全国人物类博物馆、纪念馆现状与发展前瞻学术研讨会"在上海远洋宾馆举行。全国各省市 50 余家人物类博物馆、纪念馆的近 80 名代表与会。

1月9日　为有效地配置文物资源，打击文物经营中的违法行为，保护国家珍贵文物，上海市政府颁布《上海市文物经营管理办法》，于 2001 年 4 月 1 日起施行。

1月10日　上海博物馆成为由国家旅游局评定的全国首批 187 家"AAAA 级旅游区（点）单位"之一。

1月20日至3月20日　由上海博物馆和日本文化厅、日本奈良国立博物馆联合举办的"日本文物精华展"在上海博物馆展出。共展出各类文物精品 101 件（组），其中国宝级文物 7 件。举办如此大规模、高质量、政府级的日本文物展，在中国尚属首次。

2月6—7日　在龙华 24 烈士牺牲 70 周年之际，上海鲁迅纪念馆、龙华烈士纪念馆、中国左翼作家联盟会址纪念馆举行"龙华 24 烈士殉难 70 周年"学术研讨会。

2月6—21日　为纪念"左联"作家李伟森、柔石、胡也频、冯铿、殷夫五烈士牺牲 70 周年，上海鲁迅纪念馆、龙华烈士纪念馆、中国左翼作家联盟会址纪念馆联合举办的"左联五烈士殉难 70 周年文物史料展"在鲁迅纪念馆展出。

2月18日起　中共一大会址纪念馆为纪念中国共产党成立 80 周年而组织的小型"党史图片巡回展"，先后在华阳街道、殷行街道、长寿路街道、江苏路街道、静安寺街道、梅园新村街道、大桥街道、平凉街道和漕河泾街道等社区进行巡回展出。展出为期两个月，接待观众 12 000 余人，播放录像近 120 场次。

2月20日　上海市文物管理委员会任命倪兴祥为中共一大会址纪念馆馆长。

2月25日　青浦城隍庙戏台抢修工程竣工。

3月4日　上海市原市长汪道涵将珍藏的水生蜥和孔子鸟化石捐赠给上海自然博物馆。这两块珍贵的古生物化石为科普教育和科学研究提供了重要的实物资料。

3月23日至6月10日　"上海博物馆藏明清人物画精品展"在香港大学美术博物馆展出。

3月26日至2002年4月25日　上海博物馆举办"上海博物馆藏文房四宝展"，展出馆藏精选文房珍品 80 余件。

3月和7月　上海鲁迅纪念馆接受"左联"作家周文的遗物 500 余件和当代著名女作家赵清阁的遗物 1 000 余件。

4月17日　金山区人民政府举行华严塔修缮竣工仪式。华严塔修缮工程的竣工，标志着上海 13 座古塔全部修缮完毕。

4月18日　上海市人民政府机关事务管理局聘任伍伯容为宋庆龄陵园管理处处长。

4月20日　朱屺瞻夫人陈瑞君在朱屺瞻曾挥毫作画的梅花草堂中，向上海博物馆、朱屺瞻艺术馆捐赠了 68 方齐白石为朱屺瞻刻印的书画用印。

5月3日　在上海市普陀区志丹路和延长路交汇处的"志丹苑"建筑工地发现一处大型的宋元时期石构水工建筑遗址。从距地面 7 米深处挖出石板、铁锭榫等，初步判定此处为古代建筑遗存，即以后确认的元代水闸遗址。

5月4日 宝山区杨行镇苏家宅发现一座明代墓葬。经考证,墓主为韩思聪(1412—1476年),祖籍嘉兴,生前被授"顺天府大兴县丞"。

5月10—15日 为纪念上海博物馆和日本书艺院缔结友好关系10周年,上海博物馆在日本大阪松坂屋举办"中国明清书画扇面名品展",展出明清时代折扇形式的书法和绘画作品100件。

5月12日 由上海市历史博物馆筹办、上影集团参建的"上海城市发展历史陈列馆"开馆。陈列馆设于东方明珠电视塔下层,展出面积6 000平方米。上海市委副书记龚学平出席开幕仪式并剪裁,上海市文物管理委员会副主任汪庆正致辞。

5月17日 中共中央政治局委员、上海市委书记黄菊视察刚落成的上海科技馆。

5月18日 中国首家公安题材的博物馆——上海公安博物馆国际互联网网站正式开通,这是中国同类博物馆中唯一一家在国际互联网上拥有独立域名并且已经开通的网站。

5月21日 上海宋庆龄研究会与中国福利会、上海市孙中山宋庆龄文物管理委员会、上海师范大学联合召开"宋庆龄与新中国妇女儿童事业研讨会"。70余位专家学者参加研讨会。

5月24日 中共上海市委会批准建立上海科技馆理事会,首届理事单位由市科委、市计委、市教委、市财政局、市科协等组成,左焕琛任理事长,杨雄任副理事长。

5月26日至2002年3月31日 为纪念西藏和平解放50周年,上海博物馆和西藏自治区文物局联合举办的"雪域藏珍——西藏文物精华展"在上海博物馆展出。中共中央政治局委员、上海市委书记黄菊,上海市委副书记、市长徐匡迪,西藏自治区党委常务副书记、西藏自治区主席列确,副主席次仁卓嘎,国家文物局局长张文彬等中外来宾近千人出席开幕仪式。

6月7日 中共中央政治局常委、国务院副总理李岚清视察上海科技馆。

6月11日 中共中央政治局候补委员、中央书记处书记、中组部部长曾庆红视察上海科技馆。

6月11—26日 嘉定博物馆的"中国科举文物展"在澳门卢廉若公园春草堂展出。中国驻澳门特别行政区联络办公室主任宗光沃、澳门基金会主席吴志良等出席开幕式。

6月12日 在建党80周年前夕,中共一大会址纪念馆通过了ISO9002质量管理体系认证的审核,成为全国文博行业中首家通过ISO9002质量体系认证的单位。

同日 中共中央总书记、国家主席、中央军委主席江泽民,中共中央政治局委员、国务院副总理钱其琛,中共中央政治局候补委员、书记处书记、中组部部长曾庆红到中共一大会址纪念馆参观。市委书记黄菊、市长徐匡迪等陪同。

6月16日 江泽民视察新落成的上海科技馆。

6月18日至7月15日 由中共一大会址纪念馆和韶山毛泽东同志纪念馆联合举办的"毛泽东遗物展"在中共一大会址纪念馆展出。展览期间,共接待观众16.8万人次。

6月25日 国务院公布第五批全国重点文物保护名单,上海的福泉山遗址、宋庆龄故居和张闻天故居入选。8月11日,在福泉山遗址、宋庆龄故居和张闻天故居分别举行了揭牌仪式。至此,上海的全国重点文物保护单位总数达到16处。

6月 上海市文物管理委员会为保护文物遗址,将位于静安区愚园路81号的刘长胜故居整体东移100米,妥善解决了文物保护与市政建设的矛盾。

7月10日 金山区清代名人、自然科学家顾观光旧居修缮竣工。

7月19日至8月5日 上海博物馆先后举办"上海博物馆昌邑文博教育基地"小学生一日营、"上海文明探源"中学生二日营和"四川青铜文化之旅"中学生七日营三个专题文博夏令营活动。旨在让学生"感受艺术与历史,汲取知识和智慧,激发爱国主义情感"。

7月27日、8月20日—21日　上海市文物博物馆学会分别在上海鲁迅会址纪念馆和中共一大会址纪念馆组织召开了"藏品管理"和"博物馆建设与博物馆功能"研讨会。

8月26日　中共中央政治局委员、国务院副总理吴邦国视察上海科技馆APEC会场。

8月26日至10月8日　由中共一大会址纪念馆和上海市委党史研究室联合举办的"'陈毅在上海'图片史料展览"在中共一大会址纪念馆展出。展览共接待观众3万余人次。

8月28日　上海科技馆基金会第一届理事会成立，时任市政协副主席左焕琛担任理事长。

9月12日　为给观众提供更大范围、更高层次及更为便利的服务，上海博物馆正式推出81885785观众咨询服务热线，提供24小时全天候咨询服务。

9月15日起　上海博物馆为满足广大学生观众的参观需求，切实发挥上海博物馆作为青少年教育基地的作用，正式面向全市大、中、小学生推出学生参观月票和年票。

9月25日　崇明学宫第三期修复工程——明伦堂、仪门修缮竣工。

9月25日至11月30日　上海市政协、上海市委宣传部、上海市委统战部、上海市孙宋管委会共同主办、上海孙中山故居纪念馆承办的"孙中山与辛亥革命图片史料展"和"辛亥革命时期货币展"在孙中山故居纪念馆展出。

10月1—7日　宝山区文物保护管理所首次将馆藏文物公开展出，共展出馆藏文物150余件，生动记录了宝山地区各个历史时期社会生活和民俗的变迁。

10月13日至12月2日　上海博物馆在美国夏威夷火奴鲁鲁美术学院展出"自然之美——上海博物馆藏品展"。

10月19日至2002年1月10日　为促进中国与墨西哥文化的交流，上海博物馆与墨西哥国家文化艺术委员会联合举办的"墨西哥玛雅文明珍品展"在上海博物馆展出。墨西哥总统文森特·福克斯和上海市市长徐匡迪为展览揭幕。

10月21日　亚太经合组织（APEC）第九次领导人非正式会议在上海科技馆举行，江泽民出席会议。

10月23日　上海科技馆基金会完成登记注册，成为我国第一个博物馆基金会。

10月　在中国古陶瓷学会2001年代表大会上，汪庆正当选会长，陈克伦当选副会长。

11月20—22日　"中国隋唐至清代玉器学术研讨会"在上海博物馆举行。参加会议的有来自美国、英国、新加坡、中国大陆、香港和台湾等地的海内外学者代表近百人。

11月28日　上海音乐学院东方乐器陈列室经改扩建后重新开放，并更名为东方乐器博物馆。

11月　南汇区举行南汇文化中心（文化馆、博物馆、影剧院）奠基仪式，南汇区博物馆正式开工建设。馆址位于惠南镇东城区，建筑面积3 510平方米，投资近3 000万元，计划于2003年10月竣工。

12月8日　为纪念国务院命名上海为历史文化名城15周年，上海市文物管理委员会和虹口区政府联合举办中国左翼作家联盟会址纪念馆修复仪式。"左联"会址位于多伦路210弄2号，建筑面积550平方米，由夏征农题写馆名。

12月18日　上海科技馆试开馆庆典仪式在APEC宣言大厅举行，上海科技馆开始对外开放接受市民参观。至2001年底的短短14天，接待观众16万人次。

12月19日　整修后的大韩民国临时政府旧址举行再开馆仪式。这里曾是大韩民国临时政府1926—1932年所在地。

12月24日　上海作为2001年APEC会议的主办地，会议所积累的一系列重要实物已成为珍贵文物。有关部门将 300 多件 APEC 会议的实物、资料捐赠给上海市文物管理委员会,入藏上海市历史博物馆。上海市副市长、上海市文物管理委员会主任周慕尧出席捐赠仪式。

12 月　由著名书画家戴敦邦等著名画家发起筹建的中国第一个"连环画艺术博物馆"初具规模,2002 年向社会开放,杨宏富任馆长。

同年　位于闸北区大宁路万荣路口的中国乳业博物馆建成并试行开放。这是中国第一家国家级乳业博物馆,世界上三家国家级乳业博物馆之一。

2002 年

年初,旅美华裔许氏家族将祖传稀世珍本——《淳化阁帖》转让给上海博物馆。

2 月 1 日　上海博物馆为了更好地发挥社会教育功能,针对中小学生的特点,推出了少儿版录音导览首发仪式暨博物馆与学生教育座谈会,推出少儿版录音导览、少儿版学生参观券、新版学生参观指南以及配套的少儿参观答题卡。

2 月 8 日至 5 月 21 日　"顾公雄家属捐赠过云楼藏书画精品展"在上海博物馆开展。

2 月 19 日　上海市人民政府机关事务管理局聘任陆柳莺为上海宋庆龄故居纪念馆馆长。

2 月 28 日　青浦区博物馆新馆正式动工兴建。

4 月 17 日　上海市人民政府决定,任命姜斯宪兼上海市孙中山宋庆龄文物管理委员会主任。

4 月 18 日　日本大阪市弥生文化博物馆金关恕一行 16 人参观青浦区博物馆。

4 月 27 日　上海市人民政府公布佘山天文台、陈春桂住宅、中华职业教育社 3 处为上海市文物保护单位。将原为区县文物保护单位的奉贤华亭海塘、宝山孔庙大成殿、上海城隍庙、上海文庙、松江李塔、秀道者塔、嘉定法华塔、金山华严塔、青浦陈云故居、课植园等 10 处升格为市级文物保护单位。

4 月 28 日　上海博物馆馆长陈燮君当选中国博物馆学会第四届理事会副理事长。

4 月 30 日至 7 月 30 日　由上海博物馆、山西省文物局、北京大学考古文博学院、山西省考古研究所联合举办的"晋国珍奇——山西晋侯墓群出土文物精品展"在上海博物馆展出。

5 月 10 日　由中国财政部部长项怀诚邀请,第 35 届亚洲开发银行理事会年会所有成员参加的招待会在上海科技馆举行,中国国家主席江泽民出席。

5 月 17 日　上海市文物管理委员会考古部在松江区叶榭镇发现清理出一座明代古墓葬。

5 月 18 日　上海师大博物馆建成开馆。该馆是由文物馆、生物标本馆、地质标本馆 3 个部分组成的综合性博物馆。

5 月 18—25 日　上海博物馆举办博物馆日活动周。2002 年国际博物馆日的主题是"博物馆与全球化",上海博物馆围绕这一主题,开展了历时 8 天的博物馆日活动。

6 月 10 日至 11 月 25 日　为了迎接党的十六大胜利召开,由中共上海市委党史研究室和中共一大会址纪念馆联合举办的"光辉的历程——中共一大至十五大图片展"在中共一大会址纪念馆展出。该展共接待观众 15 万多人次。

6 月 16 日　上海市文物管理委员会、上海市文联、上海市作协、中共四川省委宣传部、中共中央党校联合在上海鲁迅纪念馆举行了"周文同志诞辰 95 周年纪念暨学术研讨会",同时举办"周文生平史料展"。

同日　位于宝山区的陈化成纪念馆修缮竣工并正式开放。

6月21日至10月15日　由上海博物馆举办的"菲律宾庄万里先生两塗轩珍藏书画精品展"在上海博物馆展出。上海市人民政府向庄氏家族代表庄长江、庄良友颁发了白玉兰荣誉奖。12月1日,菲律宾庄氏"两塗轩"书画专馆揭幕。

6月30日　中共"二大"会址纪念馆开馆仪式在静安区老成都北路7弄30号"二大"原址举行。

6月　长期旅居海外的文物收藏家李汝宽委托家属李经泽向上海博物馆捐赠"明永乐戗金八宝纹律师戒行经第一卷经板"。

7月11日　上海市文物管理委员会先行垫资,组织修复队进驻位于黄浦区巡道街天灯弄77号的书隐楼,对这处上海市中心仅存的清代民居珍品、唯一属私产性质的市级文物保护单位开展抢修,全部工程两年完成。

7月23—25日　由上海市文物管理委员会主办、上海博物馆和中国社会科学院考古研究所联合承办的"长江下游地区文明化进程学术研讨会"在上海博物馆召开。来自全国各地的30余位学者专家参加会议。

7月25日　《上海市历史文化风貌区和优秀历史建筑保护条例》由上海市第十一届人民代表大会常务委员会第四十一次会议通过,自2003年1月1日起施行。

7月　上海博物馆馆长陈燮君当选为国际博协中国国家委员会副主席。

8月1—3日　上海博物馆举行"晋侯墓地出土青铜器国际学术研讨会",来自中国大陆和香港、台湾地区以及英国、美国、日本等国家的70多名专家学者参加会议。

8月12日　上海市文物管理委员会在徐汇区康健园发现花岗岩质明代石翁仲4尊。

8月13—15日　由国家文物局组织、上海市文物管理委员会主持召开的"引起文物抗变色处理的研究""古陶瓷修复高强度仿釉涂料研究"及"古陶瓷完整器的元素成分无损分析方法研究"等3项国家文物局文物科研项目成果鉴定会在上海博物馆召开。

8月28日　松江现存规模最大的明代厅堂建筑——葆素堂修缮工程竣工。

9月10日　由上海市虹口区人民政府、上海市文物管理委员会、上海市文化艺术界联合会、上海市作家协会联合主办,由中国左翼作家联盟会址纪念馆、上海鲁迅纪念馆、中共一大会址纪念馆联合承办的"柔石诞辰100周年纪念座谈会"在上海鲁迅纪念馆召开。

9月19日　上海博物馆多媒体报告厅举行揭幕仪式。中共上海市委副书记殷一璀和美国时代华纳公司前总裁史蒂文·罗斯和夫人柯尼·罗斯女士为报告厅揭幕。参加仪式的有国家文物局局长单霁翔及文博界人士200余人。

9月25日　上海市历史博物馆接受了上海铁路局捐赠已退役的KD7－587蒸汽火车头一辆。

9月28日至2003年3月31日　上海博物馆举办"上海博物馆藏欧洲玻璃陶瓷展"。展出上海博物馆珍藏的欧洲玻璃陶瓷工艺精品68件。

10月11—14日　由上海博物馆和北京故宫博物院联合主办,香港艺术馆大业艺苑、澳门博物馆和台北故宫博物院的文化商品联盟参展的"2002年博物馆文化商品展览"在上海博物馆展出。

10月16日　上海市工业系统首个行业博物馆——上海工艺美术博物馆正式开馆。博物馆位于汾阳路79号,面积约1500平方米。

10月21—24日　由国际博物馆协会亚太地区委员会和国际博协中国国家委员会、中国博物馆学会联合主办,上海博物馆承办的"国际博协亚太地区第7次大会暨博物馆与无形文化遗产国际学术研讨会"在上海博物馆召开。大会通过了以保护亚太地区非物质文化遗产为宗旨的《上海宪章》。

10月28日　上海市人民政府机关事务管理局任命秦量兼任上海市孙中山宋庆龄文物管理委

员会办公室主任。

10月30—31日　由上海博物馆主办的"中国古代白瓷国际学术研讨会"在上海博物馆学术报告厅召开。来自中国大陆和香港、台湾地区以及英国、美国、德国等国家的120多名中国古陶瓷研究的专家学者参加会议。

10月　上海博物馆青铜研究部孙慰祖成功复原了长沙马王堆三号汉墓中出土的一枚上半部残缺、长期未获解读的封泥,释读出封泥文字"利豨",从而证明该墓墓主就是马王堆一、二号汉墓墓主——长沙国丞相利苍夫妇之子、继承侯位的第二代轪侯利豨,解决了中国考古界近三十年悬而未决的疑案。

11月9日　为了反映近年来中国博物馆事业的发展,国家邮政局发行《博物馆建设》特种邮票一套,编号为2002-25。全套5枚,面值均为80分。上海博物馆列入其中。

11月29日至12月1日　为配合"晋唐宋元书画国宝展"展出,上海博物馆举行"千年遗珍国际学术研讨会",来自美、英、法、德、日等国及国内包括香港、台湾地区的98位代表和200余位嘉宾参加会议。

11月30日至2003年1月6日　由北京故宫博物院、辽宁省博物馆、上海博物馆联合举办的"千年遗珍——晋唐宋元书画国宝展"在上海博物馆展出。

12月12日　中共一大会址纪念馆为纪念建馆50周年,举办"馆藏文物精品展"。展出持续到2003年2月8日。

12月20日　为庆贺上海民间收藏品陈列馆建立10周年与上海收藏欣赏联谊会成立15周年,"上海民间收藏大展"在上海三山会馆展出。上海市委老领导、老将军、文博界领导及民间收藏家等近千名中外来宾出席开幕式。展出持续到次年1月20日。

12月21日　上海博物馆举行建馆50周年系列活动。上海博物馆自1952年建馆以来,经过50年艰苦奋斗,已成为跻身世界先进水平博物馆行列的现代化大型艺术博物馆。

12月24日　上海市陶行知纪念馆在大华行知公园内举行了新馆开馆仪式。

12月25日　松江区人民政府举行大仓桥修缮竣工仪式。

12月26日　为纪念毛泽东诞辰109周年,结合毛泽东旧居的修缮、改版工程,静安区文化局和静安区文史料馆在茂名路毛泽东旧居举行"纪念毛泽东同志诞辰109周年系列活动开幕式"。开幕式活动当天,约有6 000人次参观了毛泽东旧居。

2003 年

1月4日　国家文物局主办,复旦大学承办的文博教育培训工作研讨会在上海召开。会议提出,进一步深化在职教育培训的改革,制定管理制度和相关办法,逐步建立适合文博事业发展和干部队伍建设需要的,开放、流动、规范、协调的教育培训体制机制。会议讨论《2003—2005年全国文博教育培训工作计划》。

1月6日　"晋唐宋元书画国宝展"最后一天,上海博物馆将停止入场的参观时间从16点延迟到24点,通宵开放该展览,最后一名观众离馆时已是次日凌晨5:30,这一举动在中国博物馆界为第一次。

1月9日　上海市文物管理委员会和崇明县人民政府拨款对崇明镇海塔进行纠偏的工程竣工。

1月18日　由香港董氏慈善基金会与上海交通大学联合创办的董浩云航运博物馆在交通大学

举行开馆典礼。

1月23日 由上海宋庆龄研究会、上海市孙中山宋庆龄文物管理委员会、中国福利会共同发起的纪念宋庆龄诞辰110周年座谈会，在中国福利会少年宫举行。

1月 由上海市文物管理委员会出资修缮的东林禅寺工程竣工。

2月1—16日 由金山农民画院、金山区博物馆主办的"金山农民画院民间艺术收藏展"在金山农民画院展出。

2月26日 豫园管理处在豫园举行东部环境整治工程竣工仪式。

同日 宝山区文物保护管理所在吴淞镇发现一尊英国古炮。

3月1日 古巴国务委员会主席兼部长会议主席菲德尔·亚历杭德罗·卡斯特罗·鲁斯率古巴访华代表团参观上海科技馆。

3月2日 国务院副总理钱其琛、外交部部长李肇星及外交部司级干部参观中共一大会址纪念馆，上海市市长韩正陪同。

3月5日至5月5日 由中共一大会址纪念馆、中共代表团驻沪办事处纪念馆和(天津)周恩来、邓颖超研究中心联合举办的"党风楷模——周恩来展"在中共一大会址纪念馆展出。

3月17日 张充仁纪念馆在上海闵行区七宝镇开馆。

3月19日 江南造船(集团)公司向上海市历史博物馆捐赠了6艘船模。

3月21日 坐落在上海华泾镇的黄道婆纪念馆修整后重新对外免费开放。

同日 "上海博物馆藏过云楼书画展"在香港艺术博物馆开幕，展品72件，几乎涵盖了明清两朝所有大画家的名品佳作。

3月24日 闵行区博物馆在上海莘庄地铁文化广场(莘建东路255号5楼)对外开放。

3月26—27日 由上海博物馆举办的"国际博物馆馆长高峰论坛"在上海博物馆举行。中共上海市委副书记殷一璀、上海市副市长杨晓渡出席开幕式。

4月11日至5月11日 由大韩民国临时政府旧址管理处主办的"大韩民国临时政府旧址修复开放10周年回顾展"在大韩民国临时政府旧址展出。

4月14日 上海博物馆以450万美元从海外购回4卷宋刻宋拓《淳化阁帖》祖本。

4月17—22日 经国家文化部批准，由国家文物局、中国对外艺术展览中心、上海市嘉定区人民政府主办的"中国科举文化展"在北京民族文化宫开幕。国家文化部党组成员常克仁、国家档案局局长毛福民、国家文物局副局长董保华、全国人大华侨委副司长朱守道等有关领导，巴西、古巴、印度等十多个国家驻华大使与官员参加。

4月20日至6月20日 上海博物馆推出"我喜爱的上海博物馆10件文物"观众评选活动。

6月6日 全国重点文物保护单位徐光启墓修复暨南春华堂异地保护工程开工仪式在徐汇区光启公园内举行。

6月24日至10月13日 "中国当代艺术展"在法国巴黎蓬皮杜国家文化艺术中心展出。

7月18日至11月18日 由上海博物馆、意大利托斯卡纳考古遗产管理局、意大利阿雷佐文化推广中心共同主办的"伊特鲁里亚人的世界——意大利前罗马时期文物精品展"在上海博物馆展出。

8月5日 由上海市文物管理委员会委派施工队对上海地区现存最陡、最古老的单孔拱形石桥——朱家角泰安桥动工维修。

8月14日 浦东新区政府在川沙镇"内史第"举行了"宋氏家族居住纪念地"揭牌仪式。

8月29日　中共中央政治局常委、国务院总理温家宝参观上海科技馆；30日，温家宝参观中共一大会址纪念馆，中共上海市委、上海市政府主要领导陪同。

8月　青浦区博物馆荣获"2001—2002年度上海市军民共建社会精神文明先进集体"称号。

9月12日　"雪域藏珍——西藏文物精品展"荣获国家文物局全国十大陈列展览精品奖。

9月14日至11月8日　由闵行区博物馆主办的"正仓院仿唐乐器展"在闵行区博物馆展出。

9月16日　上海福寿园人文纪念馆举行开馆典礼。

9月19日　解放日报报业集团将汉口路274号大楼内拆除的3台OTIS老电梯无偿捐赠给上海市历史博物馆。

9月20日至11月20日　由上海公安博物馆、上海中桥影视公司、上海科普教育联合会主办的"爱我中华、强我国防——中国近现代及未来海陆空军事科技模型展览"在上海公安博物馆展出。

9月25日　上海市孙中山宋庆龄文物管理委员会联合上海宋庆龄研究会、中国福利会在宋庆龄陵园贵宾厅召开"宋庆龄的思想、精神和品格研讨会"。市人大常委会副主任胡炜、市政协副主席谢丽娟、市委宣传部秘书长何继良及专家学者70余人出席。

9月25—27日　亚欧基金会博物馆协会上海会议在上海博物馆召开。此次会议是亚欧基金会博物馆协会在中国召开的第一次会议，来自亚欧地区20余个国家和地区的40余名专家学者出席会议。会议议题为"亚欧会议：文化遗产共享的展示"。

9月26日至10月22日　由上海市对外交流协会、宁夏回族自治区博物馆主办的"消失的神秘王国——西夏文物精品展"在上海城市规划展示馆展出。

9月28日至12月20日　由奉贤区博物馆、奉贤收藏协会主办的"奉贤区首届民间收藏展"在奉贤区博物馆展出。

9月　在上海开设5年的中国古代性文化博物馆迁址江苏文化古镇同里。

9—10月　上海博物馆举办关于《淳化阁帖》的系列活动，《〈淳化阁帖〉最善本》珍藏本和精装本出版；9月22—24日，来自海内外的碑帖学专家、艺术史学者、收藏家、书法家以及出版界人士200多人在上海博物馆参加"《淳化阁帖》和'二王'书法艺术学术鉴赏会"；9月23日至10月31日，"'淳化阁帖'最善本特展"在上海博物馆举行；9月28日至10月中旬，"'淳化阁帖'最善本高层论坛"在上海博物馆相继举行4次。

10月18日至11月17日　由中国上海国际艺术节中心主办的"古埃及国宝展"在上海展览中心展出。

10月23日　上海博物馆举行"上海市白玉兰荣誉奖颁奖仪式暨杜维善、谭端言伉俪丝绸之路古国钱币捐赠仪式"。此次是杜维善第三次向上博捐赠。

10月28日至12月31日　由中共上海市委宣传部、江西省委宣传部等主办的"血染的丰碑——上饶集中营革命斗争事迹爱国主义教育全国巡回展"在龙华烈士纪念馆展出。

10月　上海市公安局任命汪志刚任上海公安博物馆馆长。

11月1—4日　应加拿大文化更新研究中心邀请，经国家文化部批准，由中华人民共和国驻温哥华总领事馆、中国对外文化展览中心联合主办的"中国科举文化展"在加拿大温哥华卑诗大学亚洲中心展出。李元明总领事、加拿大联邦国会议员梁陈明任女士、中国对外艺术展览中心党委书记妆副主任赵铁信出席开幕式。

11月4日至12月30日　由延安革命纪念馆、国际友谊博物馆、中共中央文献研究室、上海青年活动中心主办的"革命文物、国礼、诗词展"在上海青年活动中心展出。

11 月 5 日　韬奋纪念馆和韬奋故居装修完工重新对外开放。

11 月 9 日　在上海科技馆举行的中国首次载人航天飞行展的参观券在全市 2 000 家东方书报亭和东方明珠电视塔等地发放，仅一个多小时即全部赠送完毕。

11 月 25 日　中共中央政治局常委李长春到上海博物馆视察调研。李长春指示，要逐步在全国爱国主义教育基地的博物馆中，有组织地推行学生免费参观。12 月 1 日，上海博物馆初步制定了加强学生免费开放的试行办法。从 2003 年 12 月 1 日起，在原每周六下午 5 时以后对学生免费开放的基础上，又推出每周二、四学生团体免费参观的措施。

12 月 9 日　联合国教科文组织遗产保护奖颁奖会及展示会在上海图书馆举行。

12 月 15 日　上海市人民政府任命杜家豪兼上海市孙中山宋庆龄文物管理委员会主任。

12 月 16 日　由国家文物局组织、上海市文物管理委员会主持的"前剂量饱和指数法测定瓷器热释光年代"科研项目在上海博物馆通过技术鉴定。

12 月 24 日　上海供水展示馆在百年老厂杨树浦自来水厂内开馆。

同日　上海文物博物馆学会第三次代表大会在上海博物馆举行。

12 月 25 日　徐汇区文化局在永嘉路 321 弄 8 号为张澜寓所举行揭牌仪式。

12 月 25—27 日　国家文物局在北京召开了全国文物工作先进县表彰大会，对在文物保护工作中取得突出成绩的上海浦东新区等进行了表彰。

12 月 25—29 日　由中共上海市委宣传部、中共上海市委党史研究室主办、中共一大会址纪念馆承办的"毛泽东与上海——纪念毛泽东同志诞辰 110 周年图片展"在上海图书馆展出。

12 月 25 日至 2004 年 2 月 10 日　上海博物馆举办"钱镜塘先生捐赠上海博物馆书画精品回顾展"，钱镜塘先生家属及来自文博界、收藏界的来宾 200 余人出席仪式。

12 月 27 日　上海市文物管理委员会和徐汇区人民政府在光启公园内举行全国重点文物保护单位徐光启墓修复工程竣工仪式。

12 月 31 日至 2004 年 1 月 29 日　由上海市文物管理委员会举办的"上海考古新发现特展"在上海博物馆展出。

12 月　团中央机关旧址上海"渔阳里"改造工程全部竣工。

2004 年

1 月 10 日　中国第一个证券博物馆——历道证券博物馆在浦东新区银城东路 139 号华能联合大厦 13 层开馆。

同日　上海博物馆开始试行全年 365 天每天有组织地免费接待大、中、小学生团体观众。

1 月 18 日至 2 月 10 日　上海鲁迅纪念馆与上海图书馆在上海鲁迅纪念馆联合举办"上海图书馆馆藏清末上海小校场年画展"。

1 月 20 日至 4 月 21 日　上海博物馆在中国古代青铜器陈列室内展出"法国吉美博物馆藏商晚期青铜象尊特别展"。

1 月 30 日　沪南钱业公所修复开放暨"金融史料展"展出。

2 月 3 日至 5 月 8 日　由上海市妇联、中共一大会址纪念馆、中共代表团驻沪办事处纪念馆和天津周恩来邓颖超纪念馆联合举办的"20 世纪中国妇女运动的先驱——纪念邓颖超诞辰 100 周年图片展览"在中共一大会址纪念馆对外展出。

2月14日　上海博物馆举行"张永珍博士向上海博物馆捐赠清雍正粉彩蝠桃纹橄榄瓶仪式"。各界来宾300余人出席仪式,国家文物局局长单霁翔讲话并向张永珍颁发褒奖状。同日,上海市市长韩正代表上海市政府授予张永珍博士"白玉兰荣誉奖"。

2月20日　上海博物馆网站作为文物类网站荣获"第四届中国优秀文化网站"称号。

2月28日至3月6日　上海博物馆会同国家文物局和国家博物馆在上海博物馆举办"百岁寿星潘达于捐赠大盂鼎、大克鼎回顾特展"。

2月底至4月底,上海市文物管理委员会对崧泽遗址进行发掘,发现马家浜文化、崧泽文化墓葬7座、12座,发现最早的上海人的头盖骨、房屋基址等遗迹。

3月5—14日　为纪念鲁迅留学日本仙台100周年,由上海鲁迅纪念馆和日本福井县鲁迅展实行委员会等联合主办的"鲁迅纪念展——中国文豪·友好使者"在藤野的故乡日本福井县国际交流会馆展出,参观者1.6万余人。

3月12日至5月9日　"灵山——上海博物馆藏中国明清山水画展"在澳大利亚悉尼新南威尔士美术馆展出。

3月18—21日　由上海市文学艺术界联合会主办,上海民间文艺家协会等单位承办的2004上海民间艺术博览会在上海展览中心举行。

3月25日　由上海鲁迅纪念馆主办的"谢旦如诞辰100周年纪念展"在上海鲁迅纪念馆开幕,并举行"谢旦如先生诞辰100周年纪念座谈会"。

3月　为纪念中国第一个商标法规——《商标注册试办章程》颁布100周年,民间商标收藏家左旭初商标收藏馆在馆内举行"商标法律百年史料展"。

4月17日　《淳化阁帖》杯"二王"系列书法大赛获奖作品义拍会由上海敬华艺术品拍卖公司组织在上海鲁迅纪念馆举行。

4月21—29日　由上海市文物管理委员会、上海市文学艺术界联合会、上海市作家协会等主办的"李霁野诞辰100周年纪念展"在上海鲁迅纪念馆展出。

4月26日　位于淮海中路567弄(渔阳里)6号的中国社会主义青年团中央机关旧址纪念馆在渔阳里举行开馆仪式。中共上海市委副书记王安顺参加开馆仪式。

5月15日　来自日本的"时间探索展"在上海科技馆展出,这是该馆引进的首个国外专业科普展。

5月16—22日　上海博物馆在国际博物馆日活动周期间展示了昆曲表演、古琴演奏、竹刻工艺、蓝印花布等4种极具中国特色的非物质文化遗产活动。

5月20日　徐汇区文化局为黄兴寓所举行揭牌仪式。

5月20日至7月18日　"上海博物馆藏明清山水画展"在新加坡亚洲文明博物馆展出。

5月22日　上海市文物管理委员会推出23处近代文物建筑免费开放一日活动。

5月24日　上海市人民政府任命杨定华兼任上海市孙中山宋庆龄文物管理委员会主任。

5月27日　中共上海地下组织斗争史陈列馆在愚园路81号开馆。

6月9日　徐汇区文物管理委员会、上海电影集团公司、上海电影家协会等单位联合为赵丹寓所举行揭牌仪式。

6月11日至9月5日　由上海博物馆、意大利托斯卡纳考古遗产管理局和意大利阿雷佐文化推广中心联合举办的"古罗马文明展——罗马帝国的人与神"在上海博物馆展出。

6月17日至7月13日　由上海艺术研究所承办的"中国历代服饰展"在法国马赛手工艺博物

馆展出。中共上海市委副书记殷一璀出席开幕典礼。

6月18日　由中国收藏家协会与《收藏家》杂志社联合举办的"首届中国收藏界年度排行榜"评比揭晓。

6月　南汇区新场镇"第一楼书园"修复工程竣工。

7月1日　位于黄浦区中华路268号、复兴东路过江隧道隔壁的上海隧道科技馆开馆。

7月5日至8月3日　作为中法文化交流年的重要活动之一的"中国明清水墨画精品展"在法国巴黎莫奈博物馆展出。

7月5日至8月31日　由上海艺术研究所承办的"20世纪初叶上海服饰的演变"展览在法国巴黎时装博物馆举行。上海市人民政府副秘书长薛沛建出席开幕式。

7月12日　哲夫向上海市历史博物馆捐赠邮品（上海实寄印度等地的信函7封和早期明信片896件）。

7月13日　中宣部在河北西柏坡召开全国爱国主义教育示范基地工作会议。上海博物馆被中宣部、民政局、人事部和文化部命名为"全国爱国主义教育示范基地先进单位"。

7月15日　坐落在杨浦区长阳路728号的中国烟草博物馆开馆。

7月28日　上海市历史博物馆征集人员在已故著名作曲家翟维、寄明夫妇家中，意外发现3页冼星海谱曲的《乌夜啼》《老马》原始手稿，并将冼星海原始手稿入藏上海市历史博物馆。

8月4日至10月3日　"上海博物馆藏明清山水画展"在美国火奴鲁鲁美术学院展出。

8月8日　中国首个可口可乐纪念品收藏团体——可口可乐文化收藏沙龙在三山会馆成立，并展出"可口可乐文化民间收藏展"。

8月13日　上海科技馆和英国总领事馆联合举办的"中英科技馆论坛"在上海科技馆举行。

8月21日　上海市政府参事室捐赠何时希参事遗物3 300件给青浦区博物馆。

8月28日　坐落在闸北区天目东路200号的上海铁路博物馆开馆。

9月3日至11月21日　上海博物馆与澳门民政总署、澳门艺术博物馆、澳门基金会、澳门旅游局、故宫博物院联合举办的"至人无法——故宫、上博珍藏八大、石涛精品展"在澳门艺术博物馆展出，上海博物馆参展作品120件/组。

9月9日　位于陆家嘴浦东大道9号（世纪金融大厦7楼）的上海市银行博物馆进行扩建改造后重新开放。

9月16日至2005年1月23日　上海博物馆与瑞士日内瓦艺术历史博物馆联合主办的"中国文人精神展"在瑞士日内瓦艺术历史博物馆开幕，展出文物120件/组。

9月17日起　山东青州市博物馆珍藏的龙兴寺佛教造像在上海博物馆古代雕塑馆展出。

9月26日至11月10日　由承德上海市人民政府与黄浦区人民政府共同主办，由承德避暑山庄与豫园管理处共同承办的"承德避暑山庄文物展"在豫园举办。

9月28日　位于华山路的上海中国留学生博物馆开馆。

10月14日至2005年1月16日　由上海市历史博物馆、上海鲁迅纪念馆、刘海粟美术馆、东华大学服装博物馆、浙江省博物馆等联合举办的"上海摩登展"在慕尼黑的魏拉·施图克博物馆（Museum Villa Stuck）展出。

10月15日至11月30日　由沈汉生收藏的"辛亥革命文物精品展"在上海孙中山故居纪念馆展出。

10月20—22日　由上海淞沪抗战纪念馆主办的"宝山民间收藏艺术精品展"在罗店美兰湖国

际会议中心展出。

11月29日 位于奉贤区五四农场场部的上海农垦博物馆开馆。

11月9—22日 "上海博物馆藏古代青铜器展"在阿根廷首都布宜诺斯艾利斯国立装饰艺术博物馆展出。

11月9日至2005年1月2日 作为中葡建交25周年系列文化活动的项目之一的"宴会、礼仪和庆典：上海博物馆藏古代青铜器展"在葡萄牙首都里斯本贝伦文化中心展出。

11月16日 位于佘山天文台的佘山天文博物馆开馆。

11月20日 坐落于松江区佘山脚下佘山地震台内的上海地震科普馆在扩馆之后全新亮相。

12月1日 完成改扩建的松江博物馆展厅,对外开放。

12月6日 位于枫林路300号的上海昆虫博物馆开馆;位于浦东机场北侧华洲路上的地质科普馆开馆。

12月8日 在上海市被命名为"中国历史文化名城"18周年之际,青浦区博物馆新馆正式落成开馆。上海市副市长、市文物管理委员会主任杨晓渡等300余人出席开幕仪式。

同日 位于鲁班路600号江南造船大厦的江南造船博物馆开馆。

12月10日 位于闸北区万荣路467号的中国乳业博物馆在扩建后举行了开馆揭幕仪式。

12月15日 上海市徐汇区文物管理委员会在永嘉路371—381号为田汉寓所举行挂牌仪式。

12月18日 位于蔡伦路1200号浦东张江高科技园区上海中医药大学新校区内的上海中医药博物馆开馆。

12月22日 位于闸北区天目中路600号的由上海市公安局闸北分局筹办的闸北公安史馆开馆。

12月26日 上海博物馆举办"周秦汉唐文明国际学术研讨会",邀请英国、美国、俄罗斯、日本、韩国、新加坡以及中国台湾、香港等地的100余位相关艺术史、文物考古领域的学者专家与会。12月28日至2005年2月15日,上海博物馆和陕西省文物局联合举办的"周秦汉唐文明大展"在上海博物馆展出。

2005 年

1月6日 位于南汇区惠南镇东城区的南汇博物馆正式开馆。上海市副市长、市文管委主任杨晓渡,市文管委常务副主任、上海博物馆馆长陈燮君出席开馆仪式。南汇区区委书记陈策为开馆仪式启动了按钮。

1月8日 由上海文庙管理处和上海市收藏协会联合举办的"壶之宝馆历代紫砂展"在上海文庙开幕。

1月10日 上海市孙中山宋庆龄文物管理委员会成立20周年纪念大会在市政大厦举行。

1月11日 上海市文物管理委员会、上海市人民对外友好协会和中国工商银行上海分行共同主办了内山完造诞辰120周年纪念活动。"内山完造展览"在中国工商银行和四川北路支行原内山书店旧址三楼展出。

1月15日 徐汇区文物管理委员会在南丹路17号(光启公园内)举行徐光启纪念馆揭牌仪式。

1月22日 上海市历史博物馆举行张骧云家属文物捐赠表彰会。

1月27日 上海科技馆基金会更名为上海科普教育发展基金会。

2月7日 上海市人民政府机关事务管理局决定,赵福祥兼任上海市孙中山宋庆龄文物管理委员会办公室主任。

3月12日至4月27日 由上海孙中山故居纪念馆、孙中山南洋纪念馆、广东革命历史博物馆联合举办的"孙中山在南洋史料图片展"在上海孙中山故居纪念馆展出。

4月1日 由上海市收藏协会会员唐昌科和洪涛共同创办的翰林匾额博物馆开馆。

4月28日至6月30日 由上海博物馆主办的"练形神冶,莹质良工——上海博物馆藏铜镜精品展"在上海博物馆展出。展出上海博物馆藏战国至清代150枚形制、纹饰俱佳的精品,是国内近20年来规模最大的铜镜展。

4月29日至5月8日 由上海工艺美术博物馆、上海市收藏协会、上海工艺美术学会联合举办的"文房珍玩展"在上海工艺美术博物馆展出。

5月10日 上海博物馆举行李楣、尹其颖伉俪捐赠明代缂丝《麻姑献寿图》仪式。

5月14日 上海科技馆二期展馆开放。

5月18日至9月25日 由陕西咸阳文物局和松江博物馆共同主办的"陕西咸阳文物展"在松江博物馆展出。

5月18—25日 上海市文物管理委员会举办"上海市5·18国际博物馆日活动周"。

5月24日 上海市文物管理委员会、静安区人民政府在延安中路913弄举行"四明邨·文化名人邨"揭牌仪式。

5月25日 虹口区文广局在中国左翼作家联合会纪念馆举行"沈尹默故居""郭沫若故居""茅盾旧居""丁玲旧居"挂牌仪式。

同日 卢湾区文广局在陕西南路39弄93号举行丰子恺旧居挂牌仪式。

同日 徐汇区文化局在永康路141弄6号举行胡风旧居、萧军·萧红旧居挂牌仪式。

5月27日 全国政协副主席周铁农参观视察陈云故居暨青浦革命历史纪念馆。

6月1—30日 由马赛市政府、上海市人民政府、中法文化年上海组委会联合主办,马赛市博物馆管理局与上海博物馆承办的"18、19世纪法国马赛艺术展"在上海博物馆展出。

6月8日 中共中央政治局原常委、组织部部长宋平到陈云故居暨青浦革命历史纪念馆出席陈云同志诞辰100周年暨陈云铜像揭幕仪式。

6月14日 青浦区博物馆"申城水文化之魅"陈列展览被评为"2002—2004年上海市博物馆陈列展览精品奖"。

6月18日 包畹蓉中国京剧服饰艺术馆坐落在奉贤海湾旅游区,在2005年首届中国收藏界年度排行榜上被评为"中国十大民间博物馆"。2008年,包畹蓉获"薪火相传·中国文化遗产保护年度贡献奖"。

6月20日 由上海市历史学会、上海市中共党史学会、上海市领导科学学会、中国浦东干部学院领导研究院和上海鲁迅纪念馆联合主办的纪念瞿秋白就义70周年学术研讨会在上海中国浦东干部学院举行。

6月26日 上海公安博物馆举办国际禁毒日特别展。

6月28日至7月4日 由中共上海市委组织部、市委宣传部、市委党史研究室、市档案局、市旅游委主办,中共一大会址纪念馆承办的"红色之源·上海——纪念中国共产党成立84周年图片展览"在上海展览中心展出。

6月29日 李白烈士故居在黄渡路107弄15号举行故居修缮揭牌仪式。

7月1日至9月1日　上海博物馆举办"未来考古学家"学习班活动;组织文物复制和修复的手工制作活动;主办了一系列学生专场讲座;组织"周秦汉唐访旧踪"夏令营等内容丰富、形式多样的学生暑假活动。

7月5日　中央政治局常委、中共中央纪律检查委员会书记吴官正参观视察陈云故居暨青浦革命历史纪念馆。

7月8—14日　交通部、国防科工委、国家海洋局、上海市政府在上海展览中心联合举办"郑和航海暨国际海洋博览会"。

7月18日　由上海市文物管理委员会、中共上海市委党史研究室和复旦大学新闻学院联合主办,上海鲁迅纪念馆承办的"纪念埃德加·斯诺诞辰100周年座谈会"在上海鲁迅纪念馆举行。同时还举行了"我爱中国——斯诺诞辰100周年纪念展"开幕式。

7月23—27日　由中国关爱成长行动组委会、"中国根"系列文化活动组委会联合举办的"红色之源——马克思主义文化艺术珍品全国巡回展"在上海公安博物馆展出。

7月26日　圭亚那总理塞缪尔·海因兹参观上海科技馆和上海城市规划展示馆。

8月23日　嘉定博物馆的"嘉定古代历史文物"和"嘉定竹刻"陈列从嘉定孔庙内迁移至法华塔院内开幕。

8月30日　中共金山区委、区政府在金山区石化南安路87号(遗址现场)举行"金山卫城南门侵华日军登陆处遗址"修缮扩建工程竣工仪式。

8月30日至9月2日　由上海市老干部活动中心集邮协会、上海市卢工集邮品交易市场以及上海海关、上海铁路、上海航空、上海医药、上海房地产、南汇区、卢湾区的集邮协会和卢湾区收藏协会等10个单位联合举办的"纪念中国人民抗日战争获得胜利60周年邮币展"在上海卢工集邮品交易市场举行。

9月1日至11月30日　由中法文化年组委会、中国文化部、国家文物局、法国外交部、法国文化与通讯部、法国艺术行动委员会等联合主办,上海博物馆与凡尔赛宫博物馆承办,法国文化年荣誉委员会协办的"'太阳王'路易十四——法国凡尔赛宫珍藏展"在上海博物馆展出。

9月2日至11月20日　上海博物馆与澳门民政总署、澳门艺术博物馆、澳门基金会及旅游局和北京故宫博物院联合举办的"南宗北斗——董其昌诞生450周年书画特展"在澳门艺术博物馆展出。

9月3—18日　由上海市历史博物馆和上海淞沪抗战纪念馆共同主办的"上海抗战文物大展"在宝山区文化馆展出。

9月5—18日　由上海市文化广播影视管理局、文汇新民联合报业集团主办,三山会馆协办的"抗战珍存——上海市民抗战时期图文资料藏品展"在四行仓库展出。

9月10日　复旦大学文物与博物馆学系举行"中国文化遗产事业的现状与前瞻学术讨论会"。

9月12日　中共中央政治局常委、全国政协主席贾庆林参观中共一大会址纪念馆,市委、市府、市政协主要领导陪同。

9月15日　由上海市中共党史学会、中共一大会址纪念馆联合主办的《新青年》创刊90周年学术研讨会在中共一大会址纪念馆学术报告厅召开。

9月23日　上海博物馆将馆藏贵霜钱币调拨给新疆博物馆。

同日　复旦大学举行于右任书法陈列馆开馆暨"一代草圣——于右任书法作品展"开幕仪式。

9月25日　值马承源逝世一周年之际,上海市文物管理委员会在上海市奉贤区金汇大道28号海湾寝园举行马承源骨灰安葬及铜像揭幕仪式。国家文物局原局长张德勤和上海市委宣传部副部长陈东为马承源铜像揭幕。

9月27日　在上海科技馆举行中国自然科学博物馆协会成立25周年纪念会。

9月28日　国内当时规模最大、展期最长的氢经济及燃料电池汽车公益性科普展在上海科技馆开幕。该展以"氢动未来、氢新生活"为主题,由通用汽车中国公司、上海汽车集团股份有限公司(简称"上汽股份")和上海科技馆三方携手举办,为期一年半。

同日　崇明县文化广播电视管理局发文任命宋文昌为崇明县博物馆馆长。

9月28日至11月13日　由故宫博物院和上海豫园管理处共同主办的"故宫珍藏文物钟表展"在豫园展出。

9月29日至2006年1月3日　上海博物馆举办"暂得楼清代官窑单色釉瓷器展"。2006年2月18日至4月9日,该展在香港中文大学文物馆展出。

9月底　嘉定孔庙和秋霞圃维修工程竣工。

10月13日　在闸北区共和新路2999号建筑工地上发现了北洋政府时期海军总长程壁光将军墓碑。

10月17日　上海市人民政府机关事务管理局聘任陈亚玲为宋庆龄陵园管理处处长。

10月20日至2006年7月2日　"宝石之光"展览在上海博物馆展出。展品全部来自美国迈克尔·斯科特的收藏。

10月28日至11月10日　由上海宋庆龄故居纪念馆主办的"情系中华——高醇芳国画作品及珍藏宋庆龄文物展"在上海宋庆龄纪念馆展出。

11月1—4日　由中国科学院上海硅酸盐研究所和上海古陶瓷科学技术研究会主办的"2005年古陶瓷科学技术国际研讨会"在中国科学院上海学术活动中心举行。

11月8日　徐汇区人民政府举办"纪念徐光启逝世372周年暨徐光启学术研讨会"。来自复旦大学、上海交通大学等高校、科研单位40多位专家学者出席,中国博物馆学会、中国科学技术史学会发来贺信祝贺。

11月11日　上海艺术节的重要传统展览项目——第七届中国工艺美术大师精品博览会在东亚展览馆开幕。

11月12日　上海孙中山故居纪念馆举行孙中山铜像捐赠揭幕仪式。

11月15日　国家文物局在"全国博物馆工作座谈会"上公布了上海博物馆为"馆藏文物保存环境重点科研基地"。

11月15—20日　由中国艺术研究院民族民间文化保护工程中心、上海市文化广播影视管理局、上海市文学艺术界联合会为指导单位,上海社会文化经济交流协会、上海民族民间文化保护中心主办,上海健生文化教育发展有限公司承办的"2005上海民族民间艺术博览会"在上海展览中心举行。

11月23日　上海博物馆馆长陈燮君被上海世博会事务协调局正式聘请为2010年上海世博会主题演绎总策划师。

11月28日　中央政治局常委、中共中央纪律检查委员会原书记尉健行参观视察陈云故居暨青浦革命历史纪念馆。

12月1日至2006年2月28日　"上海博物馆与英国巴特勒家族所藏十七世纪景德镇瓷器特展"在上海博物馆举办。展览开幕前夕,还召开了为期两天的"十七世纪景德镇瓷器国际学术研讨会"，来自世界各地的专家学者120余位出席会议。

12月8日　上海市文物管理委员会与静安区人民政府在新闸路1124弄（沁园村）举行阮玲玉、来楚生故居揭牌仪式。

12月10日　国内首个民间服饰博物馆——美特斯·邦威服饰博物馆在上海南汇开馆。

12月12日　上海水产大学中国鱼文化博物馆在军工路334号上海水产大学校园内开馆。

12月18日　青浦区被国家文化部、国家文物局授予"全国文物工作先进县"称号。

12月30日至2006年2月4日　由故宫博物院、上海博物馆联合举办的"书画精典——故宫博物院、上海博物馆中国古代书画藏品展"在上海博物馆展出。

12月31日　国内首个展示两院院士风采的展馆——"上海·院士风采馆"在杨浦区黄兴公园国顺东路大门一侧落成。

2006 年

1月2日　全国第一家邮政博物馆——上海邮政博物馆在北苏州路276号上海邮政大楼内开馆。

1月10日至2月19日　东京国立博物馆和上海博物馆联合举办的"书法至宝——中国与日本展"在日本东京国立博物馆展出。

1月16日至3月10日　上海市历史博物馆收藏的《点石斋画报》原稿中有关粤港澳台地区的部分作品在广州博物馆展出。

1月20日　位于上海临港新城滴水湖畔的中国航海博物馆奠基开工。

1月24日至3月26日　故宫博物院和上海博物馆联合举办的"故宫博物院宫廷珍宝展"在上海博物馆展出。

1月　国家旅游局为上海科技馆颁发"国家4A级旅游景点"证书和铭牌，该馆成为首家国家级科普旅游景点。

2月6日　中共中央政治局常委李长春参观上海科技馆。

2月10日　上海中国科举博物馆在上海市嘉定区具有800年历史的孔庙内举行了揭牌仪式。

2月11日　上海民间收藏家杨育新夫妇向上海市历史博物馆捐赠了民国早年"海军总长程璧光将军墓碑"原石碑拓两件，使2005年12月共和新路建筑工地出土的程璧光墓碑残石得以完整地保存了原文。

2月17日　瑞典驻沪总领事馆向交通大学董浩云航运博物馆捐赠瑞典"哥德堡"号船模。

3月12日至4月23日　由上海博物馆与日本东京国立博物馆、朝日新闻社联合举办的"中日书法珍品展"在上海博物馆展出。展览开幕前夕，举办"中日书法国际学会研讨会"，海内外著名书法家、鉴赏家100余人与会。

3月31日　上海市文物管理委员会在青浦福寿园举行汪庆正铜像揭幕仪式。上海市人大常委会主任龚学平和国家文物局局长张德勤为汪庆正铜像揭幕。

4月3—16日　"溯梦神舟、再创辉煌——神舟六号飞船实物展"在上海科技馆对公众展出。总装部原副部长胡世祥中将、航天英雄费俊龙、聂海胜等出席展览开幕式。

4月7日至6月11日　由上海博物馆与美国纽约现代艺术博物馆联合举办的"从塞尚到波洛特——纽约现代艺术博物馆藏绘画名作展"在上海博物馆展出。

4月17日　上海市文物管理委员会、上海市文联与作协、浙江省文联与作协、海宁市市政府在上海鲁迅纪念馆联合举行了陈学昭诞辰100周年纪念会暨学术研讨会。

4月28日　由上海琉璃工房创建的上海琉璃艺术博物馆在马当路馆舍内举行开馆仪式。

5月4日　上海世博会事务协调局正式任命上海博物馆作为"政府组"，负责"中国馆""主题馆"和"博物馆展览"的课题策划项目。

5月25日　上海市文物管理委员会任命张岚为上海鲁迅纪念馆党支部书记、馆长。

5月27日　来自伊朗、新西兰、印度、挪威、埃及、乌克兰、斯洛伐克、保加利亚等国家60多名驻沪领事馆外交官及其家属参观青浦区博物馆。

5月28日　由上海期货交易所创建的国内首家期货博物馆在上海期货大厦举行开馆典礼。

5月30日　上午，由复旦大学和上海市文物管理委员会主办，中共复旦大学党委宣传部和上海鲁迅纪念馆承办的"陈望道诞辰115周年纪念展"开幕式和"陈望道诞辰115周年纪念座谈会"在上海鲁迅纪念馆举行。下午，在复旦大学美国研究中心举行了"纪念陈望道诞辰115周年学术研讨会"。

5月31日　国际博物馆协会（ICOM）在法国巴黎联合国教科文组织总部召开大会，对2010年国际博物馆协会第22届会员代表大会举办地申办城市进行投票表决，中国上海获得大会举办权。

6月6日　上海眼镜博物馆在闸北区宝昌路533号宝山街道社区文化活动中心内开馆。

6月8日　徐汇区文化局在余庆路146弄13号为陶行知旧居举行揭牌仪式。

6月8日至7月20日　由黄浦区人民政府、上海市文化广播影视管理局主办，上海市收藏协会、上海市工艺美术协会、上海工艺美术博物馆、三山会馆承办的"2006年'文化遗产日'非物质文化遗产上海民间收藏展"在三山会馆展出。

6月9日　上海唯一跨越3个世纪科技史和工业史的大型行业博物馆——江南造船博物馆揭牌，为上海第9个全国爱国主义教育示范基地。

6月10日　上海市文物管理委员会和静安区人民政府在陕西南路30号马勒住宅举行"第6批全国重点文物保护单位挂牌仪式"。上海市副市长、市文物管理委员会主任杨晓渡出席仪式并为龙华塔、国际饭店、马勒住宅3个全国文物保护单位揭牌。

6月10—12日　首届中国"文化遗产日"上海系列活动之一的"上海民族民间艺术博览会"在上海东亚展览馆举行。

6月13日　中共中央总书记、国家主席、中央军委主席胡锦涛来到上海科技馆，检查上海合作组织成员国元首理事会第六次会议国宴场馆准备情况。6月15日，胡锦涛在上海科技馆设宴，款待出席上海合作组织成员国元首理事会第六次会议的成员国元首和各国来宾。

6月15—16日　上海市文物管理委员会和上海市松江区联合举办的"环太湖地区新石器时代末期文化暨广富林遗存学术研讨会"在松江区召开，正式提出"广富林文化"命名；由上海博物馆考古部、松江区文管委主办的"广富林遗存展"在松江博物馆展出。

6月21日　为纪念中共代表团驻沪办事处（周公馆）设立60周年，位于思南路73号的周公馆纪念馆事迹陈列展厅改建后重新向市民开放。

6月22日至7月5日　由中共上海市委宣传部主办、龙华烈士陵园协办的"丰碑——纪念中国共产党诞生85周年上海市爱国主义教育基地大联展"在上海展览中心展出。

6月24日　为纪念建党85周年，中共四大史料陈列馆在虹口区多伦路215号举行开馆仪式。

6月25日　纪念福泉山古文化遗址被国务院命名为"全国重点文物保护单位"五周年大会暨青浦区"福泉山杯"中国书画大奖赛颁奖仪式在青浦区博物馆举行。

6月27日　上海博物馆举行范季融、胡盈莹伉俪捐赠明代项圣谟《山水花卉图册》仪式。

6月28日　由中共一大会址纪念馆、中共海南省委宣传部、中共海南省委党史研究室和中共海口市委联合主办的"光辉的历程——中共一大至十六大图片展"在海南省海口市会展中心开幕。

6月　中日友好协会会长野田毅一行访问青浦区博物馆,团中央书记处书记、全国青联副主席王晓、团市委书记马春雷等领导陪同。

7月1日至10月7日　由上海博物馆与大英博物馆合作举办的"艺术与帝国——大英博物馆藏亚述珍品展"在上海博物馆展出。

7月9日　国务院办公厅复函上海市人民政府,在建的航海博物馆名称可定为"上海中国航海博物馆"。

7月11日　在"中国航海日"庆祝大会上,交通部部长李盛霖和上海市市长韩正共同为"中国航海博物馆"馆牌揭牌。

同日　徐汇区人民政府在建国西路581弄为曹天钦·谢希德旧居举行揭牌仪式。

7月20日至8月20日　为纪念中国共产党建党85周年,上海市历史博物馆和西柏坡纪念馆联合举办的"红色印迹——纪念建党85周年革命文物图片展"在宋庆龄陵园展览馆展出。

8月3日至10月7日　由上海科技馆和德国最权威的基础研究机构马普学会、世界著名化工企业巴斯夫联合举办的"极致探索——穿越科学时空之旅"展览在上海科技馆免费开放。

8月5—8日　由上海市作家协会、上海鲁迅纪念馆主办的"民族魂——鲁迅书展"在上海展览中心展出。

9月9日至11月19日　由澳门艺术博物馆与故宫博物院、上海博物馆、澳门基金会、旅游局与澳门日报联合举办的"乾坤清气——故宫博物院、上海博物馆珍藏青藤白阳书画艺术特展"在澳门艺术博物馆展出。

9月23日　在全国首家儿童博物馆——上海儿童博物馆建馆10周年之际,由上海市科学委员会、长宁区政府等共同出资改建的上海儿童博物馆重新开馆。

9月23日至10月1日　应台湾财团法人中华民俗艺术基金邀请,由上海中国科举博物馆、嘉定博物馆与台湾宜兰国立传统艺术中心共同合作举办的"科举文化特展"在台湾高雄孔庙展出。10月6日至11月26日在台湾宜兰国立传统艺术中心展出。

9月26日至10月10日　由上海市对外文化交流协会、闵行区博物馆主办的"铁匠的炼金术——西班牙瓦伦西亚博物馆铁艺展"在闵行区博物馆展出。

10月17—20日　由中国现代文学研究会、北京鲁迅博物馆和绍兴上海市人民政府联合主办,上海鲁迅纪念馆、中共绍兴市委宣传部、绍兴文理学院承办的"鲁迅:跨文化对话——纪念鲁迅逝世70周年"国际学术研讨会先后在绍兴、上海举行。

10月18日　"中国金山农民画30周年回顾展"在上海外滩18号创意中心开幕。

10月28—30日　为纪念孙中山先生诞辰140周年,上海市孙中山宋庆龄文物管理委员会、上海中山学社、上海宋庆龄研究会共同主办的"孙中山:历史·现实·未来"国际学术研讨会在上海召开。来自大陆、台湾、香港、澳门及美国、日本的90名学者与会,递交论文79篇。

11月7日　由孙中山故居纪念馆组织筹拍的电视文献片《走进孙中山》在上海科学会堂举行首播式。

11月9日　上海自来水科技馆开馆。

11月15—18日　由复旦大学博物馆和山东省石刻艺术博物馆联合举办的"山东古代时刻拓片

精品展"在复旦博物馆展出。

11月16—17日　中国民俗学会、上海市文化广播影视管理局、上海市文物管理委员会、上海市徐汇区人民政府等在上海市委党校联合举办"黄道婆文化研讨会",来自印度、韩国、日本及北京、海南、江苏、广州、浙江、重庆、河南和上海等国内外80多位专家学者出席会议。

11月18—23日　由上海城市规划展示馆和意大利玛佐利家族兵器博物馆联合举办的"意大利古代盔甲和古兵器展"在上海城市规划展示馆展出。

11月18—26日　台北故宫博物院珍藏书画暨青山杉雨收藏中国近代书画展在刘海粟美术馆展出。

11月20日　全国第一家老彩票私人收藏博物馆——蔡伯昌老彩票博物馆开幕。

11月25—26日　由复旦大学文物与博物馆学系、文化遗产研究中心、复旦大学于右任书法陈列馆联合主办的"首届于右任国际学术研讨会"在复旦大学召开。

12月5日　坐落于淮海中路1843号的上海宋庆龄故居经过闭馆全面整修后重新对外开放。

12月5—7日　上海博物馆举行"丝绸之路古国钱币暨丝路文化国际学术研讨会"。

12月6日　中共上海市委统战部、中共徐汇区委、区政府在淮海中路1897号杜重远寓所举行挂牌仪式。

12月24日　上海汽车博物馆在上海嘉定安亭博园路7565号试行开放,2007年1月18日正式开放。

2007 年

1月3日　中纪委常委、上海市委常委、市纪委书记沈德咏等领导视察青浦博物馆。

1月12日　位于闸北区浙江北路118号的闸北革命史料陈列馆(中共三大后中央机关历史纪念馆)新馆建成开馆。

1月19日　全国政协常委、社会和法制委员会副主任伍绍祖一行视察参观青浦区博物馆。

1月26日　沈柔坚作品陈列室在位于南京西路325号的上海美术馆内落成。

2月2日　中国驻比利时大使章启月参观上海中国科举博物馆。

2月17日至3月5日　上海鲁迅纪念馆与河南开封朱仙镇木版画年画社联合举办"朱仙镇木版年画展",版画展成为上海鲁迅纪念馆的新年系列展特色。

2月18日至8月19日　上海博物馆主办的"中国五千年艺术与文化展"在美国加州橙县的宝尔博物馆展出。这次展览是上海博物馆第一次在洛杉矶举行大型中国文物展。展览结束后,9月15日至12月19日移至美国休斯敦自然历史博物馆展出。

3月1日至5月20日　"上海博物馆珍藏展"在挪威国立艺术、建筑和设计博物馆展出。共展出上海博物馆馆藏文物90件(组)。

3月5日　复旦大学、交通大学、华东师范大学、东华大学、中医药大学等10所高校联合举办的"2007年上海高校民族文化博物馆联展"在上海科技馆展出。

3月6日　上海市人民政府决定,任命李良园兼上海市孙中山宋庆龄文物管理委员会主任。

3月23日　著名科学家、全国政协副主席、上海大学校长钱伟长参观上海中国科举博物馆。

3月27日　上海市委副书记、市长韩正到上海科技馆调研,研究上海科技馆自然博物分馆的迁建工作。

3月30日　中共上海市委书记习近平和副书记、市长韩正,市人大常委会主任龚学平,上海市政协主任蒋以任,市委副书记刘云耕、罗世谦、殷一璀,市委常委、市委秘书长范德官等瞻仰了中共一大会址和中共二大会址。

3月　艺术品公司正式挂靠上海博物馆网站,开设上博网上商店。

4月2日至8月5日　为纪念"四保临江"胜利60周年,由陈云故居暨青浦革命历史纪念馆与吉林省白山市"四保临江战役"纪念馆联合举办的"陈云与'四保临江'图片展"在陈云故居暨青浦革命历史纪念馆展出。

4月6日　普陀区志丹苑元代水闸遗址被评为2006年全国十大考古新发现。

4月30日至6月30日　上海博物馆与美国纽约所罗门·R.古根海姆基金会联合举办"美国艺术三百年:适应与革新特别展",展出美国从18世纪早期北美殖民地时代至21世纪当代美国各历史阶段的近120件代表性美术作品。

5月1—10日　由上海市宁波经济建设促进会、上海市历史博物馆、宁波市人民政府驻上海办事处联合举办"宁波人在上海"展览在上海市工人文化宫展出。

5月10日　中共中央政治局常委、国家副主席曾庆红在习近平、韩正陪同下,瞻仰中共一大和二大会址。

5月13—19日　上海博物馆举办2007年度"5·18国际博物馆日活动周"。以"保护我们的文化遗产"为主题,举办上海地区考古遗址、方言习俗、城市建筑等各方面的物质和非物质文化遗产的公众讲座,并在复旦大学、交通大学、上海外国语大学等9所大专院校和2所中学设立了分会场,向青年学生介绍文化遗产的知识和保护政策。

5月21日至8月20日　为庆祝闵行建区15周年,由中共闵行区委宣传部、上海市航天局党委宣传部、闵行区文广局联合举办的"永远的航天精神展"在闵行区博物馆展出。

5月31日　位于金山区张堰镇姚光故居的南社纪念馆开馆。中共上海市委统战部部长杨晓渡和南社学研究会、南社社员后裔等150余人参加开幕式。

6月8日　松江区文化广播影视管理局荣获国家文物局授予的"全国文化遗产保护工作先进集体"荣誉称号。12月10日,国家文化部授予松江区"全国文物工作先进区"荣誉称号。

同日　上海市政府公布第一批上海市级非物质文化遗产名录,共有十大门类83个项目。其中江南丝竹、沪剧、越剧、昆曲、京剧、锣鼓书、顾绣、竹刻和邬泥泾手工棉纺织技艺等9个项目已于2006年被列入第一批国家级非物质文化遗产名录。

同日　嘉定区江桥先农村发现明代嘉靖四十四年(1565)进士李汝节和夫人程宜人墓,出土文物有木雕腰带、铜镜、金发簪等数十件。

6月9日　时值第2个中国文化遗产日,徐汇区政府文管部门举办"走进老房子"主题活动。向市民免费开放东平路9号宋美龄故居"爱庐"、衡山路53号国际礼拜堂、蒲西路166号徐家汇观象台等20处历史建筑和保护建筑。

同日　沈尹默故居开馆仪式在四川北路社区文化活动中心举行。

6月15日至9月23日　"上海博物馆珍藏展"在俄罗斯圣彼得堡市艾尔米塔什博物馆展出。共展出上海博物馆馆藏文物94件(组)。此次展览是俄罗斯"中国年·上海周"的一项重要活动,上海市副市长唐登杰、上海博物馆馆长陈燮君、艾尔米塔什博物馆馆长米哈伊尔·皮奥特罗夫斯基、圣彼得堡市文化官员及各界来宾300余人参加开幕式。这也是中国的博物馆首次在该馆举办展览。

6月16日　中国烟草博物馆举行接受民间收藏家捐赠烟草文物仪式。上海市收藏协会会长吴少华、中国烟草博物馆馆长助理章伟以及20余位民间收藏家参加捐赠仪式。

6月20日至7月30日　国家文物局在复旦大学举办第5期全国省级博物馆馆长培训班。国家文物局副局长张柏、国家文物人事劳动司副司长黄元、教育培训处处长王大民、复旦大学副校长桂永浩等出席并讲话。全国40多位省级博物馆馆长参加培训。

6月23日　交通部、国家文物局、军委海军和上海市人民政府在上海联合召开全国航海文物征集动员会。

6月29日　邹容纪念馆在华泾路868号揭牌开馆。

7月3—5日　中国博物馆学会城市博物馆专业委员会成立大会在上海龙柏饭店召开。来自全国60多个城市博物馆人员参加成立大会。大会通过《中国博物馆学会城市博物馆专业委员会章程》,组成了专业委员会,并推举上海市历史博物馆副馆长张岚任中国博物馆学会城市博物馆专业委员会主任委员。

7月9日　国际博协第22届大会筹备委员会执行委员会第一次会议在上海博物馆召开。上海市副市长杨定华、国家文物局副局长张柏、中国博物馆学会理事长张文彬以及大会筹委会、执委会部分委员和筹委会上海办公室主要成员共30多人参加会议。

7月10日　上海博物馆举行"日本东京国立博物馆前副馆长西冈康宏捐赠元代剔犀葵瓣盆、明代剔云纹长盘、明代雕漆长盆三件漆器"的仪式。

同日　"中国博物馆学会博物馆管理专业委员会"成立大会在上海博物馆召开。中国博物馆学会理事长张文彬、常务副理事长李象益、秘书长袁南征等出席会议。大会通过《中国博物馆学会管理专业委员会章程》及委员名单。

7月12日　中共上海市委书记习近平视察中共一大会址纪念馆。副市长杨雄、杨定华、市府秘书长李一平,市委宣传部副部长陈东等陪同视察。

7月13日及9月17日　为贯彻国务院《关于开展第三次全国文物普查的通知》精神,落实国家文物局关于文物普查工作的具体安排,上海分别召开了"上海市第三次全国文物普查工作动员部署大会"和"贯彻落实国务院关于第三次全国文物普查电视电话会议精神"的会议。9月30日,上海市文物部门开始启动全市文物普查工作。

8月2日　中共上海市委书记习近平和副书记、市长韩正参观考察闸北革命史料陈列馆(中共三大后中央局机关历史纪念馆)。

8月7日　泳坛名将庄泳将1992年巴塞罗那奥运会女子100米自由泳金牌捐赠给正在筹建的上海体育博物馆。前世界足球小姐孙雯也捐赠了1999年女足世界杯当选最佳射手时获得的"金靴奖"奖牌,三破男子跳高世界纪录的朱建华捐赠了"金鞋奖"奖牌。

8月8日　徐汇区文化局、华泾镇人民政府为刘三故居举行揭牌仪式。

同日　国之重器西周青铜器大克鼎和大盂鼎的捐赠者、上海市文史馆馆员、百岁老人潘达于于苏州辞世。

8月13日至9月9日　由中国国民党革命委员会上海市委员会、上海市文物管理委员会、上海市黄埔军校同学会、中国人民政治协商会议上海市嘉定区委员会主办,上海市历史博物馆承办,上海市音像资料馆协办的"同仇敌忾　共赴国难——纪念'八·一三'淞沪抗战70周年文物文献展"在嘉定区陆俨少艺术院展出。

8月16日　由上海市科委、浦东新区政府和上海磁浮交通发展有限公司等共同出资建设的"上海磁浮交通科技馆"正式开馆。

8月17日　上海市市长韩正、副市长胡延照参观上海中国科举博物馆。

8月17—19日　由上海市作家协会、中国丁玲研究会、同济大学主办,虹口区文化局、上海鲁迅纪念馆、上海左联纪念馆协办,同济大学中国语言文学系、中国文学中心承办的"第10次丁玲国际学术研讨会"在同济大学举行。

8月　上海博物馆被列为第一批"全国古籍保护试点单位",成立以敏求图书馆、保管部、书画部相关人员组成的"古籍保护工作组"。

9月3日　徐汇区政府在蒲汇塘路55号(现徐汇区董恒甫职校)举行马相伯旧居挂牌仪式。上海市文物管理委员会常务副主任陈燮君、复旦大学副校长桂永浩、马相伯后裔马天若、徐汇区政协主席李俊民、区文化局党委书记蔡立夫、区教育局副局长沈韬、董恒甫职校师生、社区居民等千余人出席挂牌仪式。

9月11日至11月12日　上海博物馆与西班牙普拉多博物馆、西班牙驻上海总领事馆、西班牙对外文化推广署联合举办"从提香到戈雅——普拉多博物馆馆藏艺术珍品展"。该展是2007年"中国西班牙文化年"交流项目之一,展出提香、戈雅及同时期重要画家的52件油画杰作。

9月12日　民营企业创办的美特斯·邦威服饰博物馆在南京东路步行街举行分馆开馆仪式。

9月12日至12月10日　由故宫博物院和上海豫园管理处联合举办的"紫禁瑰宝——故宫博物院藏清宫赏玩展"在豫园听涛阁展厅展出。

9月15日　上海市抗日战争纪念地——金山卫城南门侵华日军登陆处遗址二期扩建工程落成仪式在金山区石化南安路87号遗址举行。上海市委宣传部副部长朱匡宇、金山区委书记吴尧鑫、区长赵福禧、上海警备区政治部主任吴柏铭等领导出席落成仪式。

9月17日　上海市市长韩正签发市政府第74号令,公布《上海中国航海博物馆捐赠办法》。《办法》自2007年11月1日起施行。

9月22日　为纪念著名雕塑家张充仁诞辰100周年,陶为衍将其父陶冷月胸像原模捐赠给原作者张充仁的纪念馆收藏。

9月28日　嘉定区政府和安亭镇政府拨款修缮的区级文物保护单位"六泉桥"修复竣工。

9月28日至12月2日　上海博物馆和瑞典哥德堡罗斯卡博物馆联合主办"瑞典银器五百年"特别展览,展出瑞典16世纪早期至今共120余件/组精美银器。

10月1日　位于军工路的上海水产大学鲸博物馆新添两具珍稀标本——国内首具红海龟标本和国内最大的雌性中华鲟标本。

10月11日　上海市文物管理委员会和虹口区政府共同在东宝兴路、宝源路、轨道交通3号线交汇处原中共"四大"会址遗址举行中共"四大"会址纪念性保护标志落成仪式。

10月19日　"纪念鲁迅定居上海80周年大会暨学术研讨会"在上海鲁迅纪念馆举行,国内外专家学者130余人出席开幕式,收到论文60余篇。

10月26日　位于华山路699号的枕流公寓举行"文化名人楼"挂牌仪式。

10月29日　位于军工路上海水产大学内的"上海冷藏历史发展陈列馆"开馆。

10月30日　中共中央政治局委员、中共上海市委书记俞正声和市委副书记、市长韩正,市委副书记殷一璀,市委常委、市委秘书长丁薛祥等瞻仰了中共一大会址和中共"二大"会址。

11月2日　"纪念白蕉先生百年书画作品展"在金山区博物馆开幕。

11月2日至2008年2月13日　作为第9届上海国际艺术节的重要展事,由荷兰阿姆斯特丹国立博物馆和上海博物馆联合主办的"伦勃朗与黄金时代——荷兰阿姆斯特丹国立博物馆珍藏展"在上海博物馆展出。

11月8—9日　由徐汇区人民政府、上海市文物管理委员会、复旦大学、上海交通大学、中国科学院上海生命科学院和《新民晚报》社等联合主办、徐汇区文化局等承办的"纪念徐光启及《几何原本》翻译400周年系列活动"在徐汇区举行。

11月9日　上海消防博物馆开馆。该馆位于上海市消防局119指挥中心大楼内,展厅面积2 400平方米,是全市重点建设的40家专题性科普教育场馆之一。

11月10日　位于长海路399号上海体育学院的"中国武术博物馆"开馆。

11月22—28日　由上海市文物管理委员会主办,上海市宣传系统人才交流中心协办的"2007年度上海地区博物馆馆长培训班"在上海人才交流中心培训基地开班。国家文物局、上海市文物管理委员会、人才交流中心有关领导出席开班仪式。来自上海29家博物馆32位负责人参加培训班。

12月28日　位于州桥历史文化风貌保护区内的嘉定竹刻博物馆开馆。

12月29日至2008年2月25日　由上海博物馆、北京故宫博物院、辽宁省博物馆、南京博物院、南通博物苑、苏州博物馆等联合举办的"海上锦绣——顾绣珍品特展"在上海博物馆展出。

年底　上海市旅游事业管理委员会首次破例宣布上海科技馆成为旅游系统示范景点。

2008 年

1月11日　中共上海市委统战部、中共静安区委、区人民政府在蔡元培故居纪念馆联合举行了蔡元培故居实物馆揭幕仪式。

1月26日　上海科技馆与美国美铝基金会联合举办的"铝殿堂"环保展正式开幕,市政协副主席左焕琛出席开幕式。

2月1日至3月16日　由上海博物馆和辽宁省博物馆联合举办的"世貌风情——中国古代人物画精品展"在上海博物馆展出。

2月2日至11月10日　"上海博物馆藏中国古代青铜器"在荷兰格罗宁根博物馆举行。这次展览与陕西省文物局的"秦兵马俑展"是当地举行的"中国文化月"的主要活动内容。

2月20日　文化部公布第2批国家级非物质文化遗产项目代表人,上海27人上榜。

2月28日　上海市人民政府任命姜平兼上海市孙中山宋庆龄文物管理委员会主任。

2月　上海市政府任命朱咏雷为上海市文化广播影视管理局局长。

同月　全国首次评定国家一级博物馆,全国各地选报的149家经过评审,最终评定83家,上海博物馆、中共一大会址纪念馆、上海鲁迅纪念馆三家入选。

3月1日　国务院颁布首批51家"古籍保护重点单位",上海博物馆名列其中。国务院发布首批"国家珍贵古籍图录"2 392种,上海博物馆申报收藏的有28种。

3月5日　上海市收藏协会交通票证专委会和上海城市交通局宣传处联合举办的"上海公交百年票证展"在上海城市交通展示馆展出。

3月10日　根据中共中央宣传部、财政部、文化部、国家文物局联合下达的《关于全国博物馆、纪念馆免费开放的通知》精神,中共一大会址纪念馆、上海博物馆、上海鲁迅纪念馆、陈云故居暨青浦革命历史纪念馆等全国爱国主义教育示范基地向社会免费开放。

3月20—21日　静安区文物管理委员会组织静安区第三次全国文物普查专题培训班。在普查过程中新发现了语言学家郭绍虞旧居和外交家王正廷旧居。

3月28日　上海博物馆举行"馆藏文物保护环境国家文物局重点科研基地挂牌仪式"。

3月29日　中国烟草博物馆与上海市收藏协会共同建立了"收藏活动基地",在中国烟草博物馆举行揭牌仪式。

3月　国际博协2010年大会筹备委员会开展国际博协第22届大会会标征集工作。

同月　上海博物馆与俄罗斯埃米尔塔什博物馆签订两馆友好交流合作备忘录。

4月5日　宋庆龄、杨杏佛文物捐赠仪式暨"啼痕——杨杏佛遗迹录"首发式在宋庆龄陵园举行,同时举行"秋水神骨、古柏气概——杨杏佛生平实物图片展"。

4月15—27日　由上海市文化广播影视管理局、上海纺织控股集团主办,上海艺术研究所、上海国际服装服饰中心等单位承办的"百年旗袍展"在上海美术馆展出。

4月28日　上海博物馆馆长陈燮君当选为中国古迹遗址保护协会第二届理事会理事。

4月28日至5月28日　由闵行区博物馆和湖北省随州市博物馆联合主办的"看国宝文物,听千年绝响——中国先秦音乐文物珍品展"在闵行区博物馆展出。

5月1日至7月12日　由上海博物馆和英国大英博物馆联合举办的"古代奥林匹克运动与艺术——大英博物馆藏古代希腊文物珍品展"在上海博物馆展出。

5月16日　青浦区博物馆与上海《城市管理》杂志社举办《博物馆免费开放与城市公共文化建设》学术研讨会。江苏、上海等地12家博物馆、纪念馆出席研讨会。

5月18日　国家文物局在北京首都博物馆举行首批国家一级博物馆揭牌仪式。上海博物馆、上海鲁迅纪念馆、中共一大会址纪念馆经评审入选为首批国家一级博物馆。

5月18—24日　由中国国家博物馆、上海市人民政府、上海市体育局、上海市文物管理委员会、虹口区人民政府和上海市邮政公司联合主办的以"弘扬奥运精神,支援抗震救灾"为主题的世界奥林匹克邮票收藏展在上海邮政博物馆展出。

5月30日　位于普陀区澳门路300号的顾正红纪念馆开馆。

5月　北京奥运会圣火在上海传递,上海科技馆是北京奥运会火炬跑火炬手集合点。

6月12日　上海市文化广播影视管理局在兰心大戏院举行"上海市国家级非物质文化遗产传承人颁证仪式暨薪火相传——2008年'文化遗产日'专场晚会"。

6月13—16日　由中华人民共和国国史学会"陈云与当代中国"课题组和陈云故居暨青浦革命历史纪念馆联合举办以"科学发展观与陈云的思想"为主题的第二届"陈云与当代中国"研讨会在京沪两地举行。

6月20日　徐汇区文化局、复旦大学历史系、宗教学系、《新民晚报》社副刊部、徐家汇街道办事处等单位联合举办"土山湾文化历史"讲坛。

6月26日　上海市文物管理委员会召开"广富林遗址科学考古发掘成果新闻发布会",介绍广富林遗址发掘的重大收货。

7月2日　张兰森向嘉定博物馆捐赠竹刻文物。

7月3日　潘华信捐赠名医严苍山《五丝斋诗稿》仪式在上海中医药博物馆举行。

7月5—15日　由新华社上海分社、闵行区博物馆主办的"抗震救灾、众志成城——2008中国抗震救灾纪实展"在闵行区博物馆展出。

7月10日　第2批工艺美术大师捐赠作品颁证仪式在上海工艺美术博物馆举行。

7月16日　徐汇区文化局在蒲汇塘路55号举行土山湾孤儿院旧址揭牌仪式。

8月1日、2日、7日和19日　上海博物馆、上海铁路博物馆、中国乳业博物馆、上海邮政博物馆分别举行了"情系四川·爱满浦江　2008阳光爱心"夏令营系列活动。

8月17日　上海市人民政府任命马玉为陈云故居暨青浦革命历史纪念馆馆长。

9月13日　上海科技馆举办"中国的摩尔根——谈家桢百年华诞展"。

9月24日　中国民主同盟上海市委员会、徐汇区人民政府在淮海中路966号徐汇区中心医院举行"中国民主同盟（上海）传统教育基地暨上海虹桥疗养院旧址揭牌仪式"。

10月8—9日　首届华人收藏家大会在上海国际会议中心举办，800余人列席会议。会议主题为"收藏——感知文明·怡养情致"。会议由上海市文化发展基金会、上海文物管理委员会等机构举办。

10月18日　国家文物局、中国文学学会与上海市文物管理委员会、民进上海市委、上海市文学艺术界联合会、上海市作协等联合主办的"郑振铎先生诞辰110周年纪念座谈会"在上海鲁迅纪念馆举行。上海市副会长沈晓明、中共上海市委宣传部副部长陈东出席会议。

10月18日至2009年2月7日　上海博物馆举办"首阳吉金——胡盈莹、范季融藏中国古代青铜器展"。2009年2月27日，该展移至香港中文大学展出。

10月22日　上海市文物管理委员会和上海市孙宋文物管理委员会共同倡议并举办的"第一次上海市孙中山宋庆龄文物及相关人物历史遗存保护工作联席会议"在昆山召开。

10月28日　由刘少奇纪念馆、陈云故居暨青浦革命历史纪念馆联合举办的"伟大的实践者，卓越的领导人——纪念刘少奇诞辰110周年生平业绩展"在陈云故居暨青浦革命历史纪念馆开幕。

10月31日　上海市孙中山宋庆龄文物管理委员会和中国福利会、上海宋庆龄研究会、文汇报社共同主办的"宋庆龄的思想实践与和谐社会建设"学术研讨会在中福会少年宫召开。市政协副主席王荣华、市委宣传部副部长潘世伟、市委统战部副部长周箴及来自全国各地70多位专家学者和嘉宾出席。

11月2日　商志醰捐赠文物仪式在嘉定博物馆举行。

11月4日　陈景彰捐赠"中国同盟会朱家角事务所印"的仪式在上海市历史博物馆举行。

11月11日　上海博物馆与美国旧金山亚洲艺术博物馆备忘录签字仪式在上海博物馆举行。

11月24日　上海市第三次全国文物领导小组举行新闻发布会，公布普查阶段性成果。

11月28日至12月25日　由闵行区博物馆、龙通文化展示馆、上海民族乐器一厂、秦汉胡同文化学院联合主办的"香墨弄弦"大型民族乐器展暨海派名家书画展在龙通文化展示馆展出。

11月　郭博先生将其所拍摄的2万余张（含底片）上海历史照片，全部捐赠给上海市历史博物馆收藏。2009年3月15—25日，由上海市历史博物馆和上海图书馆联合主办，上海市摄影家协会、上海市华侨摄影协会、上海现代建筑设计（集团）有限公司、上海市建筑学会协办的《记忆中的上海——郭博先生捐赠摄影作品展》在上海图书馆展出。

12月3日　国际博协2010年大会框架协议签字仪式在上海博物馆举行。

12月4日　位于福州路429号的上海笔墨博物馆对外开放。

12月8日　徐汇区文化局、徐汇区湖南街道办事处、上海世纪出版有限公司、少年儿童出版社联合举行"张乐平旧居揭牌暨徐汇区文物保护单位公布仪式"。

同日　上海博物馆馆长陈燮君被聘任为国际博协国家委员会副主席、中国博物馆学会副理事长。

12月9日　由国家文物局主办，中国博物馆学会藏品保护专业委员会、上海博物馆、上海市历史博物馆等单位承办的"文物科技保护图片展"在上海博物馆展出。

12月25日至2009年2月7日　故宫博物院和上海博物馆联合举办的"南陈北崔——故宫博物院、上海博物馆藏陈洪绶、崔子忠书画特展"在上海博物馆展出。

2009 年

1月1日　修缮一新的中共二大会址纪念馆对社会开放。

同日　嘉定法华塔修缮工程竣工,恢复对外开放。

1月5日　由东华大学负责建设的上海纺织服饰博物馆开馆。

1月7日　由上海纺织控股集团公司出资建设的上海纺织博物馆开馆。中共上海市委宣传部部长王仲伟,上海市人大常委、人大财经委副主任朱匡宇出席开馆仪式。

1月27日　上海市孙中山宋庆龄文物管理委员会和上海宋庆龄研究会在宋庆龄陵园联合召开"纪念宋庆龄诞辰115周年座谈会"。市人大常委会副主任胡炜、市政协副主席谢丽娟和来自市有关单位的领导、曾在宋庆龄身边工作过的老同志及研究宋庆龄的专家学者50余人出席。

1月29日至3月27日　作为上海世博会推广活动之一的"上海博物馆藏青铜器、玉器珍品展"在英国伦敦大英博物馆开幕。

1月　上海海洋大学博物馆在广东汕头征集到一件国内最大的长须鲸下颌骨。

3月2日　"雪峰专库揭幕仪式暨冯雪峰纪念座谈会"在上海鲁迅纪念馆举行。

3月18日　由上海鲁迅纪念馆和广州博物馆联合主办的"鲁迅生平与创作展"在广州博物馆开幕。

3月23日　上海市第三次全国文物普查领导小组举行了上海市第三次全国文物普查工作会议暨目标责任书签约仪式。

3月31日　上海市历史博物馆收藏了在外马路近白渡路口343号一栋花园洋房施工时发现的沪上最早的海关地界碑。

4月12日至7月12日　"独特的视角——罗聘艺术世界"在瑞士苏黎世李特伯格博物馆举行,上海博物馆提供罗聘作品10件参展。该展于10月9日转赴美国纽约大都会博物馆。

4月18日　由中共一大会址纪念馆、上海中央党史学会及上海大学文学院历史系联合举办的"纪念五四运动90周年"学术研讨会在中共一大会址纪念馆召开。

4月27日至6月5日　由青浦区迎世博600天行动指挥部、上海市历史博物馆和青浦区博物馆等单位联合举办的"我们大家的世博——中国2010年上海世博会主题展览"在青浦区博物馆举行。

4月29日　由中国社会主义青年团中央机关旧址纪念馆、武汉市革命博物馆、中共五大会址纪念馆共同主办的"光辉历程——中国共产主义青年团团史展"在中共五大会址纪念馆开幕。

5月7日　中共虹口区委、区政府与上海市国家安全局等单位在上海邮电俱乐部举行了"庆祝上海解放60周年暨纪念李白烈士牺牲60周年"大会。

5月15—24日　由上海市收藏协会、上海市古玩商工作委员会、北京市双河农场、原黑龙江生产建设兵团56团回沪知青联谊会、上海老报馆红色收藏委员会、上海红色收藏沙龙共同主办的"奉献青春年代——上海知青上山下乡40周年珍藏展"在上海云洲古玩城展出。

5月16日　闵行区博物馆举行"平沙落雁——闵行区博物馆馆藏古琴名家鉴赏与演绎活动暨

古瑟捐赠仪式"。

5月17日　由上海市文物管理委员会、卢湾区人民政府主办,中共卢湾区委宣传部、上海市摄影家协会、卢湾区文管委、中共一大会址纪念馆承办的"石库门绽放花样年华——2009年上海市'5·18国际博物馆日'宣传活动启动仪式暨'八年一瞬间·与共和国同行'全国党报名记者聚焦卢湾活动"在中共一大会址纪念馆举行。

5月18日上午　"明灯之路光影流痕——中共二大会址纪念馆'5·18国际博物馆日'宣传活动暨'红色影视片播放基地'挂牌仪式"在中共二大会址纪念馆举行。

6月10日　由上海孙中山故居纪念馆与上海师范大学合作举办的"永恒的纪念——电视片《走近孙中山》校园行活动"首播式在上海师范大学举行。

6月11日　上海科技馆举办"外星生命探索展",该展由英国科学和传媒公司策划,在国外享有盛誉。2009年是国际天文年,其主题是"探索我们的宇宙"。

6月12日　由上海市教卫党委、上海市教委指导,上海海洋大学主办,复旦大学、上海交通大学等11所高校协办的"文化迎世博——2009年高校民族文化博物馆联展"启动仪式在上海海洋大学博物馆举行。

6月15日　国家文物局在上海市召开全国工业遗产保护利用现场会。

6月26日　位于山海关路、成都北路、北京西路及石门二路围合的静安雕塑公园地块内的上海自然博物馆新馆举行开工仪式。

6月29日　为纪念中国共产党成立88周年和马林诞辰126周年,由中共上海市委党史研究室、荷兰国际社会历史研究所、上海市文物管理委员会、上海市人民对外友好协会、中国国民党革命委员会上海市委、中共一大会址纪念馆等单位联合共同举办的"马林与中国"文献图片展在中共一大会址纪念馆展出,"马林与中国"研讨会也同时举行。

7月13日　徐汇区文化局召开"土山湾牌楼回归徐家汇"新闻发布会。

7月18日　国家工商行政管理总局党组书记、局长周伯华参观考察闸北革命史料陈列馆(中共三大后中央局机关历史纪念馆)。

7月17日至8月初　上海市文物管理委员会考古部对嘉定明代北水关遗址进行抢救性考古发掘。

7月31日　由中共上海市委党史研究室、上海市中共党史学会、卢湾区文物管理委员会主办,中共一大会址纪念馆、龙华烈士纪念馆、上海市青少年活动中心、上海市青年运动史研究会、浙江诸暨俞秀松故居协办,中国社会主义青年团中央机关旧址纪念馆承办的"纪念俞秀松诞辰110周年学术研讨会暨团中央机关旧址纪念馆开馆5周年"活动在中共上海市卢湾区委党校举办。

8月21日　由上海市文物管理委员会、中央文献出版社、江西省党委史研究室等单位联合主办,上海鲁迅纪念馆江西省方志敏研究会承办的"可爱的中国——方志敏诞辰110周年纪念展暨《方志敏年谱》出版座谈会在上海鲁迅纪念馆举行。

9月4日至11月22日　"豪素深心——明末清初遗民金石书画特展"在澳门艺术博物馆举行,上海博物馆展出115件/组书画作品。

9月10—17日　由国家文物局组织,委托上海博物馆举办的"2009年文物保护行业标准推广实施(上海)培训班"在上海博物馆馆藏文物保存环境国家文物局重点科研基地举行。

9月15日至10月3日　由上海市文化广播影视管理局、中共闸北区委、闸北区人民政府联合主办,中共闸北区委宣传部、闸北区文化局承办的"知我中华·兴我中华——走进世界博览会的中国"收藏展在闸北区灵石路 695 号创意合金工厂展出。

9 月 17 日　由上海市文物管理委员会、上海市人民对外友好协会主办,中国工商银行股份有限公司虹口支行协办,日本驻沪总领事馆作为后援,上海鲁迅纪念馆承办的"内山完造逝世 50 周年纪念座谈会"在上海鲁迅纪念馆举行,"鲁迅与内山完造所见的时代文献展"同时开幕。

9 月 18 日至 10 月 18 日　由上海孙中山宋庆龄文物管理委员会、安徽省文物局、省美术家协会,合肥市委宣传部、合肥市文化广电新闻出版局共同举办,上海宋庆龄故居纪念馆、合肥市赖少其艺术馆承办的"国之瑰宝——宋庆龄文物图片展"在合肥市赖少其艺术馆举办。

9 月 19 日至 10 月 25 日　上海博物馆举办"融古开今——纪念谢稚柳百年诞辰书画精品展"。为配合展览的举办,10 月 22 日举办"谢稚柳先生学术与艺术生涯研讨会"。

9 月 21 日　由闵行区博物馆与国际友谊博物馆联合举办的"至尊国礼——中华人民共和国国际礼品展"在闵行区博物馆开幕。

9 月 23 日至 11 月 29 日　由哥伦比亚共和国银行与上海博物馆共同举办的"哥伦比亚前西班牙时期黄金艺术展"在上海博物馆展出。

9 月 25 日　国歌纪念广场暨国歌展示馆落成并正式对外开放。国歌展示馆是全国首家以国歌《义勇军进行曲》为主题的展示馆。

9 月 27 日　上海市文物管理委员会召开表彰大会,对上海市从事文物、博物馆工作 60 年及 30 年共 246 人进行了表彰,颁发了"文物、博物馆工作 60 年荣誉证书"和"文物、博物馆工作 30 年荣誉证书"。

10 月 6 日至 2010 年 1 月 10 日　由台湾联合报系文化基金会主办的"雍正——清世宗文物大展"在台北故宫博物院开幕,上海博物馆提供清雍正绿地粉彩描金堆花纹六角形瓶一对。

10 月 12 日　由上海市人民政府侨务办公室、上海市历史博物馆、上海科技馆主办的"普朗克维茨、孙健伟夫妇捐赠瓷器仪式暨西方瓷器工业发展历史展——中国瓷器文化对西方瓷器的影响"在上海科技馆开幕。

10 月 15 日　古陶瓷科学研究国家文物局重点科研基地揭牌仪式在中国科学院上海硅酸盐研究所举行。

10 月 17 日　由中华人民共和国文化部、比利时欧罗巴利亚艺术节组委会联合主办,中国美术馆承办,北京鲁迅纪念馆和上海鲁迅纪念馆参展的"怒吼吧,中国——鲁迅与中国先锋派艺术"展在比利时根特美术馆开幕。

10 月 19 日至 12 月 20 日　由上海博物馆主办的"海帆留踪——荷兰倪汉克捐赠明清贸易瓷展"在上海博物馆举行。2008 年,荷兰收藏家倪汉克先生将自己珍藏的 97 件瓷器捐赠给上海博物馆,上博从中选择 93 件举办本次特展。

10 月 20 日　由上海市文物管理委员会、上海市作家协会、复旦大学联合主办,上海鲁迅纪念馆承办,东方出版中心协办的"纪念靳以诞辰 100 周年座谈会暨学术研讨会"在上海市鲁迅纪念馆举行,"靳以诞辰 100 周年纪念展"开幕。

10 月 26 日至 11 月 10 日　由上海市文化广播影视管理局指导、青浦区文化广播影视管理局、上海市文化艺术档案馆主办,青浦区博物馆、青浦区文化馆承办的"中国民间艺术瑰宝——皮影"展在青浦区博物馆展出。

11 月 3 日　上海博物馆与重庆中国三峡博物馆在上海市锦沧文华酒店签订了《合作意向书》。

同日　上海元代水闸遗址博物馆建设开工仪式举行。普陀区政府等领导出席开工仪式。

11月8日　为纪念南社成立100周年,中共金山区委、上海市文史研究馆在金山召开南社百年纪念座谈会,海内外"南社学"专家学者、南社成员后裔及社会各界人士100多人与会。中共上海市委常委、统战部部长杨晓渡,副市长赵雯出席座谈会。同日,"纪念南社成立100周年南社成员书画作品展"在张堰镇上海南社纪念馆展出。

11月22日　"自然博物馆的未来"国际自然博物馆馆长论坛在上海科技馆召开。论坛邀请来自15个国家40个自然博物馆的近60位馆长和专家,聚焦各馆所面临的来自经济、环境和社会的压力,探讨在管理、营销、资金筹措和市场运作等方面的新思路,交流在绿色建筑、科学研究网络的建立等方面的新经验。

11月24日　上海市孙中山宋庆龄文物管理委员会、上海宋庆龄研究会、中国福利会在田林宾馆共同举办"孙中山宋庆龄文献与研究"学术研讨会。本市孙中山、宋庆龄研究专家学者及宋庆龄研究会部分理事40余人出席会议。

12月5日　隶属于上海戏剧学院的上海戏剧博物馆在上海戏剧学院莲花路校区建成开馆。

12月8日　徐汇区文化局、徐汇区湖南街道办事处在武康路40弄4号颜福庆旧居举行"纪念国务院命名上海为国家历史文化名城23周年中国医学教育家、公共卫生学家颜福庆旧居揭牌暨徐汇区第五批文物保护单位、徐汇区第四批登记不可移动文物公布仪式"。

同日　由上海市文物管理委员会、上海市教育委员会、中共上海市杨浦区委、区政府联合主办,杨浦区文物管理委员会、上海体育学院承办的"纪念国务院命名上海市'国家历史文化名城'23周年暨孙中山铜像揭幕仪式"在上海体育学院举行。

12月15日　上海市第三次全国文物普查实地文物调查阶段验收试点工作会议在松江红楼宾馆召开。

12月21日　由中国博物馆学会纪念馆专业委员会主办,上海鲁迅博物馆承办的"中国博物馆学会纪念馆专业委员会第三次年会暨城市建设与文化遗产保护论坛"在鲁迅博物馆举行。国际博协纪念馆专业委员会主席布劳迪格,中国博物馆学会秘书长安来顺,中国博物馆学会纪念馆专业委员会主任委员、中国人民抗日战争纪念馆馆长沈强和上海市文物管理委员会副主任陈燮君等领导出席会议。

2010 年

1月18日　崇明县文化广播影视管理局任命周惠斌为崇明县博物馆馆长。

1月27日　由上海市文物管理委员会、中国民主同盟上海市委员会、上海市作家协会、上海文史馆主办,上海鲁迅纪念馆承办的"纪念萧乾诞辰100周年纪念座谈会"在上海鲁迅纪念馆举行。

1月28日　杨浦区文物管理委员会、杨浦区文化局在周家嘴路瀚海明玉大酒店广场上举行了"王根英烈士故居遗址"纪念碑揭牌仪式。

1月28日至5月2日　上海博物馆举办的"描绘中国:15世纪至20世纪的叙事及人物画展"在爱尔兰都柏林切斯特·比蒂图书馆展出。

1月　上海博物馆作为主要参加单位承担国家科技支撑计划课题"南京报恩寺地宫及出土文物保护技术研究"中"脆弱易损出土文物预防性保护技术研究"的任务。

2月12日至9月5日　由上海博物馆、上海市历史博物馆、上海鲁迅纪念馆、上海美术馆联合举办的"上海展"在美国旧金山亚洲艺术博物馆展出。上海市人大常委会主任刘云耕出席开幕式。

3月1日　为纪念蔡元培逝世70周年，上海蔡元培故居与浙江省政协、中国美院联合举办的"蔡元培实物史料纪念展"在中国美术学院开幕。

3月2日　由中共上海市委宣传部、中共上海市委党史研究室、上海市文物管理委员会、中共虹口区委、上海市作家协会主办，虹口区文联、"左联"会址纪念馆、上海鲁迅纪念馆、龙华烈士纪念馆联合承办的"中国左翼作家联盟成立80周年纪念座谈会"在上海鲁迅纪念馆举行。

3月10日至6月6日　由意大利乌菲齐博物馆、上海博物馆、上海市对外文化交流协会等主办的"意大利乌菲齐博物馆珍藏展：十五世纪——二十世纪"在上海博物馆展出。

3月12日　由中国人民政治协商会议上海市委员会、上海市孙中山宋庆龄文物管理委员会、上海市教育委员会、上海宋庆龄研究会联合举办的"《孙中山》《宋庆龄》出版首发式"在上海孙中山故居纪念馆举行。

3月18日　上海科技馆成为全国首家创建5A成功的科普场馆，开创行业先河。

3月26日　上海市文物管理委员会、中共黄浦区委员会、上海市黄浦区人民政府、上海市新闻工作者协会在南京饭店举行黄浦区文物保护单位"中国青年新闻记者协会成立会址"揭牌仪式。

4月2日至5月23日　为纪念明万历年间来到中国的利玛窦逝世400周年，又正逢中意两国建交40周年和意大利中国文化年，由意大利马尔凯大区政府和中国文物交流中心合作举办的"利玛窦——明末中西科技文化交流的使者"特展在上海博物馆展出。

4月10日　上海市政府任命朱咏雷为上海市文物局局长。

4月12日　中共中央政治局委员、上海市委书记俞正声视察世博会"城市足迹馆"。

4月13日　上海会馆史陈列馆举行开馆典礼。

4月15日　参加过三届世博会、流浪海外近百年的土山湾中国牌楼，修复后在上海蒲汇塘路55号举行落成仪式。

4月17日　上海科技馆从法国引进的"深海奇珍"特展开幕，全国政协常委左焕琛出席开幕式。

4月20日　世博会"城市足迹馆"和"世博会博物馆"正式进入试运行阶段。陈燮君任"两馆"馆长。

4月22日　中国第一个动漫专业博物馆——上海动漫博物馆举行落成典礼。国家文化部文化产业司司长刘玉珠、上海市委宣传部副部长张止静等出席落成典礼。

4月23日　2010年上海民族民俗民间文化博览会开幕式暨上海民族民俗民间文化博览馆开馆仪式在浦东"金凤凰"广场举行。

4月28日　闵行区100个民间收藏展启动仪式在江川路街道金平路小广场举行。

5月1日至10月31日　第41届世界博览会即中国2010年上海世界博览会(EXPO 2010)，在上海市举行。本次世博会是由中国举办的首届世界博览会，主题为"城市，让生活更美好"(Better City，Better Life)。

5月14日　由嘉定竹刻博物馆主办的"相约世博——2010全国竹刻艺术邀请展"在嘉定竹刻博物馆展出。

5月15日至6月16日　由上海市文物管理委员会、中国民间艺术家学会、上海市文学艺术界联合会指导，上海民间文艺家协会、上海市历史博物馆、徐汇区文化局联合主办，上海市徐汇区图书馆承办的"上海小校场木版年画展"在徐汇区图书馆展出。

5月18日　国际博物馆日的主题为"博物馆致力于和谐社会"。根据国家文物局要求，围绕活动主题，上海市文物管理委员会组织协调全市主要的博物馆、纪念馆于5月18日前后进行免费开放。

5月18日至6月18日 "浦江京韵——2010京胡遗珍展"在闵行区博物馆展出。

6月7日 中共中央文献研究室第三编辑部、中共上海市委党史研究室、陈云故居暨青浦革命历史纪念馆管理委员会在沪召开"学习陈云同志崇高风范,努力建设马克思主义学习型政党——纪念陈云同志诞辰105周年"座谈会。6月13日是陈云诞辰105周年纪念日。"陈云中南海文物展示厅"和"永恒的怀念"专题展览在陈云故居对外开放。

6月12日 上海市文化广播影视管理局向社会公布第2批上海市非物质文化遗产项目代表性传承人130名。

同日 上海土山湾博物馆在蒲汇塘路55号举行开馆仪式。

6月18日 由中共上海市委党史研究室、上海市中共党史学会和中共一大会址纪念馆联合举办的"纪念中国共产党上海早期组织成立90周年学术研讨会"在中共一大会址纪念馆召开。

6月底 受上海文化发展基金会2010年度基金资助,由上海市文物管理委员会主办、上海市历史博物馆承办制作的"海上文化寻踪——上海市历史文化遗产导览"光盘,由上海声像出版社出版发行。

7月5日 上海中国航海博物馆开馆。相关领导、国内外文博机构、科研院所、港航界代表共千余人参加开馆仪式。

7月5—7日 国家文物局第三次全国文物普查办公室组织对上海市第三次全国文物普查实地调查阶段工作进行整体验收。此次验收由国家文物局普查办副主任刘小和带队,国家文物局普查办乔梁、滕磊、张玉凤、李昂参加。松江区文物普查队获"第三次全国文物普查实地文物调查阶段突出贡献集体奖"。

7月6日 中国博物馆学会博物馆管理专业委员会2010年年会在上海博物馆召开。

7月12—17日 上海博物馆考古部与国家博物馆中国水下考古中心合作在上海市所辖的水域开展了首次水下文物的勘探——崇明县横沙岛水域的考古勘探。

7月18—23日 由中国宋庆龄基金会和上海市孙中山宋庆龄文物管理委员会联合举办的"世界宋庆龄基金会主席研讨会"在北京、上海两地举行。

7月23—25日 由中共上海市委组织部党员服务中心、上海市教育系统关心下一代工作委员会、上海市中小学德育研究协会和中共一大会址纪念馆联合举办的"寻访红色之源,放飞青春理想——上海中学生入党积极分子夏令营"在中共一大会址纪念馆举行。

8月4日至11月15日 由上海博物馆、大英博物馆和维多利亚与阿尔伯特博物馆联合举办的"古印度文明:辉煌的神庙艺术"特别展览在上海博物馆展出。

8月19日 由共青团上海市委员会、中共上海市委党史研究室主办,上海市青年活动运动史研究会、渔阳里团中央机关旧址纪念馆协办的"上海团员青年纪念上海社会主义青年团成立90周年座谈会"在渔阳里团中央机关旧址纪念馆举行。

8月25日至12月12日 上海博物馆与俄罗斯艾尔米塔什博物馆联合举办的"北方之星:叶卡捷琳娜二世与俄罗斯帝国的黄金时代"特展在上海博物馆展出。

8月27日 在云南活动周开幕式上,上海世博会云南馆镇馆之宝——两块来自云南禄丰的恐龙化石被正式赠送给了上海市民,世博会闭幕后"移居"上海科技馆,在那里继续展览供市民欣赏。

9月17—21日 由上海市文物局、上海市对外友协主办,上海鲁迅纪念馆承办的"鲁迅与国际友人"展览在上海鲁迅纪念馆展出。

9月28日至11月23日　由上海博物馆与东京国立博物馆联合主办,日本文化厅、奈良国立博物馆、九州国立博物馆、大阪市立美术馆、大和文化馆、根津美术馆等多家机构参与的"千年丹青——日本、中国藏唐宋元绘画珍品展"在上海博物馆展出。

9月28日至11月23日　由上海博物馆与日本文化厅、东京国立博物馆联合举办的"鉴真与空海:中日文化交流的见证"特展在上海博物馆展出。

9月28日至11月28日　由闵行区博物馆与四川三星堆博物馆联合举办的"古蜀遗珍——三星堆出土文物精品展"在闵行区博物馆展出。

10月16日　由上海大学与宝山区政府合作建设的上海宝山国际民间艺术博览馆开馆。

10月　国际博物馆协会国际自然史博物馆及收藏委员会2010年会在上海科技馆举办,来自世界各地30多个国家和地区的100余名自然博物馆馆长和专家与会。

同月　嘉定籍文物收藏及鉴赏家、书画家张碧寒的女儿张士蘅、张士蓓,向嘉定博物馆捐赠了包括其父亲张碧寒的山水镜片、程十发书法镜片、国学大师、汉学家饶宗颐为张碧寒画集题字的镀锌板、张碧寒和当代鉴定大家徐邦达之间往来信件以及清代粉彩瓷器等数十件家藏。

11月4—7日　由上海2010世界华人收藏家大会主办的"京沪收藏家藏品邀请展"在上海展览中心西二馆展出。

11月5—6日　由上海市人民政府支持,上海市文物管理委员会、上海市文学艺术家界联合会、上海市文化广播影视管理局、上海市人民政府新闻办公室联合主办的"上海2010世界华人收藏家大会"在上海展览中心友谊会堂举行。出席会议的有来自世界各地的收藏界人士800余人。会议主题为"收藏——历史传承与时代创新",同时举办"京沪收藏家藏品邀请展"。

11月7—12日　国际博物馆协会第22届大会暨第25次全体会议在上海世博中心举行。中共中央政治局委员、国务委员刘延东,中共中央政治局委员、上海市委书记俞正声,国际博协第22届大会筹委会主任委员、文化部部长蔡武,上海市委副书记、市长韩正等出席大会并接见国际博协贵宾。

11月10日　由上海市孙中山宋庆龄文物管理委员会、宋庆龄陵园管理处、上海图书馆、浙江省海盐县人民政府、海盐张乐平纪念馆、上海三毛形象发展有限公司联合主办的"纪念张乐平百年诞辰追思会暨三毛画展"在宋庆龄陵园举行。

11月10日至12月20日　"东风西渐——上海市历史博物馆馆藏欧洲瓷器展"在杭州历史博物馆展出。

11月12日　中共中央政治局委员、国务委员刘延东,在上海市委副书记殷一璀,市委常委、宣传部部长杨振武陪同下参观上海博物馆。

11月15—16日　上海博物馆召开"千年丹青国际学术研讨会"。

11月16日　上海市孙中山宋庆龄文物管理委员会、上海宋庆龄研究会和中国福利会共同举办的"宋庆龄与辛亥革命精神学术研讨会"在青浦中国福利会养老院举行。

11月25日　"世博工作和国际博协2010年大会工作总结表彰会"在上海博物馆召开。国家文物局副局长宋新潮、中国博物馆协会理事长张柏等出席会议。

12月7日　上海市政府任命褚晓波为上海市文化广播影视管理局副局长、上海市文物局副局长。

同日　徐汇区文物管理委员会、徐汇区文化局在上海交通大学举行"纪念国务院命名上海国家历史文化名城24周年,徐汇区第6批文物保护单位、徐汇区第5批登记不可移动文物公布揭牌仪式"。

12月13日　上海博物馆受国家文物局委托,承担行业技术标准"可移动文物病害评估技术规程——瓷器类文物"的研制项目。

12月14日至2011年2月16日　由上海公安博物馆主办的"上海世博安保纪实展"在上海公安博物馆展出。

12月27日　在北京举行的中国2010年上海世博会总结表彰大会上,由上海博物馆负责实施展示设计、施工组织和运营管理的上海世博会"城市足迹馆"被中共中央、国务院授予"上海世博会先进集体"荣誉称号。

12月30日　为纪念中国民主促进会成立65周年,徐汇区人民政府与民进上海市委在柯灵旧居(复兴西路147号)联合举行"柯灵旧居揭牌仪式"。

第一篇

不可移动文物

上海是一个历史遗存丰富的地区，文物保护工作具有优良的传统，对不可移动文物的保护包括单体文物保护单位的调查和保护，历史文化名城、名村、名镇的保护和建设，历史文化风貌区和风貌保护道路的划定与保护。保护工作既是从点到面的展开，也有一条较为清晰的历史发展脉络。

1929 年上海市教育局根据国民政府《名胜古迹古物保护条例》开列了一份包括湖山、建筑、遗迹等 29 处历史遗存的保护名单，是不可移动文物保护工作的发端。1931 年由教育局、公安局、社会局、通志馆筹组上海市整理名胜古迹委员会，专门负责保护、管理这些历史遗存。

中华人民共和国成立以后，上海的不可移动文物工作经历了第一个高峰。1949 年成立上海古代文物管理委员会，1950 年改名为上海市文物管理委员会，1953 年改名为上海市人民政府文物管理委员会，负责接管和接收文物，执行文物政策，管理文物市场。1958 年成立清理发掘组，承担文物普查、考古发掘及区、县的文物保护工作。1988 年恢复上海市文物管理委员会名称，同时先后建立一批专门的或区域性的文物保护机构。

1956 年上海市文化局与文物保管委员会，在市区范围内开展第一次正式而全面的文物普查工作，共调查文物古迹 800 余处。1958 年对各县进行文物普查。1978 年针对"文化大革命"中文化遗存遭受破坏情况，对全市的不可移动文物进行复查，对革命史迹展开专项调查。

1982 年根据国务院通知，上海开始了第二次文物普查。这项工作持续时间较长，调查较为细致，至 1990 年代再次进行了复查并编制文物地图集。至 2006 年，前后公布了全国重点文物保护单位 19 处，市级文物保护单位 119 处，区、县级文物保护单位 285 处，区登记不可移动文物 635 处，近现代优秀历史建筑 632 处。2007 年起，上海市开始第三次文物普查，普查工作持续至 2011 年全部完成。至此，上海境内文物保护单位增至全国重点文物保护单位 29 处，市级文物保护单位 164 处，区（县）级文物保护单位 453 处，登记不可移动文物 838 处。

上海的历史文化名城建设工作始于 20 世纪 80 年代，1986 年 12 月国务院公布上海为国家历史文化名城。1986 年上海市划定全国级和市级文物保护单位的保护范围和建设控制地带，各区、县划定相应的文物保护单位的保护范围和建设控制地带，并树立标志说明。1991 年上海市人民政府公布南翔、朱家角、嘉定、松江为历史文化名镇。2003 年上海市人大常委会批准实施《上海市历史文化风貌保护区和优秀历史建筑保护条例》。2005 年和 2007 年，建设部和国家文物局先后联合公布枫泾镇、朱家角为中国历史文化名镇。

历史文化风貌区的建设是上海 1995 年以后不可移动文物工作中的一项重点和特色，2002 年 7 月 25 日上海市人民代表大会立法颁布了《上海市历史文化风貌区和优秀历史建筑保护条例》，陆续确定了中心城区 12 个历史文化风貌区和郊区及浦东新区 32 个历史文化风貌区的范围，2007 年又公布了风貌保护道路的规划管理方案，不可移动文物单体的保护与历史文化风貌特色的整体保护得到了良好的结合。

第一章　文物保护单位与优秀历史建筑

上海的历史遗存丰富,新石器时代至春秋战国时期的遗迹展示了上海地区早期的文化面貌,秦汉至南朝时期的遗存则表明了上海地区海岸线的演变。唐代至明清时期,上海的经济繁荣发展,留下了大量的历史建筑。1843年上海开埠后,随着西方列强的登陆,上海的经济、文化发生较大变化,这一时期留下了大量近代建筑和工业遗存,是上海的不可移动文物中最具特色的一部分。

1929年起上海的文物调查和保护工作已经起步,1949年以后逐步形成较为系统的保护体系。自1956—2010年,通过文物普查共登记全国重点文物保护单位19处,市级文物保护单位119处,区、县级文物保护单位285处,区登记不可移动文物635处,近代优秀历史建筑632处。

第一节　全国重点文物保护单位

1977—2010年,共公布6批全国重点文物保护单位19处,包括古建筑、名人故居和纪念地、革命史迹、工业遗产、优秀历史建筑和其他遗存等。

一、第一批全国重点文物保护单位

【上海孙中山故居】

位于香山路7号。上海孙中山故居作为孙中山先生的永久纪念地,解放后被上海市人民政府接管。1985年,上海孙中山故居管理处成立,主要负责孙中山故居的保护和内部参观接待。1988年,孙中山故居对社会开放。1993年,上海孙中山故居管理处更名为上海孙中山故居纪念馆。

1985—2010年间,上海孙中山故居纪念馆坚持贯彻《文物保护法》"不改变文物原貌"的修缮原则,分别于1985年、1996年、2005年、2015年对孙中山故居进行了4次全面的修缮工作。2006年,经上海市政府机关事务管理局(后更名为上海市机关事务管理局)批准,投入专项资金1000余万元将办公楼——毗邻孙中山故居的一幢20年代建造的欧式花园洋房腾出改建成孙中山文物馆,介绍孙中山生平,宣传伟人精神。文物馆于2006年11月12日孙中山诞辰140周年之际正式对外开放。

【中国社会主义青年团中央机关旧址】

位于淮海中路567弄6号,石库门里弄建筑。

1920年8月,陈独秀、李达、陈望道等人发起成立了上海共产主义小组。为了培养党的后备军,8月22日上海共产主义小组派最年轻的成员俞秀松出面,与施存统、沈玄庐、陈望道、李汉俊、叶天底、袁振英、金家凤等8名青年发起成立了上海社会主义青年团,俞秀松担任书记。团的机关就设在当时上海法租界一个普通民居——霞飞路渔阳里6号(今淮海中路567弄6号)。为了掩护和团结进步青年,上海共产主义小组和青年团组织于此开设中国党团组织的第一所培养青年革命者的

图1-1-1　中国社会主义青年团中央机关旧址

学校——外国语学社,同时在《民国日报》上公开刊登招生广告。刘少奇、任弼时、肖劲光、罗亦农等60余人由各地党的早期组织推荐来"外国语学社"学习。他们除学习外文,还学习马克思列宁主义的基本知识,同时参加革命活动,其中很多人成为最早的青年团员。

据当时外国语学社的学生回忆:"渔阳里6号在1919年原是戴季陶租住的,他在玻璃窗上还写了几首诗,我们可能是在1920年春天搬进去的,由杨明斋和陈独秀继续租赁下来。"渔阳里6号是一幢建于1917年的上海老式石库门房屋,二上二下。楼上是宿舍和临时团中央办公处。楼下是举办外语学社的地方,教授英、法、俄文,帮助青年干部阅读外文马克思主义著作,并去国外求学。学生主要学习俄语和马克思主义著作,为赴苏俄作准备。俄语课,由校长杨明斋和共产国际代表维经斯基的夫人库兹涅佐娃任教。学生增多后,又聘请了王元龄任教。另外,由李达教日文,李汉俊教法文,袁振英教英文。

6号楼下都是教室,不上课时用于其他活动。楼上亭子间分别为杨明斋和李启汉的卧室,房间里有一桌一床,陈设极其简单。楼上的客堂是临时团中央办公室,里面放了办公桌和油印机等。楼上东厢房为一部分学生的寝室,俞秀松、刘少奇、许之桢、柯庆施等住在这里。大部分学生生活很艰苦,每月生活费只有五元左右。任弼时等住在别处。他们五人只包四个人的饭,省下一个人的饭钱以作他用。杨明斋在这里还办了一个华俄通讯社,专发介绍俄国十月革命情况的稿件。华俄通讯社的文章主要送《民国日报》做收发、缮写、校对等工作。1920年上海第一次庆祝"五一"国际劳动节的筹备活动和上海机器工会成立大会,以及1921年"三八"妇女节纪念会和纪念"五一"国际劳动节筹备会,都在这里举行。

社会主义青年团从这批学生中挑选了20多名青年团员,先后分批去苏俄学习。1921年3月,俞秀松也离沪去莫斯科参加少年共产国际第二次代表大会。

1921年4月29日,外国语学社遭到了法租界巡捕房的搜查,从此,外国语学社的活动受到了监视。5月1日,外国语学社的学生参加了国际劳动节游行。8月,外国语学社结束。

　　1921年春天以后,由于上海团组织的主要领导者和大批骨干赴苏俄,团组织同各地的联系更加松散,再加上经费、人事变动等方面的原因,到了1921年5月前后,许多刚刚建立起来的青年团组织都相继出现了组织活动暂时停顿的现象。7月,中共中央局决定由张太雷等人负责整顿和恢复中国社会主义青年团的工作,明确规定青年团"正是中央机关未组成时,以上海机关代理中央职权"。时隔不久,渔阳里6号决定退租。中国社会主义青年团临时中央局迁址大沽路356—357号(今大沽路400—402号)。

　　中华人民共和国成立后,经修葺复原,渔阳里6号被辟为纪念馆。2004年4月26日对外开放。

【鲁迅墓】

图1-1-2　鲁迅墓

　　位于鲁迅公园中部,由墓区、瞻仰平台、鲁迅坐像组成,陈植设计,1956年建成。1936年10月22日,鲁迅安葬于上海万国公墓,1956年10月迁葬于虹口公园(今鲁迅公园)内。

　　1936年10月19日,鲁迅逝世。22日,鲁迅葬礼在万国公墓礼堂前举行,后遗体葬于公墓东侧F区,编号为406—413穴位,面积50多平方米,规模亦简。

　　中华人民共和国成立后,政府即筹建新的鲁迅墓。1952年春,华东文化部等有关部门经过酝酿,选择邻近鲁迅故居、鲁迅生前到过的虹口公园建新墓。1956年1月,国务院决定在鲁迅逝世20周年之际迁墓。同月中旬,上海成立由陈毅任主任委员的鲁迅先生坟墓迁建委员会。6月初,中央批准由设计专家陈植主持的设计,并拨工程费90万元。同年7月19日开工,10月9日竣工。

　　新建鲁迅墓,墓前铺有天鹅绒草皮,墓正南向,平面呈门形,用苏州金山花岗石砌成,建筑面积1 600平方米。墓地中间是长方形绿地,四周围植瓜子黄杨,绿地前沿置斜卧式"全国重点文物保护单位"标志石。绿地中央偏后,建有鲁迅塑像,为著名雕塑家、中央美术学院华东分院雕塑系主任、教授萧传玖创作。鲁迅塑像高1.91米,鲁迅安详地坐在藤椅上,左手执书,右手搁在椅子的扶手上。塑像基座高1.61米,用四块花岗石镶成,上部浮雕花饰图案,采用鲁迅亲自设计《坟》扉页的云彩部分;图案下刻阴文鲁迅生卒年份:"1881~1936"。绿地两边通道外沿各植一排柏树。经通道拾级而上,是一个可容四五百人的方形平台。平台左右植有两棵广玉兰,再往外为石柱花廊,植有紫藤,廊下设长条坐椅。平台正面是照壁式大墓碑,中央镌刻毛泽东题字:"鲁迅先生之墓",阴文贴金。墓碑下方是安放鲁迅灵柩的墓穴,上面用六块花岗石板密盖。墓穴左右各有一棵鲁迅夫人许广平和儿子周海婴所植的桧柏。碑后是屏风式土山,遍植松柏、香樟、四季花草,还有日本友人赠送的樱花、腊梅、桂花树等。

1956年10月14日上午,鲁迅灵柩移柩仪式在万国公墓礼堂举行。上海市副市长金仲华代表市人民委员会和上海人民向鲁迅献旗、献花圈。旗是仿制当年鲁迅丧仪时民众代表所献"民族魂"锦旗。礼毕,灵柩即移迁。到达新墓地后,在墓前举行有宋庆龄、柯庆施、茅盾、周扬、巴金、许广平等近2 000人参加的迁葬仪式,巴金、茅盾和许广平先后致辞。随后进行封墓礼,礼成,金仲华为墓前鲁迅像揭幕。

鲁迅新墓建成后,曾多次整修。1961年,原白水泥鲁迅塑像改铸为铜像。1986年10月,市人民政府确定鲁迅墓的保护范围,为基地周围50米,建筑控制地带为150米。

【中国共产党第一次全国代表大会会址】

位于上海兴业路76号(原望志路106号)。1921年7月23日,中国共产党第一次全国代表大会在上海召开,宣告了中国共产党的成立。会址于1952年9月修复,建立纪念馆并对外开放。

1950年9月中旬,中共上海市委宣传部指派沈之瑜、杨重光等着手调查中共一大会址及有关建党初期史迹。1951年4月查实中共一大会议旧址。1952年,中共一大会址纪念馆成立,当时称上海革命历史纪念馆第一馆。1952年初,会址修复竣工,成立上海革命历史纪念馆筹备处。1952年9月,中共一大会址复原布置就绪,会址内部开放。当时的会场按李达、包惠僧回忆布置在兴业路78号楼上。1953年6月,兴业路70—78号外墙由原来混水墙全部复原为清水砖墙。1956年2月,中共一大代表董必武来馆视察。在回忆当年一大情况时,董必武指出开会在楼下而不是楼上。1958年,会议室根据董必武、薛文淑回忆布置到兴业路76号楼下。同年5月1日,中共一大会址修复后仍实行内部开放。1968年,上海革命历史纪念馆筹备处更名为中国共产党第一次全国代表大会会址纪念馆,纪念馆正式向社会公开开放。1984年3月,邓小平为纪念馆题写了馆名。

图1-1-3 中共一大会址纪念馆内景

二、第二批全国重点文物保护单位

【豫园及沉香阁】

图 1－1－4 豫园

分别位于安仁街 218 号、沉香阁路 29 号。

豫园原是明代的一座私人园林,始建于明嘉靖、万历年间,占地七十余亩,距今约有四百六十年历史。园主人潘允端,曾任四川布政使。其父潘恩,官至都察院左都御史和刑部尚书。潘允端为了让父亲安享晚年,从明嘉靖三十八年(1559 年)起,由明代造园名家张南阳精心设计,并亲自参与施工,在潘家住宅西面的几畦菜田上,聚石凿池,构亭艺竹,建造园林。经过二十余年的苦心经营,建成了豫园。"豫"有"平安""安泰"之意,取名"豫园",有"豫悦老亲"的意思。古人称赞豫园为"奇秀甲于东南","东南名园冠"。豫园历史上屡经变迁,几易其主。

豫园占地 2 万余平方米,楼阁参差,山石峥嵘,树木苍翠,以清幽秀丽,玲珑别透见长,具有小中见大的特点,体现出明清两代江南园林建筑的艺术风格。园内至今还保存着"海派书画"发祥地——"藏书楼"、上海小刀会起义城北指挥部所在"点春堂"等史迹。

1956 年起,豫园进行了大规模修缮,于 1961 年 9 月正式对外开放。1996 年,豫园新建了文物藏品库房,并建成了"豫园 24 小时监控中心",全园各栋古建筑全部安装了烟雾感应器和防盗报警器,并配备了百余个监控摄像探视仪。以上系统均与 110、119 联网,提升了文物保护安全水平。2000 年下半年,豫园又实施了"东部环境整治工程",建造了可以举办文物、艺术展览的听涛阁展厅,并重建了涵碧楼(又名楠木雕花楼),极大地提升了豫园的整体形象,完善了豫园的文物展示、文化宣传等功能。2010 年 3 月,在时任上海市政协主席冯国勤见证下,豫园与新西兰达尼丁市兰园(中国花园)正式缔结"姐妹园林"关系。

沉香阁是一所佛教尼众寺院,位于上海老城隍庙西侧,占地约三千平方米,始建于明代万历年间,有四百多年历史。因供奉沉香观音而闻名海内外。是全国重点文物保护单位。

明万历二十八年(1600年),潘允端进士及第,官拜四川布政使,奉命办理漕运、疏浚淮河打捞沉船时,意外打捞出一尊沉香观音佛像。相传该沉香观音佛像是隋代物品,系马来半岛赤土国王赠送隋炀帝的礼物。不料在途经淮河时,船遇风浪,佛像沉入河底。后潘允端事母至孝,知母敬佛,将沉香观音供奉于佛阁内。

因潘允端为政故,沉香阁在明清史上不仅是百姓祈求风调雨顺、消灾纳福的地方,也是上海官员为皇帝、太后登基、生日祝福朝拜之地。因此寺内香火兴旺。后因潘允端的母亲过世,将佛阁交给佛教法师,法师将其佛阁重新扩建,前门增建山门石坊、弥勒殿、中建天王殿、大雄宝殿、后为沉香观音楼,另建有鹤轩、禅堂及左右厢楼。规模整齐,古朴典雅,并改名为"慈云禅寺"。

1943年,近代高僧应慈法师应寺院主持苇乘法师之邀,卓锡寺内专讲《华严经》,自称为"华严座主",因此,沉香阁又成为弘扬华严宗的佛教道场,现内设有应慈法师纪念堂。

1989年底落政,并被国务院列为全国第一批重点开放寺庙之一,1990年重新修复,历经五年,重现了明清时代建筑风貌,观音楼内供奉有沉香自在观音圣像、大雄宝殿内供有"华严三圣"像、两边有药师如来与伽蓝菩萨、西边走廊挂有明代九座古钟,以表九九归一。

沉香阁是传统的立帖式砖木结构建筑,室内装饰精细,保存了许多有历史价值的珍贵文物,特别是大雄宝殿藻井挂落为一组构造完善、制作精细的构件,殿内许多彩绘工艺精湛,生动地描述佛门学说,是我国最具特色的佛教寺庙之一。

1996年开始,在"沉香阁"西侧建造福源商厦。在其基础工程施工期间对"沉香阁"建筑又造成较大影响,基础不均匀沉降加剧,导致承重结构变形、扭曲、断裂,厅窗无法开启,墙面多处严重开裂、屋面漏水等大面积损坏。1999年福源商厦上部结构施工期间,使"沉香阁"建筑损坏程度进一步加剧。根据《中华人民共和国文物保护法》《中华人民共和国建筑法》及《纪念建筑、古建筑、石窟寺等修缮工程管理办法》等法规,为确保建筑结构安全,保障正常的佛事活动的开展,沉香阁决定对被损建筑进行全面修缮,故此在2001年至2005年期间进行了几次修缮,在原有结构不落架的情况下,对原有独立基础改为柱下条基;对腐烂、损坏的木梁、木柱也进行了加固、更换;解决屋面漏水的问题;更换室内电气设备,增加消防系统等。

1992年6月1日,沉香阁公布为上海市文物保护单位。

【宋庆龄墓】

位于宋园路21号。

1981年5月29日,宋庆龄在北京逝世,遵照遗言,骨灰于6月4日安葬在万国公墓宋氏墓地。宋庆龄墓位于她父母合葬墓的东侧,平行的西侧是保姆李燕娥的墓。宋庆龄墓用花岗石筑成,呈卧式,墓长120厘米,宽60厘米,墓碑上镌刻着"一八九三——一九八一 中华人民共和国名誉主席宋庆龄同志之墓 一九八一年六月四日立"。

陵园大门位于东部,陵园大道的中央矗立着宋庆龄纪念碑,碑高3.3米,宽5米,碑的正面镌刻着邓小平的题词:"爱国主义、民主主义、国际主义、共产主义的伟大战士宋庆龄同志永垂不朽",碑的背面是嵌金楷书碑文,文长3 300余字,记载了宋庆龄光辉的一生和丰功伟绩。

宋庆龄墓地位于陵园的北部中央,面积263平方米。宋庆龄墓地前面是纪念广场,面积2 880平方米,纪念广场的北端中央是宋庆龄的汉白玉雕像,像高2.52米,磨光花岗石贴面基座高1.1

米。墓地的后面是小山坡,上面种有中山柏、龙柏、雪杉等常青树木,墓地四周种植着宋庆龄生前喜爱的丁香、玉兰、紫薇、杜鹃等花卉。陵园大道的西端为宋庆龄生平事迹陈列室,陈列宋庆龄一生主要活动的珍贵史料。

三、第三批全国重点文物保护单位

【徐光启墓】

位于南丹路17号光启公园内,原占地面积20多亩,现占地面积约18亩。南北向,从西向东排列5座墓葬,为徐光启夫妇及4个孙子夫妇。从左到右依次为黄氏—徐尔默,李氏—徐尔爵—乔氏,光启—吴夫人,俞氏—徐尔觉,王氏—徐尔斗。光启夫妇居中,坟冢也最大。墓道前有石牌坊1座,牌坊四柱三楼冲天式,雕刻云鹤纹。正中额题"文武元勋"、右题"熙朝元辅",左题"王佐儒宗",正中额下题:"明故光禄大夫太子太保赠少保加赠太保礼部尚书兼文渊阁大学士徐文定公墓阙"。牌坊柱子上镌有对联,上联"治历明农百世师经天纬地",下联"出将入相一个臣奋武揆文";进入牌坊,神道两侧从南向北依次排列石华表、石翁仲、石马、石虎、石羊,左右各一;坟冢前侧有石亭4座,西边为鼓亭、碑亭,东边为衣亭、碑亭,亭为重檐歇山式顶。

清代末年,墓前石象生、牌坊残毁。清光绪二十九年(1903年),上海天主教堂为纪念徐光启受洗300周年,重修牌坊,并在墓道中建白色大理石十字架一座。十字架基座正面刻有拉丁碑文,其余三面刻有马相伯撰文、娄县张秉彝书写的"徐文定公墓前十字记"碑。碑分刻于六块石板上,每石十二行,行六子,楷书。1933年为纪念徐光启逝世300周年,天主教会又在十字架四周围以铁栏杆、人造石栏杆,并铺筑了水泥路。抗日战争期间,墓地荒芜,华表、牌坊、石象生等已残缺不全,树木被毁,空地被开辟为菜畦,但基本布局未有大的改变。1957年,上海市文化局拨款对徐光启墓进行了整修。修复后的墓冢呈椭圆形,周围砌石;墓前砌方形石墓台和宽广的石阶;修复了残损的牌坊、华表、石象生、墓道;间隙添植树木、铺上草茵等。1959年5月26日,徐光启墓被列为上海市文物保护单位。"文化大革命"期间,墓道遭受严重破坏,墓前华表、牌坊、石象生等被毁。

1978年,上海市人民政府再次拨款将墓地辟为南丹公园。1981年对徐光启墓进行了整修。1983年,墓前小路拓建成150平方米花岗岩石坟台,新建徐光启半胸一品官服花岗石雕像。在墓前树立著名数学家苏步青题写的"明徐光启墓"墓碑;新立徐光启半身塑像,高2.8米,基座上刻有周谷城所题"徐光启像"四字,现已移入徐光启纪念馆;新建徐氏手迹碑廊,高3米,正面刻有徐光启著《刻几何原本序》《葩经嫡证序》等五篇手迹,背面刻有清初学者查继佐所撰《徐光启传》及著名国画家程十发临摹的徐氏肖像。是年11月,为纪念徐光启逝世350周年,南丹公园改为"光启公园"。1988年,徐光启墓被国务院公布为全国重点文物保护单位。

2001年2月,徐汇区文化局提出徐光启墓修缮可行性报告,经上海市文物管理委员会、国家文物局批准,徐汇区人民政府将其列为区第三批可持续优先发展项目。徐汇区人民政府和上海市文物管理委员会共同出资300多万元,修缮工程于2003年6月6日正式动工,是年12月27日竣工。徐光启墓修缮工程按照明代墓葬制度,恢复了20世纪初墓地华表、神道、牌坊、石象生、十字架和照池,以及墓后托山等历史原貌,是徐光启墓历史上规模最大的一次整修。

现在排列在徐光启墓前的石人、石马、石虎、石羊等石象生原为浦东南码头街道幸福村卫家宅明乔氏墓前的石象生。乔氏官至提督,死后葬于卫家宅。乔氏墓前原有石牌坊,石柱、石人、石马、石虎、石羊、石狮等,1958年牌坊被拆毁,石人等12件石象生被埋于地下。2003年复原徐光启墓时将埋于地下的石人、石马、石虎等挖出,搬移到徐光启墓前。现墓前有石翁仲、石马、石羊、石狮子各一对,其中石狮子为花岗岩质,通高1米,座见方0.6米,造型奇异,前胸两侧刻有火焰纹,可能为徐光启墓前原物。

史载徐光启于明崇祯六年(1633年)十月初七病逝于北京,崇祯皇帝深表悲痛,辍朝一日,派礼部尚书李康主持丧祭,赐给办理丧事所需物品和费用,追赠光启为"少保",后加赠为"太保",谥"文定"。随后又派专使护送,次年由其子扶枢南归。棺枢回到上海后,由于兵乱,暂厝于上海县城南门外的桑园别墅,至崇祯十四年(1641年)安葬于"肇家浜北原",即现址。徐光启一生清廉,"盖棺之日,囊无余资"。举行葬礼时,上海"城内信友数千,都感念文定公的大恩大德,教外官绅,又都为公的门生故吏,都愿前来参与"。徐光启子徐骥找天主教潘国光神父商议安葬大礼,最后决定圣俗并用,以便使教内教外人士皆满意。葬礼持续三天。第三日,举枢入圹时,不仅有上海县令率全班吏员奉朝廷钦赐礼物,还有覆盖于棺木上的拉丁文铭旌,白绸金字,以表耶稣会酬谢恩人之致意,内容大致是:徐公保禄,中国文宗,弼辅天子,弁冕臣工。笃信圣道,坚守至终,宣教播化,百世褒崇。嗟我小会,痛失良丛,作此片铭,永纪丰功。徐光启《明史》有传。

【松江唐经幢】

位于松江区中山东路西司弄43号,在中山街道中山东路中山小学内。

松江经幢建于唐代大中十三年(859年),是具有纪念及宣扬意义的佛教建筑,是上海现存最古老的地面文物。最初的经幢,在木杆顶端置丝织伞盖三层,上系飘带,后为耐久计,改用石制,上刻经文。一般置于佛庙前以示庄严和镇邪,亦有安置于通衢大道、热闹市口的。松江经幢位置就在古城中央通衢大道一侧。相传"立幢之地有涌泉,谓海眼,故在此立一石塔镇之。"民间传说松江因黑鱼精作祟而多发水灾,故设幢以镇之。幢身刻文记,经幢由信徒蒋复为追思亡母养育之恩及祈祷已故二弟早升天界,信徒沈直轸为超度母亲而发起建造,立于通衢,并刻录捐款造幢者150余人姓名。

唐陀罗尼经幢为青石雕刻,柱身八角,现存21级,高9.3米。经幢气象端穆,造型华丽,雕刻洗练,颇具盛唐风范,是我国现存唐代经幢之典范。经幢自下而上,第一级(基座)雕刻海水纹,波浪四溢。第二级圆形盘龙束腰,凿刻群龙于洞窟,因严重风化,有部分残缺。第三级为莲瓣卷云台座,分上下斜面和中间侧面,刻卷云、佛山及殿宇、单瓣仰莲。第四级为蹲狮浮雕,八面束腰,每面一狮,前足挺立,突胸,面部皆残缺。第五级为唐草纹仰莲座,上斜面阴刻花草缠枝牡丹,下斜面刻莲瓣。第六级为菩萨浮雕八面束腰,每面镌如意头式壸门,门内有半结跏趺坐或全结跏趺坐的菩萨雕像。第七级为叠涩,无雕刻。第八级为勾阑幢座,每角立望柱,两柱间镌勾片纹的石阑板。第九级为幢身下段,直径76厘米,高46厘米,刻捐助钱物人姓氏。第十级为幢身,上段直径76厘米,高177厘米,镌佛顶尊胜陀罗尼经文并序,第八面有题记6行。第十一级狮首华盖,八角每角上有狮首,口含璎珞。第十二级为联珠,双半球,刻莲花和如意纹。第十三级为卷云纹托座,仰盘式,镌卷云。第十四级为四天王浮雕,东南西北四面各刻横眉怒目的天王像。第十五级为八角腰檐,翼角翘起,角端雕如意纹。第十六级为蟠龙圆柱。第十七级为仰莲托座,刻莲瓣盛开状。第十八级为底座,上下叠合。第十九级为"礼佛图"浮雕,刻佛像、菩萨、供养人等十六尊。第二十级为八角攒尖盖,分上下两层,均有翘角。第二十一级为菱形平盖,素面,无雕刻。

唐经幢历经沧桑。1960年代初,经幢耸立在通波塘东侧中山小学操场,幢身立于土墩上。幢为石灰石所制,饱受风雨侵蚀,多处龟裂断残,倾斜严重,最大偏距为23.93厘米。土墩内情况不明。1962年10月,上海市文物管理委员会决定予以修复,由上海博物馆文物修复工场和科学实验室负责实施,1964年11月竣工。1962年清理土墩及经幢四周100平方米范围3米深土层,发现土墩内埋有连底座在内的10级幢身,底座旁围条石并筑约3米高的围墙,墙外再以石块和泥土堆成土墩。由于附近浚河堆土,此处地面比附近街道高出50厘米。在离地表1.6米处,发现宋代砖砌地面。根据清理的情况,推断宋以后至明代,由于经幢风化及倾斜日趋严重,遂采取围条石、筑围墙以至堆成土墩以防止经幢坍塌的保护办法。清理中,发现雕刻的石块、残片6块,均是幢上之物。是年,将经幢各级拆卸,对残损断裂处进行胶接、加固以及作表层防护,对各级形状、雕刻,进行科学修补复原,并作为《1963～1972年科学技术发展规划》中"断裂岩石雕刻品的聚丙烯酸酯类——环氧树脂类材料粘结应用工艺技术"项目课题进行研究,是国内最早将环氧树脂用于石质文物修复和有机硅进行表面保护的范例。

【龙华革命烈士纪念地】

图1-1-5　龙华革命烈士纪念地

位于龙华路2591号和2577号内及2501弄1号,在龙华烈士陵园内东北隅,占地面积约6 500平方米,由原国民党淞沪警备司令部旧址和龙华革命烈士就义地两部分组成。

1927年至1937年间,国民党反动派当局在这里关押、杀害了数以千计的共产党人和爱国志士,其中最著名的有赵世炎、陈延年、罗亦农、彭湃及"龙华二十四烈士"等。1931年2月7日夜,"龙华二十四烈士"在此慷慨就义,因此有"上海雨花台"之称。在男看守所的墙面上留下了原安徽省副省长张恺帆在关押期间写的一首著名的诗:"龙华千古仰高风,壮士身亡志未穷。墙外桃花墙里血,一般鲜艳一般红。"1933年8月,戴戟等为纪念牺牲于"一·二八"战役中的抗日将士,改大礼厅为"一·二八"纪念堂,并建纪念园、纪念亭。抗日战争期间,淞沪警备司令部被废弃毁坏,仅存部分建筑。

上海解放后,党和政府在烈士殉难处竖立了"龙华革命烈士就义地"的纪念碑。碑后一棵已枯死的大树树干上尚留有当年前敌人残酷杀害烈士们的累累弹痕。1950 年,根据当地群众提供线索,在现址发掘出完整的遗骸 18 具,还有数具头、身、肢骨不全的遗骨。烈士遗骸上有的还锁着脚镣手铐。同时出土的还有一些铜元、银角子等烈士遗物。1981 年,龙华革命烈士纪念地由上海龙华烈士陵园管理。

龙华革命烈士纪念地是昔日国民党反动派镇压、屠杀中国共产党人的大本营,是中国共产党早期城市秘密斗争的史迹,也是激励后人继承先辈遗志、不忘初心、砥砺前行的现场教育课堂,具有重要的历史意义。

1984 年 5 月 4 日,上海市人民政府公布为上海市文物保护单位。1997 年,中宣部公布为百家爱国主义教育基地。

四、第四批全国重点文物保护单位

【兴圣教寺塔】

位于松江区中山街道中山东路南侧方塔园内。兴圣教寺塔,又名兴圣塔,俗称方塔。据《华娄续志残稿》记载,民国时兴圣教寺塔院存《吉云宝塔题额》及道光《重修兴圣寺吉云塔碑记》,该塔亦名"吉云"。

图 1-1-6　兴圣教寺塔

塔于北宋熙宁、元祐年间(1068—1093 年)建在兴圣教寺内。为典型的唐代阁楼式砖木结构塔,九层,高 42.5 米,外形因袭唐代式样,平面方形,每边宽 6 米。体秀檐宽,典雅优美。各层之间有木梯相通,每层有平座,可供人登塔凭眺。清代松江诗人黄霆作《松江竹枝词》,赞曰:"巍巍楼阙梵王宫,金碧名蓝杳蔼中。近海浮屠三十六,怎如方塔最玲珑。"南宋和元明清各代屡有修葺,清道光二十四年(1844 年)大修时更换塔刹。新中国成立时,破败不堪。兴圣教寺初名兴国长寿寺,建于后汉乾祐二年(949 年),宋祥符年间(1008—1016 年)改名觉元院,再改兴圣教寺。后遭兵灾,寺院被毁。元末,只剩寺塔和钟楼。清咸丰十年(1830 年),钟楼被毁。

1958 年,江苏省文管会拨款安装避雷针,并于 7 月,抢修顶层、墙身及檐面。1975 年至 1977 年,在上海市文管会领导下,松江文化部门组织力量对方塔进行复原大修。修复中发现塔中较完整保存了宋代原物,如木构件斗栱中 62% 是宋代原件,上海博物馆科学实验室用低分子量环氧树脂渗透加固。修复后的方塔保留宋代原貌,恢复各层出檐深度,造型美观,做工精巧,秀美中不失雄健浑厚。大修中发现塔底离地表 1.5 米处有"地宫",内有汉白玉石函一盒,函内有 1 尊鎏金释迦牟尼涅槃铜像、2 只银盒和代替"佛牙"的古象化石等珍贵文物。在第三层壸门上方斗栱之间发现2幅宋代佛像壁画,1970年代用有机硅加以保护,1991年加罩有机玻璃予以保护。大修工程完成后,以方塔为中心辟地180亩,于1982年建成方塔公园供人游览。1992年,经市文管会批准,方塔向游人开放登塔观光。

1956年10月,公布为江苏省重点文物保护单位。1977年12月,公布为上海市重点文物保护单位。

【真如寺大殿】

位于兰溪路399号真如寺内。真如寺原名万寿寺,俗称大庙,南宋嘉定年间(1208—1224年)僧永安在官场(今宝山区大场镇附近)改建后名真如院,元延祐七年(1320年)僧人妙心从宝山大场旧址移建现址。

明清期间,在该寺正殿四周又陆续兴建了许多偏殿楼阁:东庑有送子观音殿、伽蓝殿;西庑有十王殿、痘司殿;寺东有东岳行宫、忠显王殿;寺西有城隍行宫、地藏殿;寺前有韦驮殿、鄂王殿、鲁班殿、财神殿、北方殿;寺后有大悲阁、文昌阁、西方境等,形成规模颇大的寺庙建筑

图1-1-7 真如寺大殿

群。该寺正殿曾历经修葺,明洪武年间及弘治年间,僧道馨、法雷2次重修。清光绪二十年(1894年)又由真如镇米商杨氏发起,同上海寿圣庵僧念岸、念伦募钱1.5万缗(千文),将单檐3间改成双檐5间,原梁架等主体结构仍保留元代款式,两侧楹联:东为"佛日光辉崇盛世群生咸悟真如",西为"皇风祥辑衍遐龄万姓同跻仁寿"。该寺韦驮殿,据洪复章《真如里志》载:"元至顺三年,平江路嘉定州僧嗣文创建,明正德八年僧法雷重建。清乾隆三年里人陆伟功重修,乾隆四十年陆伟功、陆茂功捐资同修。"殿内著名的铜弥勒佛系明代所制,铜佛背后镌有"明乙酉年住山比丘回闻募铸。"太平天国及抗日战争时期,几经战火,配殿及附属建筑大多被毁,仅存长、宽各20米的正殿(大雄宝殿)1座。

1949年以后,正殿独存,殿内释迦牟尼佛像和寺前原韦驮殿的铜弥勒佛尚在。1950年10月,市政府曾拨款维修正殿佛像,并将铜弥勒佛设栏保护。1959年5月,被定为市级文物保护单位。1963年重修,正殿仍恢复元代单檐式样。"文化大革命"中,殿内檀木释迦牟尼等佛像和铜弥勒佛被毁,许多珍贵碑刻文物被砸。

1979年,真如寺进行维修,正殿内额枋底部仍保留"岁大元岁次庚申延祐七年癸未季夏月己巳二十乙日巽时鼎建"双钩阴刻墨字,为该寺建造年代的佐证。江南地区现存的元代建筑物极少,除真如寺外,仅有苏州三清殿,吴县轩辕宫和金华天宁寺3处。真如大殿共有木柱16根,每根木柱的地基,用黄土和铁渣分层夯筑而成,阔1.8米,长3米,深1.8米~2米;各柱地基,以木相连,为古建筑所罕见,是宋元建筑的重要特征。在历次重修时,还发现柱子、梁枋、斗拱等各项构件的背面及接榫处,留有当时工匠用毛笔墨书的名称,多为江南工匠的习用俗语,有研究价值。为此,有关部门拟辟为古建筑展览馆,长期不作宗教场所开放。

1991年后,为满足佛教徒活动需要,将真如寺恢复为宗教场所,成立真如寺修复委员会,全国佛教协会副会长明旸法师任名誉主任,市佛教协会会长真禅法师为主任。修复后的真如寺除大雄

宝殿外,还兴建了卧佛殿、方丈室、后院、内院、外院、两廊、办公室等,面积由原来的800多平方米扩大到2 000多平方米。1992年1月初,由新加坡法师林高僧性仁捐赠的3尊玉佛及一些经书,入寺供藏。其中释迦牟尼佛卧像长2.7米、重1.3吨,2尊坐像分别高2.2米和0.8米、重2.5吨和0.1吨。

【上海外滩建筑群】

位于上海黄浦区东部、黄浦江西岸延安东路至外白渡桥滨江地带。形成于20世纪初至1930年代,代表着当时世界建筑设计和施工技术的一流水平,是上海历史文化和美学价值最高的近代建筑群体。上海外滩建筑群的主要建筑有:

亚细亚大楼,位于中山东一路1号,始建于1913年,由英商马海洋行设计,八层钢筋混凝土框架结构,新古典主义建筑,同时融入巴洛克建筑风格。

上海总会大楼(即英国总会、现东风饭店),在中山东一路3号,建于1911年,英国新古典主义建筑风格。该建筑为上海最早的钢筋水泥结构,也是上海首次采用片筏基础,是当时外滩最精美的建筑。

汇丰银行大楼,位于中山东一路10—12号,1923年落成,为当时外滩最大的建筑,平面近正方形,高五层,全钢架结构,砖砌墙体,石材贴面。整座大楼横、竖三段的划分相当和谐,内部装修品质高雅,用材考究,工艺精湛,表现出严谨而又典雅细腻的新古典主义风格,是上海近代标志性建筑。

江海关大楼,位于中山东一路13号,建于1925年,总高十二层,欧洲古典主义建筑风格,其上部四层钟楼具有装饰艺术派特征,屋顶旗杆是当时上海的地理位置标志。江海关大楼是继汇丰银行后上海近代建筑的又一座丰碑。

汇中饭店大楼(今和平饭店南楼),位于中山东一路19号,建于1906年。意大利文艺复兴时期建筑风格,砖石混合结构,高六层,底层以花岗岩砌筑,上部为清水砖墙,内置上海最早的载人电梯。

沙逊大厦,位于中山东一路20号,1928年落成,十三层,钢架结构,高达77米,平面呈A字形,屋面为高19米的墨绿色金字塔铜顶,立面处理简洁,室内装饰精致,是当时外滩最豪华的高层建筑,有"远东第一楼"之称。

中国银行大楼,位于中山东一路23号,1937年建成,东部建筑十七层,采用框架式钢结构;西部建筑四层,为钢筋混凝土结构。大楼外墙用平整的金山石饰面,顶部采用平缓的尖锥形屋顶,上覆铜绿色琉璃瓦,檐部用石质斗拱装饰。这是外滩唯一的一座具有中国传统建筑形式的高层建筑,也是1930年代外滩唯一的一座由中国建筑师参与设计的建筑。

怡和银行大楼,位于中山东一路27号,五层钢筋混凝土框架结构,典型的古典主义建筑风格,横、竖方向均作三段式划分,用科林斯柱装饰立面,外墙全部采用花岗石垒砌,基座和转角处粗石墙面表现出巴洛克风格,是上海最早采用石料做外墙建筑材料的实例。

东方汇理银行大楼,位于中山东一路29号,建于1911年,为三层钢筋混凝土框架结构,具有古典主义建筑风格,立面采用明显的三段式,中段立柱采用爱奥尼克柱式,内部居中设置楼梯,顶部设天栅,为当时银行建筑中的通用形式。

百老汇大厦,位于苏州路20号,1934年落成,为二十一层的双层钢架结构,从第十一层开始逐层收进,外观和内部装饰都大为简化,采用立方体的组合,摈弃了古典装饰。

浦江饭店,位于黄浦路15号,1910年落成,五层,钢筋混凝土和砖木混合结构,采用英国新古典主义建筑形式。该建筑外观呈横直线条的三段式处理,二至四层的中段增加了成排的爱奥尼亚式柱头,拥有繁复的大弧形拱窗。

上海外滩建筑群从上海开埠到形成今日的格局,经历了3次大规模的建筑变迁,一直到20世纪30年代,外滩建筑平均每隔30年就翻造一次。

上海外滩建筑群的演变可分为三个阶段。19世纪中下叶(1843—1900年)为第一阶段。初以自然田野为主要风貌,少量一、二层券廊式砖木混合结构建筑用作洋行、办公楼,是典型的东南亚殖民地外廊式建筑;随着洋行业务发展,资金充沛,房屋不敷使用,便陆续拆旧翻新,最初建造的殖民地外廊式建筑大部消失,取而代之的是大量文艺复兴式、哥特式建筑。这一时期建筑至今尚存的只有中山东一路33号原英国领事馆和6号原中国通商银行大楼两处。

19世纪末20世纪初(1901—1920年)为第二阶段。随着地价不断上涨,水泥、钢材等新材料的引入、建筑技术的发展和电梯等设备的应用,外滩建筑约有近半进行重建,该阶段早期还使用砖木结构,后来就出现了砖和钢筋混凝土混合结构和钢筋混凝土框架结构的建筑,层次在三、四层至六、七层不等。第一次世界大战,欧洲等地战火纷飞,上海却相对平静,促使西方资本大量转移到上海,导致当时世界上各种建筑文化流派,包括当时曾盛行一时的古典主义、新古典主义和折衷主义建筑风格纷纷到上海外滩来作演绎。这些建筑内外装饰讲究、设施增多。

20世纪20年代后(1921—1937年)为第三阶段,日清、格林邮船、怡和、字林西报、麦加利银行、汇丰银行、横滨正金银行、台湾银行、江海关、沙逊、百老汇、中国银行等12幢建筑又翻建成高楼大厦,中国银行情况比较特殊,开始建设不久,抗日战争爆发,施工中断几年,到1944年才全部建成。这一时期外滩新建筑的特点是体量大,8层以上高层几占一半。钢框架结构大量使用,除继续沿用古典主义、新古典主义和折衷主义手法外,还出现了立面简洁的装饰艺术派和中国传统古典复兴的建筑风格、许多建筑气派豪华,装饰富丽堂皇,设施更趋完善,出现了上海最早使用冷暖气设备的建筑(汇丰银行)。这一阶段,除建成于民国38年(1949年)的交通银行大楼外,今日的上海外滩建筑群格局和天际轮廓线已基本形成。

【上海邮政总局】

位于北苏州路276号,初名"中华邮务管理总局"(Chinese Post Office)。

中华邮务管理总局是国家邮政总局,设在上海,也被叫做"上海邮政总局"。原在北京路博物院路转角,1920年后迁四川路桥北堍虹口重建。这里紧靠市中心,东连黄浦江,北近火车站,南距十六铺水运码头不远,邮件的水陆运输十分便利,是理想的邮政枢纽。大楼由英商思九生洋行设计,余洪记营造厂承建,1922年12月奠基,1924年11月竣工。大楼占地面积6 500平方米,建筑面积2.53万平方米,钢筋混凝土框架结构,地下一层,地上四层。

邮政总局大楼为欧洲折衷主义建筑形式的代表作。"U"形平面,三段式划分,基座、檐部各占一层。东南转角圆形,为构图中心。两侧均为主立面,有通贯三层的简化科林斯巨柱式列柱。转角处顶部为钟塔,冠17世纪流行的意大利风格的巴洛克式穹顶。钟楼两侧各有一组三人组成的群雕。一组是每人各执火车头、铁锚和通讯电缆模型,象征铁路、轮船、电信是中国邮政发展的方向,中国邮政将向现代化迈进。另一组居中者为罗马神话中的商业之神墨丘利(Mercury);墨丘利两侧分别是男女爱神,寓意便捷的邮政可以带来财富,邮政坚持为商业服务,同时,邮政也是司爱之神,为联络异地交流,沟通人们情感发挥巨大的作用。

邮政大楼二楼营业大厅面积1 200平方米,宽敞明亮、富丽堂皇,素有"远东第一大厅"之称。

邮政总局大楼是中国目前仍在使用的、规模最大、最早邮政标志性建筑。不仅是中国邮政史的

图 1 - 1 - 8　上海邮政总局

见证,同时也为中国现代邮政事业的发展创造了良好的物质条件。

1989 年 9 月 25 日,邮政总局大楼被公布为上海市文物保护单位。

五、第五批全国重点文物保护单位

【福泉山遗址】

位于青浦区重固镇西侧,发现于 1962 年。该遗址完整保留了距今 6 000 年以来上海各个时期的文化遗存,已发现马家浜文化、崧泽文化、良渚文化、广富林文化、马桥文化等新石器时代遗存,以及周、西汉、晋唐、宋元时期遗存。

福泉山又名薛道山、覆船山。20 世纪 80 年代,经考古确认福泉山的主体是人工堆筑而成的高台墓地。遗址内发现的良渚文化贵族墓葬尤为珍贵,共出土玉器、石器、陶器等各类文物达 2 800 余件,有象征神权的神人兽面纹玉琮、玉璧,象征王权的玉钺权杖和各类精美的玉质装饰品,是探讨良渚文化社会性质,探索长江下游太湖地区古代文明起源等问题的重要实物例证。福泉山遗址展现了长江下游太湖地区新石器时代考古文化的发展演进序列,对我国东南沿海地区新石器时代文化研究具有十分重要的意义;另一方面,福泉山遗址丰富的遗存揭示了上海地区人类持续活动的历史过程,对见证地区发展史具有重要意义。

2001 年,福泉山遗址的福泉山土墩地点对外开放。展示区内在土墩遗址的东侧设立了"福泉山遗址陈列室",面积约 87 平方米,以图文阐释为主,辅以少量复制品展示,介绍遗址的年代、性质、考古发掘现场及出土文物等内容。遗址现场展示包括:T8 东壁模拟展示,在发掘形成的探方壁上采用不同颜色、材质的水泥板模拟 7 个不同文化层进行说明;地表模拟展示,在上述探方南侧和西侧分别模拟了良渚文化祭坛遗迹和良渚文化 M139 墓葬;制玉工场展示,以雕塑辅以说明牌;其他展示内容还有朝真道院遗迹、任仁发、薛道人、陆机等人物雕像、抗战殉难同胞纪念碑、古井展示等。在福泉山土墩北部设置场景模拟展示棚,内有模拟先民的生活场景铜像。

2008年12月至翌年3月,在福泉山北侧吴家场考古发现另一处良渚文化高台墓地,发现象牙权杖等珍贵文物,是良渚文化考古的新突破。

2009年福泉山遗址被上海市人民政府公布为上海市爱国主义教育基地。

【上海宋庆龄故居】

图1-1-9　上海宋庆龄故居

位于淮海中路1843号,属德国式花园住宅,建于1920年,占地面积4 333平方米,建筑面积700平方米,院内有草坪2 200平方米。

建筑为假三层砖木结构,平面为L形,外观呈船形,整体为乳白色。屋面为褐红色瓦四坡顶,挑檐较深,下支托架,白色窗台,灰色汰石子外墙有菱形装饰。楼前有门廊,入内是个小门厅,门厅壁上置两面正衣镜。一楼为客厅及餐室,客厅北墙正中挂着孙中山的遗像,南面墙上有毛泽东主席1961年来看望她时的留影。墙上还有宋母倪桂珍的油画像。桌上、壁炉上放了很多外国元首赠送的礼品和各种餐具。餐厅和客厅的地毯为毛泽东所赠。客厅东面则是藏书室,有中、英、法、俄等文字的书籍4 000余册。二楼是卧室和办公室,朝南有半圆形大阳台,设铸铁栏杆。

故居原为德国船主鲍尔的别墅,后转让给德国医生菲尔西里,以后又多次易主。抗日战争胜利后,被国民党政府作为敌伪财产收归国有。由于宋庆龄提出将香山路7号住宅改为孙中山纪念馆,国民党政府特批此套住宅予以置换。1949年春,宋庆龄从桃江路45号迁居于此。中华人民共和国成立后,宋庆龄任中央人民政府副主席、全国政协副主席、全国人大常委会副委员长等职,淮海中路1843号是宋庆龄在上海从事国务活动的重要场所。宋庆龄接待过毛泽东、刘少奇、朱德等国家领导人；还有朝鲜首相金日成、苏联最高苏维埃主席团主席伏罗希洛夫、柬埔寨首相西哈努克等外国元首和贵宾。宋庆龄领导的保卫世界和平运动和中国福利会的许多重大活动都曾在这里举行。20世纪50年代初期，在主楼旁建造了一幢辅楼，供工作人员办公之用。1988年、2006年在保持建筑原貌不变的前提下，对主楼进行了大修。

1981年5月29日，宋庆龄逝世。10月9日，故居对内开放。1988年5月，成立上海宋庆龄故居纪念馆，除向社会开放之外，还负责保管、整理、研究、宋庆龄遗物和有关史料、史迹。

1981年10月22日，上海市人民政府公布为上海市文物保护单位。

【张闻天故居】

位于浦东新区祝桥镇邓三村闻居路50号（原属江苏省南汇县，1958年11月划归上海市）。清光绪二十五年七月二十五日（1900年8月30日），张闻天出生于此。

故居占地面积686平方米，建筑面积495平方米，是一座上海浦东典型的三合院农舍，一正两厢，砖木结构平房，坐北朝南，正屋5间，为张闻天祖辈于清光绪年间所建，两侧厢房各2间为后建，正房西侧另有杂用房4间，共13间。民国12年（1923年）分家时，张闻天分得正房、杂用房各1间，院前是木结构门头，俗称"秀才亭"。院周围有菜园树木，院后有小河。

张闻天（1900—1976），中国无产阶级革命家、理论家，又名洛甫、张平之、张普等。民国4年（1915年）毕业于南汇县第一高等小学。民国14年加入中国共产党，民国24年遵义会议上被选为中共中央政治局常委，总负责。中华人民共和国成立后任中华人民共和国驻苏联大使、中共中央委员、政治局候补委员及全国人民代表大会常务委员会委员等职。1959年7月，被错误批判后，即从事政治经济学等方面的研究工作。1976年7月1日逝世。

故居年久失修，地势低洼，损坏严重。1989年2月，上海市文物管理委员会拨款进行全面维修，把地基填高50厘米，采用屋架整体吊升的办法，按原貌修复。

1985年9月19日公布为上海市文物保护单位。1986年9月，陈云为故居书额"张闻天故居"。

六、第六批全国重点文物保护单位

【龙华塔】

位于龙华路2853号（龙华寺南），原在龙华寺内，清光绪十七年（1891年）筑龙华路，塔与寺分踞路之南北，另建塔院。

龙华塔为砖木结构，宋制楼阁式，七层八角，塔身高40.64米，内为方室。每层四面设壶门，另四面隐出长方形壁龛状，但未置佛像。壶门方向逐层转换。各层施木楼板，有木梯盘旋至七层。楼板下隐出砖栱，栱头卷刹分三瓣，外檐转角铺作施鸳鸯交手栱，均为宋式。底层围廊廊柱之柱头呈梭状，枋上有七朱八白之装饰，枋底作琴面状，各层栏杆为卍字形，外檐翘角下悬檐铃，均具宋塔之特征。塔的顶层为覆钵、露盘、相轮七重、宝瓶等，高达8米余，在刹杆处，拖下4根铁索，系着顶层屋面之翘角，称"浪风索"。

龙华塔相传始建于三国吴赤乌年间（238—250年），今存之塔结构，乃宋太平兴国二年（977年）所建。北宋治平三年（1066年）、南宋绍兴十七年（1147年）修葺，元末兵燹中寺毁，而塔独存。明崇祯三年（1630年）、清康熙七年（1668年）、康熙四十年（1701年）先后进行过修缮。光绪十八年（1892年），遭火灾，底层围廊焚毁，寺僧竹禅善绘画，将鬻画所得，修复古塔。1920年，驻军团长张慕韩,募款修寺与塔,以水泥钢筋造平座、栏杆,在围廊外再加围墙,并根据此塔是孙权为报母养育之恩而建的传说,题"报恩塔"匾额置于塔门上。1953年,经市工务局进行勘查,发现塔身向北倾斜,平座水泥地面有裂缝,木结构有腐烂和脱榫现象。上海市文化局经与有关部门协商,请南京工学院教授刘敦桢来沪详细察勘,参照苏州定慧寺塔(双塔),拟订抢修方案,由民用建筑设计院乔舒祺作复原设计,按宋式修复,并请同济大学古建专家陈从周现场指导。1954年10月20日开工,1955年4月竣工验收。1984年,发现塔刹损坏严重,塔心木腐烂。上海市文物管理委员会拨款30余万元,由龙华寺负责修理,更换18米长的塔心木和重3.2吨由18个铁构件组成的塔刹,重建六、七层腰檐、平座,1986年竣工。1999年,在市、区文管委的支持协调下,龙华寺出资100余万元重修龙华塔,整个修缮工程为期一年。一期工程以调整塔身照明为主,采用高科技光导纤维传输发光材料,在塔刹部位安装光纤维照明装置,使照明效果更好,也更安全。二期工程以修缮塔身内外损件为主,内外墙面粉刷一新,塔刹、浪风绳、铜风铃等构件作精心保养,挑檐屋面原混水筒瓦、瓦当、滴水管、缘木、斗拱等破损构件按原样恢复。

1959年5月26日曾由上海市人民委员会公布为上海市文物保护单位。

【马勒住宅】

图 1-1-10 马勒住宅

位于今延安中路陕西南路拐角处,陕西南路30号。由英籍犹太商人马勒于1930年买进该地块并出资建造,华盖建筑事务所设计,1936年竣工,3层混合结构。

马勒住宅的主楼为3层,立面凹凸多变,屋顶陡峭。顶部矗立着高低不一的两个四坡顶,东侧的坡屋顶高近20米,上面有拱形凸窗,尖顶和凸窗上部均有浮雕装饰物。西侧的坡屋顶高约25米,屋顶陡直,塔坡四面筑有凸窗。塔坡材料采用特殊的青铅瓦。

室内装饰豪华,到处是木护壁、木平顶,并用木板镶拼各种图案。室内普遍使用圆线条,气窗、窗套、门套、平顶墙角等均是圆拱形。每层楼梯口均设有采光天窗。主楼梯间圆形天窗是装有彩色玻璃的穹顶。

马勒住宅主楼南立面上还有3个垂直于主屋脊造型优美、装饰精细的双坡屋顶和4个尖顶凸窗,外墙用泰山面砖砌贴,突出的平台栏杆砖柱上设置一个个绿色圆球,屋顶上还耸立着多个壁炉烟囱。中间双坡顶的装饰木构件清晰外露,构件间抹白灰缝条,比较典型地表现出了斯堪的纳维亚情调的乡村建筑风格,拥有极高的建筑艺术与历史文化价值。

1989年9月,马勒住宅被上海市人民政府公布为上海市文物保护单位、上海市优秀历史建筑。

【国际饭店】

位于市黄浦区南京西路170号,是锦江国际集团旗下一家历史悠久的酒店。由民国时期四家(中南、大陆、金城、盐业)银行储蓄会投资,匈牙利建筑师拉斯洛·邬达克设计,康益洋行打桩,陶桂林的馥记营造厂承包建造。1931年5月挖土动工,1932年8月始建地面工程,1934年12月1日开业。打桩工程采用在每根钢柱下打五根圆木美松(又称梅花桩)的方式,整体建筑采用钢框架结构,钢筋混凝土楼板,外墙采用钢筋混凝土结构。国际饭店建造时占地1 179平方米,建筑面积15 650平方米;共24层(地面22层、地下2层),楼高83.8米。

图1-1-11 国际饭店

国际饭店的建筑风格是邬达克仿美国早期摩天大楼的形式,立面强调垂直线条,层层收进直达顶端,高耸且稳定的外部轮廓,尤其是15层以上呈现阶梯状的塔楼,表现出美国装饰艺术派(Art Deco)的典型特征。建筑外墙贴深褐色泰山面砖,底部外墙镶青岛崂山黑色抛光花岗岩,内部门厅玉佛石铺地,厅柱和墙面砌大理石,所有材料均取之中国国内。国际饭店是邬达克现代派思想和装饰艺术风格的代表作。

国际饭店自从落成后享誉"远东第一高楼"之称达三十年之久,是20世纪20—30年代上海富丽堂皇的风貌缩影。其建成后就成为上海的新地标,是上海城市平面坐标中心点。1950年11月,上海市地政局测量确定国际饭店楼顶旗杆的垂直点为"上海城市原点坐标"。

1988年和1998年国际饭店经历两次内部大修,1998年大修后加建后楼3至9层。目前占地面积1 825平方米,建筑面积20 504平方米。

1987年被公布为第一批上海市优秀历史建筑以及上海市文物保护单位,保护类别为二类。2006年入选"首批中国20世纪建筑遗产"名录。

第二节　上海市文物保护单位

　　1977年至2010年间上海市人民政府公布163处市级文物保护单位,包括古建筑、名人故居和纪念地、革命史迹、工业遗产、优秀历史建筑和其他遗存等。其中部分遗存曾在1950年代至1960年代公布为市文物保护单位,如有资料可考,文中均予以注明。

一、第一批上海市文物保护单位

【柘林古文化遗址】

　　位于原奉贤盐场海光大队(后改名柘林镇冯桥村)境内。遗址东西长约100米,南北宽约70米,距今约4000年,包含了良渚文化、马桥文化、吴越文化等时期文化遗存。1969年11月—1970年4月,奉贤盐场冯桥大队开挖沿村河时采集到石器、陶器、动物牙床残骸等文物10件,上交上海博物馆。1973年春,上海市文物保管委员会考古部根据线索到该地做考古调查,又采集到属于良渚文化晚期的长方形穿孔石斧、柳叶形石镞、断石锛、石矛、石刀、长方形石镰、陶网坠、陶纺轮、食草动物牙床、夹砂红陶T字形鼎足等,以及属于马桥文化的篮纹和叶脉纹印纹陶、属于吴越文化时期的米筛纹和米字纹印纹陶片等。调查表明这是一处新石器时期至商周时期的古文化遗址,另发现一条南北向贝壳沙带遗迹。目前部分遗址已开挖称沿村河,另有部分被冯桥机电厂所覆盖。柘林遗址地处清代海塘外侧和古海岸遗迹之上,它的发现是继马桥遗址发掘之后,再次证明竹冈是一条距今四五千年以前的古海岸线,也反映这一带的土地,经历了由陆变海,又重新涨滩的变迁。

【寺前村古文化遗址】

　　位于青浦区香花桥街道北,因在宋元时期的慧日教寺之西南而得名"寺前"。于1966年取土填浜、扩大耕地时发现,随即进行小规模试掘,判断为新石器时代和西周至战国时期的遗址。1990年11月至1991年1月,配合基础建设,上海市文物管理委员会考古部对该遗址进行了抢救性发掘,即第二次发掘,发掘表明,该遗址文化堆积主要有崧泽文化、良渚文化、西周—战国时期和宋元时期四个阶段。两次发掘发现崧泽文化墓葬、窖穴,良渚文化墓葬、水井,战国时期墓葬,唐代墓葬,宋代水井等遗迹,出土物品有人骨架、兽骨、陶器、玉器、青瓷器等。

【崧泽古文化遗址】

　　崧泽文化命名地。位于青浦区赵巷镇崧泽村北侧,东近佘山,南临淀浦河,西傍油墩港。1957年上海市文物管理委员会作考古调查时初步认定遗址的存在,于1961年、1974—1976年、1987年和1994—1995年、2004—2005年进行了五次发掘。该遗址中发现大量马家浜文化、崧泽文化墓葬,发现上海最早先民生活遗迹,出土物品有人骨、陶器、玉器、石器等。

　　1962年曾由上海市人民委员会公布为上海市文物保护地点。

【亭林古文化遗址】

　　遗址位于金山区亭林镇华亭路51号亭林公园周边。1966年因基建出土数块周代几何印纹陶片与1件铜矛而发现了该遗址。遗址分布在镇西的祝家港东岸,南北长约200米,东西宽约100

米。1972年试掘,1973年、1975年、1988年以及1990年,四次清理发掘,面积合计1 196平方米,发现良渚文化墓葬23座,宋代墓葬2座,制造石器场地一处,出土文物近500件。遗址内包含了良渚、马桥、亭林、吴越等文化层。出土物品有人骨、石器、陶器等。

【查山古文化遗址】

位于金山区金山卫镇农建村,1972年发现,同年进行清理发掘。探明遗址主要分布在东面山坡上下,南北长250米,东西宽60米的范围内,包含西周时代吴越文化和新石器时代马家浜文化遗存。山坡下耕田里则发现有唐宋、南北朝、春秋战国时期的文化遗存。

【金山坟古文化遗址】

金山坟古文化遗址位于青浦区练塘镇东厍村东团西,于20世纪60年代初文物普查时发现。1985年12月探明遗址分布在大蒸港的南北两岸,发现新石器时代墓葬2座、历代古井4座、灰坑18座,文物57件。遗址文化层堆积大致有三层:上层是距今3 000多年的商代马桥文化遗存,中层是距今4 000多年的新石器时代良渚文化遗存,下层是距今5 000多年的新石器时代崧泽文化遗存。主要出土物有农作物籽、陶器、玉器等。

【马桥古文化遗址】

位于闵行区马桥镇俞塘村东侧。1959年,上海重型机器厂基建工程取土时发现。1960年、1966年和1993—1995年市文物保管委员会先后进行三次考古发掘,面积10万平方米。探明遗址的文化层有三层:上层为春秋战国时代吴越文化的戚家墩类型,发现的遗物有细方格纹、绳纹、米字纹等印文的陶器和瓷器;中层为马桥文化,发现灶塘、灰坑、水井和墓葬遗迹以及大批遗物;下层为良渚文化,发现新石器时代墓葬13座和一批遗物。在良渚文化层之下,是一片介壳沙层,层面东部向下倾斜,有海浪冲成的三个滩脊。

1962年曾由上海市人民委员会公布为上海市文物保护地点。

【汤庙村古文化遗址】

位于松江区小昆山镇汤村庙,在华田泾与横山塘交叉口周边,今属科技园内。1962年上海市文物保管委员会在考古调查中发现该遗址。1980—1982年,配合当地水利工程,上海市文物保管委员会在汤村进行过三次小规模的发掘,面积159平方米,前后发现新石器时代崧泽文化墓葬4座,崧泽文化、西周、汉代水井4座,崧泽文化、良渚文化、商、周、春秋战国、晋、唐、宋各时代的文化遗物共78件。为了反映古代原始村落的历史面貌,1977年12月,上海市文管委将汤村庙古文化遗址之"汤村庙"地名更改为"汤庙村",遗址名称随之改名为"汤庙村古文化遗址"。

【平原村古文化遗址】

位于松江区佘山镇机山东侧山脚下。1960年,上海市文物保管委员会考古调查时发现。采集的遗物主要属于西周时代吴越文化的亭林类型,有灰陶三足盘和弦纹圈足簋、夹砂陶圆锥足鼎,以及曲折纹、绳纹、席纹等印纹陶片。

1979年,村内的天马公社农机厂进行基建挖坑时,在深0.80米的黑土层内,出土了新石器时代崧泽文化的长方形穿孔石斧、镂孔粗把灰陶豆、四系鸡冠耳灰陶罐和压划网纹灰陶坛，以及良渚文化的三角形三孔石犁等遗物。这一遗址至少包含新石器时代崧泽文化、良渚文化和西周吴越文化等三个时期的文化层。

【刘夏古文化遗址】

位于青浦区赵巷镇刘夏村东，洞泾港两岸，面积约 10 万平方米。

1976 年开挖淀浦河时发现。在河岸的断面上深约 1.5 米～2 米处，暴露一层灰黑色的古文化层，厚约 0.5 米。其中包含灰烬、红烧土、动物残骨和古陶片。开河出土和采集的遗物有夏商时代马桥文化的叶脉纹底内凹硬陶罐，大方格纹灰陶瓿和鹿角锄形器。也有春秋战国时代的席纹、绳纹、回字纹、弦纹等硬陶片，以及原始瓷杯、碗和青铜刀等。

【戚家墩古文化遗址】

位于金山区石化街道临潮三村，杭州湾北岸戚家墩村地下及村西南的海滩上。1935 年发现。村西原校场大队办公室的东侧及周公墩一带，还有与遗址同期的墓葬。1948 年上海市立博物馆曾作小规模探掘。由于遗址长期受海浪冲刷，大批古代的陶、瓷、铜、铁器暴露在滩面上，1963 年和 1964 年市文物保管委员会先后两次清理发掘，发掘面积 140 平方米。发现地下古文化有二层堆积，上层属西汉时代，清理水井 1 口，墓葬 3 座；下层为春秋战国时代，清理战国墓葬 5 座。在遗址或墓葬中出土的其他春秋战国时代器物，在考古学上已被称为吴越文化戚家墩类型。此外，在这片滩地的西侧，尚有一处已被完全冲毁的遗址，地上采拾到石器刀、镰、铲、镞以及拍印折线纹、回字纹、云雷纹的瓿罐等陶器残片，其年代可到西周。戚家墩遗址从陆地变成海滩，是上海地区南部陆地在古代由陆变海的例证。

1962 年曾由上海市人民委员会公布为上海市文物保护地点。

【四明公所血案地点】

位于人民路 852 号，又称宁波会馆，是上海人民早期反对帝国主义扩张斗争，并取得斗争胜利的纪念地。位于上海老城厢历史风貌区，东面是人民路、西北面与中国人寿保险公司和工商银行为邻、东南面是上海古城墙大境阁。

该建筑始建于浙江宁波旅沪同乡于清嘉庆二年（1797 年），清嘉庆八年（1803 年）宁波旅沪同乡在上海县城北门外建造四明公所（俗称宁波会馆），是宁波人在上海成立的第一个同乡组织。占地 30 多亩，建筑面积约 800 平方米，其中建砖木结构的硬山顶房屋 20 间作寄枢用，余后作义冢之地。以后又建歇山顶正殿五楹及硬山顶廊庑多间，供奉关帝等用。清咸丰三年（1853 年）小刀会起义中被毁，后募款重建。有正殿、后殿、土地祠等。

清同治十三年（1874 年）法租界公董局以筑路为由，强迫公所迁让冢地。被激怒的中国民众自发聚集在四明公所的周围，进行抗议。5 月 3 日，法租界路政管理所负责人朝抗议的人群开枪，当场打死一人。愤怒的中国民众烧毁了该负责人的住所，随后法租界出动巡捕镇压。晚上七点，中国民众将法租界公董局团团包围，法租界当局将法舰上的水兵调来镇压，又杀害六名中国百姓，伤者无数。事后，法领事在强大的舆论压力及中国人的顽强抗争面前，尽管法租界公董局很不甘心，但最终还是放弃在四明公所墓地上筑路的计划，明确四明公所房屋山地永归宁波同乡会经营，并勒石为记。光绪四年（1874 年）7 月 17 日，在上海法总领事与中方签订的《四明公所公立仪单》上，法方同意:"此后法租界内四明公所房屋冢地,永归宁波董事经管,免其迁移。凡冢地之内,永不得筑路。"

清光绪二十四年(1898年)7月,法公董局又挑起事端,撕毁先前签订的协议,借口建造学校和医院,企图占有四明公所地产,迫令公所迁移。法国兵舰"侦察"号水兵强行拆毁了四明公所的三面围墙,占领了四明公所。宁波同乡再度群起反抗,法水兵竟又向群众开枪,惨杀17人。事后,宁波同乡掀起大规模罢市罢工斗争,得到上海各界响应与支持。英、美等国的领事也纷纷向法租界当局施压,要求停止占领四明公所的行动。在各方的压力下,法租界当局不得不再度放弃侵占四明公所的计划,承认四明公所归宁波人所有,并发给了地契文书。四明公所成为上海人民反对帝国主义扩张租界斗争的历史见证。

1910年宁波旅沪同乡会正式成立,越来越多地承担起维护同乡利益的责任。四明公所的职能也逐渐减少,其职能主要是停枢、运枢以及从事一些救济、施药等公益性服务。现仅存红砖白缝清水墙门楼一座,占地面积8.5平方米,拱券门洞有券心石,上刻定海贺师章书"四明公所"四个大字。

1959年5月26日立碑。

【太平天国烈士墓】

位于浦东新区高桥屯粮巷(现草高支路1000号)。墓台占地400多平方米,东西41米,南北11米,周植冬青松柏。重整后的墓长约10米,宽约4米两端半圆形,高约半米,上草木繁茂。

清咸年十一年十二月(1862年1月)太平军二次东征,一路从乍浦沿海北上,攻克奉贤、南汇等浦东南部乡镇,到白莲泾口,遥对上海县城。另一路从吴淞过江进攻高桥镇,先到屯粮巷,击溃守军,设指挥所于北街,并筑"圣营"大型堡垒6座,炮台50余座。

清同治五年正月(1862年2月)上旬,李鸿章联合英法军,入上海县城助防,设"中外会防局"。正月二十三日(2月21日)英国水师提督何伯(James Hope)率英军和洋枪队向高桥进犯,法国水师提督卜罗德(Auguste Leopold Proter)亦带领法军会攻,太平军牺牲百余人后,于正月二十六日(2月24日)撤离高桥,150余名战士遗体被农民移到屯粮巷掩埋,堆成一座狭长的坟,后人称"长坟"。

光绪十六年(1890年)官府下令禁止当地人民供祭。长坟杂草丛生,成为荒冢。1954年,上海市文物管理委员会进行调查后,修复立碑,并名"太平天国烈士墓"。墓地中央矗立黑石墓碑,碑之两侧立石柱,柱上置顶。碑阴有记:"在十九世纪五十年代的历史条件下,太平天国除了担负起反对封建势力的任务之外,更担负起反对外国资本主义侵略势力的任务。太平天国的英雄们,为了完成历史所赋予他们的革命任务,曾作了英勇的斗争。他们的战绩是辉煌的。1862年忠王李秀成胜利进军上海,在这里有力地打击了外国资本主义的侵略势力,表现了崇高的爱国主义精神。牺牲在这一次反侵略战争中的太平天国英雄们永垂不朽!"。碑后是墓台,呈椭圆状,四周种松柏和常绿树木。

1959年5月26日上海市人民委员会公布为上海市文物保护单位。"文化大革命"中,墓土被挖。1984年上海市文管会重修太平天国烈士墓碑。

【五四以来上海革命群众集会场所——南市公共体育场】

位于大吉路208号(原址方斜路555号),在大林路和大吉路交界处。民国4年(1915年)10月,上海知事沈宝昌委托县教育会会长吴馨筹办公共体育场。吴氏选定今大林路和大吉路交界处的一块26亩三角地作场址,投资22 260元,动工兴建,1917年3月竣工,定名"上海公共体育场"。

它是上海最早由国人自建的体育场。其设施为：两座钢筋混凝土大楼、一个足球场、一条 300 米跑道、一座健身房和篮、排、网球及妇孺活动等场地。1919 年 5 月 7 日，上海人民为声援北京"五·四"运动，曾在此召开二万人集会，决议四项：收回青岛；惩办卖国贼；释放被捕学生；抵制日货。

1925 年 3 月 12 日，孙中山先生不幸在北京逝世。全国人民沉痛悼念，上海于 4 月 12 日在上海公共体育场举行追悼大会。

1927 年 8 月，该体育场改为市办，改名为"上海市立第一公共体育场"。1937 年"八·一三"事变时被日军炸毁。1946 年底重建，有田径场、足球场和几间简陋的办公平房，之后又增建木质看台三座。解放后，改名"沪南体育场"。该体育场创建较早，为上海人民反帝反封建运动的主要集会场所和上海体育爱好者主要活动场所。20 世纪 90 年代该体育场因旧区改造被拆除，后改建为黄浦学校和沪南体育中心。2006 年 5 月 7 日，在黄浦学校的操场上"五四烽火"雕塑隆重揭幕。

【中国共产党第一次全国代表大会代表宿舍旧址】

位于太仓路 127 号。

中国共产党第一次代表大会召开期间，毛泽东、何叔衡、董必武、陈潭秋、王尽美、邓恩铭、刘仁静、包惠僧、周佛海等 9 人住在白尔路 389 号（今太仓路 127 号）博文女校。博文女校创办于 1917 年，中小学合一，校长黄绍兰，董事长徐宗汉是黄兴的夫人。创办时，校址在贝勒路（今太仓路）北面的弄堂里。1920 年，女校迁至白尔路 389 号。有学生 100 人左右，实行全日制教学。校长黄绍兰毕业于北京女子师范学堂，她思想进步，曾参加黄兴领导的南京二次革命。陈独秀与黄绍兰的丈夫黄侃是好友。董必武、李汉俊兄弟与黄氏夫妇又是同乡好友，极为熟识。于是，以北京大学师生暑期旅行团名义向黄借得校舍。

1921 年 7 月 22 日下午，在此召开了中共一大预备会议，推选大会主席，通过了大会议程和会议地点，讨论、酝酿有关文件。有关代表的回忆表明，代表们都住沿马路二楼，毛泽东、何叔衡住西半间，王尽美、邓恩铭住西间，董必武、陈潭秋住东半间，包惠僧、周佛海、刘仁静住东侧北半间和中间。会议期间，邓中夏路经上海，也在此住过几天。李达、李汉俊各住自己家中。陈公博携新婚妻子住在大东旅社。

上海的 7 月，天气酷热，代表们都睡在草席铺的楼板上。据陈潭秋、包惠僧、周佛海和马林回忆，7 月 22 日下午，在东侧北半间举行预备会议，商讨和通过大会议程和开会地点。会议讨论交流、酝酿有关文件等大量活动在此进行。1921 年 7 月，在树德里李宅召开的中共一大转移至嘉兴南湖。"北大师生暑期旅行团"随之悄然离去，不久，开学了，琅琅书声又不绝于耳，12 年后，博文女校关闭，这里成了民居。

1951 年，居民迁出，按原貌修复。1953 年 2 月，文化部通知修缮革命建筑物应以恢复原状为原则，上海革命历史纪念馆对博文女校旧址内部布置进行调查。1954 年，请包惠僧勘察了博文女校旧址。1955 年 2 月，中央指示博文女校旧址停止对外开放。1956 年 2 月，董必武参观了博文女校旧址并作了回忆。1959 年 5 月 26 日，上海市人民政府公布为上海市文物保护单位。1967 年、1987 年经两次修缮，由中共一大会址纪念馆负责保护管理。

【中国劳动组合书记部旧址】

位于成都北路 899 号。

1921 年 8 月，中国共产党为了加强对工人运动的领导，在此成立了中国劳动组合书记部（即中华全国总工会的前身),这是中国共产党公开领导工人运动的第一个总机关。主要任务是联络、团结、组织工人开展工人运动。在该部的领导下,国内掀起第一次工人运动高潮。1922 年 7 月,中国劳动组合书记部被租界当局封闭,迁往北京,上海设分部。张国焘、邓中夏先后任书记部主任,秘书为李启汉。

中国劳动组合书记部旧址是一幢沿马路坐西朝东的两层石库门建筑,砖混结构,入口门上有山花,两侧立壁柱,窗上有扁圆券,灰色砖墙,白色水泥勾缝,点缀红色水平线条。建筑建于 1911 年,原地址为公共租界北成都路 19 号。1921 年由居民住宅改为中国劳动组合书记部办公房,1922 年以后,这里一直是普通居民的住宅。

上海解放后,经文物部门的专家多次调查,确认了原成都北路 899 号是中国劳动组合书记部旧址的遗址。1992 年 9 月,恢复中国劳动组合书记部旧址,并建立陈列馆,于同年 9 月 29 日对社会开放。因成都北路高架建设道路拓宽,旧址建筑被拆除,1999 年择定原址西侧相邻的一幢同时代相同风貌相同结构相同形制的石库门建筑予以修缮作为中国劳动组合书记部旧址所在地。地址因此发生了改变。2005 年 5 月,中国劳动组合书记部旧址整体平移至今址,即成都北路 893 弄 7 号,其南侧的两个单元与 7 号旧址一并改建为中国劳动组合书记部旧址陈列馆,北侧两个单元仍由居民居住。

中国劳动组合书记部旧址曾于 1959 年 5 月 26 日由上海市人民委员会公布为上海市文物保护单位。

【中国共产党第二次全国代表大会旧址】

位于老成都北路 7 弄 30 号。

1922 年 7 月 16—23 日,中国共产党第二次全国代表大会在老成都北路辅德里 7 弄 30 号内召开,出席代表 12 人。由于中共"一大"召开时曾发生过法国巡捕搜查会场的事件,这次大会以分组活动为主,只开了三次全体会议。大会通过宣言、党章和 9 个决议案;选举李大钊、陈独秀、蔡和森、张国焘、高尚德为中央委员,邓中夏、向警予为候补委员;规定党的最低和最高纲领,在中国近代史上第一次提出了一个彻底的反帝反封建民主革命纲领,把党的远大奋斗目标和当前需要从事的实际斗争联系了起来。纲领明确指出了中国革命的对象和动力,为中国革命在迷途中指明了出路与方向。该处也是当时党中央选举产生的三个领导人之一,中央局宣传主任李达的寓所,同时也是中国共产党第一个地下秘密出版社——人民出版社(曾出版《共产党宣言》)的所在地。

旧址系旧式石库门里弄住宅,砖混结构二层,墙上开有矩形门洞、石质门框,门套用红砖砌成牌坊式,两旁壁柱头有仿科林斯柱式的砖雕,窗上带扁圆券,清水灰砖墙面,上部为铺小青瓦的二坡屋顶。房屋现已被改造为中国共产党第二次全国代表大会旧址纪念馆。

中国共产党第二次全国代表大会旧址曾于 1959 年 5 月 26 日由上海市人民委员会公布为上海市文物保护单位。

【第一次国共合作时期国民党中央上海执行部旧址】

位于上海市黄浦区南昌路 180 号(原环龙路 44 号、46 号),属新式里弄,坐北朝南,砖木结构两层。

1924 年 1 月,中国国民党第一次全国代表大会在广州召开,为开创国共合作新局面,大会决定在上海、北京、汉口等地设立国民党中央派出机构。上海执行部直接管辖江、浙、皖、赣四省和上海的党务。国民党中央委员胡汉民、叶楚伧、汪精卫和中共中央局成员毛泽东、罗章龙、王荷波等重要共产党人均在此工作。

　　第一次国共合作时期,环龙路44号为国民党在上海的重要活动场所。上海执行部办公地点选择在这里,一是中国国民党本部事务所先前也设在此处;二是由于这里地处法租界,当局在管理方面比英租界马虎;三是上海执行部已事先用钱买通了法租界巡捕房的中国探长程子卿,嘱咐他如有事情先来关照。所以执行部设立期间,法租界巡捕房没来干扰过上海执行部的工作,上海执行部人员的活动处于半公开的状态。1933年1月出版的《现代史料第一集(上海执行部小史)》中记载:"从前顾家宅公园(作者注,今复兴公园)华龙路侧门的侧对面,环龙路44号这幢小洋房,就是中国国民党中央执委会上海执行部。"

　　1926年1月机构撤销后,房子几经易人,20世纪30年代改建为耶稣教堂、50年代改为民办学校,现1层为卢湾区业余大学使用,2层为民居使用。2008年,上海市文物管理委员会出资进行了修缮。

　　1959年5月29日,曾由上海市人民委员会公布为上海市文物保护单位。

【上海茂名路毛泽东旧居】

　　位于茂名北路120弄7号。

　　1924年1月,国民党第一次全国代表大会决定在沪设立国民党中央执行委员会上海执行部。毛泽东是候补执行委员、执行部文书科代理主任兼组织部秘书,来沪居住于老闸北"三曾里"。同年初夏,杨开慧、毛岸英、毛岸青及杨开慧的母亲向振熙到沪,一家人同住于茂名北路120弄7号。毛泽东当时还担任了中共中央局秘书,协助陈独秀主持中共中央日常工作,并负责组织工作。他积极贯彻中共统战政策,团结国民党左派,同右派开展斗争;并和各团体发起召开追悼列宁大会等。同年12月因工作积劳成疾,经中央同意回湘疗养。

　　上海茂名路毛泽东旧居建于1911年,为一栋两楼两底的石库门房子,砖混结构,墙上开矩形门洞,石质的门套,大门上有红砖砌成的山花图案。在毛泽东居住之前,原是蔡和森、向警予夫妇居住。

　　旧居此后一直是普通的居民住宅,直至1999年改建为上海毛泽东旧居陈列馆对外开放。

　　上海茂名路毛泽东旧居曾于1959年5月26日由上海市人民委员会公布为上海市文物保护单位。

【《中国青年》编辑部旧址】

　　位于延中绿地淡水路66弄4号(原萨坡赛路朱依里252号),是一幢坐北朝南二层石库门住宅。

　　1923年6月,中共三大召开后,为了进一步发动广大青年积极进行反帝反军阀的斗争,同年8月,社会主义青年团第二次全国代表大会在南京举行,会议着重讨论了如何贯彻党的三大关于建立统一战线的方针问题。在团"二大"的感召下,1923年10月,团中央的机关刊物《中国青年》在上海创刊。

　　创办之初,《中国青年》编辑部没有固定场所,信件由辣斐德路(今复兴中路)186号但一君转,"但一"就是恽代英。1924年春,编辑部最终选址定于萨坡赛路朱依里252号的一幢石库门楼房内,也就是如今的《中国青年》编辑部旧址。当时的底楼客堂是肖楚女的寓所;二楼的客堂和亭子间作为编辑部办公室;三楼小阁楼是印刷间。期刊的第一任主编是恽代英,之后,萧楚女、邓中夏、张太雷、林育南、任弼时、李求实、陆定一等,都担任过主编或编辑工作。

《中国青年》是在党领导下创办最早的传播马列主义,坚持以爱国主义、共产主义精神教育青年的刊物,把"打倒列强除军阀",这个全国人民共同的愿望,变成一声声呐喊,希望青年们担起这救国的使命。《中国青年》在创刊词中曾大声疾呼:"政治太黑暗了,教育太腐败了,衰老沉寂的中国像是不可救药了。但是我们常听见青年界的呼喊,常看见青年界的活动,许多人都相信中国惟一的希望,便要靠这些还勃勃有生气的青年。""打倒一切魔鬼,为中国前途开一个新纪元。"毛泽东在大革命时期也曾在《中国青年》发表他的重要代表作《中国社会各阶级分析》,帮助青年们分析社会现状,认清革命形势,鼓舞青年们为中国革命奉献青春。

《中国青年》的"不同凡响"让许多年轻人怦然心动。期刊初刊时是16页的周刊,印发3 000册,但至后来,发行量达到3万多册,成为当时发行最多的革命刊物。邓拓回忆道:"那时不少年轻人的衣袋中常常藏有一本32开的周刊;在反革命统治的角落里,这样一本刊物,往往要秘密地传递过十几个甚至更多人的手。它和《新青年》《向导》成为革命的群众、进步的学生、教职员乃至一部分稍有新思想的老先生们所热烈追求的读物。"这本刊物,就是《中国青年》。

1927年"四·一二"政变后,为了保存革命力量,《中国青年》编辑部随中共中央、青年团中央撤迁到武汉,在武汉、广州、瑞金、延安等地继续发行。

1962年9月7日《中国青年》编辑部旧址曾由上海市人民委员会公布为上海市文物保护单位。

【上海总工会第四办事处遗址】

遗址原在潘家湾路227弄19—22号三德里内,今已不存。

1925年初,沪西工友俱乐部由安远路迁此,李立三、项英、邓中夏在沪西工友俱乐部领导了反对日本人残酷压迫中国工人的"二月大罢工"。2月,在日商内外棉七厂做工的江苏阜宁人顾正红参加工人纠察队,在斗争中表现积极,被吸收加入中国共产党。5月,日商资本家借口"棉贵纱",要求当局取缔工会,并以关闭工厂、开除罢工工人相威胁。15日,在中共地下组织的领导下,顾正红带领工友与厂方进厂交涉,高呼"反对东洋人压迫工人!""不允许扣发工钱!"等口号,被日籍职员川村枪击。工友们见状满腔怒火,蜂涌而上,同敌人展开英勇搏斗。罪魁元木、川村在武装巡捕的保护下狼狈逃窜。顾正红被工友们送往医院抢救。5月16日,顾正红终因伤势过重,抢救无效而牺牲。共产党在潭子湾广场举行全市万人追悼顾正红烈士大会,成为"五卅"反帝爱国运动的策源地。

同年5月31日,上海总工会成立,设沪西办事处于此。6月18日上海总工会决定将潭子湾沪西工友俱乐部改为上总第四办事处,主任刘华,副主任陶静轩。1927年"四·一二"政变后被查封。

21世纪初,纪念地移建于远景路801号中远实验学校内,塑五卅运动浮雕纪念像,并立碑纪念。1989年9月被普陀区人民政府公布为普陀区第一批革命纪念地。

【"五卅"运动爱国群众流血牺牲地点】

位于南京东路772号钟表店门前,为原英租界老闸捕房旧址正面。

民国14年(1925年)5月30日,为抗议日商内外棉纱厂资本家无理枪杀工人顾正红,要求释放因声援工人罢工而被捕的学生,反对公共租界工部局的印刷附律、增加码头捐、交易所注册等4提案,上海全市2 000余名学生及部分工人组织演讲队,到公共租界各马路进行演讲宣传,散发传单。

随着到南京路一带演讲的学生愈集愈多,听众亦愈聚愈众。租界巡捕开始捕人,在老闸巡捕房一处拘留学生 100 多人。下午 3 时许,聚集捕房门口的群众将近万人。西捕和印捕借口维持秩序,举棍向学生群众乱打。3 时 55 分,英国捕头竟下令巡捕向密集的群众开枪,当场中弹牺牲的有上海大学学生何秉彝、同济大学学生尹景伊、南洋附中学生陈虞钦、华洋电话局接线生唐良生、东亚旅馆厨工陈兆长、洋务职工朱和尚、新世界职工邬金华、电器公司职员石松盛、包车行车匠陈光发、琴行漆工姚顺庆、裁缝王纪福、味香居伙友谈金福、商贩徐落逢 13 人,伤者无数,酿成中外震惊的“五卅”惨案,上海及全国人民掀起了五卅反帝爱国运动的高潮。

“五卅”惨案发生后,中共中央连夜召集会议,决定号召上海民众举行罢工、罢课、罢市,以抗议帝国主义的大屠杀;6 月 4 日在沪出版《热血日报》,宣传党的方针政策,揭露帝国主义的暴行;翌日,又发表《中国共产党为反抗帝国主义野蛮残暴的大屠杀告全国民众书》,其中指出:“全上海和全中国的反抗运动之目标,决不止于惩凶、赔偿、道歉等”“应认定废除一切不平等条约,推翻帝国主义在中国的一切特权为其主要目的”。于是,一场轰轰烈烈的反帝爱国运动迅速推向全国。

30 年代初,公共租界工部局将老闸捕房南京路大门堵封,改由贵州路门口进出;同昌车行原来一排二层旧式楼房亦被拆除,改建为三层新式楼房。

1985 年 5 月 29 日,上海市文物管理委员会在南京东路 772 号门前墙上勒石纪念,上嵌“五卅惨案烈士流血处”。

1959 年 5 月 26 日曾由上海市人民委员会公布为上海市文物保护单位。

【上海总工会秘密办公机关遗址】

位于四平路 122 弄处。该址建筑面积 137 平方米,系一幢坐北朝南二层楼砖木结构带有过街楼的里弄住宅。

1925 年 5 月顾正红事件和“五卅”惨案发生,迫使上海总工会结束地下工作状态,公开成立。9 月 18 日,上海总工会被封闭,工会干部被逮捕,委员长李立三被通缉,上海总工会又转入地下。9 月 25 日,中共中央上海区委决定汪寿华、项英等 4 人组成上海总工会党团,在此建立秘密办公机关,领导工人运动。楼上是汪寿华、龙大道办公室兼寝室,李立三、项英、林育南等经常来此研究工作。经过整顿和恢复,至 1926 年 6 月“上总”下属有工会 75 个,会员 4 万余人。7 月 11 日,“上总”召开第三次工人代表大会,改选“上总”执行委员,委员长由汪寿华代理(因李立三尚在通缉中)。在“上总”领导下,从 6 月到 8 月,上海出现罢工高潮,罢工人数前后达 20 万人。1926 年 9 月后,“上总”在中共中央和上海区委领导下,参与组织工人武装起义领导。1927 年 3 月 21 日,上海工人从罢工转为武装起义,总同盟罢工令在此发出。起义胜利后,上总迁入闸北湖州会馆公开办公。“四一二”政变后,此处遭破坏。

1999 年因建轨道交通而拆。2002 年 4 月 27 日,上海市人民政府公布上海市总工会秘密办事机关遗址为上海市革命纪念地点。

【“四一二”惨案革命群众流血牺牲地点】

位于宝山路、鸿兴路口至三德里附近(今闸北区宝山路 220—300 号处)。

1927 年 4 月 12 日晨,蒋介石发动反革命政变,指使流氓袭击上海总工会会所及工人纠察队总指挥部,然后借口“工人内讧”,由二十六军出面,骗缴了工人纠察队的枪械,商务印书馆总厂及南市、浦东、吴淞等处工人纠察队的枪械亦同时被缴。4 月 13 日,上海总工会在闸北青云路广场召开 10 万人群众大会,向到会工人报告了新军阀勾结流氓,骗缴工人纠察队枪械及枪杀工人的经过,会后整队游行,赴宝山路天主堂二十六军第二师司令部请愿,要求释放被捕工人,交还纠察队员枪械。当队伍行至宝山路鸿兴路口三德里附近时,埋伏在司令部及附近里弄内的二十六军兵士突然冲出,用步枪、机关枪向游行群众扫射,当场被枪伤杀的群众在百人以上,宝山路一带马路变为"血海"。当时寓居闸北并目睹屠杀状况的知识分子郑振铎、冯次行、章锡琛、胡愈之、周予同、吴觉农、李石岑7人即联名写信给蔡元培、李石曾、吴稚晖,揭露并抗议这场血腥大屠杀。原三德里和二师司令部所在地以及附近里弄建筑均已毁于1932年"一·二八"淞沪抗战,以后又另建房屋,不复当年原貌。

1959年5月26日曾由上海市人民委员会公布为上海市文物保护单位,1977年12月由上海市人民政府公布为上海市纪念地。作为早期红色革命重要史迹场所,在当代具有重要爱国主义教育意义。

【1927年中共江苏省委旧址】

位于山阴路69弄90号。1927年"四一二"政变后,陈延年奉中共指示,来沪接任江浙区委书记,在山阴路69弄90号设立办公机关。6月1日,中共中央政治局会议作出撤销原来上海区委(又称江浙区委),分别成立中共江苏省委和浙江省委,此处为江苏省委机关。6月26日,中共江苏省委在此召开成立会议,陈延年为省委书记。会议正在进行时,忽有人报告,一交通员被捕并知道此处。会议立即结束,与会人员迅速转移。下午,陈延年等人因担心机关和留守同志的安危,特来此探视,遭遇潜伏的特务追捕,陈延年等4人被捕。1927年7月陈延年被害于枫林桥畔。

旧址坐北朝南,建筑面积138平方米,砖木结构,三层石库门楼房,红砖清水外墙,石库门上有拱形水泥制门楣,三楼有小阳台。2005年10月31日该处所在的恒丰里被上海市人民政府公布为上海市优秀历史建筑。今为民居。

【上海工人第三次武装起义发布命令地点】

位于自忠路361号,临街双开间两层石库门楼房。现一楼为商铺,二楼为民居。

1927年3月21日,上海工人举行第三次武装起义。起义前的许多重要会议和准备工作都在这里进行。陈独秀、周恩来、罗亦农、赵世炎、汪寿华等领导和指挥了上海工人第三次武装起义。

武装起义由中共中央军委书记兼江浙区军委书记周恩来任总指挥,同中共江浙区委负责人罗亦农、赵世炎一起负责领导工作。为确保武装起义胜利,上海区委组织5 000人的纠察队,秘密进行政治、军事训练。派一部分工人打入敌人的"保卫团",掌握一部分武器,借敌人的训练和装备,扩大工人纠察队的武装和军事素质。又在市民、特别是贫苦市民中进行广泛细致的政治工作。并根据敌人所在地区力量的强弱,划分了七个作战区域,规定了各区工人纠察队的任务,将敌人兵力较强的闸北区作为起义进攻的重点区。起义前十天,铁路工人中断了铁路运输,使北洋军阀在上海的警备司令毕庶澄部3 000人和当地警察2 000人处于孤立无援的境地。

1927年3月21日,中共上海区委于上午9时正式作出发动第三次武装起义的决定。上海市民代表会议常务委员会立即召开紧急会议,决定在中午12时起实行总同盟罢工、罢课、罢市。接着,上海总工会发布总同盟罢工令。中午12时起,在周恩来等的领导下,上海80万工人开始罢工,学生开始罢课,商人开始罢市。总罢工实现后便马上转入武装起义。

武装起义以工人纠察队为先锋,按照预定计划攻打各警署和兵营。起义工人攻下市电话局、电报局,占领警察局和兵营。法商电车公司的500多人的工人纠察队只有5支手枪和40把斧头,他们攻下南市第二警察署并打开南市衙门,释放了被关押的政治犯。许多政治犯来不及砸断脚镣和手铐,立即带领工人纠察队去武器库取出枪支弹药,得到武器的起义工人,又冲敌人的堡垒。在战斗中,市民奋勇助战,为起义工人修筑工事;大小饭店的店员赶制食品,供应前线;袖带红十字的男女济难会员奔跑于前线和后方,救护起义的伤员。在工人武装的强大攻势下,敌人挂起白旗缴械投降。

21日晚,各路起义武装先后占领南市、沪东、沪西、浦东、虹口、吴淞六个区,只有闸北仍在激战。22日晚6时,起义工人攻占上海北站,消灭了闸北最后据点。这次武装起义有300多位工人牺牲,1 000多人负伤。22日,上海市民代表会议召开,宣布上海特别市临时政府成立,推选钮永建等19人担任临时市政府委员,其中共产党员9人,工人代表1人,国民党左派、右派及资产阶级代表共9人。会议制定了《市政府组织条例(草案)》,规定全市最高权力机关为上海特别市市民代表会议,代表会议产生的政府隶属于国民政府。以淞沪商埠公署原管区域及原有租界为范围,上海特别市暂分为8个区。23日,推钮永建、白崇禧、杨杏佛、王晓籁、汪寿华5人为市临时政府常委。25日,武汉国民政府正式批准任命。

【上海工人纠察队总指挥部遗址(东方图书馆)】

位于宝山路宝通路口(今闸北区宝山路584号市北职业高级中学运动场南端)。

1927年3月21日,上海工人举行第三次武装起义,同北洋军阀军队作殊死战斗。22日,工人纠察队攻克了敌人盘踞的商务印书馆俱乐部,即东方图书馆。由周恩来、赵世炎等领导的起义总指挥处遂由五区警署移至俱乐部内。起义胜利后,工人纠察队受命协助北伐军维持全市治安,并在东方图书馆内设立工人纠察队总指挥部,中共中央军委领导人周恩来在四楼办公。总指挥部领导全市近3 000名纠察队员,共计14个大队。4月12日凌晨,蒋介石发动反革命政变,由二十六军出面骗缴工人纠察队枪械,袭击并占据纠察队总指挥部。

东方图书馆建造于1924年,占地面积2 331平方米,原是一幢五层楼钢筋水泥结构的大楼建筑,底层是流通部和商务印书馆同人俱乐部,二至五楼为阅览室、办公室及书库,藏书总量达46万册,为当时亚洲最大的图书馆。1932年一二八淞沪抗战时,毁于日军炮火,1987年3月19日,为纪念上海工人三次武装起义60周年,上海市文管委在遗址上安置纪念碑石,并举行勒石揭幕仪式。

1960年11月22日被上海市人民委员会公布为上海市文物保护单位,1977年12月由上海市政府公布为上海市纪念地。

【上海总工会遗址(湖州会馆)】

位于原湖州会馆内(今闸北区会文路155—163号处)。

1927年3月23日,上海工人第三次武装起义时,武装工人纠察队攻克会馆后,上海总工会即以会馆作为会所,并于24日正式公开办公。会馆大门上横悬红布白字"上海总工会"巨幅。起义胜利后,上海总工会于此召开会议、举行活动、举办仪式等,成为当时上海工人阶级的革命指挥机关。4月12日,蒋介石发动"四·一二"反革命政变,指使流氓袭击并占据了湖州会馆总工会会所。

上海总工会遗址原为湖州会馆,建于清光绪三十四年(1908年)前后,为湖州旅沪同乡聚会议事及养病、停柩的场所,牌楼式大门在今155—163号处。会馆坐西朝东,占地面积约1.1万平方米,有养疴别墅、大厅、关帝厅、丙舍等建筑,四周有2.5米半高的砖墙。湖州会馆建筑大部分于

1932年"一二八"淞沪抗战,仅余西首丙舍部分房屋。中华人民共和国成立后,在会馆遗址上建造了铁路局职工宿舍,当年建筑及周围环境原貌已荡然无存。

1959年5月26日被上海市人民委员会公布为上海市文物保护单位,1977年12月由上海市政府公布为上海市纪念地。

【彭湃烈士在沪革命活动地点】

位于新闸路613弄(经远里)12号。

彭湃(1896—1929),出生于广东海丰一个大地主家庭。原名为汉育,为了激励自己像浩瀚的大海那样汹涌澎湃,去冲刷黑暗社会的污泥浊水,改名为彭湃。1921年从日本留学回国后参加革命,创办农会。1924年加入中国共产党,参加了著名的八一南昌起义。1928年中共"六大"被选为中央委员、中央政治局委员,同年11月担任中央农委书记兼中央军委委员。"四一二"反革命政变后,中共江苏省委多次遭到敌人破坏,省委负责人陈延年、赵世炎、罗亦农、陈乔年等先后牺牲。为了加强对江苏省委的领导,1929年2月中央决定调彭湃任江苏省委常委、省军委书记(当时上海党组织属于江苏省委领导),办公地点就设在经远里。这里也是中央军委机关的所在地。他到上海后,把一间仅8平方米的亭子间作为工作室兼寓所,室内仅一张小铁床、一只煤油炉、一张简陋的桌子和两把椅子,前楼作为开会和联络的地方。在这里的半年中,彭湃认真总结了自己从事农民运动的经验,写下了《雇农工作大纲》,分析了资产阶级民权革命和农民运动的关系,提出了划分农民成分的标准,强调了无产阶级对农民的教育问题。在彭湃的努力下,江苏省委的工作逐步得到恢复。1929年8月24日,由于叛徒白鑫出卖,正在开会的彭湃、杨殷、颜昌颐、邢士贞、张际春五人被捕。他们在狱中坚贞不屈,视死如归,8月30日在龙华壮烈牺牲。

彭湃烈士在沪革命活动地点所在的新闸路经远里始建于1917年,为旧式石库门里弄住宅建筑群,面积很大,住户多,便于隐蔽。房屋为砖混结构,三围合式布局,拱券门窗,门两侧立壁柱,窗两侧有垂花,灰色水泥外墙。新闸路经远里12号当年是中共中央军委机关旧址,也是彭湃烈士工作和被捕的地方,其后房屋一直由普通居民居住。

彭湃烈士在沪革命活动地点于1962年9月7日被上海市人民委员会公布为上海市文物保护单位。

【韬奋故居】

位于重庆南路205弄54号,在上海原法租界吕班路(现重庆南路)和辣斐德路(复兴中路)交界的新式里弄"万宜坊"内,万宜坊于20世纪30年代由法商万国储蓄会投资建造,始建于1928年,1930年建成。占地面积17亩,建筑面积12 540平方米,弄内建有砖木结构二、三层楼房116栋。红瓦坡顶,棚顶老虎窗,乡野烟囱,线条钢窗,米色水泥拉毛饰墙的法式设计风格。邹韬奋先生一家于1930年万宜坊建成伊始成为首批业主入住54号楼。1958年,辟为韬奋故居,并在隔壁53号建立韬奋纪念馆。

韬奋故居是邹韬奋及其家人居住时间最长的一处住所,邹韬奋和夫人沈粹缜、长子邹家华、次子邹竞蒙(家骝)、小女邹嘉骊(在此出生)在此居住了6年。一楼会客厅内,桌椅、沙发、茶几被摆放得井然有序,壁炉上方是韬奋母亲查氏的肖像,墙上是沈粹缜的刺绣书法及装饰画,这些布置均为韬奋夫人沈粹缜根据回忆复原当年的场景;从一楼到二楼的拐角处经过一处亭子间,这是韬奋的书房,不足7平方米的亭子间里一张书桌、三架书橱就塞满了;二楼是一间附带浴室(盥洗室)的卧房,卧室内完好保留着当年韬奋一家使用过的家具,有轮式八脚床、镜柜衣橱、三面镜梳妆台、带镜面的大理石台面组合柜,数把具备可调坐垫式靠椅。三楼卧室墙上挂着韬奋与家人的照片。

1959年5月26日,韬奋故居被上海市人民政府公布为市级文物保护单位。

【鲁迅存书室旧址】

位于虹口区四川北路底,溧阳路1359号。

鲁迅先生在虹口区前后住了9年,曾避难多次,最后定居于大陆新村。面对严重的白色恐怖,鲁迅家中不便收藏大量进步书刊,在即将迁居于大陆新村前夕,通过内山完造以内山书店职员镰田诚一的名义租承了溧阳路(原狄思威路)1359号作为存书室。

存书室是一幢普通的红瓦灰墙三层砖木结构楼房,存书室设在二楼,面向溧阳路一侧,面积24平方米,东南两面有窗,窗下有书桌和椅子,居中方桌一只,四周墙边都安放书架。1933年3月27日移书6888册于此。藏书中有瞿秋白文稿、柔石遗著、纪念物等,及许多重要的马、恩、列、斯著作和其他社会科学、文学、美术等方面的书籍。为遮人耳目,鲁迅在门口挂"镰田诚一"名牌。存书室在鲁迅存书期间得到内山完造和同宅日本友人的掩护,未受租界和国民党特务的干扰。

鲁迅逝世后,夫人许广平离开大陆新村,迁居淮海路淮海坊居住,鲁迅先生留下的珍贵书籍也跟随一起移到许广平住所。

鲁迅先生在上海的藏书大部分在1950年由许广平送交北京鲁迅故居保存,鲁迅存书室未按原状恢复,该旧址现为居民住宅,整幢住宅基本保持原来的建筑风貌。

2002年4月27日,被上海市人民政府公布为上海市革命纪念地点。

【鲁迅故居】

位于山阴路132弄9号,是鲁迅生前最后的寓所。

1927年10月3日,鲁迅与许广平到上海后,先后租住景云里、拉摩斯公寓。1933年4月,内山完造用内山书店职员的名义代鲁迅租下大陆新村9号。大陆新村为新式里弄建筑,大陆银行出资建造,故名,1931年秋建成。共有九幢,皆为砖木结构三层,红砖红瓦,坐北朝南。9号位于大陆新村南起第一幢,西起第二户。占地面积80.04平方米,建筑面积222.72平方米。故居南北各有一门出入,从南进入,经铁栅门为6平方米庭园,鲁迅植有桃花等。穿过庭院,进屋便是会客室,置有西式餐桌等家具,西墙置有一套书桌椅,为瞿秋白遗物。书桌上方,挂有鲁迅53岁时的照片,为鲁迅葬仪所用。经过玻璃榀门便是餐厅,中置广漆方桌,围绕四把烤花圆椅,西墙橱柜中为日常餐具。经过内天井为厨房。二楼是北端为主卫生间,拾阶而上为贮藏室,内置鲁迅举办版画展览所用镜框,自用药物,修书工具,储茶罐等,并有瞿秋白所寄存一旅行箱。南端为卧室兼工作室。南窗下为鲁迅书桌并工作转椅。书桌上有"金不换"毛笔、文稿纸,茶具、烟缸及瞿秋白夫人杨之华所赠苏联狐雕镇纸等。东墙有一书橱,西墙梳妆桌上置有苏联版画两幅。三楼北端为保姆住房,拾阶而上为客房,在这里鲁迅曾冒着危险,掩护瞿秋白夫妇、冯雪峰等共产党人。南端是鲁迅与许广平的儿子周海婴的卧室。

鲁迅在大陆新村住了三年多,创作并编定《故事新编》《南腔北调集》《伪自由书》《准风月谈》《且介亭杂文》等文集,翻译《死魂灵》《俄罗斯童话》等多部外国文学作品,编成《引玉集》《凯绥·珂勒惠支版画选集》等木刻作品集,编定瞿秋白的译文集《海上述林》(上下卷)等。

1936年10月19日凌晨,鲁迅在大陆新村寓所卧室病逝。鲁迅葬仪后,许广平携周海婴搬离此处。1950 年春,华东军政委员会批准华东文化部筹建上海鲁迅纪念馆时,决定恢复鲁迅故居。同年 9 月征用了大陆新村 9 号,经政务院总理周恩来批准,鲁迅夫人许广平(时为政务院副秘书长)来沪指导筹建。在许广平指导下恢复故居陈设。鲁迅故居在 1951 年 1 月 7 日作为上海鲁迅纪念馆的组成部分对外开放,1959 年将从北京鲁迅故居拓来的郭沫若题"鲁迅故居"字样制成木牌,置于故居铁门东侧门柱上。

1959 年鲁迅故居由上海市人民委员会公布为上海市甲级文物保护单位。1999 年公布为市优秀历史建筑。

【八路军驻沪办事处(兼新四军驻沪办事处)旧址】

位于延安中路 504 弄 21 号(原福熙路多福里 21 号)。

西安事变后,国共两党建立抗日民族统一战线。1937 年 8 月,在福熙路多福里 21 号建立了八路军驻沪办事处。李克农、潘汉年、刘少文先后任主任。该址同时作为新四军筹建时期的驻沪办事处使用。这是国共两党实现第二次合作以后,中共中央在上海对外活动的公开机关。出版多种刊物,宣传抗日;团结爱国团体和人士,支援八路军、新四军;营救被捕同志等。同年 11 月上海除租界以外全部被日军所占领,办事处迁入法租界淡水路 274 号二楼,转入地下活动。

八路军、新四军驻沪办事处旧址为新式石库门里弄建筑,呈 L 型平面,砖混结构假三层,矩形门洞,两侧有壁柱,红色砖墙,山墙带有花纹装饰。底楼东厢房曾用作会客室,李克农、潘汉年在这里多次会见上海各界救国会、各爱国团体的代表和知名进步人士。

二楼厢房是李克农、赵瑛夫妇的卧室。现为普通居民的住宅。

八路军、新四军驻沪办事处旧址于 1962 年 7 月被上海市人民委员会公布为上海市文物保护单位。旧址所在的多福里于 1994 年 2 月 15 日被上海市人民政府公布为上海市优秀历史建筑。

【中国共产党代表团驻沪办事处(周公馆)旧址】

位于思南路 73 号(原 107 号)。

中国共产党代表团驻沪办事处设立于 1946 年 6 月,是抗日战争胜利后国共谈判期间中国共产党代表团在上海设立的办事机构,也是周恩来同志曾经工作和战斗过的地方。由于当时国民党的限制,办事处对外称周恩来将军寓所(门牌下方有英文标识 GEN. CHOW EN—LAI'S RESIDENCE),简称周公馆。国共和谈期间,周恩来曾四次来上海,每次都住在这里。周恩来、董必武等曾多次在这里会见各界人士并举行中外记者招待会,阐述我党对和平民主的一贯主张,揭露国民党政府假和谈、真内战的阴谋。1947 年 3 月 5 日,中共驻沪人员被迫离开上海前往南京。3 月 7 日,在董必武率领下同驻南京人员一起返回延安。至此,周公馆完成了它光荣的历史使命。周恩来、董必武等在周公馆进行的革命活动和斗争为我党扩大和巩固革命的统一战线,为中国人民的解放事业作出了重要贡献,在中国革命史上写下了光辉的一页。

1979 年 2 月,经中共上海市委报请中共中央批准同意,上海周公馆修复旧址,恢复原貌,筹建纪念馆。1981 年 6 月 5 日,邓颖超等中央领导同志来旧址参观踏勘。根据邓颖超的回忆,将原复原在三楼东间的周恩来办公室兼卧室,移置到一楼东间。1982 年 3 月 5 日,纪念馆实行内部开放。1986 年 9 月 1 日正式对外开放。

1994 年,在上海市人民政府和上海市文物管理委员会的关心支持下,将与思南路 73 号旧址毗邻的 71 号内 8 户居民迁出,作为纪念馆的业务办公用房。目前,中共代表团驻沪办事处纪念馆 73

号、71 号两幢楼房全部占地面积为 2 345 平方米,建筑面积 1 049 平方米。

中共代表团驻沪办事处纪念馆建馆初,属上海博物馆领导。1985 年 3 月,改由中共一大会址纪念馆领导,成为中共一大会址纪念馆的一个部门,对外仍相对独立。1988 年 5 月,根据上海市文化局党委指示,纪念馆除党的关系仍属中共一大会址纪念馆党支部领导外,行政、业务等工作完全独立,成为一个独立建制的单位。1988 年 10 月,纪念馆改属上海市文物管理委员会领导。1998 年 4 月,根据文管委的指示,纪念馆取消独立建制,与中共一大会址纪念馆合并,划归中共一大会址纪念馆领导,原纪念馆机构撤销,成为中共一大会址纪念馆的一个部门。纪念馆的文物藏品、资料和照片等由中共一大会址纪念馆藏品保管部统一管理,有关人员也调入中共一大会址纪念馆统一安排使用。纪念馆对外仍相对独立,主要承担旧址保护和开放接待工作。

1959 年由上海市人民委员会公布为上海市文物保护单位。2001 年被上海市绿化委员会公布为上海市花园单位;2003 年被上海市人民政府公布为上海市爱国主义教育基地;2005 年被上海市红色旅游工作协调小组公布为上海红色旅游基地;2010 年被民盟上海市委员会公布为中国民主同盟(上海)传统教育基地。

二、第二批上海市文物保护单位

【夏允彝、完淳父子墓】

位于松江区小昆山镇荡湾村,建在四周开阔的田野中,东侧临河道,南靠民居,占地两亩多。墓室坐北面南,呈半月形,高约 2 米,宽 30 多米。墓周由坚固的石驳围成 200 余平方米的平台。平台正中的墓碑,铭刻 1961 年陈毅元帅亲笔题书"夏允彝夏完淳父子之墓"。

夏允彝,字彝仲,号瑗公,华亭人。清顺治二年(1645 年)九月十七日,起兵抗清,失败后投松塘自尽。陈子龙得友殉国噩耗,痛不欲生,会同诸友厚葬夏允彝,并作《会葬夏瑗公》诗二首痛悼。顺治四年(1647 年),明监国鲁王赐谥"文忠"。乾隆四十一年(1776 年)清庭追谥为文忠公。

夏完淳,允彝子,原名复,宇存古,号小隐,从师陈子龙。14 岁逢甲申之变,易名为完淳。15 岁随父师起兵抗清,兵败后被清廷逮捕。顺治四年(1647 年)农历九月十九日,完淳被绑赴南京西市刑场,他神态从容,毫无惧色,临刑时始终昂首挺立,拒不下跪,大骂降臣洪承畴,英勇就义。时年仅 17 岁。郭沫若特推崇其遗作《南冠草》诗集,称这些诗"满纸血泪""真光射人",称赞夏完淳是"在中国历史上实在值得特别表彰的人物"。并于 1943 年抗日战争后期,将夏完淳的英雄事迹搬上舞台,以《南冠草》为剧名,寓意深长。

夏完淳就义后,友人杜登春、沈羽霄为之收殓,运至荡湾,秘葬于其父之侧。清乾隆五十一年(1786 年),清政府安抚汉族,不再追究抗清罪名,夏墓才公开于世,并进行修葺,官府在墓地还立碑禁止樵牧,进行保护。

解放初,夏氏墓曾遭盗掘和破坏,后经政府主管部门调查制止。1955 年底,江苏省文管会拨款小修夏墓。1961 年,上海市文管会修葺墓地并立陈毅同志所题墓碑。"文化大革命"期间,墓道种了庄稼,墓上封土被挖走,墓地凌乱不堪。1982 年初,上海市文管会再次拨款重修,用黄石砌驳墓道和挡土堤,墓顶堆土,墓园进行了绿化,松柏常青。1992 年夏,市文管会又进行修葺,扩展了墓前空地,用花岗岩条石铺地,并将挡土堤锁口。2008 年又增设墓地围墙。

1956 年 10 月公布为江苏省文物保护单位,1962 年 1 月公布为松江县文物保护单位,1962 年 9 月曾由上海市人民委员会公布为上海市文物保护单位。

【南翔寺砖塔】

位于南翔镇解放街香花桥北堍。南翔寺始建于南朝梁天监年间（502—520年），唐开成间（836—840年）扩建，咸通、乾符间（860—879年）增建尊胜陀罗尼石经幢二座，五代至北宋间（907—1127年）建砖塔二座，南宋嘉定十五年（1222年）建石普同塔一座，南宋绍定间（1228—1233年）赐"白鹤南翔"额。明、清二代均有修缮。清康熙三十九年（1700年）赐名"云翔寺"，乾隆三十一年（1766年）寺毁于火，仅存砖塔两座，形制相同，通高11米，灰砖砌筑，仿木结构楼阁式，八面七层。每级四面为壸门，四面为直棂窗，设腰檐、平座、栏板，檐下施五铺作单抄单昂斗拱。八角形攒尖灰瓦顶，顶上立相轮、刹杆、宝珠构成的铁铸塔刹。1985年重修。南翔寺砖塔对研究南翔镇人文历史、古建筑史、宗教史等具有极高价值。2008年，南翔老街改造工程时，于南翔寺双塔南面发现南翔寺宋代山门，经抢救性考古发掘，清理出水井2眼和山门遗址等。

于1960年1月公布为嘉定县文物保护单位，1962年9月由上海市人民委员会公布为上海市文物保护单位。

图 1-1-12　南翔寺砖塔

【松江清真寺】

位于岳阳街道缸甏巷43号。又名真教寺、云间白鹤寺，是上海地区最早伊斯兰教寺。

据清康熙十六年（1677年）《重修真教寺碑》记，元至正年间（1347—1368年）为蒙古氏创建。元代驻守松江的蒙古军队中有不少是穆斯林，有的就在松江定居，故建此清真寺。明洪武初年，朱元璋命京省建立清真寺，以笼络回民。松江清真寺由朝廷"敕建"得以重修。故此，在门厅悬匾"敕建真教寺"。以后，经明永乐初年、明嘉靖十四年（1535年）、明万历十年（1582年）、清顺治初年、清康熙二十二年（1683年）和三十年（1691年）、清嘉庆、道光、同治等年间以及民国初年多次修缮增建，渐次形成规模。抗战时期（1937—1945年），门厅倾圮，部分房屋又被火烧，损坏严重。解放后，更因年久失修，墙垣塌废。1955年，县人民政府拨款维修。"文化大革命"期间，寺内古建筑破坏严重。1970年被镇办工厂占用，改作厂房、仓库。1984年至1987年市文管会拨款55万元修葺清真寺。

清真寺正门位于缸甏巷，面北。隔街立照壁，横书"清妙元真"。门厅内悬"敕建真教寺"匾。过门厅是小天井，设小照墙，书"清真寺"。西侧傍墙有一石墓，为元代松江府达鲁花赤纳速剌丁坟冢。再南，是一个开阔大院，有龙墙围筑，正南开月洞门，东墙立巨碑数方。正西面，是明代门楼"邦克楼"。穿门洞而西是清真寺主要建筑：两侧为清代南北两厢房、正西是明建礼拜殿，紧接元代窑殿。

图 1-1-13　松江清真寺

窑殿是寺内建立最早的核心建筑,位于全寺最西面。窑殿西壁设壁龛,周围书写阿拉伯经文,金碧辉煌,方向与圣地麦加一致。伊斯兰教徒在礼拜时,朝壁龛方向跪拜。

窑殿南、北、东三面辟有拱形门洞,南北两侧拱门外有披屋,全殿建筑面积 48 平方米。窑殿和邦克楼建筑式样相仿,风格别致,都是中外建筑文化完美交融的范例。建筑外观为中国重檐十字脊宫殿式样,采用透空花筒做法,玲珑剔透,飞檐翘角,豪华庄重。十字脊正中端立金色宝瓶。两建筑均无梁柱木料,而以砖雕仿替木构件,如戗角、斗拱、雀替、垂莲柱等,雕工精良。建筑内顶部,采取叠涩砖渐收,无梁圆穹窿顶,也就是阿拉伯风格的拱拜顶,拱顶下四角的叠砖,为菱角牙子间砌。建筑内外风格虽绝然不同,却能和谐协调地统一。与窑殿相连接的礼拜殿为穆斯林聚礼跪拜场所。连接窑殿的大殿面东,为典型的明式扁作厅三间九架,草架翻轩,规度严明。桁架上依稀可辨有明代彩绘云鹤经文。修复时,在礼拜殿南面增建三开间教长室、会客室。邦克楼南侧墙外,配建水房、浴室、杂屋。

【泖塔】

位于青浦区朱家角镇张马村泖河中的太阳岛(泖岛)南端。唐乾符年间(874—879 年),有僧如海在泖岛上筑台建寺、塔,塔顶悬灯作往来泖河船只的航标,赐额为澄照禅院。南宋景定年间(1260—1264 年)易名"福田寺",故又称"福田寺塔",俗称泖塔、长水塔。明天顺年间(1457—1464 年)修塔院,嘉靖年间(1522—1566 年)信士林茂修塔。民国 7 年寺尚存,后毁,仅存塔。1995 年修缮,在塔天宫发现明代铜鎏金菩萨像等文物。为楼阁式塔,砖木结构,方形 5 层,边长 8.63 米,高 29 米。底层副阶周匝有回廊。每层两面辟门,另两面隐出,二层以上逐层转换,门过道上有砖砌叠涩藻井。每层以砖砌出三开间枋柱、斗拱,挑出木构架平座、栏杆,平座下有菱形叠涩三刀,挑出檐椽。内部以一圈斗拱支撑木架梁。顶置 5 级相轮。1962 年,被公布为上海市文物保护单位。1997 年,被国际航标协会列为世界历史文物灯塔。

图 1 - 1 - 14　泖塔

【嘉定孔庙】

图 1 - 1 - 15　嘉定孔庙

位于嘉定镇南大街 183 号。

嘉定孔庙,又称文宣王庙,嘉定第一任知县高衍孙于南宋嘉定十二年(1219 年)创建,宋淳祐九年(1249 年)至清末,陆续修缮、增扩、重建达 70 余次。

建筑坐西北朝东南,占地面积 1.13 万多平方米,建筑面积约 2 300 平方米,是嘉定规模最大的古建筑群。循中轴线依次有仰高坊、棂星门、泮池、大成门、名宦土地祠、乡贤忠孝祠、大成殿及东西两庑等建筑。仰高坊两侧石栏望柱上端,雕刻着姿态各异的 72 只石狮子;石柱棂星门门楣上雕鲤鱼跳龙门;泮池上跨 3 座石拱桥。中轴线左又有礼门、明伦堂轴线。再左为当湖书院。孔庙内有历代修缮、重建孔庙、书院等碑 60 余通。庙前现辟为汇龙潭公园的汇龙潭、应奎山及魁星阁、文昌阁等,原亦属孔庙范围。旧有"疁庠八景":殿庭乔柏、簧序疏梅、丈石凝晖、双桐揽照、启震虹梁、聚奎穹阁、映奎山色、汇龙潭影。大成殿、明伦堂等保留明代建筑风格。嘉定孔庙是"教化嘉定"的源头,

"规模显焕、甲于他邑",在县级文庙中,有"吴中第一"之称。1961年,嘉定博物馆迁设嘉定孔庙。近30年来,又多次进行全面修缮、维护,保存完好。2005年,辟建为上海中国科举博物馆基本陈列,开放以来,受到观众普遍好评。嘉定孔庙对研究嘉定古代政治、经济、文化以及建筑艺术等,具有极高的价值。

于1960年1月公布为嘉定县文物保护单位,1962年9月由上海市人民委员会公布为上海市文物保护单位。

【《新青年》编辑部旧址】

位于黄浦区北部南昌路100弄2号,南昌路与雁荡路交界处西北方向。

1915年9月陈独秀在上海嵩山路吉谊里21号创办《青年》杂志,第二卷起改名《新青年》,新文化运动由此掀起。1920年2月陈独秀将《新青年》编辑部从北京迁往现在的南昌路100弄2号。1920年5月,陈独秀在此发起建立马克思主义研究会。

1920年6月,陈独秀等人在此成立中国共产党上海发起组,9月,《新青年》第八卷第一号改版为中共上海发起组机关刊物,1921年9月,陈独秀在此主持中共中央局工作。另外,《上海伙友》《劳动界》《共产党》月刊等也曾在此编辑。1923年6月,《新青年》(季刊)复刊,成为中共中央的理论机关刊物。改组后的《新青年》向广大读者进行彻底的民主主义和马克思主义思想的启蒙教育,激励、团结一大批新人从《新青年》走向共产主义。其中,就有著名文学家茅盾,那时他叫沈雁冰。

1951年,《新青年》编辑部旧址经陈望道等人勘查确认,于1952年修复,作为上海革命历史纪念馆第二馆对内部开放,并公布为上海市文物保护单位,1955年后成为民居。1959年5月26日由上海市人民委员会公布为上海市文物保护单位。

【上海大学旧址】

位于陕西北路299弄(原西摩路时应里)4—12号,解放以后房屋一直被居民所使用。1999年,校舍旧址被拆除,改建为恒隆广场。旧址规划异地重建,今待建。

上海大学,为一所由国共两党合作创办的文科大学。成立于1922年10月,1924年2月由闸北青岛路(今青云路)迁入该址,校长于右任、邓中夏、瞿秋白、恽代英、邵力子、沈雁冰、施存统、陈望道等参加校务工作,李大钊、章太炎等人先后来校演讲。该校培养出大批革命干部。"四一二"反革命政变后学校被查封。

上海大学旧址于1962年7月被上海市人民委员会公布为上海市文物保护单位。

【"五卅"运动初期的上海总工会遗址】

位于宝山路宝山里2号(今闸北区宝山路393号—403弄处)。

1925年5月30日,"五卅"惨案发生。翌日,各工会召开联席会议,通过成立上海总工会的决议。当晚,上海总工会在宝山路宝山里2号成立,选举李立三、刘华、孙良惠、杨之华等人为执行委员会委员,李立三为委员长。上海总工会设总务、组织、宣传、交际、会计等科,各科正副主任大部分为共产党员。6月1日,上海总工会发表宣言和告全体工友书,号召全市工人实行总同盟罢工,开展反帝斗争。不到两个月,参加上海总工会的工会组织达117个,会员21万余人。7月20日,总工会会址迁至共和路和兴里27号办公。在"五卅"运动期间,上海总工会发起并联络全国学生联合总会、上海学生联合会、各马路商界总联合会共同成立上海工商学联合委员会,统一领导全市的反帝运动;于 6 月 11 日出版《上海总工会日刊》开展反帝宣传;积极筹募捐款,支援救济罢工工人;"五卅"运动后期,执政当局于 9 月 18 日以武力强行封闭上海总工会会所,通缉委员长李立三。此后,上海总工会被迫转入秘密活动,继续领导上海工人群众,坚持反帝反军阀斗争。宝山里 2 号上海总工会会所系旧式石库门里弄住宅,坐北朝南,砖木结构二层,占地约 100 平方米,1932 年"一二八"淞沪抗战中为日军炮火所毁。以后在原址另建楼房,宝山里弄内虽尚存有部分当年房屋,但已经多次修建,不复原来面貌。

1960 年 11 月 22 日被上海市人民委员会公布为上海市文物保护单位,1980 年 8 月由上海市人民政府公布为上海市纪念地。

【内山书店旧址】

位于四川北路 2048 号(原施高塔路 11 号)。

内山书店创立于 1917 年,初址在四川北路魏盛里(现已拆除),1929 年迁入现址。坐北朝南砖木结构的西式假三层沿街里弄房屋,房产原属日本东亚兴业株式会社产业。书店楼上为内部用房,底层为营业部。营业部内东、西、北三墙为高及房顶的书架,中央设有书架。在中央书架之北为顾客漫谈席,正门外沿街处夏天设有为行人供应茶水的茶缸。

书店初期由日本社会活动家内山完造(1885—1959)夫人内山美喜子经营,主要销售基督教方面的书籍。1927 年鲁迅在内山书店购书时与内山完造夫妇相识结成挚友。

1930 年代,左翼进步书刊大多被国民党政府查禁。内山书店因属日人创办,成为出售进步书刊的主要场所。来沪的日本文化人士常通过内山完造的引见同中国文化界人士相识。他们有时在书店内漫谈。当时参加这一活动的中国方面人士先后有:田汉、郭沫若、郁达夫、鲁迅等;日本方面有内山完造、本助太郎、升屋治三郎、石井政吉等。内山书店成为中外文化交流的桥梁。

内山书店也是中国共产党人及进步人士的联络点,并多次保护中国进步文化人士。1927 年"四·一二"政变后,郭沫若由南昌到上海避难,先后两次在内山书店寄宿,受到保护。白色恐怖严重时,鲁迅两次到内山书店及其支店避难。抗日战争爆发后,书店先后营救过被日本宪兵队逮捕的爱国文化人士许广平、夏丏尊等人。

1950 年成立的中国人民银行山阴路分理所在此办公。现为中国工商银行上海市分行虹口区支行山阴路分理处的一部分。

【上海工人第三次武装起义时纠察队沪南总部——三山会馆】

位于中山南路 1551 号,东邻南浦大桥,西近南车站路,占地面积 3 897 平方米。老馆古建筑始建于清宣统元年(1909 年),占地面积 1 000 平方米,建筑面积 600 平方米,由旅沪福建水果商人集资兴建,是同业用于讨论商务、祭祀天后的地方。"三山"由旧时福州城的"越王山、九仙山、闽山"而得名。三山会馆古建筑是沪上唯一保存完好对外开放的晚清会馆建筑。

三山会馆不仅有很高的艺术观赏价值,它还是上海市唯一保存完好的上海工人三次武装起义遗址。1927 年 3 月 21 日,上海工人在中国共产党的领导下举行了第三次武装起义,上海总工会工人纠察队南市总部就设在这里。

1986 年,因市政工程建设南移 30 米重建,1989 年 9 月 26 日移建竣工,并对外免费开放至今。2008 年市、区政府拨专款实施了会馆始建百年来规模最大的文物修缮工程,会馆砖雕门楼修旧如旧,大殿内恢复汉白玉"妈祖"神像,重现了当年的风采。古建筑内陈列"上海工人三次武装起义史料展"，以珍贵的历史老照片和文献史料，详细回顾了上海工人三次武装起义的全过程。

【中共"六大"以后党中央政治局机关旧址】

位于云南中路171—173号，有一排坐西朝东钢筋水泥结构的两层沿街楼房，它就是80多年前的中共中央政治局机关旧址。

1927年4月，因上海发生"四一二"反革命政变，中共中央机关暂移武汉。同年秋，由于第一次大革命失败，中共中央被迫转入地下，党中央机关从武汉迁回上海。1928年春天，原在中共湖北省委工作的熊瑾玎受周恩来委派到上海担任中央会计，负责筹措和管理经费，并物色机关办公用房作为中共中央政治局机关。

1928年夏到1931年4月，这里成为党中央政治局机关办公地，中央政治局、中央军委、江苏省委的领导周恩来、项英、瞿秋白、李立三、彭湃、李维汉、李富春、任弼时、邓中夏、邓小平等经常到这里开会。一些全国性的重大问题，如：顺直省委、江苏省委纠纷问题的解决，中央对各地红军发出的重要指示，中共六届二中全会、三中全会的准备工作，均在此讨论酝酿。

中共"六大"后，中央各部门逐渐健全，以"福兴布庄"名义设立的中央政治局机关成为中枢。由于熊瑾玎、朱端绶的细致谨慎，再加上戏院、医院每天大量进出人员的无形掩护，中央政治局机关在白色恐怖的腥风血雨中历时三载安然无恙。

1931年4月25日，顾顺章被捕叛变。打入国民党中统内部的中共党员钱壮飞获悉后，迅速向中央特科报告，周恩来等中央领导及时采取果断措施，中央和江苏省委机关立即转移。熊瑾玎和朱端绶迅速将中央文件等转移至法租界一幢楼房里。"福兴布庄"虽然结束了使命，但作为中共中央政治局的办公场所，也作为中共中央在上海期间使用时间最长的一处旧址，在党的历史上留下了厚重印记。

【中国左翼作家联盟成立大会旧址】

位于多伦路201弄2号。

中国左翼作家联盟是中国共产党领导的、以鲁迅为旗手的革命文学团体。1930年3月2日，在上海窦乐安路233号（今多伦路201弄2号）中华艺术大学宣告成立。大会推举鲁迅、沈端先、钱杏邨三人为主席团。潘汉年代表中共在会上讲话，冯乃超报告筹备经过，郑伯奇对纲领做了说明。接着鲁迅作了《对于左翼作家联盟的意见》讲话。大会推举鲁迅、沈端先、冯乃超、钱杏邨、田汉、郑伯奇、洪灵菲为常务委员，周全平、蒋光慈为候补常务委员，通过了"左联"理论纲领和行动纲领等17项提案。通过成立"马克思主义文艺理论研究会"等下属机构。大会从下午2时开到晚7时结束。"左联"在激烈的阶级斗争和民主主义斗争中不断地发展壮大。它在继承"五四"新文学传统，介绍与传播马克思主义文艺理论，倡导无产阶级革命文学，培育进步文艺队伍，创作反映时代精神的文艺作品，粉碎国民党反革命文化"围剿"等方面都取得了辉煌的成就，在中国现代文学史、革命史上谱写了光辉的篇章。

1980年8月，"左联"会址被公布为上海市文物保护单位。2000年，虹口区人民政府出资数百万元对多伦路201弄2号"左联"成立大会会址内的居民进行了动迁，并由上海市文物管理委员会拨出专项资金，按照"修旧如旧"的原则对旧址进行全面复原修缮。同年12月对外开放。

图 1-1-16　中国左翼作家联盟成立大会旧址

【宋教仁墓】

位于共和新路 1555 号闸北公园内。

宋教仁墓,又名"宋教仁陵园",习称"宋公园",是中国近代民主革命先驱宋教仁先生的埋骨处。

宋教仁(1882—1913),字遁初,号渔父,湖南桃源人,早年东渡日本求学,投身革命。清光绪三十年(1904 年)与黄兴等创立华兴会,次年加入中国同盟会,联络长江流域各地革命党人,策动新军起义。辛亥革命后,历任南京中华民国临时政府法制局局长、北洋政府农林总长、国民党代理理事长等职。民国 2 年(1913 年)3 月 20 日夜,在上海北火车站遭袁世凯雇凶暗杀,延至 22 日去世,时年 31 岁。翌年,由国民党为其购地于宝山县象仪巷南建造墓园,墓寝于是年 6 月建成落葬,落成时墓园占地约 6 000 平方米。1946 年初,民国上海市政府又对其重加修缮,易名"教仁公园"。1950 年改称"闸北公园",后经园林部门历年修葺与拓展,遂成今貌。

宋教仁墓现由墓寝与石质雕像两部分组成,中以甬道相贯,占地约 257 平方米。墓寝坐北朝南,下部墓台基座近似正方形,系用金山石铺砌,台南为宽四米的八级石阶,墓寝四周立有 24 根高 0.8 米的圆头方柱,相连围成石栏。墓寝宝顶位于台中央,为半球形拱顶,外覆混凝土,上饰一鹰。墓前立大理石墓碑,上书"宋教仁先生之墓"。墓寝南为甬道,中间立有石质雕像一座,上部为宋氏坐像,下部为正方形三级大理石基座,正面镌章太炎篆书"渔父"两字,背刻于右任所撰宋教仁诔文。

"文化大革命"期间,宋墓曾遭严重破坏,骨殖及碑刻被埋入地下。1981 年,为纪念辛亥革命七十周年,由市园林局按原样重建。同年 8 月 25 日,由上海市文物管理委员会公布为上海市文物保护单位。作为上海闸北区域内一处重要的革命史迹,宋教仁墓深厚的人文纪念价值和爱国主义教育影响力是历久而弥新。

【青龙塔】

位于青浦区白鹤镇青龙村青龙寺西南侧,为青龙寺建筑群的组成部分。青龙寺始建于唐天宝二年(743年),初名报德寺,宋代更名隆福寺,因处于华亭县青龙镇南部,俗称青龙寺,又称南寺。青龙塔是研究唐宋时期海上丝绸之路重要港口青龙镇的重要物证和坐标。

青龙塔始建于唐长庆年间(821—824年),宋庆历年间(1041—1048年)修葺,元大德三年(1299年)、致和元年(1328年)、至正三年(1343年)分别由青龙镇人任仁发及其子任贤德、孙任士质修缮,明崇祯十七年(1644年)邑人朱明镜又重修,清顺治五年(1648年)再次修葺,清康熙年间寺僧净斯修治。康熙五十四年(1715年)玄烨南巡时赐名吉云禅寺,塔亦名吉云禅寺塔,因寺与塔多次易名,近人习称为青龙塔。清嘉庆三年(1798年)遭火灾,咸丰十年(1860年)再罹兵燹,破损不堪,腰檐平座尽失,扶梯、楼板等木结构俱毁。20世纪50年代,塔刹塌毁,顶上宝瓶坠落,现保存于青浦县博物馆,上铸有"明崇祯十七年"款。

1991年,测定塔身倾斜2°50′,1992年进行纠偏加固。隆福寺塔原为砖身楼阁式塔,现仅存砖身,7层,原高41.5米,现残高29.9米。平面八角形,直径6.6米,四面开门,四面影作窗。逐层转

图1-1-17　青龙塔

换。每层砖砌一斗三升斗拱,出挑木构件平座、栏杆,现皆不存。塔室方形,逐层内收并旋转45°,由一、二层间转阶入塔室。

1962年,由上海市人民委员会公布为上海市文物保护单位。

【邹容墓】

位于华泾镇华泾路1018号。墓区总占地面积800余平方米,墓台坐北朝南,为圆形石砌墓,高2.36米,直径2.48米。墓前尖顶青石刻书"邹容之墓",塔状墓标,高2.40米。东西两边各立一座石亭,东边石亭内有"赠大将军巴县邹君墓表"石刻,高1.06米,由章太炎撰文,于右任书。墓四周植有长青松柏,两边是正方形绿化区,广植花草。

邹容(1885—1905),四川巴县人,近代民主革命志士。著有《革命军》一书,倡言反清革命,号召推翻清政府,创建中华共和国,颂扬革命为世界之公理,自称"革命军中马前卒",后因"苏报案"遭逮捕死于狱中。上海县华泾人刘三将邹容遗骨葬于黄叶楼旁。1924年春,章太炎与蔡元培、章士钊、于右任、张继等20余人重修墓地,刘三和李根源主持修墓立碑事宜。墓地在"文化大革命"中被毁。1981年,为纪念辛亥革命70周年,上海市文物管理委员会重修邹容墓。2001年,由区文化局、位育中学和区绿化局等部门对邹容墓区进行扩建并增加绿化,扩建后的墓区又称"邹容公园"。

1981年,为纪念辛亥革命70周年,上海市文物管理委员会重修邹容墓。1994年12月8日,徐汇区人民政府命名邹容墓为区爱国主义教育基地。2000年初,由区文化局、位育中学等单位集资13万元,将墓区的绿化、围墙、地下排水系统进行全面改进,整修一新的邹容墓地成为亮丽的历史

人文景观。2000 年 4 月 19 日,区文化局、位育中学联合举行邹容墓地整修竣工仪式。邹容后裔邹传参、邹小谷等应邀出席仪式。2002 年,区绿化管理局等有关部门将邹容墓周围扩建绿化用地,将墓地扩展为邹容公园。

1963 年由上海市人民委员会公布为上海县文物保护单位。

【西林塔】

位于今岳阳街道中山中路 654 弄内,为西林禅寺内建筑,故俗称“西林塔”。

据圆应塔出土碑文记载,原塔七层八面,由睿禅师圆应建于南宋咸淳接待院大殿前。年代久远,几近堕圮。明洪武二十一年(1388 年)僧淳厚补建延恩宝塔,题名圆应,以示不忘其本(注:关于原塔名,实物碑刻资料称“延恩塔”,与嘉庆《松江府志》所记“崇恩塔”不符。)。越六十载,砖木销腐,几乎倾圮。僧法瑞等于明正统九年(1444 年)始募缘,正统十年(1445 年)将塔重新移建至大殿后,十三年(1448 年)戊辰落成。正统十二年(1447 年),上章具奏得许移改寺额为“西林大明禅寺”,由此,塔亦随之俗称为“西林塔”。万历年间(1573—1620 年)、清代顺治十七年(1660 年)、乾隆五十八年(1793 年)、道光十九年(1839 年)曾多次重修。

圆应塔八角七级,砖木结构,高 47 米,为上海境内最高大雄伟之塔。塔身厚固坚实,内有壁藏式砖梯盘旋而上。底层内壁镶嵌着明代松江书法家沈恺所书四屏条草书古诗碑,每层外墙嵌置砖雕佛像。部分塔砖刻有铭文,较早的是松江名人任勉之及夫人等善男信女所捐助的刻铭砖。50 年代,游人尚能登塔远眺。1963 年,防止塔上朽瓦腐木坠落危及行人及阻止游人攀登危塔,遂采取应急措施,将二至六层腰檐平座全部拆除,并将塔门封死。

1992 年,上海市政府批准修缮西林塔。修缮工程于 1994 年 11 月 15 日完工,耗资 180 万元。修缮中,分别在塔尖宝顶葫芦夹层、塔顶天宫和塔底地宫,发现明代建塔时和清代修塔时窖藏的价值极高的文物近 600 件,其中玉器精而多,其次为金、银、铜、玉等质地佛像。

1962 年 1 月公布为县级文物保护单位。

【护珠塔】

位于松江九峰之一天马山半山腰中峰峰顶。又称“宝光塔”“宝光护珠塔”,俗称“斜塔”。

建造年代出处有二。其一,嘉庆《松江府志》载为北宋元丰二年(1079 年)许文全建,位于圆智寺后。其二,《干山(即天马山)志》记,南宋御前银甲将军、招抚两浙秀州路招抚使周文达于绍兴七年(1137 年)受高宗所赐西域进献五色佛舍利后所建,建成于绍兴二十七年(1157 年),并录干山石刻《宋周文达建塔记》为证。权衡两种说法,后者较可靠。《干山志》中还有另一座“中阳塔”的记载:“园智寺二门内左,砖道四级,高可三寻,宋元丰时横云山人许龄字文全建。崇祯庚辰文学吕廷振念劬劳末报,独力重建,周天骏有记刻石,予见文学之父号中阳,且塔当寺东南隅,遂题曰中阳塔,以寓其孝思。”嘉庆《府志》可能将“中阳塔”“护珠塔”混淆讹误。

护珠塔八角七级,砖木结构。初建时构造完整,塔刹、腰槽、平台、楼梯俱全,“登览者极江海之观”。此塔曾焕耀一方。相传塔中藏舍利宝珠,时发宝光,又据《周忠炘塔朝记》所录,时逢大雾天有众塔幻影聚于护珠塔周围的“塔朝”现象。明文学家陈继儒在《修宝光塔疏》中记道:“……或现两塔或三塔,或旁翼小塔,栌斗栏盾,光明之色相,种种映发于烟霭中,远近道俗,见者几千万指,奔走吁骇,叹为奇瑞”。

古代天马山寺庙密集,香火炽盛,俗称“烧香山”。乾隆五十三年(1788 年)寺庙演戏祭神,燃放爆竹,引起护珠塔着火,烧毁塔心木、扶梯、楼板等木构件。以后,塔刹倒塌,腰檐平座毁坏。再加上有人在塔身拆砖觅钱(造塔时在砖缝灰浆中砌入唐币"开元通宝"以图吉永),于是,塔身西北角被拆毁成 3 米见方的大洞窟,致使原本因塔基土质软硬不一而倾斜的塔身更加倾斜。经测定塔向东南倾斜 6°52′52″,顶部中心偏离塔底垂心 2.27 米,"斜塔"之称遂盛于本名"护珠塔"。1983 年修复前,护珠塔破败不堪,残高 18.81 米,斜立于半山峰顶,岌岌可危。

1983 年至 1987 年,上海市文管会拨款 30 余万元修缮护珠塔。大修后的护珠塔未恢复塔刹、腰檐、平台、楼梯等结构,也没有纠偏移正,但按修复方案对现状加固,保持斜而不倒。经测定,修缮后的护珠塔可抗 10 级以下风力、7 级以下地震。1993 年,护珠塔向社会公众开放。

【徐光启故居——九间楼】

位于现黄浦区老城厢老西门乔家路 234—244 号。

明代著名科学家、明崇祯朝礼部尚书兼文渊阁大学士徐光启(1562—1633)出生在松江府上海县乔家浜畔的九间楼。徐光启,上海人,字子先,号玄扈,明万历三十二年(1604 年)进士,崇祯二年(1629 年)以后,先后升任礼部左侍郎、尚书、内阁大学士,是明代杰出的科学家、政治家。从意大利传教士利玛窦学天文、算法,精于历法。笃信天主教旨,教名保禄。万历三十七年(1609 年),徐光启丁忧回籍息居于此。《农政全书》即著于此楼。

九间楼建筑坐东朝西,因上下两层楼各有九间而得名。据相关史料记载,明嘉靖四十一年(1562 年)徐光启诞生于此。明末清兵南下时,徐光启已去世,他的住宅遭到火焚,仅存乔家浜(今乔家路)畔的最后一进楼房。九间楼为三进三出式住宅,原来总共有一百余间屋。今存的"九间楼",仅是其中最后一进。此楼一排九间,中间一间略高,硬山式屋顶,略呈"凸"字型。坐北朝南,为两层砖木结构,每间宽约 5 米,进深约 10 米,高近 8 米。九架梁,建筑面积 290 平方米。楠木梁、柱、木门、格扇窗。主要构件仍为明代遗物。斗拱和部分梁与枋上的卷水云花纹尚存,柱础为覆盆式的石基。但门窗、屋面、砖墙改变较大。抗日战争时期,九间楼被日军飞机炸毁了两间,因此现仅剩七间。

1956 年,上海市普查文物古迹,蓬莱区(老城厢所在地)是试点,在这期间,查到了位于老城厢乔家路 228—244 号为徐光启住宅"九间楼",当时就明确为明代建筑。当年 10 月 10 日《新民晚报》有报道。"九间楼"外形呈"沙帽式",中间较高,两旁较低,楠木梁柱,斗拱、替木、柱础等不少仍是当年旧物,宽厚的楼板也是明代遗存。这些与明《弘治县志》记载相符。

1957 年 4 月 3 日,中央文物局局长王冶秋等视察了"九间楼"及其祠堂。同年 5 月 20 日,北京市规划局设计院访问组仔细勘察了"九间楼"。1956 年居住在"九间楼"的徐氏后裔,78 岁的朱二媛老太将珍藏的明代徐光启绢本画像和明崇祯皇帝赏赐给徐光启的黄绫诰命两件,捐献给了市文管会,并受到嘉奖。

由于"九间楼"具有特殊的历史意义,已被列为市级文物保护单位。在 1983 年 11 月 7 日,徐光启逝世 350 周年纪念时,市文管会特地在其故居前立了一块书有"明徐光启故居"的石碑,以资纪念。

三、第三批上海市文物保护单位

【招贤浜古文化遗址】

位于金山区亭林镇南约 1 公里的东新镇新开的招贤浜一带。1975 年,市文物保管委员会发掘亭林遗址时,根据当地群众上交的出土文物前去调查,发现这一遗址。在新开河岸的断面上,深约1.70米处,能见到灰黑色土的古文化层,其中露出古代陶片、动物残骨以及红烧土等。采集的遗物有新石器时代良渚文化的黑衣灰陶陶片、夹砂红陶T字形鼎足、马桥文化的篮纹、叶脉纹与绳纹印纹陶片,以及西周与春秋战国时代吴越文化的灰陶豆把、回字纹、曲折纹、梯格纹、米筛纹、米字纹等印纹硬陶陶片。文化内涵大致与亭林遗址相似。从遗物的纹饰特征、制陶技术、器物形制分析,该遗址的马桥文化属马桥文化早期遗存。也有少量的马桥文化晚期遗物。招贤浜遗址的发掘丰富了马桥文化的内涵,为了解马桥文化在上海地区的分布提供了新的资料。

【广富林古文化遗址】

位于松江区广富林街道,发现于1958年,从1961年到2014年间,共进行过十五次发掘和试掘,发现了丰富的文化遗存,包括崧泽文化、良渚文化、广富林文化等新石器时代文化,以及东周、汉、唐、宋、元、明、清各代遗存。2006年6月15—16日的"环太湖地区新石器时代末期文化暨广富林遗存学术研讨会"上,被命名为"广富林文化"。广富林遗址是目前上海地区最大的良渚文化遗址和广富林文化遗址。

1962年1月曾公布为松江县文物保护地点。

【老宝山城遗址】

位于高桥镇东北、外高桥保税区港区西侧。东至杨高北一路,南至纬四路,西至经七路。北临高桥港。

明初,长江中下游地区海运业逐步兴旺。长江口没有航海标志。船舶进出长江口,翘首船头的船民常常会发现在高桥隐隐约约有座仙山。山上亭台楼阁,祥云升腾,人影恍惚,依稀听得悠扬钟声。于是"宝山山影"在民间开始流传。到了永乐初年,总管海运的平江伯陈瑄向皇上奏曰:"嘉定濒海地,江流地,海舟停泊此,于高山大陵可依,请于清浦土山。"其时嘉定清浦,即今日高桥地区。

明永乐十年(1412年)平江伯陈瑄在江口南岸筑土为山,山以巨木为基桩,垒土而成。"东西各广百丈,南北如之,高三十余丈"。上建龙王庙、观音殿、烽火墩。烽火墩昼则举烟,夜则明火,为往来船舶指明航向,是我国航运史上第一个航海灯塔。明永乐十五年五月初九日,明成祖朱棣挥笔为宝山撰文。其文刻之石,即存现高桥中学内"永乐御碑"。清钟毓人《登宝山观永乐碣》诗曰:"……行逢父老辄咨询,寂寞此乡无古迹。忽过城外见青山,山头片石厌沙迹。立自前朝永乐时,屈指逾今五百年。"

宝山还有老虎出没的记载。明英宗正统二年(1437年),两只老虎盘踞宝山。一时周围五六十人丧生虎口。吴淞千户王庆和县丞张鉴带着10名找虎勇士前往宝山。此时的宝山风声鹤唳,草木皆兵,庙宇倾废,荒凉凄惨。官兵布下天罗地网,很快将两虎捕杀。事后张鉴作《宝山杀虎行》以志纪念。

嘉靖三十一年至三十四年间(1552—1555年),倭寇来犯,在长江口登岸,盘踞宝山,劫掠附近村镇,万历四年(1576年),当宝山未坍之时,右参政兵备王叔杲筑宝山城在宝山之西,二岁而成。城周长495丈,高2丈6尺2寸,四门皆建楼,敌台、窝铺、吊桥、护城壕等俱备,为驻兵海防之所。万历十年(1582年)受大潮侵袭,土山坍入江口。清康熙八年(1669年)城亦全部坍沉。坍没前,许多建筑陆续被拆除,老宝山城农民家中曾藏有关于筑城的石刻一块,文曰:"万历戊寅吉旦,督工官镇江卫经历,余姚苏□礼□□,管造居民吴应麟、沈国秩、朱□□、邹□□、黄燕翊。"

清康熙三十三年(1694 年)另筑宝山城(即现称老宝山城),在旧城西北 1.5 公里处,距今高桥镇 2 公里,占地 4 万余平方米,方形,设 4 门,纵横十字街,有守备置,城隍庙,庙内供奉陈瑄。清雍正元年(1725 年),分嘉定县东北四乡设宝山县,县治设于吴淞所,即宝山县城,今宝山区政府所在地。

近百余年间,老宝山城逐渐荒废。今仅留南门城洞残垣,无城门。城门洞有高 2.5 米花岗石拱券,顶部嵌"明万历六月吉日立"刻石一方。城墙砖刻着"宝山""松江"的字样。南城门东西两端,各有一段高高隆起的泥带。东、西、北城砖拆去后,尚留土堆,亦陆续被人挖取在附近造屋基或填小浜。老宝山城的城墙大部分已被拆除,但还是有迹可循。城墙每边长约三百多米,绕城一周,近一千五百米,当地居民俗称"城墙三里路"。近人沈轶刘有《高桥竹枝词》谓:老宝山城古哨迁,至今神庙祀陈瑄。海桑三劫前尘远,瓴壁犹存永乐年。海滨村动迁之前,城内外尚住有居民百余家。当年的城隍庙几乎全部倾倒,城墙只留下南城门一座。

1986 年上海市文物管理委员会拨款修复了遗址南门。2006—2007 年,上海博物馆考古研究部等从考古调查、遥感影像分析和地面物理探测三方面,对老宝山城遗址进行了综合考察。2008 年,浦东新区政府出资恢复老宝山城南城门及部分城墙。

【秋霞圃】

位于嘉定镇东大街 314 号,由始建于明中期的龚氏园、金氏园,明后期的沈氏园,以及洪武初移建于此的城隍庙合并而成,清初始名"秋霞圃"。咸丰十年(1860 年)园景毁于战事。光绪间(1875—1908 年)陆续重建。民国 9 年(1920 年),邑人戴思恭迁建学校于后园,并劝修园内各景点。民国 35 年(1946 年)改称为"邑庙公园"。1960 年恢复"秋霞圃"名。1980 年和 1983 年先后分二期修复开放。占地面积 3 万余平方米。园内亭台楼阁、池塘山石,以及古树名木、翠竹花卉等,移步异景,秀色宜人,成为市民和中外游客休闲旅游极佳去处。秋霞圃对研究嘉定人文历史、古典园林艺术等具有极高的价值。

曾于 1960 年 1 月公布为嘉定县文物保护单位,1962 年 9 月由上海市人民委员会公布为上海市文物保护单位。

【上海古城墙和大境道观】

上海县老城墙保留至今的有两段,一段在黄浦区大境路口,一段露香园路、人民路路口。

城池始建于明嘉靖三十二年(1553 年)。元至元二十八年(1291 年)上海建县,县治设在上海镇。明代时上海经济繁荣,贸易发达,由于地处吴淞江入海口,时常遭受倭寇的骚扰。嘉靖三十二年,时任光禄寺卿的上海县绅顾从礼上疏请求筑城,并带头捐款四千两。松江知府方廉率民众日以继夜修筑城墙,十月动工,十二月完竣。

初建城墙周围 9 里,高 1 丈 5 尺。明万历二十六年(1598 年)和四十六年(1618 年)重修时,先后加高 5 尺和 4 尺。外有城濠环抱,长 1 500 余丈。城墙上有城堞 3 600 余处,箭台 20 所。城门 6 座:东曰朝宗,今称大东门;南曰跨龙,今称大南门;北曰晏海,今称老北门;西曰仪凤,今称老西门;跨龙以东曰朝阳门,今称小南门;朝宗以北曰宝带门,今称小东门。其中水门 4 座:东、西门跨肇嘉浜;小东门跨方浜;小南门跨薛家浜。

清同治元年(1862 年)英法联军协助清军入城防守,武装干涉太平军进军上海,大部分驻扎豫园、城隍庙等处,出入北门不便,法军工兵在今丽水路口开辟一门,并以法军司令孟斗班命名为"孟斗班门",还在城门勒石纪事。英法军撤走后,巡道应宝时保留此门,加以重建,命名障川门,即今新北门。宣统元年(1909年)又辟尚文门(今小西门)、拱辰门(今小北门)、福佑门(在福佑路口东,曾称新东门)。

明嘉靖三十六年,苏松海防同知罗拱辰加固城墙,在东北角增筑敌楼,曰"万军台"。万历年间上海县人秦嘉楫又在万军台上重建一楼,曰"丹凤"。丹凤楼面向黄浦江,登楼眺望,数百商船聚泊江上,水天一线直入海口,"凤楼远眺"遂成为沪上胜景。

明万历年间西门北城的箭台上也建了层楼,用以供奉关帝。明崇祯和清雍正、乾隆间屡次修葺,清嘉庆二十年(1815年),改建为三层楼阁,半倚城墙,半在城上。冬日雪后登楼,白雪皑皑映衬晴光万里,成为又一胜景"江皋雪霁"。道光十七年,楼阁东首建石坊。江苏巡抚陈銮题"大千胜境"四字,大境阁因此得名。大境阁下有荷花池,古树竹丛,间种桃柳,为文人雅士饮酒之处。清咸丰二年(1852年),李善兰来沪,即在大境阁居住了十年。期间翻译了《几何原本》后九卷、《代数学》,传播西方科学。

辛亥革命前,上海部分士绅商贾鉴于城墙妨碍城市经济交通之发展,提议拆除城墙。民国元年(1912年)即设城濠事务所于上海自治市市政厅,专办拆城筑路事宜,民国3年5月因自治停办,改由濠官产丈放局管理。民国元年1月拆除东城部分城墙,填没城濠,埋设下水道。后城墙逐步拆除,就城濠基地筑成环形马路。北半自凤仪门至宝带门长八百五十丈,民国2年6月就北半城筑成民国路(今人民路),民国3年冬就南半城筑成中华路。

拆城时,大部分城墙、敌楼、箭台和丹凤楼都被拆除。大境殿阁、阁下城墙及月城一部分亦未拆。民国36年(1947年)大修。50年代后,长期为街道工场、工厂宿舍、住户等使用,原貌改观。1990年南市区政府成立上海市保护老城厢文物古迹基金管理委员会,集款修复上海城墙一隅和大境阁,得到市文管会拨款和有关单位贷款,文化界、南市居民捐款者颇多。经过动迁,1992年动工,1995年10月竣工开放。现为上海市道教协会处所。大境阁石坊两侧镌有"千江有水千江月,万里无云万里天,仙境别开云一线,世天此生阁三层"对联。据道教协会工作人员称,"大千胜境"匾额在20世纪中叶用水泥封糊,免遭损坏。2004年人民路拓宽时将古城墙、关帝庙前附房拆除,使古城墙及关帝庙房屋局部损坏,造成屋面大面积渗漏,木结构严重腐烂,2005年,上海市道教协会对大境关帝庙进行全面维修。

1984年大境阁公布为上海市文保单位。露香园路上的城墙因长期被民用建筑包围得以保存。2006年,上海露香园置业有限公司在拆除该地基内房屋时发现这段明代城墙,城墙在使用过程中已经改建。

【崇明学宫】

位于崇明区城桥镇鳌山路696号。

崇明学宫最早修建年代不详,根据清乾隆七年(1742年)崇明知县许惟枚在《重修崇明学宫碑记》之"学宫……有宋迄今历六百余年"一段推断,学宫应建于宋代。元至元十四年(1277年),崇明升为州,学校升为州学。延祐初年,议建文庙,邑人捐椒园地。泰定四年(1327年),千户杨世兴捐建大成殿五间,学宫同时作为最高学府与祭祀孔子的场所。

明洪武二年(1369年),学宫降为县学。宣德年间,给事中彭璟请恢复学宫旧制。正统二年(1437年),典史刘清开凿泮池,架桥其上。正统五年(1440年),知县张潮建明伦堂。正统十一年(1446年),知县王锐借此增修殿堂、门庑、厨库、仓厩、射圃、宰牲所、博文斋、约礼斋,以及儒学和学舍二十四间。嘉靖九年(1530年),添建启圣祠。嘉靖二十九年(1550年)和三十五年(1556年),学宫两次迁移。嘉靖三十九年(1560年),知县范性相又建启圣宫、敬一亭及名宦祠、乡贤祠。万历六年(1530年)和十六年(1530年),学宫再次两移其址。万历二十七年(1599年),知县李官重修大成殿、两庑、棂星门及泮池等建筑,池上建桥,名为"飞虹"。两年后,知县张世臣筑起"万仞宫墙",修东西庑与博文、约礼二斋。万历四十五年(1617年),知县袁仲锡建腾蛟起凤、兴贤仰圣二坊,并在泮池左右增建"奋龙""飞凤"二桥。

天启二年(1622年),知县唐世涵改建学宫于城濠外东南隅,从此以后,再未迁徙。清顺治十五年(1658年),康熙三年(1664年)和二十三年(1684年),雍正五年(1727年),乾隆七年(1742年)、十二年(1747年)、十四年(1749年)、二十五年(1760年)和五十三(1788年)年以及道光七年(1802年),先后由知县重修。同治八年(1869年),知县曹文焕、教谕郑镜清重建大成殿,并修葺各建筑。

清末停科举,兴新学,学宫渐废。民国2年(1913年)起,学宫内办起学校,崇圣祠、尊经阁等均为校舍。民国31年(1942年),日军强占学宫,将儒学用作营房。抗日战争胜利后,国民党部队进驻学宫,拆墙建筑碉堡,照壁上的"万仞宫墙"四字被毁。1945年9月10日,大成殿和东西两庑毁于火。1946年后,学宫重新用作校舍,古建筑被改为教室、办公室、宿舍等。1966年起,学宫又被崇明县社队工业局、科委、农机工业局、制氧厂、农机研究所等单位使用,原建筑尚存东西两坊、棂星门、泮池、登云桥、戟门、乡贤祠、名宦祠、忠义孝悌祠、崇圣祠、尊经阁以及东西庑。

1981年5月,学宫被崇明县革命委员会列为县级文物保护单位。1987年11月,崇明县人民政府决定将学宫全部划归崇明县博物馆使用,其他单位陆续迁出。1995年以来,学宫先后经历三期修复工程,占地面积扩大至23.21亩,1997年,修复大成殿和东西两庑。2001年,修复明伦堂、仪门。

【吴淞炮台抗日遗址】

位于海滨街道后路109号。

图 1-1-18　吴淞炮台抗日遗址

炮台建于清初，起始有西炮台，又名老炮台，后又建东炮台。东、西炮台在道光二十二年（1842年）鸦片战争吴淞之战时为英军所毁。西炮台更于光绪二十六年（1900年）以"有碍商埠市场"由，为清廷下令全部炸毁。而后，重建炮台，设有北炮台、南炮台、狮子林炮台3座。

从清末到"一・二八"淞沪抗战时期，吴淞石塘北、南两端各有一个炮台，名为北炮台和南炮台。北、南炮台首尾衔接，长达0.75公里，总称吴淞炮台。吴淞炮台沪上皆知，闻名遐迩。梁启超在《饮冰室诗话》中曾有诗赞道："未至吴淞三百里，海波已作江波色。我生航海半天下，气象无如此雄特。"

北炮台始建于光绪十二年（1886年），位置在腾四十一图南石塘之北端。当时置12英寸口径、800磅炮弹的前膛炮（阿姆斯托朗炮，以下快炮均同此名）4门，光绪十五年（1889年）增设8英寸口径后膛炮2门，后又增4.7英寸口径炮2门，6英寸口径炮1门，均为后膛式快炮。民国20年（1931年）时有炮11门。

南炮台始建于光绪二十六年（1990年），位置在南石塘，南炮台与北炮台相接，长一里又半。建明台1座，设6英寸口径和2.2英寸口径快炮各4门，4.7英寸口径克虏伯后膛炮2门，1931年时有炮9门。

在民国21年（1932年）"一・二八"淞沪抗战中，第十九路军七十八师副师长谭启秀接任吴淞要塞司令，率炮台将士奋勇杀敌，多次击退日军进攻。从2月4日起，日军集结大小战舰20余艘，飞机数十架，对准吴淞炮台轮番轰击，企图摧毁吴淞炮台，占领吴淞要塞。十九路军吴淞要塞司令部参谋长藤久寿坚守阵地，指挥炮兵奋力还击，使敌人始终无法登陆战斗中，藤久寿左臂负伤，仍坚持指挥战斗。后又被炮弹击中，不幸壮烈殉国。2月7日，炮台被日军全部炸毁，但我炮台将士仍与七十八师官兵并肩战斗，坚守海塘，挫败日军登陆企图。2月12日，宋庆龄亲赴吴淞前线慰问第十九路军将士。

1940年后，日军便将炮台之废钢铁拆下，还炉再造武器，用于太平洋战争。直到新中国成立之前，吴淞炮台未再恢复。夕阳衰草，炮台遗址，供人凭吊。后人曾有诗一首，表达出国人的共同感触。

> 吴淞凭吊炮台基，残垒荒凉景物非。
> 深痛国防怀国耻，岂关兵弱误兵机。
> 当年巨憝伤心退。此地狂徒合力围。
> 抗战难忘十九路，江风海水念余威。

现古炮台已消失，1999年上海警备区驻区部队在遗址新建"吴淞古炮台"，景点占地约1 500平方米，一尊刻有"平夷靖寇将军"的古铁炮，安置在中心的大理石平台上。

【无名英雄纪念墓】

位于泗塘二中内。

无名英雄墓遗址建于民国25年（1936年），为纪念"一・二八"淞沪抗战阵亡的三千忠烈将士，当时上海人民集资24万余银元，由宝山各界在庙行捐地2公顷，建墓树碑。墓呈方形，高约10多米，内置烈士衣冠石椁。墓门上方正中刻有"义薄云天"四字。出口处有6扇大铁门，4间门卫室。墓前有石桥，周围遍植冬青花木，四周皆围墙。为方便前往祭扫，辟建一・二八纪念路。民国28年（1939年）墓地被侵华日军炸毁。原石椁埋在泗塘二中西边围墙外侧地下，断裂的椁盖不知去向。1998年12月新建无名英雄墓遗址纪念碑，在泗塘二中操场跑道北侧。现遗址占地面积484平方米,纪念碑长 5 米,宽 0.4 米,高 2.6 米。碑的造型呈长方形,正面是断墙残垣,后背刻有"义薄云天"四个字。

当年的《创建无名英雄墓募捐启》对无名英雄墓的历史意义作了精彩阐述,全文照录如下:

创建无名英雄墓募捐启

本年"一·二八"之变,我军苦战三十余日。其间抵抗最久,炮火最烈、伤亡最多者实为庙行镇一带。庙行一村落耳,居民仅百余户,属宝山县,以旧有泗漕庙得名。西南距大场镇、东南距江湾镇,各约七八里。敌攻闸北,久不能下,乃续调大军,改设主攻点于此。既不惜重大牺牲,进占东南隅之金穆宅、竹园墩、三百亩等村落,复竭全力扑庙行。我军因屋为营,掘壕死守,在炮火机弹狂轰猛射之下,村屋全毁,士卒死亡山积。然于我军总退却前,敌未能越雷池一步!呜呼! 此非我民族精神值表现耶!

考之往事,每于殉国志士立功所在地,建祠以昭其忠。在近代各国,更必为阵亡士兵建"无名英雄墓",以彰其烈。又有建墓而无骸骨如我国所谓衣冠墓者。皆所以酬以往而功来兹也。今"一·二八"殉国诸将领骸骨已运往首都,葬紫金山麓;而当时粉身碎骨之大多数士卒及义勇助威人民,遇害而不知姓名者,仅余荒冢累累,至今惟一抔之土,三寸之棺,掩护忠骸;任其暴露郊原,荒凉零落,久而湮没——此岂所以慰遗烈耶?

夫无名英雄者,有名之英雄所赖以成就也。欲中国之兴,必先自全国国民尽愿为无名英雄始。同人等愧未能亲执干戈为国民倡,然对此抱大无畏精神、示大牺牲决心、为民族争光、为国家吐气、悲壮惨烈、民国以来所绝无仅有之多数无名英雄,万不能坐视其久而湮没不闻也。爰于抵抗最久、炮火最烈、伤亡最多之庙行镇东南隅,度地营阡,表曰:《无名英雄之墓》

于附近之战迹,亦当妥筹保存之法。墓之周围,遍栽花木,籍以拱护侠骨忠魂。外筑道路,西通大场,南接闸北之岭南路,使四时凭吊者无绕路之烦;而二十一年来所受至酷之外侮,可以于后人脑海中,永留一深刻之印象,用以奋起我民族之观感,岂止纪念殉国士卒之意而已哉?

此墓建筑,既为民族精神之表现,不宜过于简陋;除已由宝山县各界捐第三十亩及上海市民地方维持会捐银壹万圆,余均有待各界之赞助,为数不厌其多,同志更求其广,人人捐款银币"壹圆",即为群众热心之表示。

伯叔兄弟,诸姑姊妹,共起图之!

【金山卫侵华日军金山卫城登陆地】

位于金山区石化街道南安路 87 号(近学府路)。

侵华日军金山卫城登陆地点,又名金山县金山卫城老南门,即金山卫抗战遗址纪念园,是金山区已公布的二处市级遗址纪念地之一,也是侵华日军罪恶暴行的重要铁证。金山卫抗战遗址纪念园原占地面积为 80 平方米,经 2004 年、2007 年、2015 年改扩建,现占地面积约 2 万平方米。展示的内容上有"十月初三惨案"记事墙碑、被害乡民纪念墙、警示钟亭、侵华日军登陆处碑等主题内容,现为金山区重要的青少年爱国主义教育基地。

1937 年 8 月 13 日,日军在上海发动淞沪战役。为完成对上海的战略包围,日军选择了防御较弱的金山卫进行偷袭登陆。11 月 5 日(农历十月初三),侵华日军十万余人由第四舰队掩护,在金山卫海滩登陆。中国守军虽殊死抵抗,终因寡不敌众而溃败。日军大肆进行烧杀抢掠,制造了骇人听闻的"十月初三惨案"。

1966 年,金卫人民公社在日军登陆处遗址竖碑纪事;1984 年 3 月 19 日,侵华日军金山卫城登陆地点被公布为"日本帝国主义侵略上海遗址纪念地"。1985 年 9 月,金山县人民政府在金山卫城侵华日军登陆地点建亭立碑,碑为花岗石质,高 2 米,宽 0.8 米,厚 0.2 米,正面刻阴文字"金山卫城南门侵华日军登陆处",背面刻有日军偷袭登陆后疯狂杀人放火、中国守军以寡敌众、奋勇抗击以及全部壮烈牺牲的史实。

今侵华日军金山卫城登陆地点占地面积共计约 2 万平方米,其建设共分为三期:一期工程(2004—2005 年),开展了全区性修缮资金募捐活动,募集资金 500 余万元。工程历时一年,占地面积为 1 500 平方米,于 2004 年 10 月奠基,2005 年 8 月竣工,修建了雕塑、"十月初三惨案"记事碑墙、紫砂浮雕壁画、被害乡民纪念墙、古城墙遗址和日军碉堡、警世钟亭、金山卫城南门侵华日军登陆碑、重修记、捐款名录碑等;二期扩建工程(2006—2007 年),为 2006 年区政府实事项目,区财政投入 1 700 余万元,工程建设用地约 5 000 平方米,由抗日主题石雕壁画、抗日故事紫砂浮雕墙、"金山人民抗击侵华日军记"碑墙、错层广场和中心雕塑、瓮城和城楼、大型紫砂抗倭浮雕墙等组成,并在城楼上增设"侵华日军在金山的暴行"主题陈列室。遗址纪念地扩建工程由上海锦城建设工程有限公司承担施工。改扩建后的纪念地总面积达到 6 500 余平方米。2009 年 9 月,登陆点被命名为"全民国防教育基地",同年 12 月被评为"上海市爱国主义教育基地";三期(2014—2015 年),包括:金山卫抗战史料馆、"金山卫风云"抗战雕塑及主、副广场等。2015 年 8 月国务院将登陆点公布为"第二批国家级抗战纪念设施、遗址"。9 月 3 日,金山卫抗战遗址纪念园如期向社会全面开放。

如今的金山卫抗战遗址纪念园,已成为广大人民群众铭记历史、缅怀先烈、珍视和平、警示未来的重要基地,是对民众进行爱国、理想主义教育的重要载体。

【金山卫城侵华日军杀人塘】

位于金山区金山卫镇老卫清路与古城路交叉口东北 200 米处,是金山区已公布的二处市级遗址纪念地之一,也是侵华日军罪恶暴行的重要铁证。

1937 年 11 月 5 日(农历十月初三),侵华日军在金山卫海滩登陆后,仅数天内就在水塘边残杀无辜贫苦乡民 50 多名,血流满塘,尸骨成堆。当时,城内居民死伤逃亡,被害者无人收殓。卫城村有位叫熊阿大的村民,白天在塘边被侵略者刺成重伤,一只耳朵和半张脸皮血淋淋地挂在颈边。午夜苏醒时,他满身是血,艰难爬回家中,但次日又被侵略者连戳数刀致死。

此处原是大旱塘,1964 年被填为良田,但地下至今仍是白骨累累。为牢记民族深仇,金山卫政府于 1966 年 1 月在塘边立碑,用以记录和控诉侵华日军的暴行。

金山卫城侵华日军杀人塘是日本侵略中国、杀害中国人民的重要遗址地之一,是对民众进行爱国、理想主义教育的重要载体。

【侵华日军小川沙登陆地点】

位于川纪路 158 号。

民国 26 年(1937 年)"八一三"淞沪抗战爆发,8 月 23 日凌晨,日军以一旅团之众,于宝山罗泾小川沙河口登陆。沿途烧、杀、淫、掠,骇人听闻,在不到 100 天的时间,仅在罗泾的范围内屠杀的无辜群众就达 2 244 人,烧毁房屋 10 908 间,罪行累累,罄竹难书。当地群众将每年(农历)七月十八日(8·23),称为"总忌日"。

为悼念遇难同胞,铭记国耻,1973 年 8 月,罗泾人民在当年侵华日军登陆处竖立"永志不忘碑"。

1984年3月19日，上海市人民政府将此处公布为"日本帝国主义侵略上海遗址纪念地点"。1985年9月3日，在纪念抗战胜利40周年之际，宝山县人民政府在"永志不忘"碑原址重新立"侵华日军小川沙登陆处"纪念碑，取代原碑。占地60平方米，碑高1.65米，底座宽1.4米，碑面宽0.9米，厚0.625米。

近20年来，该碑立于小川沙河口的江堤上，地域偏僻，不便市民前往参观，又因紧靠路边，常被过往车辆损坏。据此，上海市文管委投入近20万元，在罗泾镇党委、政府的支持下，将该碑迁建于罗泾镇党校内，并更名为"侵华日军罗泾大烧杀遇难同胞纪念碑"，于2003年8月13日落成揭碑。

碑文如下：

> 一九三七年八月二十三日（农历丁丑年七月十八）凌晨，日军第十一师团于宝山川沙河口登陆后，沿途烧、杀、淫、掠，闻家宅首遭其难，房屋被烧毁，百姓遭枪杀，闻爱生全家九口活活烧死；赵家宅赵志冲一家五口惨死在日军屠刀之下。日军又频频制造血案，徐家阁三十六人、石家宅三十二人、韩家宅十三人被烧杀……日军登陆百日之内，罗泾地区惨遭杀害的无辜百姓二千二百四十四人，烧毁房屋一万零九百零八间，灾难空前。当地群众将日军入侵烧杀之日——农历七月十八日定为"总忌日"，悼念遇难亲人，铭记国耻。
>
> 特勒石纪事，永志不忘！

【罗店红十字纪念碑】

位于罗太路352弄15号。

罗店红十字纪念碑始建于民国35年（1946年），为纪念1937年8月23日，日军进犯罗店地区，在罗店上空飞机轰鸣，枪声大作，一场空战正在上空激烈展开。因救治和掩护对日空战中负伤的飞行员苑金函而遭日军杀害的中国红十字会上海分会第一救护队副队长苏克己和队员谢惠贤、刘中武、陈秀芳三位队员而建。原碑平台占地面积229.4平方米，碑高5.65米。1946年8月13日，中国红十字上海分会、中华医学会等团体，在烈士殉难处建立纪念碑，原称"中华民国红十字总会上海分会第一救护队抗日殉难烈士纪念碑"。

1981年6月，该碑由于年久失修，当地民政局于罗店中学（现更名为：陈伯吹中学）内重立一纪念碑。1984年市文管委又在原碑西侧15米处按原样放大重建纪念碑。

2000年再次对碑进行修缮，现碑高8.33米，碑四周边长3.3米，呈锥体，平台长14米，宽12.7米。碑正面上部题刻隶书阴文"中华民国红十字会总会第一救护队抗战殉难烈士纪念碑"字样，下部四周以阴文刻有四烈士遇难经过等，上部东、西两侧镶烈士瓷像。

图1-1-19　罗店红十字纪念牌

图 1-1-20 平民女校旧址

图 1-1-21 《布尔什维克》编辑部旧址

【平民女校旧址】

位于老成都北路 7 弄 42 号、44 号(原南成都路辅德里 632 号 A)。

中国共产党"一大"召开后,以上海中华女界联合会名义,创办了面向工厂女工、进步女青年的平民女校。于 1922 年初建立,目的是培养妇女人才,开展妇女运动。校务主任李达,王会悟协助。对外用中华女界联合会名义。学生有丁玲等 30 人左右,实行半工半读,一般都是上午上课、下午做工,设有成衣组、织袜组等。教师有陈望道、邵力子、沈雁冰、沈泽民、柯庆施、李达;刘少奇、张太雷作过演讲。女校学生的年龄相差很大,有的仅十几岁,大的近三十岁,但他们和睦相处、亲如姐妹。平民女校从创办到 1922 年底停办,一直是传播革命思想、培养进步青年的场所,也是共产党在上海重要的活动据点之一。它存在时间虽然不长,但在中国工人运动史、妇女运动史和教育史上都留下了珍贵的一页。

平民女校旧址为老式石库门建筑,原来被隐藏在一大片名为"辅德里"的石库门里弄建筑之中。入口处矩形门洞、石质门框,门套用红砖砌成牌楼形状。现辅德里大部已在市政建设中被拆除,平民女校旧址与中共"二大"会址则被保留下来。平民女校旧址被改建成中共"二大"会址纪念馆中的平民女校展厅。

【《布尔什维克》编辑部旧址】

位于上海市长宁区愚园路 1376 弄 34 号,原享昌里 418 号,建于 1925 年,假三层砖木结构新式里弄住宅建筑,该弄为先施、永安两大公司合股兴建,前后五排共 25 幢房屋。1927 年 10 月到 1928 年 12 月,这里是中国共产党中央刊物《布尔什维克》编辑部所在地。

1927 年大革命失败后,中共中央机关刊物《向导》被迫停刊。中央机关从武汉迁至上海,决定继《向导》后重新出版中央机关刊物,定名为《布尔什维克》;编委会由瞿秋白、罗亦农、邓中夏、王若飞、毛泽东、周恩来等 26 人组成。

《布尔什维克》从 1927 年 10 月创刊至 1932 年 7 月被迫停刊,共编辑出版 5 卷 52 期,前 16 期为周刊,后为月刊、半月刊、不定期刊。从 1929 年 1 月开始,为避开国民党报纸、书刊的检查,《布尔什维克》曾先后以《少年怀春》《中央半月刊》《中国文化史》《虹》等刊名作伪装,秘密出版发行,其中《虹》的出版标志着该刊物的停刊。

《布尔什维克》是中共中央早期机关理论刊物,在中国革命历史上产生过重要的影响。在大革命失败后的危急关头,《布尔什维克》及时传达了共产国际和中共中央的许多重要决议、指示,阐述了中国革命的性质、任务、对象和策略,宣传开展武装斗争、进行土地革命、建立工农民主政权的正确理论,报道了全国各地工农武装暴动的经过和组织工农红军建立革命政权,进行土地斗争的情况,总结了八一南昌起义的意义和经验教训,悼念牺牲的革命烈士,激励同志们前赴后继英勇斗争。

1988 年 10 月 24 日,经修缮改造,上海市长宁区革命文物陈列馆暨《布尔什维克》编辑部旧址正式向社会开放。

【瞿秋白寓所旧址】

位于山阴路 133 弄日照里 12 号。

瞿秋白(1899—1935),江苏常州人,中共早期领导人之一,中国革命文学事业的奠基者之一。1917 年春到北京,考入俄文专修馆,学习俄文。1919 年 5 月 4 日瞿秋白参与了五四运动,加入了李大钊、张嵩年发起的马克思主义研究会。1920 年 8 月被北京《晨报》和上海《时事新报》聘为特约通讯员到莫斯科采访。1922 年春,正式加入中国共产党。1922 年 12 月 21 日,受陈独秀邀请,离开莫斯科启程回国工作。1925 年 1 月起,瞿秋白先后在中共的第四、五、六次全国代表大会上,当选为中央委员、中央局委员和中央政治局委员,成为中共领袖之一。1931 年 1 月 7 日,在上海召开的中共六届四中全会上,瞿秋白被解除中央领导职务。此后瞿秋白留在上海养病,领导左翼运动,进行文艺创作和翻译,与茅盾、鲁迅来往并结下深厚友谊。

1933 年 3 月,经鲁迅介绍,瞿秋白夫妇入住此处二楼亭子间。同年 4 月 11 日,鲁迅一家搬至山阴路大陆新村,两家相距仅隔一条马路。鲁迅几乎每天到瞿秋白家,有时还会带上几只刚出炉的热面色。他们经常在一起谈论时事、

图 1-1-22　瞿秋白寓所旧址

文艺,共同领导左翼文化运动,结下深厚的友谊,"人生得一知己足矣"是为写照。为了给鲁迅留下一个永久的纪念,瞿秋白在此编辑《鲁迅杂感选集》,写下一万五千字的序言,对鲁迅的思想及杂文

的战斗意义作了精辟论述,第一次给鲁迅以中国现代文学史上"无产阶级和劳动人民的真正友人,以至于战士"的高度评价,引起文化界的震动,被认为是瞿秋白少有的精心之作。其间,他还写了《王道诗话》《出卖灵魂的秘诀》等 12 篇杂文。同年 6 月搬出。1935 年 2 月瞿秋白在福建长汀县被国民党军逮捕,6 月 18 日慷慨就义。该处现为民居。

日照里建于 1920 年,为新式里弄住宅。坐南朝北,砖混结构三层。底层入口券门,二层券窗,三层挑出通长阳台。墙面水刷石勾缝。宅前有小庭院。

2005 年 10 月 31 日该处所在的东照里被上海市人民政府公布为上海市优秀历史建筑。瞿秋白寓所现为民居。

【蔡元培故居】

图 1-1-23　蔡元培故居

位于华山路 303 弄 16 号。

蔡元培(1868—1940),浙江绍兴人,近代著名爱国学者、教育家。蔡元培于 1937 年 10 月起在华山路 303 弄 16 号内居住,这里成为他在上海的最后寓所。在此期间,他于 11 月 2 日领衔交通、浙江等大学校长,联合致电"九国公约"会议;11 月 5 日,领衔全国各大学校长 102 人联合发表长篇声明,历述日本的侵略行径,呼请制裁。

蔡元培故居房屋建于 1915 年,属独立式的花园住宅,砖木结构假三层,欧洲乡村式风格。外墙为黄色汰石子墙面,南立面木构架部分外露,上部为红瓦双坡屋顶,开有四扇老虎窗。其南侧还有一个小花园,环境十分幽静。

故居保留有蔡元培先生生前大量手稿、书籍、信件等珍贵实物。2000 年 12 月,故居的底层开辟为蔡元培故居陈列馆,蔡先生的子女现仍在二楼居住。

【1920 年毛泽东寓所旧址】

图 1 - 1 - 24　1920 年毛泽东寓所旧址

位于安义路 63 号（原哈同路民厚南里 29 号）。1920 年 5 月 5 日，毛泽东来沪领导湖南在沪学生驱逐湖南军阀张敬尧的斗争，居于此地。在沪期间，他参加南市著名的半淞园会议，12 位新民学会同志参加；建立湖南改造促成会；为《问天》《湖南》杂志撰文；会见陈独秀，一起探讨马列主义。6 月，张敬尧被湖南人民驱逐，7 月上旬，毛泽东返回长沙。

旧址建筑为沿街两层砖木结构石库门楼房，黑瓦双坡屋顶。沿街的北侧底层原似乎为店铺，有敞开的宽大入口，二层屋檐下为贯通的长条阳台，以木质落地长窗与室内相连通，作为日常居室使用。楼梯、厨卫间及晒台则位于北侧。毛泽东以前便居住在二楼朝南的房间。

现旧址正处于内外部整体改造过程中。

1959 年 5 月，曾被上海市人民委员会公布为上海市文物保护单位。

【四行仓库抗日纪念地】

位于闸北区光复路 1—21 号。

四行仓库由俗称"北四行"的盐业、金城、中南、大陆四家银行共同出资建造。"八一三"淞沪抗战后期，1937 年 10 月 26 日大场失守，苏州河以北中国军队防线瓦解，南京国民政府统帅部决定将原驻守闸北、江湾、庙行一带的中央作战集团撤往沪西苏州河南岸。此时，九国公约签字国会议召开在即，为向国内外宣誓抗战到底的信心和决心，争取国际社会支持，国民政府统帅部下达"留置主力一部在闸北坚持战斗"的命令。第 88 师 262 旅 524 团 1 营 420 余名官兵，在中校团附谢晋元和少校营长杨瑞符率领下，从 10 月 26 日深夜至 10 月 31 日连续四昼夜抵抗日军进攻，成就了中外著名的"四行保卫战"。为了迷惑敌人，壮大声势，四行守军统一口径，对外称四行仓库内有八百人，外界故敬之为"八百壮士"。10 月 31 日凌晨，谢晋元奉命率部撤离进入公共租界，被滞留长达四年之久。"八百壮士"战斗事迹之英勇，爱国气节之豪壮，振奋国人，震惊世界。

四行仓库建筑分东西两部分,东侧的部分为大陆银行仓库,建于1930年,西侧的部分则建于1935年,原名四行信托部沪分部仓库,因大陆银行属于"四行",统称四行仓库,主要用于堆放银行客户的抵押品和货物等,是当时苏州河沿岸规模较大、结构坚固的仓库建筑。建筑坐北朝南,平面呈不规则的四边形,钢筋混凝土结构框架五层(20世纪70年代和90年代经过两次加建为七层),预制屋面板无梁楼盖形式,占地面积约4 564平方米,建筑面积约3.2万平方米。四行仓库现属上海百联集团。

1985年9月由上海市人民政府公布为上海市纪念地,1994年2月公布为上海市优秀历史建筑。

【吴昌硕故居】

位于陕西北路吉庆里12号(今闸北区山西北路457弄12号)。

吴昌硕(1844—1927),名俊卿,字昌硕、仓石,别号缶庐、大聋、老苍,浙江孝丰县鄣吴村(今湖州安吉县)人。近代著名书画家、篆刻家,海上画派的创立者,诗书画印都享盛誉,达成了令人瞩目的艺术成就,被公认为一代宗师、艺坛泰斗,对现代中国绘画界产生了极其深远的影响。1913年,七十岁的吴昌硕,携妻、子从苏州迁居上海,1913—1927年居住于此。寓居吉庆里14年间,正是艺术上最成熟、最辉煌的时期,寓所也成为当时上海画坛的"艺术圣殿"。

故居为建于清末的旧式石库门里弄建筑,坐北朝南,砖木结构二层,一客二厢三开间,建筑面积298平方米。吴昌硕本人住二楼东厢房,卧室兼书房,画室在二楼前厢房,二楼西厢是儿子吴东迈夫妇居室,一楼西厢房为弟子王个簃居室,吴昌硕先生病逝后家属他迁,故居逐成普通居民住宅。

【李白烈士故居】

图1-1-25　李白烈士故居

位于黄渡路 107 弄 15 号。建于 1935 年的亚西亚里,是虹口区较为罕见的荷兰式联排花园别墅。屋顶为荷兰式三折坡屋面,鹅卵石墙面,底层六边形凸出墙面,入口处有简洁中式雨篷,以牛腿支撑。这里是情报员李白烈士最后居住、工作和被捕的地方。

1937 年抗日战争爆发后,李白奉党中央之命到上海从事与党中央的秘密通报工作。10 月 10 日,化名李霞的李白到达上海。不久,住进了贝勒路(现黄陂南路)148 号的小阁楼里。第二年初春,李白在这里设立了第一个秘密电台,从此一座无形而坚固的"空中桥梁"架设在上海与延安之间。由于环境十分险恶,组织上决定派青年女工、优秀共产党员裘慧英与李白假扮成夫妻以掩护电台工作。

1945 年秋天,李白和裘慧英搬入该住所,其工作任务为恢复被敌人破坏的秘密电台工作,及时向党中央提供敌军的情报。1948 年国民党当局采取分区停电、暗中抄收信号等手段来侦测地下党的电台,12 月 29 日深夜李白被捕。1949 年 5 月 7 日李白在浦东戚家庙秘密杀害。

四、第四批上海市文物保护单位

【黄道婆墓】

位于徐汇区华泾镇东湾村 13 号(现徐梅路 700 号),徐浦大桥外环线西端北侧便道。整个墓区坐北朝南,占地面积 1 000 多平方米。

墓院内设两层石阶,花岗石铺地。从墓道至第一级,置文物保护单位标志和原上海县人民委员会所立介绍黄道婆事迹碑刻。第二级中为椭圆石圈土墓,并围有高约 0.5 米的大理石护圈。墓前立有一汉白玉石碑,其正面镌刻有原中共上海市委书记魏文伯题写的"元黄道婆墓"的手迹,碑前设长条形石质供桌、石凳。墓的四周植有松柏、黄杨、盘槐、罗汉松等常绿树木,三面围以白色院墙。墓地前筑东西向甬道,道口立石舫。

黄道婆,又名黄婆、黄四娘、巧姑,生于宋末元初(约 1245 年),华亭县乌泥泾(今华泾镇)人。黄道婆早年家境贫苦,少时流落到海南崖州。在黎族民间学习植棉纺织的技能,直至元成宗元贞年间(1295—1296 年)才渡洋返回家乡。她将纺织技术传授给家乡妇女,并且改革"捍、弹、纺、织"工具,使当地棉纺织品远销各省,遂有"松江之布,衣被天下"之誉,黄道婆也被后人公认为"先棉"。黄道婆逝世后,乡亲们为其建造墓地,供奉塑像,年年祭祀。至 20 世纪 30 年代,墓地已经成为义冢地。

1962 年 9 月 7 日曾公布为上海市文物保护单位。1962 年重修,墓冢前立有一汉白玉墓碑,其正面镌刻有原中共上海市委书记魏文伯题写的"元黄道婆墓"的手迹,墓碑前置有长条形石供桌和石凳。墓的四周植有松柏、黄杨、盘槐、罗汉松等常绿树木,三面围以白色院墙。1983—1985 年市政府又组织重修黄道婆墓,上海市文物管理委员会在墓前立石牌坊,牌坊上刻有"元黄道婆"四个大字,两旁以木栏围杆保护,扩种绿化。

1987 年 12 月 1 日,为纪念国务院命名上海为国家历史文化名城一周年,上海市文物管理委员会举行黄道婆墓修复工程竣工仪式。1988 年墓地前筑东西向甬道。1994 年 12 月 8 日,徐汇区人民政府命名黄道婆墓为区爱国主义教育基地。2002 年 3 月,由上海市徐汇区文化局和华泾镇人民政府共同出资在墓地东侧建造黄道婆纪念馆。

【陈子龙墓】

位于广富林街道龙源路和广富林路交汇口西北。

陈子龙,字卧子,号大樽,明松江府华亭县人。富有文学才华,晚明著名文学家、诗人。清顺治四年(1647年),策动江南提督吴胜兆反正抗清,事败被捕。用船押至府城途中投身古浦塘殉国,年仅40岁。陈子龙死后,其学生王沄等将其遗体藏于洞泾乡友人徐惠郎家祠堂内。陈子龙子陈巖成人后,同其母张氏将陈子龙遗体葬于广富林东首的陈氏祖茔。乾隆四十一年(1776年)清廷追谥陈子龙为忠裕公。修复后的陈墓,焕然一新,松柏环绕郁郁葱葱,碑亭墓室气象肃穆。墓地1300多平方米,墓基以黄石砌墙围驳,四周水沟环绕。墓前大小平台,均用花岗石铺地。墓室为三穴砖砌券顶,坐东朝西。全墓布局层次分明,入口处辟有3米宽甬道,立石牌坊作墓门,高6.7米。牌坊正中由李一氓书“明陈子龙墓”。过牌坊甬道,缓步三级,为小平台。北侧新建3.3米高、2.7米阔的“碑石壁嵌”,嵌有顾廷龙撰书《陈子龙事略》石四方,陈子龙画像石一方。过小平台,拾步四级,为墓前大平台。正中矗立着乾隆五十一年(1786年)为陈子龙墓立的原墓碑,高2米。南侧,是乾隆五十三年(1788年)的“墓田碑”原碑石,字迹清晰,记有墓田493亩。墓室前10米处,是按乾隆五十九年(1794年)原貌重建的碑亭,平面方形歇山顶,砖木结构,仿制石柱。方砖铺地,名“沅江亭”。取自陈子龙《会葬夏瑗公》诗“华岳暮云来大鸟,沅江春草滕父鱼”,用“沅江”两字命名,亦是纪念陈子龙赴水死难之意。1988年陈子龙墓修缮竣工,2008年增设墓地围墙,现位于广富林遗址公园范围内。

曾于1957年8月公布为江苏省文物保护单位,1962年9月由上海市人民委员会公布为上海市文物保护单位。

【普济桥】

图 1-1-26 普济桥

位于青浦区金泽古镇历史文化风貌区南段,跨金泽塘。

桥建于宋咸淳三年(1267年),桥额镌刻“咸淳三年”为题证。清雍正初年,黄元东重新整修石栏杆。1999年,上海市文物管理委员会对普济桥进行修缮。整座桥梁由紫色武康石料修建而成,每当雨过天晴之时,桥面晶莹光泽,宛若用紫石镶嵌而成的宝石桥,又名"紫石桥"。桥畔原有圣堂庙,俗名"圣堂桥"。为单孔石拱桥,东西各 17 级、22 级台阶,长 25.5 米,宽 2.7 米,高 4.8 米,拱跨10.5 米,拱高 4 米。桥面略呈弧状、坡度平缓,两侧有低矮的石护栏。桥两侧的栏板无柱头,较为低矮,紧贴桥面。桥东坡为 T 字形,拱券为镶边式并列砌筑,呈弧状。拱券两侧上方的长系石,左右对穿,横穿石桥,伸出桥壁,增添了桥整体稳定性。长系石两端雕刻"莲幡"状图案。拱券两边外侧券石雕刻卷云纹图案,桥抱鼓石亦为卷云纹状。莲幡、卷云纹为佛教纹饰,用以寄托神灵护佑桥梁永固。具有宋代桥梁特色,历史人文价值较高。桥东宋时建有真武庙,又近名刹颐浩寺大山门,庙、桥建筑融合一体,是金泽古镇独特的桥庙文化见证。

1962 年 9 月曾由上海市人民委员会公布为上海市文物保护单位。

【放生桥】

图 1‑1‑27　放生桥

位于青浦区朱家角镇北大街东首,呈南北向,横跨漕港河。明隆庆五年(1571 年)由慈门寺僧性潮募款建成。清乾隆末年,桥倾塌。清嘉庆十七年(1812 年)圆津禅院寺僧觉铭募款重建。

光绪刊《青浦县志》载"慈门寺濒于曹溪,隔岸为井亭,烟波渺弥,南北居民错趾骈肩,呼艇争渡者,每苦风涛之险,而舟子又善持缓急,行人病焉,性潮募件石梁,并结放生社于此,故名其桥为放生桥"。桥下方里许为慈门寺僧放生之地,禁止渔人罟网,朱家角人以渔为生,与佛家放生习俗相违背,必然产生新的社会矛盾,破坏了镇上好生、怀善、礼让之和谐气氛。嘉庆四年(1799 年),均告假还乡的刑部右侍郎王昶和浙江按察使陆伯琨,于放生桥附近联手打造了"禁网"碑,倡导乡人"禁止网罟""人怀好善"。

放生桥为五孔连墩拱桥,花岗石材质,长 72 米、宽 5 米,高 8.65 米。横联分节并列拱券,中跨径 13 米,两侧跨径依次为 7.5 米、5.4 米。南堍石阶 59 级,北堍 62 级。桥面有护栏、望柱,望柱上端雕饰狮子,龙门石上雕刻八龙戏珠图案。两侧桥柱有楹联,东联为"引渡资生涸鲋尽依活水,来苏慰望卧龙本异晴霓";西联为"潮声喧走马平分珠浦浪千重,帆影逐归鸿锁住玉山云一片"。桥墩、桥拱坚固而不轻薄,雄伟而不笨重,建造工艺高超精湛,被桥梁界称为"薄墩、薄拱"桥的典范。放生桥长如带,形如虹,因桥堍北有井亭,此处被列为"珠里十景"之一"井带长虹"。放生桥即承担着通航泄洪、联通两岸的大任,更是因桥成市,古镇因其而越发繁华,清初邑人邵珍曾写诗题咏:"长桥架彩虹,往来便是井。日中交易过,斜阳乱人影"。

桥南堍建有廊亭,存碑三通:"放生桥永禁碑"、"永禁碑"、"重建放生桥记"。两块永禁碑碑文基本相同,碑立于清嘉庆十七(1812年)十月和十一月,分别为青浦县衙署和昆山县衙属的告示,主要记载了放生桥重建之后禁止在桥的周围淘沙、搭棚及流民停宿煨饭和贩牛之人拴系桥上等事宜。

放生桥是上海地区现存最大五孔石拱桥,被誉为"沪上第一桥"。放生桥结构完整,气势雄伟,具有较高的历史文物价值。1992年、1998年市文管会两度修缮。

1959年被公布为青浦县文物保护单位。

【砖刻照壁】

位于松江区中山街道方塔园内,原为松江府城隍庙山门外的影壁。

元末,兴圣教寺毁,明洪武三年(1370年),知府林庆在塔南废墟上建松江府城隍庙。明成化至万历年间,增建、修建6次以上,遂具一定规模,清乾隆、嘉庆间亦重修。咸丰十年(1860年),太平军东征时美国人华尔之洋枪队盘踞松江,驻于府城隍庙,殿宇多毁。同治五年(1866年)修复。民国26年(1937年)八一三抗战时,松江遭日机轰炸,府城隍庙大部毁为废墟,照壁幸无损坏。

照壁面阔三间,正间高4.75米,宽6.10米,以方砖砌成,雕琢走兽、花卉、树木、珍宝,而以一巨大怪兽为中心。此兽长鹿角、狮尾、龙鳞、牛蹄。四只蹄下踏着珊瑚、元宝、如意、玉杯,扭头望上。在它身旁,雕刻着灵芝、夜明珠、梅花鹿、凤凰等,还有一个瓶子里三支戟,取"平(瓶)升三戟(级)"之吉兆。树上悬挂大印,枝上一猴,为"挂印封侯",还有摇钱树、鲤鱼跳龙门、凤衔天书、八仙过海,都是吉祥物,象征"富贵荣华"。

照壁正间东边框外,刻有洪武三年之款识,年久模糊。1978年开辟方塔园时,成为园内一景。

1962年曾由上海市人民委员会公布为上海市文物保护单位。1977年公布为县级文物保护单位。

【东林寺大殿】

位于金山区朱泾镇东林街150号东林寺内。大殿坐北朝南,砖木结构,榫卯组合,抬梁式架构,重檐歇山顶宫殿式建筑风格,通高15.2米,面阔5间20.5米,进深6间17.6米,建筑面积352平方米,大殿占地面积468平方米,总占地面积约为1485平方米。小青瓦一字脊,垂脊与角脊处置兽吻,每条戗脊有3只蹲兽,外檐饰一斗六升斗拱,殿前后共12根檐柱。东林寺大殿是上海地区现存单体体量最大的佛教建筑。

元至大元年(1308年),僧妙因始建"观音堂",以供奉观世音菩萨。元皇庆二年(1313年)西林寺元智僧来开山,延祐中元智到元大都(今北京)进献观音菩萨铜像。时值京畿大旱,仁宗皇帝下旨命元智禅师设坛求雨,果然灵验,普降甘霖,于是皇帝赐元智禅师为"佛日普照大德禅师",并赐金襕袈裟,同时奉敕赐额"东林禅寺"。东林禅寺因此声名远播,远近僧俗纷纷前来,香火逐渐旺盛。至正元年(1341年)毁于兵燹。明初僧至益重建,后因年久失修而倾毁。清乾隆二十七年(1762年),

图 1-1-28　东林寺

里人陈克己等集资重建,时有前后两殿。嘉庆十年(1805 年)僧漪云重修,并建莲月轩。原有僧房 4 个院落,至嘉庆时仅剩一座宝光院,内有善应堂、清啸阁等建筑。道光五年(1825 年)大殿毁于火。道光九年(1829 年)僧念怀又重建,历时两年完工。有里人陆亦君《重建东林禅寺观音殿碑记》记载重建之事,曰:"广为募劝,鸠集善缘……经始九年之秋,告葳于十一年之冬。盖阅三载而克溃于成,规模一如旧,而壮丽过之"。道光十八年(1838 年),山门又毁于火。至光绪四年(1878 年)修志时"惟存大殿、二殿"。其中,二殿年久毁坏,于 1953 年拆除。殿旁原有"宝光院"等僧房四个院落,亦坍毁无存。今幸存的大殿系道光年间建造。

解放后,东林寺大殿一直由县人民政府作为会场使用。1987 年 11 月 17 日,由上海市人民政府公布为上海市文物保护单位,并树立保护标志。1989 年 4 月,由县博物馆修建保护围墙。9 月,配备了灭火器材。1991 年 8 月 7 日,遭龙卷风袭击,大殿屋脊被吹断,毁坏严重,事后由县博物馆修复。

1998 年 5 月,金山区人民政府与上海市文物管理委员会共同出资修缮,上海建筑装饰(集团)总公司第一工程公司负责施工。由于大殿地基自然下沉,修缮时在保持原貌的基础上,采用顶升技术,将大殿整体提升了 60 厘米,重筑台基及台阶,翻修屋面,恢复四壁砖墙,恢复全部方格落地长窗和全部木头拱。新做垫拱板,重铺方砖地坪,新筑四周保护围墙,拆除临街三层楼房群,辟为广场。工程 5 月 19 日开工,12 月 17 日竣工。

2001 年 12 月 31 日上海市民族和宗教事务委员会发文同意东林寺作为活动点对外开。2002 年 8 月 28 日起,东林寺大殿委托金山区佛教协会保护管理。2002 年 11 月经金山区宗教事务管理部门批准,东林寺正式成为佛教活动场所对外开放。

【黄母祠】

位于龙吴路 1111 号上海植物园内,占地面积 2 092 平方米,建筑面积约 546 平方米。祠前立有照壁,入门处有原中国佛教协会会长赵朴初题写的"黄道婆纪念堂"匾额。祠为砖木结构,五开间,歇山顶,室内展示黄道婆生平图片、文献等。侧厅陈列黄道婆首创的三锭纺车及搅车、织机等实物。修建长廊、仰黄亭、先棉园。园内植桑、麻、棉、竹,以突出纺织主题。黄道婆石雕坐落其中。祠内的画像、楹联、匾额等,均出自当代书画家启功、谢稚柳、顾廷龙、赵朴初、程十发等手笔。

黄母祠原为乡间小庙,位于原上海县龙华乡喜泰路王母庙村,方志无记载。祠为一座四合院式农村小宅,前后二进,前为门厅,悬"黄母祠"匾,龙华人陆瀛龄书,有题记,谓清雍正八年(1730年)里人捐地,僧人征沅主持,在里中募化所建。1956年发现该祠时,已无僧道,有居户兼管此祠。祠后进有台座,立黄道婆塑像似农村老妇,身穿寿字纹绸衣,高约1米,左右有童女二人,手握棉花,置于玻璃神龛中。座上还有一架一手纺三纱的纺车模型。每年农历四月初六民间定为黄道婆生日,香火很盛。

上海市文物管理委员会曾拨款修复黄母祠,修复后的黄母祠被上海市园林局辟为黄道婆纪念堂,1991年12月7日正式对外开放。内设纪念室、陈列室和莲花池游憩小区三部分。按原样修复的黄母祠为五开间歇山顶建筑,祠前立有大照壁,中国佛教协会会长赵朴初题写的"黄道婆纪念堂"横匾端立楼前。室内展示黄道婆生平事迹,侧厅陈列黄道婆首创的三锭纺车、木棉缆车等。园内植桑、麻、棉、竹,以突出纺织主题。黄道婆石雕坐落在广场东侧绿竹丛中。后来植物园又增建广种木棉的"先棉圃"和瞻仰黄道婆的"仰黄亭"。1990年代末期,祠内纪念堂、陈列室、园中长廊等木结构遭风化,上海植物园自筹资金20多万元,按原貌予以修复。

1959年5月26日曾由上海市人民委员会公布为上海市文物保护单位。

【商船会馆】

位于"南外滩"董家码头的南面有一条会馆码头街和一条会馆街,会馆街与会馆码头街相交的地方,即会馆街38号是上海商船会馆所在,此这条路就是因会馆所在而有名。

商船会馆是上海最早成立、规模最大的商船业主同业会馆。该建筑群坐西朝东,砖木结构。现存主要建筑有砖雕门楼、大殿、戏台和清乾隆石碑,占地面积2 350平方米,门楼高5米、阔16米,由清水方砖砌筑,雕有"商船会馆"字样。正门两侧立有一对大石狮子(石狮已移至蓬莱公园);大殿为双厅,坐西朝东,面阔三间,进深八间。长23.3米,宽13.5米。前为歇山顶,后为硬山二坡顶,雕梁画栋,非常精致。南墙上嵌有清代石碑一块。殿前为戏台,坐东朝西,长14米,宽12米,高9米,歇山顶,七架梁,上有八角形漆画藻井。

上海商船会馆是上海、崇明、海门籍沙船业商行的同乡同业团体,也是上海有史以来出现的第一个同乡同业组织。沙船对上海港初期的发展起过至关重要的作用。

中国沿海一般以长江为界,把长江以北的海域叫作"北洋",以南叫作"南洋",清代的北洋水师和南洋水师就是以此定名的。上海位于长江出海口的南边,按具体位置属于"南洋",但是在元代以前上海商船搞北洋贸易较多。

北洋贸易有一个特点,即近海海水浅,沙滩多,为了适应北洋水域之特点,这种海船设计一般为平底、多帆、方首、方尾,这种船适宜浅海航运,而且万一被搁浅沙滩,它也不会翻船,所以被叫作"沙船"。也有观点认为,上海近海的岛屿以前称之"沙",如崇明旧称"崇明沙",现尚有川沙、横沙、鸭窝沙等地名,由于这种船首先由崇明沙生产,所以叫"沙船"。

元代以前,上海的沙船已承担北洋水域的航运。但是,当时沙船的数量很少。南宋灭亡后,元政权将在南方征敛的税收以及实物(稻米)形式运往北方,这叫"漕运",而原来承担南北航运的大运河由于长期战争失修而无法通航,唯一可行的方法就是海运。

南宋末年嘉定县八都新华村（今川沙高桥附近）出了个张瑄，他早年随崇明人朱清贩运私盐，后来就和朱清成为海盗头目。元军攻陷临安以后，他就率众投元，帮助元政权将从南方掳掠来的财产经海路运往大都，被封金符千户官，后来还代表元政权出使日本，南洋等地。元至元十九年（1282年）元世祖忽必烈决定将漕运改为海运时，张瑄与朱清被任命主官漕运，并与上海官军总管罗壁在上海地区建造沙船。由于漕运是最大的航运业务，于是沙船也成了上海的主要海上航运船只。毋庸置疑，沙船业对上海港初期的形成和发展起了重要作用。

据史料记载，清嘉庆年间是上海沙船业发展的一个高峰时期。上海大沙船主更多，最著名的沙船商有号称"朱、王、沈、郁"的四家，朱家为沙船业的老大，"家资敌国，称之为'朱半天'"。沙船聚于上海，约三千五六百号，其船大者载官斛三千石，小者千五六百石，船主皆崇明、通州、海门、南汇、宝山、上海土著之富民。每造一船须银七八千两，其多者至一主有船四五十号，故名曰"船商"。这些经营南北贸易的大商人，在上海地方低价买进南方货物纱、布、茶叶等货物，贩往山东、烟台、天津以及关外的大连、营口、牛庄等地，高价出卖。回船时，就低价收购黄豆、豆油、腌腊等货物。

上海商船会馆，始建于清康熙五十四年（1715年），商船会馆设于马家厂（今南市会馆街），建筑占地20亩，是上海商船运输业中的沙船业主们为了"敦乡谊、辑同帮"集资成立。是上海最大的会馆建筑。会馆内还有承善堂，专为船员办理伤亡事宜。会馆还在浦东、浦西设立泥沙场地，给船商出航压舱用。中国海运业以天后为航海保佑神，所以商船会馆以供奉天后的大殿为正殿，所以这个会馆以前也曾被当作"天后宫"。

在近代，商船会馆对外国轮运业的挤压，也作过一些抗争。例如他们曾雇请外国律师来为沙船业主维权：称"我帮船只进出各口，每为外国夹板火轮等船撞碰等事……以请英国哈华托大讼师总理其事，并公举沈勉堂兄同为经办……"

进入20世纪后，在国内外轮船业的竞争下，上海的沙船业愈加衰落破败，商船会馆的生存空间愈加狭小。随着众多会馆公所转化为同业公会，商船公会终于从商船会馆蜕变而出。1920年沪南商船公会成立后，商船会馆的报道已经少之又少，我们只能从报刊上见到水手公所、中华海员生火公所、船舶会馆、轮船公所等组织的活动，再也难见商船会馆的踪影。

商船会馆建于清康熙五十四年（1715年）。由上海和崇明籍沙船商"为敦乡谊、相同帮"而成立。乾隆、嘉庆年间扩建，光绪八年（1882年）重修。同治初年，曾作为在南市筹办江南制造局（今江南造船厂）办事处，其东北部的房屋曾被用作商船公局（旧上海市招商局前身）。光绪三十三年（1907年）在内设立"商船小学"。解放后，曾办过街道托儿所、幼儿园、加工厂。第三次全国文物普查时由南外滩物业和新东门物业公司管理。商船会馆东面是中山南路南浦大桥引桥边，南面为多稼路，西面为会馆后街，北侧是芦席街。

【书隐楼】

位于黄浦区天灯弄77号，是上海地区存世极少的清乾隆年间遗存的建筑群。在历史上曾与宁波天一阁、湖州嘉业堂齐名，一起被列为清代"江南三大藏书楼"。

书隐楼是明代上海著名私家花园——日涉园旧址中的一部分。"日涉园"为进士陈所蕴在万历年间所建。清康熙年间因家道中衰，住宅和"日涉园"被翰林院编修陆深后代陆明允收购。清乾隆年间，陆明允裔孙陆秉笏在园内添建了"传经书屋"作为书房和藏书楼。陆秉笏之子陆锡熊是清乾隆二十六年（1761年）进士，任《四库全书》总编纂。因编书有功，乾隆帝御赐陆锡熊一幅杨基所作"淞南小隐"图并御题七言绝句一首。遂被陆锡熊敬奉于传经书屋内，以为宅楼名，并邀《四库全书》

付总编纂沈初(乾隆癸未科榜眼,历任礼部、兵部、户部尚书)题"书隐楼"匾。光绪后,陆氏家道衰落,住宅被分批出让,园林大部分被改建为住宅。20世纪初,船商郭万丰购进书隐楼旧基,其后裔居住至今已有六代。

书隐楼地处上海老城厢历史风貌区。大门朝西在天灯弄,东为巡道街,南邻天灯弄(转弯),北近引线弄。周边均为民居,附近亦有集贤村、梓园、小南门火警钟楼等文物建筑。建筑分布面积2 230平方米,建筑面积1 578平方米,砖木结构,并列三座建筑。中间正厅,七架梁,两侧分别为轿厅和花厅;后面东侧有话雨轩、船舫等;西侧为内宅,有前后楼厅及东西厢,构成走马楼。四周有厚二尺、高三丈六尺的青砖防火墙围合。楼内遍布砖雕木刻,内宅门楼上的"古训是则"匾额、"文王访贤""穆天子见西王母"图,宅楼东西侧及连接处的砖屏"三星祝寿""八仙游山",隔扇裙板、梁枋、云板、垫拱板上的浮雕或镂孔"汉宫秋月""滕王阁"和各种动植物图案,皆是雕刻上品。大厅西墙外有一口宋代石井,井栏呈八角形,每边各有横直线两道,式样与苏州北宋名园沧浪亭的井栏完全相同。

由于书隐楼属私有房产,缺少合理的维修保养,加之20世纪中期曾被占用作为生产车间,造成建筑严重受损。目前除门楼、堂楼底楼中间部分保存尚可之外,其余均损坏较为严重。自20世纪80年代起,政府部门曾多次想购买书隐楼,提出过房屋置换、经济补偿等方式,由国家对建筑进行出资维护。但因产权人分散,且大多在海外,成员意见各异,出售、置换等方案始终未能通过。目前乔家路地块正在规划建设"乔家路文化街"。书隐楼作为该地区的重要文脉遗存和老城城区发展的重要见证,其相应的保护和修缮也已被纳入计划中。

【中国社会主义青年团中央机关遗址】

位于大沽路400—402号。

1920年8月22日,为团结革命青年,上海的中国共产党早期组织派俞秀松、施存统、陈望道等建立上海社会主义青年团,设在霞飞路新渔阳里6号。此后,北京、广州、长沙、武昌等地也先后成立了相应的团组织。早期的社会主义青年团虽然是带有社会运动倾向的团体,但是团内成员复杂,有马克思主义者,也有无政府主义者、基尔特社会主义者、工团主义者等等。由于信仰不同,遇到问题往往意见不一,使工作无法开展,再加上经费和人事变动等原因,到1921年5月左右,宣告暂时解散。1921年8月中国共产党在第一次全国代表大会后,立即着手恢复和加强团的工作。11月党中央在上海成立了社会主义青年团临时中央局,在社会主义中国青年团全国代表大会正是召开并选举中央机关之前,代行中央职权,并任命施存统为书记。办公地点设在新大沽路356、357号(后为大沽路400—402号)。在此期间,临时中央局机关出版了《先驱》半月刊,成立"马克思学说研究会"和"非基督教学生同盟"。1922年3月26日,湖南黄爱、庞人铨的追悼会在尚贤堂召开,李启汉主持,陈独秀、蔡和森在会上发表演说,并散发了毛泽东起草的《中国社会主义青年团为黄、庞牺牲转告工人书》。4月组织了支援浦东日华纱厂工人罢工斗争的运动,号召全国各界大力援助日华纱厂工人,并发动团员青年进行募捐活动。团临时中央还根据党组织的要求,为中国劳动组合书记部工人补习学校编写教科书《劳动运动史》。在5月召开的中国社会主义青年团第一次全国代表大会上施存统作了团临时中央局与上海团的情况报告,并被大会选为团的第一届中央执行委员会委员、书记。同年6月9日,大沽路的临时中央局机关被租界巡捕房以"妨碍治安"为由查封。

该旧址原为沿街面老式的石库门里弄建筑,2004年房屋被拆除。在原址附近竖立了一处以石库门门头为造型的纪念物。

2002年4月,被上海市人民政府公布为上海市纪念地点。

【上海大学遗址】

位于青岛路青云里（今闸北区青云路 309 号—317 弄处）。

上海大学是第一次国共合作时期，国共合作创办的培养革命干部的一所高等院校，1922 年 10 月由原东南高等师范专科学校改组而成，校长于右任，副校长邵力子，校务长邓中夏。上海大学创办时，正值国共两党酝酿建立统一战线，学校先后聘请共产党员、国民党员、进步人士、社会名人来校任职任教，如邵力子、沈雁冰、陈望道、郑振铎、蔡和森、张太雷、恽代英、刘大白、俞平伯、田汉、周建人等。他们呕心沥血，锐意改革校务，使之成为一所新颖的革命大学，培养造就了一大批共产主义的优秀干部，当时有"文有上大，武有黄埔"之誉。此外，学校还延请李大钊、马君武、胡适、章太炎等学者到校演讲。

青云里是上海大学最初校址，校舍 10 余间，老式石库门里弄住宅，砖木结构二层，弄堂口即校门，人称"弄堂大学"。1924 年 2 月，因校务发展，校址迁至陕西北路 342 弄（原西摩路 132 号）西式洋房，及马路对面 299 弄 4—12 号（原时应里 522—526 号，为社会学系和中学部课室）。1950 年代末，经当年该校职员许德良、姚天羽、程永言等人踏勘回忆，青云里校舍建筑已毁于"一·二八"淞沪抗战时日军炮火。作为一所早期培养革命骨干力量的学校，青云路上海大学遗址无疑是红色革命文化的圣地，具有重要爱国主义教育意义。

1987 年 11 月由上海市人民政府公布为上海市纪念地。

【沪西工友俱乐部遗址】

位于安远路（西康路口）278—282 号原德昌里内，今已不存。

沪西工友俱乐部成立于民国 13 年（1924 年）9 月初，是中国共产党领导沪西地区工人运动的组织。沪西小沙渡原是日商纱厂和工人比较集中的地区，中国共产党成立后，曾先后选派党团员李启汉、嵇直、徐玮、孙良惠等前往创办工人补习学校，做组织和教育工人的工作。沪西工友俱乐部正式成立时，地点在当时的小沙渡路（今西康路）槟榔路（今安远路）转角处一排坐西朝东的简陋平房，俱乐部租用其中三间为活动地点。在俱乐部成立会上，通过《沪西工友俱乐部草章》，选举孙良惠为俱乐部主任，嵇直为秘书，徐玮、刘贯之等为干事。俱乐部规定"凡属沪西工人，不分男女，愿遵守本部章程者，均得为本部普通部员"。俱乐部成立后活动形式多样，很受工人欢迎。经常到俱乐部演讲并指导工作的共产党员有邓中夏、项英、恽代英、瞿秋白、李立三、刘华、杨之华等。到民国 13 年底，在沪西的 19 个纱厂中建立了俱乐部的秘密组织，成员发展到近 2 000 人。民国 14 年初，沪西工友俱乐部从小沙渡路迁至苏州河北岸的潭子湾三德里，并在那里领导了日商纱厂工人的"二月大罢工"。五卅惨案发生后，潭子湾三德里的沪西工友俱乐部成为上海总工会的第四办事处。

沪西工友俱乐部地点于 1959 年经嵇直及当时参加俱乐部活动的老工人李瑞青、蒋士贵等回忆并踏勘确认，原来在小沙渡路槟榔路口的三间平房已在新中国成立初期被拆除，另建房屋，周围环境原状亦有很大改变。

1959 年 5 月 26 日曾被上海市人民委员会公布为上海市文物保护单位。1987 年由上海市人民政府公布为上海市级革命纪念地。1989 年 9 月被公布为普陀区第一批革命纪念地。

【上海工商学联合会遗址】

位于黄家阙路 99 号（原庆安里 2 号），地处处于居民聚居区内，东面中华路，南面大兴街，北面大吉路。

上海工商学联合会是五卅惨案后中国共产党通过上海总工会联合全国学生联合总会、上海学生联合会、上海各马路商界总联合会共同组成、统一领导上海反帝运动的总指挥机关,成立于民国14年(1925年)6月4日,最初临时借用黄家阙路立达中学办公。由4团体各举代表6人组成委员会,下设总务、文书、交际、庶务、经济、调查、宣传等7部。成立当日,沈雁冰、侯绍裘、杨贤江、丁晓先、董亦湘、刘薰宇等30余人发起成立的上海教职员救国同志会,也加入该会,一致行动。1925年6月7日,工商学联合会提出同帝国主义交涉的条件17项,包括废除不平等条约、收回租界和海关权、取消领事裁判权、撤退外国海陆军等;6月11日,工商学联合会在西门外公共体育场组织近10万人的市民大会,通过反帝宣言和决议,号召与英、日两国实行经济绝交等;6月17日起,租下庆安里2号作为正式会所;6月30日,总指挥林钧、李立三等又组织20万群众举行追悼五卅死难烈士大会。7月23日至28日,工商学联合会会所曾一度被奉系军阀查封。启封后,仍继续坚持反帝斗争。9月18日,帝国主义勾结奉系军阀武力查封上海总工会,工商学联合会亦被迫于9月21日宣告自行解散。期间,还出版了《上海工商学联合会日报》。

上海工商学联合会旧址已毁于民国21年(1932年)"一·二八"日军炮火之中。原建筑已被拆除,现已建成居民住宅小区。

1987年,上海市人民政府将该旧址所在地公布为革命纪念地。

【中国共产党第四次全国代表大会遗址】

位于东宝兴路254弄28支弄8号地位。当年这里原系一幢三层楼的石库门里弄住宅建筑。

1925年1月11日至22日中国共产党在上海举行了第四次全国代表大会。出席大会的代表有陈独秀、蔡和森、瞿秋白、周恩来、张太雷、彭述之、李维汉、朱锦堂、尹宽、何今亮(即汪寿华)等20人,代表全国党员994人。共产国际代表维经斯基也出席了大会。大会通过了《对于出席共产国际第五次大会代表报告之议决案》等11个议决案,通过了《中国共产党第二次修正章程》,大会发表了《中共第四次全国代表大会宣言》和《中共第四次大会对于列宁逝世一周年纪念宣言》。大会第一次明确地提出了无产阶级在民主革命中的领导权问题和工农联盟问题,正确地制定了党在民主革命中的策略,为新的革命高潮作了组织上的准备。大会最后选举了新的中央执行委员会。陈独秀、李大钊、蔡和森、张国焘、项英、瞿秋白、彭述之、谭平山、李维汉9人为中央执行委员;邓培、王荷波、罗章龙、张太雷、朱锦堂5人为候补中央执行委员。在闭幕当天,四届中央执行委员会第一次会议决定陈独秀、彭述之、张国焘、蔡和森、瞿秋白5人组成中央局,陈独秀任总书记。

大会会址房屋系临时租赁,会场在二楼,布置成教室模样,有黑板、讲台、课桌和课椅等,当时还发给每个会议参加者一本英文书,假装成英文补习班在上课;三楼作为部分外地代表的宿舍。大会以后,该屋曾一度成为中共中央工农部工作人员宿舍,后退租。民国21年(1932年)"一·二八"淞沪抗战时,该屋及周围建筑均毁于日军炮火。以后该处成为棚户区。1983年在原址建筑六层楼新工房,当年原貌不复存在。1984年5月,遗址经当年在中共中央宣传部工作并担任大会记录和向导工作的郑超麟的回忆和踏勘而确认。

【"五卅"烈士墓遗址】

位于广中路668号广中路停车场内。

五卅运动后期,为纪念五卅殉难烈士,于民国14年(1925年)11月,由各马路商界总联合会、全国学生联合总会、上海学生联合会和工界代表会各派代表二人,组织五卅烈士丧葬筹备处,专办购

图1-1-29　"五卅"烈士墓遗址纪念碑

地建墓事宜。民国15年3月,购定闸北方家木桥北首阙五图地基十亩零七分三厘五毫,并于同年5月29日五卅周年前夕在墓地举行奠基礼。烈士墓由工程师刘士琦设计,经登报招标,最后决定由陈乾兴营造公司承筑。民国17年春工程告竣,5月30日五卅惨案三周年,举行隆重的落成礼。

　　五卅烈士墓地呈长方形,南北长约80米,东西长约90米,四周有围墙,大门在正南偏西,墓地正中偏南矗立有五卅纪念碑亭一座,呈正方形,基座每边长约13米,四面均有石级可上至碑亭,碑亭每边长约2.5米,正南面刻有"来者勿忘"四个大字,为谭延闿书写。侧面为五卅殉难烈士墓碑,由蔡元培撰文、谭延闿书写,碑文共23行1 094字,记述了五卅惨案经过及牺牲烈士姓名。另一侧为"殉难烈士姓名籍贯和乐助建筑公墓捐款名单"。碑亭背面无碑文。碑亭顶部成方锥形,四角有醒狮雕塑各一只,顶尖上有避雷针。自基座底部至针尖顶高约11米。碑亭之后为烈士墓,位墓地正中偏北,南北长约18米,东西长约21米,系仿照宋教仁墓式样建造,中间有直径约4.5米的圆拱形墓顶,顶上有雄鸡雕塑一只。拱形墓顶前有"五卅殉难烈士之墓"碑,碑为大理石制成,嵌于水泥座上,座宽约1.5米,高2.5米。墓高自基座至基顶约7.5米。烈士墓及纪念碑亭四周有栏杆,均用花岗石及钢筋水泥筑成。民国21年"一·二八"淞沪抗战后,又在烈士墓西南侧建造三间平房为五卅小学校舍。

　　1937年"八一三"抗日战争爆发,纪念碑亭为日军炮火所毁。翌年,日军为修建"一·二八"侵华将领白川纪念塔,又将五卅烈士墓全部炸毁,小学及附近居民均遭驱逐,部分烈士遗骸则被移葬大场。此后烈士墓遗址四周荒芜一片。抗日战争胜利后,遗址及周围曾辟为大华农场。中华人民共和国成立后,先后改作劳动教养所、虹口果园、虹口区机关农场、广中苗圃、上海市园林职业学校等,现为广中路停车场、园林工程公司、华龙汽车修理厂和海信汽车运输公司等单位使用。

　　1950年,在烈士墓遗址上发现蔡元培撰文的"五卅殉难烈士墓碑"残碑两块,以后被运至上海历史与建设博物馆筹备处收藏,现由中共"一大"会址纪念馆负责保管。1964年,又在该遗址发现"烈士姓名籍贯及乐助建墓捐款名单"残碑一块,由上海市文管委收藏。

1959 年 5 月 26 日曾由上海市人民委员会公布为上海市文物保护单位。

【中共淞浦特委办公地点旧址】

图 1 - 1 - 30　中共淞浦特委办公地点旧址

位于山海关路 387 弄 5 号。1928 年 10 月,中共江苏省委为贯彻"八七"会议,以土地革命和武装起义来反抗国民党反动派屠杀政策的会议精神,加强了对上海 10 个郊县的武装斗争的领导,成立了淞浦特委。1928 年至 1930 年,此处中共淞浦特委机关办公点对外以正德小学为掩护,领导松江、金山、青浦、太仓等地的农民武装斗争。特委由杭果人任书记,陈云、林钧分别任组织部部长和宣传部长。1929 年至 1930 年间,"特委"领导陈云等深入农村,开展调查研究,向广大农民宣传革命道理,教育农民组织起来开展抗租斗争。在"特委"的领导下,在奉贤、浦南(金山)、南汇等县先后举行了庄行暴动、新街暴动和泥城暴动,沉重打击了敌人的统治,并一度宣布成立苏维埃临时政权和工农武装。这些活动充分显示了共产党人和人民群众不畏强暴、前赴后继、不怕牺牲的英雄气概,同时也锻炼了骨干,教育了群众。

旧址建筑是一栋旧式石库门里弄住宅,属砖混结构。平面呈"L"形布局,矩形门洞、条石门框。底层前部为客堂,后有灶间,并有前后厢房,楼梯居中;二楼前部为正房,后为亭子间,也有前后厢房。房屋原为普通民居,2009 年房屋向东移动了百余米,地址也调整为山海关路 339 号,现由静安区文物史料馆使用。

中共淞浦特委办公地点旧址曾于 1960 年 11 月被上海市人民委员会公布为上海市文物保护单位。

【上海人民保安队总指挥部旧址】

位于中山东一路 13 号江海关大楼四楼。

上海人民保安队,是上海解放前夕中共上海市委领导下的以工人为主体的武装自卫组织。1949年4月中旬,为配合人民解放军,里应外合解放上海,中共上海市委决定恢复抗战胜利初期的"上海人民团体联合会"的活动,并将分散的、名称不一的各种纠察队、护厂队、消防队等组织,集中领导,统一指挥,公开名称为"上海人民保安队",党内由刘长胜、张承宗、张祺等人领导。人民保安队以工厂、企业、学校、地区为单位,全市按区委划分组建了沪东、沪南、沪西、沪北、沪中和浦东6个区队,队员共有6万余人。

图 1-1-31　上海人民保安队总指挥部旧址

人民保安队总部在5月1日发布了《人民保安队队员须知》,规定保卫队的任务是:保护工厂、学校、机关、仓库及公共场所不被国民党破坏;为人民解放军作向导;协助人民解放维持地方秩序;监视战犯;瓦解敌军;收缴敌人武器。每个队员必须遵守三大纪律、八项注意。5月上旬,总部又突击印制了布质白底红字的人民保安队臂章,分发各区保管,并将保安队的番号和臂章样式报告中央,电告解放军各参战部队。中共上海市委还决定人民保安队总指挥部由沈涵、孙友余、刘峰3人组成,沈涵为总指挥。

5月24日,人民解放军对上海市区发起总攻。人民保安队紧急集合队员,佩戴臂章,全体出动,护厂护校,为解放军带路,迎接解放军进入市区。25日凌晨,人民解放军解放了苏州河以南的全部市区,人民保安队总指挥部立即进驻海关大楼,在401、412、413号房间公开办公,协助人民解放军开展各项工作。5月27日,上海全境宣告解放,人民保安队队员和解放军战士一起巡逻在街头,守护着即将接管的工厂、机关和仓库等。

5月28日,中共中央华东局和上海市委决定将人民保安队改名为上海工人纠察队,由即将成立的上海总工会筹备委员会纠察部领导。上海人民保安队胜利完成了历史使命。

上海人民保安队旧址于1987年根据张承宗、张祺、沈涵等回忆勘实。1989年7月1日,上海市文管会和上海海关在大楼底层门厅北侧墙面设立铜质浮雕标志,并举行了揭幕仪式。

五、第五批上海市文物保护单位

【圣三一基督教堂】

位于九江路201号,靠近江西中路。

上海圣三一基督教堂建成于1869年,是一座专门为英国侨民中的圣公会教徒服务的教堂。其前身是1847年由在上海居留的英国圣公会信徒建造的小型简易教堂。1875年,上海圣三一基督教堂被升格为圣公会华北教区主教座堂。

圣三一基督教堂的设计师是当时英国著名建筑师乔治·史浩特爵士,但由于史浩特的设计过于华丽,超过了上海英侨的经济承受能力,于是转请当时上海唯一具有英国皇家建筑学会会员身份的设计师凯德纳修改。教堂建设共耗银7万两,是上海早期最大最华丽的基督教堂。

史浩特为圣三一基督教堂设计的外观大体上属于哥特复兴式,设计了许多带有哥特风格的元素,如遍布教堂各处的尖券。整座教堂的室内外均采用清水红砖墙面,因而圣三一基督教堂又俗称为"红礼拜堂"。教堂内外两侧皆为尖券排柱长廊,采用显著柱帽的单根矮柱,柱帽上面顶住连续尖券拱廊。建筑平面符合教堂规范,为拉丁十字式,长约 47 米,宽约 18 米,堂身高 17 米。后部的至圣所符合圣公会规范,为古安立甘式半穹顶结构。由于教堂地处长江三角洲冲击地带,地质松软,为避免建筑沉降,在建造圣三一基督教堂期间曾在一千平方米的地基上打下了八千多根木桩。

圣三一基督教堂内部为大理石地面,设有圣坛、讲台、洗礼池(在东北角),均装饰有精美浮雕。座席为靠背穿藤的长椅,椅背钉着捐献者姓氏的铭牌。圣三一基督教堂的玻璃窗的设计与众不同,既非全部采用白玻璃,也没有全部采用彩色玻璃,而是花白相间,不成规则。通常的一种解释是:这座教堂自建成以后,每隔一两年,便换上几扇彩色玻璃。每一次玻璃的更换,都是为了纪念某一位对教会有贡献而死去的英国教徒。

圣三一基督教堂的设计体现了多种建筑风格的融合。但在 1893 年,教堂左侧又增建了一座高耸的钟楼,增强了整体建筑的哥特风格。钟楼为四方形平面,尖锥形屋顶,四角有四个小尖顶。钟楼内安置了八音大钟,能按圣诗音韵敲打。

在 20 世纪 30 年代十层以上高层建筑在上海出现以前,圣三一基督教堂的钟楼曾经长期是上海的制高点和最醒目的地标,尤其是对于乘坐轮船进出上海的乘客。1941 年太平洋战争爆发,日军进驻租界,该堂一度作为外侨临时集中营,导致该堂年久失修,1955 年上海市人民政府拨款大修,恢复原貌。1966 年"文化大革命"开始,宗教活动停止,教堂内的宗教设施均被破坏,教堂左侧的钟楼也被毁坏。此后的 40 年内,该教堂一直被黄浦区人民政府使用。

2005 年 6 月归还中国基督教三自爱国运动委员会使用。2007—2010 年教堂进行全面修缮。

【杨树浦水厂】

位于杨树浦路 830 号,用地面积 15 公顷(225 亩)各类建筑中属于文物建筑的有 11 479

图 1-1-32　杨树浦水厂大门

平方米。外观为英国古典城堡式建筑,除滤池等为钢筋混凝土材料外,主要为砖混结构,轻型屋顶,承重墙以青砖砌筑,嵌以红砖腰线,压顶采用砖砌雉堞形式,门、窗等开孔处有尖拱、马蹄拱等形式,楣部粉白色水泥凸线,后期造的建筑墙角做砖砌隅石,装饰性元素在立面上有韵律地重复应用,成为杨树浦水厂建筑群的独特风格,是上海市仅有的建在企业内的近代优秀历史建筑。

1875 年由上海立德尔洋行设立并代理的中外合资水厂建成,是由格罗姆(F. A. Groom)、立德尔(A. I. Little)、华脱司(W. I. Waters)和邱裕记等人集资 30 000 两银子创办的,厂址为现杨树浦水厂南部厂区内,占地 115 亩,设有沉淀池、沙滤池、水泵、皮龙、水船等,是中国最早出现的正规城市供水企业,由于租界当局不支持敷设输水管道,售水一直依靠木船和大车运送,经过 6 年惨淡经营,终于不得不在 1881 年 5 月 9 日以 18 000 两银子将水厂出售给 1880 年 11 月 2 日上海英商麦克利沃特(A. Mcleod)在伦敦注册成立的上海自来水股份有限公司。

1881 年 8 月动工建设的杨树浦水厂是在 1875 年原水厂的基地上全部拆除后重建的,新水厂由英商休斯敦公司工程师赫德(J. W. Hart)设计,上海耶松船厂(S. C. Farnham & Co. of Shanghai)等外商承包施工,耗资 12 万英镑,设计能力为日供水量 150 万加仑(6 818 立方米)的水厂开工建设,两年后水厂和外部配套设施竣工,为英国古典城堡式的建筑风格。

1883 年 6 月 29 日,邀时任清廷总督兼北洋通商大臣李鸿章参加开闸进水仪式。

1883 年 7 月 23 日上海《字林西报》上刊出广告,自 8 月 1 日起将正式开始向外供水,标志着中国第一座现代化水厂正式建成投产。

1911 年,水厂净水设备增加沉淀池和慢滤池,水厂占地扩至 14 公顷。

水厂投产后,初期供水区域为公共租界、法租界及越界筑路等地区,用水人口约 17 万人。第一年总出水量 1.245 亿加仑(55.6 万立方米),平均日出水量 3 698 立方米。随着租界日渐繁荣,供水需求越来越大,到 1921 年,杨树浦水厂的日供水量增加到了 10 万立方米,1926 年、1930 年、1935 年又完成了技术先进的三组快滤池建设,到 20 世纪 30 年代末,日供水能力达 40 万立方米,水厂占地扩大至 25.7 公顷,成为远东第一大水厂。

1941 年 12 月 8 日,太平洋战争爆发,日军进占租界,水厂被日军接管,由日伪华中水电公司经营,水厂平均日供水量从太平洋战争前的 24.46 万立方米降至 17.43 万立方米。

抗日战争胜利后,上海市政府接收水厂,1945 年 9 月 17 日产业发还英商经营。

1949 年解放时,水厂平均日供水量 27.14 万立方米,最大日供水量 31.46 万立方米,生产能力为日供水量 41 万立方米。解放后,杨树浦水厂又有了新的发展,日最大供水能力从解放初的 30 万立方米发展到 148 万立方米,约占上海供水总量的四分之一左右,满足了杨浦、虹口、普陀、闸北、宝山等五个区近 200 万市民的生活用水和工业用水。

1952 年 11 月 20 日杨树浦水厂由人民政府征用,企业转为全民所有制,结束了英商上海自来水公司 70 年的经营权。

到 1984 年,水厂原有蒸汽锅炉、蒸汽机已全部淘汰。

1987 年 7 月黄浦江上游源水输入水厂。水厂北部原慢滤池场地先后辟建其他生产设施和职工住宅,水厂占地相应缩小。

【盛宣怀住宅】

位于淮海中路 1517 号。清光绪二十六年(1900 年)德籍商人哇吸建造,属新古典主义建筑风格的花园住宅。

建筑为三层砖混结构，主体呈长方形，以罗马古典式庭柱为框架。主入口在南首，门廊两侧有塔司干巨柱式的圆弧形柱廊。柱廊作为底层居室前的外廊，顶部则是二层居室的阳台。西入口的跨道门廊用带凹槽的塔司干式柱，檐部用栏杆作为女儿墙，起过渡作用。两排高大庭柱直矗假三层，构成一个高大、宽敞的房厅；北侧同样有若干柱子立于屋面，上塑古朴图案。庭柱和内墙均饰有姿态各异的古希腊神像，乳黄色油彩砖瓦，白柱绿顶。楼梯间用彩色玻璃天棚采光。室内为一色柚木板壁和深色门窗。南面正对花园，花园中建西式园林，园内有大理石砌筑的喷水池，石雕女神像立于喷水池处。

最初为商人哇吸住宅，后为清末大理寺少卿、邮传大臣，北洋大学堂（天津大学前身）和南洋公学（交通大学前身）创办者盛宣怀的宅邸。1912 年秋，盛宣怀携家眷定居于此。盛宣怀（1844—1916），江苏武进人，是中国近代史上第一代实业家。1933 年，北洋军阀皖系领袖人物段祺瑞为躲避日本人的拉拢，南下上海，寄居在这座花园洋房中，度过他一生中的最后三年，其间蒋介石也曾到该居所拜访。现为日本驻沪总领事馆使用。

1989 年 9 月 25 日，上海市人民政府公布为上海市优秀历史建筑。

【汾阳路 79 号住宅】

位于汾阳路 79 号。

建于清光绪三十一年（1905 年），属法国文艺复兴式建筑风格的花园住宅。建筑为砖混结构，地面以上两层半，地下筑半层地下室，外墙立面为白色，有"海上小白宫"之称。平面与立面均为轴线对称，南立面三段式划分，有双抱露天白大理石大楼梯从两边引向二层大厅入口平台；中部为圆形前凸大厅，与底层圆弧平台呼应。一楼为券式正门，两旁立爱奥尼克式双柱，边上还有倚柱。门窗的框上均有浮雕装饰，二层窗的方框上部为锁石状雕饰。二层顶上为阳台，栏杆为花瓶式。一、二层间均有较深厚的腰线。一楼大厅的地坪、壁面、顶部天花都用大理石砌筑，天花上为石膏雕刻。室内护壁、楼梯扶手、壁炉架等都用柚木及硬木拼板装修。

原为法租界公董局总董官邸，抗日战争胜利后，联合国世界卫生组织曾将其作为亚太地区第一任办公地。中华人民共和国成立后，首任上海市市长陈毅曾在此居住。1954 年这里成为中苏友好机关的办公地点。1963 年 5 月，在陈毅的关心下，上海民间最优秀的工艺美术家相继在此工作和传艺，同时在二楼大厅里建立工艺美术品陈列室。美国前总统里根、英国前首相西思等都到这里参观过。现为上海工艺美术研究所及上海工艺美术博物馆。

1989 年 9 月 25 日，上海市人民政府公布为上海市优秀历史建筑。

【徐家汇天主堂】

位于蒲西路 158 号。

清光绪三十年（1904 年），道达洋行的英国建筑师道达尔（Dodwall）开始设计，光绪三十二年（1906 年）动工，法商上海建筑公司建造，宣统二年（1910 年）十月二十二日落成，占地面积 2 670 平方米，建筑面积 6 670 平方米，是一座典型的欧洲中世纪哥特式双塔建筑。

教堂为砖木结构，建筑平面呈拉丁十字形。大堂为巴西利卡式，纵向形成前厅、中厅、后厅，后厅之上是唱诗楼；横向形成南北两厢。大堂进深 79 米，阔 28 米，十字形两翼处宽达 44 米。顶脊呈尖拱状，脊高离地 25 米。南北两侧两座相对峙的尖塔钟楼高达 57 米，其中青石板瓦覆盖的塔尖高

31米,顶端为十字架。堂内挺立着64根立柱,每根立柱用10根小圆柱组合而成,是哥特式建筑惯用的束柱,都是用金山石精雕细凿而成。教堂中厅高敞,空间有三层高,两侧较低,为二层高,中厅两侧墙面由三层构成,一层是由束柱和尖券构成的连续券廊,二层是连续尖券构成的廊栏,三层为尖券高侧窗。中厅和侧廊的天花均为木筋加灰泥粉饰而成的四分尖券肋骨拱顶,拱顶下有木质竖柱支撑。清水红砖外墙,墙基用青石。室内以大方砖铺地,中间走道用花瓷砖铺筑。分间处有石扶壁,所有门窗洞均为尖券,两侧窗户采用简化的火焰式双叶窗。西侧廊外侧各有一排小祈祷室,后部作半八边形布局,当中设大理石主祭坛,圣母像立于祭台最高处。堂内还有19座小祭坛,大堂内可容纳2 500人。

1979年教堂归还教会,当年11月恢复宗教活动,1982年修复钟楼及铸铁十字架,重新装置彩绘玻璃,大堂也进行整修。

1962年9月7日曾由上海市人民委员会公布为上海市文物保护单位,1966年11月11日撤销。1989年9月25日上海市人民政府公布为上海市优秀历史建筑。

图1-1-33　徐家汇天主堂外景

【公共租界工部局】

位于汉口路193号。

公共租界工部局旧址位于汉口路193号(主入口为江西中路215号)。由公共租界工部局兴建,公和洋行丹拿设计,华商裕昌泰营造厂承建。于民国2年(1913年)至民国11年(1922年)建造("一战"期间曾一度停工)。抗战前大楼为工部局所在地,抗战胜利后,上海市政府设此,改称市府大楼。解放初上海市人民政府曾设此。现为上海市卫生局、民政局、社会团体管理局、环保事业发展中心等市级单位办公处。

建筑原设计四层,局部五层,后来普遍加建至五层。占地面积4 823平方米,建筑面积22 705.6平方米,钢筋混凝土框架结构。英国新古典主义风格,有巴洛克装饰。沿街作周边布置,环成内院,主入口在东北角,建有扇形门廊,由花岗石柱支撑,廊上方为一大平台。主入口内大理石铺筑的大楼梯十分气派。外墙全部采用花岗石砌筑,整个建筑庄重、威严。立面强调横三段,比例和谐;底层基座用细面大块花岗岩贴面,留水平凹槽砌缝,拱券形窗洞;二、三层爱奥尼式倚墙列柱,二层窗楣以弧形与三角形的断山花相间;三、四层之间有大挑檐。底层有大型月洞门式钢窗39个,边门10处。为当时旧上海主要建筑物之一。

【俄罗斯领事馆】

图 1-1-34　俄罗斯领事馆南立面

位于黄浦路 20 号,曾名俄国领事馆、苏联领事馆。

1914 年 7 月,由俄外交部出面在上海苏州河口外白渡桥北堍公共租界黄浦路南侧一方购置土地,建造新的总领事馆大楼,1916 年竣工。建筑高四层,占地 1 700 平方米,建筑面积 3 264 平方米。坐南朝北,可三面凭栏眺望黄浦江与苏州河。

该建筑为德国文艺复兴式风格建筑,一至三层平面呈长方形,沿东侧的每层都有约 2 米宽,10 米长的阳台。堤岸东侧有座六角形凉亭,西侧有小阳台。

1916 年至 1949 年间,由于战争和邦交原因,领事馆经历多次闭馆、开馆。1949 年 10 月,中华人民共和国建立后,重设领事馆,1964 年撤回,1986 年 12 月在原址恢复。现为俄罗斯领事馆。该建筑是上海早期的领事馆建筑之一。

【先施公司】

位于南京东路 690 号。澳洲华侨马应彪在南京路浙江路口租地 20 亩,先后三次募集股金 200 万元,兴建 7 层大楼,率先开办出一家大型环球百货公司。由华侨马应彪的先施股份有限公司投资,德和洋行设计,华商顾兰记营造厂承建,民国 6 年(1917 年)10 月竣工。

该建筑坐北朝南,占地 7 812 平方米,建筑面积 34 175 平方米。底层和二、三层为商场,四至五层为东亚饭店,六至七层为先施乐园,屋面为屋顶花园,集环球百货、餐饮、游乐、宾馆业于一体。建筑立面采用古典主义三段式处理,底层设骑楼式外廊,外廊内设大橱窗,二、三层间用爱奥尼克立柱,支托三层以上部位的弧形出檐;四层为铸铁阳台,五、六层为双扇窗。建筑重点在东南角立面,六层顶部盖一座摩星塔,基座设大钟,上部三层整个建筑外貌为巴洛克建筑风格。

1917 年 10 月 20 日,国内第一家自建百货大楼,先施公司在上海正式开张。开张之日,商场里人山人海,购物者、参观者群络绎不绝。1952 年先施公司歇业,1956 年 8 月上海最大的国营南京路时装商店在原先施公司旧址开业。1966 年更名上海服装商店,1985 年改为上海时装公司。

1989 年 9 月 25 日公布为上海市优秀历史建筑。

【永安公司】

老楼位于南京东路 635 号,新楼位于南京东路 627 号,中间有天桥相连。广东中山旅澳侨商郭乐、郭泉兄弟经调查选址后,向大地产商哈同(Silas Aaron Hardoon)租借现址地产,1916 年开工兴建,1918 年 9 月 5 日开业。建筑高 6 层、局部 7 层,公和洋行设计,辛记营造厂承建。钢筋混凝土框架结构,三段式划分,外貌强调水平线条,主入口位于南京路浙江路转角,呈弧形,入口处为爱奥尼式双柱,上部各层均有连续的弧形阳台,西侧顶部另有一座 3 层高的巴洛克式塔楼,整体表现出折衷主义风格。主要经营环球百货,还设有旅馆、舞厅和天韵楼游乐场。1933 年郭家购得东侧原新新舞台旧址建新楼。哈沙德洋行设计,钢框架结构,1933 年竣工。装饰艺术派风格。平面呈楔形,北面入口处直立高耸塔楼。立面简洁干净,外墙黄色面砖贴面,入口原为花岗石贴面。1946 年郭家终于购得永安公司老楼地产权。1949 年 5 月 25 日南京路上第一面五星红旗在永安公司塔楼绮云阁升起。1956 年公私合营,1966 年更名为东方红百货公司,1969 年改为上海市第十百货公司,1987 年改建为华联商厦,东北转角立面被改为玻璃幕墙,原建筑风格遭到破坏。2005 年修缮后恢复永安百货公司旧貌。

1989 年 9 月 25 日公布为上海市优秀历史建筑。

【嘉道理爵士住宅】

位于延安西路 64 号。

因其外部以纯白色的大理石砌筑,形象宏伟,故又有大理石大厦之称。建筑始建于 1919 年,1924 年初竣工,1929 年又加建了 1 层,至 1931 年全部建成。该住宅为两层的混合结构古典主义风格建筑。主楼横向布置于基地西北部,佣人所住的"下房"和门卫、接待用房竖向分布于基地另一侧的东边,南侧为大片草坪。该建筑从正立面女儿墙、檐口、阳台至廊道,多层次水平线条的处理使房屋显得舒展而又宽畅。立面以乳白色为基调,在红色机平瓦和建筑中部鏨假石边沿的点缀下,整栋建筑显得既严谨又富有气派。其外观样式为法国古典主义风格,立面采用横三段和纵三段对称的构图手法,外形端庄雄伟,但是在立面装饰上摒弃了古典主义建筑装饰的许多繁复图案和线条,作了大量简化处理,仅在入口门廊、墙角和檐部运用了传统的建筑符号。

嘉道理爵士一家在这栋大楼内一直居住到 1941 年太平洋战争爆发,日军进入租界后将房屋占据并作为一个军事指挥机构。1945 年日本人投降,这里又成为驻华西方军人的活动中心。1953 年,宋庆龄创办的少儿图书馆和少儿文化馆合并,迁入其中,这里便成为中国福利会上海市少年宫的所在地。

1989 年 9 月 25 日,被上海市人民政府公布为上海市优秀历史建筑。

【瑞金二路住宅】

位于在瑞金二路 118 号。

瑞金宾馆马立斯别墅即瑞金宾馆一号楼，现为上海瑞金洲际酒店名人公馆，它始建于1917年，地处原法租界，至今已有超过一百年的历史。早在1916年，时任上海跑马总会总董兼英文时报《字林西报》董事的英国富商亨利·马立斯购置了这片当时已是城中热土的庄园。他的儿子高登·马立斯亲自设计并建造了这栋具有新古典主义风格的花园别墅。岁月流逝，这栋端庄优美的建筑不仅留下几任主人的珍贵印记，也见证了这片土地一个世纪的沧桑巨变。

马立斯别墅的整体格局庄重宏伟，两侧略对称，红砖清水墙面，转角设隅石装饰，简洁大气。宅前有英式花园，建有水池、雕塑及花坛等小品，门前一对中国石狮神态威武，底层中间三开间，带圆弧形双柱廊，采用塔司干双柱柱式。客厅内全部用柚木做护墙板和室内装饰，地面铺着棋盘格黑色条纹的大理石地砖，精美的水晶吊灯在厅中熠熠生辉。通往二楼的楼梯正对着大门，楼梯栏杆上雕刻着精美西式花样，但屏隔上却装饰有双狮戏球、孔雀开屏、万年长青图案，窗格上则全是吉羊、双线，连环，方胜等中国传统符号，部分家具也是中国古典式样的红木家具，透露出主人对中国文化的热爱。二楼也有宽敞的露天阳台，山墙及二层部分木架构露明，屋顶四坡顶，铺红色洋瓦，建筑空间环境优美，堪称上海解放前环境最优美的私人住宅。

1941年12月7日，太平洋战争爆发，次日日军进驻法租界，马立斯别墅被日本人占有。日军战败后，别墅被上海敌产管理委员会接管，并一度作为国民党"励志社上海办事处"。1927年蒋介石和宋美龄在此举办了隆重的订婚仪式并居住于此。

解放初期此处成为华东军事管制委员会办公地，上海市第一任市长陈毅曾在此办公，后作为国宾接待场所改为瑞金宾馆1号楼。这段时间内，国家领导人毛泽东、周恩来、朱德、刘少奇、邓小平等都曾下榻于此，此外还接待过美国前总统尼克松、印度总理尼赫鲁等一批外国元首，打开了新中国外交的新局面。1979年上海市政府决定将瑞金宾馆对外开放。

1989年，被公布为上海市第一批优秀历史建筑。

【新新公司】

位于南京东路720号，是南京路"四大公司"中第三家新开设的公司。大楼由华侨刘锡基投资，由匈牙利建筑师鸿达设计，香港联益营造厂承建，民国15年（1926年）建成营业。钢筋混凝土结构，大楼的建筑格局与众不同，顶部虽也像永安、先施公司般高耸着小塔。该建筑占地3491平方米，建筑面积22032平方米，共七层（地上六层，地下一层），折衷主义风格。沿道路转角作抹角平面，顶上中部建方形双层塔楼，两侧转角处各有一座单层楼亭。两侧立面横三段划分，底层柱廊，中间立爱奥尼克柱。六层挑出腰檐，以牛腿支承。顶层通长柱廊，设铸铁栏杆。

当时新新公司是上海最大的百货公司。新新公司自行设计、装备了上海第一个由中国人创办的广播电台，因电台的房子四周是用玻璃隔断的，俗称"玻璃电台"，后改称"凯旋电台"。1927年3月18日首次播音。1949年5月25日，新新公司的"上海人民保安队"控制了该电台，广播了《中国人民解放军布告》中的"约法八章"，敦促龟缩在苏州河北的国民党军残敌缴械投降，因之被誉为"人民电台第一声"。1952年为上海市土产公司第一门市部。1957年起改为上海第一食品商店。是当时最大的综合性食品零售兼批发的商场。

1989年9月25日公布为上海市优秀历史建筑。

【大世界游乐场】

位于上海市黄浦区外滩街道西藏南路1号。

大世界游乐场始建于民国6年(1917年),由黄楚九出资建造,建筑师周渭南设计。1924年在原址上翻建。1931年5月,易产权于黄金荣,更名"荣记大世界"。大世界游乐场四层钢筋混凝土结构,分布面积6 537平方米,建筑面积14 082平方米,仿西式古典建筑风格。平面呈"L"形,由三幢四层楼房相连。转角处为八层高的八角形塔楼,檐部以上逐层收进,六面四层,由四十八根圆柱组成,最上端为古钟式尖顶,总高55.3米。两侧以连续水平线条为构图特征。六角形圆柱大厅,镂花黑漆铁门,南侧嵌十一面哈哈镜。底层中央为露天剧场,周围有天桥式扶梯通至二、三层。二至四层有许多小剧场,四层有舞厅,屋顶为平台。1937年12月3日霓虹灯修理工杨剑萍为抗议日军在租界武装游行,在此跳楼殉国。大世界是上海著名的大型游乐中心。

1954年7月上海市文化局接管。"文化大革命"期间停止演出,作为外贸仓库,1974年改名为"上海市青年宫",1987年1月25日起又正式恢复原名。"大世界"是上海最大的室内游乐场,素以游艺、杂耍和南北戏剧、曲艺为特色。从2008年起,为了修缮,大世界闭门谢客。

1989年9月25日公布为上海市优秀历史建筑。

【多伦路250号住宅】

位于四川北路多伦路转角处。

建于民国13年(1924年),占地面积1 080平方米,建筑面积450平方米,二层,砖木混合结构,是一座具有伊斯兰风格的住宅建筑,立面细部浮雕,纹样精致,带有浓厚的伊斯兰建筑色彩,有"小白楼"之称。

【国际礼拜堂】

位于衡山路53号。

布雷克设计,江裕记营造厂承建,1925年3月8日落成,高16米,堂内可容700人,属哥特式风格的建筑。

国际礼拜堂为砖木结构,由礼拜堂和三层

图1-1-35 多伦路250号住宅

高的副楼组成,成L形连成一体。大堂屋面两坡陡峭,铺盖石板瓦。入口拱券门廊,两翼设有尖拱长廊。大堂正中为祭台,入口窗采用尖券,侧面用弧券双叶窗,石砌窗框和窗棂,镶嵌冰裂纹玻璃。屋顶用剪刀形木构屋架,清水红砖外墙,磨石子地坪。教堂左翼的三层楼房1931年建造,屋面突出三个三角形山墙,开三坡老虎窗。一楼为牧师办公室,二楼是幼儿室,三楼有小礼拜堂,供少儿或少数人做礼拜之用,后又置管风琴和建造400平方米交谊厅。该堂设备齐全,有暖气,全部造价为3.3万美元。大堂的左侧有大片空地,现在是草坪。

1917年3月25日,一些爱好唱诗的美国人在上海一美侨家里,自发组织唱诗班,每星期在杜美路(今东湖路)举行唱诗礼拜。1920年9月,成立管理委员会并决定建立教堂,取名协和礼拜堂。1923年起,该堂向在沪美国侨民及其他外国侨民发起募捐,购得贝当路美童公学对面土地建新堂,因为参加礼拜者均为外籍教徒,且来自不同教派,所以不久后改名"国际礼拜堂"。

1979年,基督教国际礼拜堂进行大修。1980年12月4日,基督教国际礼拜堂举行复堂感恩礼拜。1981年9月2日,美国前总统卡特参观国际礼拜堂。

1989 年 9 月 25 日，上海市人民政府公布为上海市优秀历史建筑。

【华安人寿保险公司、金门饭店】

位于上海市上南京西路 104 号。

前身为华安合群人寿保险公司（简称华安大楼），大楼兴建于 1924 年 8 月 1 日，由哈沙德洋行（Elliott W. Hazzard）设计，江裕记营造厂承包建造，1926 年 5 月正式落成开业。

当时，华安大楼占地 2.96 亩（约 1 973 平方米），楼高 38.7 公尺，共 8 层，总耗资规银 70 万两。外观为折衷主义风格，横竖向均为三段式处理，1 至 2 层处理成基座，外墙砌花岗石，采用意大利文艺复兴式券柱构图，中部入口处三间为罗马多利安式列柱，两侧为爱奥尼式柱三联券窗。3 至 7 层为标准层，墙面为水泥錾假石，7 层窗裙有盾形花饰，两翼及中间均有挑出一间的阳台，7 至 8 层之间有挑檐。8 层之上中部高出一层，其上有双层环柱式塔楼，下层为科林斯式柱，上层为塔司干式柱，顶部冠以镏金穹顶及钢制八角形采光亭，塔楼四面设有圆形钟面。1927 年 4 月，北伐国民革命军进入上海，租界上第一面中国国旗便是在这幢上海滩唯一由中国人拥有的大楼升起，此举大涨了中华民族的志气。1931 年"九·一八"事变后，国际联盟调查团来华调查，抵沪后，日寇讥笑中国人没有像样的场所接待调查团，"华安"闻讯后，立即提供了 8 楼的整个楼面，以纯欧洲式的各类套房接待调查团，使国际联盟官员刮目相看，倍加赞扬。

华安大楼建成后，华安合群人寿公司即于 1926 年 6 月 1 日迁入办公，当时公司人寿保险业务辐射海内外，生意颇为兴旺。由于大楼面积较大，公司除自用一部分房屋外，大部分房屋租给外国人当公寓、宿舍，开餐厅、咖啡室等。1937 年抗日战争爆发后，营业颇显清淡，公司出现亏损，于是，仅保留了二楼作为办公用房，三楼以上公寓、餐厅及房屋大堂全部租给由香港、澳门旅游界高塘、高堪等 12 个股东组建的金门股份有限公司开设金门大酒店，经过重新装修，加建 9 楼后，于 1940 年 12 月 3 日正式开张营业。开业后，金门大酒店以后来居上之势出现，设备欧化，一时间商贾纷至，显贵要人出入其间，客房常年爆满，餐饮、酒吧、舞厅亦宾客盈门，在上海滩获得了很高的知名度。

1949 年 5 月 27 日，上海解放，华东局财经委员会和上海市财经接管委员会进驻金门大酒店，财经委员会的接管工作在金门有条不紊地展开，此举又给金门留下了光彩的一笔。

上海解放初期，金门大酒店老板携巨款出走香港。中华人民共和国成立后，1950 年 4 月，金门大酒店由华东纺织工业局改为办公大楼。后因接待任务的需要，大楼由市人民政府机关事务管理局接管，成立"华侨饭店"，并于 1958 年 12 月 28 日正式营业，从而一跃成为全市接待探亲访友、旅游观光的华人、华侨、港澳台同胞的主要宾馆之一。经过坚持不懈的努力，饭店的经营管理水平不断提高，为密切海外炎黄子孙与祖国和家乡的联系，为沟通海峡两岸人民的感情做出了积极贡献，在海内外享有很高的声誉。改革开放后，各行业蓬勃发展，为适应旅游事业的发展和满足宾客的需要，华侨饭店于 1985 年投资了人民币 473 万元进行了全面的装修改造。为了扩大接待对象范围，1992 年，华侨饭店恢复了金门大酒店原名，鲲鹏展翅，老店重铸辉煌。

1989 年 9 月 25 日公布为上海市优秀历史建筑。

【尚贤坊】

尚贤坊位于淮海中路 358 弄。

1924 年建于原尚贤堂南草坪，尚贤堂是美国基督教传教士李佳白于 1897 年在北京创立传播基督教文化思想的机构，按英文译意为"中国国际学会"，1900 年被义和团烧毁。1903 年李佳白来上海重建尚贤堂,选址在霞飞路北侧,经募捐后建造一座讲学堂和一座举办外语、政治、历史学习的大楼,1921 年房地产商利用尚贤堂的名气建造里弄住宅,尚贤坊由此得名。

尚贤坊坐北朝南,石库门里弄建筑,占地面积 6 100 平方米,建筑面积 9 720 平方米,共 72 幢,皆砖木结构,行列式排列,其中沿街 15 幢为 3 层,弄内 57 幢为 2 层。立面布局对称,呈简化巴洛克建筑风格。沿街房屋底层为商铺,二层以上用红砖砌出灯塔形壁柱,矩形长窗有方形窗间柱,上方砌位牌形壁龛,书"尚贤坊"三字。拱券式山墙有锁石装饰,檐下砌红砖线脚,有涡纹花饰,白色水泥拉毛墙面。

尚贤坊房屋现为居民住宅,沿街房屋为商店。尚贤坊虽然为典型的石库门里弄住宅,但其为新式还是旧式石库门却曾有争议。其实尚贤坊除了在用材、扶梯上有一些西洋元素外,如线脚、花纹等,自身形式与老式石库门并无太大差别。尚贤坊自身也是采用的砖木结构,外墙则采用清水红砖铺设,墙基有约 1 米高的水泥护壁。在房屋布置上,黑漆大门后为天井,客堂也采用了俗称为落地长窗的长隔扇,客堂后面有白漆屏门 6 扇。客堂后是灶披间(厨房)和后门。二层有客堂楼,灶间上是亭子间,再上面还有晒台。

尚贤坊居住者以小商人、教师、作家居多。著名作家郁达夫的朋友也曾居住在尚贤坊,他经常去访友并与居住在同一幢石库门住宅内的其他文化人聚会聊天。

1989 年,由上海市人民政府公布为上海市优秀历史建筑。

【金城银行】

位于上海市黄浦区外滩街道江西中路 200 号。

金城银行旧址坐落在江西中路 200 号,该行民国 6 年(1917 年)成立,初设天津,1935 年改上海分行为总行。大楼建于 1926 年,以银行名命名。1956 年 8 月起由房管部门管理,长期为市青年宫使用,后曾改为福州饭店。

金城银行大楼坐东朝西,建筑师庄俊与赉丰洋行联合设计,华商申泰营造厂承建。占地面积 1 775 平方米,建筑面积 9 783 平方米,七层钢筋混凝土结构(初建时为四层,1930 年加建两层,解放后又加建一层)。它布局对称,正立面以凸出的腰线划分为横三段,以凹凸墙面划分为竖三段。底层中间方形入口立二根多立克柱,以拱券贯通二、三层,有券心石。四层顶挑出腰檐以椽头承托。二层及顶层两端为拱券窗,余皆方窗,水泥粉刷外墙画水平线条。底层大厅高两层,内部用意大利云石装饰,柱头、天花、窗口、楼梯等皆装饰华丽。现为交通银行上海分行使用。

【佘山天主教堂】

位于佘山镇西佘山之巅。

清代同治二年(1863 年),法国传教士利用《中法北京条约》规定的特权,在西佘山购地建堂。1866 年 8 月,先在山顶建造一座六角亭,亭内供圣母像,称"圣母亭"。1871 年至 1873 年,又在山顶建造"圣母小堂",可容纳 400 名教徒。1894 年,又在半山腰建教堂,因堂在山的中部,取名为"中山教堂",同时建有"圣母亭""圣心亭""若瑟亭",俗称"三圣亭"。在中山教堂与圣母小堂间,建有耶稣遇难"之"字形 14 处苦路像。民国 14 年(1925 年),山顶圣母小堂拆除,始筑现存的圣母大堂。建大堂历时 10 年,耗资 300 万银元,于民国 24 年(1935 年)竣工。

圣母大堂高耸入云,雄伟壮丽。堂高 17 米,钟楼高 30 米。东西长 56 米,南北宽 25 米。由西大门与南大门入堂,可容 3 000 人。大堂平面呈十字型。堂内地面,均以方砖铺地,中间用彩色地砖铺设成宽2米的十字交叉线。东墙与北墙,各有半圆形龛及大理石祭坛,体现古罗马时代建筑巴西利卡型制。东龛内供奉的是中国圣山圣母像,北龛内供奉的是始建圣母亭前中国陆神父去巴黎圣母院摹绘的圣母像。

据记载,大堂设计师葡萄牙籍神父叶肇昌用了三年时间精心构思设计。相传大堂的基础,在山岩上打下密集的深达3米的洞,再向洞内灌铅,使大堂基础附于岩层,故有"若要大堂坍,除非山先坍"的俚语。大堂的构筑以花岗石为主体,坚固庄重。内部墙面的卷形门洞,为罗马建筑风格,而门洞的主柱,则是哥特式。柱子顶端支撑着半圆形的肋骨四分柱。堂内外的柱子上端和墙面石上,饰以精美逼真的石雕,有花卉、天使、牛、羊、狮、鸟等图案。这些石雕互不对称,表现17世纪巴洛克式灵活自由的设计空间。大堂的屋面,铺盖绿色琉璃瓦。整个建筑汇集世界古典建筑的精华,融中西建筑特色于一体,和谐而又庄严。

大堂建成后,成为中国东南沿海天主教主要朝圣地,被称为"远东圣母大殿",海外则称为"圣母山"。1947年5月24日,中国第一位红衣大主教田根新到佘山大堂主持加冕大礼。20世纪80年代,大堂修葺一新,中国大主教张家树主持修复后的首次典礼。每逢圣母月,海内外天主教教徒不远千里,至佘山朝圣,蔚为壮观。

【宏恩医院】

位于延安西路221号,是一位未留姓名的英商赠给租界工部局的一家综合性医院。由邬达克设计,潘荣记营造厂承建,于1926年建成。1950年10月,解放军上海市军管会接管这家医院,移交给华东军政委员会卫生部。第二年的8月,改建宏恩医院创办了华东医院。

这幢大楼为钢筋混凝土框架结构,楼高五层,局部六层。该建筑是邬达克自行开业初期所设计,延续了在克利洋行时期的古典主义风格,立面为意大利文艺复兴样式。主体建筑分南楼、北楼和门诊部三个部分,呈"工"字形布局。南向主立面作竖向三段式构图,其东西两翼对称均衡。底层为连续券柱拱廊,中段二、三、四层作统一处理,上段五层及女儿墙处理成檐部,三个宽大的三角形山花起到强烈的装饰效果。横向分五段,与花园相连的入口平台采用两层高的科林斯双柱式,形成浅门廊,柱间设阳台。而二层所饰的三角形窗楣,既与顶部山花呼应,又与底层圆券形对比,使整个立面构图在统一中富有变化。邬达克在设计中强调尽量减少医院的压抑气氛,各功能用房分布合理,线条流畅,医务楼和服务楼联系便捷。底层采用浅门廊、敞廊等,使患者尽可能接近和欣赏花园。宏恩医院作为公共建筑,其设计体现出邬达克严谨扎实的古典主义功底,整幢建筑也因其悠久的历史、精致典雅的风格而具有很高的历史文化价值。

1989年9月25日,宏恩医院被上海市人民政府公布为上海市优秀历史建筑。

【西侨青年会】

位于南京西路150号,占地1933平方米,建筑面积为11363平方米。

上海是中国现代体育的发源地,早在清光绪二十八年(1902年),上海就出现了最早的体育活动。早期的体育活动以西方侨民为主,20世纪20年代,许多西方人到上海来经商、传教和从事其他活动,美国侨民和欧洲侨民在上海达1.8万人。为了让西方侨民有个休闲和社交的场所,1928年美国人菲奇和洛克菲勒在美国教会和西方侨民中募捐60万两银子,在静安寺路(今南京西路)和派克路(今黄河路)口建造了这座体育为主、兼顾娱乐的联谊大厦即西侨青年会大厦。

体育馆在1928年已建成,原来只有4层;1932年扩建为9层钢筋混凝土结构,中后部后又再次加建 2 层塔楼。由以设计美国近代立体形式而著名的哈沙德洋行主持设计,具体负责的是教会建筑师安铎生。建筑风格糅合了新古典主义和装饰艺术派,又略具罗马风格调。立面有横三段和竖三段之分,三层以上中部凹进,两翼成双塔形;外墙用深浅不同的棕色面砖拼成图案,为立面特色。底层设滚球房和室内游泳池。二层设健身房、弹子房、棋牌室和交谊大厅。三层为餐厅。游泳池约200 平方米,深水区水深 2.65 米,池水常年保持恒温,是上海市最早的温水游泳池。西侨青年会在体育馆建成后,每年举办篮球、排球的西青邀请赛或公开赛,由西侨组队参赛,华人球队也可参加。由于篮球房的设施比较先进,20 世纪 30 年代成了上海篮球比赛中心场地。抗战期间这里被日军占领,改为东亚体育馆,但体育功能并未改变,抗战胜利后成为美军的活动场所。

1950 年,人民政府接管大楼,上海市文化局曾在此办公。1953 年大楼划归上海市体委,改为上海市体育俱乐部。经过 4 年多筹建,1957 年正式对外开放,除八、九层为体委机关办公用房外,其他均是体育俱乐部用房。

1989 年 9 月 25 日公布为上海市优秀历史建筑。

【八仙桥基督教青年会】

位于西藏南路 123 号。

八仙桥基督教青年会旧址因地处八仙桥附近而得名。该会创建于清光绪二十六年(1900 年),最初会所设在北苏州路 17 号,几经搬迁,于民国 20 年(1931 年)在现址建造大楼,最后在此成立总会。该会所由于具有一定的规模和完善的设施,以致青年社团活动较多,鲁迅先生曾多次来这里向青年发表演讲,爱国民主人士郑振铎、许广平、赵朴初、梅益、胡愈之等经常在此活动。

该建筑由中国著名设计师李锦沛、范文照和赵深合作设计,由江裕记营造厂施工。大楼坐东朝西,十层钢筋混凝土结构。占地面积为 2 211 平方米,建筑面积为 12 870 平方米。建筑外貌将中国传统的建筑式样融合于西式建筑中,正立面在整体造型上效仿北京前门箭楼的式样。立面下部三层采用平整的花岗石,拱券入口和腰线采用花纹装饰,立面中部五层采用泰山面砖装饰,顶部为重檐式,檐口下均有斗拱与彩绘,屋顶为琉璃瓦,富有中国民族特色。建筑内部装饰仿中国宫殿彩绘,门前仿中国宫殿建筑的隔窗。现为青年会宾馆使用。

【华懋公寓】

华懋公寓位于茂名南路 59 号,现为锦江饭店锦北楼。公寓建于民国 18 年(1929 年),由公和洋行设计,新苏记营造厂承建,建筑面积为 21 202 平方米,高 57 米,十三层,钢框架结构。原为专供英国旅客使用的公寓建筑,是英商安利的产业,一层至十层为客房,每层有 12 个单间和 8 个套间,各有独立的卫生设备,十一、十二层为餐厅,顶层为厨房,内部功能明确,房屋的凸出部分为服务性房间和储藏室等。建筑立面的钢窗排列整齐,外墙饰以褐色面砖,窗档外口用斩假石面,客房均南北朝向,有 7 部电梯,其中 4 部集中大厅供客房使用,内部装修采用英国式,整幢建筑为英国乔治式并带有装饰艺术派风格,细部兼有哥特艺术特征。原主入口位于建筑北侧中央,后由于地面沉降,于1999 年改建,从南侧中部进入,为此加建了入口门廊直接进入二层。

1951 年 6 月 9 日,锦江饭店正式挂牌成立,新中国第一个国宾馆诞生。上海解放后,市委需要一个专门招待中央首长和高级领导干部来沪时的住宿场所,要求有个善于经营又可靠的人来主持。时任上海市副市长的潘汉年和公安局局长杨帆提名董竹君来担任。

1951 年,上海市委、市政府请董竹君将锦江川菜馆及后来开设的锦江茶室迁入华懋公寓,此楼也从此改为锦江饭店,成为上海第一个国宾馆,由董竹君任董事长兼总经理。

1989年9月,由上海市人民政府公布为上海市第一批优秀历史建筑。

【南京大戏院】

位于延安东路523号。上海音乐厅始建于1930年,原名南京大戏院,由上海名流何挺然创办的南怡怡公司投资,中国第一代建筑设计师范文照、赵琛设计建造,是上海现存为数不多的具有欧洲古典主义风格的建筑。

1930年,南京大戏院落成于八仙桥地区,它坐南朝北,占地面积1 981平方米,建筑面积3 800平方米。立面为简化的古典主义构图,正门上用了两根爱奥尼克半圆壁柱和两根爱奥尼克四分之一圆形壁柱,构成三扇圆拱形窗。休息大厅十六根合抱的赭色大理石圆柱气度不凡,观众厅的构图明确规范,色彩庄重淡雅,建声效果极佳。

南京大戏院从建成至上海解放初,主要以放映电影为主,先后获得美国福克斯公司、雷电华公司和米高梅公司新片专映权,特别是以放映美国巨片"泰山"系列影片出名,当时几乎场场满客,戏院门口人山人海。拥有1 540座的南京大戏院,成了上海最豪华的影戏院,被美国报纸称之为亚洲的"洛克赛剧院"(洛克赛系当时纽约最豪华的影剧院)。南京大戏院除了舞台以外,还设计有小乐池,以供其他演出。20世纪30年代,工部局交响乐团在南京大戏院有史可考的演出最早是在1932年,其后工部局的夏季音乐会,成为南京大戏院的固定演出。到了40年代,一些国外表演团体以及艺术家陆续造访过南京大戏院,如美国半夜歌舞团、法国时装表演、日本宝冢歌舞等等。抗战结束后,《孟姜女》在南京大戏院公演一周。梅兰芳、俞振飞等在此合作演出13天,剧目有《奇双会》《贵妃醉酒》等。

新中国成立后,南京大戏院更名为"北京电影院",1954年全行业公私合营完成后,剧场归国家所有。

1959年新中国成立十周年之际,更名为上海音乐厅至今,是全国第一座专业音乐厅。

2002年,为配合延安路高架的修建,整个音乐厅向东南平移66.46米,抬高3.38米,对它进行了保护性修缮。平移后场内混响时间达1.83秒,成为世界最好音效的音乐厅之一。平移后的音乐厅保存了原有的欧洲古典风格,又具有现代音乐厅应有的一切设施,满场金粉色漆边加上"海上蓝",使整个音乐厅温暖而华贵,成为音乐家的理想舞台和爱乐者心目中的完美剧场。

上海音乐厅一直是上海的文化地标,是"上海之春"国际音乐节、中国上海国际艺术节等多项重大音乐活动的重要演出场地。音乐厅也是上海观众了解与欣赏世界顶尖乐团与音乐家的重要窗口,包括巴伐利亚广播交响乐团、慕尼黑爱乐乐团、英国皇家爱乐乐团、萨尔茨堡室内乐团、圣马丁室内乐团、茉莉亚弦乐四重奏组、哈根弦乐四重奏组、艾默森弦乐四重奏组、德国弗莱堡巴洛克乐团、阿姆斯特丹巴洛克乐团等享誉世界的艺术团体,指挥家马里斯·杨颂斯、克里斯蒂安·蒂勒曼,小提琴家艾萨克·斯特恩、萨尔瓦多·阿卡多、平恰斯·祖克曼、郑京和、马克西姆·文格洛夫、瓦吉姆·列宾、莱昂尼达斯·卡瓦科斯、约书亚·贝尔,大提琴家马友友、麦斯基、王健,钢琴家傅聪、德·拉罗查、莫瑞·佩拉西亚、毛里奇奥·波利尼、安德拉斯·席夫,古乐大师约第·沙瓦尔、手风琴家理查·盖利亚诺及10次格莱美奖得主、歌手博比·麦克费林等活跃于国际乐坛的大师名家,都先后在上海音乐厅的舞台上进行过令人难忘的精彩表演。

上海音乐厅始终致力于向公众展现高品质国内外经典音乐,同时也呈现爵士乐、跨界流行等多元音乐形式。不仅引进了众多海内外名家名团，也推出了以民族音乐为主的"玲珑国乐"及以跨界为主要形式的"乐无穷"原创系列音乐会，并且持续推出了一系列公益惠民的艺术教育项目，如"星期广播音乐会""音乐午茶""家庭音乐会""银杏音乐会""知音 30 分"导赏讲座、"约课大师"讲座、"加料系列"讲座等；每年上演 500 多场音乐会及举办上百场公益教育活动，秉持"Music for Everyone"的艺术服务理念，是上海市民心中"经典音乐的殿堂、时尚音乐的窗口、普及音乐的家园"。

1989 年 9 月 25 日公布为上海市优秀历史建筑。

【孙科住宅】

图 1‐1‐36　孙科住宅俯瞰(摄影：胡建平)

位于番禺路 60 号，建于民国 37 年(1948 年)，建筑面积 1 051 平方米，高二层，为砖木混合结构，由邬达克(L. E. Hudec)建筑师设计，为西班牙教会式花园住宅，建筑细部处理受巴洛克影响，进口北门廊气派较大，室内木装修做工考究精致，南面有较大花园，且保存较为完整，现为上海生物制品研究所办公用房。

【步高里】

位于陕西南路 287 弄，为旧式石库门里弄住宅。

步高里建造于 1930 年，占地面积 6 940 平方米，建筑面积 10 069 平方米，弄内行列式排列，共 79 幢，砖木结构，二层。在陕西南路和建国西路弄口各有牌楼。陕西南路弄口牌楼为三间三楼式，高约 8.5 米，宽 6 米。砖砌门柱，中间拱券门，高 3.6 米，宽 2.62 米，两侧门高约 2.7 米，宽 0.94 米，歇山式筒瓦飞檐顶，有装饰性斗拱。红瓦灰柱，白墙，黑字，有中文"步高里"、法文"CITE BOURGOGNE"以及"1930"等文字。住房石库门式，小天井，红砖清水外墙，落地长窗。

著名作家巴金先生就曾居住在此，他的故居位于步高里 52 号。在这里他创作了《海的梦》等作品。

步高里同时也是著名学者和诗人胡怀琛住得最久的地方，《福履理诗钞》和《上武诗钞》是他在步高里时作的两部诗集。胡怀琛时为上海通志馆编纂，"八·一三"爆发后，通志馆暂停，生活日趋困难，但仍积极为抗战募捐，连一枚脱落的金牙也捐出来慰劳了伤兵。

著名的英语教育家平海澜，孤岛时入住 194 号。创设过海澜英文专门学校，编著过十数种英语教育著作，1929 年出版的《英汉模范字典》，曾一版再版，是民国时期最有影响的英文工具书；平海澜自奉极俭，甘居陋室，中华人民共和国成立后虽历任市政协常委、市人大代表、市哲学社会科学联合会副主席和市文史研究馆馆长等职，但至 1960 年病故，从未改善过住房。

张辰伯 1930 年入住 19 号二楼。是著名的艺术家和艺术教育家，也是步高里最早的居民，他是上海美专西画科最早的毕业生，曾任江苏省一女师绘画教师，潜研木炭画、油画等西洋画技，尤长雕塑，民国初年知名度已很高了。不久，聘为上海美专教授，历任西画系主任、教务主任和雕塑系、图案系主任等，还当过新华艺专雕塑系主任，对中国近代艺术教育作出了一定的贡献。当时，他还是江苏省教育会美术研究会审查员和评议员、中华艺术教育社理事，主持过《艺术旬刊》，是重要绘画团体天马会和摩社的中坚。大约在 1935 年，他离开这里，迁住鲁班路。

【虹桥路 2310 号住宅】

图 1-1-37　虹桥路 2310 号住宅

位于虹桥路 2310 号，因靠近罗别根路（今哈密路），故被称为罗别根花园。沙逊洋行在 1930 年以大中实业公司名义购置，由英商公和洋行于 1932 年设计建成，是 20 世纪 30 年代被称为上海地产大王的英籍犹太人维克多·沙逊的私人别墅。

别墅平面采用不规则布局、坐北朝南,2 层砖木结构,东部为二层,中部和西部为一层,建筑面积 960 平方米,属于英国乡村风格的尖顶花园别墅。南入口处有一大平台,进门为走廊,设有 200 平方米长方形大厅,大厅东首为餐厅,后为书房,二楼为卧室、起居室。内部装饰全部采用橡木和柚木,门窗特地选用带有疖疤的木料,并保留粗糙的斧角痕迹,小五金构件全部以手工制作,细微之处亦透出古朴的乡土气息。别墅用裸露的棕墨油烟色木头构架屋架,屋顶为斜陡坡顶,上盖红色瓦片,墙面粉淡黄色,花园四周绿树盎然。

维克多·沙逊,生于 1881 年,是旧上海新沙逊洋行的第三代掌门人,青年时代喜欢航空运动,第一次世界大战期间参加英国皇家空军,在战争中因伤致残,人称"跷脚沙逊"。维克多·沙逊在 20 世纪 20 年代接管了新沙逊洋行业务,逐渐将业务重心由印度转向上海。早在 19 世纪 70 年代后期,新沙逊洋行在上海陆续购置了大量房地产,使得其在上海已经具备了相当的基础;锦江饭店、茂名公寓、沙逊大厦(和平饭店北楼)等著名建筑都为其名下地产。

1937 年"八一三"事变爆发,中国军队曾驻军罗别根花园。1941 年太平洋战争爆发,日军进驻租界,沙逊全部财产为日伪占有,罗别根花园也被侵占。因日伪急于用钱,几经转卖,将其转卖给了上海寅丰毛纺织公司,成为公司老板的私宅。

日本战败投降后,沙逊收回被日军侵占的财产,但罗别根花园因其被多次买卖,最后卖与上海寅丰毛纺织公司,且手续符合法律规定;根据当时中国政府和外国列强签订的各种条约,外国人不得在上海租界以外拥有土地权为由,上海地方法院认定沙逊洋行通过中国人邢鼎丞名义购买土地转入名下为非法之举,加之上海随后解放,沙逊最终放弃收回该处财产。

1956 年,上海寅丰毛纺织公司实行公私合营后,业主举家迁往香港,该产业归属上海纺织局所有,曾长期作为纺织局的职工疗养院。20 世纪 90 年代纺织局将该别墅租给海南置地集团上海总部。

1989 年 9 月 25 日被列为上海市优秀历史保护建筑。

【王伯群住宅】

位于愚园路 1136 弄 31 号,现为长宁区少年宫。

建于民国 23 年(1934 年),高三层,混合结构,由协隆洋行(A. J. Yaron)设计。占地 6 500 平方米,建筑面积 2 330 平方米。

建筑造型采用英国哥特式,立面对称处理,建筑规模较大,南面有大片绿地,南面外楼梯直上二楼,四楼设平台,采用四坡顶屋面。

原为国民政府交通部部长王伯群住宅,后为汪精卫居住。民国 34 年曾作为国民党军统局的招待所。上海解放后由中国人民解放军部队接管,1960

图 1-1-38　王伯群住宅外景

图 1 - 1 - 39　王伯群住宅内部

年后为长宁区少年宫使用。

【修道院公寓】

位于复兴西路 62 号。由著名的英商公和洋行(Palmer & Turner)设计,建于 1930 年,属西班牙式建筑风格的公寓住宅。

原为英国商人密丰绒线厂厂主的住宅。公寓曾被很多人误解为修道院,其实与修道院无关。公寓旧名为 The Cloister Apartment,以前,主要租赁者主要是侨民,所以,没有对应的中文名称。建国以后人们参照"cloister"的常用翻译称该建筑为"修道院公寓"。在一份 1937 年的英文版《上海名录》中登记了白赛仲路(复兴西路)62 号 The Cloister Apartment 的住户名单。登记的住户中没有一位与教会有关系,与修道院也没有瓜葛,更没有修士或修女居住在这里,所谓的"修道院公寓"只是可供公共出租的寓所。而英文"cloister"是多义词,有"隐居"或"有回廊的建筑"。显然,The Cloister Apartment 本义应该是指远离城市喧闹、安静的、适宜居住的公寓,也许,将其译为"居士公寓"或"世外桃源"更合适。

该公寓为湖南路街道办事处使用,后湖南路街道办事处搬迁,该公寓修缮后作为衡复风貌展示馆对外开放。

1989 年 9 月 25 日上海市人民政府公布为上海市优秀历史建筑。

【国际饭店】

(见第六批全国重点文物保护单位)

【旧上海市政府大楼】

位于清源环路 650 号,现为上海体育学院办公楼。

图 1-1-40　旧上海市政府大楼

旧上海特别市政府,即旧上海市政府大楼被认为是"大上海计划"的核心建筑。为有效地促进新市中心区的发展繁荣,市政府毅然决定在划定的新市中心区内,先建造一座市政府新厦。为了使未来的市政府大楼具有最佳的设计图样,市中心区域建设委员会采取向社会征集设计方案的方式,有中外建筑师 65 名前来应征,交来的设计图样共 19 份。当时市政府特聘曾任交通部总长、铁道部部长等要职的叶恭绰,上海市政府顾问工程师柏韵士,会同市中心区域建筑委员会顾问董大酉等,共同对 19 份图样进行严密的审查,分别评判出了一、二、三名的得奖者。然后再由董大酉先生综合得奖图样所长,主持全面的设计制图。1931 年 6 月,由朱森记营造厂工人进入工地承造。1931 年 7月 7 日上午 10 时,市政府新厦举行隆重的奠基典礼,时任市长张群致辞,前任市长黄郛发表演说。最后,张群趋前亲自铺平基石下的泥土,然后将一长方形铜盒置于基石之上,封固掩埋。铜盒内盛放了市政府新厦悬奖征求的图案、全套设计图样和说明书、市中心区域计划概要等文件和纪念品。期间因"一·二八事变"爆发,日寇进攻上海,江湾正好位于战区内,深受战争创伤,满目疮痍。这次事变造成工程停工约 5 个月。1933 年 10 月 10 日举行盛大的落成典礼,市长吴铁城向 10 万余中外来宾和民众发表演讲。

大楼以西为三民路,东为五权路,北为世界路、南设计为大同路,以体现"三民主义、五权宪法"与"世界大同"之意。该大楼美轮美奂、金碧辉煌,为中国传统梁柱式涂彩建筑,钢筋混凝土结构,共四层,建筑面积近 9 000 平方米。中部高 25 米,左、右两翼各 20 米,宽 93 米。该楼造型运用横竖三段式构图:横三段中部主体加两翼,主次分明,比例适当。竖三段下部为基础,中部是柱廊,上部设屋顶。其外表第一层为平台,围以栏杆,其上三层为梁柱结构,屋顶盖以绿色琉璃瓦,气势宏伟,突显民族特色。正面设宽大的台阶向上直通二楼大礼堂,台阶中央有石雕御道。其下为正门,车辆可直达门前。阶梯左右,两只巨大石狮坐守。巨狮两侧有两旗台,旗杆与大厦齐高。大楼前的广场开阔,备阅兵或市民聚会之用,与市图书馆、市博物馆遥相呼应。北面建有孙中山纪念堂,竖有孙中山铜像。1935 年 4 月 3 日,中国第一场集体婚礼在当年的上海市政府大厦(今天的上海体育学院绿瓦楼)举行。这次的集体婚礼名称叫"第一届新生活集体婚礼",57 对新人参加这次婚礼。1937 年,淞沪战役爆发,上海沦陷,该大楼被日军占领。解放后,该大楼归上海市行政干部学校使用。1956年,上海体育学院迁址于此,该大楼作为行政办公大楼使用至今。1937 年、1952 年、1955 年、1984年、2002 年均进行过维修。

1989 年 9 月 25 日被公布为上海市优秀历史建筑。后归并公布为"'大上海计划'公共建筑群"。

【大上海大戏院】

位于在西藏中路 500 号。戏院开设在西藏路闹市中心,英文名 Metropol 乃大都会之意。由联怡公司创办,我国早期建筑师陈植设计。其设计由近代中国最大的华盖建筑事务所承担,主要建筑师有赵深、陈植、童集等,都是美国宾夕池尼亚大学的建筑硕士。而大上海的设计是由陈植所主持。华盖建筑事务所成立不久,就拿出被建筑界誉为"醒目绝伦""匠心独具"的作品,显示我国建筑师的力量。

大上海大戏院于民国 22 年(1933 年)开业。初创时的戏院建筑可与"大光明"媲美,造型富有立体感,外墙用黑色大理石贴面,大门上方有八根贯穿到顶的黑色玻璃方柱,中间嵌装霓虹灯,形成立面竖线条构图。建筑占地面积 1 161 平方米、观众厅有上下二层面积约 1 300 平方米。设有软座 1 528 个,楼厅较高,厅内采用流线式装饰,楼内地板采用橡皮铺成步履无声。放映用的是当时世界上最先进的拍拉斯放映机,音响清晰。有冷气压缩机等设备,是 20 世纪 30 年代上海的第一流影院。大上海于 1933 年 12 月 6 日 21 时 15 分开幕,首场上映好莱坞明星丽琳·哈莱主演的《女性的追逐建》。2005 年该影院进行全面改造,外形维持原貌,目前影院使用面积为 2 500 平方米,设有 5个不同大小的现代化影厅,可容纳 680 位观众。所有座位完全按照人体工程学设计,前后两排的座位间隔达到 1.1 米到 1.4 米,座宽也达到 56 厘米。可谓一家标准的五星级影院。

大上海大戏院到 1956 年,改名为大上海电影院,"文化大革命"时曾改名为"遵义电影院",1972年仍恢复为大上海电影院。"文化大革命"后,在对这座第一流的影院建筑进行修缮时,对其局部改动很大,引起建筑界的不满,大家希望能恢复这幢优秀近代建筑的原貌。21 世纪初,在原址上推倒重建,故而现已被上海市地方志列为上海湮没建筑名单中。在老建筑保护中又是件"乌龙"事。重建后的大上海八根墨色玻璃方柱改为水泥柱。5 层改成 8 层。重建后的大上海电影院目前是一家五星级影院,位于该大楼的 8 楼,共有 5 个现代化影厅,可以容纳 680 个座位。

1989 年 9 月 25 日公布为上海市优秀历史建筑。

【汾阳路 45 号住宅】

位于汾阳路 45 号。

建于 1932 年,协澄洋行设计,辛丰记营造厂承建,属典型的西班牙式建筑风格的花园住宅。建筑为假三层砖混结构,正立面竖三段划分,中间底层为三个连续拱券敞廊,以四根圆柱支撑。一层和三层山墙上均有三扇圆拱帕拉第奥式长窗,窗间饰螺旋形柱。二层阳台上为绞绳式铸铁栏杆。白色粉墙,红瓦缓坡顶开单坡老虎窗,屋檐有连续小圈作装饰。客厅置落地钢窗。主屋东侧有二重拱行门,门上有 6 个对称式八角形铜花饰镶嵌。左右两侧有附屋。

原为海关税务司官邸,直到 20 世纪 40 年代,丁贵堂任副总税务司后,该官邸才有中国人入住。丁贵堂(1891—1962),辽宁海城人。1912 年春考入奉天政法学堂,后转入北平税务专门学校,毕业后被派往安东海关见习一年,后升任帮办。1919 年秋被调往北平海关总税务司署总务科任帮办,

1927 年调任上海江海关汉文秘书科秘书。次年,他升任代理副税务司。华人担任副税务司,丁贵堂为第一人,轰动一时。1929 年春,丁贵堂参加了"改善关制审查委员会",该委员会确定了停止招收外籍海关职员和实现华洋职员平等的规定。没多久,丁贵堂担任了总税务司署汉文科代理税务司。第二年,他被授为汉文科税务司。华人担任这个职位,丁贵堂又是第一人。1934 年 4 月,丁贵堂升任为总税务司署总务科税务司。此职在海关总署各科中最为重要,所有海关行政事宜均由该科税务司承总税务司之命负责处理。这一职位以往都是英美人担任的,日本人岸本广吉任该科税务司已属创例,而华人担任此缺,更是罕见。而丁贵堂就是担任此职的第一位华人。抗战胜利后,负责接收京沪区海关,并兼任江海关税务司和浙海关税务司及上海浚浦局局长。中华人民共和国成立后,先后任海关总署副署长、海关管理局局长。该住宅原为上海海关高等专科学校使用,现为上海汾阳花园酒店。

1989 年 9 月 25 日,上海市人民政府公布为上海市优秀历史建筑。

【沙逊别墅】

图 1 - 1 - 41　沙逊别墅外景(摄影:蔡康)

位于虹桥路 2409 号,现为龙柏饭店 1 号楼。建于民国 21 年(1932 年),由英商公和洋行设计,建筑面积约 800 平方米,高二层,砖木结构。

原为英国籍犹太人沙逊(E. D. Sassoon)私宅。

沙逊别墅具有英国乡村别墅式住宅风格,平面采用不规则布局,南入口处有一个大平台,入门有内廊,再进入大厅,东面为餐厅,北面为书房,东部为二层,楼上为卧室,室内装饰为橡木和柚木,建筑小五金等构件也为手工制作。

屋面斜陡,屋顶用红砖瓦。墙面有明显的半露木构架。屋周围有大片草坪和绿荫,西北次进口为马槽和饮水池,配以雕塑。

该建筑从外部和室内装饰都为上海现存保护较好的乡村别墅式住宅。

【大光明大戏院】

位于南京西路 216 号,始建于 1928 年,至今已有 90 多年的历史,它曾创下连续 11 年(1989—

1999年)全国票房第一的纪录,享有"远东第一影院"的美誉。它目睹了90年来中国电影的兴衰流转,创造了无数的辉煌,堪称中国电影发展历程的"活样本"。

1928年7月,潮州商人高永清与美国投资商合作,将原静安寺路50号(现南京西路216号)卡尔登跳舞场改建成一座新式影院,取名大光明影戏院,俗称"老大光明"。老大光明由道达洋行设计,其沿南京西路的主入口与今天的位置基本一致,但面宽要窄得多,而该入口与今天的工艺美术商店之间则留有室外通道,可通往地块东侧的卡尔登大戏院。此通道今天已成为室内疏散通道。在老大光明地块正中,设计者采取了椭圆形的平面,其观众行进的路线则基本奠定了此后新大光明的整体轴线走向。

1928年12月23日,大光明影戏院盛大开幕。午前假座雪园宴请新闻记者百余人,席间郑正秋、张春帆、包天笑、周瘦鹃等文化名人竞相演说。傍晚中外各界人士千余人齐聚影戏院大厅,京剧大师梅兰芳先生亲自到场为其开张剪彩。

1932年,英籍华人卢根与美国国际抵押银公司经理格兰马克合资组成联合电影公司,收购宣布停业的大光明影戏院,并斥资110万元,将旧戏院拆除重建。新戏院由当时沪上知名的匈牙利籍建筑师邬达克设计,采用钢筋混凝土结构,外观为横竖线交叉构图形式,乳黄色墙面,嵌以大面积玻璃窗,是典型的现代主义风格建筑。

1933年6月14日,新大光明大戏院开幕,首映美国米高梅公司出品影片《热血雄心》。因其构造宏伟、设施齐全,当时号称"远东第一影院",观影人潮络绎不绝,成为沪上人士争相前往的休闲场所。

1958年,大光明电影院从民主德国和捷克斯洛伐克引进新型放映、音响设备和银幕,改装成为上海第一座宽银幕电影院。1985年,又首先引进使用光学四声道立体声电影设备,成为上海第一座立体声电影院。

80年代以后,大光明经历了两次大的整修。第一次在80年代初,将观众厅内原墙面进口吸声材料全部拆除,改装耀华玻璃厂生产的绿色泡沫玻璃吸声材料;大门口玻璃塔4毫米厚的磨砂玻璃全部拆除,调换国产5毫米厚的乳白玻璃。观众厅、休息厅地坪新做彩色磨石子地面;二层休息厅墙面原人造大理石拆除,改用天然大理石。此次大修是对大光明变动较大的一次,最可惜的是,大部分的历史装修原物在此次大修中被拆除丢弃而无法找到任何痕迹。

1992年,大光明再次改建装修,室内进厅及休息厅地坪新铺大理石地坪,入口门厅增加了硕大的彩色玻璃,墙面均有较大改变,大观众厅座位再次调整压缩。

2007年,大光明文化集团出资对大光明电影院进行整体修复和整修。此次整体修缮,在提升结构安全性和设施便利性的前提下,力图恢复1933年建成时最辉煌的大光明。针对文物保护的部分,即南京西路216号进厅、一层、二层老休息厅、大观众厅及附属通道,采取了全面修复。

在修复整修后的二层2号厅入口前,有一片凹入的白墙,白墙两侧各有一根清水红砖柱。1928年老大光明初建时,由道达洋行设计,外观为古典主义风格,里面采用清水红砖圆柱。1932年重建大光明时,设计师邬达克将沿南京西路外立面全面更新为现代主义风格。幸运的是,在主入口西侧二层电影海报墙的后侧,残留了两根历史立面的清水红砖圆柱。今天,从这两根残存的柱子,依然能想见当年的建筑风格与气势。

【跑马总会】

位于南京西路325号。

上海跑马总会成立于 1850 年,曾先后在今南京东路、河南路一带和南京东路、浙江中路一带圈地开辟跑马场,旋即搬迁。1862 年该会购进今西藏中路以西,南京西路以南土地,开辟了第三个跑马场,习称跑马厅。早期的跑马总会为一幢两层楼欧洲文艺复兴式建筑,前部建有方形钟楼。

1933 年总会拿出 200 万两银子,于原址重建一幢大楼,成立高级俱乐部,供跑马总会会员享乐。由英商新马海洋行设计,余洪记营造厂承造。钢筋混凝土结构,占地 8 900 平方米建筑面积 21 000 平方米。建筑外貌具有古典主义构图的折衷主义特色,外墙用红褐色面砖与石块交砌,西立面中部有贯通 2 至 3 层的仿塔司干式柱廊。室内装修讲究,大理石楼梯,扶栏有铸铜侧面马头装饰。西北端是高 53.3 米高耸的大钟楼,钟楼最上部是四面三角形坡形顶,顶与大钟之间是瞭望台。钟楼四面镶装有圆形直径 3.3 米的大钟,钟面上的数字为罗马文,气势壮观。

原总会底层为售票处、领彩处,夹层为会员的滚球场,二楼为会员俱乐部,设有咖啡室、纸牌室、阅报室及弹子房等,东侧为斜倚式看台,三、四层设会员包厢 30 多处,前面走廊直接对望跑马场地,顶层为职员住室等。跑马厅除平时举行不定期赛马活动外,每年在春季和秋季两次大赛,发行跑马香槟票。

1925 年、1930 年、1935 年,又在大楼的南面建造了具有英国早期近代建筑风格的红砖墙的二层房子,直连到今武胜路口。

跑马厅曾多次作为外国侵略者的兵营,镇压太平军的"洋枪队"和租界设立的"万国商团"都先后盘踞于此,日本发动侵华战争,上海沦陷后日军以及抗战胜利后美国军队都以此地作为军营。1949 年 10 月 2 日上海人民在这里举行庆祝开国大典大会。1951 年 8 月 27 日由市军管会接管。解放后相继被用作上海博物馆、上海图书馆和上海美术馆。

1989 年 9 月 25 日公布为上海市优秀历史建筑。

【大新公司】

位于南京东路 830 号。大新公司是 20 世纪 30 年代上海南京路四大百货公司之一,该公司由澳洲华侨蔡昌于 1934 年筹建,1936 年 1 月 10 日正式营业。

大新公司大楼这幢建筑,在四大百货公司中筹建最晚,当年取名"大新"正是寓以"规模之大,设备之新"的意思。建筑坐北朝南,高 44.5 米,占地 3 860 平方米,平面视觉呈方形,东南角、西南角略带弧边,总建筑面积 29 951 平方米。各楼室内采用规则的方格网柱,沿周边四个方向均置有步行楼梯和升降电梯,铺面面向东、南、西三个方向都有出入口与马路相通。当初,在一层至三层还设置了轮带式电力自动扶梯两座,不仅属国内首创,而且在国际上也是当时奥梯斯的最新产品。

该大楼是由我国留学归来的一代名建筑师杨廷宝、关颂声、朱彬、杨宽麟合作组建的基泰工程公司承担设计的,由华商馥记营造厂负责施工。大楼外貌为装饰艺术派风格,立面简洁,以竖线条构图为主。屋顶上的栏杆、花架下的挂落有明显的中国式装饰。墙垛之间饰有中式勾栏状铜雀,女儿墙顶部还有栅格形的装饰物。该大楼外墙除下方用黑色大理石作护壁外,其他全部采用 200 mm×75mm 乳黄色釉面砖,分别以横贴和竖贴的手法使立面显得简洁大方,富有立体感。在一层与二层交接处采用遮阳板作上下分隔处理。沿西藏路、南京路、六合路建造了连缀环抱的 18 面大橱窗。

大楼连地下一层算起共有 10 层。当年地下一层、铺面、二楼、三楼为商场,四楼是大班间、账房间、司库及商场管理等各种办公用房,五楼为歌舞厅与知名度很高的"五层楼酒家",六楼至九楼为"大新娱乐场",号称"天台十六景",游艺节目囊括京剧、话剧、滩簧、电影、歌舞、魔术、滑稽、武术,还专设女子台球，九楼设有屋顶茶楼。大楼在设计、用材、设施等方面堪称优秀商业建筑，富有现代气息。

1951年大新公司停业以后，整幢大楼由市房管局接收，先后分别租给第一百货商店、工艺美术品工场、越剧馆、上海照相机二厂的车间等单位。1953年9月，第一百货商店进驻时，共租赁了大楼的五个楼层，先开辟了地下室、铺面及二楼共三个楼面的商场，经营20多个大类商品。地下室商场供应家用电器、五金工具、缝纫机、自行车、劳防用品；铺面商场供应日用百货、针织内衣、绒线、床上用品、钢精搪瓷、玻璃器皿、文具箱包、烟酒糖果；二楼商场供应绸缎呢绒、棉布、服装、鞋帽。后来，大楼内的其他单位相继搬出，整幢大楼全部由第一百货商店经营，企业相继开出了四楼商场、五楼商场，直到最后的八楼商场。

2008年，大楼进行了整体性大规模维修，本着维持原样、修旧如旧、保护优秀历史建筑的施工原则，进行了外墙清洗翻新、支撑柱加固、管线重新铺设等全面维修，还加装了建筑外立面的夜间灯光照明系统。

【华业公寓】

位于陕西北路173号，又名华业大楼，由谭同兴营造厂厂主谭干臣投资兴建，李锦沛设计，潘荣记营造厂承建，建于1934年。大楼于解放以后收归国有，现仍由普通居民居住。

华业公寓总占地面积2183平方米，建筑面积10500平方米，为钢筋混凝土结构，由1幢10层主楼和2幢4层副楼构成。总体布局成三合院形式，立面以凹凸墙面和贯通壁柱突出竖向构图。主楼居中，由中间向两侧低跌落。主楼采用八角形攒尖顶，红色筒瓦；两翼平顶屋，筒瓦坡檐；檐下有券齿线脚装饰。外挑弧形阳台，方形窗户，白色水泥外墙。楼前有2500平方米的草坪绿地，中间辟有儿童游乐场所。房屋属西班牙式建筑风格。华业公寓为静安区境内高层公寓类建筑的一个典型代表，具有较高的建筑艺术与历史文化价值。

1989年9月25日，华业公寓被上海市人民政府公布为上海市优秀历史建筑。

【江湾体育场】

江湾体育场位于国和路346号，"大上海计划"中的主要建筑之一，由著名建筑师董大酉及助理建筑师王华彬设计，成泰营造厂承造。1934年8月由市长吴铁城主持奠基典礼，1935年8月建成，有运动场、体育馆、游泳池三大建筑，钢筋混凝土结构，是当时远东设备最完善、规模最大的综合性体育场。运动场四周围以钢筋水泥结构看台，计27级，约可容观众五万人。1936年的《上海市年鉴》称其："建筑之伟大、范围之广袤，其于体育场之地位，目下远东殆无与匹。"江湾体育场建成，分别在20世纪50年代和2005年经历了两次大修。

江湾体育场的建筑具有中国传统的风格，大门上的装饰是简化了的中国古代城楼构件，司令台边的扶手、体育馆的入口处等，都是中国传统元素与现代建筑的融合。这种建筑的形式某种程度上能够反映建造体育场时国民政府"提倡体育，复兴中国"的意志。

在江湾体育场建成之前，上海没有足以举办大规模运动会的场地和条件，因此历次申请举办全运会均未获准。1933年南京第五届全运会后，总部设在上海的中华体育协进会向教育部体育运动委员会提议，上海正在筹划建设第八届远东运动会场馆，希望把将用于第六届全运会的建设费用在上海远东运动会场馆建设，并将第六届全运会移在上海举办，该申请得以批准。1934年体育场奠基，次年完成体育场、网球场、体育馆、游泳池等项目。

图 1 - 1 - 42　江湾体育场俯瞰

1935 年 10 月 10 日至 22 日,当时的第六届全国运动会在上海市立体育场举行。占地 300 余亩的江湾体育场为当时东亚最大,赛事盛况空前,全国除贵州省外,各省均派团比赛,南洋华侨也组成菲律宾和马来亚团参加。

第六届全运会后,中国进入抗战和内战时期,直到 1948 年才举办第七届全运会,地点也在上海市立体育场。然而受战乱影响,加之会务组织不力,场面混乱。运动会上打裁判、打对方队员之风盛行,在足球决赛时甚至由国民党淞沪警备司令宣铁吾、上海市警察局局长俞叔平亲自坐镇球场两侧中线旗外,并出动大批便衣警察,在球场外围保护裁判员。

抗日战争期间,被日军占作军火库。抗战胜利后,仍用作兵营、军火库。

解放后,由于江湾体育场的建造标准极高,很长一段时间里,它一直是上海很多大型比赛的举办场地。

1953 年由市长陈毅题名为"上海市江湾体育场"。

1983 年,江湾体育场又举办了中华人民共和国第五届全运会。

1989 年 9 月 25 日被公布上海市优秀历史建筑。后归并公布为"'大上海计划'公共建筑群"。

【新康花园】

位于淮海中路 1273 弄 1—22 号。建于 1934 年,新马海洋行设计,英商新康洋行投资建造,属花园里弄住宅。

新康花园南北贯通淮海中路与复兴中路,由 11 幢砖木结构二层西班牙式花园住宅和 4 幢混合结构五层现代式公寓住宅组成。花园住宅立面竖三段式,中间凸出阳台,券柱式,顶层辟为平台,阳台置螺旋纹柱,缓坡红瓦屋面,檐口有齿形饰。灰色水泥外墙。在坊内中段设集中车库。花园里弄内南北主通道宽 6.5 米,八条次通道宽 5.5 米。北部 11 幢西班牙式公寓分别布置在主通道的两侧,分层分户进出,互不干扰。每户有两套浴室,宅前有较大花园。南部 4 幢五层现代式公寓,围合状布局,一至三层每层为两套二室户,四、五层为两套跃层四室户。

此地原是英籍犹太人开设的新康洋行于 1916 年建造的私人花园,当时园内有网球场、游泳池等,后改建为花园公寓,1940 年后几经转售。新中国成立之初更名为新康花园。除新康洋行职员居住外,有些外国侨民也在此居住。

当年,许多上海文化名人的家就在新康花园里,如著名电影表演艺术家赵丹和夫人黄宗英曾住弄内 16 号二楼。油画家、美术教育家、颜文樑从 1956 年起就住在这里。颜文樑是我国第一代旅法画家,他绘画风格非常独特,唯美、雅俗共赏,据说颜文梁生前在新康花园家中的客厅里摆放着一架三角钢琴,上面供了一只法国式的大水罐,插了干旧的玫瑰,颜老先生就喜欢在这样灰朴朴的钢琴上自弹自唱,有时还拉拉小提琴。

新康花园还凝结着黄源与巴金的一段友谊。黄源在 1938 年离开上海到皖南新四军军部之际,将两只装满书刊的 6 层黑色书柜存放在巴金负责的文化生活出版社内。黄源在上海编《文学》与《译文》杂志时,作为编辑与作者巴金有着密切的交往与深厚的友谊。抗战期间,他俩关系中断,但巴金在非常困难的条件下,将黄源存放的这两个书柜一直保存到解放。1949 年黄源随解放军进入上海后,巴金第一个以朋友身份去看望了他。第二年,黄源住进淮海中路新康花园后,巴金将他存放的书和书柜完璧归赵。

越剧表演艺术家袁雪芬也长期住在新康花园里,于 2011 年 2 月 19 日在新康花园的寓所里走完了她辉煌的艺术人生。

20 世纪 90 年代末,通汇房地产开发经营公司拆除单独的汽车间,建造三幢与周围老建筑相同式样的商品房。新康花园现为民居。

1989 年 9 月 25 日,上海市人民政府公布为上海市优秀历史建筑。

【峻岭公寓、茂名公寓】

峻岭公寓、茂名公寓位于茂名南路 59 号今锦江饭店内。

峻岭公寓,又称贵宾楼,于 1934 年建造,1935 年落成,原名格林文纳公寓,简称高纳公寓。由华懋地产公司投资,公和洋行设计,卢松华的鹤记营造厂承建。大楼平面呈条形五折环状对称布局,中部 18 层,标高 78 米,建筑面积 23 985 平方米,立面以垂直线条处理,两侧渐次呈台阶式跌落至 13 层,给人一种错落有致的韵律感。建筑以装饰艺术(ART DECO)为特色,与当时被誉为世界最新的纽约巴克利维赛大楼相似,室内布置华丽,装饰协调,皇家古铜吊灯、蜡烛壁灯、12 根高达立柱、文艺复兴风格的古代勇士浮雕等,如今仍被完好地保存下来。

解放后,1956 年峻岭公寓归市房地部门管理,分配给高级知识分子居住。作家靳以住入了蒋经国曾住过的 501 室,救国会七君子之一的王造时、理论家沈志远、作家唐弢、峻青、翻译家孙大雨、文艺评论家孔罗荪、医师周诚浒等都曾在公寓居住。1957 年的反右运动中,许多被打成"右派"的知识分子被赶出了公寓,后公寓划归锦江饭店。

茂名公寓于 1934 年建造,1935 年落成,原为格林文纳公寓附属建筑,建筑面积 10 227 平方米,标高 18 米。该楼设计别致,由 6 幢 4 层炮台式公寓组成,内装饰于贵宾楼类似。1958 年 10 月 31 日,上海市人民政府再度接管这栋楼及其附属部分,并于同年年底将它划归锦江饭店统一经营管理,且经过整修,立即投入党中央在上海召开的八届七中全会的接待任务。后长期出租给各家公司做商务楼用。

1989 年 9 月,上海市人民政府公布为上海市第一批优秀历史建筑。

【兴国路住宅】

图 1-1-43　兴国路住宅外景(摄影：唐彬钧)

　　位于兴国路 72 号，现为兴国宾馆一号楼。建于 1935 年，建筑面积 690 平方米，建筑为二层，砖混结构，为一英国帕拉弟奥式住宅，原为太古洋行大班私宅，建筑立面采取长窗，列柱形式，处理简洁、典雅，较有气派。铜质屋面，宅前绿茵草坪，树影斑驳，环境怡人。

【马勒住宅】
(见第六批全国重点文物保护单位)

【涌泉坊】

　　位于愚园路 395 弄，由华成烟厂总经理陈楚湘出资投资兴建，1935 年开工，翌年建成，为静安区境内一处较为著名的新式里弄建筑群。由著名建筑师杨润玉、杨元麟、周济之设计，久记营造厂营造。所有房屋解放以后全部收归国有，被统一管理，并由居民居住使用至今。

　　弄内建筑属西班牙式建筑风格。共有朝南向住宅 7 栋，俱为砖木结构，6 栋为西班牙式建筑风格的 3 层新式里弄住宅，1 栋为西班牙式独立花园住宅。弄堂口设计为三层"过街楼"形式，很明显的装饰艺术派风格，正门设计为大圆拱券，两侧的边门则为小圆拱券，以四根人造石的变形柯斯林柱支撑而形成三个连拱，二层设计为方窗，三层则为圆拱窗，檐口的中间为装饰效果极佳的涡旋形图案。墙体一律使用深红机制砖，以白水泥勾勒出砖缝，墙面简洁而不失典雅，色彩搭配颇佳。过街楼连接的第一排 2 栋住宅列一字排开，另外 4 栋住宅以主弄道为轴线呈"田"字型布置，每栋有两个单元。联列式住宅设计有单开间、双开间，耦合式住宅设计有双开间、三开间，各自的室内空间设置不同，建筑的外轮廓也不尽相同。弄底一幢花园住宅，外为棕色面砖贴面，内部采用中国式装饰。

　　弄底的花园住宅为陈楚湘自住，上下四层的房屋以西班牙惯用的缓坡屋顶、红色筒瓦、拱窗以及屋檐下连续排列的小券装饰为特色。设计者为表现宫殿城堡的意蕴，使住宅的四面外观各不相同，屋顶的高低跌落变化丰富，有凸出的阳台，圆柱挑楼，外墙贴拼花面砖，体现了造型上的匠心独运。室内大小房间近 40 间，底层朝南有餐厅、起居室、客厅，朝北则为车库、厨房、衣帽间及门廊等。

涌泉坊里弄为静安区境内公寓类建筑的较好代表,具有较高的历史与文化价值。

1989 年 9 月 25 日,涌泉坊被上海市人民政府公布为上海市优秀历史建筑。

【裕华新村】

位于富民路 182 弄,上海裕华银公司投资建造,兴业建筑师事务所设计。裕华新村所占地块为一个正方形,内有砖木混合结构的独立式和毗连式别墅住宅共计 18 栋。每栋建筑俱为砖木混合结构,在设计风格上略微突破了传统,在花园式别墅的设计基础上外立面已呈现出部分现代派的风格。东半部的 8 栋别墅面积较大,上部为复合式四坡屋顶,每二宅组成一组,再共同组成一个"田"字形的布局。西半部的 10 栋面积较小,上部为两坡顶。房屋两两并列,在里弄深处呈行列式布置。所有建筑皆为南向,水泥砂浆饰面兼贴泰山面砖装饰,南北两侧立面高低错落,并带有竖向立面线条装饰。每单元房屋前均有小花园。房屋内部以木装饰为主,各项生活设施都非常完备。裕华新村为静安区境内高级里弄公寓的较好代表,具有较高的历史文化价值。新村于解放以后收归国有,一直由居民居住和使用至今。

1989 年 9 月 25 日,裕华新村被上海市人民政府公布为上海市优秀历史建筑。

【美琪大戏院】

位于江宁路 66 号,由著名建筑师范文照所设计,馥记营造厂承建于 1941 年。同年 10 月 15 日正式开业,为老上海公共租界西区的高档娱乐场所之一。解放以后,一度改名"北京影剧院",1985年恢复原称。2005 年,剧院进行了扩建,现仍是上海著名的演出场所之一。

美琪大戏院的占地面积 2 592 平方米,建筑面积 3 357 平方米,为二层钢混框架结构。整个建筑两面临街,立面随道路转角作弧形处理,设于转角处的入口好似一座圆柱形的巨塔,气势不凡。门廊以巨型圆柱支承,挑出的圆形雨厦,上为一个巨型的穹窿顶,并设垂直线条的长窗形成了构图中心。两翼立面均作大块面处理,仅在檐口处点缀有装饰图案。楼内的门厅是圆形平面,通高二层,厅内大型水晶吊灯灿烂缤纷、造型典雅。2 楼休息厅的平面采用回廊式布局。磨石子弧形楼梯、地坪,天花、墙面装饰均以柔和的曲线为主调,表现出浓厚的装饰艺术派建筑风格。剧院以它典雅、独特的风格,融合现代与古典建筑美于一体,因而具有极高的建筑艺术与历史文化价值。

1989 年 9 月 25 日,美琪大戏院被上海市人民政府公布为上海市优秀历史建筑。

【淮阴路姚氏住宅】

位于淮阴路 200 号,现为西郊宾馆 4 号楼。建于民国 37 年(1948 年),建筑面积 800 平方米左右,设计有两说:一为建筑师汪明新、结构师汪明勇合组的协泰建筑师事务所。凭当时姚乃炽携来的几册外国杂志中登载的照片为参考而设计的(1961—1962 年之间华东建筑设计院将部分改建)。二为原圣约翰大学建筑系海国教授(Pam lick)设计,因未在工部局登记而由他人出面代领照会的作品。二层,混合结构。

原为中国水泥公司总经理姚乃炽住宅,房屋平面为套间布置,空间采用不同层高,将主屋各功能分开,设半地下室的餐室,起居室的顶棚可以滑动启闭,起居室内有假山小桥流水,室内绿化与室外空间融为一体。室内、室外均用石块砌筑,室内装饰具有现代风格,体现了花园住宅设计的现代建筑趋向,室外设有小游泳池,随地形起伏,园林面积甚大。是现代花园住宅的实例。

【泰安路 115 弄住宅】

图 1-1-44　泰安路住宅俯瞰

位于泰安路 115 号。

建于民国 37 年（1948 年），占地面积 13 920 平方米，建筑面积 3 840 平方米，二层混合结构住宅。黄迈士（Max Wang）建筑设计。为一组 8 幢典型英国式和西班牙式各 4 幢建筑式样，每幢建筑平面的处理类似，建筑外观互不雷同、识别性较强的花园里弄住宅。

六、第六批上海市文物保护单位

【唐一岑墓】

位于崇明城桥镇鳌山路。

唐一岑（？—1554），字维高（一说维嵩），广西桂林府临桂县（今桂林市）人，明代嘉靖三十二年（1553 年）以举人身份赴任崇明县知县。时值县治新迁平洋沙，百业待兴，一股倭寇通过吴淞口，包围太仓、嘉定，入侵华亭、崇明、青浦等地，唐一岑招募义勇，指挥军民击溃来犯之敌。嘉靖三十三年（1554 年）五月四日，倭寇夜袭崇明，斩关入城，唐一岑率众挺身巷战，手刃数贼后壮烈牺牲。崇明县城失陷后，倭寇烧杀掠淫。第二天，在顾国、樊汉两位秀才组织下，城内军民众志成城，高呼"不杀贼，何以报唐公"，最后歼敌 200 余名，收复县城。唐一岑殉难后，嘉靖皇帝于八月十三日勅赠光禄寺丞，谥号"愍忠"，诏令筑墓建祠，表彰唐一岑以身殉国的功绩。太仓兵备道熊桴写下《知县唐一岑殉难勅建赐额愍忠》诗，对唐一岑奋不顾身、精忠报国，给予高度赞誉和沉痛缅怀。唐一岑殉职后，始葬于平洋沙城西南靠近海滨之地。

雍正九年（1731 年），墓有坍塌之虞，迁于吴家沙蟠龙镇东，墓地广 1 亩，高 5 尺，植松柏，竖墓碑。同治十二年（1873 年）知县曹文焕于墓前建唐公祠三楹，置墓田 1 亩，上植松柏，立《重建唐愍忠

图 1-1-45 唐一岑墓

公祠记》碑。民国初,祠堂内万年台供神位,立石碑2块,墓地松柏常青。1938年崇明沦陷后,日军将唐公碑推倒于地,松柏被砍伐。中华人民共和国建立后,唐公祠曾为民办小学校舍。1952年江苏省政府拨款重修,1957年江苏省公布为二等古墓葬、省重点文物保护单位。1958年崇明划归上海市,唐一岑墓被列为上海市文物保护单位。"文化大革命"中,唐一岑墓被当地生产队占为仓库,墓、祠均遭破坏,墓地仅剩坟墩与一块墓碑。1977年12月7日,上海市革命委员会发文公布唐一岑墓为四类文物保护单位。1990年1月,墓地因被新开河道所阻,交通不便,墓易迁现址,由上海市文物管理委员会拨款重建,1990年4月12日举行竣工仪式。

唐一岑墓现占地2亩,坐东朝西,筑圆丘形封土,直径3米,高1.8米,内存石棺。墓前置万年台,立墓碑,赵朴初书碑文"明唐一岑墓",两旁竖清代墓碑和碑记各两通,墓前建石牌坊一座,额匾"明唐一岑墓"由崇明籍书画家施南池书,并移置清代雍正年间县衙门门首石狮一对,墓后筑屏墙。2013年唐一岑墓进行整体修缮,新砌开放式围墙。

1981年5月21日,崇明县革命委员会公布唐一岑墓为崇明县文物保护单位。

【黄淳耀墓】

位于嘉定区南部安亭镇方泰水产村,始建于清顺治二年(1645年)。

黄淳耀(1605—1645),嘉定人,明崇祯十六年(1643年)进士。清顺治五年(1648年),清军南下至嘉定,黄淳耀、黄渊兄弟偕侯峒曾率嘉定民众守城抗清,城破,兄弟俩殉节于西林庵。顺治五年(1648年)淳耀父将兄弟俩葬于盐铁塘之原,乾隆四十一年谥"忠节"。墓于1990年重修,占地2 100余平方米。墓前立牌坊,花岗石质。立《明黄淳耀事略》碑记一方。墓基两穴,青砖砌筑,前立顾廷龙书"明黄淳渊耀墓"碑。墓园植柏树等乔木。黄淳耀墓对研究嘉定人文历史、开展乡土教育等具

图 1 - 1 - 46　黄淳耀墓

有重要价值。

　　曾于 1960 年 1 月公布为嘉定县文物保护单位,1962 年 9 月被上海市人民委员会公布为上海市文物保护单位。

【黄炎培故居】

　　位于川沙镇兰芬堂 74 弄 1 号。原为江苏省川沙厅城王前街"内史第",清咸丰九年(1859 年)举人、内阁中书沈树镛的住宅。黄炎培故居在第三进内宅楼,坐北朝南,两层砖木结构院落。

　　黄炎培于清光绪四年九月初六(1878 年 10 月 1 日)在此出生,22 岁考中秀才,当年与王纠思女士结婚,25 岁考中举人,次年受聘为川沙小学堂总理(校长),一直在家乡从事教育、政治活动。29 岁应杨斯盛之请,于六里桥创办浦东中学,任校长。31 岁任川沙厅议员、选举事务所副所长,次年当选为川沙厅咨议局议员、江苏省咨议局常驻议员。32 岁后去上海、北京等地工作。50 岁参加川沙县公团联合会成立会。57 岁回乡主编《川沙县志》。58 岁出席川沙举行中华职业教育社第九届专家会议。72 岁回川沙参加次子黄竞武烈士落葬仪式,并与川沙工商界人士座谈。

　　"内史第"房屋因年久失修,现已大部拆除,仅存黄炎培故居内宅楼等少数房屋。1991 年 3 月川沙县政府拨款大修,10 月竣工,11 月 6 日举行黄炎培故居落成典礼和黄炎培铜像揭幕仪式,故居内设有"黄炎培先生生平陈列"。1992 年 5 月 27 日对外开放。

　　1992 年 6 月,上海市人民政府公布为上海市文物保护单位。

【吴淞炮台遗址】

位于塘后支路 27 号，在黄浦江与长江交汇处。

吴淞炮台遗址始建于清顺治十七年（1660 年），康熙五十七年（1718 年）重建，嘉庆十年（1805年）因原狭小而拓建，道光十六年（1836 年）9 月建成。道光二十二年（1842 年），鸦片战争进入第三年，英国侵略者于五月八日凌晨，向吴淞炮台大举进攻，民族英雄守将陈化成沿长江西岸安置 130多门大炮，亲驻炮台督战，与敌军展开殊死搏斗。

英国侵略者柏纳森对当时吴淞的形式是这样描绘的：

"在吴淞江入口的地方，江面的宽度约达一英里，但可供航行的水道并不宽，有的地方还不超过300 码（约为 250 米），因此对于载重适中的船只，航行还是复杂的。……吴淞要塞的防线，主要设在吴淞江的西岸。"

鸦片战争时，西炮台确实是吴淞要塞的主要阵地，它拥有 175 门大炮（另一说是 134 门），而东炮台则只有 20 余门，从火力配备情况来看，东炮台显然是辅助阵地。东西炮台夹江对峙，遥相呼应，如能统一指挥，密切协作，敌舰要想从 250 米宽的水道中通过，显然是很不容易的。但由于两江总督牛鉴以统帅身份坐镇宝山，陈化成就无法统一指挥两座炮台；接着，牛鉴又演出了带头逃窜的丑剧，遂使陈化成孤军作战，壮烈牺牲，西炮台陷入敌手。

吴淞失守，长江门户洞开，侵略军长驱直入，很快就迫使清廷在南京签订不平等条约，中国从此逐步沦入半封建半殖民地社会。吴淞之战是鸦片战争后期带有决战性质的一役。吴淞炮台在我国国防上的重要地位，从这次沉痛教训中可以得到充分证明。

鸦片战争后，海防形势发生变化，防御设施集中于黄浦西岸，东炮台未再修复（遗址在川沙县凌桥乡炮台浜），西炮台则屡经改建。同治十三年（1874 年），江苏巡抚张树声会同提督李朝斌到吴淞视察。他们认为旧炮台距海口较远，决定向北移建半里，于同年十月开工，光绪三年（1877 年）5 月竣工，共用三年时间，移建于迤北约 500 米外的石塘外滩，仿照西洋式样，架木排桥，外用三合土筑造，炮台三面筑土城，土城长 550 米，高 4 至 6 米。共设暗炮台 11 座，明炮台 3 座，装有大炮 12 门，小炮 6 门。此外还有弹药库总库 2 座，小库 11 座，弹药装配房 2 间，兵房 46 间。

光绪二十四年（1898 年），吴淞自辟商埠，兵备道兼商埠督办蔡钧认为西炮台有碍商埠市场，奏请朝廷准于拆除。光绪二十六年（1900 年）春，自强军营务处督办沈敦和指挥士兵用炸药炸毁炮台，遭到舆论谴责，言路御史纷纷奏本弹劾。沈敦和虽受撤职戍边处分，而西炮台终成一片废墟。现吴淞炮台遗址位于塘后支路 27 号，残基座长 15 米，宽 11.8 米，高 3.2 米，面积约 170 平方米，分层夯筑而成，上层夯层每层厚 11 厘米，下层夯层每层厚 16 厘米。

2003 年 3 月对炮台遗址周边环境进行了全面整治。

【中国同盟会中部总会秘密接洽机关遗址】

位于北浙江路 821 号（今闸北区浙江北路 61 号）。

1905 年 8 月 20 日，中国同盟会在东京成立。为策动长江各省反清革命工作，1911 年 4 月，宋教仁、谭人凤、陈其美等人在上海商议筹组中国同盟会中部总会。1911 年 7 月 31 日，在北四川路的湖北小学校召开成立大会，与会者 33 人，会议通过了《中国同盟会中部总会成立宣言》《中国同盟会中部总会章程》，选举陈其美、潘祖彝、宋教仁、谭人凤、杨谱笙为总务会干事，分掌庶务、财务、文书、交通、会计五部。上海光复后，同盟会总部自日本东京迁回上海，中部总会遂宣告结束。

中部总会成立后设秘密接洽机关于北浙江路 821 号杨谱笙之兄湖州丝商杨信之的住宅内，建筑是一所清代大院式的砖木结构二层建筑,共有三进朝南房屋,当中为花园,南侧为一幢中西合璧的二层楼,北面是三开间的正厅,西侧为花厅,后进是三间两厢格局的楼房。1938 年此地改为审美女子中学校舍,中华人民共和国成立后为尚实中小学校舍,1965 年改为浙江北路第二小学校舍。1988 年拆除了原房屋改建为教育楼和少年报社,近年因旧区改造全部拆除。

1992 年 6 月由上海市人民政府公布为上海市纪念地。

【上海书店遗址】

位于人民路 1025 号,上海老城厢历史风貌区内,西靠人民路,东靠同庆街,南临方浜中路,北临万竹街。现存石刻纪念碑 1 通。

中国共产党第三次全国代表大会后,中央机关从广州迁回上海。为了进一步扩大宣传,需要自己的出版印刷机构。1923 年 11 月,中共中央调徐白民在小北门创办党的出版发行机构——上海书店。徐白民曾是浙江省立第一师范的学生运动领袖,并作为浙江学生代表赴上海出席全国学生代表会议,后在绍兴县立女子师范学校任教。经瞿秋白等党中央负责人建议,书店选址应符合"交通便利""简朴为宜""易于隐蔽"三个特点,且宜选址在华界。徐白民根据指示,在当时的民国路振业里 11 号找到一套坐东朝西的街面房子,将楼下布置为书店营业室,楼上过街楼里放置桌椅和床铺,作为宿舍和党内秘密活动场所。

上海书店成立后,中国共产党所有的对外宣传刊物《新青年》《新建设》《前锋》《中国青年》等统一由其发行。《向导》则由其秘密发行。除了学术性著作外,上海书店还出版了《革命歌声》《世界名人明信片》等通俗小册子和画片。中国共产党当时广泛开设平民夜校,夜校的教材就是由上海书店印刷出版的《青年平民读本》。这本书选用日常应用的 1 300 余生字,运用发票、借据、记账等手法,向广大人民群众、进步青年进行社会政治和经济、历史方面的教育普及。

1925 年 12 月,党中央派毛泽民到上海任中共中央出版发行部经理,领导上海书店和印刷厂的工作。在他的领导下,上海书店迅速发展,经营范围也进一步扩大,陆续在长沙、湘潭、广州、潮州、太原、安庆、青岛、重庆、宁波、海参崴、香港及巴黎设立了分支店及代办处,出版介绍马列主义书刊,成为中国共产党出版物的总发行所。随着上海书店在社会上的影响力与日俱增,爱国青年接踵而至。较强的号召力引起军阀的极度恐慌,1926 年 2 月 3 日,淞沪警厅以"煽动工团,妨害治安性质"为由,派出探警查封上海书店。毛泽民和徐白民商议后,将书店搬入租界,在宝山路开设宝山书店,继续发行工作。1927 年 3 月,《向导》《新青年》《中国青年》三种刊物的总发行所更名为上海长江书店。4 月 12 日,蒋介石发动反革命政变,正式开业不久的上海长江书店被迫关闭。毛泽民奔赴武汉,继续出版发行工作。

解放后,根据徐白民的回忆文章,并进行实地勘实,确认人民路 1025 号(原民国路振业里 11 号)为上海书店旧址。1989 年 5 月,原南市区人民政府曾在该址开设"文化生活书店",90 年代又改为杂品店。2002 年,因旧区改造建绿化带,上海书店旧址被拆除,同年调整为上海市纪念地点,设石刻纪念碑 1 通,碑长为 0.8 米,宽为 0.5 米。

【路易・艾黎故居】

位于愚园路 1315 弄 4 号,是一幢砖木水泥结构,坐西朝东的三层楼西式里弄住宅建筑,屋前有一小块花圃,建造于 1930 年前后。

路易・艾黎(Rewi Alley),新西兰社会活动家、中国人民的老朋友、杰出的国际主义战士。

图 1 - 1 - 47　路易·艾黎故居外观(摄影：楼定和)

1927 年 4 月 21 日来华定居,直到 1987 年 12 月 27 日在北京病逝。先在上海吴淞路救火会任小队长,后升任救火会总部督察。民国 21 年调任公共租界工部局工业管理处工厂督察长。在工作过程中,看到中国社会贫富悬殊,劳动人民处于水深火热之中,思想上起了很大变化,从一个一般的外国人转变为与中国人民站在一起的革命者,为中国人民的革命和建设事业作出了巨大贡献。

愚园路 1315 弄 4 号,是艾黎于民国 21 年到民国 26 年在上海时的寓所旧址。这期间,艾黎与当时在上海的中共党员、民主人士有所接触,而经常在一起工作战斗的朋友主要有宋庆龄、史沫特莱、马海德等。1935 年,在这里建立了一个国际性的马克思主义学习小组,艾黎是这个学习小组的负责人之一。在这里还建立了一个与中共中央苏区红军联系的秘密电台。1936 年,这里又成为中共地下工作者的避难所,曾掩护过陈翰笙、刘鼎等中共党员。艾黎还在这里为苏区和红军购买医疗器械、药品以及各种物资,通过各种渠道运送出去。八一三抗日战争爆发,艾黎离开上海后,这里为一般居民居住。

中华人民共和国成立后,艾黎定居北京,多次到上海时都要去看他在愚园路的寓所旧居。故居建筑情况良好,70 年代中增建一层,现为四层楼房,为普通市民住宅。1988 年 4 月,上海市人民对外友好协会和中国三 S 研究会上海分会(指安娜·路易斯·斯特朗、埃德加·斯诺和艾格妮丝·史沫特莱,他们三人的外文姓氏均为 S 起头。艾黎是中国三 S 研究会顾问。)在艾黎故居墙上勒石纪念并举行勒石揭幕仪式。

【山海工学团遗址】

位于大华路龙珠苑 200 号。

山海工学团始建于民国 21 年(1932 年),10 月 1 日,伟大的人民教育家陶行知先生,在宝山大场附近的孟家木桥创办了中国第一个儿童工学团——山海工学团,其是一种特殊的乡村教育组织。

民国 22 年(1933 年)后,成为中共地下党组织的一个活动据点,开展国难教育。民国 26 年(1937年)"八·一三"淞沪抗战爆发后,山海工学团因所在地大场为战区而停办。民国 35 年(1946 年)4月,陶行知返沪,恢复山海工学团,定名山海实验乡村学校。1951 年,经周恩来批示,改为"公立行知小学。"1981 年恢复"山海工学团"旧名。1986 年在其原址上建有陶行知纪念馆(老馆)。1992 年6 月 1 日公布为"上海市纪念地点"。纪念馆迁建后,原址因市政建设,山海工学团旧址遭到较大程度的毁损。1995 年在位于大场镇大华路龙珠苑 200 号现址上建山海工学团,现为大场镇场南村村委会,其中一个楼面为上海市山海工学团协会办公场所。2014 年调整公布为"上海市文物保护单位"。

1935 年,上海党中央局被破坏后,陶氏作为非党共产主义者的代表之一,宣传共产党的主张和共产主义世界观。国难日深,为解除国难,救国救民,他参与发起了"上海文化界救国会",组织"国难教育社",支持组织"新安旅行团",倡导大众歌曲和大众唱歌团,推行国难教育。抗日战争爆发后,山海工学团被迫停办。山海工学团为党培养了大批干部,在抗日战争和解放战争中发挥了重要的作用。遗址具有重要的历史和人文价值。

【姚子青营抗日牺牲处】

图 1 - 1 - 48　姚子青营抗日牺牲处

位于友谊路 1 号。

姚子青(1909—1937),广东平远人,字若振,号中琪,黄埔军校第六期毕业生,参加过北伐战争。民国 26 年(1937 年)任国民革命军第十八军九十八师二九二旅五八三团第三营中校营长。

1937 年 8 月 23 日,侵华日军在长江沿岸的罗泾小川沙、月浦狮子林等地登陆,随即向宝山、罗店、浏河方向分进合击,企图从侧面兜袭后路,一举占领上海。情势严重,宝山告急。

宝山县城是第六师三十四团三营驻防的。为了争夺宝山这个军事要地,中国军队和日本军队进行了残酷的搏斗。一周后终因敌强我弱,伤亡惨重,难以继续防守。在危急关头,奉命驻守长江口沿江阵地的第九十八师二九二旅旅长方靖,决定派五三八团三营前往接防。

三营中校营长姚子青,时年 29 岁,浓眉大眼,是一个血气方刚的青年军官。他一向有报国之志,忠于职守,有独当一面的指挥能力。面对日本帝国主义侵略我国领土、残杀我国同胞,他早已愤慨不已。他在接受任务时说:"子青守土有责,誓与宝山共存亡,请旅长放心"。姚营奉命赴上海抗日,进驻宝山县城,抗击日军登陆。姚营坚守宝山,屡挫日军进攻。然而敌军增兵不断,并出动飞机、军舰、战车,疯狂投弹,轰击阵地及纵深。姚营全体将士决心与宝山共存亡,他率领 600 名官兵与敌奋战七昼夜,终因寡不敌众,弹尽援绝,宝山陷落,姚子青和全营将士壮烈殉国。

为纪念姚子青营喋血宝山城的壮举,1992 年 6 月 1 日,上海市人民政府公布姚子青营抗日牺牲处为"上海市纪念地点",1996 年 8 月 13 日,上海市文物管理委员会与宝山区人民政府在上海淞沪抗战纪念公园设立"姚子青营抗日牺牲处"纪念碑。

纪念碑设在公园西首绿草如茵的大草坪土丘上,由两尊采自苏州灵岩山的天然巨石组成。其中一尊是宽 5 米、高 3 米、厚 1 米左右,重达 26 吨的巨石,象征中华民族不屈不挠反抗外来侵略的民族魂,巨石上镌刻着"姚子青营抗日牺牲处"红色大字。左下方亦有 1 米见方的灵岩山自然石,上刻碑文:

> 1937 年 8 月 13 日,日本侵略军进攻上海,我爱国将士英勇抵抗。九月一日至七日,宝山县城守军姚子青营多次抗击日军猛攻,全营壮烈牺牲,姚子青时年二十九岁。为纪念中国抗日战争和世界反法西斯战争胜利五十周年,颂扬爱国英雄,特勒此石。

【张元济故居】

位于淮海中路 1285 弄上方花园 24 号。建于 1939 年,属西班牙式建筑风格的花园住宅。建筑为三层砖木结构,栅门、窗栅、阳台、栏杆都用铸铁精制而成,室内宽敞明亮,硬木打蜡地板。每层有两间并排的大房间,居住面积约 96 平方米。屋前有小花园。

张元济(1867—1959),浙江海盐人,中国著名出版家。光绪二十九年(1903 年)主持商务印书馆编译所、发行所,后任南洋公学译书院院长、商务印书馆编译所所长、经理、董事长等职。1924 年创建东方图书馆,后又创建涵芬楼规划出版国内第一部新式辞书《辞源》《中外名人大辞典》等中外文工具书,又影印《四部丛刊》,校印《百衲本二十四史》等。建国后当选为第一届全国人民代表大会代表,任上海文史馆馆长。

张元济 1946—1959 年在此居住。当时张元济的卧室兼工作室安排在二楼西间,室内陈设简朴,房间西北墙放着一张床,床前有一张大理石桌面的红木方桌,这张桌子就成了他的工作台。他以 73 岁高龄,担负起抗战中流入市肆的稀世古籍《脉望馆钞校本古今杂剧》的校勘、出版工作。在上方花园的小楼里,张元济还为重庆中央图书馆做古籍鉴定工作。经他鉴定的善本共 3 800 余种,其中宋元古本 300 余种,与当时北京图书馆的善本藏书量几乎相等。

1994 年 2 月 15 日,上海市人民政府公布为上海市优秀历史建筑。

【刘长胜故居】

位于愚园路 81 号。刘长胜(1903—1967),山东海阳人。1937 年 8 月受中共中央委派来上海重建党的地下组织,任中共江苏省委委员兼上海工人运动委员会书记。1945 年 8 月,刘长胜由新四军军部任命为上海市市长,再次回上海工作。1947 年,任中共中央上海局副书记。他在上海愚园路81 号的寓所同时也是中共中央上海局的秘密机关之一,中共地下上海市委书记张承宗,也曾居住在该房屋的三楼。

刘长胜故居为砖木混合结构假三层的独立式住宅,占地面积239平方米,建筑面积800平方米。属欧式风格的花园洋房,左右对称式布局,上部双坡屋顶开有老虎窗。二三层内嵌阳台围以铸铁直棂式栏杆。楼前开矩形门洞,红砖门框砌圆形拱券并带有三角形楣饰。楼梯位于室内东西两侧。

1946年至1949年,刘长胜在此居住,上海解放后房屋为居民使用。2001年6月至2002年3月,中共上海市静安区委、区政府配合区整体规划对故居进行了大规模的保护性平移工程,建筑整体自西向东平移了118米。2004年5月27日,作为中共上海地下组织斗争史陈列馆正式对社会开放。

刘长胜故居于1992年6月,被上海市人民政府公布为上海市纪念地。

【刘晓故居】

位于上海市愚园路579弄44号。刘晓(1908—1988),湖南辰溪人。1926年上海大学肄业,同年加入中国共产党。1927年春参加上海工人第三次武装起义。1934年参加长征,任红一军团政治部地方工作部部长。1937年5月刘晓受中共中央委派来上海重建地下组织,担任中共江苏省委书记。1946年,刘晓从延安又回到上海,领导上海党的工作。1947年,任中共中央上海局书记。

愚园路579弄44号是刘晓在1947年至1949年上海解放前的寓所,亦是上海局机关的旧址。房屋属中实新村,坐北朝南,为砖混结构三层的新式里弄公寓。二楼阳台有内嵌镂空菱形琉璃砖作为装饰。

刘晓故居于1992年6月,被上海市人民政府公布为上海市纪念地。

【中共中央上海局机关旧址】

位于江苏路389弄(永乐村)21号,建于1930年,1947年5月中共中央上海局机关设于此处;占地面积70平方米,建筑面积约300平方米,坐北朝南,红瓦屋面,水泥粉饰外墙,南立面为浅蓝色面砖装饰,假四层砖木结构联列式里弄住宅建筑,前有一独立小院,后有门通外,位置僻静隐蔽。

1945年9月,根据刘长胜指示,由王辛南以私人名义租下江苏路永乐村21号整幢楼房,作为中共上海党的秘密机关,并由张执一、方行两家老幼迁入居住,作为掩护。1947年1月后,此处先后成为中共中央上海分局、中共中央上海局的秘密机关,直到上海解放。除了中共中央上海局领导成员的一些重要会议和活动在此进行外,上海局文化工商统战委员会书记张执一、中共上海市委书记张承宗等也经常在此参加会议。当时底楼客堂为张执一、方行两家老人及孩子的活

图1-1-49　中共中央上海局机关旧址(摄影:左奇峰)

动处及用餐室,二楼为方行、王辛南夫妇住房。三楼为张执一、王曦夫妇住房,也是领导成员开会、研究工作的地方。四楼平时放些杂物,钱瑛从南京调来上海,最初住在四楼。中共地下组织开会时,桌上放有麻将或扑克牌作掩护。方行、王辛南则在楼下守卫,散会后,又负责把"客人"送出去。这个秘密机关为保证中共中央上海局的安全和工作的顺利开展起到了重要作用。上海解放后,根据刘长胜的批示,此处房屋家具移交给上海市总工会,此后此处成为居民住房。

1947年5月成立的中共中央上海局由刘晓、刘长胜、钱英、张明(刘少文)组成,刘晓为书记,是全国解放战争时期党中央派驻上海,管辖长江流域、西南各省及平津部分党的组织工作,必要时指导香港分局的秘密机关,前身为成立于1947年1月16日的中共中央上海分局,在国民党统治区开辟了人民革命的第二条战线,有力配合了解放战争的胜利进行。

【董家渡天主堂】

位于董家渡185号,原名圣方济各・沙勿略堂。教堂由意大利传教士南京区主教罗伯济主教于清道光二十七年(1847年)建造,落成后,南京教区赵方济主教将此作为主教座堂。咸丰三年(1853年),教堂开设仿德女子中学、正修男子初级中学和正修小学等学校。咸丰六年(1856年)教廷撤销南京教区,改设江南代牧区,董家渡堂仍为其主教座堂。

1933年,该堂开始由中国籍神父管理,各堂口神父都在此"避静""歇夏",年老的神父在此疗养。1949年中华人民共和国成立后,该堂宗教活动正常进行,但附属学校已经移交。1960年张家树主教在徐家汇圣依纳爵教堂自选自圣之后,董家渡堂失去了主教座堂的地位。迨至"文化大革命"期间,该堂宗教活动被迫停止,圣堂被工厂当作仓库,损坏严重,主教墓被挖出。

1980年初,教堂向南市区人民代表大会和政治协商会议递交了"要求归还董家渡教堂"的提案。1981年12月归还大堂西侧二楼用房100平方米,经过修缮后用作小圣堂,1982年在小圣堂内恢复教堂活动。1983年12月又归还大堂的部分及教堂西侧底楼用房,当年圣诞节因陋就简,在大堂搭建临时祭台,由李思德主教主持复堂大礼弥撒。1984年大堂的大部分归还教会,经过1年多修缮,董家渡堂于1985年11月17日复堂。

2000年教堂大堂主祭台部分及大堂西侧用房全部归还大堂,经过修缮,百年教堂方得呈现完整面貌。2001年至2008年教堂进口右侧原主教墓地修建了追思小亭,恢复了主教墓碑并镌刻已亡堂区教友名字;祭台两侧祭披间进口上部墙面、堂前广场均获得修缮和装饰。2008年教堂南侧和东侧房屋为配合世博会开始大规模拆迁,2009年3月,该堂作为世博会的开放接待教堂进入全面整修,并于2010年开放。

【慕尔堂】

位于西藏中路316号。

沐恩堂原名慕尔堂,前身之一是"三一堂",前清同治十三年(1874年)由美国监理会传教士蓝柏建于原法租界郑家木桥(今福建中路延安东路附近)。光绪十三年(1887年)传教士李德另在今云南中路汉口路建造监理会堂。光绪十六年(1890年)监理会堂改名慕尔堂,英文名意为慕尔氏纪念堂,其意为纪念美国堪萨斯州捐款人慕尔死去的女儿。后来教会又将三一堂归并其内。20世纪20年代末,慕尔堂的信徒已经超过了1 000人,原来的堂址不够使用,乃筹款,请捷克建筑师邬达克设计新堂。1929年迁移今址重建,1931年落成。作为邬达克设计的建筑艺术的代表作之一,沐恩堂占地面积1 347平方米,建筑面积3 138.5平方米,包括大堂、钟楼和四层楼附屋等,为砖木混合结构的哥特式教堂。作为建筑主体的大堂,其方形柱子和楼座的栏杆均采用了鏊假石饰面,而石材的稳固性使其在宗教建筑中往往隐喻神圣和伟大;它强调的是体积感。堂顶为水泥材质的尖拱顶,包括四周的 170 扇彩色玻璃窗,窗框皆为尖拱形,这是哥特式建筑的主要特征,代表一股向上升腾的强烈的动势,正如黑格尔所说的那样:尖顶最后把教徒的理想引向天国。彩色玻璃窗内所绘内容均来源于《圣经》,色彩以黄色为主调,增加了空间的神圣之感。

1931 年慕尔堂建成后,被称为远东第一大堂。它是监理会制度中的社交堂(institute church)——主张教堂除布道、礼拜、聚会以外还办各种社会交谊活动。在城市中办医药门诊、补习学教幼儿园、职业训练等。

慕尔堂在 1932 年"一·二八"淞沪抗战和 1937 年"八·一三"抗战中,先后收留难民千余人,还组织难民擦皮鞋、理发等以谋生自救。慕尔堂于 1941 年 12 月太平洋战争爆发后被日军占领,抗战胜利后收回。1945 年抗战胜利以后,美国教会援华会总部就设在慕尔堂,将大批物资转分到全国各教会团体,把救济物资发给贫困信徒。1958 年慕尔堂成为黄浦区联合礼拜场所,当时考虑改堂名时,原圣公会江苏教区毛克忠提出改为"沐恩堂",意为"沐浴于主恩之中"。沐恩堂还是"文化大革命"后上海率先恢复礼拜的基督教堂。

1989 年 9 月 25 日公布为上海市优秀历史建筑。

沐恩堂地处黄浦区闹市中心,来堂参加宗教活动的人络绎不绝。由于沐恩堂交通便利、历史悠久等原因,素来也是市基督教界举办全市性重要宗教活动的首选之地。例如:华东神学院的毕业典礼、一年一度的世界妇女公祷日活动、按牧典礼(包括 1988 年孙彦理主教的祝圣典礼)、各国政要来访(肯尼亚总统莫伊来访,1988 年 4 月 23 日美国布道家葛培理证道,1996 年 1 月英国坎特伯雷大主教伦西来访)。

【提篮桥监狱早期建筑】

位于长阳路 147 号。

图 1-1-50 提篮桥监狱大门

全称上海公共租界工部局警务处监狱,又称华德路监狱、提篮桥西牢等。始建于清光绪二十七年(1901年),启用于光绪二十九年(1903年)5月。由工部局建立,英国驻新加坡工程处设计,建业、成泰、三森、新明记和潘荣记等营造厂承建。该监狱坐北朝南,占地4万余平方米,建筑面积6.52万平方米。建筑有砖混和钢混两种结构,临街建筑八层,顶部退入有晒台,红砖砌面。长阳路147号入口用叠涩手法,厚实、有透视感,为装饰艺术派风格。四周有5.2米高墙和监视角楼。1916年以后又陆续进行了扩建和改建,现有主要建筑物为1917—1935年间建造。先后建有"橡皮监""风波亭"、室内刑场(即绞刑房)和室外刑场等特种设施,主要关押公共租界被判刑的中国犯人。1935年起也关押外国籍犯人,最高关押达8 000多人。由于其建筑精良,规模宏大,故有"远东第一监狱"之称。

1942年由日军占领改名上海公共租界华德路刑务所。1943年8月由汪伪接管,改称司法行政部直属上海监狱。抗日战争胜利后由国民党政府接管,监内分忠、孝、仁、爱、信、义、和、平和女犯监、外犯监。从1945年12月起,盟军美国军队曾借用提篮桥监狱内一幢6层楼的监楼,关押日本战犯。该处除关押日本战犯外,还关押了其他国籍的战犯。1946年1月24日,设在提篮桥监狱内的美军军事法庭首次对18名日本战犯进行审判。到1947年2月美军撤离提篮桥监狱。共计审判日本战犯46人。

1947年起设有特刑庭,王孝和烈士在监狱刑场英勇就义。后为国家刑罚的执行机关。1954年10月起对外国来宾开放参观,为新中国首批对外开放的监狱之一。

1994年2月15日被公布为市优秀历史建筑。

七、第七批上海市文物保护单位

【秀道者塔】

位于佘山镇西佘山东麓,始建于北宋太平兴国年间(976—984年)。其时,山上潮音庵有修道者名"秀",结庐山麓,亲自参与筑塔,塔成后自焚,故名秀道者塔,又称"月影塔"。塔为砖木结构,楼阁式,八面七层,高29米。塔的围廊柱础为青石覆莲式。各层四面设壶门,四面设仿木直棂窗,方向依次转换。各层挑檐木斗拱为木质,墙面泥道拱为砖砌,卷刹犹存。底层在外廊设梯,二层以上方室内,以木梯相通。塔周翠竹幽篁,林木深秀。

明万历至崇祯年间(1573—1644年)重修。解放后,塔内外楼梯、平座、腰檐、栏杆等木构件均已毁坏,只剩砖砌塔身和塔刹。1997年松江县人民政府重修,1998年11月,秀道者塔修缮竣工。修缮中在天宫内发现明代铜像、玉饰、钱币等10余件文物,并在塔刹构件上发现明万历年间重修的铭文。

1962年1月曾公布为松江县文物保护单位。

图 1 - 1 - 51　秀道者塔

【法华塔】

位于嘉定镇州桥南堍，又名金沙塔，始建于南宋开禧年间（1205—1207年），明万历三十六年（1608年）重建。1929年重修时，斗拱、腰檐被拆除，底层围廊、平座栏杆及塔顶被改成钢筋混凝土结构。1994—1996年修复并纠偏。通高40.83米，砖木结构，七级四面楼阁式，石砌台基。底层南面门额题刻楷书"法华塔"三字，落款"万历戊申冬，知嘉定县晋安陈一元重建""伊蒲戒弟子娄坚书"。门两侧分别嵌清康熙三十九年（1700年）《重修法华塔记》和《重修法华塔捐助碑记》。周设围廊。二层以上二面设门，二面壶门，逐层互换，每层设斗拱、腰檐、平座栏杆。塔心室和门两侧各设佛龛，内部设木梯可登至顶层。塔刹由铁铸仰覆莲、相轮和宝瓶构成。修复清理中先后发现了明代和元代两个地宫，共清理出宋元和明代文物近百件（组）。法华塔为嘉定故城地标性建筑，昔日登上塔顶，全城景致一览无遗。法华塔对研究嘉定的人文历史，建筑艺术等具有极高的价值。

1960年1月曾公布为嘉定县文物保护单位，2000年11月公布为嘉定区文物保护单位。

图1-1-52　法华塔

【华严塔】

华严塔位于金山区亭林镇华严塔路58号松隐禅寺内，为上海浦南地区现存唯一的古塔。塔为七层方形砖木结构，占地面积106平方米，总占地面积449平方米。华严塔通高32米，底层塔身每边长4.5米，基座每边长10.3米，三层至七层设木回廊，四周辟拱券门，塔身逐层收分，飞檐外出，扶栏傍翼。塔内木梯可至塔顶，底层檐下施木斗拱，木倚柱。塔刹由圆形刺座、相轮和铜质鎏金宝瓶组成，上奉千佛，下为释迦、多宝两如来像，旁列翊卫诸天神。塔顶藏有宝瓶。据同济大学陈从周教授鉴定，其形制属元代风格，为上海市境内所罕见。

元至正十二年（1352年），僧唯庵（一名德然）建成松隐庵，其后香火日盛，渐成名庵。明洪武十三年（1380年），唯庵又与其徒在松隐庵内募资建塔。八月奠基，历时四年，于洪武十七年（1384年）九月竣工。建塔时，唯庵曾沥指血，命僧道谦写成《华严经》81卷藏于塔内，因名华严塔。清道光十二年（1832年）僧山月泉募修松隐禅寺大殿与华严塔。民国初年，智超禅师又募资建藏经楼、筑放生池，造碑廊、修古塔。

中华人民共和国成立后，松隐禅寺一度被农校及乡办企业占用，古塔年久失修，各层腰檐、平座大部损坏脱落，塔内楼板腐烂，塔刹倾斜。1959年又遭雷击，严重威胁周围居民安全。1962年10月23日，松隐禅寺及其附属文物华严塔，被公布为金山县文物保护单位。1963年整修古塔，拨正塔刹,扶正塔心木,拆除腰檐,修理六、七层塔身,并装置避雷针。

"文化大革命"中,曾有人企图用拖拉机捣毁古塔,幸而未得逞。"文化大革命"结束后,因松隐禅寺已被大肆破坏,不再具有保护价值,故金山县改以该寺原附属文物华严塔作为县级文物保护单位,并于1979年再度整修。1982年,为了便于保护,华严塔连同塔旁2棵古银杏,一起围入长84米的围墙内。1984年,金山县文化局委托专人负责看管宝塔,清扫卫生。1996年9月起,华严塔内配置灭火器材。

1999年,由上海市文物管理委员会及金山区人民政府联合拨款,台商李茂盛资助,再次对华严塔进行整修,工程施工由上海建筑装饰(集团)总公司第一工程公司负责,是年1月18日正式开工。2月2日,在卸除损坏的塔刹时,在宝瓶内发现舍利子、《华严经》灰、鎏金铜佛像等39件元、明、清历代文物。8月30日,宝瓶升顶,除原有文物外,增添了瓷板金山农民画、黑陶、农民画银质纪念章、金枫黄酒、纪念币、玉佛手等物件。整个工程于是年12月底竣工,修复了天宫,复原了飞檐、回廊、平座栏杆、扶梯,也重新安装了塔身的风铃,更换了宝瓶、塔刹和塔心木,还对塔身内部的隐蔽工程,进行了钢筋水泥加固,共计耗资201.3万元。其中,新安装泛光灯,耗资14万元。

【李塔】

位于今松江区西南石湖荡镇李塔汇,又名"礼塔"。

据清嘉庆《松江府志》引清黄之隽《延寿院记》:"相传唐太宗子曹王明为苏州刺史,故以姓其塔,盖塔先于院云。"根据专业工作者考证,宋代曾翻修重建。元明时期又多次大修,明代又重建。经对塔体实物科学测定,今存塔体断为明代。李塔所在地河港汇集,过往船只以李塔为标记,故地名称之为李塔汇。

塔体为唐代型制,方形四面,高七层40.94米,外形与松江方塔相似。塔身四周有大小砖雕佛像约200尊,底层四角石柱上镌刻施舍人姓名,部分塔砖也印有捐款人名。80年代后期,塔内楼梯、平座等结构都已毁坏,外部腰檐、平座、栏杆也损坏严重,塔刹的相轮覆主本锈驳、脱落,部分塔心木外露。塔之残木构件与塔刹残件,不时坠落,危及行人。1995年7月,上海市文物管理委员会和松江县人民政府商议,由上海市文物管理委员会拨专款100万元,松江县人民政府拨款80万元,1995年8月15日,李塔修缮工作正式启动。1997年6月,李塔修缮竣工。

1985年,公布为松江县文物保护单位。

【奉贤华亭海塘】

位于奉柘公路与海湾路交叉口东50米。

华亭海塘建设始于清雍正三年(1725年),历经十年至雍正十三年(1735年)全线竣工。全长40余里,是清代江南海塘的主要组成部分。奉贤华亭海塘,旧称华亭东石塘,位于上海市奉贤区柘林镇柘林社区,紧邻奉柘公路南侧。1996年5月,在奉柘公路段海塘路基扩宽工程中,暴露于地面。现存均为石塘,自柘林镇"小普陀"东侧向东至奉海村,长约3.9公里,石塘底宽3米,高出地面2.5米左右,顶宽1.5米。

图1-1-53 奉贤华亭海塘

通体塘身由青石和花岗石的条石垒砌而成,其中约 200 米石塘为江南海塘工程的示范段——样塘。塘身上镶嵌的"屹若金汤""万世永赖""河口界碑""长庆安澜""海晏河清"和"保护桑田"等碑石铭志显示,显示此段石塘筑成于清雍正六—九年间(1728—1731 年),至今先后发现 29 处碑刻。现存海塘用材讲究,工艺精湛,气势磅礴,蔚为壮观,人称"上海小长城",是柘林镇境内一道独特风景线。奉贤华亭海塘也为上海市郊最具规模、最具气势的历史文化遗产。

入清以来,雍正之前江南海塘的修筑仅限于华亭险工,主要由地方人士筹集经费实施。

而华亭海塘的建设直接受到皇权的影响,雍正皇帝追求工程"一劳永逸"的效果,海塘工程经费来源于获罪官员们所出罚金,华亭海塘工程成为整个江南海塘修筑史上的特例。作为华亭海塘最具代表性的一段,奉贤华亭海塘蕴含着丰富的政治、经济、社会和文化的背景信息,具有很高的文物价值与社会文化价值。

1996 年 8 月,华亭东石塘被奉贤县人民政府公布为县级文物保护单位。

【孔庙大成殿】

图 1 - 1 - 54　宝山孔庙大成殿

位于宝山区友谊路 1 号(上海淞沪抗战纪念公园内)。

宝山孔庙始建于清乾隆十二年(1747 年),多次重修,原有牌坊、棂星门、泮池、大成门、乡贤祠、名宦祠、东西庑、大成殿、崇圣祠、儒学门、仪明伦堂、尊经阁等。抗日战争时期皆被日军炸毁,仅存大成殿。

大成殿坐北朝南,占地 579 平方米,面阔三间 15.9 米,进深三间 11.4 米,重檐歇山顶,四周环有檐廊,檐柱间有 0.48 米高的砖砌栏凳。殿前有月台,长 159 米,宽 9.2 米,三面环立花岗石栏杆,饰浅浮雕云纹。月台前为御路、台阶,御路石雕单龙抱珠图案,两侧置石狮两对,正门前有棂星门留存下的抱鼓石一对。大成殿不仅有着重要的人文历史价值,其建筑形式、灰塑、瓦作、木雕都具有较高的艺术审美价值和历史研究价值。

大成殿历史上屡遭海潮、台风和战乱破坏，从道光二十年（1840年）到1960年，先后四次重修。1988年进行大修和升高。1990年3月23日对孔庙大成殿进行修复。1992年6月16日以孔庙大成殿为馆舍，陈化成纪念馆建成开馆。1998年5月宝山孔庙大成殿预申请为市级文物保护单位。1998年11月划定孔庙大成殿的建设控制地带。2002年孔庙大成殿修缮（陈化成纪念馆进行全面改造，即馆舍修缮与陈列翻新）。2007年10月宝山孔庙大成殿又修缮。2009年6月宝山孔庙大成殿再次进行修缮。

1989年3月3日批准孔庙大成殿为宝山区文物保护单位。

【上海文庙】

位于文庙路215号。

上海文庙在南宋景定年间始有雏形。邑人唐时措购韩姓房屋，并将其改建为梓潼祠，画孔圣人像于祠中。南宋咸淳三年（1267年）上海正式建镇。唐氏请镇监董楷增建古修堂，作为诸生肄习之所，上海始有镇学。

元至元二十八年（1291年）元朝廷批准分华亭之五乡二十六保，立上海县，隶属松江府。元至元三十一年（1294年）元成宗宣旨崇儒祀孔。知县周汝楫改镇学为县学，并让县教谕在县署东首营建文庙。第二年，元贞元年浙西廉访金司朱思诚按巡州县，适来上海，率其僚属拜宣圣殿。祭拜后，朱认为上海文庙按礼部庙制太嫌简陋，就委托乡贵万户长费拱辰负责营造。"饰正殿，完讲堂，买邻地而起斋舍"。不出三月就修好了文庙。从此有十多万人口，号称东南壮县的上海，庙学一新。地址在县署东首，今聚奎街附近。元至大三年（1310年）廉访金司吴彦升巡察上海，还嫌文庙简陋。这时邑士瞿廷发捐巨资请求把学宫建于县治西，后获准得官田十五亩建造新文庙。地址在淘沙场一带，现孔家弄附近。延祐元年（1314年）县丞王珪又把文庙迁回县治东，并凿天光云影池。学址在今四牌楼，学院路转角处。至正十一年（1351年）知县何缉建明伦堂于大殿之左。

明洪武六年（1373年）松江府同知王文贞对上海文庙重新修缮，又增筑射圃，建观德堂，修文昌阁，重饰圣像。正统四年（1439年）建射亭、戟门，修斋宇、馔堂、殿庑、仪门等。正统九年（1444年），巡按御史郑颙增建东西两庑。成化二十年（1484年）知县刘琬构尊经阁于明伦堂后。明嘉靖九年（1530年）改大成殿为先师庙，又建启圣祠。

清顺治二年（1645年）先师庙改称大成殿。康熙十年（1671年）教谕陈迪建名宦祠、乡贤祠。雍正元年（1725年）诏改启圣祠为崇圣祠，封孔子五代祖先为王，故崇圣祠又称五王殿。雍正八年（1730年）巡道王澄慧移驻上海，择东南隅建魁星阁。咸丰三年（1853年）9月4日，小刀会首领刘丽川在明伦堂设行辕。咸丰五年（1855年）文庙毁于兵燹，移建于西城右营署基，即今址文庙路215号。同治三年（1864年）文庙内建筑毁损大半，巡道丁日昌檄知县重修。

民国3年（1914年），上海县公坎筹资修文庙，拓大成殿前月台。民国16年（1927年）至民国20年（1931年）筹建文庙公园，由于资金不敷仅完成一、二期工程。1931年12月，正式成立上海市民众教育馆。1932年6月，尊经阁辟为上海市市立图书馆。馆藏图书15 300余册。这是上海市第一家公共图书馆。

1949年5月民众教育馆由上海市军管会接管，建立了全市第一家文化馆——沪南文化馆。1952年市文管会考察上海文庙，并拨款对文庙进行修葺。1966年后，区体委搬进文庙，文庙建筑被毁,泮池被填,放生池改成防空洞,尊经阁被改成游泳池更衣室,阁内线装古籍被烧。1979年市文管会拨款重修大成殿、魁星阁、明伦堂、崇圣祠,重建东西庑殿,疏浚天光云影池。1997年重修文庙,规模之大为解放以来历次修缮之最。此次修缮制定以大成殿为重点的祭祀线,以明伦堂为中心的学宫线,以及仿明清风格的上海文庙书刊交易市场的总体规划。1999年9月24日上海文庙主体工程修缮竣工,正式对外开放。

【上海城隍庙】

位于方浜中路249号。

城隍庙,旧称邑庙,庙址所在原系汉大将军博陆侯霍光行祠,又名金山神庙,亦即旧志所称三国东吴孙皓(264—280年在位)敕建之金山忠烈昭应庙之别庙。明永乐年间,知县张守约以霍光行祠改建为城隍庙,在县西北长生桥西。天顺元年(1457年),知县李纹重修,堂庑俱葺,前建仪门,刻诰文于石。嘉靖十四(1535年)、十五年(1536年),建牌坊一座,知县冯彬题"海隅保障"(一作"保障海隅")四字,永嘉幼童善大书者书额。嘉靖三十四年(1555年),就今址重建庙宇,地形宽敞,殿貌崇宏,笾豆供奉,香火斯盛。万历三十年(1602年),知县刘一爌倡捐重建,邑人陈所蕴有记。万历三十四年(1606年)庙毁,知县李继周重建。

清顺治元年(1644年)至四年(1647年),住持王国储等重修,知县孙鹏捐助银两,并为铜铸"松江府上海县城隍庙通天永宝彝"撰写铭文。康熙二十二年(1683年),知县史彩重修,真君祠道士杨兆麟募化,建鼓亭二所。康熙二十九年(1690年),道教龙虎山第五十四代天师张继宗(1666—1715年)颁赐"上海县城隍显佑伯印"。康熙三十六年(1697年),重修邑庙,有《康熙丁丑重修邑庙碑记》详载众信助银、助物、助工之具体名目。康熙四十八年(1709年),于庙左构建东园,庙基十二亩六分。乾隆十三年(1748年),寝宫毁,知县王侹重建。乾隆二十五年(1760年),邑人捐资购潘氏豫园归邑庙,重加修筑,称为西园。乾隆五十九年(1794年),道会葛文英募建后楼。嘉庆三年(1798年),复新大殿,庙有道会司在焉,两庑列二十四司,仪门外及殿西偏为四司殿。嘉庆十九年(1814年),重建洪武碑亭。嘉庆二十二年(1817年),住持庄楚珍与其徒孙曹星垣,募得铜鼎一座,恭置于城隍庙殿前广场。嘉庆年间(1796—1820年),原"海隅保障"匾额损毁严重,遂由海防同知南汇知县重新书额。匾额为樟木质地,长约二点五米,高约零点六米。道光十三年(1833年)八月,红衣二班快手邀集会友,催缴前捐公用,重修改造班房,及重添先辈大像。道光十六年(1836年),西庑及戏台毁,众商重修。道光二十六年(1846年)至二十八年(1848年),住持张镇邦募捐重建邑庙三圣阁,并将"各宪绅商善姓乐输"之细目,勒诸碑石,是为《重建三圣阁捐款碑》。

咸丰三年(1853年),小刀会首领刘丽川(自称大元帅,下设左右元帅)率众攻占上海,设指挥部于城隍庙西园点春堂,前后盘踞一年半之久,损失不赀。咸丰十年(1860年),苏松太道吴煦请求英法军队入城,共同防御太平天国军队,城隍庙遂成西兵驻宿营房,庙园又遭损毁。同治四年(1865年),知县王宗濂重修。光绪二十年(1894年)二月,庙董汪静岩、曹纪云等,雇匠兴修头门。光绪二十年(1894年)八月,因城隍保障漕运有功,经前江苏巡抚奎大中奏请御颁匾额,嗣于二十一年(1895年)三月,蒙赐御书"保厘苍赤"四字匾额一方,由礼部行知巡抚后中丞钦遵转行到县。光绪三十一年(1905年)二月,庙前辕门,因雨垮塌,即经该庙住持禀知董事,饬匠兴工建造。光绪三十二年(1906年)六月,城隍庙二堂及玉清宫各处屋脊,均遭风雨坍毁,经东、西两房住持羽士,禀请同仁辅元堂董事拨款兴修。奈堂中无款可筹,爰饬该住持禀请各业公所及各会首集款修理。宣统元年(1909年),知县李超琼募捐重修大殿、寝宫。宣统二年(1910年)重修,知县田宝荣出示倡捐,并捐洋五十元。

民国 13 年(1924 年)旧历七月十五日午刻,邑庙各会首舁城隍神像出巡未几,大殿忽告火警。此时,烧香人众,锭帛、元宝焚化过多,火势熊熊,焚及堆置西隅之冥锭等物,致成燎原。大殿完全被毁,殿内金山神像(即俗称"坐殿城隍")暨两旁判官及内殿偶像,计差吏八尊,门房内内皂、内班各十余尊,中军四尊,三班、二班二三十尊,马快十余尊等七八十尊偶像,阴阳古镜一面,悉数被焚。

民国 15 年(1926 年)一月,南北两市各绅商李平书、莫子经、王一亭、姚紫若、叶惠钧、王彬彦、张效良、范回春、黄金荣、张啸林、杜月笙等四十余人,议决重建邑庙大殿、二殿、中厅、东首财神殿、西首许真君殿等;定于阴历二月初一日开工,限年底竣工,请久记营造厂承担工程;其材料用钢骨水泥,以避火灾。

1966 年 4 月,上海市宗教局、南市区宗教科、南市区政府办公室宣布停止上海城隍庙宗教活动。大殿、中殿、楼上办公室、招待室,建筑面积共 922.1 平方米,以及天井、走廊、阳台等 294.3 平方米,全部交由上海市百货公司小商品批发部使用其中,大殿充作生产塑料制品的"五·七"工厂,星宿殿和十王殿则用为南市区科技协会展览大厅。

1988 年经由中共中央和上海市政府决定,城隍庙产权归还上海市道教协会,被占用的开放宫观区域退还道教协会使用。1990 年上海城隍庙列入全国重点宫观。1993 年上海市委和市政府决定将城隍庙主体归还道教。

1994 年城隍庙开始分段实施第一期修复工程,修复霍光殿、甲子殿、城隍殿、娘娘殿、父母殿、关圣殿和文昌殿等。1995 年 1 月 26 日举行迎神安神仪式,1 月 31 日(农历正月初一日)正式对外开放。2000 年 11 月一期修复工程告竣。2003 年,城隍庙将戏台及戏台北侧的东西厢房,共约一千五百平方米土地面积的使用权无偿归还城隍庙,以作宗教场所之用。2005 年 8 月,上海城隍庙二期修复工程破土动工,历时七个月,先后修复财神殿、慈航殿、戏台、山门和照壁等,房屋面积由原来的一千一百二十四平方米扩至将近三千平方米。

1950 年城隍庙曾被列入第一批四十九处上海市文物建筑、历史遗迹名录。

【陈云故居】

位于青浦区练塘镇下塘街 19 号。

陈云故居是无产阶级革命家陈云同志青少年时期的住所,原为陈云舅父的家宅。陈云(1905—1995 年)是伟大的无产阶级革命家、政治家、杰出的马克思主义者,我国社会主义经济建设的开创者和奠基人之一,党和国家久经考验的卓越领导人。陈云两岁丧父,四岁丧母,被舅父母收养,并随舅父廖文光的姓改名廖陈云。现在的陈云故居是其舅父母家。1911—1919 年,陈云与舅父生活在一起,解放后,建筑和室内的家具保存完好。

陈云故居是一座砖木结构的老式江南民居,坐南朝北。硬山顶,上铺小青瓦。一开间,通面阔4.35 米,通进深 18.5 米,总建筑面积 96 平方米。故居北面临街部分为店面,7 架梁,穿斗式,北为店门,南有上扇槛窗。先后用作裁缝铺和小酒店。店面后是两层小楼,7 架梁,穿斗式。楼上南北两面有 6 扇槛窗,北面有 5 扇,均为海棠菱角式玻璃窗,为陈云舅父母所居,楼下为陈云居住过的房间,南北两面各有 4 扇槛窗,式样同上。南北两座建筑之间有一小天井,东西两面围墙各有一方形套钱式瓦花漏窗。南面屋外有围墙,共有漏窗 4 个,式样同天井。故居里的陈设基本保持了当年的原貌。

1959 年,陈云故居列为县级文物保护单位,1960 年进行整修。"文化大革命"中楼房被改建。

1984年，重新进行修缮，楼上一间卧室改为简易展示，陈列陈云当年用过的木床、方桌、靠椅、油灯、茶壶等物品。另有镜框16只，照片影印件31幅，反映陈云在练塘生活、战争的经历，内容简洁。在"陈云故居"和"青浦革命历史陈列馆"原址的基础上，于2000年6月6日"陈云故居暨青浦革命历史纪念馆"建成开馆。

【佘山天文台】

位于佘山颠东侧，西邻天主教堂。

佘山天文台为俗称，正式名称是"中国科学院上海天文台佘山工作站"。鸦片战争后不久，法国天主教耶稣会传教士来到上海，1873年，在徐家汇建立天文观象台，开始以气象工作为主，后增加地磁、地震、授时等项目。因天文观测需要，耶稣会神甫蔡尚质发起，向租界当局和英法轮船公司筹募3万法郎，加上教会出资7万法郎，在巴黎定购一架口径40厘米、焦距7米的双筒折射望远镜及与之相配的铁制圆球形屋顶。此套设备当时领先于东南亚。设备于光绪二十四年（1898年）运抵上海，本想安装在徐家汇，因该地土质酥松，难以承载，遂改选于佘山山顶。光绪二十六年（1900年），天文台建筑落成，1901年，设备安装完毕，蔡尚质任首任佘山天文台台长。佘山天文台占地面积近20亩（13 334平方米）。最早的主建筑观测台为欧式钢筋混凝土结构两层楼，平面呈十字架状，东长西短，南北两翼对称。十字交叉处为天文望远镜圆球顶建筑，建筑面积1 990平方米。全台建筑总面积4 148平方米。建筑保存完好，保留了原来的建筑风貌。室内西欧古典式壁炉装饰完好无损，豪华典雅。图书室完全保留原样，四壁满架厚重的洋文书本，营造了浓浓的学术气氛。天主教堂西侧稍低的白色大型球顶建筑，是1987年试制并安装的，配有位居我国第一的156厘米天体测量望远镜，山脚还有激光射电望远镜。两处科研单位直属上海天文台。

1950年12月，人民政府接管了佘山天文台，气象部分划归中央气象局；地磁、地震部分划归中国科学院地球物理研究所；天文部分隶属于中国科学院紫金山天文台，定名"中国科学院紫金山天文台佘山观象台"，与徐家汇观象台合并，组成"中国科学院上海天文台"。1962年，中国科学院紫金山天文台属下佘山观象台与徐家汇观象台合并，组成"中国科学院上海天文台"，佘山天文台遂称"中国科学院上海天文台佘山工作站"，1962年后增加了人造卫星观测等工作。70年代开始，增加人造卫星的金普勒测速、激光测距、精密定轨、轨道预报和资料处理，是国内卫星测地、激光联测的负责单位，也是国内用新技术参加国际地球自转联测计划的唯一单位。天文台创建至今，拍摄并保存了近万张天文照片，积累了大量宝贵的天文资料，是国内贮存天文照片最多的单位。

天文台又是上海重要的科普教育基地，1996年，被上海市命名为"上海市青少年教育基地"，1997年，被上海市命名为"上海市科普教育基地"，1999年，为共青团中央命名为"中国青年科技创新行动教育基地"，最近又被中国科协命名为"全国科普教育基地"。

【中华职业教育社旧址】

位于雁荡路80号，南临法式公园——复兴公园，向西有南昌路花园住宅群，向北有全国重点文物保护单位中国社会主义青年团中央机关旧址，此外，作家巴金、翻译家傅雷、书法家沈尹默、篆刻家吴东迈（吴昌硕之子）、诗人徐志摩等文化名人都曾聚居于此路段，周围人文昌盛。

旧址于1930年建成，占地面积353平方米，建筑面积1 608平方米，是一幢六层楼的钢筋混凝土建筑，共有34间房屋。外墙面呈红白相间，红砖为主，屋顶为机坪瓦顶，整幢建筑为独立结构。

由爱国民主革命家、教育家黄炎培为中华职业教育社而建造。中华职业教育社是中国第一个研究、倡导、实施职业教育的全国性教育团体,由黄炎培联络蔡元培、梁启超、张元济、马相伯等教育界、实业界知名人士 48 人发起,于 1917 年 5 月 6 日在上海成立,由黄炎培负责具体职教工作。教育社提倡教育与职业沟通,读书与劳动结合,培养失学青年成为社会服务的爱国人才。提出职业教育的目的是:准备为个人谋生,准备为社会服务,准备为国家及世界发展生产力。该社研究职业教育理论,建立起职业训练、职业补习、职业指导、职业介绍等职业教育体系。中华职业教育社在长期教育实践中,培养了一批人才,对推动中国职业教育的发展,改进近代学制,起了积极的作用。

该建筑在历史上多为教育部门所使用,充满浓厚的历史人文底蕴。1933 年,蔡元培、吴稚晖等人创设的上海世界语学会会所亦设于此。建庆中学也曾位于雁荡路 80 号内。

第三节　优秀历史建筑

上海的历史发展中,产生了大量优秀历史建筑,随着城市的建设,这些建筑的保护和修缮日益加强。优秀历史建筑的初步名单,由市规划管理部门和市房屋土地管理部门研究提出,并征求市文物管理部门、建筑所有人和所在区县人民政府的意见,经专家委员会评审后报市人民政府批准确定。经批准确定的优秀历史建筑由市人民政府公布,并由市房屋土地管理部门设立标志。优秀历史建筑一般为建成 30 年以上,并有下列情形之一的建筑:建筑样式、施工工艺和工程技术具有建筑艺术特色和科学研究价值;反映上海地域建筑历史文化特点;著名建筑师的代表作品;在中国产业发展史上具有代表性的作坊、商铺、厂房和仓库;其他具有历史文化意义的优秀历史建筑。

截至 2010 年,共有四批优秀历史建筑,分别于 1989 年 9 月 25 日及 1993 年 7 月 14 日、1994 年 2 月 15 日、1999 年 9 月 28 日、2005 年 10 月 31 日公布。前三批被称为"上海市优秀近代建筑保护单位"。2005 年,市政府按照有关法规,改称为"上海市优秀历史建筑"。

表 1-1-1　第一批上海市优秀近代建筑保护单位一览表

序号	原　　名	现　　名	地　　址
1	沙逊别墅	龙柏饭店	虹桥路 2409 号
2	王伯群住宅	长宁区少年宫	愚园路 1136 弄 31 号
3	淮阴路姚氏住宅	西郊宾馆 4 号楼	淮阴路 200 号
4	孙科住宅	上海生物制品研究所办公楼	延安西路 1262 号
5	虹桥路 2310 号住宅	海南置地上海公司	虹桥路 2310 号
6	泰安路 115 弄花园里弄住宅	住宅	泰安路 115 弄 1—8 号
7	兴国路住宅	兴国宾馆 1 号楼	兴国路 72 号
8	百老汇大厦	上海大厦	北苏州河路 2 号
9	俄罗斯领事馆/苏联领事馆	俄罗斯领事馆	黄浦路 20 号
10	上海邮政总局	上海邮政局	北苏州河路 250—276 号
11	多伦路 250 号住宅(孔公馆)	住宅	多伦路 250 号
12	汇丰银行大楼	上海浦东发展银行	中山东一路 10—12 号

（续表一）

序号	原　　名	现　　名	地　　址
13	沙逊大厦、华懋饭店	和平饭店北楼	中山东一路 20 号
14	中国银行	中国银行上海分行	中山东一路 23 号
15	江海关	上海海关	中山东一路 13 号
16	上海总会	东风饭店	中山东一路 2 号
17	汇中饭店	和平饭店南楼	中山东一路 19 号
18	四行储蓄会大楼	国际饭店	南京西路 170 号
19	跑马总会	上海美术馆	南京西路 325 号
20	大光明大戏院	大光明电影院	南京西路 216 号
21	华安、人寿保险公司	金门饭店	南京西路 104 号
22	先施公司	上海时装公司、东亚饭店	南京东路 690 号
23	老新永安公司	华联商厦、华侨商店	南京东路 627—635 号
24	新新公司	上海第一食品商店	南京东路 720 号
25	大新公司	上海第一百货商店	南京东路 830 号
26	公共租界工部局	老市府大楼	江西中路 215、209 号；汉口路 193 号、223 号、239 号；福州路 198、200 号
27	南京大戏院	上海音乐厅	延安东路 523 号
28	金城银行	交通银行上海分行	江西中路 200 号
29	大上海大戏院	大上海电影院	西藏中路 520 号
30	八仙桥基督教青年会	青年会宾馆	西藏南路 123 号
31	圣三一基督教堂	黄浦区政府礼堂	九江路江西中路
32	亚细亚大楼	中国太平洋保险公司、上海银行	中山东一路 1 号
33	怡和洋行	市对外贸易局	中山东一路 27 号
34	东方汇理银行	中国光大银行	中山东一路 29 号
35	西侨青年会	上海体育总会、市体委	南京西路 150 号
36	大世界游乐场	大世界游乐场	西藏南路 1 号
37	基督教慕尔堂	沐恩堂	西藏中路 316 号
38	董家渡天主堂	董家渡天主堂	董家渡路 715 号
39	宏恩医院	华东医院南楼	延安西路 221 号
40	嘉道理爵士住宅	上海市少年宫	延安西路 64 号
41	美琪大戏院	美琪大戏院	江宁路 66 号
42	涌泉坊	涌泉坊	愚园路 395 号 1—24 号
43	裕华新村	裕华新村	富民路 182 号 1—32 号

（续表二）

序号	原　　名	现　　名	地　　址
44	华懋公寓	锦江宾馆北楼	长乐路 109 号
45	峻岭公寓、茂名公寓	锦江宾馆中、西楼	茂名南路 65—125 号
46	马勒住宅	团市委	陕西南路 30 号
47	步高里	步高里	陕西南路 287 号
48	华业公寓	华业大楼	陕西北路 175 号
49	瑞金二路住宅	瑞金宾馆 1 号楼	瑞金二路 18 号
50	尚贤坊	尚贤坊	淮海中路 50 号
51	佘山天主教堂	佘山天主教堂	佘山镇西佘山
52	徐家汇天主堂	徐家汇天主堂	蒲西路 158 号
53	汾阳路 79 号住宅	上海工艺美术研究所	汾阳路 79 号
54	盛宣怀住宅	日本领事馆	淮海中路 1517 号
55	汾阳路 45 号住宅	上海海关招待所	汾阳路 45 号
56	新康花园	新康花园	淮海中路 1273 号
57	国际礼拜堂	国际礼拜堂	衡山路 58 号
58	修道院公寓	湖南街道办事处	复兴西路 62 号
59	旧上海特别市政府	体育学院办公楼	清源环路 650 号
60	上海市体育场	江湾体育场	国和路 346 号
61	杨树浦水厂	杨树浦自来水制水有限公司	杨树浦路 830 号

表 1-1-2　第二批上海市优秀近代建筑保护单位一览表

序号	原　　名	现　　名	地　　址
1	住宅	安徽省驻沪办事处招待所	新华路 185 弄 1 号
2	住宅	市一商局疗养院	新华路 315 号
3	住宅	住宅	新华路 329 弄 17 号
4	西园大厦	西园公寓	愚园路 1396 号
5	住宅	比利时驻沪总领事馆	武夷路 127 号
6	圣约翰大学（校政厅、怀施堂、思颜堂、思孟堂、科学堂、西门堂）	华东政法学院	万航渡路 1175 号
7	卫乐园	卫乐园	泰安路 120 号
8	中西女中	市三女中	江苏路 155 号东楼、北楼
9	住宅	武警总队	虹桥路 2275 号（已拆）
10	安息堂	安息堂	虹桥路 2381 号

（续表一）

序号	原　名	现　名	地　址
11	住宅	住宅	愚园路 754 号
12	日本领事馆、联合国救济总署	商业置地公司	黄浦路 106 号
13	河滨公寓	河滨公寓	北苏州河路 340 号
14	鸿德堂	鸿德堂	多伦路 59 号
15	雷氏达工学院	上海市海员医院	东长治路 505 号
16	北方局	上海远洋运输公司	东大名路 378 号
17	高阳大楼	高阳大楼	东大名路 817 号
18	新亚酒楼	新亚大酒店	天潼路 422 号
19	四行大楼	九州商厦	四川北路 1274 号
20	中国银行大楼	工商银行	四川北路 894 号
21	景灵堂	景灵堂	昆山路 135 号
22	虹口救火会	虹口消防队	哈尔滨路 2 号
23	上海监狱	提篮桥监狱	长阳路 147 号
24	法国邮船大楼	住总公司机电设计院	中山东二路 9 号
25	有利银行	上海建筑设计院	中山东一路 4 号
26	中国通商银行	华夏银行	中山东一路 6 号
27	大北电报局	盘谷银行上海分行	中山东一路 7 号
28	华俄道胜银行	中国外汇交易中心	中山东一路 15 号
29	台湾银行	工艺品进出口公司	中山东一路 16 号
30	字林西报大楼	丝绸进出口公司上海通联实业总公司	中山东一路 17 号
31	麦加利银行	上海家用纺织品进出口公司	中山东一路 18 号
32	横滨正金银行	工商银行纺织控股集团公司	中山东一路 24 号
33	英国领事馆	市机管局	中山东一路 33 号 1♯、8♯楼
34	外滩信号台	外滩史陈列室	中山东二路 1 号甲
35	外白渡桥	外白渡桥	外滩
36	乍浦路桥	乍浦路桥	乍浦路
37	四川路桥	四川路桥	四川中路
38	格林邮船大楼	上海广播电台	北京东路 2 号
39	洋行	海运局服务公司	滇池路 100 号
40	洋行	电视社杂志社	滇池路 120 号
41	洋行	圆明园酒家	北京东路 81 号

（续表二）

序号	原　　名	现　　名	地　　址
42	国华银行大楼	黄浦区税务局	北京东路 342 号
43	广学大楼	市文体进出口公司	虎丘路 128 号
44	光陆大戏院	外贸会堂	虎丘路 146 号
45	银行公会大楼	爱建公司	香港路 59 号
46	洋行	上海广告公司	圆明园路 97 号
47	女青年会大楼	市政设计院	圆明园路 133 号
48	真光大楼	真光大楼	圆明园路 209 号
49	迦陵大楼	嘉陵大楼	南京东路 99 号
50	慈淑大楼	东海商都	南京东路 353 号
51	麦家圈医院	仁济医院	山东中路 145 号
52	正广和公司	机要局	福州路 44 号
53	总巡捕房	上海市公安局	福州路 185 号
54	美国花旗总会	高级法院	福州路 209 号
55	大来大楼	锦江集团财务公司证券经营部、建设银行三支行	广东路 51、59 号
56	永年人寿保险公司	上海巴黎国际银行、轻工业局老干部大学	广东路 93 号
57	申报馆	三环房产公司	汉口路 309 号
58	吉祥里	吉祥里	河南路 531—541 号
59	礼记洋行	鲤鱼门酒家	江西中路 255 号
60	汉弥登大楼	福州大楼	江西中路 170 号
61	都城饭店	新城饭店	江西中路 180 号
62	建设大厦	冶金工业局	江西中路 181 号
63	浙江第一商业银行	华东建筑设计研究院	汉口路 151 号
64	大陆银行	上海信托投资公司	九江路 111 号
65	物资供应站	市医药供应公司	九江路 89 号
66	上海公库	建设银行分行	九江路 50 号
67	中华邮政储金汇业局	九江路邮电局	九江路 36 号
68	若瑟堂	若瑟堂	四川南路 36 号
69	企业大楼	轻工业局	四川中路 33 号
70	卜内门大楼	上海时运物业集团、上海市新华书店	四川中路 133 号
71	汇丰大楼	上海浦东国际机场公司	四川中路 220 号

（续表三）

序号	原　　名	现　　名	地　　址
72	四行储蓄大楼	化轻公司	四川中路 261 号
73	东方饭店	市工人文化宫	西藏中路 120 号
74	德士古大楼（会德丰大楼）	上海黄浦房地产股份有限公司	延安东路 110 号
75	中汇大楼	中汇大楼	延安东路 143 号
76	华商纱布交易所	上海市自然博物馆	延安东路 260 号
77	中法学堂	光明中学	淮海东路 70 号
78	三井洋行	毛表七厂办公楼	四川中路 175 号
79	江南制造局	江南造船厂	高雄路 2 号（总办公楼、2 号船坞、指挥楼、飞机车间）
80	慈修庵	慈修庵	秦岭街 15 号
81	小桃园清真寺	小桃园清真寺	小桃园街 52 号
82	清心堂	清心堂	大昌街 30 号
83	犹太人总会、黄河皮鞋店	联谊俱乐部统战部，市皮革公司商厦	南京西路 702,722 号
84	德义大楼	德义大楼	南京西路 778 号
85	中国银行	中国工商银行	南京西路 801 号
86	MEDHURST 大楼	泰兴大楼	南京西路 934 号
87	静安别墅	静安别墅（里弄住宅）	南京西路 1025 弄
88	花园住宅	市外办、对外友协	南京西路 1418 号
89	模范村	模范村里弄住宅	延安中路 877 弄
90	住宅	住宅	延安中路 931—979 号
91	意大利总会	市文联	延安西路 238 号
92	百乐门舞厅	百乐门影剧院	愚园路 218 号
93	愚谷村	愚谷村里弄住宅	愚园路 361 弄
94	（陈炳谦）住宅	第二工业大学（已报市政府注销）	威海卫路 771 号
95	怀恩堂	怀恩堂	陕西北路 375 号
96	西摩路会堂	上海市教育局礼堂	陕西北路 500 号
97	花园住宅	城市规划设计研究院	铜仁路 333 号
98	花园住宅	中信公司	北京西路 1301 号
99	大胜胡同	大胜胡同	华山路 229—285 弄
100	海格大楼	静安宾馆	华山路 400 号
101	美国学校	中福会儿童艺术剧院、马可·波罗俱乐部	华山路 643 号、华山路 639 号

序号	原　名	现　名	地　址
102	枕流公寓	枕流公寓	华山路 731 号
103	景华新村	景华新村	巨鹿路 820 号
104	爱登公寓	常德公寓	常德路 195 号
105	望德堂	住宅	北京西路 1220 弄 2 号
106	雷氏德医学研究院	上海医学工业研究院	北京西路 1320 号
107	花园住宅	市仪表局	延安中路 816 号
108	法公董局	综合办公楼	淮海中路 375 号
109	培文公寓	培文公寓	淮海中路 449 号
110	永业大楼	永业大楼	淮海中路 481 号
111	国泰大戏院	国泰电影院	淮海中路 870 号
112	法国总会	花园饭店	茂名南路 58 号
113	兰心大戏院	兰心大戏院	茂名路 57 号
114	ASTRID 公寓	南昌大楼	茂名南路 143 号
115	法国总会(老)	科学会堂(一号楼)	南昌路 47 号
116	梵尔登花园	里弄住宅	陕西南路 39 弄 1—103 号
117	陕南村	陕南村	陕西南路 157—187 号
118	花园住宅	花园住宅	思南路 51—95 号
119	震旦大学图书馆教学大楼	第二医科大学十二号大楼	重庆南路 280 号
120	东正教堂	幸运城大酒店	皋兰路 16 号
121	中国造币厂	上海造币厂	光复西路 17 号
122	玉佛寺	玉佛寺	安远路 170 号
123	花园住宅	东湖宾馆七号楼	淮海中路 1110 号
124	亨利公寓	淮中大楼、中波轮船公司	淮海中路 1160—1164 号
125	盖司康公寓	淮海公寓	淮海中路 1202 号
126	上方花园	上方花园	淮海中路 1285 弄
127	皇家公寓	淮海大楼、美美百货	淮海中路 1300—1326 号
128	花园住宅	法国领事馆	淮海中路 1431 号
129	花园住宅	美国领事馆	淮海中路 1469 号
130	逸村	逸村	淮海中路 1610 弄 3 号
131	花园住宅	市科技情报所	淮海中路 1634 号
132	中南新村	中南新村	淮海中路 1670 号 3 号
133	花园住宅	花园住宅	淮海中路 1754 弄 2 号

（续表五）

序号	原　名	现　名	地　址
134	东美特公寓	武康大楼	淮海中路 1842—1858 号
135	丁香花园	丁香花园	华山路 849 号
136	住宅	工商业联合会	华山路 893 号
137	南洋公学	交通大学	华山路 1954 号
138	道斐南公寓	建国公寓	建国西路 394 号
139	建业里	建业里	建国西路 440 弄 2 号
140	懿园	懿园	建国西路 506 弄 3 号
141	住宅	波兰驻沪总领事馆	建国西路 618 号
142	美童公学	七〇四所	衡山路 10 号
143	华盛顿公寓	西湖公寓	衡山路 303 号
144	毕卡迪公寓	衡山宾馆	衡山路 534 号
145	住宅	德国驻沪领事馆	永福路 151 号
146	花园住宅	老干部局	岳阳路 145 号
147	永嘉新村	永嘉新村	永嘉路 580 号
148	永康新村	永康新村	永康路 580 号
149	花园住宅	一〇三所	岳阳路 110 号
150	花园住宅	里弄住宅	岳阳路 200 弄
151	中央研究院	中科院生理研究所	岳阳路 320 号
152	徐汇公学	徐汇中学	虹桥路 68 号
153	徐家汇圣母院	徐家汇圣母院	漕溪北路 45 号
154	藏书楼	上海市图书馆	漕溪北路 80 号
155	中山医院	中山医院	医学院路 136 号
156	国立上海医学院	第一医科大学	医学院路 138 号
157	正广和大班住宅	住宅	武康路 99 号
158	密丹公寓	密丹公寓	武康路 115 号
159	丽波花园东主楼	市体育研究所	吴兴路 87 号
160	朱敏堂住宅	住宅	乌鲁木齐南路 151 号
161	自由公寓	自由公寓	五原路 258 号
162	高安公寓	高安公寓	高安路 14 号
163	东正教堂	建设银行	新乐路 55 号
164	会乐精舍	会乐公寓	复兴西路 34 号
165	克莱门公寓	克莱门公寓	复兴中路 1363 号 4 号

（续表六）

序号	原　名	现　名	地　址
166	住宅	住宅	汾阳路 9 弄 3 号
167	住宅	音乐学院附校甲、乙楼	东平路 9 号
168	赛华公寓	瑞华公寓	常熟路 209 号
169	住宅	结核病防治中心	延庆路 130 号
170	杨树浦电厂	杨树浦电厂	杨树浦路 2800 号（铁皮车间）
171	沪江大学	华东工业大学	军工路 516 号礼堂、试验楼
172	旧市博物馆	第二军医大学（主楼）	长海路 174 号
173	旧市图书馆	同济中学	黑山路 181 号
174	四行仓库	仓库	光复路 21 号
175	B；震旦大学博物馆	昆虫研究所	重庆南路 225 号

表 1－1－3　第三批上海市优秀近代建筑保护单位一览表

序号	原　名	现　名	地　址
1	海底电缆登陆局房	东海船厂	逸仙路 3901 号
2	黄家花园	崇明县中心医院	城桥镇南门港街 25 号
3	兆丰别墅	兆丰别墅	长宁路 712 弄
4	新华村	长宁区政府 11♯楼	愚园路 1320 号
5	新华村	长宁区政府 12♯楼	愚园路 1320 号
6	新华村	长宁区政府 14♯楼	愚园路 1320 号
7	新华村	长宁区政府 15♯楼	愚园路 1320 号
8	亦村	亦村	泰安路 76 弄
9	住宅	工商银行愚园路分理处等	愚园路 1294 号
10	沪西别墅	沪西别墅	愚园路 1210 弄东侧
11	住宅	住宅	愚园路 1112 弄 4 号、20 号
12	私立妇孺医院	长宁区妇产科医院	延安西路 934 号
13	住宅	汉语大词典出版社	新华路 200 号
14	住宅	住宅	新华路 231 号
15	住宅	住宅	新华路 329 弄 32 号乙
16	住宅	住宅	新华路 329 弄 36 号
17	住宅	住宅	新华路 236 号、248 号、272 弄 2 号、6 号、294 弄 1 号
18	住宅	兴国宾馆 2♯楼	兴国路 72 号
19	住宅	兴国宾馆 6♯楼	兴国路 72 号

（续表一）

序号	原　　名	现　　名	地　　址
20	梅泉别墅	梅泉别墅	新华路 593 弄
21	住宅	办公楼（空置）	新华路 483 号
22	住宅	新华路警署	新华路 179 号
23	住宅	市信息中心一号楼及西侧花园住宅群	华山路 1076 号及 1100 弄、1120 弄
24	海格园	花园住宅群	华山路 1006 弄
25	住宅	上海市工人疗养院	延安西路 2558 号（1—4 号楼）
26	住宅	住宅	新华路 211 弄 2 号
27	哥伦比亚总会	上海生物制品研究所	延安西路 1262 号
28	大理石亭	大理石亭	长宁路中山公园内
29	弗兰克林住宅、中央银行俱乐部	空军 455 医院	淮海西路 338 号
30	西区污水处理厂水泵房	上海市城市排水管理技工学校	天山路 30 号
31	达华公寓	达华宾馆	延安西路 918—928 号
32	丁香别墅	丁香别墅	华山路 922 号
33	真如中学	延安中学北楼	延安西路 601 号
34	大陆新村、文华新村	住宅	山阴路 30、44、64、112、124、132、144、156、168、180、192、208、210 弄，甜爱路 59 号、40 号，山阴路 2 弄 1—43 号，四川北路 2044—2058
35	长春公寓	长春公寓	长春路 304 号
36	住宅	住宅	溧阳路 1084 弄 2—11 号、1114 弄 1—21 号、1156 弄 1—19 号、1208 弄 1—12 号、1219、1221、1235、1237、1251、1253、1267、1269、1281、1283、1295、1297、1311
37	住宅	住宅	武进路 206—296 号
38	礼查饭店	浦江饭店	黄浦路 15 号
39	公寓	公寓	昆山路 227 号、277 号，昆山花园路 1—10 号
40	住宅	住宅	蟠龙街 1—13 号
41	西本愿寺	梦幻柔情舞厅	乍浦路 455 号
42	上海市第七百货商店	上海市第七百货商店	四川北路 875—895 号（海宁路口）
43	住宅	上海纺织老干部活动室	多伦路 215 号
44	祥德路住宅	祥德路住宅	祥德路 2 弄

（续表二）

序号	原　　名	现　　名	地　　址
45	扬子大楼	中国农业银行上海分行外汇营业部大楼	中山东一路 26 号
46	交通银行	市总工会大楼	中山东一路 14 号
47	日清大楼	锦都大楼	中山东一路 5 号
48	普益大楼	上海电气集团总公司	四川中路 106—110 号
49	大北电报局	上海长途电信科技发展公司、上海市城市交通管理局	延安东路 34 号
50	中南大楼	爱建金融大楼	汉口路 110 号
51	美伦大楼	上海晒图厂等	南京东路 151—171 号
52	上海电力公司	华东电管局	南京东路 181 号
53	博物院大楼	青岛工行	虎丘路 20 号
54	颐中大楼	上海海鸥照相机机销售有限公司	南苏州路 161—175 号
55	沪宁铁路局、安顺洋行	元芳弄	四川中路 126 弄(元芳弄)5—12 号
56	三菱洋行、美孚洋行	懿德大楼	广东路 94—102 号四川中路 109 号
57	青年协会大楼	虎丘公寓	虎丘路 131 号
58	兰心大楼	渣打银行上海分行	圆明园路 185 号
59	恒业里	恒业里	江西中路 135 弄 1—13 号
60	四明大楼	上海建筑材料集团总公司	北京东路 232—240 号
61	哈同大楼	慈安里大楼	南京东路 98—114 号
62	东亚大楼	东亚银行	四川中路 299 号
63	谦信大楼	中国人民解放军海军后勤部上海物资站	江西中路 138 号
64	瑞康洋行买办住宅	上海市储能中学一分部	黄陂南路 25 号乙
65	清心中学	上海市第八中学	陆家浜路 550 号
66	龙门村	龙门村	尚文路 133 弄 1—105 号(迎勋北路)
67	中法求新机器轮船制造厂	上海求新船厂厂部办公楼/红楼	南市机场路 132 号
68	上海电话局南市总局	中华路电话局办公楼/机房	中华路 734 路
69	邱氏住宅	民立中学四号楼	威海路 412 号
70	联华公寓	联华公寓	北京西路 1341—1383 号、铜仁路 304—330 号、南阳路
71	住宅	住宅	铜仁路 280 号
72	皮裘公寓	皮裘公寓	铜仁路 278 号

（续表三）

序号	原　　名	现　　名	地　　址
73	震兴里、荣康里、德庆里	震兴里、荣康里、德庆里	茂名北路 200—290 弄
74	住宅	岳阳医院	青海路 44 号
75	善钟里	住宅	常熟路 113 并 2—31 号
76	亚细亚火油公司住宅	巨鹰宾馆	巨鹿路 889 号
77	住宅	住宅	巨鹿路 868—892 号
78	住宅	住宅	巨鹿路 852 弄 1—8 号,10 号
79	住宅	作家协会	巨鹿路 675—681 号
80	住宅	住宅	南京西路 1522 弄
81	太阳公寓	太阳公寓	威海路 651 号,665 弄
82	四明星	四明村	延安中路 913 弄
83	蒲园	蒲园	长乐路 570 弄
84	杜美新村	长乐新村	长乐路 764 弄
85	住宅	住宅	富民路 210 弄 2—14 号、长乐路 752—762 号
86	大华公寓	大华公寓	南京西路 864、868、870、884 号,奉贤路 137 号、147 号,奉贤路 148 弄 1—4 号
87	住宅	华园物业公司办公楼	长乐路 800 号
88	住宅	住宅	奉贤 68 弄 40—52 号、80—92 号
89	中实新村	中实新村	愚园路 581—589 及 579 弄
90	文元坊	住宅	愚园路 608 弄
91	念吾新村、多福里、汾阳坊	念吾新村、多福里、汾阳坊	延安中路 470 弄、504 弄、510 弄
92	法国会所	华山医院 5 号楼	乌鲁木齐中路 12 号 5 号楼
93	住宅	少儿图书馆	南京西路 962 号
94	住宅	延中部队招待所	延安中路 810 号
95	爱司公寓	瑞金大楼	瑞金一路 150 号
96	泰山公寓	泰山大楼	淮海中路 622 弄
97	飞霞别墅	飞霞别墅	淮海中路 584 弄
98	飞龙大楼	住宅	淮海中路 538—544 号及 542 弄
99	法租界霞飞路巡捕房	卢湾区职业教育中心	淮海中路 235 号
100	白尔登公寓	陕南大楼	陕西南路 213 号
101	住宅	瑞金宾馆 3# 楼	瑞金二路 188 号
102	住宅	瑞金宾馆 4# 楼	瑞金二路 188 号
103	住宅	上海文史馆	思南路 39—41 号

（续表四）

序号	原　名	现　名	地　址
104	巴黎公寓	巴黎公寓	重庆南路 165 弄
105	巴黎新村	巴黎新村	重庆南路 169 弄
106	永丰村	住宅	重庆南路 177 号、179 弄 1—10 号
107	吕班公寓	重庆公寓	重庆南路 185 号
108	诸圣堂	诸圣堂	复兴中路 425 号
109	住宅	住宅	皋兰路 1 号
110	住宅	上海文艺出版社等	绍兴路 74 号
111	香山路住宅	住宅	香山路 6 号
112	天主堂	南张安老院	七莘路九号桥
113	露德圣母堂	露德圣母堂	浦东新区唐墓桥唐镇街 40 号
114	住宅	住宅	钱仓路 316 号
115	宜昌路救火会	消防三支队宜昌中队	宜昌路 216 号
116	天利淡气制品厂	化工部上海化工研究院	云岭东路 345 号
117	福新面粉厂	上海面粉公司	莫干山路 120 号
118	上海啤酒有限公司上海啤酒厂	上海啤酒有限公司上海啤酒厂	宜昌路 130 号
119	中华书局上海印刷厂	中华印刷有限公司	澳门路 477 号
120	国立上海高级机械职业学校	上海理工大学图书馆	复兴中路 1195 号
121	霞飞路住宅、比利时领馆	达芬奇集团	淮海中路 1131 号南楼
122	万国储蓄会公寓、盖司康公寓	淮海公寓二号楼	淮海中路 1204—1218 号
123	住宅	住宅	淮海中路 1276—1292 号
124	住宅	住宅	华亭路 71 弄 1—7 号，延庆路 135—149 号
125	住宅	住宅	华亭路 72、74、76、84、86 号，延庆路 151—157 号
126	麦琪公寓	麦琪公寓	复兴西路 24 号
127	上海新村	上海新村	淮海中路 1487 弄 1—56 号
128	林肯公寓	曙光公寓	淮海中路 1554—1568 号
129	来斯南村	来斯南村	五原路 205 弄 2—6 号
130	住宅	上海永乐电影电视（集团）公司	永福路 52 号
131	住宅	住宅	武康路 40 弄 1 号
132	住宅	上海市房地产科学研究院	复兴西路 193 号 3 号楼

（续表五）

序号	原　名	现　名	地　址
133	住宅	湖南别墅	湖南路 262 号
134	住宅	巴金住宅	武康路 113 号
135	住宅	武康路 117 弄 1 号住宅	武康路 117 弄 1 号
136	住宅	武康路 117 弄 2 号住宅	武康路 117 弄 2 号
137	住宅	汽车工业总公司	武康路 390 号
138	住宅	住宅	武康路 393 号
139	住宅	住宅	淮海中路 1818 弄 1—8 号
140	住宅	住宅	嘉善路 131—143 弄,169 弄
141	住宅	上海电影译制厂	永嘉路 383 号
142	住宅	零三单位华东办事处	永嘉路 389 号
143	住宅	瑞金宾馆太原分馆	太原路 160 号
144	住宅	住宅	永嘉路 495 弄
145	住宅	电话局职工住宅	建国西路 398 号
146	住宅	住宅	岳阳路 170 弄 1 号楼
147	住宅	住宅	永嘉路 527 弄 1—5 号
148	住宅	住宅	永嘉路 571 号
149	住宅	住宅	安亭路 81 弄 2、4 号
150	花园住宅	住宅、小旋枫酒店	安亭路 130、132 号
151	住宅	建国西路幼儿园	建国西路 620、622 号
152	住宅	市委机关幼儿园	余庆路 190 号
153	大修道院	徐汇区人民检察院	南丹路以南(漕溪北路 336 号)
154	江南弹药局	7315 厂房(翻砂车间)	龙华路 2577 号
155	住宅	住宅	隆昌路 222—266 号
156	东区污水处理厂	东区污水处理厂	河间路 1283 号
157	上海煤气公司	杨树浦煤气厂	杨树浦路 2524 号
158	裕丰纺织株式会社	上海第 17 棉纺织总厂	杨树浦路 2866 号
159	正广和汽水有限公司	上海梅林正广和集团有限公司	通北路 400 号
160	怡和纱厂	上海第五毛纺厂	杨树浦路 670 号
161	蜜丰绒线厂	上海 17 毛纺厂(茂华毛纺厂)	波阳路 400 号
162	上海总商会	电子元件研究所南楼	北苏州路 470 号

表 1-1-4　第四批上海市优秀历史建筑保护单位一览表

序号	原　名	现　名	地　址
1	上海基督教青年会	浦光大楼/浦光中学	四川中路 595—607 号
2	英商自来水公司大楼	自来水大楼	江西中路 484 号
3	英商自来水公司办公楼	自力大楼/自来水公司管线管理所	江西中路 464—466 号
4	源源长银行/东方企业公司	住宅	江西中路 473 号
5	恒丰大楼	恒丰大楼/上海航道局办公用房	江西中路 450—454 号
6	信托大楼/上海信托公司	沙美大楼	北京东路 190 号
7	浙江兴业银行	上海市建工集团、上海市物资局、北京西路售票处等	北京东路 230 号
8	中垦大楼/中国垦业银行	上海市电力公司(北部)、上海市建筑材料供应总公司、上海航空铸锻公司	北京东路 239,255 号
9	中一信托大楼/中一信托股份公司	中一大楼/上海市联运总公司	北京东路 270 号
10	盐业大楼/盐业银行	上海长江电气集团等	北京东路 280 号
11	上海洋行/上海商业储蓄银行	上海浦东发展银行总部	宁波路 40,50 号,江西中路 368 号
12	中央储蓄会/广东银行	光大银行	天津路 2 号,江西中路 349 号
13	美丰银行	美丰大楼/上海强农集团	河南中路 521—529 号,宁波路 180 号
14	恒利银行	永利大楼	河南中路 495、503 号,天津路 100 号
15	上海钱业公会	钱业大楼/长江计算机集团	宁波路 276 号
16	南京饭店	南京饭店	山西南路 182—200 号,天津路 191 号—211 弄
17	安利洋行	安利大楼/上海晶通化学品有限公司等	四川中路 320 号,九江路 80 号
18	大清银行/中国人寿保险公司	上海骅骏商贸有限公司、市残疾人联合会	四川中路 268—270 号,汉口路 50 号
19	百乐饭店/同仁医院/教会学校	曾为黄浦区人民政府大楼	九江路 219 号
20	花园住宅	上海市公安机关服务中心	汉口路 210 号
21	旗昌洋行	上海市生产服务合作联社等	福州路 17、19 号
22	中兴银行	申达大楼/上海市机电设计研究院	福州路 89 号
23	雷米洋行/利名洋行	住宅	金陵东路 8 号
24	约克大楼	金陵大楼	四川南路 29 号

（续表一）

序号	原　名	现　名	地　址
25	太古洋行	丰华大楼/上海工业发展基金会	中山东二路 22 号
26	金城大戏院	黄浦剧场	北京东路 780 号
27	三星大舞台/中国大戏院	中国剧场	牛庄路 700—714 号
28	新光大戏院	新光电影院	宁波路 586 号
29	中国大饭店	上海铁道宾馆	宁波路 588 号，贵州路 160—170 号
30	扬子饭店	扬子饭店（曾用名：申江饭店）	汉口路 740 号
31	中国纺织建设公司第五仓库	上海市纺织原料公司新闸桥仓库	南苏州路 1295 号
32	洋行	上海东方音像有限公司	广东路 306 号
33	江苏旅社	福州路 379 弄 50 号住宅	福州路 379 弄 50 号
34	中国银行南市办事处	童涵春堂	人民路 1 号（小东门）
35	仁记珠宝银楼	瑞源珠宝等	中华 5 号
36	联市联谊会	上海双工缝纫设备开发公司	中华路 55 号
37	集贤村	集贤村	金坛路 35 弄 1—30 号、32—44 号
38	小南门警钟楼	小南门警钟楼	中华 581 号
39	沪南钱业公所	沪南钱业公所	人民路安仁街古城公园内（原址：北施家弄 133 号）
40	中苏友好大厦	上海展览中心	延安中路 1000 号
41	荣氏花园住宅	花园住宅/香港星空传媒集团公司上海代表处	陕西北路 186 号
42	宋氏花园住宅	宋氏花园住宅	陕西北路 369 号
43	花园住宅	上海市水务局	铜仁路 257 号
44	大新烟草公司	上海电筒厂职工宿舍	北京西路 1094 弄 2 号
45	花园住宅	上海电气进出口公司	北京西路 1394 弄 2 号
46	纪氏花园住宅	静安区文化局	北京西路 1510 号
47	觉园/南国大佛寺	居士林	常德路 418 号
48	沁园村	沁园村	新闸路 1124 弄
49	刘氏花园住宅，小校经阁（八角楼）	住宅	新闸路 1321 号
50	宜德堂	杨氏花园住宅	昌化路 136 号
51	张氏花园住宅	康定花园	康定路 2 号
52	戈登路巡捕房	上海商业会计学校静安分校	江宁路 511 号

（续表二）

序号	原　　名	现　　名	地　　址
53	花园住宅	市眼科医院	陕西北路 805 号
54	康定路 759 弄花园住宅	静安区政协	康定路 759 弄
55	司米托莫银行	上海对外经济研究中心/全球经济发展中心	胶州路 510 号
56	龚氏花园住宅	宝钢老干部活动中心	胶州路 522 号
57	上海市政委员会电力部住宅	上海古典建筑装饰工程一公司	胶州路 561 号
58	上海市科学馆	业余大学	胶州路 601 号
59	刘氏花园住宅	市房地产协会	长乐路 786 号、784 号
60	中央储备银行	上海歌舞剧院	常熟路 100 弄 10 号
61	新恩堂/上海公共礼拜堂/基督教新教堂	上海基督教三自爱国运动委员会	乌鲁木齐北路 25 号
62	熊佛西楼	上海戏剧学院熊佛西楼	华山路 630 号
63	潘氏花园住宅	上广交响乐团	武定西路 1498 弄
64	花园住宅	辞书出版社	陕西北路 457 号
65	中德医院	妇婴保健院	延安中路 393 号
66	康绥公寓	康绥公寓	淮海中路 468—494 号
67	国泰公寓	国泰公寓	淮海中路 816 弄、818—832 号
68	霞飞坊	淮海坊	淮海中路 927 弄
69	法国总会俱乐部	卢湾区业余体育学校	南昌路 57 号
70	上海别墅	上海别墅	南昌路 110 弄、112—122 号
71	花园住宅群	花园住宅群	南昌路 124—134 号、136 弄 1—16 号、138—146 号
72	克美产科医院	卢湾区政府 2 号楼	重庆南路 139 号
73	花园住宅	花园住宅	皋兰路 11—17 号
74	希勒公寓	钟和公寓	茂名南路 112 号、124 号
75	梅兰坊	梅兰坊	黄陂南路 596 弄 1—57 号
76	派克公寓	花园公寓	复兴中路 455 号
77	花园住宅	花园住宅（其中 471—473 号曾为卢湾区第四聋哑学校）	复兴中路 471—473 号 477 号
78	花园住宅	花园住宅	复兴中路 517 号，531 号，533—537 号，541 号
79	辣斐坊	复兴坊	复兴中路 553 弄 1—21 号，543—551 号，555—561 号

（续表三）

序号	原　名	现　名	地　址
80	花园住宅	花园住宅	思南路 50—70 号
81	万宜坊	万宜坊	重庆南路 205 弄 5—94 号
82	广慈医院	瑞金医院 8 号楼	瑞金二路 197 号
83	安和新村	安和新村	瑞金二路 198 弄
84	金谷村	金谷村	绍兴路 18 弄
85	爱麦虞限路 9 号宅	上海昆剧团	绍兴路 9 号
86	明复图书馆	卢湾区图书馆	陕西南路 235 号
87	花园住宅	花园住宅	淮海中路 796 号
88	杜月笙公馆	东湖宾馆	东湖路 70 号
89	花园住宅	青年报社	东湖路 17 号
90	沪江别墅	沪江别墅	长乐路 613 弄
91	花园住宅	上海市武警总队	淮海中路 1209 号
92	花园住宅	上海市武警总队	淮海中路 1209 号
93	花园住宅	上海市武警总队	淮海中路 1209 号
94	愉园	愉园	淮海中路 1350 弄
95	愉园	上海市武警总队家属楼	淮海中路 1414 号 1 号楼
96	花园住宅	花园住宅	淮海中路 1897 号
97	犹太俱乐部	上海音乐学院院部办公楼	汾阳路 20 号
98	花园住宅（比利时领馆）	海音乐学院专家楼	汾阳路 20 号
99	犹太医院及水塔	上海眼耳鼻喉科医院	汾阳路 83 号 10 号楼
100	并立花园住宅	并立花园住宅	汾阳路 152—154 号、156—158 号
101	伊丽莎白公寓	复中公寓	复兴中路 1327 号
102	黑石公寓	复兴公寓	复兴中路 1331 号
103	花园住宅	上海轻工业研究所 3 号楼	宝庆路 20 号
104	花园住宅	上海轻工业研究所 4 号楼	宝庆路 20 号
105	花园住宅	并立式住宅	太原路 50 弄 1—2 号,56 弄 1—4 号,64 弄 1—4 号
106	花园住宅	上海音乐学院附小图书馆	东平路 5 号
107	宋氏花园住宅	西式餐厅	东平路 11 号
108	吴氏花园住宅	上海话剧艺术中心	安福 201 号
109	巨泼来斯公寓	安福路 233 号公寓	安福路 233 号
110	花园住宅	上海话剧艺术中心	安福路 284 号
111	花园住宅	商务部驻沪办事处	五原路 251 号,永福路 1 号

（续表四）

序号	原　　名	现　　名	地　　址
112	花园住宅	中国福利会	五原路 314 号
113	花园住宅	花园住宅	华山路 831 号
114	花园住宅	丁香花园 3 号楼	华山路 849 号
115	交通大学恭绰馆（工程馆）	交通大学工程馆	华山路 1954 号
116	交通大学新上院	交通大学新上院	华山路 1954 号
117	花园住宅	上海科技文献出版社	武康路 2 号
118	美童公学宿舍楼及水塔	704 所家属楼及水塔	衡山路 10 号
119	丽波花园	丽波花园	衡山路 300 弄 1—8 号
120	会斯乐公寓（乔治公寓）	集雅公寓	衡山路 311—331 号
121	凯文公寓	凯文公寓（衡阳公寓）	衡山路 525 号
122	贝当公寓	衡山公寓	衡山路 700 号
123	中国唱片厂办公楼	小红楼/小红楼西餐厅	衡山路 811 号
124	花园住宅	中科院原子核研究所	永嘉路 630 号
125	巨福公寓（安康公寓）	安康公寓（乌鲁木齐公寓）	乌鲁木齐南路 176 号
126	花园住宅	花园住宅	建国西路 598 号
127	花园住宅	上海医学科学技术情报研究所	建国西路 602 号
128	金司林公寓	安亭公寓	安亭路 43 号
129	花园住宅	安亭别墅	安亭路 46 号 1 号楼
130	荣氏花园住宅	徐汇区少年宫	高安路 18 弄 20 号
131	励氏花园住宅	市建委老干部活动中心	高安路 63 号
132	方建公寓（建成公寓）	建安公寓	高安路 78 弄 1—3 号
133	花园住宅	花园住宅	康平路 1 号
134	花园花园住宅	徐汇区老干部局	康平路 205 号
135	花园住宅	花园住宅	吴兴路 96 号
136	花园住宅	文艺医院	天平路 40 号
137	花园住宅（法国领事馆）	中国科学院上海分院	岳阳路 319 号 11 号楼
138	上海特别市市政府旧址	信息产业部电信科学技术第一研究所	平江路 48 号 3,7 号楼
139	徐家汇天文台	上海气象局	蒲西路 166 号
140	龙华机场候机楼	中国民用航空华东管理局龙华航空站	龙华西路 1 号
141	瑞康公寓	瑞康公寓	四川北路 18 号

（续表五）

序号	原　　名	现　　名	地　　址
142	大桥公寓	大桥大楼	四川北路 85 号
143	德邻公寓	信谊大药厂	四川北路 71 号 1—6 幢,崇明路 82 号
144	披亚斯公寓	浦西公寓	蟠龙街 26 号,乍浦路 199—215 号,塘沽路 411—429 号
145	小浦西公寓	小浦西公寓	塘沽路 387—401 号
146	工部局西童女子学校	上海市安装工程有限公司	塘沽路 390 号
147	景林庐	住宅	乍浦路 260 号,昆山路 141—177 号,254 弄 22—27 号
148	角田公寓	闵行大楼	闵行路 171—181 号,201—211 号,峨眉路 70—80 号
149	英华书馆	海军托儿所	武进路 412 号
150	华童公学/汉壁礼男校/光华大夏大学附属中学	华东师范大学附属第一中学	中州路 102 号
151	工部局宰牲场(宰牛场)	新亚集团产业(现闲置)	沙泾路 10,29 号
152	永丰坊,大德里,恒安坊	永丰坊,大德里,恒安坊	四川北路 1515 弄 20—24 号、34—105 号,1519—1543 号, 1545 弄 1—33 号、1—19 号,1549—1551 号
153	广东大戏院/虹光大戏院	群众影剧院	四川北路 1552 号
154	狄思威公寓	溧阳大楼	四川北路 1914—1932 号
155	永安里	永安里	四川北路 1953 弄、多伦路 152—192 号
156	花园住宅	钱币博物馆/卫生局	四川北路 2023 弄 35 号
157	拉摩斯公寓	北川公寓	四川北路 2079—2099 号
158	西童公学	复兴初级中学	四川北路 2066 号
159	樱苑别墅	上海青岛啤酒华东(控股)有限公司	四川北路 2365 号
160	白氏旧居	海军 411 医院	多伦路 210 号
161	恒丰里,新恒丰里	恒丰里,新恒丰里	山阴路 69 弄、85 弄
162	日照里	东照里	山阴路 133 弄
163	花园里	花园里	山阴路 145 弄
164	亚细亚里	亚细亚里	黄渡路 107 弄、109 号
165	摩西会堂	摩西会堂	长阳路 62 号
166	住宅	住宅	霍山路 71—95 号,舟山路 21—81 号
167	住宅	住宅	霍山路 119—121,127—137 号,125 弄 3—5 号
168	住宅	住宅	长阳路 50 弄 15—31 号

（续表六）

序号	原　　名	现　　名	地　　址
169	住宅	住宅	杨树浦路 197—213 号
170	住宅	住宅	临潼路 25—89 号、99 弄
171	花园住宅	新华印刷厂及部队住宅	榆林路 43、47、59、63 号大宅
172	住宅	纺三小区	许昌路 227 弄
173	圣心教堂	杨浦老年医院 9 号楼	杭州路 349 号
174	日本同兴纱厂工房及老板住宅	上海怡达实业公司及住宅	平凉路 1777 弄 51 号、101—141（单号）、100—154（双号）
175	新式里弄	杨树浦路 3061 弄住宅	杨树浦路 3061 弄
176	沪江大学历史建筑建筑群馥来堂	上海理工大学建筑群第二教师公寓	军工路 516 号
177	沪江大学历史建筑建筑群音乐堂	上海理工大学建筑群学校办公楼	军工路 516 号
178	沪江大学历史建筑建筑群思孟堂	上海理工大学建筑群第一办公楼	军工路 516 号
179	沪江大学历史建筑建筑群思雷堂	上海理工大学建筑群第二办公楼	军工路 516 号
180	沪江大学历史建筑建筑群科学馆	上海理工大学建筑群理学院	军工路 516 号
181	沪江大学历史建筑建筑群思晏堂	上海理工大学建筑群现代化教学中心	军工路 516 号
182	沪江大学历史建筑建筑群健身房	上海理工大学建筑群体育馆	军工路 516 号
183	沪江大学历史建筑建筑群思斐堂	上海理工大学建筑群第三宿舍	军工路 516 号
184	沪江大学历史建筑建筑群女生宿舍,怀德堂	上海理工大学建筑群第五宿舍	军工路 516 号
185	沪江大学历史建筑建筑群思伊堂	上海理工大学建筑群第四、七宿舍	军工路 516 号
186	沪江大学历史建筑建筑群教职工公寓	上海理工大学建筑群 210 号家属住宅	军工路 516 号
187	沪江大学历史建筑建筑群不详	上海理工大学建筑群卫生科	军工路 516 号
188	沪江大学历史建筑建筑群职工住宅群	上海理工大学建筑群 103、104、108—114、201—209、211 号家属住宅	军工路 516 号
189	同济大学历史建筑建筑群文远楼	同济大学历史建筑建筑群文远楼/土木工程学院	四平路 1239 号（同济大学内）

（续表七）

序号	原　名	现　名	地　址
190	同济大学历史建筑建筑群大礼堂	同济大学历史建筑建筑群大礼堂	四平路 1239 号（同济大学内）
191	同济大学历史建筑建筑群南北楼	同济大学历史建筑建筑群南北楼	四平路 1239 号（同济大学内）
192	同济大学历史建筑建筑群图书馆	同济大学历史建筑建筑群图书馆裙房	四平路 1239 号（同济大学内）
193	同济大学历史建筑建筑群校门	同济大学历史建筑建筑群校门（老）	四平路 1239 号（同济大学内）
194	同济大学历史建筑建筑群西南一楼	同济大学历史建筑建筑群西南一楼	四平路 1239 号（同济大学内）
195	同济大学历史建筑建筑群电工馆	同济大学历史建筑建筑群机电厂	四平路 1239 号（同济大学内）
196	同济大学历史建筑建筑群工程试验馆	同济大学历史建筑建筑群工程试验馆	四平路 1239 号（同济大学内）
197	同济大学历史建筑建筑群日本某中学礼堂	同济大学历史建筑建筑群羽毛球馆	四平路 1239 号（同济大学内）
198	同济大学历史建筑建筑群日本某中学教学楼	同济大学历史建筑建筑群"一·二九"大楼	四平路 1239 号（同济大学内）
199	同济大学历史建筑建筑群日本某中学教学楼	同济大学历史建筑建筑群文测量馆	四平路 1239 号（同济大学内）
200	同济新村同济大学教工俱乐部	同济新村同济大学教工俱乐部	彰武路 45 弄（同济新村内）
201	同济新村村一楼、村二楼、村三楼、村四楼	同济新村 341—354 号	彰武路 45 弄（同济新村内）
202	复旦大学历史建筑建筑群登辉堂	复旦大学历史建筑建筑群相辉堂	邯郸路 220 号（复旦大学内）
203	复旦大学历史建筑建筑群子彬楼	复旦大学历史建筑建筑群数学楼	邯郸路 220 号（复旦大学内）
204	复旦大学历史建筑建筑群图书馆	复旦大学历史建筑建筑群经济学院	邯郸路 220 号（复旦大学内）
205	复旦大学历史建筑建筑群校门	复旦大学历史建筑建筑群校门	邯郸路 220 号（复旦大学内）
206	上海建材工业学校毓秀楼	毓秀楼/同济大学沪东校区教学楼	武东路 100 号（同济大学沪东校区内）
207	叶家花园（小白楼）	肺科医院（白楼）	政民路 507 号
208	中国航空协会飞机楼	长海医院（飞机楼）	长海路 174 号（长海医院内）
209	国立音乐专科学校主楼	公安部八二二厂	民京路 918 号
210	华联新泰仓库	百联集团华联商厦新泰路仓库	新泰路 57 号

(续表八)

序号	原　名	现　名	地　址
211	中国实业银行	跳蚤市场	北苏州路 1028 号
212	中国银行仓库	茂联丝绸商厦	北苏州路 1040 号
213	会审公堂	上海医疗器械九厂	浙江北路 191 号
214	梁氏民宅	梁氏民宅	山西北路 452 弄 61 号
215	里弄	里弄	武进路 580 弄
216	福新面粉一厂厂房及仓库	华联集团电工照明器材有限公司仓库	光复路 423—433 号,长安路 101 号
217	盛世花园	华园	万航渡路 540 号
218	厂房及仓库	上海五金交电仓库	万航渡路 1384 弄
219	开纳公寓	武定公寓	武定西路 1375 号
220	中一村(中央一村)	中一村	江苏路 46—78 弄
221	上海海关税务司花园住宅	住宅	江苏路 162 弄 3 号
222	安定坊	安定坊	江苏路 284 弄 3 号、5 号、7 号、9 号、10 号、11 号、12 号、14 号、15 号、16 号、17 号、18 号、19 号、27 号
223	月村	上海市房地产协会	江苏路 480 弄
224	忆定村	忆定村	江苏路 495 弄
225	麦加利银行高级职员住宅	上海房地局职工医院/华山医院(分部)1 号楼	江苏路 796 号
226	渔光村	渔光村	镇宁路 255—275 弄
227	严家花园	严家花园	愚园路 699 号
228	花园住宅	花园住宅	愚园路 749 弄 65 号
229	愚园新村	愚园新村	愚园路 750 弄
230	杨氏花园	上海西夏葡萄酒业公司	愚园路 838 弄 7 号
231	花园住宅	长宁区教育学院 1 号楼	愚园路 864 号
232	英式花园住宅群	花园住宅群	愚园路 865 弄 2—36 号
233	周氏花园住宅	长宁区工商联	愚园路 1015 号
234	岐山村/东苑别业	岐山村	愚园路 1032 弄
235	宏业花园	宏业花园	愚园路 1086 号、1088 弄 5—9 号
236	桃源坊	桃源坊	愚园路 1292 弄
237	联安坊	长宁区政府 5—8 号楼	愚园路 1352 弄
238	中央研究院理工实验馆实验大楼	中科院上海冶金研究所杏佛楼	长宁路 865 号(中山公园对面)
239	中央研究院理工实验馆元培楼	中科院上海冶金研究所元培楼	长宁路 865 号(中山公园对面)

（续表九）

序号	原　　名	现　　名	地　　址
240	圣玛利亚女中	东华大学长宁路分校	长宁路 1187 号
241	花园住宅	花园住宅	利西路 24 弄 5 号
242	花园住宅	花园住宅	利西路 30—32 号
243	福世花园	福世花园	安化路 200 弄 7—19 号
244	郭氏花园住宅	住宅	延安西路 949 弄 25—47 号、除 37 号
245	大西别墅	住宅	延安西路 1453 弄
246	汤山村	汤山村	武夷路 466 弄
247	范园	范园	华山路 1220 弄
248	外国弄堂	外国弄堂	番禺路 55 弄、75 弄、95 弄，平武路 2 号、8 号、10 号、14 号、18 号
249	邬达克旧居	上海市旅游培训中心	番禺路 129 号
250	又斯登公寓	登云公寓	淮海中路 2068 号
251	复旦公学李鸿章祠堂及门楼	复旦中学登辉堂及门楼	华山路 1626 号
252	复旦公学	复旦中学力学堂	华山路 1626 号
253	外国弄堂新华路 329 弄 28 号	外国弄堂新华路 329 弄 28 号	新华路 211—329 弄
254	外国弄堂新华路 321 号	外国弄堂新华路 321 号	新华路 211—329 弄
255	外国弄堂新华路 211 弄 1 号	外国弄堂新华路 321 号	新华路 211—329 弄
256	外国弄堂新华路 211 弄 12 号	外国弄堂新华路 211 弄 12 号	新华路 211—329 弄
257	外国弄堂新华路 211 弄 16 号	外国弄堂新华路 211 弄 16 号	新华路 211—329 弄
258	外国弄堂新华路 211 弄 14 号	外国弄堂新华路 211 弄 14 号	新华路 211—329 弄
259	外国弄堂新华路 211 弄 10 号	外国弄堂新华路 211 弄 10 号	新华路 211—329 弄
260	外国弄堂新华路 329 弄 30 号	外国弄堂新华路 329 弄 30 号	新华路 211—329 弄
261	虹桥疗养院	上海血液中心	伊犁路 2 号
262	花园住宅	白宫俱乐部	虹桥路 1390 号
263	宋氏花园住宅	花园住宅(家具厂)	虹桥路 1430 号
264	陈氏花园住宅	申康宾馆	虹桥路 1440 号
265	花园住宅	花园住宅	虹桥路 1518 号
266	上海盲童学校	上海盲童学校	虹桥路 1850 号

（续表一○）

序号	原　名	现　名	地　址
267	孔氏别墅	辉煌 KTV	虹桥路 2258 号
268	花园住宅	住宅	虹桥路 2374 号
269	泰晤士报社别墅	龙柏饭店 2 号楼	虹桥路 2419 号
270	美丰银行别墅	龙柏饭店 3 号楼	虹桥路 2419 号
271	花园住宅	空军医院 A 楼	哈密路 1713 号
272	教堂	空军医院 B 楼	哈密路 1713 号
273	花园住宅	空管局退休干部活动中心	空港六路 1 号
274	花园住宅群	市舞蹈学校虹桥路 1590 号 9 号楼	虹桥路 1590 号 9 号楼
275	花园住宅群	市舞蹈学校虹桥路 1674 号 3 号楼	虹桥路 1674 号 3 号楼
276	花园住宅群	市舞蹈学校上海歌舞团	虹桥路 1648 号 8 号楼
277	花园住宅群	市舞蹈学校上海芭蕾舞团	虹桥路 1650 号 7 号楼
278	花园住宅群	市舞蹈学校虹桥路 1674 号 4 号楼	虹桥路 1674 号 4 号楼
279	花园住宅群	市舞蹈学校虹桥路 1652 号 5 号楼	虹桥路 1652 号 5 号楼
280	曹杨一村	曹杨一村	曹杨一村（枫桥路、梅岭北路、棠浦路、花溪路、兰溪路）
281	澳门路 660 弄住宅	澳门小区	澳门路 660 弄 1—15 号，17—25 号，27—37 号，41—51 号，229—239 号，251—261 号，267—277 号，291—301 号，307—317 号，381—391 号，397—407 号
282	国民政府高等法院	上海医疗器械九厂	

第二章　历史文化名城、名镇

国务院于 1982 年、1986 年、1994 年公布了三批国家历史文化名城,共 99 座。在 2001 年至 2010 年期间陆续增补至 111 座。上海作为近代史迹型城市,于 1986 年公布为第二批历史文化名城,开始了文化名城保护计划。1991 年,上海市人民政府公布南翔、朱家角、嘉定、松江为市历史文化名镇。2003 年,上海市人大常委会批准实施《上海市历史文化风貌保护区和优秀历史建筑保护条例》。截至 2010 年,建设部和国家文物局先后联合公布枫泾镇、朱家角镇、新场镇、嘉定镇、南翔镇、高桥镇、练塘镇、张堰镇为国家历史文化名镇。

2005 年,市有关部门在中心城区 12 片历史风貌区内划定了 144 条风貌道路、街巷,其中,64 条一类风貌保护道路红线将永不拓宽,街道两侧建筑风格、尺度保持历史原貌,行道树等空间重要组成部分也将受到保护。

至此,点、线、面相结合的历史文化名城、名镇保护体系在上海基本形成。

第一节　历史文化名城

1986 年 12 月 8 日,国务院批准上海市为全国第二批国家历史文化名城。2005 年以来,金山区枫泾镇、青浦区朱家角镇等 8 个古镇先后被批准为中国历史文化名城。从上海城市发展来看,一方面上海地处江南水乡,具有典型的传统江南城镇文化;另一方面上海自近代以来受西方城市文明影响甚大,迅速发展成为全国经济、文化、金融、交通中心,是中国最早的现代城市典范。两种文化的交织,形成了上海独特的地域特色,遗留下丰富的物质与非物质文化遗产。

上海这座历史文化名城具有鲜明的特色。首先,上海的物质与非物质文化遗产结合十分紧密。第三次全国文物普查,上海市普查登录文物点共 4 422 处,目前,各级文物保护单位及登记不可移动文物 1 419 处。其中,全国重点文物保护单位 29 处,市级文物保护单位 154 处(含保护地点、纪念地点),区(县)级文物保护单位 453 处,登记不可移动文物 838 处,包括古遗址、古墓葬、古建筑、石刻、近现代重要史迹及代表性建筑等。同时,上海建立了国家、市、区(县)三级非物质文化遗产名录体系。截至目前,国家级名录项目共有 33 个,市级名录项目 83 个,区(县)级名录项目 206 个,基本涵盖民间音乐、舞蹈、文学、美术、手工技艺、医药以及传统戏剧、曲艺、杂技与竞技、民俗等 10 个门类。从近代开埠之日起,由于地理和历史原因,在上海黄浦江、苏州河沿岸,留下众多码头、仓库等物质文化遗产,如秦皇岛路码头、民生码头等,并由“通商码头”衍生了“码头文化”,留传下“码头号子”等非物质文化遗产;又如上海“尚贤坊”“步高里”等石库门里弄建筑产生了“石库门里弄营造技艺”“石库门里弄居住习俗”等非物质文化遗产;“龙华塔”“龙华寺”与“上海龙华庙会”相得益彰,两者密切相连、相辅相成。

第二,上海的城市风貌非常丰富。2003 年,根据《上海市历史文化风貌区和优秀历史建筑保护条例》,上海市政府在中心城区确定了衡山路—复兴路、龙华、南京西路、愚园路、新华路、虹桥路、外滩、人民广场、老城厢、山阴路、提篮桥、江湾等 12 片历史文化风貌区,占地 27 平方公里左右,约占上海建国初期建成区面积三分之一。2005 年,上海市政府批准郊区及浦东新区 32 片历史文化风貌区,占地 14 平方公里。这些历史风貌区各具特色,如老城厢风貌区以上海传统地域文化为特点,街道狭窄,蜿蜒曲折,尺度宜人,呈现出江南水乡填浜筑路的空间特征;外滩风貌区是近代上海繁华的金融中心,建筑大多以欧洲新古典主义和折衷主义风格为主,色彩、高度、建材统一协调,代表了上海中西合璧独特的建筑文化特色;郊区朱家角风貌区建筑古朴典雅,古街临水而建,民居依水而筑,明清建筑风格,具有典型江南水乡特色。2005 年,市有关部门在中心城区 12 片历史风貌区内划定了 144 条风貌道路、街巷,其中,64 条一类风貌保护道路红线将永不拓宽,街道两侧建筑风格、尺度保持历史原貌,行道树等空间重要组成部分也将受到保护。

第三,上海有大量的优秀历史建筑。由于兼具传统城镇和现代都市的特征,上海既有江南古典园林和房屋建筑,又有融合了世界各地特色的近代建筑,许多还出自著名的建筑师之手。自 1989 年以来,上海市分四批公布了 632 处(共 2 138 幢)优秀历史建筑,其中,第一批 61 处(140 幢)属国家级及市级文物保护单位,其余 571 处(1 998 幢)属优秀历史建筑。从建筑功能来看,主要包括办公、商业、文教、宗教、居住、工厂等;从建筑风格来看,有哥特、文艺复兴、巴洛克、新古典主义等西方古典建筑风格,也有西班牙、阿拉伯、俄罗斯等地域建筑式样。目前,针对优秀历史建筑保护,已形成了较为完善的政策法规体系。

第四,上海保留了许多具有传统水乡特色的历史文化名镇名村。2005 年至 2010 年,上海市金山区枫泾镇、张堰镇,青浦区朱家角镇、练塘镇,嘉定区嘉定镇、南翔镇,浦东新区新场镇、高桥镇等 8 个古镇先后被批准为中国历史文化名镇。这些名镇各具特色,是上海传统古镇风貌的典型代表,如枫泾镇位于古越国和吴国交界处,多元文化融合,历史底蕴深厚,独具江南古镇风貌,是享誉海内外金山农民画发源地;嘉定镇是典型江南古镇,具有独特的"十字加环"水系格局,有"六里弹格路"组成的"井"字形街巷,完整地保存了唐宋街市古镇肌理。

上海结合自身特色,形成了独特的历史文化名城保护机制。首先,建立健全管理机构。一是上海市政府成立了保护综合协调机构——上海市历史文化风貌区和优秀历史建筑保护委员会,分管副市长担任主任,市发改委、市建交委、市财政局等十几个部门参加,下设办公室,主要职能是统筹、协调、推进全市历史文化风貌区和优秀历史建筑保护工作,并对重大事项进行决策和指导;二是设立咨询评议机构——保护专家委员会,负责历史文化风貌区和优秀历史建筑的认定、调整和撤销等事项评审,为政府决策提供咨询意见和建议,并监督历史风貌区和优秀历史建筑保护工作,审查相关建设活动;三是上海市政府成立了上海市文物局,并纳入了政府的行政序列,统筹、协调全上海市的地上、地下和社会文物保护,以及博物馆纪念馆的管理;四是各历史文化名镇成立了名镇保护管理机构,统一负责古镇区具体保护工作,规范保护行为。2005 年,金山区枫泾镇成立保护古镇办公室,统一负责古镇区具体保护工作,保护办常设办公人员 42 人,按照保护规划实施管理。

第二,编制多层次保护规划。一是编制历史风貌区保护规划。根据《上海市历史文化风貌区和优秀历史建筑保护条例》,2005 年完成中心城 12 片历史风貌区的保护规划,2010 年编制完成郊区 32 片历史风貌区保护规划。二是着手开展《上海市工业遗产保护利用总体规划》,重点进行《上海名人故居保护模式与对策研究》等课题研究,编制了《福泉山大遗址保护规划》《上海孙中山故居保护规划》《上海文庙保护规划》等。三是完成风貌道路保护规划。2005 年,研究制订 144 条风貌保护道路、街巷修建性详细规划和城市设计,为风貌保护道路的规划管理提供了保障。四是加强历史文化名镇保护规划管理,如嘉定镇编制了《嘉定老城区控制性详细规划》,修编了《嘉定州桥历史风貌保护区控制性详细规划》和《嘉定西门历史风貌保护区控制性详细规划》等。

第三,切实有效地推进保护项目。一是全面推进各级文物保护单位的修缮与管理。近年完成中共一大会址、宋庆龄墓、上海外滩建筑群中多幢建筑的保护修缮,达到了重现风貌、重塑功能的保护目标,具有一定的示范引领作用。二是加强文物建筑测绘工作。我市从 2008 年至今,先后对全市几十处各级文物保护单位进行了勘查测绘,并运用激光三维扫描技术,对全市 29 处全国重点文物保护单位进行了扫描建模。三是对上海 13 座古塔进行监测。根据古塔的特点、现状,借鉴其他类似监测项目的测量经验,从理论分析、现有技术手段和可能的技术措施入手,于 2012 年完成了古塔进行初步的健康度检查,建立了平面和高程监测基准网,对古塔的倾斜度和垂直位移进行了监测,对 13 座古塔倾斜方向分布情况、高度分布情况进行了分析汇总。四是积极推进历史文化名镇保护,改善市政设施,规范市容市貌,强化业态管理,保护老街风貌。2010 年底,嘉定镇政府组建了城市综合管理联勤大队,为古镇保护提供综合保障;浦东新区新场镇组建古镇保护消防队,同时配置"古镇业余消防队",建立了消防知识学习、救火技能训练和防灾应急预案等制度,提高了古镇防火安全意识和能力。

第四,加大保护资金投入。2008—2010 年,上海市文物部门完成了 100 余处文物建筑保护工程,包括全国重点文物保护单位 16 处、市级文物保护单位 48 处、区(县)级文物保护单位 49 处,以及诸多登记不可移动文物,各方投入经费总计 3.06 亿元,其中,市财政投入 2 200 余万元,实现了全国重点文物保护单位没有重大险情的目标。同时,近三年,各历史文化名镇加大保护投入力度,嘉定镇、朱家角镇、枫泾镇等用于古镇基础设施改造、历史建筑修缮、环境综合整治等分别投入 3.19 亿元、2.84 亿元、0.78 亿元,极大改善了古镇基础设施和环境面貌。

第五,鼓励社会和市民参与。通过政府网站、报纸媒体、现场公示、专家评审等方式公示论证保护规划、保护项目方案和征集公众意见等。保护规划按照规定进行网上和现场公示、并组织专家评审。相关保护项目按照规划管理要求进行网上、报纸、专家评审等程序。同时,充分发挥上海不可移动文物和文物展示场馆优势,通过"文化遗产日"等重要纪念活动,策划组织各类展览、学术研讨、讲解比赛等纪念活动,大力宣传和深入挖掘历史文化,鼓励全社会参与。各历史文化名镇利用各自独特的历史文化资源,举办各类论坛,开展民俗活动,弘扬传统文化,打造文化品牌,发掘文化遗产,传承历史文化。

上海这座独具海派文化特色、海纳百川、中西交融的历史文化名城,经过多年探索和实践,已基本建立点、线、面相结合的历史文化名城、名镇保护体系,在这一保护体系的纲举目张之下,城市文化继往开来,流风遗韵绵延不绝。

第二节　历史文化名镇

自 2005 年至 2010 年,上海共有 8 座古镇入选中国历史文化名镇名村。其中枫泾镇在 2005 年入选第二批中国历史文化名镇名村,朱家角镇在 2007 年入选第三批中国历史文化名镇名村,新场镇、嘉定镇在 2008 年入选为第四批中国历史文化名镇名村,南翔镇、练塘镇、高桥镇、张堰镇在 2010 年入选第五批中国历史文化名镇名村。

一、枫泾镇

古镇枫泾,位于上海市金山区,地处嘉善、平湖、青浦、松江、金山五地交界地带,是典型具有江南水乡风格的集镇,建筑多为明清风格,均具传统江南粉墙黛瓦特色。房屋以两层砖木结构为主,多呈走马楼式布局,屋面大都为观音兜和五山屏风墙。镇内主要街道以条石路面为主,巷弄多为泥结碎石路面,全镇坊、街、巷、弄凡84处,其中最长古街1公里余。古镇水网遍布,河道纵横,桥梁众多,素有"三步两座桥,一望十条港"之称,其中石拱桥10座,排列石桥12座,石搁平板桥17座,木桥13座。因镇区多小圩,形似荷叶,林木荫翳,庐舍鳞次,清流急湍,且遍植荷花,莲花秀美,故有"清风泾""枫溪"之称,别号唤作"芙蓉镇"。

枫泾历史悠久,溯源及深。南朝梁天监元年(502年)于南栅始建仁济道院。后成市于宋代,初称白牛市。元至元十二年(1275年)易市为镇(白牛镇),后改称风泾镇。明宣德五年(1430年),以镇中市河为界,划为南、北两镇,分属嘉兴、松江二府。明末,改风泾镇为"枫泾镇"。清顺治十三年(1656年),析华亭县西南境建娄县,北镇隶娄县,南镇不变。民国元年(1912年),建江苏省,北镇属江苏省华亭县,并改称枫泾市;南镇属浙江省嘉善县。1951年3月,南镇并入北镇,统属松江县。1958年11月,松江县划归上海市,枫泾镇属上海市松江县。1966年10月,枫泾镇归入上海市金山县(区)至今。

枫泾镇历经岁月变迁,历史文物众多。据第三次全国文物普查最新资料统计,金山区现有文物点计173处,其中枫泾镇即有42处,约占全区文物点总数的四分之一。其中,含区级文物保护单位10处,登记在册不可移动文物7处,一般文物点25处。如宋代八角井、元代致和桥、郁家祠堂、消防纪念塔、侵华日军飞机枪弹遗迹墙、人民公社旧址等

二、朱家角镇

朱家角镇地处青浦区西部,江苏省和上海市的交汇处,风景秀丽的淀山湖东岸,黄金水道漕港河穿镇而过。朱家角镇以其得天独厚的自然环境及便捷的水路交通,商贸云集,往来不绝,曾以标布业著称江南,号称"衣被天下",成为江南巨镇。明末清初,朱家角米业突起,"长街三里,店铺千家",老店名店标立,南北百货,各业齐全,乡脚遍及江浙两省百里之外,遂有"三泾(朱泾、枫泾、泗泾)不如一角(朱家角)"之说。近代,该镇工商业得到进一步发展,市场繁荣,文化昌盛,报业发达,为青浦地区规模最大的商贸市镇和文化名镇。

自然环境优越,历史悠久,文化底蕴深厚,1991年朱家角镇被上海市政府命名为四大文化名镇之一。2007年6月9日朱家角被住房和城乡建设部、国家文物局命名为第三批中国历史文化名镇。

朱家角历史源远流长。新石器时代前就有先民在此生息繁衍,据1958年考古学家对淀山湖、大淀湖底出土的史前文物考证,以及1987年发掘的西洋淀良渚文化古井出土的文物,都佐证了4 000年前的朱家角地区是良渚文化的一个重要组成部分。春秋战国时期先属吴后属越,再属楚,三国时期属于东吴华亭侯陆逊封地。唐朝以前分别隶属于由拳县、娄县、嘉兴县、信义县、昆山县。唐天宝十载(751年),分属于华亭县、昆山县。元至元二十九年(1292年),分属于华亭县、上海县、昆山县。明嘉靖二十一年(1542年),青浦建县后称朱家角,分属于青浦县、昆山县。明万历年间因水运交通便利,商业日盛,遂成大镇。文人诗文多称之为珠街阁,又名珠里、珠溪,俗称角里。清末实行地方自治,本地域称珠蔚自治区,为江苏省青浦县管辖的十六个自治区之一。民国年间和新中国成立初期,镇域变化较多。1949年5月朱家角全境解放后,原属昆山县的东井亭、中井亭、西井亭三条街区划归朱家角镇。1991年1月,朱家角镇和朱家角乡合并成一个县属建制镇。2000年,青浦区行政区划调整中与沈巷镇合并为新建制镇。

朱家角镇全境面积13 800公顷,其中古镇文化历史风貌保护区180公顷,核心保护范围34公

顷,建设控制范围147公顷。九条老街的总面积达118 689平方米。最具代表性的北大街虽长不足两里,却有着"足踩青石板,头顶一线天"的江南古镇独特风貌,是上海市郊保存最完整的明清建筑一条街;北大街背靠漕港河,旁临放生桥,古镇初始便云集商贾,"贸易甲于他镇",有"长街三里,店铺千家"之美称。其中百年老店有"涵大隆酱园"、"茂林馆"、沪郊最大的古镇茶馆"江南第一茶楼"等。建筑更是颇具特色,沿河而筑的明清建筑比比皆是,目前尚存古典民居32处,其中明代2座、清代14座和民国16座。明代席氏厅堂的砖雕,为江南民居砖雕艺术的杰出代表;以金联巽宅、王剑山宅为代表的一批优秀的民国建筑装修精美;兴建于民国初期的课植园为典型的江南私家园林,中西合璧。

朱家角素有"桥乡"之称,数十座古石桥多建于明清两季,其中放生桥气势雄伟,其高度和跨度居上海地区古桥之首,为水乡古镇标志;泰安桥、中和桥、福星桥、云虹桥等各具特色。其他文物古迹也众多,如建于唐乾符年间(874—879年)的泖塔,于1997年被国际航标协会公布为五座中国"世界历史文物灯塔"之一;始建于元代的圆津禅院历代庋藏名家书画,为远近闻名的文化禅院;朱家角城隍庙是规模较大的庙宇,其戏台斗拱形藻井较为罕见;关王庙的古银杏树达1 000多年树龄。

朱家角地灵人杰,人才辈出。明清两季镇上考取进士19人,举人40多人。明代礼部尚书陆树声清正廉洁,言官陆树德直言不讳,翰林沈荃为康熙书法之师;清代学者王昶钻研金石,为乾嘉学派代表人物;报业先驱席裕福开华人办报先河,实业家蔡承烈办实业造福桑梓,书业巨子夏瑞芳创办商务印书馆启迪民智;名医陆士谔以小说畅想新中国,精准语言世博会在浦东举办;御医陈莲舫五次进京医治慈禧、光绪帝,等等。

三、新场镇

新场镇位于浦东新区南部,东连宣桥镇,南与奉贤区奉城镇接壤,西邻航头镇,北傍周浦镇,总面积达5 386公顷。2008年,新场镇被住房和城乡建设部、国家文物局命名为中国历史文化名镇名村。

新场是一座文化深厚有着1 300年历史的江南古镇,历史上因下沙盐场南迁建新的盐场而得名,民间有"十三牌楼九环龙,小小新场赛苏州"的美誉。古镇保护区面积148公顷(核心保护区48公顷),是浦东规模最大、历史遗产最丰富的历史文化风貌区。新场是民间文艺之乡,现有80多项非遗资源,其中锣鼓书、浦东派琵琶是国家级非遗项目。

新场现在保存有约15公顷的成片古建筑,有元、明、清时代的石驳岸1 500米,以及古仪门69座等,风韵淳朴,水巷透迤,粉墙黛瓦,雕花窗棂,形成了新场独特的历史风貌,极具江南水乡的韵味。

新场古镇依水而居,因河设市,门前连街市,窗外闻橹声,整个小镇如同一幅水墨长卷。从高处俯瞰,15万平方米的大片民居,一户挨着一户,封火山墙高高耸起,马头墙、观音兜互比高低。而走在街上又会领略到宅、户、桥、巷纵横相连的玲珑格局,虽不及百年前开盐场那般繁盛,却依旧居住着盐商的后人们。

新场镇现有不可移动文物81处,为浦东新区街镇中不可移动文物最多的镇。其中市级文物保护单位2处,分别为第一楼书场和信隆典当。区级文物保护单位6处,文物保护点73处。

四、嘉定镇

嘉定镇位于嘉定区中部,是嘉定区商业、文化、旅游中心。1991年,嘉定镇被上海市人民政府命名为上海市历史文化名镇。2008年,嘉定镇被住房和城乡建设部、国家文物局命名为中国历史文化名镇。

嘉定镇前身为练祁市。南朝萧梁时期,在今嘉定镇西门外练祁塘北、项泾东,建有护国寺。后寺周边原有聚落逐渐扩大并出现市集。唐代属苏州昆山县疁城乡;宋代,称练祁市,因练祁塘得名,属昆山县春申乡。南宋嘉定十年十二月(1218年1月),朝廷批准析平江府(苏州)昆山县东境五乡建新县,建治所于练祁市,以年号名"嘉定"。嘉定十一年,首任知县高衍孙到任,于练祁市东部建设县治(县衙)等官署,随后以县治为中心筹建县城;是年,春申乡改为守信乡。第二年,县城建成,有市河练祁塘、横沥河,练祁市成为嘉定政治、经济、文化的中心。

元代时嘉定升县为州,州治前跨市河练祁塘上原登龙桥,后俗称州桥。明正德年间(1506—1521年),练祁市称州桥市。明万历至清康熙年间(1573—1722年),复称练祁市。清嘉庆以后,县以下设厂,练祁市别为一厂,时称城区或县城。光绪六年(1880年),别为一区。宣统元年(1909年)举办地方自治,称城区。民国3年(1914年),城区改称城市。十七年改称嘉定市。十八年设市乡行政局,嘉定市分东、南、西、北4镇。十九年合并为东城、西城两镇。二十三年复为4镇。二十六年改称城市。三十年嘉定县划归上海特别市,全县划为五区,城区属一区。三十一年再度改为4镇。三十五年撤4镇,改称疁城镇。1949年5月13日,嘉定解放;26日,改疁城镇为城厢镇;同年10月,改名城厢区。1957年1月,复名城厢镇。1958年1月,随嘉定县划为上海市管辖;同年12月,被列为上海市科学卫星城镇。1980年,更名为嘉定镇。2000年,嘉定镇撤镇,为嘉定镇街道。

明清时期,嘉定镇出现了50座私家园林和名人宅第,至今尚存明代秋霞圃、清代王敬铭住宅、王氏西溪草堂等。镇内经济繁荣,店铺林立,至新中国成立初仍有640多家商店。文教发达,人才辈出,民风淳朴,有"教化嘉定"的美誉。

嘉定建城八百年来,文物古迹遍布境内。至今尚存城墙、水关、古桥、历史街巷、名人宅第等历史遗存。2005年,上海市规划局公布镇区内州桥和西门两个片区为市级历史文化风貌保护区。

自1960年上海市人民委员会公布嘉定孔庙为上海市文物保护单位以来,至2010年底,镇区内有市级文物保护单位3处,区级文物保护单位26处,区级文物保护点21处。

五、南翔镇

南翔镇位于嘉定区境南部,是嘉定连接上海市的门户。1991年,南翔镇被上海市人民政府命名为上海市历史文化名镇。2008年,南翔镇被住房和城乡建设部、国家文物局命名为中国历史文化名镇。

南翔因南翔寺而得名。南朝梁天监四年(505年)因南翔寺的建造,以寺为中心的横沥河、封家浜、走马塘、上槎浦沿岸聚落得以兴起。唐末时,寺院广大,五代时(907—960年)于寺门建两座砖塔(双塔),其时原有聚落以成市,名南翔镇。因镇南部有上槎、中槎、下槎三浦,故又名槎溪。宋元时,以双塔为中心地区街巷交错,商贸繁盛。明清时期,镇上布庄林立,成为嘉定县土布业集散中心,又因人口增多,市场繁荣,而有"银南翔"之称。

1928 年，南翔镇改称槎南市。1933 年，南翔镇分设古猗、陆华、东林、惠民 4 镇。1946 年，分设陆华、惠民 2 镇；8 月，复称南翔镇，镇名沿用至今。

南翔镇以南北走向的横沥河、上槎浦与东西走向的走马塘、封家浜形成的"十"字港为中心，现东南西北四个方向延伸的街道密布，成"井"字形街巷、临水成街、因之成路，依水建屋，风格迥异的格式工巧将水、路、桥融为一体。传统民居与传统商铺簇拥在水巷两岸，古典园林、名人住宅、文物古迹等点缀其间，形成别具风格、独具特色的古镇格局。

2005 年，上海市规划局公布镇区内双塔和古猗园两个片区为市级历史文化风貌保护区。

自 1962 年上海市人民委员会公布南翔寺砖塔（双塔）为上海市文物保护单位以来，至 2010 年底，镇区内有市级文物保护单位 1 处，区级文物保护单位 10 处，区级文物保护点 10 处。

六、练塘镇

练塘镇位于青浦区西南部，东南与松江区新浜镇接壤，东与松江区石湖荡镇毗邻，东北与上海太阳岛旅游度假区隔泖河相望，北与朱家角镇境域相连，西北与金泽镇境域相接，西与浙江嘉善县丁栅镇毗邻，南与金山区枫泾镇毗邻。是一座传统水乡文化与近代红色文化交相辉映的古镇。全镇区域面积约 9 366 公顷。

练塘，原名章练塘。相传五代时高州刺史检校太傅西北行军招讨制章仔钧及其练夫人曾居此而得名。境内发现的金山坟遗址证明了在新石器时代崧泽文化时期就有先民生活。练塘镇及周围地区，春秋时属吴，战国时越灭吴属越，后楚灭越，为楚春申君黄歇封地。秦统一全国建立郡县制，属会稽郡，西汉属荆国后属吴国，后汉设置吴郡，属于吴县地。隋代初为苏州，后为吴州，之后又复归吴郡。唐代属于江南东道长州县治。宋、元时归属平江路。明属苏州府。清雍正初改属元和，与吴江合辖。宣统初归并青浦。1911 年至 1949 年（民国时期）此地行政区划调整 5 次，带来行政机构设置的变化。1949 年 5 月至 1957 年，这时期是区、乡体制；1958 年至 1990 年，这一时期是练塘镇、练塘公社（乡）时拆时并时期。2000 年青浦区进行行政区划调整，由原练塘镇、蒸淀镇、小蒸镇合并而成现在的练塘镇。

练塘古镇位于镇区的北部区域，为市级历史文化风貌区。历史文化风貌区范围包括了练塘古镇以市河为轴心的两侧历史街区，保护规划范围的北侧边界为练新路，南侧边界为规划南一路，东侧边界为规划东一路，西侧边界为新朱枫公路。古镇沿市河两岸分布，形成两岸两街，老屋窄巷的典型江南水乡格局。镇内自然水巷纵横交叉，庙、寺、庵、教堂、救活会等各种江南传统水乡的建筑尚有留存，镇上的居民也基本保持了传统生活方式。主要街道分上塘和下塘两条沿市河并行大街。古镇建筑粉墙黛瓦，古朴静谧，偶有西式装饰，颇有民国遗韵；建筑都为砖木结构，以三开间或五开间、二进或三进规格设计。整体的水乡古镇风貌基本保存完整。

练塘集镇形成街市始于清初，之后日趋繁盛。练塘集镇东起惠世庵，西止西虹桥。依市河江分成上塘、下塘两个街面，上塘街有烟纸、南茶、百货、绳布、茶楼、饭店等主要商店；下塘街以手工业为主，有方作（寿器）、园作（箍桶）、槽行、豆腐等作坊。集镇贸易以米业为大宗，集镇区四周的东栅、北栅、李华港、冯家栅的南栅，以及西栅都是米市集中地。环镇四面皆水，航道四通八达，上海、常熟、杭州米商纷纷前来采购。由此还带动棉布、南北货、酱园、竹木、腌鲜水产、水果蔬菜、烟纸糖果各业也盛极一时。每天早市总是"舟塞市河，人满街头，熙来攘往，摩肩接踵"。至 1949 年中华人民共和国成立前夕，尚有商店近三百家。

练塘历史上人才辈出,明清两代有进士 1 人,中举者 4 人。元代有赵孟頫夫人、女书画家管道昇曾居于此,明代有文渊阁大学士徐阶,有辛亥志士邹铨,更有从练塘走出的中国共产党领导人陈云、高尔松高尔松兄弟。至今陈云故居、陈云就读的颜安小学、陈云领导的小蒸农民暴动指挥所旧址保存完好,是江南古镇中独具特色的爱国主义教育基地。

练塘镇不可移动文物丰富,共有文物保护单位 11 个,其中市级文物保护单位 2 个,为陈云故居和金山坟古文化遗址;区级文物保护单位 9 个,分别是颜安小学老教室及杜衡伯纪念塔、永兴桥、义学桥、朝真桥、顺德桥、天光寺、小蒸农民暴动指挥所旧址、瑞龙桥、馀庆桥。

练塘镇非物质文化遗产较为丰富,现有区级以上非物质文化遗产 4 项,其中国家级、市级各 1项,区级 2 项,青浦田山歌列为国家级非遗名录。

2010 年 7 月,练塘镇被住房和城乡建设部、国家文物局公布为第五批中国历史文化名镇。

七、高桥镇

高桥镇位于浦东新区,从唐代起逐渐成陆,距今有 800 多年历史,总面积 3 873 公顷。高桥镇位于浦东新区北部,北毗吴淞口,西临黄浦江与宝山、杨浦相邻,东与自贸区相接,南与高行镇、森兰社区相邻,依江临海,三面环水,有着"万里长江口,千年高桥镇"的美誉。因处于东海、长江和黄浦江的三水交汇处,受江海文化影响较多,历史文物多、名人轶事多、优秀建筑多、非物质文化遗产多,体现三水交汇、河网密布的自然城镇特色,"因桥而名"的命名特色,清末民初、中西合璧的建筑特色,整体具有海纳百川、海派水乡城镇风貌特征。

高桥,一名"清溪",原为渔村荒滩,晋代成陆。唐代起,先民们已在此定居、生活和繁衍。北宋末年,中原望族为避免战乱,南渡居此者颇多。于是屯垦开发,捍海自卫,农桑既兴,市集渐成。1998 年 10 月,原外高桥镇、高桥镇"撤二建一",组建新的高桥镇。2000 年 6 月,原高桥镇、凌桥镇"撤二建一",再次组建新的高桥镇。

作为第五批中国历史文化名镇名村,浦东全区超过三分之一的名胜古迹、民宅故居都在该镇。高桥镇大部分民宅故居集中在存有着 800 多年历史的高桥老街,因此高桥老街被市政府列为历史文化风貌区。高桥镇现存古建筑、古石桥等历史遗存丰富,对外公布的各级不可移动文物 75 处。其中市级文物保护单位 3 处,为太平天国烈士墓,老宝山城遗址,高桥仰贤堂,区级文物保护单位 7处,区级文物保护点 65 处。以及 9 处上海市优秀历史建筑。

高桥的非物质文化遗产丰富,传统民俗较多,目前列入非物质文化遗产名录的共 4 项,国家级非物质文化遗产 1 项(上海绒绣),上海市非物质文化遗产 3 项(高桥松饼制作技艺、本帮菜肴传统烹饪技艺、龙身蛇形太极拳)。

八、张堰镇

张堰古镇位于金山区张泾河沿岸,其建筑面貌和街巷格局基本形成于明清时期,一些建筑如姚光故居、白蕉故居、钱家祠堂、第一楼茶园等代表了当时的城镇建筑特征;一些街巷如张堰大街、石皮弄、政安弄等代表了当时的街道尺度与空间关系;张泾河、牛桥港穿越基地而过,两岸风貌具有江南水乡的典型特征。本风貌区集中反映了上海郊区因水而兴的商业街市形成城镇中心的传统江南城镇风貌特点。

　　张堰古称留溪、赤松里、张溪。"张"字,据史籍记载,因汉留侯张良功成身退,追随赤松子游,曾到此隐居故名。"堰"字,指唐末五代(公元 907 年左右)建华亭濒海之"堰海十八所"(十八处塘、堰),故名张堰。至清乾隆年间,"所存者唯张泾一堰"。张泾堰的遗址,就在今张堰镇石皮弄口。

　　张堰南面有大金山、小金山、浮山(俗称乌龟山),上海地区最古老的城市周代康城就建在大金山脚下。海潮侵蚀,至南宋淳熙年间,三个岛屿陷入海中。张堰也受海水之累。宋乾道二年(1166年),转运副使姜诜张泾堰置闸,即今称谓的"张泾闸",在张堰的桑园村,那里有个地方名"闸上",便是张泾闸的历史遗存。

　　在张堰镇中大街政安弄口南边,尚存一根石柱,便是三命坊原址旧物。三命坊为明代为旌表吴梁而立。明代张世美撰写《刑部郎中吴贞石碑记》记载:明嘉靖三十三年(1554 年),松江知府方廉因对漕泾士人有"私憾",假公济私,公报私仇,借口抗倭需要,不顾人民死活和财产损失,下令将张堰、漕泾两镇烧毁。在危急之际,吴梁奋起力谏,"义声懿行",终于挽救了张堰和漕泾两镇免于被毁。这个历史故事,以及吴梁生平事迹,脍炙人口,对于后人,无论当官还是为人,都有相当的警示和教育意义。

第三章　历史文化风貌区和历史风貌保护道路

第一节　历史文化风貌区

2002 年 7 月 25 日上海市人民代表大会立法颁布了《上海市历史文化风貌区和优秀历史建筑保护条例》,其中第二章第八条规定:历史建筑集中成片,建筑样式、空间格局和街区景观较完整地体现上海某一历史时期地域文化特点,可确定为历史文化风貌区。根据这一条款,2003 年,上海确定了中心城区 12 个历史文化风貌区,总面积 27 平方公里,占上海市老城区的三分之一;2005 年,划定郊区及浦东新区 32 个历史文化风貌区范围,总面积约 14 平方公里。

一、外滩历史文化风貌区

外滩历史文化风貌区是中心城发展较早、最具亮点和世界级知名度、优秀历史建筑最为密集、建筑最为精彩绝伦的风貌区,是上海市三大公共活动中心型风貌区之一。

该风貌区涉及黄浦、虹口两个行政区,虹口部分位于虹口区南部,苏州河北岸,主要范围包括:河南北路—天潼路—金山路—黄浦路—苏州河河口—外白渡桥—北苏州路,占地约 101 公顷。

外滩是旧上海以及中国乃至远东地区的金融中心,号称"中国的华尔街",是上海 100 多年来发展与繁荣的象征,浓缩了中国近代政治、经济、社会文化的发展变迁,是一个人文荟萃、颇具象征意义的区域。

建筑面貌基本形成于 20 世纪 30 年代,以外滩历史建筑群、建筑轮廓线以及街道空间为风貌特色。现存建筑大体上建造于 1900 年至 1941 年之间,其中,上海外滩建筑群与上海邮政总局被列为国家级文物保护单位。外滩城市空间以强烈的街道空间为特征,呈方格网街坊格局,街廊完整,建筑密度较高,街道界面连续,沿街道形成垂直连续的"街墙",公共活动沿街展开。上海外滩建筑群以金融贸易建筑为代表,一些主要建筑如汇丰银行、海关大楼、怡和洋行、沙逊大厦、上海总会等代表了当时世界建筑的最高成就。具有鲜明的欧洲新古典主义和折衷主义风格,外观精致,细部优美,建筑上充满了古希腊式、哥特式、巴洛克式、西班牙式等不同风格的丰富精美的雕刻和装饰,散发着浓郁的异国情调。中山东一路沿线建筑形成上海最具标志性的城市天际线。外滩的街道呈方格网布局,沿街建筑较高,界面连续,形成独具特色的空间形态。在外滩历史文化风貌区范围内,还有四座跨越苏州河的桥梁。其中,外白渡桥、四川路桥、乍浦路桥三座被列入优秀历史建筑,是中心城被列入优秀历史建筑中仅有的三座桥梁。

外滩历史文化风貌区(苏州河口)内有不可移动文物点 3 处,包括百老汇大厦、上海邮政总局及俄罗斯联邦驻上海总领事馆;上海市优秀历史建筑 7 处。1989 年 9 月 25 日,百老汇大厦被公布为上海市文物保护单位。1996 年 11 月 20 日,百老汇大厦所在的"上海外滩建筑群"被公布为全国重点文物保护单位。1989 年 9 月 25 日,上海邮政总局大楼被列为上海近代优秀建筑,市级文物保护单位。1996 年 11 月 20 日,上海邮政总局大楼被公布为全国重点文物保护单位。1989 年 9 月 25

日，苏联驻上海总领事馆被公布为上海市文物保护单位。

2002年至2013年，风貌区内上海外滩源综合改造实施，"洛克·外滩源"项目一期历史建筑群揭开面纱，11栋历史建筑修旧如旧，高端艺术品、奢侈品欣赏与销售、特色餐饮酒店等入驻。

二、人民广场历史文化风貌区

人民广场历史文化风貌区以近现代公共建筑围绕巨大的开放空间为主要风貌特征，是上海市三大公共活动中心型风貌区之一。

该风貌区位于上海市中心的核心位置，包含在近代上海公共租界范围内，街路范围大致为：长沙路—凤阳路—牛庄路—六合路—宁波路—贵州路—天津路—浙江中路—九江路—云南中路—延安东路—黄陂北路—大沽路—重庆北路—威海路—成都北路—北京西路，占地面积约107公顷。

风貌区内街区格局的形成始于清朝同治年间。18世纪60年代，英国领事经由上海道台批准，将现西藏中路、南京西路、黄陂南路、武胜路之间的围合区域辟为上海第三跑马场，又称"跑马厅"。1926年至1933年，由英商马海洋行设计、浙帮余洪记营造厂承建的跑马总会大楼在跑马厅的西北角落成，供跑马总会会员使用。

19世纪末到20世纪上半叶，在跑马厅的周围，逐步建成各类文化娱乐、商业、旅馆等富有特色的公共建筑和成片的里弄住宅，并逐渐形成了以近代商业百货和文化娱乐为代表的公共活动中心。其中著名的地标性建筑包括位于南京东路和南京西路上的先施、永安、大新、新新四大百货公司等商业建筑，位于南京西路的国际饭店、金门大酒店等旅馆建筑，位于南京西路、西藏中路的西侨青年会、大光明大戏院、跑马总会、南京大戏院、上海大戏院等文化娱乐建筑。这些建筑多由著名建筑师和设计机构参与设计，代表了当时最高的建筑规格、技术和艺术水准。风貌区内还包含了大量新式里弄、旧式里弄等居住区域，其中旧式里弄的规模较大，风貌价值和艺术水准较高。

中华人民共和国成立后，上海市人民政府收回跑马厅及其附属跑马总会大楼，并将这些建筑和道路逐步改建为人民公园、人民广场、人民大道等公共设施，由当年跑马厅跑道所形成的网状路围合而成的广场逐步形成为巨大的公共开放空间。上海城市原点就设立在这片区域，位于国际饭店楼顶中心旗杆所在位置，是上海城市平面坐标系统的中心。

自1984年上海市政府公布先施公司等10处历史建筑为上海市文物保护单位以来，人民广场历史文化风貌区内陆续公布全国重点文物保护单位1处（国际饭店）、上海市文物保护单位13处〔大光明大戏院、大上海大戏院、跑马总会、西侨青年会、华安人寿保险公司、大新公司、新新公司、先施公司、老（新）永安公司、慕尔堂、中共"六大"以后党中央政治局机关旧址、五卅运动爱国群众流血牺牲地点、中共中央秘密印刷厂旧址〕、黄浦区文物保护单位1处（公共租界老闸捕房旧址），以及多处黄浦区文物保护点。

三、老城厢历史文化风貌区

老城厢历史文化风貌区是上海中心城区整体性最好、规模最大的一处以上海传统地域文化为风貌特色的历史文化风貌区。

该风貌区位于上海市中心的核心位置，其划定范围为人民路—中华路以内的区域，占地面积约199.72公顷。

上海老城厢是上海历史的发祥地。租界的开辟,使这座城市内部逐渐出现两个相对独立的区域——租界城区和华界城区。租界城区的迅猛发展和繁荣,逐渐取代原来的城市区域,成为整个上海的标志、象征。因此只有在租界出现后,上海城市史中才可能出现"老城厢"这一特定的地域概念。在中国历史上,城厢是一个独特的地理区域概念。中国城市基本上都有城墙,人们一般视"城外为廓,廓外为郊"。根据惯例,城墙以内叫做"城",城外人口稠密,有一定经济活动的区域才称"厢",所以"城厢"一词一般指城内和城外比较繁华的地区。

北宋时期,出现了上海早期的居民聚落和官方机构——上海务。南宋时期形成市镇。元至元二十八年(1291年)建立上海县。从此成为上海政治、经济、文化的中心。明代中叶倭患不断。上海人民"众志成城",建筑起城墙,有效地抵御了倭寇侵扰。

上海开埠后,城墙日益成为上海县城步入近代化的障碍。辛亥革命后城墙被拆除,县城与租界及城外华界连成了一片。上海襟海带江,元初由海运漕粮兴起的沙船业,沟通了南北航线和长江、内河、远洋航线,促进了上海地区贸易和旧式金融业——钱庄的发展。清代出现"以敦乡谊,以辑同帮"为宗旨的会馆公所组织,成为老城厢一大特色。商船会馆、潮惠会馆、三山会馆、四明公所等在上海经济活动中曾产生很大影响。老城厢地区教育事业源远流长。宋末设置镇学,元初改为县学,经历代扩建和修整日趋完善。明清时期创办不少制度完备的书院,龙门、蕊珠、敬业、梅溪四大书院最负盛名,推动了上海文教事业的普及和发展。清末废除科举,书院逐渐为新式学校取代。

老城厢地区荟萃了众多名胜古迹。豫园、露香园、也是园、日涉园等私家园林不仅有楼台亭阁之胜,而且有山水自然之美;城隍庙、白云观、沉香阁等寺庙的殿宇建筑和佛像造型均体现了精湛的建筑技巧和雕塑艺术;书隐楼、九间楼是今上海留存不多的明清宅第建筑。豫园经多次修整,被列为全国重点文物保护单位。沉香阁、大境阁及古城墙小北门段已修复。

老城厢近千年演变史,是上海这座城市的发展史,也是中国社会发展的一个缩影。历代政府都重视老城厢建设,但不免受时代局限,受城建理念、经济基础等制约。2001年环城绿带建设项目启动,动迁上海老城厢居民近千户。老城厢位于原南市区,现属新黄浦区,黄浦区同时拆除旧房达四五十万平方米,动迁居民两万户。2002年,老城厢被定为历史文化风貌区,对老建筑逐渐由"拆改留"转变为"留改拆",老城厢的历史文化遗存得到了保护。

四、衡山路—复兴路历史文化风貌区

衡山路—复兴路(以下称衡复)历史文化风貌区是以上海近代居住和公共活动形态的优雅时尚、兼容并蓄为特征的风貌区,是上海中心城区12个历史文化风貌区中规模最大的一个,是四大海派生活社区型风貌区之一。

衡复历史文化风貌区涉及徐汇、黄浦、静安、长宁四个区,划定范围东界为重庆中路—重庆南路—太仓路—黄陂南路—合肥路—重庆南路,西界为天平路—广元路—华山路—江苏路,南界为建国中路—建国西路—嘉善路—肇嘉浜路,北界为昭化东路—镇宁路—延安西路—延安中路—陕西南路—长乐路,占地面积约775公顷。

衡复历史文化风貌区的范围大致相当于民国时期的法租界,它的建筑以花园住宅、里弄、公寓为特色。花园住宅分布最集中且保存最完整,公寓多为新式里弄,公共建筑大都为革命史迹。建筑年代大体上介于1919年至1941年之间。这些风格迥异的精美建筑,如一座座汇聚东西方文化的宝库,记载了上海的近现代历史,显示出珍贵的文化价值。

这一充满魅力的城区历经了半个世纪才得以形成,其东部在 1900 年逐渐出现了一些道路、建筑和街区,而主要发展是在 1914 年法租界扩张之后。当时法租界西界延伸至徐家汇华山路,于是公董局对新区进行整体规划,修路拓展。其主要道路的建筑年份如法华镇路(1901 年,今重庆路以西至淮海中路)、宝建路(1902 年,今宝庆路)、金神父路(1907 年,今瑞金二路)、法华镇路(1914 年,今复兴中路)、辣斐德路(1918 年,今复兴中路)等。早在百年前,已都铺设沥青路面,提供了良好的道路环境。

公董局对行道树非常重视。1905 年,此处就开设苗圃培育树苗,后专设公园种植处,规定行道树需离开道路 1.5 米,每棵树间隔 10 米。繁茂的法国梧桐成为法租界的一大景观。

市政建设也渐次展开,1916 年,霞飞路与之相交的法华路、圣母院路、金神父路等主要道路安装电力路灯,自来水日益普及,下水道系统逐渐升级,还安装了数以百计的消防龙头,无轨电车也开始出现,22 路电车从外滩一直开到贝当路(今衡山路),公共交通网络的形成,大大方便了市民的出行。

随着基础设施的完善,中外建筑商纷纷进驻新区,房屋建设进入高潮。1910 年兴建的登云公寓,是典型的法国城堡式风格,是霞飞路上第一幢高层建筑。1929 年竣工的 13 层的华懋公寓(今锦江饭店北楼)是宏伟的装饰艺术派风格的建筑,公寓因为是当时最新的建筑,水、电、煤齐全,集中供应冷暖气和热水,并装有电梯。

衡复风貌区内聚集了众多的名人墨客,由于西区处于高级住宅区,所以居民多稍有资产,或有显赫的地位,其中有孙中山、宋庆龄、蒋介石等。

城市在经济快速发展中不断前行,但是那些老建筑身上还镌刻保留着历史的痕迹,它们是城市文明的重要标志,它们的存在也让这所城市更有"厚度"。衡复风貌区内有全国重点文物保护单位 3 处、市级文物保护单位 12 处、区级文物保护单位 12 处、文物保护点 141 处。

五、虹桥路历史文化风貌区

虹桥路历史文化风貌以 20 世纪上半叶形成的乡村别墅为风貌特征,是上海中心城区 12 个历史文化风貌区之一,是三大特殊历史功能型风貌区之一。

该风貌区位于长宁区,其范围为古北路—荣华东道—水城南路—延安西路—环西大道—金浜路—青溪路—虹古路所围合的区域,总面积 481.4 公顷。

虹桥路是 1901 年所筑的越界道路,始筑时称佘山路。早年周边仍是传统的自然乡村风貌。1930 年代中外富绅和军政显贵在这里跑马、度假,兴起建造度假别墅之风,在物质环境演进的过程中,逐渐形成道路两旁散落着风格迥异、异国风情浓郁的欧式别墅的风貌特征,这一风貌特展持续至 1980 年代。

这一风貌区中的特色建筑有建造于 1930 年代的虹桥路 1430 号别墅,假两层英式别墅,曾是宋子文公馆;建造于 1925—1935 年间的虹桥路 1440 号美华新村,是虹桥路上最大的花园别墅,赵丹、陈纳德陈香梅夫妇等文化名人曾在此居住;虹桥路 1518 号别墅,假三层砖木结构德国式花园住宅;虹桥路 1704 号的三层花园别墅;建造于 1936—1946 年的虹桥路 1921 号姚家花园;建造于 1935 年以后的虹桥路 2260 号原孔祥熙住宅,今为西郊宾馆;建成于 1932 年的虹桥路 2310 号罗别根花园、虹桥路 2409 号沙逊别墅,两幢并称姐妹花园别墅;等等。

风貌区内共有保护建筑 12 处(单体 27 栋)、保留历史建筑 23 栋、一般历史建筑 28 栋。

六、山阴路历史文化风貌区

山阴路历史文化风貌区以多元化的文化和革命传统为特色,集中了早期花园洋房和新式里弄,是上海中心城区12个历史文化风貌区之一,四大海派生活社区型风貌区之一。

图1-3-1　山阴路历史文化风貌区内的溧阳路花园住宅

该风貌区位于虹口区中部,其范围为欧阳路—四达路—宝安路—物华路—四平路—邢家桥北路—长春支路—长春路—海伦西路—宝山路—东江湾路—大连西路,占地约129公顷。

该风貌区混合保存有上海三四十年代的石库门里弄、花园洋房等,好似一个海派民居建筑的"露天博物馆"。区域内包含了溧阳路、多伦路、山阴路、四川北路等文人聚居之地。多伦路全长500米左右,1911年建造。20世纪上半期,鲁迅、茅盾等著名作家居住在此。瞿秋白、陈望道等的名人故居和景云里、中华艺术大学等文化旧址也在此汇聚;山阴路筑造于1911年,长约600米,保留了大量里弄住宅、独立和并立式花园住宅及高级公寓,可谓上海近代住宅建筑的博览会。中国现代文学的代表鲁迅先生的故居就坐落在山阴路上;甜爱路全长约730米,1920年筑成。东侧主要为新式里弄和花园住宅,其中甜爱路40号、59号住宅被列入上海市优秀历史建筑。

溧阳路花园住宅于1914年建造,有联列式花园住宅48幢,沿马路两侧排列,每户建筑面积约475平方米,总建筑面积4万3千多平方米,砖木结构假三层。单体建筑式样相同,双毗连式,独用一个天井花园。英国建筑风格,为目前上海面积最大、保护最好的花园住宅群体。20世纪三四十年代,先后有郭沫若、赵家璧、金仲华等文化名人在这里居住。1999年9月28日,上海市人民政府公布溧阳路花园住宅为上海市优秀历史建筑。

山阴路历史文化风貌区内有不可移动文物点61处,包括1处全国重点文物保护单位鲁迅墓,

10 处上海市文物保护单位,如鲁迅故居、瞿秋白寓所旧址、1927 年中共江苏省委旧址、中国左翼作家联盟成立大会会址等,11 处虹口区文物保护单位,如景云里、郭沫若多伦路旧居、赵世炎旧居、拉摩斯公寓等,另外还有 39 处区文物点。

七、江湾历史文化风貌区

江湾历史文化风貌区以西方城市规划理念和传统文化特色中西合璧为特色,是上海中心城区的 12 个历史文化风貌区之一。

该风貌区位于杨浦区北部,范围为中原路—虬江路—黑山路—政通路—国和路—翔殷路—黄兴路—国权路—邯郸路—淞沪路—闸殷路—世界路—嫩江路围合的区域,占地面积约为 457 公顷。

该风貌区以"大上海计划"确定的原市政中心历史建筑群和环形放射状的路网格局为风貌特色,在城市规划设计、功能布局、建筑设计和建筑艺术上,进行了有益的探索。

1843 年上海开埠,西方殖民主义者随即设立租界,且不断地扩张,使上海这座城市形成"三界四方"(英美公共租界、法租界、华界)的局面。1927 年上海特别市成立,但市政府所管辖的,不是这个城市的精华部分,只是南市、闸北两大块和西、北、浦东郊区,整个城市布局和功能散乱,交通、公用事业更不能衔接。1929 年 7 月,经市政府 123 次市政会议的讨论决定,正式划定江湾区翔殷路以北、闸殷路以南、淞沪路以东及浦江以西的土地约七千亩,作为新上海的市中心区域。8 月,新成立的市中心区域建设委员会,公布了《建设上海市市中心区域计划书》,之后又公布了《黄浦江虹江码头计划》《上海市分区计划》和《上海市道路计划》等一些专题性和全市性的计划。大上海计划是一份全面、系统、科学建设近代上海(不包括租界)的城市规划蓝图,也符合 1922 年孙中山先生在《建国方略》中提出的"设世界港于上海"的设想。

"大上海计划"在路网设计方面采用了放射状、棋盘式和蛛网型的结构,是当时国际比较流行的建筑规划理念。按照计划,当时总共将构筑 11 条"中"字打头的马路,10 条"华"字马路,5 条"民"字马路,10 条"国"字马路,9 条"上"字马路,13 条"海"字马路,15 条"市"字马路,12 条"政"字马路和 8 条"府"字马路,组合起来正是"中华民国上海市政府"9 个字,按孙中山先生思想中的"三民五权""世界大同"进行分区。分区道路分别命名为三民(解放后更名为三门路)、五权路(解放后更名五星路,因与吴兴路谐音又更名为民星路)、世界路、大同路(未辟筑)。道路命名规则东北分区(世界路以东、五权路以北)纵向道路以"中"字头命名,横向道路以"上"字头命名;东南分区(大同路以东、五权路以南)纵向道路以"华"字头命名,横向道路以"海"字头命名;西北分区(世界路以西、三民路以北)纵向道路以"民"字头命名,横向道路以"市"字头命名;西南分区(大同路以西、三民路以南)纵向道路以"国"字头命名,横向道路以"政"字头命名;中央分区(市府大厦周边)全部以"府"字头加方位命名。除首字按照区位命名外,第二个字都是寓意吉祥的字眼,且有连缀现象。比如三民路以南的"国光路"过三民路即命名为"市光路",三民路以南的"国和路"过三民路即命名为"市和路"等等,今天这些道路因管理需要已全部以其中的一段名称覆盖全路段。

江湾历史文化风貌区内主要有上海市文物保护单位"大上海计划"公共建筑群(包括旧上海市政府大楼、旧上海市图书馆、旧上海市博物馆、江湾体育场和旧上海市立医院、市卫生试验所 5 处文物单位)、飞机楼、陈望道旧居;杨浦区文物保护单位国立音乐专科学校。

八、龙华历史文化风貌区

龙华历史文化风貌区以宗教文化、传统民俗文化、红色革命文化和近代工业文明为风貌特征，是上海中心城区的 12 个历史文化风貌区之一，三大特殊历史功能型风貌区之一。

该风貌区位于上海徐汇区内环线以南区域，范围为东至龙华路—后马路，南至龙华港，西至龙华西路，北至规划路—华容路，占地面积 45 公顷。

龙华历史文化风貌区在龙华镇内，以陵园、寺庙、军工厂及商业等设施为主。历史人文荟萃，寺庙建筑宏伟，空间环境优美。宗教文化、民俗文化及革命文化多文化的并存与融合是风貌区独特性的体现，特别是以佛教和民俗活动为核心的文化氛围在上海 44 个历史文化风貌区中独树一帜。但现状保存的历史文化信息存量少，以"点"状分布，缺少历史风貌的完整性。

风貌区内现有龙华革命烈士纪念地、龙华塔 2 处全国重点文物保护单位，有龙华寺、江南弹药厂旧址 2 处上海市文物保护单位。

龙华之名，起初为寺，继而为塔，再而为乡、为区、为镇、为街道，是典型的因宗教场所而弥散开来的地名。始建于三国时期的龙华寺是上海，乃至江南地区现存最古老的佛教寺庙之一。集香火、旅游、庙市于一体的龙华庙会在明代已经出现，清代续兴不衰，民国更是称盛一时。2008 年，上海龙华庙会被国务院公布列入第二批国家级非物质文化遗产名录。

龙华濒临黄浦江，又有沪杭铁路从区内穿过，是水陆两便、进退裕如的理想驻军之地。所以，清政府在沪最重要军工企业之一的"火药厂"，北洋政府在上海的最高行政机构"护军使署""淞沪商埠督办公署"都设在龙华，国民党淞沪警备司令部、龙华机场也都设在这里。四一二政变后，许多革命志士在龙华惨遭杀害，为了不忘先烈、教育后人，这里辟设了龙华烈士纪念馆。每年清明，来这里凭吊先烈的党政要员、热血青年、青少年儿童，络绎不绝。

龙华是上海历史资源中的稀世珍品，一个既古老又年轻、既宁静又繁闹、既出世又入世、既本土又国际的亮点。

九、提篮桥历史文化风貌区

提篮桥历史文化风貌以提篮桥监狱建筑为风貌特色，是上海中心城区的 12 个历史文化风貌区之一，三大特殊历史功能型风貌区之一。

该区域位于虹口区东部，范围为海门路—杨树浦路—临潼路—长阳路—保定路—昆明路—舟山路—唐山路，占地约 29 公顷。

此区域是昔日上海公共租界东区最繁盛的地段。在第二次世界大战期间为中欧国家犹太难民聚居地，大批犹太人在此居住并从事商业活动，带动了提篮桥地区的商业繁荣，因此，此区域的建筑风格揉入了独特的犹太文化。上海现存的犹太遗址和特色建筑共有 48 处，其中虹口区有 15 处，建筑风格包括文艺复兴式、新古典主义式、艺术装饰派、西班牙风格、英国乡村别墅及北欧风格等。就使用功能而言，主要是犹太会堂、花园别墅、豪华式公馆以及学校、医院、电影院等。总体来说，它较为全面地呈现了上海犹太人在经济、政治、文化和宗教等各方面的活动状况，并且在建筑专业领域也具有较高的学术价值。

20 世纪 20 年代末，犹太人在这里建造了摩西会堂，聚集了大量犹太人。这里曾经有地道的维也纳咖啡馆、优雅的屋顶花园、原汁原味的欧洲室内乐团,还有犹太人自己的剧社、报社等,这种文化生活的丰富、精致与浪漫,为提篮桥赢得了"小维也纳"的美誉。一时间,提篮桥的犹太人居住街区呈现出独特的建筑与历史文化风貌。直到第二次世界大战,大量逃生的犹太人涌入上海,使这里成为犹太人的避难地。区域内的昆明路 73 号是闻名沪上的下海庙,因此这一区域又有浓厚的宗教色彩。

如位于华德路(今长阳路)62 号的摩西会堂,1927 年由俄罗斯犹太人集资兴造。为纪念历史上的犹太民族英雄摩西,故名。该堂为一所正统的供俄罗斯和中欧犹太人使用的会堂,犹太难民曾在这里为自己的悲惨遭遇而痛哭祈祷。上海最大的犹太人社团——上海犹太宗教公会长期设在堂内(1941 年迁至拉都路会堂)。2007 年摩西会堂通过修缮,恢复 1927 年时原貌。现该址为犹太难民在上海纪念馆。2004 年 1 月 13 日,虹口区人民政府公布摩西会堂旧址为虹口区文物保护单位;2005 年 10 月 31 日,被上海市人民政府公布为上海市优秀历史建筑。

提篮桥历史风貌保护区内有不可移动文物点 15 处,包括 1 处全国重点文物保护单位提篮桥监狱早期建筑,2 处上海市文物保护单位日本战犯关押、审判和执行处旧址及摩西会堂旧址,5 处虹口区文物保护单位。

十、南京西路历史文化风貌区

南京西路历史文化风貌区是上海市政府 2004 年批准确定的历史文化风貌区,也是中心城区 12 个历史文化风貌区之一。是上海市三大公共活动中心型风貌区之一。

该风貌区是唯一完全位于静安区的历史文化风貌区,其范围为江宁路—北京西路—石门二路—石门一路—威海路—茂名北路—延安中路—铜仁路—北京西路—胶州路—新闸路—江宁路,占地面积约 115 公顷。

南京西路初名静安寺路。1854 年上海英商跑马总会在泥城路建了一个跑马场,约 1862 年前后又出资修了一条从跑马场至静安寺的马道,主要用于遛马,名义上则是为了帮助清廷攻打太平军。由于它是唯一通往静安寺的马路,故又称"静安寺路",英文路名 Bubbling Well Road(意为涌泉路)。1890 年铺设成石子路面,1891 年路侧种植了悬铃木。至 20 世纪初,静安寺路还是一片郁郁葱葱的郊外绿景,路的两遍大多是幽静的私家花园和宅邸,高高的院墙内是路人看不见的园林风景,在院墙和院墙之间,也有一小块一小块的田地,种着绿油油的蔬菜。1921 年又往西辟至延安西路,道路起讫成今之规模。20 世纪 20—30 年代,是静安寺路发展的鼎盛时期,路两侧的大量住宅及商业、公共建筑开始营建,静安寺路由此渐渐地热闹繁荣起来,成为一条和东面的南京路连接而成的十里洋场。1945 年,静安寺路正式更名为南京西路,英文路名 Nanking Road(Western)。

街区建筑年代大体上介于 1899 年上海公共租界大扩展以后至 1941 年之间,为旧上海公共租界代表区域,以各类住宅和公共建筑为风貌特色。历史上中部南京西路(静安寺路)沿线以经营高档商品为主,南部和北部以风格多样、富有特色的住宅建筑和为住宅配套的宗教、娱乐、医院等公共建筑为风貌特征。风貌区街道尺度宜人、环境雅致、建筑类型多样,包括花园住宅、公寓、里弄住宅、公共建筑等各种类型,其中花园住宅和公寓为当时中上层人士居住,不乏著名设计师的作品或名人居住,如贝宅、郭宅、荣宅、宋宅、联华公寓、华业公寓、太阳公寓、大华公寓、静安别墅、张家花园等,建筑风格多样,体现了较高的艺术水准。

风貌区范围地处上海市静安区的心脏地带,占地面积共 114.6 公顷,共有上海市文物保护单位

3 处、市(县)级文物保护单位 5 处、登记不可移动文物 14 处,涵盖的历史风貌道路有北京西路、南京西路、陕西北路、铜仁路、常德路、延安中路等。

十一、愚园路历史文化风貌区

愚园路历史文化风貌区以近代华人高级住宅区和以教育建筑为代表的公共建筑群为风貌特色,是中心城区 12 个历史文化风貌区之一,四大海派生活社区型风貌区之一。

该风貌区所在涉及静安、长宁两行政区,其中静安保护范围为乌鲁木齐北路—南京西路—永源路—镇宁路—万航渡路—乌鲁木齐北路,占地面积约 223 公顷。

作为愚园路历史文化风貌保护区主体的愚园路初辟于清宣统三年,是公共租界工部局越界辟筑的道路。1918 年后逐渐形成今天的规模,并以东端的沪上名园愚园命名。20 世纪后,因地近市区,环境安静,中外达官巨商纷纷在此购地建造洋楼别墅、新式里弄,愚园路遂成为沪西高级住宅区,其中不乏欧式古典主义建筑典范。

愚园路历史文化风貌保护区是上海中心城区内规模较大、优秀历史建筑数量较多的历史文化风貌区,留存丰富的历史遗迹和人文内涵,集中体现了上海西区近代华人高级住宅区的居住生活和以教育建筑为代表的公共建筑群的风貌特征。风貌区内街道尺度宜人,特别是以愚园路等历史风貌道路为承载整个风貌区特色建筑及其群体空间的载体,其沿线弄巷空间丰富,建筑类型多样,景观丰富多变。风貌区虽经近一个世纪的演化变迁,其整体历史风貌依然依稀可见。

街区建筑年代大体上介于 1919 年(第一次世界大战结束后)至 1941 年(太平洋战争爆发)之间。静安区境内的愚园路历史风貌区有成片的花园住宅、新式里弄,建筑质量均较好,风格各异、设施齐全、弄巷格局分明。以愚园路来举例,路南从东至西分别有愚谷邨(361 弄)、涌泉坊(395 弄)、十样景(419 弄)、李氏住宅(457 弄 1 号)、王氏住宅(469 号)、愚园坊(483 弄)、东方经济图书馆旧址(愚园路 523 弄 5 号)和顺邨(541 弄)、中实新邨(579 弄)、孙曜东住宅(601 号)、和邨(611 弄)、蝶邨(641 弄),路北则有静安寺救火会旧址(愚园路 348—356 号)、贤邻别墅(470 弄)、兰畹(488 弄)、小弄堂(490 弄)、体育弄(520 弄)、柳林别墅(532 弄)、孙衡甫旧居(546 号)、四明别墅(576 弄)、田庄(608 弄)、文元坊(668 弄)等。街巷庭院幽深静谧、建筑密度低、绿化覆盖率较高。

风貌区范围地处静安区的西部,共有市级文物保护单位 2 处(涌泉坊、刘晓故居)、登记不可移动文物 3 处(静安寺救火会旧址、邓演达革命活动地点旧址、黎锦晖旧居),涵盖的历史风貌道路有愚园路(乌鲁木齐北路—镇宁路)。

十二、新华路历史文化风貌区

新华路历史文化风貌区以低密度近代花园住宅为风貌特色,是上海中心城区 12 个历史文化风貌区之一,四大海派生活社区型风貌区之一。

该风貌区位于上海市中心城区长宁区,根据 2005 年批准的《上海市郊区和浦东新区历史文化风貌保护区范围划示》确定范围为番禺路—淮海西路—安顺路—定西路—法华镇路,占地面积约 34公顷。

新华路历史文化风貌区以新华路两侧保存状况良好的成片花园住宅为主要风貌特征,住宅以独立式为主,形式风格多样、建筑密度低、花园面积大、植被茂盛、环境幽雅。其中新华路南侧汇集了英国式、荷兰式、意大利式、西班牙式等各种风格的二层别墅约三十栋,因当时主要为外国侨民居住,有"外国弄堂"之称,其中有些住宅曾用作西班牙、荷兰、瑞典等国的领事馆。

新华路历史文化风貌区域内主要有:梅泉别墅、邬达克住宅、"外国弄堂"等花园住宅。

十三、枫泾历史文化风貌区

枫泾历史文化风貌区由现存清末民初江南传统风貌为主的传统商业、居住街坊建筑群构成,是上海郊区规模较大、历史建筑数量保存较多、古迹遗址留存丰富的历史文化风貌区之一,突出体现了上海及周边地域传统水乡小镇的风貌特征。风貌区内历史人文汇萃,街道河道尺度宜人,空间朴实自然,建筑类型多样,风格统一而有变化,其中典型建筑主要为多进天井式传统住宅和传统沿街商业建筑,并有少量近代宗教建筑,建筑装饰风格有鲜明的江南水乡特色。

该风貌区规划范围根据 2005 年批准的《上海市郊区和浦东新区历史文化风貌保护区范围划示》确定,即亭枫公路—朱枫公路—枫泾新泾路—泾波路—枫阳路—白牛路—泾宾路所围合的区域,总用地面积为 107.61 公顷。

2 000 多年前,枫泾便已有百姓生息,1 500 年前,已成集市。宋进士陈舜俞曾隐居于此,陈舜俞,字令举,号白牛居士,熙宁五年(1072 年),弃官归隐于枫泾白牛村(今枫泾镇农兴村),跨犊往来于白牛塘上,故枫泾又称白牛市。后人仰其清风亮节,改称清风泾,又称枫泾。镇区多小圩,形似荷叶,境内林木荫翳,庐舍鳞次,清流急湍,且遍植荷花,清雅秀美,别号"芙蓉镇"。

宋代称白牛市,南半部属两浙路秀州嘉兴县奉贤乡;北半部属两浙路秀州华亭县风泾乡。元至元十二年(1275 年)易市为镇(白牛镇),南半部属江浙行省嘉兴路嘉兴县奉贤乡;北半部属江浙行省嘉兴路华亭县风泾乡,后以乡(风泾乡)名镇,改称风泾镇。明宣德五年(1430 年),析嘉兴县东境建嘉善县,以镇中市河(今界河)为界,分为南北两部分,南镇属于嘉兴府嘉善县奉贤乡,北镇属松江府华亭县风泾乡。明末,改风泾镇为枫泾镇。清顺治十三年(1656 年),析华亭县西南境建娄县,北镇属江南省松江府娄县枫泾乡,南镇不变。

民国元年(1912 年),建江苏省,娄县并入华亭县,北镇属江苏省华亭县乡,并改称市,南镇属浙江省嘉善县奉贤乡。民国 3 年,华亭县改称松江县,北镇属江苏省松江县枫泾乡,南镇不变。民国 18 年秋,试行区制,北镇属松江县枫泾区(十一区),并改市为镇;南镇属嘉善县枫泾区(第二区)。民国 22 年,北镇属江苏省第四行政督查专员公署松江县枫泾区。民国 23 年,嘉善县撤区制,南镇为嘉善县属镇(民国 25 年恢复区制);北镇隶江苏省松江县第三区行政督察专员公署。民国 36 年,枫泾区与天昆区调整合并为天枫区,北镇属于天枫区(民国 37 年 8 月恢复枫泾区)。民国 34 年冬,嘉善县撤区制后,南镇为嘉善县直属镇直至解放。

1949 年 6 月,江苏省析为苏南、苏北行政公署,北镇属苏南行政公署松江县第六乡镇联合办事处;同年 8 月撤办事处建枫泾区。南镇属浙江省嘉善县枫泾区。1951 年 3 月,南镇并入北镇,统属松江县枫泾区。1953 年 1 月,恢复江苏省建制,枫泾镇属江苏省松江专区松江县枫泾区。1957 年 8 月,撤区并乡,调整区域,枫泾镇直属松江县管辖。1966 年 10 月,枫泾划入金山县管辖。

枫泾古镇具有独特的地缘文化,历史文化风貌区内有市级文物保护单位 3 处(其中两处为联合申报),区级文物保护单位 5 处,区级文物保护点 26 处。

2005 年,上海市政府公布《上海市郊区及浦东新区历史文化风貌区范围》,确定枫泾为 32 个上海市郊区及浦东新区历史文化风貌区之一。

十四、新场历史文化风貌区

新场古镇历史文化风貌区地处上海市浦东新区中南部，保留较为完整的"街—河""田—镇"的水乡古镇格局和0.15平方公里成片的明清时期江南传统街坊式古建筑群，是浦东规模最大、历史遗产最丰富的历史文化风貌区，展现了上海地区原住民的生活形态和物质积淀。

据清光绪《南汇县志》记载："新场镇，邑西南二十四里，名石笋滩。"宋建炎年间（1127—1130年）有两浙盐运司署，后迁盐场于此，故得今名。由此可知，新场古称石笋滩，又叫石笋里，在南汇县城西南24里处，由于迁来的盐场相对当时建在他处的盐场而言是新的，故称新场。新场镇是中国民间文艺之乡，2008年12月获评第四批"中国历史文化名镇"，镇上上海锣鼓书、浦东派琵琶、江南丝竹已被列为国家级非物质文化遗产保护项目，现共有80多项非遗资源。

新场古镇区域范围东至东横港以东100米，西至奉新公路，南至大治河，北至沪南公路。以新场大街为轴，从北栅口至南山寺南北全长近1.5公里，面积1.48平方公里。古镇区域内根据老建筑分布情况划分为历史风貌保护区、生态景观保护区、环境协调控制区。其中，风貌区保护范围面积为1.469平方公里，核心保护区0.48平方公里。风貌区内有保存完好的镇区"井"字型河道格局，河道两侧现保存三进以上的宅第厅堂30多处，有元、明、清时代的石驳岸1500米，以及古仪门69座等。70%以上的街坊建筑群建于明末清初时期，其中典型建筑主要为多进天井式传统住宅和传统沿街商业建筑，并有少量西式别墅类住宅和近代宗教建筑。新场的古建筑院内门楼挺立，门楼上有砖雕灰塑，正厅内则雕梁画栋。这些极具文物价值的古民居、水桥、驳岸等共同形成了新场独特的历史风貌。

2014年4月4日，新场第一楼书场和新场信隆典当被上海市人民政府公布为上海市文物保护单位。截至2015年底，风貌区内共有市级文物保护单位2处，区级文物保护单位6处，区级登记不可移动文物29处，第三次全国文物普查登录点19处。另有2015年公布的第五批上海市优秀历史建筑10处，其中6处与区级登记不可移动文物重合，分别为王和生宅、奚家厅、谢氏北店、叶氏花行、张氏住宅、郑氏新宅。

2005年，上海市政府公布《上海市郊区及浦东新区历史文化风貌区范围》，确定新场古镇为32个上海市郊区及浦东新区历史文化风貌区之一。

十五、朱家角历史文化风貌区

朱家角历史文化风貌区处于江苏省、浙江省、上海市的交界，东靠上海虹桥国际机场，西通平望，南接嘉兴，北连昆山，距青浦新城约8公里、距上海市中心约40公里，318国道和沪青平高速公路贯穿古镇南部，淀山湖下游、黄金水道漕港河穿镇而过，地理位置十分优越。

朱家角历史文化风貌区内文物古迹众多，传统风貌建筑集中成片，在建筑样式、街巷格局、空间形态和河街景观等方面较完整地体现江南水乡古镇的文化特色和个性特征。自然环境、空间格局、建筑、街巷、河流、桥梁等历史环境要素及发生在其中的传统生活，构成了朱家角"小桥、流水、人家"的自然景观和生活特征。风貌区内传统街巷尺度宜人，街廓狭窄，两侧界面连续，多角多弯，空间收放有致。而"大"字形的河道作为风貌区的骨架，既确定了风貌区的空间格局，也影响了风貌区生长发展的方向。

朱家角历史文化风貌区范围东至港周路—酒龙公路、西至朱昆河—珠溪路、南至 318 国道、北至大淀湖南岸,其中包括淀浦河沿岸 2 050 米的地块均划入建设控制范围,形成"大"字形风貌格局区域,总占地面积为 179.67 平方公里,占镇域面积(包含水域)的 1.31％。其中,古镇核心保护范围的面积为 34 平方公里,建设控制范围的面积为 145.67 平方公里。核心保护范围是风貌特征明显地带,以传统风貌街巷(包括西井街、东井街、北大街、漕河街、西湖街、东湖街、胜利街、东市街等)为主干,与其垂直的巷弄为支干,人字河与淀浦河及其两侧保护建筑、保留历史建筑较为集中,空间格局保存完好。

风貌区内保存了以北大街为代表的古镇特有的街巷空间,以及与河道空间的关系。河道上有放生桥等多座古桥,加之沿河的各式河埠头,以及以课植园、城隍庙和涵大隆酱园等为代表的类型丰富的传统建筑,反映了中国江南水乡古镇特有的空间关系和形态。

风貌区内共有 1 处市级文物保护单位——放生桥,有上海市优秀历史建筑 7 处,以及 9 处区级文物保护单位,另外还有 25 处区级登记不可移动文物。

朱家角历史悠久,其始成于宋元之前,发展于宋元之时,繁荣在明清时期,鼎盛于民国时期。南宋时期,全国的经济重心南移,城市发展中心由黄河流域转移至长江流域。随着宋代工商业的发展,原有乡村的草市逐渐演变为商业性的聚落。据清嘉庆年间编纂的《珠里小志》记载,元朝的时候镇上已经出现了圆津禅院和慈门寺,说明当时的朱家角已经是一个有一定人口的居住区了,但还没有形成市镇。

明清是朱家角的繁荣期。明代中叶,江南地区棉花纺织业兴起,繁密便捷的熟路交通也已发展成熟,由于贯穿全镇的漕港河水运方便,朱家角商业日盛,逐渐形成集镇,至明万历年间朱家角正式建镇,名为珠街阁,又名珠溪、珠里。《珠里小志》载,明末清初,将"珠里"定为镇名,俗称角里。朱家角以盛产棉布名闻四乡,纺纱织布是家庭主要手工业,农家"工纺织者十之九"。后来,还发展了造船业、水木业、铁铺等各种手工业,镇上的作坊、工场较具规模,与店铺同林立。发达的经济支撑起兴盛的文化,明清两代共出进士 16 人、举人 40 多人,如明代嘉靖年间进士陆树声、陆树德兄弟,清代学者王昶、御医陈莲舫、清末民初小说家陆士谔、报业巨子席裕福等。浓厚的人文氛围进一步带动了文化教育的发展,朱家角明代就办有书院、义塾等,清代以后,兴建有众多学堂。朱家角地区还有着活跃的宗教文化。镇上的圆津禅院、慈门寺等古寺名刹均建于元代至正年间。明清期间为佛教活动全盛时期,朱家角共有不同类型的庙宇 20 多处,朱家角的城隍庙在清乾隆年间迁建于现址,大殿后有 300 多年的古银杏更见证了朱家角悠久的历史,建于清咸丰十年(1860 年)的天主教堂是青浦有影响的重要教堂之一。

清末,朱家角出现民族资本主义工商业萌芽,古镇达到鼎盛期。1911 年,马幼眉创办的珠浦电灯厂,让朱家角成为青浦最早使用电灯的地区。民国时期,随着米行、油坊迅速发展使粮油加工和经营能力得到提升,加之水路交通发达,朱家角农副产品的集散能力不断提高。米市繁盛继而商贾云集、兴旺百业,朱家角逐渐成为青浦西部的贸易中心。古镇以北大街、大新街、漕河街为商业中心,从一里桥元号油坊至东市街梢,"长街三里,店铺千家",有"三泾(朱泾、枫泾、泗泾)不如一角"之誉,出现了近代工商业蓬勃发展的局面。商业的发展促进了文化教育的发展,还出现了以商养文、以商助教的状况。宣统元年(1909 年),开设元号油坊的实业家蔡承烈(字一隅)在镇上创建了西式学校"一隅小学"。民国时期,镇上开始兴办中学,还有民众教育馆、书报社、戏院、书场等众多文化场所。

中华人民共和国成立后朱家角经济一度衰败,改革开放后逐渐复苏。1991 年朱家角古镇被上海市政府命名为"上海市历史文化名镇";"十五"规划期间,朱家角镇被确定为"一城九镇"建设计划的试点城镇之一;2007年6月9日被公布为第三批中国历史文化名镇。

2005年,上海市政府公布《上海市郊区及浦东新区历史文化风貌区范围》,确定朱家角为32个上海市郊区及浦东新区历史文化风貌区之一。

十六、奉城老城厢历史文化风貌区

奉城老城厢历史文化风貌区所在的奉城镇,位于上海城区与东海杭州湾之间,历史悠久,是上海唯一的围城古城。

图 1-3-2　奉城万佛阁(摄影:狄卫忠)

据元代徐硕《至元嘉禾志》等记载,奉城集镇所在地原名"青墩",又名"墩明",因海寇来犯时,墩上举火为号,因此得名。宋神宗元年(1078年),地设青墩盐场,后绿树成荫,改称"青林"。南宋乾道八年(1172年)筑里护塘后,盐民、渔民群居,渐成村落,青林遂改名"青村"。明洪武十九年(1386年),筑青村堡御倭,置守御"千户青村所"。明正德年间,改称守御"青村中前千户所"。奉贤县署初居南桥,雍正九年奉贤县署由南桥迁至青村所城(即现奉城所在地),民国元年(1912年)县署复迁南桥后,该地为城乡、城市建制,设有县司法署。后设区、镇公所等行政机构。作为古奉贤卫所在地,经历了由盐场渔村到海防要塞,进而发展成县域行政、经济中心的漫长历史进程,亦是中共早期地下党组织活动的秘密据点之一,共产党员李主一、刘晓等曾在此创建曙光中心,以教员身份为掩护开展革命活动,是当时浦东地区的一个革命中心。风貌区较为完好地保存了古奉贤城护城河、十字街等基本格局,有东街、南街、西街、北街之分,滨水界面及护城河依然清晰可辨。城内原有文庙、武庙、言子祠、肇文书院、城隍庙等明清古典建筑,但均以被毁。目前奉城老街保留和恢复了一批历史古迹,并重修了具有一定国际影响的万佛阁,以及侵华日军守备司令部与抗战遗址等,有着较为丰富的物质与非物质历史遗存。

该风貌区范围西至奉新公路,南至川南奉公路,北至浦东运河,东至南门港,总面积111公顷。

存有区级文物保护单位3处,包括曙光中学旧址、奉城古城墙、万佛阁,文物保护点6处,包括杨六宅、张惠均宅、路氏宅、侵华日军守备司令部旧址、奉贤县署遗址、日军刑场。

2005年,上海市政府公布《上海市郊区及浦东新区历史文化风貌区范围》,确定奉城为32个上海市郊区及浦东新区历史文化风貌区之一。

十七、金泽历史文化风貌区

金泽历史文化风貌区是以观光旅游、传统居住以及文化休闲为主要功能,兼具商业服务功能,以水乡节场活动为风土特征的复合型历史地段。

该风貌区规划范围为原金泽镇镇域中心区,东至金中路,西至沪青平公路,南临金南路,北至培爱路。其南北长约1.3公里,东西宽约0.5公里,总用地面积为51.78公顷。金泽古镇以北胜浜、金泽塘为核心,形成了"两街夹一河"的格局,建筑沿这三条轴线展开。古镇在建筑风格上不同于江南六镇的奇巧精致,以朴素明快见长。现今的长街及下塘街街道宽度不到4米,街道空间保存完好,两侧房屋多为清末和民国时期建造,以木结构为主,多为穿斗式或穿斗式与抬梁式结合,建筑多为临街商铺式,也有部分院落式布局。镇中古桥众多,有"桥桥有庙,庙庙有桥"之说,古镇内古桥尚留存有七座,其中普济桥是上海地区保存最完整、年代最早的单孔石拱桥,为市级文物保护单位。

金泽历史悠久,1958年淀山湖出土文物证明,早在4 000年前,金泽地区就已有先民在此劳作,繁衍生息。《江南通志》中云:"稼人获泽如金",故称金泽,宋代已有此名,沿袭至今。金泽此处北宋时期归浙西路秀州华亭县辖,几经变迁,直至明万历年间设青浦县,方属青浦县。此后境域建置区划变更频繁,大小不等,多时辖三镇十三乡,现设一镇九村。

金泽四周有水田、山岭、湖泊,盛产棉麻、稻麦、蔬菜、瓜果、茶叶、鱼虾。自然经济条件下的江南水乡地区,交通运输主要依赖船只,因而在河道的转折或交汇处往往由于交通便利而形成集市,进行商品交易。金泽的集市最初出现在镇区之南,由捕鱼、米市而形成于现镇南白米港的小集镇,古称白苎里,四周为茫茫芦荡,此后由于水上匪盗的频繁骚扰加上寺庙的兴盛,数度北移迁至现址。明代中期,金泽已经形成集镇,万历年间发展成商业发达、佛教兴盛的市镇,"市盛,佛庐穷壮极丽,为邑伟观,曰颐浩,溪上舆梁飞亭,列肆又他镇所无"。至清乾隆年间,发展成"居民数千家"的大镇。道光年间,这一带农家均以纺织为主要副业,"无论贫富妇女,无不纺织。肆中收布之所曰花布纱庄,布成恃以易花,或即以棉纱易,辗转相乘,储其余为一家御寒具,兼佐米盐",纺织业的兴盛促进了纺织工具手工业的兴起,金泽镇所制纺车、锭子,远近闻名,营销附近各地,旧有"金泽锭子谢家车"之谚,也促进市镇商业的繁荣。当时纺车、锭子虽"到处同式,而金泽为工。东松郡,西吴江,南嘉善,北昆山,常熟,咸来购买。故'金泽锭子谢家车',方百里间习成谚语"。至光绪年间,镇区规模扩大为"东西广四里,南北袤五里,周二十八里",分布着南大街、上街、下街、内中街、邑庙街、钟家汇、长街、赵家弄、禅寮弄等许多街巷。

上海解放前,金泽因每年两期庙会而兴市,是青西地区重要的商业集镇,各行业中都有一批名店、老店,如万昌生南货店、周顺兴茶食店、宫天福、允济堂、张广生国药店、状元楼、北鼎丰、盈丰米行、赵洽昌豆腐店等。20世纪40年代前后,金泽镇的镇区中心主要在金泽塘与北胜浜两侧,由于金泽塘负有重要的水路交通的作用,因此沿线开有各种店铺,包括米行、烟行、食品店、杂货店、茶店、理发店等。随着陆路的发展,沿着行车的金溪路形成了新的镇区中心,在八九十年代的城镇建设中,信用社、旅馆、百货店等一系列建筑沿金溪路纷纷建立起来,现代的生活内容多在这里展开,一直持续至今。传统的生活内容则大部分留在了老街上,如杂货店、理发店等。随着米业逐渐衰落,北胜浜两岸的粮食加工业也多衰败。

位于历史文化风貌区的文物保护单位共计8处,包括上海市文物保护单位1处,即普济桥,以及区级文物保护单位7处,分别是迎祥桥、万安桥、林老桥、天皇阁桥、如意桥、金泽放生桥和颐浩寺遗址。

2005年,上海市政府公布《上海市郊区及浦东新区历史文化风貌区范围》,确定金泽古镇为32个上海市郊区及浦东新区历史文化风貌区之一。

十八、练塘历史文化风貌区

练塘镇历史文化风貌区是上海郊区具有商业街市、河市结合特点的传统江南市镇风貌区域之一。

练塘镇历史文化风貌区总用地面积为57.5公顷。核心保护区以练塘古镇市河以及李河两侧的历史街区作为核心风貌区,面积约为16.2公顷,占风貌区总面积的28.2%;围绕核心保护区周边作为建设控制范围,东侧边界为规划东一路,西侧边界为新朱枫公路,南侧边界为规划南一路,北侧边界为练新路,核心保护范围的建设控制范围的面积约为41.3公顷,占风貌区总面积的71.8%。

古镇沿市河两岸分布,形成两岸两街,老屋窄巷的典型江南水乡格局。镇内自然水巷纵横交叉,庙、寺、庵、教堂、救活会等各种江南传统水乡的建筑尚有留存,镇上的居民也基本保持了传统生活方式。主要街道分上塘和下塘两条沿市河并行大街。古镇建筑粉墙黛瓦,古朴静谧,偶有西式装饰,颇有民国遗韵;建筑都为砖木结构,以三开间或五开间、二进或三进规格设计。整体的古旧风貌基本保存完整。

练塘旧名章练塘,据清末高如圭《颜安小志》记载,相传五代闽国高州刺史章仔钧与妻练夫人居此而得名;其东市属元和县东吴下乡颜安里二十八都,故又旧称颜安里;一名张练塘,《宋志》云:"吴王权于此张帆练兵,故名。"

练塘镇及周围地区,春秋时属吴,战国时越灭吴属越,后楚灭越,为楚春申君黄歇封地。秦统一全国建立郡县制,属会稽郡,西汉属荆国后属吴国,后汉设置吴郡,属于吴县地。隋代初为苏州,后为吴州,之后又复归吴郡。唐代属于江南东道长洲县治。宋、元时归属平江路。明属苏州府。雍正二年(1724年),划长洲县东南部置元和县,与吴县、长洲县合城而治。其东市属元和县东吴下乡颜安里二十八都,西市则属吴江县久咏乡二十九都,由吴江、元和、青浦三县合辖。道光间设元江青三县分防县丞署、松江提标前营中军守备署于此。宣统二年(1910年),因练塘地属元和、吴江两县,而四周都是青浦县境,壤地插花,不便行政,经里人邹铨提议和三县会勘后,将元和县属的二十八都的十一个图,吴江县属的十二都的一个图、二十九都的两个图割隶松江府青浦县,置章练塘区。1958年11月,随青浦县划归上海市管辖。2001年初,撤销原小蒸、蒸淀、练塘三镇建制,设立新的练塘镇。

据史料记载,清初练塘集镇形成街市,乾隆年间因棉纺织业的兴起已发展成大镇,"民居稠密,百货具备,其居吴江者今几千家"。清末民初时练塘镇为谷米、棉纺织品集散地,"民居稠密,百货俱备,水栅东西北各一,南二。镇东太平桥左右为米市,上海米舶及杭、湖、常熟之来购米谷者多泊焉。镇东新街至轿子湾,西界桥至湾塘,每早市乡人咸集,舟楫塞港,街道摩肩,繁盛为一镇之冠",而"乡妇抱布入市,易棉归,旦复抱布出。纺法用两指捻纱,名手车。织者率日成一端。入市易钱,佐薪水"。每逢秋季,镇上布庄大量收购各式棉布,布由客商远销各地。镇民及四乡农家还以制造灌溉工具——镶车为业,所制镶车,"制作灵便,迥非他处所及","环练塘数十村庄,车船约三百多艘,其营业发达,西至常州以西,东至浦东间"。当时镇东西长九里,南北宽六里,分东、西两市,以上塘界桥、下塘界桥为限。东市是闹市区,街道纵横,上塘有太平桥、北栅口、惠世庵场、小白场、新街、大白场、旗杆场、单家浜、轿子湾、典当场、圣堂场、油车场、界桥头;下塘有李岸、丁王浜、校场头、衙门场、李夏港、南栅、混堂浜。西市较次,但街道也不少,上塘有高廊栅、酱园场、淳塘里、观音阁、急水路、西衙门场、西栅口;下塘有小独圩、潭址里、毛家岸、冯家栅、西栅口。东、西两市还有一些小巷,如萧家弄、许家弄、北庄弄、典当弄、界弄、徐家弄等。

抗战初期,练塘镇各行各业遭受日伪破坏和掠夺,商市一度萧条。后因地处偏僻,战祸较轻,相继从邻近区域迁来不少避难群众,加之其他较远镇的富裕农民因避匪患,移居镇上,集镇繁荣,早市可见农民上街,摩肩接踵。至1949年新中国成立前夕,有商店近300家。解放前后,练塘为青浦西乡重镇,以三里塘为市河,东西向呈长条形,米市发达;建有名校颜安小学,为陈云、高尔松的母校。

"红色"文化是练塘镇独特的文化特征,涌现了一大批革命人士,代表人物有辛亥志士邹铨、中国共产党的领导人陈云等。至今陈云故居仍保存完好,是江南古镇中独具特色的爱国主义教育基地。

位于历史文化风貌区的文物保护单位共计6处,且均位于核心区保护范围内,分布较为集中,包括上海市文物保护单位1处,即陈云旧居,区级文物保护单位5处,分别是颜安小学老教室及杜衡伯纪念塔、永兴桥、义学桥、朝真桥、顺德桥。2005年,练塘镇历史文化风貌区划定。

2005年,上海市政府公布《上海市郊区及浦东新区历史文化风貌区范围》,确定练塘为32个上海市郊区及浦东新区历史文化风貌区之一。

十九、娄塘历史文化风貌区

娄塘历史文化风貌保护区,以宋元以来形成的江南市镇为主要风貌特征,是嘉定区境内五个市级风貌区之一。

该风貌区位于嘉定工业区北片娄塘镇,东起坝桥路,西靠野泥泾,南临娄塘河,北至嘉唐公路,总面积为43.28公顷。风貌区划分为核心保护范围和建设控制范围,核心保护范围为10.58公顷,占风貌区总面积的24.45%;建设控制范围为32.70公顷,占风貌区总面积的75.55%。它的街路范围大致为:坝桥路—南新路—南塘街—人民街—售粮路—嘉唐公路。

宋代时,在今嘉定镇北横沥河与娄塘河交汇处,因何氏世居,地称何庄。元代时,居民渐多,形成集市。明洪武二年(1369年)称娄塘市,永乐年间(1403—1424年)称娄塘镇。因娄塘河与横沥河河道在镇域内错综复杂,依河而建的建筑群落、街道也因此顺势交错,于是留下了"娄塘街条条歪,七曲八弯十七八个大井塘"之说。明清时期,娄塘镇是嘉定北部商业贸易的重镇。

该风貌区内大街小巷众多,贯穿镇境的有南新街、娄塘街,街巷有大东街、小东街、小北街、大北街、西大街、窑湾里、人民街、劳动街、中大街、毛家弄、前进街、瞿家弄、篠竹弄、售粮路、南塘街等。保护性历史建筑有印家住宅、娄塘天主堂、敦谊堂、娄塘纪念坊、朱氏住宅、陈氏(公茂)住宅、润德堂、春蔼堂、中光中学旧址、陈公茂花行旧址、继昌堂、海麟纱厂宿舍旧址、永福桥、汪氏住宅、顾氏住宅、窑湾里12号水井、窑湾里浦氏住宅等,此外还有大量的晚清至民国时期的传统民居。目前,保留了基本完整的街巷格局,形成以传统老街、民宅群为主体的成片地方传统建筑特征,集中体现了江南传统古镇风貌。

自 1992 年嘉定县人民政府公布印家住宅、娄塘纪念坊为嘉定县文物保护单位以来，至 2010 年底，该风貌区内有区级文物保护单位 4 处，区级文物保护点 37 处。

2005 年，上海市政府批准《上海市郊区及浦东新区历史文化风貌保护区范围划示》，确定以印家住宅与天主堂为中心的娄塘古镇为郊区与浦东新区 32 个历史文化风貌区之一。

二十、罗店历史文化风貌区

罗店成陆于唐代略前，宋代开始有人从事渔盐业，是江南水乡。元至正年间(1341—1370 年)罗昇在此开设罗氏店堂，并附设招待客人的窝铺(即旅馆)，商业贸易逐渐发展起来，形成集市，并得名罗店；又因母亲河练祁河横贯在镇南，故又名罗阳、罗溪。罗店自元代起，棉花逐渐成为主要经济作物(习惯两年种棉花、一年种稻)，男耕女织，所产紫花布、斜纹布、棋花布，远销外地，经济得到较快发展。至明万历年间(1573—1620 年)，罗店便跃居当时嘉定县七镇五市之首。

至清康熙年间，罗店更趋富饶，遂有"金罗店、银南翔、铜江湾、铁大场"之说。志书载，罗店"比闾殷富""徽商辏集"，贸易之盛，胜过当时嘉定县各大镇。货物集散，仍以棉花棉布为大宗，时有商家六七百家，每日三市、贸易繁荣、四乡来客、车船络绎。更因镇境乡脚较远(附近十里内无邻镇)，聚众益多，居民达 5 万。雍正二年(1724 年)后，成为宝山县首镇。由于贸易繁盛，也产生了牙行霸市，脚夫争夺地盘，以及勒索欺诈等不良情节，以致当时官府一再颁发告示，勒石禁止，加强管理。

因地处江南水乡，亭前街等热闹街道，大都沿河设市，前店堂、后作坊、库房，商品大都自产自销，而且行业较多、门类齐全。清光绪三十三年(1907 年)按清廷诏告，罗店商界创立商会，名为宝山县罗店商务分会，推举总理经营。民国 5 年(1916 年)商会改组为宝山县罗店商会。之后各行各业亦陆续组建同业公会。有棉花、米杂粮、典当、烛箔、酱酒、纱布、百货、信局、烟杂等 28 个同业公会。当时有电、水、瓦斯、纱、毛巾、榨油、碾米、翻砂、面粉等工厂 27 家；轧花、石作、漆作、扎纸作、爆竹作 19 家。花边、火柴盒加工场 2 家，米、杂粮、花、豆饼、鸡蛋、砖灰、地货、盐、木、竹、鱼、水果等行 180 家；糟、染、糖、豆腐、孵、酱等坊 63 家；衣、布、锡箔、鲜肉、羊肉等庄 33 家；南货、百货、陶瓷、烟纸、中药、切面、木器、竹器、伞、寿器、草席、帽子、鞋子、丝线、颜料、理发、香烛等店 230 家；菜、茶、照相等馆 41 家；银楼 10 家；铁铜锡、白铁、木器、竹器、成衣、弹花、布袜、板带、棕榈、刻字、糕团等及当铺 11 家；蔬菜、旧货摊 10 家；戏院、书场、客栈、浴室、镶牙、修钟表等 27 家；还有汽车站 1 家，所以罗店镇厂、作、场、行、坊、庄、店、馆、楼、铺、摊等门类齐全。一些资本厚实、经营有道的巨商，均有自己独特的品牌商品，驰名遐迩。诸如：祥茂南货号的玉露霜、猪油蛋糕、方酥月饼、蜜糕、寸金糖，天成烛店的龙凤花烛，韩老店自酿的黄酒、白酒、杜糟，益生堂药材店精选药材配煮的膏滋药，朱庆隆染坊染出色泽鲜洁不褪色的布匹，姚万春炒货店的风雨梅、油氽花生，赵源泰铜锡作的脚炉，陈竟昌伞店的纸伞、灯笼，公盛新酱园的酱油、酱萝卜，陈洪盛的剃刀以及著名的白切羊肉、鱼圆、松酵馒头等，或美味可口，或经久耐用而倍受顾客欢迎。典当、银楼、锡箔庄更显示了古镇当年的实力。

由于富商云集，镇上多著姓望族，著名豪门巨宅有春阳堂、简堂、江楼、百城楼、玉兰堂、默雷堂、稻香堂、敦友堂等，名门豪宅鳞次栉比，排列成街。名人在此聚宴吟咏：百城楼曾是长洲沈德潜，南汇吴省钦、吴省兰及两江总督毕沅等多次论诗宴饮之处；玉兰堂是职方郎中唐景亮与弟唐景南读书之处；默雷堂是两江总督毕沅和进士施灏早年读书之所，一时传为佳话。镇上园林胜景思圃，内有爱山亭、荷花池等景；龙川小筑，内有六宜亭，在乐槃，清凉诗窟，海棠寮，蔬香水榭等景；友兰别墅，内有朗照山堂及醉石、云豹、峡翠、观音峰等奇石。以上园林均以亭台楼阁、奇花怪石著称。罗店邑庙后园有小榭,题名"小罗浮",是清代镇上诗人咏梅赏菊相互酬唱的场所,留下许多唱和名作。可惜经过历次战争,特别是"八·一三"淞沪抗战之后,以上建筑,惨遭侵华日军焚毁。古迹所剩无多,仅真武阁、大通桥、丰德桥、花神堂等数处而已。

罗店人文荟萃,名人辈出。明清两代有进士 8 人,举人 22 人。近代有著名优生学家潘光旦、儿童文学家陈伯吹、教育学家曹孚、细菌学泰斗杨敷海以及多家世代名医。罗店教育事业发展较早,明嘉靖十五年(1536 年)就创办了义塾罗阳小学,清道光二十一年(1841 年)办罗阳书院,光绪三十一年(1905 年)兴办新学罗阳两等学堂。抗日战争时期,地方自办中学,勉力维持,以致弦歌不辍。重视妇女教育,早年就办有女子学校,这也是罗店人文荟萃的原因。罗店民间风俗丰富多彩,饮食方面:春节大年初一的百岁圆、年糕、春卷;正月半的元宵和粘羹;二月初二的撑腰糕;立夏的草头粞榻饼、鲜蚕豆、梅子樱桃、海蛳;五月初五的粽子、咸蛋;六月初六天贶节的馄饨;七月初七的巧果和立秋日的肉圆线粉;八月中秋的月饼、毛豆芋艿、藕菱;九月初九的重阳糕;腊月初八的腊八粥;十二月二十四的廿四糖等等已成习俗。在风俗活动方面:有元宵的花灯、塔灯、龙灯、礼花、焰火,正月十九日的玉皇诞"解皇钱"大会,端午节的龙船,七月三十日杨王庙会。仪仗杂耍各式民间文娱节目使庙会观者如堵、盛极一时,至今仍萦绕在老人的脑海里。

罗店地处要冲,系兵家必争之地。明嘉靖年间多次受倭寇骚扰,受害颇深。顺治二年(1645 年)清兵南下,江南总兵李成栋攻入罗店,屠杀百姓 1 600 多人。接着清兵攻嘉定,制造了"嘉定三屠"的血史。1937 年"八·一三"淞沪抗战期间,8 月 23 日侵华日军在罗泾小川沙登陆,直扑罗店镇,中国军队与之反复争夺,先后作战 37 天,罗店得而复失者 13 次,日军死亡人数近万,惊呼罗店为"血肉磨坊",而武器落后的我军将士,死亡更倍于敌人。"八·一三"时期罗店被毁房屋 12 009间,闹市成为白地,学校化为瓦砾,损失惨重成为历史之最。侵华日军在罗店烧杀抢掠、奸淫妇女,罪行累累,残忍到令人发指,其罪恶永志史册。中华人民共和国成立后,特别是改革开放以来,罗店取得了飞速发展。罗店 22.97 平方公里土地建成了棋盘方格形田园。原散布的 259 个自然宅,全部拆迁到 42 个农民新村中,农民居住条件大为提高。

罗店古镇的物质环境在历史发展过程中有明晰的特征,在近代以前,以水乡城镇为主要风貌特征。由于日本侵华战争的破坏,古镇内大部分建筑被摧毁,现在的传统风貌是淞沪抗战以后的逐渐恢复建设形成,仍然以水乡城镇为主要风貌特征。1980 年后随着城镇的扩大,现代风格建筑出现在镇中主要街道两侧和镇外围,现在沿市河(老练祁河)以及亭前街附近街区以水乡城镇为风貌特征,其他区段反映为传统街巷和现代建筑混合的风貌特征。

2005 年,上海市政府公布《上海市郊区及浦东新区历史文化风貌区范围》,确定罗店为 32 个上海市郊区及浦东新区历史文化风貌区之一。

二十一、张堰历史文化风貌区

张堰历史文化风貌区有大小街巷 29 条,总长 4 460 米,街道窄小,大多是条石铺砌,少数是砖砌或泥土的。其建筑面貌和街巷格局基本形成于明清时期,一些建筑如姚光故居代表了当时的城镇建筑特征,一些街巷代表了当时的街道尺度与空间关系。张泾河、牛桥港穿越基地而过,两岸风貌具有江南水乡的典型特征。本风貌区集中反映了上海郊区因水而兴的商业街市形成城镇中心的传统江南城镇风貌特点。

该风貌区的范围为北临金张公路,南侧至松金公路,东面临东贤路,西侧范围至湿香路,总用地面积约41.39公顷。

张堰这个地名,显示了张堰历史的重厚。张堰古称留溪、赤松里、张溪。"张"字,据史籍记载,因汉留侯张良功成身退,追随赤松子游,曾到此隐居顾名。"堰"字,指唐末五代(907年左右)建华亭濒海之"堰海十八所"(十八处塘、堰),故名张堰。至清乾隆年间,"所存者唯张泾一堰"。张泾堰的遗址,就在今张堰镇石皮弄口。张堰镇是因堰而形成。

人们往往用"沧海桑田"来形容历史久远、沉重。张堰千真万确经历过沧海桑田的变迁,是几经沧桑的历史古镇。张堰南面有大金山、小金山、浮山(俗称乌龟山),上海地区最古老的城市周代康城就建在大金山脚下。海潮侵蚀,至南宋淳熙年间,三个岛屿陷入海中。张堰也受海水之累。宋乾道二年(1166年),转运副使姜诜张泾堰置闸,即今称谓的"张泾闸",在张堰的桑园村,那里有个地方名"闸上",便是张泾闸的历史遗存。

从整个上海地区而言,张堰的"一堰一闸",距今分别为1 100年和858年,有考古意义。近年,张堰曾有过重大考古发现,将张堰的历史往前推进了数千年。据说,上海的考古学家因无暇顾及,暂时未作深入发掘。大多标志性的历史遗存,经人为的、自然的毁损,已经消失。但张堰仍有不少历史遗存可让今人游赏、缅怀。

位于新华中路139号的姚光故居,暨上海南社纪念馆,便是其中之一。它是我国首个全面陈列南社历史人物事迹的纪念馆,综合反映了20世纪初中国先进知识分子参与社会革命及各种文化活动的史实。除此以外,历史风貌区内还有区级文物保护单位1处,区级文物保护点9处。

2005年,上海市人民政府公布《上海市郊区及浦东新区历史文化风貌区范围》,确定张堰为32个上海市郊区及浦东新区历史文化风貌区之一。

二十二、浦东高桥老街历史文化风貌区

高桥老街历史文化风貌区所涵盖的范围,是由浦东新区内由保存较为完好的众多风貌独特的名宅故居、古桥、古园林和河道共同组成,体现"因河而生"的功能特色,"因桥而名"的命名特色,及"丁字街、丁字河"的城镇整体空间结构特色,并具有明清时期水乡城镇整体风貌特征的历史文化风貌区。

该风貌区位于浦东新区东部,地川沙新镇的南部,西至高桥港,东至杨高北路以西,南至高桥港以南桥街,北至草高支路,占地面积约为32公顷。

高桥又名"清溪",原为渔村荒滩。北宋末期,中原望族为避战乱,纷纷南渡迁移至此地。自北宋建隆元年(960年)起建镇,隶属昆山县。南宋建炎三年(1129年)始建临江乡,为高桥建置之始,隶属嘉定县。明成化、弘治间,已成市集,商贾颇盛。清宣统二年(1910年)设高桥乡,隶属宝山县。民国年间,设高桥区,又隶上海特别市,商业更胜。与此同时,历史也为古镇遗留下、顺济庵、法昌寺,明永乐御碑、老宝山城及双孝坊文物等众多古迹。

高桥古镇三面环水,依"丁"字形河道而建,"丁"字之横为高桥港,竖为黄潼港,万寿桥横跨水上。古镇内明清传统街巷景观多变,尺度宜人,众多名宅故居建筑类型丰富,河道风貌犹存,古园林环境优美,传统石桥众多,为典型的自然发展形成的水乡城镇格局。留存有高桥镇800多年城镇发展的历史痕迹,蕴藏着丰富的物质与非物质的历史遗存,集中体现了高桥镇清末民初的城镇生活文化和居住生活形态。

截至 2015 年,风貌区内有区级文物保护单位 5 处,2 处登记不可移动文物保护点,46 处第三次文物普查登录点。

2005 年,上海市政府批准《上海市郊区及浦东新区历史文化风貌保护区范围》,确定高桥老街为浦东新区内的 7 个历史文化风貌区之一。

二十三、川沙中市街历史文化风貌区

川沙中市街历史文化风貌区以清末民初的江南水乡传统风貌为主,街巷体系结构清晰、纵横交错,河道绿化葱郁、景观秀丽。

风貌区位于川沙镇老城厢东部,东至城河以东 30 米,西抵北市街,南至南城河(不含新川路以南、观澜小学以西地块),北至北城河以北约 10 米(包括北市街以西沿城河浜两侧地块)区域,占地面积为 19.3 公顷。

中市街风貌区与城内的南市、北市、西市一同组成了双"十字"古街,并保留了方形城池、护城河环绕的完整格局,延续了清末民初江南传统街市风貌。风貌区内沿街的传统商住建筑、花园洋房、石库门等,建筑装饰多采用彩色玻璃、山花、柱式、马赛克铺地,呈现了中西合璧风格特色的同时,还留存了上海老城厢的风貌,细部特征随时而迁,对于近现代建筑历史发展的研究具有重要的意义和价值。

自 1991 年 6 月 1 日黄炎培故居被上海市人民政府公布为上海市文物保护单位以来,截至 2015 年底,风貌区内共有市级文物保护单位 1 处,区级文物保护单位 6 处,登记区级文物保护点 6 处。

2005 年,上海市政府公布《上海市郊区及浦东新区历史文化风貌区范围》,确定川沙中市街为 32 个上海市郊区及浦东新区历史文化风貌区之一。

二十四、松江仓城历史文化风貌区

仓城历史文化风貌区涵盖秀野桥以西至云间第一桥一带,位于松江新城永丰街道辖区范围内,沪杭铁路以北,乐都西路以南,花园浜路(现为仓汇路)以东,西林路以西,南以化工路、松汇西路为界,东以黄墙港、沈泾塘为界,现保护规划范围 79.22 公顷。核心保护区为玉树路以东、黄墙港以西,市河和中山西路两侧,占地面积 19.50 公顷。

宋元时期,云间第一桥东侧一条南北塘路,是当年华亭县通往江浙的唯一要道。明代宣德八年建水次西仓,嘉靖年间于水次西仓建仓城。建仓城后,一些高户大宅趋建城西,仓城一带巨商大贾云集,店铺商肆密集,旗杆林立。清代,秀野桥以西的仓城地区巨宅相望,交衢比屋,百业杂陈,米业成市,城市景色更胜往昔,成为府城西门外的市井商业中心。后经倭患、太平军战火和日军轰炸,外观陈旧破败,但沿存了原始的风貌,为松江古城"十里长街"仅存的旧街区,但其地理位置、文化积淀、文物资源、社会影响居全区之先。

中华人民共和国成立后,先后对跨塘桥、大仓桥、葆素堂、杜氏宗祠、颐园等明清古建筑耗资修葺,修旧如旧,恢复原状。在 2007 年的松江区第三届人民代表大会一次会议主席团第五次会议上,《关于加快推进仓城历史文化风貌区保护和改造的议案》被列为一号议案,写进了政府工作报告,拉开了仓城历史文化风貌区改造保护的帷幕。

仓城历史文化风貌区范围内现共有127处不可移动文物,其中有颐园、大仓桥等2处上海市文物保护单位,杜氏宗祠、赵氏宅、葆素堂、费骅宅、杜氏雕花楼、云间第一桥、王氏宅、陈氏孝堂、水次仓关帝庙等9处松江区级文物保护单位,以及116处松江区文物保护点等大量保存较好的民居建筑。以云间第一桥、大仓桥和杜氏雕花楼、费骅宅、葆素堂、杜氏宗祠和赵氏宅为代表的有特色的历史建筑和大量保存较好民居建筑,具有传统风貌和地方特色,有较高的历史文化价值。

2005年10月23日,上海市政府正式批准《上海市郊区及浦东新区历史文化风貌区范围》,将仓城列入上海市历史文化风貌区,并对其范围作了界定。

二十五、松江府城历史文化风貌区

府城历史文化风貌区位于松江老城东部,环城路以南、通波塘以东、松汇路以北、方塔路以西的区域内,占地面积30.7公顷,核心区域为云间路段。

府城地区曾为唐宋时期古上海(华亭县)的闹市中心,至元、明、清三代逐步形成松江府地区的政治、经济、文化和军事中心,解放后,府城地区成为松江地区行政文化中心。府城历史文化风貌区范围内共有31处不可移动文物,包括兴圣教寺塔、松江唐经幢等全国重点文物保护单位2处,上海市文物保护单位松江方塔园1处,云间第一楼、邱家湾教堂、松江府城遗址等松江区文物保护单位8处,肖氏宅、沈氏宅、袜子弄袜厂旧址等松江区文物保护点20处。其中唐经幢为上海现存最古老地面文物,区内另有历史名校松江二中,文物园林方塔园,历史文物收藏机构松江区博物馆等,反映了松江府城即为唐宋华亭县城的历史渊源。府城历史文化风貌区范围内文物建筑主要始建于中华人民共和国成立前,自唐代,历经宋、元、明、清、民国,直至中华人民共和国成立后,主要集中于明、清、民国时期,不同功能、不同风格、不同建构做法的文物建筑,体现出松江地区历史发展的连续性和时代性。

2005年10月23日,上海市政府正式批准《上海市郊区及浦东新区历史文化风貌区范围》,将府城列入上海市历史文化风貌区,并对其范围作了界定。

二十六、青浦老城厢历史文化风貌区

青浦老城厢历史文化风貌区,护城河水系保存完整,形成水绕城的椭圆形城市格局,是风貌区最显著的特征。风貌区内还保存有以曲水园为代表的古园林以及一定数量的传统民居建筑,传统民居粉墙黛瓦,多为院落式布局,具有浓厚的地方风格;传统民居分布较为集中的县前街、南门街、北门街等风貌街巷,构成了明清时代格局的传统街坊。整个风貌区反映了青浦老城厢作为青浦县的政治、经济、文化、中心的历史地位以及传统水乡中心城镇的风貌。

该风貌区位于青浦新城中心区,占地面积为171.1公顷。四至范围为,东至青安路、青松路,南至沪青平公路,西至海盈路、卫中路,北至新海路。

青浦老城厢位于青浦区中部,春秋时为句吴地,吴灭归为越地,越灭归入楚地。秦时为吴郡地由拳县,又为长水县。唐天宝年间,属苏州华亭县。五代至宋,属秀州。宋代为村落,地在横泖岸边。元时有大姓唐氏在此贩卖竹木,逐渐发展成市,称唐行镇,古称横溪,又名青溪。元至元二十九年(1292年),上海设县后隶属之。明万历元年(1573年)恢复置青浦县时,以位置适中,县治由青龙镇移至唐行镇,知县石继芳创建城池,自此至今,一直为青浦县城。明万历三十五年,知县卓钿增修城垛,重建敌楼。崇祯年间,修城浚壕。清康熙间,商业街太平桥以北曾遭大火,延烧数十家。清雍正七年(1729年)、九年(1731年),知县杨凤然、知县鲁宏章先后修城。乾隆三十五年(1770年),知县褚启宗,重建城垣,铺砖为马路。咸丰十年(1860年),太平军东征,曾占领县城两年之久;同治元年(1862年),清军与洋枪队攻城,城内被大炮轰击,废墟连片,街不成市。清宣统二年(1910年),划自治区时,镇属城厢区,遂称之为城厢镇。

抗日战争时,连遭日机轰炸,房屋大多被焚毁。解放前,北门外和小西门外均有米市,商业亦盛。现在的商业区在城中东路、城中南路、聚星街、庙前街、码头街,其中聚星街北段和菜场路为个体小商品贸易市场,农副产品集市分设于宝庆街、庆华一路等处。解放后仍称城厢区,后改为镇建制,1980年全国地名普查时因同名更名为青浦镇。老镇区呈枣形或龟形,四面环水,面积仅约2平方公里。解放后经过不断建设,扩展城区为2.4平方公里,新造了一批楼房,拓宽和改造厂道路,工厂、商店、机关、学校、医院和居民住宅区分布得较为合理,成为一座规模比较完整的县城。水陆交通十分方便,环城河围绕老城厢区,南联淀浦河,北接东大盈港,西为漕港。镇区街路以城中路为主干,有东、南、西、北四条支路,与旧城墙改筑成的环城路相连。2004年在青浦镇和原盈中乡的基础上设立盈浦街道,青浦老城厢风貌区属盈浦街道区域的一部分。

青浦老城厢历史文化风貌区规划了城中北路、城中南路、环城西路、环城东路、公园路、新泾路、支家路7条风貌保护道路,南门街、县前街、宝庆街、码头街、福泉路、和睦街、大西门街、北门街8处风貌保护街巷,城河、淀浦河、大盈港、高桥河、东大盈港5条风貌保护河道,推荐优秀历史建筑15座,古树名木64棵。

风貌区内有区级文物保护单位3处,即万寿塔、曲水园、青浦城隍庙。

2005年,上海市政府批准《上海市郊区和浦东新区历史文化风貌保护区范围划示》,确定青浦老城厢为历史文化风貌区。

二十七、嘉定西门历史文化风貌区

西门历史文化风貌保护区,以唐宋以来形成的江南市镇为主要风貌特征,是中国历史文化名镇——嘉定镇的两个市级风貌区之一。

该风貌区位于嘉定镇西部,东起城中路,西至沪宜公路,南抵练祁塘沿岸,北达清河路沿线,占地面积为44.75公顷。风貌区划分为核心保护范围和建设控制范围。其中,核心保护范围为16.43公顷,占风貌区总面积的36.7%;建设控制范围为28.32公顷,占风貌总面积的63.3%。它的街路范围大致为:城中路—人民街—顾典弄—清河路—沪宜公路—嘉丰路—西下塘街—西城河南街—中下塘街。

梁天监年间(502—519年),其地出现护国寺,隋唐时,以寺为中心的练祁塘两岸聚落规模得以快速发展,宋代称练祁市,成为后来嘉定镇的前身。南宋嘉定十年十二月(1218年)嘉定建县以后,该地区得到进一步发展。这里有练祁塘、外城河、项泾、赵泾四条河道,傍河而建的街巷交错,深宅大院众多,店铺林立,商业繁盛。街巷除大街人民街、西大街与小街中下塘街、西下塘街外,还有西城河北街、西城河南街、护国寺街、恒孚路、项泾东街、项泾西街、唐家弄、石马弄、朱家弄等。保护性历史建筑有嘉定城墙遗址、王敬铭住宅、天主教圣心堂、聚善桥、陶氏住宅、北项泾桥、西溪草堂、厚德堂、吴蕴初旧居、唐氏住宅、嘉定棉业公会旧址、基督教善牧堂等,纪念性历史建筑有思贤堂、报功祠等,此外还有大量的晚清至民国时期的传统民居。这些街巷布局与历史建筑,具有空间格局保存完好、风貌特征明显等特征，对于嘉定城市成长与发展，及社会、经济、人文等方面的考察研究重要价值。

自 1964 年嘉定县政府公布报功祠折漕碑为嘉定县文物保护单位以来，至 2010 年底，该风貌区内有区级文物保护单位 8 处，区级文物保护点 9 处。

2005 年，上海市政府批准《上海市郊区及浦东新区历史文化风貌保护区范围划示》，确定以护国寺为中心的西门片区为郊区与浦东新区 32 个历史文化风貌区之一。

二十八、嘉定州桥历史文化风貌区

州桥历史文化风貌保护区，以南宋时期以来的江南市镇为主要风貌特征，是中国历史文化名镇——嘉定镇的两个市级风貌区之一。

该风貌区位于嘉定中心老城区，包括汇龙潭公园、嘉定孔庙、秋霞圃、州桥及周边部分多层住宅区、商业设施，办公机构等地块，占地面积 49.10 公顷。风貌区划分为核心保护范围和建设控制范围。其中，核心区保护范围面积约为 15.76 公顷，占风貌区总面积的 32.1%；建设控制范围的面积约为 33.34 公顷，占风貌区总面积的 67.9%。它的街路范围大致为：城中路—城中街—清河路—北下塘街—启良路—金沙路—沙霞路—南大街—张马路—建行弄—中下塘街。

风貌区内有嘉定古城地标性建筑法华塔，始建于南宋开禧年间（1205—1207 年），嘉定十一年（1218 年）嘉定创县时，即以塔为中心规划建设县城。练祁河、横沥河两条市河在此交汇，老城区主要的东大街、城中街、南大街、北大街四条大街在此相交，街巷南北交错，深宅大院众多，店铺林立，历史古迹遍布，建县以来一直是嘉定政治、经济、文化、教育及各项社会事务的中心。

除前述四条大街外，还有东下塘街、南下塘街、中下塘街、北下塘街四条小街，另外还有察院弄、康宁弄、福宁弄、憩园弄、混堂弄、栅口弄、张马弄、沈家弄、彭家弄等。保护性历史建筑有太平永安桥、登龙桥（州桥）、法华塔、德富桥、翥云堂、永宁桥、普济桥、熙春桥、高氏住宅、潘氏住宅、万佛宝塔、缀华堂、诒安堂、井亭、百鸟朝凤台、蒋氏住宅、嘉定孔庙、秋霞圃等，纪念性建筑有叶池碑、明忠节侯黄二先生纪念碑等，此外还有大量的晚清至民国时期的传统民居。这些街巷布局与历史建筑，具有空间格局保存完好、风貌特征明显等特征，对于嘉定城市成长与发展，及社会、政治、经济、人文等方面的考察研究重要价值。

自 1960 年嘉定县政府公布法华塔为嘉定县文物保护单位以来，至 2010 年底，该风貌区内有市级文物保护单位 3 处，区级文物保护单位 14 处，区级文物保护点 6 处。

2005 年，上海市政府批准《上海市郊区及浦东新区历史文化风貌保护区范围划示》，确定以法华塔为中心的州桥片区为郊区与浦东新区 32 个历史文化风貌区之一。

二十九、泗泾下塘历史文化风貌区

泗泾下塘历史风貌区位于泗泾镇南部，范围在江川路以东、沪松公路以北、泗泾港两侧，以下塘街和中市桥南岸一带为核心，这里是民国期间楼房建筑为主要特征的河滩街，基本保存传统水乡市镇的河街格局，占地面积 13.2 公顷。

泗泾的核心保护区肌理至今保存较为完整，曾经被评为"第六批中国历史文化名村"。马相伯故居、史量才故居、南村草堂、福田净寺、水榭香荷、安方塔园、老街风情、下塘廊棚、滨江大道、福连枕月等泗泾十景大多位于此区域内。下塘廊棚是其中最具江南水乡特点的。泗泾塘古往今来是泗泾百姓赖以生存的母亲河。从张泾河河口入泗泾塘的拐角处(古称李万隆米行角子头)往西,沿泗泾塘北侧直到西市桥桥堍,长约千米,俗称泗泾下塘街,廊棚和过街楼连成一片,米行、木行、竹行、油坊、蛋行、地货行、豆腐店、小饭店、小茶馆、打铁铺、竹篮藤器坊、船码头等,不下百余家,而沿街水边常停满船只。下塘廊棚是泗泾一道亮丽的风景线,丝毫不逊于乌镇、同里等其他水乡古镇的廊棚。

2001年,泗泾下塘街历史文化风貌区的保护性开发建设项目在泗泾镇人民政府统一规划和主持下启动。年内,先后兴建泗泾塔园及安方塔、下塘街,修复马相伯故居、古镇茶楼和泗泾民俗历史展览馆,并向社会开放泗泾塔园、安方塔、牌楼、下塘街和庙前街等处旅游景点。2003年在下塘街历史文化风貌区保护性开发建设的基础上,又先后修复和向社会开放史量才故居、马相伯故居、马泗宾堂、福田寺院。

泗泾下塘历史文化风貌区现保存有53处不可移动文物,其中包括史量才故居、马相伯故居、马家厅、汪家厅、周伯生宅等5处松江区文物保护单位,颜世湘宅、盛树松宅、泗联公社粮仓、福连桥等48处松江区文物保护点,主要为具有显著地方特色的近现代民居(群)。

2005年10月23日,上海市政府正式批准《上海市郊区及浦东新区历史文化风貌区范围》,将泗泾下塘列入上海市历史文化风貌区。

三十、重固老通波塘历史文化风貌区

重固老通波塘历史文化风貌区指重固中心镇区内具有明显江南水乡生活特征的古镇区域,范围是东至重固镇大街,西至重固镇政府西侧道路,北至法会庵附近地段,南至通波塘东街南端,占地面积为20.7公顷。

古镇沿老通波塘两岸分布,形成岸河结合、老屋窄巷的典型江南水乡格局,主要街道分通波塘东街和通波塘西街两条沿老通波塘并行大街。镇内自然水巷纵横交叉,江南传统水乡的建筑尚有部分留存,粉墙黛瓦,古朴静谧,颇有民国遗韵;传统建筑都为砖木结构,以三开间或五开间、二进或三进规格设计。只是历史上屡遭破坏,成片完整保留的传统民居院落已经寥寥无几。

重固一名,相传"宋韩蕲王(韩世忠)掩军士骸骨处,故名,后人去鬼为重固",重固两字均带鬼字旁,可能与此地历来为墓葬地有关。重固两字在南宋时期已经出现,中华人民共和国成立后出土的《南宋故主簿林公(林沐)墓碣》和《宋故府君上舍陆公(陆垚叟)圹志》两方墓志中分别记载墓主人死后葬于"华亭县新江乡四十四保重固村篠泾北之北""重固钦顺庵祖茔之侧"。至明代万历年间重固由村成镇,逐渐发展成一定规模的市镇,旧有"金章堰、银重固"之称。该镇沿着今老通波塘两岸分布,河上分别跨有南塘桥、中塘桥和北塘桥,现仅存南塘桥。

位于历史文化风貌区的文物保护单位共计2处,包括全国重点文物保护单位福泉山遗址,青浦区文物保护单位南塘桥。

2005年,上海市政府公布《上海市郊区及浦东新区历史文化风貌区范围》,确定重固老通波塘为32个上海市郊区及浦东新区历史文化风貌区之一。

三十一、徐泾蟠龙历史文化风貌区

徐泾蟠龙历史文化风貌区位于蟠龙塘西侧,主要街巷成"十"字状格局,坐落于"龙潭绕泽、绿树青田"的环境中。沿街店肆比邻相接,街区中心香花桥头一带传统民居萦居曲水、朱栏夹岸,水乡老街风韵犹存。现为蟠龙镇居民委员会管辖,古时称蟠龙镇,因坐落于蟠龙塘(又作盘龙、盘龙浦)西侧而得名。佛教文化历史悠久,宗教文化特色浓厚。

该风貌区位于青浦区东部徐泾镇蟠龙港西侧,总占地面积为 13.22 公顷。四至范围为东至蟠龙港,西至程家祠堂西侧,北至蟠龙粮库,南至崧泽大道(原诸陆东路)。

蟠龙镇又名盘龙镇,因市河盘龙浦而得名。隋代时隶属苏州昆山县,仁寿年间(601—604 年),僧如莹在蟠龙塘开山募建佛寺,唐大中十二年(858 年)吴人陆素重建名观音堂,宋祥符元年(1008 年)赐额"普门教寺",规模达 72 亩。2011 年 3 月,在镇西北 2 公里处的金联村出土了唐代窖藏的钱币,有"开元通宝""乾元通宝"隋五铢钱等品种的货币,数量达 230 千克,隋唐年间蟠龙此地已经人烟稠密、经济繁盛。唐天宝十载(751 年)华亭设县后,属华亭县。北宋时吴淞江经常淤塞,排水不畅,形成了著名的盘龙汇,"其形委蛇曲折,如龙之盘",故而得名盘龙。宝元初年(1038 年),太史叶清臣开凿盘龙汇,将弯弯曲曲的河道拉直变成新渠,使其成为吴淞江五大支流之一盘龙浦。宋朝官方在此设置盘龙务主要负责酒税征收,还设置过盘龙所。元代时,盘龙务除了征收酒税,还要负责赋税、河泊课税。元至元二十九年(1292 年),松江府分设上海县后蟠龙镇归上海县管辖。

汇龙桥折而北半里许俗称荒基角,相传是蟠龙镇旧址所在。万历年间的《洋径庙碑记》也记载,该庙在蟠龙镇东南,有千余年历史。最晚明弘治年间,盘龙已形成一定规模的镇市。嘉靖年间,蟠龙镇遭倭寇侵掠破坏严重,"倭寇奄至,室庐被毁,市遂无存。"嘉靖二十一年(1542 年),青浦县独立建制后,蟠龙镇归属青浦县管辖。

清初,江宁人陈君化避难迁居小涞聚,又迁徙至蟠龙里,家资富饶,开设质库及布庄,引来许多标客商户聚集,于是又成市为蟠龙镇。镇街面呈十字形,南北宽半里多,东西长一里,左枕盘龙浦,中夹墅泾。镇规模虽不大,但有颇多名胜古迹,如乾隆年间创建的文昌阁、圣堂、程氏宅第、陈家祠堂、天主堂。清时镇上的普门教寺每逢农历四月初八日为浴佛节,俗称庙会,从初七到初九三日内,商贾云集,游客接踵,百姓赶集,热闹非凡,清人金凤虞有竹枝词描绘浴佛节场景:"四月初闪人尚闲,游踪如海复如山,不知客船来多少,停遍龙江水一湾。"因景色秀致,旧有蟠龙八景:江村野店、曲水萦居、柳榆晚照、群鸟归林、龙江古渡、谿桥渔泊、松涛夜听、洛阳佳钟。至光绪年间又增二景,即古寺鸣钟、文阁谭经,共有十景,历代文人墨客多有描绘。清光绪元年时蟠龙镇发展成为"曲水萦居,溪桥鱼唱"的鱼米之乡。清末民初,镇上还保留有九座与龙有关的桥梁,分别为:鹤龙桥、从龙桥、汇龙桥、护龙桥、跨龙桥、宝龙桥、蟠龙桥、会龙桥、兴龙桥。清乾隆八年北亭乡更名为海中乡,蟠龙境域归属海中乡。

自清末至 1927 年,蟠龙是直属县的一个乡。自 1927 年至 1946 年秋,全县设为若干区,蟠龙为区属镇。抗日战争期间,镇上有米行、米厂 10 多家,是向上海市区输送粮食的主要集镇之一。镇东有天主堂一座,明代徐光启的后裔曾居此。1946 年秋与凤溪合并成立龙凤乡。解放初期,蟠龙镇曾为龙凤乡第八办事处驻地,1949 年 8 月至 1957 年 5 月为龙南乡乡政府所在地。1957 年 5 月撤区并乡后,蟠龙开始划归徐泾乡,由镇改村,1958 年 10 月人民公社后至 1984 年 8 月为大队。1984 年 8 月后又由大队改为行政村,2002 年至今属徐泾镇蟠龙居委会管辖。

现在的徐泾蟠龙历史文化风貌区保留了蟠龙塘与镇中大街垂直相交的"十"字状镇街格局,东西长 1 里,南北为半里。镇上保留历史建筑有程家祠堂、凤来桥、东街民居、蟠龙村卫生室、东街民居、西街民居、蟠龙印刷厂、南街民居、新开河边民居。早茶说书、丝竹、田歌、放风筝等民间风俗尚存,同时保留了佛教、天主教等宗教文化活动,反映了蟠龙自古以来为有名小镇,蟠龙庵堂香客云集的历史风貌。

风貌区内有区级文物保护单位 1 处,即香花桥。

2005 年,上海市政府公布《上海市郊区和浦东新区历史文化风貌保护区范围划示》,确定徐泾蟠龙为历史文化风貌区。

三十二、青浦白鹤港历史文化风貌区

白鹤港历史文化风貌区,依市河(东大盈港,原名大盈浦)而生长,形成宽河长街、"一河一街、前街后河"的线形水乡城镇格局。主要街道鹤江路与市河平行蜿蜒,街巷尺度宜人、生活氛围浓郁,与之垂直相交的还有不少水弄、陪弄。街巷两侧的传统民居粉墙黛瓦,高低错落形成较有特色的连续街景。青龙桥、继善桥等古桥梁点缀河港之上,倒影荡漾,生出些许趣味。独具特色的传统民居、桥梁、古树、古井、河埠等历史环境要素,民间艺术与地方名人等非物质文化遗产共同构成了白鹤港历史文化风貌的精髓。

该风貌区四至范围为北至青龙港附近,西南至外青松公路,东至东大盈港东侧 60 米左右范围,占地面积为 22.63 公顷。

相传秦汉时期,在吴淞江畔的茫茫芦苇之中有片片绿洲,常有白鹤来此越冬,颇为壮观,白鹤镇由此得名。宋时吴淞江排泄不畅泥沙沉积,逐渐淤塞与南岸相连,形成了河道弯曲的白鹤汇,时常发生水患。宋嘉祐年间(1056—1063 年),开凿拉直为江,是震泽东泄入海的水道,吴中水患得免,后称白鹤江。

随着商品经济的发展,至明代正德年间此地形成集市,称白鹤江市,"又称新市,在杜村北,其地上海、嘉定南北杂居焉"。万历年间,发展成镇。民国年间,镇上最主要街巷称为"大街",南北长达 1 公里。沿着市河分布,建有城隍庙别庙。街道原为砖石路面,尺度狭窄,保留有泰安桥、南石桥、继善桥、南小桥、观音桥等近 10 座古桥。镇上米市、布市、鱼市兴盛,木行、竹行、米厂、布店、作坊店铺林立,商船云集,石桥雄峙南北。还建有小学、青浦第一图书馆,是青浦东乡大镇。

中华人民共和国成立后,先后设立建白鹤公社、白鹤乡、白鹤镇。通过对私改造和新企业的创办,原古镇内出现棉布、百货等商店,粮、油供应站,后又有银行、税务所、工商所等金融财政机构和中学、小学、文化站、影剧院、邮政等设施,传统商业逐渐衰败。

现白鹤港历史文化风貌区以原白鹤江镇市河遗留风貌为主,鹤江路保存了北街、南街传统街巷,街道尺度犹存,宽度约 3 米~4 米。居民生活仍与河流水系发生着较为密切的关系。河埠等一些与传统水乡生活密切相关的物质空间形态也得到一点的保留。风貌区内规划有鹤江路、鹤江路 87 弄、鹤江路 107 弄、鹤江路 421 弄、鹤江路 605 弄 5 条风貌保护街巷,东大盈港、顾家浜、青龙港、小白鹤港 4 条风貌保护河道,薛家住宅等 19 处保留历史建筑。非物质文化遗产丝竹与沪剧在白鹤有较长的发展历史,白鹤曾被评为"上海市特色民间文艺之乡"和"中国民间艺术之乡"。

该历史文化风貌区内有区级文物保护单位 2 处,即青龙桥、继善桥。

2005 年,上海市政府公布《上海市郊区和浦东新区历史文化风貌保护区范围划示》,确定青浦白鹤港为历史文化风貌区。

三十三、南翔双塔历史文化风貌区

双塔历史文化风貌保护区,以唐宋以来形成的江南市镇为主要风貌特征,是中国历史文化名镇——南翔镇的两个市级风貌区之一。

该风貌区位于南翔镇老街核心区,东起德园路,西至沪宜公路,南至民主街,北至德华路,占地面积为20.40公顷。风貌区划分为核心保护范围和建设控制范围。其中,核心保护范围为7.04公顷,占风貌区总面积的34.5%;建设控制范围为12.36公顷,占风貌区总面积的65.5%。它的街路范围大致为:德园路—民主街—沪宜公路—德华路。

梁天监四年(505年)因南翔寺的建造,以寺为中心的横沥河、上槎浦、封家浜、走马塘沿岸聚落得以兴起,后形成市集。五代时(907—960年),于寺门前建两座砖塔(双塔)。宋元时期,双塔一带市集繁盛,街巷交错,深宅大院众多,店铺林立,商贸繁盛,为南翔古镇核心区域。

1985年至1988年,上海市文物管理委员会和嘉定县政府修缮双塔。2000年至2004年,政府于双塔西侧重建云翔寺。2003年至2010年,对景区内解放街、人民街、共和街、生产街等街区及河道进行修缮改造,并于景区内重建檀园,改造槎溪书场,新建南翔历史文化陈列馆等文化景点。除上述街路外,景区内还有莫家弄、混堂弄等传统街巷。保护性历史建筑处南翔寺双塔外,另有许苏民墓、孙氏住宅、庄氏住宅、济生井等。景区内古桥众多,有五泾桥、御驾桥、报济桥(香花桥)、永安桥、隆兴桥、太平桥、吉利桥、泰康桥、金黄桥等。以南翔寺双塔及恢复重建的南翔寺等宗教建构物为中心的该风貌区,集中反映了上海郊区以重要宗教场所和商业街市结合形成城镇中心的传统江南城镇风貌特点。

自1962年南翔寺砖塔(双塔)公布上海市文物保护单位以来,至2010年底,该风貌区内有市级文物保护单位1处,区级文物保护单位2处,区级文物保护点3处。

2005年,上海市政府公布《上海市郊区及浦东新区历史文化风貌保护区范围划示》,确定以南翔寺双塔为中心的片区为郊区与浦东新区32个历史文化风貌区之一。

三十四、南翔古猗园历史文化风貌区

古猗园历史文化风貌保护区,以唐宋以来形成的江南市镇为主要风貌特征,是中国历史文化名镇——南翔镇的两个市级风貌区之一。

该风貌区位于南翔镇古猗园地段,包括古猗园、走马塘北部部分传统民居和周边部分多层住宅区、商业设施、工业用地和教育科研用地等地块,占地面积47.92公顷。风貌区划分为核心保护范围和建设控制范围。其中,核心区保护范围面积约为9.95公顷,占风貌区总面积的20.8%;建设控制范围的面积约为37.97公顷,占风貌区总面积的79.2%。它的街路范围大致为:古猗园路—德华路—真南路—沪宜公路。

古猗园位于南翔镇东部,初建于明嘉靖初年,距今近490年历史。作为私家园林,自明代至清代几易其主,晚清及民国时期,又屡遭战火,建筑及景致毁损严重,后经地方人士募捐修缮并拓建景观。中华人民共和国成立后,政府重视名园修缮和保护,并扩建新景区。

1957年,南翔镇政府集资修缮古猗园,以戏鹅池为中心,修复不系舟、补阙亭、南厅、白鹤亭、微音阁等建筑,移栽老梅、龙柏、黄杨、雪松、盘槐等花木,原有古树名木得到保护。1958年,国务院批准隶属江苏省的嘉定县划归上海市管辖,同年上海市园林管理处拨款扩建修整古猗园,园区西至古猗园路,南至沪宜公路。1978年起,因被上海市基本建筑委员会列为旅游点而进行改扩建。2006年起,上海市建设和交通委员会批准扩建,园区东部至黄泥泾,南邻沪宜公路,北部为居民住宅区。全园根据不同景观和空间,划分为猗园、花香仙苑、曲溪鹤影、幽篁烟月四大景区,各景区之间以建筑、山石、数群、竹林、河流和道路分割,隔中有连,互为衬托,江南古典园林特征明显。

该风貌区北侧有传统河道走马塘和黄泥泾,街路有传统老街民主东街。保护性历史建筑有唐代尊胜陀罗尼经幢(两座)、宋代普同塔、明代南厅、民国时期补阙亭(缺角亭)、微音阁、孙氏住宅等,登记保护性建筑有逸野堂、鸢飞鱼跃宣、白鹤亭、浮筠阁、梅花亭等。核心保护范围内保护建筑、保留历史建筑较为集中,空间格局保存完好,反映了古镇古园林的历史风貌。

自 1960 年嘉定县政府公布普同塔为嘉定县文物保护单位以来,至 2010 年底,该风貌区内有区级文物保护单位 6 处。

2005 年,上海市政府公布《上海市郊区及浦东新区历史文化风貌保护区范围划示》,确定以古猗园为中心的片区为郊区与浦东新区 32 个历史文化风貌区之一。

三十五、大团北大街历史文化风貌区

大团北大街历史文化风貌区以老式房屋、旧事里弄文化古建筑为主,空间格局保存完好。将江南水乡文化的血脉底蕴与现代海派文化气息合二为一,兼容并包,古韵悠长,展现出大团镇特有的历史人文底蕴。

大团北大街历史文化风貌区位于长江三角洲冲积平原,上海市浦东新区南部大团镇,总占地面积 15.38 公顷。范围为北至义济桥,西至浦东运河与河塘港之间的自然水域边界,东侧南侧分别到大团镇总体规划确定的规划道路永春北路、永春东路、团南路道路红线。

据史料记载,大团北大街历史文化风貌区于宋代之时建成盐厂,清末民初成为农、牧、渔、副、手工品等集散地,风貌区保存有北大街传统街道格局,大量商铺店面分布在南北长 3 公里的街道两侧,多数为清末至民国年间建造,建筑保存较好。20 世纪 30 年代,此地商贸云集、经济发达、文化繁荣,故有"金大团"之称。目前,风貌区依然存有较多的风貌保护街巷,主要指风貌区内沿线历史建筑较为集中、历史文化特色明显的街巷。包括永春北路(北大街),东臭弄—义济桥;永春北路(河西),东园洋桥—义济桥;东臭弄,永春北路—河塘港。这里的建筑傍河依水,小街盘曲,体现了"水、建筑、街、建筑"的街区特点。

截至 2015 年底,大团北大街历史文化风貌区存有登记不可移动文物 1 处,第三次全国文物普查登录点 18 处。2010 年 11 月 3 日,风貌区内的吴仲超故居被浦东新区人民政府公布为浦东新区文物保护单位。2015 年 8 月 17 日,风貌区内有 2 处建筑被公布为上海市第五批优秀历史建筑。

2005 年,上海市政府公布《上海市郊区及浦东新区历史文化风貌区范围》,确定大团北大街历史文化风貌区为 32 个上海市郊区及浦东新区历史文化风貌区之一。

三十六、航头下沙老街历史文化风貌区

航头下沙老街历史文化风貌区位于南汇区西部航头镇的中部,西至沪南公路,北至咸塘港,东至咸塘港以东 50 米,占地面积约为 20 公顷

下沙地区和崇明岛都是由长江夹带的泥沙冲积而成的,崇明岛位于北,故名"上沙",本县地区位于南,故名"下沙"。北宋后期,建立下沙盐场,其本场设此,故名下沙镇。以后,以下沙镇为中心而建立的乡,也就以"下沙"为名。根据史志的记载,下沙地区形成集镇应该是在南宋乾、淳年间(1165—1189 年)华亭县设置浦东、袁埠、青村、下沙、南跄五大盐场以后的事情了,由于下沙盐司署

设置在这里,才使这里逐渐成集,并从此改名成了下沙镇。南宋末期至元代,是下沙镇最为兴旺的时期,在此期间不仅由于这里是下沙盐场盐监司署的所在地,而且这里同时还是当时统辖下沙、青村、袁埠、浦东、横浦(原南跄)5大盐场的两浙盐场松江分司的所在地。之后随着瞿氏家族的被籍没和盐监司署迁去新场,这里才开始逐渐衰落了下来。但是到明末清初,下沙镇却仍不失为南汇地区的一个较大集镇。

下沙老街历史文化风貌区两面环水,保留了沿南咸塘港的传统风貌建筑和街巷格局较为完整的区域,街巷传统特色浓郁,整体尺度较好,仍保持老街基本风貌;留存了以王家祠堂、东刘老式楼房、西刘老式楼房、东协顺洋布店、协昌祥洋布店等为代表的历史建筑。一定程度体现了下沙千年盐业重镇的历史地位和风貌。

航头下沙老街风貌区内第三次全国文物普查登录点一处,另有一处上海市优秀历史建筑。

2005年,上海市政府公布《上海市郊区及浦东新区历史文化风貌保护区范围》,确定高桥老街为浦东新区内的7个历史文化风貌区之一。

三十七、南汇横沔老街历史文化风貌区

南汇横沔老街历史文化风貌区原为煎盐处小五灶所在地,地形如盘,曾有"小五灶""吉氏盘"之名。因四周河道纵横,水上交通十分便利,成了南来北往必经之地。

风貌区位于浦东新区中部,康桥镇的东北角,横沔港与盐船港的交叉口。风貌区北至川周公路,东至翾园东侧围墙,南到庙场街向南第一条东西向河港,西到河西街,占地面积约为16.87公顷。

元代时,因该地多水,溪水常满而被称为沔溪。横沔之名始于明代。据传,横沔港形似旗杆,其南端的摇纱港为西北走向,至小高峰地与东西向的沿船港交汇,呈三角旗状。而小高峰又是块余地,恰似旗珠,因俗有歇后语"旗杆跌倒——横沔(眠)"之说,横沔之名因此而得。清宣统二年(1910年),横沔建乡,设乡政府于该镇,乡名遂定为横沔。解放后,横沔古镇仍作为横沔地区各事业的中心。1981年4月,横沔党政机关先后从横沔古镇迁至横沔新镇办公,横沔古镇逐渐没落。

风貌区保留了古镇傍河依水,小街盘曲的街区格局特色,老街宽度2米～3米。风貌区内保存了一定数量的历史建筑,多为清末民国时期,间有明末及清中晚期。2014年4月4日,翾园被上海市人民政府公布为上海市文物保护单位。

2005年,上海市政府公布《上海市郊区及浦东新区历史文化风貌区范围》,确定南汇横沔为32个上海市郊区及浦东新区历史文化风貌区之一。

三十八、南汇六灶港历史文化风貌区

六灶港历史文化风貌区位于浦东新区北部,地处高桥镇的中部,南汇区北部六灶镇,沿向学街与六灶港,北至周祝公路,东至南六公路,占地面积20公顷。

在大约1070年,六灶港大部地区还处于大海之中,后经长江水挟带泥沙沿海岸线向南沉积,至约1140年,基本上形成了陆地。1172年,浦东筑了捍海塘后,陆地得到固定。当时南汇沿海的盐场的机构分:场、团、灶共三级。六灶名称源于古时"盐灶",原是盐场盐灶的编制称号,因排行第六,因此得名。六灶成集镇于明代,到清代已具有一定规模,一条沿六灶港修筑的对面街全长3里许,

是该镇的中心。六灶地区原先后隶属于南汇县、南汇区,2009 年撤销南汇区建制后,随原南汇区各街、镇划归浦东新区管辖。因上海迪斯尼项目建设;2012 年浦东新区对部分镇行政区划进行调整,撤销六灶镇建制,原六灶镇所辖区域划归川沙新镇管辖。

六灶港历史文化风貌区保存了沿六灶港一字排开的街区格局,街巷整体尺度很有水乡特色,保持着清末民国时代的风貌。东西向的三里老街东起傅家祠堂,西至环桥,长约三里,依傍六灶港(旧称焙水)。在这个区域内保留了六灶钱家庭以及六灶古戏台、六灶城隍庙、六灶树滋堂、六灶关帝庙等公共建筑。

六灶港史文化风貌区内共有区级文物保护单位 1 处,登记不可移动文物保护点 1 处,第三次文物普查登录点 4 处。

2005 年,上海市政府公布《上海市郊区及浦东新区历史文化风貌保护区范围》,确定南汇六灶港为浦东新区内的 7 个历史文化风貌区之一。

三十九、奉贤青村港历史文化风貌区

青村港镇,原名青溪,唐初成陆。宋初有流徙移民和渔、盐民居住,渐成村庄。有溪水穿村而过,通大海,两岸芦苇茂密葱绿,故称青溪。

青村港历史文化风貌区的范围为南奉公路继芳桥以西约 90 米,镇南路和城乡东路以东的 50 米所围合的区域,占地面积 30.45 公顷,其中河道面积为 1.67 公顷。

明嘉靖二十年(1541 年),位于青村港以北的陶宅镇屡遭倭患,日趋衰落,而青溪遂渐成商市。由于青溪镇水陆交通便利,各种建筑物相继出现,继冲和道院,又盖三祝禅院,立"海秀"牌坊,建市中"南虹桥"。江南水乡之镇颇见兴盛。据嘉庆《松江府志·疆域》载:"分县后舟楫往来如织,百货聚焉,廛尘闹之盛,遂冠东乡诸镇。"(分县指清雍正二年割华亭县东境设奉贤县)清雍正六年(1728 年),县令舒慕芬引南桥塘水经益村坝通奉城城壕,称青村港,青溪镇为港畔唯一之集镇,故易名青村港镇。民国元年,县治西迁南桥,青村港镇成为东乡重镇,商业、手工业、交通运输业较发达,市面兴旺,店铺、酒肆、茶馆、作坊和摊贩,应有尽有。民国 34 年(1945 年)8 月,抗战胜利,商市恢复,各种机构相继建立。

图 1-3-3 青村(摄影:朱春峰)

本风貌区是奉贤区保存较为完整的传统历史街区,主要包含了:作为自然风貌的老青村港及其众多支流,作为人文景观的具有当地特色的江南木构建筑群等。保留有傍河依水,小结盘曲的格局,主要街巷皆与河流走向保持平行,次要的巷弄则多与河流垂直,河街之间的相邻关系又可分为单侧有街、双侧有街和夹水而居三种类型,形成了布局灵活、空间丰富的景观特点。老青村港两岸以及新群路以南的一些清代至民国期间的传统建筑单体或院落,代表了当地较有特色的民居及商业店铺等建筑类型。原生地貌环境、空间格局、建筑特色、民俗民风等集中反映了上海郊区沿海水乡集镇的传统风貌特点。

现该风貌区内存有区级文物保护单位 2 处,包括南虹桥、继芳桥,文物保护点 11 处,包括永寿桥、广济桥、三祝桥、中和桥、张炳官宅、张弼牌坊、青村天主堂等。

2005 年,上海市政府公布《上海市郊区及浦东新区历史文化风貌保护区范围》,确定青村港为上海郊区 32 个历史文化风貌区之一。

四十、庄行南桥塘历史文化风貌区

南桥塘所在的庄行镇,是地质上因江河冲击及海潮的顶托,所带泥沙沉积而逐渐形成的陆地。元代,庄行东市一带有"盛姓"族聚,故曰"盛家库"。明初,有南桥东北之庄氏迁入,开设花米行。庄家行也由此得名。明嘉靖二年(1523 年),工部郎中林文沛开浚南桥塘后,店铺兴盛,集镇逐渐形成。清乾隆年间,镇市繁荣,民居稠密。据清乾隆《奉贤县志》记载:"四乡木棉布,悉来贸易于此,早市最盛。"又载:"按今世布之佳者,首推松江,而松江之布,尤首推奉贤之庄行。"民国期间曾设区、镇公所。

图 1-3-4 庄行古镇(摄影:朱春峰)

本风貌区是庄行镇保存较为完整的传统历史街区,位于庄行镇中心镇区,东至东市南端,沿南桥港带状分布,占地面积约 22 公顷。

主要包含了:作为自然风貌的南桥塘、褚泾港和朱家港等众多支流,作为人文景观并具有当地特色的传统江南木构建筑群。南桥塘自中心川流而过,其中庄行老街东西横贯,为主要历史街道。

老南桥塘两岸相当数量建造于清代至民国时期传统建筑群,代表了当地较有特色的民居及商业店铺等建筑类型,展现了庄行不同时期的技术工艺和艺术审美水平,具有原生地貌环境、空间格局、建筑特色、历史商业形态、民风民俗等丰富的历史遗产,集中反映了上海郊区江南水乡集镇的传统风貌特色。

区域内有区级文物保护单位庄行暴动烈士纪念碑,以及6处文物保护点,包括毓秀桥、八字桥、西刁氏宅、李家宅、李雪亭宅、何六其宅。

2005年,上海市政府公布《上海市郊区及浦东新区历史文化风貌保护区范围》,确定庄行南桥塘为上海郊区32个历史文化风貌区之一。

四十一、七宝老街历史文化风貌区

七宝老街历史文化风貌区以商业服务、文化休闲、宗教活动为主体功能,突出江南水乡传统城镇中心地区的功能地位,保护以江南水乡及上海传统地域文化为特色的风貌特征。

风貌区规划范围为闵行区七宝古镇老街及周边区域,北至青年路,南至宝南路,东至横沥港,西至九曲弄、浴堂街和南街,总用地面积为16.37公顷。核心保护范围是保护建筑、保留历史建筑、甲等一般历史建筑较为集中,空间格局保存完好,风貌特征明显,需要严格控制的区域,为以七宝老街、蒲汇塘为骨架的传统区域。面积为5.33公顷,占风貌区总面积的33%。建设控制范围是北至青年路,西至九曲弄、南街,南至宝南路,东至横沥港内除核心保护范围以外的区域。面积约为11.04公顷,占风貌区总面积的67%。

风貌区内商业街市和宗教建筑、特色传统民居保存较好。商业街市以明代古桥—蒲汇塘桥为界,分成南北大街,历史上以商贸为主,是财源茂盛的商业旺地。区级文物保护单位6处,包括七宝天主堂、斗姆阁、四面厅、解元厅、蒲汇塘桥和七一人民公社旧址。体现了上海市郊城镇的历史风貌、宗教文化和地域特色,记录了市郊城镇的历史演进历程,具有较高的保护价值。

七宝自后汉起萌芽,到宋初发展,明清繁盛,至今已有一千多年的历史。其形成和相近的龙华、法华、真如等沪西名镇一样,与佛教有密切的关系。东汉年间,就有丁家庄。五代吴越年间,七宝寺辗转从松江迁至今七宝。宋大中祥符元年(1008年)皇帝赐额"七宝教寺",从此七宝镇以寺得名。七宝镇名的由来,有文献记载和民间传说两种。文献记载,七宝作为地名,今考,首见于南宋绍熙《云间志》。《云间志·院记》载:"七宝院,在县东北七十五里,原系福寿院,大中祥符元年赐今额。"此后,历有记载,包括宋末赵孟頫《七宝寺》、明正德《松江府志卷九·镇市》和明正德《松江府志卷十九·寺观》。明初,七宝地名与风物屡见于诗文,有赵太质《游七宝寺》、张所敬《夜泊七宝》、姚道元《游七宝》、袁凯《送七宝寺敬公往金陵》等篇。万历年间,镇人王会撰《重修大雄宝殿碑》,则有"七宝寺……镇无旧名,缘寺命名;寺无他重,因镇推重"句。至清道光,邑人顾传金《蒲溪小志卷一·名义》记:"七宝镇在三十五保,左为横沥,前临蒲汇塘,商贾必由之地。七宝者,本故庵也,初在陆宝山,后吴越王赐以'金字藏经',曰:'此亦一宝也',因改名七宝寺。至宋初徙于镇,遂以取名焉。旧志以七宝为'北七宝'者,因镇有南北二寺,皆称七宝,其北寺隶青浦,而庙貌特宏,故亦称'北七宝'也。"民间传说,七宝因有金字莲花经、氽来钟、飞来佛、神树、金鸡、玉筷、玉斧等"七件宝"而得名,其中有3件宝与佛教有关,且存有实物。

宋初,七宝镇仅限于蒲汇塘以北区域。元末明初,七宝镇发展至蒲汇塘两岸的地区,"居民繁庶,商贾骈集,文儒辈出,盖邑之巨镇"。据历史资料,元至元十四年(1277年)属华亭县,十五年改松江府。元二十九年割华亭县境设上海县,这时,七宝镇又属上海县。到明太祖,辖华亭、上海两县,明嘉靖二十一年,又割华亭、上海分置青浦县,此时,七宝镇又属青浦县。明万历年间,以蒲汇塘和横沥河为界,七宝镇分属华亭、上海、青浦三县。虽然三县分治,但七宝镇的地域划分在明代已十分明确。东到横泾(现新泾港),西到小涞港,北到观音堂(现沪青平公路),南到顾司徒庙(现顾戴路)。这一镇域至今没有太大的变化。此后,七宝镇进入了一个发展期,明清两代进入繁荣期。

解放后,七宝隶属于上海县,当时为七宝大队。1981年,撤县设区,隶属于闵行区,1992年撤销闵行区、上海县,设立新的闵行区。自此,七宝古镇成为上海市区的一部分。

如今,七宝依旧和周边地区关系紧密,并对周边地区有广泛的影响。七宝是农副产品集散地,又是民众日常生活用品、生产资料的供应地,其商业影响可达方圆十几公里。周边地区民众都把到七宝称为"上七宝"。而2000年七宝老街修复改造后,七宝成为上海重要的休闲和怀古之地,天天客流如潮,又是另一种意义上的"上七宝"。

2005年,上海市政府公布《上海市郊区及浦东新区历史文化风貌保护区范围》,确定七宝老街为上海郊区32个历史文化风貌区之一。

四十二、堡镇光明街历史文化风貌区

堡镇光明街历史文化风貌区所涵盖的范围,以清末民初崇明岛地方传统风貌为主的居住街坊建筑群为主要风貌特征,是崇明岛上规模最大、历史建筑数量保存最多、蕴藏着堡镇乃至崇明岛不同历史发展时期丰富的物质与非物质历史遗存的历史文化风貌区之一。

该风貌区位于崇明岛堡镇老镇区中部,堡兴路以东、堡镇中路以西、工农路以南、堡镇体育场以北的区域内,总用地面积16.41公顷。核心范围分成三片,分别位于三个街坊内,主要是正大街和光明街所在的区域,面积约为4.60公顷,占风貌区总面积的28.03%,建设控制范围面积约为11.81公顷,占风貌区总面积的71.97%。

堡镇距离崇明岛县城城桥镇约26公里,历来为崇明岛东半部地区的经济、文化和交通中心。1659年(南明永历十三年),崇明岛遭受倭寇入侵,堡镇人民在现今的民本中学一带筑起一个个土堡,奋勇抗御倭寇。从那时以后,"土堡"周围聚居的人日益增多,镇就逐渐形成,镇名亦由此而得。发展到20世纪20年代前后,南北堡镇有30余个行业,160多片商店,市面十分热闹,形成了以街巷—穿堂—场心—门道为主要建筑肌理的建筑群。建筑群融合了四厢屋宅、三进两场心宅、四进三场心宅的传统民居以及少量西式风格的近代建筑。抗战时期,日本侵略者在实行残酷镇压的同时,进行了疯狂的经济掠夺。堡镇工商业惨遭践踏,市场萧条,城镇风貌遭受摧残。抗战胜利后,在国民党政府惨重掠夺下,堡镇各业每况愈下。解放后,在党和政府领导下,堡镇镇面貌发生了根本变化,水利、交通、商业、工业企业、市政设施等各方面都得到了发展;改革开放后,城镇经济更是快速发展,城镇面貌不断得到改善。

该风貌区内现有县级文物保护单位1处,为1923年左右建造的杜少如旧居;一般文物建筑10处,为施丹甫旧居、贞节牌楼、顾家宅、龚家宅、徐家宅、倪家宅、施家宅、黄家宅、龚家宅、陆公义宅;风貌保护街巷2条,为正大街(工农路至向阳路)、光明街(向阳路至堡镇中路)。

2005年,上海市政府公布《上海市郊区及浦东新区历史文化风貌保护区范围》,确定堡镇光明街为上海郊区32个历史文化风貌区之一。

四十三、崇明草棚村历史文化风貌区

该风貌区位于崇明岛西部三星镇镇域的东南面,东至星月路,西至白港,南至邋遢港南侧水泥路,北至星虹路,占地面积 12.56 公顷;核心保护范围包括老街以及沿老街界面两侧第一排的建筑物所在的区域,包括了保留历史建筑、一般历史建筑和传统街巷空间格局。规划核心保护范围的面积约为 0.42 公顷,占风貌区总面积的 15.61%。风貌区核心保护范围以外的区域为建设控制范围,是为了与核心保护范围的历史文化风貌相协调所必须实施规划控制的周围区域。本风貌区建设控制范围面积约为 2.27 公顷,占风貌区总面积的 84.39%。

三星镇距离县城城桥镇约 20 公里。草棚村是一个有百年以上历史的村落。从民间世代相传的口头历史上追溯,1853 年,有黄氏三兄弟(黄金虎、黄金荣、黄金甫)因避战乱而由江苏丹阳逃难到崇明,先在庙镇落脚,翌年到西沙(即草棚村)开店谋生。因草棚村在海洪港边上,紧靠长江,船只进出频繁,消息灵通,不久外省人纷纷前来开店做生意,发展很快,到清末民初各类店铺均已齐全,而尤多茶馆酒肆。

草棚村初创时,来开店的人大多就地取材搭些简易的用稻草毡顶,四壁围以芦苇、竹片条编扎而成的笆墙挡风遮掩雨的草棚屋作为店铺,于是就有了草棚村这个地名。最初的草棚村,历时不久便遭遇火灾,原有的草房大多烧毁倒塌,重建时就逐步改建成砖瓦房。

中华人民共和国成立前,海洪港轮埠就在镇的西南,旅客往来,络绎不绝。解放后海洪港逐渐淤塞,鱼汛也不断缩减终于消失。

中华人民共和国成立后,草棚村在不断变化发展。1956 年对私有制改造后,社会主义商业占了主要地位,供销社经济不断发展壮大,原来的店铺商贩合并成了合作商店。1984 年 3 月,原乡政府对三星镇建设做了整体规划,从老镇区东面向东延伸,形成了现在的新老镇区。自 1984 年开始,随着新镇区的发展和经济体制改革后供销社、合作商店的解散,老镇区内的商业和居民逐渐外迁至环境好、人气旺的新镇区,老镇区随之萧条,老镇区内已无商业企业,仅有少量居民,且以老年人为主,老街日常行人和车辆进出稀少,显得冷落、破旧。

草棚镇有一百五十多年的发展历史,它的发展历程反映了农村集镇自下而上的一种发展模式。它的空间格局、形态以及"如皋式"建筑构造法和历史建筑中保留的旧时商业建筑中的上翻店门、全脱卸门框、宣传标语、门牌店招等相对独特的建筑风貌,具有鲜明的地域特色、时代特色和历史感,反映了六七十年代计划经济时期农村集镇的一种商业形态,记录和传承着草棚村的发展历史。

风貌区内目前没有文物保护单位和上海市优秀历史建筑。现有一般文物建筑 6 处,均分布于解放新街上。

2005 年,上海市政府公布《上海市郊区及浦东新区历史文化风貌保护区范围》,确定崇明草棚村为上海郊区 32 个历史文化风貌区之一。

四十四、浦江召稼楼老街历史文化风貌区

浦江召稼楼老街历史文化风貌区位于闵行区浦江镇,在沈杜公路南侧,杜行五金厂西侧,南至召楼小学,姚家浜河从中穿过。

风貌区范围北至沈杜公路,南到礼园路北侧,西至秦裕伯路及复兴港,东到上海华灵阀门厂,总

面积约 7.60 公顷,南侧梅园、奚氏宁俭堂宅院区域为规划研究范围。核心保护范围是保护建筑、保留历史建筑较为集中,空间格局保存完好,风貌特征明显,需要严格控制的区域,以姚家浜河和保南街两侧区域为骨架的区域,面积约 2.01 公顷,约占 26%。建设控制范围是北至沈杜公路,南到保南街对面街,西至镇西路,东到上海华灵阀门厂,总面积约 5.59 公顷,占风貌区总面积的 74%。

风貌区由众多保存较完好的名宅故居、传统街巷、古桥和河道等共同组成,为典型的自然发展形成的水乡城镇格局,以展示浦江镇历史人文和农耕文化为主题,以"丁字街、丁字河"为结构,以商业旅游、农耕文化体验和居住功能为主体。众多名宅故居风貌独特、建筑类型丰富,明清传统街巷景观多变、尺度宜人,河道风貌犹存,留存有召楼镇发展的历史痕迹,蕴藏着丰富的物质与非物质的历史遗存。

风貌区内的文物保护单位共计 7 处,包括区级文物保护单位 3 处,分别是梅园、奚氏宁俭堂宅院和赵元昌商号宅院,以及区级文物保护点 4 处,分别是礼耕堂、奚家恭寿堂住宅、道南桥和奚世瑜住宅。

召稼楼于元大德年间形成村落,兴起于明嘉靖、万历年间,距今已有 800 多年的历史,是古代的浦东垦荒中心。据历史资料,宋靖康二年(1127 年)南宋迁都临安(现杭州)后,北宋中原地区的农民、士人、官员随同南下,部分定居在召稼楼一带。隐居在此的谈德中"招纳流亡无依之民"垦荒种田,为了便于召集和管理垦荒农夫,谈德中在现召稼楼镇的北街口搭建了一座平台式的小楼("小楼专为召集稼耕农而用"《谈氏家谱》),村镇由此得名。后来谈宁一将平台式的"召稼楼"拆建为钟楼,"上悬大钟",鸣钟召唤农夫耕田。据《上海市地方志》记载,后来明朝工部右侍郎谈伦之子谈田,重建钟楼,鸣钟召唤农夫耕田。

发展至清光绪初,召稼楼有商店 60 余家,居民百余户。聚落沿姚家浜两侧呈东西向矩形分布,主街丁字形,东西向街长 500 米,为商业闹市,有集市贸易。水道畅通,航行方便。镇上以谈、奚、沈三姓氏为主。

20 世纪初,由于年久失修等原因,召稼楼已经"垂垂老矣"。文物保护专家、人大代表等多次呼吁对古镇进行保护。在闵行区政府协调下,区文广局、水务、环保、建管等部门共同确定了召稼楼的修复改造项目,并于 2008 年启动。共修复历史建筑近 4 万平方米,累计投资近 4 亿元,包括上海城隍秦裕伯纪念馆、明代水利专家叶宗行纪念馆、4 条古镇沿河街道和 10 座跨河连街桥梁等设施。2010 年 5 月 28 日,完成修复改造的召稼楼正式对外开放。在浦江镇政府高度重视下,召稼楼还将进行多次工程,诸多地标性建筑和景点都将开发建设,文化建设方面将陆续启动。

如今,召稼楼共有保南街、北长街、南长街三条分别经营餐饮小吃、特色商品、文化古玩为主题的商业街,其中北长街为小吃餐饮一条街,聚集了上海滩各种著名特色小吃。召稼楼里的礼园集中展示浦江镇的历史现代名人,及其事迹和贡献,包括叶宗行、秦裕伯等。礼园内还建有"秦怡艺术展示馆",共有五个展厅,展现了享誉国内外的当代杰出艺术家、曾被誉为中国戏剧电影界的四大名旦之一、秦裕伯的十七代后人秦怡的电影生涯缩影、所获得的荣誉和成就以及对家庭、对艺术、对社会的奉献和追求,对秦怡 70 多年艺术实践进行了全面回顾。馆内收藏了相关影像、剧照、奖杯奖状、手稿文稿、中外艺术家合影等珍贵展品千余件,为众多文艺爱好者提供了一个了解秦怡、了解中国戏剧电影史发展的好去处。

2005 年,上海市政府公布《上海市郊区及浦东新区历史文化风貌区范围》,确定召稼楼为 32 个上海市郊区及浦东新区历史文化风貌区之一。

第二节 历史风貌保护道路

根据《上海市历史文化风貌区保护规划》，上海中心城区的 12 个历史文化风貌区内有 144 条风貌保护道路，分属一、二、三、四类。风貌保护道路中属一类的有 64 条，15 条在黄浦区，5 条在虹口区，21 条在徐汇区，1 条在静安区，2 条在长宁区，20 条为跨区道路，这些道路各具风貌特色，见证了上海的历史发展，将"永不拓宽"。其余 80 条分属二、三、四类。上海市城市规划管理局根据《上海市历史文化风貌区保护规划》《上海城市规划条例》《上海市历史文化风貌区和优秀历史建筑保护条例》等法规，制定了《关于本市风貌保护道路（街巷）规划管理的若干意见》（下称《意见》），对这四类风貌保护道路的规划管理作出相应的规定。此项《意见》于 2007 年 8 月 21 日正式公布，2007 年 9 月 17 日经上海市人民政府批准，并转发各相关行政部门执行。包括适用范围、含义、管理机制、规划管理基本要求、规划编制的依据及作用、规划组织编制和审批、规划内容、控制要素的有关规定、日常监督管理、词语解释。

今按其所属历史文化风貌区分别择要简述，并附 64 条永不拓宽的马路列表于后，以便稽查。

坐落于外滩历史文化风貌区内的中山东一路、南京东路、北京东路、福州路、汉口路、广东路、江西中路、九江路、圆明园路、香港路、滇池路具有相似的风貌特色，它们滨临黄浦江，可视为以中山东一路为起点，向内延伸建设的区域。道路两侧万国建筑鳞次栉比，错落林立，它们见证了上海开埠之后最早的金融、文化、娱乐行业的发展。

中山东一路俗称外滩，南起延安东路，北至苏州河边，东望浦江，西面是形成于 19 世纪上半叶的建筑群，自南向北依次为亚细亚大楼、上海总会、有利大楼、日清公司旧址、旗昌洋行、轮船招商局、汇丰银行、海关大楼、交通银行、台湾银行、《字林西报》大楼、麦加利银行（渣打）、汇中饭店、沙逊大厦（华懋饭店）、东方汇理银行、中国银行大楼、横滨正金银行大楼、扬子大楼、怡和洋行大楼、东方汇理银行大楼、英国领事馆。

上海外滩建筑群的整体风貌是西方古典主义风格，其中最先建成的是今位于黄浦江与苏州河交界处的中山东一路 33 号原英国驻沪领事馆，始建于 1846 年，1849 年落成，英国领事馆迁入办公。1870 年建筑毁于火，1872 年奠基重建，1873 年建成。这栋建筑是典型的英国文艺复兴时期外廊式建筑风格，融入东南亚的百叶窗设计。大门内有典型的英式花园，建筑正面有宽阔的草坪，在落成使用之初，是远东最大的英式草坪。这座建筑至今基本保持原貌。

中山东一路 12 号汇丰银行大楼建于 1923 年，由英国设计师威尔逊设计建造，是近代西方古典主义建筑的杰作，英国人称之为"从苏伊士运河到远东白令海峡最讲究的建筑"。在它身旁的海关大楼始建于 1893 年，原是一座 3 层砖木结构英国都铎王朝风格建筑，1927 年拆除重建，同样由威尔逊设计，建造为 10 层楼高的哥特式钟楼建筑，与汇丰银行大楼相映成趣，成为著名的"姊妹楼"。

中山东一路 19 号和平饭店南楼始建于 1854 年，是中央饭店所建的豪华旅店。1903 年由英商汇中银行收购并改组为汇中饭店，1906 年重建为 6 层英国文艺复兴时期风格的大楼，1908 年建成。汇中饭店建成之时，是当时"上海第一摩天大楼"，并拥有上海最早的屋顶花园。1914 年屋顶花园毁于火，屋顶改建为平顶。1965 年大楼改建为和平饭店南楼，1998 年修复屋顶塔亭。相隔一条九江路的中山东一路 20 号和平饭店北楼原为沙逊大厦、华懋饭店，由犹太人沙逊设计建造于 1929 年。大厦共 13 层，1—3 层为办公楼，10 层以上是沙逊家族住宅，其余由华懋饭店经营管理。1956 年沙逊大厦改名为和平饭店。

其余洋行建筑如怡和洋行、汇理银行等均各具特色,中山东一路被誉为"远东华尔街"。而轮船招商局、海关大楼、《字林西报》大楼及道路东侧的陈毅广场、黄浦公园等,则从不同角度见证了上海开埠后的城市建设。

南京东路的特色风貌是近代城市商业,著名的百货公司此起彼伏,贯穿整条马路。北京东路则是以华商聚集的金融街闻名。福州路是报馆和书肆汇集之所,见证了近代出版业在上海的崛起。汉口路、广东路、江西中路、九江路见证了上海近代城市文明的发展。

衡山路—复兴中路历史文化风貌区内的风貌保护道路数量最多,整体富有欧洲风格。衡山路始建于1922年,由法国公董局建造,初名贝当路。衡山路曾是法租界里的高档住宅区,建筑以花园洋房住宅为主,风格则以欧式为基调。教堂、学校等设施间插其中,清水红砖外墙的原美童公学建筑带着英国乔治亚风格风格,国际礼拜堂为德国哥特式建筑风格,是多元而和谐的海派文化典型。道路两旁自建筑规划以来便满栽法国梧桐,充满法国情调的林荫道逐渐成为衡山路的名片。衡山路的南端,广元路、宛平路交叉坐落,道路两侧除了法式洋房之外,也有装饰艺术风格的公寓和新式里弄。建国西路和乌鲁木齐南路与衡山路中段交叉,道路建筑以旧式里弄、新式里弄、石库门里弄为特色,属于新古典主义风格。在衡山路的另一端,汾阳路、桃江路、东平路、岳阳路交错。汾阳路之于上海,就像维也纳之于奥地利一样,音乐的符号无处不在。汾阳路两旁全是高大粗壮的法国梧桐,梧桐深处坐落着一幢幢花园住宅,音乐学院就在其中。桃江路优雅而低调,那一排有着拱形挑檐的红砖墙联排洋楼载满了上海的往日情怀,桃江路45号曾是宋庆龄的居所。东平路与桃江路、汾阳路风帽相似,道路很短,故事却很长。东平路7号曾是孔祥熙的住所,9号爱庐则是宋美龄的陪嫁之物,11号是宋子文旧宅。岳阳路素有"上海的人文地标"之称,十字路口的三角街心花园中央,矗立着一座塑有俄国诗人普希金铜像的纪念碑,路上有教育会堂、京剧院、科学院等,建筑风格则有现代派建筑、文艺复兴风格花园洋房等。

复兴中路始建于1914年,后经两次东西向延伸,形成今天的格局。沿路为住宅区,西段以花园洋房和公寓居多,东段以石库门和里弄建筑居多。

淮海中路是具有法国格调的时尚商业街,复兴中路与复兴西路则融东西方文化于一体,是典型的海派马路。香山路原名莫里哀路,皋兰路原名高乃依路,皆由法国公董局建造,街道以法国戏剧家命名,建筑为法式小洋房,洋溢着诗人气息。巨鹿路、富民路在建造之初均以法国将领的名字命名,优雅地收藏着一段上海历史。长乐路上的漫布着从新式里弄到新古典主义小洋房的各色建筑,留下过文学家、艺术家和革命烈士的足迹。延庆路上也曾是文化名人聚集之地,其建筑则以新式公寓、法式里弄和花园住宅为特色。新乐路上的俄罗斯建筑是在各风貌保护道路中较为特殊的,即使在整个上海境内也不多见。北起淮海路、南至泰康路的思南路是一条被法国梧桐覆盖的小马路,也是一条法国味道很浓的路。思南路是昔日上流社会汇集之地,而历史上几件重大的事件也都和这条路有关。

华山路原名徐家汇路,始筑于1861年,1921年改称海格路,1943年10月改称华山路。华山路上有上海为数不多的胡同——大胜胡同,汇聚了名人住所的"枕流公寓",第一座中西结合的花园洋房丁香花园,其余花园洋房、公寓、剧场、弄堂错落有致,风格鲜明。

位于虹桥路历史文化风貌区的虹桥路是20世纪初由公共租界工部局"越界筑路"而形成,路上绿树成荫,绿荫中散布着欧式花园别墅、宋氏别墅、陈氏别墅、孔氏别墅、沙逊别墅等均在其中。

山阴路历史文化风貌区中的风貌道路有山阴路、甜爱路、溧阳路,山阴路自开辟以来就是居住区,新式里弄普通民居居多,甜爱路上则散布着一些精致小巧的花园洋房,这一代是海派文化的聚集地,曾留下许多文学家、艺术家的足迹。

提篮桥历史文化风貌区中的霍山路、惠民路、舟山路曾是犹太难民的聚集地,建筑以新旧里弄为主。20世纪初,美犹联合救济会曾有在此设立分支机构,安置、管理犹太难民,为难民建造住宅、公园、学校,这一带平民化的风格由此形成。

南京西路历史文化风貌区曾是外国侨民的聚集地,富商、水兵、难民都在此逗留,西班牙人、葡萄牙人、白俄罗斯人都有,风貌道路如陕西北路、茂名北路,也是花园洋房和新式里弄兼有,要而言之是崇尚洋派生活的典范。

第二篇

考古发掘

上海地区的考古工作始于 1935 年发现金山戚家墩遗址。张凤、卫聚贤、蒋大沂、金祖同等通过在金山卫海边的数次考古调查，采集了近千片陶片标本，由此确认戚家墩遗址的年代最早可追溯至春秋时期。此后金祖同对采集品做了详细的分类、排比和研究，出版了具有考古调查报告性质的《金山卫访古记纲要》。

中华人民共和国成立后，上海地区的考古工作逐步体系化、规范化地开展起来。1956 年，上海博物馆成立考古组，黄宣佩担任组长。1958 年至 1959 年，原属江苏省的上海、青浦等十个郊县划归上海建置，上海考古工作的范围随之大大扩展。1958 年，在淀山湖意外打捞获得一批石器、陶片和动物骨骼标本等，根据这批遗存的特征，首次确认上海有新石器时代遗址。自此，为配合农业工业生产、基础设施建设，通过文物保护宣传，依靠群众提供线索，由市文物管理委员会、上海博物馆考古研究部等调查、发掘和研究，至 2010 年，上海地区已调查发现 30 余处古代文化遗址。

20 世纪 50 年代末至 60 年代初，上海考古工作者发现了闵行马桥遗址、松江广富林遗址、机山遗址、北干山遗址、钟贾山遗址、南阳港遗址、青浦崧泽遗址、金山坟遗址、乐泉村遗址、福泉山遗址。60 年代中后期至 70 年代，又相继发现了松江汤庙村遗址、姚家圈遗址，青浦千步村遗址、寺前村遗址、刘夏遗址、果园村遗址、凌家角遗址，金山亭林遗址、招贤浜遗址、张堰口遗址、查山遗址，奉贤柘林遗址，浦东严桥遗址等。

1959 年 12 月至 1960 年 2 月，上海博物馆考古组在马桥遗址进行抢救性发掘，这是上海第一次科学考古发掘。1966 年，马桥遗址第二次发掘。崧泽遗址则在 1961 年和 1974 年至 1976 年进行过 2 次较大规模的发掘。这两处遗址的发掘是 20 世纪六七十年代上海考古的重点，对遗址的堆积过程、延续时间和文化内涵做了深入研究。通过这一时期的调查、发掘和研究，上海考古先驱基本摸清了上海古文化遗址的分布情况，证明了先民在上海地区创造了 6 000 年的历史，反映了上海古代文明的形成、变化和演进的轨迹，也是上海城市文化传统生生不息的象征。

20 世纪 80 年代，中国文明起源成为考古学研究的重点问题。1982 年至 1987 年，上海考古工作者 3 次发掘福泉山遗址，第一次从考古地层学上明确人工堆筑的高台墓地是良渚文化贵族墓葬的主要埋藏方式。受此启发，80 年代后期在浙江良渚遗址群内陆续发现反山、瑶山等重要遗址，一系列重大考古发现，使良渚文化成为探讨中国文明起源的一大热点。

20 世纪 90 年代，上海考古工作进入以课题意识带动考古发掘和研究的新阶段。1993 年至 1994 年，马桥遗址再次发掘，发掘主持者将考古学研究的范围扩展到地理环境、自然遗存等相关领域，通过多学科的综合研究，更全面地了解遗址形成过程、人地关系和各个时期人类活动的特点。

21 世纪以来，广富林遗址成为上海考古的重点，发掘工作将环境考古研究纳入项目计划，指出了古地貌变化与人类居址选择之间的可能关系，并发现了良渚文化向广富林文化转变过程中环境的耦合关系。动物考古、植物考古、体质人类学等的合作研究也深入开展。2001 年，志丹苑元代水闸遗址被发现，经过数年的调查、试掘、基坑围护和正式发掘，至 2006 年遗址全貌被揭露。该水闸遗址规模宏大、做工考究、保存较完好，在中国水利工程发展史上有极其重要的地位，对研究吴淞江流域的历史变迁、吴淞江对上海城镇、城市发展所起的作用等，具有重要科学价值，因此入选 2006

年全国十大考古新发现，这是上海考古工作首次获评"十大"。

2007年，以浙江的良渚古城发现为契机，上海考古工作者再次对福泉山遗址进行了全面地调查和发掘，新发现了吴家场地点的良渚文化晚期权贵墓地，已清理2座大墓，出土大量重要文物，充分说明福泉山遗址是上海地区良渚文化时期最重要的遗址，代表了当时上海地区政治中心，对研究中国文明起源问题具有重要学术价值。2010年起，上海考古工作者开始重点发掘青龙镇遗址，随着对遗址的布局和内涵的认识逐步深化，确证了青龙镇是上海最早的对外贸易港口，是古代海上丝绸之路的重要节点，为上海古代城镇发展和海上丝绸之路考古研究提供了新的材料。

除上述重点发掘以外，历年的抢救性考古发掘还清理了大量古代墓葬，涵盖从先秦至近代，清理保护了大量文物，研究获得了大量历史信息，使得对上海古代历史的各个阶段有了更为丰富而深入的认识。

回顾上海考古的历史，大致可以分为前后两个阶段，第一阶段从20世纪50年代到80年代，上海考古的基本任务是发现新的遗址、研究考古学文化、建立本地区考古学文化发展序列、探索历史时期的社会经济文化面貌。第二阶段从20世纪90年代发展至今，上海考古在继续完善考古学文化发展序列和实证上海古代城镇发展历程的同时，更加注重以课题意识带动考古发掘和研究工作，采用多学科合作的方式，深入研究各个时期的人地关系、生活状况、社会结构和重要历史事件等。

第一章 遗 址

　　上海地区遗址包含的史前文化内涵,按年代序列,有6种,即:一、马家浜文化:因最早发现于浙江嘉兴马家浜遗址而得名,主要分布在长江三角洲地区,是迄今发现的太湖流域最早的新石器时代文化,距今7 000—6 000年。上海地区迄今已发现3处马家浜文化遗址,为崧泽遗址、福泉山遗址和查山遗址。二、崧泽文化:因最早发现于上海青浦崧泽遗址而得名,属于新石器时代,它上承马家浜文化,分布范围以太湖流域和长江三角洲为主,距今6 000—5 400年。上海地区发现的崧泽文化遗址达8处以上,其中以青浦区的崧泽遗址为代表,此处集中发现了100多座崧泽文化墓葬。三、良渚文化:以首次发现于浙江省杭州市余杭区良渚遗址得名,属于新石器时代,是崧泽文化之后进一步发展的社会阶段,距今5 400—4 300年。上海地区已发现良渚文化遗址多达18处,其中福泉山遗址的良渚文化墓地已发现不同等级的11座权贵大墓。四、钱山漾文化:以首先发现于浙江钱山漾遗址而命名,属于新石器时代,上接良渚文化,年代为距今4 300—4 100年。上海地区目前的发现主要集中于广富林遗址。五、广富林文化:以上海松江广富林遗址的发现而得名,属于新石器时代,距今4 100—3 900年。上海地区目前的发现主要集中于广富林遗址。六、马桥文化:得名于上海闵行马桥遗址,属于青铜时代,距今3 900—3 200年。马桥文化以闵行马桥遗址最为典型,上海发现这类文化遗存16处。

　　据此,大致可将上海最早的近3 000年历史划分为两大阶段:第一阶段从马家浜文化开始,经崧泽文化到良渚文化,它反映了长江三角洲原始本土文化从形成发展到史前文明高峰的过程;第二阶段从钱山漾文化开始,经广富林文化至马桥文化,反映了新石器时代末期以后,上海地区与周边地区文化不断碰撞和融合的过程。

　　进入有文字记载的历史时期,西周至汉代,上海地区进入新一轮发展期,许多遗址都包含这个时期的遗存,广富林遗址周至汉时期的聚落范围至少达数十万平方米,一系列重要发现充分显示当时此处是相当繁荣、等级较高的聚落,已经显露出上海早期城镇的雏形。

　　唐代上海地区开始有独立行政建制,2010年以来对青龙镇遗址的考古发掘开始揭露当时上海地区市镇繁荣的面貌。宋元时期是吴淞江流域水系变迁、上海地区经济社会快速发展的阶段,发现于2001年的志丹苑元代水闸遗址对这一系列相关问题的研究具有非常重要的科学价值。明清时期,上海地区人口稠密、城镇密集、经济发达,诸多反映当时贸易活动、城防海防、社会生活的遗存通过考古工作被发现。

　　以下择要记叙1995—2010年考古发掘的古遗址,并收录部分1995年前的资料,以拾遗补阙。因考古工作的特殊性,一个遗址的发掘可能延续数年,前后的几次发掘、调查往往具有关联性,故2010年之后的部分情况也会有所涉及,以保持资料和记述的完整性。

第一节 青 浦 区

一、崧泽遗址

位于青浦区赵巷镇崧泽村,当地称为假山墩的土墩上及其周围农田下。遗址面积约15万平方米,进行了多次较大规模的发掘,发现了目前为止上海最早的房址、水井及人头骨。

1957 年市文物保管委员会在青浦县进行考古调查时,在长阔各约 90 米、高约 4 米的假山墩上采集到数片新石器时代的夹砂红陶和泥质灰陶陶片;1958 年上海市文物保管委员会在村北挖掘鱼塘又发现了鹿角、陶片和石器,从而认定该处存在古文化遗址。1960 年 11 月市文管会在该地试掘后,随即于 1961 年、1974—1976 年、1987 年和 1994—1995 年、2004 年进行了多次考古发掘和勘探。

20 世纪 60 年代至 90 年代的发掘研究探明:崧泽遗址假山墩有三层古文化堆积,上层是春秋战国时期;中层是新石器时代的墓地,属于一种新的文化类型,具有典型性,且被广泛发现于太湖流域,于 20 世纪 80 年代被命名为"崧泽文化";下层是新石器时代马家浜文化遗存。

在下层居住堆积中,发现了古人使用的石斧、玉玦和夹砂红陶釜、陶炉箅以及泥质红陶豆和盆等器物。所见石斧厚实,方梯形,底边从两面磨出刃口,器身中间琢一孔;玉玦环形,一侧开一缺口,是耳上佩带的饰件;陶釜作圆筒形,敞口,深腹圜底,肩部有一对小方耳,耳下突出一周宽沿,可以搁置在灶眼上炊煮;炉箅长方形,中部有五根炉条,两侧各有一竖耳;陶豆和陶盆均为素面,器表有红褐色陶衣。这些器物都显示出马家浜文化的特征。此外在一灰坑中,发现了人工培植的粳稻和籼稻谷粒,80 年代的发掘发现了两口直筒形土井,属中国已知年代最早的水井之列。下层遗存经放射性碳同位素测定,年代为 5 985±140 年。据孢粉分析,当时为中亚热带温热潮湿的气候,比目前年平均温度高 2℃～3℃。下层马家浜文化的发现,把上海地区古史研究的年代提早到距今 6 000 年前。

中层的崧泽文化墓地按墓位分布现象,有东北、北、西北、南和西部 5 个墓群,是一处氏族墓地,埋葬习俗以仰身直肢单人葬为主,有个别为双人合葬、二次葬、俯身葬等。随葬品以陶器为主,其次为石器、玉器和骨器,另有 6 座墓随葬猪、鹿的牙床或肢骨。出土的陶器以灰黑色为主,已使用轮制技术。器物纹饰盛行压划编织纹;镂刻圆形和凹弧边三角形的镂孔;彩绘宽带纹、波浪纹等红褐色图案;以及饰锯齿形的堆纹。

崧泽文化生产工具有石斧、锛、凿,发明了石犁、石镰等新工具,表明农业技术从耜耕发展为犁耕,生产力有了重大进步。

中层的放射性碳同位素测定年代为距今 5 860±245 年和 5 180±140 年。孢粉分析,早期属中亚热带温热湿润气候;中期为温带的温凉气候,比目前气候凉干;晚期为中亚热带温热湿润气候,比目前温度高约 1℃～2℃。

在上层发现的春秋战国时代的硬陶豆、硬陶罐,原始瓷盒与瓷豆,以及拍印回字纹、曲折纹、斜方格纹、米筛纹和米字纹等印纹硬陶陶片,与金山戚家墩遗址出土的陶瓷器特征大致相似。

2004 年,为了解过去被现代建筑覆盖的区域地下遗存情况和土墩以外新石器时代文化的分布状况,上海博物馆考古部在遗址中心假山墩上以前民房的基础下以及假山墩北的农田里布方发掘,发掘面积 407 平方米,最大收获是发现了一批马家浜时期遗存,清理了该时期墓葬 17 座、房址 3 座、灰坑 25 个、特殊遗迹 2 个及高台用火祭祀遗迹一处,出土一批玉、石、骨、陶器。

马家浜文化遗存在遗址中分布的范围较广,西跨油墩港,北达假山墩以北的农田,东至崧泽塘,南面到假山浜,呈西薄东厚状分布,其主要堆积在假山墩东部地势较高的小高地上。综合前几次发掘成果,马家浜遗存在遗址西部地势低平的地方多生活遗迹,如水井、用陶片铺成的室外活动场地,而在东部即地势较高的小高地则是墓葬和祭祀区域。

这次清理的 17 座马家浜文化时期墓葬,是迄今本地区年代最早的墓葬。以平地掩埋为主,偶见浅土坑,不见葬具。骨架大多保存良好,单人葬,头向以偏北为主;葬式多样,有仰身直肢葬、俯身

图 2－1－1　2004 年青浦崧泽遗址发现
马家浜文化墓葬人头骨

1977 年，公布为上海市文物保护单位。

直肢葬、侧身葬和屈肢葬等；墓主人以青壮年为主，其中男性平均年龄 30 岁以上，女性 20 岁左右。随葬品不甚丰富。比较特殊的是在一墓主人的口内发现 1 件玉琀。

3 座房址皆为地面式建筑，1 座结构较完整，2 座残缺，平面形状不明。

小高地上有多处不能连成片的红烧土面，与祭祀有关。比较明确的用火遗迹有 1 处，其北面是 1 个人头骨，头骨的南面是一片经过火烧的地面，这或许是太湖地区最早的"燎祭"遗存。另外，本次清理的灰坑中有一个放置着 1 副较完整的鹿角和多个龟壳。

1962 年，公布为上海市文物保护地点。

二、福泉山遗址

福泉山土墩位于青浦重固镇西侧，东西长约 94 米、南北 84 米、高约 7.5 米。1962 年市文物保管委员会开展文物普查时发现其中蕴藏古文化遗址。1977 年，当地学生在土山东侧劳动，掘出崧泽文化的陶罐与陶壶。1979 年，市文物保管委员会进行试掘，探明在福泉山周围农田下，西部有马家浜文化层，北部有崧泽和良渚文化层，东部有良渚文化层，南部有马桥文化和吴越文化层。当时探明的遗址范围大体以福泉山为中心，东西长约 500 米，南北约 300 米，面积约 15 万平方米。1982 年，配合当地挖土筑路工程，对福泉山进行第一次发掘。1983—1984 年以及 1986—1987 年，为研究太湖地区新石器时代文化，又做了第二、第三次发掘。三次发掘面积达 2 235 平方米，发现福泉山是新石器时代良渚文化时期在崧泽古遗址上堆筑的一座高台墓地，其下有崧泽文化的居住遗迹 1 处，墓葬 18 座，其上有良渚文化墓葬 32 座，此处还有吴越文化墓 2 座、楚文化墓 4 座、西汉墓 96 座、唐墓 1 座、宋墓 3 座，文化内涵极为丰富，堪称"上海古代历史年表"。

崧泽文化居住遗址，地上残留四块木柱的垫板和一些小树条；居址的西南角有一堆废弃物，内有灰烬红烧土、陶器的碎片、残玉璜、陶网坠、骨锥以及食后丢弃的猪、鹿、鱼、龟等动物的碎骨。居址的东北有一个灶塘；圆形灶穴，一端有一条出灰口，灶塘内壁被火烧红，并充满炭灰，灶旁有一件烹饪用残角尺形足大陶鼎。崧泽文化墓葬共 19 座，埋葬以单人为主，另有双人和三人合葬墓各 1 座，大多采用平地堆土掩埋的方式，也有挖坑埋葬且使用木质葬具。如第 16 号墓的 2 具人骨，是男女合葬，东为成年男性，仰身直肢，面向左侧；西是成年女性，侧身，面向右侧。随葬器物 4 件，1 件夹砂灰褐陶大鼎置于两者的头前，2 件陶网坠在两者中间腰下，1 件骨镞在女性头骨的左上角。随葬品的位置说明财产为男女共有。第 23 号墓的 3 具人骨架，是子女从父合葬。中间为成年男性，仰身直肢，头向左侧，两侧各依附 1 个儿童。左侧儿童仰身直肢，右侧儿童侧身，与成年男子骨架贴身，墓中未见随葬器物。这一层的碳 14 测定年代为距今 5 620±110 年、5 555±110 年和 5 295±120 年。

良渚文化大墓的发现，是福泉山遗址三次发掘最突出的收获。30 座墓都埋葬在人工堆筑的高台墓地上，与良渚平民都葬于平地的不同。中心部位是两组上下层层叠压的墓群，其他墓葬分布在周围。葬式是挖土坑埋葬，并有凹弧形大木上下相合的棺具。墓中出土的玉器和陶器的工艺水平极高，如青玉鸟纹神像琮，玉质淡绿色，半透明，琮的四角以角线为中心，各雕琢一位神像，神像的上下四角细刻四只飞鸟，纹饰有主纹和填纹，有浅浮雕和线刻，呈现极高的雕琢技巧，器表还作细致抛光，反射出一种玻璃般的光泽。1件黑衣灰陶阔把翘流壶，造型类似立鸟，器表乌黑发亮，显现金属般光泽，通体细刻曲折纹和鸟纹，也是良渚黑陶工艺的代表作品。这些高规格的埋葬，反映墓主人具有特殊地位。在土墩中心墓群的上面，尚有燎祭的祭坛。祭坛南北长 7.3 米，东西最宽处 5.2 米，作阶梯形。自北而南自下而上，有三级台阶，每级周围散乱地堆积经过切割的土块，形成不规则的方圆形。在土墩东山脚下，还有一堆从海岸遗迹冈身上取来的介壳屑。这些遗迹是研究当时祭祀方式的重要资料。土墩中心部位的二组墓群中，还出现用人殉作祭祀的现象；139 号墓的棺内人骨架，是成年男性，仰身直肢，头向南，随葬器物数量多，头骨口内有玛瑙琀 1 件，上下肢骨上分两行放置石、玉钺 12 件，手臂上有玉镯，头前有玉锥形器，身上还有玉管和小饰片多粒，足后棺外有一堆精致的陶器。而在墓坑和木棺的东北角上面，另有 1 具人骨，是青年女性，屈身，上下肢弯曲而分开，似跪着倒下的样子，头向西北。头顶上有玉环 1 件，面颊骨有玉饰片 1 粒，颈部和下肢骨上各有玉管 2 件，是在墓主掩埋后，以人牲作祭祀的现象。145 号墓，在长方形的墓坑北端，另有一个小坑，坑内塞入 2 具人骨，一为青年女性，一为少年，都是头向东，屈身屈腿，双手朝后，面颊向上，呈反缚挣扎状，身旁无任何随葬器物，当是 145 号墓主的人殉祭祀坑。良渚文化人工堆筑高台墓地的发现，充分证明福泉山遗址是上海地区良渚文化时期最重要的遗址，代表了当时上海地区的政治中心。这一时期，社会复杂化进入新阶段，社会分化和阶层对立加剧，在中国文明起源进程中有着重要地位，因此有学者称之为良渚文化时期的"福泉山古国"，福泉山土墩被誉为"东方的土筑金字塔"。

　　战国时代的吴越文化墓 2 座，发现于福泉山土墩西约 50 米的庄泾港附近，墓的土坑痕迹与棺木人骨已难以辨认，仅见米字纹、麻布纹硬陶坛，陶纺轮，夹砂红陶绳纹釜，原始瓷碗和瓷杯等随葬器物两堆。特征与金山县戚家墩遗址出土的吴越文化器物相似。

　　战国晚期楚墓 4 座，为土坑墓，其中青福 1 号墓人骨保存尚好，头北向，仰身直肢，在紧贴头骨顶和左耳旁各有玉璧 1 件，前一件为云纹白玉璧，后一件是双尾龙纹绿玉璧。人骨右侧，自北向南放置灰陶壶、盒、鼎、豆各 2 件，罐 1 件。随葬器物的器形，鼎带盖，盖上有鼻纽，器腹两侧有一对长方形附耳，腹下部附 3 只长足，足上部略为外拐，饰兽面纹，下端作蹄形；壶侈口，短颈、圈足，肩与腹下部饰数道弦纹，肩部附双耳；盒扁圆形，盖上有道凹弦纹，底附圈足；豆作浅盘形，喇叭形圈足。这些器物都具有楚文化的特征，显示公元前 355 年楚灭越后上海地区出现的楚文化面貌。

　　西汉墓葬 96 座，均为长方形土坑墓，清理后坑内隐约可见棺木与人骨痕迹，随葬器物分别置于棺木一侧，或头前足后，有半瓷半陶的鼎、壶、盒、瓿、灰陶罐、泥质半两钱，五铢钱与麟趾金，以及青铜镜、铜带钩等，个别还发现了泥电、陶纺轮、铁剑、铁削、铜铃、铜套印、石珌、石砚和琉璃小珠。其中 108 号墓接近正方形，坑内北半部可见一具棺木痕迹，棺内人骨架朽蚀，人骨似为头向西。骨架旁有铁剑、铜镜各 1 件，琉璃珠 1 串。坑内南半部有大量随葬器，靠近棺木有 1 件铜矛，矛柄下端之铜镦尚在，可知矛长约 1.9 米。铜矛上铸双尾龙纹，极为精致。另 1 件是木殳，与矛并行，木质亦朽，遗留两端的铜箍。在此 2 件兵器之南，有半瓷半陶鼎 5 件、瓿 2 件、盒 4 件、罐 2 件、灰陶罐 1 件、铜洗 1 件。其中置于东侧的一件罐内，满贮铜五铢钱。另在鼎盒近旁，有一堆泥五铢钱。在靠近东坑壁处，还有数块砺石与 1 件铁削。唐墓 1 座是券顶砖室，平面呈腰鼓形，已遭破坏，墓内残存弧面白玉戒指 1 件，双股银发钗 1 件，四系、鼓腰形青釉瓶 2 件，开元通宝钱 100 余枚。

宋墓3座,有2座属北宋时代,其中一座是长方形土坑墓,坑内可辨棺木与人骨痕迹,棺中骨头向北,仰身直肢,头骨顶部有铅发簪1件,东北角有釉色滋润、造型优美的越窑莲花形盖罐、瓷盒、漆器各1件,在棺内还散洒至道元宝、咸丰元宝、祥符通宝、宋元通宝、乾元重宝、景德元宝、皇宋通宝、景祐元宝和开元通宝等唐与北宋铜钱27枚。棺外东北角有釉陶瓶1件。另一座为砖室墓,仅残存墓底,出土风字形石砚、四系青釉瓶、海兽葡萄铜镜各1件,祥符元宝、至道元宝等宋代铜钱3枚。有一座为南宋砖室墓,破坏严重,仅存一部分。墓底发现铁牛2件,平头圆锥形白玉簪、青釉瓶、铁买地券各1件,绍兴通宝钱10枚。

2007年,随着良渚古城的发现,对于良渚文化的聚落形式和布局有了新的认识,上海博物馆考古研究部自该年末起有计划地对福泉山遗址进行了全面的调查和试掘工作。地面调查发现,在福泉山土墩周围的农田中,广泛分布着古代文化遗存,地表所见陶片以春秋战国时期为主,探明遗址总面积约100万平方米,远远大于原先所界定的15万平方米的范围。根据地面调查并结合航空照片分析,发现围绕土墩的一条水道外侧有明显高于地表的高地。为了确认高地的堆积情况,野外工作采用了钻探方式,探明高地以黄土堆积为主,地表以上的堆积形成于春秋战国时期之后,地表以下的堆积形成年代尚待进一步发掘确认。水道内侧西北角也存在明显高于地表的高地,当地居民称为"丞相坟"。钻探结果显示,其堆积情况与水道外侧基本相同。

此次调查也对土墩北侧农田进行了钻探,发现有马家浜文化时期的陶片,这与1979年试掘情况相印合,说明这一区域可能为新石器时代的生活区域。

2008—2010年,上海博物馆考古部对福泉山遗址进行发掘,揭露面积609平方米,发现良渚文化权贵大墓2座,普通墓葬3座,墓葬所在地吴家场是除"福泉山"土墩之外的另一处人工堆筑的高等级墓地,营建时间始于良渚文化晚期。

图2-1-2　2001年青浦福泉山遗址8号探方东壁模拟展示

此次发掘区域位于墓地的东部,发现墓地东界呈明显的坡状堆积,堆积过程黄土、灰黑土相间累积,显示出一定的规律性、计划性。两座良渚文化晚期权贵大墓的发现,是本次发掘最突出的收获。两者均为竖穴土坑墓,有棺,面积近 8 平方米,随葬大量精美的玉器、石器、陶器、象牙器等。其中,204 号墓的东西两侧有二层台,宽大的弧形木棺已朽,在棺内外随着大量器物,包括 9 件玉璧、2件玉琮、2 件玉钺、4 件玉锥形器、3 件玉环、7 件石钺,以及 20 余件陶器。207 号墓在棺的上面及棺外侧随葬 6 只家犬,随葬品有玉器、石器、陶器、漆器、象牙器、牙器等共计 300 余件。因该墓出土大量有机质遗物,考古队与文物保护人员将 207 号墓整体套箱迁移至实验室,进行后续的提取和保护、修复工作。

207 号墓中出土的 2 件保存相对完整的象牙权杖,是近年工作的重要收获。其中一件长约 1米,有镦。权杖主体为片状结构,上大下小,顶端平直,下端为突出的榫状结构,插入镦部,器表满饰精美繁缛的细刻纹,主题纹饰为若干组侧视神像纹。镦部呈椭圆形,主题纹饰为两对鸟纹和兽面纹。象牙权杖的发现和修复,显示良渚文化礼器除了玉器之外,还存在其他稀有材质礼器为代表的礼制系统,具有非常重要的艺术价值、科学价值和历史价值。

1962 年,公布为上海市文物保护地点。1984 年,公布为上海市文物保护单位。2001 年,公布为全国重点文物保护单位。

三、寺前村遗址

位于青浦区香花桥街道天一路、久远路的东北侧,遗址面积大约 4 万平方米。1966 年发现,进行过 2 次考古发掘。1966 年,上海市文物保管委员会发掘 53 平方米;1991 年,上海市文物管理委员会发掘 138.5 平方米。

遗址所在处地势高爽,最高处比周围地面高约 1.5 米,寺溪河环绕遗址东、西、北三面。两次发掘发现崧泽文化灰坑 1 个、墓葬 1 座,良渚文化灰坑 2 个、水井 2 口、墓葬 4 座,西周—战国时期灰坑 2 个、水井 2 口、墓葬 1 座,宋元时期水井 4 口。

崧泽文化墓葬墓主为男性,侧身直肢,无随葬品。灰坑 1 个,口近正方形,边长约 1.2 米,内埋鱼骨、烧过的兽骨等,是当时烧烤食物之处。

良渚文化墓葬均为单人葬小墓,仰身直肢,头向南,面向东,有随葬陶器 2 件～7 件不等,一般放在下肢旁,随葬品以陶器为主,玉器仅有 1 件。水井 2 口,皆为土井,圆筒形,其中一井还有木、竹质残件,可能为井圈的残留物。

战国时期墓葬 1 座,人骨已朽蚀不存,种类有印纹硬陶坛、黑陶盆、原始青瓷碗等。小型唐墓 2座,各有唐乾符四年(877 年)和永泰二年(766 年)砖刻墓志铭 1 方。有青釉罐、赭釉四系执壶、青釉双系执壶等随葬品。宋代水井分砖井和土井两类,井内出土遗物种类丰富,有瓷器、石砚、钱币、建筑构件等。4 号井的下半部出土了 4 件龙泉窑粉青釉瓷器,有 1 件鬲炉、2 件长颈瓶和 1 件瓜棱腹注子,这批青瓷造型优美、釉色晶莹,具有较高的研究价值与观赏价值。

从遗址地层中采样所作的孢粉分析,遗址各个时期的植被环境和气候:崧泽文化时期,以常绿落叶混交林为主,气候暖湿。良渚文化时期,植被为以落叶树为主的针叶落叶混交林,气候温干。西周春秋时期,气候偏凉干或温干偏凉、唐宋及以后,转为温湿和暖湿气候。

1977 年,公布为上海市文物保护单位。

四、青龙镇遗址

青龙镇遗址位于上海市青浦区白鹤镇,发现于1988年,当地生产队开挖窑河时出土一些唐宋瓷碗、铁牛等遗物,引起关注,不久又发现数口唐代水井,上海博物馆考古部对其进行了清理,出土有唐代越窑莲花盏、具有西亚风格的长沙窑执壶等。

史载青龙镇建于唐天宝五载(746年),为上海地区第一个名镇,《吴郡图经续记》谓:"昔孙权造青龙战舰置之此地,因以名之。"青龙镇北临吴淞江,东濒大海,因其踞江瞰海的优越航运地理位置,成为当时东南沿海地区重要的贸易港口。文献记载,早在唐长庆年间(821—824年),青龙镇已十分繁盛,苏州一带贡物经吴淞江从沪渎转口北运。唐代大中年间(847—860年)即有日本、新罗的海舶往来青龙镇。南宋初设监镇时,镇上有三亭、七塔、十三寺、二十二桥、三十六坊,贸易繁盛,人称"小杭州"。南宋末,青龙江淤塞,青龙镇失去扼江控海之优势,元末,遭战火破坏,明中叶更被倭寇焚掠,昔日繁华之区,荡然无存。地面仅存青龙塔。

2010起,上海博物馆考古研究部前后三次对青龙镇遗址进行了考古发掘,发掘面积4000余平方米,勘探面积约140万平方米,发现建筑基址8处、灰坑144个、灰沟28条、墓葬4座、水井69口、炉灶7个、铸造作坊1处、佛塔遗迹1处,出土瓷器、陶器、铁器、铜器、木器等各类遗物6000余件。

通过勘探与发掘,对遗址的布局及内涵有了进一步的认识。唐代青龙镇的范围较小,而宋代的范围相比唐代大了很多,这与文献记载也相符。史载唐代吴淞江面宽20里,宋代逐渐缩为9里、5里、3里。随着吴淞江的缩窄,青龙镇的范围也从南向北扩大,这次的考古发掘也印证了这一点。

已发掘出土数十万片瓷片,以越窑、长沙窑、龙泉窑、景德镇窑、建窑等南方窑口为主,另有少量北方窑口的瓷器。大量来自越窑、长沙窑的碗、钵、罐、壶等日常生活用瓷的集中发现,其中唐代以越窑、德清窑、长沙窑,宋代以福建窑口、浙江龙泉窑、江西景德镇窑等为主,与目前朝鲜半岛和日本考古发现的器物组合十分相似,据此证明了青龙镇是海上丝绸之路重要的贸易港口之一。日本、新罗、广南等国海船每年都要到青龙镇进行贸易,古代上海地区已是汇通中外的桥梁。

考古发现确证了青龙镇是上海最早的对外贸易港口,是古代海上丝绸之路的重要节点,为海上丝绸之路考古研究提供了新的材料。

1982年,青龙塔被公布为上海市文物保护单位。

五、塘郁遗址

塘郁遗址位于上海市青浦区东南部的环城镇,距县城约20公里,北距318国道约200米,东紧靠青浦区农科所下属新路汽修厂。发现于1996年,1998年11—12月底,上海市文物管理委员会考古研究部对塘郁遗址进行了发掘。发掘共开探方13个,发掘面积共228平方米。

从发掘和勘探结果看,塘郁遗址位于古河道东岸河湾处,上面残存大量元代的龙泉窑青瓷、景德镇枢府瓷、青白瓷和少量明代青花瓷。根据现存河道、木构建筑及上面堆积的元明时期的瓷器等推测,这条古河道为元代的河道,木构建筑遗迹极有可能是元代设在河湾处的简易码头,沿用到明代。这是上海地区发现比较早的码头遗址,为研究上海地区河道建筑史提供了重要的实物资料。

瓷器集中堆积在木构建筑之上,95%以上是未经使用过的新瓷器残件和碎片。这批瓷器种类比较单一,每一类的数量又比较多,同一器类相对集中在一个地方,可能是这批瓷器从浙江龙泉、江西景德镇等地运到上海地区,一部分在塘郁卸货,完整器又分运到其他地方,破碎的就地丢弃。

这批瓷器中,90%以上为元代龙泉窑青瓷,其次为景德镇卵白釉瓷,少量为明代景德镇民窑青花瓷,个别为黑釉瓷。枢府卵白釉瓷的釉色呈乳浊状,胎体较薄,造型规整,印花图案精美,其中印花云龙纹高足碗、折腰形碗、敞口碗同青浦县任氏墓葬出土的同类器完全相同。塘郁码头出土的枢府釉瓷器极有可能是同一批从景德镇运来的。出土的元代龙泉窑青瓷,造型端正大方,器体厚实,在元大都、龙泉窑、朝鲜新安海底沉船中常见。烧制粗糙的仿龙泉窑青瓷在浙江、福建多有出土,黑瓷可能为江西的产品,反映出早在元明时期,塘郁一带水网系统发达,水上贸易兴盛。这批元明时期瓷器是上海目前考古发现中数量最多、地点最集中的一批瓷器,对研究这个时期的瓷器生产、海上贸易及上海地方史具有重要意义。

第二节　松　江　区

一、广富林遗址

位于松江区广富林村北侧,现松江区广富林路以北、辰山塘以东、银泽路以南、龙源路以西的区域内,面积约 1 平方公里。西北和西面环绕有佘山、辰山、凤凰山等诸多小山峰,附近地势平坦,海拔较低,一般高 2 米～3 米。1958 年发现,1961 年进行过试掘,试掘面积 73 平方米,初步确认广富林遗址良渚文化—吴越文化的堆积情况。

20 世纪 70 年代和 80 年代,当地居民在挖土作石灰坑与取土垫高房基地时,还发现了三孔石犁,凿形足陶鼎,以及花瓣形圈足陶杯等遗物。

1999 年以来,上海市文物管理委员会考古研究部在广富林遗址进行有计划的勘探和发掘。

1999—2000 年,上海市文物管理委员会考古研究部对广富林遗址进行了发掘。复旦大学文博学院参加了 1999 年的发掘。发掘按象限法将遗址划分为Ⅰ、Ⅱ、Ⅲ、Ⅳ四个发掘区,1999 年和 2000 年的发掘主要位于Ⅰ区和Ⅱ区,实际发掘面积共 546 平方米。发掘确认Ⅱ区的发掘区域以良渚文化墓地为主,而Ⅰ区以良渚文化、广富林遗存和东周—汉代文化遗存为主。

良渚文化墓地为人工堆土建筑的台形墓地,中间高,周边为低缓的斜坡,台地面上分布有红烧土块、草木炭灰。共清理墓葬 23 座。墓葬大多为长方形土坑竖穴墓,有的墓葬有葬具,葬具为凹弧形独木棺,葬式基本相同,头向均为西南。人骨经鉴定,绝大多数为 30 岁左右。随葬品最多的一墓有 23 件,各墓随葬品以陶容器为主,其中有件夹砂红陶三口带流壶,造型新颖别致,是良渚文化中首次发现的新器形。多数墓葬还随葬有石器。随葬玉器者较少,种类有环、锥形器和管。有些墓葬人骨有明显的错位现象,如 3 号墓的头骨倒置,枕骨大孔朝上,头骨旁放置了一堆脊椎骨,骨盆分离,肋骨散乱。有的墓葬以石块作为墓上的标志物,或将石块放在墓坑口之上。墓地上的祭祀活动主要有两种形式:一种是将烧毁后已经成为红烧土的房屋墙体残块搬至目的,放置在柴薪上,燃火再烧;另一种形式就是烧火,墓地上留下了许多小片的黑灰。两种形式均属"燎祭"。

广富林遗存是首次发现,这类新石器时代晚期文化遗存完全不同于以往分布于该区的所有其他文化。本次发掘共发现该阶段的灰坑 15 个,出土该阶段的陶器主要器形有鼎、罐、瓮、豆、盆、盘、钵、杯等。一般为素面,器表有纹饰的仅占总数的三分之一。由于普遍使用轮制技术,弦纹是主要的纹饰。其他装饰技法还有刻划、压印和堆贴。刻划纹饰种类比较多,有单线方格纹、复线菱形纹、错向斜线纹、相交斜线纹和竖条纹等。压印纹饰有绳纹、篮纹和方格纹,其中以绳纹最常见,并有粗细和排列形式的差别。附加堆纹围绕器物表面堆贴,上面多有指捺纹,大型器物如瓮等的器表常有数周附加堆纹。另有少量石器,主要器形有斧、锛、凿、刀、镞等。以垂腹釜形鼎、浅盘细高柄豆、直领瓮、带流鬶和筒形杯等为显著特征的这类遗存在环太湖地区是第一发现,通过比较认为广富林文化遗存来自主要分布在豫东地区的王油坊类型。其发现具有填补缺环的意义,完善了长江下游地区新石器时代文化序列,为探讨4 000年前族群的活动范围和迁徙、环太湖地区的文化变迁提供了十分珍贵的新材料。

东周至汉代的文化遗存相当丰富,特别重要的是发现了东周至汉代的建筑遗存及其废弃堆积。伴随着建筑废弃物,附近还堆积了许多生活废弃物品,其中有原始瓷、釉陶和陶器等不同质地的碗、盆、罐、盘等,种类丰富。

这次发掘的一批东周至汉代的重要文物,有东周时期的铜锸、玉琮和卜甲,汉代的木器和竹苇编织器等。其中一件以竹木为框架的苇席编织物,结构基本清晰,编织精致。这些发现为恢复东周至汉代先民的生活图景,了解当时的手工业、生活习俗等提供了重要的实物资料。

2001—2005年,上海博物馆考古研究部又在广富林遗址进行多次发掘,发掘主要在Ⅰ区和Ⅱ区,发掘面积1 075平方米。该阶段发掘后,将广富林遗址的史前遗存分为三个阶段,第一阶段大致相当于良渚文化的第四期;第二阶段大致相当于钱山漾遗址第一期遗存;第三阶段即"广富林遗存",自1999年末发现以来,在太湖周围的浙江湖州钱山漾、江苏宜兴骆驼墩和昆山绰墩等遗址也发现了同类遗存。在广富林遗址,这类遗存叠压在以鱼鳍足鼎和细颈鬶为代表的遗存之上;在钱山漾遗址,这类遗存被马桥文化地层所叠压,从而确定了它的相对年代。

2001—2002年,发掘良渚文化墓葬4座,随葬品最多的是24号墓,共随葬12件陶器、1件石斧和1件玉锥形器。在距墓地东北大约150米处发掘了良渚文化的生活区。

2003—2004年,因松江新城区建设规划,首先在规划中的马路与河道沿线勘探,确认古文化分布范围,并将Ⅰ区工地定为发掘重点,即广富林遗存的分布区域。发掘面积共402平方米,主要收获有:一是新发现了良渚文化晚期的墓葬;二是对广富林遗存有了更深入的了解。

新发现良渚文化墓葬4座。该墓是20世纪90年代末以来发掘的第一座良渚文化晚期墓葬,是探索良渚文化早、晚期阶段不同埋葬习俗的新发现。

此次发掘对1999年发现的广富林遗存的分布区进行了重点发掘,不仅找到了该遗存直接叠压在良渚文化晚期之上的层位关系,而且发现了少量的印纹陶,进一步丰富了广富林遗存的文化内涵。

2006年6月举办的"环太湖地区新石器时代末期文化暨广富林遗存学术研讨会"上正式提出广富林文化的命名。

2008年起,随着松江广富林公园的建设,以上海博物馆考古研究部为主,联合全国多家考古所及高校对广富林遗址进行大规模的抢救性考古发掘。

2008年,上海博物馆考古研究部联合复旦大学文物与博物馆系、上海大学文学院历史系和上海大学艺术研究院美术考古研究中心对广富林遗址建设控制地带以外的西北部进行抢救性考古发掘,发掘面积8 000平方米。发现广富林文化房址3处、广富林文化墓葬9座,并发现一处湖边竹木建筑遗存、一处水田遗迹,以及周代、宋元时期遗存。

广富林文化房址主要为平地起建,墙体用泥搅拌稻草、稻壳并夹木骨或竹骨的泥墙。房址的墙体及上部均已不存,仅残留基槽部分。基槽有密集的柱洞,柱洞为不规则圆形。基槽的建造方法是先挖掘方形槽坑,然后在槽坑内挖掘柱坑,再栽上木桩,然后用掺有红烧土块的土将基槽和柱洞填实，最后以木桩为骨砌墙。

广富林文化的墓葬大多为长方形土坑竖穴墓，大多没有随葬品，仅 35 号墓随葬 9 件器物，集中在墓主右侧下肢骨外侧，有鼎、罐、豆、器盖、纺轮、石刀。广富林文化水稻田，为形状近似椭圆形的浅坑，坑底部发现炭化稻米，填土中有许多细小植物孔洞，有的孔洞中还发现植物根、茎。水田堆积的 3 个土样经检测，水稻扇形植硅体密度都高于 4 000 粒/克，最高的达到 10 000 粒/克以上，其水稻植硅体含量已达到水稻田标准。

此外还发现一件周代青铜鬲残件，折沿、腹部饰鱼鳞纹，器身满布烟炱。

2009 年，上海博物馆考古研究部在广富林遗址建设控制地带东部进行抢救性考古发掘，发掘面积 5 700 平方米，发现不同时期的房址 2 座、墓葬 11 座、灰坑 559 个、灰沟 20 条、水井 90 口。11 座墓葬均属于良渚文化晚期，分布相对集中，除 46 号墓之外，主要分布于一土台之上，地势高爽。土台仅保存北侧部分，现存东西向最大径约 50 米，南北约 20 米。墓地发现有狗祭祀的现象。墓葬均为长方形土坑墓，葬式以仰身直肢为主，所有墓葬均有随葬品。再次确认了钱山漾文化遗存与广富林文化遗存的直接叠压关系。编号 TJ40 的特殊遗迹，平面呈不规则长方形，长约 1.84 米、宽 1.78 米、厚 0.2 米，堆积中含许多鹿上颌骨、下颌骨和肢骨，及大量钱山漾文化鱼鳍形鼎足，此处遗迹当属食后残留，集中以鹿为主要食物可能代表了某种特殊的仪式活动。

2010 年，上海博物馆考古研究部对遗址的建设控制地带西南部进行了抢救性考古发掘。发掘总面积约 8 000 平方米，发现了新石器时代墓地 3 处，墓葬 279 座，不同时期的房址 2 座、灰坑 469 个、灰沟 52 条、水井 175 口等重要遗迹，同时出土了大量陶器、石器、骨器等各类遗物。

3 处新石器时代墓地中发现不同时期墓葬 275 座，是上海考古史上发现墓葬最多的一次发掘。墓葬分布较为集中，大致可以划分为 3 处墓地，分别分布于发掘区的北部和西南部。3 处墓地均建于地势较高处，其中北部墓地 139 座，中部墓地 32 座，多为孩童墓，可能是为孩童专设的墓区，南部墓地 104 座。墓葬以东西向排列为主，墓地沿用时间较长，墓葬之间的叠压打破关系十分复杂。晚期墓葬打破早期墓葬时，常常将早期墓葬的骨骼收拢、移位，表现出对往生者的尊重及一定的氏族意识。墓葬为长方形土坑竖穴墓，墓向南，绝大多数为单人葬，仅发现一例男女合葬墓。墓地的使用时间由崧泽文化晚期到良渚文化晚期，崧泽文化的墓为墓地的主体。大多数墓葬有随葬品，随葬品以陶器为主，辅以石器，部分墓葬中随葬有玉器及骨、牙器。良渚文化墓葬的随葬品明显多于崧泽文化墓葬，所以墓坑一般相对较大。

1569 号灰坑中出土的一件广富林文化玉琮。因受沁呈暗褐色，内圆外方，高约 8 厘米，表面仅施 6 道横槽作为装饰，与良渚文化的玉琮有着明显的区别。这是广富林文化发现的第一件玉琮，它与广富林文化遗存的其他发现进一步完善了广富林文化的器物组合，为我们进一步探讨广富林文化的属性及与周边文化的关系提供了更加翔实的资料。

1962 年，公布为上海市文物保护地点。1977 年，公布为上海市文物保护单位。

二、松江李塔地宫

李塔，又名"礼塔"，位于松江区西南、黄浦江上游横潦泾畔的李塔汇镇。始建年代无考。塔平面正方形，高 41 米，是一座四面七级砖木结构楼阁式塔。宋代曾翻修重建，元、明时期又多次大修，今存塔体基本上为宋代建筑。

1995 年，时松江县政府和上海市文管会组织修缮李塔，发现了塔内地宫，并进行清理。地宫位于底层塔心室正中,开口距塔心室地面56.5厘米。地宫呈正方形,边长78厘米,深58.5厘米,北部砌有上中下三层阶梯式供台。三层供台和地面上共供奉文物60余件。以器类分有塔2座、造像14尊、钟形银片1件、银鼎1件、高柄琉璃炉1件、石钵1件、水晶杯1件、饰件34件、钱币6枚。择要介绍如下:

塔2座。一座为阿育王铁塔,一座为银舍利塔。其中阿育王铁塔,在当时是上海地区首次发现。

造像14尊。其中佛像9尊,罗汉像3尊,观音菩萨立像1尊,童子像1尊。9尊佛像中有4尊钣刻铭文题记,从题记中可知,2尊为"大明天顺元年十二月吉日造",2尊为苏州府长州县信徒供奉。

钟形银片1件2片,两片上均阴刻文字。一片刻有"……男郑莺身安寿永福长灾消者",一片刻有"……众魂超度者"。以求佛保佑家人去灾消病,幸福长寿,死者魂魄超脱苦难。

饰件34件。其中玉饰件15件、芙蓉石饰件1件、玛瑙饰件8件、水晶饰件4件、珊瑚饰件3件、琥珀饰件2件、青金石饰件1件。玉饰件多为带饰残件,除浮雕花卉纹带饰外,玉质相同。芙蓉石弥勒佛1尊,高2.8厘米,明代用此石料雕琢饰件,比较罕见。青金石竹节饰件,残长4.6厘米、宽2厘米、厚0.8厘米,这种材质的饰件在明代也比较少见。

钱币6枚,皆为圆形,直径2.5厘米~8厘米。其中花钱5枚,为张天师驱鬼生肖钱2枚,星官生肖钱1枚等,正隆元宝1枚。

从塔地基的砖基础厚85厘米,地宫开在砖基础中间,又地宫内发现有"大明国天顺元年十二月吉日造"的文物等,推测李塔地宫始建于明天顺元年(1457年)以后。从珍藏的有"苏州府长州县……"铭文题记的佛像可知,距李塔一百多里之外的信徒也前来供奉,由此可见当时佛教的兴盛。

2002年,李塔被公布为上海市文物保护单位。

图2-1-3　1997年松江李塔修缮竣工后

三、松江西林塔地宫

西林塔,又名圆应塔、崇恩塔,位于松江区中山中路西林寺内。宋咸淳年间(1265—1274年)圆应睿师建接待院,元代毁于兵燹。明洪武二十一年(1388年)僧淳厚重建,寺易名西林,塔名圆应。明正统九年(1444年)僧法瑞将圆应塔迁建于大雄宝殿后。正统十年(1445年)六月开启地宫,将装藏在洪武年间原塔天宫、地宫中的金银佛像、舍利等封藏于新塔地宫内。西林塔七级八面,为砖木结构楼阁式佛塔,总高47米,是上海市现存最高的古塔。1993—1994年,上海市文物管理委员会对西林塔进行全面修缮,在塔刹顶部宝瓶和天宫、地宫内发现文物一千多件。

西林塔地宫于1994年1月22日开始发掘清理,25日凌晨结束。地宫位于西林塔塔心室地坪面下,上覆盖皮条砖和两层长方形石盖板,地宫开口距塔心室地平面118厘米,揭开石盖板,地宫中放有银、铜佛像,银塔、玉、水晶、玛瑙饰件等,多数文物被浸泡于水中。

地宫基本呈方形,东西长113厘米,南北宽108厘米,深82厘米,在北面和东、西两面偏北处砌有三层阶梯式供台,供台宽9.5厘米~12厘米,从下而上,第一层供台高18厘米,第二层供台高39.5厘米,第三层供台高57.5厘米。三层供台上主要供奉佛教造像八十多尊,另外还有佛塔4座、金刚铃1个、钱币9枚,压胜钱、玉饰各1件。从造像位置看,北面供台上放置密集,东西供台上相对较稀疏。这反映出地宫的设置以供奉为主,且又以北面供台为主供台。

地坪上供奉物主要为石碑、玉、水晶、玛瑙、珊瑚、琥珀饰件,铜镜,金属器皿,金属饰件和钱币等1 000多件。其中以各种饰件最多,大小近千件,质地有玉、水晶、玛瑙、珊瑚、琥珀等,以玉器为大宗。种类主要有玉璧、炉顶、带饰、剑饰、童子、飞天、官人、肖生像、配饰、首饰等,工艺有镂空、浮雕、线刻、圆雕等,做工水平不一,有的琢磨精细,有的碾工粗犷。石碑立在地宫南壁,玉、水晶等饰件和铜镜、钱币等则堆放于地坪上或装藏在金属器皿钵、盆、尊和小香炉内。

这批饰件时代多为元到明代早期,是研究元明玉器的最好标准器。地宫中的藏品从"洪武二十二年(1389年)四月初九日吉时开启地宫,安奉银造三世佛、菩萨像、佛牙、舍利、七宝等物",到正统甲子(1444年)迁到大佛殿后,"原启天宫、地宫金银佛像、舍利等宝重饰藏诸",可知地宫内的文物原供奉于山门右面的原塔天宫、地宫中,正统九年(1444年)宝塔迁建,又将原天宫、地宫中的文物迁放于新建塔的地宫中。因此,地宫中的藏品基本为明洪武二十二年(1389年)以前的文物。地宫珍藏饰件数量之大、品种之繁、玉质之佳、雕琢之精、纹饰之美、用途之广,在上海清理的塔宫中首屈一指。

1982年,西林塔被公布为上海市文物保护单位。

图 2 - 1 - 4　1994 年松江西林塔修缮前后

四、松江中山二路西林路口窖藏金饰件

位于上海市松江区中山二路西林路口,上海电视大学松江分校内,发现于 2002 年。在拓宽校门前的路面时,于地下 30 厘米处发现一褐釉陶罐,罐内藏有金饰件 11 件及碎金箔数块。

出土的金饰件以发簪为主,另有耳环、手镯、额带等饰品。由于是在施工中偶然发现,地点已被破坏,地层关系不详,盛装金饰件的釉陶罐也被破坏,时代特征无法辨明。因此,这批金饰件的时代和窖藏时间只能从其自身的铭记、形制、纹饰、制作方法及相关考古发现来分析判断。根据部分金饰件上的铭文、纹饰及工艺技法,综合分析,这批金饰件的年代初步推断为南宋,埋藏时间估计在宋末元初的战乱之际。

第三节　金　山　区

一、招贤浜遗址

位于上海市金山区亭林镇。发现于 1973 年,原名为张堰口遗址,后因遗址附近新开河名,更名为招贤浜遗址。调查发现在新开河岸的断面上,深约 1.7 米处,能见到灰黑色土的古文化层,其中露出古代陶片、动物残骨以及红烧土等。确认为新石器时代和商周时期的文化遗址。

2003 年 3 月,为了配合上海郊环高速公路南段工程,上海博物馆考古部对金山亭林至枫泾段全长 38 公里的可能埋藏文物的区域进行考古勘探,并对招贤浜遗址进行了抢救性发掘。共开 4 米×4 米探方 5 个,4 米×5 米探方 2 个,1 米×5 米探沟 16 个,发掘面积 200 平方米。出土了大量马桥文化遗存和少量西周至唐宋时期的遗物。

招贤浜遗址堆积相对比较简单,地层堆积共分 4 层,其中第④层为马桥文化时期地层堆积,其下为生土。其中发现马桥文化时期灰坑 5 个,遗物有陶器、石器等,以陶器居多。泥质红陶主要器形有盆、豆、簋、觯、瓿、尊和器盖等。夹砂陶大部分含砂粒较粗,鼎、甗是其主要器形。硬陶数量较少,因为胎质较硬,火候较高而称之,主要器形有鸭形壶、豆等。陶器装饰,夹砂陶的鼎和甗的器身以绳纹为主。泥质陶的纹饰主要有条格纹、篮纹、绳纹、叶脉纹、折线纹、方格纹、席纹等,在簋等器物上见有少量的云雷纹。在少量陶罐口沿的沿面上,发现有刻划陶文,根据观察,皆为入窑焙烧前刻划的。石器大多为生产工具,种类有锄、镰、刀、锛、凿、砺石等。

此次发掘没有发现有明确的晚期地层,仅发现晋唐时期水井一座。另有西周至战国时期的泥质硬陶罐、原始青瓷碗,唐宋时期白瓷罐、青瓷碗等,其中一件完整的宋代白瓷瓜棱罐比较稀见。

发掘表明,招贤浜遗址中心区域主要分布于现在招贤浜的两侧,面积大约在 1 万平方米,遗址的堆积以马桥文化为主。值得注意的是,在已发掘的范围内未见 1975 年的考古调查时发现的良渚文化陶片。招贤浜遗址的马桥文化遗存的文化内涵与马桥遗址十分相似。由于招贤浜遗址发掘面积较小,出土遗物较少,无法对其中的马桥文化作进一步的分期研究,但是,这些零星的发现也为了解当时上海地区古人类的活动提供了重要的线索。

1984 年,公布为上海市文物保护单位。

二、查山遗址

位于金山区金山卫镇北部的查山东麓,南距杭州湾约 7 公里。海拔约 23 米,北坡陡,南坡缓,周长 1 公里。山体由安山集块岩和安山岩组成。1972 年因当地开山取石,发现 1 件新石器时代的长方形穿孔石斧,市文物保管委员会前去调查发现这一遗址。同年进行初步发掘,揭露面积 163 平方米。探明遗址主要分布在东面山坡上下,南北长 250 米,东西宽 60 米的范围内。确认为新石器时代至商周时期的古文化遗址。

2008 年 11—12 月,结合全国第三次文物普查,上海博物馆考古研究部进一步调查和发掘该遗址,发掘面积 242 平方米,调查范围约 10 万平方米,探明遗址分布范围约 2 万平方米,发现了以新石器时代的马家浜文化、夏商时期的马桥文化为主的遗存和一些宋代遗物。

马家浜文化遗存主要分布于东侧山坡,范围较小,主要包含物有夹砂红陶、泥质红陶片,器表以素面为主,可辨器型有鼎、牛鼻形器耳、錾手等。马桥文化遗存分布范围广,堆积较丰富,出土遗物以陶器为主,典型器类有鼎、罐、盆、觯等,陶片表面大都压印纹饰,有绳纹、叶脉纹、篮纹、条格文等。

1977 年,公布为上海市文物保护单位。

第四节　闵 行 区

一、马桥遗址

位于上海市闵行区马桥镇以东 2 公里,于 1959 年上海重型机器厂基建工程取土时发现,1960 年、1966 年进行过两次发掘,发掘面积 2 600 多平方米。1993 年至 1997 年,为配合重大工程建设,上海市文物管理委员会先后四次发掘马桥遗址。90 年代第一次发掘为 1993 年 12 月至 1994 年 2 月,发掘面积 311.5 平方米;第二次发掘为 1994 年 2—6 月,发掘面积 74.5 平方米;第三次发掘为 1994 年 8 月至 1995 年 8 月,发掘面积 1 974 平方米;第四次发掘为 1997 年 3 月,发掘面积 190 平方米。

马桥遗址坐落在一道被称为“竹冈”的贝壳沙堤之上,遗址成南北长、东西窄的宽带状分布,宽带走向 330°左右,与沙堤的走向基本一致。遗址南北至少 1 000 米,东西大约 150 米,总面积超过 15 万平方米。马桥遗址的文化遗存分为三大阶段。第一阶段主要是良渚文化,在遗址中部比较丰富,主要分布于沙堤之上和沙堤西侧,地层堆积较厚,既有居住遗存,也有墓葬;遗址北部的良渚文化遗存以墓葬为主。第二阶段是马桥文化,是该遗址最重要、分布面积最大的文化遗存,在遗址中部和北部、沙堤之上和东西两侧都有分布,是这个时期环太湖地区极其罕见的一处大型村落遗址。第三阶段是春秋战国至宋元时期。

马桥遗址的良渚文化遗存主要包含墓葬 12 座和一批遗物,除 1 座墓发现了不太明显的浅坑外,其余均未发现墓坑。葬式为单人仰身直肢葬,墓葬头向绝大多数为南偏东,有 1 座为正南、1 座为北偏西。多数墓葬有少量随葬品,多者 6 件。种类有石斧、石锥形器、陶鼎、豆、壶、篮等,而且属于生前使用的工具和生活用具,如石斧,刃口砍缺,陶鼎器底有烟炱。其年代据热释光测定距今 4 400±220 年。是一处良渚文化平民的墓地。

良渚文化层上新发现的一种遗存类型,最初被称为“马桥类型”,与之前发现的良渚文化相比,文化内涵和面貌截然不同。马桥类型的陶器以红陶为主,器表普遍拍印绳纹或叶脉纹、篮纹、方格纹和席纹等印纹,而良渚则盛行灰陶和黑衣灰陶,器表大部保持素面,或分作刻划纹。马桥陶器器形常见圜底内凹,在良渚文化中基本不见;而良渚已有高度发展的制玉工艺,在马桥中则没有发现。马桥文化并非继承良渚文化而来。

1978年发表了20世纪50年代、60年代的马桥遗址发掘报告,以该报告中的马桥遗址第四层为代表的文化遗存具有鲜明的特性,明显区别于较早提出的湖熟文化,也不宜笼统称之为印纹陶文化。1978年夏在庐山召开的"南方印纹陶学术讨论会"上,以考古资料积累和认识深化为基础达成共识:将夏商周时期的太湖地区作为一个独立的文化区。在会上提出了"马桥文化"的命名,并获得了学术界的认可。

马桥遗址的马桥文化,发现有灶塘、灰坑、水井和墓葬遗迹以及大批遗物。发现了大量石器、小件青铜器与陶器,年代据热释光测定为3 250±250年。

春秋战国时期的遗迹主要为墓葬,遗物有细方格纹乳丁足陶罐、细绳纹陶支座、青灰色或青绿色釉的原始瓷碗、瓷杯、瓷盂、瓷钵、瓷盘,以及米字纹、席纹、回字纹、米筛纹、曲折纹等印纹硬陶片。另外,发现有唐代水井、宋代墓葬等遗存。

马桥遗址的发掘也使其所在地区的古自然环境得以重建。在良渚文化层之下,是一片贝壳砂层,层面东部向下倾斜,有海浪冲成的三个滩脊。海浪与潮汐带来的物质沉积在原来地势较高的地带,海水退去后,带去泥沙,留下了比重较大的贝壳砂,形成了沙堤。贝壳的种类有蚬、蛼、蛏、牡蛎、文蛤、青蛤、圆田螺、环稷螺、础螺、乌蛳、扁卷螺等。该层最薄处约0.1米,较厚处达2米以上。东西宽45米,南北沿竹港西岸延伸。据调查从诸翟,经本遗址向南过南桥西,直到柘林,都能断续地找到这类堆积,应是志书记载的竹冈古海岸遗迹。贝壳砂层的年代据碳14测定为距今6 340±250年,说明竹冈所在地在6 000年前尚在海中,形成年代为距今5 500年左右。根据考古资料的年代学分析,距今大约5 400年后,即崧泽文化向良渚文化发展的过渡阶段,人类从其他地方迁徙到这里,依堤而居,开始了定居生活,这是马桥遗址最早被人类利用的时间。后经过良渚文化、马桥文化近2 000年的漫长发展,最终形成了遗址的基本形态。

2005年,因抢救性发掘需要,在遗址区内原富畅制衣有限公司以南、北松公路两侧开探沟15条,其中10条在公路北侧、5条在南侧。3条为正南北方向,其余皆依公路走势。为避开公路两侧密布的管线,探沟大小只能依据实际情况作调整,实际发掘316.75平方米。文化层厚度在1.3米—1.6米,包含新石器时代良渚文化、马桥文化、宋元时期文化等堆积,马桥文化遗存在层位上直接叠压在良渚文化层之上。

在遗址西面的沙冈桥一带因有埋设雨水管工程而展开考古调查,调查范围约400平方米,发现沙冈桥一段贝壳沙堤的分布范围和走向,并在沙堤以西富岩路以东近生土面上捡取到宋元时期的韩瓶残片。沙冈的这段贝壳沙堤是6 000年前的海岸线,比形成于5 000年前的竹冈要早,但人类在这里活动的时间却开始得很晚,这为古环境和聚落研究提供了思路和材料。

2008年,在S32公路穿越马桥遗址的范围内,上海博物馆考古研究部进行了考古调查和勘探工作,发掘面积130平方米,勘探面积约5万平方米。从调查勘探情况看,北松公路南侧至俞塘北侧仍有马桥文化堆积零星分布,多沿俞塘北侧分布,堆积较薄,已属马桥遗址的边缘地带。

1962年,公布为上海市文物保护地点。1978年,公布为上海市文物保护单位。

二、浦江花苑遗址

位于上海市闵行区南部,南临黄浦江。于1998年4月在基建施工时发现,上海市文物管理委员会考古部随即对其进行了抢救性发掘清理,发现了一处水边建筑遗迹和大量瓷片。

水边建筑遗迹为一组成排的木桩,从北至南排列6排木桩,方向东偏南约104°。木桩分布范围南北宽15米～20米,东西长约150米,木桩排距约0.5米～1米不等,桩与桩的行距在0.5米左右。木桩直径在6厘米～25厘米之间,长1.2米～2米。从木桩顶端往下厚约0.6米的土层中发现了大量瓷片。从地层堆积和遗迹分布情况分析,该遗迹可能是沿河分布的建筑遗迹,在发掘时还曾在木桩的南缘发现一件木桶,可能是当时的居民在河边用水时所遗落的。

出土遗物基本为瓷器残件和碎片,主要有青花瓷、青瓷和白瓷几类,以青花瓷为大宗,青瓷次之,白瓷较少,器形有碗、盘、杯、盅、洗、香炉、笔架等。

浦江花苑遗址南临黄浦江,古河道和水边建筑遗迹走向呈东西向,与今黄浦江的流向基本相同,由此推测本次发现的遗址可能是古黄浦江边的一处码头遗址。遗址东临横泾,其位置与横沥渡相近,推测是古横沥渡的孑遗。从出土的瓷器看,绝大部分为明代中期景德镇民窑烧制的产品。

第五节 嘉 定 区

一、南翔寺宋代山门

位于上海市嘉定区南翔镇,2008年在南翔老街改造工程中,于南翔寺双塔南面被发现。上海市文物管理委员会考古研究部和嘉定区博物馆即刻进行了抢救性考古发掘。实际发掘面积200平方米,清理出水井2眼和山门遗址。

2眼水井间距13米,形制相同,由井栏、井台、井底组成。井栏为青石,外八角鼓形,内圆形。外壁一周凿出8个长方形平面,其中一面阴刻题记。东侧井栏高75厘米,外径90厘米,内径48厘米;西侧井栏高70厘米,外径82厘米,内径48厘米。井台略呈正方形,东侧井台东西长3.75米,南北残长3.2米。西井台东西长3.2米,南北残长2.6米,井口外围的青石板为长方形,东西长1.55米,南北宽1.2米。井身由条砖垒砌,层层以满丁相连的做法垒成八角形,错落有致。井底平铺一块石板。东、西井深分别为3.5米和3.2米。

山门基础位于水井的北面,由两根对称的青石柱和残存墙体组成。根据石柱之间的距离,夹墙的位置及史料记载,初步确定石柱及相连的夹墙为山门遗址,是南翔寺的一个组成部分。井始建于梁大同年间,宋代建山门时井在继续使用,并成为南翔八景之一,明弘治年间重建八边形青石井栏,清乾隆三十一年(1766年)火灾后增建井亭,清嘉庆十一年山门前的两眼井仍保存在地面上。井的废弃时间可能同1932年"一·二八"、1937年"八一三"两次淞沪抗战中,南翔寺被日本人炸毁有关。

二、嘉定城北水关

位于嘉定区嘉定镇嘉宏社区北大街桃李园中学东北侧,为嘉定故城北护城河内侧横沥河北出口处。2009年7月,嘉定老城区泵闸改建工程北门泵闸施工时被发现,上海市文物管理委员会进行了抢救性考古发掘。

此次发掘位置是水关西半部,遗址下部结构较完整,南北长14米,东西宽9.3米,残高1.5米左右,整个水关底部有高低不等的密集地钉(木桩),地钉上铺设石板,层层叠砌,用石灰糯米浆填缝。发掘出土的瓷片其器形、纹饰年代下限约在嘉靖年间,与文献《嘉定县志》中"明嘉靖十五年(1536年)增设北水关"的有关记载吻合。

北水关始建于明嘉靖年间,为嘉定故城四座水关之一。遗址曾遭受多次破坏。北水关不仅是水利设施,同时具有军事防御功能,历史上曾为抵御倭寇入侵等发挥过重要作用,据县志记载,明朝时期倭寇常从海上入侵江南地区,为防范倭寇入侵、骚扰嘉定县城,嘉定知县王应鹏重筑城墙,增设北水关。该遗址的发现是研究嘉定地方城镇发展历史、历史文化名城形成过程的实例,同时也为研究水利城防设施,工程技术发展、变化及比较提供了重要的实物资料。

三、嘉定法华塔地宫

法华塔坐落于上海市嘉定区嘉定镇南大街州桥南堍。1996年初,为了配合法华塔修缮工程,上海市文物管理委员会考古部、地面文物部、嘉定区博物馆对法华塔地宫进行了发掘清理,在底层塔心室地下,先后发现了明代和元代两个地宫,共清理出宋元和明代文物近百件/组。

明代地宫位于塔心室下,边长30厘米,深6.5厘米,四壁由条砖铺砌。此地宫建造于明万历三十四年(1606年)。元代地宫位于明代地宫之下,地宫底距塔心室地面1.94米,地宫呈长方形,南北长85厘米,东西宽57厘米,深43厘米,石块砌筑,四壁平直。

明代地宫出土铜钱25枚,铜镜1面,圆锡片1件,黄裱纸1张;元代地宫出土银、铜、铁、石、瓷、玉、玛瑙、水晶饰件37件,钱币100多公斤。

根据史料记载及出土物断定地宫及法华塔始建于元代至大年间(1308—1311年)。法华塔明代地宫、元代地宫及地宫文物的发现对研究中国古塔地宫的建造,法华塔的始建和维修年代,宋元文物的断代等提供了新的实物资料。

2002年,法华塔被公布为上海市文物保护单位。

第六节　其他区县

一、江海遗址

位于奉贤区南桥西南2公里,江海镇的江海村北侧,沪杭公路在此南北向经过。这一带原是一片农田,东有竹港,西有竹冈古海岸遗迹,地面上露出贝壳沙。1994年在挖土堆筑亭大公路(亭林到大团)时,暴露地下古代遗物;1995年群众上报,市文管会赴现场调查,在竹冈西侧的一个土坑壁面上,发现古文化层。文化层距地表深约1米,其中包含许多陶片,红烧土块和动物骨骸,是良渚文化的早期遗物。也有夏商时代马桥文化的拍印大网格纹和雷纹的早期印纹陶片,以及一件剖面呈菱形的战国时代陶纺轮。

经上海市文物管理委员会与工程单位协调,于1996年5—11月进行考古发掘,共揭露面积共591平方米。发现墓葬1座、陶窑1座、灰坑2个;出土玉、石、陶器共94件及一些动物骨骸。

遗址发现有晋代、马桥文化及良渚文化遗存。晋代遗存因离耕土最近,文化堆积基本被破坏殆尽。马桥文化遗存保留也较少,发现一座陶窑,窑体利用大量天然贝壳屑,拌合后铺在火道、燃烧室壁面和窑床底下的过火面上,以增加膨胀系数,达到烧陶过程中使窑体防裂、耐高温的特殊要求。这是先民继新石器时代在釜、鼎等夹砂炊器中羼和谷壳草屑、细沙、贝壳和云母屑以改变陶器物理性能工艺的成功延伸。马桥文化陶窑的发现,填补了中国陶瓷史上的空白。

良渚文化遗存中,完整陶器罕见,出土有夹粗砂红陶厚底缸形器,夹砂红、褐陶袋足鬶的袋足、裆及肩颈部,T字形鼎足,长方形双面刃钻孔石斧,有段锛,玉方锥形器等良渚文化典型器。因此,江海遗址中良渚文化遗存的性质十分明确。在出土器物组合及形制方面,与青浦果园村遗址较一致。

此外,在竹冈东侧还发现汉代的绳纹砖、唐代的釉陶罐和元代的龙泉窑碗。竹冈上良渚文化早期遗存的发现,可证这一条古海岸的年代,当在距今5 000多年前。

二、志丹苑遗址

位于上海市普陀区志丹路和延长西路交界处的志丹苑小区,2001年5月建设施工中发现,随后上海市文物管理委员会对其进行调查研究,经过一年的考古调查、地质钻探、查阅文献资料,于2002年5月开始做深基坑围护和试发掘,10月在地下7米处发掘出一座规模宏大、做工考究、保存较完好的古代水闸遗址。

水闸总面积1 500平方米,以闸门为中心,平面呈对称“八”字形,河水由西北流向东南。已清理出闸门、南石墙驳岸和部分过水石面、木桩等遗存。闸门矗立在整个水闸的中心位置,以两根近方柱体青石柱、木质门板等组成。在闸门底部近南石柱处还发现了2只铁钩、2只铁钉和1件韩瓶。

南驳岸石墙长47米,以闸门石柱为中心向两端延伸且逐渐加宽,至上下闸口处宽达31米,其间共有4个折角。青石条砌筑而成,保存最好的区段现存6层,高2.1米。

水闸底部为平整的过水石面,因受发掘环境的限制,2002年的发掘仅清理出东南端的20多平方米。过水石面由长方形青石板铺砌而成,每块石板长100厘米～135厘米、宽60厘米～80厘米。石板边凿凹槽,石板与石板之间用铁锭榫嵌合凹槽。紧靠过水石面的东端铺筑一条木板。木板以外有密集分布的粗大木桩,木桩直径20厘米～35厘米,长400厘米左右,起固沙和加固水闸的作用。过水石面的铺垫,根据建设施工中从地表7米深处管钻上来的青石板、木板、木梁的组合关系可以确定石板以下的支撑结构:石板厚25厘米,石板下铺有厚15厘米的衬石木板,以企口搭合,并用铁骑钉加固。木板下有宽25厘米、厚20厘米的凿有卯孔的木梁,木梁下有木桩作地基支撑。

此次发掘后,经过2004—2005年的小范围发掘,于2006年进行全面发掘,揭露出遗址全貌。水闸主体由闸门、闸墙、底石、三合土等几大部分组成。

闸门的门槛穿孔内出土“正隆元宝”1枚。两侧底石上散置铁钩、铁环、铸铁残件等,可能是同启闭闸板有关的部件。

闸墙现存四至六层,以折角分为三段,紧靠门柱的一段称为正身;正身两端斜张如“八”字形者称雁翅;雁翅外端的闸墙叫裹头。裹头内侧立密集高大的木桩,其中顺闸墙雁翅走势的一排木桩,内侧横叠挡水木板。闸墙四角有木护角。闸墙外砌衬河砖则自底至顶随石墙形势镶砌,衬河砖外,随势用荒石和土垒砌。

底石,东西长30米、南北宽6.8米～16米,由厚25厘米的长方形青石板平铺而成。石板下的木板称为衬石枋,一直铺到衬河砖下,其中直对南北闸门柱中心的一道木板较窄,继续向外延伸,穿过荒石、三合土直至水闸与河道分界处,起到基准线的作用。

底石的东西两端铺设木板,上层平铺一块,下部直立7块木板,拼接成通高204厘米的板墙。木板之外栽密集的地钉(木桩)。

闸墙、衬河砖和荒石外侧夯筑三合土,依闸墙外倘的走势,宽2米~10米不等。三合土由碎砖瓦和黄土层层相间夯筑,其下栽密集分布的地钉。部分地钉的上半部有墨书文字,个别地钉的文字旁有八思巴文印章戳记。

通过全面发掘,厘清了水闸建造的施工顺序和水闸基础。建闸之前,先根据河道宽度、深度和水流量选定建闸位置,然后按设计尺寸挖底槽,底槽面积比水闸范围大一些。底槽南北两面放坡,中部挖平。再按底槽形状满打地钉。地钉上按水闸方向顺置木梁,木梁表面同地钉顶部齐平。地钉、木梁上铺衬石仿,先在闸门中心南北横置一道方木为基准线,沿基准线两边铺衬石枋,板与板间企口接合,铁骑钉加固。衬石枋一直铺到衬河砖下,形成一个木板大箱底。衬石枋上铺石板,先铺底石,从进出水口向闸门中间铺过去,至闸门处,两边各铺一条条石,中间铺一道石枋。底石铺好后开始砌筑闸墙,在底石南北两边的衬石仿上,先在闸门位置顺砌一块大石块,沿大石块左右铺一道青石条做闸墙基础,大石块上部居中立闸门柱,门柱左右两侧砌石墙,背后用大石块顶住。石墙外砌衬河砖并堆垒荒石,荒石外为夯土层。水闸工程使用了木、石、铁、沙等多种建筑材料。

图 2-1-5 2001 年普陀志丹苑小区建设施工时钻取出的石板与铁锭榫

根据发现的木桩上八思巴文戳记和三合土中包含物年代最晚的为元代等线索,结合文献记载,推断志丹苑水闸为元代著名水利专家任仁发主持建造的水闸之一。水闸的建造工艺、技术要求与用材尺寸同任仁发《水利集》中建造水闸的相关记载相同。水闸的功能是泄水挡沙,以助吴淞江的防淤疏浚。涨潮时关闭闸门,此时泥沙沉积在闸门外;退潮时则开启闸门,利用水闸内外的水位落差,增加流速,用闸内清水冲刷扎外的泥沙。

上海地区的历史发展以江河湖海为本,志丹苑水闸遗址的发现,在中国水利工程发展史上有极其重要的地位,特别是对研究宋元时期江南地区的水利工程、吴淞江流域的历史变迁、吴淞江对整个长江三角洲的经济发展以及对上海城镇、城市发展所起的作用,具有非常重要的科学价值。同时,也反映出当时上海甚至江南地区的经济发展水平。

三、老宝山城遗址

位于上海市浦东新区高桥镇东北1公里处,长江口南岸,外高桥港区二期范围内。2006—2007年,上海博物馆考古研究部、中国社会科学院考古研究所、上海市岩土工程检测中心从考古调查、遥感影像分析和地面物理探测三方面,对老宝山城遗址进行了综合考察,基本弄清楚了老宝山城的历史沿革及功用、形制、规模、建筑结构及保存现状等情况。

老宝山城平面为矩形,南北长 225 米,东西宽 120 米,周长约 700 米,面积约 27 000 平方米,加上护城河面积约 40 000 平方米,同文献记载的方广六十四亩也基本相同。老宝山城遗址的城墙基本被毁,仅南、北城墙存断断续续的土残垣,残高 2.36 米~3.13 米,底宽 5.55 米,上宽 2.8 米,最长段 100 米左右。现存的南城墙门洞系 20 世纪 80 年代修复,高 2.5 米,内为一圈花岗石拱券,外砌砖。城墙外鱼油壕沟,今仅存残迹。城内为密集的居民住房,有几座老建筑和 1 座城隍庙,庙在城内东北角。城内现今地面至少高出原地面 0.6 米以上。墙体和基础在地下 2 米左右。

宝山最早在明永乐年间仅是土山的名称,明初属于嘉定县,明洪武三十年(1379 年)在旱寨筑土城;正统九年(1444 年)又在旱寨左边建砖城;万历四年(1576 年)兵备右参政王叔昊在宝山西麓筑新城,是为"宝山堡城"。清康熙八年(1669 年),宝山堡城被海水侵吞;清康熙三十三年(1694 年),苏州府海防同知李继勋再建新城,即今浦东高桥"老宝山城址",其功能主要是军事驻防,一直为海防要塞。

1984 年,公布为上海市文物保护单位。

四、大沽路钱币罐藏

位于上海市大沽路成都路口,发现于 1999 年 12 月。该遗存为一装满钱币的酱釉陶罐,埋深 1 米,罐内装有 10 只清代五十两银锭,467 枚西班牙银元。

10 只银锭,每锭重 1 850 克~1 950 克,其中有 3 只为方形锭,7 只为元宝形钉。锭面皆印有铭文,从铭文可知,3 只方形锭为清代同治年间江西万年县铸造的"江西方宝",富有地方特色,较为少见。7 只元宝形银锭中,2 只为山西祁县和平遥县清同治年间铸造的元宝,俗称"山西宝";1 只为山东单县同昌银炉同治年间铸造的"山东元宝";1 只为吉祥语银锭;剩余 3 只锭面分别砸印有"恒泰□""盛记""谦益"戳记。

467 枚西班牙银元,每枚重 27 克,直径 4 厘米。银元正面分别为西班牙查理三世、查理四世、费迪纳七世头像,背面中间为王国盾形徽章,整个徽章分为 6 个区域,分别饰百合花、石榴花、城堡、雄狮、竖条纹和链网,两侧立有双柱(代表直布罗陀海峡两岸的山峰),上部是王冠。这些银元铸造时间最早为 1773 年,最迟为 1811 年。值得注意的是,部分银元正面砸印有细小的汉字戳记。

这批银锭和外国银元的发现,为研究清代银两制、中外经济贸易交流,特别是上海金融史提供了实物资料。

表 2-1-1　2010 年上海地区主要遗址文化内涵一览表

文化 遗址	宋代	唐五代	汉代	东周戚家墩类型	西周亭林类型	马桥文化	广富林文化	钱山漾文化	良渚文化	崧泽文化	马家浜文化
青浦福泉山	■	■	■	■		■	■		■	■	
青浦崧泽			■	■					■	■	■
青浦果园村									■	■	
青浦寺前村			■	■					■	■	■
青浦凌家角				■							■

（续表）

文化／遗址	宋代	唐五代	汉代	东周戚家墩类型	西周亭林类型	马桥文化	广富林文化	钱山漾文化	良渚文化	崧泽文化	马家浜文化
青浦淀山湖				■	■	■			■		
青浦金山坟				■		■			■	■	
青浦刘夏				■	■				■		
青浦千步村				■	■						
青浦乐泉村				■							
青浦泖塔				■		■					
青浦骆驼墩	■		■	■		■					
松江汤庙村				■	■				■	■	
松江平原村				■	■				■	■	
松江姚家圈						■			■	■	
松江广富林	■		■	■			■		■	■	
松江机山					■		■		■		
松江北干山				■							
松江钟贾山				■							
松江佘山			■	■							
金山亭林	■			■		■			■		
金山张堰口				■					■		
金山招贤浜				■	■	■			■		
金山查山						■					■
金山戚家墩			■	■							
金山南阳港				■							
闵行马桥		■		■		■			■		
闵行董家村						■			■		
奉贤柘林				■					■		
奉贤江海				■					■		
嘉定外冈			■								
浦东严桥	■										

第二章 墓 葬

上海地区发现的古代墓葬,年代从距今 6 000 年前的马家浜文化直到明清。西周及春秋时代墓葬属吴越文化,大墓为土墩墓,小墓在平地上挖土坑埋葬。战国前期为平地堆土墓葬,在后期出现了楚文化墓,其变化反映了战国时楚灭越的历史。汉代墓葬均系挖掘土坑,葬制已与中原地区近似。晋代开始,上海出现砖室墓。唐五代墓葬分为砖室墓和土坑墓两种,砖室墓以石板盖顶,土坑墓穴内以砖铺地,墓内有砖制墓志或买地券,记载墓主姓名、墓地地名与埋葬年代,有较高史料价值。宋元时期盛行火葬,在平地上铺砖数块,上置釉陶骨灰罐,四周围一圈小口陶瓶。明代火葬习俗消失,墓葬以砖室巨石盖顶,并用糯米浆三合土版筑封顶的墓为主,一般都是一墓二穴或三穴,夫妇合葬,墓内有砖买地券,墓前有石刻墓志。清代墓葬以券顶砖室墓为主。

上海地区古墓葬的发现和发掘情况按时间大体可分为 3 个阶段。第一阶段(1950—1965 年),在农田平整、道路修筑、厂房施工等基本建设中,特别是 1958 年第一次全国文物普查中,大量古墓葬被发现。第二阶段(1966—1976 年),"文化大革命"中大量古墓特别是墓上的地面建筑和石像生等绝大多数被毁,考古人员抢救性清理了部分墓葬,并追缴回大量珍贵文物。第三阶段(1977 年至今),改革开放时期尤其是 20 世纪 90 年代以来,上海城市建设步伐加快,大量古墓被发现,并经过抢救性发掘。

至 2010 年底,上海地区已经发现的唐宋元墓共计 47 处 83 座,其中唐—五代墓葬 12 处 23 座,宋代墓葬 21 处 40 座,元代墓葬 14 处 20 座。1995 年之后发现的重要唐宋元墓葬有松江中山南二路唐墓,重新进行调查研究的有任仁发家族墓地等。已发现、调查、发掘的明代及明代以后的墓葬近 300 处 400 余座,1995 年后发现的重要的明代墓葬主要有肇嘉浜路沿线顾从礼、永郡孙氏、李惠利中学、斜桥墓葬等 30 多处。1996 年松江工业区开发中发现了古林纸工、科贝特公司墓葬等。还清理了陆深后裔、严南野、陆醒心、岳山、杨四山、韩思聪、李新斋、叶榭董氏、昆冈李家坟、松江清真寺穆斯林墓地、宛平南路明墓等。"文化大革命"期间被填埋的石象生等又被重新挖出,如徐阶夫人沈氏墓、张任家族墓石象生等。

这些墓葬的发现,使得各时期墓制有了系统的研究,为研究古代习俗、人物地名,以及各种手工艺品,提供了大批珍贵文物和资料,从中可以研究上海地区经济、社会、城镇、文化发展的历史进程。以下择要记叙 1995—2010 年间新发现的或经过发掘的墓葬,并收录部分 1995 年前发掘但前志未记的墓葬相关资料,以拾遗补阙。

第一节 唐 宋 元 墓 葬

一、松江中山南二路唐代墓葬

位于松江区中山二路南龙潭苑。2000 年 4 月,在住宅建设施工中发现,由松江区文物管理委员会、松江博物馆进行了现场调查清理。

南北向墓葬,3 座,编号 2000SLM1、M2、M3,遭到不同程度的毁坏,散失的文物得到追缴。1 号墓、2 号墓为砖室墓,形制、尺寸基本相同,其中 2 号墓葬长 2.9 米,0.65 米,残高 0.43 米,砖长 24.7 厘米,宽 11 厘米,厚 2.5 厘米。出土随葬品有砖刻开成二年(837 年)"唐故李夫人姚氏墓志铭"1 方,开元通宝、乾元重宝等钱币 6 枚。3 号墓为土坑竖穴墓,遭到部分破坏,仅存木棺底板宽 65 厘米,厚 5 厘米,出牡丹云纹铜镜 1 面。另外追缴回了开成二年砖刻"唐故□府君墓志铭并序"1 方,越窑青瓷牡丹纹盒 1 件。

二、松江泗联唐墓

位于松江区泗泾镇。疏浚通波塘水利工程中发现了唐代青瓷执壶、罐、杯、碗等 6 件遗物,由乡民主动上交当地文物部门。据发现的迹象和遗物分析极有可能是墓葬内的随葬品,较为精美,为典型的唐代青瓷代表。其中青瓷执壶分为 A、B 二型:A 型越窑青瓷瓜棱执壶与 B 型越窑青瓷执壶。另外同出的还有越窑青瓷双系罐、越窑青瓷花瓣口碗、越窑青瓷椭圆形杯。

三、闵行马桥五代墓

1959—1960 年,上海市文物保管委员会考古部在发掘马桥遗址时,于地形较高的贝壳砂冈上发现此墓。

墓葬编号 1960SMM1,为南北向土坑墓。仅存底部,长 220 厘米,宽 56 厘米。墓内木棺已全部腐烂,清理出部分坍塌的棺木及铁棺钉残件等。人骨架保存基本完整,头向北,面朝东,仰身直肢。11 件随葬品主要放置在头部上方,有越窑青瓷瓜棱小盖罐 1 件,罐内贮藏 5 枚开元通宝钱;头部正上方和左侧放置越窑青瓷鹦鹉纹盒等瓷盒 3 件;在头骨下有木梳 1 把,残铜镜 1 面。

四、嘉定西门南宋周知柔家族墓

位于嘉定西门康乐饼干厂,于 1959 年 11 月 6 日发现。考古人员赶到现场时,仅存残墓。经清理发现,周必强墓为砖室墓,墓壁有小壁龛,内置铁牛。主要随葬品有铁牛 4 只、铜镜 2 面、影青瓷盒 1 件、影青瓷罐 1 件、铁买地券 1 方、石骨灰罐 1 件、石墓志 6 方(合)、钱币 500 枚左右等(包括太平通宝 12 枚,开元通宝 39 枚,及嘉定通宝、嘉熙通宝等)。

周知柔家族墓出土的 6 方石墓志皆青石质,长方形,分别属于周知柔、杨氏、周必强、耿道真、周必进、郑妙静 6 人。杨氏为周知柔的妻子,周必强、周必进为周知柔、杨氏的儿子,耿道真为周必强妻子,郑妙静为周必进长媳。其家族世系记录完整,共七世。是研究上海地区南宋时期墓志的重要资料。

图 2 - 2 - 1　1959 年嘉定西门南宋周知柔
家族墓出土影青瓷盒

五、青浦元代任仁发家族墓地

位于青浦区重固镇章偃乡北庙村和淮海乡高家台,今青浦区重固镇新桥大队高家台生产队。1952 年 4 月,当地村民在平整土地时发现并盗掘,将文物售卖到上海古玩市场,上海市文物管理委员会接报派员去现场进行了调查,青浦法院对文物进行了追缴,遗憾的是,出土文物与所属墓葬已经不能一一对应。

现在保存有 6 座石墓圹,形制相同,方向基本呈南北向,由北向南分 3 排依次排列,编号为 M1—M6。墓地北原有一条小河叫郭巷泾,现已不存。关于任氏家族墓,地方志也有记载。明崇祯《松江府志》卷四十八:"浙东宣慰副使任仁发墓在骆驼墩。"明正德《松江府志》卷七十九名迹志记载:"元浙东道宣慰副使任仁发墓在骆驼墩",又曰:"骆驼墩又呼落弹墩,在斡山北,任仁发墓在焉。"明万历《青浦县志》:"浙东宣慰副使任仁发墓在骆驼墩四十五保四区,凡七座。"上述记载说明,从明万历年间到 20 世纪 50 年代,当地村民平整土地之前,任氏家族墓基本保持了原貌,仅数量上由 7 座减为 6 座。目前发现了 8 方墓志,因墓志是随葬于墓室内,所以这 6 座墓应该是属于这 8 方墓志所载墓主中的 6 人。

6 座墓形制相同,排列有序,仅体量略有差别。以 1 号墓为例,形制为长方形石室墓,墓圹由石盖板、石壁、石底板等构成,经核对《唐宋元》M1 长 5.25 米,宽 3 米,露出地表部分高 1.25 米。石圹长 4.5 米,宽 2.2 米。墓壁用 4 块大石板砌筑,内壁平整,外壁毛糙,厚 0.35 米~0.4 米。盖板与石壁以企口套合,石灰勾缝。经对墓外局部解剖,发现石圹外围砌 1 道宽 0.3 米的砖墙,砖平砌,上下错缝,上部砖已被破坏,下部保存基本完好。据访谈得知,此墓外铺有一层很厚的松香,被盗时因火焚毁。墓室已被填埋,用钢筋插墓底,知墓室深约 1.6 米。另在墓圹北侧,清理出 2 块石构件,均残。一块长方形,一块呈人字形,可能为该墓建筑构件的一部分。据访谈得知,此墓原有封土,墓前有 2 尊石人像,高 2 米余,20 世纪 50 年代被毁。

任氏家族墓出土器物丰富,已经追回的瓷器、漆器、铜器、金银器、砚台和墓志等共计 74 件。陶瓷器 39 件,包含官窑瓷器 8 件、枢府釉瓷器 16 件、龙泉窑瓷器 7 件、釉陶瓶 8 件。官窑瓷器有:粉青釉胆式瓶 4 件、贯耳长颈瓶 2 件、双耳炉 2 件;4 件粉青釉胆式瓶的形制基本相同,大小稍有区别。枢府釉瓷器 15 件:高足碗 1 件、平底碗 11 件、三足炉 1 件、带座戟耳瓶 1 件、瓶座 1 件。龙泉窑瓷器 7 件:青瓷碗 6 件、炉 1 件。四系釉陶瓶(韩瓶)8 件。漆器 7 件:莲瓣形漆奁 1 件、圆盒 5 件、瓶 1 件。其中一件圆盒盒面雕刻陶渊明东篱赏菊图,盒的外壁饰连续回纹,整体呈枣红色,色泽蕴亮,雕工简练劲健。漆奁深褐色,八瓣莲花形,分盖、盘、中、盘、底 5 节,其中 1 盘内置有漆小圆盒 4 件,盒内有脂粉痕迹。漆奁素面,制作规整,造型别致,惹人喜爱。金、银、铜、锡器 14 件:铜器 2 件,为铜镜 1 面、铜壶 1 件;金饰件 3 件,为嵌珠石累丝金帽花 1 件、嵌松石珊瑚累丝幡形金饰件 1 件、嵌松石累丝金项链 1 条;银器 8 件,为银饰件 1 件、器皿 7 件。砚台 3 方:圆形三足歙砚 1 方、长方形带盖澄泥砚 1 方、长方形澄泥砚 1 件。木、角、玉器 3 件:木梳 1 件、牛角长柄勺 1 件、青玉莲鹭纹炉顶 1 件。

发现的 8 方墓志分属任仁发、子任贤能、任贤德、任贤才、孙媳钦察台守贞、弟任仲夫之子任良佑、任仁发之侄任良佑、任良辅、陈明。任仁发墓志,志文共 11 行,记载任仁发"卒于泰定四年,享年七十四",据此推算他应生于南宋理宗宝祐二年(1254 年),与《新元史》记载相符。任贤能墓碑楷书"大元故承务郎宁国路泾县尹兼劝农事知渠堰事任公之墓"24 字。墓志志文共 17 行,记载"任贤能,任仁发之子,字子敏,号云间子,生于元世祖至元二十二年,卒于元惠宗至正八年,享年六十四"。任贤德墓碑楷书"大元故提举任公墓"墓志志文共18行,记载"任贤德,任仁发之子,字子恭,生于元世祖至元二十六年,卒于元惠宗至正五年享年五十七"。钦察台守贞,墓碑楷书"大元故孺人钦察台氏之墓"11字,墓志志文共14行,记载"钦察台守贞,任仁发孙媳妇,即任贤德之子任士文妻,卒于元惠宗至正十三年,享年三十七"。陈明墓志,志文共16行,记载"任明,任仲夫之子,字彦古,号云山……后过继于姑家,遂改姓陈氏。生于元世祖至元二十三年……卒于元惠宗至正十一年,享年六十六"。任良佑墓志,志文共12行,记载"任良佑,任仲夫之子,字子德,生于元世祖至元十八年……卒于元惠宗至元四年,享年五十八"。

尽管元任氏家族墓未经科学发掘,已经很难准确判断其归属,但是透过文物本身的组合及所包含的信息,仍可作一大致的推断,进而探讨其背后所蕴含的社会风俗与士大夫的趣味。墓地出土的官窑瓷器、景德镇枢府釉瓷器和漆器等大批文物,是中华人民共和国建立初期的一项重大考古新发现,它为研究元代社会经济提供了重要的实物资料。

图 2-2-2　2010 年青浦任仁发家族墓地 M3 保存状况

第二节　明　清　墓　葬

一、松江清真寺穆斯林墓

位于松江城区缸甓巷 21 号清真寺内。2002 年 7 月,在清真寺建房挖地基时,发现 20 多座伊斯兰教教徒墓葬,上海博物馆考古部即赶往现场,共清理 23 座墓。

墓葬形制皆为长方形,有大小之分,编号 M1—M23,其中 20 号墓、22 号墓为石板砖室墓,其余 21 座为石板石室墓。出土铜镜 1 面、陶护臂膝 2 件。

清真寺始建于元代初年,之前为穆斯林墓地,面积2 700平方米。20世纪80年代,维修清真寺时,在南部曾清理墓葬70多座,基本为石室墓。随着清真寺的扩建维修,在寺南部和东部陆续清理了100多座墓葬,并初步推测,东部墓地为有身份的穆斯林葬所,南部为穆斯林平民葬地,墓葬年代从元代延续至近代,其中元郡守达鲁花赤纳速刺丁墓亦在此。

二、松江华阳桥镇明杨四山家族墓

位于松江区华阳桥镇。2000年8月,复垦农田土方工程中发现,由上海市文物管理委员会先后三次对该墓群进行了抢救性发掘,发现墓葬9座,编号M1—M9,现存面积900平方米。其中1号墓、2号墓仅存墓圹,其余7座保存基本完好。排列基本呈南北向,以1号墓为中心,从北到南呈扇形。7号和9号墓为糯米浆三合土浇筑砖室券顶墓,其余7座墓为糯米浆三合土浇筑石板砖室墓。

石板砖室墓以8号墓为代表,一墓双穴,夫妻合葬。墓圹长方形,长3.38米,宽3.30米,高1.7米。墓顶平铺一层小砖,之下为厚1米的糯米浆三合土,下为两块大石板,分盖在两座穴室上。墓圹四壁青砖平砌,中间一道砖墙将墓圹分成左右两个穴室,穴室内一椁一棺。木椁长方形,上盖横条木板。木棺长2.13米,前宽0.6米,后宽0.55米。棺盖上各覆盖一块丝织品铭旌。右边棺盖铭旌书"诰封武略将军四山杨公之墓",左边棺盖铭旌书"诰封太宜人杨母张氏之墓"。砖室券顶墓以9号墓为代表,长2.85米,宽2.6米,高1.38米。四壁砖平砌,券项小砖竖砌,地面铺方砖。

出土各类随葬品共186件/组,主要有仿唐瑞兽葡萄镜、铜仿汉日光镜、根雕龙首杖、银鎏金"唵"字簪、银鎏金云形楼阁人物对簪、明道元宝、红木束发冠、骨笄、木梳妆盒、木念珠、木浮雕带板、木俑、木枪、锡器3件、白布巾、白布囊、木透雕带板、青玉簪、双鱼镜、汉长宜子孙镜、金嵌玉葫芦耳坠、银事碗、青瓷碗、铜缠枝牡丹镜、金银耳挖簪、补子等。木枪枪头为铲形,枪杆坚硬,枪尾有镦;拐杖巧用天然树根制作,杖头雕成龙头形,须发飘逸、双目圆睁、炯炯有神,雕刻技法纯熟;木俑共5件,其中2件保存较好,其脸部丰腴,面带微笑,头戴瓜皮小帽,身穿右衽小袖长袍。从2号墓出土的3张纸质佛教戒牒看,其中一张保存较好的印有"右牒付受戒弟子杨福信受持,正统四年闰二月初七日给"等文字,由此确定该墓主人杨福信为一名佛教信徒。而依据8号墓出土的铭旌则确定为杨四山夫妇合葬墓。

此次发掘从出土遗物分析,与以往上海地区明墓出土的遗物基本相似,另从佛经和棺盖上文字所记,可知该墓群为明代杨氏家族墓地。

三、松江叶榭明董氏夫妇合葬墓

位于松江区叶榭镇叶兴二队。2002年5月17日,生产队平整土地时发现。经抢救清理,发现其为糯米浆三合土浇筑石板砖室墓,一墓三穴,夫妇合葬。

东穴男尸身穿白布长衫,缝有白布补子,上墨绘仙鹤图案,说明男墓主生前为明代文官。棺内随葬金耳挖簪1件、铜镜1面。值得一提

图2-2-3 2002年松江叶榭董氏夫妇合葬墓墓室壁画出土现场

的是,男墓主穴室砖壁四面上半部抹有一层白灰,上彩绘花草,其中北壁一开光内绘毛笔、莲花、元宝等图案,这在上海地区明墓中较少见。中部穴室空无一物。西穴室棺盖罩铭旌,棺内女尸,耳旁各放一包灯芯草,头部、脚部放多包纸包木炭防潮。主要出土遗物:银鎏金耳挖簪 1 件、金耳坠 1 副、金戒指 1 只、银戒指 3 只,戒指戒环呈花瓣状,上刻花草纹。

从铭旌内容得知,男墓主姓董,侧室唐氏。

四、松江凤凰山明张弼家族墓

位于松江区佘山镇凤凰山南。1958 年,文物普查时墓地面积 20 多亩,地面有大小坟冢 20 多座,张弼家族前后十八代葬于此。

墓前排列石马、石虎、石羊等石象生,在"文化大革命"中移至佘山秀道者塔旁。今塔旁保存石马 2 对、石虎 2 对、石羊 1 对。石马直立于长方形石座上,1 对高 128 厘米~138 厘米,身长 190 厘米~200 厘米;1 对高 140 厘米~150 厘米,身长 190 厘米~200 厘米;石虎通高 134 厘米~140 厘米。座高 15 厘米,长 90 厘米,宽 46 厘米;1 对石羊高 80 厘米~120 厘米,身长 110 厘米~120 厘米。

墓地内现仅存张弼长子张弘宜墓碑。青石质地,高 181 厘米,宽 84 厘米,厚 25 厘米。边缘线刻云龙纹。碑文刻字多漫穗不清,可辨者有:"皇天承运……张弘宜,字时措,成化十七年进士,官至广西兵备副使。正德七年二月立"等字。

五、松江仓桥明徐阶夫人墓石象生

徐阶元配一品夫人沈氏墓,位于松江城区永丰接到仓吉居委会,占地面积 20 余亩。

1958 年文物普查时墓前尚存石翁仲 4 尊,石马、石虎、石羊、石狮各 1 对,石赑屃碑座 2 件等,排列在墓道两侧。"文化大革命"期间墓冢被破坏,为糯米浆三合土浇筑石板砖室墓,墓上糯米浆三合土厚 1.5 米左右,石象生被砸推倒埋入地下。后经市政建设,墓地所在地变成居民小区,遗迹无寻。

2003—2004 年,荣江小区及周边地下施工中,被埋于地下的石象生先后出土,计有石赑屃碑座 2 只、石翁仲 4 尊、石马 2 匹、石虎 1 只,其中 4 尊石翁仲与 1958 年拍摄的翁仲完全相同。从当时拍摄的照片看,四尊石人像为两文两武,先为文官,再为武将、石马等。右边的一文一武拍了正面,文官头戴官帽,面相方圆,八字胡,身着长袍,双手执笏于胸前,神态肃穆。武将头戴尖顶兜帽,身着盔甲,有披肩,双手执剑,神态威猛,立长方形石座上。

经发掘清理,9 件石象生现被妥善保管在松江方塔公园内。

六、松江工业区古林纸工公司工地明墓

位于松江区工业区繁华路 25 号古林纸工公司内。1996 年 5 月,公司施工时发现。

经抢救清理,发现该墓为一墓四穴,横排排列。其中 3 个穴室被破坏,收缴回铜镜 3 面,为仿唐瑞兽葡萄纹镜 1 面、仿汉昭明连弧纹镜 1 面、薛茂松造镜 1 面;白玉蘑菇首簪 1 件;玉戒指 1 件;玉璧 1 件。

仅存一穴为糯米浆三合土浇筑石板砖室墓,楠木棺,棺盖上罩铭旌,已朽。棺内女尸头枕木枕,身缠白布,外穿黄色缎质大襟长裙,色泽艳丽典雅,因腐朽严重,无法保存,脚穿白色绣花鞋、白布

袜,均腐朽。随葬品有：铜仿唐瑞兽葡萄纹镜1面、木半圆首簪1件、木枕1件、蓝白印花布褶裥罗裙1条。

七、松江工业区科贝特公司明墓

位于松江区工业区荣乐东路524号。1996年科贝特公司建筑施工时发现,现改为"克缇日用品有限公司"。

3座墓编号为M1、M2、M3,均为糯米浆三合土浇筑石板砖室墓,一墓三穴,其中一座墓葬三穴被破坏,3号墓中的一穴未发掘。经抢救性发掘清理,八座穴室内,除一座为瓮棺火葬,其余均为木棺椁,棺椁形制基本相同。

清理出土的随葬品有：

1号墓遭破坏,仅留木匣1件。

2号墓的1号穴室内出土有锅、盘、盅、壶等10多件。小木匣2件。2号穴室的棺内女尸呈鞣尸状,随葬锡明器1套、木交椅1把、木案2件、木凳2件、木面巾架1件、木匣2件、木婴牌2件、白布巾1条;3号穴室为瓮棺葬,出土釉陶瓮1件、木透雕供牌1件、木箱1件、木供案1件。

3号墓的1号穴室的棺内女尸已朽,出土白布长裙3条,1条完好,花牙白布1块,白布3叠,已朽,铜镜3面(仿唐瑞兽葡萄纹镜1面、华远镜1面、旋纹镜1面)、银钵1件、白布广袖长衫1件、白布条巾1条;2号穴室随葬铜镜2面(仿汉博局纹镜1面、仁山镜1面)、木案2张、锡器1套(暖锅10件、壶2件、盘9件、盅3件、盅盘组合2套、漏斗形器1件、筷1双)、木梳2把、木小方桌1张。

图2-2-4　1996年松江科贝特公司墓棺盖锡器出土现场

八、宝山杨行明韩思聪墓

位于宝山区杨行镇苏家宅。2001年5月,筑路挖沟施工中发现。为糯米浆三合土浇筑石板砖室墓,南北向,穴室四壁砌砖。其西面还有 2 座穴室,因建设工程不会对其产生影响,故暂未清理。

墓葬应为夫妇合葬墓。木棺椁,棺长 2 米。棺内尸体保存较好。墓主人头戴乌纱帽,身着官服,身下铺 1 块棉毯。胸部两侧放置线装书籍 14 册。左侧书籍旁 1 只羊毫毛笔。墓圹南边出土成化十三年韩思聪墓志 1 合、橄榄形韩瓶 1 件。其中书籍分别为:元董真卿编集《周易会通》8 册、正统壬戌孟冬梅溪书堂刊行《论语》1 册、《中庸章句》1 册、《孟子》3 册、《大学章句》残页。

九、宝山刘行明张任家族墓

位于宝山区刘行镇王宅村相家桥西北,习称张家坟山。1975 年 11 月 28 日,生产队在平整土地时发现。据村民描述是一座糯米浆三合土浇筑的石板砖室墓,原为一墓三穴,夫妇合葬,其中两穴在 1965 年平整土地时被毁,墓冢高大,墓南一座石牌坊,入内两排石象生,根据石碑记载,墓葬为明万历八年(1580 年)兵部左侍郎张任墓,当时已将石牌坊拆除,1976 年石象生被深埋地下。仅存一穴上盖一块花岗岩大石板,木椁内置楠木棺,棺内女墓主外通体包裹白布,内丝绵贴身,头部放置大量纸元宝,头枕灯心草,陪葬金簪 2 件、金戒指 3 枚。

2009 年 4—8 月,上海博物馆考古部和宝山文保所对张任家族墓地进行了清理。清理出 2 座墓圹,形制、大小基本相同,均一墓双穴,为糯米浆三合土浇筑石室墓。两墓共清理出石板 14 块。墓南清理出石龟碑座 4 件、石碑 4 方、石翁仲 4 尊、石马 2 匹、石羊 1 只,其中 2 块碑有碑文,为万历七年(1579 年)敕命之宝碑和万历九年(1581 年)制诰之宝碑。

十、宝山月浦明黄孟瑄夫妇墓

位于宝山区月浦镇乐业村旗杆坟。1958 年 11 月发现,当时已经被破坏。墓葬形制应为一墓双穴糯米浆三合土浇筑石板砖室墓,两穴室大小相同,夫妇合葬,男右女左,木棺椁葬具。

黄孟瑄棺盖上放置锡器 1 套,两棺内共出土木器 8 件、褐釉陶罐 9 件、青瓷人物故事碗 2 件、铜簪 1 件、银戒指 1 件、钱币 2 枚。两夫妇身穿衣服、铺盖的被褥部分保存较好,有缎风斗帽、黑帽、绸巾发套、万字云纹绫巾、彩云缎夹袄、缠枝莲锻裙、粗绸丝绵袄、细绸素裙、素绸夹袄、彩云纹缎袍、布长袍、粗素绸夹袄、布外套、布裙、布面袜、布鞋、绣花枕套、布被、粗素绸被、步绣花垫被等。棺椁内各出土 1 方木买地券,墓圹南壁外出土成化十六年(1480 年)黄孟瑄墓志铭 1 合。

出土的套件锡器共 29 件,排列有序,前后共 7 排。第一排居中放 2 件器物、左为把酒壶,右 1 件酒杯。第二排放置 5 件暖锅。第三排为 5 件大号盘。第四排 5 件中号盘。第五排 5 件小号盘。第六排从左到右为油灯、烛台、香炉、烛台、圆腹壶。第七排左边 1 件火盆,右边 1 件璧。

十一、嘉定明宣昶家族墓

位于嘉定区新成路街道澄桥村宣家宅西,练祁河南岸,占地面积 10 余亩。1972 年 7 月,上海市文物管理委员会考古组收到上海书店转交嘉定县城东公社明墓出土的明成化年间北京永顺堂刻印、附有插图版画的说唱本和传奇刻本书 12 册,其中 1 册南戏《刘知远还乡白兔记》,11 册说唱本。唱本中的五本刊有刻本年代,为 1471—1478 年,引起了考古人员的关注,随即对这批唱本的来源进行了详细调查。根据保管这批唱本的村民回忆,唱本具体出土地点是在城东公社澄桥大队宣家生产队西北的宣家坟,12册书原放置在宣家坟西面一座墓的女尸头旁,木棺盖上有一个"宣"字。

经过多次现场调查,明确了这是一处墓群。东、北、西三面环河,名为"宣家浜",当地人称为"老坟泾"。墓道前原布列石牌坊、石碑、石象生等。牌坊、石碑在"文化大革命"期间被拆毁,石象生有石马、石虎、石羊各1对,至今还立在墓道两边。墓道宽3.5米。墓后原有半圆形土堆,俗称"托山"。托山前为主墓,主墓南面,从北到南,东西两旁还有3排墓。1967年,生产队平整土地、建造猪棚时,陆续进行挖掘,前后挖掉10多座墓葬,全部为糯米浆三合土浇筑石板砖室墓,分双穴或三穴室,每个穴室上盖石板,石板上及墓圹外围再用糯米浆三合土层层浇筑,使整座墓达到良好的密闭性。据访谈得知,墓内出土品除刻本书外,还有铜镜、金银玉饰件、木梳等,散失。考古人员在调查时在村民家、河岸边先后发现石墓志10余方(连志盖),现场初看墓主全部为宣昶家族成员。由于交通限制,墓志未搬回。

1978年4月,生产队平整土地时又发现1座墓葬,为糯米浆三合土浇筑石板砖室墓,木棺椁,棺长1.9米,宽0.55米~0.6米。墓主为男性,身着官服,头戴乌纱帽,帽已腐烂。发髻上插银耳挖簪1件,胸部放置仿汉铜镜1面。另城东公社还发现白玉麻花纹手镯1件,也是宣家坟出土。

宣昶家族墓主要遗物有:

石马、石虎、石羊各1对。

明成化说唱本12册,已整修,仅少数几页残破,各册基本无缺页,板框高17.5厘米,宽11.5厘米。竹纸,装帧一律是纸捻钉、包背装。其中南戏《新编刘知远还乡白兔记》1册;说唱词话11册,分别为《花关索传》《新刊全相说唱开宗义富贵孝义传》《新刊全相唐薛仁贵跨海征辽故事》《新编说唱包龙图断歪乌盆传》《新刊全相说唱石郎驸马传》《新刊全相说唱包侍制出身传》《新刊全相说唱足本仁宗认母传》《新刊全相说唱包龙图陈州粜米记》《新刊说唱包龙图断曹国舅公案传》《新编说唱包龙图断白虎精传》《新刊全相说唱张文贵传》等。

石墓志3方(合),青石质。分别为:成化二十二年(1486年)宣怡晚(为宣昶父亲)夫妇合葬墓志,成化二十二年宣汝旸(为宣昶兄长,宣怡晚长子)夫妇合葬墓志,正德五年(1510年)宣尧卿(为宣昶之子)墓志。

据清康熙《嘉定县志》卷之十二坟墓:"西安府同知宣昶墓在晏海门外宣坟浜之原"记载,结合出土墓志铭可知,宣家坟至少包括宣昶夫妇及其父母、兄嫂、儿子的墓在此。又出土12册唱本的墓,有的以旧公文纸裁开作封面或衬底,一张旧公文纸上手书"西安府抚民同知顾","成化贰拾叁年拾月初柒日知县陈言救荒□患事",并盖有"三原县印"。三原县明代属西安府,宣昶出任过陕西西安府同知,加之出唱本的女性墓主棺上的"宣"字,可能为"宜人",即明代命妇五品的封号。宣昶历官广东惠州、陕西西安府同知,官职四品,故推测出唱本的墓葬为宣昶夫妇墓。

十二、嘉定北大街明陆醒心家族墓

位于嘉定城区北大街原嘉定一中。1994年7月,工地基建时发现,上海博物馆考古部人员到场时墓地已被破坏。

经过清理,发现这是一座糯米浆三合土浇筑石板砖室墓。墓距地表深1米,南北向。墓圹南北长3米,东西宽2.6米,为双穴室夫妇合葬,男右女左,木棺椁。男尸头枕刻本书1册,已腐烂。膝下放置1件长方形小木盒,盒内置放7个泥捏小人。女尸膝下亦放置1只木盒,内放5个泥捏小人。在墓圹南端,右边出土陆醒心墓志铭1方,左出土陆东涯妻苏孺人墓志铭1方。该墓附近还发现陆横溪墓志铭和陆纯墓志铭。

从4方墓志记载可知,陆纯为陆醒心的父亲,陆横溪、陆东涯为陆醒心的长子、次子,苏孺人为东涯妻。该墓墓圹南端的右边出土《醒心陆君墓志铭》一方,左边出土《明故郁林州吏目陆公配苏孺人墓志铭》一方。论其关系,苏孺人为陆醒心的儿媳,此墓为翁媳合葬墓。究其原因,陆东涯卒于嘉靖三十七年(1558年),苏孺人卒于万历九年(1581年),两人下葬时间相差23年。儿子陆可矜本想开启已下葬23年父亲的墓兆将父母合葬,但可矜双目失明,加之父亲已下葬20多年,整个家族的墓又都集中在一起,这就造成了双目失明的儿子无意间错把祖父之墓当成生身父亲之墓。

从墓志记载可知,陆醒心家族始祖仕宋,扈宋高宗南渡后定居嘉定。因家谱失于兵燹,现陆醒心家族记载上至陆纯祖父陆澄,下至陆可矜之孙陆光先、陆光裕。

十三、嘉定西门外明徐氏家族墓

位于嘉定城区西门外。自20世纪80年代至今,在西门周围先后发现明代墓葬10余座,占地面积约20亩,墓室形制皆为糯米浆三合土浇筑石板砖室墓,全部被毁。

墓葬主要出土墓志、铜镜、金银玉饰件、木梳、木刷、青花瓷碗和蓝釉陶罐等文物。其中较为重要的为墓志2合,是明嘉靖四十四年(1565年)礼部祠祭署郎中徐东娄夫妇合葬墓志与明万历二十年(1592年)太医院吏目徐学礼夫妇合葬墓志,2合墓志均为正方形;铜镜有长命富贵双鱼铜镜1面、水浪龙纹铜镜1面;玉饰件有白玉螭虎饰1件。

根据出土的墓志铭记载,徐东娄为徐学谟父亲,徐学礼为徐学谟兄长,另根据《明史》记载,徐学谟,字叔明,又字太室,为嘉靖二十九年(1550年)进士,官至礼部尚书加太子少保,赠资政大夫,徐氏为当时嘉定望族。由此判断,这批明代墓葬为徐氏家族墓。

十四、嘉定江桥明李新斋家族墓

位于嘉定区江桥镇。2007年6月8日,在江桥镇新农村建设施工时发现,并出土青石墓志。经上海博物馆考古部及时调查和勘探,在距墓葬数十米外,发现石虎、石羊、石龟碑座等墓道神兽残件,另在墓右侧偏南,又发现1座规模相近的大墓和2座被完全破坏的砖室墓,共计发现4座墓葬,编号M1—M4。据出土墓志记载,确定此处为李新斋家族墓地。

1号墓为李新斋夫妇墓。墓呈长方形,坐北朝南,长4米、宽3.7米、深2.5米,由糯米浆三合土层层夯筑,墓顶土厚1米多,墓圹石条砌筑,一墓双穴,夫妇合葬,每穴室上各盖一块花岗岩大石板。石盖板下铺一层8厘米厚杉木板,两层板间夹三合土,穴内木棺椁。棺、椁外髹黑漆,内髹朱漆。椁杉木,棺楠木,两棺盖上各罩丝织品铭旌,已朽。其中右穴棺盖上残存"员外郎新斋"五个楷书大字,棺内放置数包用纸包裹的木炭防潮,男尸头戴乌纱帽,已腐朽,面部盖一块黑纱,这在上海明墓中仅此一例,身着文官补服,补子图案已腐烂不清。随葬品有:铜镜3面,其中1面为仿汉博局纹镜、金挖耳簪1枚、银元宝1个、锡夜壶1件、锡香盒1件、透雕牡丹花木板腰带1条,共20块板面、木马桶1只、木脚盆1只、木梳1把、墓志1方。左侧李新斋夫人程宜人木棺,棺盖内彩绘北斗七星图,尸体已腐,头戴冠,已朽,留翟羽残瓣。随葬品有:大量纸锭、串状纸钱;金或金嵌宝石簪11件,主要有金凤簪1对、金簪2件、金嵌珍珠凤簪3件、金嵌宝石花朵对簪2对;金嵌珍珠耳坠1副;戒指3对;其中金嵌宝石戒戒1对、白玉蟾蜍戒1对、银戒1对;银元宝1只;透雕凤纹木板腰带1条,共18块版面;素面铜镜1面;木梳1把;锡香盒1件;《预修寄库文牒》1册、墓志1方。

2号墓形制同1号墓基本相同,右穴上盖大石板,左穴无石板,直接用三合土浇筑。右穴棺内盖1条夹被,2条棉被,四周塞满纸钱,棺头部盖一层纺织品,中下部一层纸张。男墓主全身绿粗布包裹,从头到脚扎7条布带,头戴乌纱,已朽。随葬品有:铜仿唐瑞兽葡萄纹镜1面、金冥币1件、银盆1件、银元宝1件、铜框木板腰带1条,共18块板面、宣纸4刀、皮纸5刀、孔雀补子4块。左穴出土木买地券1方、木梳2把、木塔形罐1件、木烛台1对、木灯盏1件、木鼓形墩5件、木盘及盖4件、素面铜镜1面、白玉螭虎纹簪1件、银香盒1件。根据墓志铭、铭旌、出土遗物和清康熙《嘉定县志》资料记载,推断2号墓应为李新斋子李先芳夫妇墓。

3号墓、4号墓因被破坏严重,无随葬品出土。

图2-2-5　2007年嘉定李新斋家族墓地李先芳墓出土孔雀补现场

十五、黄浦区南车站路明陈所蕴夫妇墓

位于黄浦区南车站路353号大同中学体育场内。1957年发现,为糯米浆三合土浇筑一墓三穴石板砖室墓。

出土墓志1合,砖买地券1方,仿唐铜镜2面,其中1面仿唐四兽铭文镜,木梳5把,青玉云纹璧1件,白玉蘑菇首簪1件,白玉戒指2只,金戒指1只,金花瓣首木簪1对,银梅花"命"字簪1件,银发钎1件,银霞帔饰件1套4件(1件表面锤蹀出凤穿牡丹、1件为三凤穿牡丹图、2件为马蹄形花卉饰件)。墓志为万历二十七年(1599年)陈所蕴妻王淑人墓志,结合地方志记载,确定此墓为陈所蕴夫妇合葬墓。

陈所蕴,字子有,万历十九年(1591年)进士,官拜南京太仆寺少卿。

十六、黄浦区丽园路明朱察卿家族墓

位于黄浦区南市丽园路。1969年发现，当时已被破坏。由丽园街道追缴回铜镜、木梳妆盒、折扇、木梳、骨梳、木刷、剪刀、念珠、银发罩、木买地券、锡明器残件、金银玉饰件、玉刚卯、印章等出土文物100多件。

1998年6月，局门路中长公寓施工时，发现石龟和朱察卿父亲、贵州道监察御史朱豹石碑各1件。石龟前半身已被破坏，为朱豹神道碑。立碑时间嘉靖元年（1522年），同时出土的还有1件青花瓷盘。从墓葬出土的神道碑、买地券，结合上海地方史志记载确定丽园路墓地为福州知府朱豹、赠奉政大夫朱察卿父子墓。

出土遗物中的几方不同质地的印章最为特别，经考证，朱豹生前曾用字"子文"，号"青冈"，为正德丁丑（1517年）进士，故印章中的朱字子文、青冈之印、丁丑进士印为朱豹用印。朱察卿、朱邦宪印，为朱察卿用印。黄杨木质平安家信印为闲章，推测属于朱豹。

十七、卢湾区打浦桥明顾从礼家族墓

位于肇家浜路打浦桥。1993—1994年建房施工时发现，经上海文物管理委员会考古部抢救性发掘，先后清理10多座墓葬。根据墓葬排列及棺盖上保留的部分铭旌，结合地方史志记载可知，此处为明代顾从礼家族墓地，至少葬有顾从礼及其父亲、祖父、高祖及儿子前后五代人的墓葬。

1号墓距地面两米，为一墓南北向双穴糯米浆三合土浇筑石板墓，墓室中部浇筑一道厚30厘米的糯米浆隔墙，将墓室分为左右两穴室。夫妇合葬，女左男右。右边穴室遭施工毁坏，追回主要遗物有白玉蘑菇首璃虎纹筶、青玉卧童、青玉璧、铜镜等。女棺内出土铜缠枝花纹镜、金镶玉嵌宝石花朵簪、金花瓣发饰3件、金镶白玉葫芦耳坠等遗物9件/组。

2号墓位于1号墓东南方向，结构与后者相同，左穴室上盖两块石板，中间和右穴室上各盖一块花岗石板。右穴室棺盖上铭旌显示为太学生顾叙墓，棺内男尸头北脚南，已腐烂。左穴室葬具和随葬品明显差于中穴的女主人，推测左侧为顾叙侧室。出土随葬品有白玉蘑菇首簪、玉刚卯、玉戒指、紫檀木盒、铜镜、金嵌珍珠龙戏珠饰、金嵌珍珠花瓣耳坠等17件/组。

3号墓为双穴夫妇合葬墓，结构与1号墓相同，女左男右，木棺椁。出土蘑菇首玉簪、铜镜、金簪、圆形玉环扣等11件遗物。

4号墓为一墓二穴糯米浆三合土浇筑石板墓，夫妇合葬，南北向。右面穴室棺盖罩铭旌显示墓主为御医顾东川。出土白玉执荷童子、白玉环、缎金嵌玉头箍、金镶玉莲花童子耳坠、银丝发罩、洒金折扇等各类精美文物64件/组。

5号墓为一墓双穴糯米浆石板砖室墓，夫妇合葬。木棺椁，男女棺盖上罩铭旌，显示墓主身份为光禄寺少卿顾从礼及夫人。墓主顾氏仰身直肢，身下有木板棺床，双手于胸前相合。头戴乌纱帽，身着黄缎四云纹圆领宽袖常服，胸前一块补子，脚穿白布袜、黑靴。头侧放一匹布，2把木梳。夫人头戴锡凤冠，上插金银玉发簪，身着黄缎褐色花纹服装，纹样绚丽。头旁放置1只漆梳妆盒，内装3把木梳。

6号墓为糯米浆三合土浇筑单室墓，出土铜镜、木梳、银戒指、银耳挖簪等5件器物。

7号墓结构与6号墓相同，为庠生顾君之妻陆孺人墓。墓主头部及两侧放有大量纸锭。出土银

鎏金簪、银戒、洒金折扇、玉鱼扇坠、铜镜等随葬品8件。

8号墓为一墓双穴糯米浆几合土浇筑石板砖室墓,女左男右。棺盖上铭旌显示为顾汝达夫妇墓,主要随葬品有嵌宝金戒、玉帽饰、木梳、铜镜、葵花形金首银簪等13件/组。

海兴建筑工地墓为糯米浆三合土浇筑的石板单砖室墓,木棺椁。主要随葬银簪、木梳妆盒、木梳、银如意压发、银耳挖簪等遗物10件。

顾从礼,字汝由,官至光禄寺少卿,四品官阶,享年84岁。晚年归乡后,多行慈善,济贫睦族。当时上海屡遭倭寇侵扰,顾从礼提议筑城墙增强防御,并捐粟四千石筑小南门城墙。又筑三里桥、五里桥、草堂桥,于城内重建抚安桥。其墓被发现并清理后,遗体保存并曾展出于上海自然博物馆。顾从礼之父顾东川是明嘉靖年间的太医院御医,精通医理。顾从礼家族墓出土的金银首饰、玉器、折扇、铜镜等大量文物,尤其是数量众多的玉器,品种多样、制作精美,代表了明代晚期玉器的制作水平。

十八、卢湾区李惠利中学明墓群

位于肇周路、徐家汇路交汇处。1997年5月,李惠利中学体育操场基建施工时发现。墓地现东西长30余米,南北宽10多米,占地面积300多平方米,共发现7座墓,呈扇形分布,编号M1—M7,因东面7号墓遭破坏,实际清理6墓14穴。

1号墓位于墓群最西部,为一墓双穴糯米浆三合土浇筑券顶砖室墓,木棺椁,女左男右,男尸头旁放一梳妆盒,已腐烂无法收集。出土遗物:男穴出土铜镜2面(弦纹镜1面、"近河自造"镜1面)、白玉蘑菇首簪1件、木梳2把、木刷2把、折扇1把;女穴出土折扇1把、木梳2把、铜镜2面(仿汉四乳八鸟镜1面、仿汉博局纹镜1面)。

2号墓位于1号墓东侧,略偏北,形制与1号墓基本相同,夫妇合葬。出土遗物:男穴出土铜镜1面、木梳2把、青玉束发冠1件、木蘑菇首簪1件;女穴出土铜镜2面(素面镜1面、昭明连弧纹镜1面)、陶饰珠3件。

3号墓位于2号墓东部略偏北,为一墓三穴糯米浆三合土浇筑石板砖室墓,共出土随葬品46件,集中于两个女穴内。出土遗物:1号穴室出土银丝鎏金发罩1件、发罩插簪18件(金蚱蜢簪1对、金虾簪1对、银嵌玉荷花簪1件、金山峰形人物故事簪1件、金蝶形簪1件、金嵌宝石梅花对簪2对、金莲花簪1对、金花片首簪1对、金耳挖簪1对、金圆球首簪1件)、金嵌白玉镂雕葫芦耳坠1副、金戒指6枚(翻面戒指1枚、嵌宝石戒1枚、嵌宝石花瓣纹戒1对、双龙联珠纹戒1对)、金锭形搭扣1副、银鎏金花枝1件、银鎏金龟1件、铜镜1面;2号穴室出土铜仿唐龙凤葵花镜1面、银丝发罩1件、发簪9件(金嵌宝石山峰形簪1件、金嵌宝石梅花簪1对、金嵌宝石六瓣花簪1件、金嵌玉佛簪1件、银双层花瓣簪1件、银耳挖簪1件、银簪2件)、金镶水晶葫芦耳坠1副、银戒指1对、针1枚、银嵌宝石蜻蜓饰1对。

4号墓位于墓群中部最北处,为糯米浆三合土浇筑石板砖室双穴墓,夫妇合葬。出土遗物:铜仿汉四神镜1面、铜仿汉四乳四虺镜1面、铜素面镜1面、折扇1把。

5号墓位于4号墓东侧,一墓三穴,形制同3号墓基本相同,唯砖室最上一层无石条。出土遗物:男穴出土仿汉龙纹镜1面、银发饰1件、银发簪1件;1号女穴出土银丝发罩1件、发罩插簪11件(金嵌宝石花卉纹簪1件、金嵌料石菊花簪1对、金嵌宝石八瓣花簪1对、金嵌宝石宝相花簪1对、金嵌宝石牡丹花簪1对、金嵌宝石椭圆形菊花簪1对)、银嵌料片戒指1枚、小饰件5件;2号女穴出土铜镜 2 面(仿汉昭明连弧纹镜 1 面、仿汉龙纹镜 1 面)、银丝发罩 1 件、发罩插簪 13 件(金山峰形人物故事簪 1 件、金嵌宝石牡丹花簪 1 件、金嵌宝石龙戏珠簪 1 对、金仙女簪 1 件、金嵌宝石梅华簪 3 件、白玉莲瓣首簪 1 件、银半圆首簪 1 对、银耳挖簪 2 件)、金葫芦耳坠 1 副、金嵌宝石戒 2 对、金事件 1 件、玉梯形饰件 1 件、昆虫饰件 1 对、圆珠饰 5 件、残饰件 2 件、金锭胜形纽扣 1 副、木梳 2 把、银残件 2 件。

6 号墓为一墓双穴砖室券顶墓,形制与 1 号墓基本相同,已被破坏,无随葬品。

图 2 - 2 - 6　1997 年卢湾李惠利中学明墓群发现现场

十九、南汇区六团明乔木家族墓

共有 2 处墓地,为乔木父子墓和乔镗墓。乔木父子墓位于浦东新区六团八灶村第 5 自然村,俗称"乔家坟",1973 年,于平整土地时发现。乔镗墓位于浦东新区六团镇牌楼村牌楼小学西侧,1968 年抢救清理时,已被破坏。

乔木父子墓占地 10 余亩,原有石牌坊、石翁仲、石马、诰命碑等均被拆毁。发现 2 座墓葬,后经市文物保管委员会考古研究部发掘清理。两座墓均为一墓三穴糯米浆石板石室墓,长方形墓圹。根据出土买地券得知,两墓为乔木夫妇和子、媳乔拱宸夫妇合葬墓,乔木官至云南按察司副使。主要随葬品有:铜镜 11 面,分别为素面镜 1 面、仿汉四神博局镜 2 面、仿汉七乳四神兽镜 1 面、仿六朝神兽镜 1 面、仿唐四瑞兽铭文镜 1 面、旋纹镜 5 面;玉蘑菇首簪 5 件;玉螭饰 1 件;白玉戒指 6 只;白玉环 1 件;金弧形簪 1 件;金梅花簪 8 件;金戒指 2 只;金搭扣 1 副;木梳 8 把;缎镶珍珠帽 1 顶;袖珍本《易经》4 册;乔木砖买地券 1 方。

乔镗墓占地 13 余亩,四面环河。1968 年,墓南道两旁原有石象生,石象生和石牌坊等被埋,墓被打开,内两墓六穴,东面一墓为糯米浆三合土浇筑石板砖室墓,西面为砖室券顶墓。出土金梅花簪、戒指等。墓主乔镗为乔木父亲。

二十、徐汇区宛平南路明三品官员夫妇墓

位于宛平南路,西距斜土路 50 米处。2003 年电缆施工中发现。是一座规模较大,颇显气派的一墓三穴糯米浆三合土浇筑的石板砖室墓。

墓距地表深 150 厘米左右,南北向,墓顶用厚 30 厘米左右的糯米浆三合土封筑。糯米浆细腻匀称,层层夯筑,每层厚 12 厘米左右,使整座墓室浑然一体,整齐坚固。墓长 400 厘米,宽 360 厘

米。凿掉糯米浆,暴露出 3 块大青石板,每块石板长 240 厘米,宽 120 厘米,厚 30 厘米左右,表面平整。石板内面凿出同墓穴大小相同的凹槽,正好盖在墓穴上。墓穴砖砌长方形,内置木棺椁,棺长 202 厘米,大头宽 72 厘米、小头宽 62 厘米。墓穴和木棺椁的做工都很考究。中间墓穴内一具男尸,已腐烂,头戴便帽,帽前端嵌 2 件金片椭圆形帽饰,帽饰直径 1 厘米～2 厘米。发髻上插一件金耳挖簪。衣服胸部缝一块补子,补子朽烂,纹饰漫漶不清,隐约看出似为禽鸟。腰部系 1 条用多块长方形、桃形木板缝缀在绸缎织品上的腰带,绸缎织物已腐烂,仅存木带板。头侧放置 1 把木梳,脚部 1面仿唐瑞兽葡萄纹镜。木椁内放置 1 块砖买地券,上面有朱砂字,惜漫漶不清。左面墓穴棺盖上罩有丝织品旌罩,已朽,残留有文字,可辨识“太淑人寿……母”几字。旌罩中部放置 1 块木买地券,表面朱书,第一行由上到下,第二行又由下到上,依次类推,已模糊不清,可见“大明万历十年”(1582年)等字。棺内女尸发髻上网银丝发罩,发罩上插 8 件金银玉发簪和 1 件金仙人乘鹤发饰。额部箍缀有玉饰件的丝织品额带饰,双耳戴金嵌白玉葫芦耳坠,双手十指各戴 1 枚戒指,其中拇指和小指为金戒,余为白玉戒。双手戴 10 只戒指的,在已清理的上海明代墓葬中仅此一例。女尸胸部左右两侧分别置有丝织品包裹的木炭,表面缝有贴金云托“福”“寿”字,楷书,字体工整有力。右手袖内藏 1 把泥金折扇,折扇用丝巾包裹。木棺内壁前后挡板中部各挂一面铜镜,一面为仿汉博局纹镜,一面仿唐葵花镜。头部一侧放置 1 只梳妆盒,盒已散架朽烂,盒内装两把木梳,一大一小。右面一墓穴因靠近宛平路,上面又有自来水管道和电缆线,未清理。

从买地券“大明万历十年”字样,可知该墓的时代为明万历年间,又从旌罩上“太淑人寿□母”等残存文字得知,墓主人以子孙官衔封为淑人。明代职官中“淑人”为三品官夫人,父母及祖父母受封前加“太”字,反映这是一座品级较高的明代墓葬。

二十一、徐汇区天钥桥路清代墓葬

位于徐汇区天钥桥路汇南街 105 弄,今漕溪北路东侧、徐光启墓东南侧。1997 年 5 月,在基建过程中被发现,由上海市文物管理委员会考古部进行清理,两座墓葬相距 6 米,均为长方形单穴墓,墓主为一男性、一女性。男性墓主头戴布帽,佩戴朝珠和念珠,指戴银戒;女性墓主头戴布帽,佩戴朝珠和念珠。

出土遗物有:苦像 1 尊、朝珠 2 串(105 粒琥珀珠搭配瓷珠、玻璃珠、玻璃佛头 1 串、108 粒琥珀珠搭配翡翠佛头、木珠、丝绦、翡翠坠 1 串)、念珠 2 串(铁链穿木珠 57 粒 1 串、黄铜链穿镍铜合金珠55 粒 1 串,搭配镂空苦像 1 尊、镂空蝶形钩 1 件)、金帽饰(圣号)2 件、冠顶(顶戴)2 件(黄铜鎏金 1件、银鎏金 1 件)、佩饰 1 件、素面银戒指 1 枚、丝织咖啡色双钱形铜带扣 1 件、丝织咖啡色花卉纹缎面折扇套 1 件。

根据出土遗物分析,朝珠、冠顶表明两墓主属官僚阶层,苦像、念珠和佩饰等为天主教特有随葬品,即两墓主又为天主教徒。此外,出土帽饰背面均刻“甲宝成足赤福”字样,且大小、形制相同,表明两帽饰同出自当时的“宝成”银楼,其他出土各类器物加工工艺也类似,且两墓相距不远,推断两墓主可能存在亲属关系。“宝成”银楼创设于 19 世纪末,为当时著名银楼,由此可确认两墓时代为清末。

二十二、闸北区共和新路长城花园清墓群

位于闸北区共和新路 451 号(近永兴路)长城花园小区内。1997 年 5 月 23 日,长城花园建筑工

地挖一号楼地基时发现,由市文物管理委员会考古部进行抢救性发掘清理,共清理出墓葬 7 座,横向排列,编号 M1—M7。

1 号、2 号、3 号、4 号、5 号墓由于被扰乱,除棺椁外,无随葬品出土。

6 号墓为糯米浆三合土浇筑墓,墓主为男性,头戴冠帽,头边放几串元宝形纸钱,身盖 3 层被子(白色、绿色棉被、蓝印花布夹被),被子上放置香袋,内置折扇、牙刷、梳子、数捆香及香灰、干涸的枣类食物,周身覆盖棉条和碎棉花,身穿 5 层衣物,由内往外为:黑绸缎带补子夹衣、绿绸缎本色印花夹衣、黄绸缎本色花夹衣、蓝布丝绵袄衣、白布短袍,身下有垫被和棉花胎垫子。出土主要遗物:木梳 1 把、牙刷 1 把、折扇 1 把、玉如意 2 柄、银元宝戒指 1 对、银冠顶饰件 1 件、纽扣 11 件、鞋 1 双、蓝印花布被面 1 块、香袋 1 只。

7 号墓为糯米浆三合土浇筑墓,墓主为女性。尸体已朽,棺内浸泡大量棉籽。出土主要遗物:银元宝戒 1 枚、银手镯 1 对、木发簪 3 件、银发簪 4 件、金发簪 2 件、玉元宝 1 枚、"一信念佛"翡翠挂件 1 件、翡翠饰件 1 件、"康熙通宝"钱币 2 枚。

根据两墓葬具、随葬品分析,均具有清代风格,且在女性墓主随葬手镯等饰件上有"陆门翟氏"字样,银饰打制店号又与男墓主随葬银饰打制店号相仿,由此可推测 6 号墓和 7 号墓为夫妇墓,长城花园墓群是一处清代陆姓家族墓地。

第三篇

博物馆事业

自清同治七年(1868 年)，法国人在上海创建中国第一个博物馆——自然历史博物院(即震旦博物院)，上海是中国最早有博物馆事业的地区。

　　从那时起至 20 世纪 30 年代末，上海市内先后建立 5 个博物馆，其中 1868 年创办的"震旦博物馆"(后更名为"徐家汇博物馆")和 1874 年创办的"亚洲文会上海博物院"由旅沪外侨建立，1935 年上海市博物馆、1938 年中华医学会医史博物馆、1938 年警察博物馆则由中国人自建，另外松江于 1915 年成立了松江县教育图书博物馆。这一阶段是上海博物馆事业的第一次快速发展期，这些博物馆为中华人民共和国成立后上海的博物馆事业发展奠定了重要的基础。但由于这些馆经费不足、规模不大、时局动荡，所能发挥的能效十分有限。

　　中华人民共和国成立伊始，在恢复经济和改造社会的同时，上海市委、市政府十分注重文物博物馆事业。一方面，对旧的博物馆和文物收藏机构进行接收改造，同时，成立一批新的博物馆陈列馆等文物收藏机构，大力推进社会主义文化事业发展和文化设施建设。从 1949 年至 1966 年，上海新成立博物馆、陈列馆、纪念馆 14 家，涉及文化、艺术、历史、人物、科普等多方面。

　　"文化大革命"期间，上海的文物博物馆事业受到较大冲击。在受到影响的同时，以上海博物馆为首的各博物馆、陈列馆、纪念馆、美术馆等机构主动与沪上著名收藏家、艺术家联系，及时将一大批重要文物收藏保护起来。

　　1978 年后，上海全市共有文物机构 7 家，此后上海博物馆界迎来了新的建设期，至 1999 年，共建成开放文物机构 24 家。21 世纪，上海的博物馆事业进入新的高速发展期，短短十余年间，90 余家博物馆纪念馆陈列馆科技馆相继建成开放。至 2010 年，上海已有各类文博机构 115 家，包括文物、国有行业系统以及企业、私人等经营形式，极大地丰富了上海博物馆界涵盖的范围与内容，为上海建设成社会主义的国际文化大都市添彩。

　　场馆建设的同时，文物的收藏也更加多元化。一大批重要的艺术珍品、反映历史人物历史事件的珍贵物品资料、优秀的美术作品、充满科学知识的自然标本纷纷入藏博物馆纪念馆美术馆，形形色色的藏品极大地丰富了各馆馆藏资源，也提高了社会各界的文物保护意识，引导社会力量更加积极地参与文物保护利用。

　　随着一大批场馆改建和新馆建成开放，传统的陈列展览也发生了较大的变化。以上海博物馆为代表的上海博物馆界在深挖馆藏资源的基础上，通过馆际合作、地区合作，策划推出了一系列有全国影响力的重要展览。自 1997 年，由中国国家文物局指导，中国文物报社、中国博物馆协会主办的第一届全国博物馆十大陈列展览精品评选活动开始，上海多家文博单位的多个陈列展览荣获多次奖项，上海博物馆纪念馆行业的学术研究能力和陈列展览质量不断提升。

　　在挖掘自身馆藏、提升展览质量的同时，上海的各文博机构也积极与海外各文化、博物馆等友好机构合作，通过"引进来""走出去"的方式不断提升本市文博行业在国际的影响力，从 1996 年至 2010 年，上海博物馆界，陆续举办出国出境展 102 个，涉及全球 21 个国家和地区；引进境外展览 48 个，涉及全球 17 个国家和地区。这些展览在丰富上海国际文化交流、提高博物馆学术水平的同时，加快上海博物馆界更好更快地融入世界，并为中华优秀文化的传播贡献力量。

第一章 场馆设施与概况

1978 年后,上海的博物馆事业进入了新的发展期,金山博物馆、上海博物馆新馆、陈云故居暨青浦革命历史纪念馆、刘海粟美术馆、上海公安博物馆等一批博物馆、纪念馆、陈列馆、美术馆落成开放,极大丰富活跃了广大人民群众的精神文化生活。仅 1999 年,当年全市新建并正式向公众开放的博物馆、纪念馆、陈列馆就达 33 个。至 2010 年,上海全市依法注册登记的博物馆、纪念馆、陈列馆共有 114 家,涵盖历史类、艺术类、科学类、综合类,涉及艺术、文化、历史、民俗、军事体育、建筑艺术、自然科技、医疗卫生、工业遗产、名人故居等 10 余个类别。本章从博物馆、纪念馆与陈列馆、美术馆和科技馆四个方面对全市 108 家文博科技场馆及其概况进行介绍。

第一节 博 物 馆

一、上海博物馆

上海博物馆筹建于 1950 年,1952 年 10 月正式开放,原址在南京西路 325 号旧跑马厅总会。1959 年 10 月迁入河南南路 16 号旧中汇大楼。1960 年 9 月,上海市文物管理委员会与上海博物馆合署办公。1962 年 12 月,在建馆十周年纪念会上,中央文化部授予上海博物馆褒奖状。1964 年 8 月,中央文化部表彰上海博物馆抢救大量古代青铜器,在文物保护方面做出了重要贡献。在 1966 年开始的"文化大革命"动乱期间,上海博物馆的工作几乎处于停顿状态。到 70 年代初,博物馆业务逐步恢复。1972 年,举办业务恢复后第一个展览——"上海出土文物展览"。1978 年以后,上海博物馆积极利用自身资源和与国际间博物馆交流,策划了一系列原创展览,扩大了自身的影响,带动上海的文物博物馆事业整体快速发展。现址位于黄浦区人民大道 201 号。

表 3-1-1 1978—1995 年上海博物馆主要展览一览表

展 览 时 间	展 览 名 称
1978 年 2 月 15—25 日	伊朗绘画展
1978 年 3 月 5 日—4 月 8 日	周恩来总理莅临上海博物馆鉴赏文物展览
1978 年 10 月 1 日—1979 年 2 月 17 日	中国古代文具展览
1979 年 4 月 27 日—5 月 9 日	法国乐器展览
1979 年 5 月 18 日—6 月 17 日	突尼斯迦太基出土文物展览
1979 年 9 月 22 日—11 月 29 日	捐献文物展览
1979 年 11 月 21 日—12 月 20 日	湖北省出土战国秦汉漆器展览
1980 年 2 月 13 日—3 月 15 日	上海地方历史文物展览
1980 年 8 月 1—25 日	中国文物立体摄影展览
1981 年 1 月 1 日—2 月 14 日	明清法书展览

(续表)

展 览 时 间	展 览 名 称
1981 年 10 月 20 日—11 月 19 日	波士顿博物馆美国名画原作展
1981 年 9 月 15 日—10 月 14 日	辛亥革命在上海
1981 年 12 月 15 日—1982 年 1 月 14 日	广东书画家作品展览
1982 年 2 月 19 日—3 月 19 日	美洲印第安人文物和美国西部名画家作品展览
1982 年 5 月 10—31 日	刘靖基同志珍藏书画展览
1982 年 6 月 22 日—7 月 5 日	日本版画展览
1982 年 12 月 21 日—1983 年 1 月 20 日	捐献书法精品展览
1983 年 11 月 8—20 日	徐光启文献展览
1984 年 7 月 2—31 日	马王堆文物展览
1984 年 10 月 1—31 日	青浦福泉山遗址出土文物展览
1984 年 11 月 18—30 日	毛明芬女士捐赠华笃安先生珍藏文物"明清篆刻和尺牍展览"
1985 年 2 月 20 日—4 月 20 日	中国少数民族文物展览
1985 年 6 月 15 日—7 月 15 日	明清青花瓷器展览
1985 年 11 月 1—21 日	中日货币展览
1985 年 12 月 20 日—1986 年 1 月 10 日	任伯年画展
1986 年 2 月 9—28 日	岁寒三友画展
1986 年 9 月 6 日—10 月 5 日	竹刻艺术展览
1987 年 1 月 1—20 日	镇江地区吴文化考古成果展览
1987 年 11 月 2—20 日	清初四画僧精品展览
1988 年 4 月 2—10 日	谢稚柳八十寿辰书画展
1989 年 9 月 11 日—10 月 10 日	胡惠春先生、王华云女士捐赠瓷器珍品展览
1990 年 7 月 7—30 日	上海地区良渚文化展览
1990 年 11 月 6—26 日	陕、湘、赣三省出土重要青铜器展览
1991 年 8 月 20 日—10 月 10 日	海上名画家精品展
1992 年 1 月 1 日—2 月 29 日	长江中下游的青铜王国——江西省新干县商墓出土文物展
1992 年 6 月 1—30 日	耀州窑陶瓷展
1992 年 9 月 1—30 日	沉船重现——瑞典东印度公司船只"哥德堡号"展
1993 年 9 月 20 日—1994 年 3 月 20 日	1993 年中国文物精华展
1994 年 4 月 18 日—5 月 8 日	大阪市立美术馆藏中国书画珍品展——阿部藏品回归展
1995 年 6 月 23 日—8 月 20 日	贝纳维尼"无定型线条巨型雕塑展"

　　1986 年后,上海博物馆花 5 年时间,分期分批改建完成了青铜、陶瓷、书画、古代雕刻四个陈列室,陈列内容体现了新的学术研究成果,陈列形式有新的突破,陈列面貌焕然一新,达到国际一流水平,受到了国内外专家学者的一致好评。1987 年 1 月,上海博物馆升格为副局级单位。1988 年 10

月,上海市文物管理委员会恢复独立建制,上海博物馆仍旧划归其领导。1990年,上海博物馆在龙吴路1118号建造了4 000平方米的参考品库房和文物保护技术实验室,改善和加强了文物保护工作。1992年9月,在虹桥路1286号增设了上海博物馆分馆——中国钱币馆。1992年,上海市政府作出决策,拨出市中心人民广场这一黄金地块,建造新的上海博物馆馆舍。上海博物馆新馆于1993年开工,1996年10月12日全面建成开放,占地面积1.1万平方米,建筑面积建39 200平方米,象征"天圆地方"的圆顶方体基座构成了新馆不同凡响的视觉效果。

上海博物馆曾多次调整修改基本陈列。建馆初期,基本陈列按照历史时代分设史前时期、商代、西周到近代工艺品等十大陈列室。1959年迁馆后,改为按社会发展阶段排列,分设原始社会、奴隶社会、封建社会前期、后期,近现代工艺品等陈列室。1966年开始"文化大革命",上海博物馆陈列被迫撤除。1972年恢复业务活动,将综合陈列改为专题陈列,先后设立青铜器、陶瓷器、书画、古代雕刻四个专题陈列。

1996年建成的新馆展览面积12 000平方米,设有11个专馆和3个展览厅。中国古代青铜馆陈列面积1 200平方米,展出藏品400余件,分为青铜工艺、铸造技术、边远地区青铜工艺3个部分。第一部分是整个陈列的重点,集中陈列商周时代具有代表性的精美青铜器,体现了中国古代青铜工艺的辉煌成就。第二部分着重展示了古代开矿、冶炼、陶范制作和合金浇铸等青铜器铸造过程的实物和示意模型,突出了古代青铜冶炼技术的成就。第三部分展示了古代边远地区民族的青铜器在民族文化交流和融合过程中的杰出成就。整个青铜馆采用绿色为主色调,着重突出凝重古朴的历史感,在300米长的展线上,打破单一空间模式,利用壁龛和中心柜的自由组合,形成9个不同的空间,以空间变化和展品器形的不同变化,使观者不断产生新鲜感,不因展线过长和单调而产生疲惫感,也不因文物众多而分散注意力,始终保持兴趣盎然的心态。

中国古代雕塑馆以金、红、黑三色构成基本色调,莲瓣形的隔墙、佛龛式的壁橱和露置的陈列形式为展品添加了生命的律动,使观众产生流连于石窟寺的特殊感受。100余件展品上起战国,下至明代,展示了富有民族传统的雕塑艺术成就,尤其中国佛像雕塑艺术的展示,可以让观众从中体察到佛教作为一种外来文化,最终与中国民族文化融为一体的发展过程。

中国古代陶瓷馆分7个部分陈列陶瓷精品500余件,由新石器时代的彩陶、灰陶至唐代南方青瓷和北方白瓷,再经宋、金、辽时代百花齐放的青釉、白釉、黑釉和彩绘瓷,最后到元、明、清三代作为中国瓷业集大成者的景德镇制品,集中展示历代名瓷佳作,系统地体现了8 000年间中国陶瓷发展的历史。在陈列的最后部分还专设了瓷窑复原模型,再现了古代制瓷工艺的历史场景。这是一个融中国陶瓷史、艺术鉴赏和科学研究于一体的综合性专馆。

中国历代绘画馆陈列面积1 200平方米,展出的120余件历代绘画精品,上自唐宋元名迹,下至明代浙派、吴门画派、松江画派、清初四王、四僧及扬州画派和清末海上画派的杰作,这些风格多变、独具创意的作品,反映了中国绘画的悠久传统和底蕴。整个展厅内长廊飞檐,轩窗低栏,以传统的古建筑风格透出儒雅的书卷气息,在陈列的形式设计方面以明敞、简洁、典雅为特色。为有效地保护古代绘画作品,并方便观众欣赏,陈列室内采用了自动调节光照的感应射灯。

中国历代书法馆是上海博物馆新馆特别辟出的独立专馆,整个展厅面积为600平方米,展出约80件书法精品,重点突出了唐宋以降各个时代的名家手迹,系统展示了中国书法艺术的历史轨迹。

中国历代玺印馆是目前国内外第一个专题陈列玺印篆刻的艺术馆,陈列面积380平方米,展出玺印篆刻500余件,以印章艺术的发展历史为线索分为四大部分,上自西周,下迄清末,向观众展示了中国印史的悠久历程和艺术风貌。

中国古代玉器馆陈列面积 500 平方米,共展出上自史前时期下至清代的历代玉器珍品 400 余件。该馆的陈列照明采用现代化的光导纤维技术和独特的底座设计,使得每件展品晶莹润泽,图案纹饰纤毫毕现,产生了优美雅致的陈列效果。

中国明清家具馆陈列面积 700 平方米,分 5 个部分陈列中国古代家具 100 余件,包括造型洗练、线条流畅、比例匀称、榫卯严密的明代家具,用料宽绰、体态凝重、装饰繁缛、厚重华丽的清代家具,以及上海地区明代潘允徵墓出土的一批珍贵家具模型和木雕仪仗俑。为再现古代家具的使用场景,还复原了明清时代的厅堂和书房。陈列布局方面巧妙利用古代建筑中的花墙、漏窗等形式,增加了展厅的层次感。

中国少数民族工艺馆陈列面积 700 余平方米,集中陈列了少数民族的服饰工艺、染织绣、金属工艺、雕刻品、陶器、漆器、藤竹编和面具艺术等近 600 件,表现了少数民族工艺品绚丽纷繁、巧思独具的奇异风格,反映了各族人民对美好生活的追求和愿望。陈列馆以暖色为基调,陈列形式新颖别致。

中国历代钱币馆陈列面积 730 平方米,展出文物近 7 000 件。2005 年,上海博物馆对货币馆进行改造。2006 年 10 月,以全新面貌与观众见面。改建后的货币馆注重提高展览质量,对原有展品进行了大幅度的调整,按中国历代货币发展史陈列、施嘉幹先生旧藏钱币专室和杜维善、谭端言伉俪捐赠中亚古国丝绸之路货币专室三部分布置陈列体系,反映了学术界最新的研究成果。在展示形式上注重以人为本,新增视屏和触摸屏两种多媒体辅助陈列内容,搭建起与观众的互动平台,使之能对中国古代的货币文化产生直观的接触和了解。

自新馆建成开放以来,上海博物馆在做好常设陈列的同时,还致力于积极策划和引进多种多样的专题展览,至 2007 年底,共举办了 73 个特别展览,大致可分为"世界古文明系列""边远省份和文物大省文物珍品系列"和"具有重大文化意义的中外文物艺术大展系列"3 个板块。

表 3-1-2　1999—2010 年上海博物馆世界古文明系列展览一览表

展 览 时 间	展 览 名 称	备 注
1999 年 6 月 18 日—8 月 20 日	大英博物馆藏古埃及艺术珍品展	与大英博物馆合办
2001 年 1 月 19 日—3 月 20 日	日本文物精华展	与日本文化厅、日本奈良国立博物馆合办
2001 年 9 月 2 日—2002 年 1 月 10 日	墨西哥玛雅文明展	与墨西哥国家文化艺术委员会、墨西哥驻上海总领事馆等机构合办
2003 年 7 月 18 日—11 月 18 日	伊特鲁里亚人的世界——意大利前罗马时期文物精品展	与意大利托斯卡纳考古遗产管理局、阿雷佐文化推广中心合办
2004 年 6 月 11 日—9 月 5 日	古罗马文明展:罗马帝国的人与神	与佛罗伦萨国立考古博物馆等六家文博机构合办
2006 年 6 月 30 日—10 月 7 日	艺术与帝国——大英博物馆藏亚述珍品展	与大英博物馆合办
2008 年 4 月 30 日—7 月 12 日	古代奥林匹克运动与艺术	与大英博物馆合办
2009 年 9 月 23 日—11 月 29 日	哥伦比亚前西班牙时期黄金艺术展	与哥伦比亚共和国银行合办
2010 年 3 月 10 日—6 月 6 日	意大利乌菲齐博物馆珍藏展:十五世纪—二十世纪	与意大利乌菲齐博物馆合办

（续表）

展 览 时 间	展 览 名 称	备 注
2010 年 8 月 4 日—11 月 15 日	古印度文明：辉煌的神庙艺术	与大英博物馆、维多利亚与阿尔伯特博物馆合办
2010 年 8 月 25 日—12 月 12 日	北方之星：叶卡捷琳娜二世与俄罗斯帝国的黄金时代	与俄罗斯艾尔米塔什博物馆合办

表 3 - 1 - 3　1998—2008 年上海博物馆边远省份和文物大省文物珍品系列展览一览表

展 览 时 间	展 览 名 称	备 注
1998 年 4 月 1 日—10 月 5 日	新疆丝路考古珍品展	与新疆文物局、新疆博物馆、新疆考古所合办
2000 年 6 月 30 日—11 月 30 日	草原瑰宝——内蒙古文物考古精品展	与内蒙古自治区文化厅、内蒙古自治区考古所、内蒙古自治区博物馆、赤峰市文化局合办
2001 年 5 月 2 日—2002 年 3 月 10 日	西藏文物精华展	与西藏自治区文物局合办
2002 年 5 月 1 日—7 月 30 日	晋侯墓地出土文物精华展	与山西省文物局、北京大学考古文博学院、山西省考古研究所合办
2004 年 12 月 29 日—2005 年 2 月 15 日	周秦汉唐文明大展	与陕西省文物局合办
2006 年 1 月 24 日—3 月 26 日	故宫博物院宫廷珍宝展	与故宫博物院合办
2008 年 1 月 31 日—3 月 16 日	世貌风情——中国古代人物画精品展	与辽宁省博物馆合办

表 3 - 1 - 4　1997—2010 年上海博物馆中外文物艺术大展系列展览一览表

展 览 时 间	展 览 名 称	备 注
1997 年 6 月 27 日—9 月 14 日	西方现代艺术精粹：纽约古根海姆博物馆珍藏展	与古根海姆博物馆合办
1997 年 10 月 26 日—11 月 6 日	蒙克画展	与挪威王国驻上海领事馆、挪威蒙克博物馆合办
1997 年 11 月 2 日—1998 年 2 月 1 日	辽宁省博物馆藏中国古代书画珍品暨古今书画真伪作品展	与辽宁省博物馆合办
1998 年 11 月—1999 年 1 月 29 日	赵无极绘画六十年回顾展,1935—1998	
2002 年 12 月 1 日—2003 年 1 月 6 日	晋唐宋元书画国宝展	与故宫博物院、辽宁省博物馆合办
2003 年 9 月 23 日—10 月 31 日	淳化阁帖最善本特展	
2004 年 5 月 15 日—7 月 18 日	卡地亚艺术珍宝展	与卡地亚公司合办
2005 年 8 月 31 日—11 月 30 日	"太阳王"路易十四——法国凡尔赛宫珍藏展	与凡尔赛宫合办

（续表）

展 览 时 间	展 览 名 称	备 注
2005 年 12 月—2006 年 2 月 28 日	17 世纪景德镇瓷器特展	与英国巴特勒家族合办
2005 年 12 月 2 日—2006 年 2 月 4 日	书画经典——故宫博物院上海博物馆中国古代书画藏品展	与故宫博物院合办
2006 年 3 月 12 日—4 月 23 日	中日书法珍品展	与东京国立博物馆、朝日新闻社合办
2006 年 4 月 7 日—6 月 11 日	从塞尚到波洛克——纽约现代艺术博物馆藏绘画名作展	与纽约现代艺术博物馆合办
2007 年 5 月 1 日—6 月 30 日	美国艺术三百年：适应与革新	与古根海姆博物馆合办
2007 年 9 月 11 日—11 月 12 日	从提香到戈雅——普拉多博物馆藏艺术珍品展	与西班牙普拉多博物馆合办
2007 年 11 月 3 日—2008 年 2 月 13 日	伦勃朗与黄金时代——荷兰阿姆斯特丹国立博物馆珍藏展	与荷兰阿姆斯特丹国立博物馆合办
2007 年 12 月 29 日—2008 年 2 月 25 日	海上锦绣——顾绣珍品特展	与故宫博物院、南京博物院等合办
2010 年 4 月 2 日—5 月 23 日	利玛窦——明末中西科技文化交流的使者	与意大利马尔凯大区政府、中国文物交流中心合办
2010 年 9 月 28 日—11 月 23 日	鉴真与空海：中日文化交流的见证	与日本文化厅、东京国立博物馆合办

表 3‑1‑5 1997—2010 年上海博物馆馆藏文物精品展和捐赠文物回顾展一览表

展 览 时 间	展 览 名 称
1997 年 5 月 9—16 日	过云楼捐赠书画回顾展
1998 年 5 月 12 日—6 月 14 日	上海博物馆藏历代花鸟画精品展
1999 年 7 月 15 日—8 月 15 日	甲骨文发现一百周年特展
2000 年 7 月 14 日—8 月 14 日	施嘉幹先生旧藏中外钱币展
2000 年 9 月 25 日—10 月 25 日	夏弘宁捐赠夏丏尊旧藏弘一法师墨迹回顾展
2001 年 3 月 26 日—10 月 31 日	上海博物馆藏文房四宝展
2002 年 2 月 8 日—5 月 21 日	顾公雄家属捐赠过云楼藏书画精品展
2002 年 6 月 21 日—10 月 15 日	菲律宾庄万里先生两塗轩珍藏书画精品展
2002 年 9 月 2 日—2003 年 3 月 31 日	上海博物馆藏欧洲玻璃陶瓷展
2003 年 9 月 23 日—10 月 31 日	淳化阁帖最善本特展
2003 年 12 月 25 日—2004 年 2 月 10 日	钱镜塘先生捐赠上海博物馆书画精品回顾展
2003 年 12 月 31 日—2004 年 1 月 29 日	上海考古新发现特展
2004 年 2 月 28 日—3 月 6 日	百岁寿星潘达于捐赠大盂鼎大克鼎回顾特展
2005 年 4 月 28 日—6 月 30 日	练形神冶莹质良工——上海博物馆藏铜镜精品展

（续表）

展　览　时　间	展　览　名　称
2008 年 10 月 18 日—2009 年 2 月 7 日	首阳吉金——胡盈莹、范季融藏中国古代青铜器展
2008 年 12 月 25 日—2009 年 2 月 7 日	南陈北崔——故宫博物院、上海博物馆藏陈洪绶、崔子忠书画特展
2009 年 9 月 18 日—2009 年 10 月 25 日	融古开今——纪念谢稚柳百年诞辰书画精品展
2010 年 3 月 10 日—6 月 6 日	海帆留踪——荷兰倪汉克捐赠明清贸易瓷展

上海博物馆馆藏文物 1 010 400 件。其中一级文物 621 件（套），其中珍贵文物 13 万件。主要来源为收购、接受捐赠、调拨和考古发掘。藏品的年代上起旧石器时代，下迄近现代，类别包括青铜器、陶瓷器、书法、绘画、石器、玉器、牙骨角器、竹木漆器、甲骨、玺印、钱币、丝绣织染、少数民族工艺品等 21 类，以青铜器、陶瓷器、书画为收藏特色，工艺美术品、钱币、玺印的收藏也较为系统。

该馆所藏青铜器时代自二里头文化期至商、西周、春秋、战国，形成完整的体系，其中不少是著称于世的重器和流传有序的精品，如大克鼎、牺尊、晋侯稣编钟、吴王夫差盉等。陶瓷器的收藏集中了许多精品，商代青釉弦纹尊、五代白釉镂雕宫殿人物枕、唐越窑海棠式大碗、宋定窑印花云龙纹盘、哥窑五足洗、明洪武釉里红云龙纹瓶、永乐景德镇青花缠枝牡丹纹瓷瓶、清雍正粉彩蝠桃纹橄榄瓶等，多为各个时代具有代表性的珍品。历代书画中多有享有盛誉的传世佳作，如孙位《高逸图卷》、王羲之《上虞帖》唐摹本、王献之《鸭头丸帖》唐摹本、怀素《苦笋帖》、梁楷《八高僧故事图卷》、苏轼《祭黄几道文卷》、祝允明《前后赤壁赋卷》、王蒙《青卞隐居图》、董其昌《秋兴八景图册》等，其他如古玉的收藏上自良渚文化玉器，历商周、西汉至今后各代，自成系统。历代钱币藏品体现了中国货币产生、发展和中外经济文化交流的历史概貌。玺印自战国、西汉、魏晋、唐宋直至明清流派万余枚，足以展示各个时期印章的不同风貌及其深厚的艺术内涵。

为延缓、防止藏品的自然老化、损伤和破坏，上海博物馆积极开展了文物防虫、防霉、防青铜锈、防紫外光以及科学保管等方面的研究。博物馆在文物库房及陈列室都实施严格的温湿度控制和光照度控制，库藏一、二、三级品文物均采用单独的盒/套包装，对容易损伤的藏品，尽量控制其使用频率。陈列室内书画、丝织品、毛皮等门类的展品实施定期更换，减少自然光对其造成的影响。2005年起，开始对库房及陈列室空气质量实施定期监测，展览、陈列、保管业务相关的各部门每周均需填写"文物安全监测报告"。此外，进行陈列室改建、装修等施工工程时，对施工材料进行严格检测，确保将其对文物安全的影响降至最低。

1960 年，上海博物馆创建文物保护与考古科学实验室，是国内博物馆系统成立的第一个实验室。1987 年，兼作文化部文物保护技术上海监测站。至 1995 年，上海博物馆已发展成拥有书画文物保护、金属文物防腐蚀、漆木器保护、青铜器制作技术研究、古陶瓷成分分析、热释光测定文物年代、激光全息摄影、软 X 射线检测，以及博物馆环境监测等多种专业的综合性试验室。至 2007 年，上海博物馆文物保护技术实验室已经拥有一支 20 多人的涉及博物馆学、物理学、化学、材料科学、环境科学、生物学、文物保护学、科技编辑等多种学科的固定专业人员队伍。

1987 年起，上海博物馆文物保护与考古科学实验室承担起国家文物局文物保护技术上海检测站的职责，面向全国和海外，担负国家认定的文物科学检测和鉴定任务，同时还编辑出版专业学术期刊《文物保护和考古科学》，及时传递国际有关文物科研活动的最新信息。2007 年 3 月，"馆藏文物保存环境国家文物局重点科研基地（上海博物馆）"正式揭牌。文物保护与考古科学实验室在纸质文物、金属文物、漆木器文物、石质文物的保护、馆藏文物的虫霉防治、文物保存环境、热释光测定年代及古代青铜工艺技术研究等方面进行了大量卓有成效的科研项目,已有25项科研项目分别获得上海市重大科技成果奖、文化部文化科技成果奖和国家文物科技进步奖,其中"严重朽蚀饱水竹简的真空冷冻干燥研究"先后荣获国家文物局1998年度文物科技进步一等奖、国家科技进步二等奖;"前剂量饱和指数法测定瓷器热释光年代"荣获国家文物局2004年度文物保护科学和技术创新一等奖。

上海博物馆拥有一支专业的文物修复技术队伍。青铜器修复、陶瓷器修复、竹木器修复以及书画装裱都是文博事业的特殊工艺技术,难度高,专业性强。上海博物馆于1958年设立文物修复工场,主要修复、复制馆藏珍品,同时为国内各博物馆和海外博物馆修复大量文物、装裱书画。其文物修复专业队伍主要由解放前从事文物修复的老技术人员、解放后从其他行业转入文博系统或系统内自行安排从师学艺的技术人员、从工艺美术专科学校毕业受过专业基础教育的技术人员构成。上海博物馆文物修复研究室拥有多名文博高级职称和高级技师,他们运用传统工艺、材料和现代科技成果对古代文物进行修整,在海内外赢得了盛誉。

建馆以来,上海博物馆在藏品研究、陈列体系研究和文物保护技术研究方面取得了大量的研究成果:截至2007年底《上海博物馆集刊》出版至第10期;新馆开馆以来举办了多次学术讨论会,目前已陆续出版《中国隋唐至清代玉器研讨会论文集》《晋侯墓地出土青铜器国际学术研讨会论文集》《〈淳化阁帖〉与"二王"书法艺术研究论文集》等;《上海博物馆藏战国楚竹书》从2001年至2007年间出版了(一)至(六)册;作为该馆学术研究重点工程的藏品大系陆续出版了《中国古代封泥》《中国古代纸钞》和《明代官窑瓷器》;配合特别展览的举办,上海博物馆出版了大量展览图录,其中2002年的《晋唐宋元书画国宝展特集》荣获第六届全国优秀艺术图书奖三等奖。

上海博物馆设有考古部,承担全市的考古发掘工作。50余年来,考古工作者在上海市范围内发现了新石器时代至战国的古文化遗址27处,获得了考古学上"崧泽文化""马桥文化"等文化类型的命名;清理了新石器时代至明清时代的古墓葬500余座,出土了大量的石器、陶器、玉器等文物1万余件,证明上海有6 000年的发展历史,并得出上海地区的成陆是由西向东发展的科学结论。2001年5月,发现普陀区志丹苑遗址。2002年9月起,进行大规模发掘,确认其为元代水闸遗址,遗址保存完好,规模巨大,做工精致;于2007年4月获得"2006年度中国十大考古新发现"称号,成为首次入选该项评选的上海考古项目。

上海博物馆新馆建成开放以后始终致力于举办多种类型的社会讲座,争取更多层面的受众,从而扩大博物馆的社会影响力。十多年来,上海博物馆的公众讲座主要按照文物讲座、文物与文化讲座、专题讲座和展览讲座等几大板块来组织,取得了良好的社会效应。

1950—1960年代,上海博物馆的对外宣传和文化交流基本上是接待参观。70年代逐步发展为专业交流、学术讲座和举办国外来沪专题展览;80年代进一步发展到举办出国展览、中外联合展览、中外合作出版、建立资料交换、参加或组织国际学术讨论会等;90年代以后,随着改革开放形势的发展,对外文化交流也有了飞速发展。

1980—1985年间,上海博物馆举办出国展览4个。1986—1992年,出国展览15个。自1996年新馆开放至2007年底,上海博物馆共在海外举办45个展览,展览所到之处均受到热烈欢迎,收获了普遍好评。这些展览促进了各国、各地区人民对中国历史和中国文化的深入了解,对促进中国与各国、各地区之间的友好往来起到了积极的推动作用。

表 3-1-6　1997—2007 年上海博物馆赴海外(港澳台)举办展览概况一览表

时　间	地　点	展　览　名　称
1997 年 8 月 1 日—1998 年 2 月 1 日	中国台中自然科学博物馆	五千年前长江古文明——良渚文化特展
1998 年 9 月 2 日—1999 年 1 月 10 日	法国巴黎	中国古代的礼仪与盛筵——上海博物馆藏青铜器展
2000 年 2 月 17 日—5 月 20 日	苏格兰皇家博物馆	上海博物馆藏中国绘画展
2001 年 5 月 10—15 日	日本大阪松坂屋	中国明清扇面名品展
2004 年 3 月 12 日—7 月 18 日	澳大利亚新南威尔士州美术馆	灵山——上海博物馆藏中国明清山水画展
2004 年 7 月 5 日—8 月 31 日	法国巴黎莫奈博物馆	水墨晕章写万物——中国明清水墨画精品展
2004 年 9 月 1 日—2005 年 1 月 23 日	瑞士日内瓦艺术历史博物馆	中国文人精神展
2004 年 11 月 4—22 日	阿根廷装饰艺术博物馆	上海博物馆藏青铜器展
2005 年 9 月 2 日—11 月 20 日	中国澳门艺术博物馆	南宗北斗——董其昌诞生 450 周年书画特展
2007 年 6 月 15 日—9 月 23 日	俄罗斯圣彼得堡艾米塔什博物馆	上海博物馆珍藏展

表 3-1-7　2000—2008 年上海博物馆举办国际学术研讨会概况一览表

时　间	活　动　名　称
2000 年 3 月 5 日	中国古代青铜乐器学术讨论会
2001 年 11 月 20 日	中国隋唐至清代玉器学术讨论会
2002 年 8 月 1—2 日	晋侯墓地出土青铜器国际学术研讨会
2002 年 10 月 30—31 日	中国古代白瓷国际学术研讨会
2002 年 11 月 29 日—12 月 1 日	千年遗珍国际学术研讨会
2004 年 12 月 26—27 日	周秦汉唐文明国际学术研讨会
2005 年 11 月 29—30 日	十七世纪景德镇瓷器国际学术研讨会
2005 年 12 月 28—29 日	书画经典国际学术研讨会
2006 年 3 月 13—14 日	中日书法国际学术研讨会
2006 年 12 月 5—7 日	丝绸之路古国钱币暨丝路文化国际学术研讨会
2008 年 2 月 26—27 日	顾绣学术研讨会
2008 年 3 月 13—14 日	世貌风情国际学术研讨会

上海博物馆新馆建成开放以来,积极与海内外文博机构展开多方面交流合作,拓展博物馆事业。近几年主要活动包括:2002 年"博物馆文化商品展览"、2003 年"国际博物馆馆长高峰论坛"、2006 年"博物馆文化商品创意座谈会"等。特别是 2003 年的"国际博物馆馆长高峰论坛",在国际国内引起了很大的反响。论坛以现代博物馆管理和博物馆事业发展为主题,美国大都会博物馆馆长

菲力普·孟特伯勒、日本东京国立博物馆野崎弘、北京故宫博物院院长郑欣淼、中国国家博物馆馆长潘震宙、中国香港中文大学文物馆馆长林业强和上海博物馆馆长陈燮君等分别在会上作专题演说。全国50余家省市级以上文物局、博物馆和近120家地区级以上博物馆物馆派代表出席论坛。2007年起,上海博物馆担任中国博物馆学会博物馆管理专业委员会主任委员单位。

表 3-1-8　1957—2010年上海博物馆历任馆长一览表

姓　　名	任　职　时　间
王一平	1957 年 6 月—1958 年 5 月
徐森玉	1960 年 11 月—1966 年 12 月
沈之瑜	1979 年 2 月—1985 年 2 月
马承源	1985 年 2 月—1999 年 3 月
陈燮君	2000 年 11 月—

二、奉贤区博物馆

奉贤区博物馆始建于1958年。1994年5月,在奉贤区南桥镇古华公园旁重新对外开放。基本陈列"奉贤古代历史与民俗陈列"。2005年,为配合区规划需要,展厅迁至奉贤区科委大楼内。位于奉贤区南桥镇解放东路121号。隶属奉贤区文化广播电视管理局管理。

基本陈列展厅面积约400平方米,运用近300件馆藏文物,展示了古代奉贤自4 500年前的新时期时代至明清的历史变迁。展览以奉贤历史上最能反映时代风貌的人物、事件作为贯穿整个陈列的主线,分为"古遗址""古驰道""古县城""古海塘""古文化名人"等5个板块。陈列整体风格简洁大气,在细部转折区域及陈列柜内,又不时以江南传统的白墙青瓦作装饰,显得古朴庄重。

除固定展览外,受场馆条件限制,博物馆通过"走出去"的方式,举办了大量巡回展览,如"奉贤区收藏精品展""抗战七十周年图片展""古镇风情"摄影展"唐代碑刻展"等专题展览,具有一定的地方特色和影响力。社教活动方面,每年根据国际博物馆日及文化遗产日主题,开展文博知识宣传活动,并打造了许多品牌教育活动,如"文博知识进课堂""小小志愿者培训""匠·艺"传统手工艺体验活动等。

该馆馆藏文物2 800余件。分为陶器、石器、青铜器、骨器、瓷器、书画、纺织品等7类。主要通过考古出土、调拨、捐赠、社会征集等方式获得。重要藏品有宋代三团港出土瓷碗、明代万历铜钟、明代胡文明造镏金海八怪簋式炉、清代顺治青花暗刻开光纹一统瓶等。

该馆出版有《江海古文化遗址发掘报告》《柘林元井发掘报告》等考古报告。

表 3-1-9　1993—2010年奉贤区博物馆历任馆长一览表

姓　　名	任　职　时　间
宋藕莲	1993 年 1 月—1995 年 2 月
王世杰	1995 年 3 月—1997 年 11 月
周立中	1997 年 12 月—2004 年 12 月

（续表）

姓　　名	任　职　时　间
夏德官	2005 年 1 月—2008 年 3 月
尤乐平	2008 年 4 月—2009 年 12 月
张为伟	2010 年 1 月—

图 3‑1‑1　奉贤区博物馆外景

图 3‑1‑2　奉贤区博物馆展厅局部

三、青浦博物馆

青浦博物馆创建于 1958 年 10 月,1959 年 2 月 8 日对外开放,原址在青浦城隍庙内。2000 年后,青浦区委和区政府做出另行选址建设博物馆新馆的决定,并将其列入青浦区重大的文化建设项目。新馆工程于 2002 年 2 月 28 日奠基,于 2004 年 12 月 8 日正式落成并对外开放。馆址位于青浦区华青南路 1000 号崧泽广场内。隶属青浦区文化广播电视管理局管理。

博物馆建筑面积约 8 800 平方米,基本陈列总面积达 3 600 平方米,展出文物近千件。有两大基本陈列,《上海古文明之源》和《申城水文化之魅》。《上海古文明之源》从上海成陆开始,通过介绍青浦崧泽和福泉山等古文化遗址出土的精美文物,讲述了古代上海从马家浜文化到春秋两汉那悠远而多彩的历史,展现了青浦是上海古文明的发源地。《申城水文化之魅》,通过"沧海桑田"来了解历史上青浦的水系变迁和建置沿革。"青龙镇港湾"实景复原区气势恢宏,再现了宋代海外贸易港口青龙镇的市井风情和繁华景象;"桥文化""水乡风情"等板块则透过明清时期青浦的民风民俗,展示了水乡动人的风情、旖旎的风光;"人杰地灵"让观众领略到青浦自古钟灵毓秀,人才辈出。

博物馆新馆陈列以现代博物馆传播学的新理念为宗旨,采用声、光、电等高科技手段,将文物陈列与场景复原、精美资料图片、多媒体辅助等手段相结合,使观众能够轻松明了地认知青浦历史,解

图 3-1-3　青浦博物馆外景

图 3-1-4　青浦博物馆展厅局部

读古代上海。

青浦博物馆共有文物 13 780 件，主要通过考古发掘、调拨、征集、采集、收购、移交等方式获得。

该馆出版有《青浦英烈小传》《青浦地名小志》《青浦抗战史料》《崧泽文化》《青浦革命文化史料》《青浦博物馆馆藏书画集》《青浦出土文物精粹》《青浦碑刻》等书刊，与韩国首尔琴山画廊、台北大学同学会等均有学术交流。

表 3‑1‑10　1958—2010 年青浦博物馆历任馆长一览表

姓　　名	任　职　时　间
朱习理	1958 年 10 月—1967 年
吴伴良	1970 年—1978 年
张瑞钟	1978 年 11 月—1981 年 9 月
朱习理	1982 年—1989 年 3 月
蔡雪源	1991 年 6 月—1993 年 12 月
王金宝	1993 年 12 月—1999 年 11 月
陈菊兴	2001 年 11 月—

四、崇明县博物馆

崇明县博物馆筹建于 1959 年 1 月，同年 7 月 1 日正式对外开放。1961 年，与文化馆合并。1980 年 7 月，恢复建制。1983 年 6 月起，馆址设于崇明学宫。1987 年 1 月 1 日，馆藏文物陈列展览正式对外开放。位于崇明县城桥镇鳌山路 696 号崇明学宫内。隶属崇明县文化广播影视管理局管理。

1984 年 5 月 4 日，崇明学宫被上海市人民政府公布为市级文物保护单位。1992 年 8 月，崇明县人民政府将崇明学宫所属的部分土地划归崇明县博物馆，1996 年后，历经三次修复，先后完成大成殿、东西两庑及 500 米古围墙、东西牌坊、棂星门、泮池、登云桥、东西官厅、戟门、尊经阁、崇圣祠、明伦堂、仪门、碑廊等的修复。1999 年 12 月 8 日，崇明县博物馆在崇明学宫举行新馆开馆典礼。

该馆现有两个基本陈列——"崇明岛史与古船陈列"和"崇明民俗陈列"，总陈列面积 1 475.5 平方米。"崇明岛史与古船陈列"，由序厅及六个单元内容组成，翔实的文物史料结合模型、雕塑、沙盘、电子示意图和先进的视听手段，真实而形象地展示了崇明岛从小沙洲发展到中国第三大岛的历史演变，及其在政治、经济、交通、水利、文化等各方面的发展和建设成就。其中，展出的两艘唐、宋古船是目前上海最早的古船遗存。

"崇明民俗陈列"，通过古镇、商贸、家居、农耕、纺织等生动逼真的场景，再现了崇明岛不同于上海其他地域的独特民俗和民风。

此外，博物馆还辟有"黄丕谟版画陈列室"，展出了崇明籍著名版画家黄丕谟先生创作的 60 幅精美的版画作品。

馆藏 2 000 余件，分为青铜器、陶器、瓷器、书画、玉器、工艺品、家具等门类。藏品主要通过调拨、征集、个人捐赠等方式获得。重要藏品有近代驻德公使李凤苞汉白玉雕像、明式黄花梨书案等。

该馆出版有《古瀛文博》《崇明文博》《崇明学宫》《儒家文化与和谐社会》《崇明不可移动文物简介》《古船·岛屿·乡音·乡情——崇明县博物馆陈列》《王清穆》《崇明历代碑文译注》等书刊、画册。

表 3‑1‑11　1986—2010 年崇明县博物馆历任馆长一览表

姓　名	任　职　时　间
沈锦荣	1986 年 7 月—1994 年 4 月
胡汉芳	1994 年 4 月—1995 年 12 月
李青舫	1995 年 12 月—2005 年 9 月
宋文昌	2005 年 9 月—2010 年 1 月
周惠斌	2010 年 1 月—

图 3‑1‑5　崇明县博物馆外景(崇明学宫)

图 3‑1‑6　崇明县博物馆展厅局部

五、嘉定博物馆

嘉定博物馆筹建于 1959 年,1961 年移至嘉定孔庙内。位于嘉定区南大街 183 号。隶属嘉定区文化广播电视管理局管理。

嘉定孔庙为始建于南宋嘉定十二年(1219 年)的古建筑群,原为嘉定县学所在地。建筑面积达 3 380 平方米,建筑式样遗有明清风格,现存石碑坊 3 座,棂星门、泮池桥、大成门、大成殿、东西两庑、明伦堂等建筑,为江南地区保留较为完整的县级孔庙建筑。1962 年 9 月 7 日,嘉定孔庙被上海市人民政府公布为市级文物保护单位。

博物馆有基本陈列"中国科举文物陈列""嘉定竹刻陈列"和"顾维钧生平陈列",总陈列面积 3 000 平方米。"中国科举文物陈列"原设在嘉定孔庙的明伦堂内,此陈列于 1991 年推出后,引起了社会广泛关注。2005 年,博物馆对该展览进行全面改建,并于 2006 年 2 月重新对外开放。改建后的"中国科举文物陈列"依托孔庙建筑特具的文物优势,从"科举制度沿革""科举考试程序""科举与教育""科举与社会文明""科举与儒学"5 个视角切入,结合千余件科举文物,并辅助以多媒体展示手段,系统反映了盛行于中国 1 300 年之久的科举制度从源起、兴盛直至衰亡的历史过程,形象展示了明清两代院试、乡试、会殿试三级考试的程序。2007 年 5 月,"中国科举文物陈列"荣获第七届全国博物馆十大陈列精品奖。"顾维钧生平陈列"设在嘉定法华塔院内。该陈列通过珍贵的历史照片和实物史料,展示了中国近代史上著名外交家顾维钧半个多世纪的外交生涯。"嘉定竹刻陈列"原设在孔庙内,2007 年重新辟建新的陈列厅,并根据竹刻文物的特殊需求配备了相应的保护设施。改建后的"嘉定竹刻陈列"以数十件明清时代的嘉定竹刻精品,配合以实物史料、灯箱照片等,展现了嘉定竹刻艺术的瑰丽风姿。

嘉定博物馆藏品总数为 4 000 件(套)。分成陶器、瓷器、青铜器、书法、绘画、竹刻、科举文物等 20 余类。藏品主要来源为捐赠、考古发掘、征购。

该馆近年来立足科举文物和科举文化的专题研究,举办了一系列学术研讨活动。2006 年,与厦门大学考试研究中心联合举办"科举文化与科举学"学术研讨会,出版《"科举文化与科举学"学术研讨会论文集》。2007 年,出版《科举学论丛》,成为国内首本有关科举学研究的专业刊物;2008 年 1 月,开通嘉定博物馆网站,为科举文化与科举学的研究搭建交流平台。

表 3 - 1 - 12　1978—2010 年嘉定博物馆历任馆长一览表

姓　　名	任　职　时　间
李维钦	1978 年 10 月—1980 年 7 月
王仁元	1985 年 2 月—1988 年 1 月
葛秋栋	1988 年 1 月—1990 年 2 月
杨　军	1991 年 6 月—1993 年 4 月
杨　军	1993 年 4 月—2006 年 4 月
齐春明	2006 年 5 月—

图 3‑1‑7　嘉定博物馆古代历史陈列

图 3‑1‑8　嘉定博物馆科举文化陈列

六、上海市历史博物馆

上海市历史博物馆的前身是 20 世纪 50 年代筹建的上海市历史与建设博物馆,简称"史建馆"。1954 年正式成立筹备处,设在虎丘路 20 号原亚洲文会北中国支会上海博物院大楼内。1958 年 1 月 20 日,史建馆常设陈列布展完成。陈列室位于陕西南路文化广场西侧露台下,面积约 3 700 平方米,共有展品 1 252 件。1959 年 5 月 21 日,中共上海市委宣传部批文撤销上海市历史与建设博物馆筹备处的建制,地方史研究专家调入上海市文物保管委员会新成立的上海地方历史研究部,与上海博物馆合署办公。

1982年12月，上海市文化局决定筹建上海历史文物陈列馆。陈列馆以史建馆筹备处征集的文物为基础，以上海博物馆地方历史研究部人员为业务骨干，暂借西郊虹桥路2268号上海市农业展览馆第五馆为临时馆址。1984年5月27日，上海历史文物陈列馆开馆。

1991年7月24日，陈列馆更名为上海市历史博物馆。1992年9月，租借虹桥路1286号的一座仓库并改建为陈列厅，展示面积1 400平方米。1994年10月，对外开放，基本陈列为"近代上海城市发展历史陈列"，分六个部分，全面展示了上海自1843年开埠到1949年解放的百年历史风貌，展出文物1 500余件，综合运用声光电等展示手段。该陈列在1997年被国家文物局评为全国文物博物馆系统首次"十大陈列展览精品"之一。

1999年3月，博物馆因馆址租赁期满而关闭，利用东方明珠广播电视塔裙房内空间，展示上海城市发展历史。2001年5月，由上海市历史博物馆筹建的"上海城市历史发展陈列馆"于东方明珠广播电视塔零米大厅向社会开放。陈列馆分"华亭溯源""城厢风貌""开埠掠影""十里洋场""海上旧踪"五个部分，展示面积达1万平方米。陈列馆采用"融物于景"的场景化展示手法，辅以音响、多媒体资料查询装置及多媒体影视模型合成装置等展示手段，将文物、道具和模型于一体，着重反映近代上海在政治、经济、文化、社会、生活等各个方面的历史演变。2007年，市政府将新馆选址在原工部局大楼。2008年，搬入黄浦区汉口路193号办公。隶属于上海市文化广播影视管理局。

上海市历史博物馆藏品总数约11万件。分为金银器、书画、陶瓷、证章、玉石器、铜器、漆木器、革命文物等20余类。主要通过调拨、考古发掘、捐赠、征购等方式获得。重要文物有明代韩希孟顾绣花卉虫鱼册、侯峒曾行书轴、七宝寺藏金字写经、近代陈化成抗英遗物"振远将军"铜炮、太平天国大花钱、英商汇丰银行门前铜质对狮、1893年英美公共租界及法租界界碑等。

2002年起，编辑出版《上海市历史博物馆馆刊》。2007年，该馆成为中国博物馆学会城市博物馆委员会主任委员会单位。2010年，作为国际博物馆协会城市博物馆专业委员会（ICOM—CAMOC）的主要成员，馆长当选为ICOM—CAMOC副主席。

表3－1－13　1990—2003年上海市历史博物馆历任馆长一览表

姓　　名	任　职　时　间
姚庆雄	1990年1月—1992年7月
潘君祥	1993年5月—2003年

七、松江博物馆

松江博物馆前身是建于1915年1月24日的松江县教育图书博物馆，1937年毁于战火。1957年底成立松江县博物馆筹备处。1981年1月18日，经松江县人民政府批准，松江博物馆正式挂牌，同时选址方塔公园东首兴建博物馆馆舍。1982年6月20日破土动工，1984年12月8日正式建成并向社会开放。位于松江区中山东路233号。隶属松江区文化广播电视管理局管理。

松江博物馆由一个600平方米的基本陈列展厅和一个500平方米的临时展厅组成。2003年馆内陈列厅进行改扩建，2004年11月重新对外开放。改扩建后的博物馆占地面积4 700平方米，建筑面积2 200平方米，展示面积1 100平方米。

改扩建后的博物馆基本陈列"流沙沉宝——松江古代文物珍品展"，根据文献史料记载和馆藏文物特色,截取松江不同历史阶段各有侧重和特点的片段,组成三个独立单元:"浦江晨曦"简述早期先民的社会生活,集中表现有一定代表意义的"广富林遗存"的考古成果;"史河波光"介绍了松江半个世纪以来重要的墓葬及古塔中出土的文物,其中西林塔出土的一批佛像和玉器为展示重点;"艺海丹青"则推出明清时期以董其昌为代表的云间书派、松江画派的作品,展馆内设置的一处模拟董其昌书房的场景,古朴典雅中透出淡淡书卷气,与高贵大气的书画真迹相映成趣。

博物馆庭院内还设有碑亭、碑廊。碑亭中陈列有明代以宋人摹本所刻的三国皇象书《急就章》碑,据考证,这是皇象本传今足本中最古的一部。碑廊中嵌有"赵孟頫自画像""董其昌临怀素自叙帖""康熙临董其昌书"等名碑。

博物馆藏品共计 7 000 余件。分为石器、铜器、陶瓷、书画、印章、玉器、钱币、工艺品、古代典籍、碑版名帖、革命文物等 11 类。主要通过调拨、考古发掘,有偿征集以及捐赠获得。重要藏品有董其昌行书册页、明代张弼《铁汉楼帖》刻板、五代青釉缠枝牡丹纹盒、唐代墓志、清代陀罗尼金被等。

1995 年 10 月,该馆与浙江余姚共同举办"中日舜水学术研讨会"。该馆编辑出版有《松江文物珍赏》《松江文物志》《松江博物馆藏董其昌书画作品》《松江博物馆藏"铁汉楼帖"》等书刊图录。

表 3-1-14　1984—2010 年松江博物馆历任馆长一览表

姓　　名	任　职　时　间
韩夫荣	1984 年 2 月—1985 年 3 月
查逸云	1986 年 11 月—1987 年 5 月
姚建平	1987 年 5 月—1993 年 3 月
全德兴	1993 年 3 月—1994 年 3 月
林晓明	1995 年 1 月—2002 年 12 月
娄建源	2003 年 1 月—2003 年 8 月
王春雷	2003 年 8 月—

图 3-1-9　松江博物馆外景

图 3-1-10　松江博物馆展厅局部

八、江南造船博物馆

江南造船博物馆的前身是建于 1985 年的江南造船厂厂史陈列馆,2001 年以后迁移到江南造船大厦并对原有陈列进行了全面改建,于 2004 年重新对外开放。博物馆位于卢湾区鲁班路 600 号。隶属于江南造船(集团)有限责任公司管理。

博物馆浓缩了 1865 年建立的江南机器制造局到的江南造船(集团)有限责任公司,从中国民族工业的发祥地、中国产业工人的摇篮到中国大型造修船骨干企业 140 年来"中国第一厂"的历史。它是上海目前唯一的跨越三个世纪的科技史、工业史、造船史的专题博物馆。基本陈列分历史馆、民船馆、军舰馆和重工馆。历史馆再现了自 1865 年江南机器制造总局的建立至 1949 年上海解放时期江南的军事工业、造船工业和科学技术的发展历史;民船馆展现了解放以后至改革开放前江南造船厂在中国工业技术上实现突破的代表产品;军舰馆展示了江南造船(集团)公司生产的多种军事、科研产品以及老军工企业为国家的国防工业做出的贡献;重工馆展现了江南重工公司对上海和全国重点工程的贡献,体现了企业在非船舶产品市场的竞争力。

九、上海音乐学院东方乐器博物馆

上海音乐学院东方乐器博物馆前身为"中国民族乐器陈列室",1986 年夏开始筹建,1987 年 11 月 27 日上海音乐学院 60 周年院庆纪念日建成,原位于汾阳路 20 号上海音乐学院内。1992 年迁至同院内新落成的电教图书大楼,改名为"东方乐器陈列馆"。2001 年 9 月,正式扩建成"东方乐器博物馆",是中国艺术院校中第一个专业乐器博物馆。为配合博物馆新馆建设,2006 年迁至高安路 18 弄 20 号徐汇区少年宫内。隶属于上海音乐学院管理。

博物馆面积约 1 200 平方米。展厅面积 600 多平方米,分为两个层面,另有一个 80 平方米的多媒体演示厅,30 平方米的贵宾室和面积约 80 平方米的乐器库房,办公区面积约 45 平方米。

馆藏乐器共 450 多件(套),分为四个展区:中国古代乐器、中国现代乐器、少数民族乐器和外国民族乐器。

古代乐器展区历史最悠久的展品为汉代的青铜錞于和铜鼓,铜鼓周身浇铸有反映古代少数民族文化生活的纹饰。名号分别为"海云""鹤鸣""碧海秋涛"的三台古琴为明清时期的珍品。中国现代乐器展区分吹管乐器、拉弦乐器、弹拨乐器、打击乐器等门类展出。

少数民族乐器展区陈列有各少数民族的管乐器和弦乐器,其中包括彝族的口弦、八角琴、小闷笛;傣族的铓锣、象脚鼓;景颇族的盏西、勒绒;壮族的马骨胡、啵咧;苗族的芦笙;京族的独弦琴;哈尼族的巴乌等乐器;哈萨克族的冬不拉;维吾尔族的都它儿、艾捷克;藏族佛寺的洞钦、民间的扎木聂;蒙古族的马头琴;朝鲜族的杖鼓;满族的八角鼓等。

外国民族乐器展区陈列有世界各国各地区的乐器和各民族的民间乐器,如印度的维纳、西塔尔、塔布拉鼓;日本的普化尺八、筑前琵琶、萨摩琵琶;韩国的伽耶琴、奚琴、牙筝、玄琴;泰国的围锣、船形木琴、鳄鱼琴;印尼的恩格龙;宫廷乐器甘美兰;俄罗斯的巴拉莱卡;澳大利亚的迪杰里杜等。

该馆为徐汇区青少年爱国主义教育基地。

表 3－1－15　1987—2010 年上海音乐学院东方乐器博物馆历任馆长一览表

姓　　名	任 职 时 间
江明惇	1987 年—2001 年
林培安	1987 年—2001 年
史寅	2001 年—2005 年
应有勤	2005 年—2007 年
史勤	2007 年—

十、四海壶具博物馆

四海壶具博物馆于 1987 年在静安区愚园路创建;1991 年,在长宁区兴国路兴建新馆;1993 年,正式落户嘉定区曹安路 1978 号百佛园。

博物馆展出从新石器到现代的各类壶具共三百余件,构成了一部脉络清晰的中国陶瓷发展史,为中国文化发展史提供了极有说明力的实证。

十一、金山区博物馆

金山区博物馆筹建于 1984 年,1988 年正式向社会开放。位于金山区朱泾镇罗星路 200 号。隶属金山区文化广播影视管理局管理。

博物馆占地面积 1 667 平方米,建筑面积 1 319 平方米,陈列面积 420 平方米,设有三个陈列展厅,二厅"金山古文化陈列"、三厅"历代灯具陈列"为常年对外开放的基本陈列。"金山古文化陈列"展出的文物多数为金山地区古文化遗址的出土文物,以亭林、戚家墩古文化遗址出土的良渚文化时期和春秋战国时期的石、陶器、玉器为主要特色。"历代灯具陈列"则展出了博物馆新征集到的一批自汉代到民国时期的 400 余件灯具,有青铜灯、陶瓷灯、木质灯、玻璃灯等,具有较强的观赏性。

该馆馆藏文物856件,参考品2000余件。分为陶器、瓷器、石器、铁器、书画等5大类。大部分藏品来源于历年从亭林、戚家墩、查山等古文化遗址出土的文物。藏品中较为珍贵的有:良渚文化双孔石刀、九节玉琮、印纹陶罐、明代董其昌"重修泖桥澄鉴寺碑"、近代张大千早期书画作品等。

该馆出版有《白蕉书画作品集》《韩和平书画集》《金山农民画作品集》等。

表 3‑1‑16 1988—2010 年金山区博物馆历任馆长一览表

姓　　名	任　职　时　间
姚连根	1988 年 2 月—1994 年 2 月
奚吉平	1994 年 2 月—

图 3‑1‑11 金山区博物馆展厅局部

十二、上海三山会馆

三山会馆始建于清宣统元年(1909 年),为福建水果商人聚会议事之所。主体建筑占地 1 000 平方米,整幢建筑雕梁画栋、殿宇高大、别致秀丽、富有福建特色。1985 年建造南浦大桥时,按照规划,拓宽的中山南路和大桥引桥正好通过三山会馆。为此,上海市政府即作出将建筑整体向南移位 30 多米的决定,迁移后的地址是黄浦区中山南路 1551 号。1989 年 9 月 26 日,三山会馆修复落成暨上海工人三次武装起义史料陈列室正式向社会开放。2002 年和 2008 年,两次对古建筑进行大修;2010 年 4 月 13 日,三山会馆环境整治暨扩建上海会馆史陈列馆工程完工并正式向公众开放。隶属于黄浦区文化局管理。

三山会馆内设有上海工人三次武装起义史料陈列室,陈列着上海工人三次武装起义的图片及史料。馆内还有王若飞纪念塑像及"王若飞生平事迹展"。上海工人三次武装起义史料陈列室基本陈列分为 4 个部分,即起义前形式、第一次武装起义、第二次武装起义和第三次武装起义等。

三山会馆新馆始建于 2010 年,为迎世博会而建,占地面积 711 平方米,分地下一层,地上二层,建筑面积 1 956 平方米。一楼是临展厅,每年举办各类临展展览。二楼是"上海会馆史陈列展",展览分为:会馆(公所)的诞生、发展、兴盛、消失 4 个部分,以大量翔实的文献史料、文物展品,展示了上海会馆(公所)的各种功能,揭示了会馆(公所)对上海经济发展和移民城市形成的作用。该展览被国家文物局评为"2009—2010 年度上海市博物馆陈列展览评选精品奖"。

此外,三山会馆每年还举办各类公益讲座、戏曲表演、非遗传承等活动,旨在传播和传承中华民族优秀历史文化,成为社会各界人士和广大青少年学习教育的公共文化场所。

1959 年,曾由上海市人民委员会公布为上海市文物保护单位;2005 年被命名为上海市红色旅游基地;2009 年被命名为上海市爱国主义教育基地、上海市全民国防教育基地。

表 3 - 1 - 17　1989—2010 年三山会馆历任馆长一览表

姓　　名	任　职　时　间
丁志祥	1989 年 10 月—1992 年 10 月
沈晓梅	1992 年 11 月—1999 年 6 月
王树明	1999 年 7 月—

十三、复旦大学博物馆

复旦大学博物馆 1991 年建成开放,位于邯郸路 220 号复旦大学校内 200 号。隶属于复旦大学管理。

博物馆现有展览面积约 800 平方米,分 1 个序厅和 4 个展厅,包括 2 个常设展厅和 2 个临时展厅。常设陈列之一是"台湾少数民族民俗文物展",面积约 300 平方米,展品 100 余件。常设陈列之二是"文物教学标本展览",面积约 100 平方米,按不同历史时期分类展出历代古陶瓷 100 余件。2 个临时展厅面积共约 400 平方米,不定期举办各类文化艺术展览。2005 年 9 月,成立于右任书法陈列馆,为该馆新的组成部分。陈列馆内分上下两层,展览面积共约 560 平方米。二楼常设展览有"一代草圣——于右任书法作品展",50 余件展品由于氏家人及友朋提供。

该馆现有藏品 2 000 余件,分别来自河南省博物馆、洛阳文物工作队、上海博物馆等单位的调拨,以及复旦图书馆、文博学院、生物系旧藏。藏品种类涉及陶瓷、青铜等各类古代艺术品,其中石器 15 件、玉器 16 件、陶器 177 件、瓷器 95 件,铜器 121 件。馆藏 555 枚历代古钱币收藏较为系统,350 多枚殷商甲骨文片弥足珍贵。最具特色的是 430 余件台湾少数民族民俗文物。另藏有黎族民俗文物 83 件、美国抽象艺术绘画 13 件和中国当代书画名家作品 100 余件。

该馆在业务方面充分借助文物与博物馆学系的专业师资力量,形成了一支从田野收集及研究鉴定到保存管理及展览设计的稳定学术研究队伍。通过专题讲座、主题活动等方式进行博物馆文化和文化遗产保护宣传,丰富校园文化生活,受到广泛欢迎。

2006 年 5 月,举办"开放的艺术史"专题讲座和学术沙龙。2006 年 11 月,举办"首届于右任国际学术研讨会"。2007 年 1 月,举办"文化传承与中外交流"学术沙龙和"中国民居与文化遗产保护"研讨会。2007 年 9 月,举办"书坛双峰·复旦瑰宝——于右任、王蘧常书法艺术海峡两岸学术研讨会"，并出版《首届于右任国际学术研讨会论文集》。

十四、上海交通大学校史博物馆

上海交通大学校史博物馆于 1996 年 4 月 8 日上海交通大学百年华诞之际正式开馆，位于徐汇区华山路 1954 号，上海交通大学老图书馆内。隶属于上海交通大学管理。

博物馆展陈总面积约 600 平方米。设有 3 个展厅和 1 个陈列室。第一展厅的时间跨度从创办南洋公学直至上海解放；第二展厅的时间跨度从上海解放至今。这两个展厅共展出珍贵文物、文献、照片资料等近 1 000 件，反映了上海交通大学一个世纪来的发展历程和学研昌盛的丰硕成果。第三展厅为上海交通大学"两院"院士图片资料展，展出了目前收集到的 208 位在交大求学或任教过的中国科学院和工程院院士的照片资料，以院士们的出生年月先后为排列顺序，着重介绍他们的生平简历与主要成就。林同炎教授陈列室展出了交大著名校友、国际知名结构工程学家、教育家、美籍华裔学者林同炎教授的照片、著作、论文、图片资料等共 300 余件。

1996 年，被上海市人民政府授予青少年教育基地。2003 年，被上海市人民政府命名为上海市爱国主义教育基地。

十五、上海儿童博物馆

上海儿童博物馆筹建于 1993 年，1996 年 5 月 29 日正式开馆，位于长宁区宋园路 61 号。隶属于宋庆龄陵园管理处管理。

博物馆占地面积 9 000 余平方米，建筑面积 4 632.97 平方米，室外活动面积 1 450 余平方米，室外可活动水域面积 660 余平方米。是全国首座面向 3 岁～12 岁儿童的专业博物馆。

2006 年 9 月，上海儿童博物馆经过新一轮提升改造重新开放。改造后的博物馆内设四大展区，分别为"跨越距离，触摸未来"主题科学展示区、互动探索区、主题展览区、儿童阅读区。展区总面积 3 800 平方米。主题科学展示区下设航海厅、航天厅、月球厅、信息厅、天文厅，以"跨越距离，触摸未来"为逻辑展示主线，将历史展品和互动展项巧妙结合，把历史、科学、艺术、人文等元素有机融合，以互动多媒体为主要表现方式，演绎人类对交流需求的渴望以及由此而衍生的航海、航天、信息等技术的发展。互动探索区以"让孩子带着问号进来，抱着句号出去"为设计宗旨，分为社区环境、科学实验、互动剧场 3 大功能区，旨在充分调动儿童的五大感官，通过探索和尝试去发现孩子自身及周围世界。主题展览区里以展示未来家庭生活的随意性、舒适性、便捷性为原则，运用实景模拟方式展现高性能宽带所带来的家庭生活的变化，旨在让儿童富有科学和理性的幻想。在儿童阅读区提供各时代书籍供孩子们阅读，为他们播下知识的种子。四大展区内共设可供多人同时参与的大型互动展项 10 套，可供百人同时观看的演示 5 套，各类相关展品近千件，其中反映全国航天工业发展成就的大型珍贵实物展品 3 件。改造后的博物馆年均接待观众 8 万人次。

博物馆藏品共计有 976 件，分为综合类、家具类、纸质藏书类、瓷器玻璃器皿类、棉纺织类等 5 类。藏品主要来自异域儿童类博物馆及社会友好人士的捐赠。

儿童博物馆常与国内外同行进行馆际交流合作，曾在苏州博物馆、山东潍坊博物馆、宁波天一阁、常州工人文化宫、青浦博物馆等场馆举行"上海儿童博物馆科技艺术巡回展"；还与日本玩具博物馆、日本国际艺术书院等进行展览合作和人员交流互访，与中国台湾儿童探索馆、中国香港静轩艺苑、新加坡玩具博物馆和波士顿儿童博物馆等保持业务交流。

十六、上海理工大学上海印刷博物馆

上海理工大学印刷博物馆于 1998 年落成开放,初名中国印刷博物馆上海展馆,2005 年改名为上海印刷博物馆。位于杨浦区水丰路 100 号,隶属于上海理工大学管理。是上海首批高校民族文化博物馆之一,上海工业旅游博物馆之一。

博物馆展示面积约 1 000 平方米,馆藏品 1 900 余件套。展馆分为"印刷术的起源、发展与外传""近代印刷术的传入与发展""上海印刷工业""印刷体验"等部分,荟萃了中国古代印刷术的发展源流与印刷文化的精华,展示了近代上海印刷业的发展轨迹及其对中国近代社会文化经济发展的影响。以传统展示与数字化技术相结合的展陈方式为观众呈现美轮美奂的印刷精品制作过程,诠释印刷术深厚的科技与文化内涵。

该馆为上海市爱国主义教育基地、科普教育基地和上海市未成年人校外教育活动示范性场所。

十七、上海公安博物馆

上海公安博物馆于 1999 年 9 月 11 日正式对外开放,位于卢湾区瑞金南路 518 号。隶属于上海市公安局管理。

博物馆建筑面积 8 500 平方米,设有公安史馆、英烈馆、刑事侦查馆、治安管理馆、交通管理馆、监狱和看守所馆、消防管理馆、警用装备馆、警务交流馆、消防模拟演练馆、情景互动射击馆等十一个分馆。记录了 1854 年上海建立警察机构一个半世纪以来的历史沿革,重点展示了 1949 年 6 月 2 日上海市人民政府公安局建立后,上海公安秉持人民公安为人民的理念,在打击刑事犯罪、保障经济建设、维护社会稳定等各方面的突出业绩。收藏从晚清至今公安题材的 2 万余件,其中国家一级文物 49 件(套)。

公安史馆通过照片、实物的展陈,展示了从 1854 年租界工部局设立警务委员至今警察机构的沿革,着重展现了人民公安机关的创立和发展。刑事侦查馆展陈了上海解放后 50 多年中社会反响强烈的部分重特大案件,反映了上海地区刑事犯罪活动的特点与变化和公安刑侦队伍成长壮大和刑侦技术发展的历程。治安管理馆介绍了上海社会治安管理的历史沿革,展示了上海公安机关依法加强社会治安管理的基本概况。交通管理馆以历史年代变迁和上海城市道路交通管理发展为主线,展陈了上海道路交通管理的历史变革与发展。监所管理馆展示了从元明清至 1999 年 6 月上海的监狱管理制度和沿革。消防管理馆介绍了从明清至新中国各个历史时期上海消防工作变化、发展的历程。装备管理馆回顾了上海近代特别是解放 50 年来的警用装备沿革历史。英雄烈士馆展陈了 62 名公安英烈的英勇事迹和珍贵遗物,体现了他们全心全意为人民服务的崇高警魂,无私无畏的英雄气概和高尚情操。警务交流馆重点反映改革开放以来,上海警方与国际警务界的交流和协作。情景互动射击馆是上海市公安局为有效提高民警及公务持枪人员"依法用枪、快速反应、首发命中"的综合射击能力而研发的一个训练平台,为参训民警提高射击技能提供训练条件。

该馆于 2002 年被科技部、中宣部、教育部、中国科协命名为"全国青少年科技教育基地";2003 年被上海市人民政府命名为上海市爱国主义教育基地;2003—2010 年连续被上海市科普教育基地联合会授予上海市科普教育基地先进集体;2005 年被中央精神文明建设指导委员会授予第一届"全国文明单位"称号;同年,被共青团中央、最高人民法院、最高人民检察院、教育部、公安部、司法部、卫生部、新闻出版总署、中央综治委预防办命名为首批"全国青少年自我保护教育基地";2006年被公安部消防局、中国科协科普部、中国消防协会命名为"全国消防科普教育基地";2009 年被国家文物局评定为"国家二级博物馆"。

表 3-1-18　1999—2010 年上海公安博物馆历任馆长一览表

姓　名	任　职　时　间
俞　烈	1999 年 9 月—2003 年 3 月
汪志刚	2003 年 3 月—

十八、上海市银行博物馆

上海市银行博物馆于 1998 年 6 月开始筹备,2000 年 4 月 9 日开馆,位于浦东新区浦东大道 9号 7 楼。隶属于中国工商银行股份有限公司上海市分行管理。是全国第一家银行业博物馆。

博物馆展厅面积 1 500 平方米,包括历史馆、钱币馆和展示厅。展览以上海近代银行发展历史为主线,展现了上海近代银行业的变迁与中国工商银行等银行的成长和发展轨迹。

馆藏各类藏品计 2 万余件,陈列展品计 2 000 余件。其中较有历史价值的有钱庄存折、账册、汇票,各个时期的银行印章、支票、股票、徽章、器具、早期银行使用的试金石、对金牌、天平等,还有较为珍贵的 2 000 多年前战国楚国"郢爰"、西汉时期的"金饼"、王莽时期的"金错刀"、至元宝钞、革命根据地纸币、中国人民银行发行的第一套人民币等。

该馆在海外及港澳地区有一定的影响。2000 年在上海举行的亚太地区储协年会与会代表、2001 年 APEC 会议代表、2002 年亚洲开发银行年会代表、中国香港银行公会访问团、全市外资银行百余名行长都前来参观。

表 3-1-19　2000—2010 年上海市银行博物馆历任馆长一览表

姓　名	任　职　时　间
王允庭	2000 年—2006 年
黄沂海	2006 年—

十九、上海师范大学博物馆

上海师范大学博物馆于 2002 年 5 月 18 日建成开馆,位于徐汇区桂林路 81 号上海师范大学校内文苑楼内。博物馆面积 740 多平方米,是由文物馆、生物标本馆、地质标本馆和园艺馆组成的小型综合性博物馆,以历史系文物陈列室馆藏为基础而建。隶属于上海师范大学管理。

"文物馆"是博物馆的主体部分,馆藏文物 2 010 件,包括玉器、青铜器、陶瓷、碑帖、书画等类。藏品主要来自北京故宫博物院,山东大学等兄弟院校的支援以及个人捐赠。重要藏品有:新石器时代的玉璧器、毛公鼎、散氏盘拓片、隋僧写经、玄奘译经长卷、羊脑纸金汁书藏文《无量寿佛经》、藏文《佛姆幻化网续密经》、清代唐卡等,绘画作品中有王原祁、吴历等人的山水画、清宫宗庙人物画,还收藏有一批官窑瓷器。上海师范大学博物馆是该校对外文化交流和校际交流的一个窗口,接待过国内外许多名校领导、专家、留学生和旅游团以及美国、埃及等国驻沪领事馆官员。

表 3-1-20 2001—2010 年上海师范大学博物馆历任馆长一览表

姓　名	任 职 时 间
陶本一	2001 年—2006 年
张惠达	2006 年—

二十、上海工艺美术博物馆

上海工艺美术博物馆于 2002 年 10 月 16 日正式向社会开放,位于徐汇区汾阳路 79 号。主要展示场所为主楼三层,设有"民间工艺""雕刻""织绣"三个展示馆及专业工作室。博物馆概括了上海工艺美术行业各大类品种及其历史沿革、风格风貌、技艺特色,兼具收藏、展示、普及、交流、旅游等功能。隶属于上海工艺美术有限公司管理,是上海市第一个工业系统行业博物馆。

上海工艺美术博物馆所在地的建筑原为法租界公董局的董事住宅。建于 1905 年,总占地面积5 862 平方米,主楼面积 1 500 平方米。1989 年,被上海市人民政府公布为市级文物保护单位和市优秀历史建筑。20 世纪 60 年代,上海民间最优秀的工艺美术家相继在此工作和传艺,20 世纪 70 年代后成为上海工艺美术品陈列室。

博物馆设立民间工艺(一楼)、雕刻(二楼)、织绣(三楼)三个展厅及专业工作室,集中工艺美术专业人员 50 余名。收藏着一批具有海派特色的工艺作品,有绒绣、刺绣、灯彩、面塑、剪纸、玉雕、牙雕、黄杨木雕、漆器、镶嵌、砚刻、竹刻、细刻、瓷刻、金属雕刻、工艺绘画等 10 余个传统工艺品种,其中 108 件藏品是上一代老工艺家留下的代表作品和上海工艺美术的精品。在展示上相对突出作者传承关系、制作流程、材料及工具的介绍,并配以现场操作表演,突出"以人为本"的展示主导思想。展示较全面地概括了上海工艺美术行业各大类品种的历史沿革、风格风貌和技艺特色。主要展品有:黄杨木雕"撑骆驼"、象牙镂雕"鱼景"、刻漆挂屏"万寿山"、细刻"浔阳琵琶"、瓷刻"山水小方瓶"、竹刻"蔬果"、砚刻"香菇砚"、面塑"二进宫"、戏服"真翠皇帽"、绒绣"西斯庭圣母"、木雕"五卅风暴"、金银摆件"BUGATTI 皇家轿车"、玉雕"翡翠五亭炉"等。

博物馆聚集了一批工艺美术大师,成为上海传统工艺美术的一个重要保护基地和极具民族民间特色的文化旅游景点,是一个既有物质文化遗产展示,又有非物质文化遗产传承的特色博物馆。

表 3-1-21 2002—2010 年上海工艺美术博物馆历任馆长一览表

姓　名	任 职 时 间
朱惠卿	2002 年—2009 年
张　心	2009 年—

二十一、上海海洋大学博物馆

上海海洋大学博物馆前身为著名鱼类学家朱元鼎 1952 年所建鱼类标本室。1958 年,更名为"鱼类研究室"。当时所藏标本有 900 余种,2.5 万余号。至 1962 年标本达 1 100 余种,3 万余号。2002 年 10 月,上海水产大学鲸馆落成,并于 2002 年 11 月 1 日起正式对外开放。2008 年 5 月,上海水产大学更名为上海海洋大学,鲸馆更名为上海海洋大学博物馆。位于杨浦区军工路 318 号上海海洋大学内。隶属于上海海洋大学管理。

博物馆占地面积 1 036 平方米,展示面积为 900 平方米。基本陈列以"自然、人、环境"为主题,融水生物标本收藏与展示、休闲与旅游为一体。馆内设有鲸类与水生生物标本两大陈列。鲸馆的陈列面积为 932 平方米,以标本、版面图文和藏品标签形式为主,展出了包括抹香鲸骨骼在内的多种大型水生动物标本、贝类标本以及反映中国鱼文化的人文物件,展品数约 500 件。水生生物科技馆陈列面积为 480 平方米,展出馆藏各类水生生物标本 800 余种。

博物馆现有藏品 4 万余号。藏品的类别分为生物标本和水族人文物件两大类。馆藏来源以采集和捐赠为主。重要展品有体长 18.4 米的抹香鲸外形标本和骨骼标本、中华鲟标本、扬子鳄标本、红海龟标本、豹纹鲨标本、鹦鹉螺标本以及日本明仁天皇赠送的稀有鱼类标本等。

该馆编辑出版有《水族趣话》。2009—2010 年,被上海市科学技术委员会连续评为上海市优秀科普教育基地。

表 3 - 1 - 22　1952—2002 年上海海洋大学博物馆历任馆长一览表

姓　　名	任　职　时　间
朱元鼎	1952 年 11 月—1986 年 12 月
伍汉霖	1987 年 1 月—2001 年 3 月
唐文乔	2001 年 3 月—2002 年 10 月

二十二、上海交通大学董浩云航运博物馆

上海交通大学董浩云航运博物馆于 2003 年 1 月 18 日正式开馆,位于华山路 1954 号上海交通大学新中院。隶属于上海交通大学管理。

博物馆由中国香港董氏基金会和上海交通大学联合创办,所在幢建筑始建于宣统二年(1910 年),是学校早期的学生宿舍。时任中国香港特别行政区长官董建华、上海市常务副市长韩正、教育部副部长章新胜、中国造船南方公司总经理陈小津共同为博物馆揭牌。

博物馆展厅面积 600 平方米,分为中国航运史馆和董浩云陈列室。一楼中国古代航运史馆,通过图片、文献资料和实物模型及航海贸易物品,概括反映了中国古代自新石器以来的舟船及航运历史,展现了中华民族在舟船航运领域的伟大发明创造和亲近海洋、发展对外经济文化交流的光辉历程。二楼董浩云陈列室分为"海洋巨子"和"陆地英杰"两部分,用照片、资料、实物和场景,浓缩了"世界七大船王"之一的董浩云传奇的一生,展示了他在航运领域的理想和教育等方面的成就。博物馆现有藏品 1 100 余件。

该馆为上海市科普教育基地。

表 3 - 1 - 23　2003—2010 年上海交通大学董浩云航运博物馆历任馆长一览表

姓　名	任　职　时　间
顾建建	2003 年 1 月—2006 年 4 月
曹永玓	2006 年 5 月—

二十三、闵行区博物馆

闵行区博物馆于 2002 年筹建,2003 年 3 月建成开放。位于莘建东路 255 号 5 楼。隶属闵行区文化广播电视管理局管理。

博物馆总建筑面积 4 200 平方米,其中展览面积 1 920 平方米,临时展厅和展示长廊面积 400 平方米,设有两个基本陈列和一个固定展览,还有约 300 平方米的临时展厅,实行全年免费开放。

博物馆设有两个基本陈列馆,《马桥古文化陈列馆》和《中国民族乐器陈列馆》。马桥古文化陈列馆,展厅面积 430 平方米,分“良渚文化”“马桥文化”和东周至唐宋三个时期,展出马桥遗址出土的 200 余件文物。主要包括古陶瓷器、石器、骨角器等,另有先民墓葬复原灯箱、生态环境模型及多种古生物遗骸。通过声光影像等多媒体手段,立体地再现了数千年前马桥先民用智慧和勤劳改善生存条件的景象,系统地展示了上海古海岸线上的原始文明。

中国民族乐器陈列馆,展厅面积 640 平方米,陈列有 100 多种,300 余件古今乐器,分别为“气鸣、弦鸣、体鸣、膜鸣”四大系列,充分中国民族乐器的分类和发展,是中国目前规模最大、品种和数量最多的乐器陈列馆。除了配有图片史料、幻影成像、多媒体触摸屏、耳机音乐欣赏等设施外,还有乐器发声原理展示角,让观众从感官和发声原理两方面了解中国的民族乐器。

固定展览《崛起的新城——闵行区发展成就展》,展厅面积 950 平方米,以图片、模型、多媒体等方式,集中展示闵行区在 1992—2002 年间取得的社会建设发展成就。2009 年 4 月底,该展停止并拆除,展厅改为临展厅。

至 2011 年,闵行区博物馆有藏品千余件,并有近千件借展品,历史跨度 3 000 余年。展品与藏品主要来源于区境出土、传世、捐赠、征集、购买及借调,涵盖陶瓷器、玉石器、铜器、漆木器、金银器等。出土文物中有马桥文化的陶器,唐代陈琳墓出土的墓志,南宋张肆墓出土的承棺铁牛,明代朱恩家族墓出土的漆盒、玉饰,马桥三友出土的明代蓝印花布等;传世文物有陈行望族秦氏兄弟同榜中举的“兄弟同榜”匾,清道光年的科举乡试举重石,历代官、民窑瓷器,以及铜镜、钱币、玉器等。仿制、征集和购买了大同乐会乐器及藏族、维吾尔族民间乐器,北京奥运会特制二胡和上海世博会特制琵琶等中国民族乐器,修复了元、明、清、民国时期的 4 架古琴。

闵行区博物馆注重对地方文物和历史资料的调查、整理和研究,编辑出版了《闵行区博物馆图册》。博物馆还不定期举办学术研讨活动和“当代博物馆的专业化及其发展趋势”“不可移动文物的保护和管理”“跨越时空的远古对话”等专题讲座,让更多的青少年和民众了解历史文化和民族文化。

表3-1-24　2003—2010年闵行区博物馆历任馆长一览表

姓　　名	任　职　时　间
魏德明	2003年—2005年
于滨力	2005年—

图3-1-12　闵行区博物馆展厅局部

二十四、上海纺织博物馆

上海纺织博物馆于2003年7月25日建成开放。位于澳门路150号,原上海申新纺织第九厂旧址。是一家地域性行业博物馆。

博物馆占地6 800平方米,户外展示面积1 500平方米、室内展示面积4 480平方米。基本陈列集中展示了上海纺织的工人阶级,在中国共产党领导下,积极参与反帝、反封建、发压迫斗争的悲壮历史;展现了上海纺织工人在社会主义建设时期的光辉业绩;凸显了上海纺织产业科技进步的辉煌成果。

该馆为全国科普教育基地、全国纺织精神文明建设示范基地、上海市爱国主义教育基地、上海市文明单位、上海市科普教育基地、上海市专题性科普场馆、上海二期课改教育基地、上海市工业旅游基地、申九"二二斗争"革命纪念地、《小主人报》《科技报》《香港文汇报》等报业小记者素质教育基地。

二十五、历道证券博物馆

历道证券博物馆筹建于2003年3月,2004年1月10日正式向公众开放。位于浦东新区陆家嘴环路 958 号华能联合大厦 13 层。隶属于中国湘财证券公司管理。

博物馆基本陈列共分三部分:晚清篇、民国篇、新中国篇,陈列了中国自晚清时期、民国时期(含解放区)、新中国成立初期以及改革开放后的证券和实物数百件,展现了近代一百多年来中国社会的兴衰荣辱、风云跌宕,再现了新、旧中国资本市场的发展轨迹和曲折经历,特别展示了改革开放后全国金融证券市场所创造的奇迹。其中部分藏品反映了清朝末期以来国际国内落户上海的金融机构、工商企业的情况,展现了上海近代商业文明的发展脉络及文化特色,为上海曾经是远东国际金融中心提供了历史的见证物,也为现代上海作为国际金融中心、"一个现代化,四个中心"的发展战略增添了历史的浓墨重彩。

博物馆通过拍卖、征购等方式收藏一批珍贵的历史文物和中国金融史上具有重要意义的票证,其中不乏具有极高文物价值和深邃历史内涵的传世珍品,如:迄今发现存世最早的中国股票:开平矿务局光绪七年(1881 年)发行的股票;甲午战争的见证物:1896 年英德借款债券;孙中山签署的民国政府第一张公债:中华民国军需公债;中华苏维埃共和国 1933 年发行的经济建设公债;胡耀邦签署的股票:中国青年出版社股份有限公司 1954 年发行;新中国改革开放后第一张规范意义上的股票:上海飞乐音响股份有限公司 1984 年发行的股票等。

该馆出版有《历道证券博物馆馆藏精选》;与浦东干部学院、复旦大学、上海大学、西南财经大学、上海社科院等科研所有密切合作,成为其长期教学研究基地。

二十六、上海中国烟草博物馆

上海中国烟草博物馆于 2004 年 7 月正式对外开放,馆址位于杨浦区长阳路 728 号。隶属于国家烟草专卖局(上海市烟草专卖局代管),是经国家批准并由全国烟草行业共同捐资捐物兴建的国家级行业博物馆。

博物馆占地面积 5 511 平方米,总建筑面积 9 617 平方米,其中展示面积 3 500 平方米。在目前开放的烟草历程馆、烟草管理馆、烟草文化馆、烟草农业馆、烟草工业馆、吸烟与控烟馆、烟草经贸馆等八个常设展馆中,观众能够通过文物、文献、模型、场景、真人蜡像以及照片、多媒体等形式,全面了解中国烟草的起源及各个发展阶段的概况和特征,感受中国烟草文化的源远流长和烟草产业发展变迁的历史。

该馆作为上海首个国家级行业博物馆,同时也是目前全球规模较大的烟草类博物馆。

二十七、上海铁路博物馆

上海铁路博物馆于 2004 年 8 月建成并向社会开放。位于闸北区天目东路 200 号,沪宁铁路上海站(老北站)原址。隶属上海铁路局管理。

博物馆按照 1909 年 6 月建成、具有英式古典建筑风格的沪宁铁路上海车站的原样,以 1∶0.8 比例在原址上建设,于 2004 年 8 月上海铁路局建局 55 周年之际建成开放。

整个博物馆包括占地约 1 300 平方米的室外广场展区和拥有 3 000 余平方米建筑面积的博物馆主楼。博物馆主楼共 4 层,目前开放的是面积约 1 000 平方米的底层展区,展品主要为图片、文献史料、实物等。馆内展览分 6 个部分,由序厅、铁路建设、铁路运输、铁路天地、和谐铁路建设、老车站场景(室外)组成,有 50 余个展项,近千件展品。展示从 19 世纪六七十年代铁路进入中国后,上海及华东铁路一百多年来所走过的历程,突出反映铁路生产力的变化发展。

馆藏文物包括 20 世纪 20 年代美国造窄轨铁路蒸汽机车、宋美龄公务车等一批珍贵的铁路老设备、老器材以及铁路历史档案资料和历史图片。

二十八、上海中国留学生博物馆

上海中国留学生博物馆于 2003 年 9 月开始筹建,2004 年 9 月 28 日正式对外开放,位于徐汇区华山路 905 弄 12 号。是由部分归国留学生在中共上海市委组织部的指导下创建的民办博物馆。2011 年迁至松江区茸梅路 1177 弄 7 号。

博物馆的基本陈列为中国留学历史常设展,陈列面积约 300 平方米,展出藏品近 3 000 件,陈列以人物勾画中国留学史的主线,以成果介绍留学生的报国壮举,以事件呈现祖国关怀爱子之心,弘扬了"留学报国"的爱国主义精神。

博物馆的藏品有史料 1 370 份,图书 6 000 册,国家及上海留学生政策文件 196 份。主要来源为征集、接受捐赠,此外,上海市社会科学院历史研究所、教育部及部分留学归国人员提供了部分史料和资料,重要藏品有:中国留学生在法国蒙达尼城菲莱斯中学使用的连体桌椅、詹天佑的履历书、吴宓在剑桥大学的诗作手稿、1982 年清政府派遣的首批留美幼童在上海轮船招商总局门前的合影等。

该馆编辑出版有《中国留学生博物馆》宣传册两套、《中国留学生博物馆桐欣阁系列丛书——脚印》两册。2006 年 10 月 27 日,与复旦大学合作举行"近期中日关系走向"座谈会。2007 年 9 月 3 日,与上海市政协合作举行"中日建筑论坛";与同济大学合作召开"建筑节能"会议等。

表 3-1-25　2004—2010 年上海中国留学生博物馆历任馆长一览表

姓　　名	任　职　时　间
李克欣	2004 年 9 月—

二十九、上海农垦博物馆

上海农垦博物馆于 2004 年 10 月 29 日建成并向社会开放。位于奉贤区海湾镇五四公路 1256 号。

博物馆建筑面积约为 2 000 平方米,陈列展示由"围垦岁月""青春年华"和"今日光明"三个展区组成,再现了从 1954 年至 2001 年,上海农垦历次围海造田使上海增加 82 万亩土地的壮举,讴歌了围垦战士可歌可泣的感人故事;并详尽记载了 20 世纪 60 年代至 80 年代上海农垦所建立的 18 个国营农场的基本分布情况,展现了 41.8 万名上海城市"知识青年"在农场劳动、生活和学习的情景。颂扬了当代农垦人,战天斗地,凭借着不屈的理想与信念,身上闪耀出"艰苦奋斗、勇于开拓"不朽的农垦精神;以及光明发展的辉煌蓝图和产业成就。

该馆是上海市爱国主义教育基地、上海市科普教育基地以及"中国农垦历史标杆地"展示基地。

三十、上海天文博物馆

上海天文博物馆于 2003 年底正式投资兴建,2004 年 11 月 16 日正式开放。位于松江区西佘山山顶。隶属中国科学院上海天文台管理。

博物馆的前身是法国天主教耶稣会于1900年建造的具有欧洲建筑风格的佘山天文台,是中国最古老的近代天文台,1962年更名为上海天文台佘山工作站。2004年,在上海市科委和上海天文台的共同支持下对上海天文台佘山科普教育基地进行全面提升改造,建成"上海天文博物馆"。2009年天文博物馆进行了整体的二期改造,丰富了展览内容并开辟了全新的互动体验区域。

改造后的博物馆依据原始建筑格局将基本陈列分4个展区。"百年天文台"展区,主要展现中国近代天文科学发展的脉络。"百年老镜"展区,着重介绍和演示该望远镜的价值、功能和使用方法。"子午测时"展区,以文物陈列为主,介绍天文测时的基本原理。"天书宝库"展区,是近代中外天文学图书资料的宝库,收藏有2万多册20多个国家出版的天文期刊和科学专著,还有大量的手稿、信件、绘画等文物。该展区暂不对公众开放。

在历史展陈之外,博物馆还建有独具特色的"星空之旅"互动式球幕电影厅,游客在漫游神奇宇宙的同时还可以触摸探索宇宙的奥秘。此外,博物馆还建有太阳观测中心和大众天文台,配置一台35厘米的天文望远镜,白天可以实时呈现太阳的影像,夜晚则可以组织市民一赏月球和其他星球的迷人真面目。

该馆作为上海天文台对外进行科普宣传的主要基地,经常组织各类天文科普活动,包括在重要天象发生时组织天文观测活动,同时积极走进社区,走进校园,面向中小学和社区开展天文科普讲座、展览等活动,尽力满足广大市民对探索科学世界的渴望。

该馆馆藏约150件,主要来源于原佘山天文台历史遗留文物,少量来源于民间收藏人士热心捐赠。重要藏品有40厘米双筒折射望远镜(中国近代第一台大型天文望远镜)、帕兰子午仪、百年前法制天球仪、百年前的佘山风景水粉画、天文摆钟、天文藏书库、天文底片库等。

该馆也是全国科普教育基地,常年开展各类天文科普教育活动,包括举办免费科普讲座、科普展览、播放天文科普录像、组织夜间天文观测活动等,并负责建有中国天文科普的门户网站"天之文——中国天文科普网"。1999年,被中国科学技术协会命名为全国科普教育基地。2002年,被上海市人民政府命名为上海市文物保护单位。2003年,被上海市人民政府命名为上海市爱国主义教育基地。2010年3月起,在上海天文台和上海市天文学会的支持下,上海天文博物馆特别策划"天之文系列天文科普讲坛"活动,每月邀请天文专家对热点天文问题进行解读,为市民打造一个走进科学,了解宇宙的舞台。该讲坛现已成为上海天文博物馆开展科普宣传活动的一个品牌项目。

表 3-1-26 2004—2010年上海天文博物馆历任馆长一览表

姓 名	任 职 时 间
林 清	2004 年 11 月—

三十一、上海昆虫博物馆

上海昆虫博物馆的前身是建于1868年的原上海震旦博物院昆虫部,1953年归属中国科学院上海昆虫研究所,2001年并入中国科学院生命科学研究院植物生理生态研究所。2002年组建上海昆虫博物馆,由中国科学院、上海生命科学院、上海市人民政府和徐汇区人民政府共同拨款2 000万元建造,2004年12月6日开馆,位于枫林路300号中国科学院枫林科学园区。隶属于中国科学院上海生命科学研究院植物生理生态研究所。

博物馆建筑面积4 100平方米，其中陈列面积2 600平方米，各类展教设备近2万件，分为"序厅""昆虫生命""昆虫世界""昆虫与人类关系""昆虫文化"等单元，以及多媒体播放室、触摸屏知识问答游戏区和互动实验室等特色功能区。

博物馆作为中国大型专业昆虫馆，肩负着科研、收藏和科普三位一体的功能，收藏昆虫标本100余万件，各类展教设备近2万件，保藏有大批濒危珍稀及检疫性昆虫标本，是中科院生物标本收藏的重要组成部分。

博物馆出版有《中国名贵蝴蝶》《原野虫趣》《秋日虫语》等读物，并充分利用广播、电视、报刊等新闻媒体，进行昆虫学的科学普及宣传工作。

2000年，被中共上海市委宣传部、上海市科学技术委员会、上海市教育委员会和上海市科学技术协会评为"科普教育基地"；2002年，被科技部、中共中央宣传部、教育部和中国科协评为"全国青少年科技教育基地"，同年，被中国科学院和共青团中央全国少工委评为"全国青少年走进科学世界科技活动示范基地"；2006年，获上海市青少年科技教育中心和国际野生生物保护学会颁发的"上海市未成年人生态道德教育先进单位奖"和上海市科普教育基地联合会颁发的"2005年度上海市科普教育基地联合会先进集体奖"。2010年，被中国科学技术协会评为"全国青少年科技教育基地"。

三十二、浦东新区南汇博物馆

浦东新区南汇博物馆筹建于1999年，2005年1月6日正式对外开放，原名南汇博物馆，2009年南汇划入浦东新区，博物馆改名为浦东新区南汇博物馆。位于浦东新区文师街18号。隶属于浦东新区文化广播电视管理局管理。

博物馆占地面积3 510平方米。基本陈列面积1 500平方米，共陈列展品257件。展览分5个部分。"序厅"概括介绍了南汇的古方城和南汇建县的历史；"上海成陆与古海塘"介绍了五六千年前上海的天然海岸线"冈身"及上海东部是如何由大海变成陆地，南汇的四条古海塘，以及与此相关的遗迹与遗物；"煮海制盐"描述了开始于10世纪初期的南汇煮海制盐业，陈列中展出的"熬波图"及制盐场景形象地描述了古代南汇的造盐工序；"婚嫁迎娶"展示了南汇独特的婚嫁风俗，展览布置了其中最有代表性"哭嫁"场景，并附设有录音台，让观众可以欣赏"哭嫁歌"；"地灵人杰"设有傅雷、吴仲超等南汇籍名人的专室介绍。

博物馆有藏品6 000余件。分为陶瓷、书画、古籍、家具、名人物品、民俗等13个大类。主要通过征购、捐赠等方式获得。较为重要的藏品有清代冯金伯书法对联、黄祉安山水画等，数量最多的藏品是清末民国初期的地契、当时政府颁发的执业执照等。

该馆举办"博物馆与青少年""走进博物馆，感受海洋文化""我与南汇博物馆"等多项活动。

三十三、上海中医药大学上海中医药博物馆

上海中医药大学上海中医药博物馆前身是创建于1938年的中华医学会医史博物馆，2004年3月上海中医药大学、中华医学会医史博物馆、中药标本陈列馆、校史陈列馆合并筹建中医药博物馆，同年12月建成试开放，2005年3月面向社会正式开放。位于浦东新区张江蔡伦路1200号上海中医药大学内。是国内目前具有相当规模的中医药史专业博物馆。

博物馆建筑面积 6 314 平方米,展览面积 4 050 平方米,馆外有近 1 万平方米的"百草园"。基本陈列分原始医疗活动、古代医卫遗存、历代医事管理、历代医学荟萃、养生文化撷英、近代海上中医、本草方剂鉴赏、当代岐黄新貌 8 个专题,反映中华医学在各个历史时期取得的主要成就,并预示其未来发展的美好前景。

该馆藏有新石器时代以来的中医药文物 1.4 万多件,《黄帝内经》《伤寒论》和《本草纲目》等古今医籍 6 000 多册,医药报刊 3 000 多册/种,其中不少是 20 世纪二三十年代稀见中医药刊物。

占地 16 亩的"百草园·杏林苑"于 2006 年 6 月 23 日建成开园,将景观、科普和教学融为一体,与中药标本陈列馆相辅相成,对公众免费开放。园内种植有"中华九大仙草"之首的铁皮石斛、珍贵的毛曼陀罗、百年首乌和杜仲、石斛、辛夷、银杏、霍香、紫苏、黄芩、玄参、野葛、百部、百合、猕猴桃、金银花等 400 多种常用药用植物,是上海中医药大学教学科研和社会科普教育的重要资源。

该馆为全国科普教育基地、全国中医药文化宣传教育基地、国家 AAA 级旅游景区、上海市爱国主义教育基地,上海市科普旅游示范基地,上海高校民族文化博物馆,浦东新区爱国主义教育基地。

表 3 - 1 - 27   1995—2010 年上海中医药博物馆历任馆长一览表

姓　　名	任　职　时　间
王吉民	1938 年 7 月—1966 年 7 月
贾福华	1978 年 3 月—1984 年 7 月
傅维康	1984 年 10 月—1995 年 10 月
吴鸿洲	1995 年 10 月—

三十四、上海动漫博物馆

上海动漫博物馆于 2008 年 6 月揭牌,2009 年 7 月在张江功能区正式立项启动建设,2010 年 4 月 22 日正式对外开放。位于浦东新区张江路 69 号。隶属于上海张江文化控股有限公司管理。

博物馆共有 3 层,约 7 000 平方米。博物馆以"动漫、体验、科普"为核心,以科普性、互动性、趣味性为特色,内设历史展呈馆、互动体验馆、多功能 3D 影院、临展区等,藏品和展品逾万件。其中,连环画展区陈列 24 位中国画坛巨匠的 70 余幅原作,而动画馆则陈列《孙悟空大闹天宫》《宝莲灯》《哪吒闹海》等原稿原画。藏品的数量质量均为中国第一。互动体验区通过利用动画原理、艺术形式、制作程序和技术,不仅展示了三维技术等当今领先的动漫新技术,参观者更能通过身体的参与接近动漫的制作和呈现。

三十五、上海体育学院中国武术博物馆

上海体育学院中国武术博物馆始建于 2005 年,2007 年 11 月 10 日正式落成,2009 年完成"科学看武术"展厅建设。场馆位于杨浦区长海路 399 号上海体育学院新综合馆内。隶属于上海体育学院管理。

博物馆展示面积约为 2 500 平方米,主要陈展内容由拳械厅、历史厅和科普互动展厅组成。拳

械厅主要展示中国武术拳种的地理分布,并且分门别类陈列具有代表性的武术器械。历史厅主要展示中国武术发展的历史脉络和其发展过程体现出的武术文化现象。科普互动展厅包括立体影院和科学看武术两个展厅,其中立体影院通过三维动画的形式重新追溯了武术的起源、发展、成熟的整个历程。科学看武术展厅是 2009 年上海市科委资助建设的武术科普互动展区,运用先进的科技手段将武术"手眼身法步、精神气力功"的内涵展示出来,制作成互动体验项目,让观众在体验中了解武术独有的文化特点。

该馆馆藏精品有青铜剑、武库图画像石、将军石像、《增补武经大全》以及各类古代武备。其中,武库图画像石为一块汉画像石,上面清晰的雕刻着汉代用来摆放兵器的木架,称为"兰锜"。在此兰锜上共摆放着十几件汉代军队常用的作战兵器和练功器具,层次感分明,布局工整。

三十六、上海美特斯邦威服饰博物馆

上海美特斯邦威服饰博物馆于 2005 年 12 月对外开放,位于浦东新区康桥东路 800 号上海美特斯邦威股份有限公司总部园区,隶属于美特斯邦威集团,是一座服饰类专题博物馆。

博物馆展馆面积 2 000 多平方米,展陈分为五大板块:衣冠王国、至尊气象;民族华章、缤纷霓裳;民间风韵、时尚新装;精美饰品,生活点缀;绚丽织锦、大千世界。

三十七、震旦艺术博物馆

2003 年,震旦艺术博物馆于台北市开馆,2005 年震旦博物馆在上海设立分馆。位于浦东新区富城路 99 号,陆家嘴金融区震旦国际大楼一层。隶属于震旦(中国)有限公司管理。是陆家嘴地区第一座私立艺术博物馆。

馆内藏品以佛教造像、玉器、陶器及青花瓷器为主,分常设展览与专题特展两部分陈列。

三十八、上海邮政博物馆

上海邮政博物馆于 2006 年 1 月 1 日正式对外开放。位于虹口区北苏州路 250 号上海邮政总局大楼内。隶属上海市邮政公司管理。是全国第一家省级邮政行业博物馆。

博物馆所处的邮政总局大楼于 1924 年建成,是全国唯一仍在使用、独具邮政特色的标志性建筑,并于 1996 年 11 月 20 日被国务院公布为全国重点文物保护单位。2003 年起,上海市邮政局自筹资金对上海邮政大楼进行恢复性修缮,同时策划在北部的二楼辟出 2 800 平方米用于筹建上海邮政博物馆主题陈列,2006 年 1 月 1 日,由江泽民同志题写馆名的上海邮政博物馆正式向社会免费开放。

博物馆由邮政营业展示厅、二楼陈列主展厅、屋顶花园和底楼中庭场景展区四个部分组成,展陈面积为 8 000 余平方米。陈列主展厅的展示面积为 2 800 平方米,共分序厅,以及起源与发展、网络与科技、业务与文化、邮票与集邮四个展区。序厅是新中国首任邮电部部长——朱学范的生平介绍。起源与发展展区陈列有邮政各时期的珍贵文物藏品,展示了上海邮政事业创办、演变、发展的历程,记录了上海邮政历史上的重要事件。网络与科技展区陈列了各类邮用设备、工具、智能信箱、色彩丰富来自世界各国的邮筒等展品。还能看见南极和北极的场景,因为在地球的南北极这样人迹罕至的"生命禁区",也留下了上海邮政的绿色踪迹。同时还设有 RFID 邮件自动分拣机微缩模型等演示设备。业务与文化展区陈列了反映邮政业务发展轨迹的照片和实物。还设有幻影成像；影视动画；邮戳、信封查询等多媒体互动展项。邮票与集邮展区展出有大清邮政邮票、中华邮政邮票、解放区邮票、新中国邮票及世界著名邮票等实物展品。同时还设有一个馆中馆——"珍邮馆"，面积 150 平方米，馆内常年恒温恒湿，专用于存放展示那些富有传奇色彩、存世量稀少的珍邮。陈列展出各个时期文献、图片、物件以及邮政通信用品用具、邮票等史料实物(复制件)，主要包括洹子孟姜壶、鄂君启节、阳陵虎符、清代兵部排单、光绪批奏奏折、大清邮筒、中华邮政入局考试试卷、民国挂壁式信箱、邮政天平秤、上海邮务工会徽章上海军管会徽章、第 22 届万国邮联特大签名封和纪念邮戳、《近代邮刊》封面印制原铜版、《国邮图鉴》，以及雪龙号纪念封、大龙邮票、红印花加盖邮票、蟠龙加盖西藏贴用邮票等，共计 140 余件。

博物馆的藏品和国内外各类邮票主要来自上海邮政公司内部的收集、征集，社会各界的捐赠和集邮公司的库藏。

该馆十分注重与国内外文化机构间的交流合作，2004 年筹建期间，先后接受澳大利亚、美国、英国、土耳其和日本邮政部门赠送的邮政信筒。美国国家邮政博物馆曾将从"泰坦尼克"号沉船中打捞出来的邮袋、邮政工人佩戴的金(怀)表等珍贵遗物以及美国邮政发行的整套珍贵邮票来沪展出。2008 年 5 月 18—24 日，上海邮政博物馆与中国国家博物馆联合主办了"世界奥林匹克邮票收藏展"。2008 年 7 月 13 日，上海邮政博物馆与国际奥委会、北京奥组委、中国奥委会等联合举办"百年邮政，辉煌奥博——2008 年奥林匹克博览会大型民间文化征集巡展"。(参见第一篇第一章第一节"上海邮政总局")

三十九、上海琉璃艺术博物馆

上海琉璃工房琉璃艺术博物馆于 2006 年 4 月 29 日建成开放，原位于卢湾区马当路(太仓路口)。2008 年，博物馆闭馆进行迁址，2010 年 5 月，博物馆落户泰康路 25 号，10 月 11 日正式对外开放，更名为上海琉璃艺术博物馆。是中国及亚洲第一个全面展示琉璃艺术的行业博物馆。

新馆占地 2 400 平方米，是集欣赏艺术、收藏研究、美育课堂、书籍阅读、活动发布，以及购物、美食为一体的综合性场所。博物馆展陈占地 1 000 平方米，分上下两层：下层展区展出中国古代琉璃系列、世界琉璃大师杰作，及国际琉璃界 10 位现代琉璃艺术家的新作。上层为琉璃工房艺术家杨惠姗的代表作，六个展区突出两个主题：一类是佛学艺术的创作，一类是中国文学书画意境的延伸与再现。

馆内精品包含三大主题，中国古代琉璃菁华、世界近现代玻璃艺术杰作，以及中国现代琉璃精品。藏有 262 件战国至清代的中国古琉璃藏品，国际艺术家作品包括美国 Studio Glass 运动的代表史蒂文·温伯格、保罗·斯坦卡、杰·马斯勒……以及法国艺术大师安东尼·勒彼里耶，日本大师藤田乔平，捷克的史丹尼史雷夫·李宾斯基与加柔史雷瓦·布勒赫特瓦夫妇作品。

四十、上海眼镜博物馆

上海眼镜博物馆于 2006 年 6 月 6 日正式开馆。位于闸北区宝昌路 533 号。隶属闸北区宝山路街道办事处管理。是眼镜行业的主题博物馆。

博物馆建筑面积2000平方米,其中展馆面积1500平方米。博物馆展示内容分由眼睛的世界、眼镜光学、眼镜材料与检测、眼镜的历史、眼镜产业、眼镜的设计与文化以及培训活动7个展厅组成,介绍了眼睛与眼镜的关系、眼镜自身的科技和眼镜的发展历史。二楼展区着重向青少年学生和广大市民普及爱眼护眼知识,帮助公众有效地保护眼睛,以应对因社会生活方式变革而不断加剧的对视力的损伤。同时还设有"古代精品眼镜收藏展",展出镶圈装柄镜、双片无腿眼镜、双片直腿眼镜、双片曲腿眼镜等百余副古代眼镜,直观地向观众展现了眼镜发展历史中四个重要的阶段。

四十一、上海翰林匾额博物馆

上海翰林匾额博物馆创建于2005年,2006年6月由上海市文物管理委员会及上海市社团局正式批准注册,是上海首家民营匾额博物馆。位于青浦区朱家角古镇东井街122号。

博物馆共上下两层,陈列展示面积约有700平方米,共陈列了历代宰相、状元、翰林题匾以及家族堂号匾等古代匾额70多方,是目前中国专业从事匾额搜救、保护、展览、研究于一体的专题型博物馆。

2004年10月,博物馆同复旦大学历史文化遗产研究中心合作,成立了匾额文化研究室,系全国首家匾额研究机构,致力于对匾额文化广泛深入的学术研究。在此基础上,还先后同华东师范大学、清华大学、复旦大学史地研究所、同济大学等合作,对匾额习俗、历史文化内涵、匾额与建筑关系等进行进一步的研究。研究中心设立在上海市虹许路731号4号楼。

2007年5月,上海翰林匾额博物馆荣获"上海非物质文化遗产保护单位"称号;6月,"匾额文化"被上海市政府列入第一批"上海非物质文化遗产保护名录";2010年5月,被指定为上海世博会接待单位,世博会期间,先后接待外国元首及政要30余批次。

四十二、上海电线电缆博物馆

上海电线电缆博物馆于2006年10月建成。位于金山区漕廊公路2888号金山亚龙现代工业园区内。是中国首家电线电缆博物馆。

博物馆建筑面积2300平方米,分为电线电缆展示厅和企业展示厅两部分。整个展馆以时间为主轴,主要分为国外电线电缆发展和中国民族制造两大块,全景展现了电线电缆这一具有悠久历史的传统制造工业过去的辉煌、今天的光明和未来的憧憬。

2007年6月7日,该馆被上海市科学技术委员会命名为上海市科普教育基地。

四十三、上海汽车博物馆

上海汽车博物馆筹建于2003年10月,2007年1月18日正式开放。位于嘉定区安亭博园路7565号,嘉定安亭汽车博览公园内。隶属于上海国际汽车城发展有限公司。

汽车博物馆占地面积1.17万平方米,建筑面积2.8万平方米,总展示面积约1万平方米。目前已对外开放的是一层的历史馆、二层的古董车馆和三层的探索馆。历史馆分成为9个主题展区:序馆、探索与诞生、实用与量产、多样与精彩、时尚与流线、运动与驾驶、节能与电子、中国汽车工业、未来之路。通过精选的20余部经典代表车辆以及重要事件的介绍,展示世界汽车发展的历程,反映汽车对人类社会发展的重大影响。

二层的古董车馆，集中展示了由美国黑鹰集团提供的从1900年至1970年的20余个品牌的40余款经典车型，通过这些珍贵的古董车向观众介绍汽车发展各个不同时期的风貌特征。

三层的探索馆，展示面积约2 000平方米，分为汽车基础知识、汽车设计与制造、游乐体验3个功能区，共有10余个实物及机械演示展项、20余个多媒体互动体验展项，涉及近100个汽车相关的科普知识点。

在展品车型挑选上，该馆从历史的众多车型上中挑选出较具代表性和贡献意义的20余个品牌的80余辆，并从世界各地收集年代与车型吻合的展品，因此该馆也是国内迄今规模最大的古董车展馆。展馆内比较重要的展品车有：世界上第一辆汽车——1886年卡尔·本茨设计的三轮汽车；中国第一辆自己研发制造的轿车——1958年第一汽车制造厂的工人和技术人员设计制造的红旗CA72型高级轿车；劳斯莱斯顶级车型"幻影Ⅰ""幻影Ⅱ""幻影Ⅲ""幻影Ⅴ"等。

四十四、上海杨浦法院博物馆

上海杨浦法院博物馆成立于2004年，2007年2月正式建成开放，位于河间路29号上海市杨浦区人民法院大楼六楼。隶属于杨浦区人民法院管理。是上海首家专门介绍法律文化和法院建设的博物馆，也是上海法院系统的行业博物馆。

博物馆展厅面积200平方米，拥有16个展示立面、200多幅图片、100多件实物和模型，按时间序列，分为"法的文化""执政创业""历尽磨难""振兴发展""走向未来"5个展区，全面展示了中外法制演变进程和改革开放以来上海法院系统步入快速发展轨道、全面恢复振兴的新风貌。

四十五、上海消防博物馆

上海消防博物馆于2007年8月1日试运行，11月9日正式向公众开放。位于长宁区中山西路229号上海市消防局119指挥中心大楼内。是国内一流且具有世界先进水平的专业博物馆。

上海消防博物馆建成后共分三层，总建筑面积3 500平方米，总展示面积2 400平方米。一楼大堂陈列有木制机械摇梯车及老式蒸汽消防车等比例模型、新型家庭消防产品演示等。二楼展馆为科技体验馆，让参观者在互动的过程中掌握消防知识及逃生技能。三楼历史陈列馆分为科普教育专区和消防历史展示专区。科普教育专区通过图文展板、视频影像及其他一系列互动展项，全面展示火灾发生、发展的起伏，让观众身临其境了解真实火灾的历程，了解掌握火场中正确的逃生技能及注意事项；消防历史展示专区以时间为基础浓缩了明清时期迄今的上海消防发展历程，共分为"先声""饱孕""灵光""风云""宏业""激情""往事""征程"汶川救援纪实展区九大展区，展出实物1 500余件。

博物馆现有藏品2.1万余件，包括众多极具史料价值的近代上海消防文物，如1881年首批出现在上海街头的消火栓、早期的个人消防装备、消防车和自动化消防装置等。

四十六、上海蔡伯昌老彩票博物馆

上海蔡伯昌老彩票博物馆于2007年11月20日向公众开放。位于浦东新区科农路180号。

是上海第一家老彩票专业收藏博物馆。

该馆收集有各类老彩票600余枚,比较重要的藏品有:清光绪年间菲律宾在上海发行的十连张吕宋票(包括封套、对号单、通知单)、迄今为止所知的最早的五连张吕宋票(1881年发行,包括封套、对号单、通知单)、清宣统三年九月发行的"奏办四川彩票"十连张、目前国内发现的最早的体育彩票"青岛万国体育会彩票"(1928年发行)等。

四十七、嘉定竹刻博物馆

嘉定竹刻博物馆于2007年12月28日正式开放。位于嘉定区南大街321号。

博物馆展厅面积约500平方米,120件展品分别来自上海博物馆、嘉定博物馆和个人收藏,除了少量明代作品外,大多是清代艺术精品。

馆内采用"全息成像"的新技术,以飘浮在空中、全方位立体映像的展示手法诠释嘉定竹刻精品的三维效果,并首创花泥调控适度方法,以保障文物的展出安全。2006年5月,嘉定竹刻被列入首批国家级非物质文化遗产名录。

四十八、上海周虎臣曹素功笔墨博物馆

博物馆筹建于2005年2月,2006年底拟定建馆方案,2008年8月建成,2008年11月正式对社会开放,位于黄浦区福州路429号。

博物馆的陈列以上海著名的老字号"周虎臣""曹素功"的历史发展和传世遗存为主线,探究上海以至全国文房四宝发展的轨迹,展示中国文房四宝的传统技艺和文化。展馆分为两个展区,笔墨展区和专题展区。笔墨展区以文字、图片、实物等形式介绍介绍笔墨历史、品种、原料、分类和有关文史知识。展品以上海老周虎臣笔厂和上海曹素功墨厂的历史、技艺、文化和文物为依托。

专题展区每年举办各类专题展览,内容涉及传统笔墨文房、名人书画艺术、非遗技艺、民俗文化等。

2010年上海世博会期间,笔墨博物馆被上海市文广局授牌"上海世博会城市特色文化展示馆"。作为园区外城市文化系列活动的重要项目,举办了数场精彩的特色展览,从笔墨文化到金石书画艺术,以独有的海派笔墨文化,让中外游客和市民大众在参观世博会之余,还能获得更多的文化艺术体验。

四十九、东华大学纺织服饰博物馆

东华大学纺织服饰博物馆于2009年1月5日面向社会正式开馆,位于长宁区延安西路1882号东华大学延安路校区。隶属于东华大学管理。是目前国内唯一一个综合反映中国纺织服饰历史文化和科技知识的专业博物馆。

博物馆的陈列以中国纺织服饰发展史和纺织服饰科普教育为主,充分体现了学术性和科普性的结合、纺织与服饰的融合、少数民族与汉族纺织服饰的综合等特点。展馆面积共6 700多平方米,一期展出面积为3 000多平方米,分为科普馆、古代馆、近代馆和少数民族馆4个部分。

展馆一楼为科普馆,展示纺织服饰领域的产业链及其特色环节,普及纺织和服饰科技文化知识。二楼为古代馆,展示了古代织物、纺织器具的发展以及历代服饰的演变过程。三楼为近代馆和少数民族馆,近代馆主要展示近代纺织服饰由晚清至民国时期的演变过程;少数民族馆展现了少数民族的纺织工艺和服饰风貌。

五十、上海电信博物馆

上海电信博物馆筹建于2000年10月,2008年4月17日,上海电信博物馆内部试开放,2010年6月23日正式开馆。位于黄浦区延安东路34号,系1921年丹麦大北电报公司在外滩建造的电报大厦,为上海市优秀历史建筑。展示面积3 000平方米。

馆内陈列主要分为5个部分,由三楼的电报通信、市内电话通信、无线通信、长途电话通信和四楼的综合荟萃组成。陈列品以史料和实物为主要载体,展示从1871年第一条电报线进入中国后,上海电信业100多年来所走过的历程,突出反映通信生产力的变化、发展。

五十一、上海中国航海博物馆

上海航海博物馆筹建于2005年7月,2006年1月,博物馆项目工程奠基;2006年7月,国务院办公厅复函同意冠名"上海中国航海博物馆";2010年7月5日,郑和下西洋纪念日暨中国航海日前夕,正式开馆并对外开放。博物馆位于浦东新区南汇新城申港大道197号。隶属于上海市交通委员会管理。

上海中国航海博物馆是中国目前规模最大、等级最高的综合性航海博物馆,总体建筑面积46 434平方米,室内展览面积2.1万平方米。基本陈列以"航海"为主线、"博物"为基础,分设航海历史、船舶、航海与港口、海事与海上安全、海员、军事航海六大展馆。

1.航海历史馆。中国航海博物馆的重点展馆,展示面积为2 778平方米。该馆以时间为主线分为古代、近代、现代三个展区,真实再现中国航海历史发展历程。2.船舶馆。展示面积2 810平方米,分为船舶结构与设备、船舶制造两个部分。3.航海与港口馆。展示面积约2 206平方米,该展馆主要展示海洋环境、从古至今各类保障船舶航行的仪器、仪表等技术资料,包括地文航海、天文航海、无线电航海等;同时展示了在国际航运中心建设板块,展现了上海在致力于建设国际航运中心过程中的科学规划、硬件设施的建设、软环境的营造等内容。4.海事与海上安全馆。展示面积约2 606平方米,该展馆由海事和海上安全两大独立展区组成。海事专区以海事为主线,以博物为基础,系统展示了全国海事事业发展的昨天、今天和明天。海上安全展区以海上救生救助与打捞为主题,着重反映"振华四号"成功击退索马里海盗的热点事件。5.海员馆。展示面积500平方米,主要展示海员工作和生活紧密相关的实物、文献。6.军事航海馆。展示面积约400平方米。分为中国人民海军的建设和军舰知识两大展示内容。

该馆以"弘扬航海文化、传播华夏文明"为宗旨,以助力上海国际航运中心文化建设、弘扬航海文化为发展特色。2010年5月,中共上海市委宣传部、上海市科学技术委员会、上海市教育委员会、上海市科协共同授予博物馆"上海市科普教育基地"称号,6月上海市旅游事业管理委员会联合上海市科学技术委员会授予博物馆"上海市科普旅游示范基地"称号,12月上海市科学技术委员会授予"上海市专题性科普场馆"称号。2010年7月,上海海事大学选定博物馆为"上海海事大学实践/

实习基地"。

五十二、上海土山湾博物馆

土山湾博物馆于 2010 年 6 月 12 日正式向社会开放,位于徐汇区蒲汇塘路 55 号土山湾孤儿工艺院旧址内。隶属于徐汇区文化局管理。

土山湾,位于徐家汇南端,肇嘉浜在此拐弯,因疏浚河道,堆土成"山"而得名。清同治三年(1864 年),上海耶稣会在此建立土山湾孤儿院,至 1960 年结束。土山湾孤儿院始现存房屋建筑面积 2 328 平方米。1953 年,孤儿院由上海市民政局接管,1960 年前后宣告结束。

博物馆总建筑面积 1 226 平方米,陈列面积 900 多平方米,分世博情缘、文化重镇、艺术熔炉、传承影响四大单元,展品 400 余件,再现了土山湾的历史,展示了土山湾文化在近代中西文化交流中的作用、影响和历史地位。展品包括 1913 年土山湾中国牌楼、木塔、水彩画等文化瑰宝,也有雕塑大师张充仁、海派黄杨木雕创始人徐宝庆等艺术家的创作菁华。

该馆为全国旅游标准化建设首批试点单位、上海市爱国主义教育基地、徐汇区青年志愿服务基地。

图 3 - 1 - 13 上海土山湾博物馆开馆仪式

五十三、童涵春堂中药博物馆

童涵春堂创始于清朝乾隆四十八年(1783 年)。2010 年 11 月 7 日,由上海童涵春堂药业股份有限公司自筹资金、自行规划的童涵春堂中药博物馆建成开馆。位于黄浦区豫园新路 20 号(豫园商城内)。该馆建筑总面积 5 000 平方米,其中,陈列展区和中医药体验区共计面积 520 平方米。隶属于上海童涵春堂药业股份有限公司管理。

博物馆一楼是参茸滋补药材、中药精制饮片展示营销区;二楼是中西药品、医疗器械、保健营养品展示营销区;三楼为中药博物馆正馆展示区和童涵春堂名医馆体验区。

自2010年11月7日博物馆落成开馆以来,坚持实行免费开放。博物馆在正常开放的同时,每年还积极面向社会开展形式多样、老百姓喜闻乐见的"传承中医药文化"特色主题活动。

五十四、上海世博会博物馆

2010年上海世博会的举办过程中,鉴于中国2010年上海世博会在世博会历史上所扮演的重要角色,国际展览局和上海世博会组织者开始考虑延续、传承世博遗产的问题,决定在上海世博会结束后建造一座全面反映世博会历史、2010年上海世博会盛况及2010年后各届世博会精髓的世博会博物馆。

2010年9月3日,上海市世博会工作领导小组专题会议听取了(以下简称"世博局")关于世博会博物馆(以下简称"世博馆")筹建工作建议方案的汇报,决定由世博局与国展局联系,负责筹建世博馆。10月27日,上海世博会事务协调局正式成立世博会博物馆筹建领导小组。11月,上海市政府常务会、市委常委会先后研究并正式批准建设世博会博物馆,隶属于上海市文化广播影视管理局。11月23日,上海市人民政府和国际展览局在法国巴黎正式签署《世博会博物馆合作备忘录》,明确世博馆是国际展览局唯一官方博物馆和官方文献研究中心,由上海市政府和国际展览局合作共建。

至2010年12月31日,该馆共征收到200余个参展者捐赠的近万件展品。

第二节　纪念馆　陈列馆

一、上海鲁迅纪念馆

上海鲁迅纪念馆筹建于1950年,1951年1月8日正式对外开放。隶属于上海市文化广播影视管理局管理。是中华人民共和国建立后国内第一个人物类纪念馆。

1950年,由华东军政委员会文化部着手筹备成立鲁迅纪念馆,同年7月经政务院总理周恩来批准,8月鲁迅夫人许广平来沪指导建馆。1951年正式成立。1956年鲁迅逝世20周年前夕,迁入虹口区甜爱路200号(今虹口公园)。同年10月,鲁迅墓由上海虹桥路万国公墓迁葬于虹口公园,并由中华人民共和国主席毛泽东题写碑文。1952年12月划归上海市文化局,1958年8月改由虹口区文化局管辖,1959年6月复归上海市文化局,1988年10月起改属上海市文物管理委员会。2010年改属上海市文化广播影视管理局。上海鲁迅纪念馆同时承担着全国文物保护单位鲁迅墓和上海市文物保护单位上海鲁迅故居的保护管理、开放工作。

1998年,馆舍在原址基础上改扩建,建筑面积约5 000平方米,1999年9月重新对外开放。馆舍主体为具有江南民居风格的二层庭院式建筑。整体建筑由二组庭院式建筑交错围合而成,南立面建筑保持了1956年的设计外观;进入大门后为入口庭院,既为保留建筑让出空间,又为新建筑有前庭前景;第二庭院是"百草园",该园取绍兴鲁迅故居中的百草园之意,内植鲁迅作品中提及的皂角树、何首乌、枣树等,并放置从绍兴运来的石井栏、乌篷船等。馆舍地下一层为文物库房和设备用房;地上一层为专题展厅"奔流艺苑"、多功能报告厅"树人堂"、专为收藏鲁迅同时代人遗存的"朝华

图 3-1-14　鲁迅纪念馆展厅局部

文库"、鲁迅图书馆和其他服务设施;地上二层是鲁迅生平陈列厅。

　　上海鲁迅纪念馆由"民族魂——鲁迅生平陈列"和"朝华文库"专藏区、"奔流艺苑"专题展厅以及"树人堂"学术报告厅等组成。纪念馆还负责鲁迅墓和鲁迅故居的管理。1959 年 5 月 26 日,鲁迅故居被上海市人民政府公布为市级文物保护单位。1961 年 3 月 4 日,鲁迅墓被国务院公布为全国重点文物保护单位。

　　"民族魂——鲁迅生平陈列"以专题的形式,陈列展示面积 1 000 平方米左右,分为"新文学开山""新人造就者""文化播火人""精神界战士""华夏民族魂"5 个专题,共有展品 1 008 件,其中珍贵文物 300 余件,结合雕塑、蜡像、场景、影视等多种展示手段,展现鲁迅在文学、培养青年、中外文化交流、社会政治活动等方面的历史功绩以及对中国社会产生的深远影响。"朝华文库"是新辟的现代文化名人专库,仿当年鲁迅当年编《艺苑朝华》《朝花夕拾》的先例,取保存文化精华之意,兼有保藏、展示、研究、纪念四大功能。专题展厅"奔流艺苑"经常举办各类国内外专题展览。"树人堂"可供举办学术会议及文艺演出。

　　除基本陈列外,该馆还积极与其他文博、文化单位合作,在境内外举办各类专题展览,扩大博物馆的社会知名度。

表 3-1-28　1995—2010 年上海鲁迅纪念馆主要合作办展情况表

展览时间	展览名称	主办单位	展出地点
1995 年 9 月 16 日—10 月 31 日	抗日战争在上海	上海鲁迅纪念馆、虹口区文化局	上海鲁迅纪念馆
1996 年 2 月 28 日—3 月 8 日	申城反贪风云录——深入查处大案要案成果展	上海鲁迅纪念馆、上海市检察院、虹口区检察院	上海鲁迅纪念馆

（续表一）

展览时间	展览名称	主办单位	展出地点
1996 年 5 月 20—26 日	中日墨彩画展	上海鲁迅纪念馆、上海老文化艺术工作者协会、中华艺术大学	上海鲁迅纪念馆
1996 年 6 月 14—18 日	何柏蒂画展	上海鲁迅纪念馆、中华艺术大学	上海鲁迅纪念馆
1996 年 11 月 22—26 日	鲁迅杯书画篆刻大展	上海鲁迅纪念馆、上海书画出版社《书与画》编辑部、虹口区文化局、虹口书画院	上海鲁迅纪念馆
1996 年 12 月 4 日	鲁迅生平作品展	上海鲁迅纪念馆、虹口图书馆	虹口图书馆
1997 年 12 月 18 日	陶晶孙诞辰 100 周年纪念展	上海鲁迅纪念馆、人民文学出版社、虹口图书馆、左联纪念馆	虹口图书馆
1998 年 9 月 25 日	鲁迅生平展	上海鲁迅纪念馆、苏州革命博物馆	苏州革命博物馆
1999 年 11 月 19—23 日	中日首届石鼓文书法艺术展	上海鲁迅纪念馆、复旦大学中文系、上海吴昌硕艺术研究会、上海书法杂志社、中日石鼓文书法研究会（筹）、日本六溪书道会	上海鲁迅纪念馆
1999 年 12 月 10—20 日	Tini 制本装帧艺术展片野孝志版画展	上海鲁迅纪念馆、日本版画家协会	上海鲁迅纪念馆
2000 年 1 月 6—9 日	首届中国连环画精品回顾展	上海鲁迅纪念馆、大可堂文化发展有限公司	上海鲁迅纪念馆
2000 年 3 月 5—8 日	迎三八新千年书画作品展	上海鲁迅纪念馆、上海市妇联、上海市书法家协会	上海鲁迅纪念馆
2000 年 3 月 25—28 日	中日书法双年展 上海市青年书法作品展	中国书法家协会、上海书法家协会、书画出版社	上海鲁迅纪念馆
2000 年 3 月 31 日—4 月 8 日	黑土英魂	东北烈士纪念馆、上海鲁迅纪念馆	上海鲁迅纪念馆
2000 年 10 月 12—16 日	钱君匋书籍装帧艺术展	海宁钱君匋艺术研究院、上海鲁迅纪念馆	上海鲁迅纪念馆
2000 年 10 月 25—30 日	装帧设计双年展(华东上海·2000)全国百家大学出版社书籍装帧艺术成果展	"全国高校成果展"中国大学出版协会、全国高等院校书籍装帧艺术委员会、上海外语教育出版社、华东师范大学出版社、复旦大学出版社	上海鲁迅纪念馆
2000 年 11 月 4—12 日	第六届上海版画汇展	上海市美术家协会版画创作委员会、上海鲁迅纪念馆	上海鲁迅纪念馆
2000 年 11 月 17—27 日	钱君匋艺术研究院院藏书画精品展	海宁钱君匋艺术研究院、上海鲁迅纪念馆	上海鲁迅纪念馆
2000 年 12 月 19 日—2001 年 1 月 9 日	双艺合璧——瑞士摄影家鲜伊代克镜头中的大师贾珂梅悌	上海鲁迅纪念馆、瑞士驻上海总领事馆	上海鲁迅纪念馆
2001 年 2 月 6—20 日	左联五烈士殉难 70 周年文物史料展	上海鲁迅纪念馆、上海市龙华烈士陵园、左联会址纪念馆	上海鲁迅纪念馆

（续表二）

展 览 时 间	展 览 名 称	主 办 单 位	展出地点
2001 年 2 月 24—28 日	新世纪第一春——版画、贺卡、藏书票展	上海鲁迅纪念馆、上海市美术家协会版画工作委员会	上海鲁迅纪念馆
2001 年 3 月 17—26 日	"走近鲁迅"上海青少年书画赛获奖作品展	上海鲁迅纪念馆、普陀区文化局、虹口区文化局、徐汇区文化局、杨浦区文化局、卢湾区文化局、闸北区文化局、静安区文化局、长宁区文化局	上海鲁迅纪念馆
2001 年 3 月 28 日—4 月 23 日	陆维钊书画展	上海鲁迅纪念馆、陆维钊书画院	上海鲁迅纪念馆
2001 年 4 月 27 日—5 月 8 日	日本海报展	上海市文学艺术家联合会、日本国上海总领事馆、日本国际交流基金会	上海鲁迅纪念馆
2001 年 5 月 10—17 日	清代任渭长、任阜长、任伯年、任预画展	上海鲁迅纪念馆、浙江省博物馆	上海鲁迅纪念馆
2001 年 5 月 23 日—6 月 4 日	沈宗镐书法展	上海鲁迅纪念馆、上海市市级机关工委老干部工作部、民革上海市委宣传部、中国教育学会书法专业委员会华东大区协作组	上海鲁迅纪念馆
2001 年 7 月 4—11 日	沪澳书法展	上海鲁迅纪念馆、中国澳门书法家协会	上海鲁迅纪念馆
2001 年 7 月 15 日—8 月 1 日	2001 福尔波版画艺术展	上海鲁迅纪念馆、上海市美术家协会版画艺术委员会、上海大学美术学院、上海师范大学艺术学院	上海鲁迅纪念馆
2001 年 7 月 22 日—8 月 31 日	上海鲁迅纪念馆、青岛市美术馆馆藏优秀版画作品展	青岛市文化局、青岛市文物局、青岛市文联、青岛市美术馆、上海市文联、上海市美协、上海鲁迅纪念馆	青岛市美术馆
2001 年 8 月 17 日—9 月 2 日	青岛市美术馆馆藏"中国鲁迅版画奖"获奖作品展	青岛市文化局、青岛市文物局、青岛市文联、青岛市美术馆、上海市文联、上海市美协、上海鲁迅纪念馆	上海鲁迅纪念馆
2001 年 9 月 10—12 日	澳门·上海书法作品联展	上海鲁迅纪念馆、中国澳门书法家协会	中国澳门卢廉若公园
2001 年 9 月 15—22 日	重庆、上海黑白版画展	上海鲁迅纪念馆、上海市美术家协会版画艺术委员会、四川美术学院	上海鲁迅纪念馆
2001 年 9 月 25 日—10 月 6 日	鲁迅艺术形象展	上海鲁迅纪念馆、上海市文联、文汇新民联合报业集团	上海鲁迅纪念馆
2001 年 9 月 25 日—12 月 31 日	中学语文课本鲁迅作品辅导展	上海鲁迅纪念馆、天津市委、天津市教委、天津市文化局、天津团市委、天津市委关心下一代工作委员会	天津文庙博物馆、海河区文化馆
2001 年 11 月 1—7 日	文化人藏书票——纪念鲁迅诞生 120 周年藏书票精品展	上海鲁迅纪念馆、上海市教委关心下一代专家指导团、《上海画报》出版社	上海鲁迅纪念馆
2001 年 11 月 10—15 日	王宽鹏书法展	上海鲁迅纪念馆、虹口区文化局、上海书法家协会	上海鲁迅纪念馆

（续表三）

展览时间	展览名称	主办单位	展出地点
2002年2月12日—3月19日	杨柳青、潍坊、桃花坞、绵竹四地年画联展	上海鲁迅纪念馆、杨家埠年画研究所、绵竹年画博物馆、杨柳青年画研究室、天津历史博物馆	上海鲁迅纪念馆
2002年5月18日—6月11日	漫画家笔下的鲁迅	上海鲁迅纪念馆、上海市美术家协会漫画艺术委员会	上海鲁迅纪念馆
2002年6月13日—7月20日	上海鲁迅纪念馆馆藏版画展	上海鲁迅纪念馆、中国澳门大学	中国澳门大学
2002年7月12—16日	安康汉滨版画艺术展	上海鲁迅纪念馆、上海市美术家协会版画工委、陕西省版协、安康汉滨人民政府	上海鲁迅纪念馆
2002年9月28日—10月	纪念中日邦交正常化30周年中日书法艺术交流展	上海鲁迅纪念馆	上海鲁迅纪念馆
2002年12月2—15日	浮世绘版画精品展	日本山口县立萩美术馆团·浦上纪念馆、上海鲁迅纪念馆	上海鲁迅纪念馆
2003年1月1—14日	当代古典细朱文印精品展	上海鲁迅纪念馆、浙江省书协、浙江省篆刻创作委员会、上海书协、上海篆刻创作委员会	上海鲁迅纪念馆
2003年1月18—22日	第七届上海版画汇展	上海鲁迅纪念馆、上海市美术家协会版画工作委员会	上海鲁迅纪念馆
2003年1月28日—2月23日	苏州桃花坞木刻年画展	上海鲁迅纪念馆、苏州工艺美术职业技术学院、苏州桃花坞木刻年画社	上海鲁迅纪念馆
2003年2月28日	唐弢生平展	宁波市江北区教育局、唐弢学校、上海鲁迅纪念馆	宁波唐弢学校
2003年3月1—20日	雷锋事迹展	中共上海市委党史研究室、中共上海市教育工作委员会、共青团上海市委员会、上海市文物管理委员会	上海鲁迅纪念馆
2003年9月21日—10月7日	2003"好孩子杯"大画家和小画家美术作品展	上海市美术家协会儿童艺术委员会、少年报总社好儿童编辑部、上海鲁迅纪念馆	上海鲁迅纪念馆
2003年10月11—17日	杨可扬90回顾展	上海市美术家协会版画艺术委员会、上海鲁迅纪念馆	上海鲁迅纪念馆
2003年10月24日—11月13日	瞬间舞动——澳大利亚知名人体摄影家詹姆士·休斯顿摄影作品中国巡回展	澳大利亚驻沪总领事馆、上海鲁迅纪念馆	上海鲁迅纪念馆
2004年1月18日—2月15日	上海图书馆藏小校场年画展	上海图书馆、上海鲁迅纪念馆	上海鲁迅纪念馆
2004年2月21—24日	中日唐诗、汉诗书法交流展	上海鲁迅纪念馆、复旦大学中文系、日本片山万年书道研究会、上海吴昌硕艺术研究会、中日石鼓文书法研究会筹办	

（续表四）

展　览　时　间	展　览　名　称	主　办　单　位	展　出　地　点
2004 年 3 月 5—14 日	中国近代文学的巨人日中友好的使者——鲁迅展（福井县—浙江省友好提携 10 周年福井新闻创刊 105 周年福井电视台开局 35 周年纪念）	鲁迅展实行委员会（福井新闻社、福井电视台、福井县）主办，芦原市、浙江省、上海鲁迅纪念馆、绍兴鲁迅纪念馆协办，中国大使馆、福井县商工会议所联合会、福井县日中友好协会、福井市日中友好协会、芦原町日中友好协会后援，（财）胜山城博物馆、相互出租车株式会社特别赞助，上海鲁迅文化发展中心策划	福井县国际文化交流中心
2004 年 6 月 7—12 日	2004 中日书画交流展	日本"国际书画联盟"、上海鲁迅纪念馆	上海鲁迅纪念馆
2004 年 6 月 16—30 日	乔伊斯和《尤利西斯》展	爱尔兰文化部、上海市文物管理委员会、上海市文学艺术界联合会、上海市作家协会	上海鲁迅纪念馆
2004 年 9 月 25 日—12 月	鲁迅·仙台 1904—2004	上海鲁迅纪念馆主办，仙台市市政府后援	上海鲁迅纪念馆
2005 年 3 月 27 日—5 月 30 日	江苏镇江焦山博物馆馆藏碑帖展	焦山博物馆、上海鲁迅纪念馆	上海鲁迅纪念馆
2005 年 6 月 4—5 日	虹口区第十二届业余艺校画展	虹口区教育局、上海鲁迅纪念馆	上海鲁迅纪念馆
2005 年 7 月 18 日—8 月 28 日	张丰泉藏书票作品暨收藏名家版画展	上海弗闲斋藏书票社、上海鲁迅纪念馆	上海鲁迅纪念馆
2005 年 12 月 30 日—2 月 10 日	常熟博物馆馆藏楹联展	常熟博物馆、上海鲁迅纪念馆	上海鲁迅纪念馆
2006 年 4 月 6—13 日	借古开今——篆刻三锦缎全国名家邀请展	上海市美术家协会、上海鲁迅纪念馆	上海鲁迅纪念馆
2006 年 5 月 30 日—6 月 4 日	陈望道同志诞辰 115 周年纪念展	复旦大学宣传部、上海鲁迅纪念馆	上海鲁迅纪念馆
2006 年 6 月 5—9 日	鲁迅留学一百周年中日书法交流展	上海国旅、上海鲁迅纪念馆	上海鲁迅纪念馆
2006 年 8 月 5—8 日	民族魂——鲁迅书展	上海作家协会、上海鲁迅纪念馆	上海鲁迅纪念馆
2006 年 9 月 25 日—10 月 8 日	纪念新兴版画 75 周年藏书票展	上海鲁迅纪念馆、上海弗闲斋藏书票社	上海鲁迅纪念馆
2006 年 11 月 24 日—12 月 2 日	中国新兴木刻版画 70 周年纪念大展	上海鲁迅纪念馆、上海市美术家协会版画工作委员会	上海鲁迅纪念馆
2007 年 4 月 20 日—5 月 10 日	古砚奇葩——松江博物馆藏砚台展	松江博物馆、上海鲁迅纪念馆	上海鲁迅纪念馆
2007 年 9 月 21 日—10 月 8 日	首届上海当代学院版画作品展	上海大学美术学院、上海师范大学美术学院、上海市工艺美术学校、上海鲁迅纪念馆	上海鲁迅纪念馆

（续表五）

展 览 时 间	展 览 名 称	主 办 单 位	展出地点
2008 年 6 月 14 日— 7 月 10 日	金山农民画展	金山区博物馆、上海鲁迅纪念馆	上海鲁迅纪念馆
2008 年 7 月 15 日— 8 月 10 日	孙中山及其战友文物展	广州博物馆、上海鲁迅纪念馆	上海鲁迅纪念馆
2008 年 11 月 6—16 日	镜匣人间——周海婴 80 摄影展	上海鲁迅纪念馆、上海鲁迅文化发展中心	上海鲁迅纪念馆
2008 年 12 月 20—26 日	第十一届上海市教师书画篆刻作品展	上海鲁迅纪念馆、上海市教师学研究学会	上海鲁迅纪念馆
2009 年 8 月 21 日— 9 月 5 日	可爱的中国——方志敏诞辰 110 周年纪念展	上海鲁迅纪念馆、江西方志敏研究会	上海鲁迅纪念馆
2009 年 9 月 9—13 日	上海市中小学教师书写彩虹三笔字作品展	上海鲁迅纪念馆、虹口区教育局	上海鲁迅纪念馆
2009 年 9 月 17—24 日	鲁迅与内山完造所见的时代	上海市人民对外友好交流协会、上海鲁迅纪念馆	上海鲁迅纪念馆
2009 年 9 月 28 日— 10 月 16 日	第二届当代学院版画作品展	上海鲁迅纪念馆、上海师范大学、上海大学、上海市美术家协会版画工作委员会	上海鲁迅纪念馆
2009 年 10 月 20—25 日	靳以诞辰 100 周年纪念展	上海作家协会、上海鲁迅纪念馆、复旦大学	上海鲁迅纪念馆
2009 年 11 月 8—12 日	马丁·R·贝扬斯和弗朗克伊沃·van·戴莫藏书票展	上海鲁迅纪念馆、上海弗闲斋藏书票社	上海鲁迅纪念馆
2009 年 11 月 21—23 日	儒道佛经典学国际书法交流展	上海鲁迅纪念馆、复旦大学石鼓文研究中心	上海鲁迅纪念馆
2010 年 4 月 25 日— 5 月 31 日	迎世博——上海版画展	上海市文物管理委员会、上海市美术家协会主办,上海鲁迅纪念馆、上海市美术家协会版画艺术委员会、上海市美术家协会版画工作委员会承办	上海鲁迅纪念馆
2010 年 9 月 17 日— 11 月 10 日	鲁迅与国际友人展	上海市文物局、上海市人民对外友好协会主办,上海鲁迅纪念馆承办,日本三菱商事(上海)有限公司协办	上海鲁迅纪念馆
2010 年 11 月 16 日— 12 月	艺坛瑰宝——君匋艺术院馆藏书画篆刻精品展	浙江省桐乡市人民政府主办,桐乡市文化广电新闻出版局、上海鲁迅纪念馆、桐乡市君匋艺术院承办	上海鲁迅纪念馆

　　该馆馆藏文物 8 万余件,以手稿、遗物、文献和版画为大宗,其中国家一级文物 93 件(组)、二级文物 6 360 件、三级文物 11 398 件。由历年征集以及鲁迅夫人许广平、鲁迅生前友好捐赠组成。重要藏品有:鲁迅文稿《故事新编》、鲁迅译稿《毁灭》、鲁迅诗稿《无题》、鲁迅致友人赵家璧书信、鲁迅使用的"金不换"狼毫小楷笔,瞿秋白、丁玲和"左联"五烈士文稿,中文本《共产党宣言》第一版,"左联"机关刊物《秘书处消息》,鲁迅藏中国现代版画,以及从鲁迅遗容上翻制而成的石膏像等。此外,

上海鲁迅纪念馆还藏有一批供学术研究和社会教育用的中外文各类专业图书资料。

纪念馆目前有较完备的科研队伍,分别覆盖鲁迅和中国现代文学研究、博物馆学研究领域,并设有专门的研究室,每年出版书刊10余种。编著出版的有《版画纪程:鲁迅藏中国现代木刻全集》《鲁迅诗稿》《上海鲁迅纪念馆》(大型画册)《鲁迅文萃》(四卷)《李霁野文集》(十九卷)《黄源文集》(十卷)《中国新兴版画75周年藏书票选集》《曹靖华影像》,纪念专辑有《赵家璧先生纪念集》《许广平纪念集》《吴朗西先生纪念集》《曹聚仁先生纪念集》《巴人先生纪念集》《周文纪念集》《汪静之先生纪念集》《李霁野纪念集》《楼适夷同志纪念集》《陈学昭纪念集》《黄源纪念集》《陈望道先生纪念集》《曹靖华纪念集》和《李桦纪念集》等。个人专著有《鲁迅画传》《鲁迅生平疑案》《周作人生平疑案》《画者鲁迅》《鲁迅和他的绍兴》《吴朗西画传》《鲁迅与日本友人》《周文画传》等。主办刊物《上海鲁迅研究》,1979年创刊,2005年改版为一年四辑。

学术交流方面,1996年与中国作协、中国鲁迅研究会、上海文联和上海作协等单位联合举办了全国纪念逝世60周年学术研讨会,并编辑出版《浩气千秋民族魂——纪念鲁迅先生逝世60周年论文集》;2001年与国内多家单位联合举办鲁迅诞辰120周年纪念会暨学术研讨会;2001年1月,与《中国文物报》社联合举办了第一次全国人物类博物馆、纪念馆学术研讨会,并出版了《人物类博物馆、纪念馆现状与发展前瞻学术研讨会论文集》;2006年与北京鲁迅博物馆、绍兴文理学院联合举办纪念鲁迅逝世70周年国际鲁迅学术研讨会,出版论文《鲁迅——跨文化对话》,2007年举办纪念鲁迅定居上海80周年学术研讨会。还举办了全国规模的纪念许广平、冯雪峰、丁玲、李霁野、曹聚仁、楼适夷、周文等鲁迅同时代人的学术研讨会。

1994年,被上海市人民政府命名为上海市爱国主义教育基地。2001年,被中共中央宣传部命名为全国爱国主义教育示范基地。2007年,被上海市委宣传部命名为"2005—2006年度上海市宣传体统文明单位"。2008年,被国家文物局评定为首批"国家一级博物馆"。

表3-1-28 1950—2007年上海鲁迅纪念馆历任馆长一览表

姓　名	任　职　时　间
曾　岚	1950年12月—1951年7月
秦学圣	1951年7月—1951年9月
张　岚	2006年5月—2007年2月

二、中国共产党第一次全国代表大会会址纪念馆(上海革命历史博物馆筹备处)

中国共产党第一次全国代表大会会址纪念馆的前身是上海革命历史纪念馆第一馆。纪念馆位于卢湾区黄陂南路374号。隶属于上海市文化广播影视管理局。

1951年4月,中共一大会议旧址经踏勘确认,10月,中共上海市委通知将兴业路中共一大会址、南昌路中央工作部旧址、太仓路中共一大代表宿舍旧址分别设为上海革命历史纪念馆第一、二、三馆。1952年初,成立上海革命历史纪念馆筹备处,简称"上革筹备处"。5月,上海革命历史纪念馆第一、二、三馆布置完毕,9月起实行内部开放。1968年,上革筹备处改名为中国共产党第一次全国代表大会会址纪念馆,并向社会开放。1986年,经上海市编制委员会批准,恢复上海革命历史博

图 3-1-15　中国共产党第一次全国代表大会会址纪念馆外景

物馆筹备处,并与中共一大会址纪念馆实行两块牌子一套机构。1993 年初,根据上海市委对上海革命历史博物馆筹建工作的批示精神,上海市文物管理委员会和上革筹备处开始积极投入正式立项前的各项准备工作。5 月 13 日,上海革命历史博物馆正式列入上海市 14 项社会事业建设重大备选项目之一。

纪念馆馆舍建筑系利用中共一大会址所在地树德里的原有房屋和西邻的辅助建筑,占地面积 1 300 余平方米。树德里房屋建于 1920 年秋,共 2 排 9 幢二层楼房,属上海典型的石库门建筑。前排 5 幢房屋为兴业路 70—78 号,其中 76 号(原望志路 106 号)为中共一大会址。后排 4 幢为黄陵南路(原贝勒路)374 弄 1—4 号,现辟为专题陈列室,面积 400 平方米。全部房屋建筑面积约 900 平方米。馆舍建筑均按照当年外貌原状修复。新扩建的辅助建筑于 1999 年 5 月竣工,新建筑的外貌与中共"一大"会址建筑相仿,保留 20 世纪 20 年代上海典型的石库门民居风格。占地面积 780 平方米,建筑面积 2 316 平方米,位于兴业路 82—94 号。一层为观众服务设施,设有门厅、多功能学术报告厅和贵宾厅。二层为"中国共产党创建历史文物陈列展"览厅。

纪念馆的陈列内容由原状陈列和辅助陈列两部分组成。中共一大会址为原状陈列的主体,内部布置也按当年原状恢复,从兴业路 76 号大门进入为一天井,经过 6 扇落地玻璃长窗门进入一大会议室(当年系中共一大代表之一李汉俊及其兄李书城寓所的客厅),房间面积 18 平方米,中央为一长餐桌,四周有圆凳 12 只,靠东西两墙各有椅子 2 把、茶几 1 只。餐桌上放有花瓶和茶具等物品。所有家具物品均据有关当事人的回忆,按当年式样仿制。

辅助陈列为《中国共产党创建历史文物陈列》。展览厅面积 450 平方米,共陈列展示革命文物、文献和历史照片 148 件,文物原件 117 件,其中国家一级文物 24 件。陈列由三部分内容组成。第一部分介绍中国共产党成立的历史背景,展品有太平天国干王洪仁玕著《资政新篇》;上海小刀会起义时潘可祥部队使用过的短剑;邓世昌生前使用过的发晶书章;鉴湖女侠秋瑾亲笔手书的光复军军制稿和辛亥革命时浙江军政府布告等文物。第二部分介绍中国共产党早期组织的成立及其活动，展品有李大钊赠送给吴弱男女士的亲笔签名的照片；李大钊在建党时期用过的英文打字机；1920年9月出版的陈望道翻译的马克思、恩格斯著作《共产党宣言》第一个中文全译本；中国共产党上海早期组织出版的第一本面向工人的刊物——《劳动界》和上海社会主义青年团团员汪寿华1924年在海参崴拍摄的有他亲笔题词的原始照片等。第三部分介绍中国共产党第一次全国代表大会，有李达、李汉俊、董必武、陈潭秋、毛泽东、何叔衡、王尽美、邓恩明、张国焘、刘仁静、陈公博、周佛海，还有陈独秀指派的代表包惠僧和共产国际的代表马林、尼柯尔斯基的照片。为再现当年中共一大会议召开时的历史场景，还有一组模拟代表们开会时的艺术蜡像。

该馆藏品10万余件，其中一级文物118件、二级文物3 870件、三级文物18 220件。主要为鸦片战争以来至社会主义革命和建设各个历史时期的文献、实物、报刊、书籍和照片。重要藏品有五卅烈士墓残碑；汪寿华、郑覆他、王孝和、李白等烈士的日记、遗书和遗物；解放战争时期欢送上海人民呼吁和平入京请愿代表团大会场景照片；上海学生抗议驻华美军暴行联合会宣言；解放初上海市人民政府第一枚印章和第一块木牌以及在龙华国民党警备司令部附近发掘出来的24烈士遗物等。

该馆十分注重临时展览的社会效应，通过举办各种主题的临时展览，激发观众参观博物馆的热情，增加博物馆对观众的吸引力，提高博物馆的社会影响力。

表3-1-29 1995—2010年中共一大会址纪念馆临时展览情况表

展 览 时 间	展 览 名 称	展 出 地 点
1995年2月10日—4月10日	我们的总设计师——邓小平	上海嘉定博物馆
1995年6月9日—9月9日	新四军抗日战例战绩及武器展	中共一大会址纪念馆
1995年8月15日—9月10日	抗日战争与上海——纪念抗日战争胜利50周年图片展览	上海美术馆
1996年6月10日—8月10日	孔繁森同志生平事迹展	中共一大会址纪念馆
1997年3月21—30日	纪念上海工人三次武装起义70周年史料展	上海市工人文化宫
1997年6月5日—7月10日	迎接香港回归祖国图片展览	中共一大会址纪念馆
1997年6月22日	卢湾区百年史迹图片展	上海淮海中路伊势丹广场
1998年6月6日—7月15日	永远和党在一起——纪念宋庆龄创立中福会60周年	中共一大会址纪念馆
1998年11月12日—12月17日	刘少奇在上海图片史料展	中共一大会址纪念馆
2000年6月20日—7月10日	开天辟地的大事变——中国共产党创建史图片展	杭州浙江革命烈士纪念馆
2001年6月18日—7月15日	毛泽东遗物展	中共一大会址纪念馆
2001年6月22日—7月10日	纪念中国共产党成立80周年图片史料展	上海图书馆
2001年8月25日—10月7日	陈毅在上海	中共一大会址纪念馆
2002年6月10日—11月20日	光辉的历程——中共"一大"至"十五大"图片展	中共一大会址纪念馆
2003年3月4日—5月10日	党风楷模——周恩来	中共一大会址纪念馆

（续表）

展 览 时 间	展 览 名 称	展 出 地 点
2003 年 12 月 25—29 日	毛泽东与上海	上海图书馆
2004 年 2 月 3 日—5 月 7 日	二十世纪中国妇女运动的先驱——纪念邓颖超同志诞辰 100 周年图片展览	中共一大会址纪念馆
2004 年 6 月 10 日—10 月 10 日	邓小平同志生平图片展	中共一大会址纪念馆
2004 年 8 月 21—28 日	邓小平与上海	上海图书馆
2005 年 2 月 1 日—5 月 31 日	瞻仰——党和国家领导人参观中共一大会址纪念馆图片史料展	中共一大会址纪念馆
2005 年 6 月 20 日—12 月 31 日	《永远的丰碑 鲜红的党旗——新民主主义革命时期上海优秀共产党员图片史料展览》	中共一大会址纪念馆
2005 年 6 月 28 日—7 月 9 日	红色之源·上海——纪念中国共产党成立 84 周年图片展	上海展览中心
2006 年 6 月 12 日—9 月 12 日	中共一大代表生平文物史料展览	中共一大会址纪念馆
2007 年 5 月 18 日	淮海街道主要革命史迹和文化名人故居图片展览	上海淮海社区文化服务中心
2007 年 6 月 10 日—8 月 10 日	人民的总司令朱德文物图片史料展	中共一大会址纪念馆
2008 年 3 月 4 日—5 月 4 日	周恩来在上海——纪念周恩来诞辰 110 周年图片史料展览	中共一大会址纪念馆
2009 年 6 月 29 日—8 月 10 日	《马林与中国》文献图片展	中共一大会址纪念馆
2009 年 9 月 15 日—10 月 31 日	为了新中国的诞生——上海市老干部珍藏革命文物史料展	中共一大会址纪念馆
2009 年 9 月 23 日	我与祖国——上海市共产党员摄影作品展	中共一大会址纪念馆
2009 年 12 月 18 日—2010 年 1 月 18 日	馆藏文物展览	中共一大会址纪念馆
2010 年 4 月 1—6 日	历史进步的伟大旗帜——《共产党宣言》大型专题展	中共一大会址纪念馆
2010 年 5 月 1 日—10 月 31 日	上海百年风云	中共一大会址纪念馆

该馆编研出版了《看革命文物学革命传统》《中国共产党的诞生图片集》《血洒龙华花更艳——上海革命烈士故事》《恽代英文集》《恽代英传记》《上海地区建党活动研究资料》《开天辟地的大事变》《上海共产主义小组》《上海人民革命史画册》《中国共产党创建史图集》《上海革命史研究资料》《中国共产党创建史研究文集》《中国共产党第一次全国代表大会会址》《上海革命史资料与研究》《馆藏文物精华》《开天辟地》《毛泽东在上海》《四个月的战争——"八一三"淞沪抗战纪实》《党史研究文集》《中国共产党创建史大事记》《上海抗战画史》《现代革命史料研究文集》《中国共产党创建史辞典》《中国共产党创建史论著目录(1949—2004)》《中共一大代表画传》《此间曾著星星火——中共创建及中共中央在上海》《左联与中国共产党》《周恩来在上海画传》等,促进了中共创建史和上海革

命历史的研究。专题录像片有《中共创建史》。

该馆曾多次举办"党的创建史专题辅导讲座"和专题学术沙龙,邀请中外学者进行学术讲座;组织举办了"博物馆建筑与博物馆功能学术研讨会""党的最高纲领与最低纲领的关系——纪念中共二大召开 80 周年理论研讨会""《新青年》创刊 90 周年学术研讨会""中国共产党创建史全国学术研讨会""纪念王尽美诞辰 110 周年学术座谈会"等学术会议。2007 年任中国博物馆协会纪念馆专业委员会副主任委员单位。

1996 年,被国家文物局评为"1995 年度全国文物系统优秀爱国主义教育基地"。1997 年,被中共中央宣传部命名为"全国爱国主义教育示范基地"。1998 年,被国家教委、民政部、文化部、国家文物局、共青团中央、解放军总政治部等部门命名为"全国中小学爱国主义教育基地"。2000 年,被教育部授予"全国中小学德育工作先进集体"荣誉称号。2001 年,被中共中央授予"全国先进基层党组织"荣誉称号。2004 年,被中共中央宣传部、民政部、人事部、文化部命名为全国爱国主义教育示范基地先进集体。2005 年,被中共中央宣传部、国家发展和改革委员会、国家旅游局等部门公布为全国红色旅游精品线和全国红色旅游经典景区重要景点。2007 年,被市委宣传部评为第十三届(2005—2006 年度)上海市文明单位。同年,被人事部、国家文物局授予"全国文物系统先进集体"称号。2008 年,被国家文物局评为国家一级博物馆。2009 年,被中共中央宣传部、教育部、解放军总政治部、国家国防教育办公室命名为国家国防教育示范基地。2010 年,被中央纪律检查委员会、监察部命名为全国廉政教育基地。

表 3‐1‐30　1952—2010 年中共一大会址纪念馆历任馆长一览表

姓　名	任　职　时　间
沈子丞	1952 年 1 月—1954 年 6 月
周良佐	1954 年 6 月—1959 年 7 月
沈以行	1959 年 7 月—1960 年 12 月
周良佐	1979 年 2 月—1982 年 12 月
张成之	1985 年 3 月—1988 年 12 月
倪兴祥	2001 年 2 月—2010 年

三、上海韬奋纪念馆

韬奋纪念馆于 1956 年开始筹建,1958 年 11 月 5 日建成并对外开放,位于卢湾区重庆南路 205 弄 53 号、54 号。隶属于上海市新闻出版局管理。

纪念馆占地面积 280 平方米,建筑面积 360 平方米。53 号是纪念馆的陈展厅。一层为邹韬奋生平的展示,以时间和事件为索引,用实物、文字图片、视频等方式呈现邹韬奋虽然短暂但非凡的人生经历与坚强不息的奋斗精神。二层是韬奋先生创办刊物和著译作品的展示,展现邹韬奋作为一位杰出的新闻记者和出版家的人生成就,以及韬奋先生创办的生活书店从创立、发展,到被摧残封闭及三联书店最终成立的过程,从而展现韬奋精神及韬奋倡导的"生活精神"的价值与内涵。

纪念馆先后在 1988 年、1995 年(韬奋诞辰 100 周年)、2003 年进行过三次大修。纪念馆的陈展内容也进行过多次调整。2003年调整后的陈列内容根据韬奋的生平进一步细化为11个部分,更加突出韬奋的爱国主义精神和革命思想,突出韬奋作为"出版事业模范"的精神风貌,强调了韬奋关于"生活精神"和对编辑的要求、重视出版质量和创新精神等方面的内容,增加了韬奋逝世后党和国家、人民追悼和纪念方面的内容以及陈列的实物。

纪念馆馆藏藏品7 000件,其中一级文物8件,二级文物13件,三级文物43件,图书资料3 000余册。主要来源为捐赠和征购。

纪念馆相继参与编辑出版了《事业管理与职业修养》《邹韬奋研究》(第一、二、三辑)、《韬奋手迹》、《韬奋纪念馆》、《纪念韬奋诞辰110周年画册》等书籍。馆内还有《走近韬奋》丛书和各种纪念品出售。

1959年5月26日,韬奋故居被上海市人民政府公布为市级文物保护单位。1996年、2003年分别被上海市政府授予"青少年教育基地""上海市爱国主义教育基地"称号。1997年,被中共中央宣传部公布为全国爱国主义教育示范基地。2005年,被上海市委宣传部列为以"坚持党的宗旨,坚定理想信念"为主题的教育基地;被上海市旅游事业管理委员会授予"上海红色旅游基地"称号。2010年,被中共中央纪律检查委员会公布为全国廉政教育基地。

表 3‑1‑31　1956—2010 年韬奋纪念馆历任馆长一览表

姓　　名	任　职　时　间
毕云程	1956 年—1971 年
倪墨炎	1995 年—1997 年
陈保平	1997 年—2002 年
雷群明	2002 年—2007 年
林丽成	2007 年—

四、上海豫园

豫园始建于明嘉靖三十八年(1559年),至今已有400多年的历史。是全国重点文物保护单位(国务院1982年颁布,第二批国保单位),国家AAAA级旅游景区,位于上海老城厢的东北部。上海豫园管理处是豫园的管理机构。上海解放后,在市文管委的主持下,从1956年起,对豫园进行了历时五年的大规模修缮,于1961年9月对外开放。隶属于黄浦区文化局管理。

2000年下半年,豫园实施"东部环境整治工程",建造了可以举办文物、艺术展览的听涛阁展厅,并重建了涵碧楼(又名楠木雕花楼),极大地提升了豫园的整体形象,完善了豫园的文物展示、文化宣传等功能。

该馆有藏品三千余件套,包括书画、老红木家具、瓷器、玉器、金银器、青铜器、竹木牙雕、泥塑、砖雕、碑刻等。

近年来豫园管理处编印出版了不少宣传读物,如:《潘伯鹰楷书豫园记》《豫园馆藏书画集》《刘小晴楷书豫园诗存》《豫园点春书画集》以及《豫园风光》等。

多年来,豫园与故宫博物院、南京博物院、河北承德文物局、山西太原文物局、陕西西安大雁塔文物保管所、四川遂宁宋瓷博物馆、浙江安吉吴昌硕纪念馆、江苏常熟博物馆、陕西安塞县文化馆、陕西洛川县博物馆、台北孙中山纪念馆、中国香港中文大学等地的博物馆和文物管理机构保持着良好的合作关系。自1991年至2009年,豫园坚持参加每年举办的全国重点文物保护单位业务研讨会。与港台地区进行了多次展览交流活动。如:2000年12月,豫园赴台北国父纪念馆举办"上海豫园管理处馆藏书画精品展";2002年9月台北国父纪念馆在豫园展出"孙中山事迹画传";2005年4—6月,中国香港中文大学"艺海沉浮——香港中文大学文物馆藏苏六朋、苏仁山书画展"在豫园展出;2006年4—6月,在中国香港中文大学举办了"海纳百川——上海豫园藏海派书画展"。2010年3月,豫园与新西兰达尼丁市兰园(中国花园)正式缔结"姐妹园林"关系,成为彰显上海市与达尼丁市"友好城市"关系的典范之一。

自改革开放以来,豫园年平均接待中外游客170万人次。英国女皇伊丽莎白二世、美国总统克林顿、德国总理施罗德、英国首相特蕾莎·梅、日本首相村山富市、古巴革命领袖卡斯特罗、国际奥委会主席罗格、国际货币基金组织总裁拉加德、世界卫生组织总干事陈冯富珍及众多党和国家领导同志都曾造访豫园。

表3-1-32 1971—2010年豫园历任馆长一览表

姓　名	任　职　时　间
董良光	1971年11月—1990年7月
吴荣光	1990年8月—1997年2月
丁良才	1997年3月—1999年12月
张文女	1999年12月—2004年5月
臧　岭	2004年8月—

五、南京路上好八连事迹陈列馆

南京路上好八连事迹陈列馆始建于1963年。1993年4月,在"好八连"命名30周年前进行了扩建装修,改名为事迹展览馆。2003年,为迎接"好八连"命名40周年,对陈列馆重新进行了内容调整和陈列布展。位于宝山区沪太路3100号。

陈列馆占地面积1200余平方米,展区面积900多平方米。陈列分为三个部分:一为"亲切关怀,精心培育",主要展示党的三代领导人、军委、总部、军区首长,以及上海市领导对连队的关怀,并有领导人为八连题词的笔记;二为"战斗历程,奋发前进",主要展示八连自组建到进驻上海后的历史和事迹经验;三为"与时俱进,面向未来",主要展示近十年来,八连在连队建设方面所取得的成绩,以及八连参加上海各重点工程建设的情况和人民群众对连队的厚爱。

该馆先后被上海市评为青少年教育基地和爱国主义教育基地。2001年,被中共中央宣传部命名为全国爱国主义教育示范基地。

六、任屯血防陈列馆

任屯血防陈列馆始建于1973年,1978年改建,1985年扩建,2001年再次大修。位于青浦区金泽镇西岑任屯村111号。

陈列馆现总占地近 2 000 平方米,展厅 800 平方米。馆内陈列着上海青浦人民坚持奋战 33 年,防治结合,综合治理,消灭钉螺,治疗病人,送走瘟神,造福人民,以及巩固监测的成果。

陈列馆分设 5 个展馆,第一馆为"瘟神肆虐万户萧疏",第二馆为"亲切关怀综合防治",第三馆为"加强科研指导防治",第四馆为"继续奋斗巩固监测",第五馆为"送走瘟神造福人民"。馆内陈列照片、图表、资料 150 件,陈列实物 115 件、雕塑 1 组、模型 2 组。

七、上海宋庆龄故居纪念馆

上海宋庆龄故居纪念馆于 1981 年正式开放,原是宋庆龄在上海长期居住和生活的地方,位于徐汇区淮海中路 1843 号。隶属于上海市孙中山宋庆龄文物管理委员会管理。

1981 年 5 月 29 日,宋庆龄在北京逝世,中共中央决定将其在上海的寓所作为永久纪念地,供后人瞻仰。10 月 9 日,上海宋庆龄故居纪念馆正式成立,除向社会开放之外,还负责保管、整理、研究、宋庆龄遗物和有关史料、史迹。

1988—2006 年间,纪念馆对故居进行了多次修缮、改建和改造工作。1997 年,经上海市人民政府和市文物管理部门批准,在故居院内辅楼北侧,建造了一幢建筑面积 400 平方米的宋庆龄文物馆。2006 年 3 月至 11 月,纪念馆完成建馆以来最全面的一次房屋修缮工程。主要解决了故居主楼的年久失修和二楼的承重问题,实现主楼二楼的对外开放。

故居主楼保持了宋庆龄生前的原样,真实反映了宋庆龄生前工作和生活的状况。主楼内有客厅、餐厅、过厅、卧室、办公室和保姆李燕娥的卧室等展厅,建筑面积 700 平方米,陈列文物 500 余件,其中有毛泽东主席赠送的羊毛地毯、印度尼西亚总统苏加诺赠送的铜剑、朝鲜国家主席金日成赠送的"春香传"刺绣、美国威斯里安女子学院校友会赠予的银盘、徐悲鸿赠送的"双马图",以及孙中山宋庆龄共同使用过的部分物品、宋庆龄父母送给宋庆龄的结婚嫁妆等重要文物。

纪念馆馆藏文物共计 1.3 万件,主要以宋庆龄遗物为主。藏品有反映宋庆龄一生各个时期的历史照片、文稿、来往书信、藏书、生活工作用品、国务礼品、宋庆龄亲属物品以及由宋庆龄精心保存的孙中山物品等。其中一级文物有 10 件。重要的文物有:1907 年宋庆龄赴美留学时的护照,孙中山使用的中华民国陆海军大元帅之印、中华革命党本部之印、孙中山《建国大纲》手迹,宋庆龄《向中国共产党致敬》手稿。

1981 年 10 月 22 日,故居被上海市人民政府公布为上海市文物保护单位。2001 年 6 月 25 日,被国务院公布为第五批全国重点文物保护单位。2009 年 5 月,被国家文物局评定为"国家二级博物馆"。

表 3 - 1 - 33　1981—2010 年上海宋庆龄故居纪念馆历任馆长一览表

姓　　名	任　职　时　间
孙志远	1981 年 12 月—1989 年 11 月
吴光祥	1991 年 11 月—1997 年 12 月
伍伯容	1998 年 1 月—2001 年 4 月
陆柳莺	2001 年 3 月—

图 3-1-16 2006 年上海宋庆龄故居修缮竣工开馆仪式

八、中国共产党代表团驻沪办事处纪念馆

中国共产党代表团驻沪办事处旧址是 1946 年周恩来在上海生活、工作过的地方，位于卢湾区思南路 71 号。1979 年 2 月，经中共中央批准，筹建纪念馆。1981 年 2 月，旧址修复工程竣工。1982 年 3 月 5 日，纪念馆实行内部开放，1986 年 9 月 1 日起正式对外开放。1959 年 5 月，中共代表团驻沪办事处公布为市级文物保护单位。中共代表团驻沪办事处纪念馆筹建初，属上海博物馆管理。1985 年 3 月，改由中国共产党第一次全国代表大会会址纪念馆（以下简称"中共一大会址纪念馆"）管理，对外相对独立。1986 年 9 月 1 日起正式对外开放。1988 年 5 月，独立建制。1988 年 10 月，纪念馆改属上海市文物管理委员会管理。1998 年 4 月，纪念馆取消独立建制，划归中共一大会址纪念馆管理，成为中共一大会址纪念馆的一个部门。纪念馆对外仍相对独立，其文物资料的征集、保管和陈列及研究工作纳入中共一大会址纪念馆管理。

办事处旧址为纪念馆的主要参观场所，这是一幢建于 19 世纪 20 年代初的一底三层欧式花园楼房。纪念馆设有"中共代表团驻沪办事处史迹展览"，展厅面积 80 余平方米，展品 70 余件。展览第一部分主要介绍办事处设立的历史背景。陈列有周恩来为在京、沪两地设立中共代表团办事处致国民党政府行政院院长宋子文函、宋子文给上海市市长吴国桢阻挠中共代表团在沪设立办事处的密电和监视办事处而设立的特务监视点外景照等。第二部分主要是介绍周恩来在沪领导办事处通过举行中外记者招待会等形式，宣传中国共产党和平、民主的主张，扩大党在国统区的影响。陈列有周恩来出席中外记者招待会、周恩来在上海纪念鲁迅逝世十周年大会上的演说等珍贵历史照片。第三部分主要介绍周恩来在沪开展统战工作的情况。陈列有周恩来等与著名民主人士郭沫若、沈钧儒、马叙伦、盛丕华、许广平、黄炎培等人的活动照片，邓颖超等与外国朋友在一起的合影。

第四部分主要介绍办事处的撤离。陈列有刊载国民党当局逼迫中共人员撤离南京、上海、重庆的报刊文照、办事处最后一批成员,董必武、华岗、潘梓年、钱之光等撤离时的合影等。该展览,概括反映了1946年6月至1947年3月周恩来、董必武等在上海领导"办事处"积极宣传中国共产党坚持和平、民主、坚持政协决议,广泛开展爱国统一战线的斗争史迹。

纪念馆编研出版了《上海周公馆——中共代表团驻沪活动史料》《中国解放区救济总会在上海》《雾海明灯——上海周公馆图集》。在73号花园的草坪上耸立着一尊周恩来铜像,于1998年3月5日周恩来百年诞辰纪念日落成,参观者经常在这里举行入队、入团、入党仪式,成为纪念和缅怀周恩来的地方。

九、上海市陶行知纪念馆

上海市陶行知纪念馆筹建于1982年10月,1986年10月18日正式开放,位于陶行知当年创办的山海工学团下的棉花工学团所在地——大场镇场南村沈家楼,占地1746平方米。1991年7月与该馆毗邻的"行知第一小学"校舍划归该馆所用,同年10月改建竣工,共占地3820平方米,建筑面积1910平方米。2002年纪念馆由于沪太路拓宽工程而迁址至宝山区武威东路76号重建。隶属宝山区教育局管理。

纪念馆占地面积3500平方米,建筑面积1600平方米。基本陈列陶行知生平事迹展览,以陶行知生前教育改革实践为主要线索,将其丰富多彩的社会活动、政治活动充实其中,展览共分六大部分:第一部分"清贫农舍——哥伦比亚大学",第二部分"南京高师——晓庄师范",第三部分"科学下嫁——山海工学团",第四部分"育才学校——社会大学",第五部分"最后一百天——巨星陨落,四海同悲",第六部分"一代宗师,万世师表,属于中国,属于世界",分别展出陶行知生平各个不同时期的经历、遗著、遗物约300多件,较为完整全面地反映伟大的人民教育家的光辉一生。

该馆馆藏有实物15件,照相底片2500张;有各种旧版本的陶行知著作79种;有1980年代之后出版的两种版本的《陶行知全集》;有1920年代至1940年代出版的杂志四五种数百册;还有新近出版的各种陶行知研究文集124种。另外,有著名人士和书法家所赠书画68幅。

纪念馆在学术研究基础上,出版了一批专著,主要有:《师魂永存》《陶行知读本》《万世师表》《行知礼赞》《陶行知佚文集》《一品大百姓》《陶行知教育思想论述》《陶行知的故事》等。

2003年3月,该馆被上海市人民政府命名为"上海市爱国主义教育基地",是宝山区十个德育基地之一。中国陶行知研究会陶行知纪念馆工作专业委员会办公地点设立在上海市陶行知纪念馆。

表3-1-34　1986—1999年上海市陶行知纪念馆历任馆长一览表

姓　　名	任　职　时　间
余洁生	1986年—1990年
张国琪	1990年—1996年
张国琪	1996年—1999年

十、李白烈士故居

李白烈士故居位于虹口区黄渡路107弄15号,1987年5月6日正式对外开放,隶属虹口区文物遗址史料馆管理。

故居建筑建于 1935 年,建筑面积 116 平方米,是李白烈士最后居住、工作和被捕的地方。1960 年 11 月 22 日,上海市人民政府公布为市级文物保护单位。2005 年被公布为上海市优秀历史建筑。

李白烈士(1910—1949)是中国共产党情报战线上的一位英雄。故居一、二层为展厅,陈列设"投身革命洪流""战斗在敌人心脏""永不消失的电波"3 个部分,系统展示了李白的生平及战斗业绩。三楼恢复了李白生前居室的原貌,墙上还挂着李白与裘慧英当初假扮夫妻和正式结合的两张照片。居室旁的小间是李白使用秘密电台工作的地方,也按照当年原样放置着电台、发报机和电讯器材工具,再现了李白烈士生前战斗、生活的情景。

故居共展出藏品 94 件。展厅面积共计 160 平方米。部分藏品来源于李白烈士家属的捐赠,另一部分是工作人员去李白家乡征集而来。

1996 年 11 月,被上海市人民政府公布为上海市青少年教育基地;1999 年,故居陈列改版、建筑修缮,完全恢复原貌;2003 年,被上海市人民政府公布为上海市爱国主义教育基地;2005 年 3 月,被列为上海市红色旅游基地;2005 年,再次修缮后对外开放。

表 3 - 1 - 35　1987—2010 年李白烈士故居历任馆长一览表

姓　　名	任 职 时 间
陈金发	1987 年—1991 年
李善忠	1994 年—1995 年
孙爱民	1996 年—2002 年
周主恩	2002 年—2003 年
孙爱民	2003 年—

十一、宋庆龄生平事迹陈列馆

宋庆龄生平事迹陈列馆筹建于 1986 年,前身为宋庆龄生平事迹陈列室,1987 年 9 月 30 日正式对外开放,位于上海市长宁区宋园路 21 号(宋庆龄陵园内)。

1981 年 5 月 29 日,宋庆龄在北京逝世,骨灰安葬于上海万国公墓的宋氏墓地。1984 年 1 月,中华人民共和国名誉主席宋庆龄陵园正式成立。随后,宋庆龄雕像、宋庆龄纪念碑等纪念设施陆续落成。陵园占地面积约 12 公顷,由宋庆龄纪念设施、名人墓园、外籍人墓园以及少儿活动区四个部分组成,是全国爱国主义教育示范基地和全国红色旅游经典景区。

1987 年 9 月,宋庆龄生平事迹陈列室正式对外开放,基本陈列为《宋庆龄生平事迹陈列展》,共展出照片 400 多幅,实物 100 多件。1998 年,陈列室进行改版。改版后的陈列室于同年 10 月正式开放,新的展览分为"勤奋好学立志报国""革命伴侣风雨同舟"等 10 个专题,展现了宋庆龄一生的光辉历程和卓越贡献。2003 年,宋庆龄陵园结合一期改造工程,对陈列室进行了全面维修,并对外立面进行了重新装饰。

陈列馆藏品总数 4 400 件,主要通过调拨和接受捐赠等形式获得。重要展品由宋庆龄《关于不参加国民党任何工作的声明》英文手稿、宋庆龄使用过的织布机、宋庆龄穿过的蓝底白点生丝旗袍、宋庆龄穿过的黑色绒面革凉鞋、倪蕴山公纪念碑等。

1996 年宋庆龄陵园被命名为"全国中小学爱国主义教育基地",1997 年被命名为"全国爱国主义教育示范基地",1999 年被命名为"全国科普教育基地",2006 年被评为"全国绿化模范单位"。

宋庆龄生平事迹陈列馆是目前国内规模最大、内容最全的展示宋庆龄生平的陈列场所。从 20 世纪 90 年代开始,先后编辑出版了《国之瑰宝——宋庆龄的思想与实践》《宋庆龄与中国名人》《缔造未来——宋庆龄陵园》《啼痕——杨杏佛遗迹录》等书籍。参与编辑出版了《宋庆龄书信集(续编)》《宋庆龄年谱长编》等专著。同时,还参加了"宋庆龄与 20 世纪""宋庆龄诞生地""孙中山:历史、现实、未来"等国际、国内学术研讨会 20 多次。

表 3 - 1 - 36　1989—2010 年宋庆龄生平事迹陈列馆历任管理处处长一览表

姓　　名	任　职　时　间
刘国友	1989 年 1 月—2001 年 4 月
伍伯容	2001 年 4 月—2005 年 2 月
陈亚玲	2005 年 2 月—

十二、上海孙中山故居纪念馆

上海孙中山故居作为孙中山先生的永久纪念地,解放后被上海市人民政府接管。1966 年为纪念孙中山诞辰 100 周年,将位于卢湾区香山路 7 号的孙中山故居作观众休息及举办临时展览用。1985 年,上海孙中山故居管理处成立,主要负责孙中山故居的保护和内部参观接待。1988 年,孙中山故居对社会开放。1993 年,上海孙中山故居管理处更名为上海孙中山故居纪念馆。隶属于上海孙中山宋庆龄文物管理委员会管理。

1978—2010 年间,上海孙中山故居纪念馆对故居进行了多次修缮、改建和改造工作。1985 年 6 月—1986 年 3 月,经上海市人民政府机关事务管理局和上海市文物保管委员会同意,上海孙中山故居管理处对孙中山故居进行全面修缮。1996 年,市政府机管局基建处对孙中山故居楼、办公楼(毗邻孙中山故居)进行了全面修缮。2005 年 9—11 月,上海孙中山故居纪念馆再次对故居进行全面修缮。2006 年,经上海市政府机关事务管理局批准,投入专项资金 1 000 余万元将办公楼——毗邻孙中山故居的一幢 1920 年代建造的欧式花园洋房腾出改建成孙中山文物馆,分八个展区介绍孙中山生平。文物馆于 2006 年 11 月 12 日孙中山诞辰 140 周年之际正式对外开放,共展出文物 209 件、文献资料 124 件。

纪念馆基本陈列共分八个展区。第一展区"少存大志、振兴中华"。主要反映孙中山立志革命活动的时代背景,从而让观众了解孙中山是如何从一个接受西式教育的青年,最初期望用西方思想改良中国社会,转变为立志用革命手段推翻封建帝制的经历,重点突出了上海在孙中山早期革命中的影响。

第二展区"推翻帝制、创立民国"。主要介绍上海在孙中山领导革命党人推翻封建帝制、筹建民国进程中的作用,以及推翻帝制、建立中国历史上第一个共和国对推动社会进步所起到重大历史作用。

第三展区"捍卫共和、愈挫愈奋"和第四展区"笃爱有缘、共抵艰难"。主要介绍新生的共和制度的复辟与反复辟,真共和假共和之间的尖锐斗争,揭示孙中山为捍卫新生的共和制度所作的不懈努力和艰辛历程,重点展现孙中山为捍卫共和制度所遇到的挫折和他愈挫愈奋的精神,同时介绍孙中山与宋庆龄的深厚感情及孙中山的亲情、友情。

第五展区"全面规划、图谋民生"。主要介绍孙中山在上海撰写《实业计划》,规划中国经济现代化发展的宏伟蓝图的情况。

第六展区"探索新路、与时俱进"。主要介绍孙中山在上海总结经验,探索新的革命道路,从而实现第一次国共合作的过程,突出介绍上海在第一次国共合作中的历史地位和作用。

第七展区"推进统一、壮志未酬"和第八展区"丰碑永在、精神永存"。主要介绍孙中山为了实现国家统一、毅然抱病北上,还未来得及实现他谋求全国和平统一的愿望,就不幸在北京溘然长逝,及后人对他的深切怀念。

上海孙中山故居展出文物200余件,绝大多数是孙中山和宋庆龄使用过的原物原件,并遵照宋庆龄生前回忆按二三十年代原样布置。楼下是客厅和餐厅、楼上是书房、卧室和小客厅。

1988年至2010年,上海孙中山故居纪念馆利用馆藏资源,举办临时展览,弘扬和传播伟人的思想和精神,包括《孙中山与澳门史料图片展》《孙中山与上海文物史料展》《孙中山与辛亥革命史料图片展》《辛亥革命时期货币展》《辛亥风云文物精品展》《孙中山在南洋史料图片展》《纪念孙中山先生诞辰140周年画展》《永恒的纪念——五地联展》《孙中山与日本友人梅屋庄吉展》《永恒的丰碑——纪念孙中山先生文物文献展》《共同的岁月——孙中山宋庆龄在莫利爱路寓所文物文献展》等。

1994年5月,被上海市人民政府命名为"上海市首批青少年教育基地"。1998年11月,被上海市防火安全委员会、上海市精神文明建设委员会办公室、上海市总工会授予"五十年无火灾荣誉单位"称号。2007年5月,被上海市政府评为"第十三届(2005—2006年度)上海市文明单位"。2007年12月,被上海市文物管理委员会评为"上海市文物系统2007年度博物馆工作先进集体"。2009年3月,被上海市政府授予"2007—2008年度(第十四届)上海市文明单位"荣誉称号。2009年6月,被国家文物局评定为国家二级博物馆。2009年12月,被上海市委宣传部评为"上海市爱国主义教育基地先进单位"。2009年12月,被上海市公安局治安总队授予"治安安全合格单位"荣誉称号。2010年1月,被上海市委宣传部、共青团上海市委等单位联合授予"2008—2009年度上海市爱国主义教育基地先进单位"荣誉称号。

表3-1-37 1992—2009年上海孙中山故居历任馆长一览表

姓　　名	任　职　时　间
朱其招	1992年11月—1995年3月
黄布洲	1995年3月—1998年1月
孙娟娟	1998年1月—2009年8月

十三、闸北革命史料陈列馆(中共三大后中央局机关历史纪念馆)

闸北革命史料陈列馆筹建于1987年,1988年7月1日正式对外开放,原馆址坐落于共和新路1667号。隶属闸北区文化局管理。是上海市第一家以陈列展示革命史迹的综合性区级陈列馆。

1998年进行改造,馆址迁至天目中路749弄57号甲底楼原蕃瓜弄史料陈列室,经初步改造后于1999年5月18日对外开放,陈列以"红色的闸北"为专题全面反映闸北的革命史迹。2005年10

月 24 日,闸北区政府决定,将浙江北路 118 号大修改建后作为闸北革命史料馆新馆。修建工程于 2006 年 5 月正式启动,2007 年 1 月 12 日揭幕开馆,2007 年 2 月 10 日起对外开放。

闸北革命史料馆陈列面积约 670 平方米,临时展厅面积 80 平方米。基本陈列分为两大部分。第一部分的主题是"永恒丰碑、党史辉煌",主要展示 1923 年 6 月,中共三大召开后,中央局成员陈独秀、毛泽东、蔡和森、罗章龙先后来到上海,中央局机关由广州迁址于闸北"三曾里",并成为党中央高层领导商议党内外大事的重要办公场所。重点展出有:"三曾里"房屋模型;三大召开后中央局成员的简介;毛泽东两次闸北行史料;1923 年 7 月至 1924 年 9 中央局成员工作大事记;毛泽东和杨开慧一家在"三曾里"生活工作场景复原。第二部分的主题是"永恒记忆、红色闸北",主要展示中国共产党在闸北领导革命斗争的"红色闸北"史料。重点展出有:"闸北早期工人阶级""闸北早期中共组织""闸北红色上海大学""党领导五卅运动和陈云领导商务大罢工""上海工人第三次武装起义""闸北人民与中国军队共同抗日('一·二八'淞沪抗战、'八·一三'淞沪抗战)""反内战、争民主、迎解放""宋公园——四十三烈士牺牲地"等内容。陈列馆以陈列版面、展柜等手段为主,并设有场景复原、微缩模型、电子翻书、电子放大镜、电子手掌投影、电子双向互动、电子地图等新颖的陈列形式,共展出历史资料 500 多件(张),复制件 90 多件。其中重要展品有中央局成员生活和工作的实物用品复制件、中国共产党八十年珍贵档案复制件、党中央开展国共合作加强党的组织建设的史料和影视资料等。

该馆的藏品总数共计约 1 200 件(张)。来源主要为征集、复制、购买以及捐赠。藏品类别分为实物和照片资料。

表 3 - 1 - 38　1987—2010 年闸北革命史料馆历任馆长一览表

姓　　名	任　职　时　间
周宝山	1987 年 7 月—1991 年 4 月
彭建成	1996 年 9 月—2008 年 1 月
丰华英	2009 年 3 月—

十四、上海市长宁区革命文物陈列馆

上海市长宁区革命文物陈列馆暨《布尔什维克》编辑部旧址于 1988 年 10 月 24 日正式向社会开放,位于愚园路 1367 弄 34 号。隶属于长宁区文化局管理。

编辑部旧址建于 1925 年,建筑面积 224 平方米。1927 年党中央机关刊物《布尔什维克》在这里创刊。1984 年 5 月 4 日,被上海市人民政府公布为上海市文物保护单位。1984 年 7 月 1 日中共长宁区委决定,修复旧址,建立长宁区革命文物陈列馆。1988 年 4 月房屋修复工程竣工,建筑恢复当年历史原貌,并于 1988 年 10 月 24 日正式向社会开放。1994 年,陈列馆一楼改为长宁区革命史料陈列室,作为陈列馆的基本陈列,并对馆舍进行全面大修。2002 年又对基本陈列进行了改陈,展览的内容、展品数量、材质、灯光照明设备等均获补充、提高和更新,展览面积有所扩充。

陈列馆一楼为《长宁区革命史料史迹展》,展厅约 30 平方米。重点介绍长宁区三个市级文物保护单位:即《布尔塞维克》编辑部旧址、路易·艾黎故居和中共中央上海局机关旧址;共展出图片、

实物 70 余幅(件)、大型示意图一幅。二楼是《布尔塞维克》编辑部旧址的复原陈列,约 30 平方米。《布尔塞维克》创刊于 1927 年 10 月 24 日,迄于 1933 年 7 月 1 日,共出版了 52 期。

陈列馆采取多种宣传形式,加强革命传统教育。1989 年 10 月、1995 年 6 月,分别被共青团上海市委、长宁区政府命名为"青少年教育基地";2002 年参与策划、组织拍摄的电视片《风雨历程——长宁区革命斗争史回眸》,获上海党史优秀成果奖;2006 年,被上海市旅游事业管理委员会命名为"上海红色旅游基地";2007 年举行的《布尔塞维克》创刊 80 周年系列纪念活动,出版《红色的追忆—纪念〈布尔塞维克〉创刊 80 周年》。

表 3 - 1 - 39　1988—2010 年上海市长宁区革命文物陈列馆历任馆长一览表

姓　名	任　职　时　间
金钟强	1988 年—1991 年
吴文娟	1991 年—1993 年
阮　平	1993 年—1996 年
周秀麟	1999 年—2001 年
蔡佩华	2001 年 11 月—2006 年 12 月
李　钧	2008 年 4 月—2009 年 9 月
顾　华	2009 年 9 月—

十五、中国左翼作家联盟成立大会会址纪念馆

中国左翼作家联盟成立大会会址纪念馆筹建于 1989 年 10 月,1990 年 3 月 2 日正式开放。位于虹口区多伦路 201 弄 2 号。隶属于虹口区文物史料馆。

纪念馆所在建筑竣工于 1924 年,1929—1930 年为中华艺术大学租用。1930 年 3 月 2 日"左翼"作家借该大学的教室召开了中国左翼作家联盟成立大会。1930 年 8 月中华艺术大学被当局查封,后为民居。1980 年 8 月,会址被上海市人民政府公布为上海市文物保护单位。1989 年 10 月,由虹口区人民政府、虹口区文化局及社会筹资,在多伦路 145 号修缮落成"左联"纪念馆。

2000 年,虹口区人民政府出资数百万元,对多伦路 201 弄 2 号"左联"成立大会会址内的居民进行了动迁,并由上海市文物管理委员会拨出专项资金,按照"修旧如旧"的原则对旧址进行全面复原修缮,于 2001 年底正式对外开放。

会址纪念馆的展厅分:"创建·历程""文学·成就""抗争·牺牲""纪念·研究"4 个部分,展览面积共计 267 平方米,展出藏品 166 件。现馆内共有各类藏品 1 093 件,其中重要藏品有 6 件。藏品来源于"左联"盟员及家属的捐赠和社会征集。

纪念馆先后编辑出版有《中国三十年代文学研究》《左联纪念集》《左联研究资料集》《左联论文集》《文坛之光》《纪念中国左翼作家联盟成立 70 周年文集》《左联五烈士》等书籍。

2003 年 1 月又被列为上海市爱国主义教育基地。2005 年 3 月被列为上海市红色旅游基地。2006 年 7 月重新修缮开放。

表 3-1-40 1991—2010 年中国左翼作家联盟成立大会会址纪念馆历任馆长一览表

姓　名	任　职　时　间
陈金发	1991 年
李善忠	1994 年—1995 年
孙爱民	1996 年—2002 年
周主恩	2002 年—2003 年
孙爱民	2003 年—

十六、沈尹默故居

沈尹默故居于 1990 年 10 月正式向社会开放。位于虹口区海伦路 504 号。隶属于虹口区文物遗址史料馆。

沈尹默(1883—1971),近代中国著名学者、诗人、书法家,新文化运动先驱者之一。故居是沈尹默 1946 年从重庆回上海后租住的寓所,直至 1971 年病逝。故居占地面积 96 平方米,建筑面积 200 平方米。1988 年 7 月,沈尹默故居被公布为虹口区文物保护单位。1989 年在虹口区政府的帮助修缮并布展完毕,次年向社会开放。1999 年重新装修布展开放。2007 年由航新房地产有限公司出资修缮、虹口区文物遗址史料馆设计布展,同年 6 月 9 日重新对外开放。

故居底楼是陈列室,着重介绍沈尹默从五四运动至中华人民共和国成立后致力于书法、教育事业方面的史料。二楼是沈尹默生前的书房兼画室,墙上悬挂着沈尹默的部分书法精品。整个展览面积共计 35 平方米,展出藏品 115 件,由沈尹默先生的家属提供。

2007 年 6 月 9 日,上海市“中国文化遗产日”系列活动虹口区主会场暨沈尹默故居修缮开馆仪式举行。同时,部分著名书法家和百位少年书法爱好者在中国文化遗产日活动现场共同挥毫,他们的书法作品捐赠给虹口区的文化遗产保护事业。

1991 年,该馆编辑出版了《尹默二十年祭——凝静》。

表 3-1-41 1991—2003 年沈尹默故居历任馆长一览表

姓　名	任　职　时　间
陈金发	1991 年
李善忠	1994 年—1995 年
孙爱民	1996 年—2002 年
周主恩	2002 年—2003 年

十七、中国人民解放军海军上海博览馆

海军上海博览馆创建于 1991 年,前身是陈列毛泽东主席乘坐过的“长江”舰纪念馆。位于宝山区塘后路 68 号。

博览馆占地 1.8 万平方米，包括主体展览馆、海洋科普与海洋艺术馆、海军历史馆、海军兵器馆以及轻武器实弹射击馆等七个展馆和上海宝山海军少年军校。馆藏海军、海洋历史资料图片 3 000余幅，实物 1 000 余件，展出面积 5 000 平方米。

海军历史馆，展示了中国海军从古代春秋末年诞生至当代人民海军发展壮大的历程。海洋艺术馆展示全国从古至今以海军为题材的艺术品。海军兵器馆内展示曾参加过海战的鱼雷快艇和各种舰炮。

1996 年，被国家教育委员会、民政部、团中央、文化部、国家文物总局和解放军总政治部联合命名为全国中小学爱国主义教育基地。2001 年，被中共中央宣传部命名为全国爱国主义教育示范基地。

十八、上海黄炎培故居

黄炎培故居原名"内史第"，1992 年 5 月 27 日正式向社会开放。位于浦东新区川沙镇兰芬堂74 弄 1 号。隶属于浦东新区区委宣传部管理。

该建筑于 1859 年由举人、内阁中书沈树墉所建。1986 年 8 月 2 日，黄炎培故居被核定为川沙县文物保护单位。1990 年川沙县人民政府拨款修缮，按原貌将地基填高 50 公分，落架大修，于1991 年 10 月底竣工，陈云为故居题写"黄炎培故居"匾额。修缮后的建筑占地面积 733.2 平方米，建筑面积 486 平方米。1992 年 5 月，成立黄炎培故居管理所，属川沙县（1993 年改为浦东新区）文物管理所领导。1992 年 5 月故居正式开放，同年 6 月 1 日，被上海市人民政府公布为上海市文物保护单位。

"黄炎培先生生平陈列"分为"少年时期""青年时期""倡导职教""抗日爱国""中共挚友""人民公仆""人民怀念"7 个部分，陈列了《延安归来》《黄炎培日记》《黄炎培家谱》等书籍，与毛泽东、刘少奇、周恩来、朱德等人来往信件，以及黄炎培在北京安儿胡同居住时的用具等 275 件实物、资料。黄炎培居住部分，则按原状修复，并复原卧室、书房及楼下客堂等，其中部分家具系原物。故居展现了黄炎培从一个封建秀才、举人成长为人民共和国领导人的光辉一生。

表 3-1-42　1992—2010 年黄炎培故居历任馆长一览表

姓　　名	任 职 时 间
陈伟忠	1992 年—2002 年
徐汇言	2002 年—

十九、上海陈化成纪念馆

上海陈化成纪念馆筹建于 1991 年 4 月，1992 年 6 月 16 日正式开放。位于宝山区友谊路 1 号（临江公园内）。隶属于宝山区文物保护管理所管理。

纪念馆馆舍为始建于乾隆十二年（1747 年）的孔庙大成殿。1989 年 3 月，被宝山区政府公布为区级文物保护单位。2002 年 2 月，该馆进行全面维修和陈列改建，6 月 16 日重新对外开放。2003年 1 月 28 日起免费开放。

纪念馆在陈列格局上充分利用原有建筑的高度和深度,将展厅分割为二层,整个陈列除序厅外,共分为"少年从军,历著战功""临危受命,血洒宝山""民族英雄,名垂史册"三大部分,着重反映了作为江南提督的陈化成在第一次鸦片战争的"吴淞战役"中率部英勇抗击英国侵略军,直至壮烈殉国的爱国主义事迹。在纪念馆北侧有化成广场和陈化成塑像,可供上千人举行各种活动。

纪念馆共有藏品 26 件,藏品来源为捐赠、征集、调拨。主要藏品有"浩然正气"匾以及陈化成生前战袍。

该馆编辑出版有:《陈化成》《姚子青》《胡文杰》;出版期刊《陈化成纪念馆学报》,后改版为《宝山文博》(每年两期)。另外举办过陈化成生平事迹及鸦片战争学术研讨会。

2003 年,该馆被上海市人民政府命名为"上海市青少年教育基地"。2003 年,被上海市人民政府命名为"上海市爱国主义教育基地"。

表 3-1-43　1991—2010 年陈化成纪念馆历任馆长一览表

姓　名	任　职　时　间
谭玉岐	1991 年 5 月—1998 年 6 月
潘法铨	1998 年 7 月—1999 年 12 月
黎英奎	2000 年 1 月—2002 年 2 月
陈贤明	2002 年 3 月—2005 年 6 月
汤明德	2005 年 7 月—

二十、中国劳动组合书记部旧址陈列馆

中国劳动组合书记部旧址陈列馆于 1992 年 9 月正式向社会开放,原位于成都北路 899 号,2005 年旧址整体平移至静安区成都北路 893 弄的位置,并再次对外开放。隶属于静安区文物史料馆管理。

陈列馆占地面积为 198 平方米,建筑面积 242.5 平方米,外形保持了上海石窟门建筑风格。基本陈列面积约 198 平方米,展出 226 件图片及实物。以翔实的史料展示及浮雕、蜡像、场景复原、多媒体演示等多种形式再现了中国劳动组合书记部诞生的历史背景、组织机构、活动情况及光辉业绩。

该馆内还有长期的专题陈列"劳模物品珍藏展",展出杨怀远、杨富珍、裔式娟、李斌等数十名劳模的物品,特色展品有杨怀远的"为人民服务"小扁担、汪齐风的芭蕾舞鞋等。展厅面积约 30 平方米,弘扬劳模对社会主义建设所作出的杰出贡献。1999 年,被上海市总工会命名为"上海职工爱国主义教育基地"。

二十一、上海张闻天故居

张闻天故居 1992 年 10 月正式对外开放,位于浦东新区祝桥镇邓三村 9 队闻居路 50 号。隶属于浦东新区区委宣传部管理。

故居占地面积 686 平方米,建筑面积 495 平方米,是一座上海浦东典型的三合院农舍,坐北向

南,有正屋5间、两侧厢房各2间,在西厢房外侧另有用房4间,共13间。中间是砖铺天井,前面有木结构门亭。1900年8月30日,张闻天出生于此。

张闻天(1900—1976),中国无产阶级革命家、理论家,又名洛甫、张平之、张普等。1915年毕业于南汇县第一高等小学。1925年加入中国共产党,1935年遵义会议上被选为中央政治局常委、总负责。新中国成立后任中华人民共和国驻苏联大使、中共中央委员、政治局候补委员及全国人民代表大会常务委员会委员等职。1959年7月,被错误批判后,即从事政治经济学等方面的研究工作。1976年7月1日逝世。

1985年9月19日,被上海市人民政府公布为上海市文物保护单位。1986年9月,陈云为故居题写匾额"张闻天同志故居"。1989年2月,上海市文物管理委员会拨款进行全面维修,按原貌修复。1990年内部开放,1992年10月正式对外开放。

陈列馆内有共青团川沙县委所立张闻天半身玻璃钢塑像和"张闻天革命史迹陈列室",陈列分10个部分,通过253幅图片和266件实物,较全面地反映了张闻天同志追寻救国救民真理和在党的各个历史时期作出的重大贡献的光辉一生。展品有《小说月报》《庐山会议发言》等书刊、文件和张闻天使用过的端砚、书箱、书架等。

故居开放以来,举办了多场学术研讨会。1995年,举办《张闻天研究学术讨论会》。1998年,举办《张闻天经济思想与理论研究会》。2000年,举办中共中央纪念张闻天同志诞辰一百周年座谈会。

表3-1-44　1992—2010年张闻天故居历任馆长一览表

姓　　名	任　职　时　间
陈伟忠	1992年—1998年
陈秋平	1998年—

二十二、大韩民国临时政府旧址

1990年2月建立大韩民国临时政府旧址管理处,1993年4月旧址正式对外开放,位于卢湾区马当路304号,隶属卢湾区外事办公室管理。

大韩民国临时政府于1919年4月13日在上海成立。1926年12月14日,临时议政院选举金九为国务领,并组成第十届韩国临时政府。临时政府办公地迁到金九住处,即普庆里4号。至1932年4月29日因虹口公园爆炸案,遭到日本军警的搜查,被迫撤出上海,大韩民国临时政府在这幢房子里办公了近7年,是韩国临时政府在上海办公时间最长、也是目前保存最完整的旧址。1993年4月13日,大韩民国临时政府旧址管理处举行了大韩民国临时政府大楼修复完工仪式,并正式宣布对外开放。"旧址"底楼是会议室,二楼是金九办公室,三楼是要人宿舍,另辟有介绍韩国临时政府在中国活动的展示厅和安放韩国各界人士部分题词、礼品的陈列室。2001年,管理处对大韩民国临时政府旧址进行修缮,改造后展示室面积比原来扩大了5倍。

改造后的陈列内容由"临时政府在上海"扩大到了"临时政府在中国",翔实地介绍了临时政府在中国的主要活动情况。整个展示内容分为三个时期:第一时期介绍1919—1932年的大韩民国独立史;第二、第三时期分别介绍1932—1940年、1940—1945年的大韩民国独立史,全面生动地呈现了日军侵略时期韩国人民在友邦中国的支援下,为争取民族独立而英勇斗争的一段历史。

旧址开放以来,共接待了 200 多万参观者,历届 6 任韩国总统均在任期内访问过旧址。被韩国人称为"韩民族独立运动发展圣殿"的"旧址"已成为沟通中韩两国友好关系的桥梁。

表 3-1-45 1990—2010 年大韩民国临时政府旧址历任管理处主任一览表

姓　　名	任　职　时　间
张明木★	1990 年 11 月—1997 年 2 月
贝民强	1997 年 2 月—2005 年 7 月
戴　奕	2005 年 7 月—2007 年 4 月
丁骏彪	2007 年 4 月—

★张明木所任职务为嵩山街道文物保护管理所所长,管理所大韩民国临时政府旧址管理处前身。

二十三、上海龙华烈士纪念馆

龙华烈士纪念馆于 1997 年 5 月 28 日正式建成开馆,位于徐汇区龙华西路 180 号,在龙华烈士陵园内西北隅。隶属于上海市民政局管理。

纪念馆建筑面积近 1 万平方米,展陈面积达 5 000 平方米,基本陈列以《丹心碧血为人民——上海革命烈士革命先驱英雄业绩展》为主题,分为序厅、旧民主主义革命时期厅、新民主主义革命时期厅、社会主义建设时期厅和缅怀厅。展示了自 1840 年鸦片战争至社会主义建设时期 235 名或出生在上海或主要革命业绩在上海、牺牲或安葬在上海的烈士、重要历史人物和革命先驱的丰功伟绩,展出珍贵文物、文献和照片 1 000 余件。展览的设计风格富有现代气息,辅助陈列品除了有全国名家精心创作的国画、油画、木刻、丝毯壁画和锻铜浮雕,还有运用高科技手段展示的电子天空、幻影成像、影视模型和激光演示场景等等,使展览更富感染力和吸引力。

自筹建以来,通过多方征集和上海烈士纪念馆移交,现有馆藏文物 1 154 件套,艺术品 124 件,烈士档案 1 199 份,书面资料 1 711 份。这些近、现代革命文物和艺术品,有的是从有关单位、烈士亲属、革命老同志处征集而来,也有来自烈士亲属、烈士战友和收藏人的主动捐赠,是烈士们革命斗争经历的实物见证,与革命烈士共同经历了时代的风雨,凝聚着革命志士的思想文化和高尚情操,赋予了这些原本十分普通的物品以特殊含意。

表 3-1-46 1997—2010 年龙华烈士纪念馆历任馆长一览表

姓　　名	任　职　时　间
方国平	1997 年—2000 年
石　冈	2003 年—

二十四、顾维钧生平陈列室

顾维钧生平陈列室于 1999 年 1 月 28 日正式开馆,位于嘉定区嘉定镇南大街 349 号,嘉定法华塔院内。陈列室由顾维钧夫人严幼韵出资捐赠成立。由嘉定博物馆管理。

顾维钧(1888—1985),是中国近现代著名的外交家。基本陈列《顾维钧生平展》共分"留学美国,矢志外交""初涉外交,崭露头角""任职国联,护卫国权""争取外援""参与创建联合国""外交耆宿,蜚声中外"等 6 部分,全面介绍了顾维钧自 1912 年入北京政府任职至 1967 年以海牙国际法院副院长退休,服务中国及国际外交界 55 年的外交生涯。陈列所展示的大部分实物来自顾维钧家属的捐赠,包括顾维钧大使的绣金礼服、绶带、披风、佩剑、礼帽等外交服饰、刻有"父爱"的顾维钧胸像、1945 年联合国成立纪念法槌、顾维钧用英文写的最后一篇日记以及顾维钧的外交活动用品、生活用品和纪念品等。

二十五、上海毛泽东旧居陈列馆

上海毛泽东旧居陈列馆筹建于 1999 年 3 月,当年 12 月 26 日正式向社会开放。位于静安区茂名北路 120 弄甲秀里 5—9 号。隶属于静安区文物史料馆管理。

毛泽东旧居建筑建成于 1911 年,1924 年毛泽东来上海时在此居住。1977 年,上海市人民政府公布为市级文物保护单位。2002 年 10 月,陈列馆进行修缮及环境改造,丰富陈列内容。同年 12 月 26 日再次开放。

陈列馆占地面积 818 平方米,陈列面积约 360 平方米,包括三大部分:1. 1924 年毛泽东在上海:介绍 1924 年 2 月至年底毛泽东在上海期间的工作情况。2. 毛泽东在上海:介绍毛泽东一生 57 次到上海的情况及与上海的渊源。3. 毛泽东温馨一家:以蜡像、场景复原的方式展现在毛泽东一家当年的生活场景,营造出乐融融的温馨情景。陈列展出了包括毛泽东视察上海机床厂时坐过的沙发、视察用过的安全帽和看火镜等在内的实物及图片约 400 件。陈列馆还设有长期专题陈列"蔡和森、向警予史迹展",介绍蔡和森、向警予夫妇的生平及革命历程。

2004 年 5 月,旧居被命名为静安区爱国主义教育基地。2005 年 2 月 3 日,陈列馆成立实践"为人民服务宣讲团",成员由著名全国劳模、英模、地下党老同志、老红军、老将军、老干部及帮困助残的优秀学生等组成,杨富珍任团长,组织了近 20 场报告会,听众近 8 000 人;3 月,被列为上海红色旅游基地。2006 年 11 月 11—13 日倡议发起并主办了纪念红军长征胜利 70 周年、一代伟人毛泽东诞辰 113 周年"首届全国毛泽东纪念馆联谊会";同年,被列为上海市中小学生社会实践认证管理工作站。

二十六、上海淞沪抗战纪念馆

上海淞沪抗战纪念馆筹建于 1999 年,2000 年 1 月 28 日正式开放。位于宝山区友谊路 1 号临江公园内。隶属宝山区文化广播电视管理局管理。

纪念馆占地面积 6 000 平方米,塔体建筑面积 3 490 平方米,共十一层,一至二层为陈列区,三层为馆藏区,四层以上为塔式建筑。

基本陈列分为四个部分:第一展厅"抗日战争与上海陈列",以大量珍贵的历史影像资料、图片及有关文物,概要介绍了以二次淞沪抗战为主的上海人民 14 年抗战史;第二展厅"淞沪抗战史事掇英——血沃淞沪陈列"描述了"义勇军海塘退敌""众店员舍生取义""罗店镇白衣勇士""小英雄方塔就义""和籍团血洒江湾"等 18 个淞沪抗战中发生的故事,陈列充分运用了声、光、电及多媒体技术,给人以强烈的视觉冲击力；第三展厅"抗战文化系列——张明曹抗战美术作品展"，展现的是抗战时期著名的美术家张明曹先生有关抗日题材的部分版画作品以及珍贵实物；第四展厅"侵华日军暴行展"集中展示了侵华日军在上海烧杀掠夺的罪恶行径、中国军队在"一·二八"和"八一三"事变中抗击日军侵略的珍贵史料和历史遗物。

纪念馆藏品总数251件，主要通过接受捐赠和征集获得。其中重要藏品有签名轴、急公好义金丝绣匾、十九路军军服等。

该馆出版物有：《淞沪魂》《四个月战争：1937》《抗战史迹大观》《口述淞沪抗战》（一、二）等。该馆多次举办"一·二八""八一三"专题学术研讨会等学术交流活动，2003年，举办"中国革命纪念馆的责任与合作"论坛。该馆自2003年1月28日起实行免费开放。2000年5月，该馆被上海市人民政府命名为"上海市青少年教育基地"。2003年1月，被命名为"上海市爱国主义教育基地"。

表 3 - 1 - 47　2003—2010 年淞沪抗战纪念馆历任馆长一览表

姓　　名	任　职　时　间
孙爱民	2003 年—
黎英奎	2000 年 1 月—2002 年 2 月
陈贤明	2002 年 3 月—2005 年 6 月
汤明德	2005 年 7 月—

二十七、陈云故居暨青浦革命历史纪念馆

陈云故居暨青浦革命历史纪念馆筹建于1996年11月，于2000年6月6日正式对外开放。位于青浦区练塘镇朱枫公路3516号。隶属于中共上海市委宣传部管理。

纪念馆占地面积34 632平方米，总建筑面积1.3万平方米。由铜像广场、主馆、陈云故居、长春园、碑廊等组成。主馆建筑面积5 500平方米，展示面积3 500平方米。地上两层为陈云生平业绩陈列厅，地下一层为青浦革命历史陈列厅以及文物库房等。

1996年11月，经中共中央批准，决定在他的故乡——上海市青浦区练塘镇，在"陈云故居"和"青浦革命历史陈列馆"原址的基础上改扩建成系统展示陈云生平与业绩的纪念设施，并将馆名定为"陈云故居暨青浦革命历史纪念馆"。2000年4月，中共中央总书记江泽民亲笔题写了馆名。2000年6月6日"陈云故居暨青浦革命历史纪念馆"正式建成并对外开放。

该馆是集教育、研究、收藏、旅游为一体的全国爱国主义教育示范基地，它的基本陈列是陈云生平业绩和青浦革命史。陈云生平业绩陈列内含铜像广场、序厅、故居、长春园、文物展示室、碑廊等。陈云生平业绩四个陈列厅分别位于主馆的一楼、二楼。陈列分"店员出身的工运领导人""在历史转折关头""党的组织工作的杰出组织者""参加领导东北解放战争""社会主义经济建设的开创者和奠基人之一""在逆境之中""推动拨乱反正""参与开创有中国特色的社会主义伟大事业"8个单元。整个陈列按时间顺序反映了陈云伟大、光辉的一生。它用各个历史时期陈云珍贵照片、手迹原稿、文献资料、场景复制、实物原件以及艺术品等，浓墨重彩地再现了陈云革命生涯中的历史功勋、光辉思想、高尚风范。

陈云文物展示室展示了馆藏实物、照片、文献共61件，分35个版块展出。文物展的构思重点

突出，以小见大，通过实物与背景的介绍，在体现文物史料价值的同时，展现了一代伟人——陈云高大而平凡的形象。

青浦革命历史陈列厅在主馆的地下层西侧，陈列面积 180 平方米，分为"青浦自古出英雄""遍插红旗多壮志""水乡走进新时代"3 个部分。陈列展出照片 70 余件，实物 18 件，运用了声、光、电、油画、多媒体等现代展示手段，生动形象地展现了青浦人民在中国共产党的领导下，为建立社会主义新中国同国内外反动派浴血奋战的壮丽史篇，以及在社会主义建设中青浦人民艰苦创业，勇于实践，乐于奉献，开拓创新，在两个文明建设中所取得的辉煌成就。

该馆馆藏文物文献 1 907 件，其中照片 446 帧、文献 221 件、实物 130 件、墨宝 225 件。

该馆编辑出版有《陈云在上海》《光辉百年——陈云》《纪念陈云百年诞辰书画集》《陈云故居暨青浦革命历史纪念馆画册》《唯实的楷模——陈云》《陈云的故事》《走近陈云——口述历史馆藏资料辑录》等书籍，创办《陈云故居暨青浦革命历史纪念馆馆刊》。

2001 年，被中共中央宣传部命名为全国爱国主义教育示范基地。2002 年，成为 4A 级旅游景区(点)。2003 年，被上海市人民政府命名为上海市爱国主义教育基地。2005 年，陈云铜像在馆中落成。2008 年 3 月 10 日开始，作为上海市爱国主义教育示范基地之一免费向公众开放。同时，该馆是中国浦东干部学院、中共上海市委党校、中共上海市委宣传党校、经济党校等指定的现场教学点，开馆以来已进行百余场教育活动。

表 3‑1‑48　2000—2010 年陈云故居暨青浦革命历史纪念馆历任馆长一览表

姓　　名	任　职　时　间
沈善良	2000 年 1 月—2008 年 8 月
马　玉	2008 年 8 月—

二十八、上海蔡元培故居陈列馆

陈列馆于 2000 年 12 月 8 日起对社会开放，位于静安区华山路 303 弄 16 号，占地面积 1 480 平方米，建筑面积 526 平方米。隶属于静安区文物史料馆。

故居建成于 1937 年，为蔡元培在上海最后居住处。1984 年大修后，开始接待海内外人士。2000 年 3 月，在故居的底楼开始筹建蔡元培故居陈列馆。2006 年底，上海市静安区人民政府通过房屋置换，腾空故居三楼。2008 年 1 月 11 日蔡元培诞辰 140 周年之际，上海蔡元培故居实物馆在故居三楼开幕。

基本陈列以蔡元培生平为主题，内容分"从刻苦攻读到教育救国""中国近代教育和科学事业的奠基人""志在民族革命，行在民主自由"三个部分。陈列面积约 120 平方米，展品共 149 件。整个陈列以蔡元培的一生为纲，突出重大事件；以"家居式"的形式设计烘托上海故居特有的氛围。陈列所展示的蔡元培殿试策论考卷、出国护照、使用过的英文打字机、存放手稿的藤箱等实物以及大量手札、书籍、照片等历史资料，展现了蔡元培的个人经历。

实物馆陈列厅面积约 47 平方米，展出蔡元培七十大寿时社会各界赠送之物品近 50 件，如：木质唱机唱片柜(民国)、木质目录资料柜(民国)、朱子家训墨(民国)、铜质、木质祝寿奖牌(民国)、木质漆盘(民国)、铜质立式放大镜(民国)、佛手水盂(近代)、刺绣镜框(近代)、祝寿漆器珊瑚(民国)、陶制咖啡壶（近代）等。

故居先后与北京大学上海校友会、上海交通大学、上海音乐学院、复旦大学、华东师范大学、向明中学、市西中学等 20 多个单位团体结对，管理培训志愿者双语讲解员队伍，举办"纪念蔡元培创建音乐学院八十周年广场音乐会"、学术思想研讨会等。2006 年 5 月 22 日与北京大学上海校友会、上海市静安区静安寺街道合作，在静安寺街道社区图书馆开设"孑民书屋"，完成蔡元培先生生前欲建"孑民图书馆"的愿望。2008 年 1 月 11 日蔡元培诞辰 140 周年之际，故居编辑出版《人世楷模蔡元培》一书。

1984 年，公布为上海市文物保护单位。2004 年 5 月，故居被命名为静安区爱国主义教育基地。

二十九、中国共产党第二次全国代表大会会址纪念馆

中国共产党第二次全国代表大会会址纪念馆筹建于 2001 年，2002 年 6 月 30 日正式对外开放。位于老成都北路 7 弄 30 号。隶属于静安区人民政府管理。

纪念馆建筑面积 2 282 平方米。基本陈列分为"中国共产党第二次全国代表大会历史展览""中国共产党党章陈列""平民女校史料陈列"3 个展厅。"中国共产党第二次全国代表大会历史展览"分为"开创与探索""旗帜与道路"和"实践与发展"三部分。着重表现了由中共二大所制定的民主革命纲领以及其他重要的决议案，迅速成为党领导各阶级展开革命运动的一面旗帜，中华民族从此走上为彻底推翻帝国主义和封建主义而斗争的新征途。

中国共产党党章陈列位于纪念馆二楼，陈列着中国共产党自诞生以来的 80 多年时间里所产生的 16 部党章或党章修订案，并用触摸式电脑一一对应，可供来宾详细查询有关内容。从一个独特的角度，再现了中国共产党从幼年走到成熟的全过程，记录着中国共产党思想、理论和政治路线与时俱进的发展轨迹。展厅中还陈列了百余种不同版本的《党章》和《中国共产党宣言》。

平民女校史料陈列包括平民女校历史沿革以及平民女校教员和学生的相关内容。平民女校是中国共产党创办的第一所培养妇女干部的学校。旧址位于上海南成都路辅德里 632 号 A，与二大会议旧址同位于"辅德里"相邻的两排石库门里弄内。1984 年 5 月，平民女校旧址被公布为上海市文物保护单位。2002 年 9 月，被上海市妇联命名为上海妇女教育基地。

该馆编辑出版有《中国共产党第二次全国代表大会》《中共二大研究论文集》等作品。被市委宣传部、市教委、团市委授予 2008—2009 年度上海市爱国主义教育基地先进单位称号。2009 年 5 月，被中共中央宣传部命名为"全国爱国主义教育示范基地"。

表 3-1-49 2002—2010 年中国共产党第二次全国代表大会会址纪念馆历任馆长一览表

姓　名	任　职　时　间
尤启龄	2002 年 6 月—2003 年 7 月
朱伟明	2003 年 7 月—2005 年 12 月
张海根	2005 年 12 月—2009 年 4 月
杭春芳	2009 年 4 月—

三十、张充仁纪念馆

张充仁纪念馆筹建于 2002 年 2 月，2003 年 3 月 17 日正式开放。位于闵行区七宝镇蒲溪广场 75 号。隶属闵行区文化广播电视管理局管理。

张充仁(1907—1998)，现代雕塑艺术奠基人之一。纪念馆陈列面积约为 600 平方米，陈列了张充仁的雕塑、绘画的代表作品以及相关书报照片等珍贵资料 400 多件，展现了张充仁的生平事迹和艺术成就。开馆展览名称《张充仁生平展》。2007 年 8 月 1 日，开始第二次布展，展览名称为《张充仁诞辰 100 周年展览》。调整后的展览共分为三个展区。馆内的序厅，展示张充仁的生平年表；第一展区《饮誉欧洲》，将张充仁青年和晚年先后两度赴欧洲求学和讲学的人生经历组合在一起，突出张充仁欧洲时期在创作和事业上所取得的辉煌成就；第二展区《画室春秋》，着重展示 1936 年张充仁载誉归国后，创办上海第一家雕塑绘画教学机构"充仁画室"的人生历程和进入创作高峰期的雕塑和绘画精品；第三展区《雕塑泰斗》，展示的是解放后至改革开放时期，张充仁人生经历和雕塑创作最为重要的一个阶段，张充仁坚持现实主义的创作理念，深入生活，讴歌工农，艺术创作获得新的生命。

纪念馆收藏有张充仁先生的雕塑、绘画作品及实物和相关照片、信函、报刊资料 400 多件，其中雕塑 39 件、油画 6 件、水彩画 41 件、国画 4 件。藏品主要来源于家属捐赠、托管、社会捐赠、借展和向社会征集。

该馆编撰出版《张充仁研究》第一、二、三辑，《张充仁纪念馆》《张充仁雕塑绘画作品选》画册，《雕塑》《绘画》《文论》系列丛书，连环画《雕塑大师张充仁》等；编辑拍摄了《张充仁的爱国情怀》《泥塑神手——张充仁》专题电视纪录片。2007 年 9 月 22 日，举办"上海纪念雕塑大师张充仁诞辰 100 周年系列活动"；2008 年 9 月 21 日，举办"纪念张充仁逝世 10 周年纪念活动"；同年 10 月 19 日，在北京华侨大厦举办"纪念张充仁先生逝世 10 周年学术研讨会"。2009 年 6 月 23 日，被国家文物局评为国家三级博物馆。

表 3-1-50　2003—2010 年张充仁纪念馆历任馆长一览表

姓　　名	任　职　时　间
薛惠兴	2003 年—

三十一、上海黄道婆纪念馆

黄道婆纪念馆于 2003 年 3 月 21 日正式向社会开放，位于徐汇区华泾镇东湾村徐梅路 700 号黄道婆墓东侧。整个黄道婆墓区坐北朝南，占地面积 1 000 多平方米。1987 年 12 月 1 日，为纪念国务院命名上海为国家历史文化名城一周年，上海市文物管理委员会举行黄道婆墓修复工程竣工仪式。1988 年墓地前筑东西向甬道。2002 年 3 月 28 日，黄道婆纪念馆举行开工仪式，次年 3 月 21 日建成开放。隶属于徐汇区华泾镇人民政府管理。

纪念馆由 1 间正厅和 2 间侧厅组成，馆内根据建筑布局设三个展厅。主展厅面积约 200 平方米，着重展示黄道婆生平事迹和发展中国纺织事业的历史功绩，分"英名传中外""功绩耀古今""后人共瞻仰""伟业告英灵"4个部分。两边厢房为次展厅，面积各为45平方米，展出以旧实物为主。具体布置为：南展厅为纺织器具馆：陈列历史上在上海一带流传的轧车、弹弓、擦条、纺车、木挣、木梭、经床、轴轳、拨车、抒机等纺织工具。北展厅为生活用具馆，陈列历史上流传于上海一带的乌泥泾被、云布、落斑布、紫布、丁娘子布、三林标布、稀布、斜纹布、柳条布、高丽布、芦席布等棉纺织品。

三十二、上海福寿园人文纪念馆

上海福寿园人文纪念馆于2003年9月13日正式开馆。位于青浦区外青松公路7270弄600号(福寿园内)。

图3-1-17　上海福寿园人文纪念馆外观

图3-1-18　纪念馆内景

上海福寿园人文纪念馆由"主题纪念馆""个性纪念馆"和"网上纪念馆"组成。"主题纪念馆"集中再现了福寿园内四十多位海上名人"生命的故事",展示了他们的生平资料,包括人物简介、历史相册、回忆文章、著述手迹及生活、学习、工作用品和荣誉物品等;"个性纪念馆"分不同的领域展示不同人物"生命的光华",如"红十字遗体捐献者纪念馆""戏曲艺术大师纪念馆""星星港纪念馆"等。

三十三、中国社会主义青年团中央机关旧址纪念馆

中国社会主义青年团中央机关旧址纪念馆于 2004 年 4 月 26 日修复后对外开放,位于卢湾区淮海中路 567 弄 1—7 号。隶属于卢湾区文化局管理。

1920 年 8 月 22 日,在中国共产党早期组织的领导下,俞秀松等 8 名青年发起成立了中国第一个社会主义青年团——上海社会主义青年团。团的机关设在当时法租界霞飞路新渔阳里 6 号(今淮海中路 567 弄 6 号)。中华人民共和国成立后,经修葺复原,渔阳里 6 号被辟为纪念馆。1961 年 3 月 4 日,国务院将渔阳里 6 号正式命名为"中国社会主义青年团中央机关旧址",并列入第一批全国重点文物保护单位。2004 年 4 月 26 日修复后对外开放。

纪念馆展厅建筑面积 779.8 平方米,分为序厅、中国青年英模展厅、上海青年运动史展厅、"渔阳里"历史展厅和旧址五个部分,其中旧址位于上海市淮海中路 567 弄 6 号。序厅通过 30 米长的巨幅铜板壁画真实再现了 90 多年来全国青年运动蓬勃发展的光辉历程,序厅成为广大青少年和团组织开展主题活动的舞台。

中国青年英模展厅展示了五四运动以来的 33 位青年英模和英模集体的感人事迹,通过再现各个历史时期涌现出的英模形象,向当代青少年昭示中华民族自强不息、奋发向上的精神实质。

上海青年运动史展厅通过大量的图片集中展示了 90 多年来,上海青年在党的领导下,在新民主主义革命时期、社会主义建设时期和改革开放、建设社会主义现代化国际大都市进程中创造的光辉业绩,表现了青年在党的领导下前仆后继,艰苦奋斗的生动历程。

"渔阳里"历史展厅主要反映了 1919 年五四运动至 1922 年团的"一大"召开的历史。该展厅分为四个展区。第一展区介绍时代背景,讲述五四运动在北京爆发,上海举行"三罢"斗争,取得胜利的过程。第二展区介绍上海建团的过程,讲述中国共产党发起组领导建团、在渔阳里开办外国语学社、培养干部和输送优秀青年到苏俄学习的历史。第三展区介绍全国建团的情况,讲述在上海团的带动下,全国各地相继建团,直到 1922 年 5 月 5 日团的"一大"胜利召开的历史。第四展区展示了刘少奇、任弼时、俞秀松、罗亦农为代表的从渔阳里走出来的一批批优秀青年。

旧址复原内部陈设,再现了当年团中央机关、上海社会主义青年团和外国语学社的原貌。

纪念馆是全国爱国主义教育示范基地和全国青少年教育基地。

三十四、中共上海地下组织斗争史陈列馆暨刘长胜故居

陈列馆筹建于 2002 年 9 月,2004 年 5 月 27 日正式对外开放,位于静安区愚园路 81 号。隶属于静安区文物史料馆管理。

刘长胜故居是上海局的秘密机关旧址之一,也是刘长胜 1946 年至 1949 年在沪从事地下革命斗争时的居住地。1992 年 6 月,刘长胜故居被上海市人民政府列为市级纪念地点。

整个陈列馆建筑面积约为 800 平方米,共设有四层展览区。陈列馆底楼复原了文委筹建左联

的地点"公啡咖啡馆"和"上海书店""荣泰烟号"等场景,这些都是上海解放前夕中共地下组织主要的秘密联络点;二、三、四楼展馆通过雕塑、场景展示、情景模拟、实物陈列等一系列表现手法,展示了1937—1949年期间刘晓、刘长胜、张承宗等同志领导下的中共上海地下组织发展、斗争的历程。

陈列馆的基本陈列分为"中共上海地方组织诞生""前赴后继、不屈不挠的斗争""开展抗日救亡运动""争取和平民主、反对内战""里应外合,解放上海"5个部分。介绍中共上海地方组织从诞生历经二次国内革命、抗日战争到配合中国人民解放军武装夺取政权解放上海的斗争历程。二楼复原了当年刘长胜的起居室,三楼复原张承宗故居起居室。陈列面积约568平方米,展出刘长胜生前使用过的皮箱、望远镜、手表、工作证等和中共上海地方组织领导下的群众革命团体"益友社"的理事会章、邮局职工结拜兄弟帖"金兰同契""人民保安队"臂章等实物及图片400余件。

2004年5月,被静安区人民政府公布为爱国主义教育基地。2005年3月,被上海市旅游事业管理委员会列为上海红色旅游基地。2006年8月2日,被中共静安区委宣传部、区文明办公布为静安区中小学生社会实践认证管理工作站。2010年1月,被上海市人民政府命名为上海市爱国主义教育基地。

三十五、中国共产党第四次全国代表大会史料陈列馆

中国共产党第四次全国代表大会史料陈列馆于2005年1月11日正式对外开放。位于虹口区多伦路215号。隶属虹口区文物遗址史料馆管理。

陈列馆所在建筑为砖木结构,假三层独立式花园住宅。抗日战争期间曾作为日本海军陆战队司令官邸,解放后为上海纺织局老干部活动室。1999年被公布为上海市优秀历史建筑。

1925年1月11—22日,中国共产党第四次全国代表大会在上海东宝兴路254弄28支弄8号处召开。出席大会代表有陈独秀、蔡和森、瞿秋白、周恩来等20人,代表全国各地党员994人。中共"四大"会址原为坐西朝东的砖木结构假三层石库门民居,1932年1月28日毁于日军炮火中。1987年11月17日,上海市人民政府公布中国共产党第四次全国代表大会遗址为上海市革命纪念地点。1995年上海市文物管理委员会在遗址处勒石纪念。

2003年,中共虹口区委、区政府决定,由区委党史办牵头、虹口文史馆落实人员,开始进一步收集整理"中国共产党第四次全国代表大会"的史料。2004年3月暂借多伦路201弄2号"左联"会址纪念馆的一楼作为临时展厅着手设计布展工作,同年7月1日在本区内试展。2005年1月11日,在纪念中共"四大"召开80周年之际,"中国共产党第四次全国代表大会史料展"正式向市民开放。2006年迁至多伦路215号,重新设计布置"中国共产党第四次全国代表大会史料陈列馆",同年7月1日正式对外开放。

该馆展厅分:"风起云涌""历史丰碑""唤起工农"和"红色虹口"4大部分。展厅面积共计100平方米。共展出藏品35件。部分展品是由陈独秀的后代和罗章龙的儿子所捐赠,其余展品由中共虹口区委党史办的工作人员到全国征集而来。

表3-1-51　2006—2010年中国共产党第四次全国代表大会史料陈列馆历任馆长一览表

姓　名	任　职　时　间
孙爱民	2006年—

三十六、徐光启纪念馆

徐光启纪念馆于 2005 年 1 月 15 日对外开放,位于徐汇区南丹路 17 号光启公园内。分为徐光启墓区与纪念馆陈列两大展区。占地面积为 502 平方米,建筑面积 282 平方米。隶属于徐汇区文化局管理。

1959 年 5 月 26 日,徐光启墓区被公布为上海市文物保护单位。1988 年 1 月 13 日,被国务院公布为第三批全国重点文物保护单位。2003 年 6 月,徐光启墓进行新一轮整体修缮,是年 12 月 27 日竣工。

2003 年 6 月,徐汇区人民政府和上海市文物管理委员会共同出资,将原处于梅陇镇东、始建于明弘治末年的徐汇区文物保护单位——"南春华堂"整体搬迁至光启公园内的徐光启墓地旁。2003 年 12 月竣工。2004 年 1 月开始在"南春华堂"内筹建徐光启纪念馆。2005 年 1 月正式对公众开放。

基本陈列分为五部分:"碑廊""徐光启生平""《农政全书》与《几何原本》""《崇祯历书》与《徐氏庖言》""徐光启与上海",重点突出徐光启的生平、重大贡献,以及徐光启与上海密不可分的情结。展示了徐光启画像、信函墨迹、明刻本《农政全书》、最早传入中国的世界地图——《坤舆万国全图》以及藏于美国旧金山大学的上海土山湾画馆所作之徐光启、利玛窦、汤若望、南怀仁四幅人物水彩画像复制品等一大批珍贵资料。

该馆是上海市爱国主义教育基地、徐汇区廉政教育基地。

表 3-1-52 2005—2010 年徐光启纪念馆历任馆长一览表

姓　　名	任　职　时　间
沈永健	2005 年 1 月—

三十七、上海院士风采馆

上海院士风采馆于 2006 年 1 月 7 日开馆,位于杨浦区国顺东路 369 号。由中共上海市委组织部、上海市科学技术委员会和杨浦区委、区政府联手共建。隶属于中共杨浦区委组织部。是全国首家以集中展示两院院士风采为主题的专题性展馆。

展馆内展示面积达 2 000 平方米,分为序厅和"奋斗与辉煌""梦想与追求""使命与荣耀""开拓与创新"及尾厅共 6 个展厅四大展区,综合展示了沪上 200 多名两院院士的科技风采和崇高精神。

该馆先后被授予上海市科普教育基地、中华爱国工程联合会上海院士风采馆爱国主义教育基地、上海市爱国主义教育基地和全国科普教育基地。

三十八、上海解放纪念馆

上海解放纪念馆于 2006 年 5 月 26 日正式开放。位于宝山区宝杨路 599 号宝山烈士陵园内东侧。隶属宝山区民政局管理。

上海解放纪念馆建筑面积约 1 500 平方米,由序厅、主展厅和大型多媒体主题情景剧场组成。陈列以上海战役实施"钳击吴淞、解放上海"的战役决策为主线,重点展示解放军将国民党守军主力吸引到郊区并将其歼灭，从而保全上海市区的主要史迹。

三十九、新场历史文化陈列馆

新场历史文化陈列馆于 2006 年 6 月正式向公众开放。位于浦东新区新场镇新场大街 367 号。隶属于浦东新区文物保护管理署管理。

陈列馆所在地是清光绪年间新场镇富户张氏开设的信隆典当行，中华人民共和国成立后，曾做过镇文化宫、工人俱乐部。2005 年 10 月进行修缮，次年正式对外开放。1927 年，吴仲超考入上海法科大学，在校期间接受了革命思想，第二年加入中国共产党。回新场后，任新场第一任区委书记，当时他还住在信隆典当。现"新场历史文化陈列馆"第三进二楼西南角，就以他原宿舍作为纪念他的展示室。

该馆共有藏品 171 件，其中较为重要的有：明代万历三世二品坊石狮头等。

四十、高桥历史文化陈列馆

高桥历史文化陈列馆于 2006 年建成，2007 年 5 月 15 日正式向社会开放。位于浦东新区高桥镇义王路 1 号。隶属于浦东新区文物保护管理署管理。

陈列馆建筑是建于 20 世纪 30 年代的仰贤堂，建筑面积 1 100 平方米，主楼约 640 平方米。

作为镇级历史陈列馆，高桥历史文化陈列馆藏品立足本地，贴近百姓，贴近生活，陈列展品 600 多件，多数来自当地民间，浓缩了高桥上千年的历史，较全面反映了高桥的历史文化、生产生活以及乡风民俗等各个方面。

四十一、上海南社纪念馆

上海南社纪念馆于 2007 年 5 月 31 日正式开放。位于金山区张堰镇新华路 139 号，原为姚光（姚石子）故居。

姚光故居是南社在张堰活动的主要地点之一。姚氏老宅始建于明清，清咸丰年间毁于兵灾，光绪六年（1880 年）在原址重建。解放后，该建筑曾先后被用作政府机构办公用房。2004 年被公布为金山区级文物保护单位。2005 年起由地方财政出资整体修缮。

2007 年 5 月，金山区人民政府以"姚光故居"为依托正式成立"上海南社纪念馆"，2009 年 1 月经上海市政府文物管理委员会正式批准，这是国内首座全面陈列南社历史人物事迹的展示平台。

该馆基本陈列分八大章节，分别为忧国忧民——南社的酝酿与成立、青史垂功——南社与辛亥革命、国魂所寄——南社的文学成就、传承国粹——南社与中国传统文化艺术、引纳新知——南社与中国近代文化转型、再赋新章——一九二三年以后的南社、星光璀璨——不同视角下的南社、心怀天下——协商建国与祖国统一事业。展览综合反映了自 20 世纪初至 20 世纪 40 年代内，中国先进知识分子参与社会革命及各种社会文化活动的史实。

该馆是上海市爱国主义教育基地、金山区统一战线教育基地和上海市社会主义学院实践教学基地。

四十二、上海犹太难民纪念馆

上海犹太难民纪念馆于 2007 年开始筹建和修缮,是年底局部开放。位于虹口区长阳路 62 号。

纪念馆由摩西会堂旧址和两个展示厅组成,是"提篮桥历史文化风貌区"的重要组成部分,旨在见证和纪念犹太难民在上海这段历史。

摩西会堂旧址是上海仅存的两座犹太会堂旧址之一,由俄罗斯犹太人于 1928 年修建,二战期间是在沪犹太难民们经常聚会和举行宗教仪式的场所,2004 年被列为上海市第四批优秀历史建筑。以色列前总理拉宾在 1994 年参观时留言感谢"第二次世界大战时上海人民卓越无比的人道主义壮举"。2007 年 3 月,虹口区人民政府依据从档案馆发现的原始建筑图纸斥资对其进行了全面修缮。摩西会堂旧址现已恢复为 1928 年作为犹太会堂时的建筑风貌,内部结构也根据图纸进行了调整。

二号展示厅于 2007 年底完工,生动再现了犹太难民在上海的这段历史,反映了犹太难民在政治、经济、文化、宗教、生活以及当地居民和谐相处的情景,展有难民护照和上海犹太早报等实物复制品、刻有拉宾题词的大型石片等。三号展示厅于 2008 年 5 月完工,经常举办各种主题新颖的展览。

纪念馆已成为整个上海关于犹太难民历史和实物资料最为齐全的地方,成为犹太人到上海的必访之处。

四十三、顾正红纪念馆

顾正红纪念馆于 2008 年 5 月 30 日五卅运动 83 周年纪念日建成开馆。位于普陀区澳门路 300 号。隶属普陀区文化局管理。

纪念馆总面积 1 300 平方米。全馆由顾正红纪念广场、馆内陈列、顾正红烈士殉难处三部分组成。

展馆陈列分上下两层,由"黑暗的旧中国、苦难的童年""在日商纱厂做工、二月罢工的烽火""顾正红惨案"和"五卅运动"4 部分组成。

纪念馆是上海市级、普陀区级爱国主义教育基地和上海市廉政文化创新项目。

四十四、国歌展示馆

国歌展示馆于 2009 年 9 月 25 日落成开放,位于杨浦区荆州路 151 号。隶属于杨浦区文化局。

纪念馆展示面积 1 450 平方米,分为"国歌诞生厅""国歌纪念厅""'我'和国歌厅""国歌震撼厅""世界各国国歌厅"5 个部分,以国歌故事为主线,通过实物陈列、场景再现、多媒体互动展示,全面展示《义勇军进行曲》诞生、传播及其深远影响。

馆内展品特色鲜明,主要以抗战、国歌两方面为主。具有代表性的展品为 1935 年上海百代唱片公司灌制的首版《义勇军进行曲》唱片、美国歌手保罗·罗伯逊灌制的《起来》唱片和第一版以《中华人民共和国国歌》命名的唱片。

该馆为国家国防教育示范基地、全国科普教育基地、上海市爱国主义教育基地、上海党史教育基地、上海市廉政教育基地。

四十五、丰子恺旧居陈列室

丰子恺旧居陈列室,位于卢湾区陕西南路39弄93号。原是1954—1975年间丰子恺在上海的寓所,2010年前后由丰子恺后代重新"买回"二、三楼租赁权。两家住户搬走后,丰家修旧如旧,恢复原貌,于2010年3月21日正式开放,成为上海独特的一个"民办公助"名人故居。

陈列室内的陈设按照丰子恺起居时的原样放置,还原了当年丰子恺的生活和工作场景。

第三节 美 术 馆

一、上海美术馆

上海美术馆创建于1956年,前身为上海美术展览馆,原址在南京西路康乐酒家。上海美术馆是新中国最早建立的美术馆之一,陈毅市长亲自主持落成典礼。1983年在南京西路456号重新翻建,1986年正式更名为上海美术馆。2000年,上海美术馆迁入黄浦区南京西路325号,原建筑为旧上海跑马总会,解放后曾为上海博物馆、上海图书馆馆址。隶属于上海市文化广播影视管理局管理。

美术馆建筑面积1.8万平方米,展示面积近6000平方米,拥有展厅12个。除展厅外,上海美术馆还拥有可供国内外学术交流、艺术鉴赏的会议室、学术活动室、多功能厅及美术资料室等设施,为同时或分别举办各类艺术展览、学术交流活动提供了良好的条件,成为集收藏研究、陈列展览、审美教育、文化交流于一体的近现代艺术中心,并已逐步成为上海标志性的公益文化设施之一。

上海美术馆共有馆藏作品9815幅,其中馆藏珍品53幅。馆藏包括国画、油画、雕塑、版画、水彩、连环画等多种艺术品,涵盖了20世纪中国美术发展进程各阶段的内容。

1998年,上海美术馆在借鉴国外成熟美术馆运营理念的基础上,结合自身功能发展要求,组建了美术馆教育部,成为国内率先设置专职业务人员从事公共艺术教育的美术馆。上海美术馆教育部成立之初,每月印发《上海美术馆之友》,为观众提供展览、活动信息。并且通过举办讲座、现场导览、艺术体验、征文、问卷调查等活动形式开展公共教育。

1999年推出上海美术馆之友会员服务,2001年起逐步细分友人类别,分别推出了离退休友人卡、教师卡、学生卡、亲子家庭卡等,以适应不同观众群的需求。据2008年统计,上海美术馆友人注册会员共计2416人。

2001年,上海美术馆教育部在建立《上海美术馆网站》,拓展了信息发布和与观众交流沟通的渠道,并逐渐形成了以"上海美术馆之友"俱乐部、活动策划与推广、文化志愿者工作以及公共图书馆为工作核心,以"上海美术大课堂""流动的上海美术馆"为品牌特色的城市公共美术教育服务综合体。

美术馆迁入新馆后,积极开展学术品牌性项目研究和展示,推出了一系列重要研究项目和成果展示,2007年推出由上海市美术家协会、上海油画雕塑院、上海大学美术学院和上海美术馆共同主办的《岁月的印痕——俞云阶艺术回顾展》;由上海美术馆主办,上海油画雕塑院和上海美术设计公司协办的《故园旧梦——蒋昌一油画作品展》;2008年举办了"油画家曹达立作品展"研讨会、"沉香——上海艺术家作品展"研讨会、"旅法艺术家田野作品研讨会","许江的艺术视野"研讨会及讲座、"刘大为——怀古开今,融会贯通——谈中国画的价值定位"研讨会及讲座、"何家英——衡中西以相融"研讨会及讲座;2009年,与中国美术家协会、中国油画家学会、上海市文学艺术界联合会、浙江省文学艺术界联合会、中国美术学院等共同主办《被拯救的葵园:许江新作展》,与中国美术学院联合举办了"画者之思:许江的艺术与思想"学术研讨会;与中国美术家协会、全国政协书画室、中国艺术研究院和天津市文联共同举办"何家英画展"。

上海美术馆始终立足自身职能,积极开展20世纪中国美术研究和展示。2005年举办《靳尚谊艺术回顾展》,2006年举办《名师足迹:艾中信艺术展》,2007年举办《跋涉者——方增先艺术回顾展》,2009年举办《我负丹青——吴冠中捐赠作品展》,2009年举办"《收租院》大型群雕与文献展",2009年举办《咱们工人有力量——中国工业主题美术作品展》,2009年举办"革命的时代:延安以来的主题创作展"。

上海美术馆自1996年开始举办中国上海双年展,这是继1989年后首个现代美展。首届展览由上海美术馆策划,上海市政府出资举办,包括雕刻、绘画、装置作品。从第一届以"开放的空间"为主题,经过第二届"融合与拓展"、第三届"海上·上海——一种特殊的现代性"、第四届"都市营造"、第五届"影像生存",再到第六届"超设计"和第七届"快城快客",上海双年展始终以上海城市为母体,依托上海独特的城市历史和文化记忆,思考当代都市文化建设中的诸种问题,充分调动中国文化资源和技术媒体发展的最新成果,以鲜活的视觉艺术方式在全球境遇和本土资源之间、严肃人文关怀和大众时尚之间、都市视觉建构和城市内涵发掘之间,建立起一座交往互动和展示的桥梁。

上海美术馆积极拓展自身对外文化交流的职能,开展国际文化艺术研究和展示。历年来举办了龙族之梦——中国当代艺术展(爱尔兰),中法文化交流年系列展览的法国印象派绘画珍品展、法国卢浮宫版画珍品展,上海美术馆藏品展(日本东京),上海美术馆藏中国当代艺术展(西班牙拉斯佩齐亚),中法文化交流之春之"约会·上海2008"里昂当代艺术展,"为了明天的记忆"瑞士银行艺术藏品展,"图像的故事"安特卫普古典及新时代大师,中法文化交流之春之《变奏的身体——法国罗纳—阿尔卑斯大区五大美术馆藏品展》,有效向外传播了中国文化。

表3-1-53　1995—2010年上海美术馆展览情况表

展　览　时　间	展　览　名　称	主　办　单　位
1995年12月8—13日	纪念上海中国画院成立35周年画展	上海中国画院
1996年3月18日—4月7日	开放的空间——'96上海美术双年展	上海市文化局、上海美术馆
1996年3月28日—4月14日	北大荒知青纪实摄影展	国务院发展研究中心所属的人才交流培训中心、黑龙江国营农场总局
1996年9月8—10日	程十发捐赠藏画展	上海市文化局、上海中国画院
1998年10月20日—11月20日	融合与拓展——'98上海美术双年展	上海美术馆、梁洁华艺术基金会

(续表一)

展 览 时 间	展 览 名 称	主 办 单 位
1998 年 7 月 15 日—8 月 10 日	现代日本画巨匠作品暨平山郁夫版画展	中华人民共和国文化部
2000 年 11 月 6 日—2001 年 1 月 6 日	海上·上海——一种特殊的现代性2000 上海双年展	上海美术馆
2001 年 5 月 2—30 日	魔幻·达利：西班牙超现实主义绘画大师作品展	上海美术馆、解放日报报业集团、中国台湾中国时报系、西班牙达利基金会
2001 年 6 月 3—24 日	意大利超前卫艺术展	意大利外交部、意大利国际艺术交流中心、上海美术馆
2001 年 11 月 3—30 日	奥地利当代艺术展	上海美术馆、奥地利联邦总理府艺术司
2002 年 1 月 30 日—9 月 13 日	贺慕群作品展	上海美术馆
2002 年 3 月 6—16 日	形而上 2002——上海抽象艺术展	上海美术馆
2002 年 10 月 15 日—11 月 6 日	《东＋西——中国当代艺术展》	上海美术馆（奥地利维也纳艺术之家展出）
2002 年 11 月 22 日—2003 年 1 月 20 日	都市营造——2002 上海双年展	上海双年展组织委员会
2003 年 10 月 16 日—11 月 16 日	形而上 2003——上海抽象艺术展	上海美术馆
2004 年 9 月 28 日—11 月 28 日	影像生存——2004 上海双年展	上海美术馆、东方早报
2005 年 4 月 22 日—5 月 31 日	奥地利新抽象绘画展	中国文化部、奥地利联邦总理府
2005 年 9 月 9 日—10 月 9 日	吴冠中艺术回顾展	上海美术馆
2005 年 9 月 24 日—10 月 17 日	中法文化年项目《卢浮宫馆藏版画——法国版画 400 年》	上海美术馆、卢浮宫博物馆书画刻印艺术部、法国国立博物馆联合会以及法国天泰文化传媒制作公司
2006 年 1 月 1 日—2 月 2 日	意大利绘画 400 年——意大利贝利尼博物馆馆藏文艺复兴时期作品展	意大利贝利尼博物馆、上海路易吉贝利尼文化艺术交流策划有限公司、上海美术馆
2006 年 2 月 20 日—3 月 21 日	陈箴艺术展	上海美术馆
2006 年 9 月 5 日—11 月 5 日	超设计——第六届上海双年展	上海双年展组织委员会
2007 年 2 月 4 日—3 月 4 日	俞云阶艺术回顾展	上海美术馆、上海市美术家协会、上海油画雕塑院、上海大学美术学院
2007 年 3 月 9—22 日	卢辅圣画展	中国美术家协会、上海美术馆
2007 年 5 月 28 日—6 月 26 日	果冻时代	上海美术馆
2007 年 8 月 23 日—9 月 4 日	杨正新水墨艺术展	上海美术馆
2007 年 9 月 6—15 日	张培成水墨艺术展	上海美术馆
2007 年 9 月 18—26 日	陈家泠水墨艺术展	上海美术馆

（续表二）

展 览 时 间	展 览 名 称	主 办 单 位
2007 年 11 月 16—30 日	方力钧画展	上海美术馆、中国银行、大家文化艺术
2007 年 12 月 1—12 日	王怀庆艺术展	上海美术馆
2008 年 3 月 4—23 日	李青萍捐赠作品展	上海美术馆
2008 年 9 月 8 日—11 月 16 日	快城快客——2008 第七届上海双年展	上海双年展组织委员会
2009 年 9 月 24 日	《果冻时代——中国当代青年艺术展》	上海美术馆（比利时安特卫普摄影艺术馆展出）
2009 年 5 月 28 日—6 月 4 日	古风新貌——纪念谢稚柳百年诞辰	上海市文学艺术界
2010 年 6 月 11—24 日	1971—2010 周春芽艺术 40 年回顾展	上海美术馆
2010 年 8 月 14—22 日	纪念弘一大师 130 周年书法展	上海美术馆、大野弘庐
2010 年 9 月 18—23 日	画家眼中的上海世博场馆油画展	上海世博会事务协调局、上海世博会公众参与馆、上海市美术家协会、解放日报、上海美术馆
2010 年 9 月 30 日—10 月 24 日	《果冻时代——中国当代青年艺术展》	上海美术馆（法国里昂当代美术馆展出）
2010 年 10 月 24 日—2011 年 2 月 28 日	巡回排演——2010 第八届上海双年展	上海双年展组织委员会
2010 年 11 月 5 日—12 月 5 日	《果冻时代——中国当代青年艺术展》	上海美术馆（瑞士巴塞尔艺术风景线展出）

上海美术馆始终关注多门类的艺术样式，形成丰富的学术研究成果，推出了中外当代摄影系列研究和展示，包括曼雷与大师们——世界摄影流派作品展、晋永权摄影展、王景春摄影展、宋朝摄影展、杨延康摄影展、颜长江摄影展、阮义忠摄影回顾展、海原修平摄影作品展、冯建国摄影作品展、迈克尔·科纳 30 年摄影回顾展、梁卫州摄影展、曾翰摄影展、"踏着谢阁兰的足迹：真实国度之旅——蒂尔利·吉拉尔摄影展"等项目。

2002 年，上海美术馆正式成为国际博物馆协会的成员。2005 年，当选国际博物馆协会现代美术馆委员会（CIMAM）理事。

表 3 - 1 - 54　1956—2010 年上海美术馆历任馆长一览表

姓　名	任 职 时 间
陈秋草	1956 年—1985 年
方增先	1985 年 5 月—

二、刘海粟美术馆

美术馆筹建于 1993 年 7 月，1995 年 3 月 16 日正式开放，江泽民题写馆名，位于长宁区虹桥路

1660 号。隶属于上海市文化广播影视管理局。

刘海粟(1896—1994)是现代杰出画家、美术教育家。美术馆集美术馆、博物馆和纪念馆于一体,主要功能为收藏、保管美术作品,展示中国当代美术成就,向公众进行美术教育,组织学术研究,开展国内外文化交流。

美术馆建筑面积 5 600 平方米,总陈列面积 1 100 平方米,拥有 5 个独立的展厅。二楼展厅常设"刘海粟作品展",轮流展出刘海粟的油画、国画精品,其中重要展品有:油画《北京前门》《巴黎圣母院夕照》,国画《艳斗汉宫春》等,展品每季度更换一次。展厅内还穿插介绍了刘海粟的生平简历,展示了大量反映刘海粟艺术生涯的历史照片和珍贵资料。其他四个展厅可独立或组合举办不同规模、不同风格的艺术展览。自开馆以来,这里先后举办过齐白石、林风眠、李可染、黄胄、林散之等著名画家的个人画展。同时,每两年一届的"上海青年美术大展"和每年一次的"'大师从这里起步'美术教育系列展"已成为刘海粟美术馆的特色展览。美术馆还引进巴西、埃及、意大利、美国、俄罗斯等许多国家的展览,展出了包括达·芬奇、米开朗琪罗、切利尼、毕加索、霍克尼、巴塞利茨等大师的作品。

美术馆的藏品总数达 1 099 件,主要以刘海粟先生所捐献的艺术作品为主。重要展品有:五代关仝的《溪山幽居图》、北宋巨然的《茂林叠嶂图轴》、金代李早的《回部会盟图卷》、明代八大山人的《孔雀图轴》、石涛的《黄山图轴》以及董其昌、沈周的册页精品,刘海粟的《黄山一线天奇观》、油画《巴黎圣母院》《太湖工人疗养院之雪》等也都为重要的馆藏作品。近年来又陆续增加了现代部分的收藏。

教育推广是刘海粟美术馆的重要业务活动之一。附属于美术馆的上海海风艺术进修学校自 2003 年开办以来,凭借丰富的教学经验和特色教学成果受到了社会及艺术界的广泛好评。美术馆在探索中国模式的美术馆研究方面也取得很大进展,编辑出版了《刘海粟研究》《沧海一粟——刘海粟的艺术人生》《刘海粟美术馆藏品·中国历代书画集》《刘海粟美术馆藏品·刘海粟美术作品集》以及《齐白石》《董其昌·山水册》《沈周·山水册》《中国新写实主义油画名家精品集》《中国水彩画名家作品集》《畅神·中国新表现油画名家精品集》《上海青年美术大赛作品集》《上海青年艺术批评家论文集》《青年艺术家系列丛书》《刘海粟夏伊乔书画作品集》《中国艺术大展作品全集·刘海粟卷》《童言无忌》《他们曾经年轻》《墨戏·戏墨》等。此外,半年刊《刘海粟美术馆馆刊》、季刊《刘海粟美术馆之友·展览通讯》、藏品明信片系列以及介绍馆藏作品的《走进刘海粟美术馆》等通俗读物,让市民更能亲近高雅艺术,培育审美意识。

表 3-1-55　1997—2008 年刘海粟美术馆历任馆长一览表

姓　　名	任　职　时　间
张桂铭	1997 年—2000 年
张培成	2000 年 1 月—2003 年
张培成	2003 年 1 月—2008 年 8 月

三、上海吴昌硕纪念馆

上海吴昌硕纪念馆由上海华夏文化旅游区开发有限公司于 1995 年出资成立,馆址位于浦东新区华夏路华夏公园内。2009 年,从华夏路搬迁至浦东新区陆家嘴东路 15 号。由浦东新区文化传媒有限公司负责运行。

馆内设吴昌硕生平陈列,设有"吴昌硕生平陈列室""大师画室"和"作品展示厅",陈列面积 800 平方米,展品数量 50 件,包括图片、画集、书刊、吴昌硕及其弟子、传人和其艺术研究人士的书画作品,以及生前所用的文房四宝、书信、诗稿用具等。

纪念馆共有藏品 681 件,重要藏品有高其佩《猛虎图》、吴昌硕《岁朝清供图》《秋菊图》《风竹图》《花鸟图》等。

2005 年 3 月 28 日至 4 月 3 日,曾联合日本大分书道美术家协会,在日本大分美术馆举办《纪念吴昌硕诞辰 160 周年——吴昌硕诗书画印展》。

纪念馆十分注重学术科研,编辑出版有《吴昌硕纪念馆藏珍》《艺术大师吴昌硕作品精选》《上海、杭州、安吉、余杭吴昌硕纪念馆藏品精选》《吴昌硕篆刻砚铭精粹》《艺灿扶桑——日本藏吴昌硕作品精粹》《海上双璧光耀东方——吴昌硕、王一亭书画作品集》等。

四、朱屺瞻艺术馆

朱屺瞻艺术馆筹建于 1994 年,1995 年 5 月 5 日正式开放。位于虹口区欧阳路 580 号。建馆初期由虹口区文化局管辖,后变更为上海长远集团托管。

朱屺瞻(1892—1996)是当今中国画坛的杰出代表之一。1994 年,虹口区人民政府出资建造朱屺瞻艺术馆时,朱屺瞻将自己的 100 件精心之作,并历年收藏的古今名人字画近百件捐献政府,由朱屺瞻艺术馆永久珍藏并展示陈列。2004 年 11 月 10 日,为迎接朱屺瞻艺术馆建馆十周年,由同济大学建筑设计研究所设计,朱屺瞻艺术馆改建装修工程破土动工,2005 年 8 月 30 日完工。改建后的艺术馆占地面积 800 余平方米,建筑面积 2 000 平方米,由原先相对封闭式的书画名家个人纪念馆形式,逐步转化为开放式的中小型公共美术馆,成为上海水墨文化的重要平台。

艺术馆的基本陈列分为两部分。底楼的序厅设有朱屺瞻生平资料展,展厅正中端坐着百岁老人瑞朱屺瞻汉白玉半身塑像,右侧悬挂着照片和年表,向人们展示着朱屺瞻沧桑百年的艺术生涯,整个陈列的展示面积为 96 平方米。艺术馆二楼的南展厅为朱屺瞻绘画作品展,陈列面积为 141.7 平方米,常年轮流陈列馆藏朱屺瞻作品,每次 30 余幅。

朱屺瞻艺术馆的藏品来源基本以朱屺瞻的私人捐赠为主。藏品类别分为古代书画、近现代书画两大类,共计 182 件,其中古代书画作品 30 件、朱屺瞻书画作品 102 件、近现代书画作品 50 件。该馆的重要藏品有:朱屺瞻国画作品《葡萄》《秋荷》《红梅》《溪山信美》《春山雨霁图》《嘉瓠高悬图》以及油画作品《夏》等。

艺术馆主编或合著出版了《朱屺瞻艺术研究文选》《世纪丹青:中国书画名家纪念馆馆藏精品》《屺瞻墨宝》《朱屺瞻遗墨集》《生生之道——朱屺瞻纪念书画集》《梅花草堂春常在——中国书画名家画梅集》《天地人和·刘国松、陈家泠、仇德树画集》《朱屺瞻书画作品真伪辨识初探》《朱屺瞻艺术大事年表》《朱屺瞻百岁又五画展》《水墨再生 2006 上海新水墨艺术大展》等专著、图录。拍摄有艺术纪录片《画家朱屺瞻》。

艺术馆自建馆以来与国内外多家博物馆和文化艺术研究单位建立了合作关系,举办了多次馆际间的学术交流活动,其中比较重要的有,1995 年 8 月 23—25 日,与日本兰亭笔会、韩国兰亭笔会联合举办的第十一届国际兰亭笔会;2000 年 10 月 8—13 日,中国上海第五届国际摄影艺术交流展组委会主办、朱屺瞻艺术馆承办的"中国上海第五届国际摄影艺术交流展"。

图 3-1-19　朱屺瞻艺术馆外观

五、陆俨少艺术院

陆俨少艺术院筹建于 1991 年 10 月,1999 年 6 月正式开放。位于嘉定区东大街 358 号,隶属嘉定区文化广播电视管理局管理。

陆俨少(1909—1993)现代著名画家。艺术院占地面积 4 329 平方米,建筑面积 2 319 平方米。建筑由东西两幢主楼和行政楼组成,东楼是主要展览场所,展览面积 1 206 平方米。底层为综合展厅,面积 460 平方米。二楼为馆藏陆俨少精品长期陈列厅,展示面积 230 平方米,轮流展出其各个时期书画作品、文房遗物和部分艺术活动图片、手稿、画册。此外,在真迹厅的一角,复原了陆俨少的最后一个画斋——"晚晴轩",主要陈列他生前用过的桌案椅几和文房四宝。西楼由小型展厅、沙龙和培训中心组成。是收藏、研究陆俨少书画艺术,弘扬中华传统文化,举行各类高层次展览及学术研讨活动的场所。

艺术院藏品主要分为陆俨少专题类与其他类两大部分。专题类主要包括陆俨少各个时期的书画作品 84 件(家属捐赠和征集)、《陆俨少自叙》和《陆俨少题跋集》的手稿以及他的部分往来信件和相关稿件。其他类主要是在各类活动中征集的全国书画名家的作品近 400 件。2004 年,为了弥补藏品中陆俨少书法作品较少的不足,在院中建造了 47 米长的陆俨少书法碑廊,39 件书法精品碑刻包括正、隶、行、草多种书体,完整地展示了陆俨少书法艺术的独特魅力。

从 1999 年 6 月开院至今,该馆举办理论研讨活动 30 余次。编辑出版了《陆俨少研究》《世纪丹青——中国书画名家精品集》《嘉定竹刻画册》《流光溢彩——陆俨少艺术院院藏作品集》《画余杂缀——陆俨少诗文题跋集》等文集、画册、图录 50 多种,多篇论文于国内外刊物发表。

表 3 - 1 - 56　1999—2010 年陆俨少艺术院历任馆长一览表

姓　　名	任 职 时 间
童清仁	1999 年 3 月—2003 年 3 月
郑孝同	2003 年 4 月—2005 年 12 月
王漪	2006 年 1 月—

第四节　科 技 馆

一、上海自然博物馆

上海自然博物馆 1956 年开馆,1960 年动物学分馆在延安东路 260 号建成;1984 年植物学分馆在龙吴路 1102 号建成。2001 年,上海自然博物馆撤销建制,归并入上海科技馆。

自然博物馆基本陈列面积共 5 700 平方米,陈列内容包括古动物史、人类发展史、动物和植物的进化史四大部分。收藏历史可追溯到创建于 1868 年的徐家汇博物院和建于 1874 年的亚洲文会,至 2010 年拥有藏品 27 万余件,包括来自华东地区乃至全国及世界各地的自然界和人类历史遗物,分别隶属于植物、动物、古生物、地质及人文五大类,其中植物标本 18 万余件,哺乳动物标本 4 000 余件,鱼类、鸟类、两栖爬行类各 1 万余件,昆虫标本近 3.3 万件,其他无脊椎标本 3 万余件,地质标本 5 000 余件,古生物 5 000 余件,人文民俗类近 3 000 件,其中"黄河古象"和"马门溪恐龙"被称作"镇馆之宝"。

1979 年 10 月,国内第一本由博物馆主办的科普杂志《博物》在上海自然博物馆创刊,这也是国内第一本以生物学知识为主要内容的科普期刊,1986 年更名为《自然与人》,2006 年再次更名为《自然与科技》。另一由著名遗传学家、上海自然博物馆馆长谈家桢教授主编的《考察与研究》学术专辑,自 1983 年创刊至 1993 年更名前共出版 13 辑,1995 年出版第 14 辑并改名为《自然博物馆学报》,至 1999 年共出版到第 17 辑。

2008 年 12 月 1 日,上海市发改委批准上海自然博物馆(上海科技馆分馆)建设项目立项。2009 年 6 月 26 日,上海自然博物馆(上海科技馆分馆)新馆开工建设,项目坐落于上海市静安雕塑公园内,建筑面积 45 257 平方米,展览教育服务面积 3.22 万平方米,总投资 13 亿元。

表 3 - 1 - 57　1956—2001 年上海自然博物馆历任馆长一览表

姓　　名	任 职 时 间
金仲华	1956 年 11 月—1966 年 12 月
谈家桢	1981 年 6 月—2001 年 11 月

二、上海隧道科技馆

上海隧道科技馆筹建于 2003 年,2004 年 7 月 1 日正式建成开馆,位于黄浦区中华路 268 号,是国内唯一一家以展示隧道科技为主题的科普性展馆。隶属于上海市政工程局管理。

隧道科技馆由一个接待大厅和三个参观楼层组成,展示面积 2 155 平方米。科技馆通过"时光隧道,空间展示、模拟隧道、模拟施工现场,隧道施工技术、隧道功能、隧道运营、未来畅想"等展区,介绍了上海隧道事业发展的过去、现在和将来,着重展示了上海近几年市政建设的风采与隧道行业的风貌。

模拟隧道展示区:模拟隧道以1∶1的比例再现了上海复兴东路隧道的整个概况,观众仿佛穿梭于真实的隧道内,体验走进隧道的感觉。在隧道顶上的中间部位横有一根感温光缆,其用途是控温和报警,在模拟隧道的两边有一些消防器材,每隔60米的地方还设有一个逃生通道。

1∶1模拟盾构展示区:这里完全模拟了隧道施工工地的场景,一台直径为11.22米的盾构模型伫立在参观者的面前,通过观看这个模型的整个运作过程,可以形象地了解到隧道是如何建成的。

时光隧道展示区:在这个展区中观众可以看到上海第一条隧道是如何施工的,同样也可以看见即将建成的隧道以及轨道交通的未来规划。这个展区见证了上海隧道的发展史,以及上海在隧道施工领域走过的风风雨雨和现在已经逐步成熟的施工工艺。

隧道中央控制展示区:从这个中央控制室内可以看到整条隧道的监控,无论隧道内发生什么情况,这里都能看见并及时处理。

该馆是全国科普教育基地、上海市科普教育基地、推进公民科学素质百家示范单位,服务团队也被上海市交通委员会命名为"三八红旗集体"。

三、上海东方地质科普馆

上海东方地质科普馆于2004年12月正式对外开放。位于浦东新区华洲路1号。是一家以民营资本运作的集奇石展览和地质科普为一体的科普基地。

科普馆总陈列面积3600平方米,设有"地球厅""地球构造厅""矿物岩石厅""古生物厅""地质地貌厅""国土资源厅""宝石厅""关怀厅"和"奇石馆"等9个展厅。科普馆以独特的石类展览和地质科普为载体,从地球的地质构造、地貌概况出发,演绎了岩石进化各阶段、各层次的发展过程,揭示了地球的奥秘和大自然的神奇。从不同角度展示了地质环境的内在本质。

馆内收藏有数万块珍稀奇石、矿石晶及各类宝石。重要藏品有"大地回春""富贵吉祥""冰山焰火""四世同堂"及"硅化木世界之最"等珍品。

四、上海科技馆

上海科技馆筹建于1998年,2001年4月18日一期项目竣工,2005年5月14日举行2005上海科技节(全国科技活动周)开幕暨上海科技馆二期对外试开放仪式。位于浦东新区世纪大道2000号。隶属上海科学技术委员会管理。上海科技馆是上海市政府为提高市民科学文化素养的重大社会教育机构。

2000年7月17日,市政府决定建成后的上海科技城定名为"上海科技馆";11月1日,中共上海市委员会同意建立上海科技馆,撤销上海自然博物馆建制,其功能并入上海科技馆。2001年12月18日,上海科技馆(一期)对外试开放。2002年4月,上海科技馆二期展项工程启动,2005年5月14日,对外试开放。

该馆占地面积6.8万平方米,建筑面积9.8万平方米,展示和活动面积6.5万平方米,项目总投资17.55亿元。展示内容集科技馆、天文馆和自然博物馆"三馆合一",以"自然·人·科技"为主题,分天地馆、生命馆、智慧馆、创造馆、未来馆五个概念展馆,拥有生物万象、地壳探密、设计师摇篮、智慧之光、地球家园、信息时代、机器人世界、探索之光、人与健康、宇航天地和彩虹儿童乐园等11个常设展取;蜘蛛展和动物世界2个特别展览;巨幕、球幕、四维、太空四个高科技特种影院;中国古代科技、中外科学探索者及中国科学院和中国工程院院士3个科学长廊,以及科普商场、游客服务中心等功能齐全的配套设施,是一座融展示与教育、收藏与研究、合作与交流、休闲与旅游于一体的现代化综合性科学技术博物馆。

该馆馆藏各类标本27万余件。其中国家一级保护哺乳动物46种520件、国家二级保护动物52种984件。具有较高学术、历史价值的震旦博物院东南亚兽类头骨标本共计28种191件。国家一级保护鸟类标本27种176件,二级保护140种1 195件。爬行类国家一级保护149件,二级保护159件。两栖类二级保护223件。无脊椎动物国家一级保护3种30件,二级保护标本3种130件。昆虫标本中珍稀标本7种278件。鱼类标本中国家一级、二级珍稀标本23种1 300件。

1999年,上海科技城总体方案综合研究荣获上海市科技进步三等奖。2001年,"上海科技馆工程建设与研究"荣获上海市科技进步一等奖。2001年10月21日,亚太经合组织(APEC)第九次领导人非正式会议在上海科技馆举行。2003年,"上海科技馆重大建设与研究"荣获国家科学技术进步二等奖,上海科技馆工程荣获詹天佑土木工程大奖。2004年,被国家旅游局命名为"国家4A级旅游景点"。2005年,上海科技馆成为全国首家通过ISO质量和环境体系认证的科技馆。2005年和2008年荣获全国文明单位称号。2006年获得上海市五一劳动奖状,并被评定为全国4A级旅游景点。2007年评为上海名牌服务单位。2010年,被评定为全国5A级旅游景区和"2010—2014年全国科普教育基地"。

表3-1-58　2001—2010年上海科技馆历任馆长一览表

姓　　名	任　职　时　间
朱寄萍	2001年—2003年
潘　政	2003年—2008年
王小明	2008年—

第二章 馆藏文物

上海无论是艺术类、历史类,还是自然、科学类的博物馆都有着丰富且精美的馆藏文物。这些文物有历史文物、近现代革命文物,也有艺术精品、生活用品,以及许多自然标本,它们共同反映了上海地区的自然地理、生态环境、生产劳作方式、生活习俗以及重大历史事件。

中共上海市委、市政府及各行业对文物博物馆事业十分关心和重视,拨付大量经费用于收购和保存文物;文博界也认真贯彻文物保护政策,呼吁社会各界共同关心保护文物,通过调拨、捐赠、征购等形式使各博物馆、纪念馆、陈列馆、美术馆的馆藏文物迅速增长。

本章选录古代文物 105 件,近现代文物 113 件,自然标本 7 件,均为各馆藏品中精选,反映出上海文博机构馆藏藏品的多样性和丰富性。

第一节 古代文物

一、青铜

【商 兽面纹爵】
高 15.9 厘米,至尾长 15.1 厘米。

爵是中国考古发现最早的青铜容器之一,在属于夏代晚期的河南偃师二里头文化遗址中已有不少青铜爵被发现。早期爵的形体一般作椭扁体,平底,口部一端设有长槽形的流,用于倾倒酒液,为保持相对平衡,在口部的另一端做成上翘的尖状尾翼,在杯体与流的相交处通常设有一对圆柱,也有的将两柱相交做成单柱的式样,爵的器腹下一般设有三长足,偶然也有四足的式样发现。长期以来爵被视为是可以用来受热温酒的饮酒器,近来有学者认为爵有可能是一种斟酒器。

该爵造型为早期青铜爵样式,口沿内有加厚的唇边,器腹下设三锥形足。但与习见的爵略有不同,它的口部没有通常所设的柱,在应该设柱的部位有两根短棍相交,在爵类器中仅此一见。这种设计为探讨青铜爵上柱的作用具有积极的提示作用。在这件爵的器腹部饰有兽面纹,由凸起的宽线条构成。兽面纹是中国古代青铜器上最常见的装饰主题,过去称之为饕餮纹,它一般是以动物的颜面形象作为装饰主体,简化或省略了动物的体躯部分。人们普遍认为兽面纹是一种宗教意义很强的装饰题材,也反映出当时人们的抽象意识,它有可能代表了古人对天帝形象的认识和表述。1994 年由上海博物馆征集入藏。

藏于上海博物馆。

【商 小臣系卣】
通高 49.2 厘米、器高 46.7 厘米、口横 15.5 厘米、口纵 12.5 厘米,重 14.9 千克。

此器呈长方形,子母口,盖作屋顶形,盖沿下折罩住器口,盖沿四周装饰两两相对的龙纹,以短扉棱为中心对称。四角的扉棱向上延伸至盖面、盖钮,向下延伸至颈部、腹部和圈足。盖面四坡饰兽面纹,粗眉大耳,獠牙呈交错状,体躯省略。整器纹饰均为高浮雕,不施地纹,眼睑、鼻梁用阴线勾勒。盖顶饰四组朝向盖钮的兽面纹,仅用阴线勾勒。中央为屋顶形盖钮,钮柱有二道弦纹,四坡同样装饰向上的兽面纹,主纹凸起。

方卣的颈部内收作斜坡状,以浮雕兽首为中心对称有
S形卷龙纹,龙角粗壮,龙口朝下。肩部下折为器物最大
径,腹壁逐渐下收接有外侈的圈足。腹壁主纹为大兽面
纹,椭圆形的兽目,粗眉大耳,口内有交错的獠牙,体躯和
兽爪呈分解式,其结构仅占狭小的空间。腹壁上端与圈足
纹饰相同,均是两两相对的鸟纹,以短扉棱为中心对称。
颈部两侧设圆环套铸提梁,圆环外附兽首饰,兽角为两条
卷龙,装饰华丽,吐舌上卷,舌外侧饰蝉纹。扁平状的提梁
外侧饰交叠的双首龙纹,一端龙首大,一端龙首小。提梁
内侧饰变形兽目纹,以兽目为中心,卷云纹体躯向两边展
开。前后边沿还装饰有细小的鳞纹。此器形制与日本白
鹤美术馆藏兽面纹卣相同,时代均在商晚期。

图 3-2-1 小臣系卣

小臣系卣器、盖同铭三行十六字,铭文隶定为"王锡小
臣系,锡金在寝,用作祖乙尊,爻敢"。小臣是商周时期的
一种职官,在王朝礼仪活动中起到不可或缺的作用,充当
王与贵族交流的中介,并且担任管理王室内外事务以及随从征伐。铭文中"系"是器主,"爻敢"为族
徽,表明"系"是"爻敢"家族的一员,铭文大意是讲,王在寝赏赐给小臣系铜料,系用来制作祭祀祖乙
的祭器。

青铜卣多圆形器,少方形器,且在传世和出土的 600 余件青铜卣中,通高超过 40 厘米的大约 15
件,超过 50 厘米的仅有 3 件。小臣系卣通高将近 50 厘米,究其尺寸来说是方卣中最大的一件。小
臣系卣原为吴大澂旧藏,著录于《愙斋集古图》。后来被日本著名古董商坂本五郎收藏,著录于《不
言堂中国青铜器清赏》。因此,这件器物是历见著录,流传有序的国宝重器。2010 年,上海博物馆
从日本藏家处将此方卣购回。

藏于上海博物馆。

【商代 丙簋】

高 18.3 厘米,口径 23.8 厘米。

丙簋作敞口,束颈,鼓腹,圈足的式样,腹部两侧有粗大的兽首环耳。颈部中间饰一个浮雕的兽
首,两边排列有鸟纹。腹部满饰乳钉雷纹,这是一种在四方连续排列的斜方格内四周填以雷纹,中
间有乳钉凸起的装饰纹样,这种纹饰常见于商代和西周时期鼎或簋等食器上。由于这种纹饰常见
于食器上,且装饰时多为满布器腹,所以它有可能代表了古人祈求丰收的寓意。簋的圈足上以四等
分的短棱脊为界,其中各饰一个回首的鸟纹。簋耳上兽首的两角,各有一个俯首卷尾的龙纹。在环
耳内的器腹壁上装饰有一个蝉纹,在青铜簋的这个部位一般很少有花纹,因为在铸造时环耳内需嵌
入范具,制作上比较麻烦,这件簋在此部位装饰有花纹,表明制作此簋的工匠具有较高的技术和在
装饰上追求完美的意愿。

簋的内底铸有一个符号,过去一般认为这是一个氏族的徽记。有学者对山西灵石县旌介村一
座商代晚期墓葬中出土的青铜器研究之后,认为在该墓出土的 100 多件青铜器中有 34 件具有这种
相同的符号,所以该符号应该是个国族名称,并根据字形提出它应该就是一个"丙"字,所有铸有此
字的青铜器也应该是丙国的器物。他们在将现存的中国古代青铜器进行梳理之后,找到有 170 余

件铸有"丙"字的青铜器,这些丙国青铜器的时代从商代晚期直到西周早期,延续的时间有300多年。商代晚期的丙国青铜器以灵石旌介和安阳出土最多,西周早期的丙国青铜器则主要出土在陕西长安和北京房山附近。这表明丙国应该是一个与商王朝有着密切关系的重要方国或侯国,并在商朝灭亡之后,又归附于了周王朝。1998年由上海博物馆征集入藏。

藏于上海博物馆。

【春秋　子仲姜盘】

高18厘米,口径45厘米。

盘是盛水器,商周时期在祭祀和宴飨时要举行沃盥之礼,即净手之礼,需浇水于手,盘就是用来承接弃水的。基本形制为圆形敞口,浅腹下有圈足或三足,两侧有耳。盘初见于商代早期,自商晚期起流行到战国。

此盘形制厚重,外壁装饰变形兽纹,风格质朴浑厚。盘边有一曲角形龙攀缘而上,与附耳呈直角,龙首耸出,作探水状。盘的内底有规则的装饰了多种水生动物,分为浅浮雕和立体两种形式。以一立体水鸟为中心,共有五圈纹饰,依次向外第一圈为浅浮雕的间隔排列的两蛙纹、两鱼纹,第二圈为四条立体的鱼纹,第三圈为间隔排列的浅浮雕四蛙纹、四龟纹,第四圈为间隔排列的立体四水鸟、四蛙纹,第五圈浅浮雕的鱼纹。最为奇特的是不论何种立体动物,都能在原处360度灵巧的转动,这是盘上铸有垂直的轴,上端卡在了动物体内,因此,既能转动,又抽不出来。这种装饰手法是前所未有的,不仅使造型单调的盘充满了活跃的生机和情趣,而且在铸造技艺上也是一种空前的创造。当这件盘盛水后,盘内的鱼、龟、蛙和水鸟等犹如真的一般嬉戏于水中,构成一幅生动、热闹、情趣盎然的水中景象,这是设计者将盘的功用和装饰非常巧妙地融为一体的设计。盘的圈足下有三虎,作负重状,也体现了新颖的构思。盘内壁铸有铭文三十二字,内容记载大师为其夫人子仲姜作此盘。1997年叶肇夫先生捐赠。

藏于上海博物馆。

【春秋　秦公鼎】

高47厘米,口径42.3厘米。

口沿外折,上设宽厚大耳,略为外侈。束颈,宽体,器腹外垂,浅腹平底,蹄形足。器型颇具西周晚期的气度。立耳的外侧饰鳞纹。颈部和腹部饰不同的兽目交连纹,结构有秦国地域特点。足上部饰兽面纹,有鼻准出脊。整个纹饰风格粗犷、简约。器内壁铸铭两行六字:"秦公乍铸用鼎"。兽目交连纹是一种兽纹的变体,在西周晚期和春秋早期的青铜器上大量存在。设置在口沿下的此类纹饰,西周晚期与春秋初期基本没有差别。这三件秦公鼎口沿下所饰的兽目交连纹均为两兽体上下相接,连接处为一突出的兽目;而腹部的兽目交连纹由两对双头龙纹的变形组合成一组。变形的两头龙纹一头在上,一头在下稍小。两对这样的纹饰尾部上下相接,当中间以兽目,形成完整的一组纹饰。这样一组纹饰在秦以外的地区尚未有发现,虽然它仍属于兽目交连纹,但线条较为复杂,这大概是秦国人力图模仿西周文化的一种创造性借鉴。

20世纪90年代,在甘肃礼县大堡子山发现早期秦公陵墓,出土大批秦公器,此器即出于此。据研究,当属秦襄公或文公,为秦国早期青铜器。据《史记·秦本纪》记载,秦襄公因护送周平王东迁有功,被分封为诸侯。但有关反映秦国早期历史的文献记载和考古资料很少,秦公器的出土,极大的开阔人们的研究视野,填补了这一方面的空白。1993年由上海博物馆征集入藏。

藏于上海博物馆。

【春秋 透雕蟠龙纹鼓座】

高 30 厘米,腹径 59 厘米,底径 53 厘米,鼓柱插孔内径为 8.4 厘米,重 37.9 千克。

鼓座呈半球体,其下有一段直壁的圆形圈足,正中突起的空心圆筒用于插放鼓柱。在半球体的鼓面上,攀爬着 12 条作相互噬咬状的圆雕蟠龙。其中三条龙的龙首和龙身朝下,龙尾盘绕于空心圆筒的周边,龙口咬住圈足上攀爬之龙的龙体。三条龙的龙首和龙身弯曲朝上,龙尾盘绕于圈足之上,龙口咬住朝下之龙的尾部。还有三条龙围绕鼓座一周攀爬于圈足上部,龙口咬住朝上之龙的尾部。在其翘起的龙尾下又有三条小龙,圆雕的龙首口衔大圆环,高

图 3-2-2 春秋透雕蟠龙纹鼓座

浮雕的龙体匍匐在鼓座面上。12 条大龙的双目圆形中空,原来应该镶嵌有绿松石。龙角的两端为空槽形,估计也应该插有相应的装饰物,可惜现在均已不存。空心圆筒作相叠的箍状并饰有重环纹,鼓座的台阶形半球面上饰有细密的羽翅纹,圈足直壁上则装饰有四行头尾相互倒错的变形卷体龙纹,龙目突出器表,圈足底边饰有一周绚纹。

鼓是中国古代主要的乐器之一,属于八音中的革类。根据目前的考古发现,春秋战国青铜质地的建鼓座不超过 10 件。而且均是在春秋晚期或战国早期的诸侯国君或夫人以及少数僭用诸侯之礼的权贵墓葬中出土,一般的贵族墓葬中尚未发现,可见其使用等级是相当高的。鼓座上这种圆雕蟠龙的形象虽然是前所未见,其风格特点还是具有强烈的晋文化因素。鼓座上的羽翅纹以及圆筒外壁的重环纹装饰与山西侯马晋国铸铜遗址出土的陶范纹饰相似。因此,这件鼓座也应该是春秋晚期晋文化的器物。

藏于上海博物馆。

【春秋 青铜钩鑃】

高 23 厘米,口径 17.5 厘米。

青浦淀山湖湖底出土。体部以两瓦复状,口部呈凹形,两侧尖锐,舞部正中有一管状甬(柄),甬与钲体内腔不通,甬近舞部上有一宽凸棱纹饰。

藏于青浦博物馆。

【战国 透空镶嵌几何纹方镜】

边长 18.5 厘米。

铜镜是映照颜容的用具,与古代人们的日常生活有着密切的联系。中国在公元前 20 世纪的齐家文化时已有铜镜出现,历经战国的发展、汉唐的辉煌鼎盛、延续到宋元明清直至近代。战国时期的铜镜形制规范,纹饰精美,形成较为详备完整的工艺体系,标志着中国铜镜从早期的稚朴走向成熟。战国时期的铜镜造型轻巧,多为弦纹钮,纹饰线条细腻流畅,主纹衬有精细的地纹,形成多层重

叠,同时出现透空、镶嵌绿松石、错金银、彩绘等特殊装饰工艺,纹饰繁缛而色彩绚烂。

此镜为正方形,镜面和镜背分铸后嵌合为一。镜面为厚仅0.2厘米的平板,镜背由透空的几何纹框饰带组成。镜的四周有边框,与镜背连铸在一起,镜背由透空的几何纹带组成。钮为素面桥钮,钮座亦素面,文静中衬托出周围纹饰的繁缛,素谧中体现着艳丽中的稳定。整体纹饰以镶嵌绿松石为地,主纹中的细线条为红铜丝镶嵌。近隅处各有一错金乳钉,整个纹饰中颇有画龙点睛之用。背框和面框等距离分布乳钉各十二个,但圆钉的设置,正背并不对称,可知这不是一般意义上的"铆钉",而是一种装饰。乳钉间饰简化的顾首龙纹,分别错金、嵌绿松石。镜面的后背上有银灰色与乌亮色相衬的亮斑状纹饰,表明当时都经过了不同形式或不同涂料的表面处理,且沁入铜基体。这件铜镜是目前所见最精美的青铜复合镜。2001年上海博物馆征集入藏。

藏于上海博物馆。

【战国　蟠龙纹盉】

高22.8厘米,腹径20.1厘米。

盉是盛水器兼作酒器,它也是中国目前发现最早的青铜容器之一,在属于夏代晚期的二里头遗址中就出土有盉。在商代和西周,盉通常与盘组合成一套水器,但同时盉也因盛放玄酒(即水)用于调和酒味的浓淡而兼作酒器。到西周中期,匜形器出现以后逐步取代了盉的作用。在西周晚期和春秋早期,虽然匜、盘组合已较普遍,但盉、盘组合的形式在一些墓葬中还是有发现。直到春秋晚期,盉、盘组合才基本消失,大约至此,盉才真正仅作为酒器而被使用。

平盖上有半圆纽,小直口、广肩,扁圆体器腹,前有曲颈变形的禽首作为倾倒液体的流,后侧有镂空的爬虎形棱脊,下承三个兽蹄形足。在盉的肩部设拱形提梁,提梁的两端各装饰了一个龙首,提梁的后部有个半环纽,原本应该有活链与盖纽相连接。这种小口广肩的提梁盉,是春秋晚期和战国时期盉的基本形制,南方盉与北方盉在形制上的差异不大,只是长江流域的青铜盉一般作龙首形流,而黄河流域的青铜盉一般作禽首形流。

盖面饰线条流畅,作奔腾跳跃状的龙凤纹,腹部饰三周体躯较细的蟠龙纹。足上部饰由五条写实龙纹相互盘绕组成的纹饰,其中间是一条一首双身的龙纹。从纹饰判断,这件盉也应该是黄河流域晋文化范围内的作品。

藏于上海博物馆。

【战国　镶嵌几何纹方壶】

高52.4厘米,腹宽25.9厘米。

壶是青铜器中延续时间最长的器类之一,在各个时期,壶的形制都有不同的变化,可以说壶是青铜器中形制变化最频繁和最复杂的。这种形式的方壶是战国时期出现的新器形,也是战国时期青铜壶中最常见的一种。这件壶为方口、直颈、弧肩、腹鼓而斜收,下有方圈足。虽为方壶,但其器壁作弯曲的弧面,四条边线也是弯曲的弧线,这种直线与弧线的结合,使整个器形刚中见柔、刚柔相济,稳重而不失灵巧。

这件壶通体满布用红铜和绿松石镶嵌而成的几何形纹饰。这件壶在铸造时根据事先的设计,以青铜作为纹饰的主体轮廓,在其外围镶嵌了绿松石,在其内镶嵌有红铜,以三种不同材质的色彩,表现出不同的图案。红铜的镶嵌,是在纹饰的单线处将红铜丝镶嵌于其中,在片状的部分,则将红铜丝盘卷成形再嵌入其中。由于镶嵌工艺的最后一道工序是将器物的表面抛光打磨,再加上时间久远造成红铜表面的氧化,在这件壶上现在已很难看出这种红铜盘卷的现象。从表面上看,这种镶嵌的勾连形几何纹繁缛而富于变幻,仔细观察其结构仍是很有规律的,这是此类纹饰的一个特点。

位于河北平山三汲乡的战国时期中山国国君墓中,出土有一件镶嵌几何纹的方壶,器形和上海博物馆的这件方壶是相同的,纹饰及其镶嵌的工艺也比较相似。在中山王的墓中,出土许多镶嵌极其讲究的青铜器,是中国考古发现中出土镶嵌青铜器最多的一个墓葬。虽然还不能确定这些镶嵌青铜器是由哪个铸铜作坊制作的,但该件方壶,很有可能和中山王墓出土的镶嵌青铜器,是同一个作坊的产品。2000年上海博物馆征集入藏。

藏于上海博物馆。

【战国 水陆攻战纹铜壶】

通高34.5厘米,口径11厘米,足径11.5厘米,壶盖内径10厘米,外径12厘米。

水陆攻战纹铜壶为两件成对,大小、形制、纹饰基本相同。器形铸作精美,壶盖为穹窿弧顶盖,盖面等距离布置3个鸭形钮,鸭作卧式,嘴、眼、羽、翅等铸造逼真,小巧精致。壶身口部略侈,短束颈,斜肩,鼓腹,腹最大径居中,下腹内收,矮圈足内凹。壶肩两侧各有一兽面衔环铺首,壶身通体以錾刻绘画的手法再现了战国时期人们的生活场景和战争场面,生动再现了两千多年前激烈的水陆攻占场景,也印证了当时发达的造船航海水平。该铜壶保存完好,纹饰精美,不仅是全国青铜器中的艺术珍品,在美术史上也有相当重要的研究价值,可与台北故宫的"水陆攻战纹铜鉴"和北京故宫的嵌错射猎攻战铜壶相媲美。

藏于上海中国航海博物馆。

图3-2-3 水陆攻战纹铜壶

【汉 羽人划舟纹青铜羊角钮钟(一对)】

钟高40厘米,底部直径27厘米。

此对羊角青铜钮钟为汉代铸造的青铜乐器珍品。全钟为青铜铸造,保存完整,锈色纯正,有轻微锈蚀但无修补,为同时代同器形中的上品。钮钟上小下大呈宝塔状较一般钮钟体型稍大,钮钟顶有两只酷似羊角的钮,两羊角间间距12厘米,钟面扁平宽阔,钟胸不甚突出,钟的正面和背面均饰有一对吉庆的喜穗纹和一组清晰的羽人划船纹,船头向右,船上有五位带羽冠者站立船上,船头有人持矛瞭望、船尾有人掌舵划船。经专家鉴定认为,从目前所知的考古材料来看,在羊角钮钟上装饰羽人划舟船纹的题材,此为首见,且保存完整,纹样清晰,是重要的文物考古资料。

图3-2-4 羽人划舟纹青铜羊角钮钟

藏于上海中国航海博物馆。

【明　犀牛望月铜镜座】

高 14.5 厘米,通长 24.2 厘米。

2003 年入闵行区博物馆馆藏。红铜质,整体作独角卧兽回首状造型,蹄尾似牛,背置祥云托月,兽身錾刻线形纹饰,通体残留鎏金痕迹。

该器造型生动传神,制作工艺精湛,为晚明时期具有一定代表性的富家铜镜座架,亦为一件赋有吉祥寓意的古代铜塑艺术精品。

藏于闵行区博物馆。

二、陶瓷

【崧泽文化　黑陶镂孔双层壶】

高 15.5 厘米,口径 8.1 厘米。

1966 年出土于青浦县寺前村遗址。经碳 14 测定年代,距今约 4 950 年,属崧泽文化晚期。

此器胎质灰白,器表施一层黑色陶衣。小口卷沿、短颈、折肩、圆弧腹,下承喇叭形圈足。器口与圈足边沿都分割成花瓣形,壶身分内外两层,内层为一折肩筒腹壶,外层为一折肩弧腹壶,内外两层壶是在肩部和底部相黏结而烧成一器的。外层器肩和腹部,各饰四周凹弦纹,腹部和圈足部位各饰两周或一周镂雕的圆孔和弧边三角形组成的图案。造型奇特,构思巧妙,颇具匠心,为新石器时代崧泽文化中罕见的艺术珍品。

图 3-2-5　黑陶镂孔双层壶

藏于上海博物馆。(参见第二篇第一章第一节"寺前村遗址")

【大汶口文化　黑陶镂孔高柄杯】

高 21.75 厘米,口径 7.25 厘米,底径 6.05 厘米。

高柄杯造型轻灵秀美,由杯身、柄和底足三部分组成。杯口外撇,杯身为圆柱形,圜底。柄中间圆鼓,上下较细,柄身上面排列着规正的小圆孔,这种镂空装饰既能减轻器物的重量,又不影响器物的物理强度,同时也增加了美感。底足为中空的圆形。高柄杯的胎体非常轻薄,故其常被人们称为"蛋壳陶"。能制作这么薄的器物,表明了当时的陶器制作工艺已十分高超。

藏于上海博物馆。

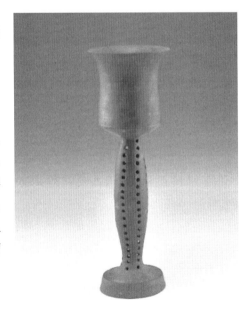

图 3-2-6　黑陶镂孔高柄杯

【唐　彩色釉陶骑马女俑】

通高39.2厘米，长38.7厘米。

唐三彩主要利用黄绿蓝白多种颜色进行装饰，为低温釉陶。马的头部较小，脖颈粗壮强健，眼睛炯炯有神，臀部精壮浑圆，腿胫细长。马的毛色雪白，马鬃梳剪整齐，马尾挽成一个小结，鞍桥装饰更极尽豪华。马头部微微靠左，富有动感，为一匹神形兼备的神骏宝马。此俑反映了唐代较为开放的社会风气，妇女较为自由，可踏春、游玩、骑马，从中可以感受到当时社会的风俗和生活状态。

藏于上海博物馆。

【五代　定窑白釉四系盖罐】

连盖高26.2厘米，口径10.4厘米，足径9.1厘米。盖罐为盛放食物的食器。

定窑瓷器胎质细节，色白而不含杂质，釉层薄而透亮。定窑从唐晚期开始生产白瓷，五代进入到高峰时期，

图3-2-7　彩色釉陶骑马女俑

其产品质量上乘。宋代定窑瓷器的装饰多采用刻花、印花，而五代定窑瓷器则多利用其造型的优美线条，以及釉色的纯净典雅来体现器物本身的美感。

藏于上海博物馆。

【宋　汝窑盘】

高2.9厘米，口径17.1厘米，足径9.1厘米。敞口，圈足外卷，盘心微突起，通体施天青色釉，满身细纹开片，底有芝麻状支钉痕三个，是传世汝窑的典型器。

汝窑，北宋后期的官窑，窑址长期不明。1986年冬，上海博物馆在河南省宝丰县清凉寺村调查发现汝官窑标本及窑具。宝丰县宋属汝州。宋哲宗时，宫廷指令汝州烧造供御青瓷，故名汝州窑。为宋代五大名窑之一，并有"汝窑为魁"的说法。

汝窑烧造年代，约在北宋哲宗元祐元年（1086年）至徽宗崇宁五年（1106年）的20年间。当时汝窑器已属珍品。南宋人有"近尤难得"之感。器型以盘、碟、碗、洗为多；玉壶春、纸槌瓶及胆式瓶、出戟尊、奁形香炉、盏托及椭圆形四足盆均为其代表性器物。汝窑器均为小件器，器高一般在20厘米左右，没有超过30厘米的；圆器口径一般在10厘米～16厘米之间，超过20厘米以上是极个别的。器底有的刻有"奉华"及"蔡"两种铭文。至今所见的"奉华"款仅3件，"蔡"字款仅2件。

据已发表材料，至今仅存汝窑器70余件，台北故宫博物院藏23件，北京故宫博物院藏17件，上海博物馆藏9件，天津艺术博物馆藏1件。还有部分流散在海外，如英国9件，美国3件，日本2件，中国香港1件等。

藏于上海博物馆。

【宋　耀州窑青釉刻花牡丹纹梅瓶】

高48.4厘米，口径7.5厘米，腹径19.3厘米，底径11厘米。

此器是耀州窑代表性的器物，刻得既粗犷又流畅，充分体现了耀州窑瓷器的特点。该瓶器身修

长,小口外翻,短颈丰肩,圈足。这种造型运用了曲直线的对比,在权衡比例上,尽量把最大直径向上提,使整个形体苗条修长,形成秀丽挺拔的风格,为宋代梅瓶的标准式样。此瓶器身布满纹饰,刻划纹饰三组,肩腹均为缠枝牡丹,枝叶相间衬托,两者主次分明,疏密有序,相互呼应。足部为莲瓣纹,肩及腹下各有双弦纹一道。刻花刀锋犀利,刚劲有力,线条活泼流畅,纹饰层次清楚,立体感强,精致无比,是耀州窑瓷器中不多见的巨作。

藏于上海博物馆。

图 3-2-8　耀州窑青釉刻花牡丹纹梅瓶

图 3-2-9　景德镇窑青白釉注子温碗

【宋　景德镇窑青白釉注子温碗】

注子连盖高 23.3 厘米,温碗高 14 厘米,通高 26.1 厘米。由注子和温碗两部分组成,是北宋时期流行的酒器。

宋代习惯将执壶称为注子,细长弯曲的流和把手分别装饰在器物腹部的两侧,除了在视觉上给人以和谐且富含变化的美感,最主要的是便于倾倒壶内的美酒。瓷器执壶的造型来自金属执壶。中国的酒绝大部分是用粮食发酵酿制而成,而中国人又都喜欢和温酒,温碗就是用于放置热水来温烫酒的。

藏于上海博物馆。

【宋　龙泉窑青釉鬲式炉】

高 11.3 厘米,口径 14.4 厘米,腹围 47 厘米。

此器口沿外折,短颈,扁形鼓腹,腹底有等距离三足。胎质洁白坚硬,釉呈梅子青色,温润如玉,肩部凸起弦纹一周,腹部凸起三棱延至足部,凸起处釉薄成白色,是有意识的显露其白色胎质,俗称“出筋”。这是龙泉窑青瓷渲染釉色青翠和胎质纯净的特殊技法,烧制难度很大。此器造型端庄古朴,色泽典雅,纹饰简洁,给人一种坚实有力的感觉,充分体现出南宋龙泉窑高超的制瓷技艺。

图 3-2-10　龙泉窑青釉鬲式炉

藏于上海博物馆。

【金　钧窑天蓝釉红斑钵】

高 13.3 厘米,口径 16.1 厘米,足径 7.7 厘米。钵是盛放食物的食器。

金代钧窑烧造技术已经非常成熟,天蓝色、不透明的乳浊釉是最主要的釉色,同时,以铜作为呈色剂的铜红釉烧造量比较大。金代钧窑的铜红釉都是以斑块状出现在天蓝釉上,所以具有铜红釉斑块的钧窑瓷器特别受人重视。

藏于上海博物馆。

图 3 - 2 - 11　钧窑天蓝釉红斑钵

图 3 - 2 - 12　景德镇窑青花缠枝牡丹纹瓶

【元　景德镇窑青花缠枝牡丹纹瓶】

高 42.1 厘米,口径 5.5 厘米,足径 14 厘米。

通体绘青花纹饰,层次丰富。肩上部绘卷草纹一周;肩部为四朵硕大的如意云肩纹,形似下垂的如意,云肩内满绘海水波涛纹、仙鹤、鸳鸯、荷花灯或漂浮或立于波涛之上,云肩之间隔以四枝折枝花卉纹,四朵盛开的牡丹与肩部四朵云肩纹相对,花形、方向各不相同。此梅瓶的装饰特点是肩部的云肩纹装饰带与腹部的缠枝牡丹纹装饰带几乎等高,突出表现了两个不同主题。

藏于上海博物馆。

【明　宣德青花海水白龙纹盘】

高 6.5 厘米,口径 40.7 厘米,足径 30 厘米。

藏于上海博物馆。

【明洪武　景德镇窑釉里红缠枝花卉纹碗】

高 10.5 厘米,口径 21.2 厘米,足径 10 厘米。

该器型造型敦厚,有元代瓷器的遗风。通体以

图 3 - 2 - 13　宣德青花海水白龙纹盘

釉里红装饰,内外口沿均绘回纹,内外壁绘缠枝花卉纹,碗心绘折枝菊花纹。

釉里红瓷器是元代首创,以铜为呈色剂,在还原气氛中烧成。对烧窑温度的精准掌控,决定了釉里红瓷器烧制的成败,因此烧成难度极大。

藏于上海博物馆。

图 3-2-14　宣德釉里红三鱼纹高足杯

【明　宣德釉里红三鱼纹高足杯】

高 8.8 厘米,口径 9.9 厘米,足径 4.5 厘米。

此杯口沿外撇,薄唇,深腹,高足,足沿呈喇叭口,胎体较厚,致密坚硬,触摸有润滑感。杯腹部用釉里红装饰了三条鳜鱼,形象并不具体,以中国传统写意画方式表现。胎白釉润,红白相映。杯心内有青花双圈"大明宣德年制"楷书款,是明代釉里红器中少有的佳作。

藏于上海博物馆。

【清　康熙豇豆红柳叶瓶】

高 15.3 厘米,口径 3.4 厘米,腹径 5.4 厘米。

此器撇口,细颈,圆肩,长腹,小底,深圈足,足露胎,底内白釉,有青花六字"大清康熙年制"楷书款,釉面薄而细腻,造型纤长似柳叶,制作精细。

藏于上海博物馆。

图 3-2-15　康熙豇豆红柳叶瓶

【清雍正　景德镇窑粉彩蝙桃纹瓶】

高 39.5 厘米,口径 10.0 厘米,足径 12.5 厘米。

瓶口、颈、腹部的比例十分匀称,形似橄榄,故有橄榄瓶之称,器身以粉彩饰象征福、寿的八桃二蝠纹,纹样绘画精湛,色彩柔丽娇艳。器底有青花双圈"大清雍正年制"六字楷书款,是雍正粉彩精美的典型之作。

粉彩又称"软彩",是釉上彩的一个品种。彩绘方法为一般先在高温烧成的白瓷上勾画出图案的轮廓,然后用玻璃白打底,再将颜料施于这层玻璃白之上,用干净的笔轻轻地将颜色依深浅浓淡的不同需要洗开,使花瓣和图案有浓淡明暗之感。粉彩蝙桃纹瓶上蝙、桃喻有"福寿"之吉意,此类题材的图案多见于大小盘,如粉彩桃果纹盘等。橄榄瓶两头冒尖,中间圆鼓,虽历朝也有,但雍正造型为最,传世多见青花,稀见粉彩。粉彩蝙桃纹橄榄瓶传世仅此一件,非常名贵。

清雍正粉彩蝙桃纹瓶流失美国近百年。张永珍重金购得此瓶后随即决定捐赠给上海博物馆。2003 年 10 月 28 日,粉

图 3-2-16　景德镇窑粉彩蝙桃纹瓶

彩蝠桃纹瓶入藏上海博物馆。为此,上海市人民政府授予张永珍"白玉兰荣誉奖"。

藏于上海博物馆。

【清乾隆　青花徽章纹盘(一对)】

此对乾隆青花徽章纹盘盘心绘以英国某地贵族徽章,纹样硕大,突出显示出其家族的重要地位。盘边沿饰以对称的两组青花折枝花卉纹,正对徽章上方绘有一狮身像,与盘心徽章的狮身像一大一小上下呼应,更彰显出贵族的赫赫威风。

图3-2-17　青花徽章纹盘

徽章瓷,又称纹章瓷,多为欧洲诸国的皇室、贵族、军团、显赫家族等权贵或富有阶层在中国定制的专门瓷器,这些瓷器在烧制前往往要加上定制人特别要求的型制、花纹和标记等,因此名之。徽章瓷因其造型独特,纹样别致,制作精美,蕴含着独特的社会风情和历史信息,成为外销瓷中不可多得的珍品。瓷盘徽章纹案硕大,在所见徽章瓷中比较少见,颇为难得。

藏于上海中国航海博物馆。

三、书法

【晋　王羲之　《上虞帖》唐摹本】

图3-2-18　《上虞帖》唐摹本

麻纸本,纵23.5厘米,横26厘米。唐人钩填本。

王羲之,字逸少。琅琊临沂(今山东临沂)人,移居会稽山阴(今浙江绍兴)。生于西晋惠帝太安二年(303年),卒于东晋穆帝升平五年(361年)。曾官至右军将军,世称王右军。初从卫铄(世称卫夫人)学书法,后师承张芝、钟繇,能博采众长,增损古法,精研体势,创立妍美流便的行草体。为历代学书者所崇尚,尊之为"书圣",载誉千年。

《上虞帖》,草书,7行,58字。全文为:"得书知问。吾夜来腹痛,不堪见卿,甚恨。想行复来。修龄来经日,今在上虞。月末当去。重熙旦便面。与别不可言。不知安所在。未审时意云何,甚令人耿耿。"文中提到的"修龄"即王胡之,是王羲之从兄弟。"重熙"即郗鉴之子郗昙,是王羲之的妻弟。"安"即谢安,是王羲之的好友。

此帖笔力清劲,气韵流畅,点划精到,风格遒美。仍体现出王羲之中年以后草书的风貌。帖前,有赵佶(宋徽宗)瘦金书"晋王羲之上虞帖"月白绢签,帖上钤有历代鉴藏印记。前后上角钤有五代南唐"集贤院御书印",朱文墨印,右下角有南唐"内合同印",北宋宣和钤有"御书"朱文葫芦半印、"双龙"朱文玺、"宣""和"朱文联珠玺、"政和""宣和"朱文长方玺,元代钤有"奎章",明代钤有"晋府书画之印""韩逢禧印",清代钤有"梁清标"印。

《上虞帖》曾为南唐内府、北宋内府、明代晋王府、清初梁清标、嘉庆时商载、清末程定夷等所藏。

王羲之真迹,宋时已极不易得。宋淳化三年(992年),宋太宗命侍书学士王著选择内府所藏历代法书,摹刻在枣木板上,即为著名的丛帖《淳化阁帖》。此帖刻入《淳化阁帖》,故唐摹本《上虞帖》系摹刻之祖本。

此帖在《宣和书谱》《东图玄览》《墨缘汇观·续录》等均有著录。

藏于上海博物馆。

【晋　王献之　《鸭头丸帖》唐摹本】

图3-2-19　《鸭头丸帖》唐摹本

绢本,纵26.1厘米,横26.9厘米。唐代摹本。

王献之,字子敬,小名官奴,琅琊临沂(今山东临沂)人,移居会稽(今浙江绍兴)。王羲之第七子。生于东晋康帝建元二年(344年),卒于东晋孝武帝太元十五年(386年)。曾官至中书令,世称王大令。初学父书,后得汉张芝笔法,擅隶、楷,开行、草书新体,与其父羲之并称"二王"。

《鸭头丸帖》,行书,2行15字,全文为"鸭头丸,故不佳,明当必集,当与君相见"。鸭头丸是一剂利尿消肿的丸药,此帖是王献之写给亲朋的短笺,笔法灵动,书风流美,充分显示出王献之书法宛转妍媚的个性。

《鸭头丸帖》曾经宋宣和内府(有"宣和""政和"印)、元天历内府(钤有"天历元宝"朱文印)收藏，天历三年(1330年)赐予奎章阁鉴书博士柯九思，明代又入内府，万历时为新安收藏家吴用卿所有，崇祯时入吴新宇家，清光绪时为徐叔鸿所得，民国时归叶恭绰珍藏。

帖前有明代万历间人延陵王肯堂题签"晋尚书令王献之鸭头丸帖"。帖本幅有元虞集题"天历三年正月十二日来赐柯九思，侍书学士臣虞集奉来记"。帖后有北宋柳充、杜昱，南宋赵构(高宗)题赞；明王肯堂、董其昌题记；清周寿昌、江标题跋。

自宋《淳化阁帖》以后刻丛帖中，多有此帖之摹刻本。宋《宣和书谱》、明董其昌《画禅室随笔》、陈继儒《妮古录》、清吴其贞《吴氏书画记》、卞永誉《式古堂书画汇考》等均有著录。

藏于上海博物馆。

【宋 《淳化阁帖》存世最善本】

淳化三年(992年)，宋太宗赵光义命侍书王著收集历代法书汇刻《淳化阁帖》，全称《淳化秘阁法帖》，简称《阁帖》。其中虽有部分仿书，亦存在次序混乱、张冠李戴、文字讹误及重复等问题，但对于书法史意义重大，赵孟頫评为"书法之不丧，此帖之泽也。"此帖之价值主要有以下几方面：一、虽然史载南唐有《升元帖》《保大帖》《澄心堂帖》等，但不见实物，只有《淳化阁帖》是可以确认的中国丛帖之祖；二、在法书不断流失的大环境下，该帖将大量古代法书的面貌留存了下来；三、该帖所收法书多是古人手札，内容有论艺、叙事、酬答、言情等，所反映的晋人生活、习俗等有许多可补充其他文献记载的不足；四、该帖出现以后，宋代的重刻、翻刻本已有30种以上，曾掀起一个汇刻丛帖的高潮；五、该帖出现以后，从欧阳修的《集古录》开始，历经苏轼、黄庭坚、米芾、黄伯思、陈与义、刘次庄、顾从义等人，至清代王澍的《淳化秘阁法帖考证》，先后参与研究的学者不下百人，形成了中国文化史上一个独特的学科——帖学。

图 3-2-20 《淳化阁帖》存世最善本

2003年入藏上海博物馆的《淳化阁帖》存世最善本原为美国安思远所藏，含四、六、七、八共四卷。

第四卷一册，封面有签题："北宋拓阁帖第四。道光庚戌修禊后十日书于香南精舍。滇生尊兄先生堪喜斋鉴藏精本。玉牒崇恩仰之氏获观喜为题眉。"册前有清吴荣光长跋，内页亦散见其校注、评点等，册后附裱明董其昌谛观小札，又清翁方纲、朱昌颐等跋。此本于南宋为贾似道所藏，有"贾似道图书子子孙孙永宝之"方印。

第六、七、八卷世称"司空公本"，封面签题："淳化阁帖。麓邨(安岐)珍藏。"内签皆为王铎所题。此本曾为南宋王淮、贾似道，元赵孟頫，明末孙承泽，清安岐、钱樾、李宗瀚，民国李瑞清、周湘云、蒋祖诒、吴普心等所递藏，均有印记。

而自明代以来，流传的影响较大的本子主要有四大类。即南宋及明、清翻刻的泉州本，明嘉靖万历期间以南宋贾似道、周密等原藏本翻刻的袁尚之、顾从义、潘允亮各本,明万历四十三年(1615年)刻石的肃府本,乾隆三十四年(1769年)内府重摹本。此外还有懋勤殿本、潘祖纯跋本、詹景凤跋本、夹雪本等等。经过一系列的考证,这四卷《淳化阁帖》当为存世最善本。

藏于上海博物馆。

【宋 米芾 《章侯帖》页】

纸本,纵29.5厘米,横29.5厘米。

米芾(1051—1107),初名黻,后改芾,字元章,号襄阳漫士、海岳外史、鹿门居士,时人号海岳外史,又号鬻熊后人、火正后人。世居太原,迁襄阳,定居润州(今江苏镇江)。曾任校书郎、书画学博士、礼部员外郎,有"米南宫"之称。诗文俱佳,尤妙于翰墨。极善临摹,得王献之笔意,行草皆优。行为怪诞,人称"米颠"。与蔡襄、苏轼、黄庭坚合称"宋四家"。南宋以来著名汇帖中,多数刻其法书。绘画以山水成就最大,被后人称为"米氏云山",承董源余续。在书法理论上,反对唐朝书法之尚法循规,注重魏晋平淡天真,崇尚二王,追求自然率真的审美境界。其著述有《山林集》一百卷,已佚。现传有《宝章待访录》《书史》《画史》,及后人所辑《宝晋英光集》《海岳名言》《海岳题跋》《宝晋斋长短句》等。

《章侯帖》又名《恶札帖》,信札,四行,一十七字,行书墨迹。《海山仙馆藏真》摹刻。该帖结体疏密奇崛,用笔跌宕多变,此虽十余字之小札,写来随意,却极见功力。欹侧处已迄放纵而不危不堕,予人惊险之感。

曾经江恂、成亲王永瑆、绵亿、富察氏纪昌、许汉卿等鉴藏。

释文:芾启:要恶札,是甚字?批及。芾顿首。章侯茂异。

鉴藏印:钤"江恂私印"白文方印、"南韵斋印""许氏汉卿珍藏""皇十一子成亲王诒晋斋图书印""莲樵鉴赏"朱文方印,另有残印二。

藏于上海博物馆。

【宋 黄庭坚 《行书小子相帖》页】

纵31.3厘米,横33.3厘米,纸本。

黄庭坚(1045—1105),字鲁直,号涪翁、山谷道人,洪州分宁(今江西修水)人。工诗能词,开创了江西诗派。书法受学于苏轼而自成一家,与苏轼、米芾、蔡襄合称"宋四家"。能草书,行楷书对后世影响尤大。有《山谷集》等。

此帖亦称《黄文节公诫子偶书》《书几帖》等,或分称《孀书帖》《一二子帖》。未见作者款识。从内容看,可知书与其子名相者,所谓寓教于书。黄相(1083—1164),字了然,小字小德,为山谷妾所生。山谷此帖行间宽绰而字间紧密,结体欹侧精妙,有峭拔之感,虽有数字泐损,仍神采焕然,耀人心目,充分体现了其小行书的特点,如其所言"随人作计终后人,自成一家始逼真"。

此帖历经笪重光、卞玉京、叶云谷、梁章钜、徐寿蘅、吴荣光、张孟嘉、许汉卿等人鉴藏。著录于《退庵所藏金石书画跋》,曾刻入《筠清馆法帖》《清鉴堂帖》等丛帖,《豫章先生遗文》卷五收录此帖前半部分。

释文:小子相孀书,因戏题其几。曰:士大夫胸中不时时以古今浇之,则俗尘生其间,照镜则面目可憎,对人亦语言无味。一二子从予学经术□□,颇有得意者,而德性往往不美,遇而事发,辄有市井屠沽气。戏书□□。曰:大雨如悬河,水深汲橐驼,唯有庭前捣帛石,一点入不得。

鉴藏印:"直指绣衣御史章""广陵李书楼珍赏图书""长乐梁氏""藤花吟馆""浭阳张恂"白文

印。"重光""德徵""苏邻鉴赏""许汉卿印""敬叔珍赏""江上外史""李宗孔""云装""玄度"朱文印。另有残印五方。

藏于上海博物馆。

【宋 赵构 《真草养生论卷》】

图 3‐2‐21 《真草养生论卷》(局部图)

绢本,纵 23.5 厘米,横 602.8 厘米。

宋高宗赵构(1107—1187),字德基,徽宗赵佶第九子、钦宗赵桓之弟。精于书法,善真、行、草书,笔法洒脱婉丽,自然流畅,颇得晋人神韵。赵构专注于学习王羲之、王献之书法风格,"初唐四家"之一的虞世南是他的学习对象,而真正的着力点是在智永书法。智永流传于世的名作有《真草书千字文》,所以赵构此卷《养生论》以真草二体书写,就是受到智永的影响。其书风典雅端庄、劲健隽秀,在娴熟中仍保留了生拙的趣味。赵构虽无款识,但钤"德寿御书""书印""御书"及"坤"卦印。

《养生论》为三国曹魏时期嵇康所撰,是中国古代养生论著中的名篇。论述了养生长寿的可能性,指出了人的精神情绪与健康有密切关系。养生需要收敛自己的食色欲望,形神共养,并以修养性命为主,能够见微知著,防患于未然。更强调了持之以恒、清虚静泰对养生的重要性。而赵构本人也非常注重养生,对嵇康《养生论》中的观点应非常赞同。淳熙十四年(1187 年),赵构卒于德寿宫,年 81 岁,是中国历史上少有的长寿帝王之一。

此卷宋元以来流传有序,钤元文宗内府"天历之宝"印,卷后有明代李东阳、王世贞题跋。经清初梁清标等人鉴藏,后由清内府弆藏,入《石渠宝笈初编》。有乾隆以宋代藏经纸题签"宋高宗养生论真迹神品"。

藏于上海博物馆。

【宋 朱熹 《行书十一月七日帖》】

纵 31.8 厘米,横 46 厘米,纸本。

朱熹(1130—1200),字元晦,又字仲晦,号晦斋,晚号晦翁。祖籍徽州府婺源(今江西婺源),福建尤溪人。父朱松,字侨年,号韦斋,为二程的再传弟子罗丛彦的学生。绍兴十八年(1148 年)进士,历仕高、孝、光、宁四朝。初任泉州同安县主簿,累迁知南康军、提举两浙东路常平茶盐公事、知漳州和知潭州荆湖南路安抚使,累官至宝文阁待制知江陵府、焕章阁待制提举南京鸿庆宫。庆元三年(1197 年),为御史所劾,以逆党之名,编入罪籍,落职罢祠,三年后卒,年七十一。嘉定初,谥曰

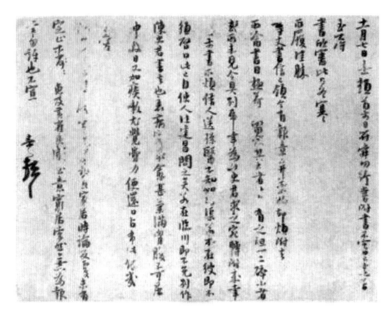

图 3‒2‒22 《行书十一月七日帖》

"文"。宝庆中,赠太师,追封信国公,改徽国公。朱熹的思想体系集湖湘学与东南闽学两大洛学之大成,与北宋"二程"并称"程朱理学"。其著述颇丰,著有《四书章句集注》《诗经集注》《楚辞集注》《太极图说解》等,对后世影响深远,为元、明、清三朝的官方哲学。此外朱熹亦擅书,尤工大字。陶宗仪《书史汇要》记载:"朱子继承道统,优入圣域,而于翰墨亦工。善行草,尤善大字,下笔即沉着典雅,虽片缣寸楮,人争珍密。"

帖文凡15行,220余字,其中有十余字朽烂不能识。帖文内容如下:

> 十一月七日,熹顿首:前日符舜功行,尝附书,不审已达否? 至辱书,欣审比日冬寒,所履佳胜。尊丈书信已领,今有报章并药物,却烦附去,所喻书目,极荷留念。其大者皆有之,但一二碎小者,或所未见,今具别纸,幸为与史君求之,宛转附来,幸甚。前书所烦借人送孙医,不知如何? 渠若不在彼,即不须启口,此已自使人往建昌问之矣。若在临川,即不免别作陈史君书去也。衰病寒来愈甚,气满胸腹,不可屈伸。数日又加痰嗽,尤觉费力,便还。口占布此,余几特爱。(下缺)佳履(下缺)。想且家居,时论反覆,未有定止,奈何奈何! 惠及黄雀,良感至意。穷居索然,无以为报,幸勿诮也。不宜。熹顿首。

这是一通未署年份的普通信札。据裴景福《壮陶馆书画录》记载,此帖原在《宋米元章、朱晦翁诗札合卷》中,后有董其昌题跋,今米帖、董跋均已散佚。据董氏题跋与鉴藏印可知,此帖从明至民国可谓流传有序,累经明刘珏、吴正志、吴洪亮、董其昌、清齐彦槐、梅孙、裴景福、费念慈、近代张奉、麓陔、张珩、张文魁递藏。据郑威《朱熹行书〈十一月四日〉帖》考证,据帖文"衰病寒来愈甚,气满胸腹,不可屈伸"推测,此帖应写于庆元元年(1195 年)至庆元四年(1998 年)之间,为朱熹晚年书迹。

朱熹早年崇尚汉魏人书,以古为则,后改师颜真卿、蔡襄、王安石等人书法。晚年则博采众长,远师钟王,近习时贤。朱熹此帖用笔圆劲,笔势连绵,变化多姿,同时又古朴自然,平淡天真。

藏于上海博物馆。

【宋　拓王献之帖卷】

纵 25.2 厘米,横 942.1 厘米,纸本。

《宋拓王献之帖卷》为《二王帖》中的一部分,《二王帖》又称《清江二王帖》《临江二王帖》,据曾宏父《石刻铺叙》记载《二王帖》后有许开跋云:"丙寅岁元夕守许开题。"为许开于 1146 年摹刻,共有三卷,上中卷为王羲之书,下卷则为王献之书。许开(生卒不详),字仲启,丹徒人。南渡后初为郡博士,后为湖州签判,官至中奉大夫提举武夷冲佑观,有《志隐类稿》二十卷。

今上中卷均已散佚,不知下落,只存下卷。今下卷卷首刻"二王帖卷下""大令书",帖前皆有楷书帖名,记有《耆旧传帖》《鹅群帖》《敬祖帖》《鄱阳帖》《东阳帖》《乞假帖》《余杭帖》《永嘉帖》《斁奴帖》《消息帖》《集聚帖》《铁石帖》《散怀帖》《玄度帖》《庆至帖》《散骑帖》《散情帖》《平安帖》《诸舍帖》《廿九日帖》《阮新妇帖》《又一帖》《珍重帖》《服黄耆帖》《冠军帖》《服油帖》《复面帖》《领军帖》《尊体何如帖》《日寒帖》《违远帖》《使君帖》《转胜帖》《范新妇帖》《矾石帖》等。其中《耆旧传帖》《鹅群帖》《敬祖帖》《鄱阳帖》《东阳帖》《乞假帖》《余杭帖》《永嘉帖》《违远帖》《使君帖》《转胜帖》《范新妇帖》《矾石帖》为后人补配。帖前有清张照题识、潘世恩观款,卷后则有明祝允明、王世贞、韩逢禧、清何绍基、钱天树、民国余绍宋题跋。累经明尚古华、王世贞、严泽之、韩逢禧、清高士奇、吴次平、民国张文魁等递藏,流传有序。

藏于上海博物馆。

【明　董良史　《草书自书诗卷》】

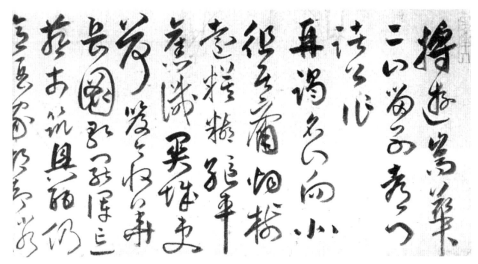

图 3-2-23　《草书自书诗卷》

纵 28 厘米,横 539.5 厘米,纸本。

董良史(生卒年不详),字述夫,吴门(今属江苏苏州)人。能诗工书,行迹不概见。明万历己丑年(1589 年)有《自书诗册》存世。

《自书诗册》书写的是董良史游历各地的诗,有《将游嵩华二山留别都门诸公作》《陈使君同登泰山留宿达观院》《秋日邵太守同访郭山人水榭》《寄金沙寺骥上人》《登东海山二律》《赠友人煮茶》《九日过广陵登城南新建浮图》《重登上方寺》等,基本都为七律。其诗豪迈,善用典故,显示出极高的文学修养。

诗册的书写雄放爽健,笔致流畅,用笔轻重极为跳荡,有自家特色。

藏于上海博物馆。

【明 名人尺牍册】

尺寸不等,纸本。

钱镜塘是近代古书画收藏大家,所藏书画多有煌煌巨迹,上海博物馆藏南唐徐熙《雪竹图》、宋人《晚景图》、宋人《歌乐图》、元张远《潇湘八景图》、明夏昶《清风劲节图》、明宋克《草书唐宋人诗》、明唐寅《东篱赏菊图》、明仇英《沙汀鸳鸯图》、明董其昌《画禅室小景图册》、明龚贤《八景山水图》、清石涛《山水清音图》等名迹都来自钱氏的收藏。

钱镜塘生活的民国年间,江南大藏家有收集明贤尺牍的风尚,如吴湖帆、张珩等,钱氏亦是其中之一。他辑藏的这部《明代名人尺牍》共二十册,集明代永乐至崇祯朝名人共四百零五人,信札四百零七通,几乎一人一札,不见重复,每一通皆请倪禹功考订,并由张石园题写书签,品相新洁,装潢整饬,可见钱氏收藏不唯涉猎之广,甄选之精,其匠心之深用都令人赞叹。

这套尺牍不仅数量巨大,而且内容极其丰富,作者从王公贵戚、仕宦名臣到学者文人、艺苑名家,几乎涵盖了明代朝野各个阶层与领域,所涉及的内容上至朝政国事、民情民生,中至文章学问、雅意闲情,下至家长里短、鸡黍桑麻,无所不包,具有珍贵的文献价值,俨然一部生动的明代社会历史长卷。除却史料价值,这些尺牍亦极具艺术价值,其书写者都是有一定名望的文人,其中不乏知名的书画家,他们在尺牍里留下的随性自然的书法,各具特色,是书法史不可或缺的一部分。

藏于上海博物馆。

【清 张照 《草书五言诗》】

纸本,纵 122 厘米,横 40 厘米。

张照(1691—1745),字得天,号泾南,亦号天瓶居士。娄县(上海松江)人。藏书家、书法家、戏曲家。能诗、擅画,通音律,精鉴赏,尤工书法。常为乾隆皇帝代笔,为"馆阁体"能手。

藏于浦东新区南汇博物馆。

四、绘画

【宋 艳艳女史 《草虫花蝶图卷》】

图 3-2-24 《草虫花蝶图卷》

绢本,设色,纵 32.5 厘米,横 333.5 厘米。

此画卷署名作者"艳艳",但未有其他传世作品可作比照,只有以画风来判断其时代。图卷中的花卉运用双勾设色法,勾勒的笔道精细柔和,渲染色调富有浓淡色阶变化,花瓣中亦用多种色彩晕染,色彩的过渡混融自然。树叶的绿色呈浓淡深浅,表现阴阳向背的光感。全图以傅色见长,此画法可在北宋前期赵昌花鸟画那里寻见渊源。

从图卷的坡地画法来看,水墨皴染后,加上细密的苔点,苔点中间点染石绿,技法上称之为"嵌宝点"。这一点苔法,大致出现于北宋、南宋之际,如南宋江参《林峦积翠图》和马远《观瀑图》中,坡地和松干上都有"嵌宝点",透露出图卷的时代特征。

至南宋中后期,由于受马远、夏圭画风的影响,花鸟画中的树木、岩石等,画笔趋于粗放刚劲,树叶的勾勒也用笔深重。及至元初,钱选、赵孟頫等画家,依然受到宋院体画的沾溉,他们也画笔意工致、设色明丽的花鸟画。如钱选《花鸟图》卷、赵孟頫的《幽篁戴胜图》等,然而笔调简约而生拙,傅色轻淡明洁,增添一番文人画清雅秀逸的意蕴,与《草虫花蝶图》在情调上迥然二致。因此,本图卷的创作时代,不可能晚于元以后。

该图卷末署款"艳艳画"。艳艳之名画史记载其少,南宋邓椿《画继》记:"任才仲妾艳艳,本良家子,有绝色,善着色山。才仲死钟贼,不知所在。"清张丑《清河书画舫》著录她一幅《春山图卷》,评为:"虽气骨寻常,而笔迹秀润,清远可喜。"又清胡积堂《笔啸轩书画录》卷下,著录艳艳一幅《着色花卉草虫卷》,署名"女史艳艳造",则她兼长花鸟,然署款不同,是为另一卷。这两书著录的作品,均未见存世,故无法比较。而从上述此图卷画技和风格分析,与北宋末、南宋初流行的工笔重彩花鸟画风尚相合,亦很有可能是艳艳传世的孤本。

《草虫花蝶图卷》在艺术上堪称是一件写实功力深厚、直探宋院体花鸟画堂奥的精美之作,虽此图无它本可比勘,尚不能遽断为艳艳孤迹。然南宋人和元初人藏印历历有据,其时代不会迟于南宋早期。此图曾经近代鉴赏家孙邦瑞收藏,图卷前后有吴湖帆、张大千、沈剑知、夏敬观、宣龚等诸多画家、鉴赏家、学者的题识和题诗,对其赞誉有加。

藏于上海博物馆。

【宋　佚名　《秋山萧寺图卷》】

纵41.5厘米,横227.5厘米,绢本,设色。

是卷无款,绘秋意中水天山色,意境萧散,近北宋范宽一派画风。《石渠宝笈》载:"……纵一尺三寸。横一丈三尺九寸。水墨画山水,凡寺观五、村落七。皆隐见岩瀑树石间。"可见此画已非全貌。与范宽《溪山行旅图》相较,此卷山石轮廓运笔更疾,使转间筋骨尚乏,不及《溪山行旅图》之折落多姿、入木三分。范宽多用侧锋方笔,线条饱满多骨,硬如屈铁,此图则少圭角,山石间勾连穿插较为松散,皴笔亦欠严谨,略乏真实生动的表达。尽管如此,此卷还是忠实地继承了范宽的诸多特点,如"山顶好作密林""远山多正面"等。"关陕之士唯摹范宽",据载,师法范宽较为著名的画家有黄怀玉、纪真、商训、宁涛等人,元汤垕《画鉴》载有"黄(怀玉)之失工,纪(真)之失似,商(训)之失拙,各得其一体"。

曾经南宋贾似道、清高士奇、乾隆、完颜景贤、金城等人鉴藏。画上钤"乾隆鉴赏"白文圆印、"八征耄念之宝"朱文印、"古希天子"朱文圆印、"寿"白文长方印、"三希堂精鉴玺"朱文长方印、"宜子孙"白文印。左上角钤"忠孝之家"朱文印。左下钤南宋贾似道收藏印:"密致"朱文葫芦印、"魏国公印"朱文印。又"东湖野人"白文印、"景行维贤"白文印。"虫采天葵"朱文印。另一印不辨。

又清高士奇跋,钤"江邨"朱文长方印、"藏用老人"白文印、"士奇"朱文长方印、"闲里工夫淡中滋味"白文印、"简静斋"朱文长方印、"高士奇图书记"朱文长方印、"竹窗"朱文长方印、"高詹士"白文印;李在铣跋,钤"李在铣印"白文印、"芝陔"朱文印;内藤虎跋,钤"藤虎"白文印、"炳卿"朱文印。又"完颜启迪"朱文印、"米论四希书画巢"朱文长方印。完颜景贤"咸熙堂鉴定"朱文印、"完颜景贤字享父号朴孙一字任斋别号小如庵印"白文长方印、"朴孙庚子以后所得"朱文长方印、"小如庵秘籍"朱文印。毕泷"静寄轩图书印"白文长方印。金城"金巩伯精鉴印"朱文印。"景长乐印"白文印。

此图著录于清高士奇《江邨书画目》《江邨消夏录》、完颜景贤《三虞堂书画目录》《石渠宝笈续编》、阮元《石渠随笔》、齐藤悦《董盦藏书画谱》《中国名画集》。

藏于上海博物馆。

【明　林良　《古木寒鸦图轴》】

横 118.4 厘米,纵 27.7 厘米。诗堂,纵 22.8 厘米。纸本,水墨。

林良(约 1416—1480),字以善,广州南海人。弘治时拜工部营缮所丞,英宗天顺中荐为锦衣卫百户,累迁为锦衣卫镇抚、锦衣卫指挥。早年随岭南地区画家颜良学习山水,向何寅学习人物。后改攻花鸟,师法黄筌、边景昭,所作花果翎毛,备见巧思,荣枯之态,飞动之势,曲尽其妙。论者赞曰:"林良画笔真绝伦,苍鹰玄熊俱有神。""林君善画天下无,海注墨汁倾金壶。"所获时誉甚多。林良作画凡两路,即有工笔重彩,亦有水墨写意。林良尤以写意花鸟见称于世,沈周、陈淳均受其沾溉,影响远及近代岭南派居廉、高剑父等。

此图写一双白颈鸦栖于古木之上,构图简洁,笔墨苍劲明快。寒鸦墨彩层次分明,用笔酣畅,同时又栩栩如生。点叶飞动,潇洒自由,笔势相连,运笔苍劲,有秋风萧瑟之意。枝干则笔意朴厚,凝若屈铁。整幅画作气息紧凑,作者通过高超的笔墨,将简单的物象表现得生动传神,可见作者深厚的笔法素养以及捕捉物象的能力。此图款署"林良",钤"以善图书"朱文方印。图上并有诗堂,有明人项麟、杨维新、王献题诗。钤"钱塘"白文长方印、"麒麟"白文方印、"维新"朱文方印等。此图曾经唐翰、王一平递藏。1998 年王一平先生捐赠。

藏于上海博物馆。

【明　瞿俊　《竹石图轴》】

纵 130.4 厘米,横 32.1 厘米。纸本,水墨。

瞿俊,字世用,号学古,苏州府常熟人。成化五年(1469 年)张升榜进士,累官江西崇仁知县、监察御史、广东按察副使。史载瞿俊,状貌甚伟,不修边幅,而风威动人。为官清廉公正,惠政得民。晚年以病致仕,家徒壁立,唯有图书数百卷而已,年六十八而卒。著有《留余堂集》《学古斋稿》。清彭蕴璨编《历代画史汇传》云:"副使兰竹行笔瘦劲,书法二王。"可知瞿俊善画兰竹,亦长于书。

瞿俊书画作品流传颇少,上海博物馆藏《竹石图》是其晚年真迹,绘制于弘治三年(1490 年)。此图作秀篁倚石,疏枝密叶,临风摇曳,气韵萧疏。叠叶自然,用笔苍劲,墨色秀润,气韵生动,得王绂、夏昶洒然之致。图上有其题诗曰:"一丛寒翠傍门生,独自为云覆倚楹。尘土示沾无俗态,祇凭冰雪洗心清。"表达了作者以竹自况,追求高雅出尘,超然独立的高尚品格。今草之中略有章草笔意,带有明初"三宋"的风格,笔势迅猛连绵,格力高古。款署:"敕校中顺大夫、广东省提刑按察司副使、监察御史,致仕昆湖瞿俊书于金紫堂时,弘治三年仲秋八月望日也。"钤"瞿俊"白文方印、"乙丑进士"白文方印。收藏印鉴有:"聊借画图怡倦眼"朱文方印、"相逢有味是偷闲"白文方印、"山东野人"朱文方印、"海昌钱镜塘藏"朱文长方印。曾经钱镜塘、王一平收藏。1998 年王一平先生捐赠。

藏于上海博物馆。

【明　仇英　《兰亭觞咏图》】

长219厘米,宽28.5厘米。

仇英(1498—1522),字实父,号十洲。江苏太仓人。明四家之一。擅画人物,尤长仕女,既工设色,又擅水墨、白描,能运用多种笔法表现不同对象,或圆转流美,或劲丽艳爽。偶作花鸟,亦明丽有致。

藏于浦东新区南汇博物馆。

【明　陈洪绶　《踏雪寻梅图轴》】

纵131.3厘米,横49厘米,绢本设色。

陈洪绶(1599—1652),一名胥岸,字章侯。幼名莲子,号老莲,又号小净名。明亡之后,自号僧悔、悔僧、云门僧、九品莲台主者、悔迟、老迟、弗迟等。为汉代太邱长陈寔五十四世孙。祖父陈性学为万历丁丑进士,官至广东、山西布政使。父亲陈于朝屡试不第,隐居读书于苧萝山下,年三十五而逝。陈洪绶人物、花鸟、山水无不精妙,凡所作画皆格调高古,作人物则古拙似魏晋人手笔,作山水则简远古淡苍老洁润,作花鸟则构思奇巧古趣盎然,可谓是全面性的画家。与同时代的北方画家崔子忠齐名,并称"南陈北崔"。陈洪绶亦擅诗文,有《宝纶堂集》传世。

此图设色典雅,人物形态古朴,衣褶线条细劲圆润。画面远方一枝梅花傍溪而出,与古松互相掩映,可谓意趣清幽。整幅画作构图繁密,却不窒涩,机杼自出,显示了作者深厚的造型技巧与构图能力,是陈洪绶晚年的精品。同时笔墨古厚简净,有中古画家冰澌斧刃之感。清张庚撰《国朝画徵录》谓其所作画"其力量气局,超拔磊落,在仇、唐之上,盖三百年无此笔墨也"。诚不虚语也。此图款署:"弗迟老人洪绶。"自钤:"洪绶"朱文长方印。画中现有徐守和"朗庵鉴藏"白文印,可知清初时为徐守和的藏品,近代以来为爱国华侨庄万里所藏。2000年庄万里先生后人庄长江、庄良有捐赠。

藏于上海博物馆。

【明　徐光启像】

长139厘米,宽90厘米。

徐光启(1562—1633),字子先,号玄扈,天主教圣名保禄,上海县法华汇人。他毕生致力于数学、天文、历法、水利等方面的研究,与利玛窦合作翻译《几何原本》,是一位沟通中西文化的先行者。该画作为徐光启晚年画像,作者不详。徐光启头戴乌纱帽,身着绯色仙鹤补子团领衫,腰系玉带,脚穿皂靴,为典型的明代一品官员画像。

藏于上海市历史博物馆。

【清　高岑《江山无尽图卷》】

纸本,设色。

高岑,字蔚生,号榕园,浙江杭州人,寓居江宁(今江

图3-2-25　徐光启像

苏南京)。幼时学画,师从同里朱翰之。年长出入复社,与兄阜共誉。后期与周亮工、陈丹衷交游。擅作山水、水墨花卉,上承继董源、巨然,风格清隽秀润。活动于崇祯、康熙年间,与樊圻、邹喆、方鲁、吴宏、叶欣、胡造、谢荪七人,并称"金陵八家",为一时名手。其子荫,字嘉树,侄遇,字两吉,俱擅作山水,传其家法。

此图所绘景物丰美,起首江岸泊舟,林木扶疏。随后山峦迭起,静水深流,间有屋舍,人家俨然。后有绝壁,下临江水,舟子若干。其中人物清洁,独坐、垂纶、游乐,各得其乐。

拖尾有朱文志道光十五年(1835年)跋,略云:"昔杜少陵题画诗云'元气淋漓幛犹湿',可知古人作画运笔以气而墨彩生矣。蔚生画布局宽展,开合自然,绝无断续痕迹,而密不觉繁,疏不嫌薄,笔与墨融而为一,故所设澹色无不惬心,非得力于元大家黄子久吴仲圭者,乌能到此?……"

然后有道光十六年(1836年)张志绪跋,略云:"禅分南宗、北宗,惟画亦然,或以气韵,或以魄力胜,其大较然也。此卷萧疏郁茂,兼南北宗之长,即云林之淡远,山樵之缜密,无以过此。昔董思翁题黄子久山水,以为烟云生动,林壑虚闲,斯言可以遗赠慈水。……"

藏于上海博物馆。

【清　谢荪《山水图册》】

纵14.2厘米,横19.2厘米,绢本。

谢荪(生卒不详),字缃西,一字天令,江苏溧水人,常住南京。擅画山水、花卉,与龚贤、樊圻、高岑等人齐名,张庚《国朝画徵录》有载,列为"金陵八家"之一,然传世作品稀少。

此册绢本设色,描绘野村田畴、山斋雅兴,点景人物颇为生动,有的扶门而待,有的茅堂教子,有的荷锄耕读,有的临流清话。尺幅虽小,但是景物繁密,经营有方。"金陵八家"作为地域流派,虽然各家面貌不同,但所作山水取材均多为南京附近一带山川景物。谢荪此册亦不作雄山阔水或风景名胜,而是与常见的人事活动、熟眺的郊野山村之景更为接近,给人以较强的生活气息。谢荪的绘画无论山水、花鸟,均用笔精致细腻,主要取法于吴门画派,接近陆治等人画风。在晚明松江派主导的画坛,除了对笔墨独立价值的追求,谢荪比较注重描绘对象的造型,所以其作品形象生动,笔法工稳,设色清丽,气息秀润。此册乃谢荪所作精品,此八开画无款识,每开右下角谢荪均钤"写心"朱文圆印。

藏于上海博物馆。

五、玉器

【良渚文化　权杖】

冒,高4.0厘米,长9.3厘米。钺,高15.9厘米,最宽10厘米。镦,高2.6厘米,长7.5厘米。

该权杖于青浦区福泉山65号墓出土。玉权杖自上而下由冒、柄(推测为有机质,因长期埋葬而腐朽不存)、钺和镦组成。《说文解字系传》曰:"戉,大斧也。"玉钺造型与斧类似,但不具备砍伐器或武器

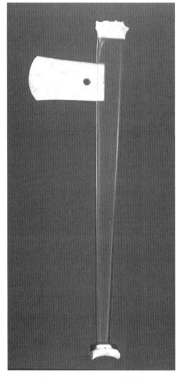

图3-2-26　玉权杖

的实用功能,仅作为权利的象征物。

良渚文化主要分布于长江下游、太湖地区及沿海一带,相关遗址甚多,如浙江的反山和瑶山,江苏的寺墩、草鞋山以及上海的福泉山等等,有力促进了中华文明进程研究的深入。良渚文化时期,玉料作为"战略资源"被极少数人垄断,所制玉器数量大、质量高、品类多、工艺精,是中国史前文化的巅峰之作。它与东北辽河地区的红山文化遥相呼应,共同谱写了中国新石器时代玉器的辉煌篇章。

更重要的,良渚权贵建立了严格的用玉等级规范,对玉钺、玉琮、冠徽等重要玉器有明确的等级和性别使用限制,如男性不用玉璜,女性不用玉钺,掌控军事权和统治权的权贵可配置玉权杖和数量不等的玉琮。良渚文化遗址的高等级大墓中多有玉权杖出土,被视为是军权、王权与神权合一的象征。正如一些研究者所言,玉权杖的主人可能是"王"级首领或者大祭司,掌管祭祀太阳神、祖先神等神灵的祭祀权,并拥有号令联盟的军事权和统治权。

藏于上海博物馆。

【良渚文化　神人兽面飞鸟纹玉琮】

高5厘米,宽6.6厘米。

玉质呈黄绿色,整器近方柱形,薄壁,中有孔。琮面用减地法凸出四块角尺形方座,又以四角线为中轴展开,琢刻简化的神人兽面纹,神人及兽面两侧又再各琢刻一鸟纹。

《周礼》有"黄琮礼地"的记载。玉琮在古代是重要的祭祀、殓葬用器,由良渚文化先民首创,主要流行于新石器时代至商周时期。良渚文化早期的玉琮均为此琮般的矮体,表面装饰神人、兽面或兼飞鸟纹样。晚期则出现多节高体玉琮,装饰有简化的神人兽面纹样。而此琮表面经细致打磨、抛光,光泽度强,无论玉色、造型、纹饰、琢工,都属于同类器中的精品。

图3-2-27　神人兽面飞鸟纹玉琮

琮上的神人兽面纹广泛见于良渚文化出土玉器上,除了玉琮,还可见于钺、冠状饰、三叉形饰、半圆形饰、璜、镯等,具体组成有繁有简,很有可能是当时的一种氏族徽记。早年对其组成解读众说纷纭,有人认为兽面是虎、鳄鱼、猪等,有人认为神人兽面是鸟和猛兽的复合体。后来,张光直先生在论述中国古代美术里的人兽母题时指出,类似的神人兽面像中,人是巫师的形象,兽是蹻(语出《抱朴子》,指可以上天入地、与鬼神来往的龙、虎、鹿)。"巫蹻说"认为神像分为人像和兽像两大母题,上部人像表现的是巫师,下部兽像则是协助巫师沟通天地的伙伴。关于神人的头部羽饰,李学勤先生在释读大汶口文化陶尊上的"戴羽饰的冠"时,认为它就是后世的"皇"字。他说:"原始的'皇'或许就是一种用羽毛装饰的冠。"

藏于上海博物馆。

【红山文化　玉蚕】

高5厘米,宽1.5厘米。

玉质呈黄绿色，圆雕成弯弧的蚕蛹形，头部琢出凸眼、双耳，背部中脊分出两翼，腹部刻出皮纹，颈部对穿一孔。

红山文化位于东北辽河地区，出土玉器数量丰富。其造型简洁，雕琢上多采用打洼手法，其品类较多，除简单佩饰外，多见龙、兽、龟、鱼、鸟等形象，以动物造型为主要特色，以猪龙、勾云形佩、马蹄形器等为其他地区所罕见。黄绿色玉材是红山文化的典型用料，与辽宁岫岩细玉沟所出产的软玉(俗称"老山玉")基本一致，符合就地取材的自然规律。

关于史前玉蚕的含意，一般认为是当时先民崇奉的蚕神。有学者认为蚕首系熊首，是熊首蚕神，与图腾崇拜有关。也有学者根据《博物志》中"蛹，一名魂"的记载，认为史前先民从蚕的一生经历及破茧成蛾的自然现象联想起了灵魂升天的生死观念。

此外，中国是世界上最早养蚕和发明丝绸的国家，浙江余姚河姆渡、辽宁锦西沙锅屯、陕西芮城西王村、河北正定南杨庄、江苏吴县梅堰、安徽蚌埠吴郢、甘肃临洮冯家坪等均发现有新石器时代晚期的陶、石质蚕蛹形饰或陶器，浙江吴兴钱山漾、河南荥阳青台村还直接出土有丝麻织物的残片。东北地区素产柞蚕，此件玉蚕的形态、大小、色泽等均与自然柞蚕颇相契合。

藏于上海博物馆。

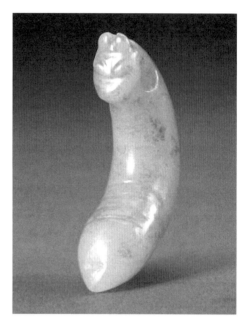

图 3-2-28　玉蚕

【红山文化　鸡骨白玉纺轮】

直径 9 厘米，厚 2.5 厘米。

此为出土于新石器时代晚期红山文化的纺轮，材质为鸡骨白玉。"鸡骨白"是收藏界的术语，主要说的是长期埋在土中的玉，日深年久所造成的腐蚀，而在表面形成一种白色的粉状氧化物。此件鸡骨白玉凿成的纺轮，距今已有五六千年的历史。

藏于上海纺织博物馆。

图 3-2-29　鸡骨白玉纺轮

【石家河文化　玉神人】

高 10.3 厘米。

石家河文化分布在江汉流域一带，常见出土人物和动物形态的玉器。玉人一般是人首造型，未见全身人像。上海博物馆藏玉神人尽管是传世的，但品相完好，玉质晶莹剔透，制作工艺高超，在海内外目前仅此一见。其头戴平顶冠，两耳饰环，双手置于胸前，一般认为这是古代巫师正在做法、通神的形象。

藏于上海博物馆。

图 3－2－30　玉神人

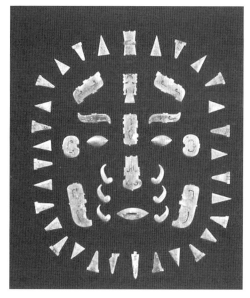

图 3－2－31　幎目缀玉

【西周　幎目缀玉】

复原长 44 厘米，宽 40 厘米。

据《礼仪·士丧礼》郑玄注："幎目，覆面者也。"可知在内红外黑的丝织品上缝缀玉饰以模拟五官，把死者的面部蒙盖起来，称"玉覆面"，是"专门为保存尸体而制造的随葬玉器"，属于丧葬玉，也称葬玉。馆藏玉覆面由 51 件玉组件构成，分别示意眉、眼、口、鼻等，部分组件表面留有红色朱砂。

玉覆面使用由来已久，早在史前大汶口文化时期的大墩子遗址中就发现了把石环放置在眼眶内用作眼罩的做法。西周时出现玉覆面，也称"玉幎目""缀玉覆面"，须贵族才可使用。战国时出现整玉所制覆面，有学者将其称为"玉掩"。进入汉代，玉覆面逐渐被玉面罩和玉头套替代。至西汉中期，由头套、面罩、上衣、袖筒、手套、裤筒和鞋构成的完整玉衣出现，玉覆面逐渐退出历史舞台。

中国的葬玉文化从史前一直延续到魏晋，大约有四千多年的历史，主要分为从新石器时代到商代的原始时期、从西周到战国的发展时期，以及两汉的高峰时期。《墨子·节葬下》载："诸侯死者，虚车库，然后金玉比乎身"，古代厚葬之风可从此窥得一斑。

藏于上海博物馆。

【西汉　兽面云纹玉璏】

长 11.2 厘米，宽 2.7 厘米。

青白玉质，整器俯视呈长方形，侧视上部两端下卷，下部靠近一端有一长方形贯孔，孔内可见镂空遗留下的拉丝痕迹。器面一端浅浮雕出阳文的兽面纹，兽面上端浅浮雕四组两两相对的勾连云纹，器边框饰弦纹。最难得的是，兽面两眼内分别阴线倒刻隶书"尚""方"二字，贯孔底面又阴刻十五字隶书铭文："建始三年十一月丙午日造，尚方十五。"

"尚方"系秦代初置的官署名，隶属于少府。汉承秦制，据《汉书·百官公卿表》载、颜师古注，可知"尚方作禁器物"。但尚方主作的器物究竟有些什么具体品种则无从了解，从后世称的"尚方宝剑"可知尚方曾制造过兵器，推测冶玉也应归属之，只是无明文记述。

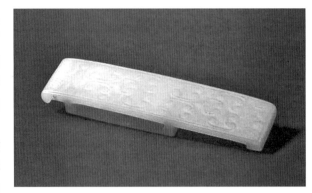

图3-2-32　兽面云纹玉璏

此外，此玉璏记载了成器的具体年份："建始三年"。"建始"是西汉成帝刘骜的第一个年号，而自铭作器年代的在玉器中十分少见。铭文中的数字"十五"可能是表明所造这类器物的数量，这在战国、汉代玉器上时有所见，如安徽巢湖北山头西汉墓出土的玉器上就有"中二""王六""上四""上六一"等数字铭文。

此件玉璏上的铭文明确记载了汉代的琢玉机构为"尚方"，为全面研究汉代玉器提供了可靠的珍贵资料，也是目前仅见的实物例证。

藏于上海博物馆。

【唐　胡人伎乐纹玉带】

带銙长约3.6厘米，宽3.4厘米。铊尾长5.4厘米，宽3.4厘米。

白玉质，一副12块。其中带銙11块，呈扁平方形，铊尾1块，呈圆首扁平长方形，另有一铜质带扣。带銙正面装饰有西域胡人伎乐形象，伎乐卷发、深目、高鼻，着窄袖、披帛，穿靴盘坐于蒲席上，或击鼓，或吹箫等乐器。铊尾上则为一翩翩起舞之伎乐。所有玉组件背面均平素，四角各有一牛鼻穿孔，供穿缀与革鞓连接。

玉带始见于南北朝，陕西咸阳底张乡北周上柱国骠骑大将军若干云墓曾出土过1副玉带。唐代成副玉带在考古中亦有发现，如陕西西安南郊何家村唐代窖藏出土有10副，而传

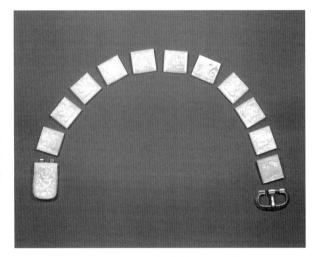

图3-2-33　胡人伎乐纹玉带

世品中零散的玉带板更时有所见。唐代时，玉带使用者的品级和带銙数在文献中有所记载。《新唐书·车服志》载："其后（指高宗显庆以后）以紫为三品之服，金玉带銙十三；绯为四品之服，金带銙十一；浅绯为五品之服，金带銙十；深绿为六品之服，浅绿为七品之服，皆银带銙九；深青为八品之服，浅青为九品之服，皆鍮石带銙八；黄为流外官及庶人之服，铜铁带銙七。"实际所见玉带銙数却并不都恰合十三，銙数十一、十二、十三、十四者皆有，说明唐代玉带形制可能并不十分严格，不似发展至明代时那么规范和有定制。

藏于上海博物馆。

【唐　玉飞天】

高 4.1 厘米,宽 7.4 厘米,厚 1.6 厘米。

佛教于西汉末年传入中国,两晋时期逐渐兴起,至唐朝兴旺发达,并逐渐与儒家及道家的宗法思想合流,融入中国传统文化中。唐宋辽金时期,佛教题材的玉雕多见,其中一类可用作佩饰(或以佩戴随身供养)的玉飞天尤为精美。飞天是佛教人物,梵名为乾闼婆,亦称"香音神",是能奏乐、善飞舞、满身散发芬芳的美丽仙人,被认为是造福人类的神仙。

图 3-2-34　玉飞天

此件玉飞天洁白温润,毫无瑕疵。飞天丰颊硕体,双目前视,云鬟高髻,双臂微曲前伸,手托一物。上身着细薄轻衣,肩部绶带翻飞,臂部挽璎珞飘逸。腰束长裙,裙角自然收放,双腿交叠,赤足,身下有品字形朵云。整器线条流畅,雕琢精细。

已知出土玉飞天中年代最早者为南唐墓中的一件残物。唐代玉飞天常见片状透雕,呈凌空飞舞状,姿势婀娜。飞天均作正面像,脸型丰满,椎髻高盘。上身竖直,不着衣衫,仅披巾招展。手上或执莲、或托物,下身近水平,着贴身长裙,双腿交叠,赤足。身下有朵云衬托,一到三朵不等。目前全国可见传世唐代玉飞天不过十余件,以此件上海博物馆藏玉飞天的用料、用工为最佳。

唐宋以后,玉器逐步朝着民间化、世俗化的方向发展。品类上,生活用器与玩赏品兴起,纹饰上,几何纹地位下降,现实题材的动物、植物、人物纹样逐渐占据主流。唐代"万邦来朝,绝域入贡",经济、文化高度繁荣。唐代玉器亦呈现生机盎然、欣欣向上的精神面貌。

藏于上海博物馆。

【金　春水玉】

长 8.8 厘米,宽 3.6 厘米。

春水玉饰用"俏色"的手法,通过玉质本身的不同色彩来雕刻黑色海东青捕食白天鹅的场景,两者形成强烈对比,具有悲剧色彩的审美意味。

藏于上海博物馆。

图 3-2-35　春水玉

【明　青玉束发冠】

高 3.6 厘米,宽 6.9 厘米。1958 年出土于朱行朱恩家族墓,2003 年转入闵行区博物馆。青玉质。其造型小巧,外形略呈长方体,内镂空,正面上角打磨成圆弧状,后角呈小圆弧,冠顶雕刻七道纵向筒瓦形梁,两侧以浮雕卷云纹收头;梁端刻环线收头,其下另刻一道环线,形成宽带状,宽带正中开对穿插簪孔。该器形制和工艺均较为规整,时代特征明显,为典型的明代青玉制器。

藏于青浦博物馆。

【明　婴戏纹玉带板】

长 7.9 厘米，宽 6.4 厘米。

青白玉质，扁长方形，双层透雕。正面为婴戏图，纹饰分上、下两层。上层上部有三童子正跳绳嬉戏，天真烂漫，下部有四童子或挑灯、或捧瓶、或玩拨浪鼓、或提篮。形态各异，妙趣生动。童子头上有一撮或二撮分发，杏目、直鼻、厚唇，身着交领长袍、直筒裤、腰部束带，衣褶粗纹勾勒。左上另有湖石、兰草、飞鸟，右上另有松柏。下层透雕窗棂式锦地纹。背面平素，有牛鼻穿孔以供连接革鞓。

明代人物以饰于玉带板、玉首饰、玉文具等为多，婴戏图可谓当时最流行的一种人物纹样，往往表现众多婴孩嬉笑玩闹的场景，是当时社

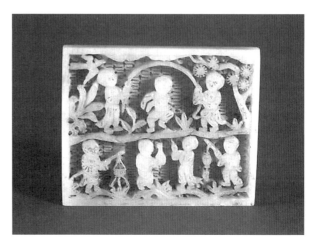

图 3 - 2 - 36　婴戏纹玉带板

会世俗生活在玉器中的反映，有多子多福的寓意。而除婴戏图外，明清玉器题材多有反映现实生活的内容，且创新出许多纳福求祥的题材，所谓"图必有意，意必吉祥"。

玉带板自北周始现，历经发展演变，至明代达到高峰，是统治阶级权力地位的象征品。《明史·舆服志》载："凡帝王、一品、公、侯、伯、驸马，或皇帝特赐，方可用玉带。"明代玉带同朝服官帽一样，成为一种制度化的配饰，并有数量上的定制。其雕琢技法可见单层高浮雕、双层镂空雕以及三层镂空雕，工艺繁缛细腻。其装饰题材向着程式化、世俗化发展，以瑞兽纹、花草纹、人物纹、吉祥纹等图案为主，常见多种纹饰的组合，彼此之间相互烘托渲染，繁复而不失层次。

藏于上海博物馆。

【明　银鎏金嵌宝镶玉霞帔坠】

长 12.5 厘米，宽 11.0 厘米，高 2.0 厘米。

1993 年上海市卢湾区打浦桥顾从礼家族墓出土。凤冠霞帔属于古代礼仪制度中一等的首饰。凤冠包括插在凤冠上的金凤簪一对，以及用作固冠的金花头簪一对。霞帔又称"霞披""披帛"，形状宛如一条彩色挂带，是古代妇女的一种披肩样服饰，因颜色艳丽如彩霞而得名。宋代以后，霞帔被定为命服，常与凤冠相配，一般仅限于受诰封的命妇或贵族女子使用。霞帔下端多有金、玉等制成的坠件，可帮助垂坠，亦可为装饰，被称为霞帔坠。

此件霞帔坠用银片打成七边形的上部和六边形的下部，上下以两根短柱相接，框外边角处又饰珠纹。正面上、下部中心处分别嵌有透雕的松鹿纹玉饰和绶带牡丹纹玉饰，并绕之镶嵌有红色尖晶石和蓝宝石数颗。背面为模压的双凤牡丹纹，顶端有系。考古发现时，此器摆于顾东川夫人的腹部位置，置于霞帔之上。

图 3 - 2 - 37　银鎏金嵌宝镶玉霞帔坠

据不完全统计,目前中国发现的出土有嵌宝器物的明墓共六十余座,分布于十四个省(市)。除了水晶、琥珀、玛瑙、珊瑚、珍珠等,红蓝宝石、尖晶石、祖母绿、金绿猫眼等单晶宝石在明代也被广泛使用。据出土实物及文献记载,可知明代时除中国的云南、辽东、新疆外,如今的泰国、斯里兰卡、印度、印尼、缅甸、菲律宾、伊朗、孟加拉国、麦加、也门等都有宝石产出,而这些地方也极可能是我们如今看到的明代金镶玉器物中珍稀宝石的来源地。

藏于上海博物馆。

【清　三螭纹玉花觚】

高 20.6 厘米,宽 10.7 厘米。

黄玉质,整器作菱形喇叭状,上下饰莲瓣,中部鼓腹上浮雕三条各具形态的蟠螭。底足内自左至右阴刻阴刻"乾隆年制"篆书款。

北宋中晚期开始,金石学兴起,金石收藏在文人士大夫间蔚然成风。为了满足文人怀古、复古的心里,各类仿古器层出不穷,其中也包括玉质仿古器。它们大多仿照商周青铜器的造型或纹样,又根据自身的材质特征及时人的审美需求进行了一定的艺术再创造。如此件觚,原为青铜酒器,现以玉仿摹而制,用作花器。

清政府于乾隆二十四年(1759 年)解决了西北额鲁特蒙古和新疆回部问题,打通了和田玉进入中原的通道,保障了玉料来源。由此,清代是历史上玉器加工使用的鼎盛时代,它集历代琢玉之大成,创造了数不胜数的优秀作品。清代玉器数量众多,且大多用料优良、工艺精美。其中,乾隆皇帝执政期间的琢玉规模、产量和种类超越了历史上的任何其他时代。受乾隆的审美影响,乾隆年间所作玉器大多"精、细、秀、雅",被称为"乾隆工"或"乾隆玉"。

图 3－2－38　三螭纹玉花觚

清康熙时期,紫禁城内设立造办处,从全国选调优秀工匠专门为宫廷制造各种器用,其中的琢玉工匠大多来自江南,又称"南玉匠"。而清代江南玉雕中最著名的当数苏州玉雕和扬州玉雕,史称"苏作"和"扬州工"。以乾隆时期为例,南玉匠主要由苏州织造拣选输送,乾隆御制诗中也经常出现"苏州玉工""吴阊玉工""吴中玉匠"等字样。苏作玉器偏重中小件,线条刚柔相济,风格精细雅洁,与此件花觚的工艺特征相符。

藏于上海博物馆。

六、雕塑

【东汉　抚琴俑】

通高 75 厘米,最宽 41 厘米,底宽 33 厘米。

该俑来自四川,因当地土质之缘由,呈红色。头身模塑合制,套合成型,颈部为其衔接处。头上簪花三朵,脸带微笑,正视前方;身着交襟长袍,踞坐,琴置腿上,两手高低错落,悬于琴上,仿佛正在奏曲。东汉陶俑,不论是抚琴俑、吹笛俑、劳作俑、庖厨俑等,脸部始终充满微笑。此俑塑造手法简洁,仍保留了古朴原始的特色有团块体积感,显得较厚重。形象生动,充分表现了抚琴者心旷神怡,沉浸在乐曲声中的神态。

藏于上海博物馆。

图 3-2-39　抚琴俑

图 3-2-40　释迦牟尼佛鎏金铜像

【北魏　释迦牟尼佛鎏金铜像】

高 18 厘米。

佛像螺发肉髻,面相颇为丰满,眼大而横长,鼻梁直挺,内收的唇角,含着一丝微笑,表情慈祥,眼光亲切;身披通肩外衣,绕过右手搭于左手,胸前的中衣结带,外衣下部露出中衣和下衣,其衣纹向下并外扬,犹如迎风飘展的羽翼,极具装饰趣味。佛右手施无畏印,左手施与愿印,赤足立于佛座之上,宽厚的身躯和端庄的姿态,开启了北魏佛像向东魏过渡的新风尚。

藏于上海博物馆。

【北齐　释迦牟尼佛石像】

高 164 厘米,宽 62 厘米。

该石像用白石雕刻,面相丰润,眼睛微闭,目光下敛;唇角微翘,含着一丝微笑。两手残缺,但尚可见说法的姿势。佛的背光华丽,在熊熊燃烧的烈火中,烘托着五尊坐莲花佛,中心饰莲花,外缘是一圈荷莲构成的图案。

图 3-2-41　释迦牟尼佛石像

释迦牟尼佛气度雍容，表现了明澈、智慧、慈祥的神情，配上精细富丽的背光，在和谐中寓有庄严之感。

藏于上海博物馆。

【唐　菩萨石像】

高 70 厘米，宽 40 厘米。

这件菩萨石像为胡跪坐形式，是唐代佳作。此造像六角座，材质为汉白玉。刻画细腻，脸型饱满，眼睑下垂，鼻梁挺直，嘴角微微上翘，面相恬美。细腰着长裙，褶襞刻划富有动感。残缺的双臂，使人联想到"维纳斯"的风姿。

藏于上海博物馆。

图 3-2-42　菩萨石像　　　　　　　图 3-2-43　迦叶木雕头像

【唐　迦叶木雕头像】

通高 77 厘米。

唐代迦叶木雕头像今相当可贵，极其难得。此件头像约 1 米高，可以想象，迦叶像的整体应在 7 米以上。此件木雕像，雕刻生动，寿眉之处顿挫有力，用刀劲利；眼睑和双唇下刀则小心谨慎，细腻精微，整个面颊的处理富有层次感，刚柔相间，凹凸有致，粗细得体。此像曾用浓重艳丽的贴金与彩绘装饰，但由于时间久远，彩漆剥落露出褐色的木质纹理，显出木雕艺术的朴素美感。

藏于上海博物馆。

【宋　大理国大日遍照佛像】

铜鎏金，高 48 厘米，宽 35 厘米，纵 21 厘米。

这尊大日遍照佛像 1940 年代流失到美国，后为一位法国古董商所得。1998 年 10 月，上海博物馆原馆长马承源在访问法国期间将其购回。中国香港浙江第一银行董事长孔祥勉慷慨出资征集，并以其父孔绥蘅先生的名义捐赠给上海博物馆。大日遍照佛结跏趺坐，表层髹有红漆，右手作触地印，左手结定印。身着袒右肩袈裟。两耳戴耳铛，右臂戴臂钏。佛像表情恬静安详。额间白毫以红珊瑚装饰，螺髻上装饰绿松石两颗，螺髻间残留有蓝色颜料。环绕铜像脖颈一周有纤细的裂痕，肩部、肘部等处有数处利器砍凿后的痕迹，右胸部微凹，明显受过外力撞击。

此大日遍照佛像内部中空，内腔在脖颈一周有三个半圆形的小环，当为悬挂经咒一类物品用的。像的内腔铸有大理国盛明二年造像者的发愿文题记，中央铸有梵汉合体的咒语。全文为："时盛明二年岁次癸未孟春正月十/五日敬造金铜像大日遍照一身/座资为造像施主彦贲张兴明（衤久）/领踰城娘三男等尝愿三身成就/四智圆明世世无障恼之忧劫/劫免轮回之苦/千生父母万劫/怨家早出盖缠蒙证佛果次愿/三界穷而福田无尽四空竭而财/法未消（发）结十地（之比）日同圆三/身之妙果"。此尊大日遍照佛的发愿题记中有"盛明二年岁次癸未"的干支纪年，盛明为段正兴所用年号之一，即1163年，当南宋孝宗隆兴元年。

藏于上海博物馆。

七、家具

【明　黄花梨透雕靠背圈椅】

座面长 60.7 厘米，款 48.7 厘米，通高 107 厘米。

王世襄旧藏，1993 年为中国香港庄氏家族购得并于 1998 年捐赠上海博物馆。

黄花梨古称"花榈"或"花梨"。唐代陈藏器已将该木材收入《本草拾遗》，称"花榈出安南及南海，用作床几，似紫檀而色赤，性坚好"。明清时期的文献对其特征和产地有了更多的记述，如明代《格古要论》："花梨出南番广东……亦有香，其花有鬼面者可爱，花粗而色淡者低。"清代《琼州府志》："花梨木，紫红色，与降真香相似，有微香，产黎山中。"后来该木材被冠以"黄"字，以区别于清代以后大量使用的"新花梨"。

圈椅属于较高等级的坐具，是达官贵人身份显赫的标志。明代晚期以后，普通材质的圈椅已不足为贵，珍贵的硬木才能满足当时日趋奢靡的社会需求。自明代晚期至清代早期，黄花梨在家具上的应用大为增加，是制作考究

图 3 - 2 - 44　黄花梨透雕靠背圈椅

家具的重要木材之一，其纹理或隐或现，色泽不静不喧，自身就蕴含着装饰趣味。该圈椅以黄花梨为材，除了取其坚固以外，还充分利用其自然天成的纹理，把材质的优点用到极致，摒弃了不必要的雕饰，与其柔婉素雅的造型十分般配，可谓气韵独具，美不胜收。

该椅四足采用明式扶手椅的常见做法，即座面以上为圆材，座面以下为外圆内方。足间安装壶门式券口牙子，线条圆熟、劲挺、轮廓优雅。鹅脖、后腿和靠背板上端有卷草纹托角牙子，起到加固与装饰作用。椅圈三接，搭脑与扶手一顺而下，线条圆婉柔和，就座时可以承托整个手臂，既舒适又美观。靠背板下端镂壶门亮脚，上端作如意云头形开光。开光内透雕麒麟，张口吐舌，鬣鬃上冲，形象栩栩如生，为点睛之笔。

藏于上海博物馆。

【明　黄花梨圆后背交椅】

座面长 69.5 厘米,宽 53 厘米,通高 94.8 厘米。

陈梦家旧藏,1999 年购自赵景心、赵景德、赵景伦。

交椅在宋代已经大量使用,而且已经进入市场作为商品流通。对于交椅这种等级较高的坐具来说,无疑是当时商品多样化的表现,也是当时社会风尚日渐奢靡的表现。据南宋吴自牧《梦粱录》记载,杭州城街坊店铺"诸色杂卖"中已有各种类型的家具,其中就有交椅,属于普通商品。由此看来,交椅之始盛,不在明代而在宋代。

图 3-2-45　黄花梨圆后背交椅

与圈椅相比,在具备相同的坐姿及舒适度的情况下,交椅必有其独特的优点,才能在数百年的漫长岁月里长盛不衰。交椅的优点来自其特殊的构造。座面多为绳编软屉,软屉不碍折叠,折拢时如同虚设,打开时形成座面,稳定腿足。两足交叠有转枢,展则随处可安,收则缩小体积,移动方便,不仅适于居家使用,也是古人外出携带的常备之器。

此交椅以黄花梨制作,在传世同类型交椅中年代较早。其靠背用黄花梨独板,仅在上端浮雕如意头开光一朵,作云头双螭纹。椅圈凌空之处极易断裂,故以金属棍连接腿足弯转部位,这样既可以稳定椅圈,又可将椅圈的承重经由金属棍导向腿足直至地面。几乎在所有部件交接处都钉有铁錽银缠莲纹饰件,主要起到加固作用,同时也具有很好的装饰效果。绳屉为后配,不能承重,只是为了能在打开之后固定腿足展示造型而已。

腿足上端弯转处安有托角牙子两块,精雕螭纹,起到加固与支撑的作用。螭纹线条流畅,形象鲜明,为该椅雕饰最多之处。这两块雕饰精美的牙子,却难以从交椅的正面进行观赏,而需要屈身蹲踞,从侧面才能看得分明。几乎素面朝天的家具,在很不起眼的位置却有着精美的雕饰,这种情况在其他黄花梨家具上也时有所见,尤其常见于晚明至清代早期的苏作硬木家具,具有鲜明的时代特征和地域特色。

藏于上海博物馆。

【明　紫檀扇面型南官帽椅】

座面前宽 75.8 厘米,后宽 61 厘米,深 60.5 厘米,通高 108.5 厘米。

王世襄旧藏,1993 年为中国香港庄氏家族购得并于 1998 年捐赠上海博物馆。

该椅精选上等的紫檀木料,而且尺寸硕大,造型独特,在明式硬木扶手椅中尤为罕见。舒展而凝重乃其造型之显著特征,舒展是一种向外舒张的表现,凝重是一种向内凝聚的呈现,这些都来自材质和结构的特点,这两种异质的特点出现在同一件家具上,使之具有了凝练而庄重的艺术格调。

四足外挓,侧脚显著,这是源于中国古代建筑结构中柱子的做法。座面前宽后窄,呈扇面形,前、后边框向前弧凸,宽度相差 15 厘米。搭脑向后弧凸,其两端以及扶手前端,与四足顶端的连接采用了圆材闷榫角结合的做法,但不是明式做法中常见的"挖烟袋锅"的方式,而是作45度格角连接。

靠背板作S形曲线,浮雕牡丹纹团花开光,纹样特征与明代早期雕漆图案一脉相承。全身素混面,极少线脚装饰。座面下三面安"洼堂肚"券口牙子,牙子边缘通施灯草线装饰。灯草线圆实饱满,做工考究,并非采用减地隐起的手法,而是将地子完全铲除并且刮磨平整。

四足使用圆材,而非明式常见之外圆内方做法。管脚枨不仅采用了明榫,而且还露出一小段榫头。这种榫卯做法在早期家具和建筑中很常见,有古建筑大木梁架的特征。此椅由于腿足细圆,榫子出头少许,才能使之坚固。这一细节处理并不显得累赘,还有利于美观。不仅能打破沉闷,显露新意,避免椅子下部直来直去的构造显得平淡无奇,而且在上部丰富的曲线的映衬下,产生结构美感,获得最佳的视觉效果。

藏于上海博物馆。

图3-2-46 紫檀扇面型南官帽椅

【明 黄花梨木六柱式架子床】

长226厘米,宽162厘米,高234厘米。

1994年,购自浙江省慈溪市艺术研究所。

该床使用黄花梨木精心制作而成,呈有束腰三弯腿结构,内翻云纹马蹄足。四角立柱,另立门柱两根,上承顶架和挂檐,故名六柱式架子床。床面藤编,边框外缘作冰盘沿线脚。束腰下安壶门牙条,起皮条线,与腿足内角线脚交圈。牙条饰卷草双螭纹。所有立柱皆打洼,呈凹陷的圆弧面,使光泽内蕴,以优化整体视觉效果。有门围子与角柱连接,透空作麒麟纹,有"送子"之意。架子床的围子通常都采用透空的形式,既有围护功能,又有装饰作用。另外三面围子的装饰图案与门围子不同,是该床最具有装饰特色之处。

图3-2-47 黄花梨木六柱式架子床

"攒接"和"斗簇"是明式架子床最为常见的装饰技法,其制作工艺十分繁复。先将纵横斜直的短材拼接成多个大小和式样完全相同的单一图案,再将这些单一图案组合成为大面积的连贯而规则的复合图案。此床的挂檐、围子的其他三面均作"四簇云纹",寓意"好运连连"。这些工整连贯的云纹锦图案系由各式短材组合而成,是"攒接"和"斗簇"两种装饰手法并用的典型例子。先将小木片镂镂成灵芝云纹,然后每四朵为一组,以栽榫斗拢成"四簇云纹"图案,再用"十"字构件将每组"四簇云纹"攒接成结构整齐匀称的连贯图形,疏朗有致,有花团锦簇之妙。这样既利用了边角木料,又产生了疏朗而华丽的装饰效果。

顶架挂檐镶锼空绦环板,透雕双龙戏珠、双凤朝阳的祥瑞图案,显示着使用者的身份和地位。另外还有卷草纹牙条、螭纹挂牙、团螭纹卡子花等附件,无不精工细作;刀工精炼,层次分明,龙首昂起,弓背舞爪,行云缭绕,一派威猛之势。正中有宝珠火焰纹。该床从构图到饰纹,无不散发着儒雅与灵秀的气息,在各种吉祥纹样的装点下弥漫着一种喜庆祥和的气氛。

藏于上海博物馆。

【明　铁力床身紫檀围子三屏风罗汉床】

长 221 厘米,宽 122 厘米,通高 83 厘米。

王世襄旧藏,1993 年为中国香港庄氏家族购得并于 1998 年捐赠上海博物馆。

造型和纹饰都受到中国古代建筑的影响,罗汉床因围子类似建筑结构中的罗汉栏板而得名,该床在造型和纹饰上都受到中国古代建筑的影响,围子用紫檀木小料以攒接法制成,这种曲尺图案早在云冈石窟北魏栏杆上已有使用,唐宋以后所见更多。在明清建筑的窗棂和围栏上,曲尺图案也时有所见。这是建筑纹样移植于家具的例子之一,古典家具善于从建筑上吸取素材的设计理念由此可见。

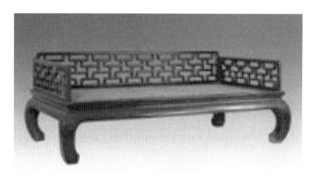

图 3-2-48　铁力床身紫檀围子三屏风罗汉床

鼓腿彭牙是该床另一特色。床身须用大料,尤其是向内兜转的腿足须以粗壮的木料挖就,而紫檀大料往往求之不得,这是床身使用铁力木制作的原因。铁力木有大料,木质坚硬,材性稳定,色泽深沉,是最好的代用材。围子采用栽榫与床面的边框相连,其中侧面围子的栽榫以"走马销"的方式与床面边框及背面围子相连。这种榫卯结构的优点在于能使床围子的安装和拆卸都很便捷。

围子通常是罗汉床装饰的重点,其透空的设计不仅具有审美上的用意,而且能减轻重量,便于装卸和搬动。"走马销"使床围子成为活动的构件,卸下围子之后,罗汉床可以变身为榻,移动起来则轻便许多,每逢暑天置于庭院,可供消夏纳凉。罗汉床不同于固定陈设于卧室之内的架子床,它具有多功能的属性,在厅堂、书房、卧室中皆可设置,坐卧咸宜,可用以消闲静摄,颐养心神。

藏于上海博物馆。

【明　紫檀木插肩榫大画案】

长 192.8 厘米,宽 102.5 厘米,高 83 厘米。

王世襄旧藏,1993 年为中国香港庄氏家族购得并于 1998 年捐赠上海博物馆。

此画案为插肩榫结构,即在腿子顶端开口,嵌夹卷云状的牙头和通长的牙条。开口两侧做成前、后两榫,一侧为斜肩状,可插入牙条上对应的斜肩状凹槽,另一侧为方榫,与案面大边底部的卯眼拍合。插肩榫的优点在于其斜肩状的

图 3-2-49　紫檀木插肩榫大画案

构造十分符合力学原理,能够利用案面的重量使腿子、牙子、案面三者的结合极为紧密,达到严丝合缝的状态。使得这一连接节点在各个方向上都不易松动和错位,成为一个稳固的结构。

除此之外,该案由于体量较大,为便于移动和搬运,主要部件采用了能够随时拆卸和组装的联结方式。全案可以拆分为11个部分,即足架二、卷云牙头四、牙条四、案面一。案面、牙条、牙头、腿足可以自上而下分离拆卸。组装时则以自下而上的顺序进行,直到厚重的桌面安置上去以后,由于插肩榫越压越紧的特点,各部件会紧密结合、浑然一体。云头状的牙头并非只是装饰,实有承担负荷和加强连接的作用。

牙条上镌有光绪三十三年(1907年)清宗室爱新觉罗·溥侗题识96字:"昔张叔未藏有项墨林棐几,周公瑕紫檀坐具,制铭赋诗锲其上,备载《清仪阁集》中。此画案得之商丘宋氏,盖西陂旧物也。曩哲留遗,精雅完好,与墨林棐几,公瑕坐具,并堪珍重,摩挲拂拭,私幸于吾有夙缘。用题数语,以志景仰。丁未秋日,西园嬾侗识。"由此可知,该案原是宋荦家中传世之物。宋荦,号西陂,精鉴别,富收藏,官居显要,康熙间历任山东按察使、江苏布政使、江西巡抚、江苏巡抚、吏部尚书。康熙皇帝三次南巡,皆由宋荦负责接待,赏赐丰厚。溥侗,号西园,乾隆十一子成亲王永瑆曾孙,"民国四公子"之一。此画案造型古朴,气质敦厚,自晚清以来被誉为第一紫檀画案。

藏于上海博物馆。

【明　黄花梨折叠式镜台】

边长49厘米,支起高60厘米,放平高25.5厘米。

王世襄旧藏,1993年由中国香港庄氏家族购得并于1998年捐赠上海博物馆。

黄花梨木是晚明至清代早期制作高档家具的重要硬木材料,其优点是色泽柔和,纹理洒脱,如行云飘曳、涧水急湍,令人百看不厌。另有不规则状圈环、斑点者,成像怪诞,如同鬼魅脸面,人称"鬼面"或"狸斑"。这种原本是瑕疵的木材疤痕,有着极佳的装饰效果,被古人视为美中之美。

此镜台造型别致而罕见。正立面作两开门,门板选用了整个镜台中最好的材料,木纹流转回荡,如行云流水,任其光素,不作任何雕饰,成为其显著的装饰特色。由此可见,木材的天

图3-2-50　黄花梨折叠式镜台

然纹理用于家具的装饰在当时已经十分流行。木材就像玉一样,只有达到一定的硬度,才能打磨出莹润的光泽,若能自然成纹,总比人工雕琢显得隽永耐看。于是,把木材中纹理最美的部分用在家具的显眼位置,无疑是对家具外观的一种美化措施,也是明清家具惯用的装饰手段。

门内设抽屉三个,可存放梳妆用具或者金银珠宝饰品。镜台下有四足架空,作内矮扁有力的内翻马蹄造型。镜台顶端的盖板可以支撑起大约60度的角度,用来支架铜镜。不用铜镜或者搬动的时候,可以将盖板放平,如同小箱。盖板为攒框装板的做法,内分八格,除六格内装板浮雕螭纹以外,正中一格用角牙构成透空的四簇云纹,可以承托铜镜,或在铜镜较大的情况下,用来绑缚系在镜钮上的丝绦。其下中间一格安荷叶形托子,可以上下移动,以便在支承不同大小的铜镜时作上下调

节。螭纹装饰板较厚实,中间略厚四边稍薄,使图案显得格外鲜明和饱满。

藏于上海博物馆。

【清　紫檀木云龙纹宝座】

长 110 厘米,宽 72 厘米,通高 118 厘米。

五屏风式围子,高度由靠背向扶手作阶梯状递减,靠背高浮雕云龙纹,密不露地,层次分明。束腰饰云头纹开光,其下托腮宽厚,浮雕饱满的莲瓣纹。牙条高浮雕双龙戏珠。三弯腿式,腿角浮雕狮面纹,四足狮爪攫球,足下有罗锅枨式托泥。这种造型与明代宝座有着显著的传承关系,但所雕纹样完全属于清代中期作风,时代特征鲜明。精心的制作使宝座更显庄重威严,颇具王者风范。

藏于上海博物馆。

图 3-2-51　紫檀木云龙纹宝座

【清　剔红九龙纹宝座】

长 85 厘米,宽 61 厘米,高 101 厘米。

该宝座木胎髹彤精雕而成。靠背、扶手取三屏风式,如意云头搭脑,花卉纹边饰。屏面以水波纹为地,雕五爪威龙九条,张牙舞爪,面目狰狞。莲瓣纹托腮,鼓腿彭牙内翻马蹄足带托泥,花卉满饰。综观全器,漆色鲜艳夺目,纹饰精细入微,刀痕锋棱毕露,奢华而不失典雅,妍丽而不失庄重。

藏于上海博物馆。

图 3-2-52　剔红九龙纹宝座

【清　紫檀三屏风绦环板围子罗汉床】

长 216 厘米,宽 130 厘米,通高 85 厘米。

王世襄旧藏,1993 年为中国香港庄氏家族购得并于 1998 年捐赠上海博物馆。

罗汉床是指三面装有围子而无顶架的床。此罗汉床为清代制品,类似的构造出现很早。如元代《事林广记》插图中的罗汉床,其床身与围子的基本构造与该罗汉床并无太大区别,唯局部的加固方式以及装饰手法有所差异,可见二者在器型上颇有渊源。

结构上属于无束腰体系,直足落地,故而部件多用圆材,更显纤巧和秀气。围子主框构造如

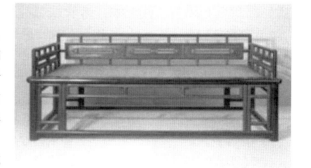

图 3-2-53　紫檀三屏风绦环板围子罗汉床

同玫瑰椅,腿子上下一木连做,上截穿过床面四角的开孔,在转角处与横材做四十五度圆材闷榫角结合。棂槛以长、短、纵、横的圆材攒成,居中镶绦环板,锼鱼门洞。通常鱼门洞是一个长条形的孔洞,而此例更有工巧之处,乃于两端另有单独的小开孔,加上绳纹拉环的装饰,足以证明该床的制作年代已经入清。绳纹用于家具装饰,显然是清代流行的做法,北京匠师称之"拧麻花"。清代家具装饰开始追求纤巧繁缛的作风,在此已露端倪。至于双套环的图案,除了这里的整板透雕形式以外,更为常见的是所谓"卡子花"的做法,乃用小木块雕成小部件,通常安置在两个相邻的横向构件之间,能起到连接和固定的作用。根据现有图像资料可以肯定,"双套环"这种装饰纹样流行于清代,在家具或者建筑上十分常见。

主体结构即腿足、脚枨、床面边框、围子外框等都用紫檀木制成,色泽深沉。其余则以软木为之,色泽暗黄,与紫檀木搭配颇为融洽,还形成了反差,呈现独特的视觉效果,清新雅致的装饰趣味尤为显著。软木具有银杏木的特征,北方匠师很难辨别,在江浙一带却很常见。由于单纯的矩形框架极易变形,因此该床腿足之间安装了由纵横圆材组合而成的仔框,对矩形的主框起到稳定和加固的作用。与使用牙条或角牙的情况相比较,外观上趣味迥异。线性的表达产生了疏朗有致的视觉效果,这种艺术风格在雍正时期尤为盛行。

藏于上海博物馆。

【清 紫檀木雕云龙纹嵌玉石座屏风】

长375厘米,宽60厘米,高280厘米。

上海市历史博物馆旧藏,2010年调拨上海博物馆。

清代屏风形式多样,在装饰上求多求满,采用多种材料并用、多种工艺结合的手法,极尽富丽堂皇之能事。这件座屏风是清中期典型作品,属于宫廷紫檀做工,不惜工本,精心设计制作而成,显示出很高的工艺水准,是皇权的象征。

它形制巨大,通体用最贵重的紫檀木制作而成,由屏身与屏座两部分构成,以浮雕、镶嵌、描金彩绘等装饰手法相结合,章法严谨,繁而不乱。紫檀木雕工精湛,百宝嵌巧夺天工。屏身

图3-2-54 紫檀木雕云龙纹嵌玉石座屏风

由五扇组成,高度向左右递减。每扇又分四段进行装饰。上下两段高浮雕龙纹,刻画生动传神,龙发上冲,历历可数,躯体强壮,鳞片满布。周围浮雕云纹,层层叠叠,密不透风。

中间两段在黑漆地上,以各色玉石镶嵌出花鸟和博古图案。画面疏朗别致,雅丽脱俗。有白玉、青玉、绿松、青金、芙蓉、珊瑚、玛瑙等,光色粲然。各色花卉竞相开放,光华可赏。又有成对喜鹊,或展翅高飞,或静立枝头,整个画面春意盎然,华绚可观。

博古图案色调温静,精雅可赏。从图案的组合上看,花瓶居中作为主体,左右辅以其他纹样,是受康熙瓷器博古纹图案布局的影响,讲究错落有致、疏密得当,色彩繁丽而无艳俗之感,与花鸟树石共同构成了屏风的主要展示。凝重繁缛的高浮雕与绚丽多彩的玉石镶嵌相互映衬,观赏效果极佳。玉石镶嵌虽然不能替代云龙主纹的权力象征,却因视觉上的重心所在而成为该屏风的装饰亮点。

屏座为须弥式,分三段以榫卯接合而成,紫檀木包镶。其上浮雕排列齐整、线条挺拔的莲瓣纹,

使之显得沉稳庄重，与屏身融为一体。屏风背面描金彩绘山石和松、竹、梅岁寒三友，寓意高洁雅逸，与正面的装饰遥相呼应。

藏于上海博物馆。

【清 紫檀木仿竹节雕鸟纹多宝格】

长170厘米，宽76厘米，高218厘米。

此多宝格集西方造型与东方纹饰于一身，工艺上求精、求细，极尽富丽堂皇。框架以紫檀木雕竹节，局部包镶錾花白铜饰件。木刻内容有暗八仙、龙凤、花卉、走兽、鱼鸟等吉祥图案，纹样写实传神，栩栩如生。为了改变大件紫檀木家具在视觉上的沉闷感，除了增加透雕装饰外，在局部镶嵌其他材质也极有见效，还能取得特殊的装饰效果。此件柜门装有欧洲进口压花玻璃，五彩缤纷，华丽夺目。

藏于上海博物馆。

八、印玺

图3-2-55 紫檀木仿竹节雕鸟纹多宝格

【战国 沅陵侯三玺铜印】

圆柱钮。

"沅陵侯三玺"于1998年12月购于中国香港海通公司。

沅陵现为湖南省怀化市，沅陵侯当为楚国封君。此玺一分为三，合拢方能抑出完整文字。两合、三合玺是楚系玺印中特殊的形制，所谓"两合、三合玺"是将合符与玺印结合一体，由两人或三人分别执掌，三玺分持保管，须共同会合才有效，是古代一种十分严密的凭信方式。战国包山楚简《集注》中提到，楚国漾陵县的户籍档案就是用三枚官玺封在"典匮"之中。目前虽然发现多枚三合玺部件，但多已失散，无法拼合完整，目前完整的三合玺仅有两件，可见"沅陵侯三合玺"之珍贵。

此玺精巧绮丽，体现了楚系文字的特色，并且具有很高铸造工艺水平。其三合形制印证了楚简文书的记载，是一枚反映古代玺印功能和管理制度的珍贵资料。

藏于上海博物馆。

【西汉 "遒侯骑马"铜印】

纵7.8厘米，横7.9厘米，高5.25厘米，方柱空心钮。

是印购自中国香港汇宝阁。印文文字遒劲挺拔，布局端正严谨。

"遒侯骑马"是为烙马器之专用印。在古代马匹的管理历来受到重视，以火烙印于马器上便于识别。烙印至迟在战国时期可得见。有烙于木、车、马等物，为便于使用，凡烙印皆为朱文，钮为空心之圆柱或方柱，用于安装木柄。《唐六典》记："凡在牧之马皆印，印右髀以年辰，尾侧以监名。"

此印珍贵之处在于印主见于《汉书》记载，并有确切的年代和爵名可考。据《汉书》记载，公元前147年（西汉初期）匈奴人陆疆归降汉朝被封为"遒侯"。遒侯传二世共六十年，因此此印的时代明确，也是目前传世唯一有相对年代可考的烙马印。

藏于上海博物馆。

【西汉 广汉大将军章】

高 2 厘米,纵 2.35 厘米,横 2.35 厘米。

这枚龟钮银印,是西汉晚期颁给"广汉大将军"的官印。在汉代,官吏俸禄二千石得佩用龟钮银印青绶,称"章"。龟在中国古代被视为阴物,寓有为臣之道,功成而退之义。

藏于上海博物馆。

【北宋 "家书万金"木印】

纵 2.0 厘米,横 2.0 厘米,高 2.4 厘米,黄杨木。

顶款:上

图 3-2-56 广汉大将军章

"家书万金"一印是上海博物馆于 1999 年购自私人藏家。此印印主钱昶。钱昶,字世瑞,主要活动在北宋期间,卒于南宋建炎二年(1128 年),生前官至枢密院副使,后贬为湖州府尹。

"家书万金"属家书用印,此类内容在北宋末年较为流行,另有其他如"家信""一日三秋""鸿雁归时好寄书""千里共明月"等印用于书信之中。可见,北宋文人私印的功能已经由实用性扩展到寄托情感,成为印主文房的清赏雅玩之物,也成为亲朋友人之间传递情怀的媒介。

此印黄杨木质,高印台,深印腔,印面文字使用深剔平底的工艺制作。印周边框厚度仅半毫米左右,印文笔画流畅婉约,线条笔笔垂直矗立于印底,印底也极为平整,体现出高超的工艺制作水平。这种制作方式被后世所继承,上海出土的明代木印就是用这种方法制作的。

印钮为扁状滑肩橛钮,这是宋代私印的常见钮式,脱胎于官印的削肩橛钮。顶部刻有金文"上"字来表示方位,以便使用者定位钤用。有着确切的时代下限的钱氏木印可以被视作北宋末年闲章的标准品,对于研究此期文人印章的使用状况与篆刻风格,有着重要意义。

藏于上海博物馆。

【明 "丁丑进士"石章】

纵 2.4 厘米,横 2.1 厘米,通高 3.9 厘米,青田石。

边款:周经篆。

1969 年,上海肇嘉浜明代朱氏家族墓清理出土玉、铜、木、石质印章九方,分别为:"朱氏子文""丁丑进士""平安家信"木印各一方,"朱氏子文""丁丑进士""青冈之印"石印各一方,印主为朱豹;"朱察卿印"玉、铜印各一方,"朱察卿印・朱氏邦宪"穿带铜印一方,印主朱察卿,为朱豹之子。

"丁丑进士"一印于 1996 年入藏上海博物馆。此印印主朱豹,字子文,上海人。卒于嘉靖十四年(1566 年)。同治《上海县志》载朱氏于正德十二年(1517 年)登进士,官奉化令,后迁福州府知府,著有《福州集》。此印白文,印文线条圆润,笔画起首略细;刀法精湛,以直刀深雕细剔之法制成。此为沿袭历代牙、木印章的镌刻工艺。印钮造型遒劲。印侧刻划有"周经篆"三字,提示了明代早期少见的篆刻家名讳,研究明代篆刻家的重要资料。此印采用青田石为质,早于文彭诸家使用石材入印的时间,为了解石印材普遍应用的年代提供了不可多得的研究资料。

藏于上海博物馆。

【明 文彭 "七十二峰深处"象牙章】

纵 3.1 厘米,横 3.1 厘米,高 4 厘米。

传世文彭的真刻有石章、牙章,但传世数量极少。华笃安、毛明芬夫妇捐赠的"七十二峰深处"牙章传为抗战时期出土,左侧可见"文彭"两字草书款。印文布白匀整,线条细挺圆润。

藏于上海博物馆。

【明 汪关刻"往事勿追思,追思多悲怆"石印】

纵 4.5 厘米,横 4.66 厘米,高 5.61 厘米,青田石。

顶款:汪

侧款:十八

图 3-2-57 文彭《七十二峰深处》象牙章

汪关(1575—1631),原名东阳,字杲叔;更名为关,字尹子。徽州休宁籍,娄东人。早年家境优裕,太仓张崧说:"当尹子盛时,吹台酒垆,一掷千金,时恨不识尹子。"汪关《明汪尹子手拓藏印集》自述:"关自少时酷好古文奇字,收藏金玉玛瑙铜印不下二百余方。""不幸早失怙恃,旋遭家难,流离琐尾,平日玩好之物散失殆尽"。唐汝询在《痴先生歌赠汪杲叔》中具体讲了汪关早年经历:"室中凄其芒难状,子未克家妻未葬。黄口嗷嗷旅榇傍,白昼无烟起穷巷。"年轻丧妻却无钱安葬,小儿待哺而无力举炊。这或许是"往事勿追思,追思多悲怆"一印的创作背景。

此印是在 2001 年入藏上海博物馆,购自常熟一私人藏家。石质颜色偏黑,为无钮之平头素章。印文四周有几处磕缺,印面上留有许多细小划痕。印文采用冲刀法刻成,笔画圆起圆收,两侧边缘光洁。线条流畅劲挺,篆法娟秀精严。印文十字排为三列,其中"追思"两字用双横指代,使得十字印文作九字印的章法布局,避免重复繁琐之失。此种巧思在篆刻章法构思中成为一种创举。此印辑入《学山堂印谱》。

藏于上海博物馆。

【清 高凤翰刻"家在齐鲁之间"石章】

纵 6.24 厘米,横 4.25 厘米,高 5.5 厘米,青田石。

边款:家在齐鲁之间。康熙壬寅(1722 年),南村。

跋款:余尝见《南阜山人印谱》中有此印,笔法刀法极尽其妙。辛酉(1861 年)乱后,适于古玩肆中见之,崩坏不堪。用价购之,就其残缺处重加磨弄,所幸篆又无损,供之案头如对良友,特勒此以志之。奚书。

是印于 1999 年王一平先生捐赠给上海博物馆。

是印作于康熙六十一年(1722 年),印形硕大,用刀沉稳,印文气势恢宏,文字线条雄浑厚重,印面及四周虽有残损,但不伤其质,反增沧桑古拙。印文内容与他的里籍相符,为高凤翰自用印。此印亦为高凤翰代表作。

高凤翰(1683—1749),字西园,号南村。晚号南阜山人。山东胶州人。擅书画,精篆刻,嗜藏印、砚。藏秦汉玺印达五千钮、砚一千余方。篆刻存有《西园印谱》《南阜山人印谱》。其父高曰恭、叔父高曰聪、堂兄高凤举皆能诗善画,长于篆刻。故自谓"八九岁即捉刀弄石"。汪启淑《飞鸿堂印人传》论及高凤翰"究心缪篆,印章全法秦汉,苍古朴茂,罕与俦匹"。

边款中"辛酉之乱"指清咸丰十一年(1861年),捻军在鲁东南地区活动造成的社会混乱。辛酉乱后,社会秩序渐渐恢复,印主才得与在此期肆市中购获。印主宝之,虽"崩坏不堪"经"重加磨弄"后,使此印石呈现出"天然去雕饰"的自然状态。

藏于上海博物馆。

【清　胡钁"硬黄一卷写兰亭"石章】

纵4.1厘米,横4.25厘米,高7.1厘米,青田石。

边款:《兰亭序》全文。光绪乙巳春,见心杨兄得青田佳石。属仿汉铸印。并属以切刀法摹刻翁北平缩本兰亭于四侧。同好见之谓非苏斋斋中别开生面耶。胡钁并记。

顶款:兰亭修禊图。剑星世长正。吴徵。

印主为钱塘杨复。杨复(1866—?),字见心。清候选中书科中书、藏书名家,其藏书处曰丰华堂。杨复曾主持杭州藏书楼,后参与浙江藏书楼(浙江图书馆前身)筹建,并任监理数年。

胡钁(1840—1910),字匊邻,浙江崇德人。为晚清书法家、篆刻家,擅镌刻碑文砚铭。胡钁刻印刀法敦厚,锋芒不显,章法以疏朗自然为主,古穆宁静。这枚"硬黄一卷写兰亭"石章创作于光绪三十一年(1905年),是胡钁篆刻代表作,刀法俊朗自然,风格略拟魏晋将军印,敦厚朴实。

明清文人篆刻在印面文字以外,开拓出印体四面作为寄思寓情的承载空间。边款内容上不仅有文字,有的更兼具图像。此印独特之处在于集篆刻、书法与绘画于一身。印石四边刻录王羲之《兰亭序》全文共计324字,楷法端庄,行款严密。署款为:"光绪乙巳春,见心杨兄得青田佳石。属仿汉铸印。并属以切刀法摹刻翁北平缩本兰亭于四侧。同好见之谓非苏斋斋中别开生面耶。"印石顶部有胡钁同乡吴徵以刀代笔缩刻三月初三"兰亭修禊图"。这是一枚聚书、画、篆刻为一体的主题创作,其意义区别于一般的闲章。

藏于上海博物馆。

九、其他

【周　平肩弧足空首布】

纵95.22毫米,足宽51.31毫米。

空首布是一种仿制生产工具铲而来的货币。平肩弧足空首布是春秋战国时期周王室铸行的货币,可分大、中、小三型,钱币表面以一字为多见,两字以上的则少见,对其所表达的意义认识不同,有认为是地名,也有认为是纪炉次、工匠名等。这枚钱文为五个字的平肩弧足空首布由周王室铸造于春秋时期,发现很少,被视为珍品。

藏于上海博物馆。

图3-2-58　平肩弧足空首布

【秦　彩绘云鸟纹漆樽】

径11.5厘米,通高17厘米。

湖北省荆州市黄山48号墓出土。木胎。盖与器身上下套合呈圆筒状,直壁、平底。盖顶部略隆,装三枚铜钮。器身有铜錾一枚,底部箍铜圈,承铜蹄足三只,略外撇。通体髹黑漆,器身用朱、褐两色漆绘云纹、变形鸟纹等,盖顶中央朱漆绘三组变形云鸟纹,近底部绘波曲纹。樽内髹朱漆,盖内及底部外圈髹黑漆,中间用朱漆绘圆形。

漆樽是出现于战国的酒器。东汉许慎《说文解字》载:"凡酒必实于尊以待酌者。"樽字是尊的别制,专用于指代酒器:"而别制樽,樽为酒尊字矣。"樽作为酒器,下方多有足。其材质从商周时期的青铜逐渐转变成战国、秦汉时期的漆器,说明漆器已经部分取代青铜器上升为礼器。

战国、秦、汉时期是中国漆器工艺的第一个高潮。此时漆器制作遍地开花,漆器品种成倍增加,其用途

图 3‑2‑59　彩绘云鸟纹漆樽

远远超越了以往任何时期,工艺水平明显提高,漆器制作成为专业门类。但因为上海的地理局限,藏品中这个时期有确切出土地点和年代的漆器几乎缺如。为了弥补藏品的不足,2005 年,上海博物馆启动向荆州博物馆调拨复品漆器的工作,经过多方协调和努力,在文物局领导和两馆历任领导的大力支持下,于 2008 年完成这项工作,共有价调拨战国至西汉出土彩绘漆器13 件,上述漆樽即其中之一,填补了早期出土漆器的空白。

藏于上海博物馆。

【王莽新朝　一刀平五千】

纵 73.4 毫米,环径 27.61 毫米。

一刀平五千,又被称为"金错刀"或"错刀",是王莽在居摄二年(7 年)进行第一次货币改革时铸造的钱币。一刀平五千造型独特,上部呈方孔圆形,下部则是刀的形状。上部穿孔的上下分别以黄金镶嵌"一刀"两字,下部铸有"平五千"三个字,意思是这样一枚钱币的币值等于五千个小铜钱。王莽先后推行过四次货币制度改革,虽然都以失败告终,但所铸造的钱币,工艺精致,书法极为优美,深受收藏者的喜爱。

藏于上海博物馆。

图 3‑2‑60　一刀平五千

【北宋　绍圣元宝隶书小平】

径 2.45 厘米,重 3.2 克。

北宋时期盛行一种形制相同,钱径相同,钱文书体相异的所谓对钱。北宋哲宗绍圣年元年(1094 年)铸造的绍圣元宝小平钱钱文多见行书和篆书者,而隶书则属试铸样钱,相当稀少。

藏于上海博物馆。

图 3‑2‑61　绍圣元宝隶书小平

【金 贞祐宝券伍贯钞版】

纵34.80厘米,宽21.6厘米。

两宋辽西夏金时期信用货币的纸币开始出现并得以广泛使用。贞祐宝券伍贯钞版,是金章宗贞祐三年(1215年)七月开始推行纸币"贞祐宝券"时,用于印制纸币的印版,青铜质地,文字反书。印版花栏外上方横书"伍贯"两字,代表纸币的面额;版右为斜置的两枚合同印,表示拿着这印出来的纸币可以到京兆府和平凉府兑换现钱。花栏中间"伍贯八十陌"意思是按照当时的"省陌"制度,伍贯只能兑换现钱四千文。下方则铸有纸币的流通范围、准予兑换现钱的地方以及伪造处罚和印造机构的官职名等文字,是研究中国古代纸币发展重要的实物资料,同时也是研究中国古代活字印刷极具价值的资料。

藏于上海博物馆。

图3-2-62 贞祐宝券伍贯钞版

【元 至元通行宝钞】

横21厘米,纵29厘米。

至元通行宝钞是国内现存最早的纸币之一。以桑皮纸制,呈深灰色。钞首通栏横书"至元通行宝钞"字样,下为蔓肥叶硕果纹饰框。框内上部有钞值"贰贯",字下有两串铜钱。左右各有一行八思巴文,意为"至元宝钞,诸路通行"。钞上钤有二方八思巴朱文红印,上为"提举诸路通行宝钞",下为"宝钞总库之印"。至元通行宝钞,于至元二十四年(1287年)起正式发行,成为元代流通的重要货币。流传至今的至元通行宝钞十分稀少。

藏于上海市银行博物馆。

图3-2-63 至元通行宝钞

【元 铁锭榫】

长22厘米,宽13厘米,厚3厘米。

普陀区志丹苑元代水闸遗址出土。铁锭榫又称为腰铁、束腰铁锭、元宝铁等,用作石料的联接构件,以加固石板,防止石板错缝移位。考古人员在上海元代水闸遗址发现,水闸底石的青石板间镶嵌了密密麻麻的铁锭榫共约400只,可见这项水利工程规模之巨大,工艺之考究。

藏于上海市历史博物馆。

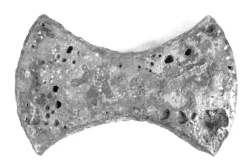

图3-2-64 铁锭榫

【明　剔红花卉纹圆盒】

图 3 - 2 - 65　剔红花卉纹圆盒

径 5.6 厘米,高 3 厘米。

1962 年上海市闵行区马桥镇吴会村明代顾守清墓出土。盒呈圆形,盖隆起,弧壁,子母口,平底,圈足。盒外髹枣红漆。盖面雕一朵盛开的茶花,盒外壁两两相对雕菊花和石榴花,上下雕刻风格略有不同。盒内和底均髹褐漆。底左侧针刻"大明永乐年制"款。

两件圆盒出土于上海市闵行区马桥镇吴会村明墓,出土时一盒雕漆呈碎片状,后经吴福宝师傅修复完整。漆层厚,漆色深,尽管有很多修补痕迹,仍能看到圆熟的雕刻风格,是罕见的出土剔红标准器。从墓里同出的买地券得知,墓主顾守清曾担任过仁济道院院主,卒于嘉靖五年(1526 年)。这两件剔红盒,应该是顾道士生前的心爱之物。这类小盒或放香料,或置药丸,必定与墓主生活息息相关。

剔红是雕漆的一种,为传世品之大宗。它是在器胎上层层髹朱漆,达数十层甚至上百层,再用刀雕出纹饰。目前能见到的最早实物为宋代的传世品,已经相当成熟。元末明初剔红漆器制作十分盛行,特别是明代永乐、宣德时期的器物堆漆肥厚、雕工圆熟、纹饰繁密、漆色深沉,而且多有年款。明代中期的存世雕漆风格纷繁,制作水平差别很大,有款作品甚少。明晚期又呈现出一派复兴的面貌,尤以嘉靖、万历两朝为甚。清代乾隆时期出现了全面复兴的局面,色泽鲜艳,运刀自如,趋向繁缛,品种多样,向大件发展,数量十分庞大,很多落有年款,特色鲜明。清代晚期至民国,总体趋向衰退。

藏于上海博物馆。

【明　戗金八宝纹律师戒行经第一卷经板】

长 73 厘米,宽 26 厘米,厚 3.2 厘米。

木胎。长方形,由面板和底板组成一副,外表面略隆起,内面平坦。通体髹朱漆,戗金装饰纹样。表面开光内饰八宝纹,正中为宝瓶托火焰宝珠,左右向外延伸的缠枝莲分承八吉祥纹饰,上盖面戗刻法轮、宝伞、双鱼、宝瓶;底面戗刻华盖、法螺、莲花、盘肠。开光四周环饰三层,由内而外依次为花卉纹、莲瓣纹、蔓草纹。经板侧面饰纤细流畅的缠枝莲纹,底板一侧饰狮衔唐草纹。面板反面正中阴刻莲瓣形龛,内用汉藏两体文字刻写本函经文名称,右为汉文"律师戒行经第一卷律师戒行品",左为同义藏文。

此为李汝宽家族于 2011 年 11 月 28 日捐赠,与《中国漆器全集》第 5 卷中的一副经板类似。据悉李氏家族此前曾向北京故宫博物院等海内外博物馆捐赠过同类文物。

戗金是在漆器表面刻划细阴纹,再填入金粉的工艺,制作精细,存世器物十分稀少。常熟博物馆等收藏的宋墓出土"朱漆戗金人物花卉纹菱花形奁"和"填朱漆斑纹地戗金柳塘纹长方盒"等是早期戗金工艺的代表作;山东邹县明代朱檀墓出土的"朱漆戗金云龙纹盝顶箱"和"朱漆戗金云龙纹盒"则是洪武年间皇家器用的典范。此经板工艺讲究,纹饰细腻精致,予人庄重华美之感,代表了永乐戗金漆器的水平。

藏于上海博物馆。

【清 关山东公所界石碑】

长 40 厘米,宽 30 厘米,厚 10 厘米。

关山东公所是清顺治年间(1638—1661 年)关东、山东两地商人在上海组建的移民组织,是沪上第一个同乡团体。该界石碑于三山会馆铺路中偶然发现。虽已残损,但"关山东"三字仍清晰可辨。此石碑历时三百五十余年,系迄今为止发现的最早的会馆界石碑,弥足珍贵。

藏于上海三山会馆管理处。

图 3 - 2 - 66 关山东公所界石碑

【清 黑漆描金山水人物图长方盒】

长 52 厘米,宽 35.5 厘米,高 14.5 厘米。

盒呈长方形,子母口,壶门圈足。盖面黑漆描金山水人物图。左边楼阁水榭中,文人墨客或论道,或弹琴,或展卷;门庭前有人在赏画;山石背后,两个仆人正在准备茶点。对岸大树下,有的弈棋,有的迎客;桥上两骑正赶来聚会。周围树石参差,屋舍掩映,天际祥云漂浮,圆月高挂,一派清明祥和的文人雅集景象。边框网格锦地上描金荷花灵芝纹。盒壁用细如发丝的竹篾编出菱形卍字纹,盒角描螭纹。上下口沿开光内描饰不同的花鸟图案。圈足饰锦地描花卉纹。盒内和底均髹黑漆。盖内和盒底皆有金漆楷书"康熙癸亥春月,范川程元亮置"款,康熙癸亥,为康熙二十二年,即 1683 年。

此盒造型规整,工艺精湛,图案场面宏大,景物描绘生动细致,而且富于变化。落款显示此盒制作的年代和使用者,是清代早期一件不可多得的标准描金漆器,对研究此类漆器的产地和制作工艺非常重要。

描金又叫泥金,需先从纸上取下金箔,再用胶水调和并加以研磨成粉状,过滤后用丝绵团蘸取金粉,涂画到已经完成描绘纹饰轮廓并打好金胶的漆器相应部位。描金漆器以黑漆地最为常见,流行于明末清初。

藏于上海博物馆。

【清 商船会馆彩绘花板】

长 91.5 厘米,宽 37.5 厘米。

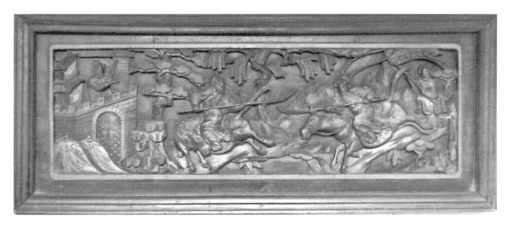

图 3‐2‐67　商船会馆彩绘花板

商船会馆是上海设立较早的行业组织之一,也是上海最大的会馆。清康熙年间,上海沙船业迅速发展,逐渐成为海上航运的主力。康熙五十四年(1715 年),沙船主于沪南马家厂之北(今会馆街38 号)集资建造商船会馆。馆舍占地面积近 20 亩,大殿为天后宫,前有二层戏台,台上有八角形漆画藻井。殿前左右两侧各建二层看楼,殿后有集会议事大厅。此木雕花板系商船会馆古戏台上的遗物,上雕戏文人物图案,并施以彩绘,背后有毛笔书写的"商船会馆"四字。

藏于上海三山会馆管理处。

【清　御制《耕织全图》集锦墨】

图 3‐2‐68　御制《耕织全图》集锦墨

长 9 厘米,宽 3 厘米,厚 1 厘米,共 48 锭。

御制《耕织全图》集锦墨,全套共 48 锭,是根据清代康熙皇帝题诗、焦秉贞绘图的《御制耕织图》刊本,进行摹刻制作的贡墨。墨正面为耕织图,分为"耕"和"织"两部分,各有 24 幅细致入微的描绘,形象生动地反映了古代粮食、丝织的生产过程。墨背面是康熙皇帝为每幅图所题诗句。此套墨创制于清康熙年间,由汪希古摹刻、曹素功制作。其雕刻书法风格端凝秀媚,人物形象细入毫发、姿态准确生动,构成了诗、工、画、墨四绝。

藏于上海周虎臣曹素功笔墨博物馆。

【清 乾隆御制针灸铜人】

高45.8厘米。

针灸铜人是古代针灸教学的模型,医学生们通过在铜人上面的针刺实践,来初步掌握针灸的操作方法。乾隆十年(1745年),清政府令吴谦等人编撰《医宗金鉴》,为鼓励主编者,曾铸若干具小型针灸铜人作为奖品。这具针灸铜人就是其中之一,系一位身材瘦长、面容慈祥、耳垂饱满的妇人,身上刻有580个孔穴及经络走向,制作精良,穴位标注精确。当年获赐铜人的医官有数十人,但今日留存于国内的仅此一尊。而且受男尊女卑封建思想影响,古代铜人多以男性为蓝本,此具铜人却以女性形象出现,更显稀有和珍贵。

藏于上海中医药大学上海中医药博物馆。

【清乾隆四十五年(1780) 陆锡熊父母诰命】

长350厘米,宽21厘米。

该诰命系乾隆四十五年(1780年)朝廷封赠陆锡熊父母的文书。诰命质地为五色织锦,朵朵祥云点缀其间,雍容华贵,由满汉文合璧书写,并合于中轴,在满汉文结尾处均钤盖"制诰之宝",是清代荣典制度的重要例证,亦是反映明清上海地区人文昌盛的重要实物。

藏于上海市历史博物馆。

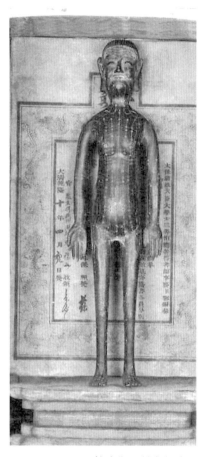

图3-2-69 乾隆御制针灸铜人

图3-2-70 陆锡熊父母诰命

【清　明黄缂丝五彩金龙十二章纹夹龙袍】

衣长 150 厘米,袖通长 191 厘米。

此为皇帝吉服袍。吉服也称采服,用于劳师、受俘、赐宴等一般典礼,等级略次于礼服。因疱面多以龙为图案,也被称为"龙袍"。该袍圆领,大襟右衽,马蹄袖,四开裾。明黄地缂丝面,明黄色袖里,石青地缂丝双龙戏珠纹领袖边,外为织丝双距纹缘。袍面缂织金龙纹九条,间饰五色云幅纹、十二章纹、长圆寿字纹、寿桃纹及珊瑚、方胜等杂宝纹,下幅为八宝平水和立水纹、海水江崖纹。龙袍周身蝙蝠和流云寓意"福自天来",中间多只红蝙蝠组成"天降鸿福"。

藏于上海美特斯邦威服饰博物馆。

图 3-2-71　明黄缂丝五彩金龙十二章纹夹龙袍

第二节　近现代文物

一、革命文物

【清　振远将军铜炮】

图 3-2-72　振远将军铜炮

图 3-2-73　振远将军铜炮(局部)

长 312 厘米,口径 32.8 厘米,后径 43.5 厘米,宽 6 厘米。

第一次鸦片战争前后,清政府在各战略要地加强军备建设。吴淞口为江苏省战略要地,清政府曾在此添置大炮多门。此为 1841 年提督江南全省军门陈化成等督造,并安装在吴淞炮台的一门大炮。该炮 1984 年 11 月,由上海边防检查站在吴淞炮台遗址附近施工时发现,为鸦片战争期间吴淞战役的重要历史见证,也是研究鸦片战争时期中国军备设施的重要物证。

藏于上海市历史博物馆。

【1894年 北洋水师致远舰管带邓世昌印章】

长1.5厘米,宽1.5厘米,高3.8厘米。

这枚水晶图章是甲午海战中爱国海军军官致远号管带邓世昌的印章。邓世昌是在与日舰作战中壮烈牺牲的,他是一位有民族气节的爱国志士。解放后"甲午风云"影片和话剧"甲午海战"是以邓世昌为主要描述对象。1961年1月7日新民晚报刊载《怀念甲午海战的民族英雄访邓世昌长孙》一文中提到这是"一个拇指大小的水晶图章,章上镌着阳文'飞卿书章.世昌市他的名讳,正卿是他的字"。

藏于中国共产党第一次全国代表大会会址纪念馆。

【1907年 秋瑾读"读警钟感赋"等文手稿】

长42.7厘米,宽33厘米。

一册(共26页),系清朝绍兴府逮捕秋瑾后将其字据粘连一本。

藏于中国共产党第一次全国代表大会会址纪念馆。

【清 孙中山行医使用的医疗器械】

孙中山早年间在澳门、广州等地行医时使用过的医疗器械套装,一组三套,金属制。这一组医疗器械见证了孙中山早年对于救国救民的探索与实践。孙中山于1887年起在中国香港西医书院就读,各科成绩均名列前茅。1892年7月,孙中山毕业后于澳门开设中西药局,行医赠药,声名鹊起。不久,遭当地其他医生的嫉妒和排挤,转赴广州开设东西药局,继续行医。该文物是当年孙中山行医时使用过的器械,后孙中山弃医革命,这些器械却被保留了下来,现摆放于上海孙中山故居小客厅。

藏于上海孙中山故居纪念馆。

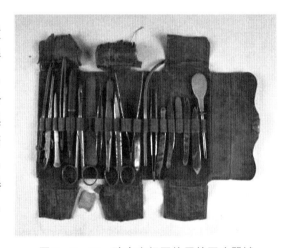

图3-2-74 孙中山行医使用的医疗器械

【1911年 辛亥革命上海起义时的吴淞光复军旗】

长140厘米,宽91厘米。

武昌起义后,同盟会人在上海积极准备起义响应。光复会人李燮和利用湘人同乡关系,策动驻防吴淞的清军反正成功,同盟令人又攻打制造局,上海光复。上海光复后,成立吴淞军政分府,由李燮和负责,其军队即称光复军。当时李对上海起义成功起了极大作用。

藏于中国共产党第一次全国代表大会会址纪念馆。

【1911年 沪军都督陈其美颁布的告示】

长53.5厘米,宽38.5厘米。

该布告的内容为晓谕各团体劝令人民剪发辫。

藏于中国共产党第一次全国代表大会会址纪念馆。

【1911年 民国总统当选人斗方】

长 90 厘米,宽 61.5 厘米。

1911 年 12 月 29 日,辛亥革命后已宣布独立的各省代表在南京召开临时大总统选举大会。到会的 17 省代表共计 40 余人,孙中山身在上海,未出席。袁希洛以江苏省代表身份赴会并任书记员,负责选票记录。选举结果,孙中山得 16 票,黄兴得 1 票,孙中山当选为临时大总统。会后,各省代表要求珍藏选票,于是袁希洛照原格式缮写 17 份,此为其中之一。

藏于上海市历史博物馆。

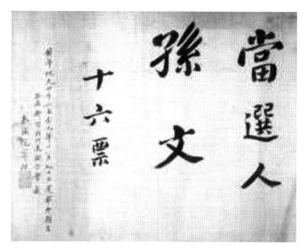

图 3-2-75 民国总统当选人斗方

【民国 中华民国临时参议院成立典礼合影】

长 23.9 厘米,宽 18 厘米。

1912 年 1 月 28 日,中华民国临时参议院在南京成立,到会者十七省议员共 38 人,各部总次长黄兴、胡汉民、蔡元培、于右任、魏宸组等到会,孙中山亦出席大会并与大家合影。在会上,孙中山致祝词强调"革命之事,破坏难,建设尤难",勉励议员努力从事革命及建设事业。照片中人物前排左三起依次为蔡元培、黄兴、孙中山、赵士北、魏宸组、胡汉民。

临时参议院依据《中华民国临时政府组织大纲》组建,拥有立法、制宪、财政预决算、选举

图 3-2-76 中华民国临时参议院成立典礼合影

临时大总统和副总统、弹劾、咨询等职权,为临时政府最高立法机关。1912 年 3 月 8 日通过了中国第一部资产阶级性质的宪法——《中华民国临时约法》。袁世凯继任中华民国临时大总统后,临时参议院迁至北京。1913 年 4 月 8 日中华民国第一届国会召开,临时参议院宣告结束。

临时参议院的创设,加速了中国政治制度的近代化进程,有力地推动了近代中国法制现代化,促进了民主共和思想和新的社会意识的传播。这幅孙中山与全体议员的合影,正是记录了中国在推翻封建专制、迈向民主共和进程中的一个重要历史事件。

藏于上海孙中山故居纪念馆。

【1911年 袁世凯特授孙文以筹办全国铁路全权的任命状】

长 43.8 厘米,宽 33.3 厘米。

1912 年 1 月 1 日,中华民国临时政府在南京建立,孙中山先生任大总统,同年 2 月 13 日因革命党人与袁世凯妥协,孙中山被迫辞去大总统职务,本件系 1912 年 9 月 10 日,由袁世凯授权孙中山筹建全国铁路的任命状。

藏于中国共产党第一次全国代表大会会址纪念馆。

【民国　陶成章穿过的上衣】

衣长 78 厘米。白色。

款式为老式，做工为老式，做工仔细，衣袋为贴袋，手工撬边；肩部造型为三十年代前。陶成章烈士牺牲后，此上衣由其夫人保存，后又留给孙子陶亚成，陶亚成于 1979 年捐赠。

藏于上海龙华烈士纪念馆。

【民国　中国铁路总公司之印】

印面直径 6.8 厘米，高 15 厘米。

孙中山创办的中国铁路总公司的印信。印文为篆书"中国铁路总公司之印"和英文"THE CHINESE NATIONAL RAILWAY CORPORATION"。

孙中山早年游历欧美各国，从事革命活动之余仍留心各工业国家的经济发展尤其是铁路建设，认为"今日之世界，非铁道无以立国"。1912 年孙中山辞去中华民国临时大总统，提出"修筑铁路为唯一之急务"。同年 9 月 9 日，孙中山在京与袁世凯会晤时提议并接受袁世凯授予全国铁路督办一职，拟设立铁路总公司以筹划全国铁路建设。1912 年 11 月 14

图 3-2-77　中国铁路总公司之印

日，中国铁路总公司在上海五马路（今广东路）开办，孙中山任总理，聘王宠惠为顾问，徐谦为秘书，下辖总务、文书、庶务、交际、测量等十处。中国铁路总公司为筹办全国铁路的总机关，享有对外洽谈商业借款、经营全国未动工的铁路等权限。设立之初即制定了运营程序：先立法，次筹款，最后筑路。此后中国铁路总公司刊布《中国铁路总公司条例》。为筹措筑路资金施行建设计划，孙中山积极联络国内外实业家和财团，拟与法国合资设立银行，筹组中日兴业公司。为制定路线规划，孙中山先后在国内各地考察，并致电袁世凯请派矿物学家随同考察。为防止西藏、蒙古分裂，孙中山又向袁世凯建议赶筑蒙藏铁路。1913 年袁世凯迈开独裁统治的步伐，宋教仁被刺身亡后，孙中山发动二次革命武力讨袁。1913 年 7 月下旬，袁世凯撤销孙中山筹备全国铁路的全权，将总公司事权移交北京政府交通部执行，总公司遂告解散。

这枚中国铁路总公司之印是孙中山从事中国铁路建设的重要历史见证。

藏于上海孙中山故居纪念馆。

【民国　孙中山修正的《中国铁路总公司干线图》】

《中国铁路总公司干线图》，比例尺为 1：1 200 000，系中国铁路总公司在孙中山领导下印行的铁路规划图，孙中山该图上用毛笔做了多处修正。

1912 年 9 月 14 日，孙中山在北京迎宾馆召开记者会时提出，他规划的全国铁路线大致分六条干线：从广州到成都，从广州到云南大理，从兰州到重庆，从长江到伊犁，从大沽到广东、中国香港，从天津到

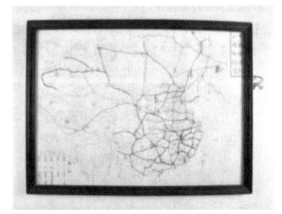

图 3-2-78　孙中山修正的《中国铁路总公司干线图》

满洲各处。他的这些构想在此幅干线图中基本得以体现。

孙中山常说:"铁路常为国家兴盛之先驱,人民幸福之源泉。""交通为实业之母,铁道又为交通之母。国家之贫富,可以铁道之多寡定之,地方之苦乐,可以铁道之远近计之。"他在制定铁路线路规划时,吸取了欧美等先进工业国的铁路建设经验和列强攫取中国路权的血泪教训,又充分考虑了中国的人口、矿产、资源等分布状况以及中国经济发展的地域问题。

这幅《中国铁路干线图》印行后,孙中山仍予修改,反映了他对铁路建设的持续思考。同时,图中的几条主要干线和交通枢纽与今日中国的铁路线仍有许多契合之处,显示出孙中山高瞻远瞩的眼光和经济建设思想。

藏于上海孙中山故居纪念馆。

【民国 孙中山、宋庆龄婚后合影照片】

1914 年,宋庆龄完成了学业,来到日本与家人团聚。因孙中山急需一名英文秘书,宋庆龄便来到孙中山身边工作。共同的理想、共同的奋斗,让二人坠入爱河。1915 年 10 月 25 日,孙中山、宋庆龄在日本东京签署了"结婚誓约书",并举行了仪式,正式结合。自此后,他们"精诚无间同忧乐笃爱有缘共死生"。他们的结合,可谓中国近代史上最重要的一段婚姻。

这帧照片拍摄时间是在两人婚后的第二年,即 1916 年 4 月 24 日。据日本外务省记录的有关革命党的"乙秘第 517 号"载,"昨天(24 日)下午 5 时,孙中山、宋庆龄及和来访的梅屋庄吉和德子夫妇乘坐小汽车来到东京糀町区有乐町一幢三号楼大武照相馆,拍摄纪念照后于 5 点 50 分离开照相馆……"。

1914 年照片装裱在对开卡纸内,右下有照相馆名号"东京日比谷 大武丈夫谨写"的凹凸印文字,照片下方有钢笔手写孙中山、宋庆龄与"1915 年 10 月"字样。

该件文物是孙、宋 1915 年结合的代表性见证物。

藏于上海孙中山故居纪念馆。

【清末民初 孙中山自卫用勃朗宁手枪】

长 11.5 厘米,宽 8 厘米,厚 2 厘米。此枪在 1916 年 5 月 18 日前为孙中山先生自卫使用,后因陈英士(陈其美)被刺事件,遂赠给秘书萧萱供其使用。1955 年 11 月 6 日萧萱病故,该枪由萧萱之女萧绍芬保管,1956 年 2 月 9 日,由卢湾公安分局向市政府请示处理上缴后一直保存在卢湾公安分局。1960 年 1 月 26 日,此枪由卢湾公安分局上缴上海市公安局行政处入库。1999 年 10 月 29 日,上海公安博物馆经过批准从市公安局后保部拨入。

藏于上海公安博物馆。

图 3-2-79 孙中山自卫用勃朗宁手枪

【民国 孙中山使用的中华革命党本部之印】

印面 6.4 厘米,高 11 厘米。

1913 年 3 月孙中山从日本回国,7 月,领导国民党人起兵讨伐袁世凯,但未取得成功,"二次革命"失败,孙中山再次逃亡日本。孙痛感国民党组织松散,缺乏战斗力,遂对国民党进行整顿。1914

年7月8日,孙中山在东京建立中华革命党,并担任该党总理。中华革命党本部为该党的领导中枢,本部会议由总理及各部部长、总理秘书组织,决定党的革命方略。此印即由本部使用。在孙中山的领导下,中华革命党人在多省发动起义,开展反袁斗争。1919年10月10日,中华革命党改组为中国国民党,"中华革命党本部之印"遂不用。

藏于上海宋庆龄故居纪念馆。

【民国 孙中山任大元帅时佩戴的指挥刀】

通长98厘米。

孙中山1917年在就任中华民国军政府海陆军大元帅的典礼上所佩带的指挥刀,全身钢制。

1917年段祺瑞拒绝恢复《中华民国临时约法》和召集国会。孙中山遂南下广州发起了护法运动,明确提出护法的宗旨是打倒假共和,建设新共和,并呼吁各界奋起为护法而斗争。1917年8月,南下议员在广州召开国会非常会议,会议通过《中华民国军政府组织大纲》,决定成立中华民国军政府,并选举孙中山为军政府海陆军大元帅。9月10日,举行了就职典礼。此刀即为当日孙中山佩刀。1918年,桂、滇

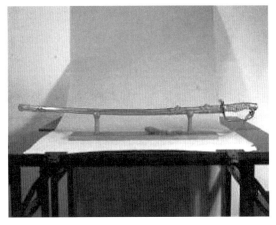

图3-2-80 孙中山任大元帅时佩戴的指挥刀

两系军阀破坏护法军政府,首次护法运动失败。孙中山离开广州返抵上海入住莫利爱路寓所,该文物被一并携回上海保存。孙中山在莫利爱路寓所总结经验、著书立说,继续革命。

该文物是孙中山南下发起护法运动、就任军政府海陆军大元帅的代表性文物。

藏于上海孙中山故居纪念馆。

【民国 孙中山任大元帅就职典礼时照片】

长39.4厘米,宽32.6厘米。

孙中山任大元帅就职典礼时照片,一组两张,一张为孙中山身着大元帅服,手执大元帅佩刀的单人相片,一张同样装束的与众人的合影。

相关相片是极其罕见的孙中山着戎装的照片,画面内孙中山身着中华民国军政府海陆军大元帅军服,正视前方,身姿挺拔,面容肃穆,双手合并在身前,双腿微微分开,坚毅的面容与眼神透露出他对革命事业坚定不移的信念。画面上方画有"孙大元帅中山肖像"一横幅,表明了这张相片的拍摄时间与背景。1917年,段祺瑞解散国会,毁弃民初约法。孙中山不得已南下广州,组织非常国会,筹建中华民国军政府,进行护法战争。孙中山在1917年通过国会非常会议选举成为中华民国军政府海陆军大元帅,9月10日,正式就任,并在广州大元帅府留影纪念。

图3-2-81 孙中山任大元帅就职典礼时照片

与这张相片一同拍摄下来的，还有当时为孙中山举行大元帅就职典礼时的参会人员的合影。这些影像资料是孙中山南下护法、就任军政府海陆军大元帅的直接见证，弥足珍贵。

藏于上海孙中山故居纪念馆。

【民国　孙中山著述时坐的沙发】

长 93.3 厘米，宽 78.4 厘米，高 99.4 厘米。

此沙发支架为木质，沙发上的靠垫为布艺，靠垫可分开，靠背可前后调节。摆放于莫利爱路寓所（今上海孙中山故居）二楼卧室。

莫利爱路 29 号寓所是孙中山、宋庆龄夫妇唯一的家。孙中山在这里总结革命经验，完成了《孙文学说》《实业计划》等重要著作，他在这里探索革命新路，会见苏俄、中共代表，奠定了第一次国共合作的基础；他在这里协调各方，组织领导全国的革命运动。据宋庆龄回忆，当年孙中山除了在书房办公桌上伏案工作，也经常坐在这张沙发上读书、思考和写作。

这张沙发是孙中山为国为民、努力学习探索的重要见证物，是《实业计划》诞生的见证物。

藏于上海孙中山故居纪念馆。

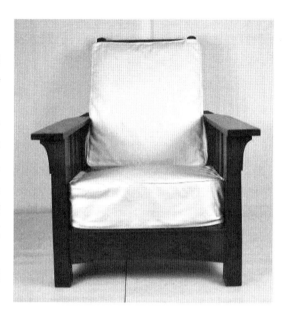

图 3 - 2 - 82　孙中山著述时坐的沙发

【1920 年　李大钊赠吴弱男签名照】

横 20.4 厘米，纵 16.4 厘米。

李大钊（1889—1927），河北乐亭人，中国最早的马克思主义者，中国共产党创始人之一。1913 年毕业于北洋法政大学，1914 年去日本早稻田大学读书，在此期间与章士钊先生及其夫人吴弱男相识。1916 年回国，历任北京《晨钟报》总编辑，北京大学经济学教授，并由章士钊推荐接替章担任北京大学图书馆主任。1920 年，当章士钊夫妇把他们的合家欢照片赠给李大钊时，李大钊随即将他于 1919 年任"北大"图书馆馆长时拍的这张照片回赠给吴弱男，并在照片封背面亲笔题字签名，互作纪念。

藏于中国共产党第一次全国代表大会会址纪念馆。

【1920 年　俞秀松日记】

长 23 厘米，宽 16 厘米。

俞秀松（1899—1939），又名寿松，字柏青，化名王寿成，浙江人。中国共产党早期杰出的革命活动家，杭州"五四运动"的领导人；和陈独秀同为"上海共产主义小组"5 个发起人之一，中国共产党成立发起人之一，"中国社会主义青年团"（共青团）创始人。日记是用老式线装练习簿写的。封面有小楷毛笔书写的"日记　24.6.1920—　秀松　3.1.7.1920 题"字样，日记中所记录的内容反映了中国共产党在上海创建前的一些活动情况和俞的生活片段，以黑色墨水钢笔书写。

藏于上海龙华烈士纪念馆。

【1920 年　留法勤工俭学学生"静之"致何孟雄的明信片】

长 14 厘米,宽 9 厘米。

此明信片正面是静之所乘的"智利号"邮船在大海上航行的图案。图案上方印有"智利号法国一流的备用巡洋舰——乘风破浪"的字样。图案下第一行字为"H. 格里莫父子公司,马赛玛泽诺特街 54 号",接着有"波涛汹涌的洋面上浪花飞溅,威武的巡洋舰一路颠簸,破浪前进,舰炮上缀着饰物,水手们充满自信,因为法国三色旗在桅杆顶上飘扬。"反面为静之致何孟雄的函,左上方有 4 枚邮戳。

藏于上海龙华烈士纪念馆。

【民国　孙中山使用的中华民国陆海军大元帅之印】

印面宽 7.5 厘米,高 13.4 厘米。

1921 年 12 月,孙中山抵达广西桂林,组建北伐大本营,整军北伐。1922 年 3 月因入湘受阻而班师回粤。同年 6 月陈炯明在广州发动军事政变,孙中山被迫离粤,大本营解散。1923 年 1 月陈炯明被逐出广州。孙中山于同年 3 月在广州正式建立陆海军大元帅大本营,其本人仍担任大本营最高职务,中华民国陆海军大元帅。此印系孙中山所使用,孙中山以大元帅名义发布的命令、宣告、布告常钤此印。1925 年 3 月孙中山逝世,此印即不再使用,由宋庆龄收藏。1925 年 7 月,中华民国国民政府在广州成立,陆海军大元帅大本营结束。

藏于上海宋庆龄故居纪念馆。

【1920 年代　何孟雄、缪伯英的藏书《前锋》创刊号、第二期、第三期】

长 25.5 厘米,宽 17.5 厘米。

此三本刊物分别于 1923 年 7 月 1 日、1923 年 12 月 1 日和 1924 年 2 月 1 日由广州平民出版社出版。封面上方均盖有"伯雄藏书"印章,此印章系何孟雄、缪伯英结婚喜章。

藏于上海龙华烈士纪念馆。

【1920 年代　宣中华、宣中善使用过的竹箧箱】

长 51 厘米,宽 52 厘米,高 29 厘米。

竹箧箱是宣中华和宣中善在杭州浙江省第一师范学校读书时用来放置书籍和衣物的,宣在"一师"毕业后带回家中。竹箧箱内原放有许多幅对联,"文化大革命"期间全被烧毁。这只竹箧箱是 1966 年"文化大革命"时期,被其母藏到楼上后保存下来的,直至 1992 年向龙华烈士纪念馆捐赠。一级文物。

藏于上海龙华烈士纪念馆。

【1922 年　李汉俊讲学时用的皮包】

长 35 厘米,长 23 厘米。

皮包为黑色,皮包上部有拎手,包内有夹层。锁面有 K. D. K. & C. O 字样。是李汉俊生前在武昌讲学时用过的,曾放过宣传马克思主义的讲义。

藏于上海龙华烈士纪念馆。

【1924年 罗亦农为列宁守灵时佩戴的纪念章】

长3.2厘米,宽3.2厘米。

此件为金属制作的纪念章,外形由旗标、麦穗、旗帜组成,左部为列宁头像,是列宁凝视远方的画面,并有列宁的生卒年月1870—1924。右边是红色油彩做成的旗子,并有"CCCP"字样(竖行),背面有别针。

1992年4月12日,罗亦农烈士之子罗西北途经上海来纪念馆,得悉龙华烈士纪念馆正在开展烈士遗物征集活动。5月龙陵派员赴京征集,在李文宜处,得悉李曾收藏一枚罗亦农于1924年列宁逝世时佩戴的徽章,后交罗西北留念,1992年12月21日在罗西北寓所,罗慷慨应允,其夫人找出此枚徽章作捐赠。

藏于上海龙华烈士纪念馆。

【民国 孙中山《国民政府建国大纲》手迹】

长30厘米,宽19厘米。

在中国国民党第一次全国代表大会上,孙中山接受中国共产党所提出的反帝反封建主张,重新解释了三民主义。1924年4月12日,孙中山公布了《国民政府建国大纲》,要旨为:思政府本革命之三民主义五权宪法,中华民国建设之首要在民主,其次为民权,其三为民族,建设之程序为军政、训政、宪政三个时期。宪法告成,国民则依宪法民选政府,建国大功告成。《国民政府建国大纲》是孙中山从旧三民主义向新三民主义转变时期的理论结晶,它的撰写和公布是孙中山成为革命的新三民主义者的一个标志。孙中山在革命工作之余,亲手用毛笔将《国民政府建国大纲》抄在一本册页上,送给宋庆龄留念。

藏于上海宋庆龄故居纪念馆。

【民国 黄埔军校成立典礼照片】

本文物一组10张,系1924年6月16日陆军军官学校(即"黄埔军校")成立当日所摄,部分有卡纸。

1922年陈炯明叛变革命后,经过在上海的筹备,1924年1月,中国国民党第一次全国代表大会在广州召开,孙中山完成了中国国民党的改组,正式确立了"联俄、联共、扶助农工"三大政策。为了建立革命武装,1924年5月,孙中山在广州黄埔长洲岛创办了中国国民党陆军军官学校(即"黄埔军校"),亲任校总理,蒋介石任校长,廖仲恺任党代表。中国共产党选派大批党团员到军校学习,周恩来、恽代英等在军校担任教官。6月16日,孙中山偕夫人宋庆龄等出席黄埔军校

图3-2-83 黄埔军校成立典礼照片

正式成立典礼,视察学校,发表演说阐述创办军校之目的与希望,致训词,并举行阅兵式及分列式。军校成立后,培养了大批军事人才,影响深远。

本组文物系当日拍摄的系列照片,几乎记录了当日典礼的全过程,是这一重大历史事件的代表

性见证物。

藏于上海孙中山故居纪念馆。

【民国　孙中山设计并穿着的"中山装"衣裤】

中山装是孙中山设计、倡导,后以他的名字命名的中西合璧的服装样式。本件文物是孙中山设计,并在1924年北上抵沪前后穿着的。

图3-2-84　孙中山设计并穿着的"中山装"衣裤

孙中山是伟大的民主革命先驱,对于服饰也有自己的见解与实践。孙中山投身革命,即"断发改装",常穿着西装。后觉察西装的种种不便,便开始着手自行设计。他以当时在南洋华侨中比较流行的"企领文装"上衣为蓝本进行改制,加上翻领,将3个暗袋改成4个明袋,下面的两个明袋还裁制成可以随着放进物品多少而涨缩的"琴袋"式样,以便携带书本、笔记本等学习工作用品。衣袋再加上软盖,袋内的物品就不易丢失。

孙中山非常喜爱这种服装样式,经常穿着。1924年孙中山应冯玉祥之邀北上"共商国是",抵沪前后都穿着这件(套)中山装。他在上海出席各种活动,在寓所举行记者茶话会,留下了很多珍贵的影像资料。

本件文物即是孙中山改服饰、创制中山装的见证,也是他不畏艰难毅然北上求国家和平统一的见证。

藏于上海孙中山故居纪念馆。

【1925年　李大钊使用过的英文打字机】

长28厘米,宽25厘米,高14厘米。

该机系孙中山的秘书吴弱男在英国购买,1925年秋,李大钊在北京曾经向吴借用过这台打字机。

藏于中国共产党第一次全国代表大会会址纪念馆。

【1926年　上海邮务公会第一届干部执委会合影】

长66厘米,宽20厘米。

此件系20年代上海邮务公会第一届干部执委会22名执委的合影。照片中左四为顾治本,右九为周颐,左二为沈孟先。

藏于上海龙华烈士纪念馆。

【1927年　罗亦农参加上海特别市临时政府成立典礼时穿的长袍】

衣长139厘米,臂展为77厘米。

李文宜是1928年初与罗亦农在上海结合的,同年4月,罗亦农牺牲后,其生前衣着用品由李文宜收集、整理并随身保存;遗物曾先后置于杨之华、邓颖超等秘密居所(李与杨、邓均党内姐妹互称),后李文宜赴苏莫斯科学习,罗的遗物转存李文宜本家亲属处。其中,许多物件因失窃、战乱、迁踪等原因遗失。1992年12月李将长袍捐赠给龙华烈士纪念馆。马褂与长袍罗曾在1927年3月上海特别市临时政府成立典礼时穿过，并有照片存世。

藏于上海龙华烈士纪念馆。

【民国　宋庆龄手书英文稿《关于不参加国民党任何工作的声明》】

长 15 厘米，宽 37.5 厘米；信封长 15.8 厘米，宽 10.7 厘米。

该藏品为宋庆龄英文手书函，内容是《关于不参加国民党任何工作的声明》。

图 3-2-85　宋庆龄手书英文稿《关于不参加国民党任何工作的声明》

1927 年 8 月，宋庆龄为抗议蒋介石和汪精卫背叛孙中山的三大政策，愤而出走莫斯科。1929 年 1 月 18 日，总理奉安委员会成立，并召开第一次会议，推蒋介石为主席委员，孔祥熙为办公处总干事。2 月 6 日，总理奉安委员会第三次大会决议改 6 月 1 日为奉安之期。7 日，国民党中常会通过该项决议。此时，宋庆龄正在莫斯科，她对外宣称是来莫斯科过圣诞节，但实际是准备回国参加 3 月 12 日的奉安大典。接到杨杏佛告知孙中山葬礼延期的电报后，她告诉杨她将于 5 月份启程回国。

1929 年 5 月 6 日，宋庆龄乘火车从柏林启程经苏联西伯利亚回国，行前发表声明，宣布将回国参加孙中山的奉安大典，并重申不再参加国民党的工作。5 月 15 日，宋庆龄抵达中国东北满洲里。回国后，宋庆龄将这一声明的英文稿转交给了杨杏佛。6 月 1 日，上海英文报纸《密勒氏评论报》刊登了声明的主要内容。1930 年 1 月 22 日，美国合众社记者兰德尔·古尔德(Randall Gould)在纽约《Nation》杂志 130 卷发表《孙逸仙夫人忠于信仰》一文，再次刊载了这篇声明的全文。

该信信封所书地址"陶斐斯路 56 号"是国立音乐院所在地。国立音乐院是 1927 年 10 月初大学院成立时决定开办的，开办时经杨杏佛极力争取，从财政部争来少许款项，11 月 27 日行开院礼时杨杏佛亦到场演说，首任院长是创办人蔡元培。

藏于上海宋庆龄故居纪念馆。

【1930 年　《萌芽月刊》创刊号】

长 20.7 厘米，宽 15.2 厘米，厚 2.5 厘米。

中国左翼作家联盟机关刊物之一。1930 年 1 月 1 日创刊于上海，月刊。同年 5 月出至第 5 期被国民党政府查禁。鲁迅、冯雪峰主编。该刊辟有社会杂观等栏目，以翻译、创作和评论为主，刊登有关"左联"及其他左翼团体的消息，着重介绍无产阶级文艺理论和文学作品，对中国现代文学尤其是左翼文学的发展起了重要作用。

藏于上海市历史博物馆。

【1930 年　《红旗日报》第六号】

长 54 厘米，宽 40 厘米。

图 3-2-86　《萌芽月刊》创刊号

1930 年 8 月 15 日,《红旗日报》在上海创刊,为中共中央机关报,李求实主编。1931 年 3 月 8 日停刊。一级文物。

藏于中国共产党第一次全国代表大会会址纪念馆。

【1930 年代　林育南(铁峦)致陆若冰明信片、信件】

长 14 厘米,宽 8.5 厘米。

此件包含 1930 年 11 月 24 日至 1931 年 1 月 15 日期间林育南(铁峦)致陆若冰明信片、信件。用铅笔书写,正面盖有一枚邮戳,左上角有钢笔写的"ⓐ"字样,反面盖有二枚邮戳,和一枚长方形印章。正面上方印有中、英文"中华民国邮政明信片"字样,右上角印有 2 分邮票的图案。

藏于上海龙华烈士纪念馆。

【民国　鲁迅译稿《毁灭》】

《毁灭》是苏联作家法捷耶夫的长篇小说,由鲁迅最先把它翻译介绍到中国。1929 年下半年起,鲁迅据日本藏原惟人日译本重译,最初题作《溃灭》,连载于 1930 年出版的《萌芽月刊》,至第二部第四章时该刊被禁。鲁迅又参照德文译本,译成全书。1931 年 9 月 30 日由大江书铺出版。此为国内最早的《毁灭》中译本。同年 11 月 30 日鲁迅又以"三闲书屋"名义自费校印装帧相当考究的《毁灭》再版本,并在书封面上直署"鲁迅"名字。为了《毁灭》的广泛流传,鲁迅还特地发行特价券,对折出售,以满足"没有钱的读者"之需求。

藏于上海鲁迅纪念馆。

【民国　鲁迅诗稿《无题》(惯于长夜过春时)】

是鲁迅于 1931 年春,避居花园庄旅馆时,为悼念"左联"五位青年作家的不幸遇难而创作的。上海鲁迅纪念馆藏于诗稿有两个版本,均书写在宣纸上。其一长 27.2 厘米,宽 17.2 厘米,有题款,盖"鲁迅"名章,诗中"刀丛"为"刀边";其二长 19.3 厘米,宽 16.6 厘米,无题款,亦未钤章。

藏于上海鲁迅纪念馆。

【民国　宋庆龄使用的中国民权保障同盟主席之印】

印面边长 2.5 厘米,高 5.2 厘米。

1932 年 12 月宋庆龄与蔡元培、杨杏佛、鲁迅等人在上海发起组织中国民权保障同盟,同盟以唤起民众努力于民权之保障为宗旨;以争取释放政治犯,给予政治犯法律援助,支援为争取结社、集会、言论、出版自由等民主权利而进行的斗争为目的。宋庆龄被推举为同盟主席。此为宋庆龄的主席印。中国民权保障同盟成立后为营救和保护爱国革命者,争取人民民主权利做了大量工作。1933 年 6 月,同盟总干事杨杏佛被国民党特务暗杀,同盟活动受到影响,不久便被迫解散。此印遂不用。

藏于上海宋庆龄故居纪念馆。

【1933 年　鲁迅致宋庆龄、蔡元培的信】

长 26.1 厘米,宽 16.9 厘米。

1932 年 12 月,宋庆龄、蔡元培、鲁迅等组织成立了"中国民权保障同盟"。同盟成立后,开展了一系列营救革命志士和争取民主权利的活动。鲁迅是该同盟执行委员之一,宋庆龄常与鲁迅、蔡元培等一起讨论反对白色恐怖，援助和营救被关押的政治犯和革命学生事宜。此信是为营救共产党员黄平，鲁迅写给宋庆龄和蔡元培的。信上所署的日期为 1933 年 1 月 21 日，鲁迅 1933 年 1 月 20日的日记中有记载"夜寄孙夫人、蔡元培先生信"。宋庆龄接信后，曾亲自前往南京了解情况。

藏于上海宋庆龄故居纪念馆。

【1934 年　陈独秀《金粉泪五十六首》诗作手稿】

长 28.7 厘米，宽 17 厘米，共 28 页。

1932 年，陈独秀被国民党政府逮捕，至抗战爆发后始出狱。这是陈独秀在狱中所写的一组诗稿。一级文物。

藏于中国共产党第一次全国代表大会会址纪念馆。

【1935 年　首版《义勇军进行曲》唱片】

直径 26 厘米。

1935 年 5 月，《义勇军进行曲》随着影片《风云儿女》而传唱中国。同年 7 月，首版《义勇军进行曲》唱片由百代唱片公司出版。这首激发爱国热情，振奋民族精神的中国最强音很快传遍大江南北、长城内外。首版《义勇军进行曲》唱片为黑胶材质，片号 34848b，片芯标注袁牧之、顾梦鹤合唱。唱片制作精良，由小号奏出高昂的前奏曲，之后是袁牧之、顾梦鹤等人激昂的歌声。

藏于上海市历史博物馆。

图 3-2-87　首版《义勇军进行曲》唱片

【1935 年　江湾"一·二八"忠烈墓纪念碑】

长 122 厘米，宽 65.5 厘米。

1932 年 3 月中旬，上海江湾镇民在今场中路北侧，择地埋葬在"一·二八"事变中阵亡的爱国将士和殉难乡民尸体 1 300 余具。1935 年元旦，镇民又集资立碑。

藏于中国共产党第一次全国代表大会会址纪念馆。

【民国　鲁迅文稿《故事新编》】

为鲁迅于 1922—1935 年间所作的历史小说集。文稿包括《序言》《目录》及《补天》《奔月》《理水》《采薇》《铸剑》《出关》《非攻》《起死》等 8 篇正文。其中《奔月》《铸剑》2 篇因出版时间紧迫，鲁迅来不及抄写，系剪集原先发表于《莽原》半月刊上的铅印文字，《补天》一文共 14 页，鲁迅因病只手抄了 7 页半，其余 6 页半由他人代抄。《序言》《目录》及其余的 5 篇正文均由鲁迅亲笔抄写在毛边纸上。

藏于上海鲁迅纪念馆。

【民国　鲁迅使用的"金不换"兼毫小楷笔】

"金不换"又名"本京水"，全称"卜鹤汀北尾狼豪金不换"，是创于清同治年间的绍兴卜鹤汀笔庄所制。这是一种笔尖外层用兔毛、里面用黄鼠狼毛混合制作的水笔，具有色泽光润、"刚柔相济"等特点，价廉物美。鲁迅选用的"金不换"笔杆上端烫有"绍兴卜鹤汀双料金不换"字样。1950 年，许广平将鲁迅用笔捐赠给上海鲁迅纪念馆。

藏于上海鲁迅纪念馆。

【1936年　鲁迅石膏遗容像】

1936年10月19日,鲁迅逝世当天,日本友人奥田杏花在鲁迅寓所从鲁迅遗容上翻制。在这个石膏像上粘有鲁迅的胡须20根,眉毛2根。1950年,许广平将此石膏像捐赠给上海鲁迅纪念馆。

藏于上海鲁迅纪念馆。

【1936年　《救国入狱运动宣言》】

长28厘米,宽39厘米。

1936年11月23日,国民政府在上海逮捕救国会领袖沈钧儒等7人,史称"七君子事件"。次年4月3日,国民政府高等法院对七君子以"危害民国罪"提出起诉。6月25日,宋庆龄等发起救国入狱运动,表示如爱国有罪愿与沈钧儒等同受处罚。7月31日,"七君子"重获自由。"救国无罪"爱国民主运动取得了实质性的胜利。

藏于上海市历史博物馆。

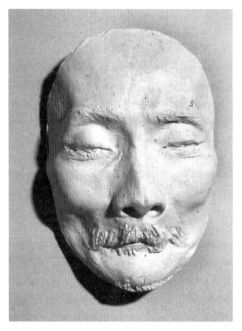

图3-2-88　鲁迅石膏遗容像

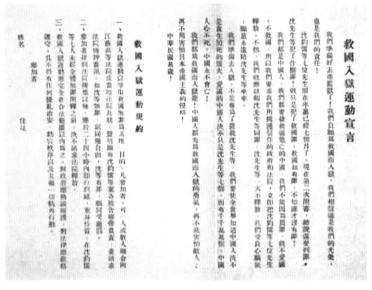

图3-2-89　《救国入狱运动宣言》

【1936年　沈钧儒等作《团结御侮的几个基本条件与最低要求(附毛泽东复电)》的油印件】

长18厘米,宽12.5厘米。

1936年7月15日,全国各界救国联合会领导人联名发表该文。8月10日,毛泽东代表中共中央和中华苏维埃政府发表公开信,明确表示愿意与一切抗日救国的党派、团体和个人诚意合作,共同抗日。一级文物。

藏于中国共产党第一次全国代表大会会址纪念馆。

【1930年代　俞秀松结婚时斯大林赠送的漆布木箱】

长70厘米,宽40厘米,高23厘米。1936年,俞秀松与安志洁在新疆迪化举行婚礼,斯大林赠送他俩一箱礼品,这是盛放礼品的箱子,由俞秀松的夫人安志洁捐赠。

藏于上海龙华烈士纪念馆。

【1937年　周恩来送给国民党军政部主任参事李华英的平型关战斗缴获的怀安地形图】

长57.5厘米,宽45.5厘米。

1937年11月3日,李华英(时任国民党军政部主任参事、国防最高委员会顾问)到太原代表南京政府慰劳第二战区并协助第二战区的军务,要阎锡山和其他国民党军队保卫太原。当晚12点,阎锡山召开紧急会议,出席的有国民党高级军官,周恩来作为中共八路军办事处代表参加,会上阎锡山决定撤退。次日,李华英拜访在太原的周恩来,周恩来将这幅在平型关战斗中缴获的日军所绘怀安地形图赠送给他。地图左边"平型关战斗胜利品,周恩来二十六年十一月四日太原"字句为周恩来用毛笔题写。

该图被李华英一直放在皮箱内,一直保存了近二十多年。一级文物。

藏于中国共产党第一次全国代表大会会址纪念馆。

【1930年代　杜重远用的皮箱】

长38厘米,宽24厘米,高12厘米。

1939年,杜重远受周恩来委托赴新疆开展工作时随身携带的皮箱。1943年,杜重远被新疆军阀盛世才杀害后,此箱由其夫人侯御之捐赠。

藏于上海龙华烈士纪念馆。

【民国　《追悼五三、四八死难同志特刊》】

长25.7厘米,宽17.7厘米。

为纪念1939年4月8日、5月3日遭日军包围后遇难的同志,顾复生、林锡甫、冯庸钦撰写的祭文和死难同志的生平,并分析了当前形势。

藏于青浦博物馆。

【1941年　新四军军部任命刘别生为本军第一师第二旅第四团团长的委任状】

长28厘米,宽20厘米。

此件系1941年刘别生在苏北接受的任命状,内容是任命刘别生为新四军第一师第二旅第四团团长,左下方有陈毅、张云逸、刘少奇的签名。时间为1941年7月9日。1943年刘别生将委任状带至江南的安徽广德、浙江长兴等地,1945年刘牺牲留存其妻子苏迪处。苏迪随部队转移山东,后随军南下,直至50年代定居上海。90年代苏迪病重,该物转交长子刘新捐赠。

藏于上海龙华烈士纪念馆。

【民国　白求恩国际和平医院全体工休人员致宋庆龄的签名感谢信】

长 66 厘米,宽 52 厘米。

1938 年底,新开辟的八路军晋察冀抗日根据地建立了第一所国际和平医院,白求恩任院长。之后,延安及各个抗日根据地先后建立八所国际和平医院。宋庆龄领导的保卫中国同盟向抗日根据地的国际和平医院提供了大量的援助,把医疗物资、贵重药品和外科设备等及时送到根据地,支持人民的抗日斗争。1944 年,为感谢宋庆龄在抗日战争期间"予爱国者以声援,医药频输;给抗战者以物助,秉持正义",白求恩国际和平医院全体工休人员,包括刘伯承、陈赓在内共 100 余人在此信上签名。

藏于上海宋庆龄故居纪念馆。

【1946 年　李公朴赠友人的条幅】

长 180 厘米,宽 45 厘米。

条幅是李公朴在民国 35 年 1 月 12 日客居重庆时所书,因为友人将去昆明,李特书此幅,条幅的左下方有李公朴本人的印章。李公朴牺牲后,友人将条幅转送给李公朴的夫人张曼筠,以示纪念,张曼筠逝世后,条幅由其家人捐赠。

藏于上海龙华烈士纪念馆。

【民国　宋庆龄致胡卡姆夫人信的英文底稿】

长 31.7 厘米,宽 20.4 厘米。

1947 年 5 月 10 日,世界民主青年联盟秘书长胡卡姆夫人致信宋庆龄,邀请宋庆龄出席在布拉格举行的世界青年联欢节。此为宋庆龄的回信。信中表示:"中国的情况和我机构的工作要我留在这里。"并指出青年应负的责任,号召"青年必须用行动来反对那些借制止侵略之名而实际上却是违反人民的意志支持反动势力的人"。对世界民主青年问题作了详细的阐述。此信后译成中文,收入宋庆龄所著《为新中国而奋斗》一书,是研究宋庆龄思想的重要文献。

藏于上海宋庆龄故居纪念馆。

【1940 年代　张权用的通讯录】

长 12.5 厘米,宽 8 厘米。

通讯录无封面,封底为黑底红黄花纹。内容是张权手书的人名、住址等。除第 10 页(粘有一张英文书写的姓名、地址)外,其余均以中文书写。张权于 40 年代初起,在重庆、南京、上海等地使用该"通讯录","通讯录"内有中共联系人王亚文的地址等,张被捕牺牲后,通讯录留在虹口寓所内,由其夫人胡雪影捐赠。

藏于上海龙华烈士纪念馆。

【民国　原龙华淞沪警备司令部遗址区出土的群镣】

长 306 厘米。

1981 年春,中国人民解放军 7315 工厂(龙华机械厂)在厂区(原龙华淞沪警备司令部旧址)烈士就义地附近进行施工,在挖土方时发现该物后派专人送至上海市烈士纪念馆。据曾在龙华淞沪警备司令部看守所被关押过的老同志回忆,当年确有数位被关押者铐在一根链上,此镣为回忆提供了物证。

藏于上海龙华烈士纪念馆。

【1948 年　王孝和在狱中使用的毛毯】

长 188 厘米,宽 137 厘米。

此毛毯边缘绣有"王佩琴"三字(王佩琴系王孝和之女),并有"NC NH"红色字样。毛毯系王孝和与忻玉英在上海结婚时所购。1948 年 4 月王孝和被捕后,忻将毛毯送至提篮桥监狱,给受重刑的王孝和使用,它伴随王孝和共同渡过了狱中生活。王孝和被枪杀后,忻玉英去监狱把毯子取回家并保管。1994 年 10 月 19 日,忻玉英女士捐赠。

藏于上海龙华烈士纪念馆。

【民国　邵健从事地下工作时编写保存的载有中共上海警察工作委员会所辖成员密码名册】

长 15 厘米,宽 9.1 厘米,厚 3.1 厘米。

载有《中共上海"警委"地下党员密码名册》的小辞典,系当时担任中共上海地下"警委"书记邵健,于 1948 年为了保守党的秘密,利用《王云五小辞典》,采用英文字母、阿拉伯数字、中文字形编成密码,将上海市警察局将近五百名地下党员的姓名、警号、入党日期记录在该小辞典内,成为中共上海地下"警委"的"档案",一直保存至上海解放,邵健又亲自将它译成党员名册和情况表,将近五百名地下党员的组织关系转交给市公安局党委。

藏于上海公安博物馆。

【1949 年　中共中央华东局社会部编写的《调查资料》】

长 17.5 厘米,宽 12 厘米,厚 0.5 厘米。

解放前夕南京上海等地敌伪情况《调查资料》是 1949 年 3 月由中共华东局社会部派副部长扬帆率 60 余名干部南下至淮阴,组织一批干部,将上海党组织送来的情报、战争中缴获的档案、战俘写的材料以及报刊资料等研究整理,汇编了国民党中央各部、委、会驻沪机构和上海市驻军、政府机关、经济文化部门及南京等城市解放前夕伪中央政府及军、警、宪机构调查材料 31 册,约 100 万字。这套资料下发后,立即成为当时接管专员们的必读文件,陈毅同志对此的评价是"这些材料为上海接管工作立了大功!"

藏于上海公安博物馆。

【1949 年　上海人民团体联合会的两枚印章】

石章长 3.4 厘米,宽 3.4 厘米,高 3 厘米;木章宽 1.4 厘米,长 7.3 厘米,高 4.3 厘米。

上海人民团体联合会成立于 1946 年 5 月,是党领导的群众团体,党以这个团体的名义联合上海各人民团体进行革命活动。在上海解放前夕,为了迎接解放,党就以上海任命团体联合会的名义组织人民保安队,人民宣传队,有力地配合了人民解放军的进攻,胜利的迎接了上海的解放。

藏于中国共产党第一次全国代表大会会址纪念馆。

【民国　宋庆龄《向中国共产党致敬》中文手稿】

长 33 厘米,宽 20.5 厘米。

1949 年 6 月 30 日,宋庆龄出席中共中央华东局中共上海市委举行的"庆祝中国共产党成立二十八周年大会",并以此篇《向中国共产党致敬》为祝词。1949 年 7 月 2 日,人民日报社以《向中国共产党致敬——庆祝中国共产党成立二十八周年》为标题,全文刊登了宋庆龄的祝词。这是上海解放初期宋庆龄撰写的一篇重要文章。

藏于上海宋庆龄故居纪念馆。

【1949 年　上海市人民政府第一块牌】

长 413 厘米,宽 67.5 厘米,厚 6 厘米。

1949 年上海解放后成立人民政府时所挂门牌。

藏于中国共产党第一次全国代表大会会址纪念馆。

【1966 年　宋庆龄《孙中山——坚定不移、百折不挠的革命家》英文手稿】

长 28.4 厘米,宽 21.6 厘米。

1966 年 11 月 12 日下午,宋庆龄在北京出席纪念孙中山诞辰 100 周年大会,在会上,宋庆龄宣读了所作的纪念文章《孙中山——坚定不移、百折不挠的革命家》,详细介绍了孙中山的坚强性格和革命经历。此件是宋庆龄 60 年代撰写的一篇重要文章,也是目前在全国范围内,保存得最完整的宋庆龄英文手稿之一。全文共 51 页,前 12 页用钢笔书写,13 至 51 页用圆珠笔书写,其中 13 页、14 页部分段落用铅笔书写。

藏于上海宋庆龄故居纪念馆。

二、城市历史文物

【清　"童涵春堂"匾额】

横 170 厘米,纵 51 厘米,厚 6 厘米。

童涵春堂始创于清乾隆四十八年(1783 年),是上海的一家百年老店。童涵春堂的创始人童善长(1745—1817),是宁波市郊庄桥镇童朝阳家族的二十七代孙。童善长长大后利用祖传资本,在上海小东门外里咸瓜街开设恒泰药行,专做中药材批发生意。经过几代人的努力,恒泰药行逐渐发展成为童涵春堂国药号,生意日渐兴隆。

藏于童涵春堂中药博物馆。

图 3 - 2 - 90　"童涵春堂"匾额

【清咸丰六年(1856)　郁森盛、经正记、王永盛银饼】

直径 4 厘米。

郁森盛、经正记、王永盛作为清代上海最大的沙船号商,从事沿海运输,对上海港区的形成和上海城市发展做出了巨大贡献。同时,他们还开设钱庄,于咸丰六年(1856 年)铸造并发行了银饼,金

图 3‑2‑91　清咸丰六年　郁森盛、经正记、王永盛银饼

融界称之为"上海银饼",开创了沪上商号自铸银元流通市场的先例,也是中国现存最早以"两"为单位的银元,为清末上海经济发展作出了贡献。

藏于上海市历史博物馆。

【清　上海工部局警务处徽章】

直径 5 厘米,厚 0.5 厘米。

此枚徽章是帝国主义强租上海的证物。是当时工部局警务处的重要标志之一,至今保存完好。

藏于上海公安博物馆。

图 3‑2‑92　上海工部局警务处徽章

【1870 年代　海关大龙邮票】

1878 年,海关总税务司赫德经总理衙门授权,指定津海关税务司德璀琳试办邮政,并在北京、天津、上海、烟台和牛庄(营口)五处设立邮政机构,收寄民众信件。上海海关造册处奉命以蟠龙为图案,印制了一套三枚邮票,面值分别为绿色一分银,红色三分银和黄色五分银。这是中国自行发行的第一套邮票,集邮界习惯成为"海关大龙"。大龙邮票为铜质版模,先后分 3 期印刷发行,可按纸质和票幅的差异分为"薄纸大龙""阔边大龙"和"厚纸大龙"。这套大龙邮票属于"薄纸大龙",是1878 年至 1882 年印制的第一期大龙邮票。

藏于上海邮政博物馆。

图 3‑2‑93　海关大龙邮票

【1860年　吴友如《豫园宴乐图》】

长235厘米,宽77厘米。

清代海派画家吴友如于光绪六年（1880年）所作,记录了上海道台刘瑞芬在修葺一新的豫园中宴请德国皇孙海里希亲王,席间宾主共赏昆曲堂名的场景,生动形象地展示了当年上海的外事礼仪,是研究晚清上海地方政府对外交往的重要历史文物。

藏于上海市历史博物馆。

图3-2-94　吴友如《豫园宴乐图》

【清　"电报沪局"石碑】

长104厘米,宽42厘米,厚12厘米。

1881年3月,上海设立电报局,由郑观应任总办,局址在二洋泾桥北堍（今延安东路四川路口）。上海电报局初称上海电报分局,亦称电报沪局,隶属于天津津沪电报分局。1882年初,上海电报局迁至外滩8号（今四川中路126弄21号）,改为官督商办,开始对外招股,故又称商电局。1884年,电报总局由津迁沪,此后二十余年上海一度成为全国电信中心。1924年,上海电报局搬到四川路B字21号（今四川中路200号）新址。抗战期间,上海电报局被迫停业。这是当时镶在上海电报局大门上的石质匾额。

藏于上海电信博物馆。

图3-2-95　"电报沪局"石碑

【清　淞沪铁路钢轨】

长75厘米,宽75厘米,厚75厘米。

图3-2-96　淞沪铁路钢轨

淞沪铁路前身为吴淞铁路,由英商怡和洋行投资兴建,1876 年建成通车,是中国最早的一条铁路。吴淞铁路开通后不久,即被清政府买下拆毁。1897 年盛宣怀重修,铺设上海至吴淞之间的铁路,1898 年 9 月 1 日通车运营。淞沪铁路全长 16 公里,设有宝山路、天通庵路、江湾、三民路、高境庙、何家湾、蕴藻浜、吴淞、炮台湾 9 个车站。此段钢轨为德国生产,上有"SJ·利克郭 1897"字样,以及"公鸡"图案,曾铺设于淞沪铁路,是上海现存最早的一段钢轨,存世极其稀少。

藏于上海铁路博物馆。

【近代　上海美租界界碑】

长 76.5 厘米,宽 68.5 厘米,厚 3 厘米。

上海开埠后,美国传教士在虹口地区广置地皮,扩展势力。在造成既成事实后,要求上海道台划定该区域为美国租界。1863 年,英美租界正式合并,称为洋泾浜北首外人租界或英美公共租界。1893 年 6 月,上海道台与工部局划定美租界新界址并树立界石,此碑可能为当时遗物。

藏于上海市历史博物馆。

图 3-2-97　上海美租界界碑

【1895 年　道白生公司制造的清花机】

长 520 厘米,宽 225 厘米,高 155 厘米。

清花是棉纺织厂的第一道工序,后面还有梳棉、并条、粗纱、细纱、络筒、捻线等多道工序。此清花机由道白生(Dobson and Barlow)公司制造,原为三新纺织厂所有,1931 年为申新公司购得。三新厂前身为清末洋务运动时所开设的上海机器织布局,俗称"洋布局",为中国最早的官督商办棉纺织厂,新式纺织工业之鼻祖。

藏于上海市历史博物馆。

图 3-2-98　道白生公司制造的清花机

【1862 年　何文庆致宁波法国领事的照会】

长 31 厘米,宽 15.5 厘米。

照会希望本中法友好妥为通商,指出法船与法人"不容关卡稽查又不容兵民平卖""失同心之义"。要法领事"戒喻船人等嗣后各不相犯"。

藏于中国共产党第一次全国代表大会会址纪念馆。

【1886 年　德国奔驰 1 号三轮汽车】

长 2 616 厘米,宽 1 499 厘米,高 1 524 厘米。

1886 年,卡尔·本茨试制了一台单缸四冲程汽油机,并安装在由钢管和木板构成的三轮车架上。该车采用了钢条幅轮圈和实心橡胶轮胎,通过转动手柄带动齿轮来完成转向,发动机经过传动带机构和链条驱动后轮,速度可达到每小时 15 公里。1886 年 1 月 29 日,是汽车历史上值得纪念的一天,本茨为该车向德国专利局申请了专利。于是,奔驰三轮汽车作为公认的"世界第一辆汽车"永载史册。

藏于上海汽车博物馆。

图 3 - 2 - 99　德国奔驰 1 号三轮汽车

【1897 年　丹麦大北电报公司上海站收到的电报】

长 28 厘米,宽 22 厘米。

大北电报公司是丹麦国际电报公司在中国开设电信公司所使用的名称。1869 年由丹挪英电报公司、丹俄电报公司和挪英电报公司三家组成,总公司设于丹麦首都哥本哈根,股东绝大部分是英国的资本家和沙俄的皇室。这张已经发黄发脆的电报纸,是 1897 年英属殖民地锡兰(今斯里兰卡)首都科伦坡发出的电报,由大北电报公司上海站接收并译电文,内容系"平安到沪住寓"家书。这是上海目前发现最早的大北电报公司电报纸。

藏于上海电信博物馆。

【1899 年　中英勘界地图】

长 61 厘米,宽 95.5 厘米。

上海租界最初主要局限于外滩沿岸一带。后来,租界当局多次扩张管辖区域。1899 年 3

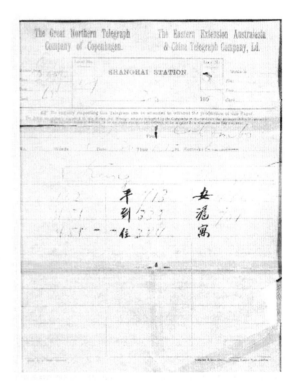

图 3 - 2 - 100　丹麦大北电报公司上海站收到的电报

月,公共租界工部局再次提出大规模扩张公共租界的要求,清政府在外国公使团压力下,被迫让步。图为 1899 年公共租界扩张示意图。经过此次扩张,上海公共租界面积扩张到 3 万多亩。

藏于上海市历史博物馆。

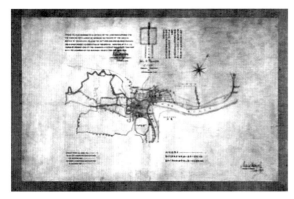

图 3-2-101　中英勘界地图

图 3-2-102　外白渡桥落成铭牌

【1907 年　外白渡桥落成铭牌】

长 40 厘米,宽 52 厘米。

1856 年,威尔斯公司在苏州河黄浦江交汇处建造了木结构的"威尔斯桥"。1875 年工部局强行收购该桥并出资重建,建成后不再收过桥费。因其邻近外滩花园,遂称"花园桥"(又称外摆渡桥或外白渡桥)。随着近代交通的迅速发展,1906 年,工部局拆除原木结构旧桥重建为钢桥,翌年落成,为上海第一座近代化的钢桁架结构桥。此为外白渡钢桥落成时的铭牌。

藏于上海市历史博物馆。

【清　苏省铁路股票】

长 27 厘米,宽 22 厘米。

1905 年,为抵制外商窃取筑路权,江苏绅商提出集资自办铁路,经清政府批准组建了江苏铁路有限公司。1908 年 3 月,正当沪杭铁路即将完工之际,因资金不足,英国成绩强迫清政府签订了沪杭甬铁路借款合同。为此,上海、江苏、浙江等地掀起了一场声势浩大的拒用英款运动。江苏铁路公司向社会公开发行股票,一元或五元均可入股。在爱国热情的感召下,各界人士踊跃认购,很快筹集到了建设资金。1909 年 8 月,沪杭铁路全线通车,成为中国较早集资修建的民营铁路。

藏于上海铁路博物馆。

图 3-2-103　苏省铁路股票

【清　试金石与对金牌】

试金石与对金牌是旧时银行、钱庄或银楼用于鉴定黄金成色的一套工具。试金石是一种灰黑色天然硅质岩石,对金牌则是用不同标准成色的黄金制成的细长小牌。将需鉴定的黄金在试金石上划出印痕,然后挑选色泽比较接近的对金牌划出印痕,相互对照以确定黄金成色。如今,这种凭借肉眼区分细微

图 3-2-104　试金石与对金牌

差别的鉴定方法逐渐退出了历史舞台,成套的试金石与对金牌已极为罕见。这块试金石体积较大,划痕保留完美。对金牌共76枚,各种成色齐全,更是弥足珍贵的金融文物。

藏于上海市银行博物馆。

【清 江海关五十万两银票】

清宣统三年(1911年)江海关票五十万两,交上海大清银行存证,存世已知仅五枚,极为珍罕,保存完好,此票品相甚佳。宣统三年,清廷为偿还所欠德国政府(以"瑞记洋行"名义)之债款,特以海关税赋"南洋海防经费"项下岁入作抵,开出此种远期银票(简称"期票")。因当时中国洋债之偿还统归(上海)"江海关"掌管,故此票冠名为"江海关票"。该票面值(本息合计)规银伍拾万两,系限于"南洋海防经费"项岁入仅为陆拾余万两,故以是项作抵每年岁入款仅能保开此票一枚,也就是说,这张"江海关票"实际支出的是江海关全年收入的80%以上,可见清末财政的捉襟见肘。目前此种巨额期票存世仅见五枚,编号分别为第五、八、九、十一、十五号,分别对应于宣统第五年、八年、九年、十一年、十五年兑付,"江海关票"可以说是清末偿还外国国债实物中的珍品。

图3-2-105 江海关五十万两银票

藏于上海中国航海博物馆。

【民国 土山湾中国牌楼】

高5.8米,宽5.2米。

1913年由德国指导老师、木工部主任葛承亮带领工艺院数十名孤儿,历时一年多雕刻而成。该牌楼又被称为"中国牌楼",全柚木雕刻,为四柱三间楼阁式,六挑斗拱庑殿顶,十个狮形抱鼓石做基座。

牌楼是一种有柱子的门型建筑物,旧时多见于路口或要道,多为装饰。该牌楼的柱和梁枋上雕有各种吉祥图案和戏曲故事。四个柱子上饰有强健慑人的盘龙,跃出深海,直入云间,吐火纳珠。柱子的基础部分环饰42只狮子,大小狮子打闹嬉戏。在牌楼靠外的柱础两边,是向外的鼓形装饰,上面有三只幼狮在戏球。牌楼前后各有一块牌匾,上书八个镀金大字,正面是:"功昭日月",背面是"德并山河"。在图案造型上,该牌楼包含了许多中国传统的典故和吉祥元素,如双龙戏珠、八仙过海、和合二仙、驾鹤飞升等,同时,官员审判案件、士大夫休闲娱乐等反映中国人日常生活的场景也被刻绘在牌楼上,融入了外国人对中国传统文化的独特理解。在工艺上,该牌楼既继承了中国古代传统木工技法,又渗入了当时土山湾正在传授的西方透视学原理,体现了中西雕塑艺术和审美理念的完美结合。

该牌楼于1914年运往美国旧金山参加"巴拿马—太平洋"世界博览会,1915年底为美国芝加哥菲尔德自然历史博物馆收藏,此后有参加过芝加哥、纽约两届世博会。1933年后该牌楼惨遭破坏后辗转流落到一位瑞典学者手中。2009年6月,经中国与瑞典方面达成转让协议,该牌楼重回上海。历经半年修缮后,得以展示。

藏于上海土山湾博物馆。

【民国 亚细亚火油公司壳牌中文铜牌】

直径 74 厘米,高 100 厘米。

过去中国的石油主要依赖进口,统称为"洋油"。1903年,原为竞争对手的壳牌运输贸易有限公司与荷兰皇家石油公司在伦敦成立亚细亚火油公司。1908年,在上海成立办事处。1917年公司入驻位于延安东路外滩(今中山东路1号),高七层的亚细亚大楼,人称"外滩第一楼"。这块亚细亚火油公司壳牌中文铜牌原本安装在亚细亚大楼大门边立柱上。

藏于上海市历史博物馆。

【1923 年 上海汇丰银行铜狮】

长 190 厘米,宽 90 厘米,高 120 厘米。

英国雕塑家亨利·普尔(1873—1928)专为1923年竣工的汇丰银行外滩新厦设计,由英格兰索美塞特郡的工坊浇铸完成。此对铜狮中,张嘴吼叫者名斯蒂芬,闭口静蹲者名施迪,名字取自于当时的汇丰香港总经理和上海分行经理。1923—1966年一直落座于上海外滩原汇丰银行大楼前。

藏于上海市历史博物馆。

图 3 - 2 - 106 亚细亚火油公司壳牌中文铜牌

图 3 - 2 - 107 上海汇丰银行铜狮

【1939 年 犹太人 Yerti Washroiither 的护照】

长 19.8 厘米,宽 15.4 厘米。

二战期间,上海这座饱经战火的东方城市,以宽广的胸怀庇护了约2万名出逃的犹太难民。这是犹太女孩 Yerti Washroiither 的护照。她出生于1934年12月,1939年跟随家人从居住地维也纳辗转逃到了上海,此后10年她们一家一直居住在虹口犹太难民居住区。这本护照是二战中犹太人逃难上海的历史见证。

藏于上海市历史博物馆。

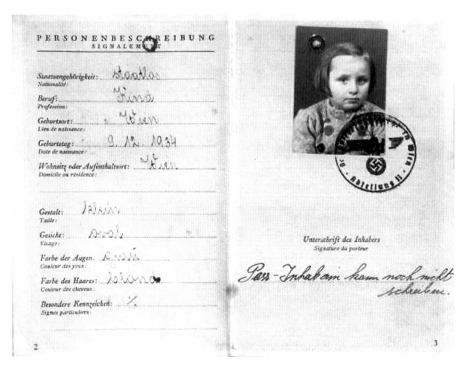

图 3-2-108　犹太人 Yerti Washroiither 的护照

【1955 年　周恩来赠送给石志昂家属的手表】

直径 3 厘米。

此件为"克什米尔公主号"事件发生后,周恩来赠予石志昂家属。1955 年 4 月 11 日,石志昂作为亚洲会议中国代表团(周恩来为团长)的工作人员,在由香港飞往印尼的途中,因飞机突然爆炸不幸遇难。一个月后,周总理接见遇难者的家属,表示慰问。席间,周总理将日本友人赠的镀金手表转送给石志昂烈士的妻子吕雪帷。由吕雪帷珍藏,去世前将手表交给儿子石建都保存至捐赠。

藏于上海龙华烈士纪念馆。

三、民俗、生活与艺术

【清　张骧云膏方底本】

纵 22 厘米,横 15.5 厘米。

张骧云(1855—1925),名世镳,一字景和,别号隐庵、冰壶。出身于上海中医名门张氏世家。张氏自十四世祖张元鼎于明崇祯末年弃儒就医后,代有传人,绵延有二百多年的行医传统。张骧云医道高明,治病有方,病客盈门无暇日。他善察病人之脉象、神识、舌苔、斑疹及寒热之高低,灵活运用药物配伍,审慎用方,辨证施治。对患高热,神识昏蒙,舌苔灰黄糙腻或焦黑糙裂之病人,给药数帖,往往能苔散热消,病势缓解,有"一帖药"之称。

藏于上海中医药大学上海中医药博物馆。

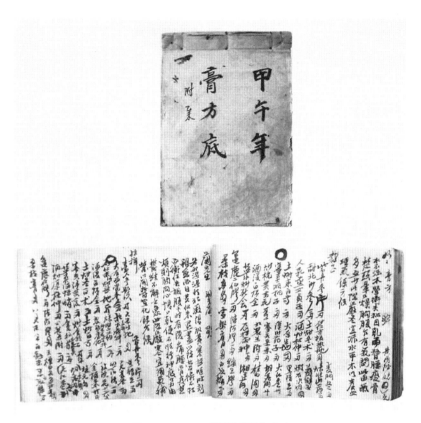

图 3‑2‑109　张骧云膏方底本

【1919 年　李叔同篆书知止帖】

纵 26.8 厘米,横 41.5 厘米,纸本。

李叔同(1880—1942),谱名文涛,幼名成蹊,学名广侯,字息霜,别号漱筒。原籍浙江平湖,生于天津。光绪二十七年(1901 年)就读于上海南洋公学经济系,后以官费留学日本,于上野美术专门学校学习油画及音乐。加入同盟会。于东京组织春柳社,编演戏剧。归国后任职浙江第一师范学校、两江师范学堂。民国 5 年(1916 年)入杭州定慧寺为僧,法名演音,号弘一,晚号晚晴老人。

李氏多才艺,编歌演剧、作画治印无所不擅。尤工书,早年从魏碑入手,其后自成一家,冲淡朴实,温厚清拔,别有逸趣。本页篆书"知止"两大字,后识"己未(1919 年)八月书贻丏尊居士,大慈定慧弘一演音"两行行书,钤"释演音"白文印记。上款者夏丏尊(1886—1946),浙江上虞人,早年留日,归国后于杭州两江师范学堂初任舍监,后教国文,与李氏共事七年,情逾手足。两人日常、书画交往频多,往来书信、投赠作品每每可见。

李氏早年读书上海,戊戌政变(1898 年)以后又避居于此,加入"城南文社",又与海上名家任伯年、高邕之等组织书画公会,每周出版《书画公会报》。自日本归后执教杭州,教授学生图画、音乐,此外又以诗文、外语、书法及个人品格影响学生。出家以后,云游江浙、闽皖、上海一带,讲说佛经,于当时一般民众的思想与信仰亦有深远的影响。夏弘宁先生捐赠。

藏于上海博物馆。

【民国　物华号百子大礼轿】

长 160 厘米,宽 90 厘米,高 288 厘米。

20 世纪初,浙江人周渭澄在上海开设"物华号贳器店",1927 年他请来 10 名象山木雕艺人,雕刻数百个人物和传统戏曲场景,在运用朱金漆木雕、玻璃画和彩绣等中国传统技艺的基础上受海派文化影响又有所创新,并在轿顶安装近百只小电珠。前后用时 10 年,耗费万工,故又称"万工轿"。由于制作技艺濒临灭绝,该轿已成为珍稀之物。

藏于上海市历史博物馆。

【现代　齐白石刻"六十白石印富翁"石章】

纵 3.55 厘米,横 3.49 厘米,高 7.39 厘米,青田石。

边款:屺瞻仁兄最知予刻印。予曾自刻"知己有恩"印,先生不出白石知己第五人。甲申(1944 年),白石。

2000 年 6 月,朱屺瞻夫人陈瑞君女士携子将 68 方齐白石篆刻的印章捐赠给上海博物馆。这批作品选材精良,钮式精美,大部分是齐白石在 20 世纪 30 年代中期至 40 年代前期的作品,作为齐氏篆刻代表作品广为世人所知。

图 3 - 2 - 110　物华号百子大礼轿

朱屺瞻先生酷爱齐白石的篆刻作品。从 20 世纪 20 年代末开始,通过上海荣宝斋向齐白石订制印作,至 1944 年初已达六十余方。"六十白石印富翁"一印即为此而作。同年,朱屺瞻作《六十白石印轩图卷》,叶恭绰书引首,齐白石作跋。跋中有感于朱屺瞻的知己之恩,曰"白石虽天下多知人,何若朱君之厚我也"。朱屺瞻先生则表达了自己的欣喜与对白石老人的钦敬:"湘潭齐白石先生以篆刻名天下,奏刀沉雄淬利,古迈绝伦。为予治印章六十余方,因名予斋曰'六十白石印轩',以资景仰。盖予与先生十载神交,暌隔千里而未尝一面,乃来书引为知己,欣喜之余,不自谫陋,爱作斯图,藉志秋水兼葭之感。"

"六十白石印富翁"是印取魏晋多字将军印为法,"六十"两字穿插,合二为一。观印蜕,正是疏可走马,密不容针之状。观印面,则是酣畅淋漓的刀影飞溅。观边款,流露的是两位神交十余年的知己惺惺相惜情。因此,这方印是齐白石印作中不可不提的代表作。

藏于上海博物馆。

【 1945 年　青铜雕塑《恋爱与责任》】

高 48 厘米,宽 23 厘米,厚 19 厘米。

张充仁创作于 1945 年抗日战争期间。是张充仁在这一时期的代表作。张充仁借用余克明与黄素缦夫妇的形象,通过表现男女爱情、家庭和睦的造型,寓意加强民族团结、反对侵略战争、渴望世界和平,呼唤美好生活。

藏于上海土山湾博物馆。

【 1950 年代　林风眠绘《弹阮仕女》】

长 34 厘米,宽 34 厘米,质地为纸本国画。

画中人物是弹阮的中国古装仕女,她黑发高绾、顾颈削肩、眉目低垂,着青灰色衣衫,抱黄阮坐于方毯之上,仕女左侧是简笔勾勒的书与花瓶,两侧有帷幔。背景留白,只有两道红线表示栏杆。这幅画以墨笔勾勒人物,再以饱含水分的墨、色渲染,色彩素净透明,人物之外多为留白,书、瓶、毯、栏杆等只以简笔勾勒,意境含蓄典雅,技法与风格都接近传统水墨人物。这幅看似接近中国传统水墨样式的仕女图,实际已经融入了源于西方现代艺术的艺术观念和技巧,显示了林风眠试图调和中西艺术的努力。

藏于中华艺术宫(原上海美术馆)。

【现代　齐白石《七冠报鸣图》轴】

纵 179.2 厘米,横 63.3 厘米,纸本,设色。

齐璜(1864—1957),现代书画篆刻家。原名纯芝,字渭青,后改名璜,字濒生,号白石,以号行,别号借山吟馆主者、寄萍老人、三百石印富翁等。少时精于木雕,后攻金石书画。擅画花鸟虫鱼,推崇八大、徐渭,取材广阔,充满民间情味,善于把阔笔写意花卉与纤毫毕现的草虫巧妙结合。亦画山水、人物,笔墨纵横雄健,雄浑华滋,天真烂漫,自成一格。篆刻初学浙派,后多取法汉代凿印,治印布局奇肆,单刀直入,劲辣有力,有《天发神谶碑》余绪。书工篆隶,取法秦汉碑版,多以擘窠大字作楹联、中堂、横批。

此画曾为庄万里家族收藏。构图颇为巧妙,画幅上方一公鸡居右鸣左,与左侧长款相呼应;下端则为画面重心,众将军或正或侧,作索食状、凝视状,姿态妙趣横生。一白鸡被环绕其中,在色调上形成鲜明对比。白鸡密画繁羽,借纸为地,白而不空,密而不重,既明晰了边界,也打破了沉闷感。是轴活泼生动,饶有乡野之趣,处处看似不经意,仔细推敲,皆见白石老人经营之匠心。

释文:"名参十二属,花入羽毛深。守信催朝日,残鸣送晓阴。峨冠装瑞玉,利爪削黄金。徒有稻粱感,何由报德音。借徐寅诗补空。齐璜白石山翁。"

铃:"木人"朱文方印、"木居士"白文方印、"甄屋"朱文方印。

鉴藏印:"两塗轩藏"朱文方印。

藏于上海博物馆。

【1960 年代　林风眠绘《琵琶仕女》】

长 66 厘米,宽 68 厘米,质地为纸本国画。

画中人物是一位弹拨琵琶的中国古装仕女,她身着蓝灰色衣衫,怀抱琵琶,席地而坐。仕女右侧身后置一白色细颈长瓶,瓶中花叶潆然,与右侧屏风上的花卉纹饰相对应。怀抱琵琶的仕女兀然于前,占据画面三分之一的面积,成为观赏的焦点。圆弧线流利润滑,相叠而不相扰,如水波流转,玲珑通透,颇合音乐的韵律;圆弧划过,在粉色底子上留下深浅不一的白色,形成受光点,光感或明或暗,造成光影迷离的效果,形成一种透明的质感;画面主体采用柔和的同系色彩,唯仕女怀中黄色琵琶与之形成对照,既彼此映衬又温婉调和。圆润流转的线条与温婉调和

图 3－2－111　林风眠绘《琵琶仕女》

的色彩有机地融合,形成淡雅含蓄的意味。仕女似有无限缱绻之意,尽在低眉信手弹拨之间。

藏于中华艺术宫(原上海美术馆)。

【1964年　吴冠中绘《北国春晓》】

图 3 - 2 - 112　吴冠中《北国春晓》

长 110 厘米,宽 64 厘米,质地为布面油画。

作品描绘北国春天的景色。画面可分为三个层次,近景中的树木,高大健壮,枝桠茂密,冬天刚离去,叶子尚未长出来;中景的广阔田野,有平坦之地,也有梯田,正等待着春天的复苏;远景中的高山重峦叠嶂,在蓝色天空的映照下,整幅画面气势宏大,视野辽阔。构图巧妙,以斜构图的方式增加画面的视觉冲击力和空间感。作者将北方地区的初春景象表现得淋漓尽致,将冬日刚走、春日尚未到来时的春寒料峭以细腻的笔意描绘出来。

藏于中华艺术宫(原上海美术馆)。

【1964年　中国上海 SH760 轿车】

长 4 780 厘米,宽 1 780 厘米,高 1 590 厘米。

1958 年 9 月,上海汽车人为他们试制的第一款轿车取了个漂亮的名字——凤凰。在其车头的发动机盖上,一只栩栩如生的凤凰展翅欲飞。1964 年凤凰牌改成上海牌。1991 年 11 月,最后一辆上海牌轿车是驶下生产线。至此

图 3 - 2 - 113　中国上海 SH760 轿车

27 年里,上海汽车制造厂一共生产了 7.7 万余辆该款汽车。上海牌轿车是改革开放前中国唯一大量生产的公务型轿车。

藏于上海汽车博物馆。

【1968年 "全国山河一片红"邮票】

1968年9月"文化大革命"期间,除中国台湾地区外全国29个省、直辖市、自治区均成立了革命委员会。为此,邮电部决定发行1枚面值8分的"全国山河一片红"邮票。11月23日,地图出版社一位编辑发现邮票上面的地图画得不准确,于是向有关部门反映了这一问题。邮电部急令各地邮局立即停售,原地封存销毁,但已有少量邮票流入市场。

藏于上海邮政博物馆。

【1970年代 林风眠绘《绣球花》】

长65厘米,宽64厘米,质地为纸本国画。

这幅画采用方纸布阵,近距取景,色彩绚丽的绣球花充溢画面,显得饱满旺盛。画家采用印象派绘画保留笔触,以及笔触呈现光影微妙动态的手法,通过笔触的轻

图3-2-114 "全国山河一片红"邮票

重、浓淡、徐疾,在点画出光影迷离的花束时也呈现了画者内在的情绪状态。画家选用了鲜艳明丽的红、黄、蓝三色,但主体以偏冷的兰紫为基调,明亮的黄、浓烈的红占据的面积不多,却因色彩的强烈对比,而能从一片蓝紫的花丛中跳跃而出,与蓝紫的基调相互映衬,形成非对称的均衡效果。

藏于中华艺术宫(原上海美术馆)。

图3-2-115 林风眠绘《绣球花》

图3-2-116 吴冠中绘《春归何处》

【1999年 吴冠中绘《春归何处》】

长148厘米,宽100厘米,质地为布面油画。

作品以抽象形式表现春天的景象。画面没有具体的形象,而是以色彩和线条的随意表现,营造出春气盎然、春花烂漫的视觉感受。吴冠中认为"抽象美是形式美的核心,人们对形式美和抽象美的喜爱是本能",他就以绘画实践探究脱离物象之外的抽象形态,同时结合东西方的抽象概念传达

艺术中的抽象之美。

藏于中华艺术宫(原上海美术馆)。

四、其他

【明　金湖古船木舵】

图 3－2－117　金湖古船木舵

长 700 厘米,最大直径 36 厘米。

明代金湖古船木舵,2005 年发现于长江口牛皮礁水域。粗大坚实的舵杆连接有呈四方形的舵叶。据研究,舵上保留有首次发现的勒肚孔(古代木船系绳保护船舵不脱落之用),勒肚孔以往只存在于史书记载而从未有实物发现,在明清时期曾普遍使用,但在清朝后期的船舵上已难见踪影。另外,舵上还带有完美的吊舵孔(通过操作穿孔而过的绳索以升降舵),这是至今考古发现的古舵中最为完整的吊舵孔。

此木舵是迄今发现的完整性最好的不平衡木质海船舵,带有独特的舵结构连接形式和完整厚实的舵叶,实属罕见,具有较高的文物收藏和研究价值。

藏于上海中国航海博物馆。

【清　彩绘广州十三行商馆玻璃画】

广州十三行商(夷)馆玻璃画,画中排列整齐的西式建筑物就是十三行夷馆,一般是两层高,上层作居住用途,下层办公或存货。圆拱的廊柱及阔大的露台充分展现了西方建筑风格。所谓"夷(商)馆",是由十三行行商划出行地的一部分租赁给外国商人,让其在贸易季节暂住并与行商进行贸易活动的场所。玻璃画中各商行庭园内高高悬挂着自己国家的国旗,其中一商馆里有商馆人员在庭园里聊天,各商馆内有自家码头。商馆前面是珠江河,珠江河上游弋着中国渔船、福船、龙舟、帆船,还有英国东印度公司的蒸汽船等,各种船只在珠江河面上百舸争流。玻璃画因保存较为困难,较为完整的留存下来极为少见,此幅广州十三行玻璃画,绘画了清代广州十三行的辉煌历史,十

图 3-2-118　彩绘广州十三行商馆玻璃画

三行几乎和所有亚洲、欧洲、美洲的主要国家和地区都与广州十三行发生过直接的贸易关系,这里拥有通往世界各主要港口的环球贸易航线,这里造就了一个时期里著名的中西贸易中心和广州历史上令世上瞩目的经济文化的辉煌时代,它乘载了东西方的文明,是十分难得的珍品。

藏于上海中国航海博物馆。

【1852 年　英国制斯宾赛八分仪】

长 34.29 厘米,宽 27.94 厘米。

1852 年出品,外框为黑檀木,生产商为英国的斯宾塞·布朗宁公司,销售商为 F·W·林肯。斯宾塞·布朗宁公司为当时知名的航海用具制造商之一,在英国和美国有主顾。因年代久远,与此同类的八分仪已难见踪迹。另一件斯宾塞·布朗宁公司出品的同类八分仪,现收藏在美国国家历史博物馆。

藏于上海中国航海博物馆。

图 3-2-119　英国制斯宾赛八分仪

图 3-2-120　锁纹织金锦绣蟒战袍

【清　锁纹织金锦绣蟒战袍】

甲衣长 89 厘米,袖通长 200 厘米。甲裳长 103 厘米。

此为清末将军所着战袍。上身为圆领对襟式铠甲,双肩各装有缀鎏金纹铜版的披膊,护肩下有护腋,甲衣前胸为护心镜,腹部有前裆,腰左侧处有左裆。下面的褪裙称作甲裳,左右两片,前后分衩。在两幅甲裳之间正中接缝处,覆有质料相同的虎头蔽膝。以上配件除护肩用带子联接外,其余皆用纽扣相联。在穿着时,由下而上,先穿甲裳,再穿甲衣,待配上各种配件后,再戴盔帽。清代的铠甲与前朝相异,有明甲、暗甲、棉甲、铁甲之分。此袍属棉甲,为将军上战场时所穿的甲胄。

藏于上海美特斯邦威服饰博物馆。

【19 世纪　古希腊女神船首像】

高 213.36 厘米,宽 62.23 厘米。

古希腊女神船首雕像,约 1870 年美国出品。在 19 世纪的快速帆船时代,船首像是非常重要的航海用品和艺术品。此雕像的主人身份成谜,但学者认为她是希腊神话中的女神之一。雕刻风格传承了文艺复兴时期到维多利亚时代的特征。当时用于豪华游轮,美国东部到欧洲顶级豪华游轮上采用,仅存 1 个,重 640 磅。

藏于上海中国航海博物馆。

图 3-2-121　古希腊女神船首像

【民国　百年营口灯船】

图 3-2-122　百年营口灯船

长 32 米,宽 8 米,高 7 米。

营口灯船,原名"牛庄"灯船,是与上海"铜沙"灯船、天津"大沽"灯船同时代、最早使用的钢结构全铆钉航标灯船,也是近代以来海关、海事组织保障与引导海上航行安全的重要见证物。

灯船重 200 余吨,据《中国沿海灯塔志》《营口航标志》记载,该船于 1917 年代替老灯船服役,1951 年,因船舶两侧书写"营口"两字而被正式命名为"营口灯船"。

藏于上海中国航海博物馆。

【年代不详　狼毫长锋对笔】

笔长约 45 厘米,直径 2.9 厘米,笔头出锋 11 厘米,笔长约 43 厘米,直径 2.7 厘米,笔头出锋 10 厘米。

这两只狼毫长锋对笔称得上是"千万毛中拣一毫"。其笔头采用黄鼠狼尾毛,精选自正冬北狼尾中的特长毫毛。这类特长狼毫非常稀少,必须是野生黄鼠狼在特定季节、长到特定长度的毫毛,才能被收集选取。而这对笔所用的毫毛,是周虎臣笔庄一位制笔老艺人穷极一生之珍藏所制得,赠予博物馆,作为镇馆之宝留存下来,其珍贵程度已经无法用价值来衡量。

藏于上海周虎臣曹素功笔墨博物馆。

图 3－2－123　狼毫长锋对笔　　　　图 3－2－124　人参娃娃

【年代不详　人参娃娃】

长 70 厘米,宽 70 厘米,高 200 厘米。

人参是多年生草本植物,可大补元气,复脉固脱,补脾益肺,生津止渴,安神益智,历来被视为百草之王。这尊人参娃娃由二千多根人参制成,憨态可掬,喜笑颜开,堪称镇馆之宝。

藏于童涵春堂中药博物馆。

第三节　自　然　标　本

一、兽类标本

【大熊猫标本 Ailuropoda melanoleuca(David)】

又称大猫熊,食肉目、大熊猫科、大熊猫属。形似熊,毛有黑白两种,头圆而尾短,前后肢的长度大致相等,均五趾,趾端有爪,体长约 160 厘米～180 厘米,体重约有 80 公斤～150 公斤。雄性腹部毛色较雌性为深。毛色大部呈乳白色两耳、眼的周围部分及四肢呈黑色,前肢黑毛在肩部中央连接,形成一条黑色环带。

大熊猫头骨大,吻部较短,额骨低平,顶骨宽,人字嵴发达,颧骨粗大,共有牙齿 40 只。齿较发达,适于咀嚼坚硬竹类。

大熊猫属于高山动物,其生活地区自然温度变化很大,湿度也很高。生活范围一般在 2 600 米～3 500 米之间的高山原始竹林中。性情孤僻,除交配期间,喜独居生活,好游荡,但不作长距离迁移。根据年龄,性别及地区之不同而有所区别,一般活动范围为 4 平方千米～7 平方千米。有嗜饮的习性,栖息在清泉流水附近,有涉水和泅渡的能力。善于爬树,也爱嬉戏。爬树是大熊猫一般邻近求偶,或逃避危险的有效行为。不惧寒湿,从不冬眠。在零下 4℃～14℃ 的气候仍穿行于白雪很厚的竹林中。它食性单一,主要以竹类为食,尤喜食冷箭竹,大箭竹、墨竹、拐棍竹和水竹。食量很大,24 小时内要吃 1 公斤～20 公斤嫩竹,消化快,视觉差,嗅觉灵敏。一般春季交配,晚秋生育,每胎只产 1 仔。

主要分布在四川盆地和陕南汉中盆地向青藏高原过渡的亚热带山地。政府已在陕西秦岭南坡,川甘交界的岷山,四川境内的邛崃山和大小凉山一带,建立了 14 个以保护熊猫为主的自然保护区,面积达 7 000 平方公里。近年来由国内外科学家合作,对熊猫进行了全面系统研究,以揭示它的奥秘。

大熊猫为中国一级野生保护动物,有"活化石"之称,具有重大的科学研究价值。

上海自然博物馆藏有雄、雌大猫熊标本 12 具。其中,一具系 1961 年采集于四川省,另一具于 1973 年 11 月 2 日来自北京动物园,均由唐庆玮剥制。

【东北虎标本】

东北虎属于食肉目(Carnivora),猫科(Felidae),豹属(Panthera),虎的亚种之一,又称西伯利亚虎,是现存体重最大的肉食性猫科动物。东北虎是国家一级保护动物,《濒危野生动植物种国际贸易公约》CITES 附录 I 保护物种。

成年雄性西伯利亚虎体重平均为 300 千克,体长约为 2.6 米,肩高约 1.1 米,尾长超过 1 米;成年母虎平均体重约为 160 千克,体长约为 1.7 米,肩高 0.8 米左右,尾长 0.8 米左右。头大而圆,前额上的数条黑色横纹,中间常被串通,极似"王"字,故有"丛林之王"和"万兽之王"之美称。耳短圆,背面黑色,中央带有 1 块白斑。其毛色艳丽,体色夏毛棕黄色,冬毛淡黄色。背部和体侧淡黄色,腹面白色,背部和体侧具有多条横列黑色窄条纹,通常 2 条靠近呈柳叶状。全身布满黑色的条纹,前额上的黑色横纹中间略相串通,形似"王"字。

分布于亚洲东北部,即俄罗斯西伯利亚地区、朝鲜半岛和中国东北地区。栖居于落叶阔叶林和针阔叶混交林、灌木和野草丛生的地带。独居,无定居,具领域行为,活动范围可达 100 平方公里以上。夜行性,感官敏锐,性凶猛,行动迅捷,善游泳,善爬树,很少袭击人类。东北虎主要捕食鹿、羊、野猪等大中型哺乳动物,也食小型哺乳动物和鸟。捕食方式为偷袭。孕期为 103 天～105 天,一胎生 2 仔～4 仔,2 年～3 年生产一次,野生寿命 15 年～17 年,最高为 20 年。

上海科技馆馆藏东北虎标本数件,其中 2 件东北虎标本为成年雄性个体,于 2010 年从上海野生动物园征集并制作。

藏于上海科技馆。

【金丝猴标本（Rhinopithecus roxellanae Milne‐Edwards）】

又名仰鼻猴、长尾猴、金线猴，是无颊囊的旧大陆猴之一，属灵长目、猴科、疣猴亚科、仰界猴或金丝猴属。本属有 4 个种，中国有 3 种。

金丝猴产在中国，主要分布于四川、陕西等地。主要特点是吻肿胀而突出、头圆、耳短、脸部蓝色，鼻孔上仰，因此又名仰鼻猴。全身的毛大部分呈金黄色，头顶的长毛像戴着一顶金黄色的帽子，毛发披肩，在阳光下闪闪发光。

金丝猴生长在 3 000 米左右的高山上，完全营树栖生活，很少到地上来，经常十余只其至几百只成群生活，由一只 7 岁至 8 岁以上的壮年而有经验的雄猴带领着一群中老幼雌雄猴，好似一个家族。金丝猴生性机警、灵敏、温驯。母猴对仔猴特别爱护，如遇猎人追捕，则将仔猴携带逃跑，情况危急时，母猴宁将仔猴抛下山谷自己就擒。每年有两次迁移住地，夏季住在高 3 000 米左右的山林中，冬季下到高 1 500 米左右的地方。食物均为植物性，如各种野果、嫩芽、树枝等。其交配期多在春季，怀孕期约 5～6 个月，野生时多在夏季产仔，每胎一仔。

金丝猴是世界珍贵动物之一，以其背部覆盖金丝长线毛而著称于世，被列为国家一级野生保护动物。

此标本于 1959 年 11 月 6 日从四川、陕西交界处采集到，由唐兆魁剥制。

藏于上海科技馆。

二、鸟类标本

【东方白鹳标本】

东方白鹳（学名：Ciconia boyciana，英文名：Oriental Stork）隶属脊索动物门（Chordata）、鸟纲（Aves）、鹳形目（Ciconiiformes）、鹳科（Ciconiidae）、鹳属（Ciconia），是一种大型涉禽，体长 110 厘米～128 厘米，体重 3.9 千克～4.5 千克，翼宽 2 米左右。该物种被命名后，一段时间内曾被视为白鹳（Ciconia ciconia）的亚种，经对其生态和行为等方面的深入研究后，认定两者是两个不同的物种。

东方白鹳是国家一级保护动物，列入《濒危野生动植物物种国际贸易公约》（简称 CITES）附录一，是世界自然保护联盟（简称 IUCN）红色名录濒危物种。在国外，繁殖于俄罗斯远东西伯利亚东南部，西至布拉戈维中斯克，南到兴凯湖；少数越冬于朝鲜、日本等地。在中国，该物种繁殖在东北开阔的平原、草地和沼泽地带，偶见于内蒙古西部鄂尔多斯；越冬在长江中下游的湖区，偶见至陕西南部、西南地区及中国香港越冬。繁殖期成对活动，其他时间常成群，迁徙季节可集数十甚至上百只大群。近年，东方白鹳世界种群成体估量少于 3 000 只，且呈下降趋势，2018 年底，上海南汇东滩观测到东方白鹳 20 只，是迄今为止上海市记录最多的一次。

上海科技馆收藏有东方白鹳标本 7 件，其中仅有 1 件假剥制标本采集自中国东北地区，并于 2002 年办理入库。

藏于上海科技馆。

三、鱼类标本

【抹香鲸标本】

2001 年 5 月 14 日的早晨，广西北海"桂北渔"号渔船行至琼州海峡海区时，发现了一头巨鲸尸体,该船遂将其拖回至北海岸边。经当时的国家农业部渔业局出面协调,决定由上海海洋大学将巨鲸制成标本,供科研教学之用。经药物处理和一年的浸泡后,由上海海洋大学与厦门商朝生物标本研究所一同研究剥制标本,历时一年多,最终还原成两个完整的标本:一副抹香鲸的鲸皮标本和一副抹香鲸的骨架。

藏于上海海洋大学博物馆。

【中华鲟标本】

中华鲟,别名:鳇鱼、腊子,隶属于脊索动物门(Chordata)、脊椎动物亚门(Vertebrata)、硬骨鱼纲(Osteichthyes)、辐鳍亚纲(Actinopterygii)、软骨硬鳞总目(Chondrostei)、鲟形目(Acipenseriformes)、鲟亚目(Acipenseroidei)、鲟科(Acipenseridae)、鲟属(Acipenser)。

中华鲟是地球上最古老的脊椎动物之一,化石证据表明,它们已经在地球上生存了2亿之久,被誉为"活化石"和"水中大熊猫",具有十分重要的科学研究价值。国家一级保护动物,世界自然保护联盟(IUCN)将其列为极危(Critically Endangered,CR)物种。

中华鲟是典型的江海洄游性鱼类,成鱼在海洋中生长到性成熟后,溯河洄游至长江中上游产卵繁殖,繁殖的幼苗降海索饵洄游经长江口至海洋中生长。20世纪80年代以来,在水电工程、航运、捕捞和污染等多重因素的共同作用下,中华鲟种群数量急剧下降。2013年底,多家科研机构的联合调查显示,在现存已知的葛洲坝下唯一产卵场未监测到中华鲟自然繁殖活动,中华鲟第一次出现了自然繁殖中断现象。之后2015年和2017年中华鲟自然繁殖再次中断。中华鲟正在走向濒临灭绝的边缘。

上海科技馆收藏中华鲟标本十余件,来自国内外不同地区,采集时间为20世纪60—80年代,标本携带的信息具有较高的科研和收藏价值;新制作的中华鲟标本陈列于生命长河展区,通过讲解可使标本与观众产生面对面交流,这对公众了解中华鲟的生存及保护现状具有重要意义。

藏于上海科技馆。

四、骨骼标本

【哈密古尸标本】

1978年初出土于新疆维吾尔自治区哈密地区哈密县五堡乡的古代墓葬区。经同位素碳14(C^{14})测定,距今约3 200年,属中国境内迄今发现的最早古尸之一。

哈密古尸是一具女性干尸,刚出土时,肌体丰满,面目清晰,金黄色的头发,梳成从中间向两边分开的发型。两边先各梳成三根小辫子,然后各由三根小辫子汇编成一条大辫子。"新疆姑娘"辫子多,在这里找到渊源。从头面特征的观察和测量,断定墓主是属欧罗巴人种。考古学研究证明,这是一片原始氏族社会的公共墓地,墓主为原始氏族成员。

上海自然博物馆、上海医科大学、复旦大学、中国科学院对古尸头发及肺组织做了超微量元素分析,对古尸的消化道内容物做了化验,古尸的保存程度良好。科学的综合研究,揭示了3 000多年前新疆哈密地区生态环境及社会情况,证明当时的生产是以农耕为主,畜牧为副。

藏于上海科技馆。

第三章　陈列展览

自 1997 年国家文物局启动"全国博物馆十大陈列展览精品推介活动"后,上海的博物馆、纪念馆、陈列馆、美术馆努力提升展览质量,举办了诸多在国内外有一定影响力的展览,取得了良好的社会效益。

第一节　精品展览

一、全国博物馆十大陈列展览精品

全国博物馆十大陈列展览精品是中国内博物馆行业展览的最高级别奖项,1997 年由中国国家文物局指导,中国文物报社、中国博物馆协会发起创办。全国博物馆十大陈列展览精品评选自第一届至第五届为每年举办一届,第六届起改为两年一届,第十届起又改回一年一届。上海自第一届全国博物馆十大陈列展览精品起开始参加,至 2010 年多次获得该奖,是获奖较多的一个省份。本节节选部分获奖展览予以介绍。

【近代上海城市发展历史陈列】

1994 年 10 月,上海市历史博物馆的《近代上海城市发展历史陈列》向社会开放。展览一经推出,就以新颖的选题、清晰的主线、凝重的历史氛围和动态的展示手法,受到各界好评。尤其是展览场景化布景和布幕背景的运用,开放式陈列手段的采用,影像与模型合成装置,电脑控制的音响系统等高新技术的应用,是该陈列形式创新的主要手段。

展览用六个全面专题展示了自 1843 年开埠到 1949 年解放的上海百年历史风貌,第一个专题"建立在中国土地上的'国中之国'",主要展示上海正式被迫对外开埠,同时也讲述租界的开辟和扩张,成为上海近代城市发展的起点。第二个专题"适应城市发展需要的市政建设",第三个专题"日渐近代化的城市经济",第四个专题"开风气之先的近代文化",第五个专题"新旧并存的社会生活",第六个专题"风云激荡的政治舞台",分别从市政、经济、文化、社会生活和政治等方面,反映了近代上海城市的功能,也展现了上海在近代中国的地位与影响。

该陈列展览面积 1 400 平方米,共展出文物 1 500 余件。在艺术设计方面,文物、档案和照片的组合陈列是该展览的基本形式,但在实际操作中,将照片放大在巨幅织物上,背部配以灯光投影,制造一种模糊朦胧的背景效果来衬托文物、文献和照片,这种"布幕背景"陈列手法,在陈列中产生了较好的衬托效果;采用音响技术,结合内容和环境,每一部分展陈内容都相应的配置与内容相关的声效效果,从听觉上进一步烘托参观陈列的气氛;改变以往陈列展品严禁动手的惯例,采用开放展品的陈列手段,试图对观众提供触觉感受,使观众进一步进入展馆陈列展示的角色;同时使用高新技术,把现代科技融合进历史文物的陈列展示中,既调动观众的认知兴趣和热情,又达到巧妙利用空间的目的。1997 年,该展览作为上海市博物馆展览代表参选首届全国博物馆十大陈列展览评选。

展览荣获1997年首届全国博物馆十大陈列展览精品奖。

【中国历代书法绘画展及其他】

上海博物馆的中国历代书法绘画馆于1998年经过彻底的改造,以新的面貌正式对外开放。其他专馆和展厅的陈列也以其鲜明的设计特色,先进的设计理念为博物馆同仁所瞩目。

中国历代书法馆、中国历代绘画馆的陈列画廊,用瓦筒式的顶部、栏杆式的装饰来体现古代书画陈设于厅堂的形式。平面总设计方面考虑到中国历代书法绘画馆应充分反映中国特有的源远流长而又古典高雅的审美情趣,设计了一个长廊形式,又辅以"槛窗"的古代建筑形式,突出了历代书法绘画馆的艺术象征。

其他馆的陈列也各具千秋。中国古代青铜馆陈列面积为1 200平方米,展线长350米左右,展品340件。利用壁龛和中心柜的组合,互相连接,循序渐进,从而打破了单一空间的模式。由于空间变化和展品器形的变化,使观众不断产生新鲜感。

中国古代雕塑馆的面积约为800平方米,展线长约170米,陈列展品127件左右。平面布局采用了开放的形式:利用"工"字形的屏风,分割陈列空间,是每一尊造像都有一个独立的空间;同时运用中国画"笔断意不断"的原理,打破每一部分包围在狭小空间的沉闷感。

中国明清家具馆的陈列面积为730平方米。利用展厅内两堵承重墙,在布局上自然划分为明、清两个区域。明代部分又设置了一个书房和一个厅堂,以增强形象化气氛,使观众参观时感觉比较流畅。

中国古代陶瓷馆的陈列面积为1 300平方米,展线长约320米,陈列展品450件。在陈列壁橱与中心柜组合时,做到疏密相间,错落有致,使陈列布局赋予韵律感。在陈列室的结尾专门设置了三个瓷窑复原模型,用以再现古代制瓷的历史场景。

遵循形式服从内容,内容体现形式的指导思想,新馆十一个专馆,有着不同的陈列内容和不同的质地、不同的体量、不同的色调。

展览荣获1998年首届全国博物馆十大陈列展览精品奖。

【雪域藏珍——西藏文物精华展】

为纪念西藏和平解放50周年,向海内外观众展示辉煌灿烂的西藏民族文化,由上海博物馆和西藏自治区文物局联合举办的"雪域藏珍——西藏文物精华展",于2001年5月26日开幕。

展览集中了西藏文物的精粹132件(组),分别来自西藏博物馆、布达拉宫、罗布林卡以及西藏一些寺庙的收藏,绝大部分文物是第一次离开西藏和第一次公开展出,其中有些文物是传世孤品。文物展品以传世文物为主,其时代自公元7世纪至清代,延续一千多年。依照不同的主题,分为西藏地方和中央王朝关系、宗教文物和生活用品三部分。展览的第一部分是"西藏地方与中央政府的关系",西藏是中国领土神圣不可分割的一部分,展览以一件件文物见证了史实。西藏文明的成就主要体现在宗教文化上,展览的第二部分是宗教艺术部分,共分唐卡、佛经、造像、法器四个类别。西藏地接中亚、印巴次大陆,自古以来是一个多种文化的交汇地区,从这些宗教文物上可以看到西藏文化的多姿多彩。藏族有着自己悠久的历史文化传统,展览的第三部分生活用品分为两个类别,展示藏族富有民族特色的服饰文化和生活用具。

展览荣获2001—2002年度全国博物馆十大陈列展览精品奖。

【晋唐宋元书画国宝展】

2002 年 11 月 30 日,作为上海博物馆建馆 50 周年庆典系列活动重头戏的"晋唐宋元书画国宝展"在上海博物馆隆重开幕。

此次晋唐宋元书画国宝展集中了中国美术史上辉煌时期的 72 件代表作品,其中唐宋元名画 46 件。人物画中,唐阎立本的《步辇图》、孙位的《高逸图》、周昉的《簪花仕女图》等杰作都一一亮相。花鸟画中,有大师徐熙、崔白、赵佶、王凝、王渊等人的作品,堪称"徐黄异体"的经典时代写照。山水画也汇集了其巅峰时期的典范作品,如传世最早的山水画卷轴作品——展子虔的孤本《游春图》;江南画派的代表作品董源《潇湘图》《夏山图》和《夏景山口待渡图》与同时展出的北方画派代表人物李成、郭熙的作品得以交相辉映,而代表了写意山水画高峰的元四家的作品则为观众完整地展示出隋唐宋元山水画的发展脉络。

此次展出的 26 件法书均为墨迹,件件可谓国之瑰宝。最古的是距今 1 600 多年前东晋王羲之的《上虞帖》、王献之的《鸭头丸帖》和王询的《伯远帖》。唐代法书四大家中欧阳询、颜真卿的作品亦得以聚会,宋四家苏轼、米芾、黄庭坚、蔡襄的作品也无一阙漏,同元代赵孟頫、鲜于枢等人的作品一起,为公众演绎了中国书法史上的经典篇章。

这些巨迹的展示,无论对书画的创作、研究、鉴定,还是对中国书画艺术的教育、传播与弘扬来说,其潜在的巨大作用将是无可估量的。展览的举办对弘扬民族文化精华、提高民族自信心必将带来不可估量的意义,亦可反映出新中国成立以来国家博物馆在收藏、保护古代文化遗产方面作出的不懈努力和取得的重大成就。

此次展览由上海博物馆、故宫博物院和辽宁省博物馆联合举办,通过展览的策划和筹备,积累起一定的国内数家大型博物馆(院)合作举办重大展览和学术活动的经验,这一经验对将来同类活动的系统操作及规范的逐步形成将起到重要作用。

展览荣获 2003—2004 年度全国博物馆十大陈列展览精品奖。

【科举陈列】

2006 年 2 月 10 日上海中国科举博物馆在嘉定建成开馆。《科举陈列》以科举专题为内容,将科举制 1 300 年的历程和科举文化展现给观众。

《科举陈列》利用孔庙古建筑的自然分割通过"科举制度沿革""科举与儒学""科举与社会文明""科举考试程序""科举与教育"5 个板块内容,全方位地展示了科举制度 1 300 年的历史变迁。

孔庙西庑展示了"科举制度沿革",通过文物、复制品、多媒体等形式,向观众展示了自隋大业元年(605 年)开设至进士科起,到清光绪三十一年(1905 年)废除科举之间 1 300 年的科举制度。

东庑展示了"科举与社会文明",通过场景复制、文物古籍等,向观众展示了历史上多位名人与科举制度的联系。陈列中收藏的状元墨迹和状元及第花钱、打马游街花板等文物,反映出历时 1 300 年之久的科举制度对民间普通百姓生活的深刻影响。

大成殿位于孔庙整个建筑群的中心,保持原来面貌,正中摆放了祭孔礼器和乐器,大殿东西侧分别陈列了大幅的孔子圣迹图和相关科举文物展示了"科举与儒学"的紧密联系。

明伦堂内的"科举考试程序"陈列中的重点,从"苦读赴考"和"衣锦还乡"等蜡像模型以角色扮演的手法开始,通过大量文物、复制品系统展示了读书人从童试到乡试,再到会试、殿试的考试全程。特别是明伦堂内的贡院沙盘和根据史料记载的尺寸以一比一的比例复原的考棚模型,给观众最直观的印象,使身临其境地感受"十年寒窗苦"。还有抄满四万余字的麻布坎肩夹带和明代状元赵秉忠殿试卷复制品等。

孔庙东侧的当湖书院是古代嘉定的一家私学,这里展示的是"科举与教育"专题,陈列了古代各级学校的历史文物和全国各地书院的照片资料,展示出科举制度与中国教育史发展历程的紧密关系。其中利用现代化的声光电技术的人物造景达到了与观众的有效互动,同时也提供了游客参观之余的休息之处。

该展获2005—2006年度全国博物馆十大陈列展览精品奖。

二、上海市博物馆陈列展览精品

为提高本市博物馆展示、宣传和社会服务水平,2005年上海市文管委曾举办"上海市博物馆陈列展览精品"评选活动,鼓励博物馆推出陈列展览精品,满足人民群众美好文化生活的需要。这也是为数不多的地方性陈列展览奖项之一。

在2005年的评选活动中,上海博物馆的临时展览"晋唐宋元书画国宝展"、青浦博物馆的基本陈列"古文化、水文化陈列"、上海铁路博物馆的基本陈列"上海及华东铁路发展陈列"以及上海市银行博物馆的基本陈列"中国银行业历史陈列"荣获首届上海市博物馆陈列展览精品的称号。

上海博物馆的"晋唐宋元书画国宝展"主要呈现中国古代艺术的精品,《清明上河图》《步辇图》《韩熙载夜宴图》等中国书画史上的瑰宝集中亮相,堪称中国美术史上前所未有的"顶级盛会"。

青浦博物馆的"古文化、水文化陈列",以古文化、水文化作为常设展览的线索,分别占用博物馆建筑南翼和东翼的两层。"上海古文明之源"是南翼展示主题,以时间为序,以历代上海先民为主体,分为"6 000年前的上海人——马家浜文化""5 000年前的上海人——崧泽文化""4 000年前的上海人——良渚文化""3 000年前的上海人——马桥文化"和"余韵蔓延"5个单元,其中以崧泽文化和良渚文化为重点,展出崧泽、福泉山等遗址出土的文物400余件,叙述古代上海从7 000多年前成陆开始,经历马家浜、崧泽、良渚、马桥等文化阶段至春秋两汉时期的发展历程,反映都市上海的悠久历史和灿烂文化。"申城水文化之魅"为东翼的展示主题,以专题版块为解说形式,由"沧海桑田""水乡桥话""水乡人家""港湾遗韵"和"川流汇海"5个单元组成,其中以上海最早贸易港青龙镇为重点和亮点,展出历代文物500多件,运用多媒体技术、大场景制作和互动方式,讲述水乡青浦形成的自然和人文背景、古代桥梁、民风民俗、市镇经济和杰出人物,反映申城独特的水乡文化情韵和魅力。

上海铁路博物馆的"上海及华东铁路发展陈列"以中国第一条营业铁路——吴淞铁路为起点,内分6个部分,展示了上海及华东铁路一百多年来所走过的历程。该展览使用了包括珍贵的铁路老设备、老器材和历史图片等1 000余件文物史料,还有50余个融知识性、趣味性为一体的可让观众参与的科普展项,丰富了展览内容和陈列形式。

上海市银行博物馆的常设展览以上海近代银行发展史为主线,浓缩了上海150年的银行沧桑。该展览展厅面积1 500平方米,陈列展品计2 000余件。展览还设"清末民初钱庄""兑换银元""80年代初人民银行储蓄所"等场景,采用高分子材料制成的人物雕塑栩栩如生。为生动体现改革开放以来上海银行业蓬勃发展面貌,在2000年底,该展又增添了上海外滩和浦东陆家嘴金融贸易区建筑模型,采取光、声控现代科技手段,展现上海银行业在改革、开放中日新月异的巨大变化。

第二节　出入境展览

20世纪80年代开始,上海地区博物馆不仅对此前偏离博物馆教育发展规律的现象进行了纠正,使本地区博物馆教育得以重回正轨,并且在此基础上有了全新发展,一批新的博物馆相继建立起来,广泛引进国外展览逐渐成为上海地区博物馆教育中的常态化活动,上海越来越多的博物馆都开始加入了与国外博物馆的交流合作活动中去,上海博物馆、上海美术馆、上海自然博物馆、上海鲁迅纪念馆等都颇为活跃。

1990—2010年,上海非常重视与国际文博行业接轨,在国际文化交流工作方面取得了辉煌的成绩。就文博事业单位举办的主要出境展(含港澳台)有百余个,涉及全球21个国家和地区;与此同时还引进诸多境外优秀展览,涉及全球17个国家和地区。这些交流展览对弘扬中华文化和传统,推动博物馆事业的发展,提高博物馆学术水平,让中国博物馆融入世界发挥了积极的作用。

一、出境展

1991年5月16日—6月4日,上海博物馆应日本书艺院邀请在日本东京、大阪两地展出《中国明清书画展》。日本书艺院是日本最大的书法组织,在发展中国传统书法艺术中发挥了重大作用。1991年5月是该院创建45周年,也是上海博物馆与日本书艺院建立友好关系一周年。为了庆祝这两个纪念活动,特地精选了99件明清书画名家的作品,赴日本展出。这次展出的明代书画有《沈周京口送别图》《文征明春深高树图》《唐寅渡头帘影图》;清代书画有石涛、八大、汪士慎、任颐、吴昌硕等名家书画。

1993年6月29日—11月7日,上海博物馆和日本东京国立博物馆、中日新闻、东京新闻社联合主办的《上海博物馆展》于在日本东京国立博物馆、爱知县博物馆、福冈市美术馆展出。这次展出的文物有青铜器、陶瓷器、书画、玉器、雕刻、竹器、漆器、染织等126件。是综合型的最高级别的名品展,在质量数量上都超过以往的历次展览。镇馆之宝西周大克鼎、馆内珍藏40年从未向观众展示过的宋朱克柔"莲塘乳鸭图"缂丝,以及宋王说《烟江叠嶂图》、南宋魏了翁《草书文向帖》、元倪瓒《渔庄秋霁图》、元王蒙《青卡隐居图》等宋元书画,都是首次破例在海外展出,从而引起日本文物界、文化界的高度重视,产生了轰动效应,观众达21.5万人次。展出期间,还举行了"宋元书画学术研讨会",参加的有日本、美国、德国、中国和中国台湾的学者20余人。

1995年2月1日—4月30日,上海博物馆举办的《上海博物馆藏中国古代艺术展》在瑞典哥德堡市罗斯工艺美术博物馆开幕。瑞典王后Silvia、歌德堡州长、市长,中国驻瑞典大使等政界要员、社会名流等300余人出席开幕式。展览的展品是经双方学者多次讨论和精心挑选的。99件展品中,88件是中国陶瓷器,全面系统地展示了具有悠久历史和优秀传统的中国陶瓷发展史。同时展出的其他门类的一些文物如青铜器、玉器、绘画是上海博物馆12万件藏品一个小小时期缩影,它展示了中华民族六千年优秀文化艺术的各个方面。三个月内,观众4万余人,相当于罗斯博物馆全年观众数。

2000年4月14日—7月6日,上海博物馆举办的《上海博物馆藏青铜器名宝展》在日本佐山美术馆展出。日本守山市市长、佐川美术馆馆长、中国人民对外友好协会秘书长韦东、上海博物馆副馆长李朝远等250余人出席开幕式。该展览共展出从夏代至西汉的青铜器78件,展品包括夏晚期连珠纹斝、商早期兽面纹鼎、商晚期风纹牺觥、商晚期四羊首瓿、西周早期索祺爵、西周孝王小克鼎、西周晚期四虎钟、春秋晚期交龙纹鉴、战国镶嵌鸟龙纹壶、西汉彩绘云纹瓿等,概括地展示了中国古代青铜器的发展概貌和艺术成就。展品大多是首次在日本展出,受到日本市民的极大欢迎。展出期间共接待观众 21 669 人次,是该馆举办展览人数最多的一次,超过通常展览的数倍。

2000 年 2 月 17 日—5 月 20 日,上海博物馆举办的《上海博物馆藏中国绘画展》在英国的苏格兰爱丁堡市苏格兰皇家博物馆展出。开幕式由苏格兰皇家博物馆董事、原香港总督卫奕信主持,当地政府和文化界名人、中国驻英国使馆和驻苏格兰地区总领馆、英国各地博物馆、美术馆和大学中的中国艺术专家等 300 余人参加了开幕式。苏格兰地区文化部部长萨姆·加尔布雷、中国驻英国大使马振岗和上海博物馆代表团团长胡建中发表了热情洋溢的讲话。此次展览展出的中国绘画,均为 19 世纪末至 20 世纪初活跃在上海的海上画派名家作品。包括虚谷、赵之谦、任熊、任颐、吴昌硕、陆恢、吴大澂等 29 位名家的 59 件绘画精品,代表了近代海派绘画的艺术风格。

2004 年 7 月 5 日—8 月 1 日,作为中法互办文化年的重要项目,上海艺术研究所承办的"20 世纪初叶上海服饰的演变"展览于在法国巴黎时装博物馆举行。上海市人民政府副秘书长薛沛建以及法国政府各界人士 700 余人出席了开幕式。著名服装设计大师、巴黎时装博物馆馆长卡特琳娜在致辞时盛赞中国服饰文化的迷人魅力,并宣布择日邀请上海艺术研究所再次来巴黎举办一个更大规模的中国服饰展览,以作为她结束巴黎时装博物馆馆长职业生涯的闭门之作。法国和欧洲的新闻媒体都对该展览进行了深度报道。

2004 年 10 月 14 日—2005 年 1 月 16 日,由上海市历史博物馆、上海鲁迅纪念馆、刘海粟美术馆、东华大学服装博物馆、浙江省博物馆等联合举办的"上海摩登展"在慕尼黑的魏拉·施图克博物馆展出。来自中国北京、上海、浙江等参展单位的代表和慕尼黑文化界人士等 800 余人出席了开幕式。展览以上海市历史博物馆藏的历史照片、老上海杂志和广告招贴画等大量展品突出了上海摩登这一主题。展出的 20 世纪 30 年代上海女性的服饰以及泛黄的黑白照片,正是那个年代上海风貌的真实记录。此外还展出有黄宾虹、刘海粟、林风眠、潘玉良、潘天寿、郎静山和李桦等中国现代艺术大师在 20 世纪前半叶的国画、油画、木刻、摄影等精品佳作上百件。

2004 年 11 月 4 日—12 月 5 日,作为中葡建交 25 周年系列文化活动的项目之一的"宴会、礼仪和决典:上海博物馆藏古代青铜器展"在葡萄牙首都里斯本贝伦文化中心展出。这次展览由葡萄牙东方基金会、中国驻葡大使馆等机构联合举办。出席开幕式的有中国驻葡萄牙大使马思汉及葡萄牙各界来宾 400 余人展览荟萃了上海博物馆藏文物精品 31 件,其中青铜器 29 件、陶器 1 件,原始瓷器 1 件。青铜器展品时代从夏代晚期到战国晚期,涵盖了食器、酒器、水器,由兽面纹觯、鳞纹瓿、鸟兽龙纹壶等,造型逼真,制作精美,显示了东方古老的魅力。

2007 年 3 月 1 日—5 月 20 日,"上海博物馆珍藏展"于挪威国立艺术、建筑和设计博物馆展出。此次展览是增进挪威奥斯陆与中国上海两个姐妹城市之间的友谊,应挪威国立艺术、建筑和设计博物馆的邀请而举办的展览。展览共展出上海博物馆馆藏作品 90 件(组),其中 25 件工艺品,35 件陶瓷器,30 件青铜器;时间跨度从新石器时代起至清代。6 月 15 日至 9 月 23 日"上海博物馆珍藏展"在俄罗斯圣彼得堡市艾尔米塔什博物馆展出。此次展览是俄罗斯"中国年·上海周"框架下的一项重要活动,上海市副市长唐登杰、上海博物馆馆长陈燮君、艾尔米塔什博物馆馆长米哈伊尔·皮奥特罗夫斯基、圣彼得堡市文化官员及各界来宾 300 余人参加了开幕式。展览共展出上海博物馆馆藏作品 94 件(组),包括青铜器、彩陶、玉器、瓷器及金银器等艺术珍品,反映了中华文明从新石器时代到清代数千年的璀璨文化。时间跨度从公元前 2000 年到公元 18 世纪,中国的博物馆在该馆举办展览尚属首次。

表 3－3－1　1994—2010 年上海主要出境展览一览表

展 览 时 间	展 览 名 称	地 点	主 办 方
1994 年 3 月 3 日—7 月 3 日	中国古代青铜器展览	墨西哥城	上海博物馆
1994 年 4 月 9 日—6 月 26 日	鲁迅与木版画展	日本东京	上海鲁迅纪念馆
1994 年 5 月 24 日—6 月 26 日	中国书画名品展	日本大阪	上海博物馆
1994 年 9 月 13 日—1995 年 2 月 12 日	中国六千年的秘宝展	日本新潟、北海道	上海博物馆
1995 年 4 月 21 日—5 月 1 日	上海博物馆珍藏·中国陶瓷名品展	日本佐贺县有田町内的陶瓷公园	上海博物馆 日本朝日新闻社 日本国有田 VOC 株式会社
1995 年 7—11 月	中国恐龙展	日本	上海自然博物馆
1995 年	上海博物馆藏中国古代艺术展	瑞典哥德堡、挪威	上海博物馆
1996 年 5 月 30 日—6 月 4 日	上海博物馆藏品展	日本富士山	上海博物馆 日本北麓书道院
1996 年 10 月 12 日—12 月 24 日	从苏尔瓦兰到毕加索:卡门蒂森——博尔内米萨藏西方精品展	西班牙	上海博物馆 西班牙蒂森-博尔内米萨博物馆
1997 年 11 月—不详	中华文明五千年——中国美术百年精品展	美国	上海博物馆
1998 年 9 月 21 日—1999 年 1 月 10 日	中国古代的礼仪与盛宴——上海博物馆藏青铜展	法国巴黎池努奇博物馆	上海博物馆
不详	天平展(借展 6 件文物)	日本奈良国立博物馆	上海博物馆
1999 年 3 月 13 日—10 月 10 日	中华瑰宝——来自上海博物馆的中国五千年艺术展	新西兰达尼丁	上海博物馆 新西兰达尼丁公共美术馆
不详	被称作神器的陶瓷——宋瓷展	日本	上海博物馆
不详	上海博物馆藏青铜器名宝展	日本	上海博物馆
2000 年 2 月 19 日—5 月 21 日	上海博物馆中国藏中国绘画展(1850—1911)	英国苏格兰皇家博物馆	上海博物馆 苏格兰皇家博物馆
2000 年 2 月 14 日—5 月 28 日	上海博物馆藏海派绘画展	英国苏格兰皇家博物馆	上海博物馆
2000 年 9 月 1 日—11 月 15 日	竹与园林石——中国明代艺术展	芬兰埃斯堡市奥修艺术博物馆	上海博物馆 芬兰埃斯堡市奥修艺术博物馆 芬兰埃斯堡市文化艺术委员会
2000 年 11 月 1 日—2001 年 5 月 13 日	道教与中国艺术展	美国芝加哥艺术馆	上海博物馆

（续表一）

展 览 时 间	展 览 名 称	地　　点	主　办　方
2001 年 3 月—不详	中国的文房四宝	日本北麓书道院	上海博物馆
2001 年 5 月 10 日—不详	明清扇面名品展	日本大阪书艺苑	上海博物馆 日本大阪书艺院
2001 年 10 月 27 日—不详	自然之美——上海博物馆藏品展	夏威夷火奴鲁鲁美术学院	上海博物馆
不详	雪舟逝世 500 周年特别展	东京国立博物馆	上海博物馆
2002 年 10 月 24 日—2003 年 7 月 13 日	中国文人世界	日本秋田市立千秋美术馆、广岛县吴市立美术馆、东京都涩谷区松涛美术馆	上海博物馆
2003 年 1 月 8 日—3 月 7 日	上海博物馆藏品展	火奴鲁鲁美术学院	上海博物馆
2003 年 6 月 24 日—10 月 3 日	中国当代艺术展	法国蓬皮杜艺术中心	中华人民共和国文化部 上海博物馆(参展)
2003 年 12 月—2004 年 3 月	上海,1921—1949——中国人的生活	巴黎卡纳瓦勒特博物馆	上海市历史博物馆 法国巴黎市文化局 法国巴黎博物馆协会
2004 年 3 月 5—14 日	中国近代文学的巨人、日中友好的使者——鲁迅展	福井县国际文化交流中心	鲁迅展实行委员会(福井新闻社福井电视台、福井县)
2004 年 3 月 12 日—5 月 9 日	灵山——上海博物馆明清山水画展	澳大利亚新南威尔士洲美术馆	上海博物馆
2004 年 4 月 17 日—5 月 10 日	中国五千年的名宝——上海博物馆展	日本岛根县立美术馆	上海博物馆
2004 年 5 月 20 日—7 月 18 日	灵山——上海博物馆明清山水画展	新加坡亚洲文明博物馆	上海博物馆
不详	神圣的山峰	法国巴黎大王宫	上海博物馆
2004 年 6 月 22 日—9 月 12 日	宴会、礼仪和庆典——上海博物馆藏古代青铜器展	西班牙巴塞罗那加泰罗尼亚国立艺术博物馆	上海博物馆
2004 年 7 月 5 日—8 月 1 日	"20 世纪初叶上海服饰的演变"	法国巴黎时装博物馆	上海艺术研究所
2004 年 7 月 5 日—8 月 31 日	水墨晕章写万物——中国明清水墨精品展	法国巴黎莫奈博物馆	上海博物馆 法国巴黎莫奈博物馆
2004 年 8 月 4 日—10 月 3 日	灵山——上海博物馆明清山水画展	美国火奴鲁鲁美术馆	上海博物馆
2004 年 9 月 16 日—2005 年 1 月 23 日	中国文人精神展	瑞士日内瓦艺术历史博物馆	上海博物馆 瑞士日内瓦艺术历史博物馆
2004 年 10 月 14 日—2005 年 1 月 16 日	上海摩登展	慕尼黑魏拉·施图克博物馆	上海市历史博物馆 上海鲁迅纪念馆 刘海粟美术馆 东华大学服装博物馆 浙江省博物馆

（续表二）

展　览　时　间	展　览　名　称	地　　点	主　办　方
2004 年 11 月 4— 22 日	上海博物馆藏中国古代青铜器展览	阿根廷装饰艺术博物馆	上海博物馆 国务院新闻办公室
2004 年 11 月 12 日— 不详	宴会、礼仪和庆典——上海博物馆藏古代青铜器展	葡萄牙里斯本贝伦文化中心	上海博物馆
2006 年 1 月 11 日— 2 月 19 日	书法之宝	东京国立博物馆	上海博物馆
2006 年 4 月 25 日— 6 月 25 日	上海博物馆和巴特勒爵士收藏的 17 世纪中国瓷器展	维多利亚和阿尔伯特博物馆	上海博物馆
2006 年 11 月 30 日— 2007 年 10 月 30 日	中国艺术陈列馆借展（一）〔借展〕	澳大利亚昆士兰美术馆新馆	上海博物馆
2007 年 2 月 18 日— 8 月 19 日	中国五千年艺术与文化展	美国宝尔博物馆	上海博物馆
2007 年 3 月 1 日— 5 月 20 日	上海博物馆珍藏展	挪威国立艺术、建筑和设计博物馆	上海博物馆
2007 年 6 月 15 日— 9 月 10 日	上海博物馆藏中国古代青铜器和玉器展	韩国釜山博物馆	上海博物馆
2007 年 6 月 15 日— 9 月 23 日	上海博物馆珍藏展	俄罗斯艾尔米塔什博物馆	上海博物馆
2007 年 9 月 15 日— 2008 年 1 月 6 日	中国五千年艺术与文化展	美国休斯敦自然艺术博物馆	上海博物馆
2007 年 11 月 25 日— 2008 年 10 月 24 日	中国艺术陈列馆借展（二）〔借展〕	澳大利亚昆士兰美术馆新馆	上海博物馆
2008 年 2 月 3 日— 11 月 10 日	上海博物馆藏中国古代青铜器	荷兰格洛宁根博物馆	上海博物馆
2008 年 6 月 26 日— 2009 年 5 月 17 日	权力与辉煌：明代宫廷艺术展	美国旧金山亚洲艺术博物馆；印第安纳波利斯艺术博物馆；圣路易斯艺术博物馆	上海博物馆
2008 年 9 月 9 日— 2009 年 1 月 4 日	山水清晖：王翚（1632—1717）艺术展〔借展品〕	美国大都会博物馆	上海博物馆
2008 年 9 月 16 日— 2009 年 3 月 1 日	帝王之龙：上海博物馆珍品展	新西兰达尼丁奥塔哥博物馆	上海博物馆
2008 年 11 月 25 日— 2009 年 9 月 30 日	中国艺术陈列馆借展（三）〔借展〕	澳大利亚昆士兰美术馆新馆	上海博物馆
2009 年 1 月 29 日— 3 月 27 日	上海博物馆藏古代青铜、玉器珍品展	大英博物馆	上海博物馆
2009 年 4 月 12 日— 7 月 12 日	独特的视角——罗聘的艺术世界展	瑞士苏黎世李特伯格博物馆	上海博物馆

（续表三）

展览时间	展览名称	地　点	主　办　方
2009年10月9日—2010年1月3日	啸虎和跃鲤：中国动物画中的象征意义	美国辛辛那提艺术博物馆	上海博物馆
2009年10月9日—2010年1月17日	独特的视角——罗聘的艺术世界展	美国纽约大都会艺术博物馆、瑞士李特博格博物馆	上海博物馆
2010年1月28日—5月2日	描绘中国：15世纪至20世纪的叙事以及人物画	爱尔兰都柏林切斯特·比替图书馆	上海博物馆
2010年2月12日—9月5日	上海展	美国旧金山亚洲艺术博物馆	上海博物馆
2010年9月20日—2011年1月2日	忽必烈的时代——中国古代艺术展[借展6件]	美国大都会博物馆	上海博物馆
2010年10月14日—2011年1月16日	帝王之龙：上海博物馆珍藏展	哥伦比亚波哥大共和国银行的黄金博物馆	上海博物馆
2010年11月5日—2011年1月2日	首阳吉金[借展9件]	美国芝加哥博物馆	上海博物馆
2010年11月19日—12月7日	孙中山生平国画史料展	日本神户、荒尾	上海市人民对外友好协会上海市孙中山宋庆龄文物管理委员会上海孙中山故居纪念馆

二、港澳台展

除赴海外扩大中华文化影响力外，上海文博界积极加强与港澳台地区文物博物馆机构的沟通联系，将文物展览和学术交流辐射到港澳台地区，利用文化交流加强港澳台民众对于两岸四地文化同文同种、同根同源的认同。

1995年9月8日在中国澳门市政厅举办的《中国千年佛像展》，是上海博物馆建馆以来第一次以佛教艺术命名的专题展览；也是第一次在境外举办的雕塑展览。展品以南北朝和隋唐时期为主的佛像雕刻品，有北魏早期释迦牟尼佛铜像、隋开皇十五年观世音菩萨石造像、唐思维菩萨铜造像等珍贵文物40件，基本体现了中国一千多年来，佛教造像辉煌时期的艺术轨迹。展览展期20天，观众一万余人。

1998年3月29日至4月2日，在台北举办的"海峡两岸孙中山纪念地史料陈列展"，是海峡两岸50年来首次中山文物史料联合大展，几乎囊括两岸及海内外中山遗物。展览由台北孙中山纪念馆与北京中山堂、上海孙中山宋庆龄文物管理委员会、广州中山纪念堂、南京中山陵园管理局等多家单位联合举办。展览受到了中国台湾各界人士的普遍欢迎，吸引了众多的参观者。当地各家新闻媒体纷纷报道展览盛况。

2001年3月23日至6月10日，上海博物馆藏明清人物画精品展，在中国香港大学美术博物馆展出。该展览从上海博物馆馆藏明清人物画中精选出50幅作品，有明吴伟《秋江归涣图》、明仇英《鸳鸯仕女图》、明陈洪绶《参禅图》、清石涛《观音图》、高其佩《指画添寿图》、华嵒《瞽人说书图》等，大体包括了明清时代人物画的主要题材和类型,反映了 16 世纪初至 19 世纪晚期人物画的发展概貌。展览期间,中国香港大学美术馆和中国香港大学博物馆联合举办了"明清人物画研讨会",会上上海博物馆研究院单国霖作了《明清人物画的风格演进》的讲演。

　　2009 年 4 月 29 日至 8 月 17 日,上海市历史博物馆和中国香港历史博物馆联合举办的"摩登都会:沪港社会风貌展"在中国香港历史博物馆展出。展览共展出 240 组展品,从吃穿住行、市政建设、交通通讯、消闲娱乐、体育运动、现代报刊、新式小说,乃至西方思潮的传入等各个角度,介绍上海和中国香港在中国现代化进程中,城市生活的开放、创新、多元和商业化特质。这场展览亦为中国香港特区庆祝建国六十周年的文化活动揭开序幕。

表 3‐3‐2　1995—2010 年上海赴港澳台举办(参加)展览一览表

展 览 时 间	展 览 名 称	地　点	主　办　方
1995 年 8 月 1 日—10 月 31 日	上海博物馆藏中国古代青铜器展	中国台中自然博物馆	上海博物馆
1995 年 9 月 8—27 日	中国千年佛像展	中国澳门市政厅画廊	上海博物馆
1996 年 11 月 8 日—1997 年 1 月 25 日	沪港藏珍精选展	中国香港大学美术馆	上海博物馆 中国香港大学美术博物馆 徐氏艺术馆
1997 年 8 月 1 日—1998 年 2 月 1 日	五千年前长江古文明——良渚文化特展	中国台中自然博物馆	上海博物馆 中国台中自然博物馆基金会
1997 年 10 月 24 日—1998 年 1 月 4 日	紫泥清韵——陈鸣远紫泥陶艺研究展	中国香港中文大学博物馆	上海博物馆 中国香港中文大学博物馆
1998 年 3 月 29 日—4 月 2 日	海峡两岸孙中山纪念地史料展	中国台北孙中山纪念馆	上海孙中山故居纪念馆
2001 年 3 月 23 日—6 月 10 日	华容世貌——明清人物画展	中国香港大学美术馆	上海博物馆 中国香港大学美术馆
2001 年 6 月—不详	中国古代科举展	中国澳门	嘉定博物馆
2001 年 9 月 10—12 日	澳门·上海书法作品联展	中国澳门卢廉若公园	上海鲁迅纪念馆 中国澳门书法家协会
2002 年 6 月 13 日—7 月 20 日	上海鲁迅纪念馆馆藏版画展	中国澳门大学	上海鲁迅纪念馆 中国澳门大学
2003 年 3 月 21 日—6 月 15 日	上海博物馆馆藏过云楼书画展	中国香港艺术馆	上海博物馆
2003 年 10 月 29 日—不详	纪念一代伟人孙中山——上海市青少年书法展	中国台北孙中山纪念馆	上海孙中山故居纪念馆
2004 年 9 月 3 日—11 月 21 日	至人无法——故宫、上海博物馆珍藏八大山人、石涛书画精品展	中国澳门艺术博物馆	上海博物馆 澳门民政总署 澳门艺术博物馆 澳门基金会 澳门旅游局 故宫博物院

（续表）

展 览 时 间	展 览 名 称	地 点	主 办 方
2005 年 9 月 2 日—11 月 20 日	南宗北斗——董其昌诞生450 周年书画特展	中国澳门艺术博物馆	上海博物馆 澳门民政总署 澳门艺术博物馆 澳门基金会 澳门旅游局 故宫博物院
2005 年 11 月 11—18 日	纪念一代伟人孙中山——西部摄影展	中国台北孙中山纪念馆	上海孙中山故居纪念馆
2005 年	陈曼生的艺术展览	中国香港中文大学文物馆	上海博物馆
不详	十九世纪景德镇雕瓷展	中国香港中文大学文物馆	上海博物馆
2006 年 2 月 18 日—4 月 9 日	暂得楼清代官窑单色釉瓷器展	中国香港中文大学文物馆	上海博物馆
2006 年 9 月 9 日—11 月 19 日	乾坤清气——故宫、上海博物馆藏青藤白杨书画特展	中国澳门艺术博物馆	上海博物馆 故宫博物院
2007 年 11 月 21 日—不详	孙中山嘉言篆刻展	中国台北孙中山纪念馆	上海市孙中山宋庆龄文物管理委员会
2007 年 11—12 月	从钱庄到现代银行	中国香港历史博物馆	上海市银行博物馆
2009 年 2 月 28 日—8 月 2 日	首阳吉金胡盈莹、范季融藏中国古代青铜器展	中国香港中文大学文物馆	上海博物馆
2009 年 4 月 29 日—8 月 17 日	摩登都会：沪港社会风貌	中国香港历史博物馆	上海市历史博物馆 中国香港历史博物馆
2009 年 9 月 4 日—11 月 22 日	豪素深心——明末清初遗民金石书画展	中国澳门艺术博物馆	上海博物馆
2009 年 10 月 6 日—2010 年 1 月 10 日	借展雍正——清世宗文物大展	中国台北故宫博物院	中国台湾联合报系文化基金会
2010 年 10 月 8 日—12 月 26 日	文艺绍兴——南宋艺术与文化特展(借展 1 件)	中国台北故宫博物院	上海博物馆

三、入境展

从1978 年上海博物馆第一次从国外引进展览,上海各家文博机构便开始主动与世界各地的博物馆、美术馆等文博机构合作,积极引入高质量的陈列展览,为广大市民提供优质的文化服务。随着与海外文博机构合作的深入,入境展览也从完全引入,逐渐向联合策展、联合举办发展,上海文博人员的国际化视野和工作能力不断得到提升。

1978 年 2 月 15—25 日,在上海博物馆北大厅展出的"伊朗绘画展",是上海博物馆第一个从国外引进的展览。展览由中国人民对外友好协会上海市分会主办,共接待观众 31 433 人次。伊朗绘画历史悠久,富有民族特色,尤其以"细密画"著称于世。该展览共 103 件展品,包括伊朗历史名著

《列王记》《通史》的插图和《欢乐的聚会》等优秀的古典绘画,以及《宫廷侍从》《在阿比亚纳的开斋节》《对画》等近代和现代的绘画。

1981年10月20日至11月19日,"波士顿博物馆美国名画原作展"在上海博物馆展出。展览由上海市文化局主办。展览共接待观众90 837人次。此次波士顿博物馆来华展出的70幅美国绘画名作,代表着美国绘画发展中不同时期的特点。展出的18、19世纪的肖像画、风俗画和风景画中,表现了艺术与生活的密切联系,绘画出色地描绘了历史进程中人的力量和大自然的风貌,以城市日常生活为主题的绘画亦富有生活气息和情趣。展出期间,上海市美术家协会还组织了两次讲座,由波士顿博物馆绘画部主任斯特宾斯,20世纪艺术部主任莫菲特和绘画部总主任华而希介绍了美国绘画艺术的发展概况和艺术特点。

1992年9月1—30日,"沉船重现——瑞典东印度公司船只'哥德堡号'展"在上海博物馆展出。展览由上海市人民政府外事办公室、上海博物馆、瑞典东印度公司"哥德堡号"基金会、哥德堡海洋博物馆、哥德堡历史博物馆联合举办。该展览围绕"哥德堡号"介绍瑞典东印度公司的历史。18世纪,"哥德堡号"曾三次远航中国,连接起欧洲同中国和南亚之间的经济、文化、社会的交流。展览也以部分实物展现出18世纪之后两国相互交流的发展状况。展品为沉船"哥德堡号"部分货物、文件、船员用品等。还有一些珍贵史料的展出,其中包括船上牧师的日记。共计约400件,另有200张图片展出。

1995年6月23日至8月20日,贝纳维尼"无定型线条巨型雕塑展"在上海博物馆外广场展出。这个作为国际文化交流重要项目引进的西方艺术展是上海博物馆人民广场新馆建成以来举办的第一个向公众开放的展览。贝纳维尼是法国著名雕塑家,1983年他创作了第一件"无定型线条"作品,以"最有创意的雕塑家"闻名于世,1988年荣获"巴黎艺术大奖",确立了他在艺术界的地位。该展览将10座巨型雕塑作品环绕在上海博物馆新馆四周的露天广场和草坪地带。展览为期近两个月,成了沪上的一个新的人文景观。

1998年2月27日至4月19日,"意大利美第奇家族藏品展"在上海博物馆展出,展览由中华人民共和国文化部和意大利共和国外交部主办,是上海博物馆新馆开馆以来首次举办的欧洲文艺复兴时期的艺术品展览。此次展出的是美第奇家族庞大收藏中的一部分,包括绘画、雕刻、家具、工艺美术品等102件展品。最著名的有米开朗琪罗的雕塑《男子上半身》、波提切利的油画《圣母、圣子和施洗约翰》及众多意大利17世纪的艺术珍品。该展在内容上超越了以往西方艺术展览多以绘画和雕刻作品为主的局限,还展出了家具、首饰、盔甲、猎枪、宝剑、金银器、贝壳装饰等艺术作品。

2001年1月19日至3月20日,"日本文物精华展"在上海博物馆展出。该展览由上海博物馆与日本文化厅、日本奈良国立博物馆联合举办,是首次在中国举办的较大规模的政府级、高质量的日本文物展。此次展览共分日本考古、日本雕刻、日本工艺、日本绘画和日本书法五个部分。展品有绳文陶器、陶俑、铜器、木雕造像、面具、莳绘工艺、漆器、江户屏风、绘画、书法作品等各具代表性的文物精品101件(组)。展品中有首次在中国展出"唐式莲草纹莳绘(描金)经箱"等国宝级文物。从这些精心挑选的展品中,观众能感悟到中日两国文化渊源和历史上的文化交流,同时能够更多地欣赏到日本独特的文化风俗和艺术精品。

2005年6月1—30日,"十八、十九世纪法国马赛艺术展"在上海博物馆开幕。上海市副市长杨晓渡和法国参议院副议长、马赛市市长让-克洛德·戈丹出席仪式并剪彩。此次展览是中法互办文化年上海"法国马赛周"主要活动之一,由马赛市政府、上海市人民政府、中法文化年上海组委会联合主办,马赛市博物馆管理局与上海博物馆承办,展示了来自马赛美术馆、格罗贝—拉巴迪博物馆、坎蒂尼博物馆、波尔利装饰艺术博物馆、彩釉陶博物馆以及老马赛博物馆的131件(组)艺术珍品。按绘画、素描、雕塑、服装、18世纪乡村别墅的客厅等五部分,全方位、多层次地展现18、19世纪马赛艺术的黄金时代。为使观众产生身临其境的现场感,该展览还原汁原味地构建了一处当时法国上流社会中最为流行的社交场所"沙龙"实景,让观众得以感受法国人的社交生活。

2007年9月11日至11月12日,"从提香到戈雅——普拉多博物馆藏艺术珍品展"在上海博物馆展出。此次展览是2007年"中国西班牙文化年"交流项目之一,所有展品均来自普拉多国家博物馆的珍藏。普拉多博物馆是世界著名的三大美术馆之一,本次展览是该馆首次来华展览,52件油画杰作在内容上涵盖了名人肖像、宗教题材、历史事件、神话故事、世俗寓言、生活场景、自然静物和绚丽风景,均出自欧洲最著名绘画大师的手笔。其作者始自带有文艺复兴鼎盛色彩的16世纪威尼斯画派代表人物提香,止于世界闻名的18世纪至19世纪西班牙绘画传统巅峰的代表画家戈雅,还涵盖了这两位大师所生活的年代之间的其他许多重要画家。作品质量之精,在中国以往举办过的西方绘画展览中极为少见。

2010年8月4日至11月15日,"古印度文明:辉煌的神庙艺术"特别展览在上海博物馆展出。此次展览由上海博物馆、大英博物馆和维多利亚与阿尔伯特博物馆联合举办,共展出106件文物,观众展示了从公元前2世纪到20世纪初各个时期与印度三大宗教有关的艺术精品。展览第一部分为印度佛教艺术,第二部分展出印度教文物,第三部分介绍耆那教。2010年正值中印建交60周年,该展览为观众打开一扇认识古印度文明的窗口,通过介绍古印度的三大宗教,让中国观众深入了解古印度文明的内涵与底蕴,并领略南亚次大陆宗教文化与神庙艺术的巨大魅力。

表3-3-3 1978—2010年上海主要入境(含港澳台)展览一览表

年度	时　　间	展　览　名　称	主　办　方
1978	1978年2月15日—2月25日	伊朗绘画展	中国人民对外友好协会上海市分会
1979	1979年4月27日—5月9日	法国乐器展览	上海市文化局
	1979年5月18日—6月17日	突尼斯迦太基出土文物展览	上海市文化局
1981	1981年10月20日—11月19日	波士顿博物馆美国名画原作展	上海市文化局
1982	1982年2月19日—3月19日	美洲印第安人文物和美国西部名画家作品展览	上海市文化局
	1982年6月22日—7月5日	日本版画展	中国展览公司 日本国际交流基金会
1985	1985年11月1—21日	中日货币展览	上海博物馆 中国钱币学会 上海市钱币学会 日本造币局泉友会 日本经济新闻社 大阪市立博物馆

（续表一）

年度	时 间	展览名称	主办方
1992	1992 年 9 月 1—30 日	沉船重现——瑞典东印度公司船只"哥德堡号"展	上海市人民政府外事办公室 上海博物馆 瑞典东印度公司"哥德堡号"基金会 哥德堡海洋博物馆 哥德堡历史博物馆
1994	1994 年 4 月 18 日—5 月 8 日	大阪市立美术馆藏中国书画珍品展——阿部藏品回归展	日本"中国名画名品实行委员会" 上海博物馆
1995	1995 年 6 月 23 日—8 月 20 日	贝纳维尼"无定型线条巨型雕塑展"	
1996	1996 年 10 月 12 日—1997 年 3 月 11 日	天民楼珍藏青花瓷器展	上海博物馆 葛氏基金会
	1996 年 10 月 12 日—12 月 14 日	从苏尔瓦兰到毕加索：卡门·蒂森—博尔内米萨藏西方油画精品展	上海博物馆
	1996 年 12 月 22 日—1997 年 1 月 19 日	陈逸飞画展	上海博物馆 伦敦玛勃洛 MARLBOROUGH 画廊
1997	1997 年 5 月 20 日—8 月 19 日	首饰与器皿——澳大利亚当代金属工艺展	上海博物馆 昆士兰美术馆
	1997 年 6 月 27 日—9 月 15 日	西方现代艺术精粹：纽约古根海姆博物馆珍藏展	上海博物馆 古根海姆博物馆
	1997 年 8 月 28 日—9 月 28 日	埃适尔作品展	上海博物馆
	1997 年 10 月 26 日—11 月 16 日	蒙克画展	上海博物馆 挪威王国驻上海总领事馆 挪威奥斯陆蒙克博物馆
1998	1998 年 2 月 27 日—4 月 19 日	意大利美第奇家族藏品展	中华人民共和国文化部 意大利共和国外交部
	1998 年 7 月 15 日—8 月 16 日	紫泥清韵——陈鸣远陶艺研究展	上海博物馆 中国香港中文大学文物馆
	1998 年 10 月 9 日—10 月 18 日	小林斗盦篆刻书法展·暨全日本篆刻联盟展	上海博物馆 日本篆刻联盟会
	1998 年 11 月 4 日—1999 年 1 月 29 日	赵无极绘画六十年回顾展	上海博物馆 法国外交部艺术行动委员会
1999	1999 年 2 月 26 日—3 月 28 日	比利时著名画家培梅克作品展	中国展览中心 比利时驻华使馆文化处
	1999 年 6 月 18 日—8 月 20 日	大英博物馆藏古埃及艺术珍品展	上海博物馆 大英博物馆
	1999 年 9 月 24 日—2000 年 1 月 2 日	亚洲艺术遗珍·亚洲协会洛克菲勒藏品精选展	上海博物馆 美国亚洲协会

(续表二)

年 度	时 间	展 览 名 称	主 办 方
1999	1999 年 9 月 28 日—11 月 26 日	朱德群画展	上海博物馆
2001	2001 年 1 月 19 日—3 月 20 日	日本文物精华展	上海博物馆 日本文化厅 日本奈良国立博物馆
	2001 年 10 月 19 日—2002 年 1 月 10 日	墨西哥玛雅文明珍品展	上海博物馆 墨西哥外交部 墨西哥驻上海总领事馆 墨西哥国家文化艺术委员会 墨西哥国家人类历史学研究院
2002	2002 年 7 月 15 日—9 月 15 日	美国火奴鲁鲁美术馆藏油画名品展	上海博物馆 火奴鲁鲁美术馆
2003	2003 年 3 月 28 日—5 月 5 日	日本东京国立博物馆所藏西川宁书法艺术展	上海博物馆 东京国立博物馆
	2003 年 7 月 18 日—11 月 18 日	伊特鲁里亚人的世界——意大利前罗马时期文物精品展	上海博物馆 意大利托斯卡纳考古遗产管理局 阿雷佐文化推广中心
2004	2004 年 5 月 15 日—7 月 18 日	卡地亚艺术珍宝展	上海博物馆 卡地亚公司
	2004 年 5 月 15 日—7 月 15 日	时间探索展	上海科技馆 日本科学未来馆
	2004 年 6 月 12 日—9 月 5 日	古罗马文明展：罗马帝国的人与神	上海博物馆 意大利阿雷佐文化推广中心
	2004 年 9 月 15 日—10 月 7 日	意大利神话与速度	上海科技馆 意大利机床制造商联盟生产体系
2005	2005 年 4 月 24 日—5 月 8 日	世界之城——多媒体互动影像艺术展	上海科技馆
	2005 年 6 月 1—30 日	十八、十九世纪法国马赛艺术展	上海市人民政府 马赛市政府 中法文化年上海组委会
	2005 年 8 月 31 日—11 月 30 日	"太阳王"路易十四——法国凡尔赛宫珍藏展	上海博物馆 凡尔赛宫博物馆
	2005 年 9 月 29 日—2006 年 1 月 3 日	暂得楼清代官窑单色釉瓷器展	上海博物馆 暂得楼 首都博物馆 中国香港中文大学文物馆
	2005 年 10 月 20 日—2006 年 7 月 2 日	宝石之光	上海博物馆
	2005 年 11 月 30 日—2006 年 2 月 28 日	上海博物馆与英国巴特勒家族所藏十七世纪景德镇瓷器特展	上海博物馆

（续表三）

年度	时　间	展　览　名　称	主　办　方
2006	2006 年 3 月 12 日—4 月 23 日	中日书法珍品展	上海博物馆 日本东京国立博物馆 朝日新闻社
	2006 年 4 月 6 日—6 月 11 日	从塞尚到波洛克——纽约现代艺术博物馆藏绘画名作展	上海博物馆 美国纽约现代艺术博物馆
	2006 年 6 月 30 日—10 月 7 日	艺术帝国——大英博物馆藏亚述珍品展	上海博物馆 大英博物馆
2007	2007 年 4 月 30 日—6 月 30 日	美国艺术三百年：适应与革新	上海博物馆 纽约所罗门·R·古根海姆基金会 特拉美国艺术基金会
	2007 年 5 月 15 日—10 月 7 日	极致探索——穿越科学时空之旅	上海科技馆 德国马普学会
	2007 年 9 月 11 日—11 月 12 日	从提香到戈雅——普拉多博物馆藏艺术珍品展	上海博物馆 普拉多国家博物馆
	2007 年 9 月 29 日—12 月 2 日	瑞典银器五百年展	上海博物馆 罗斯卡博物馆
	2007 年 11 月 2 日—2008 年 2 月 13 日	伦勃朗与黄金时代——荷兰阿姆斯特丹国立博物馆珍藏展	上海博物馆 荷兰阿姆斯特丹国立博物馆
2008	2008 年 4 月 30 日—7 月 12 日	古代奥林匹克运动与艺术	上海博物馆 大英博物馆
	2008 年 10 月 18 日—2009 年 2 月 7 日	首阳吉金——胡盈莹、范季融藏中国古代青铜器展	上海博物馆 范季融、胡盈莹夫妇
2009	2009 年 6 月 11 日—8 月 31 日	外星生命探索展	上海科技馆 英国大英自然博物馆
	2009 年 9 月 23 日—11 月 29 日	哥伦比亚前西班牙时期黄金艺术展	上海博物馆 哥伦比亚共和国银行
2010	2010 年 3 月 10 日—6 月 6 日	意大利乌菲齐博物馆珍藏展：十五世纪—二十世纪	上海博物馆 意大利乌菲齐博物馆 上海市对外文化交流协会主办
	2010 年 4 月 2 日—5 月 23 日	利玛窦——明末中西科技文化交流的使者	中国文物交流中心 意大利马尔凯大区政府
	2010 年 4 月 17 日—9 月 10 日	深海奇珍	上海科技馆 法国 BLOOM 协会
	2010 年 8 月 4 日—11 月 15 日	古印度文明：辉煌的神庙艺术	上海博物馆 大英博物馆 维多利亚与阿尔伯特博物馆

（续表四）

年度	时　　间	展览名称	主办方
2010	2010 年 8 月 25 日—12 月 12 日	北方之星：叶卡捷琳娜二世与俄罗斯帝国的黄金时代	上海博物馆 俄罗斯艾尔米塔什博物馆
	2010 年 9 月 28 日—11 月 23 日	鉴真与空海：中日文化交流的见证	上海博物馆 日本文化厅 东京国立博物馆

第四篇

文物流通

上海是全国古玩收藏市场中心。相对宽松的经营市场消费环境，吸引了全国各地的藏家在进行集中交易。有近四成的上海市民参与了文物经营市场消费。党的十一届三中全会后修订《宪法》明确保护私人财产不受侵犯，修改了《文物保护法》以及发布新的鼓励文化创意产业、艺术品市场繁荣发展的政策法规，颁布了《拍卖法》，开放民间经营文物和民营进入拍卖业的政策。在境内实现有序管理的文物交易市场和拍卖市场，使得上海的文物收藏与流通出现了百年不遇的繁荣发展局面。随着我国人民经济能力和文化需求的增长，在坚持国家收藏文物为主的政策下，民间收藏适当放开。"藏宝于国"与"藏宝于民"政策并举，恢复和促进了私家收藏。为人民财富增值、文化艺术传播、提高市民的文化艺术素养起了很好的推动作用。

民间收藏是对国家收藏的重要补充，保证了国家收藏的来源。上海民间专业收藏家队伍庞大，特色收藏团体多，消费力强。古玩与现玩并存是上海民间收藏的特色，既有高端化趋势，又有"小、专、奇、特"的特点。民间收藏家向国家博物馆捐赠的珍贵藏品，对我国历史遗存的保护和收藏有着不可低估的作用。

第一章 文 物 经 营

　　随着社会主义市场经济发展,古玩市场和文物拍卖市场的兴起,打破了国有文物商店独家经营局面,国有文物商店被迫进入了市场竞争。上海有机构批准的文物经营单位24家,甲等14家,乙等10家,包括上海文物商店、朵云轩等国有文物商店,也包括自然人和股份制企业,其中新的《文物保护法》颁布后申请成立的文物商店5家,以自然人或股份制为主。

　　现有的国有文物商店,大多数成立于20世纪的六七十年代。上海解放初期,随着社会主义工商业的改造,新中国的文物商业由私营转变为公私合营或合作。1960年国务院批准《关于改变文物商业的性质和管理体制的方案》,把文物商店的纯商业性质改变为实行企业管理的文化事业单位,成立国营文物商店,并作为国家文物部门的派出机构购、销文物。在职能上,国有文物商店通过经济手段征集收购流散在社会上的文物,使之得到保护。老的文物商店依然承袭着大而全的传统,经营品种齐全,诚信度高,库房商品有很大吸引力,并能在新的形势下,以代销、体外循环、库存调剂等方式搞活经营,取得了一些效果。新的文物商店以专业经营为主,如主营书画的,主营珠宝的。

　　个体古玩商户是指获得工商局经营许可,进行古玩交易的个体工商户。所有的个体古玩商户,若其经营的古玩中包括文物,即可认为是未经批准的文物经营单位。上海市文物局将未经批准的文物经营单位中的个体工商户称为"自然人经营户"。

　　上海拍卖机构共有192家,与北京、香港并列的我国文物拍卖三大中心,其中文物拍卖机构有42家。仅从拥有文物拍卖资质的拍卖公司的数量看,超过名列全国第一;但从成交总额看,上海文物拍卖市场投放数量大,但高价位精品少,导致文物拍卖市场整体上距离北京和香港有很大差距。上海文物拍卖市场呈现集中态势。朵云轩、敬华、青莲阁、崇源、博古斋等知名拍卖公司占据了上海文物拍卖市场的多数份额。中国书画、陶瓷在拍卖市场上无论是成交数量还是成交金额,都一直占据着最大份额。在文物艺术品春秋两季大型拍卖会上,尤其是诚信度比较好的大型拍卖公司,假货的比例是比较小的。

　　上海的古玩市场是由马路市场发展起来的,经过1992年国家文物局、国家工商行政管理局、公安部、海关总署《关于加强文物市场管理的通知》的梳理,逐渐规范起来。核准古玩市场经营1911年以后的文物,对市场和经营人员按规章要求进行管理,定期检查市场文物商品,重点查处出土文物,建立了文物、公安、工商联合办公室,驻场办公。2002年《文物保护法》颁布后,《上海市文物经营管理办法》中关于文物交易市场的规定已不适用,文物行政部门退出了管理,而工商部门继续在以"古玩市场"的名称核发市场营业执照。

　　上海文物交易市场可分为三类:第一类为2001年上海市文物行政部门根据《上海市文物经营管理办法》批准的文物交易市场。2001年,市文物行政部门根据《上海市文物经营管理办法》批准了9家古玩市场。至2010年9月,文管会批准的文物交易市场有8家还在经营,约有自然人经营户1600多家(不含藏宝楼)。第二类为新的《文物保护法》颁布后工商部门继续以古玩市场之名核发市场执照的古玩市场。第三类为未经批准的从事文物交易的市场。至2010年底,工商局批准的文物交易市场约5—6家,经营户数不详。此外,还有77家花鸟市场、12家茶叶市场以及为数不等的其他市场可能涉及文物交易。

第一节　文　物　商　店

一、上海文物商店

　　上海文物商店是国有甲类文物经营特许单位,始建于清末光绪年间,原名"上海市古玩市场",是历史悠久,专营文物艺术珍品的百年老店。

　　自立店至今,上海文物商店恪守弘扬中华民族优秀传统文化的宗旨,在文物艺术品的征集、经营、收藏和研究上始终以繁荣中国文物艺术品市场为己任,以商促艺,以艺促市,对艺术的交流、经济的发展起到了积极的作用。

　　作为展示和传播中国传统文化和古代文明的窗口,上海文物商店几十年来长期潜心搜集整理流散在社会上的各类传世文物,或销售、或收藏、或捐赠,满足了海内外中国文物爱好者、从事历史研究的学者以及各博物馆、科研院所对藏品赏析和文物研究的需要,并吸引了诸多世界名人纷至沓来。法国前总统蓬皮杜、美国前总统卡特夫妇、里根女儿、美国前国务卿基辛格夫妇等都曾经慕名造访或选购商品。

　　作为全国最大的文物商店之一,商店经营品种繁多,门类齐全,货真价实。商品包括陶瓷器皿、珠宝玉器、牙木竹雕、铜锡制品、景泰琅琅、各色烟壶、名人字画、印章端砚、缂丝织绣、红木家具等各类文物艺术品及工艺品。上海文物商店总部位于黄浦区广东路,同时商店还专设收购处,常年征集收购社会流散文物。

　　在扎实开展经营的同时,上海文物商店也非常注重社会效益,为普及文物知识,提高爱好者、收藏者的鉴赏水平,历年出版了一批优质文物类图书。遴选库存精品,举办店藏明清瓷器、杂项、玉器及海派书画等系列展览,与广大爱好者共同分享传统文化艺术精华。

　　1980年编写的《海上名画》出版,收录海上名家60余人,作品百余件。对于海派绘画的精品进行了集中展示。

　　1994年9月,《清代瓷器赏鉴》出版。该书共收集清早期至清末各朝器物四百余件,以一图一文的形式加以描述,图册的编纂由中国著名文物鉴定专家薛贵笙先生任顾问。

　　1999年4月,由上海文物商店研究员朱念慈主编的《中国扇面珍赏》一书出版发行,图册收录了丰富的作品,达60余件,按时代和专题分类编排,并配以专业知识、资料的介绍。6月25日至7月15日,在店内举办的"上海文物商店店藏明、清书画扇面展"中,特地挑选书中选编的谢道龄、陆师道、焦秉贞、虚谷、任伯年、吴昌硕等名人精品近50幅与文物爱好者见面,画展与书籍的出版,取得良好的社会效益。

　　1999年11月12至14日,1999上海全国文物商店文物艺术品展销会,在广东路上海文物商店内举办。三天的展销,与会人数8 000人次,成交金额500万元,这次展销会是商店配合市政府举办的各项重大国际性文化艺术活动(旅游节、艺术节、音乐节)和繁荣上海文物艺术品市场的重要举措。前来参展的单位有北京、天津、江苏、浙江、安徽、山东、福建、河南、四川、湖北、陕西、辽宁等省、直辖市的国营文物商店。展销的文物工艺品,种类繁多,既有难得的珍品,也有普通艺术品,为申城百姓渐成文物收藏热提供一个门类齐全、货真价实购买文物艺术品的好场所。这次展销会的特点是参展单位来自全国各地,汇成一处新的文物商品有序流通市场,通过地区差异互换互补,各参展单位从中得益匪浅。商店在展销期间销售1 200多件文物商品,营业额近180万元。

2000年2月购入虹口区多伦路145号房屋。该房屋位于多伦路文化名人街,原为中华艺术大学宿舍旧址。在2000年至2011年期间作为上海文物商店分店。

2003年8月,《明清古玩真赏》出版。该书精选辑录了上海文物商店历年的店藏珍品,一文一图,资料翔实,涵盖了古玩杂项中最为重要的竹木、铜器、漆器、牙骨、织绣等门类。该书对每个工艺门类的起源、演变、发展进行概述,对每件精美器物的年代、造型、特征、工艺等鉴赏要素作具体描述,较清晰地勾勒出古玩杂项所涉内容的大体轮廓,既有欣赏参考价值,又是一本古玩杂项入门的工具书。该书的编写汇聚了上海文物商店职工及专业人员的集体智慧,同时得到了上海博物馆专家的鼎力相助,亦得到了嘉定博物馆及苏州、宁波文物商店的支持。8月19—20日在广东路总店举行"2003年全国文物艺术品展销会",全国各地20余家省市级文物店应邀参展,书画、瓷器、玉器、杂项等类别均有货源上架。两天的展销吸引了各地文物收藏爱好者,同时也带动了广东路门市销售,共实现销售收入448万元,销售商品1 853件。至10月31日,历时三个半月的上海文物商店仓库搬迁工作基本完成,共动用415辆车次,18 700箱商品全部搬进新的周浦仓库,为日后的正规化管理打下了坚实的基础。

2004年1月《近现代名家篆刻》出版。书中收录了120余位近现代著名篆刻家近千方篆刻精品,逐方辨别真伪、考订释文,编成图录。另附百余方珍贵印钮与印材图片。

2005年1月《中国玉器赏鉴》出版。该书收入玉器作品近千余件,图文并茂,务求典型准确。6月21日至30日,举办2005年春季艺术品展销会,展销活动吸引了各地的同行和古玩爱好者。10天展销会期间,成交金额1 000万余元。

2006年6月10日,为配合"中国文化遗产日"活动,一年一度的上海文物商店文物艺术品展销会在广东路总店、多伦路分店和虹桥上海城分店揭幕,为期6天。

2008年是上海文物商店复店30周年,特从库房精选部分海派名家代表作,5月编辑出版了《海上名画续集(上下)》。画册中入选的许多海派绘画,大多是首次与世露面。同年为庆祝复店30周年,商店相继举办店藏明清瓷器、店藏杂项精品、店藏海派绘画及玉器等系列精品展,以展现百年老店的旧貌新颜,并为收藏爱好者及各界人士近距离观摩鉴赏传承有序的艺术珍品提供平台。

2009年4月,上海文物商店举办2009年度春季文物艺术品展销会,在广东路总店举行。

2010年4月28—29日,上海文物商店举办2010年度春季文物艺术品展销会,在广东路总店与多伦路分店同时举行。

二、上海朵云轩古玩公司

百年老店朵云轩是一家集收藏、研究、经营等多种功能于一身的国有文化企业,在海内外同行中享有崇高声誉。朵云轩笺扇庄创办于1900年(清光绪二十六年)7月。随着笺纸雅扇、文房四宝经营及书画装裱业务的逐步扩大,朵云轩相继从事起书画的经营业务。

朵云轩1956年1月至1957年12月公私合营,与九华堂、九福堂等人员一起并入上海市黄浦区文化局领导的上海古旧书店。

1960年,重组后的朵云轩成立,在南京东路422号挂牌,以木版水印和文物经营为主要业务。有计划有规模地从事各类名人书画、碑帖和珍贵古玩的收购和经营。此后,朵云轩业务人员加大力度发掘和收购中国古代书画、碑帖等,由此收获了诸多珍品。如宋拓《王羲之圣教序》,原已被主人拆散或用作灶头的垫纸。朵云轩鉴定专家王壮弘动员并帮助主人经过多日的翻找凑齐。经过精心装裱，这部历尽劫难的国宝级碑帖又重现光彩，后经征调，入藏中国国家历史博物馆。

20世纪60年代前叶，朵云轩在其二楼专门设立外宾接待室（俗称"内柜"），经营古书画等文物艺术品。朵云轩鉴定专家有方去疾、梁子衡、彭仁甫、庄澄章、沈觉初、王壮弘、马成名、张荣德等，在业界具有相当高的知名度和权威性。

改革开放为文物艺术品经营带来新的销售渠道，朵云轩等三家上海企业获得国家授予的文物出口经营权，可将书画出口海外。

至20世纪80年代中期，朵云轩除输送国家各博物馆以及出口外，积累了丰富的馆藏。1986年，以谢稚柳为组长的中国古代书画鉴定组来到朵云轩，在朵云轩工作了三个半月，审鉴了朵云轩所藏的重要书画。鉴定工作结束后，朵云轩有1 172件书画被收入《中国古代书画目录》，超过了上海地区除上海博物馆外其他9家单位的总和（1 097件）；有212件书画被录入《中国古代书画图目》。此后，上海博物馆、辽宁省博物馆等分别从朵云轩选调了84件和218件书画珍品充实馆藏。

1995年2月8日，朵云轩将收购部和外宾接待室改制成为独立法人的上海朵云轩古玩有限公司，继承了包括名家书画、碑帖、印谱、文房杂玩等诸多朵云轩旧藏，并投入巨资继续收购散落民间的艺术珍品，不断开拓古玩收藏品的经营门类。主要经营范围为字画、碑帖、印谱、文房用品、工艺品、文教用品收购经销、寄售、艺术品咨询（除拍卖）等。门市位于黄浦区南京东路422号。1999年5月6日，经上海市文物管理委员会研究决定，同意朵云轩古玩公司在原经营范围基础上扩大经营文物的其他品类，包括古代瓷、铜、玉、石、家具等。

20世纪八九十年代，朵云轩及后来的古玩公司还延伸经营至全国各地及境外。"朵云轩书画展"曾分别在香港（两次）、台北、北京、乌鲁木齐、贵阳、昆明、武汉、兰州、西安、沈阳、长春等地展出；也曾多次赴新加坡、美国纽约及洛杉矶、加拿大温哥华、日本大阪等地展出，受到海内外藏界的好评。2001年至2010年古玩公司连续十年在辽宁沈阳举办书画展览，杨仁凯先生在世时只要人在沈阳，都会莅临展厅品鉴并予以推介。

20世纪90年代初，上海书画出版社先后出版了三大本的朵云轩藏书画集。2000年，为配合庆祝朵云轩创建100周年，又出版了《朵云轩藏品续集》及《朵云轩捐赠博物馆藏品集》。至2010年前，又以古玩公司库存为主出版了《朵云轩藏品集》第六至八集。上述藏品集在文物艺术品行业具有良好的口碑和影响。

2006年初，朵云轩古玩公司四楼推出中国书画、古玩咨询鉴定及古陶瓷修复服务。朵云轩中国书画、古玩杂件专家鉴定组，成员包括业内著名鉴定专家、书画家及朵云轩（上海书画出版社）资深业务人员。

2009年，在原上海文艺出版集团部署下，朵云轩从上海书画出版社裂变为独立的市场主体，实现集团化发展，从传统业态向现代艺术品经营企业转型，并实施品牌扩张战略，成功布点济南、杭州等地。朵云轩经营规模实现跨越式发展。

三、上海博古斋

上海博古斋成立于1993年，隶属于上海图书有限公司，主要从事收购经销线装古书、碑帖拓本、古今字画、木刻水印、民国旧书旧期刊等业务。

1993年，上海博古斋荣获"上海市先进模范集体"称号。1997年6月，收购到海内外孤本宋刻《监本纂图重言重意互注礼记》；同年与上海国际商品拍卖有限公司联袂举办首届古籍善本拍卖会，共成交 375 万元,成交率 76％。2003 年,为庆祝成立 10 周年,特举办"博古斋古籍书画精品展",遴选 100 件库藏珍品参展。2004 年 5 月 1 日,举办"海上十二名家金石书画展"。2005 年 2 月 20 日,举办"博古斋迎春书画艺术雅集"。2006 年 12 月 8 日,以原上海博古斋拍卖部为基础正式成立上海博古斋拍卖有限公司。

2008 年 10 月,库藏《十地论义记卷一》《监本纂图重言重意互注礼记》二十卷及《一切如来心秘密全身舍利宝箧印陀罗尼经》一卷被列入《第一批国家珍贵古籍名录》。2009 年 3 月,28 种藏品入选《第二批国家珍贵古籍名录》,34 种藏品入选《第一批上海市珍贵古籍名录》。

2010 年,从库藏 5 000 余种晚清民国杂志中遴选出珍贵、稀有且具有代表性的杂志创刊号,编纂了《老杂志创刊号赏真》,并由河北教育出版社出版;同年 6 月 11 日,珍藏的雷峰塔经砖藏经——《一切如来心秘密全身舍利宝箧印陀罗尼经》参加"第三届国家珍贵古籍特展",做雷峰塔经专题展示。

从成立至 2010 年间,上海博古斋累计收存 200 万册(件)古籍、字画及旧期刊,被称为藏宝之斋。珍贵藏品有西魏写本《十地论义记卷一》、五代刻本《一切如来心秘密全身舍利宝箧印陀罗尼经》、宋刻本《监本纂图重言重意互注礼记》、毛校本《四书集注》、中国最早的中文洋装书《五车韵府》《新青年》创刊号,还有张大千、徐悲鸿、齐白石、吴昌硕、任伯年、于右任、沈尹默等名家字画作品等。同时上海博古斋注重培养古旧书刊业务接班人,以"师徒带教"形式培育了新一代线装古籍、字画、民国旧书老期刊修复人才。

四、友谊商店

友谊商店的前身是创立于 1952 年 10 月 4 日的"国际友人服务部",主要经营日用百货等商品,专为国际友人服务。为适应业务发展,更好地满足国际友人的需要,1958 年 2 月 26 日成立了上海友谊商店,"国际友人服务部"于 1958 年的 4 月 1 日正式并入友谊商店。

友谊商店最先坐落在南京东路 345 号慈淑大楼的二楼,刚开业时,商场面积 1 600 平方米。担负着接待各国来沪贵宾、代表团、旅游者、国际海员、外国专家、驻沪各国领事馆人员和国内各民族参观团等的商品供应任务,也是市外办指定的国宾参观购物定点商店。随着外宾来店人数的增加,为了有效解决外宾停车场地的问题,友谊商店于 1970 年 1 月,迁址到中山东一路 33 号。同年 10 月古玩商品纳入友谊商店统一经营,友谊商店成为上海经营古玩商品的主要单位。

随着改革开放政策的实行和旅游事业的发展,商店不断扩大商品种类,成为沪上最具盛名的大型涉外商店。1980 年 6 月,市政府批准建造上海友谊商店大楼,地址在北京东路 40 号,共占地 2 841 平方米,总建筑面积 17 170 平方米。

1985 年 6 月 15 日,友谊商店新大楼开业。1994 年底再次改造扩大,友谊商店新大楼共 9 层(其中:一楼百货商场,二、三楼旅游品商场,四、五楼工艺品商场,六楼折扣商场,七至八楼为商务楼,九楼为九霄酒楼)。商场内装饰新颖别致、各具特色,经营范围也随之扩大,全国各地的土特名产、日用百货、工艺品、古董珍玩及部分进口商品达 2 万余种。

1989 年,友谊商店在不改变涉外企业经营方针和服务对象的前提下,从 7 月份起把服务对象扩大到国内宾客。1990 年中国旅游购物节的上海中心会场就设在友谊商店。购物节从 9 月 26 日开幕到 10 月中旬,商店举办了名家书画、水晶雕刻、18 世纪汽车和航船模型等 7 场商品展销活动,深受国内外宾客的欢迎。购物节开幕日的销售达 48.38 万元。1995 年友谊商店创下 4.5 亿的销售业绩,利润达 5 400 万元。

2004 年初,友谊商店由于"外滩源"市政动迁,开始了第一次搬迁,从北京东路搬迁到了金陵东路。经过 2 年过渡,2006 年,友谊商店第二次搬迁,从金陵东路迁址到了曹家渡。2006 年 9 月 28 日,位于曹家渡的新大楼开业揭幕,商场共有 7 个经营楼层和地下车库 2 层,总建筑面积达 3.1 万平方米。囊括了购物、休闲、餐饮、娱乐等多种服务功能,是当时曹家渡地区规模最大、设计最现代的大型综合商厦。在百联集团经营策略的调整下,友谊商店第三次搬迁,2011 年 1 月,从曹家渡移址到位于普陀区长征镇中环市级商圈的真光路 1219 号。

五、创新旧货商店

1970 年创新旧货商店成立,国有企业,地址为淮海中路 1297—1305 号,四开间店面,以"外宾侨胞供应部"对外经营,收外汇兑换券。主要经营:书画、瓷器、玉器、铜器、钟表、红木家具、车料器皿、绣品、国外艺术品。是沪上最早经国家文物局批准的六家文物外销单位之一。

1995 年以后,主要经营:清代乾隆以后的文物、瓷器玉器、文房四宝、古旧钟表、红木家具等,设有代客报关、托运,上门估价收购等业务。

2000 年转制为股份制公司,2011 年 4 月停业。

六、陕西旧货商店

陕西旧货商店是上海老牌旧货商店,1970 年 6 月 26 日经批准被指定设立对外国人的供应专柜。1983 年改组为"陕西工艺品商店",并于 1989 年 11 月 30 日被评为上海市淮海中路特色商店。开始时主要经售外国的旧工艺品、旧钟表、旧皮货,后增加了旧木器、新中国工艺品等。该店也经营中国文物古玩,是沪上最早经国家文物局批准的文物外销单位之一。

该店原址在延安中路 557 号(陕西南路口)。延安路高架建设时,搬迁到雁荡路 9 号与巨鹿路 536 号,后改迁长乐路瑞金路口。附设木器门市部在太仓路 105—107 号(嵩山路口)。该店开设多年,国外来宾外国驻沪机构人员和外侨经常前往参观选购。商店设有收购处,对大件和贵重物品,还可上门收购。

2000 年 12 月,陕西工艺品商店与新光光学仪器商店、星光照相器材有限公司 3 户企业。被上海金龙商业有限公司正式收购。

七、上海兰馨珠宝文物商行

1988 年 6 月 17 日,经原上海市文化局批准筹建上海兰馨珠宝文物商行,1989 年 10 月 1 日选址在长乐路,坐落于繁华淮海路商圈,毗邻锦江饭店,上海兰馨珠宝文物商行正式开业。成立之初,作为国营文物商店,为了帮助国家赚取外汇,当时上海兰馨珠宝文物商行的客户主要针对的是外籍人士,商品也多数是外宾喜爱的工艺品和珠宝首饰等。随着改革开放上海文物市场的复苏,以门市收购、外省市文物商店采购、海外回购等方式,上海兰馨珠宝文物商行逐渐成长为一家专业经营珠宝首饰、书画印章、古代文物和仿古工艺品国有文物商店。

1997 年上海市文化局与上海市文化广播影视管理局两局合并之后,上海兰馨珠宝文物商行行政划归上海电视台。

在三十年的专业经营文物艺术品业务中,兰馨培养了多名文物鉴定方面的人才,拥有一支文物专业的技术骨干队伍,是特殊产业不可多得的稀有人力资源。通过协作平台,国营文物商店与民间收藏优势互补、服务对接,在文物艺术品交流上开拓了更广阔的合作空间。

八、上海国际收藏品有限公司

上海国际收藏品有限公司成立于1994年10月26日,地址位于黄浦区江西中路457号,营业面积700余平方米,国有企业,隶属上海市商业一局,后属上海华联集团,梁美均任总经理。主要经营:明、清、民国文物艺术品,书画、瓷器、玉器、铜器、古旧钟表、红木家具、玻璃器皿、景泰蓝、金银器等。货源主要为市场收购,国内各文物系统商店调剂。

1995年3月,上海国际收藏品有限公司首创"公益社会文物鉴定"。鉴于市民家里古旧文物艺术品鉴定鉴赏需求,邀请著名文物鉴赏家蔡国声、徐国喜、沈耀明、丁素娟等四人,年内开展公益免费鉴定五次,收到市民热烈欢迎。

1995年至1996年,邀请著名学者鉴赏家王金海、蔡国声、徐国喜、曹齐等人,举办收藏知识讲座4次,开创商场市民收藏文化知识教育讲座的先例,帮助市民丰富收藏文化知识。

1996年,收藏品公司与上海市收藏鉴赏联谊会合作,邀请民间收藏家蓝翔、陈宝定先生,开展民俗文化展览,并举办专题讲座,先后有筷子、算盘、服装、锁具、三寸金莲等。

1996年至1997年,为纪念香港回归,收藏品公司邀请上海百名书画家,举办手绘纪念封展览。有著名书画家程十发、刘旦宅、朱屺瞻、顾炳鑫、陈辉光、汪观清、胡问遂、哈文、曹简楼、曹齐等。由收藏品公司副经理李正元领队,与宜兴紫砂五厂合作,定制由数位工艺大师制作"香港回归纪念壶"1997把。香港回归前夕,市民排队一天内登记售罄。

1998年至2000年,收藏品公司从浙江安徽等地民间收购晚清民国老旧白木家具,每年集装箱三十吨左右出口欧美,积极为国家出口创汇。

2001年3月,收藏品公司从安徽文物总店调入晚清青花盘子3 000件,投放市场零售,一个月内全部售罄,引起业内关注。

2002年10月20日,收藏品公司迁址至虹口区四川北路73号,企业转制为有限责任公司,继续经营:明、清、民国文物艺术品,陈克涛任总经理,李正元任副总经理。

2003—2010年收藏品公司与上海市收藏协会古陶瓷沙龙、耕乐堂沙龙、根雕沙龙、清华雅集沙龙、中福古玩城、多宝古玩城、虹桥古玩城、云洲古玩城、上海工商银行、花旗银行、浦发银行、交通银行等机构、企业联合举办艺术品鉴赏赏析讲座30余次,艺术品鉴赏鉴宝活动30余次。

2004年,由上海市收藏协会授牌为"上海市收藏协会活动基地"。

2010年3月,收藏品公司迁址黄浦区泗泾路22号,营业面积300余平方米,陈克涛任总经理。经营范围扩大为文物经营、艺术品收藏品鉴定服务、评估服务、文化艺术品交流与策划等。

第二节 文 物 拍 卖 行

一、上海拍卖行有限责任公司

1989年12月18日,上海拍卖行正式成立。1992年6月6日,在上海水晶宫娱乐总会上海拍卖行举办了一场文物工艺品拍卖会。该场拍卖会是上海恢复拍卖后的首场文物工艺品拍卖会,《文汇报》的《四十年来第一锤——记首场工艺品拍卖》、《新民晚报》的《上海艺术品拍卖昨首次响锤——拍卖现场气氛良好、竞争激烈》等报道引发了全国文物艺术品行业对于开展艺术品拍卖的关注。

1995 年上海拍卖行参与推动发起中国拍卖行业协会、上海市拍卖行业协会并连选连任副会长单位。1995 年 10 月 1 日,上海拍卖行创办《拍卖报》,四开四版,半月刊,报纸由程十发题写报头,是中国拍卖行业从业者交流行业信息、分享赏鉴心得、开展理论探讨的平台之一,现已刊发 490 余期。1997 年《中华人民共和国拍卖法》颁布实施,上海拍卖行参与了立法全过程,对包括有关文物艺术品拍卖条款在内的诸多条款提出了合理化建议。同年,上海拍卖行举行了沪上首次邮品拍卖会,得到了唐无忌等一众邮品收藏家的支持与好评。

2002 年,上海拍卖行完成改制,成为国企控股、社会参股、员工持股的现代企业,更名为上海拍卖行有限责任公司,现隶属于百联集团旗下。

1997 年至 2010 年,上海拍卖行通过策划主槌中央电视台、湖南卫视、福建电视台等单位的媒体广告拍卖活动以扩大社会影响,通过策划主槌“点亮心愿”慈善义拍等公益拍卖活动以履行社会责任,通过服务司法机关、政府部门、国资国企的资产拍卖活动以提升专业能力,通过整理编印《企业管理制度汇编》《员工文集》等企业文化产品以增强人文内涵,通过研发启用企业业务信息管理系统以规范企业运营,不断提高文物艺术品拍卖运作的规范化、专业化、市场化、品牌化水平。

上海拍卖行从威海路、延安西路、虹江路搬迁至四川北路 73 号自有 2 500 余平方米的、设施齐全的办公大楼。设有书画部、古董部、邮品部、珠宝银器部、钟表部、钱币部、连环画部等 7 个专业部门,涉足书画、古玩、邮品、珠宝、白玉、翡翠、银器、钟表、钱币、铜镜、连环画等 10 多个专业门类,共有 30 余名各类专家和 50 余人的服务团队,多次在邮品、钟表、珠宝等艺术品门类中创下成交纪录,作为综合性拍卖企业,艺术品拍卖门类全、拍卖场次多。

此外,上海拍卖行还通过投资参股上海国际收藏品有限公司、上海国际经纪有限公司、上海大众典当行有限公司、上海华联典当有限公司、上海烟草拍卖有限公司,初步打造了产业链。

上海拍卖行还是由共青团中央和商务部命名的全国青年文明号,曾获中国驰名商标、上海市服务业标准化示范试点企业、上海市文明单位、上海市五一劳动奖状、上海市工人先锋号、上海市青年文明号,是中国文物艺术品拍卖标准化首批达标企业。

二、上海朵云轩拍卖有限公司

改革开放后,朵云轩的经营方式逐渐从传统的计划经济模式向市场经济需求调整及转型。

1992 年 4 月,朵云轩与香港永成古玩拍卖有限公司试水合作拍卖,首届春季拍卖会取得成功。

1992 年 5 月 26 日,朵云轩请求成立艺术品拍卖行的报告送呈上海市新闻出版局,5 月 29 日获批同意;8 月上海朵云轩艺术品拍卖公司获颁上海市工商管理局下发的《企业法人营业执照》。1993 年 1 月,上海市文物管理委员会批复同意朵云轩艺术品拍卖公司具有文物拍卖资质。1993 年 2 月 20 日,朵云轩举行了拍卖公司成立大会。

1993 年 6 月 20 日,“朵云轩首届书画拍卖会”在上海静安希尔顿酒店二楼大厅举办,敲响了中国大陆艺术品拍卖第一槌,一切规程都与国际拍卖业接轨。首号拍品是丰子恺的《一轮红日东方涌》,以 12.8 万港币成交,著名画家谢稚柳为首号拍品荣誉击槌。第 102 号张大千《晚山看云图》从

80 万元起拍,以 143 万元成交,其后第 119 号拍品任伯年 12 开《花鸟草虫册》以 104.5 万元成交。朵云轩首届拍卖会上拍 155 件拍品,成交总额为 829.73 万港元,成交率 75.48%。1994 年 6 月 19 日,"1 994 朵云轩中国字画拍卖会"在上海静安希尔顿酒店二楼大厅举行。入围拍品共计 256 件,成交 222 件,成交金额 1 532 万元人民币,成交率 86.7%。

1995 年 1 月 26 日,经上海市文物管理委员会同意,朵云轩扩大原有拍卖品范围,征集其他各类文物进入拍卖领域,作为上海的试点。同时须严格执行:一、仅允许扩大的范围在拍卖领域试点,但不作为朵云轩扩大门市零售经营。二、每次拍卖的物品,必须事先向文管委报出拍卖目录;每拍卖一次,文管委对拍卖品审查、核准一次。三、在拍卖品目录上,经鉴定不能出口的,要明确标出物品仅限国内流通。此后,上海朵云轩拍卖有限公司作为拥有一、二、三类文物拍卖资质纯国有拍卖机构,每年举办春、秋两季大型艺术品拍卖会和四场四季拍卖会,陆续开设中国书画、油画、古籍版本、瓷器、玉器、文房用品、古玩杂件、钱币邮票等中外艺术品拍卖专场。1995 年 12 月 15 日,经国家文物局批准,上海朵云轩与中国嘉德、北京瀚海、北京荣宝、中商盛佳、四川翰雅等 6 家企业实行文物拍卖直管专营试点。

1997 年,公司扩大业务范围,更名为上海朵云轩拍卖有限公司。1999 年 8 月,上海朵云轩与中国嘉德、北京瀚海、北京荣宝、中商盛佳、广东古今等多家企业联合发出"行业自律倡议书"。

在 1993 年至 2000 年期间,朵云轩拍卖成交过百万元的有张大千、任伯年、傅抱石、吴湖帆、弘一等近现代书画家拍品 9 件。2000 年以后,朵云轩致力于发掘"海派"艺术品的现实意义,推广其艺术鉴赏价值,从而发现和提升"海派"在中国艺术品拍卖市场中的地位。2002 年的春拍中,弘一法师的《楷书普贤行原品赞册页》以 143 万元成交,创下中国近现代名家书法作品最高纪录。2003 秋季拍卖会收获了朵云轩 10 年来单场拍卖会及单件拍品成交的最高纪录:成交总额 8 636 万余元,第 835 号拍品倪田 120 开《摹任熊大梅诗意册》成交 880 万元,刷新其个人作品成交纪录。2004 春季拍卖会成交总额高达 1.56 亿元,这是朵云轩单场拍卖会成交额首次突破亿元大关。2004 年秋季拍卖会第 131 号拍品明代陈洪绶《执扇仕女》成交 1 430 万元,创下陈洪绶单件作品的最高价,这也是朵云轩拍卖单件拍品首过千万元的纪录。2004 年 3 月的朵云轩第 28 届艺术品拍卖交易会,2 246 件拍品总成交额 2 800 余万元,成交率高达 98.2%,均创朵云轩小拍的新高。2010 年春季拍卖会总成交额达 3.06 亿元,是朵云轩拍卖首次突破三亿元大关,成交率 83%。两天的拍卖会共推出十四个专场 1 967 件拍品,显示了在专场拓展和板块设置上的成功尝试。

上海朵云轩艺术品拍卖公司为中国拍卖行业协会 AAA 级资质(最高级)企业和文物艺术品拍卖达标企业、中国拍卖行业协会艺术品专业委员会副主任单位、上海市拍卖行业协会副会长及艺术品工作部主任单位。

三、上海工美拍卖有限公司

上海工美拍卖有限公司成立于 1995 年 4 月 10 日,在上海市黄浦区市场监管局注册登记,原名上海工美艺术品拍卖行,于 2001 年在上海市黄浦区市场监管局更名为上海工美拍卖有限公司,隶属上海老凤祥有限公司。具有一、二、三类文物拍卖资质。

1996 年,举行上海工美首届文物艺术品拍卖会,1997 年与国际著名拍卖公司苏富比合作,承办首届"上海艺术博览会"书画、油画拍卖,是国内拍卖行与境外拍卖行首次合作拍卖,10 年后与国内同行上海崇源艺术品拍卖有限公司合作,先后举办大型的 2007 春季艺术品拍卖会、2007 年秋季艺术品拍卖会。

1998年,上海工美秋季拍卖会吴湖帆《峒关蒲雪图》创国内单件书画作品拍卖成交纪录——134.2万元,2010年4月上海工美15周年庆典拍卖会中,傅抱石作于1944年的《湘夫人》创当年单件书画的拍卖成交纪录——3 136万元。

上海工美注重对海派名家书画拍卖市场的培育与推广,逐步形成特色经营模式,至2010年,先后于2000年6月20日举行"上海工美2000春季拍卖会"的"沈柔坚艺术基金会"藏品专场,2001年12月17日举办"上海工美2001秋季艺术品拍卖会"的"全增嘏藏品"专场,2002年11月29日举办"上海工美2002秋季拍卖会"的"三思斋藏中国书画"专场,2004年11月13日举办"上海工美2004秋季艺术品拍卖会"的"木石庵藏金石书画"专场,2005年6月8日举办"上海工美2005春季艺术品拍卖会"的"随元斋藏画专场",2006年9月13日举办"上海工美2006艺术品拍卖会"的"梅轩珍藏中国名家书画"专场,2008年6月20日举办"上海工美2008春季艺术品拍卖会"的"片羽吉珍唐云·方去疾藏品印章"专场,2009年6月14日举办"上海工美2009春季拍卖会"的"大石斋遗珍"专场,2009年12月6日举办了"上海工美2009秋季拍卖会"的"吴待秋藏品"专场,2010年4月22日举办了"上海工美十五周年庆典拍卖会"的"唐云百年"专场,2010年11月4日举办了"上海工美2010秋季艺术品拍卖会"的"大石斋挚友藏品"专场等专场拍卖,其中"大石斋(唐云)系列拍卖专场"在业内具有轰动效应,成为业内具有特色的专场拍卖之一。

除了艺术品拍卖之外,上海工美还协办一系列艺术品展览会,于2010年7月12—24日协办了"丹青精神——唐云百年诞辰作品展"、2010年6月25日协办了在中国澳门开幕展览历时2个月的"永锡难老——唐云百龄诞辰纪念展"。

上海工美编撰的画册有:2009年10月上海书画出版社出版的《弼箑斋藏明清扇面书画集》、2009年11月上海人民美术出版社出版的《唐云遗墨——纪念唐云先生诞辰一百周年》、2010年10月上海书画出版社出版的《唐云遗墨(续集)》。

四、上海国际商品拍卖有限公司

上海国际商品拍卖有限公司(以下简称"上海国拍")的前身为成立于1988年4月的上海物资拍卖行,是当时国内恢复拍卖业上海第一家、全国第二家成立的拍卖企业。

1996年7月,公司获得国家文物局颁发的文物拍卖经营资质,从1996"海上岁月"收藏品拍卖会起步涉足艺术品拍卖,专业领域涵盖中国书画,瓷玉器杂项、古籍善本、油画水彩画、钱币、邮品等。在1995年至2010年期间,公司从传统单一的中国书画及瓷玉器的拍卖开始,艺术品拍卖领域不断扩展,先后成功举办了中国首届电话磁卡、中国首场近代钱币和上海国拍首届邮品拍卖会,逐渐成为国内外收藏界认可的权威拍卖行之一。

从1996年秋天起,上海国拍独家推出了月份牌原稿拍卖,引起轰动,海内外媒体对此进行了广泛报道。在此基础上,上海国拍继续保持与月份牌画家以及收藏者取得联系,连续五六年始终在春季、秋季艺术品拍卖会上推出月份牌原稿拍卖,形成公司特色拍卖之一。

1996年11月25日,上海国拍举办首场大型秋季艺术品拍卖会——"海上岁月"艺术品珍藏拍卖会。围绕海派文化主题,征集到了336件与上海有关的艺术珍品。首次进入拍卖市场的中国第一代油画家关紫兰的作品《少女》由4.8万元起拍,33万元成交,创造了当年中国老油画作品的拍卖最高价,关紫兰油画由此起步并且形成市场。1999年,关紫兰的成名作《芳韵伊人》出现在上海国拍秋季艺术品拍卖会上引起轰动,最后此画作以 22 万元的价格拍卖成交。

上海国拍公司是国内少数几家举办钱币专场拍卖会的拍卖公司,1997 年 3 月 9 日举行"上海首届银币铜元拍卖会"共有拍品 392 项,绝大部分是清晚期及民国时代的银币和铜元,拍卖成交率高达 99.7%,成交金额 366 万元。其中第 294 号拍品"民国十八年孙中山地球版(样币)"从 10 万元起拍,最后以 50 万元的价位落槌,创下该项拍品在全球拍卖会上的成交最高价。

2000 年 12 月 17 日,上海国拍的秋季艺术品拍卖会上,拍卖一件清雍正釉里红"海水龙纹天球瓶"。此瓶 1998 年春季,在中国嘉德公司的拍卖会上以 400 万元落槌,连同佣金,成交价高达 440 万元。天球瓶拍卖当日,海内外买家与数十家新闻媒体出现在拍卖会场,380 万元起拍。以 728.2 万元的价格拍卖成交,创造了当年的官窑瓷器的高价。上海电视台、东方电视台在第一时间里报道了这一消息,中央电视台也在次日作了报道。

上海国拍 1997 年艺术品拍卖成交额为 3 682.66 万元,逐渐稳步增长,2005 年拍卖成交额达到 10 041.93 万元。

2006 年春拍中国书画专场上,宣德帝书法 1.8 万起拍,226.6 万元成交,体现了艺术品拍卖低价起拍高价成交的魅力。即当年帝王书法的高价。

2010 年 12 月 30 日,上海国拍秋拍古籍善本专场中《大明正德乙亥重刊改并五音集韵十五卷(超大型本)》以 40 万元起拍、72.8 万元成交。

五、上海东方国际商品拍卖有限公司

上海东方国际商品拍卖有限公司成立于 1998 年 5 月,注册地在上海市普陀区长寿路 728 号。是中国拍卖行业 AAA 级拍卖公司(最高级),也是全国首批一、二、三类文物拍卖企业之一。上海市文明单位,普陀区纳税大户。文物艺术品拍品涉及近现代和当代书画作品、中西方油画作品、瓷器玉器等杂项,以及邮品、钱币和古籍善本。

该公司数年来策划了一系列在上海有影响的文物艺术品拍卖案例。

在 2001 年 5 月举办上海艺术品"保真拍卖会"。从拍品征集到最终交付,都克服了巨大的压力。因为艺术品保真是极具挑战的,但这表明了一个拍卖企业对市场的态度,虽然难度很大,但相当成功。2001 年春拍上,公司还举办珠宝秀拍,即由专业模特佩戴拍品走到竞买人当中,让竞买人再次近距离鉴赏珠宝并决定是否举牌应价。这种新颖的拍卖方式为文物艺术品市场带来一股清新之风。

该公司在文物艺术品拍卖业树立自己的独特品牌,走特色之路,在海派书画的拍卖上下了巨大的工夫,因而海派书画的人气很高。海派大师的优秀作品拍卖成交价格也屡创新高。

表 4 - 1 - 1 2004 年至 2010 年上海东方国际商品拍卖有限公司部分书画作品拍卖情况表

场　　次	拍　　品	成交价(单位:元)
2004 秋季	吴昌硕《四时花卉图》	1 760 000
2004 秋季	刘海粟《裸女图》	2 860 000
2005 春季	张大千《宋人山寺图》	6 160 000
2005 秋季	刘海粟《北京雍和宫》	4 400 000

（续表）

场　　次	拍　　品	成交价(单位：元)
2009 秋季	张大千《多子图》	8 960 000
2009 秋季	吴湖帆《嫁轩词意图》	8 064 000
2009 秋季	吴昌硕《花卉四屏图》	1 142 400
2010 春季	张大千《仿董北苑夏山隐居图》	5 152 000
2010 春季	徐悲鸿《猫图》	4 984 000
2010 秋季	陆俨少《山水册页》	8 960 000

除了以上大师之作外，海派名家谢稚柳、陈佩秋、唐云、程十发、江寒汀、吴青霞等优秀作品也频频亮相在艺术品拍卖会场中，成交额也屡创佳绩。

除了中国书画，该公司还从事油画、瓷杂、玉器珠宝等拍卖，代表性的拍卖见下表。

表 4-1-2　2003 年至 2010 年上海东方国际商品拍卖有限公司其他代表性作品拍卖情况表

场　　次	拍　　品	成交价(单位：元)
2003 年	瓷器杂件	747 000
2004 年	华人西画及雕塑	6 726 500
2004 年	瓷器杂件	966 900
2005 年	华人西画及雕塑	6 047 500
2005 年	珠宝玉器	3 900 000
2009 年	中国书画	62 903 500
2010 年	中国书画	73 914 800

2006 年拍卖成交总额 1 678.77 万元，2009 年拍卖成交总额 6 290.35 万元，2010 年拍卖成交总额 21 761.93 万元。

近年来艺术品市场从繁荣回归平和、冷静。该公司顶着压力坚持一年两季的艺术品拍卖，从而向大众普及推广艺术品鉴赏和收藏，使越来越多的人迈进了这一艺术品收藏领域。

六、上海敬华艺术品拍卖有限公司

上海敬华拍卖股份有限公司成立于 2000 年 12 月 16 日，初由上海文物商店、上海博物馆艺术品公司共同组建，具有国家第一类文物拍卖经营资质。公司主营中国古代、近现代、当代名家书画；名家篆刻；竹、木、玉、铜雕刻；旧墨、砚台等文房用品；历代碑帖、印谱；中国油画雕塑。重点征集海派书画精品。主推海派书画精品。每年定期举办春季、秋季大型拍卖会及特别专场拍卖会。

2001 年，敬华首拍即荣登上海地区拍卖成交额榜首。敬华 2001 春季艺术品拍卖会于 2001 年 6 月 23 日至 24 日在上海花园饭店举行春季艺术品拍卖会，共举办了"中国瓷器工艺品""中国近现代书画""中国古代书画""古籍善本碑帖、钱镜塘藏名人尺牍"共四场拍卖，总成交 5 476 万元，创下了上海中国艺术品拍卖最高成交纪录。首拍中一件明永乐景德镇窑青花烛台以 968 万人民币成交,创下了上海敬华首拍,也是1992年上海举办拍卖以来的最高价纪录。

2004年2月28日,《淳化阁帖》杯"二王"系列书法大赛获奖作品展开幕暨颁奖仪式在上海美术馆举行。此次展出的330余件获奖作品、评委和特邀书法家的作品,于4月17日在上海鲁迅纪念馆报告厅由上海敬华艺术品拍卖有限公司进行义拍,拍卖所得全部捐赠给上海市青少年书法基金。

2004年11月16日,上海敬华艺术品拍卖有限公司产权交易合同签约仪式在文新报业大厦43楼举行。根据2002年新修订的《文物保护法》相关条例规定,上海敬华艺术品拍卖有限公司进行了改制,原股东上海博物馆艺术品公司和上海文物商店退出,中共上海市委宣传部直属的文汇新民联合报业集团、精文投资有限公司、东上海影视公司三强联手,以人民币2 067万元收购了敬华公司全部股权。

2006年6月14日,由上海敬华艺术品拍卖公司,以18万元的价格拍出残脂本《红楼梦》。这部残脂本《红楼梦》被深圳卜亦文拍到后收藏,故称之为《卜藏本》。引起红学界和藏书界的极大关注和争论。

七、上海博古斋拍卖有限公司

上海博古斋的前身是有着近六十年古旧书刊字画经营历史、在海内外享有盛誉的上海古籍书店。20世纪90年代,博古斋就开始与上海国拍战略合作,开展以古籍善本为主的艺术品拍卖业务。

2006年12月,由上海世纪出版股份有限公司和上海图书公司共同出资,上海博古斋拍卖有限公司正式成立,获得上海商务委和国家文物局批准的各类商品及文物艺术品拍卖经营资质,现为上海朵云轩艺术发展有限公司旗下子公司。博古斋秉持着"博古通今""诚信为先"的宗旨。公司古籍善本拍卖的专业特色明显,在业内外声名卓著。

2010年,为适应互联网的发展态势,博古斋大力加强网络信息平台的建设,自行研发的"艺术品网络拍卖系统"投入使用。现在,利用公司自有网络拍卖系统进行拍品预展、信息发布、网上竞买、同步拍卖已成为常态,公司的宣传力度得以加强、客户服务得以延伸,企业形象得以进一步提升。

博古斋现为中拍协"AA级"单位和"中国文物艺术品拍卖标准化达标企业"、上海市拍卖企业信用资质等级AAA级企业、上海市合同信用促进会"重合同、守信用"AAA级企业,还多次获得上拍协"先进单位""市场开拓奖""创新进步奖"等奖项。

第三节 古玩市场

一、旧工艺品交易集市

【太原路邮市】

上海太原路邮市于1983年6月在肇嘉浜路太原路口街心花园自发形成,1988年10月4日正式确定为合法市场,是上海最早的邮币交易市场之一。

1997年2月22日,因肇嘉浜道路建设,搬至大木桥路88号云洲商厦内,改名"上海云洲钱币古玩交易市场"。

【会稽路】

1986 年春,会稽路自发形成了上海最早的地摊文物市场,几经取缔,又重新兴起。1988 年,在市文管会、市工商局与市公安局等部门的主办下,将会稽市场上的古玩个体商贩引进冷落的东台路花鸟市场,并在此创立了"浏河路旧工艺品市场"。

【福佑路旧货市场】

福佑路古玩地摊市场,原在河南路以西的福佑路与旧仓街一带,在鼎盛时期达近千个地摊,与北京潘家园古玩市场齐名,有"南福北潘"之说。1997 年,在上海的"引场入室"工程中,将"福佑路古玩市场"迁入了百米之外的"藏宝楼"。

二、古玩市场

【上海卢工集邮品交易市场】

上海卢工集邮品交易市场是卢工体育场于 1983 年创办的,现位于上海市局门路 600 号的卢工体育场内。1996 年邮市高潮来临,卢工体育场抓住机遇,投资改建,设包房和席位,变地摊交易为正规的全日制卢工邮币卡交换市场。银行、邮政、物流均在此设有窗口,首创了具有较大营业规模、较为先进设备装置、较为完善综合管理的卢工邮市模式。

1998 年卢工邮市荣获"上海市文明市场"光荣称号,这一时期国际、国内集邮组织、邮电部和国家邮政局等主要领导多次前来视察和参观,此地也留下程十发、陈逸飞等艺术家的墨迹。同年创办了《卢工邮报》月刊、卢工邮市网站,开展了经营者沙龙、邮展、学术研讨讲座等活动,并形成了"邮市以邮文化为基础,邮文化以邮市为依托"的卢工工作特色。

2000 年卢工邮市成功在国家商标局注册,成为国内外知名的邮币卡交易市场,其成交价格是国内邮市的"晴雨表",也跻身国际邮坛极具影响力的邮市之一。

2003 年卢工邮市成立二十周年纪念大会召开,并发行纪念册和个性化邮票。

2004 年卢工邮市按公司法建立上海卢工集邮品交易市场经营管理有限公司,以公司法人制的治理结构运行现代管理。

上海卢工邮市凭借自身品牌知名度得到社会各方高度关注,2009 年原卢湾区人民政府和卢湾区工人体育场投资支持这个海内外知名邮市改建,邮市配置了先进的遥控监视器、110 联网的防盗报警系统和警犬防范系统,引入综合完善物业管理,满负荷全日制开放。卢工邮市因其大型的邮币卡专业市场营业规模,成为中国邮币卡交易非常重要的平台。

【东台路古玩市场】

东台路古玩市场正式名称叫"浏河路旧工艺品市场",地处原卢湾区浏河路、东台路口,是一条在海内外具有较高知名度的旧工艺品特色街,是上海市文物管理委员会批准的第一个属其监管的旧工艺品市场,在海内外名声颇大,被人们誉为上海的琉璃厂。

1983 年左右东台路古玩市场成市,原先是个花鸟市场,后渐冷落。1988 年,在市文管会、市工商局与市公安局等部门的主办下,将会稽市场上的古玩个体商贩引进冷落的东台路花鸟市场,并在此创立了"东台路古玩市场"。

至 2010 年,在东台路古玩市场 200 多米长的马路旁,共有设摊的个体经营户 125 家,以马路货亭与店铺相结合,透过那些玻璃货亭的玻璃可以看到五光十色的古玩文物,再加之货亭外挑挂的古董,形成了一道上海滩独特的古玩风景线。业务范围包括陶瓷器、铜器、锡器、玉器、竹器、木器、文房四宝、书画等工艺品,此外还有鸟笼、服饰、钱币、月份牌、电风扇、打火机、三寸金莲、毛主席像章等。

东台路古玩市场人气极佳,已成为不少国内外旅游者到上海的必游之地。东台路古玩市场由卢湾区工商局负责管理,连续五年被评为"上海市文明集市",1993 年至 1995 年度获得了"全国文明市场"的荣誉称号。

【上海中福古玩城】

中福古玩城由上海中福置业控股集团有限公司开发,位于黄浦区福州路 542 号,2006 年 3 月 28 日正式开业。中福古玩城集传统古玩艺术品市场的优势于一身,既有独立的店铺产权,又有统一的市场管理。经营内容涵盖瓷器、白玉、竹木牙雕、漆器、沉香、琥珀蜜蜡、寿山石、老挝石、翡翠珠宝、珠串、西洋古董、文玩、核雕、珊瑚、油画、字画、观赏石、紫砂、镶嵌工艺等。城内有中福拍卖公司,设立在一楼中央区域的中福文化艺术交流中心可供专业鉴赏、报告、展览、拍卖、文艺汇演等;设立在二楼的"中福艺术空间"更是联合国内多家文物商店共同打造。古玩城还与国内多家知名古玩艺术品互联网门户网站紧密合作,形成 OTO 营销模式。

中福古玩城总建筑面积达 10 000 余平方米,上下两层,呈环状结构,共有商铺近三百余户。古玩城内的所有商铺,均有优质的安保配置、客户服务中心,提供独创式的管家服务,市场免费无线网络全覆盖,高清摄像头无死角,地下拥有独立式两层车库。中华古玩城联盟和中国长三角古玩商会秘书处均在市场内设立。

2007 年作为上海市收藏协会的活动基地,成立上海市收藏协会中福古玩城陶瓷收藏沙龙,每月或每季度由著名陶瓷收藏家主讲陶瓷收藏常识,并现场鉴定真伪,培养了一大批陶瓷收藏爱好者。每年举办古今陶瓷收藏展及现场鉴定活动。

2008 年作为上海市收藏协会的活动基地,成立上海市收藏协会中福古玩城玉器收藏沙龙,每月或每季度由著名玉器收藏家主讲玉器收藏常识,并现场鉴定真伪,培养玉器收藏爱好者。在中福古玩城玉器收藏沙龙,逐步发展、演变,重新单独注册成立上海市海派玉雕文化协会,每年举办"神工奖"玉雕精品大赛,已成为中国玉雕界一大品牌。

作为上海市观赏石协会的活动基地,2009 年起中福古玩城还常年参与在中福古玩城举办的全国海派奇石收藏大展,成为中国奇石界的又一品牌。

2010 年起,上海中福古玩城发起并参与组建"中华古玩城联盟",发起人之一的上海中福古玩城领导王佳任联盟秘书长。

【云洲古玩城】

上海云洲古玩城前身为上海太原路邮市,1997 年 2 月迁至大木桥路 88 号云洲商厦的五六楼。后为适应市场需要,利用商厦室外四周空地开设地摊市场,每逢周六、周日有市,以古钱币及各类纸质收藏品为主,如烟标、火花、股票、连环画、老照片、老明信片等。

2005 年 5 月 18 日,该市场为了拓展经营规模,将商厦的四楼改建成古玩文物商场,经营着从古玩到现玩的各类收藏品,设施齐全,投资环境良好。至此成为一个综合类收藏品市场。同时云洲古玩城成为上海市收藏协会的活动基地,将古玩展览、鉴赏、讲课与沙龙等功能融为一体。此后,云洲古玩城又将二、三楼开辟成古玩商场,一楼也将纳入范围,形成了6个楼层5 000平方米的经营面积,近千户商家入驻加盟。

至2008年,古玩城入驻商户1 000余家,有9个楼层2万平方米经营面积。经营种类齐全是云洲古玩城的一大特色,集瓷器、玉器、青铜器、木雕、字画、明清家具、集邮票品、古今钱币以及各种债券、股票、彩票等收藏品之大全,具有浓郁的海派收藏特色。

举办丰富多彩的会展活动是云洲又一大特色,云洲古玩城开业以来经常举行全国性的古玩大型交流会、拍卖会和展览会,又为社会各界藏家、同仁们举办古玩藏品各类系列专题鉴赏讲座、技艺培训和沙龙活动,又为古玩收藏爱好者提供专家免费鉴定服务等活动。八楼还有个展览和会议厅经常搞活动,包括赛宝、讲座、展览、交流会等。

除此以外,云洲古玩城的入驻单位还包括全国工商联古玩商会的副会长单位和上海古玩商分会、上海市钱币学会钱币鉴定咨询处。被上海市旅游行业协会授予"上海市接待旅游团队推荐单位"称号。

【豫园商城工艺品公司】

豫园商城工艺品公司俗称"华宝楼",即上海老城隍庙古玩市场,是上海最负盛名的古玩市场之一,最早开设在城隍庙的大殿内。

1994年8月豫园商城一期工程中的精品竣工建成。华宝楼大门面向上海老街,毗邻老城隍庙大门,"华宝楼"的匾额为周谷城题写,正门楼额有顾廷龙先生的"金声玉振"题匾,楼内侧还建有仿古的戏台。华宝楼总营业面积为1 500平方米,约有110家业户,经营着上万种物品,如玉器翡翠、青瓷陶器、佛像香炉、名人字画、文房四宝、红木器具、骨雕木雕、老式钟表相机等。地上三个楼面铺面经营黄金首饰、珠宝玉器、文房四宝、陶瓷器皿等。二楼以软工艺品为主,如中国丝绸、各地名绣、蓝印花布、工艺服饰与挂毯等。三楼主营字画、雕塑,不定期地举行各种艺术联谊活动。

上海老城隍庙古玩市场还包括华宝楼地下一层的旧工艺品市场和南丰分场,主要经营1911年以后的陶瓷器、玉石器、漆器、中外古董钟表、西洋摆件、书画、钱币、邮票、碑拓、拓片、织绣、各种质地的雕刻等深受国内外旅游者和收藏家的青睐。全国人大副委员长王光英曾两度到古玩市场观光购物。此外,哥伦比亚总统温贝托德担卡列夫妇,越南总书记杜梅,芬兰总统马尔蒂阿赫蒂萨里夫人,俄罗斯总统叶利钦夫人,葡萄牙总统桑铂约等近百批各国首脑、贵宾都曾前来参观、购物。

1995年"旧工艺品市场",更名为"华宝楼古玩市场"。1996年4月,地下室古玩市场在,"驻沪海外人士看上海"的评选活动中,被评为"最喜爱的古玩市场"。1997年,在"新上海之最"的评选中,又被评为上海目前最大的古玩市场,再次名列沪上同行业的榜首。

2001年上海老城隍庙古玩市场南丰分场开张,又名南丰文物交易市场,开设在旧校场路上的南丰商厦地下室。其面积规模与华宝楼相仿,大部分都是工艺品,其中最有特色的是上海老城隍庙邮币卡市场。除此以外,经营项目包括少数民族古玩就有藏族的古旧家具、藏族服饰、新旧唐卡、新疆的古董地毯,内蒙古的银器茶具等,还有真丝绣品、青田石雕、根雕、皮影、佛像、瓷器等。

至2010年,上海老城隍庙古玩市场仍是上海目前规模最大、品种最齐的室内古玩市场。

【藏宝楼工艺品市场】

藏宝楼工艺品市场又称"福佑工艺品市场"。原黄浦区福佑路自改革开放后逐步自发形成的马路市场,由原南市区工商行政管理局管理,发展至1995年,已形成较为成熟的周六、周日的周末古玩工艺品经营的马路市场。

1995—1997年间,市场摊位有300余个,经营各类古玩、字画、玉器、瓷器、铜器等工艺品,每周六、日,淘宝寻宝人数众多,形成了较为繁荣的周末古玩、玉器、工艺品等的交易市场。

1997年5月,南市区政府决定将福佑路附近的市属下放企业上海沪南电表厂实施退二进三。区政府决定后,由当时南市区工商局局长詹文一负责该项工作,将方浜中路457号内的6 000平方米的房屋,改建成工艺品市场,改建中,区政府还将沪南电表厂沿方浜中路的十几户居民动迁,开辟出门前广场,以适应办市场的需要,改建后的大楼取名为"藏宝楼",同时启用藏宝楼工艺品市场(也叫福佑工艺品市场)。

1997年10月31日市场改建完毕,11月1日商户进驻,正式对外营业。1997年11月新建立的藏宝楼工艺品市场,将原福佑路市场三百余家摊位全纳入藏宝楼,同时也吸纳了一些经营同类业务的商户,新建的藏宝楼市场,底层主要经营玉器、翡翠、水晶、铜器等,夹层主要经营古玩、字画、工艺品等,二楼主要经营老红木家具、木雕制品及杂件等,三楼主要经营瓷器、杂件等,一至三楼均为全天候开放的市场,四楼则是新辟的周六、周日临时摊位,每周六、周日商户来登记,批准后即可入驻摆摊,周一至周五均不开放,四楼地摊市场非常有其特色,这一形式是沿袭了古玩市场老式交易方式,天不亮就开始交易,故也称为"鬼市",在古玩行业中既盛行又聚人气。

随着市场的建立,1997年10月至11月,藏宝楼市场先后取得了工商局批发的营业执照,税务局批发的税务许可证,税务局还派出专管人员进驻市场、专职管理,收取市场内各业主税收费用,同时市场还取得了市文管委批发的文物经营许可证和公安局批发的特种行业经营许可证,文管委还派专员协助市场进行管理,公安局派出专人联系市场工作,文物和公安部门的许可证,使藏宝楼有了政府许可下的古玩经营项目和四楼地摊市场的交易活动。这是当时上海较早的较有规模的室内古玩工艺品经营市场。由于当时市场由福佑马路市场引入而来,故当时的市场由南市区工商局派员管理,沪南电表厂协助管理,共同经营藏宝楼工艺品市场。

1997年11月,正值上海旅游节之际,市旅游节组委会还将藏宝楼列入旅游节的一个活动点,予以介绍和推广,有效促进了藏宝楼市场的成熟和发展。

1997年至2003年的几年中,市场趋于成熟,到2003年时市场内一至三楼固定摊位已达300余个,四楼地摊也达到300余个,市场内的摊、铺变得一铺(摊)难求。2004年,根据国家规定政府部门退出实体经营和管理,故原南市区工商局退出了对藏宝楼的管理职能,由沪南电表厂接受管理,沪南电表厂在上级的领导和指导下建立了藏宝楼工艺品市场经营管理有限公司,同时工商局、税务局、文物局各派出专人进驻市场,指导、监督和协助市场内的相关管理工作,公安部门也设专人联系市场。作为藏宝楼市场也为各部门设立专用办公室,在政府有关部门直接指导关心下,市场沿着顺势快速发展。

2004年至2010年间,藏宝楼工艺品市场都在不断发展,市场还根据市场发展的需要和需求,在2005年与2006年间先后开设了五楼存放物件的功能和四楼设立周四、周五华东地区玉器类交易市场,每星期开放周四、周五两天,开设的摊位与周六、周日摊位一样,三百余个。周四、周五的市场与周六、周日市场区别在于周四、周五市场开业时间与一至三楼同步,周六、周日市场是凌晨四至五点即开始设摊营业。

由于市场的兴旺,带来了人气和商机,每周六、周日进市场人数可达3万~5万以上。由此沿藏宝楼市场大门的方浜路上,也自发地逐渐产生了周六、周日,以藏宝楼为中心的沿方浜中路上的马路夜市,自 2006 年逐步形成,从半夜 12 点开始至早上 8—9 点结束,其规模也在不断发展,最兴旺时马路地摊多达两三百个,到 2010 年上海召开世博会前,由政府出面,将这些马路临时夜间摊位整治取缔。为此,藏宝楼四楼的临时摊位更是"一摊难求",市场更兴旺。

第二章　民　间　收　藏

　　上海民间收藏的历史源远流长,清道光年间就有李筠嘉、任伯年等收藏名家。上海是中国邮票的诞生地,也是中国集邮活动的发源地。早在 1879 年 6 月《申报》就刊登了收购"老人头"的广告。辛亥时期的钱化佛开启了火花、烟标、门券、戏单等"大众收藏品"门类,成为民间收藏的先驱。1930年代,随着中国民族工业经济的崛起,民间收藏也繁荣起来,造就了张伯驹、吴湖帆、郑逸梅、柳亚子等海上收藏精英。民国时期,上海就有收藏性质的协会团体出现。1912 年成立的上海邮票会,是中国最早的集邮组织,也是最早的收藏组织。后有中国古泉学会、中国泉币学社、中国纸币集藏会等兼具收藏、研究功能的社会团体相继成立。

　　新中国成立初期,倡导社会主义新文化,收藏已被视为玩物丧志的颓废行业,加上国有单位的统一经营和逐步限制,直至禁止民间交易政策的发布,老一代的收藏家一种情况是出于爱国主义思想,将文物捐给上海博物馆等机构。二是有经济困难文物变现家用的需要,低价转让给国家文物收藏机构。三是还维持定量的收藏,私下赏玩、交流。但总体上此时的收藏群体人数和藏品数量大为减少。新中国时期最值得一说的是"红色收藏家"的出现,他们是革命干部群体的一部分。进城以后有了和平建设的环境,其中有文化素养和收藏爱好的革命干部,则用自己的薪水开始收藏。在上海有谷牧、王一平、李研吾、曹漫之、白书章、罗竹风等人,其中以王一平先生的收藏成就最高,历经改革开放,他在晚年将自己收藏的精品包括林良、文徵明、华喦的书画,大多捐给上海博物馆。这一时期,海派书画名家也有一些承续传统,继续或者开始收藏。包括名家刘海粟、钱君匋、谢稚柳、唐云、程十发等人,他们为了绘画借鉴,都收藏自己钟情又可艺术借鉴的作品。他们的精品后来也大多捐给家乡政府或上海政府。

　　"文化大革命"初期扫"四旧"和抄家,上海地区被烧毁的文物无法统计,抄家入库的达 420 余万件。为此曾设立专门的仓库和机构,由上海文物清理小组负责存储和保管抄家物资。直到"文化大革命"结束,拨乱反正,平反冤假错案,才先后开始陆续发还抄家物资中的文物和字画,直到 20 世纪 80 年代中后期,基本告一段落。

　　改革开放使上海的收藏事业面临市场化、国际化和开放性的广阔背景。文物和艺术品收藏空前活跃,政府的政策更加开放,收藏家和艺术家两个主体形成互动力量,艺术品经营也更加多元化。20 世纪 80 年代,民间收藏进入了新的发展阶段。新一代企业家加入收藏及艺术品投资领域,传统书画等专业人士也涌现出收藏名家,如韩天衡、童衍方、徐云叔、徐伟达、许四海、王克勤、季崇建先生等人。他们将收藏与创作相联系,走出了一条以艺养藏的道路。其中韩天衡先生以在嘉定创办美术馆而闻名。制壶名家许四海 1992 年办有四海壶具博物馆,是上海最早的私立博物馆。

　　当代上海的收藏队伍从知识阶层扩展到社会各阶层,藏品类型从古玩字画拓宽到日用品等现玩。进入 21 世纪以后,民间收藏队伍壮大,收藏者视角也日趋独特,新藏品门类层出不穷。上海解放以前的各种日用品、货品,以及各类消费卡、当代艺术品等现玩都成为收藏热点。上海有十万余收藏大军,另有百万邮品收藏者,其中既有名人,也有百姓。收藏队伍日益壮大,是充分吸收民间收藏的结果。上海民间收藏门类已达 200 多种,有"中国收藏半壁江山"的美誉。改革开放以后,新的收藏类社会团体纷纷成立。1981 年上海市集邮协会成立,1983 年成立上海市钱币学会,1986 年 6

月，上海收藏欣赏学会成立，2004 年更名上海市收藏协会，是上海规模最大的收藏社团。2005 年在上海市文联领导下，成立了上海收藏鉴赏家协会，也是上海收藏界的重要力量。各类收藏团体的成立，密切了同行之间的关系，加强了信息交流，有利于集合社会力量，开展有益的公共服务和社会活动，促进收藏事业的发展。

第一节　上海市收藏协会

一、沿革

上海市收藏协会初名"上海收藏欣赏学会"，1986 年 6 月 10 日于上海成立，是中国第一家省市级收藏组织。同日创办会刊《收藏家》。1987 年 1 月 4 日，上海收藏欣赏学会改名为上海收藏欣赏联谊会，吴少华当选会长，王承德任秘书长，并采纳原文化部代部长、全国文联主席、联谊会顾问周巍峙先生建议，确定了"欣赏、求知、联谊、创造"的宗旨。1989 年 11 月，上海收藏欣赏联谊会正式挂靠市文化局，成为政府领导下统一引导上海民间收藏的社会团体，由上海美术馆正式代管。1991 年，上海收藏欣赏联谊会成为上海市民政局首批登记注册的市级社团，是国内最早的省市级收藏法人组织。

1992 年 10 月 7 日，经上海旅游局与上海南市区人民政府签约，上海收藏欣赏联谊会正式入驻三山会馆。当天，上海民间收藏品陈列馆同步揭幕。1995 年 12 月 12 日，"1995 华夏民间收藏品展会"在广东惠州举行，为我国首次全国性大型民间收藏活动。上海收藏欣赏联谊会派出 23 位收藏家组成的参展团，是全国唯一的参展团体。1998 年，上海收藏欣赏联谊会通过首批上海市社团清理整顿，并领到了《社会团体法人登记证书》。

2001 年 9 月 30 日，中共上海收藏欣赏联谊会党支部成立，刘超同志任党支部书记。2003 年 10 月 15 日，由上海收藏欣赏联谊会主办的"走进大墙——上海民间收藏展"，是国内首次在监狱内举办的民间收藏展。2004 年 9 月 18 日，上海收藏欣赏联谊会更名为上海市收藏协会。

2005 年 5 月 8 日，云洲古玩城开张，成为上海市收藏协会首个收藏活动基地。之后，中福古玩城、上青古玩城（恒大古玩城）、中国烟草博物馆、多宝古玩城、浦江镇召稼楼古镇、崇明"江南三民文化村"、东方地质博物馆、上海旅游品商厦珍宝馆、天乙茶艺广场等地相继成为上海市收藏协会收藏活动基地。2005 年 8 月 5 日，会刊《收藏家》更名为《上海收藏家》，同时从双月刊改为月刊。2005 年，上海市收藏协会在第五届会员代表大会上推出"海派收藏成就奖"，表彰为上海民间收藏做出贡献的收藏家。首批 9 人获奖。每年颁奖一次，至 2010 年，获此殊荣的收藏家共 34 名。在此基础上，向德高望重的老收藏加颁发"终身成就奖"，是上海民间收藏最高荣誉。

为迎接上海市收藏协会成立 20 周年，2006 年由 24 位会员发起"收藏不忘慈善、真情回报社会"的倡议，得到广大会员的热烈响应。经过一年多的发动组织，沪上 300 多位藏友捐赠通过义拍所得 20 万元，为江西革命老区建造一座希望小学。著名电影表演艺术家秦怡也在 2006 年 7 月 23 日参加中福古玩城举行的义拍活动，捐出儿子金捷的画作义拍。2007 年 6 月 16 日，上海收藏希望小学在江西革命老区横峰县龙门乡钱家村破土动工。并与 11 月 10 日竣工，50 余名会员赴江西参加竣工庆典。此为首个由国内收藏界人士捐赠的学校。

2007 年起，上海市收藏协会在三山会馆举办了"海上年俗——首届上海春节民俗风情展"，此后协会每年举办"海上年俗风情展"。2008 年，为迎接"上海 2008 世界华人收藏家大会"的召开，在市文广局的领导下,"上海收藏文化周"于 10 月 8 日在金茂大厦开幕,共有 14 个分会场遍及全市 8 个区域,为国内收藏界首次举办"收藏周"活动。

2010 年,上海市收藏协会发扬大爱精神,一年中三次为灾区捐款。分别有 37 位会员因西南五省遭受百年一遇特大旱情向市红十字会捐款 13 600 元,34 位会员及银行卡沙龙向青海玉树地震灾区捐款 22 841 元,31 位会员及银行卡沙龙向甘肃舟曲泥石流灾区捐款 11 300 元。

上海市收藏协会每年举办收藏、展示、交流、咨询活动 200 多场次,积极组织、参与国内各类重大收藏活动。1995—2010 年间先后成立的收藏沙龙有南星古玩沙龙、可口可乐文化收藏沙龙、青少年收藏沙龙、银行卡收藏沙龙、铜器收藏沙龙、中福收藏沙龙等。

上海市收藏协会曾获得市文广局 2003—2007 年度特色活动奖,市文广局 2005—2006 年度、2007—2008 年度、2009—2010 年度"文明社团"称号,上海市群众文化奖励基金理事会授予的 2007 年度、2008 年度"上海市群众工作先进集体"等殊荣。

二、专业委员会

【集报专业委员会】

上海市收藏协会集报专业委员会(以下简称"上海藏协集报专委会")前身为上海收藏欣赏联谊会报纸收藏协会,是上海地区收藏报纸、研究报纸的群众性业余文化团体,奉行"集报于个人,服务于大众,奉献于社会"的收藏理念。

1987 年 6 月 20 日,上海收藏欣赏联谊会报纸收藏协会于在上海市区运输公司俱乐部召开成立大会。同日,会刊《集报交流》更名为《上海集报》。《上海集报》创办于 1986 年 3 月,初名《情况交流》,1987 年 1 月 10 日更名为《集报交流》,是上海地区创办最早的民刊。上海藏协集报专委会不定期开展报友收藏个展和研讨会,集中开展报纸的收藏、交流与研讨等,并适时举办报纸藏品的竞购交流活动。1987 年 7 月 19 日,首次会员活动在格致中学举行。8 月 8 日,"集报角"在四川中路桥堍的河滨公园开展第一次活动。集报角是上海藏协集报专委会的主要交流与展示形式。早期集报角活动每月一次,后改为两月一次。举办地曾易址格致中学、南浔路 246 号等地。

1989 年,上海藏协集报专委会的各项活动开展渐入佳境。《上海集报》改为双月刊。4 月 1 日,沪上第一家家庭集报馆——刘必华家庭报纸收藏馆成立。11 月 27 日,由上海藏协集报专委会、解放日报报刊文摘编辑部、中国日报上海办事处、上海冶金设备总厂、上海企业报记协联合举办的"上海市首届集报成果展"在上海冶金设备总厂俱乐部开幕,展期四天。

1995 年 1 月 1 日,《上海集报》与《永平报苑》(杜永平主编,1987 年 9 月创刊时名《报海寻源》)、《报海世界》(艾耀国主编,1987 年 11 月创刊)、《集报文摘》(徐聿强主编,1991 年 1 月创刊)、《集报参考》(王增华主编,1991 年 6 月创刊)五报合并成新版《上海集报》。由五报联合举办的"1994 年全国集报界十大新闻"评选,历时两个多月,在 2 月公布结果。新闻《全国集报界上海系列研讨活动在上海隆重举行》荣获第一。此次评选结果中,上海地区有 6 条新闻入选。6 月 20 日,上海藏协集报专委会成立 18 周年之际,《上海集报》首次出版扩大版,四开四版。

1997 年 4 月 20 日《集报在上海——十年成果回顾展》在三山会馆上海民间收藏品陈列馆开幕,展期四周,展览汇聚了 15 位沪上集报人收藏的 20 个专题的三千多种报纸。此为第二次集报成果展览。

2002 年 1 月 18 日,上海市档案局在上海市档案馆正式举行周全海、徐鸿基捐赠档案资料颁证仪式,表彰会员周全海于 2001 年 9 月 18 日将数十年来剪贴的近 2 000 册剪报资料捐献给上海市档案馆的义举。2002 年 12 月 15 日,《上海集报》被中国报业协会集报分会筹委会评选为 2002 年度中国十佳集报民刊。2004 年,中国报业协会集报分会成立,上海藏协集报专委会 6 位会员当选第一届理事。同年 9 月 18 日,因上海收藏欣赏联谊会更名上海市收藏协会,上海收藏欣赏联谊会报纸收藏协会同步更名为上海市收藏协会集报专业委员会。2007 年 6 月 24 日,《迎接党的十七大召开上海报纸收藏成果展》在上海民间收藏品陈列馆开幕,展期两个月,为第三次集报成果展览。上海老报馆也同时揭幕,并定期向社会开放。2010 年,艾耀国创刊号报纸博物馆与郭纯享家庭集报馆分别获得中国报协集报分会评选的三星级及五星级"中国集报之家"称号。

【交通票证专业委员会】

上海市收藏协会交通票证专业委员会(以下简称"上海藏协交通票证专委会")前身为上海市收藏欣赏联谊会月票花分会。是上海地区乃至全国最早成立的以集藏公交月票、轮渡月票、公园月票为主的群众性业余文化团体。倡导"交流互补,资源共享"的团队意识,秉承"快乐收藏,服务社会"收藏理念。为交通票专委会发展奠定了基础。

1987 年 5 月 15 日,在第一次筹备会上拟定了组织名称为"上海市收藏欣赏联谊会月票花分会"。每逢双月开展交流活动,并创办会刊《月票花》,主编支康鑫,每季一期,由著名书法家任政书写刊名,郑幸遥设计报徽。同年 8 月 23 日组织了第一次活动,征求大家意见。此次活动由 31 名会员参加。1988 年 9 月 25 日,在原公交电车三场会场召开成立大会。上海市公交公司原经理靳怀刚、上海市公交公司经理邬渭贤、上海市收藏欣赏联谊会会长吴少华出席成立大会,大会推荐周令和为会长、叶宁、翟刚为副会长。同时聘请上海市公交公司原经理邬渭贤、公用局调研室唐和定、公交公司营业所所长张关琪、公交公司营业所副所长赵永柱为月票花分会顾问,有 72 名会员参加会议。

原活动场地为圆明园路 21 号长途电信局技校,后因土地置换,先后两次易址,五角场上海邮电职工学校,五角场民庆家园居委会活动室。

1994 年 9 月 25 日至 10 月 3 日,参与在沪西工人文化宫三楼展厅举办的"'国脉杯'94 上海月票花展"。本次展览共有各地月票花集藏者和设计者 27 人参展,展出上海及外地 57 个城市的月票花和月票卡 6 800 多枚,共 550 张标准贴片。通过办展,月票花分会会员从初建期时的 72 名,骤增到 200 余名,还在沈阳、厦门、南京、常州、芜湖、南通等地发展通信会员,并不断扩大月票花收藏的影响力。1994 年 6 月 14 日沪上第一家月票花收藏馆《周令和月票花收藏馆》正式开馆,经媒体报道后,再次带动了上海市民对月票花收藏的浓厚兴趣。

1995 年 10 月 26 日,"1995 上海科技节民间收藏展",周令和以"月票花上的船"参加在虹口区曲阳图书馆举办的"中国古代船模展",展示科技是第一生产力。

1996 年 1 月,随着公交行业逐步向市场化转型,开展体制、机制、票制的改革,使用了 40 多年的公交月票被迫取消,公交公司相继推出公交本色月票、公交预售车票等。特别是 1996 年 4 月,公交广告车票发售后,专委会及时引导会员收藏公交广告车票,同时将会刊更名为《广告车票》。

1996 年 8 月 20 日,在上海市收藏欣赏联谊会支持下,徐青山《一品半月照山庄家庭收藏馆》开馆。同年 10 月 6 日,颜悦清在上海第四制药股份公司厂庆 110 周年,首次展出公交"广告车票"从 4 月至 10 月初发行的 121 张广告车票。

2005 年 10 月 25 日,经上海藏协理事会审批,同意月票花分会更名为交通票证专业委员会。

2008年2月27日至3月2日,交通票证专委会与上海市交通局宣传处联合举办《上海公交百年票证展》,8名会员参展。该展览被选入2008年上海市文化年鉴。12月3日《青年报》第四版整版介绍周令和月票收藏的文章《老周玩收藏玩成月票花大鳄》。

2009年1月5日,活动地址变更为民京路658弄14号,民京家园居委会活动室。首次开办《微讲座》,第一课:周令和主讲"上海月票的种类"并首次举办"一框展"。会刊由原来的《广告车票》更名为《交通票证》,主编颜悦清,季刊。10月周令和、颜悦清、张建人、夏国民、王柄根5名会员参与《1994—2009年上海市公共交通预售车票珍藏册》设计,资料提供和文字撰写。10月18日,《五角场镇》社区报刊登黄志宪的收藏文章《乐在收藏中》。11月1日,交通票证专委会换届,产生新一届理事会人员。

2010年5月25日,《申江服务导报》介绍周令和收藏的"月票见证轮渡兴衰"专题。11月28日,《五角场镇》社区报刊登周令和文章《城市名片的收藏者》,多方位介绍交通票证收藏。

【中医秘方集藏专业委员会】

中医秘方专业委员会,成立于1989年10月。专委会成立后,以游默先生撰写的《小草诗》作为专委会活动的宗旨,即:"鲜花虽美,不能永在;小草虽陋,染绿旷野"。

1989年至2006年,入会人数较多,累计入会人数共有二百余人。主要活动方式有:每月一次(每月第二周的周六晚上)集体学习交流;每月出刊一期《小草学习》会刊;结合节假日,组织会员为社会民众进行义诊;编辑秘方专集,有《小草秘方首集》《远志不辍集》《小草秘方第三集》《小草秘方第四集》等。由于活动开展活跃,曾得到了社会的关注,并还被上海人民广播电台及《新民晚报》等媒体宣传报道。

2006年,专委会在收藏协会的关心与监督下进行换届选举,产生以邓喜清为主任、胡立山和华杏芳为副主任的新的一届(第三届)领导班子。该届班子历任12年(2006年6月—2018年9月)。继续坚持编辑中医秘方专集,先后编辑了《小草秘方第五集》《小草秘方集成》《不肯黄集(上中下)》等专集书刊。继续坚持组织开展服务于社会的活动。如:结合复旦大学校庆返校日等活动,多次组织为其校友进行义诊或举办养生讲座报告;结合为建设社会主义新农村服务,组织19人赴江苏昆山市千灯镇为村民进行了多种科目的义诊服务;采取集体与分散相结合方式,多批次地组织赴浙江省上虞市普静寺为僧人及香客进行义诊等。委员会还大力鼓励会员以个人名义充分发挥专长,在社会上的积极作用。

【钟表专业委员会】

上海市收藏协会钟表专业委员会,前身为上海收藏协会欣赏联谊会钟表分会于1989年10月2日成立。是上海及周边地区钟表收藏及爱好者的群众性文化团体。奉行"收藏研究,切磋交流,服务大众,奉献社会"的收藏理念。

钟表专业委员会不定期开展表友收藏品鉴定交流活动,形式包括藏品展览、研讨会、沙龙、联谊会、讲座、茶话会等。1995年4月在光大展览中心举行钟表展。1996年10月在上海展览会馆举办"十六届中国国际钟表古董收藏展"。2005年5月28日,在云洲古玩城四楼展示拍卖厅举行"钟表沙龙交流会",出席会员24人。同年8月6日在云洲古玩城四楼展示拍卖厅举行"古董钟表联谊会",12名会员到会。2007年11月4日,在中福古玩城举办钟表展。2010年3月6日在多宝古玩城举办"钟表专业委员会活动基地揭牌仪式暨百种齐鸣,迎世博古董钟表精品展开幕式"。

【旅游文化专委会】

上海市收藏协会旅游文化专委会(以下简称上旅会)是上海收藏协会所管辖的一个分会,收藏上海地区旅游资料如:地签、简介、书刊、杂志。着重于旅游景点门券收藏研究的群众业余文化团体。协会成立的宗旨是:收藏、欣赏、求职、联谊。

1991年6月16日,上旅会在上海长途汽车运输公司(长途俱乐部)召开成立大会。《旅游之星》报作为上旅会会刊同日发刊。1995年2月10日更名为《东方集游》。2012年2月10日再度更名《上海门券收藏》。

上旅会每月活动一次,自成立以来从不间断。活动地点遍布上海各区域。2010年4月25日至2012年2月26日在浦东新区泾杨街道五街坊居委会会议室活动。

2010年7月13日至10月15日上旅会会员汪志根、梅心忠、李鸿生参加"上海闵行区门券巡回展览",地点遍布闵行区13个街镇。9月,上海市收藏协会《劳动报》等单位举办的《爱世博·爱上海——我的收藏故事》征文活动中于志昌的专题论文"爱上海·爱集上海门券"获得三等奖。10月30日,"首届门券收藏发展论坛"在无锡举办。上旅会顾问冯济民的论文获二等奖。

【扑克专业委员会】

上海市收藏协会扑克专业委员会(以下简称"上海藏协扑克专委会")前身为上海收藏欣赏联谊会扑克专业委员会,是上海地区收藏扑克、研究扑克的群众性业余文化团体,奉行"收藏扑克,美丽人生"的收藏理念。上海藏协扑克专委会每季度活动一次,采取"请进来,走出去"的方式开展活动。

1997年11月29日,上海藏协扑克专委会在三山会馆会议室召开了扑克专业委员会成立大会,吴少华会长、王承德副会长等上海收藏欣赏联谊会的领队以及扑克专委会的艾卓颖、程光胜、刘驶、裘建华、陈龙灿、陆水平(已故)、丁弋、郎伟军、甘克念等10余位扑克收藏爱好者出席了大会。扑克专委会的成立,标志着全国第一家正规扑克收藏组织在上海诞生。

同日,由上海藏协扑克专委会监制的《收藏家》菱形扑克牌在三山会馆举行了首发仪式。该扑克由上海收藏欣赏联谊会会长吴少华亲自设计,上海森林印刷厂生产,万博集藏品公司发行。该扑克创造了中国扑克牌生产史上3个第一,中国第一副菱形扑克、中国第一套《收藏家》扑克、中国第一套绝版编号发行扑克。

1997年11月15—19日,上海民间音乐藏品博览会在上海市历史博物馆开幕,上海藏协扑克专委会主任携藏品参展。

1998年1月,上海藏协扑克专委会的艾卓颖、程光胜、叶国平、刘驶等参加了在三山会馆举办的"1998迎春收藏展",此次的收藏展也揭开了扑克作为一种收藏品走上社会舞台的帷幕,在全国开了先河。6月30日《收藏家》菱形扑克牌下册发行,上下册成为一个完整的系列。9月1日作为上海藏协扑克专委会的会刊《申城扑克收藏报》在沪创刊,会刊本着"弘扬扑克收藏文化、振兴中华扑克收藏"的宗旨,团结全国扑克藏友,开展扑克藏品的研究,递送扑克讯息。8月上海收藏欣赏联谊会扑克专委会主任艾卓颖应上海东方广播电台的邀请走进直播间,就个人的扑克收藏、国内扑克收藏现状等问题回答了支持人的提问,此次直播采访为社会各界了解扑克收藏提供了一个窗口。

1999年1月8日,由上海藏协扑克专委会设计、监制,上海森林印刷厂印刷的"收藏家名片扑克"在山西藏友贾天兵的大力协助下发行。8月18日上海藏协扑克专委会在上海市长宁区玉屏南路340弄109号乙205室开设了"扑克藏品展示室",将上海藏友收藏的500种扑克新品、精品展示出来供上海以及各地藏友前来参观、欣赏、交流。

2000年1月,上海扑克收藏网建立(www.shanghaipuke.com),通过网站展示了上海扑克收藏,并且成为目前最具影响力的扑克收藏网站之一。

2001年8月13日,上海收藏欣赏联谊会扑克专委会主任艾卓颖的扑克收藏专题片在杭州电视台西湖明珠频道《收藏天地》栏目中播放。

2002年9月30日至10月3日,上海收藏欣赏联谊会扑克专委会的刘弢、姜海、朱芃械等参加了在北京召开的"首届中国扑克收藏文化博览会",姜海有两部展品展出,发表文章《扑克牌的黑桃A》。

2003年9月22日,上海藏协扑克专委会在三山会馆举办"中外扑克收藏展",这是上海首次举办大型扑克收藏展,展期为一个月,共展出50多个国家和地区的1 500余副精品扑克。10月1—3日,刘弢、姜海、朱芃械等参加了在北京召开的"麒麟杯首届中国扑克节"。

2004年10月1—3日,艾卓颖、张国芬、刘弢、姜海、朱芃械、蒋树喜等参加了在浙江宁波召开的"第二届中国扑克收藏文化博览会",姜海发表文章《论扑克收藏的发展》。

2005年6月11—12日,张国芬、姜海参加了在北京召开的"全国扑克收藏工作会议"。12月19日艾卓颖的扑克展品在西南文化艺术中心展出。

2006年10月1—3日,艾卓颖、张国芬、刘弢、姜海、朱芃械等参加了在天津召开的"第三届中国扑克收藏文化博览会"。2007年1月姜海会员在美国杂志《扑克资讯》第一期上发表文章"论中国扑克收藏发展"。2008年10月1—3日,刘弢、姜海、朱芃械等参加了在山西平遥召开的"第四届中国扑克收藏文化博览会"。

2009年3月28—29日,艾卓颖、姜海、徐晓曙、朱芃械等参加了在山东济南召开的"首届中国扑克收藏交流大会"。6月27日至7月5日姜海、张国芬等参加了在河北石家庄召开的首届"中国红色经典扑克收藏博览会"。

2010年5月28—29日,姜海、张国芬、朱芃械等11位藏友参加了在江苏徐州"江苏省扑克收藏俱乐部成立及扑克艺术展"。10月1—3日,姜海、张国芬等参加了河南济源召开的"第五届中国扑克收藏文化博览会"。

【大铜章专业委员会】

上海市收藏协会大铜章专业委员会(下简称"大铜章专委会")前身为上海收藏欣赏联谊会大铜章收藏协会。其主要成员由钱币爱好者发展而来,起初,大铜章只是钱币的衍生产品,但是其表现题材丰富性,表现手法多样,方寸之间展现雕塑艺术的审美,逐渐形成独立门的艺术收藏品门类。

2002年1月2日在闵行区华坪地段医院会议室举行大铜章专委会成立大会。专委会邀请大铜章专委会顾问罗永辉先生设计雕刻《上海市收藏协会大铜章专业委员会成立》的纪念章一枚,会徽一枚。协会以"推广、欣赏、收藏、研究"此为协会宗旨,成立之初便汇聚上海地区一批大铜章收藏爱好者,初始会员25名。

大铜章专委会坚持开展大铜章资料收集和大铜章研究工作。坚持发行内部交流会刊40余期,会刊从名家名作、历史传承、工艺特色、新章评述、中外交流等方面阐述大铜章专委会观点。坚持双月聚会从未间断。每次双月聚会主要传达总会要求,落实总会各项工作,会员交流最新集藏品,并对当前收藏热点作专题研究交流。组织会员们进"上钞""上币"、无锡、杭州等各类参观活动。

大铜章专委会成立后积极展开各类活动,在上海举办一系列推广宣传展,普及传播世界大铜章艺术。每次展览活动均引起业内很大反响和好评,委员会还支持会员参加社会各类展览活动,向社会公众普及大铜章艺术。共计参与 20 多场展览。

2002 年 6 月 8 日,"世界大铜章艺术展"在静安文化馆三楼举办。

2004 年,会员陈鸿康在家中率先成立"鸿康体育文化收藏馆"并向社会公众开放。

2005 年 11 月,在青浦监狱、提篮桥监狱二地举办"大铜章进大墙"展。

2006 年 11 月 17 日,在大同古玩殿(鲁班路 100 号)举办"2006 年中外世界大铜章艺术收藏展"并作为上海市收藏协会成立二十周年系列特展之一。

2007 年 6 月,参与第十三届世界奥林匹克收藏博览会。

2008 年 5 月参与"心中圣火,迎奥运体育文化展"。6 月参与香港奥运珍藏品中国巡回展。

2009 年 7 月,在小木桥路天艺茶城举办法国著名章牌雕刻家"法国杜弗莱大师大铜章作品展"。体现国内法国杜弗莱大师收藏的最高水平。

2010 年 3 月,参与"世博遗珍展览"。

大铜章专委会尝试发行大铜章 5 套共 6 枚,分别为"上海市收藏协会大铜章专业委员会成立"(2002)、"闵行区华坪地段医院成立 50 周年"(2002)、"上海综合开发有限公司—昌里花园"两枚(2001,2003)、"神舟五号—中国首次载人航天飞船"(2004)、"上海市收藏协会大铜章专业委员会成立五周年"(2007)。前四套由专委会顾问上海造币厂罗永辉设计师设计,后一套由上海造币厂赵樯设计师设计雕刻。

2008 年 3 月 16 日,大铜章委员会选举产生第二届理事会。注册会员计 45 名。

【古陶瓷专业委员会】

上海市收藏协会古陶瓷专业委员会(以下简称"古陶瓷专委会")前身为上海收藏欣赏联谊会古陶瓷沙龙(以下简称"沙龙"),是上海民间收藏、研究中国古代陶瓷的群众性社会团体,遵循"联谊、交流、欣赏、求知"的宗旨。

2002 年 10 月 16 日,时值中华人民共和国新的文物法颁布之际,上海收藏欣赏联谊会古陶瓷沙龙由当时的民间古陶瓷爱好人士张志原、张国友发起,经上海市收藏欣赏联谊会批准,在位于虹口区四川北路 73 号(近天潼路)的上海拍卖行宣告成立,首批古陶瓷沙龙成员 56 名,遍及上海主要辖区。

2002 年 11 月 5 日,在沙龙成立不久,沙龙召集人张志原发起创刊《沙龙通讯》。沙龙对古陶瓷的探讨研究由浅入深,不断结出成果。张志原、周锋、葛乃文、白鸥、孙良鹏等数十位成员,立足不同的古陶瓷窑口,发表不同的研究见解。还先后编辑出版三集《藏资之路》及《古陶瓷精品集》。薛金荣、刘耄龄、张培森等会员也在各自的收藏探究领域著书立传。

沙龙自成立之日起,就开始并长期坚持开展形式多样、内容丰富的"月月会"。有时通过"上海一日游"的形式进行参观学习,有时在沪西工人文化宫、上海、云洲各大古玩城等十余处文化商业场所进行会员间交流切磋。还受邀在上海烟草博物馆、上海公安博物馆、朱家角匾额博物馆、吴淞抗日纪念馆等开展活动。从 2010 年起,"沙龙"活动地点固定在位于古宜路 125 号的上海市群众文化艺术馆。

2003 年起,沙龙通过多种形式向市民及有关"艺术窗口"提供各类古陶瓷精品展览,展出藏品近千件(次)。张志原、王惠平、黄淮北、杨金妹等,还先后倡导在新世界南京路,上海群众文化艺术馆、虹桥、上海两大古玩城,举办各具特色的古陶瓷展览。

上海收藏欣赏联谊会古陶瓷沙龙聚焦中国古代陶瓷的传播学习,每年安排 10 至 12 场(次)古陶瓷专题讲座。2003年至2010年的八年里,或春节或第一次沙龙公开课,都由上海收藏欣赏联谊会会长吴少华主讲。复旦大学博士生导师承焕生、长江三角洲相关收藏协会著名藏家高培芝、张煜,本市古陶瓷领域专家徐国喜、朱力、高阿升等数十位藏家、学者,先后作为沙龙的主讲嘉宾传授中国古代各大窑系的陶瓷专业知识。

2004年6月,上海炎黄文化研究会特邀顾问叶尚志为古陶瓷沙龙题字,国家文物鉴定委员会委员张浦生为沙龙题词:陶瓷汇集华夏文明。

【玉器专业委员会】

上海市收藏协会玉器专业委员会(以下简称玉器专委会)成立于2006年4月6日,是上海地区玉器收藏爱好者的收藏鉴赏活动团体。玉器专委会以"弘扬中华玉文化,增强民族自信力"为宗旨,汇聚上海地区玉器收藏爱好者,进行交流、鉴赏、展示活动,形成了中国古代玉器收藏鉴赏的活动特色。进而推进上海市民对中国玉器文化的认同感,在上海地区具有广泛的群众基础和影响力。

2006年4月7日,在第五届上海国际花卉节期间,玉器专委会举办"人间瑰宝——名家珍藏玉雕展",展出中国古代玉器300余件,吸引国内外观众达50万人次,扩大了中国古代玉器在国际上的影响力。2006年,玉器专委会选送了90件明清玉器精品,参加中国收藏家协会在国家博物馆举办的"全国玉器精品收藏展"。专委会委员李倬收藏的雍正年碧玉百宝箱和乾隆年白玉象首诗文山水双耳瓶,分别被选为该展览汇编的《全国民间收藏玉器精品选》封面和封底图案;专委会主任杨振斌被本次展览组委会推荐担任专家组评委。

2010年6月1日至6月28日,在上海世博会期间,玉器专委会假上海闵行区博物馆,举办了"和谐之美——中国礼玉文化展",展出汉代以前各年代礼仪玉器1800件。展览以"玉礼祭天地"为主线,分为"六瑞玉器、祭祀玉器、仪仗玉器、礼俗玉器"四大部分,充分展示了中华民族礼仪之邦的文化传统。此次展览还印制了民国时期古玉收藏家刘大同编纂的《古玉辨》一书1000册,免费提供给观众参阅。

三、主题展览活动

【陈宝定算具收藏五十年纪念活动】

1987年2月22日,上海收藏欣赏联谊会在斜土路上的上海采矿机械厂举行"陈宝定算具收藏五十年纪念活动"。著名钱币收藏家吴筹中、钟表收藏家王安坚、笛子演奏家陆春龄、一大纪念馆馆长张成之,以及合肥、苏州、无锡等地100余位收藏爱好者应邀出席了活动。

上海收藏欣赏联谊会为陈宝定算具收藏50年纪念大会发行了首枚七彩系列纪念封——"丰收堂"封,以此庆贺我国首次个人收藏纪念活动,时任上海市文化局党委书记孙滨打来电话表示祝贺。中新社、《解放日报》、《新民晚报》等媒体给予报道。

【上海民间收藏精品展】

1989年4月1日至5月31日,由长沙市博物馆、上海收藏欣赏联谊会联合举办的"上海民间收藏精品展"在长沙市博物馆举行。

这次展出共分算具、钥匙、筷箸、钟表及雨花石五个展厅,共展出展品1100余件,分别由陈宝定(算具)、赵金志(钥匙)、蓝翔(筷箸)、章瑞钧与张信康(钟表)、杜宝君(雨花石)提供。此展出在当地引起了较大的社会反响,《湖南日报》、《长沙晚报》、《湖南科技报》、《商报》、长沙电视台等媒体作了专题报道。这也是上海民间收藏首次走出上海办展。

【1990 上海艺术节"首届上海民间收藏精品展"】

1990 年 5 月 5 日至 14 日,值 1990 年上海艺术节期间,上海市文化局、上海美术馆与上海收藏欣赏联谊会,在上海美术馆举办"首届上海民间收藏精品展",汪道涵为展览题名。

展览布置在上海美术馆的三、四楼,共有 89 位参展者提供藏品,其中具有社会影响的有许四海收藏的名家紫砂壶、杨可扬的藏书票、吴筹中的第一套人民币、陈宝定的算盘、刘国丁的南京钟、包畹蓉的戏服、黄国栋的折扇等。该展系改革开放后国内的首次民间收藏展,引起社会轰动,日参观者逾三千,影响极大,《解放日报》、《文汇报》、新华社、《新民晚报》上海电视台等 50 余家媒体给予了报道。

【1992 上海民间收藏品大展】

1992 年 10 月 7 日至 11 月 7 日,"1992 上海民间收藏品大展"在三山会馆举行。

"1992 上海民间收藏品大展"是 92 中国友好观光年上海十大活动之一,由市旅游局、南市区人民政府主办,上海收藏欣赏联谊会与三山会馆共同承办。

"1992 上海民间收藏品大展"共汇集了沪上 106 位收藏家 200 多类收藏品,涉及门类非常众多,既有传统的青铜器、陶瓷器、碑帖、古砚、钱币、古玩,也有雨花石、大铜章、戏服、钟表、算盘,还有当代工艺美术作品,例如根雕、船模、核雕、石壶等,有的甚至有社会轰动效应,例如王贤宝制作、载入《英国吉尼斯世界纪录大全》的贴金木雕巨屏九龙扇,扇面长大 4 米,这些展品被布置在九个展馆。"1992 上海民间收藏品大展"结束后,设在三山会馆"上海民间收藏品陈列馆"长期开放,定期更换展览。

【海上年俗风情展】

"海上年俗风情展"是由上海市收藏协会创办、以展现沪上传统过年习俗为主题、具有品牌效应的展览。展览得到上海市文化广播影视管理局、黄浦区政府等政府部门的重视与支持和众多媒体的关注。

2007 年 2 月 13 日,首届"海上年俗风情展"在上海三山会馆开幕。被列为 2007 年"欢乐上海,和谐家园文化大团拜"的首场活动。展览通过图文并茂的展板和大量实物,展现了从"送灶"、除夕、春节、立春一直到正月十五的"元宵"期间的各种年俗和过年期间的种种风俗活动。本届展览共展出了上海 50 位收藏家近千件年俗文物收藏品。其中有民国时期的百姓过年的账册、祭祖的"祖宗像"、庙会的金绣招幡、象征岁岁平安的白玉护瓶、殷实人家的银餐具、拜帖盒、九子盒、财神鞭、玉如套、铜手炉、红包封、老彩票、年历卡、节目单等。这是沪上首次系统地反映上海人过年习俗的展览,受到广大市民的欢迎和好评。展览于 3 月 12 日闭幕。观众 2 万余人次。

2008 年 2 月 1 日,第二届"海上年俗风情展"在上海三山会馆开幕。本届展览以"花样年画"为主题,通过专题的形式展示与深化海上年俗的文化内涵。这是沪上首次大型传统年画收藏展。本届展览由上海、天津、山东、河北等地的收藏家提供了五百余件展品,大多为清代至民国时期的遗存,均系各地年画流派的精品。清代的年画有,清中期山东潍县杨家埠的"麒麟送子"、清代天津杨柳青的"蔡状元奇修洛阳桥"、清末沪上王承勋的"新年风俗"、清末木刻烫金六条屏"西厢记"。民国时期的年画有,上海旧校场"新拷打寇承御""华荣归"、天津石印杨柳青条屏年画"天河配""二度梅"等。老上海月份牌有"桃花扇""红楼韵事""浴罢听莺图"等。在大厅里展示的年画"农家乐"长达32米,系山东潍坊张殿英创作的精品。展品中还有木雕、祖宗画、唐卡、朴灰等特殊的"年画",彰显了年画丰富多彩的神韵。展出的中华人民共和国成立后的年画则体现了传统年画的发展与延续。展览本于2月底闭幕,后应观众要求延期至3月30日闭幕。观众4万余人次,成为2008年春节上海规模最大、影响最广的一次展览,部分展品还应邀于春节期间到徐汇区文化馆进行巡回展,扩大了展览的社会影响。

2009年1月21日,第三届"海上年俗风情展"在上海长宁区民俗文化中心开幕。本届展览以"吉庆春联"为主题,是上海市"迎春送福、世博纳祥""迎世博、贺新年、送春联"展示活动的组成部分。众多收藏家和书法家为展览提供了具有特色的展品,其中不乏名人春联。展览还开展了征联、评联、展联、写联、裱联、赠联活动,较好地体现了参与性与互动性。此外,市楹联协会专家开设了专题讲座,举办了"文房四宝"精品展、表演了传统过年的情景剧。活动生动活泼、丰富多彩。展览应观众要求延期一周,于2月25日闭幕。观众2万余人次。

2010年2月4日,第四届"海上年俗风情展"在上海文庙开幕。本届展览以"迎虎如意"为主题。2010年是中国传统的虎年。展览以传统生肖"虎"为展示的形式与内容,通过书画作品、生肖文化、节庆器物等展品及展板,反映传统年节从腊月二十三"小年"至正月十八的年俗活动,凸显申城海纳百川的过年风俗。由多位海上画家合作的30米长卷"百虎图"更是虎虎生威。展览除文庙主会场外,还设有中福古玩城的"吉祥如意"与云洲古玩城的"百虎闹春"等分会场。展览于3月5日闭幕。观众2万余人次。

【世博遗珍——历届世博会中国获奖工艺品汇展】

2007年11月16日,"世博遗珍——历届世博会中国获奖工艺品汇展"在上海三山会馆开幕。展览由上海文化广播影视管理局与黄浦区人民政府主办,上海市群众艺术馆、黄浦区文化局、《新民晚报》文化新闻部、上海市收藏协会承办,展期为一个月。展览被列为第九届上海国际艺术节的重要活动,获第九届中国上海国际艺术节群文活动创新项目奖,是沪上首个展品全部来自民间的世博专题展览。展览旨在向社会普及、宣传世博文化,追寻上海与世博的渊源情结,让市民了解世博,进一步营造良好的迎博、办博氛围。

展览共展出了自1851年在英国伦敦举办的首届世博会以来,历届世博会中国获奖工艺品中的24个品种、数百件展品,有苏绣、湘绣、景泰蓝、象牙雕刻、宜兴紫砂、湖南菊花石雕、北京雕漆、上海"葛德和"陶器、嘉定竹刻、醴陵釉下彩瓷、美华利插屏钟、黄杨木雕、胡开文地球墨、景泰蓝瓷板画、福州脱胎漆器、海派翡翠雕、青田石雕、景宣纸、湖笔等。这些工艺品都是中华传统文化的重要载体,具有博大精深的内涵。除获奖工艺品外,还展出了历届世博会的纪念章、奖牌、老照片、明信片、书报刊、烟画及获奖名录等史料,都十分罕见、弥足珍贵。展览发行了专刊,还特邀著名的上海史专家苏智良教授作了题为"上海与世博"的专家讲座。展览受到众多媒体的关注和广大市民的欢迎与好评,观众踊跃。

【"上海收藏文化周"】

2008年10月8日,"华人收藏家大会"在上海举办。这是一项具有国际影响的文化活动。为配合这次盛会的召开,经市有关部门批准,于2008年10月6日至13日举办"上海收藏文化周"。

"上海收藏文化周"是国内首个"收藏文化周",由上海市文化广播影视管理局、上海市文化发展基金会主办,上海市非物质文化遗产保护中心、上海市收藏协会(时称"上海收藏欣赏联谊会")、中国金茂集团承办,上海市群众艺术馆、上海和煦文化传播有限公司、上海三山会馆管理处、上海文庙管理处、上海市商界同仁协会古玩商分会、上海公安博物馆、上海中福古玩城、上海云洲古玩城等单位协办。其主展览"2008海派民间收藏展"于10月6日在上海金茂大厦揭幕,14个分会场遍及全市黄浦、卢湾、徐汇、虹口、杨浦、长宁、普陀及浦东新区等8个区域。

"收藏文化周"活动内容丰富多彩。主展览"2008海派民间收藏展"展出经典古玩艺术品与25家民间博物馆的藏品,琳琅满目。其中有宋代七弦风雷琴、元代木胎大法座、明代灵璧石、清代储秀宫慈禧御用青花大盘、清代唐卡及当代艺术大师的作品如重达2吨的鸡血石"桃源三结义"、景泰蓝蓝瓜瓣形吉祥瓶、翡翠龙凤吉祥花薰、"华夏之宝"多宝盒、全真金大龙男蟒戏服等。此外还展出了民间藏馆提供的雨花石、筷具、船摸、剪刀、打火机、创刊号、三寸金莲、火柴商标等展品。其中不乏精品。如最早的无线电、最早的小火表、最早的公交月票卡、最早的香烟牌子、最早的粮票等。展览举办了生动的主题报告会,上海市收藏协会会长吴少华和副会长吴林分别作了题为"解读海派收藏文化"和"新时代收藏家的名片"的演讲。该讲座被邀请至东方网主题讲座网络直播。

第二节　各区、县收藏协会

一、虹口区收藏学会

1991年12月30日经上海市虹口区民政局审查,虹口区收藏学会准予登记。1992年3月12日,虹口区收藏学会成立大会于四川北路横滨桥虹口区第二工人俱乐部举行,同年7月2日,经虹口区民政局批准,成为上海市最早注册成立的区级收藏法人社团组织。学会坚持"立足服务虹口,活跃社区文化"的宗旨,和以藏带研,以研促藏的思路,积极开展专题收藏展览,举办收藏专题讲座和研讨会。

1992年3月10日,学会会刊《民间收藏》创刊,四开四版,双月刊,是会员发表收藏心得和研究成果的主要平台。会刊于2010年3月20日更名《虹口收藏》,改为季刊。1997年学会在朱屺瞻艺术馆举办"虹口首届家庭藏馆建设研究会",大会收到来自全国各地的论文30多篇,此类研讨活动在全国尚属首次。

2002年3月31日,"上海市虹口区收藏学会成立十周年纪念大会"在虹口区教育学院举行。3月30日至31日,"收藏与社区文化"研讨会在朱屺瞻艺术馆举办。同年8月,《收藏》杂志以《收藏引领社区先进文化》为题,对此次研讨会做介绍。2004年6月26日,"虹口收藏成果"研讨会在虹口区图书馆举行。

2005年3月12日,虹口区文化局机关党支部与2001年4月成立的虹口区收藏学会临时党支部结对,签约共建。6月28日,学会党支部受到虹口区委组织部、虹口区综合党工委的表彰,被授予"上海市虹口区'两新'组织'五好'党组织"称号。

至2010年底,学会下设学术研究、会刊编辑、展览运作、会员活动、会员工作五个部门,以及币章、陶玉、体育、饮食文化、文献史料、集邮票证、书画七个专业委员会,共有527名个人会员和1个团体会员。学会会员共出版收藏类图书61种。学会主办、协办或参与展览近80场次。曾被虹口区人民政府评为"虹口区文化工作先进单位"(1994年),被虹口区民政局评为"一九九八年度先进

(社团)集体",被上海市民政局、上海市人事局、上海市社会服务局、上海市社会团体管理局授予"上海市先进民间组织"称号,荣获 2007 年度及 2010 年度"虹口区未成年人暑期工作先进集体"称号。与学会结为友好协(学)会的有:上海港务局收藏协会、柳州市收藏家协会、山西太原市迎泽收藏协会、陕西西安市收藏协会、上海市松江区收藏协会等组织。

二、崇明收藏协会

1992 年 6 月,经崇明县文化局批准,崇明收藏协会在崇明县民政局正式注册(社证字第 A7769228 号,1998 年重新登记时改为社证字第 0049 号)。1992 年 9 月 18 日正式成立。崇明收藏协会是由崇明县收藏爱好者自愿组成的联合性的非营利性社会团体。协会地址位于崇明县城桥镇鳌山路 696 号崇明县博物馆内。协会以求知、联谊、创造、欣赏为宗旨,举办藏品展览及交流、编印会刊资料、开展学术研究,接受业务主管单位崇明县文化广播影视管理局和社会团体登记管理机关崇明县社团局的业务指导和监督管理。

至 2010 年,崇明收藏协会举办第 1—7 届民间收藏展和"纪念毛泽东诞辰 100 周年集藏品展览""庆祝九七香港回归祖国图片藏品展览""崇明钱币汇展"等一系列专题展览。积极组织会员外出交流,邀请岛内外专家进行收藏知识讲座。截至 2010 年,协会共有个人会员 100 余人,团体会员 4 个,收藏活动基地一个。

协会编辑有会刊《崇明收藏》,16 开,季刊,至 2010 年,共出版 28 期,供协会会员内部研究交流。所刊内容为收藏动态、集藏经验、藏品研究、鉴赏评论、学术争鸣等各类有关收藏方面的文章,全面客观地反映协会会员的收藏和研究成果,促进增强了协会与岛外收藏组织之间的交流联系。

三、嘉定区收藏家协会

1994 年 6 月,嘉定区收藏家协会前身为嘉定区古陶瓷、字画研究会成立。2008 年 8 月,改称今名。协会开展古陶瓷、书画、竹刻等方面的研究、交流,组织相关展览。

四、闵行区收藏研究会

闵行区收藏研究会成立于 1995 年 5 月,前身为成立于 1988 年 5 月 20 日的上海收藏欣赏联谊会闵行分会,是本市最早的区级民间收藏团体,其最高权力机构是会员大会,下设理事会。研究会以"组织收藏学术交流、专业讲座;开展藏品鉴赏、研究、交换、展览、咨询"为业务范围,业务主管单位为闵行区文化广播影视管理局。

研究会设有陶瓷研究部、市场工作部、学术研究部、《藏艺》编辑部和集邮专委会等,还有江川、莘庄、七宝航华 3 个收藏沙龙,以及《藏艺阁》民间收藏馆。为开阔收藏视野,研究会注重与国内同行的交流,会员积极参与全国性的收藏展,收藏水平不断提高,在评比中获奖佳音频传。研究会不仅倡导专题系列收藏,更强调研究,努力将研究会办成真正的学术型社团,多位会员有著作出版。在各级领导的关心支持和各界有识之士的热情帮助下,研究会根据自身特点,组织开展了一系列收藏文化活动,如"2002 金秋闵行——名家字画、文房用具精品展""声援北京申办 2008 年奥运会——国际体育奖品纪念品收藏展""迎奥运·创和谐——可口可乐奥运纪念品专题收藏展""书斋逸韵——闵行民间文房雅玩珍藏展"等不同规模的展览交流近百场,以弘扬民族优秀文化和激励爱国精神为主旋律,为活跃地区群众文化生活和共建和谐家园作出了一定的贡献。

会刊《藏艺》建会后从未间断,曾在2003年全国民间收藏报刊展评活动中,荣获"最佳特色奖"(全国共十名)。已刊出45期。

2010年上海世博年间,协助闵行区文广局完成庆"上海世博",闵行区百场民间收藏展。在由《中国收藏》杂志、《收藏拍卖导报》、中国新闻网隆重推出的"中国收藏2010年度风云榜"评选活动中,荣膺"年度协会"。

五、浦东新区收藏协会

浦东新区收藏协会是经上海市浦东新区社会发展局批准成立的法人社团,由郑根海、冯建忠、黄六根、邬光业、程光胜五人发起。成立于1995年10月26日,协会多年来立足于浦东开发开放这块热土,通过举办一系列收藏展览、收藏知识讲座、藏品交流等活动,促进了浦东新区民间收藏活动的蓬勃开展。至2010年,拥有注册会员506人。下设玉器、瓷器、钱币、世博等6个收藏沙龙。办有内刊《浦东收藏》报。

1996年,协会举办上海旅游节活动之一的"浦东民间收藏精品展"、1997年8月与淞沪抗战纪念馆联合举办"纪念淞沪抗战六十周年抗战史料展"、1999年4月配合第三届茶文化节举办"上海老店名品收藏展"。

2001年12月在浦东观光隧道内举办"浦东首届艺术收藏品展览会",上海市委领导前来观看展览,并与全体收藏家合影。2002年12月为庆党的十六大召开举办"浦东新区首届红色收藏史料展"。2003年9月为纪念抗战胜利58周年举办《浦东新区首届抗战史料展》,2003年4月,在浦东牡丹园喻氏民宅内建立了浦东首家民间收藏陈列馆,使浦东的收藏家有了展示藏品的场所。

协会在成立八周年纪念大会上率先倡议"民间收藏进社区"理念,为此从2004年至2006年三年内,开展"收藏进社区"活动,在十多个街镇开办四十六场收藏普及讲座,促进了收藏活动在社区的开展。2004年元月在浦东图书馆举办"浦东首届紫砂文化博览会",2005年8月参与中宣部在上海举办的"伟大胜利——纪念中国人民抗日战争胜利60周年大型主题展览"。2006年6月10日中国首个文化遗产日在金桥公园举办了收藏展览和鉴定活动。同年7月在建党85周年之际,去金杨、上钢、南码头街道,举办"光辉的历程 闪光的足迹"——红色史料收藏巡展。7月《上海浦东民间收藏》公开出版,列为"浦东文化丛书"。2007年4月在浦东市民中心举办"百年老浦东史料展";8月与区武装部联办了建军八十周年图片实物展。

2008年3月协会在浦东图书馆举办奥运体育收藏展。之后协会还去十多个街道开办"从东亚病夫到体育强国"的讲座受到市民的欢迎。9月上海购物节,在时代广场内举办了老上海名品展。

协会为配合世博会在上海召开,从2006年10月在市民中心首办世博遗珍展览,2008年12月在华润时代广场举办的"世博遗珍——历届世博会中国企业获奖产品展"更是引起了广泛关注。同年又与浦东档案馆合编出版《来自民间的世博珍藏》画册。另外还去闵行、宝山、南汇等地,举办大型《世博遗珍——历届世博会中国企业获奖产品展》。2010年市档案馆开展世博档案资料征集活动,共有4人将自己收藏的珍贵世博珍品捐赠给市档案馆,其中3人是协会会员,上海市诸多媒体宣传报道。

至 2010 年,协会有 6 名会员的藏品获吉尼斯纪录证书,一名会员的藏品获得世界基尼斯纪录证书。会员出版的收藏专著有 25 本。

六、松江区收藏协会

1996 年 4 月 29 日,松江县文化馆、博物馆主办"松江县首届民间收藏展"10 天。参展后的民间收藏爱好者固定每月在馆活动,松江县首个收藏沙龙成立。1997 年 5 月 18 日,沙龙有 30 人签名发起成立松江县收藏协会,起草章程。1998 年 4 月 11 日松江区收藏协会(筹)(以下简称:松筹)在破瓷斋成立。4 月 18 日松筹第一次会员大会,会刊《云间集藏》创刊。1999 年 11 月 28 日理事会整改由成大林任松筹会长,决定收取会费每年 30 元,并设立会务、瓷器等 5 部。

2000 年 6 月 30 日松江区文化馆与松筹合办"松江民间收藏徽章展"5 天,区宣传部等领导出席开幕式。2001 年 9 月 28 日,区文明办主办、松筹在醉白池承办"庆祝松江建县 1 250 周年民间收藏精品展"10 天。12 月 28 日,松江区收藏协会在岳阳街道第一次会员代表大会,拟定协会宗旨:以藏会友,以藏增知。选举产生理事会 15 人。

2002 年 9 月 21 日,松江文化馆举办松江区收藏协会一届二次代表大会暨中秋活动。2003 年 8 月 18 日会刊《云间集藏》改版为《松江收藏》。12 月 26 日松江区文化馆与松江区收藏协会合办"区纪念毛泽东同志诞辰 110 周年藏品展"8 天。2004 年 11 月 26 日松江区博物馆与松江区收藏协会合办"民间收藏精品展"一个月,区长孙建平题词"松江民间珍藏"。

2005 年 6 月 18 日,松藏第二次会员代表大会,宗旨增为:以藏会友,以藏增知,以藏养德;会议产生理事 27 人,主要领导不变,增许云琴、高虹、陆忠为副会长,郭效文为名誉会长,陈良雄为顾问。

2006 年 6 月 19 日、10 月 6 日松江区收藏协会分别举行理事会和会员沙龙十周年纪念活动。7 月 18 日、21 日、10 月 23 日、11 月 12 日,理事分别进社区授课鉴赏服务。该年度松江区收藏协会荣获 2005—2006 年度三星级社团称号。

2007 年 9 月 23 日方松街道与松江区收藏协会承办"松江新城首届艺术节民间收藏展"15 天,并成功接待澳大利亚特奥代表团。

2008 年 5 月 12 日四川大地震,15 日松江区收藏协会召开紧急理事会,16 日发动 95 人捐款 23 840 元,上海市收藏协会《上海收藏家》总第 163 期详细报道松江区收藏协会的"倡议书"和义举。

2010 年 8 月 8 日首个基层"梦园文博沙龙"在松江区收藏协会挂牌。10 月 20 日松江区收藏协会第三次会员代表大会,上海市收藏协会吴少华、上海市收藏鉴定家协卢惠民两会长致辞,宗旨完善为:以藏会友,以藏增智,以藏养德,以藏明志。会议产生理事 31 人,明清建筑、家具收藏家赵文龙任法人、会长,成大林续任常务副会长,廖浩鑫、梅亚民、郭效文、郭军、高虹、陆忠任副会长,姚云峰任秘书长。张如皋、瓷器专家张浦生任名誉会长。

七、徐汇区收藏家协会

2001 年 6 月 6 日,经上海市徐汇区文化局批复,同意徐汇区收藏家协会筹备申请。2001 年 12 月 18 日,经徐汇区社团管理局准予登记,2002 年 3 月 12 日徐汇区社团管理局批准上海市徐汇区收藏家协会成立。同年 3 月 19 日,徐汇区收藏家协会在徐汇区田林街道会议室,举行上海市徐汇区收藏家协会成立大会。协会业务主管单位为徐汇区文化局,协会指导监督单位为徐汇区社团管理局。协会下设有书画、瓷器玉器、文献史料杂件三个专业活动小组。协会宗旨：团结全体会员和徐汇区的广大收藏爱好者，开展收藏活动。为徐汇区的精神文明建设和群众文化活动服务，为繁荣我国的文博事业作贡献。协会成立后，积极开展结合社会发展形势的专题收藏展览，主办、协办或参与展览达 60 多场次。

2001 年 9 月 22 日，在龙华旅游城举办"首届会员藏品展"。2004 年 10 月 29 日，在西南文化艺术中心配合举办"开馆暨民间收藏展"。2004 年 12 月 8 日，在西南文化艺术中心举办"纪念毛泽东同志诞生 111 周年红色收藏展"。该展于 12 月 25 日至 27 日晚上，在上海电视台新闻访实况播放。2005 年 7 月 20 日，在云洲古玩城举办"纪念中国人民解放军建军 80 周年藏品展"。2009 年 1 月 23 日和 7 月 5 日，协会先后两次在徐汇区图书馆满庭芳，举办"走近世博文物图片展"和"迎世博盛典展百年渊源"。之后由徐汇区文化局宋浩杰主编的《百年渊源——早期世博会的上海记忆》出版，协会有 3 名参与编写。书中大部分文章配图的实物照片，均取自两次协会举办的世博藏品展。徐汇区收藏家协会的团体会员，梅陇地区的梅文集藏沙龙，在梅陇文化馆举办收藏月月展。

至 2010 年，协会会员发表收藏心得和收藏研究文章，先后多家报刊上发表 30 余篇藏品鉴赏、知识普及的文章。会员举办讲座 6 场次，其中 4 场讲座受邀分别到闵行收藏研究会、上海老干部世博收藏沙龙和在上海文联举办的两次展览会。

八、普陀区收藏协会

普陀区收藏协会是在原普陀区群众文化学会收藏专业委员会基础上筹建的，由陆人伟、陈坚、陈宝财、邵小华为发起人，于 2002 年向普陀区文化局、普陀区民政局提出建会筹备申请，26 日普陀区民政同意筹备成立。9 月 7 日在志丹路 501 弄 32 号甘泉社区文化中心召开普陀区收藏协会第一次会员大会，65 名会员出席，选举产生由 27 人组成的理事会。普陀区收藏协会以"团结藏界朋友，汇聚藏品资源，普及收藏知识，扩大民藏影响"为思想指导，提倡民间收藏与时俱进，努力为社会主义精神文明有效服务。协会设钱币、标识、书画、体育、集邮、连环画、票券、黄氏、红包封等 9 个专业委员会，编辑会刊《收藏文化》。

2006 年，获 2005 年度"上海市普陀区先进民间组织"。主办"印象苏州河——普陀区苏州河近代工业商标文化收藏展"，获"天鸿杯"2007 普陀文化艺术节特色活动奖。

2008 年 3 月，会举行会员大会，换届选举产生 19 人组成的第二届理事会。2008 年 9 月被中共上海市普陀区委员会、上海市普陀区人民政府授予"上海市普陀区文化工作先进集体"。

2007 年至 2010 年，协会与普陀区长寿路街道联手打造社区特色文化活动基地，以月月展的形式先后举办"中国礼仪文化红包封收藏展""和谐中华书画作品邀请展""庆祝建党 86 周年民间收藏展""庆祝建军 80 周年民间收藏展""迎奥运，庆特奥体育收藏展""2007 上海大型连环画收藏展示交流会""廖纯高邮品收藏展""贺新春首届民间年俗文化收藏展""迎奥运体育大铜章精品展""陈宝财蝴蝶收藏回顾展""曹官文上海火花收藏展""为奥运喝彩民间体育文化收藏展""张道华红楼文化艺术展""迎国庆旅游门券专题收藏展""纪念知青上山下乡 40 周年收藏回顾展""上海糖果标识文化收藏展""郭乃兴早期布牌广告收藏展""徐恒皋钢笔收藏展""上海解放 60 周年民间收藏展""上海连环画收藏精品回顾展""上海旅游门券收藏展""刘惠钧电影收藏展""谢礼敦古典车模文化收藏展""国庆 60 周年民间收藏展""第二届上海年历片民间收藏展""陶泽佩艺术酒瓶收藏展""徐恒皋婚俗文化收藏展""欢乐世博民间收藏展""世博会专题集邮展览""民间门券集藏展览会""黄志平新中国火花收藏展""张文祥人民币冠字、封签收藏展""迎亚运体育收藏展""第二届中国礼仪文化红包封收藏展"等活动,此外,还多次承办了上海国际花卉节的会展工作,如"神奇的创作——根雕艺术作品展""神功巧雕——华东名家根艺展""人间瑰宝——名家珍藏玉雕展"等。

协会成立后,先后举办了"陈宝财世界蝴蝶昆虫珍品收藏展"、上海旅游节真如文化庙会"普陀区民间收藏大展"、普陀区政协"同舟共济,建设普陀"主题活动作品展、"普陀区纪念抗战胜利60周年收藏书画摄影展""上海·扬州钱币雕刻、书画、摄影艺术联展""收藏协会标识专业委员会成立纪念展""票证,见证历史——嘉定区真新街道国庆60周年收藏展""庆祝第29届北京奥运会召开——真如镇社会组织风采暨奥林匹克收藏展""2008苏州河文化艺术周民间收藏展""普陀与世博民间珍藏展"等一系列民间收藏展。

九、奉贤区收藏协会

2003年7月28日,奉贤区收藏协会成立。由奉贤区文化广播影视管理局牵头,区博物馆会同部分热衷于收藏的企业家联合发起成立仪式在区会议中心举行。

奉贤区收藏协会的主要职能是组织收藏爱好者进行藏品交流、沟通信息、举办藏品展览、开展学术研究、提供技术咨询。奉贤区收藏协会专门开设网站,创办《奉贤收藏报》,为全体协会会员及收藏爱好者,提供了互助、交流、展示弘扬民族文化的平台。

从2003年起,协会每年配合党与政府的中心工作开展各类展览活动,配合撤县建区庆典活动,举办"振泰杯"奉贤区首届民间收藏精品展;配合区图书馆开馆举办"奉贤区收藏大展";迎接党的十八大召开,举办"迎接党的十八大——奉贤区民间收藏书画展";为了进一步贯彻落实党中央关于开展党的群众路线教育实践活动,举办"牢记历史使命——奉贤区党的群众路线教育实践活动主题展"。

十、静安收藏协会

2005年,上海市静安收藏协会准予登记。2005年3月27日上海市静安收藏协会成立仪式于静安古玩城举行。会长由著名鉴赏家、书法篆刻家蔡国声担任。

协会以开展收藏文化为核心的学术研讨活动,引导收藏爱好者树立正确的收藏意识,热爱祖国,为国藏宝;配合政府主管部门组织社会力量发掘民间传统文化资源,为市民提供公共文化福利的各种展览活动。协会致力于服务市民,为政府建言献策,加强公共文化服务体系建设:面向基层、走进社区,让收藏文化为构建和谐社会服务。会员的收藏涵盖了书画、玉器、陶瓷、青铜器、钱币、宝玉石、邮币卡类、杂项等各个门类,曾多次进行学术研讨和交流,在上海收藏界有较高的影响和声誉。

协会以"提升收藏水平,普及收藏知识,服务社区群众"为服务宗旨,凝聚了多位收藏家和收藏爱好者以静安古玩珠宝城为协会工作平台,展开了很多有特色的活动,如派出协会专家为收藏爱好者进行贵重藏品的咨询鉴定。以实物为教材提高收藏者的收藏眼力和经验,尤其是一些新入门的收藏者高额购进赝品,经过咨询后认识了真伪区别,避免了经济损失。

收藏协会作为民间组织,群众团体如何为当前的树立科学发展观,创建和谐社会服务,是我们协会的中心工作。为此,我们把高起点、高平台的收藏机构作为目标,积极地通过会员单位,活动中心等形式，加强与上级协会的沟通和互动，及时了解和掌握收藏界的第一手信息，使我们协会成为高起点、高平台的收藏协会的重要链接，为上海市的文化，尤其是收藏文化的大发展提供服务。

2008年5月，被上海市静安区人民政府评为"2006—2007年度静安区文明社团"。

至2010年底，协会下设办公室、文创办以及陶瓷、玉器、青铜杂件、钱币、纸质五个专业委员会，共有102个会员。协同挂靠单位静安区文史馆，对革命文物和海派文物进行征集和收藏。主办、协办、参与展览，5年内，共开展各类收藏活动75场次，沙龙活动12场，会员出版图书共9种。

十一、青浦区收藏者协会

2005年5月18日青浦区收藏者协会在青浦博物馆成立。初建时有会员50人，至2010年有会员110人。2006年，与韩国首尔琴山画廊在青浦博物馆联合举办"韩国当代艺术展"，并出版画册。

十二、杨浦区收藏家协会

杨浦区收藏家协会成立于2008年8月20日，位于上海市杨浦区控江路1155号，是上海市社会团体。

杨浦区收藏家协会主动与有关单位联系，前往居民区、军营、学校等，举办收藏知识传授讲座。内容有字画、瓷器、钱币、玉石、古玩杂件，林林总总10多个门类。

杨浦区收藏家协会受到外区的盛情邀请，葛卫东到静安区的社区开讲红色收藏，史国庆在"三山会馆"作"交通票证见证城市发展"的讲座，在上海市社会科学界举办的"货币与历史文化探索学术研讨会"上，王炜宣读了自己的论文，现场反响热烈。

随着杨浦区收藏家协会的成立，2008年《收藏报》应运而生。在第一期的《收藏报》上，有时任杨浦区政协主席、杨浦区收藏家协会名誉会长李文连"寻珍觅宝"的题词，有上海市收藏协会会长吴少华贺篇等，报名由中国著名鉴赏家蔡国声题写。《收藏报》上有协会的重大活动的报道，有藏家的收藏心得之谈，有学术讨论等，还有市收藏协会及兄弟收藏协会的信息经验等，吴少华等收藏界领导、名家经常撰稿，增加了报纸的含金量。

杨浦区收藏家协会在区内外重大活动中长期积极参展布展。成立第一年就参与了"长三角职工艺术品收藏展""2008上海国际创意活动周""祝贺大陆赠送台湾大熊猫'团团''圆圆'书画展"。之后又参与了"回眸杨树浦——杨浦百年工业暨民间收藏展"等各类展出。

还有的会员积极向有关纪念馆、博物馆捐赠物品，填补了这些馆藏的空白。高乃兴、沈中海、秦演、房冠龙、沙照林、孙茂兴、朱惠广等多次向杨浦区档案馆、国歌展示馆、陈云纪念馆、湖南雷锋纪念馆捐赠物品，受到表扬表彰。

第三节　专项行业收藏协会

一、上海市集邮协会

上海市集邮协会（Shanghai Philatelic Association，缩写SPA）成立于1981年1月10日，是在邮电部邮票发行局与中共上海市委宣传部的授意和支持下，由集邮者倡议筹建的专业性群众文化团体,为全国成立最早的省级集邮协会。中华全国集邮联合会于 1982 年成立后,上海市集邮协会成为其团体会员,并由市交通建设委员会主管,以社团法人在市民政局登记注册。

上海市集邮协会的宗旨是以中国特色社会主义思想为指导,坚持中国共产党的领导,执行党的路线、方针和政策,团结全体会员和广大集邮者,组织、开展集邮活动,为丰富人民群众文化生活,建设社会主义精神文明服务。

上海市集邮协会采取团体会员制与个人会员制相结合的架构,吸收全市各区县集邮团体,各机关、企事业单位集邮团体,以及集邮爱好者、研究者和集邮工作者为会员。会员人数曾达到 23 万余名。组织机构设会员代表大会、理事会、常务理事会。在理事会下设秘书处,以及学术、邮展工作、青少年集邮工作委员会、会刊编辑部。自成立起,即行编辑、出版会刊《上海集邮》(曾用名《上海市集邮协会会刊》),向国内外公开发行,1998 年起改为月刊,曾获"高邮 2006 中华全国文献集邮展览"镀金奖;屡获亚洲国际集邮展览银奖。

上海市集邮协会的历届会长为胡辛人、李长剑、奚益培、王观锠;秘书长为唐无忌、朱翔祥、冯永祥、沈世瑞、吴才鸿。

上海市集邮协会的主要任务是扩大集邮队伍,普及集邮知识,弘扬集邮道德,开展各项集邮活动,出版会刊,指导全市的集邮工作。

1986 年起,单独或与有关单位合作,举办每年的"上海市集邮活动日"活动,至 1998 年改名为"上海集邮节"。在"活动日"或集邮节之外的日子,上海市集邮协会同样自行或指导全市各集邮团体开展集邮活动,包括集邮展览、学术研讨、普及讲座、邮识竞赛,以及利用书画创作、演讲、文艺演出等形式进行集邮宣传,与外省(区市)、港澳台、外国集邮者、集邮工作者进行交流,单独或与上海市钟笑炉集邮基金会合作表彰集邮先进个人和先进单位,奖励在竞赛性集邮活动中取得优异成绩的获胜者。

上海市集邮协会的会员,以个人藏品为素材,编组邮集,参加各级各类集邮展览,在中华全国集邮展览、亚洲国际集邮展览、世界集邮展览屡获高奖。譬如,刘广实的《中国民信局》邮政历史类邮集在"韩国 1994 世界集邮展览"和"土耳其 1996 世界集邮展览"都获得金奖;李曙光的《中国军邮史(1931—1953)》邮政历史类邮集在"英国 2000 世界集邮展览"获得大金奖加特别奖,《中华民国军邮(1912—1949)》邮政历史类邮集在"中国 2009 世界集邮展览"获得大金奖加特别奖;丁劲松的《中国1897 年红印花加盖邮票》传统集邮类邮集在"中国 2009 世界集邮展览"获得金奖加特别奖。会员也以学术研究成果写作论文,在各个层次的研讨会上宣读。譬如,邵林在"中国 1999 年国际集邮学术研讨会"宣读《新中国邮票的题材》。又如,刘广实等 10 名上海会员的 11 篇论文获得中华全国集邮联合会"20 年学术论文"的优秀奖,其中 3 篇为特别优秀奖。

在青少年中推广集邮,与教育单位合作,辅导中小学生集邮,至 2010 年底,有 15 所学校、少年宫或青少年活动中心获得中华全国集邮联合会"全国青少年集邮示范基地"的称号;与媒体合作,通过报纸、广播和电视宣传集邮,如向上海电视台提供资源,摄录《放大镜下的乐趣》专题片,获中华全国集邮联合会全国集邮宣传一等奖。

上海市集邮协会的会员中,有国际邮展评审员 3 人,中华全国集邮联合会荣誉会士 1 人、会士 3 人。

二、上海各基层集邮团体

上海市各区(县)、街道社区、行业工会、企事业单位、大专院校也都成立集邮协会,这些协会都是上海市集邮协会的团体会员;上海市的部分资深集邮者,自行组织成立各种专项集邮研究会,这些研究会大多挂靠上海市集邮协会学术委员会,成为资深集邮者开展集邮学术研究、组编竞赛性邮集,用以提高集邮水平的群体。

各区集邮协会,有的由本区文化局或其下属文化馆主管,有的由本区工会或其下属工人文化宫(俱乐部)主管,后者同时成为上海市职工集邮爱好者协会的团体会员。

上海市职工集邮爱好者协会成立于 1981 年 5 月 30 日,由上海市总工会下属上海市工人文化宫主管,曾有团体会员 200 多家,个人会员 3 万余名,连续举办每年的迎春邮展,1985 年与上海电视台等媒体合办上海市职工集邮知识大奖赛,这是上海最早举行的电视集邮知识竞赛;1987 年与上海电视台等媒体合办全国集邮知识邀请赛,有八省(市)的 17 个代表队参加,这是国内首次举行的跨省集邮知识竞赛。

杨浦区辽源街道集邮小组成立于 1981 年 10 月 10 日,这是上海最早成立的社区集邮团体。南市区职工集邮爱好者协会成立于 1981 年 3 月 16 日,这是上海最早成立的以全区职工集邮团体。

行业集邮协会大多是在局管企业时成立,延续至今,分别由行业工会主管,如 1982 年 10 月 1 日成立的上海铁路集邮协会,由上海铁路工会下属的上海铁路文化宫主管,这是上海最早成立的行业集邮协会。

各级企业,以及部分机关和事业单位,也都成立本单位的集邮协会(或小组),如上海针织四厂集邮小组的成立不晚于 1980 年 9 月。这是上海最早成立的企业集邮团体。

大专院校集邮协会分别由本校学生会或共青团主管,同时也是上海大学生集邮协会的团体会员。上海师范学院集邮协会成立于 1980 年 11 月 3 日,这是上海最早的院校邮协。1981 年 5 月 8 日上海大学生集邮协会成立,先后由上海市学生联合会和共青团上海市委主管,1996 年因社团清理而撤销。

1981 年 11 月 15 日上海市青少年集邮协会成立,由共青团上海市委主管,1996 年因社团清理而撤销,曾于 1992 年 11 月举办全国青少年集邮联展大奖赛,有 20 个省区市参加。

这些基层集邮团体单独或合作开展各类集邮活动,如集邮展览、学术研讨、佳邮评选、集邮征文、定期集邮座谈等,如虹口区集邮协会每周日举办"虹口集邮茶座"。有的还组织邮票交换,乃至开办邮品交易市场,如静安区集邮协会在区工人俱乐部开办外国邮票交易市场,每周日上午开放。基层集邮协会举办的集邮活动,各具特色,很受会员欢迎,如黄浦区集邮协会每年举办迎中秋、颂国庆集邮联谊活动,进行切合主题的集邮猜谜、邮识抢答,或邀请邮票设计家作报告、组织新邮首日实寄,穿插现场集邮书画、戏曲表演等,充满民俗韵味,备受群众喜爱。由于住房搬迁、单位改制、工作调动等原因,各区、县集邮协会的个人会员已不限于居住或工作在本区的集邮者,特别是在举行公开性集邮活动时,参加者已不限于本会会员,而往往是全市的集邮者。

由于集邮的具体收藏对象丰富多样,邮品的收集和展现方式分有类别,各种专门性集邮研究团体(俗称民间邮会)势必产生,例如上海体育集邮研究会、原地封研究会、上海集邮文献研究会等,办理挂靠手续的即有 19 家。这些集邮研究团体,仿照集邮协会制订章程,选举负责人,大都按专业分别活动,并与外地的同类集邮研究会建立密切关系,有的还与外地同好联手,在全国范围内制作实寄邮品,以及举办全国性的专项集邮展览。

三、上海市钱币学会

1983 年 9 月,经上海社会科学学会联合会审查同意,上海市钱币学会于 1991 年 4 月 4 日由上海市民政局核准登记为社团法人。理事长周芝石,成立之初团体会员 3 个,个人会员 293 人。会址位于新开河北路 6 号。该学会还设立了浦东地区、南汇地区和沪西工人文化宫钱币研究组。

自学会成立以来,始终将社科研究部门、文博部门、金融部门、高等院校的钱币专家、学者,以及散居于民间的收藏家、鉴赏家、研究者团结于学会的周围,以学术研究作为学会主要的工作重点和内容,大力开展学术活动。学会组织编纂了《中国历代货币大系》,已出版《先秦货币》《新民主主义革命时期人民货币》《隋唐代十国货币》和《清纸币》四卷,编印出版《古钱币图解》《中国货币史纲要》《人民币图录》《古钱保养与鉴定》《中华人民共和国纪念币》和《中国现代纪念币》等六种钱币丛书,编辑发行双月刊《上海钱币通讯》,发表各类研究文章。

该学会为普及钱币知识,多次举办货币展览和讲座,如为纪念抗日战争胜利四十周年,与南市区文化局组办钱币、邮票展览;与上海博物馆、日本大藏省泉友会联合举办《中日货币展览》,配合上海市政协举办《纪念孙中山先生诞辰 120 周年邮票、货币展览》等。

学会自 1986 年以来,先后接待了日本货币展览代表团、皇家加拿大造币厂厂长古姆科星和香港钱币收藏家杜维善先生等。相互进行了钱币学术研究和信息交流,为学会与海外钱币界的交往活动建立了良好关系。

在云洲古玩城每月一次的鉴定钱币活动,是学会的品牌活动。2006 年,该项目获得上海市社联颁发的"特色活动奖"。

2008 年,学会以纪念中国人民银行印制第一套人民币 60 周年和上海市钱币学会成立 25 周年为契机,在上海印钞有限公司和上海造币有限公司的支持下,由云洲古玩城具体承办的"首届上海中国钱币博览会",于 2008 年 10 月 9 日至 12 日在上海光大会展中心举行。

展会上,上海印钞有限公司展出了"第一套人民币五千元面值 20 连张",是在国内首次展出的钱币珍品。为配合周年庆典,学会还组织了"钱币文化有奖知识竞赛"活动。

学会关注学术研究前沿动态,2005 年举行了"中国货币制度和货币思想"学术研讨会,2006 年举办"近代上海货币流通"学术研讨会,2007 年举行"上海货币的发展与研究"学术研讨会,2008 年举办"上海的金融与货币"学术研讨会,2009 年举行"国际金融中心和上海货币"学术研讨会,2010年举行"近现代货币与货币文化"学术研讨会。

四、上海市收藏鉴赏家协会

2005 年 9 月 5 日,上海市收藏鉴赏家协会正式成立。协会由上海收藏界一批志同道合的领军人物发起建立,是一个致力于弘扬民族文化,传播收藏知识,交流收藏心得,提高鉴赏能力的民间组织,也是上海市文学艺术界联合会领导下的社团法人组织。并得到了上海市文学艺术界联合会、上海博物馆、上海市文广局、静安区政府,以及一些重要文化企业、高等院校和中国收藏家协会等的支持。

协会成立时共吸收 80 多位在收藏领域有丰厚积累和成绩的人士入会,他们中有画家、教师、医生、商人、企业家,也有普通职工和市民。

2006 年 10 月 16 日,上海市收藏鉴赏家协会与上海炎黄化研究会等单位主办的上海首届民间玉文化研展会在上海天顺精舍开幕,从 2 万余件民间藏品中遴选出近 200 件展品。

五、上海古玩商分会

上海古玩商分会为上海古玩经营协会前身。

2006年11月,鉴于上海古玩业的蓬勃发展趋势,为了更好地规范市场,促进古玩行业健康有序发展,在市经委、市社团局的具体帮助下,在上海商界同仁协会内设立了古玩商分会,填补了上海古玩市场没有团体机构的空白。分会成立以来,努力培育古玩市场,积极倡导诚信经营,规范交易行为,培养专门人才,开展调查研究,为政府主管部门出谋划策,拓展与全国各地尤其是长三角地区的合作交流,如每年举办的国际古玩艺术品博览会,每年一届古玩高峰论坛等,切实发挥了促进古玩市场健康有序发展的龙头作用,积累了丰富的工作经验,提高了管理能力。商会聚集了上海地区41家主要古玩市场和经营单位,牢固树立了上海古玩业的独有形象和品牌,社会影响力和经济效益十分明显。

为了更好地贯彻和落实国家的有关方针政策,适应上海古玩业的发展态势,拟在上海商界同仁协会古玩商分会基础上筹备成立上海古玩经营协会,打出古玩业的"上海牌"。同时,恳请上海市商务委员会作为协会的业务主管单位。成立古玩经营协会,目的是更好地协助政府部门规范市场行为,制定交易规则,深化学术研究与信息交流,探索古玩市场发展模式,建立健全诚信经营机制,提供咨询、合作、协调、培训等服务,举办高质量的展览展示会和博览会,推动海外、国内和长三角地区古玩业合作与交流,进一步促进上海古玩业发展。

六、上海宝玉石行业协会

上海宝玉石行业协会的前身——上海市宝玉石协会成立于1996年5月18日。

1996年6月12日,协会举行主席团会议,对未来的工作取得十项共识。其中第四项为:每隔两年,在上海举办一次国际珠宝展或大型展销会。12月14日,刘振元会长在第二次理事(扩大)会的工作报告中提出1997年的工作设想,并把举办首届上海宝玉石博览会作为全年工作的"重中之重"。首届博览会确定了"三个结合"即:办展与学术研讨相结合、办展与评奖相结合、办展与展销相结合的方针,并确定以"玉龙奖"来命名这个奖项。

"玉龙奖"是上海宝玉石协会主办,聚集诸多玉石经营商共同参与举办的大型博览会。以弘扬中华玉文化,繁荣宝玉石市场,提升玉石爱好者收藏兴趣,促进海内外宝玉石界的合作与文化交流,不断提高宝玉石产品的艺术品位及技术质量为宗旨。

1997年10月在城隍庙"城隍珠宝"银楼创办了首届"上海宝玉石博览会暨玉龙奖玉雕作品评审"活动,历时九天,近百件作品的展览和评审,开创了地方行业协会策划组织博览会和评审会的先河,引领了民间组织超前思维的营销策略,引起了全国同行业的关注和首肯。1998年11月在市百一店第二届玉龙奖博览评审会举行,历时6天。引起了社会的良好反响。二次博览会举办的"玉文化论坛",杨伯达、李博生都作了主题发言。给广大玉器爱好者、收藏家普及了玉文化的历史及收藏知识。

2006年,协会为适应宝玉石行业发展的新要求,在经过充分酝酿协商之后,经上海市社团局和经委批准改制,宣布了上海宝玉石行业协会的诞生。2006年8月,上海市宝玉石协会和上海珠宝玉石加工行业协会合并重组为上海宝玉石行业协会,主管单位为上海市经济与信息化委员会。协会具设计制造、商贸会展、检测评估、行业标准、教育培训、文博收藏等服务功能。目前上海宝玉石行业协会有团体会员四百余家,会员包含珠宝、玉器、钻石、贵金属的设计制造与经营销售企业,教育培训、检测鉴定单位,以及拍卖、古玩单位等。主要分布在本市,还有外地和国外、港台的企业。协会聚集了一批专家、学者、大师、收藏家、专业技术骨干。

协会以政府经济发展战略为导向,以发展产业、规范行业、服务企业为宗旨,以"大团结、大联合,服务企业、服务社会"为原则,与会员单位共同努力,搭建服务平台,建设行业规范与诚信体系,落实相关政策与行业标准、规定的制(修)订,维护企业与消费者的合法权益,保护公平竞争,开展从业人员技能培训,鼓励技术进步,加强内外学习交流考察,促进会员商贸活动,弘扬珠宝玉石声誉,宣教珠宝玉石知识,推动行业健康发展。

2010 年初,协会理事会决议,恢复"上海玉龙奖玉雕作品评选活动",组织第三届筹备玉龙奖活动组委会,由副会长钱振峰主要负责"第三届玉龙奖评审"活动。至 2010 年,"玉龙奖"活动共举办21 届。

第四节　特色收藏和展会

一、特色民间收藏

【王安坚与钟表收藏】

王安坚为上海市长途汽车运输公司干部,毕生致力于业余古钟表收藏,并任市职工收藏协会副会长。1986 年被中国博物学会破格批准为全国唯一的非专业会员,曾任为上海市第十届政协委员、中国博物馆学会会员、上海市职工收藏协会副会长、上海市交运局收藏协会会长。

1950 年代初,王安坚开始收藏旧钟表。经过 40 年的收集,王安坚收藏 300 余只(块)美、英、法、德、日、瑞士和中国清代生产的大小不同、形状各异各种古钟表,最大的钟表高达 2.5 米,最小的不足一寸。

1981 年秋,王安坚在人民公园首次向公众展示他收藏的古旧钟表,引起媒体关注。1983 年 4 月 9 日,王安坚在家中陈设私人收藏陈列并公开接待。全国人大常委会原副委员长周谷城先生称其为"钟表之家"。

1990 年 7 月 16 日,王安坚逝世,享年 60 岁。王安坚所藏钟表由他家人继承经营。

【陈宝定与算具收藏】

陈宝定系中国珠算协会名誉理事、中国文物学会民间收藏委员会顾问、中国收藏家协会顾问、上海收藏欣赏联谊会顾问、《价值工程》季刊顾问、《收藏》月刊顾问等。被誉为"中国第一算盘收藏家"。

1937 年陈宝定开始收藏算具,享有"算具大王"的美誉。他藏有古今中外各种算具一千余种,其中最大的算盘称为"柜台算盘",长四尺,七珠二百档,共一千四百粒算珠,可供几个人同时使用。最小的算盘是戒指算盘,长十二毫米,宽七毫米,七珠七档,用大头针才能拨动。同时,藏有各类收藏资料(书刊)万余件。陈宝定先生致力于算盘史研究,先后发表了几十篇有关珠算的学术论文,还撰稿了一部长达四十万字的《中国珠算资料汇编》,引起国内外的重视。专著有《现代价值工程》《现代珠算教材》《中国算盘集锦》《汉英·英汉珠算词汇》等。他在全国率先提出建立收藏学的构想,发表各类收藏文章二百余篇。

1981年3月22日,陈宝定将位于徐汇区建国西路378弄8号的自家居室布置为算具陈列室,展示算盘文化为特色的私人藏品。室内陈列不同历史时期,不同材质的,造型各异,功能多样的中外算盘与图片,系统清晰地梳理出算盘嬗变、演绎的脉络与轨迹。自1980年代开室以来,公益性向社会开放,前后接待近几万名中外友人和算盘爱好者。1983年中国"会计之父"潘序伦先生为居室题字:"算盘迷宫"。

1993年,上海市人民政府,联合新民晚报授予陈宝定"上海市绝技特色老人"荣誉以表彰他对社会的贡献。

【杜宝君与雨花石收藏】

杜宝君原为上海沪西汽车运输公司干部,是全国著名的雨花石收藏家,被广州华夏收藏家协会评为全国唯一的一位女性"优秀收藏家"。杜宝君自1954年就爱上雨花石,1980年代改革开放的热潮激发她对雨花石的收藏,并积极投身推广上海石文化的活动。曾任上海市收藏协会副会长、名誉副会长、市收藏协会珍石分会会长、上海市观赏协会第一届常务副会长。几十年杜宝君馆藏的雨花石已经超过800枚。

1985年,杜宝君在收藏界中第一个公开展览藏石。1987年3月至4月,应上海市沪西工人文化宫邀请举办杜宝君雨花石个人展,布展300余枚雨花石,荣获上海市职工艺术博览会藏品特等奖。

1988年,杜宝君参加江苏省南京市首届雨花石珍品展,获得优胜奖。同年参加在上海美术馆举办职工文化艺术博览会,获得优胜奖。1989年参加湖南省长沙市举办的上海民间收藏品精品展。

1990年,杜宝君发起成立第一个珍石专业委员会。同年,杜宝君参加由市文化局、上海美术馆、市收藏联谊会联合举办首届上海民间收藏精品展。1991年参加上海电视台投拍的《天花乱坠雨花石》艺术片拍摄。

1993年至1997年,杜宝君连续五年参加秦皇岛南戴河中国万博文化城收藏家藏品展览,屡获优秀奖。1995年参加中华名人协会在广东惠州举办的"'95华夏民间收藏品展示会"。1999年,参展南京市雨花石博物馆举办的南京雨花石艺术节雨花石精品展。

【蓝翔与筷箸收藏】

蓝翔系作家、民俗学者、中国博物馆学会会员、上海民间文艺家协会民俗收藏研究专业委员会主任、上海收藏欣赏联谊会常务理事、虹口区收藏学会名誉会长。

蓝翔最早收藏的两双筷子,都是在抗美援朝的战场上。一双是同一连队的战友牺牲以后留下的唯一遗物。还有一双是朝鲜大娘送给他的礼物。"文化大革命"结束后,开始筷子收藏事业。

1993年,蓝翔撰写出版了中国第一部箸文化专著——《筷子古今谈》,并被译成英文、法文出版。

2002年,陕西文史馆馆长、《收藏》杂志总编杨才玉参观后挥笔写下"中国箸文化开拓者"九个大字赠予蓝翔。2008年5月8日,蓝翔在各方支持与帮助下,在上海市新华路359号新华社区文化(青年)中心成功举办了"'中国藏筷第一人'蓝翔藏筷作品展暨蓝翔民间民俗藏筷馆建馆二十周年回顾展"。2008年日本邀请蓝翔赴东京参加国际箸文化研究会年会,并授予其"中国上海民间筷箸博物馆国际箸文化贡献赏(奖)"。

二十余年来,蓝翔已经出版了《筷箸史》《筷子三千年》《上海民间藏筷馆三十年》等著作,共计25本,系统地介绍了筷子的源流、趣闻轶事、不同地域人群使用的筷子的区别及收藏种类。蓝翔已藏有明清以来包括朝鲜、日本、泰国的竹、木、金属、玉石、牙骨等各式筷箸980多种,总数2 000多双,筷笼、筷枕、筷盒、匙勺、碗碟等计400多件,在国内筷箸收藏家中首屈一指。

【包畹蓉与中国京剧服饰收藏】

包畹蓉是著名海派收藏家,原上海市收藏协会常务理事,中国博物馆协会会员、上海荀派艺术研究会会长、上海市奉贤区收藏协会名誉会长,是"中国文化遗产保护贡献奖""海派收藏成就奖"、中国戏曲表演学会"终身成就奖"的获得者、上海市非遗代表性传承人。

包畹蓉15岁拜师从艺,26岁组建自己的京剧团,1948年开始收藏。"文化大革命"开始后不再登台演出。长期的艺术实践,造就他深厚的京剧艺术造诣和对京剧的感情。数十年间他不仅抢救、珍藏了许多名贵京戏服饰。如梅兰芳的黑色女帔、荀慧生的裙袄云肩、金少山的猛兽开氅。

包畹蓉也为京剧服饰的设计制作作出贡献。相对传统制作方法,包畹蓉的京剧服饰制作技艺主要在装饰图案、色彩搭配、线条纹路和制作工艺四个方面进行改进。为童芷苓、宋长荣、李薇华等戏曲名家设计过舞台服饰。

《人民日报》《人民画报》(海外版)、《解放日报》、香港《旅游》杂志、《上海画报》、香港大公报等数百种报纸杂志曾对包畹蓉及其收藏作过报道;国务院新闻办公室为包畹蓉拍摄专题片《戏剧人生》;中央电视台《东方时空》栏目、上海电视台国际部、东方电视台、教育电视台、上海电影制片厂都先后对包畹蓉进行采访报道;台湾华视还专门拍摄专题片《海棠风情》;美国、法国、加拿大、新加坡、挪威、日本影视机构等海外众多媒体相继专题介绍其收藏事迹,其名被载入《世界优秀专家人才名典》《世界人物辞海》等辞书。近300次的媒体关注。

【杨韶荣与古鞋收藏】

1980年前后,杨韶荣开始收藏古鞋,藏有北宋、明代、清代、民国各个时期从全国各地区收集来的高统金莲、鹅头金莲、辣椒金莲、鸳鸯鞋、蝴蝶鞋、"步步金莲"鞋、软峤、舞鞋、弓鞋等各种款式的"三寸金莲",还有古代的官靴、云头靴、快靴、朝靴、皮靴、草鞋等各种款式的男鞋、蚌壳鞋、龙头鞋、虎头鞋、凤头鞋、兔头鞋、蝴蝶鞋、蝙蝠鞋、莲蓬鞋、翘头鞋、靴子等各种童鞋和古、近代各种女鞋一千五百多双,与三寸金莲有关的藕覆、缠脚布、腿带、袜子、裤腿、裎跟、鞋盖,各种材料制成的摆件,性启蒙物品,绣花用具,缠脚用品,制鞋工具,旧照片资料等近万件。

2001年杨韶荣应邀赴新加坡办展及讲学,至2005年,杨韶荣的"百履堂"已接待了中央电视台及美国全国广播公司、英国BBC、中国台湾东森电视台等数十家中外媒体的采访,常年免费向游人开放。

2008年12月10日,杨韶荣参加了上海市收藏协会与东方航空公司联合举办的"东方空中文化体验之旅——民间收藏文化周",在上海—广州航线巡回展示古鞋,并获得"空中收藏家"和"魅力藏品"两个奖项。

二、民间古玩艺术品收藏展会

【上海集邮节】

上海集邮节由上海市集邮协会策动和组织,每年3月5日开始,连续而又分散地举办的一系列各类集邮活动,绵延时间约一个月。其前身为肇始于 1986 年的"上海市集邮活动日",1998 年起改称并扩展。通常结合党和国家当年的中心任务,顾及当年开展集邮活动的特点,选定一个口号,作为主题,用以指导各项集邮活动的设计。例如,2009 年第 12 届的主题为"华诞六十邮情天下",2010 年第 13 届的主题为"集邮,为世博添彩"。主会场活动由上海市集邮协会举办,主要包括竞赛性或非竞赛性集邮展览、集邮学术报告或研讨、集邮先进表彰、集邮知识竞答、最佳邮票评选、集邮图书发行仪式、集邮文艺演出、中小学集邮课程展示、邮票设计家或集邮家与爱好者见面和签名、邮品交换,以及在此期间举行的邮资票品发行仪式、集邮协会代表大会、集邮工作会议等。分会场活动由各区县、行业、企事业单位集邮协会分别或联合举办,内容与主会场相仿,有的还结合地方特点,更具接近当地民众的亲和力,有的还纳入市民文化节、桃花节等活动。

为造势上海集邮节,报纸、电台、电视台常配合宣传,集邮公司为其专门设计、制作纪念封,邮政部门启用纪念邮戳,有时还在分会场提供现场服务。

【上海民族民俗民间文化博览会】

自 2003 年以来,上海民族民俗民间文化博览会(简称"民博会")每年一届。在市委宣传部的领导和支持下,民博会已成为上海最大的民族文化展示的重大项目,在全国乃至海外文化界享有盛誉,被誉为"上海的城市文化名片"。民博会贯彻上海"民族、民俗、民间"文化弘扬和推进方案,成为上海"三民文化"成果展示的平台、长三角地区"三民文化"互动的窗口、各地"三民文化"精品走向世博的通道。

2007 年 6 月 9 日至 13 日第五届民博会在东亚展览馆举行。此届民博会旨在体现"中国元素,海上聚宝"的主题,还邀请北京和兄弟省市的专家大师,围绕"从民博走向世博——中国元素 2010 年上海世博会上的表达"的主题,对上海民博会走向上海世博会的有关议题进行探讨。

"2008 年上海民族民俗民间文化博览会暨中秋嘉年华活动"于 2008 年 9 月 11 日至 17 日在东亚展览馆举行。此届民博会以"花好月圆"为主题,展现反映海峡两岸的民间文化传统。为世博会积累展示、展演资源。

2009 年的民博会首次推出"礼仪天下,和谐中华"主题,实现从综合性展会向主题性展会的转变。举办首届"中华元素创意作品征集活动",历时 7 个月。举办"古籍版本鉴赏与收藏"系列公益讲座和"上海市古籍保护工作成果展",普及古籍知识,增强公众古籍保护意识。此届民博会上推出的"台湾女性工艺特展"为一大亮点,彰显了台湾女性工艺创作者在艺术领域方面的卓越贡献。

2010 年 4 月 23 日,"2010 上海民族民俗民间文化博览会暨三民文化博览馆"开幕,市人大副主任胡炜为三民博览馆揭牌,市委宣传部副部长陈东为"金凤凰"雕塑揭幕,市文联党组书记杨益萍、市文广局副局长王小明分别为"上海民间艺术展示基地"和"上海世博会城市特色文化展示馆"揭牌,陈香梅等 5 位著名人士为民博会开幕剪彩。上海民族民俗民间文化博览馆正式开馆,标志着民博会将从每年借展馆举办"短期会展",升级为固定的长期展览。博览馆全馆设"960"主展厅、"天工开物体验馆"即民间艺术工作室 30 间、"金翎雅集"艺术沙龙以及"历届民博会珍藏精品和非物质文化遗产项目鉴赏区"等。

【上海中国古玩艺术品博览会】

2008 年 4 月 25 日至 28 日,由全国工商联古玩业商会主办的首届上海中国古玩艺术品博览会在上海东亚展览馆举行。这是已经在北京举办 10 届的"中国古玩艺术品博览会"首次移师上海。

该次博览会汇集瓷器、玉器、字画、古砚、石刻、青铜器、古董家具、竹木牙雕、金佛像等古玩精品数万件。展区面积达 4 500 平方米,划分为特装区(29 个展位)和精品区(153 个展位)。特装区为高端展区,北京保利、上海朵云轩、上海博古斋、浙江西泠印社浙江钱塘、黑龙江嘉瑞等国内知名拍卖公司展出各类古玩精品。北京保利拍卖行重点推出"清乾隆·松石绿地粉彩多穆壶",上海朵云轩推出"明文征明行书轴",浙江钱塘拍卖展出"清·斗彩九秋风景盖碗";另外著名私人藏馆包氏博物馆也在其中,展出唐·风字形白玉砚。精品区展位,主要是来自全国工商联古玩商会下的各地著名古玩城、收藏协会等单位的特色珍品。包括北京、杭州、武汉、重庆、兰州、沈阳、长春、合肥、哈尔滨、石家庄和中国台湾、中国香港等地区。许多海外藏家也携带精品赴会,其中有德国、美国、英国、法国、挪威、加拿大和澳大利亚等,不少海外回流的古董也在博览会上展出。

2009 年 4 月 24 日至 27 日第二届上海中国古玩艺术品博览会在东亚展览馆举行。由全国工商联古玩商会、徐汇区政府、上海云洲古玩城等主办,上海世博会事务协调局为指导单位。此次会展有荣斋宝的"徐悲鸿《嵩岳遐龄》图"、正观堂的"清乾隆窑仿宋葵花洗"、吴越楼的"明宣德掐丝珐琅炉"、包氏的"明福建德化窑白釉梅瓶"、北纬拍卖的"清顺治龙褂"。还有反映历代浓郁地域特色的珍品,也有海外回流的古董。汇聚的古玩品种有瓷器、玉器、字画、石刻、青铜器、珐琅器、古董家具、竹木牙雕、鎏金佛像等数万件。其间,还举行了"2009 中国古玩市场论坛——上海论坛",主题为针对全球范围的金融海啸,古玩市场如何进行资源整合、优势互补,应对所受到的冲击和挑战,使市场得到更健康、有序的发展。

2010 年 5 月 14 日至 17 日第三届上海中国古玩艺术品博览会在东亚展览馆举行。由全国工商联古玩业商会与徐汇区政府共同主办,共有 200 余家展商参展。博览会上关于历届世博会的藏品尤为丰富。为契合"与世博通行"的主题,场馆内还特意辟出一个"民间世博珍藏展区"。展示了历届世博会奖章、纪念章 60 余种,历届世博会纪念邮票 300 余枚,1873 年维也纳世博会金牌奖章、1876 年费城世博会纪念奖章、中国早期参展获奖企业的股票、清朝海关官员参加世博会后写的《环游地球新录》等展品,成为此次博览会的一大亮点。会上有叶佩兰、张如兰和单国强等故宫专家组成的专家鉴定会,接待收藏爱好者的咨询鉴定 200 余人次。博览会期间还举办"中国古玩市场——上海论坛",来自全国各地 50 余家古玩城经营者,共同商讨古玩事业的发展。

【世界华人收藏家大会】

2008 年于上海举办首届世界华人收藏家大会,2010 年举办第二届。

2008 年的首届,由上海市文物管理委员会、上海市文化广播影视管理局、上海市人民政府新闻办公室、上海市文学艺术界联合会发起,上海文化发展基金会主办,于 10 月 8—9 日在上海国际会议中心举行。首届大会与会代表 621 人,其中港澳台地区 118 人,欧美地区 44 人。与会媒体 100 余家、到场记者 140 余位,总计 800 余人。大会以"收藏:感知文明,怡养情致"为主题,以收藏文化研究为主旨,成为全球华人收藏家及业界精英的首次聚会。大会就收藏涉及的宏观问题和专业问题进行研讨,分析发展趋势,总结收藏经验,阐述独到见解,并回答与会代表的提问。演讲是这届论坛的亮点之一,美国收藏家冯英祥、画家丁绍光、澳洲收藏家翁真如、新加坡收藏家杨应群、日本画家傅益瑶、中国香港著名学者饶宗颐、收藏家张宗宪等计 37 名海内外知名学者、收藏家、鉴赏家应邀发表演讲,分别就收藏涉及的文化和专业问题,分析发展趋势,阐释见解。演讲涉及的内容有:(1) 大会主题及收藏文化;(2) 收藏学科和历史;(3) 收藏经验和感想;(4) 新观点和建议。

主题演讲的嘉宾有:余秋雨、丁绍光、马未都、洪三雄、杜南发、李大鸣、王雁南、陈燮君、萧春源、石允文、曹仲英、张锐、许杰、王定乾、张子宁等。

专题演讲的嘉宾有:郑重、郎绍君、翁真如、潘深亮、徐政夫、董国强、任道斌、章利国、赵榆、钱道明等先生。杨澜与收藏家对话的嘉宾有:杨立群、邓仕勋、张宗宪、杨休、孙海芳、蔡一鸣等。

曹可凡与鉴定家对话的嘉宾有:黄君实、萧平、陈佩秋、傅益瑶、张浦生、米景扬等。

在会前组委会已向与会代表发放三本材料,合计收入118篇原创性文章。其中包括:(1)《收藏文化研究》,从收藏历史、收藏地域、收藏门类、收藏中介等多个角度,尽可能全方位展现华人收藏的沿革、现状和特色,由理论研究专业人士撰稿,字数33万;(2)《收藏理论研究》,从社会学和美学的角度,对收藏的主客体进行研究,是向部分对收藏文化有研究、有见地专业人士的特邀稿件,字数17万;(3)《大会采访录》,对海内外60余位收藏家、艺术家、鉴赏家、经纪人所做的专题采访,以实录的形式整理出版。内容包括收藏故事、收藏理念、收藏经验、收藏家与艺术家和市场的关系等,总字数达37万。

此次大会入选当年度中国网、新华网、《收藏界》等国内16家媒体联合推选的"2008影响中国收藏界十大事件"、台湾地区《艺术新闻》杂志"年度十大艺术新闻"和雅昌艺术网"AAC艺术中国2008年度十大艺术事件"。

2010年第二届大会,由上海市文物管理委员会、上海市文学艺术家界联合会、上海市文化广播影视管理局、上海市人民政府新闻办公室联合主办,于11月5—6日在上海展览中心举行。会议由大会组委会主任、市委宣传部副部长陈东主持,出席者有海内外知名的收藏家、艺术界及相关人士600余人。会议以"传承文明,保护遗产,促进交流,培养情致"为宗旨,主题为"收藏:历史传承与时代创新"。会议分设嘉宾"主题演讲"、大会"专题论坛"和"主持人与收藏家对话会"3个系列。主题演讲有:原国家文物局副局长马自树主讲"立意高远,收而不藏——介绍两座公益性民办博物馆";美国上海博物馆友好协会主席唐贝洽主讲"美国艺术捐赠品的税收规则";在日本的中国历史文物保护协会会长对中如云主讲"一衣带水"的中日收藏;中国收藏家协会会长闫振堂主讲"传承历史,开拓创新——积极抢救中国民间收藏事业实现新的跨越";中国美术学院教授章利国主讲"中国收藏与《中国收藏学初探》";收藏家张宗宪、鉴赏家王少方、艺术家丁绍光等13人也作了演讲。专题论坛分别设"收藏与鉴定""收藏与市场""古代书画鉴定"和"收藏大家谈"4个会场,有40位海内外收藏家、专家学者作了专题发言,上海大学教授李超演讲"油画中的鉴定问题";上海世界民族艺术瑰宝回归基金会理事长赵月汀演讲"中国古陶瓷的收藏与鉴定";原文化部中国画研究院副院长赵榆演讲"文博对于文物拍卖市场的推动与支撑";中央美术学院教授赵力演讲"在全球资本化背景下的当代中国艺术收藏";收藏家朱奎演讲"中国瓷器在欧洲的收藏";南非美术家协会会长肖大力演讲"南非华人收藏现状";中国国际收藏协会加拿大分会秘书长陈明成演讲"加拿大收藏行业的现状和展望";中国台湾大学教授傅申演讲"从存疑到肯定——黄庭坚书《砥柱铭卷》研究";旅美画家劳继雄演讲"回顾80年代全国书画巡回鉴定——总结老一辈鉴定家的鉴定思想"等。

2010年大会,编撰出版了《大会论文集》《大会采访录》《中国收藏学初探》《京沪收藏家藏品邀请展图目》和《大会演讲录》。主办方还邀请了京沪两地27位收藏家的411件珍稀藏品参加展出,展品包括书画、瓷器、犀角雕、印章、文玩、铜镜、家具等十余种品类,此类集众多高端私家收藏的展览在国内也尚属首次。会后,参观了浙江省博物馆,欣赏了古琴演奏和越剧表演。

大会盛况和精彩纷呈的内容引起了包括电视、电台、报纸、杂志、网络在内的两百多家媒体的关注和一致好评。并荣获中华人民共和国文化部《艺术市场》杂志"2010年度十大艺术事件",雅昌艺术网"2010艺术给力上海"年度事件以及"AAC艺术中国2010年度十大艺术事件"。上海市委宣传部将其评为 2010 年上海市重大文化活动之一。大会组委会执行副主任祝君波先生荣获台湾《艺术新闻》杂志评选的"2010 十大风云人物"。

【上海艺术博览会】

上海艺术博览会(简称"艺博会")于 1997 年创办,每年举办一届,展期 4 天,已成为亚洲规模最大、国际化程度最高的艺术博览会之一。

1997 年 10 月 16 日,1997 上海艺术博览会在上海世贸商城揭幕。市相关领导出席开幕式并剪彩。此届艺博会受到国内外的广泛关注和积极支持。在世贸商城 8 000 多平方米的展厅里,共设展位 380 个,展示了中国和法国、美国、日本、瑞士、韩国、新加坡等国的 117 个著名画廊、美术院校、艺术团体和众多艺术家的 5 000 余件作品。著名画家赵无极、吴冠中、吴作人、方增先、石虎、丁绍光等设立了专位参展。参展画廊推出的名家名作除了吴昌硕、徐悲鸿、张大千、傅抱石、潘天寿、齐白石、吴湖帆、丰子恺等老艺术家的作品外,还有著名中青年画家的优秀作品。海外画廊为博览会带来了世界艺术大师毕加索、雷诺阿、塞尚、夏伽尔、罗丹等作品。博览会期间,于 10 月 22 日在贵都大饭店举办艺术品拍卖会。公开拍卖征集到的拍品 220 件,总价值达 700 余万元。拍卖所得的佣金全部捐献给上海文化发展基金会。

1998 上海艺术博览会于 1998 年 11 月 17 日至 22 日在上海世贸商城举行。此届艺博会吸引了来自美国、法国、意大利、新加坡、加拿大、荷兰、俄罗斯、以色列等国的艺术机构和国内 30 个省市的 127 家画廊和艺术团体踊跃参展。上海世贸商城四楼展厅展出各类艺术品 5 000 余件,设摊位 387 个。艺博会期间,参观人次 5 万多人,艺术品现场成交逾 700 万元人民币。'99 上海艺术博览会于 1999 年 11 月 23 日上午在上海国际展览中心开幕。这届艺博会第一次做到了没有个人参展,基本上与国际惯例接轨。

2000 上海艺术博览会于 11 月 3 日在上海世贸商城开幕。海外画廊占据五分之一的展位,其中较著名的有法国的法兰西画廊、英国的华艺中心、西班牙的琼恩艺术画廊、意大利的博蓝戈画廊、阿根廷的巴腾集团、日本的 IT 艺术博览馆等。法国沙耶格画廊携来参展的罗丹著名雕塑《思想者》,以 100 万美金的价格被浦东联洋土地发展公司购藏,永久地落户上海,成为我国国内艺博会上最大的一笔境外作品成交。

2001 上海艺术博览会被列入第 3 届中国上海国际艺术节重要活动之一,于 2001 年 11 月 16 日至 20 日在上海世贸商城举行,观众人数达 5 万人次。艺博会还专辟拍卖作品预展,展出近 200 余件近当代著名油画家的精品力作。艺博会举办期间还同时举行了"2001 上海·中国艺术产业论坛"大型研讨会,与会者就中国艺术产业入世后将面对的机遇和挑战进行了广泛和深入的探讨。

2002 上海艺博会上,达利石版画《毕加索肖像》被藏家购买,雕塑《生命柱》最后以 100 万元成交,创下了中国艺术家雕塑作品成交价之最。恺撒雕塑名作《大拇指》以 260 万元被上海正大集团购藏。同时,为了让更多的工薪家庭能加入艺术品购藏的行列中来,艺博会以 162 个展位的阵容,设立了主题为"国际装饰艺术和框业博览"展区,展示并销售各类装饰艺术品、民间工艺品。

2003 上海艺博会中,张大千的《重嶂千人图》以 550 万元成交。2004 上海艺术博览会于 11 月 17 日至 21 日在上海世贸商城开幕,主题为"投资艺术品、打开理财新天地"。此届艺博会继续以大型雕塑为亮点。

2007 上海艺博会上雕苏泰的《天使系列》被静安雕塑公园高价收藏,引起中国艺术品市场关注。有艺术界"奥林匹克"之称的巴塞尔艺博会战略顾问著名策展人彼得·登格(Peter Denger)给予上海艺博会高度评价:"这是一个很棒的国际性博览会,前途无量。"

2010(第十四届)上海艺术博览会,以"中国上海国际艺术节的特别品牌活动"在 2010 年 9 月 8 日至 9 月 12 日的 5 天展示期间,此届艺博会共吸引参观者达 5 万人次,比上年增加了约 5 000 人次;现场成交量接近 7 000 万元。以"让收藏成为风尚"作为主题,包括"艺术法兰西"主题展、中国书画作品展、青年艺术家推介展、中国陶瓷艺术展、城市雕塑展在内的五大主题展,除此外,艺博会设立了"顶级画廊""发现"论坛和亚太区收藏家项目(CDP)等几个单元。

第五篇

教育科研

随着 20 世纪 80 年代改革开放的到来,博物馆事业的发展步入了快车道。上海地区快速的经济发展与城市化进程为博物馆事业的发展提供了充足的资源,至 2010 年底,上海地区已建成 120 座博物馆。博物馆事业的蓬勃发展,对博物馆人才培养提出了更高的要求。

改革开放前,博物馆相关从业人员约有 1 000 人,主要来自复员军人、插队知青、大专院校与美院毕业生等,专业性与研究能力较为有限。因应于此,上海各高校开始培养能胜任新时代博物馆科研人才。上海大学自 1979 年开始培养博物馆专业方向学生,1980 年正式招收首批考古与博物馆方向本科生,是我国当代博物馆高等教育的开拓者之一。1984 年 2 月,复旦大学与国家文物局合作,在历史系开设全国文博干部专修班,此后几年形成了完整的本科生、硕士生、博士生三个层次的人才学历培养体系。同济大学在 2003 年设立了我国建筑院系中第一个"历史建筑保护工程专业"。培养的毕业生活跃在上海乃至国内城市建筑遗产保护管理、设计、施工的第一线。21 世纪之初,针对文物博物馆事业紧缺的经营管理、文物鉴定、文物保护修复人才,上海工会管理职业学院、上海视觉艺术学院相继创办相关专业,填补了相关领域专业人才培养的空白,强调在科学方法论的基础上,结合材料研究与分析,强化修复技术的实操训练,培养具有文物保护理论知识、丰沛的艺术修养底蕴及掌握修复保护技术的专门人才。截至 2010 年,上海各高校每年可培养博物馆专业人才数百人,有力支援了全国博物馆事业的发展。除此之外,各高校也成立了一批研究机构,如复旦大学文化遗产研究中心、同济大学历史建筑保护实验中心、上海大学文物与考古研究中心等,通过科学研究、理论指导,支援了博物馆事业的发展。

藏品的收藏保护、学术研究、宣传教育是文物和博物馆机构的主要业务工作。文博科研活动贯穿文博单位各项业务工作,以人文社会科学、自然科学、工程与技术科学为手段,在藏品研究与保存、保护和修复、陈列展览、博物馆管理与教育、信息技术应用等方面发挥了积极作用。改革开放前,中国博物馆相关研究工作受苏联影响较大,主要关注传统的博物学、考古学、人类学等基于文物本体与人文历史方面的研究。改革开放后,随着中西方交流的深入,西方重视理论建设、重视博物馆教育、重视新科技应用的理念开始影响到博物馆科研工作,博物馆研究范围逐渐向博物馆学、馆藏文物与相关人文社科领域研究延伸,特别在文物保护领域研究由文物本体保护向文物与保存环境影响关系拓展,从传统保护修复技艺向科技保护发展。在国家科技、文化、教育等管理部门的倡导下,上海的文物科研机构建设取得了大步发展,建立了以文化部文物保护技术上海检测站、上海博物馆文物保护科技中心、中国科学院上海硅酸盐研究所等单位为代表的专业科研机构;出现了《文物保护与考古科学》《上海鲁迅研究》《科学教育与博物馆》《上海革命史资料与研究》《都会遗踪》等为代表的专业学术期刊,其中《文物保护与考古科学》既是实验室的研究通报,又是目前向国内外公开发行的、国内文物科技领域的唯一一份正式学术刊物,《科学教育与博物馆》是国内自然科学博物馆行业首份学术期刊;成立了中国文物保护技术协会释光与电子自旋共振专业委员会、上海古陶瓷科学技术研究会、中国铸造协会艺术铸造专业委员会等学术团体。依托党和国家支持,文博工作者完成了大量的科研项目与学术研究,有力地支援了文物博物馆事业的建设。

2000 年至 2010 年上海的文博科研工作由兴到盛,除了"博物馆学研究""馆藏文物与相关学科领域研究"两大类的研究获得了长足进步外,文博科研工作也向着国际化的方向大踏步前进。步入新世纪后,上海地区承办了一系列国际与国内研讨会议,如国际博协亚太地区第七次大会暨博物馆与无形文化遗产国际学术讨论会、国际博物馆馆长高峰论坛、博物馆文物保存环境国际学术研讨会等,这些学术交流活动不仅拓展国内文博工作者的研究视野,也在提升了上海文博在国际上的知名度。其中2010年11月7日在上海举行的国际博物馆协会第22届大会暨第25届全体会议标志着我国的博物馆事业迎来了新一轮高速发展,具有中国特色的类别多样化、举办主体多元化的博物馆体系已经初步形成。

第一章 机 构

　　文物博物馆人才的培养,对博物馆事业发展和提高起着至关重要的作用。最为需要的是各类专业研究人员、熟悉博物馆现代科技人员和管理人才。上海大学自 1979 年开始培养博物馆专业方向学生,1980 年正式招收首批考古与博物馆方向本科生,与南开大学、浙江大学(杭州大学)一齐成为首批开展文博教学的高校,是当代博物馆高等教育的开拓者之一。1984 年 2 月,复旦大学与国家文物局合作,在历史系开设全国文博干部专修班。同年 9 月,招收文博方向的研究生班。1985 年设置博物馆学本科专业。1989 年复旦大学与国家文物局联合创建文博学院,形成了完整的本科生、硕士生、博士生三个层次的人才学历培养体系。20 世纪 80 年代以来,中国大量的城乡建筑遗产在快速的城市建设和更新当中消失或被改造,唤醒了整个社会对城市建筑遗产进行研究、保护的诉求,对文物博物馆相关研究内容的拓展及遗产保护人才的迫切需要。因应于此,同济大学在 2003 年设立了我国建筑院系中第一个"历史建筑保护工程专业"。培养的毕业生活跃在上海乃至国内城市建筑遗产保护管理、设计、施工的第一线。21 世纪之初,针对文物博物馆事业紧缺的经营管理、文物鉴定与修复,上海工会管理职业学院于 2003 年批准设置文化市场经营与管理专业,此后又设立文物鉴定与修复专业,填补了相关领域专业人才培养的空白。2008 年,上海视觉艺术学院文物鉴定与修复专业的创办,将文物保护与修复的人才培养向中国书画与古籍、油画与彩绘木雕和漆木器、陶瓷与青铜器等全方面文物类型拓展。

　　文物博物馆自建立起始,通常都会设立保管部、陈列部、展览部、教育部等相应的藏品科研岗位和部门,开展文物历史、艺术、科学价值基础研究和藏品保存、展览、宣教等应用研究。随着事业发展的新需求,又会按照藏品类细分设立青铜器、陶瓷器、书画、工艺等研究室,深入开展文物、博物馆学科学研究。上海博物馆于 1958 年设立文物修复工场,于 1960 年设立文物保护科学技术实验室,于 1984 年成立电脑组,1995 年,为了使机构设置与上博新馆建设的形势相适应,电脑室相应调整改为"信息中心"。作为当时国内最早建立的此类科研部门,引领和见证了我国文物保护科技事业大发展历程,也为本单位、上海地区乃至国内其他地区的文物保护修复作出了重要贡献。

　　改革开放以来,在国家科技、文化、教育等管理部门的创导下,上海的文物科研机构建设取得了大步发展。有关单位发挥技术优势,积极规划和发展,率先在国内设立机构开展文物保护技术应用研究,先后被批准建立 1 家部(省)级专业检测机构、2 家国家文物局重点科研基地和 1 份全国性专业学术刊物,提升了文物科技创新能力;文物博物馆科研机构和专业技术队伍获得有序发展,保障了传统工艺技术的传承发扬和藏品保护修复需求;高等院校及科研院所研究机构以及学术团体也获得快速发展,为文物博物馆行业高等教育专业研究型人才和技能性职业人才培养发挥了积极作用。

第一节 教 育 机 构

一、上海大学

　　上海大学自 1979 年开始培养博物馆专业方向学生,1980 年正式招收首批考古与博物馆方向本

图 5-1-1 上海大学文物与博物馆专业教学楼

科生,是上海大学重要的文科系科设置,隶属于文学院。文学院的前身为复旦大学分校,始创于1978 年 12 月,后成为上海大学文学院主干系科。第一任校长是新闻界老前辈、复旦大学教授王中先生,第一任党委书记是李庆云同志。1983 年成立上海大学后改名为上海大学文学院。历史系自设立以来,一直围绕历史学本课教育展开各项教学活动。1994 年 5 月,四校合并组建为新的上海大学,建有中文、历史、社会学、涉外经济法、影视、广告、行政管理、信息、档案学 9 个系,共 15 个本科专业。经学科重组和调整,文学院成为以中国语言文学、历史学、社会学与档案学为主的文科基础学院,中国作家协会副主席、著名作家叶辛任学院院长。在此期间,高蒙河作为考古文博学科的主要带头人,同时任上海大学文学院历史系系主任、文物考古中心主任等职。

在 90 年代至 10 年前,在此期间考古文博专业方向教师人数较少,仅谢维扬、张童心、吕建昌、杨群、石志刚、曹峻六人,本科及研究生教育很大程度依赖于中国史专职教师。谢维扬时任上海大学古代文明研究中心主任,张童心任上海大学文学院副院长,致力于文学与文化、考古与文献、传统与现代的跨学科研究,培养心怀人类命运的创造性人才。上海大学文物与考古研究中心 2001 年成立,首任中心主任杨群,现为张童心教授。中心主要以古代文明特别是早期国家起源为研究重点,兼及古代社会组织形态、古典文献的整理与研究。尤其注重考古发现特别是出土文献在上古史相关专题研究中的重要价值。本中心自成立以来,密切加强与国内外相关学术团体(北京大学、清华大学、中国社会科学院、台湾大学、香港中文大学、美国芝加哥大学)的联系,定期出版新出土文献方面的研究论文专辑,在国内外取得了广泛的影响。

当时学科具有一级硕士点,招收、培养学生上百人,上大师生参加了三峡、南水北调等配合性抢救性考古发掘,广富林、通州、江阴南楼、龙正等遗址的发掘,并承担南京博物院非物质文化遗产研究,打响了上大考古文博学科的知名度。2008 年,上海大学博物馆筹建,为上大文博事业的发展推进了重要的一步。上海大学博物馆是一座以表现上海及环太湖流域史前文化和近代开埠以来海派文化发展轨迹为主题,旨在反映上海文化脉络及精髓,弘扬上海城市精神的大学博物馆。展品包括上海青浦福泉山出土的文物标本、海派文化相关实物和文献资料在内的藏品近两千件,此外还藏有极具民族特色的各类民间手工艺品数百件。同时,博物馆正在公开征集反映上海及长三角区域史前文化和近现代海派文化的文物资料。

进入2011年以后,经过学科重组和调整,成为以中国语言文学、历史学、文化研究组成的文科基础学院。考古文博学科传承人文精粹,授解古今钥匙,努力成为立足上海、面向中国、走向世界的开放性、国际化、研究型学科。

二、复旦大学

复旦大学文物与博物馆学系,简称文博系,是国内创办时间最长、影响最大的文博教学与科研的高教机构之一,是教育部和国务院学位办"全国文物与博物馆专业学位研究生教育指导委员会"秘书长单位。为学校独立二级教学研究机构(院级系)。

文博系是在改革开放浪潮中,为顺应中国社会迈向现代化,尽快提高民族文化素质的要求应运而生的。1984年2月,复旦大学与国家文物局合作,在历史系开设全国文博干部专修班。同年9月,招收文博方向的研究生班。1985年设置博物馆学本科专业。1989年复旦大学与国家文物局联合创建文博学院,下设文物与博物馆学系、文物保护技术科学系、历史学系等系所。1996年文物与博物馆学系和文物保护技术科学系合并,形成文物与博物馆学系。历任系主任为:吴浩坤(1990—1996)、蔡达峰(1996—2000)、杨志刚(2000—2008)、陈红京(2008—)。

自1984年创办以来,文博系形成了完整的本科生、硕士生、博士生三个层次的人才学历培养体系。截至2010年12月,拥有博物馆学1个本科专业,考古学及博物馆学、文物学2个硕士点和博士点,文物与博物馆1个专业硕士点。近年来,每年招收本科生约30名,研究生约20名,其中包括来自日本、韩国、马来西亚、新加坡和港澳台的学生。

文博系教师队伍由文、理、工、艺等学科专业人员组成,研究方向包括考古学、博物馆学、文化遗产、文物学、文物保护等。截至2010年12月,在职教职工22人。其中专任教师17人、行政人员1人、教辅人员4人;具有正高级职称8人、副高级职称4人、中级职称8人;研究生指导教师12人,其中博导8人。同时聘请了一批在国内外有重大影响的兼职教授,并每年邀请国内外专家学者来校讲座,传输新知识和前沿动态,促进校际、馆校之间及海内外的学术交流。

20世纪80年代后,文博系教师出版、发表专著和论文,还完成许多重要的科研项目,如青铜器防锈,利用红外技术识别和鉴定文物,上海豫园古建筑园林设计,博物馆藏品管理软件开发等。文博系教师以饱满的热情投入科学研究,为中国的文化遗产事业多做贡献。据统计2001年后,文博系先后出版专著、译著近50种。承担国家级、省部级及其他他纵向课题30多项。

文博系教师获得了众多的科研成果:国家社会科学基金项目"论文化遗产保护与旅游开发利用的关系"成果得到中央领导李岚清副总理、钱其琛副总理、文化部部长孙家正和文物局局长单霁翔重要批示;《文物保护法》以此新增第24条;以《全国博物馆事业中长期发展战略研究》课题为基础,形成《国家博物馆事业中长期发展规划纲要(2011—2020)》,成为指导我国博物馆发展的行动纲领。作为"现代远程教育工程"2001年中央财政专项"大学数字博物馆建设工程"之一的"复旦大学文化人类学博物馆"(一期)建设项目,于2003年7月通过了教育部专家组的验收。又如连续多年参加的"三峡考古",确立复旦大学在三峡考古中的独特地位。

文博系设有文物保护实验室,长期为科研、教学服务。文博系资料室常年征订与本专业相关的学术期刊和各类报纸杂志,购置专业书籍,向全校师生开放。文博系还兼管复旦大学博物馆,对全校和社会免费开放。博物馆建于 20 世纪 80 年代末,拥有藏品 2 000 多件,包括中国古陶瓷、古钱币、青铜器、书画等。其中 400 多件(套)台湾高山族民俗文物,由复旦大学原生物系刘咸教授收集、珍藏,后捐赠给学校。

文博系致力于培养具备文博考古方面的基本知识和技能,能在政府文物管理和研究机构,各类博物馆和陈列展览单位,考古部门、文物与艺术品经营单位、旅游部门、新闻出版和教育单位从事相关专业工作的复合型专门人才。文博系在教学上强调理论与实践相结合,既注重学理,又大力培养学生的动手能力。文博系学生积极参与考古发掘、博物馆陈列设计、数字博物馆建设、文物修复、文物摄影、博物馆公众调查等活动。由文博系学生创办的"博雅学社"影响力大,举办多期"博雅节(文博周)"活动,传播专业知识的同时,以"博雅"的理念推动学校素质教育和校园文明建设。

文博系已培养了千余名毕业生,遍及全国各地,活跃在政府文物管理机构、各类博物馆、考古所、文物与艺术品经营公司、展览设计公司、文化创意公司、海关出入境管理机构、旅游、新闻出版和教育单位。文博系曾与国家文物局合作招收培养"文博干部专修班",前后共计 18 届,学员达 500 多人,遍及全国各地,为中国文博人才的培养作出了特殊的贡献。近年来,受国家文物局委托,文博系承办"全国省级文物局局长班""全国省级博物馆馆长班""全国文物进出境审核机构负责人培训班""国家一级博物馆馆长培训班""博物馆管理国际研修班"等培训班,成为全国文博系统高级管理和研究人才培训的主要机构。

三、同济大学

同济大学的历史建筑保护工程专业于 2003 年在时任建筑系主任莫天伟和副系主任常青(2004—2014 年任建筑系主任、专业负责人)主导下创设,是全国建筑院系中第一个设立的"历史

图 5‑1‑2　同济大学建筑与城市规划学院

建筑保护工程"专业。常青和引进的 ICOMOS 前副主席、夏约学院本杰明·穆栋分任教学团队中外方负责人,让专业教学既具有国际视野,又能符合国内保护实际。2007 年德国归国的戴仕炳领衔创设国内建筑院校的第一个历史建筑保护实验室,为专业教学构建了技术支撑。教学团队由海内外建筑、规划、景观、结构、测量、材料、文博等不同学科的高水平专家组成,有效促进学科交叉,提升专业教学水平。建筑学与遗产保护交织的紧密教学组织协作,建筑系 15 个学科组共同承担课程的设计与实施,形成了建筑学基础课、保护专业课交叉整合的教学组织,保证了教学与研究的互补。

根据培养计划,历史建筑保护工程专业的培养目标是"既具备建筑学专业的基本知识和技能,又系统掌握历史建筑与历史环境保护与再生的理论、方法和技术,具备历史建筑保护从业者优秀的职业素养、突出的实践能力,具有国际视野,富于创新精神的新领域的开拓者以及本专业领域的专业领导者"。这一职业实践取向的专业定位也决定了课程体系是"建筑学"和"遗产保护"课程的交叉。在四年学制中,学生既要掌握建筑学的基础理论与知识、建筑学通用技术体系和建筑设计能力;也要掌握建筑遗产保护与再生的基本理论与知识、历史建筑保护工程特殊技术体系以及建筑遗产保护与再生设计的一般程序与方法。

专业核心课程第一为历史理论类。这既包括了建筑学传统的历史理论课如"建筑史""建筑理论与历史""建筑评论",还加入了保护类的历史理论课"保护概论""文博专题"等。第二为技术类,包括历史环境实录、历史建筑形制与工艺、保护技术和材料病理学等课程。建筑学传统课程中的建筑力学、建筑结构、建筑构造为学生构建了学习保护技术的必要知识储备。通过这些课程的学习,学生能够掌握历史建筑的历史研究和信息实录、建筑病害分析与保护、传统和近代建筑建造工艺等知识,具备初步的修缮技术选择、评估和设计能力。第三为设计类。从低年级延续到三年级的建筑设计系列能为学生提供必要的设计能力基础。三年级第二学期开始的保护类设计由传统建筑保护、近现代建筑保护两个短题,和城市与建筑保护、毕业设计两个一学期的长题组成。前两个短题关注两种不同类型遗产本体的保护,第一个长题则会涵盖从城市、街区到单体建筑的保护利用的综合内容;毕业设计一般为真题,学生可根据兴趣选择不同类型的遗产保护课题。

建筑遗产保护是一项专业性强且需要多学科参与的综合性活动。基于这种认知,同济的遗产团队极大地促进了建成遗产保护教学中的技术与文化跨学科交叉,在国内首倡了跨建筑、规划、景园及土木、材料和文化遗产相关文科学科专业资源的交叉专业教育理论,建设了涵盖建筑学主干课和遗产保护知识的复合的历史建筑保护工程专业培养体系;形成了如艺术史、文博等人文素养课程和结构、材料、测量、建筑共同构建的"基于建筑病理学的保护技术教学体系"、建筑与规划共同构建的"中法建成遗产保护联合教学"等特色成果。

在教材建设方面,一方面借鉴国外原版保护类名著作为参考书目,一方面积极编写教材与参考书。目前已经出版城市历史、建筑遗产保护、园林遗产保护等方面的系列教材和参考书十余种,包括《历史建筑形制与工艺》《历史建筑保护工程学》《历史建筑材料修复技术导则》《历史建筑保护及其技术》《城市建设史》《当代英国建筑遗产与保护》《历史文化名城保护理论与规划》《法国建筑、城市、景观遗产保护与价值重现》《历史文化村镇保护规划与实践》《历史保护读本》《特拉维夫百年建城史》《灰作十问——建成遗产保护石灰技术》等专著及教学参考书以及《当代遗产保护理论》《修复理论》等译著。其中常青院士主编的《历史建筑保护工程学——同济城乡建筑遗产学科领域研究与教育探索》一书将建筑学、城乡规划和风景园林三个一级学科,以及土木工程和材料科学的遗产研究与教学资源进行整合,在国内首次建构了符合国际学术标准及中国文化语境的建成遗产保护与再生基本理论及其教学系统。

历史建筑保护工程专业毕业生活跃在国内城市建筑遗产保护管理、设计、施工的第一线,并受到了用人单位的普遍好评。2010年,专业获评为国家特色专业。专业建设在国外也备受关注,应邀参加麻省理工学院主办的同济建筑城规学院设计成果展(2009年),获得了热烈反响。

四、上海工会管理职业学院

上海工会管理职业学院文化市场经营与管理专业与文物鉴定与修复专业均隶属于人文艺术系,历任系主任为郭洪涛、高守雷,专业负责人为童芷珍。文化市场经营与管理专业于2003年批准

图5-1-3　上海工会管理职业学院

设置,2004年首届招生。本专业目标是培养适应社会主义市场经济发展与现代化建设需要,德、智、体、美全面发展的,具有较高职业素养、具备文物及现代艺术品的鉴赏、经营管理及一些文化活动组织的基础知识;掌握文物等艺术品的传统鉴定基本方法以及现代科学的新技能、新方法,具有艺术品经营、管理、展示、拍卖以及文化活动运作等技能;既具有传统艺术和美学修养,又能从事艺术品经营、管理、展览、文艺演出公司等领域工作的应用型人才。下设中国陶瓷史基础、古代陶瓷鉴赏及其市场、瓷器鉴赏及其市场、紫砂陶器鉴赏、陶艺制作及其市场、中国书画鉴赏及其市场、西画鉴赏及其市场、竹木牙雕鉴赏、历代金银饰品鉴赏、珠宝玉器鉴定、雕塑艺术鉴赏、家具鉴赏及其市场、邮票鉴赏及其市场、钱币鉴赏、古文字与古文献、艺术品拍卖实务、文化市场营销、商业演出策划、文化活动创意等课程。文化市场经营与管理专业实施"双证书"教育,学生毕业除可获得至少一个专业相关的职业资格证书或技术等级证书。如《古玩鉴定员》《宝玉石检验员》《珠宝玉石鉴定》《拍卖师》等职业资格证书。

文物鉴定与修复专业于2006开始招生,是上海市085工程重点建设专业、上海市高等职业教育创新发展三年行动计划骨干专业、上海市一流专业。本专业立足于市场与行业发展需要,针对字画、古籍等艺术品市场日益繁荣而装裱专业人才大量匮乏的现状,培养适应社会主义市场经济发展和精神文明建设需求,具备文献保护、书画与古籍修复的基础知识、掌握文献修复和书画与古籍保护的传统方法以及现代科学的新技术、新方法,能够熟练地对古代和现代各类纸质或绢类作品进行装裱和修饰,又能从事古籍文献修复和保护的高级应用型人才。下设历史文献学、文物保护与修复基础、版本目录学、美学基础、中国通史、书画拍卖写作实务、古文献与考古、中国古文字认知训练、专业英语、纸质文物修复概论、纸质文物保护概论、材料研究、装裱知识及实践、古旧文献修复、书画鉴定和修复、书画拍卖市场实务、书画展览的设计与布置、普通化学、书画技能训练、防腐防霉杀菌概论等课程。文化鉴定与修复专业实施"双证书"教育,学生毕业可获得至少一个专业相关的职业资格证书或技术等级证书。如《书画装裱工(中级)》《文献修复师(中级)》,同时依据本专业的知识、技能扩展课程以及相关的实践技能训练,学生还可以按照自己的兴趣爱好,考取《古玩鉴定员》《宝玉石检验员》等职业资格证书。

2006年上海工会管理职业学院申请艺术品保护中心项目,分三期进行,上海市财政投入资金500万进行相关实训室建设,建有文物鉴定室、绘画室、珠宝鉴定室、陶艺制作实训室、文物陈列、材料分析与检测实训室、仿真技术实训室、古籍修复实训室、画框制作工实训室、陶瓷修复及拓印技术、油画修复技术实训室、装裱修复室等十余个专业实训室,可满足文化市场经营与管理、文物鉴定与修复专业课程有关实验、实践、课程设计和毕业设计需求以及教师在的科研工作。

五、上海视觉艺术学院

上海视觉艺术学院文物保护与修复专业创办于2008年,是学校重点专业,第一任学院院长李向阳,专业负责人为胡志翔。文物保护与修复专业主要培养中国书画与古籍、油画与彩绘木雕和漆木器、陶瓷与青铜器等文物类型保护与修复人才。本专业人才应对文物保护与修复专业的门类有初步了解,通晓文物保护与修复的基本概念、伦理及道德,并且融合现代科学及技术手段在文物保护中的应用,其中包括直接处理文物及艺术品的方法理论与实践教学。其次,本专业涉及历史(艺术史、建筑史、保护与修复史等)、技术史(各类文物与艺术品的制作工艺技术)、档案(图像档案、文本档案及检测分析报告)等相关专业课程的教学。此外,前三年的教学还侧重文物保护所需的化

图 5 - 1 - 4　上海视觉艺术学院文物保护与修复学院

学、物理和生物等基础课程教学。在第四学年，教学进入毕业项目制教学阶段，并针对其中一个文物门类方向进行专题学习和研究，掌握基本科学分析和研究方法，找到文物和艺术品的损害及退化的成因，进而制定科学的保护方案，并且独立完成保护修复实践任务。

该专业以工作室为教学主体平台，强调在科学方法论的基础上，结合材料研究与分析，强化修复技术的实操训练，培养具有文物保护理论知识、丰沛的艺术修养底蕴及掌握修复保护技术的专门人才。本科教学课程主要围绕保护基础理论、修复与科学综合应用及保护与修复技术实践三个方面设置知识模块课程，是一个包含史学、艺术学、材料学、保护学、修复技能训练等知识技能的系统化课程体系。教学方法实行专业方向工作室制和小班研讨相结合，教师队伍采用内三外七模式，增强专业领域与行业发展的密切联合。

近年来，学院积极探索与国内外一流教学和科研机构开展教学与研究合作。目前，与中国文化遗产研究院、中国文物保护基金会、上海档案馆、上海图书馆、苏州博物馆、大足石刻研究院、广东海上丝绸之路博物馆、广州美术学院美术馆、中国美术学院古代书画修复研究中心、保利博物馆等已广泛建立合作联系。此外，与意大利国家文物保护与修复高级研究院（罗马修复学院）、罗马第三大学、比利时安特卫普大学、法国国家文化遗产学院、美国盖蒂研究所等研究机构合作，并定期派送青年骨干教师赴海外高校学习进修，同时邀请海外专业及行业人士共同参与我院的教学实践，并且在国际合作中汲取西方高校先进的教学理念和技术经验，不断为中国博物馆事业及遗产保护修复培养紧缺人才。

截至 2010 年，学院综合教学实验平台初具规模，本专业已投入使用的教学实验室：陶瓷保护与修复工作室、纸本保护与修复工作室、油画保护与修复工作室、科学材料教研室（实验室）、传统艺术技法教研室。专业师资队伍已基本建成。学院专职教师 13 人，其中教授 4 人、副教授 2 人、讲师 5 人、助教 2 人。师资专业结构包含艺术、科技、修复工艺等。还有一支由 46 位专家学者及高级修复技能人才组成的兼职教师队伍参与教学与专业建设。

第二节　科　研　机　构

一、文博单位科研机构

【文化部文物保护技术上海检测站】

1988 年 5 月 14 日，为发展建立全国有关行业鉴定检测机构，国家科委成果局下发《关于调查全国部(委)、省所属专业检测机构的通知》，上海博物馆向文化部科学技术办公室报送了上海博物馆文物保护科学技术实验室的材料。同年 8 月 9 日，中华人民共和国文化部下发《关于建立专业检测机构的通知》，批准建立文化部第一批 4 个专业检测机构，自通知发布之日起正式执行其各自的专业检测职能，分别为文化部文物保护技术北京检测站(由位于北京的文保科研所、故宫博物院、中国历史博物馆共同代理检测职能)、文化部文物保护技术上海检测站(由上海博物馆代理检测职能)、文化部乐器技术检测站(由位于北京的中国艺术科研所代理检测职能)、文化部舞台电子设备检测站(由位于杭州的浙江舞台电子技术研究所代理检测职能)。文化部科学技术办公室于 9 月 10 日下发《关于启用专业检测所(站)印章的通知》，正式启用 4 个检测站印章。

"文化部文物保护技术上海检测站"以上海博物馆文物保护科学技术实验室为技术支撑部门，负责具体实施专业检测职能。总负责人为马承源馆长，具体负责人为实验室王维达、谭德睿，配备一批专业分析研究人员与仪器设备，设立陶质文物热释光测定年代、天然辐射剂量率分析、陶器真伪鉴定、文物残留药物和保存环境挥发性污染物气相色谱分析、书画和木漆器等文物软 X 射线文物内部结构检测、激光全息测定古代金属振动器振型、古陶瓷成分分析、古铜器金相分析、古铜器元素分析、X 射线衍射相分析等对外检测服务项目。历年来为国内外博物馆、考古所等文物收藏单位、文物海关和公安单位等社会职能机构检测分析和科学鉴定了大量文物和样品，尤其是逐步发展的古陶瓷器热释光测定年代和分析鉴定服务，在国内外文物科技保护领域具有广泛的影响。

【馆藏文物保存环境国家文物局重点科研基地(上海博物馆)】

2005 年 11 月由国家文物局批准设立，2007 年 4 月起开展科研基地主任公开招聘和学术委员会选聘工作，2008 年 3 月挂牌运行，依托于上海博物馆，以上博文物保护与考古科学实验室(现上海博物馆文物保护科技中心)为主要运作和发展技术支撑部门。科研基地主任为陈燮君馆长，副主任为实验室吴来明。科研基地首届学术委员会由依托单位、科研院所和有关高校的 9 位文物保护和环境科学专家组成，主任为陈克伦副馆长，顾问为安芷生和侯保荣二位院士，委员为王维达、陈元生、黄克忠、黄震、蔡兰坤、陈建民。

科研基地依照我国"保护为主、抢救第一、合理利用、加强管理"的文物工作方针和"自主创新、重点跨越、全面支撑、引领未来"的科技工作方针，围绕我国博物馆文物保存环境科学和技术发展战略，针对该领域的重大科技问题，以"立足藏品、预防保护、集成创新、改善环境"为原则，加强馆藏文物保存环境科技的研究、运用、示范和推广工作，促进我国馆藏文物预防性保护科技水平的整体提高。科研基地的主要研究方向为馆藏文物保存环境的基础科学、应用技术、标准化、有害微生物和自然灾害预防技术等。

至 2017 年,科研基地共开展文物保存环境科研课题、成果示范和标准研制项目 53 项,其中 3 项国家科技支撑计划课题、2 项国家自然科学基金项目、2 项上海市科委科技计划课题、8 项国家文物局课题、22 项标准研制项目、2 项上海市人才发展资金资助项目,另分三批发布实施科研基地开放课题 7 项、开展自立课题 4 项、横向课题 2 项。取得一批研究成果,已研制颁布国家标准 2 项、行业技术标准 8 项;申请专利 27 项(发明专利 20 项),其中已获得专利授权 17 项(发明专利 10 项);在国内外各类期刊上公开发表研究论文 100 多篇;多项成果获奖,其中参加研究的"文物出土现场保护移动实验室研发与应用"成果获 2012 年国家科技进步奖二等奖、主持项目"馆藏文物保存环境应用技术研究"和"博物馆文物防震关键技术创新与应用"成果分别获得国家文物局 2009 年和 2016 年文物保护科技创新奖二等奖,研发产品"洁净微环境调控功能材料研究与应用"获 2016 年上海产学研合作优秀项目奖三等奖。

科研基地积极发挥技术引领和辐射作用,2010 年 12 月在上海举办"首届博物馆文物保存环境国际学术研讨会"、2015 年 1 月在上海召开"博物馆照明需求对接交流会"、2015 年 4 月在北京和上海召开"博物馆文物展陈防震技术国际学术研讨会"、2015 年 9 月上海博物馆文物保护科技中心建成启用之际在上海博物馆召开"文物保护与博物馆建设"国际博物馆馆长高峰论坛、2015 年 11 月在上海博物馆文物保护科技中心召开"中日韩文物防灾国际学术研讨会"。2009 年、2013 年、2014 年和 2015 年承办 5 次馆藏文物预防性保护技术成果推广和标准宣贯培训班,科研基地研究骨干还应邀在内蒙古、青海、成都、广西、宁夏、重庆等地开展文物预防性保护技术培训和交流,支持开展文物保护援藏、援疆工作。积极支持和推进全国馆藏文物预防性保护技术示范和应用工作,2013 年至 2017 年承担或指导全国 200 多家文博单位完成 260 多项馆藏文物预防性保护方案设计;重视与科研院所、高校的合作交流,与华东理工大学、复旦大学等高校联合培养了一大批研究生,2011 年设立馆藏文物保存环境华东理工大学联合实验室,2016 年 12 月与机械工业仪器仪表综合技术经济研究所、敦煌研究院联合成立文物保护装备检验检测实验室,为推进由工信部与国家文物局组织的文物保护装备产业化及应用示范活动作出了积极贡献。

2015 年 9 月,随着上海博物馆文物保护科技中心基地改扩建启用,配备了一批大型科学仪器设备,其中为科研基地配备了专用试验设施和场地,大幅度提升了馆藏文物保存环境基础科学和应用技术创新研究实验能力。

【上海文物商店修复工场】

解放前集中于广东路一条街及周边漫散的古玩经营铺和摊位的私营业主,经解放后的公私合营的改造,于 20 世纪 50 年代中后期统一划并为上海古玩市场(称为旧市场),职工全部由原私营业主组成。直至"文化大革命"爆发,上海古玩市场被取消,人员和物资也一并划归上海工艺品进出口公司所属的上海友谊商店,其中一部分原在解放后一直从事古玩经营,因此熟稔各种文物古玩的工艺和时代特征。这些师傅们则被重新安排在友谊商店的修复工场(史称白云观),跟随传统文物修复师傅边学习边实践,依靠着敬业和钻研精神,半路出家掌握文物修复技能。

改革开放以来,恢复经济,百业待兴。1978 年上海恢复古玩市场经营,并正式更名为上海文物商店(新市场),归属市文化局管辖。在恢复经营业务的同时新组建了修复工场,人员主要由在友谊商店从事修复工作的老师傅组成(大约 10 人),后有一部分退休职工的子女和艺术院校毕业的职工加入,拜师学艺。修复门类包括竹木牙雕、漆器、钟表、玉器、陶瓷、印砚、金镶和锦盒制作,稍后又建立了裱画组。修复主要以上海文物商店上柜的破损商品为主,另有一些毁损的商品如碎瓷片、床板窗格等利用设计成挂件、酒柜等，为当时国家急需的创汇（90年代以前文物商店为涉外单位，一律以外汇结算）作出了一定的贡献。

2000年，由多种原因运营了二十余年的上海文物商店修复工场撤销，除退休老师傅们，其余人员根据工作需要大部分调配至商店其他各部门，少数人员调至上海博物馆继续从事文物修复工作，但保留了传统锦盒制作工种。

【上海博物馆文物修复研究室】

1950年4月开始筹建、1952年12月21日开馆的上海博物馆，于1958年设立文物修复工场，成为国内文物博物馆系统最早建立文物修复部门的专业机构之一，主要任务是修复、复制本馆珍藏品，同时也为兄弟博物馆和国外博物馆修复文物、装裱书画。1960年，上海市裱画生产合作社的从业人员划归上海博物馆，在文物修复工场建立书画装裱组。1980年，文物修复工场搬入河南南路16号上海博物馆大楼办公。1991年和1995年，上海博物馆内部机构改革调整，文物修复工场的文物复制组并归上海博物馆艺术品公司，古籍修复人员划归上博图书资料室，文物修复工场易名为"上海博物馆文物修复研究室"，设立青铜器修复组、陶瓷器修复组、竹木家具修复组、书画装裱组，专业从事各类文物修复工作。1993年上海博物馆人民广场新馆建设时期，因置换河南南路16号中汇大厦，文物修复研究室临时搬迁至龙吴路1114—1118号工作。1996年底，上海博物馆新馆建成开放，文物修复研究室的青铜修复组、陶瓷修复组和书画装裱组迁入人民大道201号，竹木家具修复组则在南汇文物集中库房工作。2015年8月1日，上海博物馆将文物修复研究室划归文物保护与考古科学实验室管理。同年9月，位于龙吴路1114—1118号的文物保护与考古科学实验室改扩建工程竣工启用，文物修复研究室各组迁入，合并成立"上海博物馆文物保护科技中心"，文物修复人员分为"器物修复研究室"（含青铜器修复、陶瓷器修复、木漆器修复）和"书画装裱研究室"两个组室开展工作，传统技艺的传承和发扬得到了有力的科技支持。

上海博物馆文物修复工场建立时期，文物修复专业队伍主要来源于解放前从事文物修复的老技术人员和当时的模具厂学徒，这些富有经验的文物修复专业技术人员，有的是一专多能，既能修青铜器，又能修陶瓷器，亦能修竹木漆器或玉器，尤其是身怀绝技的书画装裱高手云集，使上海的文物装裱和修复力量、传统工艺技术水平在全国博物馆系统中名列前茅。其中，擅长修青铜器的有王荣达、黄仁生、顾友楚等人；擅长修陶瓷器的有饶鸿发、胡渐宜等人；擅长书画装裱的有刘定之、周桂生、严桂荣、徐有清、徐茂康、黄桂芝等人。

1978年之前，文物修复专业队伍也受"文化大革命"影响，一度出现青黄不接现象，但仍然坚持吸收人员拜师学艺，传承传统修复技艺。其中，20世纪60年代从艺术院校转调和从部队复员分配人员、20世纪70年代从南汇县插队落户的老三届学生中或其他途径进招聘人员，培养了一批新一代文物修复中坚力量。擅长修青铜器的有尤戟、张光敏等人；擅长修陶瓷器的蒋道银等人；擅长书画装裱的有孙坚、戴永杰、邱锦仙、诸品芳、顾祥妹、沈维祝等人。

1978年之后，虽然有一些文物修复能手先后退休、离世或离职，但文物修复专业队伍得到了持续发展，通过师承制先后培养了20多名后继文物修复专业技术人员，人员来源主要是工艺美术专科和本科毕业生，以及部分馆内调配人员或其他途径分配进馆人员。上海博物馆目前共拥有6项上海市非物质文化遗产代表性项目。其中，"古陶瓷修复技艺"于2011年列入第三批市级非遗代表性项目名录，"青铜期修复技艺"于2015年列入第五批市级非遗代表性项目名录，"古书画装裱修复技艺""古代家具修复技艺""古籍修复技艺""珂罗版书画复制技艺"于2018年列入第六批市级非遗代表性项目名录。至 2018 年,在岗的文物修复专业人员共 17 名,计有青铜器修复人员 5 名,其中张光敏和张珮琛 2 人于 2016 年列入第五批上海市非物质文化遗产代表性项目"青铜期修复技艺"代表性传承人;陶瓷器修复人员 4 名,其中杨蕴和卜卫民 2 人于 2016 年列入第五批上海市非物质文化遗产代表性项目"古陶瓷修复技艺"代表性传承人、2009 年"卜为民——古陶瓷修复"被命名为首批上海市职工岗位绝技绝招、2018 年杨蕴荣获首届全国文物修复职业技能竞赛一等奖;木漆器修复人员 2 名,其中马如高于 2009 年获评为"2008—2009 年度上海市突出贡献技师"、2016 年荣获首届"上海工匠"命名;古书画装裱修复人员 6 名,其中黄瑛、褚昊、沈骅 3 位师傅带领 3 位徒弟承担一万余件馆藏书画文物的修复保养以及馆外珍贵书画文物的委托修复工作。

【上海博物馆文物保护与考古科学实验室】

上海博物馆于 1960 年设立"文物保抑科学技术实验室",是国内文博系统最早成立文物科技保护研究部门的专业机构之一。自 1988 年起承担行使文化部文物保护技术上海检测站的专业检测职责。1989 年创刊并负责编辑出版《文物保护与考古科学》期刊,同时实验室更名为"文物保护与考古科学实验室"。1991 年,实验室集中搬迁至龙吴路 1114—1118 号新建的文物仓库基地办公。2003 年,上海博物馆决定扩建文物保护与考古科学实验,将龙吴路 1114—1118 号七层仓库大楼全部改造用于文物保护科研,实验室临时搬迁至延安西路 1357 号汇中商务楼二楼办公。2005 年,国家文物局批准上博建立"馆藏文物保存环境国家文物局重点科研基地",以文物保护与考古科学实验室为主要运作和发展技术支撑部门。2008 年,上博成为国家文物局首批"甲级可移动文物技术保护设计资质单位"和"一级可移动文物修复资质单位"。2015 年 8 月 1 日,上海博物馆将文物修复研究室划归文物保护与考古科学实验室管理。同年 9 月,位于龙吴路 1114—1118 号的文物保护与

图 5-1-5　上海博物馆文物保护科技中心,上海市徐汇区龙吴路 1118 号

考古科学实验室改扩建工程竣工启用，更名成立"上海博物馆文物保护科技中心"。

上海博物馆文物保护与考古科学实验室的宗旨是立足本馆，开展文物保护、科技考古、科学鉴定等研究及实施工作，同时面向社会，积极为文物收藏保护、文物修复、学术研究和社会教育提供技术支持。实验室由文物保护技术、科学检测与鉴定、古代青铜和陶瓷工艺、专业期刊编辑出版 4 个业务部门构成。拥有金属类文物防腐蚀、纤维质及竹木漆器等非金属文物保护、文物保存环境监测及治理、文物病虫害防治及消毒、文物防震抗灾等常规或无损检测专业的研究能力。

截至 2010 年，实验室已完成出土铁器脱盐缓蚀保护、严重朽蚀饱水竹简的真空冷冻干燥处理、东汉"水银沁"铜镜表面处理技术研究、陶瓷器热释光测定年代技术及其真伪鉴别研究、史前漆膜的分析鉴定技术研究、博物馆文物保存环境质量标准等 40 多项专题研究，其中 1 项获国家科委科技进步三等奖，21 项获文化部、国家文物局、上海市科委等的科技进步奖。发表专著 3 本、论文集 7 本、科研论文及报告 130 多篇、翻译论文 110 多篇。多年来还为本馆、国内兄弟博物馆、国外博物馆及个人科学检测鉴定文物 200 多件，保护处理和检测文物数百件。所负责编辑出版的《文物保护与考古科学》期刊，既是实验室的研究通报，又是目前向国内外公开发行的、国内文物科技领域的唯一一份正式学术刊物。

【上海博物馆信息中心】

上海博物馆于 1984 年 5 月成立电脑组，成为国内文博系统首个设立专业部门开展数字化工作的机构。1985 年，上博内部机构设置改革，各研究组升格为部，电脑组易名为电脑室。1995 年，为了使机构设置与上博新馆建设的形势相适应，电脑室相应调整改为"信息中心"。

信息中心是按照馆的总体规划，负责全馆数字化整体工作的一个职能部门。包括本馆数字化建设的方向和实现途径的提出和实现，数字化系统的调研、分析、立项、开发等工作；同时，信息中心还负责数字化系统及日常数字化办公设备的日常运行及维护扩展工作；以及配合馆内各业务部门进行相关的数据采集、应用开发、多媒体制作和线上传播等工作。

成立 30 多年来，信息中心经历了一些比较关键的时间节点，比如 1996 年的新馆建设，2000 年开始的信息化三期工程，2010 年的世博会建设等；也完成了一些比较重大的工作，很多在当时都走在了全国博物馆界的前列。比如从 1984 年开始进行的藏品编目管理系统，1985 年 4 月，文化部文物局为此在上海博物馆召开了"全国部分博物馆电脑管理"座谈会，对上博将计算机运用于博物馆管理给予了充分的肯定。在此基础上，1988 年开发完成的《藏品编目图像管理系统》荣获文化部科技成果四等奖。1996 年，跟随上博新馆建设而建立的以楼宇自控为主的建筑智能化系统的开发成功，是上博成为通过国家建设部鉴定的国内博物馆第一所智能化大楼，梳理了博物馆智能化建设的样板。2005 年完成的上海博物馆信息化工程先后获得上海市信息化优秀应用项目奖、上海市科技进步二等奖。上海博物馆网站则在第四届中国优秀文化网站调查评估活动中，荣获优秀文化网站奖。

二、高等院校、科研院所研究机构

【中国科学院上海硅酸盐研究所古陶瓷科学研究中心】

古陶瓷研究是上海硅酸盐研究所的传统特色方向之一，早在 20 世纪 30 年代中国科学院上海硅酸盐研究所的前身——中央研究院工程研究所创办之时就开创了古陶瓷的科学技术研究的先河,至今仍不断开创古陶瓷科学技术前沿研究工作,并在该研究领域一直保持着国际领先地位。中国科学院上海硅酸盐研究所先后承担了包括国家重点基础研究发展计划(973 计划)、国家自然科学基金重点项目、国家科技支撑计划项目、国家自然科学基金面上项目、科学院知识创新项目、国家文物局"指南针计划"项目、国家质检行业公益性科研专项、国家文物局文物保护科学和技术研究课题、文物保护行业标准项目等在内的多项科研项目,另外还承担了多项国内外委托与合作的研究项目。

图 5-1-6　中国科学院上海硅酸盐研究所,上海市长宁区定西路 1295 号

2008 年 2 月,经国家文物局批准,在上海硅酸盐研究所成立古陶瓷科学研究国家文物局重点科研基地,整合了所内古陶瓷研究和相关分析测试力量。古陶瓷科学研究国家文物局重点科研基地针对文化遗产研究和保护的国家战略需求,聚焦古陶瓷科学研究及综合信息数据库的建立,以及脆弱性硅酸盐质文化遗产科学认知与保护研究,推进相关的基础与应用基础研究工作。进一步深化和文博行业的强强合作,以及平台建设与科技联盟建设,充分发挥科技对文化遗产认知与保护的支撑作用,促进行业创新及技术进步。

【上海大学文物与考古研究中心】

上海大学文物与考古研究中心 2001 年成立,历任中心主任杨群、张童心。中心主要以古代文明特别是早期国家起源为研究重点,兼及古代社会组织形态、古典文献的整理与研究。尤其注重考古发现特别是出土文献在上古史相关专题研究中的重要价值。中心自成立以来,密切加强与国内外相关学术团体(北京大学、清华大学、中国社会科学院、台湾大学、香港中文大学、美国芝加哥大学)的联系,定期出版新出土文献方面的研究论文专辑,在国内外取得了广泛影响。

【联合国教科文组织亚太地区世界文化遗产研究与培训中心(上海)】

联合国教科文组织亚太地区世界遗产培训与研究中心是联合国教科文组织的二类机构,成立于 2008 年,是第一个在发展中国家建立的遗产保护领域的专业机构。它服务于亚太地区《世界遗产公约》缔约国及其他联合国教科文组织成员国,通过组织教育培训、实地调研、学术交流等方式,致力于亚太地区世界遗产的保护与发展。联合国教科文组织亚太地区世界遗产培训与研究中心由北京、上海、苏州三个中心构成。上海中心(同济大学承办)主要负责文化遗产保护相关项目,包括城镇、村落保护与可持续发展、建筑/建筑群/建筑遗址保护以及文化景观保护等。

中心理事会成员由以下机构代表组成:联合国教科文组织世界遗产中心(WHC)、国际文物保护与修复研究中心(ICCROM)、国际古迹遗址理事会(ICOMOS)、世界自然遗产保护联盟(IUCN)、中国住房和城乡建设部中国国家文物局、中国联合国教科文组织全国委员会、清华大学、北京大学、同济大学、苏州市人民政府。

【同济大学历史建筑保护实验中心】

同济大学历史建筑保护实验中心成立于 2007 年,是国内第一个历史建筑保护技术实验室,是东亚地区研究建成遗产信息采集、材料病害勘察及其修复技术的前沿科研教学基地。历史建筑保护实验中心主要研究方向为历史建筑的信息采集与监测、历史建筑的材料检测与病理学诊断、传统材料与技术研究、历史建筑修缮的当代技术研究、修缮材料与工艺研究、历史建筑材料耐久性修缮研究等。历史建筑保护实验中心通过整合国内外优势资源,培养、引进保护技术新型专精人才,建设遗产保护教学研究的技术平台,创建了一整套注重工程实践与实验教学、适应于遗产特征和建筑学科特点的技术知识传授方法,影响、带动了香港大学等兄弟院校的遗产保护教学与实验室建设。

实验中心成立以来,已成为技术系列课程如保护技术、材料病理学的基本教学平台。跨学科的专业团队协同创新,开发、完善并集成历史建筑可持续利用与综合改造的各项技术,包括基于区域发展协同的城乡历史环境保护与再生规划技术,历史建筑保护与再生设计技术,历史建筑材料无损病理检测、诊断与修复创新技术等。历史建筑保护实验中心目前包括三个专业实验室:砖石保护实验室、木材保护实验室、信息采集实验室,还将建设一个生土实验室。实验中心现拥有包括多功能试验机、耐候试验箱、钻入阻力仪—测砖石木强度、光照温湿度及淋雨一体式试验箱、离子色谱仪 IC(砖石材料病理诊断)、无损微波测湿仪、热红外成像仪、立体显微镜(含原装材料分析及摄像系列软件)、三维激光扫描仪等设备 20 余台。

三、学术团体

【中国文物保护技术协会释光与电子自旋共振专业委员会】

释光与电子自旋共振测定年代专业委员会是中国文物保护技术协会下属二级学会,成立于 1987 年,以上海博物馆作为依托单位。专业委员会每两年举办一次中国释光与电子自旋共振测年学术讨论(简称 LED),会议是国内释光测年领域研究人员展示学术成果、增进彼此交流与学习的重要平台,每届会议上评选出研究生优秀学术报告,并推荐至国际释光论坛。上海博物馆王维达从 1996 年至 2006 年担任专业委员会主任,夏君定从 2006 年至 2018 年担任专业委员会主任。

【上海古陶瓷科学技术研究会】

上海古陶瓷科学技术研究会于 1988 年 9 月 23 日由中国科学院上海硅酸盐研究所李家治、陈显求、刘菱芬、郭演仪、全武扬等人发起,经上海市科协组织部批准,以上海硅酸盐研究所所内一个学术团体的形式成立了"中国科学院上海硅酸盐研究所古陶瓷科学技术研究会",后经上海市科学技术委员会同意,于 1992 年 3 月 18 日经上海市民政局核准登记为社团法人,研究会正式更名为"上海古陶瓷科学技术研究会",挂靠于上海硅酸盐研究所。

研究会的宗旨是严格遵守国家法令、法规和有关政策,坚持实事求是的科学态度与优良学风,充分发扬学术民主,团结广大热心于古代陶瓷科学技术研究的国内外人士,为繁荣发展陶瓷科学技术做出贡献。本着这一宗旨,研究会自成立以来,积极开展了各项活动,包括接待外国学者的参观、访问,组织国际间学术交流活动,组织会员参与古陶瓷科学技术讲座或研讨会,定期召开会员大会,汇报研究会工作进展情况,征求广大会员的意见,组织会员进行专业方面的参观活动,以及发展新会员等工作。其中尤为突出的是:在上海硅酸盐研究所主持下,由上海古陶瓷科学技术研究会组织了 1989 年、1992 年、1995 年、1999 年、2002 年和 2005 年国际古陶瓷科学技术讨论会。古陶瓷科学技术国际讨论会、专业参观以及会议论文集都得到了国内外学者们的欢迎和高度评价,也为世界古陶瓷科学技术的研究交流与发展起到了良好的促进作用。

【上海文物博物馆学会】

上海文物博物馆学会成立于 1993 年 12 月 1 日,是由上海市文物、考古和博物馆界工作者自愿组成的学术性的非营利性社会团体法人,挂靠于上海博物馆。会长陈燮君,秘书长陈克伦。学会的宗旨:以马列主义、毛泽东思想、中国特色社会主义理论为指针,遵守国家的法律、法规和政策,遵守社会道德风尚,贯彻"百花齐放、百家争鸣"的方针,发扬理论联系实际的学风,开展文物保护、陈列展览、藏品研究和科学管理等各种学术活动,团结全市文博工作者,共同促进本市文物博物馆事业的发展,为社会主义物质文明建设和精神文明建设服务。学会的主要任务:(一)发挥党和政府联系广大文博工作者的桥梁纽带作用,反映文博界的愿望与要求,维护文博工作者的正当权益;(二)组织、协调学术研究活动,开展国内外学术交流;(三)开展文物、博物馆咨询工作,为文博单位提供服务;(四)宣传和普及文物知识和科技成果,编辑出版文物博物馆的学术研究成果和资料;(五)奖励和表彰文博学术研究的优秀成果和优秀文博工作者;(六)依法履行市级文博学术团体的职责。

【中国铸造协会艺术铸造专业委员会】

艺术铸造专业委员会是中国铸造协会下属二级协会,于 1998 年 10 月 27 日在上海成立,会员单位主要由博物馆、高等院校、研究所、艺术品铸造企业等组成。专委会成立起至 2002 年以上海博物馆作为依托单位并任主任委员单位,秘书处设于上博文物保护与考古科学实验室;2002 年至 2009 年改以上海交通大学为依托单位并任主任委员单位,秘书处设于该校人文学院。上海博物馆实验室谭德睿自 1998 年 10 月至 2009 年 2 月担任专委会秘书处秘书长。专委会的宗旨是继承与弘扬祖国艺术铸造优秀传统,学习、吸收国内外先进经验,提高企业的技术、经营管理水平和经济效益。为促进艺术铸造的进步、振兴中国艺术铸造事业作贡献。专委会于 1999 年 10 月举办第一届中国艺术铸造年会及铜艺术铸件着色培训班,此后每两年举办一次年会进行技术交流,并邀请国内外专家在年会上做专题报告。专业委员会编撰有《艺术铸造通讯》作为技术交流平台,每期由一家或数家会员单位承办。由艺术铸造专业委员会组织成员单位起草制定的中华人民共和国机械行业标准《艺术铸造铜雕塑件》(JB/T10973—2010)、《艺术铸造乐器》(JB/T10974—2010)、《艺术铸造响器》(JB/T10975—2010)三个标准,于 2010 年 2 月 11 日由国家工业和信息化部发布,2010 年 7 月 1 日正式实施。

第二章　课题与成果

改革开放以来,国家各项事业快速发展,使各文博单位科研条件有了长足进步。在党和政府的支持与鼓励下,上海各文博单位在科研方面有效地支撑和引领了文物博物馆事业的发展。各文博单位除了在博物学、人类学、历史学、考古学、文物鉴定等传统博物馆研究领域取得新的成就外,还紧跟时代发展,在博物馆学、科技保护、信息化技术等新兴领域不断探索,本章节通过记录 1978—2010 年间博物馆系统省部级以上重大科研项目,反映了改革开放后文博单位在学术研究方面所取得的成就。

文博单位和有关高等院校主要围绕藏品和研究主题开展文物学、博物馆学科学研究工作。研究成果主要通过专著、论文、展览、学术会议来展现和转化。改革开放以来,上海的文物、博物馆学科研工作得到了进一步重视,得到了快速发展,取得了一大批研究成果。尤其是在古代艺术品专题研究、上海人文地理研究、革命历史研究、博物馆建设研究、展陈艺术研究等方面占有重要的地位。

第一节　科研课题

一、《长江三角洲地区文明化进程中人地关系的研究》

该课题(项目编号:200234)是国家文物局文物保护科学和技术研究课题,项目承担单位为上海博物馆,课题执行时间为 2002 年至 2005 年。项目负责人为陈杰。

该课题根据典型遗址的环境特征与文化分析,结合相关的研究成果,从环境考古学的角度对长江三角洲地区的文明化进程中的人地关系进行了深入探讨。课题首先采用地理学研究的方法对广富林遗址进行了磁性参数、粒度、有机碳、孢粉、微体古生物等分析,复原了广富林遗址新石器时代的环境特征。课题还综合分析了已有研究成果,复原了本区文明化进程的环境背景,指出长江三角洲新石器时代文化发展受到了自然环境因素的极大的影响,暖湿的亚热带气候促成了该地区以稻作农业为基础的经济形态;三角洲的发育控制了本区遗址的分布。良渚文明的兴衰过程中,人地关系紧张是造成良渚文明衰落的重要原因。

二、《马桥遗址发掘报告》

该课题(课题编号:BKG001)是国家社科基金项目。项目承担单位为上海博物馆。课题执行时间为 1999 年 7 月至 2003 年 10 月。主要技术人员有:宋建、袁靖、洪雪晴、何继英、周丽娟。

本课题为马桥遗址 1993—1997 年的考古发掘报告。本课题成果主要包括以下内容:首先,全面、系统、完整地整理和发表了马桥遗址 1993—1997 年期间考古出土的良渚文化、马桥文化和春秋战国至宋元等时期的文化遗存和自然遗存,并从不同角度对发掘出土的文化遗存和自然遗存作了深入细致的考古学、微体古生物学、动物学、植物学、硅酸盐、人骨 DNA 等多学科研究。对马桥遗址和马桥文化进行了全面深入的研究。其次,以地层学和类型学等考古学基本理论和方法,对马桥文化进行考古学分期和年代学、文化源流和文化类型的研究。全面比较分析各种不同的文化因素，深入探讨了马桥文化的渊源和不同地区文化的相互影响与交互作用。最后，依据马桥遗址出土丰富的文化遗存和自然遗存，开展各类专题研究。印纹陶和原始瓷研究以考古学形态观察与硅酸盐技术相互结合的方法，归纳了马桥文化印纹陶和原始瓷的基本特征，从生产技术、生活和文化需求的角度阐明了印纹陶和原始瓷的关系，并深入探讨了原始瓷的起源和产地。陶文研究以马桥遗址出土陶文为基础，进行排比分类，再根据陶文的载体、刻划部位等要素，并参照其他文化的成熟文字，以技术和文化为背景尝试解释陶文的含义与功用。环境研究通过采集的动物、植物（孢粉和植硅石）、微体古生物等以及采样分析获取的其他自然遗存，各自进行了形态鉴定分析，对古土壤作了粒度、磁化率和地球化学的分析，并以此为基础，重建了马桥遗址的自然环境。

本课题最终成果是 40 万字的专著《马桥——1993—1997 年发掘报告》，并获得第四届中国社会科学院考古研究所夏鼐考古学研究成果奖。

三、《我国现有自然博物馆的现状、结构及发展趋势》

该项目［项目编号：(87)yH01001］系 1988 年月由上海市科学技术委员会批准的上海市青年科学基金项目，属博物馆管理学方面的基础研究。资助额度为 7 000 元人民币。该课题执行时间自 1988 年 1 月到 1989 年 12 月。承担单位为当时的上海自然博物馆，主要研究人员为王继筠、彭丽瑾。

该项目用两年的时间对全国 33 个自然科学类博物馆进行了实地调查，重点考察了教育、科研、收藏三大业务的现状和关系，以及人员配备、组成，机构设置，经费使用等管理工作，找出了当时自然博物馆行业发展面临的现实问题和困难。除了定性分析，研究中收集了大量的数据，做了较多的定量分析。其中，就教育职能中包括观众组成、流量动态、对教育方式的喜好，以及博物馆教育工作者的人员组成等角度的统计分析，真实反映了当时我国自然博物馆教育工作的状况，为如何加强教育职能提出了解决方向，同时指出发展博物馆学的重要性。项目对数量统计的应用，突破了当时博物馆学的研究。相关结论对行业决策具有启发作用。

本项目于 1990 年 6 月以通信评议方式通过专家鉴定并获上海市科学技术委员会颁发的技术成果证书。项目于 1992 年 10 月获得上海科学院科学技术进步三等奖。

四、《上海科技馆重大工程建设与研究》

该项目［立项编号：沪计科(96)08 号］是上海市政府 2001 年度第一号重大工程，获得上海市政府资助，项目号为沪计科(96)08 号。项目承担单位为上海科技城建设指挥部、上海交通大学、上海建工(集团)总公司、上海现代设计集团、复旦大学、上海师范大学、信息产业部电子第三研究所、北京市建筑设计研究院、上海电气自动化设计研究所、上海船舶工业七〇八研究所等。主要研究人员有曹臻、毛小涵、胡学增、钱之广、朱立达、李宗猛、赵金城等。

上海科技馆的建设于 1996 年 3 月 1 日立项启动，是由上海市政府投资 17.55 亿元人民币兴建的、包含三馆功能的综合性科普教育基地。科技馆以"自然·人·科技"为主题，建筑面积 10.06 万平方米，展示活动面积 6.5 万平方米，是当时世界最大的综合性科技博物馆。在建设过程中，相关专家学者在对国内外科技馆、博物馆和现代展示技术广泛研究的基础上,通过集成、创新和发展,跨越传统科技馆、天文馆、自然博物馆的学科界限,创造性地提出了"三馆合一"的崭新的科技馆理念,实现了"自然·人·科技"融为一体的现代展示。展项展品充分体系了一系列高科技手段与科普教育的完美结合,形成了一批具有自主知识产权的展项展品,其中使用新型专利36项,影视片版权33项,多媒体软件及应用软件版权登记29套,图文版设计版权12项。

该项目于2001年9月30日完成通过验收,同年成为上海APEC会议的主会场。上海科技馆的建成构筑了一个现代化的科普教育基地和文化交流中心,为上海开辟了一个传播新知识、新技术信息的窗口。本项目获得上海市科学2001年科技进步一等奖、2003年国家科技进步二等奖。

五、《上海外滩人文地理和建筑历史的变迁》

该项目(合同编号:2001023)是2001年度全国文物博物馆系统人文社会科学重点研究课题。项目承担单位为上海市历史博物馆。主要研究人员有:钱宗灏、陈正书、胡宝芳、华一民。

2002年3月22日国家文物局以文物博发[2002]21号文"关于批准2001年度文博社科重点课题立项"的通知,课题总经费6万元,其中中央财政拨款3万元。课题起止时间:2002年4月到2004年4月。该课题主要从初期外商的租地造屋、滨江大道和公共绿地、早期的道路以及建筑师和工匠、早期租地人和建筑的变化、后期租地人和建筑的变化等5个方面,对上海外滩的形成过程作系统的追溯,表述外滩人文地理和建筑历史的变迁。该研究课题首次全面梳理了外滩的由来、发展过程和现存建筑的历史。

研究成果提交给国家文物局大型专题报告一册,并通过了专家组审核。后续由上海科学技术出版社出版了《百年回望——上海外滩建筑与景观的历史变迁》一书。

六、《关于野生麋鹿种群在中国重建问题的探讨》

该项上海自然博物馆的重点课题(课题编号:1984-86),是在1984年经过同行专家们审定,经过市科委的批准,列入上海市重大科学研究项目。由上海自然博物馆曹克清为负责人的麋鹿课题组进行的研究工作。

70年代以来,麋鹿课题组有比较好的研究基础。定课题后,也十分出色地完成了任务,其成果体现于专著、国内和国际会议或学术刊物上发表的论文、摄影、录像、陈列展览等二十余项。这些成果,为麋鹿回归祖国在科学理论中引进实践上起了关键作用。

课题成果荣获"1990年上海市科技进步三等奖"。

七、《西藏海相中生代腹足类》

该课题(课题编号:865231324)执行时间为1986年10月至1990年12月。由上海自然博物馆、梅山冶金公司联合承担该项科研任务。主要技术人员有:王惠基、杨胜秋。

本课题的主要成果包括:(1)确定西藏侏罗—白垩纪的腹足类化石属于古地中海生物地理区;(2)西藏喜马拉雅区和冈底斯—念青唐古拉区与古地中海热带的腹足类最密切,东非、南印度、越南、印度尼西亚和日本是过渡区；（3）昌都东部无海相侏罗—白垩纪沉积，推测此时是陆地屏障；（4）古地中海与中东地区有东西向的循环潮流；（5）西藏三叠纪的腹足类大部分为地方种，部分可与欧洲相比较；（6）蛤蟆山组归入侏罗—白垩纪过渡层；（7）小青山组为晚白垩世早期；（8）多底沟群宜归入晚侏罗世中晚期；（9）桑日群一分为二，下部为麻木下亚群，时代为晚侏罗世，上部为比马上亚群，时代为早白垩世。

该课题获得"1992 年度上海市科学技术进步二等奖""1992 年上海科学院科学技术进步二等奖"。

八、《獐的驯化养殖研究》

该课题（课题编号：885231313）由上海自然博物馆副研究员陈彬、张年狮等主持。

研究成果显示国内第一个人工驯养獐种群业已形成，野生引种和圈养繁殖 51 头为国内首创；引种 26 头，用羊奶、牛奶饲养完全代替獐奶，成活 24 头，成活率达 90％以上；圈养条件下獐发育成熟，交配受孕繁殖成功，每胎产仔 2 头～4 头，已产仔一代、仔二代及仔三代；通过饲料研究，弄清了獐的主要食谱；基本上掌握了獐的疾病预防及治疗方法。

该研究成果获得了"1993 年上海科学院科学技术进步奖三等奖"。

九、《雕塑新方法制作动物标本技术》

该课题（课题编号：8K92170908）由上海自然博物馆标本制作人员潘金文撰写。

文章从理论上阐述了雕塑法在制作兽类标本过程中，与传统方法的差异，还对雕塑法的塑造方法、模型翻制、玻璃钢成型等技术做了具体的介绍。当时国内制作标本主要以绑扎法与充填法为主，雕塑法制作的兽类标本则具有形态准确、结构清楚、肌肉感强、搬运轻巧等诸多优点，从制作工艺上改变了老标本的某些不足。运用此种方法制作的标本，提高了上海自然博物馆当时展示标本的展示效果。

十、《红罗非鱼繁殖育种、海水驯养及单性化实验的研究》

该课题［课题编号：（90）yc06001］系 1990 年 10 月由上海市科学技术委员会批准的上海市青年科学基金项目，资助额度为 1 万元人民币。该课题执行时间自 1991 年 1 月至 1992 年 12 月。该项目的承担单位为当时的上海自然博物馆，主要研究人员为曹丽琴、谈慧珍、陶永刚。

课题选取当时引进的优良养殖品种红罗非鱼为研究对象，开展了海水驯化、盐度耐受性、鱼虾混养和单性化一系列科学实验，寻找到了红罗非鱼最佳生长盐度及与虾类混养的适宜规格，获得了显著的单性化实验效果并在繁殖育种工艺方面也获得了成功。相关成果在大范围利用上海的海水水域，挖掘沿海养虾池废虾池产量，提升红罗非鱼单产等方面，具有应用价值和推广潜力。本研究在当时的国内同类领域中居先进行列。

本课题于 1992 年 12 月 17 日通过上海科学院主持的专家鉴定会，并于 1994 年 10 月获得上海科学院科学技术进步三等奖。

十一、《药用矿物的研究和开发》

该课题是上海科学院科学技术发展基金资助,项目起止时间 1988 年 11 月至 1990 年 11 月。该项目的承担单位为当时的上海自然博物馆,主要研究人员为杨松年、张振源。

课题组经过近两年的时间,先后去河南、江苏、青海、北京、上海等地对药用矿物做了较为系统的调研工作,系统收集整理有关资料、图书,对各地药用矿物进行观察、记录,通过化学分析、微量元素光谱分析、电子探针测定和放射性元素测定等手段。课题组还对药用矿物的研究史料、分类、地质产状与性质,一般药理性质、鉴别方法、加工炮制、样品选择、毒性和资源开发利用诸方面进行较为系统的研究与探索。

项目完成出版《中国矿物药图鉴》专著(上海科技文献出版社出版,1990 年)1 种,发表研究论文《药用矿物的地质产状、性质、研究与展望》《矿物药的鉴别方法》2 篇,撰写研究论文《矿物药的研究与利用》和课题研究报告《药用矿物的研究与开发》各 1 份,研究成果《中国矿物药展出陈列稿件》已参展"人·自然·健康"展览,同时整理了一批药用矿物标本、图照、资料、卡片。

课题对中医临床和教育,以及矿物药材资源的开发利用具有一定的社会效益和经济效益,在大力发展祖国灿烂中医学方面有着不可估量的经济效益和社会价值,该研究不仅在学术上有价值,在实践上也有重要意义。对于肃清矿物药的混乱将起有益的作用,大大地促进矿物药学的发展,对于更好地开发和利用我国的矿物药资源提供重要依据。《中国矿物药图鉴》对药物性状、成分、产地、药理都起了科学的分析,尤其是用量与用法都有严格的规定,对某些毒性药物详加说明,为临床医生提供了科学的依据,防止发生意外事故起着积极作用。课题研究成果,对于开展药用矿物的地质普查研究,对于医学矿物学的深入研究,对于矿产资源的综合利用和进一步发掘矿物药资源都有着很高的社会价值和经济价值。

该项目获得了 1993 年上海科学院科学技术进步二等奖。

十二、《上海经济区礁相大理岩的应用及古生态的研究》

该课题(课题编号:92QF16332)是上海市科学技术委员会启明星计划资助项目。课题执行时间为 1992 年 12 月至 1995 年 12 月。由上海自然博物馆承担该项科研任务。主要技术人员:李战、底野力、王盛。

课题的主要成果包括:通过多次赴苏皖北部、皖南、赣东北、浙西、南京、杭州、合肥、南昌、九江、北京及河北、山东等地进行实测剖面、矿上调查、室内分析、样品处理等工作。根据建材工作的需要,首次提出在上海经济区内有工业开采价值的礁相大理岩主要有四大类:(1)叠层石大理岩;(2)灰泥丘大理岩;(3)藻礁大理岩;(4)珊瑚层孔虫大理岩。这些大理岩主要分布在苏湾北部的徐淮地区、浙赣交界的三山地区、浙苏皖交界部的长广地区。重点阐述了原岩石与商业大理石的图形色彩的关系,并提出了一套供石材加工工业中可实际操作的工作程序。

十三、《明代顾从礼研究》

1993 年 1 月至 4 月,上海肇家浜路打浦桥路附近建房施工时,在地下 2 米～ 4 米深处发现一处明代古墓葬群,经上海市文管会和上海自然博物馆的专家现场发掘清理,证实其中一座为明代嘉靖年间(1522—1566 年)顾从礼夫妻合葬墓。1996 年,原上海自然博物馆人类学部同香港中文大学医学院合作,成立沪港古尸研究协作组,开展对顾从礼的专门研究。1998 年 3 月,沪港古尸协作组在上海自然博物馆进行古尸大体解剖研究,参加这次解剖研究的有徐永庆、李川军、王连根、何惠琴、张富强、高毓秋、朱庭玉等专家和科技人员。

顾从礼的尸体未腐,皮肤呈黄白色,口唇微启,眉毛胡须皆存。其乌纱官帽整齐,朝服如新,虽已距今 400 多年,还保存良好。古尸出土后,送上海自然博物馆经消毒防腐处理,并长期保存。据清同治年间《上海县志》记载,顾从礼生于上海青浦崧泽镇,官居光禄寺少卿。顾氏曾捐地造县衙及县学,并出粟四千石建造上海县城的小南门,在明代为上海地区城市建设作出过贡献,是上海历史名人。

十四、科普片《中国大鲵》

该课题(项目编号:09dz2340200)获得上海市科学技术委员会科研计划项目资助。主要完成单位为上海科技馆、真实传媒有限公司,主要完成人为王小明、李伟、项先尧等,项目时间 2009 年 2 月 21 日至 2010 年 4 月 30 日。

中国大鲵是世界最大、我国特有的二级保护两栖动物,该片传播、普及大鲵的科学知识,对保护大鲵栖息地环境,提高人们热爱自然、关爱动物的意识具有积极的意义。影片依据科学家最新研究成果,以科考队考察野生大鲵为故事线,通过直观、形象的影视语言系统地反映了大鲵特有的生物学习性、生态特征和生存现状,将中国大鲵的科研价值、生物学习性、繁殖奥秘、生存现状等我国科学家十余年的科研成果通过流畅的故事线有机地串联在一起,并通过镜头展现给观众。

本片获得上海市 2012 年度科技进步一等奖、第 22 届中国电视文艺"星光奖"唯一科普节目大奖等 10 个奖项。

十五、《三号中药气相防霉剂的研制和在书画保护中的应用》

该课题是文化部文物事业管理局《1978—2000 年文物保护科学技术发展规划》项目。课题执行时间为 1980 年 12 月至 1983 年 2 月。项目承担单位为上海博物馆、上海医药工业研究所。主要技术人员有:陈元生、解玉林、周仲良。

课题组从 20 多种中药材中删选出具有抗菌活性的三种药材经提取、分离,复方配伍制成,对采集的 46 种霉菌中较为顽固的霉菌谱(由黑曲霉、米曲霉、溜曲霉、黄曲霉、托姆青霉、产黄青霉、常见青霉、微紫青霉、绿色木霉九个菌株组成)有良好的抑制效果。从这三种药材的挥发油中分离得到的四个有效成分按比例组成的气相防霉剂对九种菌谱的 MIC(最低抑菌浓度)为 125—150 $\mu g/ml$,剂存放六个月后外观无变化,抗菌活性保持不变。对纸张熏蒸两个月,纸张的拉力、白度无影响,对广告画颜料熏蒸五个月、国画颜料熏蒸一个月都没有影响。该气相防霉剂先后成功应用于上海博物馆中国绘画陈列展览、嘉定博物馆库房竹刻品、上海医药工业研究院图书馆、无锡市肺结核防治所图书馆等处。

课题于 1983 年 2 月 23 日通过鉴定。获得"文化部 1983—1984 年度科技成果三等奖"。

十六、《溴甲烷熏蒸剂在文物保护中的应用与废气治理》

该课题是文化部文物事业管理局《1978—2000 年文物保护科学技术发展规划》、上海市文化局科研项目。课题执行时间为 1983 年 4 月至 1984 年 12 月。项目承担单位为上海博物馆、华东化工学院。主要技术人员有：陈元生、葛海林、解玉林、王克华。

溴甲烷熏蒸是进出口商品检疫的例行手段，具有渗透性强、能杀灭虫卵等特点。课题组用 16 种常见霉菌作了试验，在 50 g/m³ 溴甲烷熏蒸浓度下熏蒸 48 小时能杀灭所试的各种霉菌；对文物中常见的材料纸、绢、国画颜料、金属作了材料物理性质影响试验，溴甲烷对各种所试材料未见有何影响；用多级吸附塔装置使熏蒸器内的最后浓度和排放浓度达到规定的卫生标准；自行设计加工的真空加热通气二种装置使再生的活性炭可以再次作吸附剂使用；改进气相色谱法采用气体直接进样测定微量溴甲烷，使用方法简便、快速、灵敏度高，最低检测可达 0.1 mg/m³；改进分光光度法使检测浓度可达 1 mg/m³。

该项目于 1986 年 9 月 23 日通过鉴定。获得"文化部 1985—1986 年度科技成果二等奖"。

十七、《浸渗处理青铜器有害锈的研究》

该课题是国家文物局立项的重点科研资助项目。执行时间为 1984 年 9 月至 1987 年 11 月。项目承担单位为上海博物馆。主要技术人员有：祝鸿范、周庚余、陈萍。

课题基于青铜器出土以后在环境湿度较高的情况下容易诱发活性粉状锈的问题，在传统保护处理青铜器的基础上研究成功了一种新方法。即采用一定比例的 BTA - H_2O_2 溶液，用脱脂棉蘸此液在青铜有害锈部位涂擦，除锈液 BTA - H_2O_2 中的 H_2O_2 能加速 CuCl 与活泼性粉状锈的反应，从而达到清除有害锈目的。当除去粉状锈后，再于(Na_2MnO_4 + BTA + $NaHCO_3$)复配溶液中对青铜器进行浸渗处理。该项技术已经在博物馆系统广泛推广应用，处理青铜器几百余件。

该项目于 1987 年 11 月通过鉴定，并获得"文化部 1988 年度科技进步二等奖"。

十八、《博物馆内主要污染气体的检测及其分布情况的研究》

该课题是国家文物局"七五"科技规划草案中的重点科研项目"环境污染对文物破坏的研究"下设课题，项目承担单位为上海博物馆，合作单位为华东化工学院应用化学研究所。主要技术人员有：陈元生、解玉林、金鑫荣、郑世红、蔡培光等。

本课题采用常用的基准方法对文物具有普遍危害性的 SO_2、NO_2、O_3 等有害气体进行了测定，研究开发了适宜检测博物馆内大气污染状况的 TEA 纸片法。之后运用了 TEA 纸片法对上海博物馆内二氧化硫和二氧化氮的分布状况进行了测定研究。该课题于 1991 年通过国家文物局组织的专家会议验收，获得"国家文物局 1991 年度文物科学技术进步四等奖"。

十九、《BMC 湿度调节剂的研发及其应用》

该课题是国家文物局立项课题，执行时间为 1989 年 9 月至 1991 年 4 月。自筹课题经费 20 000

元。项目承担单位为上海博物馆、华东化工学院。主要技术人员有：陈元生、金鑫荣、陈德康、解玉林、蔡培光。

课题组基于湿度变化会造成各类材质文物的损伤而国外调湿剂价格昂贵的问题，自行研制了以蒙脱石为原料加工制成的BMC湿度调节剂。该调湿剂无须外加能源就能消除外界温湿度的影响，使系统内湿度保持稳定，在湿度超过设立的范围时吸收水分或释放水分，控制和调节系统的湿度，保证适宜于文物保存的湿度环境，有效解决了湿度所引起的文物损坏问题。

课题于1991年4月25日通过鉴定。获得"国家文物局1991年度文物科学技术进步三等奖"。

二十、《出土铁器文物脱盐缓蚀保护处理研究》

该课题（课题编号：0801240683）是国家文物局下达的文物保护科研规划重要项目之一。课题执行时间为1992年6月至1994年4月。由上海博物馆、华东理工大学联合承担该项科研任务。主要技术人员有：祝鸿范、陆仁杰、蔡兰坤、周浩、杨建华。

课题基本解决了铁器文物在馆藏库房条件下的保存问题：对出土铁器文物采用缓蚀剂、表面活性剂和多种助洗剂组成的碱性脱盐清洗液进行脱盐清洗处理，消除环境污染给铁器文物带来腐蚀因素的影响，并且对铁器文物还有缓蚀作用；对磷化后的铁器文物进行钝化封闭处理，进一步阻止基体与大气介质的直接接触，从而更有效地抑制腐蚀；对经磷化、钝化处理的铁器文物进行薄层防锈蜡封存处理，使铁器表面成为疏水性，以控制水汽在表明凝聚成水膜；对防锈蜡封存处理后的铁器表面进行消光处理，使铁器符合"不改变文物原貌"的保护要求。通过了盐水浸泡试验、抗$CuSO_4$点滴试验、工业气候试验、电化学极化曲线各参数数据的测定、监雾试验、交换湿热试验等各项国家标准腐蚀测试方法所规定的合格要求。至今已为上海博物馆及浙江省博物馆、上海历史博物馆、河南省文物考古研究所等全国各文博单位保护处理了重要铁器文物约一百多件。

该课题获得"国家文物局1994年度文物科技进步奖一等奖""1996年度国家科技进步奖三等奖"。

二十一、《严重朽蚀饱水竹简的真空冷冻干燥研究》

该课题（课题编号：0601960333）是国家文物局立项课题。执行时间为1994年至1997年。项目承担单位为上海博物馆。主要技术人员有：陈元生、解玉林、罗曦芸。

中国湖南、湖北、山东、安徽各省均出土大批竹简，但由于处理方法不尽完善，大部分竹简仍浸泡在水中，受到自然损坏的威胁。该项目在吸收国内外先进技术和经验的基础上，利用真空冷冻干燥技术，对朽蚀程度不同的竹简分别采用了水真空冷冻干燥和GX-PVB-t-BuOH真空冷冻干燥方法，不仅较好地解决了严重朽蚀的竹简脱水加固问题，而且大大缩短了处理时间。经过两年多的工作，已完成了对一千多枚记载有重要史料的战国严重腐朽竹简的脱水处理，效果良好。

该项目获得"国家文物局1998年度文物科学技术进步一等奖"。

二十二、《银器文物抗变色处理的研究》

该课题（课题编号：910901）是国家文物局立项的课题。执行时间为1999年12月至2002年5

月。项目承担单位为上海博物馆和华东理工大学。主要技术人员有：祝鸿范、周浩、蔡兰坤。

本项目是基于银器文物保护的实际需要而设立。针对馆藏各类银质文物在现有库房保存条件下易产生腐蚀变色的特点，采用三种杂环类缓蚀剂(PMTA、MBO、MBI)对银器文物进行复合缓蚀保护处理。根据银器文物腐蚀变色特点，设计并建立了银器文物在大气环境中抗变色性能评价的曝露加速腐蚀试验装置。项目至今已为上海博物馆及浙江省考古研究所、南京博物馆等其他文博单位保护处理了重要银器文物一千六百余件(枚)，其中包括：2001年我国十大考古新发现之一的杭州雷峰塔地宫出土的藏有"佛螺髻发"的纯银阿育王塔和鎏金银盒等珍贵文物；著名钱币收藏家施嘉幹先生和杜维善先生捐赠上海博物馆的部分古代银币(其中不少是珍品和孤品)。

该课题获得"国家文物局2005年度文物保护科学和技术创新二等奖"。

二十三、《馆藏文物保存环境应用技术研究》

该课题(课题编号：2006BAK20B01)是"十一五"国家科技支撑计划项目"文化遗产保护关键技术研究(项目编号：2006BAK20B00)"下设课题。2007年4月16日，科学技术部以国科发计字[2007]193号文"关于十一五国家科技支撑计划文化遗产保护关键技术研究等项目的批复"批准立项，课题总经费1600万元，其中中央财政拨款1000万元。项目承担单位为上海博物馆，合作单位为华东理工大学、复旦大学。主要技术人员有：吴来明、蔡兰坤、徐方圆、解玉林、周浩、孔令东、罗曦芸、周新光、徐文娟等。

课题主要基于文物预防性保护原则，立足博物馆文物藏展实际状况和潜在需求，针对馆藏文物保存微环境的主要危害因素，围绕"监测与评价""净化与控制"两大技术方面，分为博物馆微环境痕量污染气体"无动力扩散采样——仪器分析"检测技术研究、基于洁净概念的文物保存微环境连续监测与评估技术研究、博物馆藏展材料快速评估筛选技术研究、博物馆微环境调控用壳聚糖基等功能材料研究、基于生物质净化文物保存微环境污染物集成技术研究、博物馆微环境多功能控制集成技术研究和一体化设施研发6个专题开展综合研究，建立了基于洁净概念的文物保存微环境评估体系的理念和内容框架，研究了适合文物保存微环境检测技术、博物馆材料快速评估筛选技术、以光催化耦合生物质碳的低浓度 NO_x 及酸性气体的高效集成净化技术；研发了微环境空气悬浮污染物连续监测系统、系列高性能微环境调控功能材料、微环境空气净化装置、微动力净化恒湿文物展柜等；初步构建了博物馆环境信息库。共获得新产品、新材料、新工艺、新装置、计算机软件等16项；建立上海博物馆文物展柜试验基地和馆藏文物保存环境国家文物局重点科研基地(上海博物馆)华东理工大学实验室2个试验基地；形成2条调控功能材料产品中试生产线；发表论文45篇、编辑出版课题研究论文集专刊2辑；申请国家专利12项；颁布实施行业标准1项、研制征求意见稿5项，另发布和备案8项企业标准。课题于2010年4月16日通过国家文物局组织的专家会议验收。

该课题获得"国家文物局2009年度文物保护科学和技术创新奖二等奖"。

二十四、《热释光测定陶瓷器文物年代》

该课题是上海博物馆立项课题。执行时间为1975年至1977年。项目承担单位为上海博物馆，主要技术人员为王维达。

课题基于热释光测年技术,研究了一套适用于测定中国古陶瓷样品热释光年代的热释光仪器装置;研究了陶器、砖瓦样品的热释光古剂量和年剂量测量方法;建立了针对中国古代陶器和砖瓦样品热释光特性的"细颗粒测定年代"技术。课题构建了从样品采集到样品制备、样品实验室测量的一系列标准方法,成功地将热释光测定年代技术应用于古代陶器和砖瓦样品的真伪鉴别和年代研究上。

该课题获得"1977年上海市科学大会重大科技成果奖"。

二十五、《用 TLD 测量 α、β 年剂量的细粒热释光测定年代技术》

该课题(课题编号:841375)是文化部文物事业管理局《1978—2000年文物保护科学技术发展规划》项目之一。课题执行时间为1975年5月至1984年3月。项目承担单位为上海博物馆和上海市工业卫生研究所。主要技术人员有:王维达、周智新、夏君定。

课题用 TLD 测量 α、β 年剂量的细粒热释光测定年代技术解决了国外累积剂量用外照射刻度而年剂量用内照射刻度的矛盾,实现了全部测量过程的热释光化,也消除了因累积剂量和年剂量用不同方法测量而引入的误差,提高了热释光测年的可靠性;改进实验方法和材料,将承托细粒样品用的金属托盘改为由银承托,对减少测量热释光时的本底辐射有明显的效果,同时可以省掉用酸处理托盘的步骤;改进制样方法,改为水沉淀,并在漏斗中滴,全部过程约3小时,克服了丙酮沉淀中的三个缺点,提高制样效率;形成更符合中国古陶瓷特点的平均年剂量参数;改进探测器设备,提高测量效率,采用金硅面全型半导体探测器测量并改用厚源标定;采用标准样品作为内照射源,对 α、β 源进行刻度;创新研制成功超薄型 TLD 剂量计;突破了用 TLD 测量内部 α 剂量的难关。先后为河南、河北、陕西、山西、福建、浙江等多家考古文博单位测定了数量众多的陶片砖瓦样品的热释光年代,为考古和文物研究工作提供了科学的数据支撑。发表相关论文3篇。

课题于1984年3月24日通过技术鉴定,1985年4月获得"文化部1983—1984年度科技成果三等奖"。

二十六、《不测剂量的热释光断代技术》

该课题是文化部立项项目。课题执行时间为1983年10月至1985年12月。项目承担单位为上海博物馆,合作单位为上海医科大学放射科医学研究所。主要技术人员有:王维达、周智新、夏君定。

该项目主要基于剂量测定年代这种传统方法技术要求高、难度大、仪器价格昂贵,不易普及的问题,研究了以不测剂量的热释光断代技术取代传统的剂量方法。该方法使用标本中天然热释光物质测量自然辐照总累积热释光,用高灵敏度人造热释光材料测量一年辐照热释光,将两者的灵敏度归一,就可以方便地算出标本的年代。课题还研究出一种高灵敏度的超薄型热释光元件,成功地测出了样品中 α、β 和 γ 以及宇宙射线感生热释光。28个样品应用研究结果表明,非剂量法的年代总误差为 3.5—7.8%(平均 5.3%),比传统的剂量法误差 4—13%(平均 7%)降低 25%。由于该方法避开了剂量测量中一系列复杂问题,靠一台热释光测量仪就能完成标本年代的全部测量工作,不仅断代方法简化、误差减少,而且实验室的投资成本也大为降低,为热释光断代工作普及和推广创造了条件。项目于1987年11月10日通过技术鉴定。

该课题获得"文化部 1988 年度科技成果四等奖"。

二十七、《软 X 射线对书画、漆木器等文物的无损检测》

该课题是上海博物馆立项课题。课题执行时间为 1979 年至 1980 年。项目承担单位为上海博物馆和上海新跃仪表厂。主要技术人员有：祝鸿范、周庚余、杨新荣。

课题组通过试验不同的焦片距、管电流、曝光时间等参数,使用 GDX - 4 型软 X 射线机对书画、漆木器、薄型木、竹、陶瓷器等非金属质地的文物成功进行了无损检测。其中王羲之《上虞帖》经过软 X 射线拍摄后发现该书帖上一方模糊的印章为"内合同印",据此将《上虞帖》的年代下限推至南唐;五代后梁驸马都尉赵岩的《神骏图》经过软 X 射线拍摄发现了"宣龢"印鉴以及装裱修复的痕迹。

该课题于 1984 年 3 月 22 日通过鉴定,获得"文化部 1983—1984 年度科技成果四等奖"。

二十八、《瓷器热释光断代及其真伪鉴别研究》

该课题(课题编号：0601960335)被列入 1990 年国家文物局文物科研项目。项目承担单位为上海博物馆。主要技术人员有：王维达、夏君定、周智新。

基于细粒混合矿物技术和粗粒石英技术主要适用于陶器、砖瓦一类的物质而在瓷器上很难应用的问题,课题组对瓷器的热释光特性进行了大量的分析,发现瓷器的 110℃ 的热释光峰的前剂量灵敏度非常高,具有"前剂量"特性,可以用前剂量技术测定年代。根据前剂量饱和指数原理,对瓷器热激活灵敏度和辐照剂量在次线性到饱和区范围内的关系进行了详细的分析和研究,推导建立了用饱和指数回归方法测定古剂量的程序;研究了多次激活法对样品的热激活特征测定,比较了不同热激活温度对瓷器样品年代测定结果的影响;揭示了多次激活中采用能使样品呈现最高灵敏度的热激活温度对获得样品准确的热释光年代的重要性;利用瓷器在作 TL 鉴定时取样后留下的小孔,采用 $CaSO_4$：Tm 超薄型热释光剂量片直接测量瓷器样品中的 β 年剂量,成功实现用 TLD 计量片技术测定瓷器年剂量,提高 TL 鉴定瓷器的准确性。成功解决了古瓷器热释光年代测定中的真伪鉴别问题。

该课题为应用基础研究,在瓷器热释光断代及其真伪鉴别领域,特别是用前剂量技术对瓷器断代及其真伪鉴定可能性研究方面,处于该领域的前沿地位,达到同类研究的世界先进水平。该项目提出的瓷片实验室 β 辐射剂量率的校正,应按每个实验室各自辐照条件进行刻度,瓷器样品在年代测定前,应先观察其热激活特性曲线和熄灭灵敏度的变化以及瓷片样品两断面剂量测定和平均剂量的计算等都是实验技术上的一大进步,具有很高的学术价值。该项目在瓷片的样品制备,前剂量技术的应用,热激活特性曲线的选取,β 剂量的积累和衰减等方面做了深入细致的研究,并进行了大量的测试,为瓷器热释光测定提供了可靠的依据。该项目在采用已经测得的数据进行分析、判断、归纳及实际应用上还可进一步研究,在真伪鉴定的可能性及实际应用上也有待进一步探讨。

该项目于 1997 年结项,1998 年获得"国家文物局 1997 年度文物科学技术进步二等奖"。

二十九、《前剂量饱和指数法测定瓷器热释光年代》

该课题是国家文物局立项课题。项目承担单位为上海博物馆。主要技术人员有：王维达、夏君定、周智新。

　　该项目对热释光前剂量饱和指数测定古剂量的方法进行了重要的理论推导和大量的实验研究工作,首次将该方法成功地应用于中国古代瓷器的真伪鉴别和烧制年代测定,研究出测定瓷器古剂量的实用方法及具体的测量程序和测量条件。根据瓷器的"热激活"和"辐照熄灭"特性,分别对瓷器的高端年龄(大于距今 1 000 年)和低端年龄(小于距今 100 年)采用不同的测量和计算方法,高端年龄用熄灭法,低端年龄用激活法,提高了两个端点年龄测定的准确度;用超薄型热释光剂量计 $CaSO_4$：Tm 为探测器,用铝膜为吸收剂,得到了 β 射线辐照瓷器样品时 β 剂量在瓷器中随深度变化的规律,提出了一种计算瓷器 β 平均剂量的方法;对少数瓷器的热释光灵敏度和剂量不呈现指数关系时,则采用线性拟合和 B 的平均值法作为补充,提高了瓷器年代的可测性;用厚源 α 粒子计数和超薄型热释光剂量计 $CaSO_4$：Tm 等测量方法,得到了中国古代瓷器的平均年剂量;对不同大小、不同器形和不同胎厚的瓷器,采用不同的取样方法,保证在不损坏整器的前提下,获得既满足热释光测量条件又尽可能少的样品,与国际同类方法相比,取样量减少 50％以上;用超薄型热释光剂量计 $CaSO_4$：Tm 标定实验室 β 源 90sr - 90Y 对样品的辐照吸收剂量率。该方法已经在国内不少热释光测定年代实验室中得到应用,对瓷器年代的可测率在 95％左右,真伪鉴定的正确率在 95％以上,具有测定年代结果快速、准确、可靠以及取样量少等优点。该方法现已成为古瓷器科学检测中一个有效的和不可缺少的方法,至今已为上海博物馆和海内外收藏机构测定了 500 多件中国历代瓷器的热释光年代。

　　该项目于 2003 年结项,2003 年 12 月 16 日通过技术鉴定,获得"国家文物局 2004 年度文物保护科学和技术创新一等奖"。

三十、《用全息照相时间平均法研究明代"游鱼喷水洗"喷水原理》

　　该课题是文化部文物事业管理局《1978—2000 年文物保护科学技术发展规划》项目之一,项目执行时间为 1976 年至 1984 年。课题承担单位为上海博物馆,主要技术人员有：祝鸿范、周庚余。

　　课题组利用激光全息照相技术对明代"游鱼喷水洗"的喷水原理进行了研究,通过全息图形象直观地显示出喷水洗的振动状态。喷水洗中四尾鲤鱼"鱼口"的延伸处,存在着与 4 个波腹相对应的 4 组干涉条纹区与 4 个波节相间隔,4 个波腹区的中心振幅最大,形成激起喷水现象的 4 个中心。发生基频共振时的振动频率为 200 Hz 左右,恰好与平时用手摩擦两侧耳环使其产生喷水现象所发出的音调相同。

　　课题于 1984 年 12 月 12 日通过鉴定,获得"文化部 1983—1984 年度科技成果四等奖"。

三十一、《史前漆膜的分析鉴定技术研究》

　　该课题是国家文物局立项课题。项目承担单位为上海博物馆。主要技术人员有：陈元生、解玉林。

　　课题组建立了以裂解色谱-傅里叶红外光谱联用技术来鉴定漆膜的方法,并经过探索确定了合适的分析条件。利用该分析技术,课题组成功对河姆渡、良渚庙前遗址出土的两件样品进行了鉴定,证实河姆渡出土的木碗上的红色涂料是国内迄今为止发现最早的生漆漆膜。

　　该项目于 1995 年 8 月 1 日通过技术鉴定;获得"国家文物局 1994 年度文物科学技术进步三

等奖"。

三十二、《宋代漆器圈叠胎制作工艺》

该课题是上海博物馆立项课题,执行时间为1981年12月至1983年5月。项目承担单位为上海博物馆、常州市博物馆。主要技术人员有:吴福宝、张岚、陈晶。

圈叠胎的制作工艺特殊,迄今唯一的漆工专著明代的《髹饰录》也未提及,已失传数百年。课题组通过对同类出土文物的科学分析、并模拟古代原物,成功研究复制出此项技术。圈叠胎的技术关键是胎骨的圈叠制作以及漆腻麻布与灰料的选择,胎骨由截面为长方形的易绕曲的木条圈叠加工而成。这种制作方式,分散了木质应力,增加了强度,不易变形,而且可以用符合要求的树种材料圈制,改变了用大料的梓木、楠木等上好材料作内胎的状况,并能做出一般旋木胎、屈木胎不能做的形状,丰富了漆器造型。课题组还成功使用此项技术对出土的残破宋代漆碗进行了复原性的修复。

该课题于1984年3月22日通过鉴定。获得"文化部1983—1984年度文化部科技成果四等奖"。

三十三、《东汉"水银沁"铜镜表面处理技术研究》

该课题(课题编号:860780)是上海市文化局立项课题,执行时间为1984年7月至1986年10月。项目承担单位为上海博物馆、上海材料研究所。主要技术人员有:谭德睿、吴来明、舒文芬、徐克薰、吴则嘉、刘文英、苏立明。

该项课题通过对东汉"水银沁"铜镜样品的系统测试分析、对西汉《淮南子·修务训》"粉以玄锡,摩以白旃"等古文献的深入研究,揭示了"水银沁"铜镜表面白亮富锡与耐腐蚀的奥秘,探明了古铜镜基体、特别是表面层的化学成分、组织、形貌、耐腐蚀性能和颜色特性。经试验探索复原出古代铜镜表面"磨镜药(玄锡)"富锡处理的材料和工艺,首次成功地复制出和古代铜镜相似的"水银沁"铜镜,复原展示了我国古代优秀的匠人智慧和工艺技术遗产。以该项古代工艺处理过的现代工业用铜材,均产生和古铜镜相似的表面装饰和耐腐蚀性能。

该课题于1986年10月通过鉴定。获得"文化部1985—1986年度科技成果一等奖"。

三十四、《东周铜兵器菱形纹饰技术研究》

该课题(项目编号:0601960331)是上海市科委立项项目,执行时间1992年7月至1997年7月。项目承担单位为上海博物馆、上海材料研究所、宝钢冶金研究所。主要技术人员有:谭德睿、廉海萍、吴则嘉、李立民、李晋、章国英、李忠、胡凡。

该课题在吸收国内外对菱形纹饰兵器的研究分析基础上,运用现代分析手段进行了系统的分析检测,揭开了中国青铜兵器菱形纹饰技术之谜。该项目的研究内容与特点是:1. 发现菱形纹饰剑表面非纹饰区存在富锡细晶区;2. 发现菱形纹饰剑表面纹饰区处组织与基体同时铸出,该处 α 相严重腐蚀,铜流失,形成以锡为主的氧化物;3. 首次应用了电子背散射实验证实了标本的纹饰区表面存在以 SnO_2 为主的"釉质"氧化物薄膜;4. 模拟古代实施方法,筛选出金属膏剂扩散法工艺,制出黄(基体)白(非纹饰区)相间具有细晶区的菱形纹饰样品。

该项目获得"国家文物局 1998 年度文物科学技术进步二等奖"。

三十五、《吴越青铜技术研究》

该课题是国家文物局立项课题。项目承担单位为上海博物馆、南京博物院。主要技术人员有：谭德睿、廉海萍、万俐、徐惠康。

课题基于湖北江陵楚墓出土青铜剑的菱形纹饰、剑首同心圆和青铜复合剑三项技术,运用现代仪器分析手段对文物进行系统检测,通过传统工艺调查、模拟实验,成功复原了三项技术：菱形纹饰采用了锡基合金粉末涂覆以及合金热扩散原理;采用轮制法和古法配制的特殊范料制成剑首同心圆陶范;采用低锡青铜铸造剑脊,高锡青铜铸造锋刃部分并包住脊形成青铜复合剑。

该项目于 2002 年 3 月通过技术鉴定,"吴文化青铜器铸造技术研究"成果获得"国家文物局 2005 年度文物保护科学和技术创新二等奖"。

三十六、《微机在热释光测定年代中的应用》

该课题(课题编号：860782)是 1985 年文化部立项课题。项目承担单位为上海博物馆和中国科学院上海原子核研究所。主要技术人员有：王维达、夏君定、林金锌、王裕政、钱春梁。

为了提高热释光测定古陶瓷年代的可测性和准确度,该项目将热释光测定年代、超薄型热释光剂量测量方法和计算机技术巧妙地结合起来,由计算机管理程序控制 DMA 接口,从热释光测量仪获取在线测量的各种数据,并由计算机管理程序控制整个测量和数据处理工作,提高数据处理速度约一百倍,杜绝了人为误差。该项目实现热释光测定年代全部过程计算机化的热释光测量系统和方法,解决第一代热释光设备热释光信号精确捕获和检测的难题;以进口主要部件为基础搭配研发自制配件,提高原有测量性能,形成经济、实用可推广的热释光测定中国古陶瓷年代测量系统。该项成果属国内首创,在热释光应用技术方面具有较大的实用价值和推广意义。利用这套设备测定了上海和其他省市新石器时代遗址出土的陶器年代和古建筑砖瓦年代。

该项目于 1986 年 9 月结项,1986 年 12 月 19 日通过技术鉴定,1988 年获得"文化部 1985—1986 年度科技成果三等奖"。

三十七、《藏品编目图象管理系统》

该课题是国家文物事业管理局《文物保护科技七·五规划》项目,也是我国第一个提交鉴定的博物馆电脑化科研项目。执行时间为 1985 年 4 日至 1987 年 9 月。项目承担单位为上海博物馆。主要技术人员有：祝敬国、孙美琦。

该系统是博物馆藏品日常管理使用的单机电脑系统,采用专门的微电脑和录像机接口板,配合相应的软件,由微电脑对录像带进行预置编码,半脱机地对经编码预处理的录像带进行定帧检索和自动放映,实现了录像与文档的同步检索管理。特别是检索结果不仅显示文字档案,还提供 8 秒钟对应的动态图像,更加充分地反映出藏品的全貌和细部。系统还可以随时提供库存数和灵活提供月报表及年报表等各类报表。整个系统除了"藏品检索"和"月报统计"外,还有"编目入藏""提取出库""核对回单""更改记录"和"注销文物"等藏品管理功能。

该项目于 1988 年 6 月 10 日通过技术鉴定,并获得"文化部 1988 年度科技进步四等奖"。

三十八、《多媒体动态立体模型——弄堂之声》

该课题是 1994 年上海市历史博物馆基本陈列《近代上海城市发展历史陈列》中的陈列科研项目。课题执行时间为 1993 年 10 月至 1994 年 10 月,由上海市历史博物馆、上海东方电视台(上海科学技术电影制片厂)、上海沙迪克软件有限公司联合承担该项科研任务。主要科研人员有:张文勇、单子恩、莫骄、华昌法、冯海樑。

课题基本解决了运用对近代上海史研究成果与电影艺术和现代计算机科技相结合的方法,利用镀膜玻璃的特定比例的透射和反射光学原理,创作独特的多媒体动态影像小舞台,由逼真的石库门弄堂、店铺街景等静态立体模型,配以动态人物影像在街头巷尾声乐表演,结合自主开发的图像处理电脑软件系统,真实地显示了 20 世纪 30 年代上海弄堂老百姓从黎明到傍晚的生活气息,生动形象地寓教于乐陈列表现方式深受广大观众的喜爱。这在当时国内博物馆陈列展示形式中属首创,填补了我国在立体模型中叠加活动影像的空白。

该课题项目在 1997 年获上海市科学技术进步三等奖。

第二节　学　术　著　作

一、《柯九思史料》

宗典编著,1963 年上海人民美术出版社出版发行,1985 年再版。宗典(1911—2004),字季常,号荒斋,上海博物馆资料室研究员。本书是一部关于柯九思资料的综合汇编,运用文集、著录、传世书画墨迹、碑帖等多种材料,并按不同类别划分为传记、柯氏题跋、题画诗、诸家文集所载柯氏书画、文钞等多个章节,并附有大量柯九思书画墨迹插图,其中不乏罕见者,具有极为重要的学术参考价值。柯九思文集现已佚,且生平颇为不详,此书的出版对于认识柯九思生平提供了宝贵的史料来源。

二、《上海博物馆藏瓷选》

汪庆正主编,1979 年文物出版社出版。本书收录上海博物馆所藏商周至明清的珍贵瓷器 100件,并配有精美图版,每图都有简要说明,根据生产的窑址分篇介绍,包括烧制方法、器型特点,同时还有所录瓷器的出土情况及参考文献,是对上海博物馆所藏陶瓷精品的首次全面梳理,极具参考价值。

三、《鉴余杂稿》

谢稚柳著,1979 年上海人民美术出版社出版。这部学术论文集汇集了谢稚柳多年以来在古代书画研究方面的成果,是其最重要的学术著作之一,也是书画研究者必读的经典书目,该书曾多次再版、重印,从中可一窥谢老学问之广博、鉴定之审慎精细。书中的文章不仅有着眼于整个古代书画史的宏观论述,而且有诸多针对存在争议的书画作品个案的讨论,为我们解开了中国古代艺术史上一个又一个的"谜",其中的不少观点至今仍颇具影响力,如:肯定董其昌所提出的"《古诗四帖》为张旭所作";根据画面中的辛夷花及人物所穿着的服饰,结合历史文献判断《簪花仕女图》为南唐人作品;认为《茂林远岫图》应当是出于燕文贵之手等。

四、《商周青铜器铭文选》

马承源主编,陈佩芬、潘建明、陈建敏、濮茅左编撰,共四册。1986 年、1987 年、1988 年、1990 年文物出版社分册四次出版完成。全书共分为五卷,一、二卷为铭文,三、四卷为释文,第五卷为各种索隐和图录。收录商器 21 篇、西周器 512 篇、东周器 392 篇,共计 925 篇。其所收铭文是商周青铜器铭文中之精华,是继郭沫若《两周金文辞大系》之后收录青铜器铭文最丰富的选本。

五、《中国书画家印鉴款识》

上海博物馆编,共 2 册,1987 年文物出版社出版。该书分 3 个部分:中国书画家印鉴款识人名表、道释人名表、印鉴款识图版,及编辑反例、后记,收录上自唐代、下迄现代已故著名书画家及收藏家共 1 220 人的印鉴和款识 23 000 余件。编排以姓氏笔画为序,所收书家、画家、收藏家均列有小传,分年代、字号、籍贯、民族、技能、著述几项。所收印鉴款识的排序均以印鉴列前,款识列后,顺序编号,收录印鉴均为原大,极少数从图册刊物翻拍,在印鉴款识的释文之后,一律注明所取自的书画作品名称。其中包括为他人所写的题跋、引首及观款的原作名称。

该书是目前收藏最齐全的书画印鉴款识专书,至今仍为中国书画鉴定的必备工具书。

六、《汝窑的发现》

汪庆正、范冬青、周丽丽著,1987 年上海人民美术出版社出版。此书是建立在窑址考察的基础上,根据王留现先生提供的线索,范冬青、周丽丽于 1986 年 11 月、12 月两次赴河南宝丰实地勘察,最终在宝丰县大营镇清凉寺村附近找到了大量汝窑标本及窑具,确认了汝窑的烧造地点,解决了长期困扰中国陶瓷史学界的一个重大问题。书中对汝窑窑址的地形概貌,所采集的标本及窑具都做了介绍,并对汝窑的文献记载、窑场性质等问题进行了初步探讨。

七、《青花釉里红》

汪庆正主编,周觉民、陆明华、陈文平共同编撰,1987 年上海博物馆、香港两木出版社联合出版。该书是一本以上海博物馆馆藏品为主的青花釉里红的专题性著作,是第一本系统介绍青花釉里红的专著,图片、材料丰富翔实,具有一定开创性。其中收录《青花的表现技法》《历代青花瓷器款识综述》《明末清初的青花瓷器》等数篇学术论文,并汇集纪年青花瓷器表、国产钴土矿化学成分、历代青花及釉的化学成分表、历代青花釉里红瓷器出土简表等。

八、《崧泽——新石器时代遗址发掘报告》

上海市文物保管委员会编,黄宣佩、张明华主编,1987年9月文物出版社出版。该书为崧泽遗址的发掘报告。遗址位于上海市青浦县崧泽村,当地称为假山墩的土墩上及其周围农田下,埋藏有马家浜文化、崧泽文化、春秋战国时期的遗存。本报告涵盖1960年的一次试掘和1961年、1974—1976年的两次正式发掘,主要记述了遗址的发现与发掘经过、地层概况,马家浜文化、崧泽文化等新石器时代的遗迹和墓葬,马家浜文化、崧泽文化、春秋战国时期出土遗物等,对遗址的各地层文化面貌与年代、崧泽文化的分期、崧泽文化与其他文化的关系、马家浜文化和崧泽文化反映的历史概况等进行讨论,并附有崧泽墓地墓葬统计、出土标本14C年代测定、人骨鉴定、动植物种属鉴定、出土石器玉器的岩石类型及来源、出土陶片显微结构分析、孢粉组合分析等研究报告。

九、《中国青铜器》

马承源主编,陈佩芬、吴镇烽、熊传新编撰,1988年上海古籍出版社出版。全书分八章,分别为:青铜器研究的对象和任务、青铜器类别、青铜器纹饰、青铜器铭文、青铜器断代和分期、华夏族以外地区的青铜器、青铜器冶炼和铸造、传世伪作青铜器的鉴定。书末附录青铜器著录编年简介、器物材料来源说明。

该书系统地介绍了青铜器的产生、发展和衰退的历程,以丰富的图版,形象地、科学地介绍了各类青铜器的形制、功用,对青铜器的铭文格式、内容、书体演变以及青铜器纹饰都作了考察,对青铜器的分期和断代作了科学分析,并专门论述了传世青铜器的鉴定和辨伪知识。该书是中国文化部文物局所编之文物教材之一,为文物工作者所必备之参考书。

十、《上海共产主义小组1921》

陈绍康主编,1988年知识出版社出版。该书收集、整理和研究了反映上海共产主义小组活动的相关丰富史料。该书分为两大部分,第一部分为综述,基于当时党史学界的研究成果,对大量史料进行了分析与综合阐述,内容有上海共产主义小组产生的历史背景、上海小组成立过程、成立后的主要活动、成员状况介绍等。第二部分为史料选,收录了早年上海地区的进步报刊、党刊、文件、早期共产主义者的文章、知情者的回忆录,以及本馆馆藏的部分史料,对上海共产主义小组成立时的社会环境、小组成立过程、工人运动、马克思主义在上海的传播、创建社会主义青年团和外国语学社、农民工作等方面的内容均有体现。该书的出版对中国共产党的诞生及其历史的研究具有重要意义。

十一、《董其昌年谱》

郑威编著,1989年由上海书画出版社出版发行。郑威,原上海博物馆书画部副研究员,后供职于美国大都会艺术博物馆书画部。本书对于董其昌的家族世系、字号斋室等进行了详细的考证。全面搜集著录、现存作品、刻帖中董其昌的题跋与题记,并按照年代一一排列,并对史料进行辨析,论证颇详,多角度地展现出了董氏生平轨迹、书画创作、交游、社会活动等,有着重要的学术价值。

十二、《简明陶瓷词典》

汪庆正主编,1989年上海辞书出版社出版。该书是一部陶瓷专业词典,也是第一部可以查阅陶瓷知识的简明工具书。所收条目共2441条,包括新石器时代陶器、历代窑口、陶瓷器种类、坯釉原料、成形、窑炉窑具、烧成、器型、装饰技法、纹饰、釉彩、款识、名家、著作及精品珍赏等十五类。该书释文简明易懂,词条按笔画顺序排列,查阅方便。并附有"历代窑址分布图",是博物馆工作者和陶瓷爱好者必备的工具书。

十三、《中国青铜器全集》

《中国青铜器全集》编辑委员会编,马承源主编。16卷本,1996年开始由文物出版社陆续出版,1998年出齐。该书主要按时代分地区编排:第一卷为夏和商早中期器;第二、三、四卷为商晚期器;第五、六卷为西周器;第七、八、九、十、十一卷为东周器;第十二卷为秦汉器;第十三卷为巴蜀器;第十四卷为滇、昆明器;第十五卷为北方民族器;第十六卷为铜镜。所选器物以考古发掘品为主,酌收有代表性的传世品,既考虑器物本身的艺术价值,又兼顾不同的器种和出土地区。每件器均有大幅彩色图版、品名、时代、尺寸、出土地、现藏处、器形和纹饰的描述以及铭文拓本。

该书规模宏大,选材精当,摄影、印刷俱臻上乘,既有高度的学术水准,又有突出的美术价值,在1999年第四届国家图书奖评比中获得中国出版界最高奖项"国家图书奖"。

十四、《清代青花瓷器鉴赏》

陆明华著,1996年上海人民美术出版社出版。该书从烧造历史、器物基本特征、鉴定、外国仿制青花瓷、款识等方面对清代青花瓷器进行全面梳理,包含不少新资料。书中关于外国仿制青花瓷,谈论了李朝青花、日本青花、西亚和欧洲的钴蓝陶器和青花瓷器,及其与中国青花瓷的交流互动,具有一定开创性,属于国内较早关注该领域的著作。

十五、《越窑、秘色瓷》

汪庆正主编,1996年上海古籍出版社出版。1995由陕西省文物局、浙江省文物局、上海博物馆联合主办的"越窑、秘色瓷国际学术讨论会"在上海召开,来自英国、美国、日本、菲律宾、新加坡等国和香港、台湾地区以及各省、市的有关专家参加了热烈讨论,并提交了数十篇学术论文,此书收录了其中的23篇。这些论文对秘色瓷的性质、产地、年代、分期、烧造工艺等方面问题进行了深入探讨,推动了相关领域的研究进程。同时书中附有法门寺博物馆、故宫博物院、上海博物馆等多家单位所收藏秘色瓷及越窑瓷器的图版,是当时第一本集越窑、秘色瓷精粹的图集暨论文集。

十六、《天民楼珍藏青花瓷器》

汪庆正、葛师科主编,1996年上海科学技术出版社出版。该书是配合在上海博物馆举办的天民楼珍藏青花瓷器展,共收录天民楼所藏元、明、清青花瓷器精品100件,为国内首次天民楼所藏瓷器精品的汇集。天民楼是香港重要收藏机构,是世界范围内私人收藏元青花最多的单位,数量多达20余件,仅次于土耳其托普卡比宫博物馆和伊朗阿德比尔清真寺。

十七、《中国热释光与电子自旋共振测定年代研究》

上海博物馆编著完成,王维达主编,金嗣炤、高钧成副主编,1997年3月中国计量出版社出版。

1987年,在中国矿物岩石地球化学学会支持下,我国从事这个领域研究的科技工作者组织起来,成立了热释光与电子自旋共振测定年代专业组,同年发展成立中国文物保护技术协会释光与电子自旋共振专业委员会(挂靠上海博物馆),并在合肥召开了全国第一次热释光与电子自旋共振测定年代学术讨论会,以后每隔两至三年举办一次讨论会。1990年在昆明、1992年在成都、1994年在无锡、1996年在青岛分别召开了第二、三、四和五次讨论会,每次讨论会均在中国核技术学会会刊《核技术》上出版一本专集。除了专集上集中发表研究文章外,十几年来,许多学者在国内外刊物上发表的论文远远超过了这几本专集。为了反映我国在这个领域中的研究成果,上海博物馆邀请了热释光与电子自旋共振测定年代的十几位专家,合作编著了《中国热释光与电子自旋共振测定年代研究》一书。本书的宗旨不是面面俱到地论述TL和ESR测定年代的所有问题,而是结合我国实际情况,根据每位作者自己的研究成果和专长进行编写。因此,本书既有一般学术著作的共性,又有中国地域特色的个性。

本书概括介绍了当代我国热释光与电子自旋共振测定年代方面的研究成果。内容共分三篇。第一篇为热释光测定年代的原理、技术和方法的详细介绍;第二篇为TL和ESR测定年代在考古和地质学上的应用;第三篇为基础知识和常用资料。

十八、《吴越地区青铜器研究论文集》

马承源主编,1997年香港两木出版社出版。此书收入国内学者,包括香港、台湾以及美国、英国和日本等国学者关于吴越地区土墩墓青铜器的二十七篇文章,研究内容主要包括吴越地区青铜器的时代、性质、特点及其与中原地区青铜器的关系问题,土墩墓青铜器的断代研究,吴越青铜器与周边地区青铜器的比较研究等问题。

十九、《近代中国国货运动研究》

国家哲学社会科学基金资助的科研项目,上海市马克思主义学术著作出版基金资助出版,由上海市历史博物馆馆长潘君祥任全书主编,1998年上海科学院出版社出版。

近代中国国货运动是20世纪初产生的,在其后三十多年中以振兴民族经济为目的而发动的一个进步的社会运动,是当时以民族资产阶级为主,为发展生产、推销国货、抵制洋货倾销、推进民族工商业发展而进行的一个运动。这一运动持续时间长,参加的阶级、阶层多,对中国社会经济的影响大,是中国近代社会经济史研究中重大课题。本书在 1992 年申请立项后,由潘君祥设计研究提纲,组织科研人员实施有关研究。在资料收集阶段,课题组采集了大量史料形成了《中国近代国货运动》一书。在此基础上,对当时国货团体及机构的活动、国货企业开拓市场的作用、国货企业引进技术的努力、国货运动与上海城市近代化的互动关系、国货运动与近代爱国主义思潮的思想渊源等各个方面都作了有益的探讨。该项研究成果的出版是对该运动进行系统研究、全面论证的国内首部学术专著,不仅在于为社会科学研究上填补了空白,而更在于对我们改革开放及参加国际贸易竞争,具有现实意义。

二十、《上海博物馆藏康熙瓷图录》

汪庆正主编,陆明华、范冬青、周丽丽、陈克伦编写,1998 年两木出版社出版。该图录开国内康熙瓷研究风气之先,从上海博物馆馆藏中辨识、精选康熙朝瓷器 250 件,配合汪庆正《景德镇康熙瓷》、陆明华《清康熙官窑瓷器烧造及相关问题》研究专论两篇,揭示康熙朝瓷器品种与面貌,探讨官民窑烧造、分期等相关问题,并附康熙本朝款、仿明款、图记款图表,及康熙纪年款瓷器编年表,是研究康熙朝瓷器的重要学术型图录。

二十一、《紫泥清韵——陈鸣远陶艺研究》

上海博物馆、香港中文大学博物馆联合主编,1998 年上海博物馆、香港中文大学博物馆联合出版。该书收录陈鸣远款识的紫砂器 100 件/组,是属有陈鸣远款识的紫砂器的首次集中展示。书中配合有汪庆正《陈鸣远紫砂技艺若干问题的探索》,陆明华《试述陈鸣远紫砂陶艺及有关问题》,谢瑞华、黎淑仪《论陈鸣远》等论文三篇,并附录有著录陈鸣远的主要文献、陈鸣远款印辑录等。该书是对陈鸣远及其追随者所做紫砂器的一次系统研究和展示,是研究陈鸣远款紫砂器的重要学术图录。

二十二、《中国陶瓷全集》

《中国陶瓷全集》编辑委员会编,汪庆正主编,15 卷本,2000 年上海人民美术出版社出版。该书选录自新石器时代至清代的传世陶瓷精品 3 600 件,选录的陶瓷大多为各地文物收藏机构的珍品,部分来自海外的收藏。同时,编撰者以科学考古发掘的材料为基础,对各朝代各窑口的陶瓷进行多角度的综合研究,撰著了 100 多万字的专论文章,使画册艺术性和学术性兼备,是目前中国最具权威性的一套陶瓷图录全集。

二十三、《福泉山——新石器时代遗址发掘报告》

上海市文物管理委员会编,黄宣佩主编,2000 年 10 月文物出版社出版。该书为福泉山遗址的发掘报告。遗址位于上海市青浦县重固镇的西侧,福泉山是一座古人堆筑的小山,内含新石器时代的崧泽文化、良渚文化和战国至宋代的墓群。在山的四周农田下有马家浜文化、崧泽文化、良渚文化、马桥文化与战国时期的遗存。埋藏的古代遗迹和遗物极为丰富。本报告涵盖 20 世纪 70 年代的一次试掘和 20 世纪 80 年代的三次正式考古发掘,整理、记录了一批重要资料和珍贵文物,主要记述了遗址的发现与发掘经过、地层概况,马家浜文化、崧泽文化、良渚文化等新石器时代遗存遗迹与遗物等,对遗址的分期和年代、社会发展阶段、良渚文化玉器等进行了专题讨论,并附有炭化木14C 年代测定、热释光断代报告、人类遗骸研究、出土动植物种属鉴定、孢粉组合与古环境分析、出土石器的岩石类型与特征、玉器地质考古学研究、良渚文化玉器 X 射线衍射仪检测报告等科技考古研究报告。

二十四、《上海出土唐宋元明清玉器》

上海市文物管理委员会编,黄宣佩主编,2001 年 10 月上海人民出版社出版。该书记述上海考古出土的唐代至清代古玉器。上海地区在清理发掘各类古遗存中,常常发现玉器,至 2001 年前已获得了出自元、明、清古塔古墓的玉器 15 批共计 613 件,是我国出土元、明、清时期玉器最多的地区。这批玉器大部分具有纪年资料,或者按遗存构筑的特征及共存器物予以断代,是研究元、明、清民间用玉的重要资料。

二十五、《晋国奇珍——山西晋侯墓群出土文物精品》

上海博物馆编,2002 年上海书画出版社出版。20 世纪 90 年代,山西曲沃曲村发现西周早期至春秋初期的历代晋侯及其夫人的墓葬。这些墓葬世代相接,其随葬的遗物对于研究和探讨早期晋文化具有重要价值。本书收录晋侯墓地出土的青铜器和玉器,不仅反映了西周时期礼制的共性,也鲜明地表现了晋国青铜文化的特性。并且这些青铜器铭文还是研究晋侯世系的珍贵资料,对西周年代学的研究也有极高的科学价值。

二十六、《晋侯墓地出土青铜器国际学术研讨会论文集》

上海博物馆编,2002 年上海书画出版社出版。本书是配合"晋国奇珍——山西晋侯墓群出土文物精品"举办的"晋侯墓地出土青铜器国际学术研讨会"的论文集。汇集了各方面学者关于晋侯墓地出土青铜器研究的论文 46 篇。学者们从不同角度深入探讨晋侯墓地的考古发掘资料,尤其是出土的大量青铜器,涉及晋侯世系、墓地的性质和埋葬规律、出土青铜器的铭文考释以及所反映出土的周代礼制等诸多课题。这本论文集的内容广泛,成果丰厚,对加快晋侯墓地出土青铜器的研究向纵深发展具有积极的推动作用。

二十七、《中国青铜器研究》

马承源著,2002 年上海古籍出版社出版。全书分为概论、铭文考释、形制和纹样、实验考古四个部分组成,共收论文 41 篇。其核心内容几乎全部围绕着结合文献对青铜器铭文进行历史和文化、文字和制度的相关研究,研究方法具有一定的前瞻性。《西周金文和周历的研究》《西周金文中一月四分月相再证》《关于商周贵族使用日干称谓问题的探讨》三篇是对西周历法和青铜器断代的系统研究。《西周金文中有关贮字辞语的若干解释》《亢鼎铭文》等篇是对当时社会经济和货币制度的研究。提出青铜器发展史上的五期说,成为青铜器研究领域的重要贡献。

二十八、《中国陶瓷辞典》(英文版)

汪庆正主编,上海博物馆陶瓷研究部编写,2002 年新加坡太阳树出版公司出版。此书是在《简明陶瓷词典》的基础上新增了部分内容,进而所做的翻译本,是第一部关于中国陶瓷的专业英文辞典。

二十九、《马桥 1993—1997 年发掘报告》

上海市文物管理委员会编,2002 年 12 月上海书画出版社出版。该书为上海马桥遗址 20 世纪 90 年代历次发掘的考古报告。1993—1997 年,为配合工程建设,保护古代文化遗存,认识遗址分布规律,深入研究马桥文化,上海市文物管理委员会考古部先后四次发掘马桥遗址。20 世纪 90 年代马桥遗址的发掘取得了丰硕成果,除了有文化遗存包括各类人工制品外,还发现不少生态方面的自然遗存,为研究当时人类生活面貌和自然环境提供了丰富材料。1995 年后,继续整理 20 世纪 90 年代第一至第三次的发掘资料,于 1997 年发表了这三次的发掘简报。同时开展马桥文化的专题研究,如原始瓷和印纹陶、人类和环境、陶文等专题。1999 年,以"马桥遗址发掘报告"为题,申请国家社会科学基金项目(1999—2001),获得立项。1999—2001 年,对 20 世纪 90 年代四次发掘的资料进行全面整理,并编写发掘报告。

该报告主要记述了:马桥遗址发掘的工作经过和方法、遗址概貌、地层堆积等发掘总体情况;良渚文化、马桥文化、春秋战国、唐代、宋元时期的生活遗迹、墓葬、遗物等文化遗存;微体古生物、植物、动物、古土壤等自然遗存;马桥文化与良渚文化的关系,马桥文化的红褐陶系及其与肩头弄文化遗存的关系,马桥文化与夏商文化、岳石文化的关系,马桥文化的分区和类型,马桥文化遗址的分布及其环境特征,马桥文化陶文,马桥文化原始瓷和印文陶等专题讨论。

本书 2005 年获得第四届中国社会科学院考古研究所夏鼐考古学研究成果奖。

三十、《中国陶瓷》

陆明华著,2002 年上海外语教育出版社出版。全书分五章:中国陶瓷的萌生与发展、中国陶瓷烧造的工艺技法与特点、中国陶瓷的基本特征、中国陶瓷名品及其特色、中国陶瓷对世界物质文明的贡献。该书从历史脉络梳理自中国新石器时代至民国的发展,从工艺脉络剖析陶瓷制作烧成的流程及各品种装饰技法特点,从鉴定角度讲述不同时期陶瓷的风格特征,从鉴赏角度描绘各时期陶瓷名品,从交流角度观察中国陶瓷的外销及对海外陶瓷的影响。宏观视野宽广,提纲挈领,亦细致入微,包含了不少当时的新材料与新观点。

三十一、《晋唐宋元书画国宝特集》

故宫博物院、辽宁省博物馆、上海博物馆合编,2002 年 12 月由上海书画出版社出版发行。2002年为庆祝上海博物馆建馆五十周年,由故宫博物院、辽宁省博物馆、上海博物馆共同主办,推出了晋唐宋元书画国宝展。此次展览精选了三家 72 件藏品,其中书法 26 件,绘画 46 件,均为传世珍品。为展现文物所具有的珍贵艺术、文化和史料价值,本书采用调频网技术印刷,精密度极高,真貌毕现。并全面收录了题跋,全面展示文物。每件作品之后配有专家学者的介绍以及释文,部分作品印鉴则配有 X 光片作为参照,展现了现代科技研究古代书画的技术成果。

三十二、《文人画史新论》

凌利中、了庐合著,2002 年上海画报出版社出版。本书讨论中国传统的人文精神和文化精神,分别从形成期——晋隋、发展期——唐宋、鼎盛期——元代、持续期——明清、新生期——近现代展开探讨,结构清晰,列举作品典型。附录例举中国文人画家作品之外的唐宋优秀绘画代表作,这些古典主义杰作无论从绘画的内容还是表现形式方面来看,都为中国文人画的发展演变乃至成熟做出了巨大贡献。文人画是中国古代绘画中的蔚然大宗,该书把各个时期主要文人画家的理论贡献与杰出作品作了重点的介绍与分析,为后世学习和研究中国文人画提供了参照。

三十三、《淳化阁帖最善本:上海博物馆藏》

上海博物馆编,2003 年由上海书画出版社出版发行。《淳化阁帖》是北宋淳化三年(992 年),宋太宗下旨命侍书王著编选内府所藏历代帝王、名臣、书家等墨迹镌刻而成的一部中国最早的古代书法丛帖,其中原帖多已不存,此帖的存在对于认识晋唐书风,有着重要参考价值。然时代更迭,《淳化阁帖》善本流传至今已如凤毛麟角。美国藏家安思远先生所藏第四、六、七、八卷,堪称"最善本",上海博物馆于 2003 年向其洽购。为了展现"最善本"的风采,本书采用原色仿真印刷,还原度极高,纤毫毕现。同时每册每册之后配有相应的释文,本书的出版为推动存世《淳化阁帖》的研究,提供了版本依据,是重要的参考史料。

三十四、《法书至尊:中日古代书法珍品特辑》

东京国立博物馆、上海博物馆、朝日新闻出版社合编,为上海市新闻出版局内部资料。法书至尊中日古代书法特展共展览了一百余件中日书法史上最重要的作品,包括日本宫内厅的十多家公私藏家收藏的珍品,六十余件中国古代书法作品,近四十件日本古代书家作品。作为配合该展的图录,本书分上下两卷,上卷为墨迹,下卷为碑帖。本书可贵之处在于,集印了众多罕见的书法作品,特别是日本古代书家作品。且作品时代跨度大,涵盖了中日两国中古书家的代表作品,充分展现了中日自古以来源远流长的文化交流,对于研究两国书法交流史,具有重大的意义。

三十五、《中国古代封泥》

孙慰祖著,2003 年上海人民出版社出版。全书分五章,分别为:馆藏封泥的来源与概况、封泥的发现与研究、馆藏封泥的断代、封泥的辨伪、馆藏封泥所见秦汉制度史料。该书对 100 多年来封泥的出土、收藏辑录和研究历史作了回溯和综述;以上海博物馆藏封泥为主要对象,利用文献及相关出土资料并通过寻求封泥文字和形态在不同时期的演变规律,归纳了战国至魏晋各个阶段的断代标准;对各个时期的伪品从文字风格、实物形态、印文内容三方面作出具体辨析,论述辨伪的一般方法;考证和论述了涉及封泥所见秦的中央、郡县官制,汉代王国官制,中央与王国关系,秦的郡目,史籍所载秦汉郡县地名的歧异等秦汉史研究中的一些问题,梳理出若干新的材料和结论。

三十六、《中国共产党创建史大事记》

倪兴祥主编,2004年上海人民出版社出版。编著者在参考已公开出版的各类中共党史大事记的同时,积极吸收新的史料和研究成果,并根据自身多年来的研究积累做了许多新的补充和考订。叙事结构以编年为主,兼顾纪事本末,既按年月日时间的顺序记事,又按事件的性质适当集中记叙,力求完整地体现历史的连续性。该书记述的时间从1915年9月《新青年》创刊到1923年6月中共三大召开,较为全面、详尽地记述了与中共创建相关的历史事件和人物,尤其注重把事情的始末交代清楚,更有编著者自身的态度和思考,是当时最早出现的尝试全面系统地反映"中国共产党创建史历程"专题的重要著作。

三十七、《夏商周青铜器研究》

陈佩芬著,2004年上海古籍出版社出版。该书收录上海博物馆所藏青铜器600余件、组,绝大多数是传世品,分为夏商篇、西周篇、东周篇3编6册,每器都著录时代、器名、尺寸、重量,并对器物形制、纹饰和铭文内容进行记录和叙说。

上海博物馆在中国青铜器收藏品级与研究水平方面均在国际、国内居于前列,该书是这两方面的集中体现。书中考释对于读者从宏观上了解中国青铜器器类、形制、纹饰与铸造工艺的发展、演变过程与具体把握鉴定要旨皆有重要的启示意义。

三十八、《中国的租界》

潘君祥、李家璘主编。2004年上海古籍出版社出版。本书首次集中了上海市历史博物馆、天津市历史博物馆、武汉市博物馆、厦门博物馆、广州博物馆、重庆市博物馆、镇江博物馆、浙江省博物馆、九江市博物馆、苏州革命历史博物馆、青岛市博物馆、烟台市博物馆以及法国外交部档案馆提供的有关租界的大量珍贵图片和文物,以图录的形式,形象直观地对租界在近代中国政治、经济、社会、文化等各方面产生的作用进行了分析和考察,同时也反映了近代中国租界的产生、发展直到被收回的全过程,是一本反映近代中国租界和近代中国国情的大型图录。

三十九、《长江下游地区文明化进程学术研讨会论文集》

上海博物馆编,2004年8月上海书画出版社出版。2002年7月,上海博物馆与中国社会科学院考古研究所在上海博物馆联合举办"长江下游地区文明化进程学术研讨会",该研讨会也是庆贺上海博物馆建馆五十周年的系列学术活动之一。本书收录与会学者提交的论文,个别为发言内容的提炼和扩充,共计23篇,主要讨论议题包括文明化进程的理论、模式与研究方法,长江下游地区新的考古发掘和研究成果,长江下游地区新石器文化年代和谱系,玉器的产地和制作工艺,聚落形态,环境与人类社会的互动关系及其在文明化进程中的作用等。

四十、《百年回望——上海外滩建筑与景观的历史变迁》

钱宗灏、陈正书、华一民著。2005年上海科学技术出版社出版。本书是2001年度上海市历史博物馆承担的全国文物博物馆系统人文社会科学重点研究课题"上海外滩人文地理和建筑历史的变迁"的研究成果。

1843年上海开埠后，外滩地区率先跨出了传统的农业社会，走上近代城市化发展的道路。百余年来，它作为展示西方文化的窗口、上海城市发展繁荣的标志而备受关注。作为一种建筑文化的移植，外滩具有非常典型的意义。这些大多形成于20世纪初至30年代的西方传统风格建筑，反映了当时世界建筑设计潮流、审美取向和施工技术的一流水准。以今天的眼光去观察，可以发现它们以非常具体的形象见证了世界建筑文化发展的脉动，更可举一反三地勾画出上海与世界潮流的关联。故其历史的、文化的价值已经远远超过了它们的使用价值，它们已然是这座城市中一份不可再生的人类文化遗产。今天外滩之所以成为许多人关注的热点，是因为这条不长的滨江大道上，云集了上海最具历史文化价值的建筑群体。但是，上海外滩虽有中国最大、东亚保存最完整的近代建筑群，却远未被普遍认可；对外滩近代建筑的研究，也未充分展开。本书首次全面梳理了外滩的由来、发展过程和现存建筑的历史。

四十一、《练形神冶　莹质良工——上海博物馆藏铜镜精品》

上海博物馆编，2005年上海书画出版社出版。本书收入的铜镜是从上海博物馆馆藏数千枚中挑选的一百五十枚精品，时代跨度从战国至清代。此书对历代铜镜的形制、纹饰和铭文进行了细致的研究，结合考古资料进行了准确的断代，并且概括和总结了不同时期铜镜发展的总体特点。

四十二、《中国古代白瓷国际学术研讨会论文集》

上海博物馆编，2005年上海书画出版社出版。2002年上海博物馆在建馆50周年之际举办了"中国古代白瓷国际学术研讨会"，此书收录了这次研讨会国内外专家所提供的56篇论文。全书共分六章，分别为总论、考古研究、专论、藏品研究、科技研究、其他。所讨论内容集中于中国古代白瓷起源、发展、分期、窑口、考古发现、博物馆藏品、科技分析等各方面。这些论文材料翔实，观点鲜明，具有很高的学术价值，基本涵盖了当时学术界对于中国古代白瓷研究的主要成果，对于进一步推动、促进中国古代白瓷研究具有重要作用。

四十三、《中国绘画史》

郑为著，2005年北京古籍出版社出版。作者以其所见数以万计的历代名画为基础，以画家、鉴赏家、史论家的多重才情深入中国文化思想史的核心，在梳理中国绘画史的同时，以理性的学者眼光审视了历代画家的画风、画品以及人格风貌。作者从新石器时代的彩陶艺术谈起，直到19世纪上半叶的海派艺术诞生，把自己对中国绘画史的感触，按照它的发展嬗变记录下来，像创作一样，只写真实感受，不求全备，情理并重，成为后人审美追求与专业研究的珍贵镜鉴。相比大部分如同历本、辞典一样的书画类史书,具有更强的可读性,此点在史书中难能可贵。

四十四、《暂得楼清代官窑单色釉瓷器》

暂得楼、上海博物馆、首都博物馆、香港中文大学文物馆编,2005 年出版。此书为配合"暂得楼清代官窑单色釉瓷器"展览,收录清代瓷器精品 52 件/组。此次展览中的清代单色釉瓷器不仅有从胡惠春先生已经捐赠给上海博物馆的 359 件陶瓷器中遴选出的精品,更是汇聚了他珍藏于海外多年的心血,年代集中在清代康熙、雍正、乾隆年间,具有极高的历史价值和艺术价值。书中配有陆明华《清康雍乾单色釉官窑瓷器研究——暂得楼相关藏品的剖析与启示》研究性论文一篇,是集学术性与艺术性于一体的展览图录。

四十五、《上海博物馆和英国巴特勒家族所藏十七世纪景德镇瓷器》

上海博物馆编,2005 年上海书画出版社出版。该书为配合"上海博物馆和英国巴特勒家族所藏十七世纪景德镇瓷器特展",开国内明末清初转变期瓷器研究之先河,精选上海博物馆与英国巴特勒家族所藏十七世纪景德镇瓷器精品 132 件,同时配有《17 世纪景德镇瓷器导言》《17 世纪——明末清初景德镇民营窑业的兴盛》等研究性论文两篇,是国内第一本系统、全面介绍明末清初转变期瓷器的专业学术性图录。

四十六、《上海考古精粹》

上海市文物管理委员会编,陈燮君主编,黄宣佩、宋建副主编,2006 年 12 月上海人民美术出版社出版。上海的考古发现是这座城市拥有 6 000 年历史的实物见证,本书中的图集选取上海地区 70 年考古发掘出土的 400 余件文物精品,按年代顺序分为马家浜文化、崧泽文化、良渚文化与广富林文化、西周春秋战国时期的吴越文化和楚文化、汉唐五代文物、宋元明清文物等篇章作介绍和分析。

四十七、《左联与中国共产党》

张小红著,2006 年上海人民出版社出版。该书分为四个部分:左联准备期、左联前期、左联转折期、左联的解散,就中共对左联具体的领导情况作了周详的梳理和解读。

该书从革命史、党史的角度重新阐述了左联成立前革命文学运动的意义;分析了共产国际政策对左联发展的影响;结合历史环境探讨了左联前期"政党化"弊病的合理性一面,并对左联转折的多重因素给予了细致描述。史料扎实,观点具有一定创新性。

四十八、《中国陶瓷钱币碑帖研究》

汪庆正著,2006 年上海古籍出版社出版。该书精选了汪庆正先生治文物之学半世纪以来的主要成就,涵盖了古陶瓷学、钱币学、碑帖学、文献学四大板块,共收录论文 57 篇,其中古陶瓷研究领域的文章 38 篇。

四十九、《青铜器学步集》

李朝远著,2007年文物出版社出版。全书收入论文44篇,采用考古学、历史学、古文字学和文献学等相结合的研究方法,主要围绕青铜器的真伪鉴别,青铜器的分期断代和区系研究,商代、西周和春秋战国的金文研究,以及中国古代礼制研究的重要意义等几个方面进行了深入的分析和讨论。对于青铜器断代的方法,青铜器地域风格的特征等均提出了开创性的观点。

五十、《明代官窑瓷器》

陆明华著,2007年上海人民出版社出版。全书分六章:上海博物馆所藏明代景德镇官窑瓷器概述、文献流传和学术界对明代官窑瓷的研究、馆藏品和传世及出土物的相关研究、馆藏品与明代官窑瓷器相关专题研究、明代景德镇官窑瓷器的鉴定、明王朝与景德镇官窑瓷器的烧造。该书全面梳理上海博物馆藏明代官窑瓷器,结合大量文献、考古出土及海内外藏品资料,系统归纳明代历朝官窑瓷器的特征、发展及演变规律;并深入剖析不同品种的工艺细节,在宏观把握与微观观察的基础上总结各朝瓷器的鉴定要点,论述辨伪的一般方法,揭示自明代至近现代的仿品特点;同时,该书以不同视角探讨官窑瓷器与其他工艺品、明代宗教、皇家祭祀、帝王喜好、官窑制度的关系,透物见史,提出不少新材料与观点,是研究明代官窑瓷器的重要著作。

五十一、《明清家具鉴定》

王正书著。上海书店出版社(上海世纪出版集团)2007年2月出版。该书以上海博物馆馆藏明清家具为研究对象,充分运用考古方法论中的器型学和纹饰学原理,在家具断代的立论上,把已知条件融入整个时代文化范畴中去思考。比如注重对建筑构件的考察和研究,论述家具造型与建筑结构之间的承袭关系。同时也强调家具的装饰纹样是时代的产物,因而重视对其他诸如玉雕、石雕、木雕、砖雕、壁画、绘画、版画等古代工艺美术门类的研究和借鉴,将明清家具的断代纳入整个时代的工艺美术特征来进行对比和考证。作为鉴识和比照的重点,书中列举了明清时期的很多工艺门类的器物及其装饰纹样。这些典型器物作为家具研究和鉴定的标准器进入了大众视野,为明清家具的断代提供了真实可靠和令人信服的依据。该书搜求以博,研思以深,做到了见微知著,触类旁通,在明清家具实物研究方面贡献颇著。

五十二、《海上锦绣:顾绣珍品特集》

陈燮君、陈克伦主编。2007年12月上海古籍出版社出版。本书为第一部全面汇集全国顾绣明清传世精品的研究性图录。全书中英对照,主要内容分为"顾绣综述""顾绣图版"和"附录"三个部分。其中"顾绣综述"由上海博物馆工艺研究部相关专家集体撰写,将顾绣的缘起、特点和技法进行汇总介绍。"顾绣图版"分"摹绣名迹""神仙释道""花卉翎毛"和"人物故事"四个主题介绍顾绣文物。每件文物附有详细的内容说明并选配细部刺绣针法放大图。"附录"中的"顾绣技法一览"将顾绣针法的品类分栏介绍,刺绣实物图例和对应针法示意图以及说明和应用范围概述,成为该类文物的工艺解析的范例。"顾绣技法中英文对照"中将中文对应的英文专业名词加以梳理以便于海内外读者易懂易读。"顾绣款识一览"将重要的绣款与绣印以及对应文物详细枚举,便于研究与鉴定参考之用。该图录为织绣类文物图录的重要范例,独特而又全面地阐述顾绣文物的历史、文化和艺术价值。

五十三、《首阳吉金——胡盈莹、范季融藏中国古代青铜器》

上海博物馆编,2008 年上海古籍出版社出版。本书收录美国著名华裔收藏家胡盈莹、范季融伉俪收藏的七十件(组)青铜器。这些青铜器涵盖了中国古代青铜工艺发展过程中各时期的作品,并包含诸多带有铭文的青铜器,具有珍贵的艺术价值和学术研究价值,对于研究海外所藏中国古代青铜器具有重要意义。

五十四、《中国古代玉器》

张尉著,2009 年上海人民出版社出版。全书分四章,分别为:馆藏玉器来源及特点、玉器研究的历史及现状、馆藏玉器研究、馆藏玉器真伪辨别。鉴于进考古发掘的出土玉器已有专门报告或论著予以阐述,该书论述基于上海博物馆藏玉器的实际状况、特点而有所选择,将主要关注点聚焦于传世品的研究。书中侧重于以往未经阐发或忽略的方面,并结合博物馆研究工作的自身性质,将藏品的断代、鉴定研究放在显要位置。

五十五、《海帆留踪——荷兰倪汉克先生捐赠明清贸易瓷》

上海博物馆编,2009 年上海书画出版社出版。该书收录瓷器 97 件,主要为万历至康熙时期烧造的瓷器,均为荷兰收藏家倪汉克先生捐赠。书中配有《荷兰倪汉克先生捐赠景德镇瓷器研究——兼论 17—18 世纪早期的烧造与中西贸易》论文一篇,详细解读这批瓷器及其蕴含的历史文化信息。该书中收录的这批瓷器,对进一步深入研究明末清初景德镇的制瓷历史和同时期中欧经济文化方面的交流,具有重要的促进作用。

五十六、《新中国出土墓志:上海、天津》

中国文化遗产研究院、上海博物馆、天津文化遗产保护中心编,共 2 册,2009 年 6 月文物出版社出版。本书为《新中国出土墓志第一期工程》的最后一卷,收录上海市和天津市出土墓志共 261 方。全书除注录图版、释文外,另加索引。《新中国出土墓志》是国内第一次对 1949 年后新出墓志进行最大规模整理出版的一部大型丛书。该书第一期工程出版共计 10 卷、19 册。

五十七、《上海明墓》

上海市文物管理委员会编,何继英主编,2009 年 11 月文物出版社出版。本书整理、记录了自新中国成立以来上海地区出土明代墓葬的全面报告,包括有纪年和无纪年墓葬共约 300 座,记述了上海地区征集的全部明代墓志,墓志均有录文,讨论研究了墓葬形制、出土文物,考据墓主人生平,并附有上海明代墓葬统计表,是明代考古的重要资料。

五十八、《中国古代青铜器国际研讨会论文集》

上海博物馆编,2010 年香港中文大学出版社。本书是配合"首阳吉金——胡盈莹、范季融藏中国古代青铜器展"举办的"中国古代青铜器国际研讨会"的论文集。收录有来自中国内地、香港、台湾地区以及英国、美国等国学者的二十一篇论文,集中讨论了首阳斋收藏这批青铜器的年代、铭文内涵和历史意义,对中国古代青铜器的研究起到巨大的推动作用。

五十九、《千年丹青——日本中国藏唐宋元绘画珍品》

上海博物馆编,陈燮君、陈克伦主编,2010 年东方出版中心出版发行。2010 年上海博物馆与东京国立博物馆联合中日两国十个收藏单位举办"千年丹青——日本中国藏唐宋元绘画珍品展",该特展依题材分为史事逸闻、佛道神话、山川意象、文士情怀、花鸟生趣等五个主题,以日本各大博物馆收藏的唐宋元绘画精品为主,汇集了流入日本的中国早期绘画之大部分珍品。其中许多涉及宗教题材的作品因国内无存而历来不为美术史研究者所重视,然而对研究历史上民间宗教信仰和民间宗教画的课题颇有价值。六十多件绘画珍品融于一书,印刷精美,为艺术研究者与绘画爱好者提供了十分有利的研究补充材料。

第三节　刊　　物

一、《上海鲁迅研究》

1979 年 1 月,经上海市文化局批复,上海鲁迅纪念馆试办刊物,内部发行,不定期出版,定名为《纪念与研究》,共出版 9 辑。1988 年,《纪念与研究》更名为《上海鲁迅研究》,聘请丁景唐、王元化、方行、许杰等专家学者为顾问,上海社会科学院出版社出版发行,初为年刊,2005 年改版成为季刊,至 2016 年共计出版 67 本。

《上海鲁迅研究》(《纪念与研究》)自创刊以来,秉承"新发现、新观点、新方法"编辑方针,在馆藏文物史料的整理研究、鲁迅生平和作品研究等方面成果丰硕,收录了大量研究文献、科学论文以及相关人士访谈记录,颇受学术界好评。

在鲁迅生平和作品研究方面,前期主要是侧重于鲁迅在上海时期,还原鲁迅在上海生活和事迹。更名之后,从还原鲁迅本身生活到还原鲁迅所生活的社会。较为固定的栏目有"鲁迅作品研究""鲁迅比较研究""鲁迅同时代人研究""海外鲁研"等。

二、《科学教育与博物馆》

《科学教育与博物馆》是国内自然科学博物馆行业首份学术期刊,曾用刊名:自然与人;自然与科技;博物;创刊于 1979 年,是由上海市科学技术委员会主管,上海科技馆主办,中国自然科学博物馆协会、上海科普教育发展基金会支持的,基于自然科学博物馆开展科学教育理论研究与实践探索的学术性、综合性双月刊。该刊编委会由程东红、褚君浩、徐善衍、李象益、徐延豪和左焕琛等35位国内外领导、院士和专家组成,主编为上海科技馆馆长王小明。

该刊主要栏目设有专题论坛、高层论点、专家讲堂、研究论文、科学文化与传播、科普领域硕士论文交流、实践探索、综述与述评、观察笔记、书评·书讯、动态信息等栏目。主要反映高等院校、自然科学博物馆行业有关科学教育、科学文化与传播以及博物馆学领域的研究成果。读者对象为中国国内外专家、学者、高校师生,博物馆行业人员等。该刊旨在为培养一批具有较强科学传播教育实践和研究能力的科学传播教育工作者构建理论与实践交流的平台,着力反映自然科学博物馆行业的科学探索以及博物馆学、展示教育研究成果。

三、《上海博物馆集刊》

《上海博物馆集刊》是由上海博物馆主办的学术集刊,于1981年创刊,名为《上海博物馆馆刊》,由上海古籍出版社出版。自1982年出版的第二期开始,更名为《上海博物馆集刊》,先后由上海古籍出版社和上海书画出版社进行出版。该集刊集中反映上海博物馆研究人员对馆藏文物研究的最新成果,涉及青铜、陶瓷、书画、工艺、古籍、考古、文物科技等诸多门类。注重理论研究,在考古与器物研究的基础上,重视艺术与人文方面的相关研究。

四、《嘤城文博》

《嘤城文博》于1985年由嘉定博物馆筹划创办,它不仅是博物馆宣传党和国家有关文物保护政策、法令的阵地,是学习、汇报和交流文博工作的窗口,同时也是开展教育宣传和进行文史研究的良好平台,更是联系全馆职工、博物馆之友和社会各界关心文博事业的有心人士的纽带。1999年3月推出第33期"顾维钧先生专刊"后,曾一度停刊。2008年4月复刊,双月刊发行。

五、《文物保护与考古科学》

《文物保护与考古科学》是由上海博物馆主办的学术期刊,于1989年正式创刊,由上海博物馆的文物保护与考古科学实验室负责编辑出版,其基础是1985—1988年间实验室编印并向国内有关文物保护科研机构赠送的14期《国外自然科学与考古技术》资料集。《文物保护与考古科学》旨在充分报道国内外文物考古界的科研成果,让更多的文物工作者与爱好者了解、传递和交流在文物保护与考古中的传统或先进的科技方法,从而促进科学技术在文物研究领域中的应用、提高我国文物保护水平和推动科技考古的深入研究。刊物的首任主编是马承源馆长,编辑部主任为张岚。

1993年,期刊获得国家统一出版物刊号(CN31-1652/K)和国际连续出版物标准刊号(ISSN1005-1538),同年被上海市科委、新闻出版局、市科协联合评为上海市优秀科技期刊。1994年起《文物保护与考古科学》被本领域著名国际文摘杂志AATA收录。2003年起刊物改为季刊。2009年,刊物被评为"RCCSE中国核心学术期刊"。2017年起刊物改为双月刊。

《文物保护与考古科学》期刊,既是上海博物馆实验室的研究通报,又是当时我国文物科技领域向国内外公开发行的唯一一份正式专业学术刊物。以社会效益为主,充分体现文博科技的专业特色,主要报道本领域的研究、应用成果,以创新和实用相结合、提高与普及并重为特点,反映国内外同领域研究中的新进展和动向,重点介绍科学技术在文物考古中应用的新技术、新方法、新经验。自创办以来,在广泛进行技术交流,加快文物科研成果的推广应用,推动我国文物科学保护事业的发展方面发挥了积极的作用,并在行业内及海内外具有一定的影响。

六、《上海革命史资料与研究》

《上海革命史资料与研究》由中共"一大"会址纪念馆与上海革命历史博物馆筹备处主编,第一辑由开明出版社于1992年出版,后由上海三联书店、上海古籍出版社进行出版。是中共一大会址纪念馆专业研究人员发表学术论文的重要阵地,也是该馆与社会上广大党史工作者、近现代史工作者和博物馆、纪念馆工作者加强业务联系,开展专业研究和学术交流的重要园地。专辑主要辟有"专题研究""史实考证""党史研究动态""革命史一页""人物述林""博物馆工作研究"和"文献与资料"等栏目,重点刊登研究中共创建史和上海革命史的专题研究论文。根据历年中共创建史的重大事件和纪念节点,《上海革命史资料与研究》各辑有着不同的侧重和特色。同时该系列专辑也关注博物馆各项工作的研究,自出版以来,深受上海和全国党史学界,以及文博工作者们的欢迎和好评。

七、《上海文博论丛》

《上海文博论丛》是由上海市文物管理委员会主编的学术期刊,于2002年创刊,由上海辞书出版社出版。该刊物以考古、文物、博物馆研究为主,坚持文物研究的通俗表达与大众传播,集学术性、知识性与鉴赏性于一体,图文并茂,雅俗共赏。分四大板块:主题与专栏、新闻与发现、探索与分析、海上人文,主要栏目有特别报道、专题论坛、文博笔会、文物新视野、现场传真、精品鉴赏、文博论坛、域外萍踪、书籍评论、申城史地、滴水片石、上海博览、资讯链接等。自2011年起,改由上海博物馆主办。

八、《科举学论丛》

由上海中国科举博物馆和嘉定博物馆主编的《科举学论丛》第一期于2007年6月由线装书局出版,填补了中国科举学术界专业刊物的空白。《科举学论丛》内设栏目:论文、史料、专访、书评、文物介绍、孔庙介绍与科举文化巡展等。为国内外专家学者开展科举学专题研究、发表学术文章提供了交流平台。

九、《都会遗踪》

《都会遗踪》是由上海市历史博物馆主办的学术集刊,于2009年正式创刊。其前身为2002年创办的《上海市历史博物馆馆刊》后易名为《收藏上海》。历任主编为潘君祥、杭侃和张岚。创始之初主要为博物馆各专业学术探讨,上海历史发展的专题综述;既有对陈列展览工作的探索,也有对宣教工作和文物管理工作的讨论研究。同时,馆刊也吸收了上海学术界有关上海史的研究成果,也包括海外学者的文章。2009年正式创刊后以"探寻上海人文遗踪,巡礼城市文博前沿"为宗旨。接受海内外中文稿。内容涵盖上海政治、经济、文化、市政等历史研究现状与成果,如相关文物、历史遗产考证和解读、重要文献资料整理研究、历史事件亲历记录、历史名人遗迹遗物整理研究,也包括城市历史发展研究、博物馆学研究等。

十、《孙中山宋庆龄文献与研究》

由上海市孙中山宋庆龄文物管理委员会主办,2009年创刊,是一本以年度为周期的连续性刊物,一年一辑,每年10月底截稿,11—12月出版。每一辑的内容均由学术研究和文献资料两大板块构成,相互比重则根据每一辑编辑的实际情况决定。栏目设置上有专题研究、探讨争鸣、学术述评、读史札记、相关人物研究、档案文献、口述回忆、海外译文、史料辑存等。文稿选用方面,建立了一个以专业人员为主的评审委员会,并由部分顾问参与指导,一方面给投稿的作者以公平的待遇,一方面力求选用的文稿保持一个较高的水准。

第三章　学　术　交　流

　　承办召开国际、国内学术研究会议是文博科研活动的重要方式。改革开放以来,随着文物博物馆事业的快速发展,学术交流活动日益增多,各类主题的学术会议层出不穷,为国内文化遗产领域提供了学术交流、相互学习的平台,不仅及时展示了上海文博科研的成果、增进了国内同行的业务交流,也打响了上海文化品牌。

　　步入新世纪后,上海地区承办了一系列大型国际与国内研讨会议,如国际博协亚太地区第七次大会暨博物馆与无形文化遗产国际学术讨论会、国际博物馆馆长高峰论坛、博物馆文物保存环境国际学术研讨会等,这些学术交流活动不仅拓展国内文博工作者的研究视野,也在提升了上海文博在国际上的知名度。其中 2010 年 11 月 7 日在上海举行的国际博物馆协会第 22 届大会暨第 25 届全体会议标志着我国的博物馆事业迎来了新一轮高速发展,具有中国特色的类别多样化、举办主体多元化的博物馆体系已经初步形成。

第一节　国际学术研讨会

一、综合类会议

【国际博协亚太地区第七次大会暨博物馆与无形文化遗产国际学术讨论会】

　　由国际博物馆协会亚太地区委员会与国际博协中国国家委员会、中国博物馆学会联合主办,上海博物馆承办的"国际博协亚太地区第七次大会暨博物馆与无形文化遗产国际学术讨论会"于 2002年 10 月 20 日至 24 日在上海召开。来自亚太地区 26 个国家、地区和国际组织的 150 名代表出席了本次大会和学术讨论会。联合国教科文组织和国际博协总部也派主要官员专程来沪参加会议。

　　大会于 10 月 21 日上午在上海博物馆学术报告厅开幕。中共中央政治局常委、国务院副总理李岚清同志向大会发来贺信。国家文物局局长单霁翔和上海市人民政府副市长周慕尧在开幕式上致辞,热烈欢迎来自世界各地的文化遗产和博物馆工作者,并祝大会和学术讨论会取得丰硕成果。国际博协亚太地区委员会主席加拉教授、国际博协中国国家委员会主席张文彬教授分别向大会作主旨报告。

　　大会的主题是"全球化、无形遗产和博物馆"。所谓无形遗产,包括各种类型的民族传统和民间知识、各种语言、口头文字、风俗习惯、民族民间的音乐、舞蹈、游戏、礼仪、手工艺、传统医学、建筑术以及其他艺术。由于其特有的表现形式和传承手段,无形遗产与有形文化遗产相比更容易受到全球化经济和现代工业社会的强烈冲击,亟待抢救和保护。保护民族文化特性是各国人民的共同愿望,也是文化遗产界的共同责任。

　　2002 年 9 月,联合国教科文组织召开了以"无形文化遗产——文化多样性的体现"为主题的文化部长圆桌会议,并通过《伊斯坦布尔宣言》,呼吁在全球化形势下共同保护和发展无形文化遗产。国际博协也将 2004 年汉城大会的主题选为"博物馆与无形遗产"。所以,在上海举行的这次大会是国际保护无形文化遗产运动的重要组成部分。

在为期四天的大会中,各国代表就博物馆与无形遗产概述、博物馆与无形遗产的档案记录、博物馆与无形遗产的管理、博物馆与无形遗产保护、博物馆与宣传无形遗产、博物馆的协调与合作等几个课题进行了分组讨论,希望能够通过考察各国保护有形和无形遗产的结合、提高公众意识等渠道,在国家和亚太地区水平上提出具体的行动纲领。会议期间代表们还欣赏了昆曲、苏州评弹及藏族、侗族等西南少数民族的表演,亲身感受无形文化遗产的魅力。10月24日大会通过以保护亚太地区无形遗产为宗旨的《上海宪章》,对博物馆、无形遗产与全球化问题提出了一系列要求与建议。

博物馆承担着保存和传播人类文明、致力不同文化之间的相互尊重、理解和促进人类共同发展的历史使命。当今社会的博物馆需要拓展新的发展空间,进一步承担起文化特性守护者和文化发展动机的作用。本次大会的成功召开及其取得的各项成果对亚太地区特别是中国的无形文化遗产的保护和博物馆事业产生了积极的作用。

【国际博物馆馆长高峰论坛】

"国际博物馆馆长高峰论坛"于2003年3月26—27日在上海博物馆学术报告厅举行。

本次论坛在国内博物馆界引起了热烈反响,各地博物馆均表现出极大热情并予以积极支持,派代表来沪参加的省市级以上文物局、博物馆有五十余家,地区级以上博物馆近一百二十家,另外还有上海市文博单位领导及大学博物馆学专业人士,共计三百余人,充分体现出中国博物馆界对提高自身管理水平、谋求更高发展的关注和重视。

论坛主要以现代博物馆管理和博物馆事业发展为主题,美国大都会博物馆馆长菲利普·孟特伯勒、日本东京国立博物馆野崎弘、北京故宫博物院院长郑欣淼、中国国家博物馆馆长潘震宙、香港中文大学文物馆馆长林业强和上海博物馆馆长陈燮君等分别在会上作了专题演说。各位发言者分别结合本馆实际介绍了博物馆的形象定位、管理机制、发展目标等情况,并与参加论坛的各地文物局、博物馆代表进行了热烈的交流讨论。

本次论坛的成功举办有助于馆际交流和加强海内外博物馆界的友好合作,并进一步推动我国文博事业的建设与发展。

【亚欧基金会博物馆协会上海会议】

2003年9月25—27日,亚欧基金会博物馆协会上海会议在上海博物馆召开,会议主题为"亚欧会议:文化遗产共享的展示"。

亚欧基金会由亚欧会议成员组织而成,自1997年成立以来在为促进欧亚两大地域间文化的提升、知识的对话和人与人的交流等方面发挥了举足轻重的作用。基金会还同时致力于在亚欧地区构建起组织与组织、个人与个人之间的紧密联系,以实现地区一体化为理想目标。

此次上海会议是亚欧基金会博物馆协会在中国举办的第一次会议。来自亚欧地区20余个国家和地区的40余名博物馆界的高层领导、专家和学者,如大英博物馆、法国昆布雷博物馆、荷兰莱顿国立人类学博物馆、日本大阪国立民族学博物馆及上海博物馆的馆长聚集在上海,围绕着会议的主题进行了广泛的交流和沟通。澳门博物馆和上海博物馆等一些博物馆在会上展示了他们以高科技虚拟手段制成的虚拟博物馆和博物馆信息化建设的探索和成果。与会代表还共同就博物馆的信息化建设、文化机构、学科及人员交流以及虚拟博物馆的发展潜力等诸多重要议题展开了广泛而深入的探讨。本次会议是对如何具体实现文化资源共享的一次深入细致的探讨,必将为博物馆未来的发展带来崭新的理念。

会议于 2003 年 9 月 27 日圆满结束。

【"挑战　使命　未来"国际自然博物馆馆长论坛】

2009 年 11 月 22—23 日,上海科技馆举办以"挑战　使命　未来"为主题的国际自然博物馆馆长论坛,来自世界五大洲 16 个国家 40 个自然博物馆的近 60 位馆长和专家齐聚一堂,其中不少是历史悠久、收藏丰富、影响深远的著名自然博物馆,如:英国自然历史博物馆、法国自然历史博物馆、美国自然历史博物馆、卡内基自然历史博物馆等。这是步入 21 世纪后我国国内自然博物馆行业首次举办的如此规模庞大、汇聚国内外众多自然博物馆馆长与专家的高端论坛。

论坛开幕式由上海科技馆馆长王小明主持。上海市副市长沈晓明到会祝贺并发表致辞。中国自然科学博物馆协会理事长徐善衍也发表热情洋溢的致辞。参加开幕式的其他领导还有:上海科技馆党委书记毛啸岳,上海市科委副巡视员施强华以及市科委有关领导。上海科技馆副馆长金杏宝、赵世明、梁兆正、顾建生,纪委书记金建敏等领导也参加了论坛开幕式并聆听论坛演讲。

22 日上午,国际自然博物馆馆长论坛主要围绕"21 世纪自然博物馆发展的主要趋势——路在何方?"这一主题展开论述。这个话题也是国内外自然博物馆界特别关心的话题,来自法国、美国、英国和中国的五位馆长与专家进行了精彩的主旨演讲。他们分别是:法国国家自然历史博物馆馆长 Bertrand-Pierre GALEY 的《法国自然历史博物馆的未来之路》、北京自然博物馆馆长孟庆金的《中国大陆地区自然博物馆的发展趋势》、美国自然历史博物馆 Dr. Frost 的《从美国视角看自然博物馆的未来》、中国博物馆学会秘书长安来顺的《博物馆专业化与公众意识:从历史观点出发》、英国自然历史博物馆馆长 Michael DIXON 的《21 世纪自然历史博物馆的角色》。

下午,论坛围绕"现代自然博物馆展示内容、展示形式的发展与创新"的话题展开热烈的讨论,共有 17 位国内外自博馆馆长与专家根据自身馆的特色和对展示内容、形式的深入认识,进行了内容丰富、各有侧重、生动精彩的交流发言。

23 日上午,论坛围绕"自然博物馆与自然保护所面临的困难和挑战"的主题继续展开交流。下午邀请部分国外自博馆馆长专家参加"上海自博馆展示内容咨询会",对上海科技馆自然博物新馆的内容方案发表咨询意见和专业建议。

【国际博协第 22 届大会暨第 25 届全体会议】

2010 年 11 月 7 日,国际博物馆协会第 22 届大会暨第 25 届全体会议在上海世博中心隆重开幕。开幕仪式由国家文物局局长单霁翔主持,中共中央政治局委员、国务委员刘延东出席开幕式并讲话。中共中央政治局委员、上海市委书记俞正声出席开幕式。国际博协中国国家委员主席张柏,国际博物馆协会总干事朱利安·安弗伦斯,国际博物馆协会主席亚力桑德拉·库敏斯,大会筹委会主任委员、文化部部长蔡武和上海市市长韩正先后致辞,对中外来宾表示热烈欢迎,向大会召开表示热烈祝贺。上海市委副书记殷一璀,市委常委、副市长屠光绍,市委常委、宣传部部长杨振武,市委常委、市委秘书长丁薛祥等出席开幕式。

中国是国际博协成立时最早发表声明表示支持的 27 个国家之一。1983 年,中国恢复了与国际博协的联系并于同年建立中国国家委员会。之后,通过联合举办地区性或专门性学术会议、组织"国际博物馆日"纪念活动、出席国际博协大会以及合作出版等途径,中国与国际博协在不同层面上加强了业务联系与合作,从而推动了国际博物馆事业的发展和进步。1989 年 3 月,国际博协第 4 届亚太地区大会在北京举行,2002 年 10 月,国际博协第 7 届亚太地区大会在上海举办,都成为有重大影响的地区性会议。在上海会议上，通过了关于博物馆与非物质文化遗产的《上海宪章》，是国际文化遗产界涉及博物馆与无形遗产的第一个专题指导性文件，在博物馆领域引起了强烈反响。

进入 21 世纪以来，随着社会经济的快速发展和综合国力的不断提高，中国的博物馆事业开始了新一轮高速发展。具有中国特色的类别多样化、举办主体多元化的博物馆体系已经初步形成。博物馆融入民众、服务社会的步伐明显加快，成为现代文化生活的重要组成部分和国民教育体系的特殊资源与阵地。日益发展的中国博物馆希望以更加积极的姿态融入国际博物馆界的总体格局，在充分借鉴国外同行先进理念和有益经验的基础上，不断丰富、发展与提高，为实现这一目标，承办 ICOM 大会无疑是一个良好平台。

在国家文物局、上海市人民政府的直接领导下，在有关各方的精心准备和努力下，2007 年，在维也纳举办的国际博协第 21 届代表大会上，确定第 22 届大会将于 2010 年在中国上海召开。同年 5 月，大会筹备委员会和执行委员会正式成立，筹备委员会由文化部、国家文物局和上海市政府的相关部门领导组成，文化部部长蔡武任主任委员；执行委员会由国家文物局，中国博物馆学会，上海市政府外事、财政、公安、交通、旅游、文物等相关管理部门负责人组成，上海市人民政府副市长屠光绍、国家文物局副局长宋新潮、中国博物馆学会理事长张柏任主任委员。2008 年 12 月 3 日，国际博协第 22 届大会框架协议在上海签署，标志着中国承办国际博协第 22 届大会工作的启动。

大会的主题是"博物馆致力于社会和谐"。这一主题在具有一定宏观性的同时，也有利于各国际委员会、地区组织、所属国际组织进一步深度开发适合自身特点的不同专题，围绕着该主题的讨论也将是多元的、全方位的，该主题得到了广泛的国际认可。

11 月 8 日，大会学术活动正式开始。国家文物局副局长宋新潮和俄罗斯文化副部长布什金做简短致辞后，由澳大利亚加拉教授和韩国裴基同教授主持，6 位主旨发言人向大会作主旨报告，分别为：卢尔德·阿里斯佩《记忆、尊敬和创新，哪个博物馆？》、陈燮君《"致力于社会和谐"的博物馆管理》、加布里艾拉·巴塔伊尼-德拉戈尼《欧洲，博物馆和跨文化行为》、奥奎·恩威佐《现代性和后殖民时代矛盾》、樊锦诗《对文化遗产保护与利用和昔日发展的探索》、马里前总统阿尔法·科纳雷《博物馆学日益丰富多彩》。

下午，ICOM2010 年大会博物馆展览会在世博中心开幕。此次展览会是一个集展示、交流、合作于一体的大型综合性行业盛会，全部 181 个展位于大会开幕前全被预定，共有国内外 105 家单位参展，集中展示了与博物馆的建设和运转密不可分的建筑规划、展示设计、展览工程、环境艺术工程，软件开发、网络多媒体、文物保护、传播、修复、安保、照明、温室控制、标本制作等技术和设备，以及出版、纪念品、教育产业等。为期三天的展览将向国际文博界宣传和展示我国与世界文明博物馆事业的全新形象，以及为博物馆服务的最新技术和成就；同时，国际博物馆及相关企业也将通过这一平台向蓬勃发展的中国博物馆展示世界文博行业的新动向、新思路、新技术和新成果。

8 日下午起，各专业委员会开始召开专题会议，会议代表于 8 日、9 日分批参观世博园中国国家馆、浦东主题馆、城市足迹馆与世博会博物馆，11 月 11 日，分别前往青浦、乌镇、南通、苏州、杭州等地参观考察。大会于 11 月 12 日在上海世博中心落下帷幕。

二、专题类会议

【渐江、石谿、八大山人、石涛的绘画艺术学术讨论会】

为纪念上海博物馆建馆 35 周年，"渐江、石谿、八大山人、石涛的绘画艺术学术讨论会"于 1987

年10月28日在上海博物馆开幕。参加讨论会的有国内外研究中国美术史论的著名学者80余人,几乎云集了当时研究东方艺术的一流专家。

会前共收到专题论文37篇,这些论文就四画僧的生平事迹、作品内容、艺术思想、作品真伪、社会背景和历史地位以及他们对当代中国画巨大影响等问题进行了深入的阐述、剖析和论述,在理论和史实研究上具有较大突破,体现了当时四画僧研究的最新成果,具有相当高的学术水平。

讨论会共有29位学者宣讲论文,论题涉及范围十分广泛。一部分学者从宏观的角度论述四僧的遗民思想,创作方法,哲学内涵和审美观念,探索四僧与四王,四僧与红楼梦等不同风格与不同门类艺术之间的内在联系,立论新颖,开拓出了研究四僧的新视角,有着理论的广度。另一部分学者着重发掘和整理四僧有关的史料,还有一些论题着重对四僧的艺术作品、艺术风格作了具体深入的分析,对他们那些含意晦涩的诗文、字号进行了析理精辟的解释和考辨。对于传世作品的真伪鉴别也是会议中的一个突出议题,引起了学者们的极大兴趣。还有一些学者谈古论今,阐述了四画僧对现代绘画的深远影响。

本次学术讨论会学者们共聚一堂、各抒己见,会议于1987年10月31日圆满闭幕。

【吴越地区青铜研究座谈会】

"吴越地区青铜研究座谈会"于1992年8月21日至8月23日在上海举行,会议由上海博物馆主办。来自全国各地和美国、英国、日本等国著名的研究中国古代青铜器的专家学者37人出席了会议,另外有中外学者10人列席旁听,会议共收到论文28篇。

会议于8月21日上午开幕,与会学者观摩了由上海博物馆向安徽、江苏、浙江、湖南等地借展的吴越地区青铜器及上海博物馆馆藏铜器近百件。8月22—23日,会议举行大会发言和讨论,25位专家学者分别宣读了论文。会议推动了青铜器研究向更深、更广的方向发展,对深入开展吴越地区青铜器的研究工作起到了很大的推动作用。

【哥窑瓷器学术座谈会】

为庆祝上海博物馆建馆四十周年,"哥窑瓷器学术座谈会"于1992年10月21—23日在上海博物馆北大厅举行。应邀出席会议的有来自全国各地和美国、英国、日本等国代表42人,各地文博单位学者12人也列席旁听。会议共收到论文、资料10份。

1992年10月21日下午学术座谈会开幕,10月22—23日,会议采取现场观摩与即席发言相结合的形式进行讨论,二十多位代表分别就典型哥窑瓷器的确认,哥窑的时代、产地和性质,哥窑与官窑的关系,有关哥窑的文献记载与考古发现以及明清仿哥窑器的断代等问题展开了热烈的讨论。

哥窑瓷器是中国古陶瓷学界长期悬而未决的一大难题,为了使会议取得更好的学术讨论效果,上海博物馆借调了一批与哥窑有关的传世文物和考古发掘品,在会议期间进行陈列,以供与会代表观摩比较,将研究对象引入会场,有利于将哥窑研究进一步引向深入。

会议约定,将与会代表提交的论文结集出版,以推动哥窑研究进一步向前发展。

【中国越窑秘色瓷学术讨论会】

由陕西省文物局、浙江省文物局和上海博物馆联合举办的"中国越窑秘色瓷学术讨论会"于1995年1月16—17日在上海举行。应邀出席会议的有来自全国各地和美国、英国、日本、新加坡、菲律宾各国的学者80余人。会议期间与会代表们围绕秘色瓷的定义、秘色瓷的时代及其发展历史、秘色瓷的具体窑口、秘色瓷与越窑的关系等议题展开了热烈的探讨。会议期间,主办方向陕西省法门寺博物馆、浙江省博物馆、浙江省文物考古研究所、宁波市博物馆、临安县文管会、慈溪市文管会、故宫博物院、首都博物馆、苏州市博物馆、河南省文物研究所等单位借展了有关文物和标本,供与会代表们观摩,从而更好地进行学术研究与探讨。

【纪念鲁迅逝世 60 周年全国鲁迅研究学术研讨会】

1996 年 10 月 20—21 日,来自国内和国外的鲁迅研究学者举行了"纪念鲁迅逝世 60 周年全国鲁迅研究学术研讨会"。会议开幕式上,中共上海市委宣传部副部长方全林代表中共上海市委、上海市府致欢迎词,夏征农讲话。研讨会上,各位学者就鲁迅研究的发展与前景、鲁迅学的构建、鲁迅研究与当今社会主义精神文明建设等问题展开研讨。会议共收到论文 50 余篇,这些论文在会后结集为《浩气千秋民族魂——纪念鲁迅先生逝世 60 周年论文集》公开发行。

【中国古代青铜器技术鉴定会和学术讨论会】

1997 年 12 月 4 日和 5 日,上海市文物管理委员会、上海市科学技术委员和上海博物馆分别主持召开了《中国青铜时代陶范铸造技术研究》鉴定会、《东周铜兵器菱形纹饰技术研究》鉴定会及"中国古代青铜技术学术讨论会"。

陶范铸造是中国古代夏商时期占主导地位的铸造技术。上海博物馆的科研人员在著名青铜器专家马承源馆长的倡导和支持下开设了《中国青铜时代陶范铸造技术研究》课题。经过十年艰苦攻关,通过大量考察、科学分析和模拟试验,从理论和实践上对商周时期何以能铸造出纹饰精致、器壁匀薄、器形复杂准确的青铜器给予了科学的解释,对古代陶范的性能、范料的成分及其处理技术、陶范铸造工艺等一些重要学术和技术问题提出了令人信服的科学见解。同时还发现和证实在晚商时期中国先人曾创造了一种独特的陶范铸造技术——焚失法铸造。鉴定委员会专家一致认为这一课题使中国青铜技术研究更加科学、具体和深入,进一步解开了中国青铜铸造技术之谜,具有总结性的意义,达到了国际领先水平。

上海市科学技术发展基金项目《东周铜兵器菱形纹饰技术研究》是倍受中外学者关注的一项学术课题。东周时期吴越兵器的精良,史书多有记述。但诸如著名国宝越王勾践剑和吴王夫差矛上的拭之不去、磨之依然的精美菱形纹饰的形成工艺问题,多年来一直是中外学者竞相探索的未解之谜。由上海博物馆、上海材料研究所和宝钢钢铁研究所联合组成的课题组,五年来运用多种现代科学检测分析方法,对东周菱形纹饰剑残片的成分、形貌和结构作了系统详细的分析,终于发现了早在 2 500 年前,我国就掌握了一种特殊而精湛的青铜表面合金化技术,可使剑表面产生黄白相间的菱形图案,这种技术既有装饰效果,又可以保护铜剑不受腐蚀。课题组依据古代条件可能实施的这种古老合金化技术,成功地复制出成分、形貌、组织与文物标本相似的具有黄白相间的菱形纹饰剑。以中国科学院院士周尧和为主任的鉴定委员会认为,这一科研成果成功地解决了菱形纹饰形成工艺这项学术悬案,达到了前所未有的深度,属于国际领先水平。

12 月 5 日在上海博物馆召开的"中国古代青铜技术学术讨论会"上,全国各地及美国、德国的青铜器研究、冶金史和文物保护专家、学者近 40 人对刚刚通过技术鉴定的两项科研成果进行了学术讨论,一致给予高度评价。同时就有关中外青铜技术研究成果进行了广泛交流。会议取得了圆满成功。

【中国古代青铜乐器学术讨论会】

上海博物馆主办的"中国古代青铜乐器学术讨论会"于 2000 年 3 月 5 日在上海博物馆召开。此次会议是为配合上海博物馆同时举办的"古乐新韵——中国古代青铜乐器展"而进行的专题学术讨论会,是"上海青铜文化艺术周"活动内容之一。出席会议的有中国博物馆界、考古界和大学中研究中国古代青铜文化和青铜乐器的专家、学者以及来自美国的中国文物研究专家,共计 30 余人。一些文博系统的研究人员和音乐学院的研究生列席旁听了会议。美国百人会文化协会总裁杨雪兰女士出席会议并致辞,表达了美国百人会文化协会为弘扬中国古代文化艺术尽力服务的宗旨。上海博物馆常务副馆长陈燮君在致辞中表示上海博物馆一贯致力于中国古代文化艺术的宣传、研究,举办这次青铜乐器展和讨论会,目的就是要弘扬中国青铜时代的音乐文化,将中国古代青铜乐器的研究进一步向深层次推动。马承源、王世民、童忠良、陈应时等十位专家学者在会上作了专题发言,内容有青铜乐器的考古学研究、青铜乐器的音律学研究、青铜时代的音乐文化研究等,与会者就这些发言展开了热烈的讨论。与会者除了文博界的专家学者,还有音乐、历史、古文字、物理等学科的专家,这种多学科共同探讨青铜乐器的会议形式,是以往从未有过的。

【朱屺瞻艺术讨论会】

为纪念画坛宿耆朱屺瞻先生 110 周年诞辰,继"朱屺瞻先生 110 周年诞辰纪念画展"暨"六十白石印轩藏展"于 2001 年 4 月 20 日在朱屺瞻艺术馆开幕后,"朱屺瞻艺术讨论会"于 2001 年 4 月 21 日在上海博物馆举行。会议上午由上海博物馆副馆长汪庆正主持,下午由陈克伦副馆长主持。近 40 位来自海内外的学者、画家及屺老亲友参加了研讨会,并进行了热烈的发言和讨论。会议共分三个部分:

第一部分孙慰祖代表上海博物馆、朱人和代表屺老家属、冯其庸代表屺老友人作了发言。孙慰祖就"六十白石印轩藏印展"中展出的齐白石生前为屺老所刻 68 方书画用印,分析了其由来及珍贵的艺术、史料价值,并对屺老家属慷慨捐赠的奉献精神表示感谢。朱屺瞻公子朱人和基于珍视祖国文化遗传的高度认为这批珍贵印章的最好归宿是博物馆,他和家人感到放心和满意。冯其庸认为我们要学习屺老德高望重的为人以及博大精深的画艺。

第二部分是宣读论文。会上宣读了 5 篇论文,就屺老绘画艺术在 20 世纪美术史上的地位、风格特点、真伪等各方面作了深入的探讨。其中《朵云》副主编舒士俊说:朱屺瞻的艺术是吴昌硕、齐白石的延续和发展,在山水大块文章里大笔勾勒,寓有团块的形式感。上海博物馆书画部凌利中则把朱屺瞻与传统文人画作了比较,认为他的绘画进一步补充和丰富了中国画的表现观念和表现手法。屺老弟子尹光华列举了大量真伪实例,对屺老伪画的手法及破绽作了全面的梳理。朱屺瞻艺术馆副馆长张纼慈认为音乐对屺老的画风影响很大。瑞典学者柏伟能说:不能将屺老的画归为当代或非当代作品,只能归之于由艺术家各自才力对现实的描绘。

第三部分即兴发言。中国艺术研究院郎绍君、上海戏剧学院王克文、海外学者丁羲元、上海美协卢金德、江苏太仓文治艺术馆邢少兰、中国文化报社刘心亮等 20 余位学者展开了热烈的讨论,其中郎绍君从史学的角度把近代画家分成三类:传统型、反传统型、现代型,朱屺瞻的艺术介于前两者之间,这一论点得到了与会者的认可。

【中国隋唐至清代玉器学术讨论会】

"中国隋唐至清代玉器学术讨论会"于 2001 年 11 月 20—22 日在上海博物馆举行。来自中国、美国、英国、新加坡等地的海内外学者近百人参加了会议。会议共收到论文 30 余篇,内容涉及面较广，既有新的考古发现资料公布，又有各项专题研究。不少论文依据出土实物及文献记载，提出了一些较有价值的新观点。会议期间，代表们还就有关课题展开专门讨论。

上海博物馆举办此次研讨会旨在促进和推动对隋唐以后玉器的研究，弥补目前学术研究中的某些不足，以便更好地把握和展示中国玉器发展演变的全貌，认识其在整个中国历史进程和文化史中的应有地位。

会议组织代表观摩了从各地商借的出土隋唐至清代玉器实物，其中不少是未经正式发表的新资料。这些器物对认识此一阶段玉器的时代风格、造型特征、纹饰图案、工艺制作等提供了难得的第一手资料，并为断代等研究昭示了较为科学的依据。如浙江临安五代吴越国马王后墓和数月前杭州雷峰塔地宫出土的五代玉器，四川广汉、蓬安、华蓥窖藏或墓地出土的宋代玉器，辽宁朝阳北塔天宫出土的辽代玉器，陕西户县出土的元代玉器，上海松江西林塔、李塔、嘉定法华塔及元明清墓葬出土的唐至清代玉器等都令与会者产生了全新的观感。

【晋侯墓地出土青铜器国际学术研讨会】

2002年8月1日至3日，"晋侯墓地出土青铜器国际学术研讨会"在上海博物馆报告厅举行。来自全国各地以及美国、日本、英国、俄罗斯等国家的70多位专家学者出席会议。

研讨会和此前在上海博物馆举行的"晋侯墓地出土文物精华展"是一有机整体。研讨会主要围绕晋侯墓地墓葬的排序和年代、墓主的身份、埋葬制度器用制度、青铜器铭文和装饰艺术及随葬品反映的女性地位等议题展开讨论。研讨会的举行，大大推动了晋侯墓地及其所出青铜器的研究。

1992年至2001年的十年中，北京大学考古文博学院和山西省考古研究所的考古工作者经过艰辛发掘，发现了9组19座排列基本有序且世代相接的晋侯及其夫人的墓葬，这次研讨会是用学术研究的方法对晋侯墓地研究成果作一汇总，并以此表达对长期在野外发掘的考古工作者的衷心感谢。2002年是上海博物馆建馆五十周年，此次研讨会也是上海博物馆馆庆系列活动之一。

研讨会召开前夕，上海博物馆汇总了与会代表提交的46篇论文，编辑出版了《晋侯墓地出土青铜器国际学术研讨会论文集》，共55万字，反映了近年来晋侯墓地研究最新的丰硕成果。

【中国古代白瓷国际学术研讨会】

2002年10月30日，由上海博物馆主办的"中国古代白瓷国际学术研讨会"在上海博物馆学术报告厅开幕，中共上海市委常委、宣传部部长王忠伟出席开幕式并致辞。来自中国、英国、日本、美国、德国、瑞典、法国等国的120多名中国古陶瓷专家和学者参加了会议，共同探讨中国古代白瓷发展中的一些重要问题。

中国古代的白瓷是中国瓷器中的一个大类，有关白瓷的起源和发展情况涉及许多问题。过去，学术界对白瓷烧造中的不少问题曾进行过研究和探讨，取得了良好的收获，解决了不少问题。但还是有不少问题依然未得到解决，如白瓷的起源问题，一些地区出土重要白瓷的窑口问题和唐宋时期南方白瓷的烧造问题，白瓷与青白瓷的关系等。此次上海博物馆举办这样一个国际性的大型学术研讨会，主要宗旨是通过对中国古代白瓷的讨论和探索，进一步促进并深化对这一课题的研究，同时也可进一步加强与全世界的中国古陶瓷学术领域的交流。通过研讨，可望对一些有关的学术问题得到理顺或廓清。

本次研讨会共收到国内外代表撰写的学术论文近50篇。代表们对中国白瓷的相关问题进行了广泛的讨论。许多代表的论文则对一个时期或一个窑口的白瓷专题进行论述。国内外有的代表还对自己所在单位收藏或所在地区出土的白瓷进行探讨。

为使会议既有学术性又有实践性,上海博物馆特从全国各地一些文物机构商借数十件有学术研究价值的白瓷文物和一批相关的标本供会议代表观摩和研究。另外还从德国、英国等文物机构借来中东地区萨莫拉出土和印度尼西亚沉船打捞的历代白瓷及其他陶瓷标本。德国有关博物馆收藏的18世纪早期外销的德化窑白瓷和紫砂器也专程来沪,这些文物和标本的展示给参会代表带来了新的认识和启示。

研讨会为期两天,于10月31日圆满结束。

【千年遗珍国际学术研讨会】

在庆祝上海博物馆建馆50周年之际,北京故宫博物院、辽宁省博物馆及上海博物馆联合举办了"晋唐宋元书画国宝展",为配合展览,"千年遗珍国际学术研讨会"于2002年11月29日至12月1日在上海博物馆学术报告厅隆重举行。

会议期间,来自美、英、法、日、德等各国以及国内的九十位代表出席了会议,另有两百余位嘉宾与会,更难得的是海内外的美术史界及书画鉴定界的知名学者大多云集上海,如美国普林斯顿大学的方闻教授、原纳尔逊美术馆东方部主任何惠鉴先生、美国堪萨斯博物馆馆长武丽生教授、美国弗利尔美术馆东方部主任张子宁先生、收藏家、鉴赏家翁万戈先生、英国伦敦大学著名教授韦陀、日本京都博物馆学艺部主任西上实先生、香港汉学权威饶宗颐先生、香港大学万青力教授、台湾大学美术研究所傅申研究员、台北故宫博物院书画处王耀庭研究员、北京师范大学教授启功先生、中国建筑史研究员傅熹年先生、辽宁省博物馆名誉馆长杨仁恺先生、故宫博物院研究员朱家溍、杨新、单国强先生、中央美术学院金维诺教授、中国美术研究所徐书城研究员、著名画家陈佩秋先生、上海博物馆研究员汪庆正、陈燮君先生、上海博物馆书画部主任单国霖先生等,可谓群贤毕至,少长咸集。

大会共收到论文62篇,49人进行了演讲。研讨的范围几乎涉及晋唐宋元时期书画研究的所有领域,其中既有对宏观的绘画史、画论、美学理论问题的综合性论述,如方闻《为什么中国绘画是历史》呼吁要对传世"无名氏"作品予以足够的重视、陈燮君《晋唐宋元画论的实践依托》指出画论与实践的紧密关联;也有对画家、书家以及作品的专题个案研究,如陈佩秋《论阎立本〈步辇图〉与〈历代帝王图〉》对两张传世名迹作了深入的比较、饶宗颐《东维子与元代书学》论证了书史上的二元说;还有对于具体作品不同视角的释读及其真伪鉴别的探讨,如汪庆正《关于晋唐法书研究中可能出现的误区》探讨了研究中可能出现的盲点、曹星原《〈清明上河图〉主题再探》重新考证了《清明上河图》的主题内容等等,俱见解精到,鞭辟入里。

研讨会上不乏专家提出颇为令人震动的见解。例如,对于明清绘画的总体评价与定位,又如,对某些重要作品的时代和作者提出质疑,体现出百家争鸣的良好学术气氛。

在大会最后,上海博物馆汪庆正副馆长作了总结陈词。他说:"中国的古代文化遗产,不仅是属于中国的,也是属于全世界的。因此,研究中国古代书画也是全球范围专家的课题,当然作为一个中国学者来说,希望研究中国古代书画的中心在中国,而不是在其他国家,希望国外的专家学者不要见怪,并且帮助我们巩固这个中心。"汪馆长的发言得到与会代表嘉宾的一致赞同,大会在热烈的气氛中结束。

【"乔伊斯和他的世界"国际学术研讨会】

爱尔兰作家詹姆斯·乔伊斯的《尤利西斯》整部书写的是都柏林人布鲁姆在1904年6月16日的生活,这一天因而被称为"布鲁姆日"。2004年是"布鲁姆日"100周年。爱尔兰外交部文化司及驻外使领馆在世界 20 多座城市举办了主题为"世界的乔伊斯"的展览,上海是主办地之一。由爱尔兰文化部和上海市文物管理委员会、市文联、市作协联合主办的"乔伊斯和《尤利西斯》"展暨"乔伊斯和他的世界"国际学术研讨会,于 2004 年 6 月 16—17 日在上海鲁迅纪念馆举行。来自北京、四川、湖北、上海以及爱尔兰等地的乔伊斯研究者参加了本次活动。

【"未来的博物馆"中英科技馆论坛】

2004 年 8 月 13 日,上海科技馆和英国总领事馆共同主办的"未来的博物馆"中英科技馆论坛在上海科技馆举办。这是双方合作举办的一次高等级科普实践活动和理论探讨,中英两国科技馆博物馆方面的学者专家出席论坛,六位英国专家和两位中国专家在现场作精彩演讲。

论坛从上午九点开讲,参与演讲的专家有:欧洲科学、工业和技术展览合作协会英国主任梅兰妮·康;上海科技馆副馆长胡学增;曼彻斯特博物馆馆长崔斯·彼斯特曼;"科学项目"组织主席,赫斯莫克科学中心主任斯蒂芬·匹兹,康帝南集团文化遗产项目部主任朱利安娜·德雷妮;上海博物馆馆长陈燮君;纽卡斯尔生命科学中心主任琳达·科隆以及维多利亚阿尔伯特博物馆设计部主任莫瑞·吉米勒。演讲的主题涉及《科技博物馆在科技交流中的中心地位》《现代科学教育的发展与科技馆的建设》《科技博物馆展品管理》《永久科技展览及巡回科技展览的设计》《提高展品及展馆的吸引力及可持续发展性》《上海城市发展中的博物馆事业》《科技中心及其可持续发展》《品牌与市场的战略性发展》等。中英两国科技馆博物馆领域的重要代表聚集一堂,就科技馆博物馆的管理、交流、市场、品牌、展览设计等方面分享各自的经验。

【周秦汉唐文明国际学术研讨会】

"周秦汉唐文明国际学术研讨会"于 2004 年 12 月 26—27 日在上海博物馆举行。会议邀请了包括英国、美国、俄罗斯、日本、韩国、新加坡等地在内的 100 余位相关艺术史、文物考古领域的学者专家。上海市副市长、上海市文物管理委员会主任杨晓渡到会致辞。会议期间代表们围绕"新出土的西周青铜器""秦始皇陵兵马俑及新发现文物""汉唐壁画艺术""汉唐雕塑艺术""唐代金银器工艺""法门寺佛教艺术与文化"等议题进行了深入探讨,加强了国内外学者在此领域内的学术交流,从而进一步弘扬中国历史上最为辉煌的周秦汉唐时代的灿烂文明。与会代表共提交论文约 60 篇,其中约 30 位代表做了大会发言,学术交流气氛浓郁,研讨会圆满成功。

【十七世纪景德镇瓷器国际学术研讨会】

"十七世纪景德镇瓷器国际学术研讨会"于 2005 年 11 月 29—30 日在上海博物馆学术报告厅举行。来自英国、美国、荷兰、德国、日本、捷克、瑞士、新加坡、菲律宾和国内的专家学者近百位专程来沪出席会议。会议期间,与会代表们围绕明末清初景德镇瓷器的烧造及外销,万历后期、天启、崇祯、顺治或康熙早中期的景德镇瓷器、17 世纪中国其他地区瓷器的对外贸易、17 世纪中国与外国陶瓷器的相互影响及贸易等问题展开讨论,不少代表在会上发表了自己的研究成果和心得。会议促使国内外对于 17 世纪景德镇瓷器的研究更加深入,也有助于人们进一步了解这一段历史和所烧造的瓷器作品。

【书画经典国际学术研讨会】

2005 年 12 月 28 日,"书画经典国际学术研讨会"在上海博物馆学术报告厅举行。来自美国、英国、德国、加拿大、澳大利亚、新加坡、日本、韩国和国内的代表200余人出席会议,海内外美术史界及书画鉴定界的知名学者大多云集于上海。另外还有文博界及美术院校的中青年学者近200人专程来沪参加旁听。

此次会议系配合故宫博物院与上海博物馆联合举办的"书画经典——故宫博物院、上海博物馆中国古代书画藏品展"而召开,共收到论文42篇。与会期间,共有38人在会上发言,论题主要围绕以下四个方面展开:结合展出的传世晋、唐、北宋法书名迹,论述其文化意义及其书法史发展脉络等问题;关于宋、元花鸟画之风格、流派或个性风格的研究;元代文人山水画的研究;作品真伪的鉴定研究。

会议于2005年12月29日顺利闭幕。

【中日书法国际学术研讨会】

2006年3月12日至4月23日,"中日书法珍品展"在上海博物馆展出,此次展览由上海博物馆、日本东京国立博物馆以及朝日新闻社联合举办,其展览内容之丰富、规模之庞大、文物级别之高都堪称史无前例。展览对进一步促进中日文化艺术交流、弘扬中华民族优秀文化、增强民族自信心、提升上海城市文明精神都产生了深远的影响。

为配合展览的举办,上海博物馆于3月13日举行"中日书法国际学术研讨会",来自日本、美国、国内的100余名专家、学者出席会议。会议期间,代表们就中日古代书法发展史上的重要学术问题进行探研,近20名代表在会上作了发言,会议进一步提升了"中日书法珍品展"的学术意义。

【孙中山:历史·现实·未来——纪念孙中山先生诞辰140周年国际学术研讨会】

为纪念孙中山先生诞辰140周年,2006年10月28日至30日,上海市孙中山宋庆龄文物管理委员会、上海中山学社、上海宋庆龄研究会共同主办的"孙中山:历史·现实·未来"国际学术研讨会在上海青松城大酒店隆重召开。市委统战部副部长周箴、市社联副主席武克全出席开幕式并讲话。国内及美国、日本90名学者与会,递交论文79篇,分作大会交流和小组交流。会议期间举行了"孙中山宋庆龄资讯网"开通仪式、《宋庆龄年谱1893—1981》首发式,并举办了《先贤颂》诗歌朗诵会等活动。

【丝绸之路古国钱币暨丝路文化国际学术研讨会】

2006年12月5—7日,由上海博物馆主办的"丝绸之路古国钱币暨丝路文化国际学术研讨会"在上海博物馆学术报告厅举行,来自国内外的近60位专家和学者出席会议。

丝路古国钱币主要是指丝绸之路沿线国家制作使用过的各类用于贸易流通的货币总称,这些珍贵的钱币文物不仅见证了丝绸之路上东西方物质文明的交流,也为文化方面的交流承载着信息,在东西方文化交流中占有特殊地位,其研究也在世界学术界中占有特殊的地位。

上海博物馆曾先后三次得到杜维善、谭端言伉俪慷慨捐赠丝绸之路古代国家钱币2 000余枚,其流通地域广阔、时代跨度极大,上海博物馆辟有专室陈列。

本次研讨会为期三天,除大会发言外,还进行了一次分组讨论和一次大会讨论,在有关丝路钱币考古新发现、丝路钱币研究、丝路钱币历史文化的研究等领域取得了不少学术成果,有相当多的新资料首次披露,对钱币与度量衡的对应关系、丝路钱币历史与时代的谱系、铸币与仿铸币的关系以及仿铸的时间与地点等,都提出了创新性的观点。

研讨会推进了这门世界性学科的研究进程,也初步奠定了上海博物馆在这一领域中的国际中心之一的地位。上海博物馆将以此作为丝绸之路古国货币研究的新开端，继续认真履行自己的职责，保护好、陈列好、研究好以杜维善先生所捐钱币为主的这批丝路货币，为继续推动这一领域的研究做出自己的贡献。

【黄道婆文化研讨会】

2006年11月16—17日，由中国民俗学会、上海市文化广播影视管理局、上海市文物管理委员会为指导单位，上海市徐汇区人民政府、东华大学主办，徐汇区文化局、东华大学纺织学院、徐汇区华泾镇人民政府、海南省三亚市文化出版体育局承办的"黄道婆文化研讨会"，在海兴大厦（上海市委党校）报告厅隆重举行，中国文化部社图司副司长屈盛瑞、上海市文物管理委员会常务副主任、上海文化广播影视管理局党委书记、上海博物馆馆长陈燮君、海南省三亚市常委会副主任林志坚等领导分别在开幕式上讲话。

黄道婆是我国古代著名的手工棉纺织技术革新家，2006年5月，国务院将黄道婆"乌泥泾手工棉纺织技艺"公布为第一批国家级非物质文化遗产名录。研讨会采取大会主题演讲、小组交流讨论等形式进行，来自印度、韩国、日本及北京、海南、江苏、广州、浙江、重庆、河南和上海等国内外80多位专家、教授集聚一堂，分别从"古代上海技术创新的先驱""棉布从印度向中国和日本传播的过程""从棉织物的社会考古浅析塔里木盆地出土的古老纺织品""黄道婆对开拓淞沪棉业的历史功绩及其时代际遇""江南普及棉发展大功臣""搅车重石的重要性""黄道婆文化在中国创新文化中的独特价值"等视角，研讨黄道婆的手工棉纺织技艺，学习黄道婆的革新精神，以弘扬祖国传统文化，实施科技兴国战略、推进和谐社会建设。

会后，徐汇区文化局还将专家们的稿件收集汇编，出版研讨会论文集：《被更乌泾名天下》。

【"鲁迅：跨文化对话"国际学术研讨会】

由中国现代文学研究会、北京鲁迅博物馆和绍兴市人民政府联合主办，中共绍兴市委宣传部、绍兴文理学院、上海鲁迅纪念馆承办的"鲁迅：跨文化对话"国际学术研讨会于10月17日至18日，在绍兴举行。来自国内各省市和日本、德国、俄罗斯、澳大利亚等国家的120多名专家学者出席了研讨会。与会者就当前全球化语境下鲁迅本身所包蕴的丰厚文化内涵的深层结构与多维性进行了深入的探讨和交流。由绍兴文理学院、北京鲁迅博物馆、上海鲁迅纪念馆和绍兴鲁迅纪念馆共同出资、编辑的论文集《鲁迅：跨文化对话——纪念鲁迅逝世七十周年国际学术讨论会论文集》同时出版。19日，与会全体成员移师上海，出席了在上海举行的系列纪念活动。

【纪念徐光启暨《几何原本》翻译出版四百周年研讨会】

2007年11月8日，由徐汇区人民政府、上海文物管理委员会、复旦大学、上海交通大学、中国科学院上海生命科学研究院和《新民晚报》社等联合主办，由徐汇区文化局等单位承办的"纪念徐光启暨《几何原本》翻译出版四百周年"系列活动正式启动。

上午9点，徐光启铜制雕像揭幕仪式在光启公园举行，"徐利谈道""夜观星象"两座雕像正式向公众展示。其中"徐利谈道"表现了徐光启和利玛窦两人为《几何原本》翻译的探讨场面；"夜观星象"再现了晚年徐光启在夜深人静时依然精神矍铄地研究天文现象的场景。国家文物局文物司副司长柴晓明、中共上海市委宣传部副部长陈东、上海市文广局党委书记陈燮君、中国科学院院士席泽宗、中国工程院院士朱能鸿、意大利驻沪总领事罗西诺、徐汇区政协主席李俊民、上海文汇新民联合报业集团副社长陈保平、复旦大学副校长蔡达峰、中国科学院上海生命科学研究院副院长甘荣兴、天主教上海教区秘书长沈保智以及部分国家驻沪总领馆官员及上海市各相关部门的领导出席了揭幕仪式。仪式后,主办方还举办了徐光启后裔、利玛窦及熊三拔家族后裔新闻见面会。

下午2点,"纪念徐光启暨《几何原本》翻译出版四百周年国际学术研讨会"在南丹路15号斯波特大酒店召开,来自意大利、美国、加拿大、法国、日本、比利时、芬兰、荷兰及香港、澳门、台湾、北京、天津、杭州、广州、内蒙古、上海等九个国家二十多个城市的60余位中外学者聚集一堂,通过大会主题报告、分组交流讨论等形式,分别从"欧几里得《几何原本》的中译及其影响""从《几何原本》在不同文明的遭遇谈起""徐光启和他的时代""徐光启、利玛窦及17世纪中西文化会通与冲突"等多种视角,就徐光启"会通"中西文化,引进西方科学技术的历史作用、徐光启科学思想的形成和发展等进行了广泛交流,以纪念徐光启,探讨其科学精神,学习其爱国思想,弘扬历史文明,推进和谐社会建设。

会后,徐汇区文化局还将专家们的稿件收集汇编,出版研讨会论文集:《徐光启与几何原本》。

【顾绣国际学术研讨会】

2007年12月28日至2008年2月25日,"海上锦绣——顾绣珍品特展"在上海博物馆展出,上海博物馆向故宫博物院、辽宁省博物馆、南京博物院、南通博物苑、苏州博物馆等多家单位借展,力图对现存的顾绣精品作一次全面展示。配合展览,上海博物馆于2008年2月26—27日举办"顾绣国际学术研讨会"。

研讨会邀请了各借展单位的同仁和海内外织绣与绘画史专家莅会,就顾绣的起源、历史及影响,顾绣与晚明社会和文化,顾绣与绘画,顾绣的艺术特色,顾绣的断代与辩伪,顾绣的继承与发展等诸多问题进行了广泛的讨论。

【世貌风情国际学术研讨会】

2008年11月30日至3月16日,"世貌风情——中国古代人物画精品展"在上海博物馆展出,展览展出了上海博物馆、辽宁省博物馆珍藏的自唐至清代人物画精品近60件。为配合展览,3月13日至14日,"世貌风情国际学术研讨会"在上海博物馆举行。

会议共收到国内外学者论文43篇,议题围绕着中国古代人物画图像的文化阐释、绘画风格分析以及作品真伪鉴定等三个方面展开。与会专家学者并不局限于中国画风格技法的历史发展,而是突出人物画的社会文化含义,他们围绕着相关的社会生活、民俗风情、宗教信仰、道德信念等方面,力图阐发古代人物画在中国文化史上的价值和意义。

【"画者之思:许江的艺术与思想"学术研讨会】

由中国美术家协会、中国油画家学会、上海市文学艺术界联合会、浙江省文学艺术界联合会、上海美术馆、中国美术学院共同主办的《被拯救的葵园:许江新作展》于2009年4月3日至25日在上海美术馆隆重展出。此次展览展出了许江近年来创作的百余幅绘画力作,是许江继中国美术馆、广东美术馆个展之后的又一次大型综合性展览。

为配合此次展览,上海美术馆与中国美术学院联合举办了"画者之思:许江的艺术与思想"学术研讨会。4月3日,来自海内外的30余位知名艺术家、文学家、批评家与哲学家齐聚一堂,针对许江的艺术道路以及中国当代绘画所面临的情境与问题进行自由而深入的讨论,就绘画的当代视野与策略进行深入的研讨,一起分享对视觉文化与当代艺术的思考和经验。

【2010 博物馆文物保存环境国际学术研讨会】

2010 年 12 月 16 日至 17 日,由馆藏文物保存环境国家文物局重点科研基地(上海博物馆)主办的"2010 博物馆文物保存环境国际学术研讨会"在上海召开。上海博物馆科研基地主任陈燮君馆长、上海博物馆科研基地学术委员会主任陈克伦副馆长出席会议并讲话。国家文物局文物科技专家组 6 位专家,上海博物馆科研基地学术委员会部分专家,以及来自日本、中国香港和国内文博单位、高等院校、科研院所、档案馆、图书馆、相关企业共计 56 位代表参加了会议。研讨会开幕式由上海博物馆副馆长李仲谋主持。

随着文物预防性保护理念的不断强化,博物馆环境监测、评估和调控技术研究与应用,已经成为国际可移动文物科技保护的重点和热点。"十一五"以来,以上海博物馆馆藏文物保存环境国家文物局重点科研基地为代表的一批文保科研机构、高等院校、科研院所,开展了以国家科技支撑计划"馆藏文物保存环境应用技术研究"课题为代表的一批科研项目,实施了多项有效的应用实践,取得了一系列基础性和应用性研究成果,积淀了宝贵的实践经验,为保护珍贵文物提供了技术支撑。陈燮君指出,本次学术研讨会是在"2010 年全国文物保护科技工作会议"刚刚圆满结束的情况下胜利召开,对于交流博物馆环境领域的研究成果和应用经验,明确"十二五"我国馆藏文物保存环境科技发展方向,加强领域融合、学科交叉和中外优质资源的联合,提高科技创新能力,提升博物馆文物预防性保护科技和管理水平,具有特别的意义和重要性。陈克伦传达了"2010 年全国文物保护科技工作会议"的有关精神,指出本次会议是国内首次以"博物馆环境"为专题召开的国际学术会议,表示上海博物馆科研基地今后将继续发挥"共享、交流"的平台作用,定期召开此类学术研讨会议。

在会上,有 26 位中、外代表交流研讨了博物馆建筑环境与节能、环境监测与评估、微环境调控与产品应用、文物消毒技术等方面的最新研究成果、研究思路和应用经验,进一步强化了基于洁净概念的博物馆微环境"稳定、洁净"的预防性保护理念,明确了今后阶段博物馆环境科技的研究、应用的重点和思路。国家文物局科技专家组专家和上海博物馆科研基地学术委员会专家对多项研究工作给予了咨询指导。会议期间,上海博物馆向荣获"2009 年度国家文物局文物保护科学和技术创新奖"二等奖第一名的"馆藏文物保存环境应用技术研究"科研成果的主要合作完成单位——华东理工大学和复旦大学颁发了奖牌。

第二节　国内学术研讨会

一、概况

改革开放以来,中国博物馆事业发展日新月异,全国乃至世界各地馆际合作的深入,涌现出了大量专业水准高、研究内容深、行业影响大的专题性学术研讨会,提升了上海文博在世界范围内的影响力,成为上海对外开放的重要媒介与窗口之一。

二、会议选介

【湖北省出土战国秦汉漆器学术讨论会】

"湖北省出土战国秦汉漆器学术讨论会"于 1979 年 12 月 3—6 日在上海博物馆举行,来自上海、四川、福州、浙江、北京等地的 14 名代表参加了会议。会议期间,代表们以浙江河姆渡出土六千多年前的漆碗为漆器的起源,进而谈到我国漆器发展的历史,并着重对湖北省出土的战国秦汉漆器的制作工艺、造型、纹饰以及其在工艺美术史上的地位作了具体分析和探讨。

【任伯年绘画艺术学术讨论会】

1986 年 1 月 7 日,在"任伯年画展"期间,上海美术界在上海博物馆举行了任伯年绘画艺术学术讨论会。会上的学术发言有:程十发《陈洪绶与任伯年》;朱旭初《任伯年二题》;丁羲元《任伯年与中国画创新》;徐伟达、劳继雄《任伯年绘画艺术的渊源》;单国霖《任伯年的肖像画艺术》;黄若舟《任伯年的绘画与中国画教学》;茅新龙《任伯年篆刻趣谈》。发言者从多种角度,特别是跳出绘画的范畴,从更广泛的文化角度,以及注重艺术创新和反映时代精神的角度来探讨任伯年的绘画艺术和"上海画派"的历史意义与现实意义。

【吴文化学术讨论会】

"镇江地区吴文化考古成果展览"于 1987 年 1 月 1—20 日在上海博物馆展出,为配合展览,上海博物馆于 1987 年 1 月 13—15 日举办了"吴文化学术讨论会"。来自南京博物院、浙江省文物考古研究所、浙江省博物馆、江西省博物馆以及镇江、苏州、无锡、常州等市博物馆和中山大学人类学系、南京大学历史系的有关学者 20 余人应邀参加了会议。学术讨论会由上海博物馆马承源馆长、黄宣佩副馆长主持,与会代表们就各省市的考古新发现进行交流,并对吴文化的断代和分期等问题展开了专题讨论。会议学术气氛浓厚,对吴文化的全面研究和学术交流起到了积极的推动作用。

【良渚文化学术讨论会】

上海市文物保管委员会和上海博物馆于 1990 年 7 月 3—6 日联合举办"良渚文化学术讨论会"。来自北京、浙江、南京、苏州、无锡、镇江等地的专家、学者在会上交流了良渚文化考古新发现,探讨了有关问题。此前数年间,在考古发掘方面,良渚文化出土文物成果累累。江苏新沂县花厅墓地、吴县龙南良渚文化早期村落、张家港市东山村遗址、浙江余杭县反山与瑶山墓地、上海市青浦县福泉山和金山县亭林墓地,都出土了一批珍贵文物。

关于良渚文化的分期问题,过去根据出土部分文物的器形进行分期。这次讨论会上,专家们根据地下良渚文化堆积和墓葬的叠压次序,把良渚文化比较科学地分为 5 期,弄清了其演变发展的规律。同时,采用碳 14 热释光对部分出土文物作了科学测定,发表了将良渚文化发生发展时间定为距今 4 900—4 100 年的基本看法。

学术界对良渚文化讨论热点之一的关于良渚文化社会发展阶段与文明起源问题,过去已有不少论述。与会学者普遍认为,应该将文明起源看作是一个极为复杂、漫长的进程,是"文明要素"不断积累、凝聚,从量变到质变的过程。至于哪些是文明要素,经各抒己见,大体归纳为:社会不同阶层的出现,礼制的行使和城市、文字、冶金等的出现。与会者认为,从良渚文化的考古发掘和出土文物来分析,良渚文化时期已是人类进入文明社会的初级阶段。也有学者认为尚处于即将进入而尚未进入文明社会的阶段。

【宋庆龄与中国抗日战争学术研讨会暨上海宋庆龄研究会年会】

1995 年 8 月 22—24 日,上海孙中山故居、宋庆龄故居和陵园管理委员会、上海宋庆龄研究会、中国福利会在上海田林宾馆联合召开"宋庆龄与中国抗日战争学术研讨会暨上海宋庆龄研究会年会"。来自北京、广东、湖北、陕西、甘肃、四川等10多个省市和日本、韩国等国的海内外专家学者及上海宋庆龄研究会理事150余人出席开幕式。汪道涵致开幕词。市委常委、宣传部部长金炳华讲话。会议收到论文53篇，印发《宋庆龄与中国抗日战争学术研讨会论文汇编》。解放日报、文汇报、新民晚报、团结报等新闻媒体对会议进行了宣传报道。

【上海博物馆藏晚清名家篆刻鉴赏研讨会】

2000年4月6日，上海博物馆与上海书法家协会篆刻专业委员会联合举办"上海博物馆藏晚清名家篆刻鉴赏研讨会"，上海书法家协会主席周慧珺、副主席韩天衡、上海书协顾问江成之、潘德熙等本市篆刻界、印学界的篆刻家、研究工作者等20余人参加了此次活动。

为使馆藏印章文物更好地为学术研究和艺术发展服务，上海博物馆从珍藏的历代印章精品中，遴选出吴熙载、钱松、徐三庚、赵之谦、吴昌硕、黄士陵等晚清六家印作共30件，且大多是未曾公开发表的珍品。

上海博物馆李朝远副馆长首先介绍了本次研讨会的初衷和设想。上海博物馆收藏有数量丰富的各类文物，除陈列展示外，以研讨会的形式请各界专家进行学术探讨，共同开发文物的学术、艺术含金量，是更好发挥文物作用的一种途径，并指出晚清六家在风格上的各异，在继承传统基础上的开拓、创新，这是篆刻艺术的精髓。书协主席周慧珺在讲话中感谢上海博物馆做了大量工作，提供这样的机会，并希望今后能举办类似的其他专题的学术活动。副主席兼篆刻专业委员会主任韩天衡就各家的刀法做了深入具体的分析，认为六家都是江、浙、皖地区的印人书画家，是长江三角洲文化的一个部分，是一种骄傲，也是一种时代的思考和压力，对上海印人队伍提出了更高的要求，并希望今后每年有一两次这样的活动。来自各方面的篆刻家、研究者江成之、潘德熙、童衍方等先生对六家作品均发表了各自的看法，与会专家一致认为此次研讨会收获颇多。

【宋庆龄与二十世纪学术研讨会】

2000年4月25—27日，上海市孙中山宋庆龄文物管理委员会联合中国福利会、上海宋庆龄研究会主办的"宋庆龄与二十世纪学术研讨会"在田林宾馆召开。中国福利会副主席鲁平、市委常委、宣传部部长金炳华，市人大常委会副主任胡正昌，市社联副主席武克全及来自全国各地和日本、韩国的专家学者共150余人出席开幕式。开幕式上宣读了海峡两岸关系协会会长、上海宋庆龄研究会会长汪道涵发来的开幕词、全国政协常委爱泼斯坦发来的贺电和中国福利会主席黄华的书面讲话。会后编辑出版了《宋庆龄与二十世纪学术研讨会论文集》。

【人物类博物馆、纪念馆现状与发展前瞻学术研讨会】

2001年1月8—10日，由《中国文物报》社和上海鲁迅纪念馆联合举办的"人物类博物馆、纪念馆现状与发展前瞻学术研讨会"在上海举行，博物馆学研究专家苏东海、王宏钧、马自树以及来自国内50余座人物类博物馆纪念馆的博物馆学研究者出席了大会。在会上，与会学者从陈列、社区文化与宣教、文物保管等方面展开了研讨和交流。本次会议共收到论文60余篇。会后，论文结集为《人物类博物馆、纪念馆现状与发展前瞻学术研讨会论文集》。

【中国近现代银镍币鉴赏研讨会】

2001年6月29日下午，上海博物馆、上海市钱币学会共同在上海博物馆举办了"中国近现代银镍币鉴赏研讨会"，有关专家学者共二十余人出席了会议，上海博物馆副馆长李朝远、上海市钱币学会秘书长沈宁分别代表主办单位出席会议并致辞。

上海博物馆十分重视此次鉴赏研讨会，青铜器研究部特地提取出馆藏近现代银镍币31枚，其中包括一些罕见精品，使与会者能够形象而具体地鉴赏中国近现代银镍币和样币，了解它们的铸造及版别区分。会上就一些有争议的问题进行了热烈的讨论，并初步达成了一些共识。另外，与会者还着重围绕大总统开国纪念币和程德全像开国纪念币的铸造先后及其真伪问题展开讨论，与会者在仔细观看了文物实物之后，各抒己见，大大推进了这一问题的研究。此外，与会者还就学术研究的方法和资料运用等相关问题作了经验交流。

这次会议通过对馆藏中国近现代银镍币的鉴赏和研讨，增进了上海博物馆与社会学术团体之间的联系与交流，并为钱币界的专家学者们提供了一个学术交流的舞台。

【"博物馆建筑与博物馆功能"学术讨论会】

2001年8月20日2001年全国部分革命纪念馆协作发展研讨会暨上海文博学会"博物馆建筑与博物馆功能"学术讨论会开幕仪式在中共一大会址纪念馆举行。上海博物馆党委书记胡建中、中国革命博物馆馆长夏燕月及全国部分革命纪念馆、上海文博学会会员单位的领导近百人参加开幕仪式。此次学术讨论会共收到论文20篇，中共一大会址纪念馆倪兴祥撰写的《试论革命纪念馆扩建工程中应重视的几个问题》及其他单位共8篇论文在大会上进行交流。研讨会会期三天，期间与会代表参观了上海城市发展陈列馆、上海科技馆、嘉兴南湖革命纪念馆等。

【汪静之诞辰100周年纪念座谈会暨学术研讨会】

上海市文物管理委员会、上海市文联、上海市作协主办，浙江省文联、浙江省作协、浙江大学文学院协办，上海鲁迅纪念馆承办的汪静之诞辰100周年纪念座谈会暨学术研讨会于2002年10月19日举行。来自上海、浙江、汪静之家乡安徽的代表100多人参加了纪念活动。上海鲁迅纪念馆编《汪静之先生纪念集》同时出版。这天，上海鲁迅纪念馆筹办的"汪静之诞辰100周年纪念展"开幕。

【党的最高纲领与最低纲领的关系——纪念中共二大召开80周年理论研讨会】

2002年6月3日中共一大会址纪念馆与中共上海市委党史研究室联合举办的"党的最高纲领与最低纲领的关系——纪念中共二大召开80周年理论研讨会"在中共一大会址纪念馆举行。市委副书记罗世谦出席并讲话。研讨会由市委党史研究室主任冯小敏主持。参加会议的有华东六省及北京、天津、重庆党史研究室的负责人和来自全市各高校和科研机构的专家、教授80余人。大会共收到论文46篇，中共一大会址纪念馆任武雄等6位论文作者在大会上作交流发言，陆米强等10位论文作者在大会上作书面交流。

【第三届冯雪峰研究学术讨论会】

由上海市文物管理委员会、上海市文联、上海市作协、虹口区人民政府、人民文学出版社主办，上海鲁迅纪念馆、左联成立大会会址、义乌市文联承办的冯雪峰诞辰100周年纪念座谈会暨第三届冯雪峰研究学术讨论会于2003年9月24—26日，先后在上海鲁迅纪念馆和义乌举行。来自国内冯雪峰研究者及冯雪峰的亲友100多人参加了纪念活动，活动期间，与会成员前往浙江省义乌市神坛村祭扫了冯雪峰墓。会后上海鲁迅纪念馆编辑出版《回望雪峰——第三届冯雪峰学术研讨会论文集》。

【李霁野诞辰100周年纪念座谈会暨学术研讨会】

由上海市文物管理委员会、上海市文联、上海市作协主办，上海鲁迅纪念馆承办的李霁野诞辰100周年纪念座谈会暨学术研讨会于2004年4月21—22日举行。来自国内李霁野、鲁迅研究者及其亲友80多人参加了纪念活动。原全国人大常委会副委员长王光英，原全国政协副主席胡启立，中国作家协会副主席、党组书记金炳华向会议发来贺信。上海鲁迅纪念馆与百花文艺出版社合编《李霁野文集》（九卷）、上海鲁迅纪念馆编《李霁野纪念集》同时出版。同日，上海鲁迅纪念馆筹办的"李霁野诞辰100周年纪念展"开幕。

【吴朗西诞辰100周年纪念座谈会暨学术研讨会】

上海市文物管理委员会、上海市文联、上海市作协、上海市出版工作协会主办，上海文艺出版社、上海译文出版社协办，上海鲁迅纪念馆承办的吴朗西诞辰100周年纪念座谈会暨学术研讨会于2004年10月30日举行。来自北京、重庆、云南、上海、日本的现代文学、出版研究者及吴朗西亲友120多人参加了纪念活动。乔丽华著《吴朗西画传》同时出版。

【内山完造诞辰120周年纪念座谈会】

上海市文物管理委员会、上海市人民对外友好协会、中国工商银行上海分行主办，上海鲁迅纪念馆等承办的内山完造诞辰120周年纪念座谈会于2005年1月11日举行。来自上海、日本的研究者、内山完造亲友以及有关人士60多人参加了纪念活动。与会成员在活动期间先后参加了"内山书店旧址陈列室"改建启用仪式、祭扫鲁迅墓。

【埃德加·斯诺诞辰100周年纪念活动】

2005年7月18日，由上海市文物管理委员会、中共上海市委党史研究室和复旦大学新闻学院联合主办，上海鲁迅纪念馆承办的纪念埃德加·斯诺诞辰100周年座谈会举行，上海文化界、党史研究界、文艺界及鲁迅研究界100余人出席，以纪念这位美国著名记者、中美友好和文化交流使者。上海鲁迅纪念馆筹办的"我爱中国——埃德加·斯诺诞辰100周年纪念展"同时开幕。

【楼适夷诞辰100周年纪念座谈会暨学术研讨会】

由人民文学出版社、上海市文物管理委员会、上海市作协、虹口区人民政府联合主办的"楼适夷同志诞辰100周年纪念座谈会"于2005年5月31日在上海鲁迅纪念馆举行。来自北京、上海、浙江的研究者及其亲友100多人参加了纪念活动。上海鲁迅纪念馆编《楼适夷同志纪念集》同时出版。同日，"楼适夷诞辰百年纪念展"开幕。

【陈学昭诞辰100周年纪念座谈暨学术研讨会】

上海市文物管理委员会、上海市文联、上海市作协、浙江省文联、浙江省作协、海宁市人民政府主办，上海鲁迅纪念馆承办的陈学昭同志诞辰100周年纪念座谈暨学术研讨会于2006年4月17—18日举行。来自上海、浙江的研究者及其亲友100多人参加了纪念活动。会议期间，与会成员前往浙江海宁市出席陈学昭同志诞辰百年纪念会,上海鲁迅纪念馆编《陈学昭纪念集》同时出版。

【黄源诞辰 100 周年纪念座谈会暨学术研讨会】

上海市文物管理委员会、上海市文联、上海市作协、浙江省文联、浙江省作协、海盐县人民政府主办,上海鲁迅纪念馆承办的黄源先生诞辰 100 周年纪念座谈会暨学术研讨会于 2006 年 5 月 10—11 日举行。来自上海、浙江的研究者及其亲友 100 多人参加了纪念活动。会议期间,与会成员祭扫了位于浙江海盐的黄源墓,参观了黄源藏书楼以及黄源同志生平展览,上海鲁迅纪念馆编《黄源纪念集》、《黄源文集》(翻译卷三卷)同时出版。

【陈望道诞辰 115 周年纪念活动】

上海市文物管理委员会、复旦大学主办,上海鲁迅纪念馆、中共复旦大学党委宣传部承办的陈望道同志诞辰 115 周年纪念座谈会暨学术研讨会于 2006 年 5 月 30 日举行。来自上海和浙江的研究者及其亲友 100 多人参加了纪念活动。上海鲁迅纪念馆编《陈望道先生纪念集》同时出版。这天,"陈望道同志诞辰 115 周年纪念展"开幕。

【周文同志诞辰 100 周年纪念座谈会】

中国作家协会、中共四川省委宣传部、中共中央党校科研部、陕西日报社、上海市文物管理委员会主办,上海鲁迅纪念馆、左联成立大会会址纪念馆承办的周文同志诞辰 100 周年纪念座谈会于 2007 年 6 月 26 日举行。来自北京、上海和四川的研究者及其亲友 100 多人参加了纪念活动。李浩著《周文画传》同时出版。

【博物馆文化商品创意座谈会】

2006 年 10 月 20 日,"博物馆文化商品创意座谈会"在上海博物馆一楼影视中心举行。来自故宫博物院、辽宁省博物馆、首都博物馆、南京博物院、湖北省博物馆、山西省博物院、大连旅顺博物馆的有关领导和专家,以及上海博物馆艺术品公司工作人员出席会议。

此次座谈会系配合上海博物馆艺术品公司的"中国古代瓷文化系列商品展示"而举办,主要议题是就博物馆文化事业的发展和文化创意产业相关话题展开讨论。近年来,随着文博事业的蓬勃发展,博物馆文化产业逐渐成为业界人士颇为关注的课题,国内博物馆在这一领域相对起步较晚、经验不足,互相交流共同进步因而显得更加重要。

座谈会上,上海博物馆艺术品公司的代表对上海博物馆文化商品开发的基本情况和艺术品公司的经营理念及业绩做了介绍,他们深刻体会到,博物馆的丰富藏品和这些文物精品的艺术内涵是文化产品取之不尽的创意源泉。

故宫博物院经营处处长杨晓波、文化服务中心主任董志霜主要介绍了故宫文化产品的开发事宜,已经清醒地认识到当前所面临的困难和局限,表示将注重结合故宫的资源优势和市场的资金优势,利用现代化手段,积极开发具有自主知识产权和充分体现故宫特色的文化产品。

列席会议的台湾祥泷公司代表从"文化创意产业"概念的角度,着重交流了博物馆文化产业在经营方面需要注意的主要问题,并结合欧美博物馆文化商品事业发展的相关数据,对大陆博物馆文化商品的优势及有待改进之处提出了中肯的意见。

与会者还就品牌保护、知识产权保护、著作权保护、创意保护及市场合作等相关问题进行了广泛探讨。

与会者一致认为,开发博物馆文化产品是一项长期工程,博物馆事业的发展势必促进文化产业的需求,因此文化产业必将成为博物馆发展的重要课题。此次座谈的目的即是通过讨论促进馆际交流及各自发展,希望通过各馆共同努力,使得博物馆文化产业与文化事业同步发展。

【中国共产党创建史全国学术研讨会】

2006年7月23日中共一大会址纪念馆在浦东干部学院召开"中国共产党创建史全国学术研讨会",会期两天。上海市文物管理委员会常务副主任陈燮君、中共上海市委党史研究室副主任俞克明、上海博物馆党委副书记王莲芬及上海、北京、天津、湖南、湖北、广东、山东、吉林等地的近百名专家出席研讨会。大会收到论文61篇,共有专家26人作交流发言。

【"科举文化与科举学"——第二届科举学与科举制研讨会】

2006年10月27—29日,由嘉定博物馆、上海中国科举博物馆与厦门大学考试研究院共同主办的"科举文化与科举学"——第二届科举学与科举制研讨会在嘉定召开。来自全国各地的近百名历史学、教育学和文学方面的专家学者,就科举文化和科举文物、科举与区域文化的关系、科举文化遗产研究、科举学的回顾和展望、科举博物馆的发展战略和其他科举文化与科举学相关的研究课题进行了研讨。会议共收到论文60余篇,《论文集》结集出版。

【俞云阶艺术回顾展学术座谈会】

由上海市美术家协会、上海油画雕塑院、上海大学美术学院和上海美术馆共同主办的《岁月的印痕——俞云阶艺术回顾展》于2007年2月4日至3月4日在上海美术馆一楼展厅举行。2月4日在上海美术馆四楼会议室举行了《俞云阶艺术回顾展学术座谈会》,中国油画学会副主席、秘书长张祖英先生,沪上知名艺术家艺术评论家朱国荣、李磊、李向阳、俞晓夫、邱瑞敏、周长江等,俞先生的家属俞力,俞先生的学生以及上海电视台纪实频道等媒体参加了此次会议,共同追忆俞云阶先生的生平和艺术成就。

【钱君匋诞辰100周年纪念会暨学术研讨会】

上海市文物管理委员会、浙江省海宁市文联、浙江省桐乡市文联主办,人民音乐出版社、上海文艺出版社协办,上海鲁迅纪念馆、浙江桐乡君匋艺术院、海宁钱君匋艺术研究馆承办的钱君匋诞辰100周年纪念会暨学术研讨会于2007年5月15—16日举行。来自北京、上海、浙江的研究者及其亲友130多人参加了纪念活动。会议期间,与会成员前往浙江桐乡、海宁市出席纪念活动,上海鲁迅纪念馆编《钱君匋纪念集》同时出版,由上海鲁迅纪念馆主办的《钱君匋百年纪念作品展》也同时开幕。

【鲁迅定居上海80周年纪念活动暨学术研讨会】

2007年10月19—21日,上海市文物管理委员会、上海市文联、上海市作协联合举办,上海鲁迅纪念馆承办的"纪念鲁迅定居上海80周年大会暨学术研讨会"在上海鲁迅纪念馆举行。著名鲁迅研究专家朱正、陈漱渝、郑心伶、张梦阳、李文兵、林贤治、孙郁,鲁迅之子周海婴以及来自日本、新加坡、澳大利亚和国内的鲁迅研究者130余人出席了会议。会议开幕式由中共上海市委宣传部副部长陈东主持，上海市政府副秘书长李逸平、上海市文物管理委员会副主任陈燮君、上海市文联主席吴贻弓、上海市作协主席王安忆、鲁迅之子周海婴、北京鲁迅博物馆馆长孙郁先后讲话，文化部副部长、故宫博物院院长、中国鲁迅研究会会长郑欣淼和左联成员、原中共上海市委书记夏征农向大会发出贺信。本次会议共收到学术论文 75 篇，在会议期间，专家学者鲁迅与城市文化、鲁迅的生平、思想、创作等问题进行研讨。

【李桦诞辰 100 周年学术研讨会】

2007 年 11 月 21 日，上海市文物管理委员会、中央美术学院、中国美术家协会版画艺术委员会、上海市美术家协会主办，上海鲁迅纪念馆、中央美术学院版画系承办的李桦诞辰 100 周年纪念座谈会暨学术研讨会于上海鲁迅纪念馆举行。来自北京、上海、浙江和广东的研究者及其亲友 100 多人参加了纪念活动。上海鲁迅纪念馆编《李桦纪念集》同时出版。

【嘉定竹刻论坛】

为进一步做好国家级非物质文化遗产——嘉定竹刻的保护工作，提高和扩大嘉定地方文化特色品牌效应，提升上海市民的文化艺术修养，以及配合嘉定竹刻博物馆开馆活动，2007 年 12 月 28 日下午，由嘉定区文广局主办、嘉定博物馆承办的嘉定竹刻论坛在嘉定陆俨少艺术院举行。区有关部门领导为嘉定竹刻名师工作室揭牌，并向入藏嘉定博物馆的现代竹刻作品的作者颁发了收藏证书。上海博物馆、嘉定竹刻协会、嘉定收藏协会等竹刻研究专家和本地及外省市业内人士 50 余人参加活动，共同探讨嘉定竹刻艺术的传承和弘扬以及嘉定竹刻博物馆的未来发展方向等。

【"鲁迅与文化创新"座谈会】

2008 年 6 月 12 日下午，虹口区政协、中共虹口区委宣传部、上海鲁迅纪念馆、虹口区教育局、虹口区文化局联合举办"鲁迅与文化创新"座谈会，来自有关科研院所、高等院校的鲁迅研究专家和政协委员一起围绕"鲁迅与文化创新"这一课题开展研讨。中共上海市委宣传部副部长潘世伟出席会议并致辞。中共虹口区委书记孙卫国出席会议并讲话。虹口区政协主席许虎清主持会议。会上，王铁仙、吴中杰、王锡荣、杨剑龙、黄昌勇、张业松、李浩等专家学者围绕鲁迅的现代性思想和现代文学精神、社会文化策略和创新精神、鲁迅精神对虹口文化创新的启示等进行了专题演讲。

【许广平同志诞辰 110 周年纪念座谈会】

2008 年 8 月 15 日，"许广平同志诞辰 110 周年纪念座谈会"在上海鲁迅纪念馆举行。本次会议由中国民主促进会上海市委、上海市妇女联合会、上海市文物管理委员会联合主办，上海鲁迅纪念馆承办。上海市副市长、上海市文物管理委员会主任沈晓明，中国民主促进会中央副主席、上海市人大常委会副主任、中国民主促进会上海市委主委蔡达峰，中华全国妇女联合会书记处书记王乃坤，中共上海市委宣传部副部长、上海市文物管理委员会副主任陈东，上海市妇女联合会主席张丽丽，上海市文物管理委员会副主任、上海博物馆馆长陈燮君，中共虹口区委书记孙卫国，鲁迅和许广平的儿子、全国政协委员周海婴及各主办单位领导、许广平亲属、生前好友及鲁迅研究、当代文学研究者百余人出席了会议。会议当天也是许广平主持编辑出版的 1938 年版《鲁迅全集》正式出版纪念日。由李浩撰写的《许广平画传》同时出版。

【郑振铎先生诞辰 110 周年纪念座谈会暨学术研讨会】

2008 年 10 月 18 日上午，由国家文物局、中国文物学会与上海方面联合主办的郑振铎同志诞辰 110 周年纪念座谈会在上海鲁迅纪念馆隆重举行。上海市副市长沈晓明、国家文物局局长单霁翔、中国文物学会名誉会长谢辰生、国家文物局古建小组组长罗哲文、上海市委宣传部副部长陈东、民进上海市委会副主任委员赵丽宏、郑振铎生前好友周小燕女士、郑振铎之子郑尔康等在会上发言。上海市文物管理委员会常务副主任、上海博物馆馆长陈燮君致欢迎辞并主持会议。上海文化界、文博界、教育界、科研院所的专家学者以及上海各界人士 180 余人出席了会议。

郑振铎是文物界的前辈，作为新中国第一任国家文物局局长，郑振铎在新中国文物工作方面做了一系列开拓性工作。国家文物局局长单霁翔指出："今天在郑振铎同志诞辰 110 周年之际，我们在上海鲁迅纪念馆举行隆重的纪念大会，缅怀郑振铎同志在整理、抢救民族文化遗产方面的卓越成就，怀念他对新中国文物事业做出的杰出贡献，学习他全心全意为人民工作的高度责任感。正是由于郑振铎同志等老一代文博人的努力，才有了我们今天文化遗产事业的局面。虽然郑振铎同志已经离开我们整整 50 周年，但是他所作的一切仍然激励着人们，他为新中国文物事业一生奋斗、奉献的精神是我们宝贵的财富。"

【纪念王尽美诞辰 110 周年学术座谈会】

2008 年 6 月 14 日为纪念中共一大代表、中国共产党创始人之一王尽美 110 周年诞辰，中共上海市委党史研究室和中共一大会址纪念馆联合举办的"纪念王尽美诞辰 110 周年学术座谈会"在中共一大会址纪念馆召开。会议由中共一大会址纪念馆馆长倪兴祥主持，中共上海市委党史研究室主任俞克明、上海市文物管理委员会领导胡建中等出席会议并致词。王尽美的孙女王枫女士、孙子王明华教授出席会议并发言。来自山东、上海两地的 70 余位专家学者参加纪念座谈会，6 位专家学者作学术交流。

【纪念袁振英诞辰 115 周年学术研讨会】

2009 年 8 月 22 日，中共一大会址纪念馆与上海中共党史学会、浙江嘉兴南湖革命纪念馆、广东东莞党史研究室联合举办的"纪念袁振英诞辰 115 周年学术研讨会"在中共一大会址纪念馆举行。来自北京、上海、山东、广东、浙江等地的代表 120 余人出席了研讨会。中共中央党史研究室副主任李忠杰出席研讨会，并作讲话。

【全国竹刻艺术论坛】

2010 年 5 月 14 日，由嘉定区文广局主办、嘉定博物馆承办的"全国竹刻艺术论坛"在陆俨少艺术院举办。来自全国各地的近 50 名竹刻艺术家、竹刻研究者参加了本次论坛。12 位代表作了大会报告，大家就中国竹刻艺术的发展历史、艺术成就、文化内涵、地域特色及其今后的发展方向等展开讨论，并对如何鉴赏竹刻艺术等分享经验。本次论坛是"相约世博——全国竹刻艺术邀请展"的重要组成部分，也是继 2007 年嘉定竹刻博物馆开馆举办的"嘉定竹刻论坛"之后，嘉定举办的一次更高规格的竹刻论坛。

【纪念中国共产党上海早期组织成立 90 周年学术研讨会】

2010 年 6 月 18 日中共上海市委党史研究室、上海市中共党史学会和中共一大会址纪念馆联合举办的"纪念中国共产党上海早期组织成立 90 周年学术研讨会"在中共一大会址纪念馆召开。市委党史研究室主任俞克明、上海市中共党史学会会长张云等领导出席会议并致词。中央党史研究室第一研究部副主任李蓉、处长刘宋斌,原国防大学教授肖甡、林建公,中国社会科学院研究员朱成甲,原山东省委党史研究室副主任丁龙嘉,湖南湘潭大学毛泽东思想研究中心研究员李永春等来自北京、河北、山东、湖南、广东、上海等地的专家学者 70 余人出席。

第六篇

文博管理

改革开放后，上海的文博管理工作回到正轨，整个职能体系逐步重塑，文化体制改革深化。2010年前上海市文物管理委员会作为全市文物事业的行政管理机构，行使文物管理职能，2010年后由上海市文物局负责文物行政管理工作。1990年代是各区县文物保护机构的发展期，2000年后逐步健全。同时，为了加快人才队伍、文化人才高地的建设，上海发展院校培养、举办专业培训、改革职称评定办法，三条线路一手抓。在文物保护，博物馆、纪念馆的建设上投入大量人力物力，具有上海特点的文物保护法制框架逐步建立。

第一章　综　合　管　理

　　上海的文物保护和博物馆事业在 1949 年 5 月上海解放后获得蓬勃发展，"文化大革命"中工作停滞，1970 年代后工作才逐渐恢复。后曾一度改由上海市文化局履行行政管理的职能，但上海市文物管理委员会的基本职责始终未变，并至 1988 年再次与市文化局分工，由上海市文物管理委员会统一管理文物博物馆事业。与此同时，1980 年代后期及整个 1990 年代，各区、县逐步建立起文物保护机构，或独立、或将职能划归文化局。2000 年后至 2010 年，实现市、区（县）两级文物保护管理体系逐步完善。

第一节　管　理　机　构

一、市级管理机构

【上海市文物管理委员会】

　　1949 年 9 月 17 日经上海市军事管制委员会批准正式成立，初名上海市古代文物管理委员会，属上海市人民政府高等教育处，会址设在林森中路 1688 号（今淮海中路 1708 号）。1950 年 1 月经呈准市政府改名为上海市文物管理委员会，隶属上海市人民政府；1953 年 8 月经市政府同意改称上海市人民政府文物管理委员会，会址迁至天平路 40 号。1955 年 4 月遵照上海市人民委员会指示，改名为上海市文物保管委员会，作为上海市人民委员会工作部门之一。1956 年 6 月市人民委员会第 18 次会议决定，归市人委文艺办公室掌管。1960 年 2 月经上海市人民委员会批准，与上海博物馆合署办公，会址迁至河南南路 16 号。1988 年 10 月经市人民政府决定，恢复上海市文物管理委员会名称，实行独立建制，原属上海市文化局管辖的上海博物馆、中共"一大"会址纪念馆、中共代表团驻沪办事处纪念馆、上海鲁迅纪念馆、上海历史文物陈列馆（1990 年更名为上海市历史博物馆）和上海文物商店等 6 个单位划归其领导。1993 年，因上海博物馆建新馆，会址迁至淮海中路 567 弄 5 号。2009 年 6 月 12 日，上海市文物管理委员会的文物保护管理职责划入上海市文化广播影视管理局（上海市文物局）。

　　上海市文物管理委员会为全市文物事业的行政管理机构。自建立以来，机构名称、设置、内部管理体制以及工作任务，虽多次调整变化，但其建制始终存在。成立初期，其主要任务是负责接管、接收各机关交来的大量文物、图书和贯彻执行文物政策、管理文物市场；负责上海博物馆、上海图书馆和革命博物馆的筹建工作。1955 年改名为上海市文物保管委员会后，其职能作相应改变，主要任务是负责文物的征集和保管，文物的行政管理和基层文博单位均归文化局负责领导。1958 年市郊各县从江苏省划归上海市建制后，上海市文物保管委员会成立清理发掘组，1961 年建辅导组（后两组合并为文物保护组），开始承担文物普查、建立文物保护单位、文物维修、考古发掘以及县博物馆的建馆和区、县文物保护工作等任务。1988 年 10 月独立建制后，其职能又恢复了对直属文物、博物馆事业的领导，对区、县文物、博物馆事业的业务指导以及对全市社会文物事业的政策管理，并负责处理"文化大革命"期间查抄文物落实政策的结尾工作。其下设博物馆纪念馆管理部、地面文物保护管理部、考古发掘部和流散文物保护管理部具体负责文物保护和管理工作,党委、人事、外事、保卫、财务、国有资产管理、后勤保障等职能由上海博物馆相关部门代为行使。

表 6-1-1　1985—2011 年 1979—2010 年上海市文物管理委员会历届委员、顾问一览表

1979 年	
主任委员	张承宗
副主任委员	方行、沈之瑜、陈植
委员(以姓氏笔画为序)	王个簃、白书章、后奕斋、陈从周、陆志仁、沈迈士、吴泽、周良佐、周煦良、张秀珩、张美道、张超、唐云、顾廷龙、顾恺时、贾政之、谢稚柳、谭其骧、戴星明
1986 年 6 月 26 日	
主任委员	张承宗
副主任委员	方行、陈植、马承源、谢稚柳
委员(以姓氏笔画为序)	马飞海、方诗铭、石斌、吕鸿畴、严廷昌、杨嘉祐、杨增年、吴泽、吴振千、汪庆正、张益群、陈从周、陈少卿、周志全、胡道静、顾廷龙、顾立三、顾恺时、徐正泰、黄宣佩、韩嘉禾、程十发、谭其骧、薛贵笙
1987 年增补	
副主任委员	刘念劬
委员	杨振龙
1988 年 10 月调整领导成员名单	
顾问	张承宗、方行、陈植、谢稚柳
主任	刘振元
副主任	徐俊西、马承源(常务)、刘念劬
1992 年 8 月	
顾问	杨堤、张承宗、方行、陈植、谢稚柳
主任	刘振元
副主任	徐俊西、马承源(常务)
委员(以姓氏笔画为序)	马飞海、干树、方诗铭、白书章、吴泽、吴孟庆、汪庆正、汪明章、杨嘉祐、张包镐、张绍梁、张益群、陈从周、陈正恭、茅志琼、金阶平、胡运骅、胡道静、胡辉宏、钟永钧、顾立三、顾廷龙、黄宣佩、黄富荣、程十发、谭其骧、蔡鸿生、薛贵笙
1993 年 9 月	
主任	龚学平
2004 年 2 月	
顾问	杨堤、裴先白、马承源
主任	杨晓渡
常务副主任	陈燮君

（续表）

2004 年 2 月	
副主任	郝铁川、汪庆正
委员（以姓氏笔画为序）	马飞海、马云安、马博敏、王世伟、王杰、冯经明、伍江、刘剑、吴延安、吴孟庆、吴泽、张仁良、李子韦、杨嘉祐、沈晓苏、房剑森、金闽珠、姚全根、祝兆松、胡建中、倪兴祥、夏以群、顾祥虞、曹晖、黄宣佩、程十发、蔡达峰、谭玉峰、薛贵笙

【上海市文化广播影视管理局（上海市文物局）】

上海市文化广播影视管理局（上海市文物局）前身为上海市文化局。

1950 年 2 月 23 日经市政府批准成立上海市文化局，隶属上海市人民政府，为全市文化事业的主管部门。历任局长有：夏衍、于伶、徐平羽、孟波、李太成、孙滨等，办公地点几经搬迁，现在巨鹿路 709 号。1950 年 6 月，经市政府决定将原属市政府的文献委员会划归文化局领导，负责有关本市工农业生产建设、公私社团活动、人民生活发展及风土语言沿革和革命运动等史料的搜集、保存，有关革命史料丛刊和上海通志的整理、编纂等工作。1952 年 10 月，遵照中央人民政府文化部第一次全国文化行政会议精神，为适应上海文化工作的实际需要，经报请市政府批准，特设立社会文化事业管理处（后曾一度改称为三处、图博美处，并取消科一级设置），最初人员配备以文献委员会原有工作人员为基础，设 3 个科，其中"文献博物馆科"负责掌管有关文物、博物馆事宜，包括：对各博物馆、纪念馆的业务监督，对文物整理仓库和文物出口鉴定的领导；计划名胜古迹的保护修缮；有关文物事项的调查研究等工作。此后，先后负责接收亚洲文会及附设图书馆、博物院；负责接收震旦博物院，领导筹建上海历史与建设博物馆（筹）、中共"一大"会址纪念馆、上海鲁迅纪念馆新馆及迁建鲁迅墓、韬奋纪念馆、自然博物馆、上海历史文物陈列馆和中共代表团驻沪办事处纪念馆；1973 年 7 月起还领导上海市文物图书清理小组工作。

自 1952 年 10 月至 1988 年 9 月，归市文化局管辖的文物、博物馆单位有：上海博物馆、上海鲁迅纪念馆、中共"一大"会址纪念馆、上海历史与建设博物馆筹备处（后撤销）、上海自然博物馆（后划归市科委领导）、上海韬奋纪念馆（后划归市出版局领导）、上海历史文物陈列馆、中共代表团驻沪办事处纪念馆、上海文物整理仓库（后撤销）和上海文物商店等。

1988 年 9 月遵照中共上海市委和市政府决定，上海市文物管理委员会实行独立建制，全市文物、博物馆事业及直属的文物、博物馆单位，均由市文化局划出，归上海市文物管理委员会领导。2000 年 4 月 18 日遵照《上海市人民政府机构改革方案》，文化局与广播电影电视局，组建文化广播影视管理局。5 月 11 日，由原上海市文化局、广电局撤二建一而成立的上海市广播影视管理局在原广电局举行挂牌仪式。根据《上海市人民政府机构改革方案》，2009 年 6 月 12 日，市政府批准上海市文化广播影视管理局挂上海市文物局牌子，并将上海市文物管理委员会的文物保护管理职责划入上海市文化广播影视管理局，朱咏雷任局长。

【上海市孙中山宋庆龄文物管理委员会】

1981 年 5 月 29 日，中华人民共和国名誉主席宋庆龄同志在北京病逝。同年 6 月 3 日，在北京人民大会堂举行追悼大会。6 月 4 日，在上海万国公墓宋氏家族墓地隆重举行国葬典礼。考虑到孙中山先生是革命先驱，宋庆龄同志是中华人民共和国名誉主席，在国内外有重大影响，市委原书记陈国栋同志曾一再交代,有关宋庆龄的事情要请示中央;同时,孙中山故居、宋庆龄故居的日常管理,在宋庆龄同志逝世前一直在她亲自领导下进行。宋庆龄同志逝世后,根据中央、市委、市政府的意见,由市政府机管局具体负责管理孙中山故居、宋庆龄故居,并于1981年10月,在机管局内设立上海孙中山、宋庆龄故居办公室(市孙宋文管委前身),负责孙中山故居、宋庆龄故居的日常管理工作,协同市民政局做好宋庆龄墓地设施的管理、保护等工作。

1985年1月,经市政府批准,建立"上海孙中山故居、宋庆龄故居和陵园管理委员会",属全额拨款事业单位性质的议事协调机构,负责统一管理上海孙中山故居、上海宋庆龄故居和宋庆龄陵园,下设办公室、孙中山故居管理处、宋庆龄故居管理处、宋庆龄陵园管理处等部门和单位。1997年2月更名为"上海市孙中山宋庆龄文物管理委员会"(以下简称市孙宋文管委),为局级单位,直属市政府领导。所属上海孙中山故居纪念馆、上海宋庆龄故居纪念馆、中华人民共和国名誉主席宋庆龄陵园管理处为三家正处级事业单位。根据《市政府机管局关于调整局属事业单位及市孙宋文管委各部门主要职责内设机构和人员编制的通知》沪府机管(〔2009〕130号),内设办公室、业务指导处、研究室三个部门。

市孙宋文管委历届主任由市政府秘书长兼任,分别为万学远、冯国勤、周慕尧、黄跃金、姜斯宪、杜家毫、杨定华、李良园、姜平。市政府机管局局长一般都兼任委副主任。

市孙宋文管委建立之初确定的工作方针为"保护文物、教育后代"。随着工作的开展,修改为"保护文物、开展研究、教育后代、扩大宣传"。1993年又增加了"深化改革、提高效益"。1996年初,将"开展研究"修改为"加强研究";此后形成了一直沿用至今的委24字工作方针,即"保护文物、加强研究、教育后代、扩大宣传、深化改革、提高效益"。2003年,委确定今后的奋斗目标为"建成一流的文博单位、先进的爱国主义教育基地、著名的孙中山宋庆龄研究机构"。2009年,又增加了"建成重要的对台工作平台"目标。

2009年明确,市孙宋文管委的主要工作职责是:(一)组织协调本市纪念孙中山、宋庆龄的重大活动。(二)负责对上海孙中山故居纪念馆、上海宋庆龄故居纪念馆和中华人民共和国名誉主席宋庆龄陵园管理处的行政管理。(三)组织协调本市开展孙中山、宋庆龄的革命思想、革命实践及其文物的研究、宣传和开展爱国主义教育。(四)做好对台孙中山、宋庆龄研究、宣传交流工作及其海外孙中山、宋庆龄亲属后裔的联系工作,积极推动祖国和平统一。(五)依据《中华人民共和国文物保护法》,制定本市孙中山、宋庆龄文物保护管理的相关规章制度,实施对本市孙中山、宋庆龄文物进行保护。(六)完成市委、市人大、市政府和市政协交办的其他工作。

市孙宋文管委的干部、人事、财务和党工团工作由上海市人民政府机关事务管理局(简称市政府机管局)代管。

上海孙中山故居纪念馆位于上海市黄浦区香山路7号,是一幢欧洲乡村式小洋房,由当时旅居加拿大的华侨集资买下赠予孙中山。孙中山和夫人宋庆龄于1918年入住于此,1925年3月孙中山逝世后,宋庆龄继续在此居住至1937年。抗日战争爆发后,宋庆龄移居香港、重庆,1945年底,宋庆龄回到上海将此寓所移赠给国民政府,作为孙中山的永久纪念地。故居主楼陈设保持着孙中山生前的原样。1961年3月4日,故居被列为首批全国重点文物保护单位,1988年1月故居正式对外开放。

上海宋庆龄故居位于上海市徐汇区淮海中路1843号,是中华人民共和国名誉主席、孙中山先生的夫人宋庆龄女士生前的寓所。这里是她一生中居住时间最长的地方,从1949年春迁居于此,宋庆龄喜欢这里,把它称作"我可爱的家",这里也成为她进行国务活动的重要场所。2001年6月25日,故居被列为第五批全国重点文物保护单位。故居内保存着大量孙中山、宋庆龄的文稿、信函、照片、生活用品等珍贵文物,不仅见证了她为国为民的丰功伟绩,也记录着她个人生活的细节。如今,故居主楼的陈设依然保持着她生前的原样。

中华人民共和国名誉主席宋庆龄陵园经中共中央批准成立于 1984 年 1 月,位于上海市长宁区宋园路 21 号。宋庆龄陵园占地约 12 公顷,由宋庆龄纪念设施、名人墓园和外籍人墓园以及少儿活动区四个部分组成。1982 年 2 月 23 日,宋庆龄墓被列为第二批全国重点文物保护单位。以宋庆龄墓为中心的纪念设施,是陵园的主体部分。名人墓园安葬有爱国老人马相伯、抗日英雄谢晋元、"三毛之父"张乐平等知名人士;外籍人墓园葬有来自世界 25 个国家的 600 多名外籍人士。少儿活动区一期工程——上海儿童博物馆,坐落在宋庆龄陵园东南部,建筑面积 4 500 平方米,是全国和上海市首批科普教育基地之一。

1991 年 5 月,由市孙宋文管委和中国福利会联合发起成立上海宋庆龄研究会(简称宋研会),旨在推动和繁荣本市宋庆龄的研究、宣传和教育工作。历任会长包括汪道涵(任职年限 1991.5—1999.4)、杜淑贞(1999—2007)、许德馨(2007 至今)。宋研会挂靠市孙宋文管委,法定代表人和秘书长由主持工作的委副主任兼任。研究会秘书处工作由市孙宋文管委办公室承担,研究会工作与委的工作有一定的关联。

建会以来,宋研会在市委、市政府正确领导下,依托市孙宋文管委、中福会两个联合发起单位以及本市思想宣传、文化、统战、对台等有关部门大力支持,围绕构建宋庆龄学术研究平台、爱国主义宣传渠道、海内外统战阵地、国际宣传展示窗口和联系孙中山宋庆龄亲友后裔纽带,开展了大量工作,取得了较好成绩,多次获得上海市优秀社会团体称号。

1986 年孙中山先生诞辰 120 周年之际,市孙宋文管委与北京、南京、广东中山等地孙中山、宋庆龄纪念地相关机构发起成立孙中山、宋庆龄纪念地联谊活动机构。1989 年 5 月,首次孙中山、宋庆龄纪念地联席会议在南京举行,时称"孙中山、宋庆龄纪念地联谊活动"。1991 年 5 月,第 3 次联谊活动在上海举行,由上海孙中山、宋庆龄故居和陵园管理委员会主办,活动名称改为"孙中山、宋庆龄纪念地联席会议"。截至 2010 年,孙中山宋庆龄纪念地联席会议共举办 22 届,其中第 3、10、19 届由市孙中山宋庆龄文管委举办。

二、区级管理机构

党的十一届三中全会后,上海的文化事业得到逐步恢复、发展。各区县文物保护机构相较于市级管理机构成立较晚,且由于市级文物管理机构的变化,每个区的情况不尽相同。有的区县有自己专门的文物保护管理机构,有的则由区文化局统领全区的文物工作,有的在文化局下设立了文物管理委员会,还有的则在文化局下设立了文物管理办公室。虽然各区县的工作模式不尽相同,但各区县的文物管理工作都在不断发展中

浦东新区文物保护管理所和卢湾区文物保护管理所是较为典型的文物保护专门管理机构。虹口、宝山、奉贤、嘉定、金山、崇明六区,尽管由文化局统领全区文物工作,但其成立时间、机构改革的过程都有些许差异。青浦区则在文化局下设立了文物管理委员会。杨浦区在区政府下设立文物管理委员会,并在文化局下设了文物管理办公室,徐汇区则在文化局下设了文物管理办公室,并由下属博物馆、纪念馆代管。普陀区参照市文物管理委员会设置了区政府议事机构,在区文化局下设办公室。

【浦东新区文物保护管理所】

1988年8月6日,原川沙县编制委员会批复同意设立川沙县文物保护管理所。1993年建区撤县,更名为浦东新区文物保护管理所。2001年10月,文物保护管理所主管单位由原来的浦东新区社会发展局划归为浦东新区宣传部。2002年6月,浦东新区文物管理委员会成立,浦东新区文物保护管理所更名为浦东新区文物保护管理署,并在文保署增设浦东新区文物管理委员会办公室。2010年8月,因南汇、浦东两区合并,浦东新区文物保护管理署更名为浦东新区文物保护管理所。

文保所设立后先后负责张闻天故居、黄炎培故居、南汇博物馆、浦东开发陈列馆等的管理,组织开展新区文物调查、普查、征集、保护、利用、研究、宣传等工作,对全区范围内各类文物保护所及登记不可移动文物开展业务指导,对全区范围内的各类行业、民间博物馆、纪念馆等实施行业管理。

【卢湾区文物保护管理所】

2003年9月,卢湾区机构编制委员会同意建立卢湾区文物保护管理所。2004年2月,卢湾区机构编制委员会同意卢湾区文物保护管理所增挂中国社会主义青年团中央机关旧址的牌子。2010年7月,中国社会主义青年团中央机关纪念馆撤出文保所。

文保所主要负责收集、整理区内的文物史料,对辖区内的文物点进行勘测、甄别、铭牌、定设,参与文物资源开发利用方案的规则,对各类私人收藏馆、博物馆、画廊等设施有效监管。

【静安区文物管理委员】

静安区文物管理委员会成立于2001年11月,由区文化局、建交委、规划局、房地局等19个成员单位组成,办公室设在区文化局。主任为副区长担任,常务副主任为区文化局局长担任。负责协调区域各政府部门对文物的保护,开展科学研究工作,继承我国优秀的历史文化遗产,进行爱国主义和革命传统教育,建设社会主义精神文明。

【闸北区文物管理委员会】

闸北区文物管理委员会成立于2006年8月2日,由区文化局、区建交委、区规划局、区房地局等15个成员单位组成,办公室设在区文化局。主任为分管副区长,常务副主任为区文化局局长。闸北区文物管理委员会主要职能是建立健全全区文物保护利用联动工作机制,协调会商全区文物行政监管重大事项。

【徐汇区文物文化管理办公室】

2002年3月26日,区机构编制委员会下发《关于同意建立徐汇区文物文化管理办公室的批复》,同意建立徐汇区文物文化管理办公室,机构级别为正科级,编制10人,单位性质为全额拨款事业单位,行使区域内文物保护管理和文化市场管理的职能。后因区文化系统事业单位改革,区文管办并入由区文化局会计管理中心更名而来的上海市徐汇区土山湾博物馆,编制数增加至19名。

徐汇区文物文化管理办公室负责徐汇区域内文物保护管理及文博单位协调管理、负责土山湾博物馆、徐光启纪念馆日常运营管理。单位除馆长室外,内设文物保护部、综合运营部、保管研究部3个部门。

【虹口区文化局】

虹口区是上海市中心城区之一,素有"文化虹口"之称。是海派文化的发祥地、进步文化的策源地和文化名人的集聚地。中共十一届三中全会后,文化事业得到恢复、发展。

1984年9月,虹口区文化局成立。主要职能是制定全区文化事业发展规划,依法对区域内文化事业进行行政管理;对区域内文化活动场所进行监督、检查,规划指导文化设施的建设和改造,审批文化单位的申办、转业和兼并;倡导和组织群众性的文化活动,组织和指导文艺创作,培养文艺人才;做好非物质文化遗产的挖掘、整理和申报,负责全区不可移动文物修缮、管理、普查和鉴定;管理区域内的图书馆事业,促进各类图书馆的合作与协调发展;管理区域内的社会文化市场,负责社会文化经营单位、个体文化人和业余艺校、艺术团体和民间文化社团的审批和管理。内设4个职能科室,下属有虹口区图书馆、虹口区文化馆、虹口区文史馆、虹口区社会文化管理所、虹口区行政文化执法大队、朱屺瞻艺术馆、多伦现代美术馆、曲阳文化馆等8家单位。

【杨浦区文物管理办公室】

2003年,根据杨浦区机构编制委员会《关于同意建立上海市杨浦区文物管理办公室的通知》(杨编〔2003〕30号),成立杨浦区文物管理办公室,是杨浦区文化局下属的全额拨款事业单位。办公地点位于杨浦区靖宇东路281号。2009年,根据杨浦区机构编制委员会《关于同意设立国歌纪念馆的通知》(杨编〔2009〕59号),调整为杨浦区文物管理办公室(国歌纪念馆),后确定名称为杨浦区文物管理办公室(国歌展示馆)。故办公地点搬迁至杨浦区荆州路151号。杨浦区文物管理办公室(国歌展示馆)在杨浦区文化局的领导下,坚持贯彻"保护为主、抢救第一、合理利用、加强管理"的工作方针,在区域经济转型和打造知识杨浦创新区的背景下,围绕区域历史文化特点将文物工作融入城区整体发展,充分发挥文博资源在打造杨浦知识创新区、创建和谐城区中的积极作用。

其下属的上海市杨浦区文物管理事务中心(国歌展示馆)是杨浦区文化局下属的全额拨款事业单位,其主要职能为对区级文物保护单位、区文物保护点依法实施保护,运营国歌展示馆,指导和推进区内博物馆建设与发展,协助查处文物违法行为。

2003年,根据杨浦区机构编制委员会《关于同意建立上海市杨浦区文物管理办公室的通知》(杨编〔2003〕30号),成立杨浦区文物管理办公室。办公地点位于杨浦区靖宇东路281号。2009年,根据杨浦区机构编制委员会《关于同意设立国歌纪念馆的通知》(杨编〔2009〕59号),调整为杨浦区文物管理办公室(国歌纪念馆),后确定名称为杨浦区文物管理办公室(国歌展示馆)。故办公地点搬迁至杨浦区荆州路151号,并延续至今。其后,根据杨浦区机构编制委员会《关于调整部分区属事业单位机构名称的通知》,调整为杨浦区文物管理事务中心(国歌展示馆)。

【普陀区文化遗产保护管理委员会办公室】

普陀区文化遗产保护管理委员会于2012年8月正式成立。该机构是参照上海市文物管理委员会进行设置的区政府议事机构。区文管委由分管副区长任主任,区府办分管领导和区文化局主要领导任副主任,区政府相关委、办、局和各街道、镇分管领导为成员。普陀区文化遗产保护管理委员会成员如有变动,由该成员单位分管领导自然替补。普陀区文化遗产保护管理委员会下设办公室,负责日常的文化遗产保护工作,具体职能由区文化局下属基层单位顾正红纪念馆承担。

【奉贤区文化广播影视管理局】

1949 年 5 月,奉贤县人民政府设教育科,管理全县的教育和文化工作。1950 年 1 月易名为文教科,编制 8 人。1956 年 9 月,文教科分设教育、文化两科,文化科编制 4 人。1958 年 9 月,文化、教育两科合并为文教科,编制 7 人。1959 年 12 月,文化、教育再次分设,成立奉贤县教育局和奉贤县人民政府文化科,合署办公。文化科编制 3 人。1963 年 1 月,教育局、文化科合并成立奉贤县文教局。1969 年 7 月,原文教局、卫生科合并成立"奉贤县文教卫生管理站革命委员会"。1971 年 1 月,易名奉贤县文教卫生局革命委员会。1972 年 2 月,文教、卫生分开,成立奉贤县文教局革命委员会。同年 8 月,改名奉贤县革命委员会文教局。1978 年 10 月易名为奉贤县文教局。1981 年 7 月,文化教育再次分开,设县教育局和县人民政府文化科,文化科编制 8 人。1984 年 8 月,县人民政府文化科易名奉贤县文化局。1996 年 9 月,奉贤县广播电视局成立。2001 年 12 月,区文化局和区广播电视局合并,组建成立奉贤区文化广播电视管理局。2009 年 2 月,改称奉贤区文化广播影视管理局。

【宝山区文化广播影视管理局】

2001 年 11 月,设置宝山区文化广播电视管理局,将原区文化局的行政管理职能和原区广播电视局的行政管理职能合并。2009 年 2 月,宝山区文化广播电视管理局更名为宝山区文化广播影视管理局。宝山区文化广播电视管理局是区政府主管文化艺术工作、广播电视宣传和文化、广播、电视事业的工作部门。

【松江区文物保护管理所】

上海市松江区文化市场和文物保护管理所成立于 2011 年 11 月,隶属于上海市松江区文化广播影视管理局,是正科级事业单位,单位办公地点乐都路 275 号院内 6 号楼,编制总人数 22 人。内设办公室、文化市场管理办、新闻出版管理办、文物保护管理办四个部门。主要职责包括负责对本区文艺演出、文化娱乐、网吧、印刷、音像、出版物、电影、美术品、棋牌室等文化经营活动进行行业指导,做好文化市场相关业务工作的服务,贯彻落实国家《文物保护法》,组织开展文物保护等相关服务指导工作。

【青浦区文物管理委员会】

1994 年 1 月,青浦县文物管理委员会成立,为非常设性文物工作协调管理机构。由县政府分管县长兼任主任,县文化局负责日常工作,成员由县文化局、计委、建委、农委、财政局、规划局、公安局、工商局、水利局等部门组成,下设办公室,由县文化局分管领导兼任主任。首任主任为副县长张应魁,副主任为县文化局局长陆寿鼎。1999 年青浦撤县改区后更名为青浦区文物管理委员会。2010 年 4 月,扩展区住房保障房屋管理局、文化执法大队、旅游局和朱家角等 11 个街镇为成员单位。

青浦区文物管理委员会主要负责境内文物普查、履行文物行政许可审批、区级文物保护单位和文物保护点的审定和公布、不可移动文物修缮和重要文物保护管理的协调工作。成立后至 2010 年期间,理顺和完善县(区)、街镇、村居三级文物保护网络;组织开展 1999 年境域内历代碑刻和 2001 年特色民居专项调查、2007—2011 年第三次全国文物普查,摸清不可移动文物家底;2004 年公布金泾桥等 48 处为区登记不可移动文物;实施 2009 年万寿塔修复工程等一批重要不可移动文物修缮项目;协调处置襄臣桥多次被撞等安全事故。

【嘉定区文化广播电视管理局】

嘉定区文化局于1999年5月从人民街100号迁入博乐南路111号区综合办公大楼。编制为12人。内设办公室、业务科、人事政工科。2001年12月,嘉定区文化局撤销,嘉定区文化广播电视管理局成立,办公地址在博乐南路区综合办公大楼。行政编制为17名。内设办公室、社文科、事业发展科、组织人事科。2009年2月,更名为嘉定区文化广播影视管理局。2012年12月,行政编制增设至18名。2013年3月,办公地址迁入德富路1288号国资金融大厦11楼。

【金山区文化广播电视管理局】

1949年5月金山县人民政府成立,随即成立教育科,兼管文化工作。1955年12月文化业务由教育科划出,单独成立县文化科。1958年3月,精简机构,文化科与教育科合并,成立文教局。1966年5月,县文教局机构受到冲击并陷于瘫痪。1968年3月成立金山县革命委员会,下设教卫组,管辖文化、教育、卫生工作。1972年5月文教、卫生分设,成立文教、卫生两局。1976年10月,结束了"文化大革命"十年动乱。1978年4月,恢复金山县文教局名称。1979年10月文教分设,单独成立金山县文化局。1984年7月,县广播站划入文化系统,文化局改名为文化广播事业局。1986年4月,县广播站重又划出,文化广播事业局恢复金山县文化局。1997年5月,撤县建区,金山县文化局改称金山区文化局。2001年12月,根据《关于金山区机构改革方案的通知》(沪委发〔2001〕468号)及《关于金山区机构改革的实施意见》(沪委发〔2001〕9号)的规定,设置上海市金山区文化广播电视管理局。2007年3月,撤销上海市金山区文化广播电视管理局,成立上海市金山区文化局。2009年3月,上海市金山区文化局更名为上海市金山区文化广播影视管理局。

金山区文化广播影视管理局是区政府主管全区文化艺术工作、广播电视宣传和文化、广播电视事业的职能部门。主要职能是贯彻执行党和国家及上海市有关文化发展繁荣和监管等工作的方针、政策和法律、法规;结合本区域实际,研究起草贯彻落实意见,并组织实施;研究制定本区域公共文化、市场文化、产业文化和广播影视事业的发展战略,编制有关发展规划;负责管理本区群众文化艺术活动以及文化馆、公共图书馆、博物馆事业和社会文化社团等。指导、推动开展各类群众性文化工作;依法管理本区文化娱乐、演出、美术、影视、音像、印刷、图书报刊、文物古迹、有线网络、卫星天线等;指导并负责本区文化艺术、广播影视等对外的合作与交流工作等。

【崇明县文化广播影视管理局】

1949年6月,崇明解放,崇明的文物工作由县文化行政机构领导。文化行政机构设置屡经变化:1949年6月2日,崇明县教育科兼管;1950年9月起,崇明的文化工作先后由崇明县人民政府文教科、崇明县人民委员会文化科负责管理;1958年3月29日,崇明县文教局成立;1960年5月,文化工作分别由崇明县人民委员会文化科、崇明县文教局、崇明县革命委员会(筹)政宣组、崇明县革命委员会政工组、中共崇明县委宣传部等负责管理。1980年11月17日,崇明县文化局成立,驻地为县城川心街2号。1993年5月,并入崇明县教科文委员会,1996年,分设为教文体委员会和科学技术委员会。1998年1月,教文体委员会分设为教育局和文化体育委。2001年12月,崇明县文化体育委员会更名为崇明县文化广播电视管理局(与体育局合署)。2009年2月,更名为崇明县文化广播影视管理局,由崇明县人民政府根据机构改革方案的规定而设立,为县政府工作部门。办公地点位于崇明县城桥镇人民路 126 号。其工作职责中包括研究起草并组织实施文物管理的政策措施、负责管理本县文博保护事业、依法管理文物。

1978 年起，崇明的文物保护工作由县文化行政机构分别委托县文化馆、县图书馆兼带管理。1981 年，全县的文物管理工作由崇明县文化局委托恢复建制的崇明县博物馆具体负责。崇明县博物馆馆址设于崇明学宫内。崇明县博物馆除了负责崇明学宫的日常管理外，还负责唐一岑墓和金鳌山等文物保护单位的日常管理、维护工作，并组织开展文物调查、普查、征集、研究、宣传等工作。

第二节　规　划　纲　要

不管是文物管理委员会时期，还是上海市文化广播影视管理局时期，上海的文博事业都在规划之中发展进行。改革开放，特别是"十五"时期及"十一五"时期，上海市文博事业坚持以邓小平理论和"三个代表"重要思想为指导，紧紧围绕实施科教兴市战略，以科学发展观统领各项工作，认真贯彻执行国家"保护为主、抢救第一、合理利用、加强管理"的文物工作方针，全面实施《文物保护法》。"十五"时期，在文物抢救、保护、利用、管理以及博物馆建设等方面取得了长足的进步，初步形成了符合中国国情、具有上海特点的文博事业发展格局，开创了崭新的局面。"十一五"时期，上海各级党委政府高度重视文物事业发展，把包括文物事业发展在内的国际文化大都市建设，纳入上海经济、政治、社会、文化全面协调发展的总体布局。上海市第九次党代会明确提出，要"切实保护好历史文化遗产，不断丰富城市文化内涵"，为新的历史时期上海文物事业发展指明了方向，全社会关心、参与、支持文物事业发展的社会环境得到明显改善。

在"十五"期间，上海文博事业公益性、社会性效益日益显著。在加强未成年人思想道德建设工作中，连续两年举办了包括全国重点文物保护单位在内的部分历史文物建筑免费开放活动，2005年仅两天就接待市民参观达 17.7 万人次，得到了广大市民的热烈欢迎。在贯彻"三贴近"、积极参与"红色之旅"、组织各类公益性博物馆全面对未成年人等特殊社会群体优惠开放活动中，年度减免费接待近 107 万人次。上海博物馆作为标志性文化单位，成为上海城市"名片"和对外开放的窗口，每年接待观众近 200 万人次。中共"一大"会址纪念馆成为"红色之旅"的起点，成为革命传统宣传、爱国主义教育、保持共产党员先进性教育活动的重要基地，每年接待观众达 30 余万人次。

文物保护"五纳入"工作取得了阶段性成果。由市文管委、市编办、市发展和改革委、市规划局、市财政局、市国家税务局、市地方税务局、市建委等八个委办局联合颁布实施了《关于落实"五纳入"精神进一步加强和改善文物工作的通知》。这是深入贯彻国家政策，推动上海文博事业发展的重要文件，得到了我市各级政府和相关部门的重视和积极落实。黄浦区、徐汇区、杨浦区等区已相继召开会议，逐步落实了文物保护经费、人员等具体措施和政策。

文博事业宏观规划和管理力度不断加强。市文管委和各级文物主管部门逐步从过去以行政管理为主向依法管理相结合的转变，从微观办事向宏观规划和微观管理相结合的转移。制定了《上海市博物馆事业发展总体规划》，各区县博物馆、行业博物馆的建设在弥补空白、优化结构、提高水平的基础上，得到了蓬勃发展，完成了发展博物馆达到 100 座的十五期间规划目标。

博物馆各类展览精彩纷呈，彰显大都市文化底蕴。近年来，逐步建立了构架在政府指导、专业化、社会化、规范化的博物馆展览体系，调动了博物馆举办各类展览的积极性，推动了各类展览形成专业性、多样性态势，社会效益得到了有效发挥，各类展览精彩纷呈。上海博物馆以潇洒的"文化三级跳"，展示了中国历史文化的风采。《晋唐宋元书画国宝展》中 72 件国之瑰宝的旷世览读，实现了

"一级跳";跨越了整个癸未之年的"二王"之热、帖学之研、墨律之互动的《淳化阁帖》最善本大展大赛大讲坛系列活动"跃起了"二级跳";周秦雄风汉唐歌,盛世文物千年稀,古代文明之光照亮申城的《周秦汉唐文明大展》展示了"三级跳"。"文化三级跳"为上海城市文化提神,为科教兴市提劲,为经济社会发展提供了精神动力、智力支持,形成了新的文化积淀,带动了全市博物馆事业迈上了新的台阶。

初步形成文物保护和城市建设协调发展格局。2004年各区县相继依法公布了经核定的655处已登记的不可移动文物。完成了全市文物普查工作,确定了4 199处文物保护点。对松江方塔、龙华路、张闳天故居、城隍庙等97处重要古建筑进行了抢修或修缮,基本消除了古建筑中的险情。配合城市建设完成了上海音乐厅的迁移、修缮保护工作。市级和全国重点文物保护单位达到了基本无险情的目标。

文物考古发掘工作成绩显著。松江广富林遗址发掘解开了上海"外来移民""良渚文化实证""最早城镇雏形"的三大考古之谜。崧泽遗址发现了上海最早的房屋遗迹、最早的人类头骨、最早的已被别化圈养的家猪。志丹苑元代水闸遗址的发掘,福泉山遗址、马桥遗址的保护和考古研究,均取得了令人瞩目的成绩。为长江流域作为中华民族的起源地之一进行了较为科学完整的考古实证。

文物科学研究成果斐然。上海博物馆的"前剂量饱和指数法测定瓷器热释光年代"科研项目,荣获国家文物局2004年度文物保护科学和技术创新一等奖。完成了全市"全国重点文物保护单位建档备案工作"以及"博物馆、纪念馆一级品建档工作"。《上海博物馆藏品研究大系》正有序推进。出版了《长江下游地区古文明进程学术研讨会论文集》《周秦汉唐文明研究论文稿》《周秦汉唐文明特集(三老本)》《上海博物馆藏品精华》等大量论文著作。

对外文化交流与合作日益增强。加强了与各国和有关国际组织的交往,组织召开了"国际博物馆馆长高峰论坛""亚欧基金会博物馆协会上海会议";积极与国际博物馆协会、亚欧基金会博物馆协会、美国盖蒂研究所、梅隆基金会等机构开展了更加全面的合作和交流;专业人员学习考察更加深入和广泛,美国、英国、法国、印度、埃及等国家的人员互访加强了业务交流,提高了文物保护的国际意识和认识水平;文物出境展览的质量、数量和组织水平不断提高,《上海博物馆青铜器展》《中国人文精神展》《古罗马文明展:罗马帝国的人与神展览》《埃及国宝展》《卡地亚艺术珍宝展》等一大批大型展览的举办,有力促进了国内外文化交流。

文物经营市场得到培育发展和规范管理。我市现有各类文物经营单位37家,文物拍卖企业近30家,文物经营单位46家,文物交易市场8家(内有经营户600多家)。呈现出国有公司、股份制公司、私营企业和个体工商户并存,文物零售、寄售、代销、典当、拍卖和展销会结合的文物经营态势。文物市场已基本走上依法管理、有序发展的轨道。

"十一五"期间,上海市不可移动文物保护卓有成效,成绩显著。不可移动文物1 334处,其中全国重点文物保护单位19处,市级文物保护单位163处(含保护地点、纪念地点),区(县)级文物保护单位381处,区(县)登记不可移动文物771处。2007年4月,按照国务院印发《关于开展第三次全国文物普查的通知》精神,上海市全面启动第三次文物普查。2005年、2007年、2009年、2010年上海市文物部门与建设、规划部门高度协同,共同组织评选申报中国历史文化名镇,四批共8座中国历史文化名镇获批。及时完成了100余处文物建筑保护工程,包括全国重点文物保护单位、市级文物保护单位、区(县)级文物保护单位以及登记不可移动文物,文物保护"四有"工作也有了长足发展。通过市、区两级财政不断加强投入,一批文物保护单位的周边环境也得到明显改善。社会文物流通日趋繁荣,中外交流日趋频繁,初步建立了主体多元、方式多样、规范有序的文物流通市场。

上海市博物馆建设工作稳步推进。根据2006年1月1日文化部发布的《博物馆管理办法》,上海不仅注重博物馆的数量增长,更注重提升发展质量。截至2009年底,在业务管理范围内的博物馆、纪念馆、陈列馆等111家,其中通过国家文物局评定公布的国家一级博物馆3家、国家二级博物馆7家、国家三级博物馆7家。新增经过审批或备案并对外开放的博物馆13家,如中国航海博物馆、上海玻璃博物馆等。根据"中宣发[2008]2号"《关于全国博物馆、纪念馆免费开放的通知》要求,从2008年起,上海全面推行博物馆免费开放,截至2009年底,上海共有25家博物馆、纪念馆被列入中共中央宣传部、财政部、文化部、国家文物局联合下发的"免费开放博物馆、纪念馆名录"。

上海市认真贯彻"保护为主,抢救第一,合理利用,加强管理"的文物工作方针,地下文物保护与考古工作取得了显著成绩。一是以课题研究为主导开展考古工作。2006年,组织召开了"环太湖地区新石器时代末期文化暨广富林遗存学术研讨会",2008年度、2009年度对广富林遗址进行了两次大规模抢救性发掘工作,发掘面积达到13 000多平方米,在环太湖地区文明进程研究方面取得新进展。二是考古发掘与文物保护并行。2006年,在规模宏大、保存完整的志丹苑元代水闸遗址考古项目上,开创了新的模式,被评为"中国十大考古发现"。三是在全国第三次文物普查工作中再获重要发现。位于上海市青浦区重固镇的福泉山遗址考古发掘取得重要成果,新发现一处人工堆筑的高台墓地,已发现两座良渚文化晚期贵族墓葬,为认识福泉山遗址的整体布局及文化性质提供了重要资料;位于金山区金山卫镇的查山东麓的查山遗址发掘获得重要认识,调查表明,遗址分布范围约2万平方米,以新石器时代马家浜文化与夏商时期的马桥文化堆积为主。

上海市文物管理委员会根据全市文物事业发展要求,深入开展人事制度改革、法人治理结构、事业单位建立理事会、事业单位岗位设置等一系列改革工作。配合市文化人才认证中心完成文博工作站有关文化人才培训、考核、认证工作,开展了博物馆馆长培训班——暨《上海市公共文化管理(文物博物)》认证、全国文物保护单位负责人培训班、《文物保护工程技术人员》认证、《文物经营》和《文博讲解》编撰等项目。在不断深化文化体制改革、探索符合上海文博事业特点和规律的发展之路方面,取得了明显成效。

上海市文物法制工作取得了阶段性成果:一是文物法制意识不断增强。市文管委经常组织学习相关法律法规,特别是结合实际工作中遇到的问题和案例,重点学习《文物保护法》《行政许可法》等,普遍提高了全系统依法从事文物保护和合法行使保护权力的意识。二是依法保护文物的能力不断提高。"十一五"期间,也是上海大规模城市建设时期,文物保护和城市改建的矛盾在局部区域特别突出,市文管委积极协调市文化执法、工商、公安、海关等部门,形成信息共享、责任明确、各负其责、工作协同的文物保护执法机制,有效遏制了文物走私、文物建筑破坏等违法行为。三是文物法制研究得到加强。依据国家文物保护法律法规,结合上海实际,研究制定了以《上海市文物保护管理条例》为主体,以《上海市文物经营管理办法》《上海市博物馆管理办法》和《上海市文物保护单位管理办法》等为分项,以各类规范性文件为补充的上海市文博事业法规框架。

在即将到来的"十二五"时期,文物作为十分稀缺、不可再生、能够服务于当代和未来的珍贵资源,其重要地位和突出作用日益凸显,文物事业对于城市长期发展的重要战略意义日趋上升。上海将在大规模中心老城区改建中文物保护工作、文物保护的法律制度建设、技术标准制定实施、文物管理体制和文物安全监管机制,文物管理、保护、科研、队伍建设和能力提升等方面继续发展。合理利用文物,丰富人民群众精神文化生活,支持经济社会发展,努力推动上海文物事业大发展大繁荣。

第三节　专业队伍建设

30年来,上海文博系统不断健全学术竞争机制,激励和促进高层次人才的发展,保证和鼓励专业技术人员,多出学术研究成果,定期举行专家学术演讲会和文物鉴定学术报告会。采取有效措施,积极培养文博人才,有组织、有计划地加强各类干部培养和交流,让年轻同志有机会在搭建的平台上展示才华,通过政府特贴和领军人才选拔、推荐工作及文化部优秀专家选拔、推荐工作推动人才培养工作的有序进行。

一、专业培训

上海非常重视文物行业的各级各类培训,为文物工作的有效开展提供了智力保障。

自2003年起,除了每年举办中级职称培训及职称古汉语培训,2005年至2008年,还组织了三期"文物经营(书画类、陶瓷类)初级和中级"的培训和认证考试。2007年,市文管委组织了文物保护工程项目的起草工作,在听取各方专家意见后,2008年报国家文物局批准。与2009年正式实施,已经培训了文物保护施工人员123人,监理人员132人,勘察设计人员145人,并将成为一个系统工程,每年举行培训、验证工作。2007—2008年,组织了3期全市博物馆纪念馆的馆长班,共有106名馆长参加了培训,反响热烈。2009年,组织了全市的讲解员培训班、全国性的文物保护标准推广实施培训班等。

表6-1-2　1998—2010年上海市文博单位特色培训一览表

时　间	名　　称	人　数	时　长
1998年	文博专业知识培训班	150人	1年
2000年	文博知识岗位培训	80人左右	半年
2005年	《文物经营》(书画类、陶瓷类初级、中级)的培训、认证考试	70人	3个月
2006年	《文物经营》(书画类、陶瓷类初级、中级)的培训、认证考试	55人	3个月
2007年	《文物经营》(书画类、陶瓷类初级、中级)的培训、认证考试	25人	3个月
2007年12月	上海地区博物馆馆长培训班一期	32人	10天
2008年	《文物经营》(书画类、陶瓷类初级、中级)的培训、认证考试	11人	3个月
2008年4月	保管部保管员培训	20人	3个月
2008年6月	上海地区博物馆馆长培训班二期	32人	10天
2008年8月	全国文物保护单位负责人培训班	22人	8天
2008年10月	上海地区博物馆馆长培训班三期	42人	10天
2009年4月	上海对口地区文物管理干部培训班	50人	2周

（续表）

时　间	名　　称	人　数	时　长
2009 年 7 月	文物保护工程技术人员（施工、监理、勘察设计）一期	139 人	2 个月
2009 年 8 月	上海地区文化遗产讲解员培训班	63 人	10 天
2009 年 9 月	文物保护行业标准推广实施（上海）培训班一期	127 人	8 天
2009 年 10 月	文物保护工程技术人员（施工、监理、勘察设计）二期	259 人	2 个月
2009 年 11 月	文物保护行业标准推广实施（上海）培训班二期	82 人	8 天
2010 年 8 月	文物保护工程技术人员（施工、监理、勘察设计）三期	198 人	2 个月

二、职称评定

1986 年 3 月，文化部颁布《文物博物专业职务试行条例》《关于〈文物博物专业职务试行条例〉的实施意见》。1987 年 5 月，上海市职称改革领导小组转发由本市文化局制定的《上海市贯彻〈文物博物专业职务试行条例〉的实施细则（试行）》和《上海市贯彻〈文物博物专业职务实施细则〉的实施办法》及《上海市文物博物专业职务破格申报实施意见》，1987 年 7 月上海市文物博物专业技术职务任职资格评定工作开始。

文博专业技术职务根据业务工作实际需要设置专业岗位，在定编、定岗、定责的基础上，限额内实行专业职务评聘制，"申报权归个人，评定权归评委，聘任权归单位"。文博专业职务为：研究馆员、副研究馆员、馆员、助理馆员、文博管理员；研究馆员、副研究馆员系高级职务，馆员系中级职务，助理馆员和文博管理员系初级职务。

参加上海市文博专业技术职务评定的有市局、区、县所属的博物馆、纪念馆、陈列馆、展览馆、文物博物研究咨询机构及文物经营等企事业单位中，从事考古、专职研究、文物鉴定、文物保管、文物保护、博物馆陈列展览、博物馆教育、文物修复复制和文物交流等专业工作的人员。

上海市的文博专业技术职务任职资格评定自 1987 年 7 月至今，经历了 3 个阶段：

第一阶段　评定和聘任结合阶段（1987—1999 年）

文博专业技术任职资格评审委员会分高、中、初三级，分别负责各级别文博专业职务的评审。高级专业技术职务任职资格评审委员会由 11 人组成。第一届高评委主任委员沈之瑜，副主任委员谢稚柳、马承源；第二届高评委主任委员马承源，副主任委员汪庆正，评审研究馆员、副研究馆员。1987—1988 年首次评定的中、初级职务任职资格评审委员会由各单位组建，分别评审馆员、助理馆员和文博管理员。1991 年统一组建上海市文物博物系列中级专业技术职务任职资格评审委员会，负责评审全市文博中级及初级职称。1994 年中评委分类组建了上海市文博系列古代历史类中级专业职务任职资格评审委员会和上海市文博系列革命历史类联合中级专业职务任职资格评审委员会，负责评审全市文博中、初级职称。

这一阶段，经各级评审委员会评审，取得文博系列专业技术职务任职资格的研究馆员 24 人（含不占指标 3 人），副研究馆员 121 人（含不占指标 10 人），馆员 324 人，初级 270 人。

第二阶段　评定和聘任分开阶段（2000—2009 年）

1999 年 5 月和 7 月，上海市人事局分别印发《上海市专业技术职称（资格）评定与专业技术职务聘任相分离的暂行办法》和《上海市专业技术职称(资格)申报、评审(审定)、考试和专业技术职务聘任等六个配套文件的通知》。2000年12月重新组建上海市文物博物系列高级专业技术职务任职资格审定委员会专家库,由原来简称文博高评委改建为文博高审委,并建立文博系列高级职务审定专家库。专家库共由19人组成,其中专家库分为主任委员专家库和委员专家库。主任委员专家库由陈燮君、汪庆正、蔡达峰、周振鹤、陈克伦、单国霖、李朝远组成,分别担任这一阶段各年度高审委的正副主任委员。高审委会每年度召开1次,每次从专家库中抽取11位专家,组成当年度执行审委,负责市域文博高级专业技术职务的审定。2004年8月市文物管理委员会印发《上海市文物博物系列高级专业技术职务任职资格审定(文物经营专业)试行办法》的通知,文博高级审定增设文物经营专业,任职资格名称为:副研究馆员(文物经营专业),市域文物商品流通企业单位中从事经营、拍卖和管理等工作的专业技术人员纳入高审委审定范围。

2000年3月,市人事局、市文物管理委员会印发《上海市文物博物系列中级专业技术职务任职资格考试暂行规定》的通知,文博中级"以考代评",即通过文博基础理论知识、文物博物馆学基础知识和专业实务考试,取得文博中级任职资格,不再进行中级资格的评审。

1999年7月,市人事局在《上海市专业技术职务评聘分类分级管理实施意见》中,文博专业初级列为"只聘不评"专业,各单位依据《文物博物专业职务试行条例》任职资格条件,按专业技术岗位设置数额自主聘任或认定。

2005年8月,上海市职业能力考试院文化人才认证中心和上海市文物管理委员会印发《上海市文物经营职业水平认证暂行办法》,适用于在本市从事文物购销、文物拍卖、文物典当、文物咨询等工作专业技术人员和经营管理人员,以及有志于文物经营的其他社会人员。上海市文物经营职业水平认证分初级、中级、高级三个级别,其中每个级别分书画、陶瓷、玉器、杂件、钱币等五个门类;考试科目设有:文物经营基础知识、文物经营专业知识和文物经营实务。至2008年底,参加本市文化人才文物经营职业水平认证各类各级161人/次,经文物经营职业水平认证考试,取得文物经营职业水平各类各级认证证书为70人/次。其中有2名具有文物经营高级职业水平认证证书的,经文博高审委审定,取得了文博系列文物经营专业副研究馆员任职资格。

2000年至2009年期间,通过高审委审定,取得文博系列专业技术职务任职资格的研究馆员38人,副研究馆员93人(含文物经营专业2人);通过文博专业考试,取得文博系列中级专业技术职务任职资格的179名。

第三阶段 缺额申报评定阶段(2010年—)

这一时期,职称评审按经人事主管部门核准的各单位岗位设置中的专业技术岗位结构比例各层级的数额,与现有聘任专业技术岗位数存有空额进行缺额申报评审。

2010年6月,上海市文物管理委员会印发《上海市文物博物系列中级专业技术职务任职资格评审办法(试行)》,同年11月组建上海市文物博物系列中级专业技术职务任职资格评审委员会专家库,并建立文博系列中级职务评审专家库和学科组。专家库共由24人组成;学科组由26人组成。中评委会每年度召开1次,每次从专家库中抽取11位专家,组成当年度执行评委,负责本市文博中级专业技术职务的评审。恢复文博中级评审,终止"以考代评"。

2010年度,经高审委和中评委评(审)定,取得研究馆员任职资格的4名,副研究馆员7人,馆员24人。

首次职称评审结束后,高审委会、中评委会或中级考试,每年举行一次,至2010年底取得任职资格的研究馆员66人(含不占指标5人),副研究馆员112人(含不占指标10人),馆员527人。

第四节　法　制　管　理

1978 年改革开放以来，具有上海特点的文物保护法制框架逐步建立。

结合文物保护管理工作的实际，上海各级文物主管部门从提高依法行政观念和能力、转变文物行政职能、提高制度建设质量、完善行政监督机制等方面着手，努力建设成为直接管理与间接管理相结合、动态管理与静态管理相协测、事前行政许可与事后严格监管相配合、加强管理与提高服务相统一的文物行政管理机关。文物工作制度建设不断完善。重点推进文物行政许可制度的制定和实施、文物形成执法责任制度建设、文物行政监督评议考核制度建设、文物行政信息公开制度建设等。文物行政监督机制建设不断加强。强化社会监督，完善网上投诉信箱、专线投诉电话的设立，加强人民来信、来访办理，加大对新闻媒体反映问题的处理。

一、文化执法管理

【文化执法管理机构——上海市文化执法总队】

1999 年 12 月 29 日，在中央有关部门的支持下，上海市委、市政府批准组建了文化综合执法机构——上海市文化稽查总队，随后，全市各区县也相继建立了文化稽查队，从而形成了两级文化综合执法机构设置。这一阶段的基本做法是：市和区县两级文化综合执法机构分别受文化、广播影视、新闻出版、文物和体育等有关行政管理部门的委托，相对集中行使文化领域大部分行政处罚权。当时，总队内设办公室和 4 个稽查处，主要以行政区域块的形式开展综合执法工作，人员编制 50 名（前 3 年实有 30 多人）。总队成立后，上海市政府将原来设在市新闻出版局的上海市"扫黄打非"工作小组办公室调整到总队，实行一个机构、两块牌子。各区县文化稽查队人员编制一般在 10 名左右。全市两级文化综合执法机构共有行政执法人员编制 240 人，管辖着 3 万多个经营单位(场所)。

随着文化体制改革试点工作的深入，2004 年在总结上海、深圳等地开展文化领域综合执法工作做法的基础上，中办、国办转发了《中央宣传部、中央编办、财政部、文化部、国家广电总局、新闻出版总署、国务院法制办关于在文化体制改革综合性试点地区建立文化市场综合执法机构的意见》（中办发 24 号文件）。根据这一文件精神，上海市委、市政府在 2004 年 12 月 30 日批准设立市文化市场行政执法总队，同时撤销了市文化稽查总队建制。至 2005 年 9 月，全市 19 个区县也相应设立了文化市场行政执法大队（以下简称区县大队）。与第一阶段相比，现行的文化综合执法体制有四个明显变化：一是变委托执法为授权执法，总队和大队分别是市政府和区县政府直属的行政执法机构，具有行政执法主体资格，其中，总队主管全市文化领域综合执法工作，区县大队在区县政府领导下开展文化领域相对集中行政处罚权工作，接受总队的业务指导和监督。二是综合执法范围进一步扩大，文化综合执法机构集中行使包括文广影视、新闻出版、文物、体育、旅游等行政管理部门的全部行政处罚权。三是文化综合执法机构性质和人员管理基本实现了全市一致，统一为行政事务执行机构，人员参照公务员制度管理。四是文化综合执法人员相应增加，总队人员编制 80 名（现实有 63 人）；各区县大队人员编制一般为 15 人～20 人。全市两级文化综合执法机构人员编制近 400 名（目前实有执法人员 270 人），管辖着近六万个经营单位(场所)，执法人员与经营单位(场所)比约为 1:135。

总队根据《上海市文化领域相对集中行政处罚权办法》《上海市人民政府关于本市进一步完善文化领域相对集中行政处罚权工作的决定》，主要职责是：与政府其他有关部门一起，依法监督管理文化、体育、旅游市场(以下统称文化市场)秩序;集中行使原由市文广影视、新闻出版、文物、体育、旅游等 5 个行政管理部门行使的行政处罚权,以及与行政处罚权相关的行政强制权和行政检查权;对区县大队的业务进行指导和监督;受理行政相对人对区县大队作出的具体行政行为申请行政复议。其中,对于文物保护及经营管理方面的执法事项主要有对违反文物保护管理的处罚、对违反文物经营管理的处罚、对违反水下文物保护管理的处罚、对违反博物馆管理的处罚。

经市编办核定,现总队内设办公室、法规教育处和 6 个稽查处,其中,办公室和法规教育处为综合管理处室,6 个稽查处主要从事行政执法工作。结合当前文化市场实际,凸显提升执法专业水平要求,目前总队 6 个稽查处主要是按条块结合、条中有块、块中带条的模式设置职能。其中,稽查六处主要负责全市文物保护、文物经营等行政执法工作,熟悉掌握以上的执法业务。

至 2006 年,市文化执法总队共出动执法检查人员 446 人次,检查文物市场 972 场次,与工商公安部门联合执法 22 次,收缴文物及骨质工艺品等 282 件。对于不可移动文物,本市两级文化综合执法机构共出动检查人数 3 984 人次,检查场所 3 320 处(次),其中,检查全国重点文物保护单位 16 处、上海市级文物保护单位 114 处、上海市文物保护纪念地 29 处、上海市文物保护地点 15 处、抗日战争纪念地点 8 处、区级文物保护单位 296 处、上海市第一批登记不可移动文物 635 处,对存在未经批准擅自修缮文物保护单位,破坏了文物保护单位本体问题的案件立案处罚 7 起,责令整改 21 起。2010 年,为加强江浙沪地区文物执行执法合作,加大文化遗产保护力度,提升合作区域的文化软实力,江苏省、浙江省、上海市文物行政执法部门进行友好协商,共同决定建立江浙沪文物行政执法区域合作平台,开展文物行政执法协作。2010 年,全市两级文化综合执法机构共出动检查人数 5 410 人次,稽查场所 2 747 处(次),立案处罚 7 起。

【法律法规】

《上海市文物市场管理办法》 为加强对上海文物市场的管理工作,保障文物经营活动的健康发展,保护国家历史文化遗产,上海市人民政府根据《中华人民共和国文物保护法》及国家有关法律、法规,并结合上海的实际情况,于 1995 年 2 月 6 日发布了一项《上海市文物市场管理办法》《办法》计分五章(总则、申请和审批、经营管理、法律责任、附则)共 18 条,明确规定上海市文物行政管理部门负责上海文物市场的统一管理。各级公安、海关、工商、物价、税务等行政管理部门,应当按各自职责,做好文物市场管理工作。同时,还对文物和文物监管物品的经营,实行许可证制度,未取得许可证的,不得经营文物或文物监管物品。严禁文物和文物监管物品的非法交易和走私活动。

《办法》出台后市文物管理委员认真落实,立即采取了两个实质性的措施。一方面,与老城隍庙新开设的华宝楼商定,让出 1 500 平方米的地下室,开辟为老城隍庙古玩市场,将分散设摊的 200 多个文物经营摊主动员进商场集中经营,从而使文物市场的管理得到有效的控制。另一方面,对原来的浏河路文物市场 322 位个体经营者、新组成的老城隍庙古玩市场 222 位个体经营者,集中进行法规教育和经营上岗考试,凡考试合格者,换发经营许可证。文物市场经过集中整顿,加强了法制建设,使文物市场进一步纳入了规范管理的轨道。2001 年 4 月 1 日《上海市文物经营管理办法》施行后,《上海市文物市场管理办法》同时废止。

《上海市文物经营管理办法》 为了有效地配置文物资源,打击文物经营中的犯法行为,保护国家珍贵文物,上海市政府于 2001 年 1 月 9 日颁布了《上海市文物经营管理办法》,2001 年 4 月 1 日起执行。《办法》共 29 条,较为全面地规定了具有上海特色的文物经营、管理行为,是对 1995 年实施的《上海市文物市场管理办法》的全面修订。

《办法》实施后,市文物管理委员会即对已经批准的文物经营单位、开办交易市场的管理人员,以及个体工商户的从业人员分期进行了培训和考核,对考核合格的 503 人颁发了文物经营资格证。对文物拍卖企业的专业人员也进行了辅导和考核,对考核不具备条件的 7 家拍卖行予以取缔,净化和规范了文物经营市场和拍卖行业,提高了文物经营人员的质。

二、文物出入境管理

新中国成立之前,上海是中国文物走私、盗卖的集散地。1950 年中央人民政府政务院颁布《禁止珍贵文物图书出口暂行办法》,加强对文物走私的打击查处,严把文物进出口关。上海市市长陈毅要求文物管理委员会把好海关这一关,"今后凡属报关出口文物,概由你们派员验查。如果有奸商以真报假,企图蒙混出口的一律没收,以资惩罚"。

1956 年,"上海市文物图书暨特种手工艺品鉴定委员会"成立,定期配合海关鉴定组织或个人携带、邮寄出口的文物、图书等。1978 年起,国家文物局委托上海负责江苏、安徽、福建、云南四省的文物商店零售文物的鉴定工作。1988 年文物管理委员会独立建制,下属的流散文物管理处主要负责上海口岸文物出入境鉴定、监管;受国家文物局委托负责其他五省文物出入境鉴定工作;社会性文物经营市场管理、监督;会同公安、海关、工商行政管理部门打击文物走私、盗窃、投机倒把犯罪活动;以及征集社会流散文物(包括抢救文物)。1994 年,经国家文物局重新审核确定,上海市文管会流散文物部文物出境鉴定组可用国家文物出境鉴定上海站名称进行工作,并具备承担国家委托的办理私人携运文物出境鉴定资格,授予九四年版火漆印章。2008 年根据《文物进出境审核管理办法》的规定,由国家文物局授权使用"国家文物进出境审核上海管理处"的名称进行工作。

上海市文管会流散文物部文物出境鉴定组根据国家文物局颁布的规定条例,推进机构建设、加强人员培养、加大经费投入、增强科技检测能力。与海关、公安部门联动合作,在查处被盗或非法出口文物、促进海外中国文物回流、加强文物入境展览管理的方面取得了新的进展,抢救保护了大量珍贵文物,为防止文物流失发挥了必要的作用。

【管理机构】
国家文物进出境审核上海管理处 1956 年 3 月 14 日成立上海市文物图书及特种手工艺品出口鉴定委员会。为加强文物走私查禁工作,分别在 1958 年 7 月、1962 年 8 月、1980 年 2 月,对委员会进行三次调整改组。1988 年 9 月,上海市文物管理委员会实行独立建制,设立流散文物管理部负责文物出口鉴定工作,图书碑帖出口鉴定工作划归上海图书馆鉴定小组负责。1993 年 1 月重新组织上海市文物出境鉴定委员会。

1994 年 8 月,为加强文物出境鉴定机构的建设,根据《关于对文物出境鉴定组重新审定和考核责任鉴定员的通知》,上海市文管会流散文物部文物出境鉴定组经审核具备承担国家委托的文物出境鉴定任务及承担国家委托的办理私人携运文物出境鉴定资格。为强调这一特殊职能的统一性和规范性,并与统一的海关监管系统相衔接,文物出境鉴定组在执行文物出境鉴定任务时,使用"国家文物出境鉴定上海站"名称进行工作。其属性为由国家文物局授权上海市组建定编,经国家文物局批准后执行文物出境鉴定方面的国家行政职能。行政上由上海市文物管理委员会领导、管理,业务上由国家文物局统一指导、监督。

1999 年,文物出境鉴定组鉴定涉外单位申报出境的一般文物商品 15 105 件,其中上海文物商店14 469件;上海友谊商店97件;上海银光古玩商行440件;上海朵云轩99件。经鉴定,禁止出境107件。1至11月办理外国人、华侨、港澳同胞包括中国公民携带旧存文物出境鉴定证明手续的有536人次,共计10 347件。经鉴定,禁止出境82件。因装裱、修复、鉴定、拍卖等情况办理暂时进出境鉴定手续的有84人次,计1 093件。其中进境54人次878件,出境30人次215件。根据文化部和国家文物局的批准文件,在上海口岸办理对外文化交流项目涉及进出境文物展览共11项。

2001年,文物出境鉴定组办理境外人员因私出境携带旧存文物审批543人次,8 427件物品,其中经鉴定不准出境的文物有18件;办理携带文物暂时进出境手续的有72人次,1 985件;办理涉外经营单位可供出境的一般文物商品6 654件;全年审批文物拍卖标的38 639件;配合公安、工商、海关鉴定涉及违法、违规案件的文物26次,588件。此外,为了适应新形势的需要,建立了与有关行政执法部门连接的"文物出境鉴定管理系统",提高文物鉴定、与海关等部门联合办理进出境手续的工作效率。

2002年,文物出境鉴定组办理私人出境携带旧存文物审批563人次,7 358件物品;鉴定涉外经营单位出境文物商品6 487件,其中不可出境文物127件。

2003年,国家文物出入境鉴定上海站受文化部文化市场发展中心邀请,出任文化部中国文化艺术品鉴定委员会单位委员(艺术鉴定单位委员)。2003年文物出境鉴定组办理私人出境携带旧存文物审批389人次,4 433件物品。

2005年,文物出境鉴定组为上海海关、检察院等要求鉴定涉案文物1 100件(其中古钱币1 040枚)。配合海关对出境邮包监管730户2 000余件。办理文物出境鉴定277人次计2 978件,办理暂时进境手续330人次计6 593件文物,鉴定审核外销文物6 625件。

2006年,文物出境鉴定组共办理文物出境鉴定证明手续计321人次,可以出境的文物及一般工艺品数量为3 460件,其中进境复出境的有32人次,数量444件,进境未复出境的有90人次,数量1 601件。审核许可出境的出国文物展览有7项。

2007年,文物出境鉴定组共办理文物出境鉴定220人次计3 622件,办理暂时进出境文物4 343余件,对上海文物商店、上海友谊商城等文物经营单位鉴定审核销售文物5 963件。审核国内外文物展览交流项目12个。

2008年,文物出境鉴定组经国家文物局对17个国家文物出境鉴定站重新审定资质,14个基本符合文物进出境审核机构的各项规定条件,上海站为其中之一,被授予上述机构文物进出境审核资质。根据《文物进出境审核管理办法》的规定,文物出境鉴定组在履行文物进出境审核职能时,不再使用国家文物出境鉴定上海站名称,由国家文物局授权使用"国家文物进出境审核上海管理处"的名称进行工作。该年度,从上海口岸进境申报的文物6 026件,审核出境文物2 687件,其中出境文物789件,进境复出境文物1 898件。

2009年共审核文物携带出境145人次,文物1 982件,办理文物进境审核(至10月底)224人次,文物4 780件,办理文物临时进境复出境79人次,文物1 477件,审核国内外文物交流项目7个。为上海海关、公安部门鉴定涉案文物7批21件。

出入境鉴定组织　1989年3月1日起执行的《文物出境鉴定管理办法》对文物出境鉴定组成的人员构成、资质、待遇、奖惩做出了明确的规定。1990年,上海市文物管理委员会专家钟银兰、陈佩芬、许勇翔、徐伟达被国家文物局增聘为国家文物鉴定委员会委员。1991年起,国家文物局开始组织国家文物进出境责任鉴定员考试。同年10月,各地向国家文物局填报出入境鉴定组成员。上海文物经鉴定组组长许勇翔,副组长温秋明,专职人员7名,兼职人员9名。1993年1月,上海市文物出境鉴定委员会重组,由上海市文物管理委员会12名专家组成,主任委员马承源,副主任委员汪庆正、黄宣佩。2月，经国家文物局批准，程方英（陶瓷专项）、万育仁（书画、杂项专项）、尚业煌（陶瓷、杂项、书画专项）、陈佩芬（杂项专项）、钟银兰（书画专项）、许勇翔（陶瓷、玉器专项）、汪庆正（陶瓷、杂项专项）、谢稚柳（书画专项）、马承源（杂项专项）、朱念慈（书画专项），获得文物出境责任鉴定员免考资格。温秋明参加陶瓷专项考核，并取得鉴定员资格。万寿、黄韵之参加书画专项考核。温秋明、徐汝聪参加玉器专项考核。

1994年，国家文物局下发《关于加强文物出境鉴定机构建设的通知》指出"严格审定文物出境鉴定机构的团体资格和责任鉴定员个人资格"，"坚持切实按规定的数量和门类配备文物出境鉴定机构的专职人员，特别强调不能有文物销售单位的现职人员兼职"，"继续加强对各文物出境鉴定机构人员的培训考核"。

1997年，上海文物出入境鉴定站成员构成为兼职人员四名：马承源（杂项专项）、汪庆正（陶器、杂项专项）、陈佩芬（杂项专项）钟银兰（书画专项）；专职人员五名：许勇翔（陶瓷、玉器专项）、温秋明（陶瓷、玉器专项）、万寿（书画专项）、黄韵之（书画专项）、徐汝聪（玉器专项）；回聘人员两名：朱念慈（书画专项）、程方英（陶瓷专项）。

2006年4月，国家文物出境鉴定上海站向国家文物局核报上海鉴定站在岗从事文物进出境审核工作的责任鉴定员名单为：温秋明、万寿、黄韵之。原鉴定员徐汝聪调离原岗位。

2007年，国家文物出境鉴定上海站许勇翔被国家文物局评为10位全国文物进出境审核工作先进个人之一。2008年2月国家文物局开展文物进出境责任鉴定员考试，上海博物馆温秋明、徐汝聪分别通过陶瓷、玉器项考试，万寿、黄韵之通过书画类考试，再次获得国家文物局认定的国家文物进出境责任鉴定员资格。

2010年12月，国家文物局印发《文物进出境责任鉴定员管理办法》，对文物进出境责任鉴定员的资质认定、权利和义务、监督和管理、奖励和处分做了进一步规定。国家文物进出境审核管理处上海站遵照此办法执行人员管理。

【出入境文物鉴定审核】

出入境文物鉴定标准　国家文物进出境审核上海管理处遵照国家文物局及其他相关部门制定的法律法规，根据其中规定的文物鉴定审核标准，执行文物的鉴定审核工作。

1960年7月，外贸部和文化部联合发布《文物出口鉴定参考标准》，其中规定："所有一切文物（包括复制品），如有可能在政治上引起影响以及有辱国体的文物，不论年代，一律不能出口。""少数民族的文物，一九四九年以前生产的，暂时一律不出口。""在文物出口鉴定参考标准所列年限规定以内，不能出口的文物，或经过鉴定认为可以出口的文物中，其他部门已有另行规定的（例如公安部门对于淫秽荒诞的文物图书，邮电部对于邮票，外贸部对于铜器、金、银器的出口等），可参照其他部门的规定办理。""清代的各种文物，除个别项目已注明不论残破与否一律不能出口外，倘文物残损程度已超过百分之五十以上，或经过修补后已完全改变其原貌者，可以根据文物本身的历史、艺术、科学价值及文物存量的多少，决定其可以出口与否，不以所定年限为准则。"《文物出口鉴定参考标准》列出文物品种包括一切有关革命的文献及实物、有关一切古代建筑物的实物资料、古人类化石、古生物化石、绘画、书法、碑帖、拓片、雕塑、铭刻、图书、货币、舆服、器具、民间艺术、文具、文娱用品、戏曲道具品、工艺美术品、邮票、外国文物图书共21大类，各项文物系指真品，仿制品不在此限。但仿制品中，如具有研究参考价值或艺术价值较高的，也可以不准出口。

1989年文化部颁发《文物出境鉴定管理办法》，其中第三条规定"凡一九四九年中华人民共和国成立之前中国和外国制作、生产或出版的陶瓷器、金银器、铜器及其他金属器、玉石器、漆器、玻璃器皿、各种材质的雕刻品、雕塑器、家具、书画、碑帖、拓片、图书、文献资料、织绣、文化用品、邮票、货币、器具、工艺美术品等；一九四九年以后，我国已故近、现代著名书画家、工艺美术家的作品等；古脊椎动物与古人类化石"，在申报出境前都必须进行文物出境鉴定。同年，国家文物局对《文物出境许可证》等表格征询各地意见，上海市文物管理委员会对表格提出两点意见，并于4月反馈。

2004年8月，国家文物出境鉴定上海站根据国家文物局要求，组织站内以及上海博物馆陶瓷研究部和工艺研究部的展业人员共同对《文物出口鉴定参考标准》中的"工艺美术品"类标准进行修改并做研究分析，并向国家文物局反馈。上海站认为，60年限制标准基本具可行性，不必在具体的界限上作大的改动，事宜在局部增设限制措施。11月，国家文物局就《文物进境出境审核管理办法（草案）》征求各地文物主管部门意见。市文管会对草案提出6点意见，于12月向国家文物局致函反馈。

2007年4月3日国家文物局第4次局务会议审议通过《文物出境审核标准》，自2007年6月5日起施行。1960年开始施行的《文物出口鉴定参考标准》同时废止。该标准以1949年为主要标准线。凡在1949年以前（含1949年）生产、制作的具有一定历史、艺术、科学价值的文物，原则上禁止出境。其中，1911年以前（含1911年）生产、制作的文物一律禁止出境。少数民族文物以1966年为主要标准线。凡在1966年以前（含1966年）生产、制作的有代表性的少数民族文物禁止出境。现存我国境内的外国文物、图书，与我国的文物、图书一样，分类执行该标准。凡有损国家、民族利益，或者有可能引起不良社会影响的文物，不论年限，一律禁止出境。该标准范围内含化石、绘画书法、碑帖拓片、雕塑、铭刻、图书文献、钱币、舆服、器具、民俗用品、文具、戏剧曲艺用品、工艺美术品、邮票邮品、少数民族文物，共16大类。未列入标准范围之内的文物，如经文物进出境审核机构审核，确有重大历史、艺术、科学价值的，应禁止出境。该标准实施后，此前国家文物局发布的其他规定与该标准不一致的，以该标准为主。

《文物出境审核标准》印发前，文物商店所存已按《文物出口鉴定参考标准》审核并加盖火漆印的文物，出境时一律按《文物出境审核标准》重新进行审核。《文物出境审核标准》印发前，已为个人购买准备携运出境并有正式税务发票的文物，出境时可按《文物出口鉴定参考标准》进行审核，时间截至2007年9月1日止。

出入境文物鉴定审核　　1994年8月30日，国家文物局换发九四年版火漆印，取代已磨损的一九七七年版的火漆印。国家文物出境鉴定上海站可使用A字头火漆印标志（代鉴江西省），即文物经营单位的外销文物，与B字头火漆印标志，即私人携运出境文物。

1995年5月1日，国家文物局发布《暂时入境文物复出境管理规定》，指定国家文物出境鉴定上海站为可办理暂时进境文物复出境手续的站点之一。文物出境鉴定站在言和海关封志完好后，对每件暂时进境文物钤盖"C"字头火漆标识，同时开具《文物出境许可证》。暂时进境文物复运出境时，海关凭上述火漆标识和许可证放行。

1996年1月1日起，国家文物出境鉴定上海站使用新版《文物出境许可证》，由上海站自行负责印制、编号、签发和管理，配合九四版"B"字头火漆标识使用。新版《文物出境许可证》是根据《文物保护法》及有关规定，为了加强对私人携运出境文物鉴定的规范管理，由国家文物局在原北京、天津、上海、广东口岸鉴定组分别制定的《文物出境许可证》的基础上，修订颁发《文物出境许可证》的统一样式。

1999年，国家文物出境鉴定上海站建立了与有关行政执法部门连接的"文物出境鉴定管理系统"，提高文物鉴定、与海关等部门联合办理进出境手续的工作效率。

2000年为了加强上海旧木器家具经营管理、加强旧木器家具的出境鉴定检查，根据《中华人民共和国文物保护法》《文物出境鉴定管理办法》等国家有关法律法规，对上海市各旧木器家具经营商店发出《关于加强旧木器家具出境文物监管的通知》。

2001年起国家文物出境鉴定上海站鉴定工作执行国家文物局公布的《一九四九年后已故著名书画家作品限制出境的鉴定标准》和《一七九五到一九四九年间著名书画家作品限制出境鉴定标准》。2007年6月起，遵照国家文物局同月公布的《文物出境审核标准》执行。

2002年12月，为进一步加强文物保护和文物出境鉴定查验工作，避免在邮寄出境的包裹中夹带文物，上海市邮政局市南区局与海关部门商定，制定在龙门路邮政支局内设立文物鉴定点，统一受理东台路古玩市场的文物类国际邮件鉴定、收寄一条龙服务。2003年起，国家文物出境鉴定上海站每周固定时间在卢湾区龙门路邮政支局现场办理本市文物交易市场所售出的仿古工艺品国际包裹的游记出境监管手续。同时委印"出境证明"样张函寄上海海关驻邮局办事处，凡具有效"出境证明"并加贴封条的国际邮寄出境的包裹予以放行。

2009年4月，国家文物局决定启用2009年版的文物进出境审核文件和火漆印章。国家文物进出境审核上海管理处配发2009年版文物出境火漆印章、文物复仿制品出境火漆印章各4枚，文物临时进境火漆印章各2枚。管理处对经审核允许出境的文物，标明文物出境火漆标识。应海关或携运人的要求为文物复仿制品出具证明的，标明文物复仿制品出境火漆标识。

文物临时进境，由管理处审核、登记后，标明文物临时进境火漆标识。临时进境文物复出境时，管理处审核无误后，去除文物临时进境火漆标识，标明文物出境火漆标识。

自2009年7月1日起，2009年版的文物出境许可证、文物临时进境审核登记表、文物复仿制品证明、文物禁止出境登记表、文物出境审核申请表等文物进出境审核文件和火漆印章正式启用。管理处停止使用旧版的文物出境许可证、临时文物进境登记表。

打击文物走私案例　1981年8月皮瑞云通过港商梁保平将吴昌硕花卉轴画一幅走私出境。1982年3月该画被普陀公安分局、上海海关追回，同年6月交上海市文物管理委员会鉴定，文管会提出该画外销价位一万元。上海海关于1984年3月21日移送该画于文物商店收购。1989年4月21日，上海海关调查处向上海市文物管理委员会无偿移交已结案没收的文物。其中包括中英文文献418件，古钱币、瓷器、铜镜等文物1479件，另有13件物品经鉴定不属于文物，有海关自行处理。

1990年12月，上海市公安局刑事侦查处查处港商梁某走私文物案，追缴文物16件，于1991年初移交文管会。1991年1月，上海市公安局刑事侦查处查处王蔚英走私文物案，追缴文物9件，于1992年初移交文管会。

1992年2月14日至4月3日，流散文物管理部牵头，对存放在龙吴路仓库的1970年、1978年、1982年、1986年四批接收上海工艺品进出口公司的"文留"文物(经鉴定不准出口的外贸部门留存的文物，即乾隆六十年以前的文物，简称"文留"文物)进行整理移交。原则为：一、凡够博物馆藏品级别的作为藏品。二、不够博物馆藏品级别的，移交上海文物商店。1970年接收的"文留"文物共21391件，移交上海博物馆1267件，移交上海文物商店19058件；1978年接收的"文留"文物共34545件，移交上海博物馆755件，移交上海文物商店33346件；1982年接收的"文留"文物共9030件，移交上海博物馆128件，移交上海文物商店8639件；1978年接收的"文留"文物共10428件，移交上海博物馆717件，移交上海文物商店9713件。总计原接收文物75535件，落政退还1475件，去向不明329件，上海博物馆接收2632件，文物商店接收70885件，代管的247件砚台、旧墨由上海博物馆办公室签收。

2003年1月1日起，上海海关走私犯罪侦查分局更名为上海海关缉私局。上海海关缉私局在继续履行侦办走私犯罪案件的刑事执法职能的基础上，增加了查处部分走私、违规等行政违法案件的行政执法职能。1月20日起，启用新的工作印章。

2007年7月10日起，流散文物保管部对保管于文物保护基地的"文留"、海关、工商行政管理部门和市文化稽查总队移交的文物进行了造据文物收入清单，向上海博物馆、上海市历史博物馆、上海文物商店移交的工作。其中上海博物馆陶瓷部接收"文留"陶瓷器897件、海关移交陶瓷器1 362件。上博工艺部接收"文留"的砚墨211件，海关移交的玉、砚、墨、杂等文物44件。上博书画部接收海关移交的书画51件；上博青铜部接收海关移交的钱币、铜镜、佛像等文物68件。上博敏求图书馆接收海关移交图书23册；上海市历史博物馆接收海关移交的图书书画等文物41件；上海文物商店接收海关移交的陶瓷书画杂项等文物工艺品236件。

第五节　文　博　经　费

上海市的文博经费主要包括文物研究与保管经费、博物馆教育普及经费、考古发掘经费、图录出版专项经费、专业图书整理购置经费、文物保护科技经费、文物征集经费、信息化工程经费等。2000年后上海每年用于文博事业的财政经费高达一亿多元人民币。自1991年至2002年，财政对文博事业累计拨款65 442万元，古建筑维修财政支出3 782万元，共计维修168处，其中：国家级文物保护单位15处，如：中国共产党第一次全国代表大会会址、上海宋庆龄故居、徐光启墓、豫园、龙华烈士革命纪念地、兴圣教寺塔等。市级文物保护单位81处，如：鲁迅故居、陈云故剧、上海市特别政府、嘉定孔庙、中国共产党驻沪办事处（周公馆）旧址等。区级文物保护单位72处。文物抢救征集工作财政支出18 946万元。

上海认识到，城市精神的塑造，必须建立于长期的历史文化积淀基础上。博物馆、纪念馆的建设，地面文物的保护维修，珍贵国宝的抢救回归，文物普查和考古发掘，面向广大公众的重大文物展事等，无不取得丰硕成果。

在考古界传为美谈的上海志丹苑元代水闸遗址考古发现，便是颇为典型的事例。2001年5月，在某住宅建筑工地发现了元代水闸遗址，考古队立即进入现场获取重要的考古资料。市决策层听取专家汇报后，认为此处遗址是上海历史中的重要环节，决定在原地建立遗址博物馆。市财政拿出了1 600万补偿房产开发商，又拨款数千万进行遗址考古和保护，并将继续投资建设遗址博物馆。

20世纪末21世纪初，上海投入大量人力、物力进行地面文物普查，现已查明的地面文物点4 000处，比1980年底增加了一倍。上海具有国家级地面文物16处，市级地面文物114处。维护修缮工作量很大。上海三大孔庙之一的崇明学宫得以恢复，龙华塔、龙华庙至今仍在拨款维修，各区县的古代塔、桥的修缮维护更是频繁。对于重要地面文物的保护，上海从城市文化的长远着眼，绝不小家子气。如市级文物保护建筑"书隐楼"虽属私人财产，当它面临损毁威胁而其主人力所不逮之时，市文管委毅然决定，暂且搁置产权所属之议，拨款数百万进行抢修。

上海在博物馆、纪念馆的建设上不乏大手笔。投资5.7亿元的上海博物馆建设众所周知，其他如一大会址修缮、鲁迅纪念馆重建、陈云纪念馆建立，都取得很好的社会效益。修缮后的这些纪念馆参观人数大大增加。

表 6-1-3 1991—2010 年上海文物事业费支出统计表 单位：万元

年 份	文物事业费	其 中			
		博物馆经费	文物事业机构经费	文物保护费	其他文物事业费
1991	416	367	33	3	13
1992	476	392	72	2	10
1993	599	435	108	2	54
1994	717	581	117	6	13
1995	1 930	1 696	203	6	25
1996	6 469	6 192	205	14	58
1997	7 705	7 400	210	—	95
1998	8 592	8 217	254	—	121
1999	9 225	8 611	296	—	318
2000	9 886	9 431	291	11	153
2001	9 754	9 223	248	—	283
2002	11 321	10 852	300	—	169
2003	12 112	11 253	189	224	446
2004	13 363	13 009	194	199	—39
2005	17 693	15 493	211	768	1 221
2006	18 774	14 931	365	1 357	2 121
2007	30 475	18 231	—	2 897	9 347
2008	32 969	25 153	—	2 828	4 988
2009	54 020	46 976	—	3 796	3 248
2010	52 546	44 852	—	3 904	3 790
合计	299 042	253 295	3 296	16 017	26 434

说明：1. 资料来源为上海市财政总决算表。

2. 文物保护费 1997—1999 年、2001—2002 年报表数字空缺。

3. 2007—2009 年文物事业机构经费科目取消,增扩行政运行、一般行政管理事务、历史名城与古迹等科目,统计时并入其他文物事业费中。

第二章 文物工作

上海的文物保护,中华人民共和国成立前的中央和地方政府虽然也颁布有关法令,但无专职管理机构,许多文物古迹仍不时遭受破坏,甚至有的珍贵文物被走私而流散海外。1949 年 5 月上海解放,9 月,市人民政府就组成上海市古代文物管理委员会,管理保护名胜古迹,征集、接管或接受捐赠文物,并与海关协作,进行文物出口鉴定,防止珍贵文物外流。1956 年起,在各区、县进行了文物普查,经过多次复查、鉴定,分批确定市级文物保护单位,由市人民委员会公布保护。1958 年起,原属江苏的郊区十县划入建制,陆续发现古文化遗址和大批古墓葬,市文管会设立专业部门进行考古发掘,管理出土文物,还在有色金属冶炼厂、废品站抢救将被熔毁的青铜器等文物。自 1950 年起,上海就陆续修复鲁迅故居、中山故居、中共第一次代表大会会址、龙华塔、豫园、徐光启墓、松江唐经幢等重要文物。1982 年《中华人民共和国文物保护法》公布后,进一步加强了文物的保护与管理工作,嘉定、青浦、松江三个县建立了县文物管理委员会,负责协调该地区的文物保护管理工作;凡有文物保护单位的乡还聘有文物管理员负责本乡的文物保护工作。后各区县陆续成立文物管理委员会,专门组织当地的文物保护工作。

上海市文物普查工作,始于 1956 年。1956 年 4 月 20 日,国务院发出《关于在农业生产建设中保护文物的通知》,提出“在全国范围内对历史和革命文物遗迹进行普遍调查”。同年 8 月,上海市文化局会同市文物保管委员会以蓬莱区为试点开展普查,该区系上海老城区,地面文物较多。同年 10 月,在总结蓬莱试点的普查经验之后,普查工作向全市各区县铺开。这一次的普查工作持续至 1965 年,因市、县干部分批参加农村四清运动,文物普查暂时停顿。1978 年 2 月文物普查工作重新开始,市文化局、文管会在“上海市文博图工作座谈会”上布置各区县进行文物复查,由于各区、县文化局和所属单位重新建制,人员变更和档案散失,普查工作直到 1986 年才基本结束。

1986 年 5 月文化部发出《进一步做好文物普查工作的通知》,市文管会结合编制《中国文物分布图集》上海分册的任务,要求各区、县在普查中将凡是可见到的地面文物遗址、墓葬等,不问价值如何,全部登记,编成文物一览表等上报,统一核定平衡。自 1987 年 3 月开始,至 1991 年除个别区、县外皆陆续完成。

2007 年 7 月和 9 月分别召开了“上海市第三次全国文物普查工作动员部署大会”和贯彻落实国务院关于第三次文物普查电视电话会议精神的会议。第三次文物普查工作正式开始。此次普查工作持续至 2011 年,各区、县陆续完成普查。

第一节 不可移动文物普查

一、第二次全国文物普查

第二次全国文物普查在 1981—1985 年之间,由于上海的第一次全国文物普查在 1978 年重新启动与实施,部分工作与第二次文物普查有所重合。今由于工作的重复和档案资料的不足,大部分区县无法调查第二次普查工作的具体情况。在各区县中,青浦区的是第二次文物普查工作的重点实施区域。

1988—1989年,青浦县根据中央和上海市政府的指示精神,开展了青浦县第二次全国文物普查,这也是中华人民共和国成立后青浦县第七次文物普查。目的在于摸清全县的文物家底及分布状况;普及宣传文物法,制止破坏活动,有效保护文物;并通过普查保护和征集一批较有价值的文物。

在部署阶段,首先是在准备阶段编印了宣传材料,共印刷4套8 000张宣传贴画,发放至各乡、镇、村、居委会、机关、学校、商店等单位张贴;还编写了300多份广播、黑板报等宣传提纲和资料发给各镇、街道。其次是组织力量,培训骨干。普查工作人员以博物馆24人为主,乡、镇干部100余人为辅,先进行业务培训,学习文物法、传授文物基础知识以及青浦县的历史与文物概况等。

实践阶段分为两步。第一步是试点。1988年3—6月,在环城乡搞试点。用"一讲""二听""三问""四查""五看"的方法宣讲文物法和文物普查的目的意义及要求,听乡、村干部群众介绍当地历史及文物情况,向当地群众寻问线索,查资料、线索,看现场和实物。第二步是全面展开。根据农村和城镇的不同特点,将全县24个乡镇分五批,农闲时到村,农忙时到镇普查。第一批试点;第二批8—9月,普查白鹤、盈中、朱家角二乡一镇;第三批10—11月,普查朱家角、重固、赵巷、青浦镇等五乡二镇;第四批12月1—26日,开展金泽镇、商榻、西岑等五乡普查;第五批12月30日—次年1月18日,完成了徐泾、凤溪、小蒸等七乡的普查。

青浦县第二次全国文物普查历时10个月,遍及全县350多个乡村大队和居委会,共普查不可移动文物点149处,包括古遗址13处、古墓葬8处、古寺庙8处、古桥75座、石碑44块,摸清了全县地上、地下的基本文物情况。其中新发现有3处古文化遗址即商榻乡东风村的春秋战国时期遗址、白鹤乡青龙村唐宋时期遗址、重固乡钱介泾村新石器时代晚期遗址,7座明代以前的古墓,44块石碑,石碑中元代任仁发之子任贤才、侄任良辅墓志价值较大;摸清尚存的75座古桥状况。同时在普查中,征集石、陶、瓷、铜、玉器等文物47件,古籍163本,其中赵巷崧泽村征集到良渚文化陶缸和战国时期青釉碗,白鹤青龙村遗址发现的六口古井中出土的1件长沙窑褐釉瓷壶和1件五代越窑莲花盏,在西岑乡塘南村蒋士勤家征集到一顶解放前本地乡民使用的迎亲花轿,较有文物价值。

但当时受资金、技术、交通、信息等制约,文物仍然有漏查。

在本次文物普查基础上,青浦县人民政府于1994年8月公布第四批县级文物保护单位15处。

2000年7月26日,上海市文物管理委员会在青浦镇召开"上海市文物普查总结暨表彰大会"。各区县文化局领导和文物部门代表约60人参加了这次会议。

奉贤区也积极参与了第二次的普查工作,工作于1981年开始,由县文化馆组织实施。成立普查工作班子,各公社和南桥镇派1人参加。共查勘文物点20余处。1993年9月县博物馆复馆后,分别于1998年、2000年两次自行组织文物普查,基本摸清区域内地面文物资源情况,确定古遗址、古墓、古桥、古城镇等200余处。

松江县在1985年初,由县博物馆主持对遭破坏文物状况进行调查和资料整理,编写了21处地面文物和2处古文化遗址介绍材料,上报松江县人民政府审批。1987年,为了配合国家文物局编定《全国文物地图集》,根据上海市文物保管委员会1987年第213号文件精神,在上海市文物保管委员会的指导下,2—10月,在松江县展开第二次全国文物普查。2月,各乡镇成立了普查小组,3—7月各乡镇自查上报文物205处(件),7—8月,松江县博物馆进行复查,对其中116处文物的有关资料进行了分析、考证,确定76处地面文物与6处古文化遗址为填报对象,编定《松江县文物一览表》上报上海市文物保管委员会。此次普查,考证核实历年确定的28处地面文物及5处古文化遗址外,发现并考证了 48 处地面文物和 1 处古文化遗址,如明代七世如来佛石幢、清代王冶山宅内的明式厅堂、清代杜氏宗祠雕花厅以及为数较多的明清时期的石桥等。

徐汇区文物保护管理借助第二次普查工作得到进一步加强,1987 年黄道婆墓、黄母祠等被公布为上海市文物保护单位。1988 年,龙华革命烈士纪念地、徐光启墓等被公布为全国重点文物保护单位。1989 年,盛宣怀故居、汾阳路 79 号住宅、徐家汇天主堂、国际礼拜堂、汾阳路 45 号住宅、新康花园、修道院公寓等被公布为上海市文物保护单位。1991 年,新四军驻上海办事处旧址、中共江苏省委旧址被公布为徐汇区文物保护单位。1992 年,张元济故居被公布为上海市文物保护单位。2001 年,上海宋庆龄故居被公布为全国重点文物保护单位。在第二次全国文物普查的基础上,国家文物局组织编制《中国文物地图集·上海分册》,徐汇区组织文物管理部门进行实地文物普查勘察和资料收集复核等工作,共调查登录不可移动文物 263 处,这些不可移动文物主要分布情况:一是在陕西南路以西、长乐路以南、华山路以东、肇嘉浜路以北的老上海法租界区域内,尤以近现代建筑及重要史迹建筑为主;二是在上海交通大学前身——南洋公学校舍及其以南的徐家汇南部宗教建筑;三是在平江路原上海特别市政府办公楼及其周边的配套建筑;四是在龙华及其以南地区的革命史迹。区域内拥有全国重点文物保护单位 4 处,上海市文物保护单位 12 处,徐汇区文物保护单位 14 处,徐汇区登记不可移动文物 71 处。

浦东新区于 1999 年 7—9 月对浦东新区的文物进行全面普查,共普查到各类文物点共 253 处。在此基础上,进行了认真的筛选、并按照市文管会的要求做好文字、照片、图纸等档案资料。比较详细地掌握了该区的文物存量,同时为新区的文物保护及文物事业的发展打下了比较扎实的基础。

2000 年结合浦江开发,成立浦江东岸文物普查小组,开展为期一个半月的文物普查。撰写了浦东东岸文物历史遗迹的调研报告,并对浦江东岸有保护价值的文物点做好了文字、照片、录像档案的记录工作。

做好关于文物"四有"工作。在普查的基础上,做好了区级以上文物保护单位的文字、照片、录像、光盘的存档工作,划定了区级以上文物保护单位的保护范围、控制地带,并落实制作标志。同时,上报张闻天故居为全国重点文物保护单位,2001 年 6 月 24 日国务院公布了张闻天故居为全国重点文物保护单位。

2002 年 1 月 14 日,区政府公布了浦东新区 26 处文物保护单位,其中 22 处为区级文保单位、文保点。在此基础上,文物保护管理署积极做好文物保护的"四有工作",向文物保护单位所在街镇及保护责任单位发了关于文物"四有"工作的函。然后对 22 处区级文物保护单位进行了踏访,现基本上完成文物保护"四有"工作,即签订"责任书",落实业余文物保护员,竖立了保护碑,划定了保护范围。并会同新区规划院制订《浦东新区 2002 年历史文化名胜保护规划》中的文物保护规划,初步拟定了每个文物单位的保护范围和建设控制地带及其他保护措施。

二、第三次全国文物普查

根据国务院第三次全国文物普查领导小组办公室制定的《第三次全国文物普查实地文物调查阶段验收指导意见》以及《上海第三次全国文物普查实地调查阶段验收管理办法》,上海市三普办已于 3 月 31 日完成全市 19 个区(县)的实地文物调查阶段验收工作。据验收结果初步统计,上海市共调查登记不可移动文物 4 400 多处,其中新发现 1 700 多处。普查遍及全市 19 个区(县)218 个乡镇(街道),4 767 个行政村(居委会),普查覆盖率为 100%。

上海地区的第三次文物普查自2007年9月开始至2009年底基本完成组织动员、人员培训、实地调查等工作。市和各区、县都成立了由分管行政领导挂帅的文物普查领导小组和办公室，具体指导和协调文物普查事宜。在普查过程中各区县还开展了形式多样的文物保护宣传活动；许多居民积极主动提供线索，协助搜寻新的不可移动文物。这次直接在一线普查的人员就有近千人。市区县财政提供的普查经费已达4 300多万元。2009年底开始以行政区（县）为单位逐个进行验收。为了确保验收工作顺利进行，上海市三普办根据各区县的具体情况，制订详细的验收计划，并在组织保障、技术支持与经费补助等方面做充分准备。上海市三普验收专家组由文物、考古、建筑、规划、历史等各方面专家及区（县）三普专家组成。为了确保各区（县）验收工作顺利进行，上海市三普办在正式验收前，多次组织专家组分赴各区（县）进行预审，对存在的问题提出整改意见。

2009年12月，上海市第三次全国文物普查实地文物调查阶段验收工作全面启动。通过对松江、静安两区的试点验收，各区（县）熟悉并了解了验收要求和程序，从而为全市验收奠定了基础。2010年1月，国务院第三次全国文物普查领导小组办公室领导和专家莅临上海检查、指导验收工作，全过程参加了金山区的验收，并给予充分肯定。

上海市三普办在验收工作中，及时总结已通过验收的区（县）工作经验与工作特色，指出存在问题和差距，并对下一步成果文本的修改完善提出具体指导意见。上海市三普办按照第三次全国文物普查标准规范和技术要求，通过听取汇报、软件校验、检查台账、核对纸质和电子文本、实地检验等验收工作流程，对各个区（县）实地调查阶段成果进行了全面验收。验收结果表明，全市各区（县）的三普公文档案、会议记录、工作台账、进度报表和信息月报、野外调查记录、测绘草图等资料齐整完备。普查覆盖率、登录文本内容与质量均符合第三次全国文物普查标准规范要求。

此次文物普查品类多样、成果丰硕，其中嘉定区娄塘天主堂、浦东新区民生港工业建筑群、崇明县大通纱厂办公楼和碉堡、闸北区四方锅炉厂、徐汇区夏衍旧居、闵行区上海重型机器厂、嘉定区娄塘公社太平桥食堂旧址共七处不可移动文物被国家文物局列入2008年和2009年第三次全国文物普查重要新发现。

各区（县）三普办根据验收专家组提出的意见认真修改完善，从而为上海市第三次全国文物普查第三阶段的数据整理工作打下扎实的基础。

【黄浦区的第三次全国文物普查】

黄浦区的第三次文物普查工作始于2007年，由当时尚未合并的原黄浦区与原卢湾区分别执行。

原卢湾区的三普工作自2007年10月起正式启动，设立区三普领导小组、办公室、普查组（队）三级组织网络，从筹备组织、组建队伍到实地调查、数据录入，历时两年多，前后经历两个阶段。区内普查做得较为彻底，记录详细完整，宣传形式丰富多样，保护措施同步跟进，并很好地将普查结果运用到文物保护的宣传工作。本次普查新发现文物点191处，有具有江南民宅风格的建国中路155弄25号住宅，有古井、石刻，有近现代重要史迹及代表性建筑，其中以石库门、名人旧居、工业遗产、典型风格建筑等数量最多，特别是董竹君旧居已为上海三普工作的二十大发现之一上报至国家文物局。

原黄浦区的第三次全国文物普查工作完成587处文物普查点的勘查，重点摸清137处各级文物保护单位情况，已登录209处不可移动文物，新发现不可移动文物74处。原黄浦区被评为上海市第三次全国文物普查先进集体。

【徐汇区的第三次全国文物普查】

2008年2月19日,徐汇区人民政府下发《关于建立区第三次全国文物普查领导小组的通知》(徐府发〔2008〕5号),成立徐汇区第三次全国文物普查领导小组,下设徐汇区文物普查办公室,负责全区普查工作的日常组织和具体协调,制订徐汇区区普查工作实施方案。

2008年1月,各街道镇相继成立文物普查领导小组,由街道、镇分管领导任组长,街道镇社会发展科科长任副组长,普查小组由3—5名普查员组成,负责制定社区文物普查方案和工作实施。

2008年3月13日,徐汇区召开区第三次全国文物普查动员会,正式拉开区第三次全国文物普查工作序幕。徐汇区"三普"领导小组十分重视普查人员的学习培训,结合区域实际情况,组织形式多样的培训、指导工作。全区一线普查人员达到360余人,其中大专以上学历占70%以上。

徐汇区第三次全国文物普查实地调查从2008年4月开始至2009年12月结束,全区普查不可移动文物478处,其中新发现不可移动文物215处,复查不可移动文物263处。消失不可移动文物27处。普查员对各文物点进行勘查、测量、绘图、拍照,认真做好文物数据和相关资料的采集、登记工作,保证资料、信息和各项原始数据的真实、完整,按时完成实地文物调查阶段工作。

2010年2月10日,上海市三普办组织专家组对徐汇区文物普查实地调查阶段工作进行验收,专家组通过听汇报、看材料、查现场的形式,认为徐汇区政府履行普查职责,在普查宣传、队伍培训、实地普查、数据登录、工作台账、普查档案等方面符合验收标准,且成绩显著,专家组宣布徐汇区文物普查实地调查阶段工作验收合格。

2010年7月6日,国家文物局三普办率专家组对上海市第三次全国文物普查实地调查阶段整体工作验收。徐汇区作为上海中心城区代表被抽查验收。按照验收议程,验收组听取徐汇区三普情况汇报,查阅三普各类资料,对张乐平旧居、土山湾孤儿院旧居等六处不可移动文物点进行实地考评验收。国家文物局专家验收组组长、山西省普查办主任师悦菊宣布验收意见:徐汇区人民政府履行三普职责,组织协调周密,各项数据准确,登录图纸规范,登记情况属实,通过整体验收。国家文物局三普办副主任刘小和特别赞扬徐汇区三普组织机构齐全,培训宣传有力,实地普查到位,工作台账等基础工作扎实,及时巩固三普成果等做法给与会专家留下了深刻的印象。

据徐汇区第三次全国文物普查有关数据、资料统计:徐汇区不可移动文物478处,其中古墓葬3处,古建筑4处,近现代重要史迹及代表性建筑317处,重要历史事件和重要旧址、纪念地13处,名人故居(旧居)28处,文化教育建筑33处,寺庙、宗教建筑18处,领事馆建筑9处,工业建筑5处,其他风格建筑48处。第三次文物普查期间,徐汇区陆续新公布五批不可移动文物共78处,其中徐汇区文物保护单位34处,徐汇区登记不可移动文物44处。

通过此次文物普查,徐汇区积极建立区第三次全国文物普查不可移动文物信息管理系统,编制不可移动文物名录,理清各街道镇不可移动文物分布情况。同时,加强文物普查成果转化,在三普基础上,组织力量编辑出版《留存的历史》《徐汇区文物志》《薪尽火传》《百年渊源——早期世博会的上海记忆》《重拾历史碎片——土山湾研究资料粹编》《土山湾记忆》《历史的记忆——徐汇区第三次全国文物普查荟萃》等书籍,加强文化遗产宣传研究,不断提升区域历史文化底蕴。

【长宁区的第三次全国文物普查】

长宁区的第三次全国文物普查工作始于2008年。按照上海市"三普"办的要求,成立由分管区长为组长,各相关职能部门分管领导和区域10个街镇领导担任组员的领导机构,并组建40余人的普查队伍,开展专业培训和宣传工作。期间采用《告居民书》《三普联系卡》《三普新发现流动展览》

和媒体宣传等多种形式,广泛宣传"三普"知识,"三普"各项工作得到了落实和保证。

2009—2010年期间,长宁区开展实地文物普查工作。2009年初,长宁区政府与上海市人民政府签订了《"三普"目标责任书》,明确任务,狠抓落实,并顺利通过了市级文物专家验收。此外,长宁区还编写了《长宁区"三普"成果图集》,并通过长宁时报连载栏目,刊登新发现文物成果。

此次普查不可移动文物共182处,其中复查156处、新发现文物点26处。古代文物有明墓石刻;名人旧居有钱学森寓所、李济深寓所、陈鹤琴旧居、施蛰存旧居;工业建筑有丰田纱厂铁工部旧址、青霉素实验室旧址、改革开放第一只股票诞生地、卜内门洋行高级职员;重要历史事件和重要机构旧址有民盟一届二中全会旧址、农工党第四次全国干部会议会址、宋庆龄中秋游园会举办地;宗教建筑有怀本堂;另有老洋房内发现的墓志铭和海派壁画。

通过此次文物普查,摸清了区域不可移动文物家底。长宁区共有不可移动文物点182处,其中典型风格建筑105处、名人旧居30处(以历史名人命名建筑)、文化教育建筑21处、重要历史事件和重要机构7处、宗教建筑2处、工业建筑4处、医疗卫生建筑3处、军事建筑和名人墓各4处、其他建筑6处。

长宁区充分利用"中国文化遗产日"主题活动,广泛宣传"三普"成果,传播文物保护知识。连续4年开展了"体验世博·品位长宁""经典老建筑文化之旅""历史文化风貌区·苏河老印象文化之旅"免费开放活动,组织开放累计24处"优秀历史保护建筑"和名人旧居,备受市民欢迎;举办"迎世博,展长宁优秀保护建筑风采展览""长宁工业遗产保护利用成果展""2010年长宁区第三次文物普查新发现文物成果展"以及"长宁·历史的钩沉—百幢经典老房子油画展""经典老建筑文化之旅发车"等活动。

【静安区的第三次全国文物普查】

静安区第三次全国文物普查工作自2007年4月正式启动至2011年12月,前后历时五载,经历了3个阶段。

在普查工作的筹备阶段,区"三普"领导小组明确提出,建立健全文保基层网络、锻炼打造出一支自己的文保专业人员队伍,作为此次静安"三普"工作的重要目标之一。根据这一要求,区"三普"办公室在组建和培训基层普查队员时,便确立了较高的选人和用人标准,不仅专门抽调了区文化局、文史馆、静安区下属各街道的精兵强将充实队伍,还专门组织了两次面向基层普查人员的专业培训,并组织了相关专业知识考试。最终,通过考试、持证上岗的静安区一线普查队员人数达到了92人。另有大量分散于静安各个社区内的基层文保队员,提供线索、联系居民、宣传动员,成为该项工作最坚实的后盾。

2008年8月—2009年12月,是静安区第三次全国文物普查工作的第二阶段,即以一线普查小组为核心,以田野调查、数据采集、现场采访为主要内容的实地文物调查登记阶段。

2009年12月17—18日,静安区召开第三次全国文物普查现场验收会。上海市文管委、上海市第三次全国文物普查领导小组的数十位专家共同对区普查准备及实地文物调查登记两阶段工作做了全面深入的检查和验收,使普查二阶段工作(实地调查)顺利通过验收。

静安区"三普"数据处理阶段的工作,自2010年1月正式启动,至2010年6月30日所有数据资料统一上交上海市"三普"办为止,前后共耗时半年左右的时间。区普查数据资料以精确为由名居前茅,三普工作报告与徐汇区、松江区成为国家文物局召开的第三次全国文物普查工作交流会的交流材料。

在5年的普查工作中,静安区普查队员走遍了境内大街小巷,进行实地调查、查阅历史文献,硕果累累。普查队员从1 280处线索入手,到最终完成登记和修改,总共上报的不可移动文物点达到了328处,其中复查文物点222处、新发现文物点106处。普查范围涵盖静安区下属所有5个街道、71个社区,其中52个社区都发现了文物点,其余19个社区经实地调查和居委会证明未发现文物点。其中,最值得骄傲的是发现了境域演变轨迹、石库门建筑工艺进化痕迹,发现了一批邬达克的经典之作,增添了革命遗迹和名人故居、旧居等文物保护单位数量。

【闸北区的第三次全国文物普查】

闸北区第三次全国文物普查工作2007年4月全面启动,从最初的筹备组织、队伍建设到其后深入社区开展实地调查,再到后期数据处理、工作总结,前后历时四年、经历了三个阶段。其中2007年4月至2008年8月为普查的前期准备阶段;2008年9月至2009年12月为实地文物调查阶段;2010年1月至2011年12月为普查资料的整理阶段。闸北区第三次全国文物普查投入经费105万元。

2007年4月,闸北区第三次全国文物普查工作启动,制定《闸北区关于开展第三次全国文物普查工作的计划》《闸北区第三次全国文物普查工作实施方案》等指导性文件,筹建相关组织机构,落实普查经费。

2008年3月5日至6日,闸北区第三次全国文物普查培训班在区委党校举办,"三普"工作人员近50人参加。邀请上海市"三普"办公室、上海市方志办专家进行"三普"标准、要求,以及"闸北革命史料"和"闸北区文物资源和保护"概况等方面的授课。除了课堂学习,全体学员还参加了实地踏勘了代表性文物点的活动。

2008年9月,在试点调查了宋教仁墓、钱氏宗祠、上海彭浦机器厂、四方锅炉厂后,闸北区第三次全国文物普查工作正式进入到以一线普查小组为核心,以田野调查、数据采集、现场采访为主要内容的实地文物调查阶段。根据区域特点,重点开展"工业遗产"类别的调查。先后完成原"彭浦工业区"、原"和田工业区"工厂建筑,以及区域内其他历史建筑60余处调查,登记新发现文物点19处,完成区"二普"文物点复查25处,完成消失文物点调查40处。

2010年3月19日,闸北区第三次全国文物普查实地文物调查阶段工作经市"三普"办验收合格,专家组反馈了闸北区第三次全国文物普查实地文物调查阶段实地组织管理到位、运作良好,各类登录数据完整、规范、真实,调查质量上乘,各类档案、台账资料齐全,做出了闸北区的特色的结论。

2010年6月30日,闸北区第三次全国文物普查完成实地调查和登记,共登记上报不可移动文物点77处,其中复查文物点56处,新发现文物点21处。普查范围涵盖闸北区下属所有9个街道(镇),206个居委会、行政村,普查完成率、覆盖率、到达率均达100%。

【普陀区的第三次全国文物普查】

根据国家文物局《关于做好第三次全国文物普查工作的通知》文件要求和上海市第三次全国文物普查领导小组的统一部署,普陀区于2007年9月召开第三次全国文物普查工作动员大会,区人民政府作了动员与工作部署,成立"上海市普陀区第三次全国文物普查领导小组"。同时组建区、街道(镇)两级普查队伍。抽调文化系统有经验的同志,吸收各街道、镇社发科、社区文化活动中心的同志,组成了一支有丰富经验和专业知识为骨干力量的普查队。街道、镇普查队由各社区文化活动中心牵头,集合一些文物爱好者组成。在队伍组织方面,普陀区注重借助外部专业力量,邀请同济大学建筑与城规学院师生,到现场共同测绘、制图,并完成《上海市普陀区文物及优秀历史建筑测绘图集》两册。

2007年12月,举办第一次三普工作培训班,邀请市文管委地文处专家针对此次文物普查的相关技术标准和政策法规作了系统的专题辅导。此外,还组织区普查队骨干积极参加市三普办组织的各类专题培训班。2007年10月—2009年12月为普陀区三普实地文物调查阶段,工作组严格按照《第三次全国文物普查相关技术规范》的要求,进行数据采集和记录,为确保每一个测量数据的准确无误,测量队员与记录队员做到两次复述测量数据。建立例会制度,每个星期各普查小组开一次会,汇总交流工作情况,每个月普查队开一次会,总结普查情况,交流经验,解决出现的问题和困难。2009年10月,普陀区三普的阶段性成果《苏州河文化遗产图志(普陀段)》一书由上海辞书出版社出版发行。2010年3月,普查通过验收。

此次普查对48个文物点确认登记为不可移动文物,其中30处为复查点、18处为新发现。苏州河沿岸的工业遗产,是普陀区三普工作的重点,普查中新发现大批工业遗产,包括福新第三面粉厂、信和纱厂、上海麻袋厂等。另外,新发现圣约翰大学河东旧址、华东师范大学早期建筑、真如暨南大学旧址暨南新村一号和科学馆、大夏大学生物化学实验楼、大礼堂等一大批重要的近现代文化遗产建筑,安远路294号、300号的蔡宅和位于江宁路1325号的沈宅两处晚期石库门建筑精品。

【虹口区的第三次全国文物普查】

虹口区开展第三次文物普工作从2007年开始,2011年完成。2007年12月,虹口区成立第三次文物普查工作领导小组,召开虹口区第三次全国文物普查工作动员大会。2008年度文物普查落实经费19.9万元,主要用于文物普查工作中设备的添置、人员的培训、普查工作的宣传、资料的征集、专家的咨询和论证、田野调查的补贴等各方面的费用。2009年度文物普查落实经费20万元,主要用于普查工作的宣传、资料的征集、专家的咨询和论证、田野调查的补贴以及专题调研、出版刊物等各方面的费用。2010年,区财政确定了18万元的普查专项经费,主要用于普查工作的宣传、资料的征集、专家的咨询和论证以及专题调研、出版刊物等各方面的费用。

虹口的"三普"工作得到社会各界的大力支持和帮助。除了由文博系统专业人员和其他相关部门人员组成普查组外,还有社会各方面人士参与。同济大学的教授和学生们与普查队员们一起对区域内近200处工业遗产进行勘察,对每一处码头、仓库或者工业园区仔细测绘、拍摄等,绘制了70多张图纸,填写了255张调查表格,拍摄了3 700余张资料照片。文史爱好者们为普查工作提供了大量的史料和线索,有的不顾年事已高还亲自带普查队员到实地进行调查核对。实地文物调查阶段工作从2007年10月启动至2009年12月结束。

根据普查得知,虹口区8个街道共计完成普查登记不可移动文物317处,复查235处,新发现68处,消失文物14处。复查235处文物点包括:国家级文物保护单位3处;上海市级文物保护单位及纪念地13处;区级文物保护单位及纪念地26处;登记公布的不可移动文物27处;市优秀历史建筑61处;以及其他文物点105处。新发现68处文物点有大量名人旧居,如宋嘉树旧居、关紫兰旧居、谢旦如旧居、赵家璧旧居、陶晶孙旧居、任钧旧居等;典型风格建筑数量也有增长,如上海本地乡村传统住宅、英国乡村式住宅、折中主义风格住宅、日式住宅、花园住宅等;工业建筑新发现达84处,如南浔路仓库、明星香水肥皂厂(现为上海家化有限公司)、曲阳污水处理厂等。业专题调查的基础上,还汇编成了《上海市虹口工业遗产图录》一书。通过简洁明了的文字和大量图片,对虹口工业遗产的分布、分类以及保护利用等方面做了介绍。

普查发现消失 14 处文物点,包括汇山码头、公和祥码头等 7 处码头旧址,因沿黄浦江一带改建为滨江大道而拆除;汇山大戏院旧址、上海三角地菜场旧址等 6 处因市政道路拓宽而拆除。此 14 处文物点均未核定为文物保护单位。

普查之后,虹口"三普"办公室根据普查所得资料,逐步将普查数据成果转化,对普查成果将采取保护措施,逐步公布文物保护单位挂牌保护,还将酝酿虹口文物保护的各类制度规范、操作措施及细则。新增一处区级文物保护单位,2009 年 1 月 7 日虹口区人民政府以区府 1 号文公布四川北路 1953 弄永安里 44 号"周恩来同志在沪早期革命活动旧址"为虹口区文物保护单位。"周恩来同志在沪早期革命活动旧址"是虹口在此次"三普"中一个重大的新发现,有着很高文物价值和历史价值。

2008 年,开设"虹口文博网",宣传虹口的历史文化遗产,引导大众走进虹口,了解虹口,爱护虹口,为虹口今天的建设、明天的发展提供有利的帮助。"虹口文博网"同时也为虹口区第三次文物普查一块固定的宣传阵地。

2009 年 5—6 月间,区"三普办"针对新发现的名人旧居——"宋嘉树旧居"连续召开了两次专家论证会,与市文管委、区房地局、区规划局以及建筑专家先后两次到东余杭路 530 号、526 弄 17 号、23~31 号进行实地勘察,之后将专家的意见及论证会的结果及时上报,为下一步在旧区改造规划中,统一保护与规划提供依据。

2009 年,江湾镇设立江湾镇街道史料陈列馆,修复三观堂、淞沪铁路江湾站,重建了江湾公园、韩世忠塑像等一系列再现江湾镇历史文化遗存的举措。

经过调查、汇总、梳理后,虹口区文管委将"三普"成果分别编辑出版《上海市虹口工业遗产图录》《百年多伦路》《虹口区第三次全国文物普查图录》等书。通过简洁明了的文字和大量图片,对虹口历史文化遗产的分布、分类以及保护利用等方面做了介绍。

【杨浦区的第三次全国文物普查】

杨浦区第三次全国文物普查工作自 2007 年 9 月正式全面启动,至 2011 年结束。经历了前期准备、实地调查、资料整理 3 个阶段,调查范围涵盖全区所属 12 个街道(镇),305 个居民委员会,普查覆盖率和区域到达率达到 100%。合计对全区 135 处不可移动文物进行了现场调查和登录工作,其中包括复查文物点 51 处、新发现文物点 71 处、消失文物点 13 处,单体建筑共 448 幢,全面摸清了区域文物家底。

杨浦区于 2007 年 9 月召开文物普查前期工作会议,组建杨浦区第三次全国文物普查领导小组,副区长吴乾渝担任领导小组组长,区文化局局长和区府办副主任担任副组长,领导小组办公室主任由区文化局局长兼任,区府办、区发改委、区建交委、区商务委、区文化局、区规土局、区房管局、区财政局、区档案局、区地区办、区民宗办等部门及区属各街道(镇)参加了普查工作。5 年内投入普查专项经费共计 140 万元。2008 年 3 月中旬,区普查办举办了"杨浦区第三次全国文物普查培训班"。

此次文物普查中共登录了工业遗产建筑 37 处,包括复查 13 处、新发现 24 处,新中国成立前后直至 20 世纪 60 年代期间建立的一批重要企业,如上海电缆厂、上海机床厂、上海渔轮厂等均纳入普查范围,进一步丰富了工业遗产类型。发现了"钢铁大王"张卓仁旧居、艺术大师赵无极旧居以及上海道台聂辑椝家族住宅等 5 处重要的名人故(旧)居,一定程度上填补了文化名人、商业巨贾在杨浦活动的"空白"。发现了一批具有较高历史价值的花园住宅、高级公寓和里弄住宅。如隆昌路541弄大康纱厂职员住宅、龙江路2号自来水公司英式花园住宅等,共登录典型风格建筑36处。对区域内7处具有一定历史价值的交通设施进行了详细登录。

【闵行区的第三次全国文物普查】

闵行区第三次全国文物普查于2007年6月至2011年12月间进行。2007年8月17日,"闵行区第三次全国文物普查领导小组"成立。之后,全区共有34名基层文物普查员通过专业培训,取得普查上岗证。区财政拨付了文物普查专项经费,分别为2008年72.6万元、2009年56.8万元、2010年18.3万元、2011年2.1万元。相关镇和街道用于文物普查的经费计42.4万元,全区文物普查使用经费累计为192.2万元。区文物实地调查工作从2008年6月开始,至2010年2月结束。全区文物普查员共走访村、居委及相关单位486家,召开座谈会127次,专访相关人员1 280人次。2010年3月30日,上海市第三次全国文物普查办公室组织专家,对闵行区第三次全国文物普查实地文物调查工作进行了电子版和书面文本的验收。

此次普查走访调查点260余个,经"区三普办"的梳理整合,确定登录不可移动文物157处。其中新发现不可移动文物为93处,占总数59.2%;复查《中国文物地图集·上海分册》终审稿所刊闵行区不可移动文物64处,占总数40.8%。查实区境有41处历史文物点消失。文物普查的野外到达率、调查区域覆盖率和完成率均达到100%。在登录的157处不可移动文物中,包括上海市古文化遗址1处、区级文物保护单位36处、区登记不可移动文物30处和上海市近现代优秀建筑1处。其中新增的市、区级文物保护单位共计13处。

普查新发现上海重型机器厂旧址及其水压机车间的中国第一台万吨水压机、七一人民公社旧址,重要发现有秦伯未故居宅院、胡氏三寿堂宅院、奚家恭寿堂宅院、彭家花园洋房、南洋模范中学七宝新校旧址、马桥镇俞塘农民新村等。还在江川和吴泾地区发现一批重要的工业遗产。其中有创建于民国22年(1933年)的中孚化学制造染料厂股份有限公司闵行厂旧址(现名上海染料化工厂),有安装着我国首台万吨水压机的上海重型机器厂旧址,有自行设计和制造我国首台125 000千瓦双水内冷汽轮发电机组的上海汽轮机厂、上海电机厂、上海锅炉厂等旧址,还有上海重型机床厂旧址、闵行发电厂旧址、上海吴泾化工厂旧址、上海吴泾热电厂旧址等20世纪五六十年代建造的国家大中型骨干企业,它们均为我国社会主义建设作出过重要贡献。

【宝山区的第三次全国文物普查】

宝山区于2008年1月21日,成立三普工作领导小组、三普办公室和区三普工作队。领导小组由李原副区长担任组长,区政府办公室副主任张丽英、文广局局长彭林为副组长共同组成;彭林局长兼任三普办公室主任;文广局副局长阎志军、区文保所汤明德所长为三普办公室副主任、汤明德为区三普队队长的区三普工作队。同时,区各街、镇也相继成立以分管领导为组长的三普领导小组,以文化服务中心主任(站长)为队长的三普队。普查机构是区三普工作队,负责全区的三普工作,办事机构是区三普办公室,负责协调三普工作有关事宜。区财政投入普查专项经费38万元(不含各街镇投入的三普专项经费)。

宝山区三普办于2008年3月,在宝山区华怡宾馆举办为期3天的封闭式业务培训,全区12个街镇和有关局行近70名普查人员参加普查技能培训。2008年5月下旬,区三普办与罗店镇三普领导小组召开了调查试点工作准备会议,并就普查试点工作的有关事项作了具体的安排,并于6月2

日在罗店镇全面展开普查试点工作。同时,各街镇开始排查、登记辖区内的文物点,至2009年底完成。2010年1月29日,上海市第三次全国文物普查办公室验收专家组对宝山区第三次全国文物普查实地文物调查阶段进行了验收。

此次普查共普查登记文物100处,其中复查文物36处、新发现文物64处,另消失文物登记21处。整个普查范围覆盖率100%,街镇、居委、行政村到达率100%。其中新增区级文物保护单位1处、区级文物登保单位9处。

【嘉定区的第三次全国文物普查】

1997—2015年,嘉定区配合第三次全国文物普查(针对不可移动文物)、第一次全国可移动文物普查,对本区的不可移动文物、可移动文物进行了普查、审核、登录和上报。

2007年4月,国务院发布《关于开展第三次全国文物普查的通知》发布。同年12月,嘉定区第三次全国文物普查领导小组成立。2008年4月,嘉定区三普文物普查队正式成立,办公室设在区文广局。确定普查工作从2008年3月开始,到2010年12月结束。

2008年3月,举办嘉定区第三次全国文物普查培训班,5月中旬开始实地文物调查,次年12月底结束。对区内12个街镇、139个行政村、96个居委会进行实地调查。经上海市三普办和国务院三普办反复审核,最终确认204处不可移动文物编入《第三次全国文物普查不可移动文物登记表》,其中复查88处,新发现116处。2010年2月,普查工作通过上海市三普办专家组验收。

2011年12月,嘉定区三普成果之一《嘉定区不可移动文物汇编》(三册)编印完成。2012年12月,"嘉定区不可移动文物(三普)地理信息数据库系统"建设基本完成。汇编和系统详细记载每一处不可移动文物的年代、位置、保护范围等信息,使区内不可移动文物的信息进一步具体化、精准化、系统化。

【浦东新区的第三次全国文物普查】

2008年1月7日,原南汇区普查领导小组成立,并公布了《南汇区关于开展第三次全国文物普查工作的方案》。1月14日,原南汇区第三次全国文物普查动员大会召开。2008年3月24日原浦东新区第三次全国文物普查领导小组成立(浦府办秘〔2008〕3号文)并公布了《浦东新区关于开展第三次全国文物普查工作实施方案》,6月11日,浦东新区第三次全国文物普查工作动员会在新区政府办公中心新闻发布室召开。

2008年6月17—19日,举办南汇区第三次全国文物普查培训班。2008年7月1—3日,举办了浦东新区第三次全国文物普查培训班。经过集中培训,各区学员们对第三次全国文物普查的实施方案及相关标准规范有了全面的了解,初步掌握了普查设备的使用方法,开阔了视野,为下一阶段的实地文物调查和数据采集奠定了扎实的基础。

2008年7月—2009年12月为浦东新区文物普查实地调查阶段。三普培训之后,南汇区以各镇为单位,以各镇文化服务中心为主体,以参加培训的文物专管员为主力,下发《南汇区第三次全国文物普查登记表》《南汇区第三次全国文物普查信息采访表》,以14个镇的280余个行政村和居委为对象进行逐个排摸。各镇根据调查表或实地调查,或查阅地方镇志,认真完成了新发现文物线索的填报,共新发现不可移动文物26处。此外,南汇区普查队结合其他参考资料新发现不可移动文物13处,市文管委在周浦镇新发现不可移动文物5处,合计新发现不可移动文物44处。浦东新区以功能区、街镇为单位,下发《文物初查表》,开展初步排摸。各街镇按照文物普查要求召开工作传达会,认真落实专人负责对所辖区域内的文物进行填报。根据该区文物资源的特点和分布情况,列出了其实地调查的工作重点和依据:第一,对照《中国文物地图集·上海分册》,做好复查工作,重点对各级文物保护单位、登记不可移动文物以及历史风貌区域内的文物点进行梳理复查;第二,在与浦东新区房产处及相关部门共同制定的《浦东新区文物保护建筑、优秀历史建筑及预保留建筑》名单的基础上,进行核实登录;第三,结合浦东的实际,重点开展乡土建筑和工业遗产专题调研。

2010年7月5—7日,国家文物局完成对上海市第三次全国文物普查的验收工作。此次普查,南片(原南汇区)合计共完成297处不可移动文物的现场调查工作,其中复查文物点187处、新发现文物点44处、消失文物点64处。北片(原浦东新区)共完成314处不可移动文物的现场调查工作,其中复查文物点118处、新发现文物点123处、消失文物点73处、可移动文物碑刻为3处。

【奉贤区的第三次全国文物普查】

奉贤区第三次全国文物普查工作自2007年4月正式全面启动。按照上海市三普办的统一部署和《第三次全国文物普查实施方案及标准规范》的具体要求,成立区文物普查领导小组,下设普查办公室。普查范围涵盖奉贤区下属9个镇的所有村和社区。区博物馆、各镇共抽调32人参加普查工作,从而形成了区、镇二级普查工作机构。2007年10月26日,区召开"奉贤区第三次全国文物普查工作动员部署会议",会议传达了国家文物局《关于开展第三次全国文物普查的通知》以及奉贤区第三次全国文物普查实施方案的有关精神。

2008年2月起正式进入实地文物调查阶段,在这一阶段,实地开展了文物调查和信息数据登录工作,普查数据资料边采集、边整理、边审核、边建档。至2008年8月,文物普查信息采集工作基本完成,区普查办及镇普查人员深入各行政村召开座谈会近150于此,掌握新增文物信息90余处。

2009年起,奉贤区普查将全面进入对地面不可移动文物主体进行测绘,南桥镇作为试点单位率先完成测绘工作,2009年12月,野外查勘测绘工作基本完成。2010年1月,分别完成纸质文档及电子文档总成。此次普查,共完成普查登记不可移动文物共221处(点)。其中新发现不可移动文物126处(点),复查登记95处(点)。此次普查也发现消失文物41处(点)。奉贤区人民政府分三批发文公布普查成果,其中第一批公布2007年不可移动文物普查57处(点)。2010年3月,区文物普查办公室将奉贤区不可移动文物普查成果,汇编成《上海市奉贤区第三次全国文物普查集》一书,建成奉贤区历史文化遗产数据库。

【松江区的第三次全国文物普查】

2007年7月30日,松江区人民政府成立松江区第三次全国文物普查领导小组(沪松府2007〔91〕号文),下设办公室,具体负责落实松江区三普各项工作。办公室随即制定《松江区第三次全国文物普查实施方案》,对全区文物普查工作进行全面统筹与计划,经区府第25次常务会议讨论通过。该方案按照第三次全国文物普查实施方案开展文物资源调查为主线,同时兼顾松江特点,对不可移动文物背景信息进行挖掘,并提出专业队伍建设等方面的计划。调配区文物保护单位钱以同宅1000平方米古宅建筑为区三普专门办公场所。

2007年下半年,三普办开展普查动员培训。11月19日,召开松江区第三次全国文物普查动员大会。会后,立即进行全区三普培训、文物线索排摸、办公室建章立制、设备购买保管使用、财务、信息报送、计划总结、志愿者工作、新闻宣传等工作的组织管理与实施操作。

实地调查阶段工作从2008年1月开始,至2009年11月结束。松江普查队在区三普办的领导下，通过近两年调查，完成了全区不可移动文物普查工作。全区街道、镇17个，有不可移动文物分布的为13个；全区行政村115个，有不可移动文物分布的为61个。该次普查，共登记不可移动文物314处，新发现文物118处。

2008年7月17—18日，在松江召开上海市第三次全国文物普查现场会，上海市各区县108位代表参加了会议。上海市第三次全国文物普查领导小组办公室主任陈燮君总结了全市文物普查工作所取得的阶段性成果，并对下半年工作提出了具体要求，松江区三普工作分管领导汇报了松江开展文物普查工作的情况与经验。

2009年11—12月，根据市三普办的工作安排，松江区三普办在完成实地调查阶段工作的基础上，对区内三普数据予以审核。

2009年12月15—16日，上海市松江区第三次全国文物普查实地文物调查阶段验收试点工作会议在松江区召开。验收专家组听取汇报，查验各类文件表单，随机抽查三普登记表记录情况，前往叶氏宅、公大米行、方塔、费骅宅、颐园、程十发纪念馆等复查、新发现文物点及无文物点居委会进行实地复核。专家组一致认为，松江区第三次全国文物普查实地文物调查阶段工作通过验收，对组织管理与实地调查两部分工作给予了较高评分。

2010年7月5—6日，国务院第三次全国文物普查领导小组办公室副主任刘小和同志率验收工作专家组，对松江区三普第二阶段工作进行实地抽查。专家组认为松江区严格按照三普实施方案，认真开展具有地方特色的实地调查工作，取得了显著成果，对松江区政府在城市建设、经济发展的同时，大力保护、合理利用城市历史遗产的科学举措，表示赞赏。

2010年7月7日，上海市第三次全国文物普查实地调查阶段整体验收工作会议上，国务院第三次全国文物普查领导小组，向松江区普查队颁发"第三次全国文物普查实地文物调查阶段突出贡献集体奖"荣誉证书(松江区普查队为上海市唯一获此先进荣誉的集体)。

2011年7月，松江区完成三普总结报告的编写与上报工作。

松江区第三次全国文物普查，得到区委、区府高度重视，区财政累计共投入资金700多万，完成对东外街叶宅、蒋泾西街张氏宅、坍牌楼古建筑群、杜氏雕花楼等部分文物古建筑的保护与修缮，加大对广富林建设项目所涉及的遗址保护力度。在普查中新发现一批古建筑，确立7 000万元松江名人馆文化项目。实地调查仓城地区后，整理编纂了《仓城历史文化风貌区三普资料汇编》一书。

【金山区的第三次全国文物普查】

2007年9月27日，金山区根据金府办〔2007〕54号文件关于《金山区人民政府办公室关于成立金山区第三次全国文物普查领导小组的通知》，设立金山区第三次全国文物普查领导小组。

2008年5月至2009年12月为金山区普查实地文物调查阶段。在这一阶段，实地开展了文物调查和信息数据登录工作，普查数据资料边采集、边整理、边审核、边建档。

在文物普查队中，除了文物部门专业人员以外，还有一部分是各镇、街道、工业区文体中心及社发科的工作人员，以及居委会(村委会)的工作人员。这些人员虽然是其他行业人员，没有文物工作方面的专业知识，但是他们长期在基层工作，对每个镇、街道、工业区的自然环境、人文历史等都有非常深刻的了解。再加上通过几次专业培训后，他们逐渐掌握了部分专业技能。因此，在整个文物普查过程中，他们充分利用自己所掌握的内容，为本区文物普查提供了许多有价值的线索的信息，为此次文物普查作出了很大的贡献。

2010年1月之前,金山区基本单元实地文物调查阶段验收工作完成。13日,作为试点,国家文物局及上海市文物管理委员会对本区第三次文物普查工作总体情况的验收,并初验合格。

2010年7月5—7日,国家文物局完成了对上海市第三次全国文物普查的验收工作。经过此次普查,金山区一共登录了173处文物点。根据《中国文物地图集》上海分册的记载,金山区原有不可移动文物154处,加上《中国文物地图集》后发现并公布的,共计157处。本次普查发现,原157处中有24处已消失。原《中国文物地图集》上海分册记载的10处碑刻因考虑其分布各地不利于保护,现集中于区博物馆作为馆藏文物,登入《上海市移动碑刻统计表》。另外,原《中国文物地图集》上海分册中松隐禅寺的圆通宝殿、藏经楼作为其一部分合并登录在松隐禅寺,而华严塔作为市级文物保护单位,单独登录;原在册的"枫泾古镇"因其各文物点单独登录,故不重复登录。故现保留原有文物点130处,加上新发现的43处文物点,总计确认登录不可移动文物173处,其中包括8处省级文物保护单位(地点)、20处市县级文物保护单位、15处金山区登记不可移动文物。

在金山区173处文物点中,保存状况较好的有93处,一般的有50处,较差及差的有30处。造成保存情况较差的原因主要可以归结为火灾、腐蚀等的自然因素与年久失修、不合理利用等人为因素相结合。

【青浦区的第三次全国文物普查】

青浦区自2007年7月至2010年12月,精心组织,认真实施,全面开展区域内的第三次全国文物普查工作,经历了准备、试点、实施、汇总验收4个阶段,并取得丰硕的普查成果。

准备阶段为2007年7月—2008年6月,主要开展了组建普查机构和队伍、培训人员、落实经费、采购器材和宣传发动等各项准备工作,并拟定先试点后推开的普查计划。普查计划以镇、街道为基础普查单位,将青浦区分东、西两个大片。西片选择金泽镇,东片选择赵巷镇,地下探查选择重固镇,计划在2008年内完成文物普查试点工作,至2009年底全面完成文物普查的第二阶段——野外调查的工作。

为积累普查工作经验,2008年7—12月,青浦区普查办选择金泽镇、赵巷镇两个不同类型的地域,集中普查骨干,进行实地调查的试点工作。至10月上旬,完成金泽镇的实地调查任务,共登记文物点61处,其中新发现文物点44处、复查文物点17处。10月中旬至12月初,普查小组在赵巷镇共调研文物点百余处,登记文物点11处,其中新发现文物点7处,复查文物点4处。通过试点总结出行之有效的方法"以行政建制村或居委会为基本单位,逐一调查、摸排"。

2009年1月—2010年2月,以乡镇、街道为基本单元,在试点的基础上全面开展野外实地调查工作。同时,进行调查资料的初步整理、汇总、数据库建设。根据区域、气候特点,区普查办制订了详细的工作计划,合理安排普查线路。在调查前,普查队员又仔细广泛地查阅、收集资料,熟练掌握青浦历史人文、文物分布状况、古建筑专业常识及现代化高科技手段应用。

这一阶段,区普查队分成4个小组先后对重固、练塘、徐泾、香花桥、白鹤、夏阳、华新、盈浦和朱家角等9个乡镇、街道进行实地调查,以《中国文物地图集》上海分册所刊青浦区文物点171处作为主要复查对象,以地毯拉网式普查的方式,扎扎实实地逐步扩大调查范围,深入每个行政村、居委会,覆盖率达100%。在这些乡镇、街道内共调查文物信息点约900处,登记文物点227处,其中新发现文物点75处、复查文物点152处,文物类型涵盖各个方面。

为反映普查工作动态和成果,区普查办不定期编写《青浦区第三次全国文物普查工作简报》。

2010年1月至12月,普查工作进入了汇总验收修改阶段。

1—3月,区普查办认真组织普查队员对调查登记的各类文物进行数据、资料的整理和汇总。撰写了《青浦区第三次全国文物普查实地调查阶段工作报告》,继而编写出版了《水乡遗韵——上海市青浦区第三次全国文物普查实地调查阶段资料汇编》,形成了阶段性的工作成果。在此基础上,建立和完善青浦区不可移动文物的数据库和所有文物普查的档案,同时研发青浦区文物地理信息管理系统。

3月26日,上海市第三次全国文物普查领导小组办公室组织专家对青浦区第三次全国文物普查实地文物调查工作进行验收。专家组评定"上海市青浦区第三次全国文物普查实地文物调查阶段工作成果验收合格",并作出了较高的评价。根据验收专家组的建议和意见,区普查办马上组织普查骨干进行了修改、补充和完善,进一步规范普查工作。

经过4年的努力,青浦区第三次全国文物普查工作获得了重要成果,实地调查1 100个文物点,完成了对全区8个乡镇184个建制村和3个街道74个居委会的野外调查工作,普查野外到达率、调查区域覆盖率和完成率都达到了100%。按照第三次全国文物普查不可移动文物认定标准,经过整理、汇总,实际完成普查登记的文物点共299处,其中新发现文物点126处,复查《中国文物地图集》上海分册终审稿所刊青浦区文物点173处。

这些新发现的文物点具有门类广泛的特点,涵盖古墓葬、古建筑、石刻、近现代重要史迹及代表性建筑等各个大类,其中,古墓葬4处、古建筑92处、石刻2处、近现代重要史迹及代表性建筑28处。随着文化遗产理念的发展,承载着特殊历史记忆的工商业遗产、21世纪遗产等新的文化遗产类型也纳入普查范畴。

这些新发现的文物点具有地域文化特征明显、历史文化价值较高的特点,尤其是福泉山遗址吴家场良渚文化高台墓地、大观园迁建的古建筑最为突出。吴家场墓地的发现拓展了福泉山遗址的范围及其文化内涵,出土的良渚文化墓葬等级之高、文物之精罕见,是20世纪80年代以来福泉山遗址最重大的发现,也是近年来良渚文化考古中的新突破。20世纪80年代迁建于金泽镇大观园的7座古建筑大多为清代中后期上海行业会馆建筑,主体结构保存完整,规模气势宏大,建筑工艺精湛,木雕纹饰繁缛精美,具有较高的历史价值和艺术价值,尤其为研究上海地区金融、贸易等的发展历史提供了重要资料。

【崇明区的第三次全国文物普查】

崇明区第三次全国文物普查自2007年9月开始。2007年8月31日,崇明县人民政府成立了以分管副县长为组长、县文广局局长为副组长的文物普查工作领导小组,成员单位包括县文广局、发改委、民政局、农委、财政局、国资委、建委、交通局、水务局、统计局、宗教办、教育局等部门,全面负责指导、协调第三次文物普查工作。同时,还成立文物普查工作小组办公室(简称崇明"三普办"),主任由县文广局副局长担任,副主任为文广局文广科科长和博物馆业务馆长。办公室设在县文广局,主要负责普查工作的日常组织和具体协调。另外,还建立了相关的普查队、组。普查队下设4个普查组,每组设1名组长和3名成员,组长由博物馆工作人员担任,成员由各乡镇文广站文博员组成。普查经费2007年15万元,2008年18万元,2009年15万元,还下拨20万元用于购置一辆金杯面包车。

2007年9月,博物馆选派业务骨干参加由上海市文物管理委员会组织的文物普查培训班。2008年4月,崇明"三普办"邀请市文管委专家为全县近30名普查员进行了业务培训和辅导,内容包括"第三次全国文物普查实施方案和有关政策法规""普查登记表著录说明""常见问题和对策"等;同时,对 2007 年底布置开展的"崇明县不可移动文物调查推荐"工作,进行了深入的交流和研讨。博物馆参与文物普查工作的专业人员一方面加强自身的业务学习,另一方面充分利用市级文物保护单位——崇明学宫的优越条件,于 2008 年 6 月进行了文物普查的模拟演练。

2008 年 8—9 月,集中力量对堡镇地区的文物点进行全面普查,完成"普查登记表"的初稿,并交市"三普办"专家审阅、修改,初步实现"树立典型、以点带面,发现问题、及时总结,通过试点力求成效"的目的。10—12 月,重点完成城桥镇鳌山路沿线县级以上文物保护单位的复查,其中复查 15 个点、新登录 9 个点,新登录 9 个点的情况已被市"三普办"选入《上海市第三次全国文物普查阶段性成果图册》资料辑中,已向社会公布。2009 年 6 月,完成长兴岛、横沙岛复查和新登录点的普查工作。

全县合计完成 139 处不可移动文物点的现场调查工作,其中包括复查文物点 59 处、新发现文物点 80 处。已消失文物点 11 处。普查范围涵盖崇明县所辖的 18 个乡镇,在完成率达到百分之百的同时,普查覆盖率、区域到达率也都达到了百分之百,完成了全面普查、摸清家底的预定工作目标。此次普查的新发现包括:以水闸渡口为代表的水利设施,如修建于 60 年代的港西排涝闸,修建于 70 年代的红星水闸、鸽笼港北闸、六滧北闸,建于 80 年代的老滧河闸、堡镇南闸等一大批水闸;以民族工业为代表的工业遗产建筑,如位于堡镇中部建于 20 世纪 20、30 年代的大通纱厂办公楼、富安纱厂办公楼以及厂内的军事碉堡,位于堡镇南部由 20 世纪 30 年代的发电厂发展而来的电力公司;以砖雕门楼为代表的传统民居,如位于北堡镇解放街上的沈氏旧宅,其门楼上镌刻的砖雕大字刻于清代乾隆三十二年(1767 年),位于南堡镇光明街上的一幢砖雕门楼,上面镌刻大字"聿修厥德",字体端庄厚重、丰腴遒劲,约建于清代光绪年间,至今保存相当完好;以地堡碉堡为代表的军事设施,如港沿、向化、中兴、陈家镇及横沙乡的一批地堡、碉堡,或深埋于土中、稍露出顶端,或建于地面之上,各具风貌,其中横沙乡数量最多,个体数量达到 20 余个。

第二节　不可移动文物修缮

中华人民共和国成立后 50 多年来,共修缮各类文物建筑 103 处(不包括常规性维修保养工程),其中革命遗址 19 处,名人故居、祠堂和墓葬 30 处,古建筑 62 处。

对古建筑的修缮大致可分为以下几类:第一类为主要工程,如真如寺正殿、松江唐经幢、豫园、嘉定孔庙、松江清真寺等。第二类为对因建设工程而需要拆迁的文物单位进行迁建保护,较重要的有 40 余处,如海上白云观、沪南钱业公所、陈化成祠、青浦孔宅大殿、浦东清真寺等。第三类为对古塔全面进行抢救性维修,如龙华塔、南门塔、护珠塔等;残损较甚的,在依据充分的前提下恢复原状,如松江方塔、西林塔、李塔,以及泖塔、松隐塔、南翔寺砖塔等;对个别塔进行纠偏保护,如青浦青龙塔、嘉定法华塔等。第四类为运用整体顶升或吊升新技术大大提高了古建维修的质量,如对东林寺大殿、宝山孔庙大成殿、张闻天故居等。第五类为采用 SBC120 聚乙烯丙纶复合防水卷材进行屋面防渗漏保护,近年在对古建筑的修缮中全面推行,取得明显效果。

随着城市改造步伐加快,近代建筑的保护和维修日显突出。为贯彻保护和利用相结合的方针,有计划地对近代优秀建筑进行维修,计划 61 处,已完成 31 处。维修中切实做到"不改变文物原状"，在对马勒住宅和汾阳路9号等维修中，对新添设备都做到隐蔽排设，既保持原貌又完善功能。发现违法装修坚决予以纠正，较重要的有花旗银行大楼、华安人寿保险公司大楼、新永安公司等。对优秀建筑的外墙全面进行清洗，一般采用化学药剂或喷砂，马鞍住宅等用耐火砖砌筑的外墙，则用湿法高压喷砂清洗。与重大市政工程有矛盾的优秀建筑，采取整体移位予以保护，如南京大戏院、刘长胜故居等。为有计划地展开维修保护，已完成了80处近现代文物建筑的勘察测绘，鼓励有经济实力且重视文物保护的中外法人置换近代优秀建筑，外滩金融商务区已有17幢大楼得到置换，占总数8％。

表6-2-1　1985—2011年上海市境内全国重点文物保护单位修缮项目情况表

名　称	级别	时　代	修缮时间	修缮范围	主办单位	设计单位	工程主持单位	施工单位	备　注
真如寺大殿	全国重点	元	2009年	安防系统	市文管委、市公安局、普陀区文化局	上海市中原电子技术工程有限公司	上海市中原电子技术工程有限公司	上海市中原电子技术工程有限公司	
亚细亚大楼	全国重点	1916年	2008年至今	复原修复	久事集团				
上海总会大楼	全国重点	清宣统二年（1910年）	2009—2011年	复原修复	希尔顿酒店集团				
江海关大楼	全国重点	民国16年（1927年）	2018年	复原修复					
汇丰银行大楼	全国重点	民国12年（1923年）	1997年	复原修复	上海浦东发展银行				
汇中饭店旧址	全国重点	清光绪三十二年（1906年）	2007年	复原修复	上海斯沃琪艺术中心有限公司				
沙逊大厦	全国重点	民国18年（1929年）	2007年	复原修复	锦江国际集团				
中国银行大楼	全国重点	民国26年（1937年）	2003—2004年	复原修复	中国银行				
怡和洋行大楼	全国重点	民国9年（1920年）	2017—2018年	复原修复	久事集团				
东方汇理银行大楼	全国重点	清宣统三年（1911年）	1997年	复原修复	光大银行				
中国社会主义青年团中央机关旧址	全国重点	民国9至10年（1920—1921年）	2009年	修缮	中国社会主义青年团中央机关旧址纪念馆		张富强	上海美达工程有限公司第六分公司	

（续表一）

名　称	级别	时　代	修缮时间	修缮范围	主办单位	设计单位	工程主持单位	施工单位	备　注
上海孙中山故居	全国重点	20世纪初	1985年6月至1986年3月	故居屋面翻修、外墙卵石修补、故居楼内木门窗检修和油漆、墙面整修和粉刷、烟囱修缮、避雷针安装、白蚂蚁防治、弱电管线的铺设	上海孙中山故居管理处	上海市人民政府机关事务管理局和上海市文物保管委员会		卢湾区房修公司	
			1996年4至8月		上海孙中山故居纪念馆	上海建筑装饰(集团)总公司		市政府机管局基建处	
			2005年9月至11月		上海孙中山故居纪念馆	上海建筑装饰(集团)设计有限公司		上海建筑装饰集团第一工程合作公司	
			2015年9月至11月		上海孙中山故居纪念馆	上海章明建筑设计事务所		上海美达建筑工程有限公司	
沉香阁	全国重点	明万历二十八年(1600年)	1990年	本体建筑	沉香阁	苏州古建	释观性(已故)	苏州古建	
			2001—2005年	本体建筑	沉香阁	南华古建	释观性(已故)	南华古建	
国际饭店	全国重点	1934年	1988年	外墙维修、大堂改造	国际饭店		陆伟明	广东五羊公司	占地面积1 179平方米，建筑面积15 650平方米
			1997年	大堂改造后楼加建	国际饭店		孔建华	市建公司	占地面积1 825平方米，建筑面积20 504平方米

（续表二）

名　称	级别	时　代	修缮时间	修缮范围	主办单位	设计单位	工程主持单位	施工单位	备　注
徐光启墓修缮	全国重点		2003 年						
徐光启墓环境整治	全国重点		2008 年						

表 6－2－2　1989—2017 年上海市重点文物保护单位修缮项目情况表

名　称	级别	时　代	修缮时间	修缮范围	主办单位	设计单位	工程主持单位	施工单位	备　注
外滩信号台	市级	清光绪三十三年（1907年）	1993 年	平移					
金城银行旧址	市级	民国 15 年（1926 年）	2018 年	复原修复	交通银行				
大世界游乐场	市级	民国 6 年（1917 年）	2003—2017 年	复原修复					
公共租界工部局	市级	民国 11 年（1922 年）	2019 年至今	复原修复					
圣三一基督教堂	市级	清同治五年（1866 年）	2007—2014 年	复原修复	中国基督教全国两会				
八仙桥基督教青年会旧址	市级	民国 20 年（1931 年）	2009 年	复原修复	锦江国际酒店集团				
上海城隍庙	市级	明至民国15年（1926年）	山门 2006 年	复原修复	市文管会上海城隍庙	苏州古建	谭玉峰、吉宏忠	苏州古建	
			大殿 1995 年和 2006 年	复原修复	市文管会上海城隍庙	苏州古建	吉宏忠	苏州古建	
尚贤坊	市级	民国	进行中	保护性改造	上海新尚坊房地产发展有限公司	章明林澐	董文昙、林澐	上海美达建筑工程有限公司	
上海工人第三次武装起义时工人纠察队沪南总部——三山会馆	市级	清宣统元年（ 1909 年）	2008 年	古建筑修缮	黄浦区文化局	上海建筑装饰集团设计有限公司毛宗根	张建华	上海建筑装饰集团第一工程合作公司	

（续表一）

名　称	级别	时　代	修缮时间	修缮范围	主办单位	设计单位	工程主持单位	施工单位	备　注
第一次国共合作时期国民党上海执行部旧址	市级	20世纪20年代	2008年	抢修加固	上海市卢湾业余大学	上海建筑装饰（集团）设计有限公司		上海美达建筑工程有限公司	
梅兰芳旧居	市级	1912—1936年	2006—2013年	复原修复	上海永业企业（集团）有限公司	江欢成、程之春	马崇恩	上海美达建筑工程有限公司	
华懋公寓	市级	1927—1929年	1997—1998年	内部装饰	锦江饭店	香港FACIA公司		市建八公司	
峻岭公寓茂名公寓	市级	1934—1935年	中条 1993年	内部装饰	锦江饭店	香港戴凯勒设计事务所 Dale. Keller		深圳装饰工业总公司	
			东、西条两条公寓 1997年	内部装饰	锦江饭店	香港FACIA公司		深圳装饰公司 香港威廉公司	
			贵宾楼 1997年	内部装饰	锦江饭店	香港FACIA公司		深圳装饰工业总公司	
老永安公司	市级	1918年	2004年	外立面复原	永安百货有限公司		李雨林	上海美达建筑工程有限公司	
慕尔堂	市级	1929年	2007—2009年	整堂	上海市基督教沐恩堂	章明	宋保国	上海建筑装饰（集团）有限公司	
大光明大戏院	市级	民国22年（1933年）	1992年	影院一楼二楼休息厅、电影厅	上海大光明电影院	同济室内装潢设计有限公司	曹志澄	汕头建筑安装集团	
			2007年	全院	上海新世界集团有限公司	章明设计事务所	沈为民	上海建筑装饰工程有限公司	
泖塔修复工程	市级	唐乾符年间（874—879年）	1995年6月—12月		市文物管理委员会			松江古建筑营造公司	

（续表二）

名　称	级别	时　代	修缮时间	修缮范围	主办单位	设计单位	工程主持单位	施工单位	备　注
普济桥维修工程	市级	南宋咸淳元年（1265年）建、清重建	1999年8—10月		市文物管理委员会			上海青博古建园林有限公司	
迎祥桥	市级	元至元年间（1264—1294年）	1996年8—12月		县文物管理委员会			上海青博古建园林有限公司	
朱家角放生桥维修工程	市级	明隆庆五年（1571年）始建、清嘉庆十七年（1812年）重建	1998年10—12月		市文物管理委员会			上海青博古建园林有限公司	
迎祥桥	市级	元至元年间（1264—1294年）	2000年9—10月		区文物管理委员会			上海青博古建园林有限公司	
枫泾消防纪念塔及东区火政会	市级	1926年	纪念塔：2003年		枫泾旅游公司				
东林寺大殿	市级	1829年	（1）1989年	保护围墙	金山县博物馆	不详	不详	不详	
			（2）1991年	复原修理	金山县博物馆	不详	不详	不详	
			（3）1998年	大殿修缮	金山区政府与上海市文管委	不详	奚吉平	上海建筑装饰（集团）总公司第一工程公司	
亭林古文化遗址	市级	新石器时代和商周时期	—	—	—	—	—	—	
华严塔	市级	1380年	（1）1963年	维护修理	不详	不详	不详	不详	
			（2）1979年	维护修理	不详	不详	不详	不详	
			（3）1982年	保护围墙	不详	不详	不详	不详	
			（4）1999年	大修	金山区政府与上海市文管委	不详	奚吉平	上海建筑装饰（集团）总公司第一工程公司	

(续表三)

名　称	级别	时　代	修缮时间	修缮范围	主办单位	设计单位	工程主持单位	施工单位	备　注
姚光故居	市级	1891年	(1) 2005年	三四进	张堰镇政府与金山区博物馆	交大安地建筑设计院	奚吉平	上海建筑装饰（集团）总公司第一工程公司	
			(2) 2009年	二进	不详	不详	奚吉平	上海建筑装饰（集团）总公司第一工程公司	
查山古文化遗址	市级	新石器时代和商周时期	—	—	—	—	—	—	
侵华日军金山卫城登陆地点	市级	1937年	(1) 2004年	扩建					
			(2) 2006年	扩建	金山区政府			上海锦城建设工程有限公司	
戚家墩古文化遗址	市级	春秋战国和西汉	—	—	—	—	—	—	
招贤浜古文化遗址	市级	新石器时代和商周时期	—	—	—	—	—	—	
金山卫城侵华日军杀人塘	市级	1937年	—	—	—	—	—	—	
黄母祠修缮	市级		1990年代						
邹容墓修缮	市级		2000年						
黄道婆墓修缮及建纪念馆	市级		2002年						
龙华寺藏经阁修复	市级		2008年						
黄母祠	市级		2009年						
汾阳路45号	市级		2009年						
徐家汇天主堂	市级		2009年						

表 6 - 2 - 3 1993—2010 年上海市各区、县部分文物保护单位修缮项目情况表

名　称	级别	时　代	修缮时间	修缮范围	主办单位	设计单位	工程主持单位	施工单位	备　注
震旦学院旧址（一舍）	区级	1908 年	2010 年	外立面维修	上海交通大学医学院	姜达、楼一筠	李峻	上海浦联建设有限公司	
震旦学院旧址（二舍）	区级	1908 年	2010 年	2、3 楼装修	上海交通大学医学院	姜达、楼一筠	李峻	江苏省建工集团有限公司	
震旦学院旧址（四舍）	区级	1916 年	2010 年	外立面维修	上海交通大学医学院	姜达、楼一筠	李峻	上海浦联建设有限公司	
上海法藏讲寺	区级	1924 年	1999 年	复原修复	上海市市佛教协会黄浦区民宗办	同济规划设计院·吴光祖	觉慧法师	江苏苏州第二建筑集团公司	
海上白云观	区级	清同治	2004 年	迁址重建	区文管会区民宗办上海白云观	上海东亚联合建筑设计有限公司	姚树良、顾水根	苏州古典园林建筑工程有限公司	
大韩民国临时政府旧址	区级	1926—1932 年	1993 年	复原修复					
			2001 年	展馆扩建					
万安桥、林老桥、顺德桥、襄臣桥、麟趾桥修缮工程	区级	万安桥，宋景定年间（1260—1264 年）；林老桥，清雍正八年（1730 年）；顺德桥，元至正三年（1343 年）；襄臣桥，清嘉庆十三年（1808 年）；麟趾桥，清嘉庆年间（1769—1821 年）	1995 年 7—10 月		县文物管理委员会				
南塘桥	区级	清道光十三年（1833 年）	1996 年 8—12 月		县文物管理委员会			上海青博古建园林有限公司	
塘湾桥修	区级	清道光二十九年（1849 年）	1996 年 8—12 月		县文物管理委员会			上海青博古建园林有限公司	

(续表一)

名　称	级别	时　代	修缮时间	修缮范围	主办单位	设计单位	工程主持单位	施工单位	备　注
青龙寺大雄宝殿落架重修工程	区级	始建于唐天宝年间（743年），清代重建	1996年12月—1997年12月		县宗教部门			上海青博古建园林有限公司	
九峰桥维修工程	区级	清乾隆三年（1738年）	1997年12月—1998年2月		县文物管理委员会			上海青博古建园林有限公司	
朱家角城隍庙维修工程	区级	清乾隆二十八年（1763年）	1998年10月—2000年10月		县宗教部门				
李华港桥维修工程	区级	清乾隆四十一年（1776年）	1998年11月		县文物管理委员会			上海青博古建园林有限公司	
课植园修复工程	区级	民国元年（1912年）	1999年5—10月		县旅游发展公司			苏州古建园林公司	
青浦县城隍庙娘娘殿维修工程	区级	明万历元年（1573年）	1999年8—10月		县文物管理委员会			上海青博古建园林有限公司	
天光寺修缮工程	区级	宋	2000年3月—2004年8月		区宗教部门				
韩塔	区级	南宋始建	2003年	原址重修	桃浦镇人民政府				
金泽万安桥、林老桥维修工程	金泽万安桥,区级;林老桥,区级	宋景定年间（1260—1264年）；林老桥,清雍正八年（1730年）	2000年9—10月		区文物管理委员会			上海青博古建园林有限公司	
青浦县城隍庙戏台维修工程	区级	明万历元年（1573年）	2000年12月—2001年2月		区文物管理委员会			上海青博古建园林有限公司	
圆津禅院修复工程	普查文物点	清光绪十八年（1892年）	2000年—2001年12月		区宗教部门				
青龙桥维修工程	区级	清乾隆四十年（1775年）	2001年3—4月		市、区文物管理委员会和白鹤镇政府			白鹤建筑公司	

（续表二）

名 称	级别	时 代	修缮时间	修缮范围	主办单位	设计单位	工程主持单位	施工单位	备 注
金泽天皇阁桥、重建放生桥维修工程	区级	金泽天皇阁桥,清康熙三十七年（1698年）;重建放生桥,清乾隆五十六年（1791年）	2001年6—9月		市文物管理委员会			上海青博古建园林有限公司	
襄臣桥维修工程	区级	清嘉庆十三年（1808年）	2001年9—12月		区文物管理委员会			上海青博古建园林有限公司	
瑞龙桥维修工程	区级	清乾隆五十八年（1793年）	2002年6月		市、区文物管理委员会			上海青博古建园林有限公司	
泰安桥维修工程	区级	清康熙二十四年（1685年）	2003年6—9月		市文物管理委员会			上海青博古建园林有限公司	
青浦县城隍庙修复工程	区级	明万历元年（1573年）	2005年3—12月		区宗教部门				
馀庆桥维修工程	区级	元	2005年4—6月		区文物管理委员会			上海青博古建园林有限公司	
麟趾桥抢修工程	区级	清嘉庆年间（1796—1820年）	2005年5—6月		区文物管理委员会			上海青博古建园林有限公司	
曲水园维修工程	区级	清乾隆十年（1745年）	2005年11月—2006年11月,2007年5—9月		区绿化管理署				
新四军宣传标语修缮工程	区级	民国34年（1945年）	2008年4—8月		区文物管理委员会			常熟古建园林建设集团有限公司	
麟趾桥抢修工程	区级	清嘉庆年间（1796—1820年）	2008年4—6月		区文物管理委员会			常熟古建园林建设集团有限公司	
麟趾桥保护墩修复工程	区级	清嘉庆年间（1796—1820年）	2008年8—10月		区文物管理委员会			上海鹤峰建设工程有限公司	

名　称	级别	时　代	修缮时间	修缮范围	主办单位	设计单位	工程主持单位	施工单位	备　注
白鹤镇万安桥	普查文物点	清光绪年间（1875—1908年）	2008年9月		区文物管理委员会			常熟古建园林建设集团有限公司	
继善桥维修工程	区级	清嘉庆五年（1800年）	2008年12月		区文物管理委员会			常熟古建园林建设集团有限公司	
云虹桥修复工程	区级	清嘉庆二十年(1815年)	2008年12月—2009年1月		区文物管理委员会			常熟古建园林建设集团有限公司	
万寿塔修复项目	区级	清乾隆八年（1743年）	2009年2—8月		区文物管理委员会			上海建筑装饰集团第一工程合作公司	
襄臣桥维修工程	区级	清嘉庆十三年（1808年）	2010年10月16日—12月16日		区文物管理委员会			常熟古建园林建设集团有限公司	
迁建南春华堂	区级		2003年						
徐家汇藏书楼修缮	区级		2003年						
励家花园修缮	区级		2004年						
利用南春华堂建徐光启纪念馆	区级		2004年						
鸿英图书馆旧址修缮	区级		2005年						
上海特别市政府旧址修缮	区级		2005年						
东平路9号	区级		2006年						
武康路393号	区级		2006年						

（续表四）

名　　称	级别	时　　代	修缮时间	修缮范围	主办单位	设计单位	工程主持单位	施工单位	备　注
桂林公园修缮	区级		2006 年						
上海音乐学院附中（东平路 9 号 7 号楼）	区级		2008 年						
徐汇中学	区级		2009 年						
土山湾孤儿院旧址	区级		2009 年						
宋庆龄旧居	区级		2009 年						
百代小楼	区级		2009 年						
南洋公学旧址建筑群	区级		2010 年						

第三章　博　物　馆　管　理

第一节　博物馆等级评定

2008年,国家文物局开始对全国的博物馆进行评级,目的是"评估博物馆提供公共文化产品、发挥公共文化传播功能的能力和实绩,科学考评博物馆的藏品保护、科学研究,特别是展示水平和服务质量,引导博物馆加强自身建设,焕发生机和活力,提高社会贡献率,同时便于社会关注与监督。"

评估工作是由中国博物馆协会在国家文物局博物馆与社会文物司指导下组建的全国博物馆评估委员会所负责具体实施,根据《全国博物馆评估办法》以及《博物馆评估标准》,按照《评分细则计分表》进行打分,由各博物馆自主申请参加评估。

根据《博物馆评估暂行标准》,博物馆评分标准共有三项,分别为藏品管理与科学研究(300分)、展览与社会服务(500分)以及综合管理与基础设施(200分)。作为等级博物馆的综合评分标准必须在400分以上,其中一级、二级、三级博物馆分别得分要在800分、600分以及400分以上。

上海市内获得国家一级博物馆称号的有3家博物馆,分别是上海博物馆、上海鲁迅纪念馆、中共一大会址纪念馆;获得国家二级博物馆称号的有7家博物馆,分别是松江区博物馆、青浦区博物馆、嘉定博物馆、孙中山故居纪念馆、宋庆龄故居纪念馆、陈云故居暨青浦革命历史纪念馆、上海公安博物馆。

第二节　博物馆开放工作

一、免费开放

2008年,中共中央宣传部、财政部、文化部、国家文物局联合下发了《关于全国博物馆、纪念馆免费开放的通知》(以下简称"2008年2号文"),要求全国各级文化文物部门归口管理的公共博物馆、纪念馆以及全国爱国主义教育示范基地将全部实行免费开放。至2010年,上海市博物馆的免费开放工作主要经历了"稳健起步""持续推进""完善提升"等阶段,博物馆免费开放政策惠及的观众人数逐年持续攀升。

3月10日,上海博物馆、中共"一大"会址纪念馆、上海鲁迅纪念馆和陈云故居暨青浦革命历史纪念馆4家全国爱国主义教育示范基地即日起全年向社会免费开放。四家博物馆在正式免费开放前充分酝酿,反复研究,从硬件和软件方面着手制定妥善应对免费开放的各项措施,制定了《免费开放管理办法》《免费开放突发事件应急预案和应急处理机制》等管理制度;增加免费开放指示牌、提供参观指南,便于观众知晓免费开放的相关信息;及时增加安检、监控等设施设备;充实讲解、安保、保洁人员配置,确保文物的安全和参观的有序。截至同年12月31日,上海博物馆免费接待观众约135万人次,较2007年同期增长了35.9%;中共"一大"会址纪念馆免费接待观众约34万人次,同比增长36%;上海鲁迅纪念馆免费接待观众约26万人次,是2007年的1.6倍;陈云故居暨青浦革命历史纪念馆免费接待观众约 16 万人次,同比增长 100%。

2009 年,上海市文物行政部门,积极落实国家有关工作要求,并始终与中共上海市委宣传部、上海市财政局积极沟通,在注意把握区县均衡、注重革命类纪念馆、兼顾爱国主义教育基地的基础上,协商当年度建议纳入中央财政补贴免费开放的博物馆纪念馆。上海龙华烈士纪念馆、宋庆龄陵园、中共"二大"会址纪念馆、团中央机关旧址纪念馆、南京路上好八连事迹展览馆、海军上海博览馆等全国爱国主义教育基地和青浦、松江、闵行等区县博物馆共 20 家单位,被列入中共中央宣传部、财政部、文化部、国家文物局联合下发的"全国免费开放博物馆、纪念馆名录"。"5·18 国际博物馆日"活动期间,上海市文物管理委员会组织全市主要的博物馆、纪念馆 67 家集中于 5 月 16 日、5 月 17 日、5 月 18 日三天向社会公众免费开放。"文化遗产日"活动期间,上海市文物管理委员会再次组织全市 100 处文物建筑和部分博物馆、纪念馆于 6 月 13 日至 14 日免费开放。

2010 年,结合中国 2010 年上海世博会的举办,上海市文物行政部门要求各免费开放的博物馆不断提升社会文化服务,加强博物馆运行管理,从 2010 年 4 月 15 日开始,坚持对有关博物馆开放情况、展览服务和安全保卫工作一日一报加以持续管理。在整个世博会期间,上海的博物馆,尤其是免费开放的重点博物馆没有出现一例安全事故和异常情况。

2010 年,上海市文物局正式成立后,在全市 50 余家自行向公众免费开放的博物馆中,选取了 14 家开放运行较为良好的博物馆上报,申请中央财政经费补贴。年底,经国家文物局、财政部等单位审核,嘉定博物馆、中共代表团驻沪办事处旧址纪念馆、江南造船博物馆三家单位被列入"国家免费开放博物馆名录"。截至 2010 年底,上海共有 27 家博物馆、纪念馆被列入"免费开放名录",另有约 50 家博物馆自行向社会免费开放。

各家博物馆免费开放以来,观众接待人数持续上升,2008 年全市免费开放博物馆共接待观众 211 万人次,2009 年共接待 492 万人次,2010 年共接待 572.5 万人次。

表 6-3-1　2010 年上海市免费开放博物馆、纪念馆一览表

序号	博物馆、纪念馆	上级主管部门	备　注
1	上海博物馆	中共上海市委宣传部	纳入国家文物局第一批博物馆、纪念馆免费开放名单
2	中国共产党第一次全国代表大会会址纪念馆	上海市文化广播影视管理局	
3	上海鲁迅纪念馆	上海市文化广播影视管理局	
4	陈云故居暨青浦革命历史纪念馆	中共上海市委宣传部	
5	上海龙华烈士纪念馆	上海市民政局	纳入国家文物局第二批博物馆、纪念馆免费开放名单
6	中华人民共和国名誉主席宋庆龄陵园	上海市人民政府机关事务管理局	
7	海军上海博览馆	海军上海保障基地	
8	南京路上好八连事迹展览馆	上海警备区政治部	
9	上海韬奋纪念馆	上海市新闻出版局	
10	闵行区博物馆	上海市闵行区文化广播影视管理局	
11	金山区博物馆	上海市金山区文化广播影视管理局	
12	浦东新区南汇博物馆	上海市浦东新区文化广播影视管理局	
13	奉贤区博物馆	上海市奉贤区文化广播影视管理局	

（续表）

序号	博物馆、纪念馆	上级主管部门	备　注
14	松江区博物馆	上海市松江区文化广播影视管理局	纳入国家文物局第二批博物馆、纪念馆免费开放名单
15	青浦区博物馆	上海市青浦区文化广播影视管理局	
16	上海淞沪抗战纪念馆	上海市宝山区文化广播影视管理局	
17	闸北区革命史料陈列馆	上海市闸北区文化广播影视管理局	
18	徐光启纪念馆	上海市徐汇区文物文化管理办公室	
19	中国社会主义青年团中央机关旧址纪念馆	上海市卢湾区文化局	
20	长宁区革命文物陈列馆	上海市长宁区文化局	
21	中共二大会址纪念馆	上海市静安区档案局	
22	上海毛泽东旧居陈列馆	上海市静安区文化局	
23	中国劳动组合书记部旧址陈列馆	上海市静安区文化局	
24	中共上海地下组织斗争史陈列馆	上海市静安区文化局	
25	中国共产党代表团驻沪办事处纪念馆（周公馆）	中国共产党第一次全国代表大会会址纪念馆	纳入国家文物局第三批博物馆、纪念馆免费开放名单
26	嘉定博物馆——科举陈列馆、竹刻陈列馆、顾维钧陈列室	嘉定区文化广播影视管理局	
27	江南造船博物馆	中国船舶工业集团公司	

说明：数据截止至2010年年底。

　　根据2008年2号文有关精神，有30家博物馆因为文物建筑保护、管理隶属关系等重要原因，不在国家要求免费开放的范围内。但绝大部分博物馆定位于10元以下、15元、20元、30元的中低票价，其中20多家博物馆针对未成年人、70岁以上老人、残疾人、现役军人等特殊人群开辟了"绿色通道"，采取免费或折扣等多种形式的门票优惠。同时还坚持免费为观众提供急需药品、轮椅、童车等物品服务，提供讲解、导览等配套服务。

表6-3-2　2011年上海市部分博物馆、纪念馆票价及优惠情况一览表

序号	博物馆、纪念馆	票价（单位：元）	老年人优惠情况	学生优惠情况	其他优惠情况
1	上海世博会博物馆	30	60岁以上半价	学生票半价	现役军人半价
2	上海城市规划展示馆	30	60岁以上半价	学生票半价	
3	上海豫园管理处	夏冬30 春秋40	60岁以上半价	学生票半价	
4	上海孙中山故居纪念馆	20	60岁以上半价、70岁以上免票	学生票半价	现役军人、残疾人免票
5	上海琉璃艺术博物馆	20	免票	学生票免票	免票
6	大韩民国临时政府旧址管理处	20	无优惠	无优惠	
7	上海宋庆龄故居纪念馆	20	60岁以上半价、70岁以上免票	学生票半价	现役军人、残疾人免票

（续表）

序号	博物馆、纪念馆	票价 （单位：元）	老年人优惠情况	学生优惠情况	其他优惠情况
8	上海工艺美术博物馆	8	70岁以上5元	学生票5元	
9	上海昆虫博物馆	15	60岁以上免票	学生票半价	现役军人、残疾人免票
10	上海土山湾博物馆	5	退休免票	学生票免票	
11	上海儿童博物馆	20	70岁以上免票	学生参加二期课改免票	现役军人、残疾人免票
12	上海科技馆	60	70岁以上免票	学生票45元	
13	上海吴昌硕纪念馆	10	70岁以上免票	学生票免票	现役军人、残疾人免票
14	上海中医药博物馆	15	70岁以上免票	免费	现役军人、残疾人免票
15	上海东方地质科普馆	80	70岁以上半价	学生票60元	军人60元
16	上海动漫博物馆	30	70岁以上18元	学生票半价	现役军人、残疾人免票
17	上海中国航海博物馆	50	60岁以上10元	学生票25元	现役军人、残疾人免票
18	新场历史文化陈列馆	18	70岁以上8折	学生票半价	
19	上海犹太难民纪念馆	50	60岁以上8折	学生票10元	现役军人免票
20	上海铁路博物馆	10	70岁以上免票	学生票半价	现役军人、残疾人免票
21	上海玻璃博物馆	20	70岁以上免票	学生票半价	现役军人、残疾人免票
22	上海汽车博物馆	60	60岁以上40元	学生票40元	
23	四海壶具博物馆	10	70岁以上免票	学生票半价	现役军人、残疾人免票
24	上海天文博物馆	12	70岁以上8元	学生票8元	现役军人、残疾人免票
25	崇明县博物馆	10	70岁以上免票	学生免票	

说明：数据截止至2011年上海市各博物馆、纪念馆票价信息。

二、开放服务

早从20世纪90年代初，上海各大博物馆完成陈列改建开始，各大博物馆致力于体现爱国主义教育基地的职能，致力于更好地发挥博物馆社会教育功能。在硬件上，为参观者提供包括汉语、英语、日语、法语等八种语言的数码式语音导览设备；通过媒体导览系统向参观者全面系统地提供文物收藏、陈列展览和教育传播方面信息；设咨询服务台，向参观者提供参观咨询服务，并免费发放参观指南、陈列室简介和特别展览说明等宣传资料，配备轮椅和婴儿车，为特殊需求的群体提供方便。

　　2008年起,根据中宣部、财政部、文化部和国家文物局《关于全国博物馆、纪念馆免费开放通知》,上海的博物馆开始对社会全面免费开放。免费开放的实施使得博物馆的观众接待量上升,观众人数增加的同时伴以观众结构的变化,这对博物馆开放一线的现场情况产生一定的负面影响,主要体现在参观环境变得嘈杂、馆内设备设施损坏率有所增长、观众参观排队等候的时间增加容易导致情绪烦躁等。

　　面对这些变化,博物馆要求一线员工不因工作强度加大而降低服务标准,不因观众的不明行为与之发生争执,努力确保良好的窗口形象。此外,根据现场实际情况着力从细节入手,加强管理的角度不断做出调节,如在免费开放初期,根据对间场情况的深入调研,测得各个展馆各个时段的实际客流量,以此为根据随时对馆内客流量进行调控;对各岗位的工作职能提出具体实施标准,对一线岗位的人员设置进行合理调整,确保人力开放一线部门还在维持正常参观秩序的基础上,发挥主观能动性,积极采取多种措施提高服务质量,尽可能为观众提供舒适良好的参观环境。主要措施包括:放置博物馆参观指示牌,引导观众合理安排路线;夏日提供免费借伞服务,提供各类避暑药品、物品和简单的现场急救服务;要求现场保安队员留心观察,提醒观众保管好随身携带的贵重物品,在长凳休息时注意保管随身的提包、相机、钱夹,还在保安队中派遣专人加强监控;组织员工参加消防安全培训、窗口服务礼仪培训、窗口行业手语培训等,学习"突发事件处置预案",不断提高窗口服务水平。

第四章　社会宣传与教育活动

文博宣传工作有狭义与广义之分。狭义的文博宣传工作是指博物馆、纪念馆为增强本馆知名度,通过各种宣传方式,向社会公众传达本馆基本情况、展览资讯等。广义的宣传工作还包括整个文博行业、教育行业为达到传播科学知识、弘扬优秀文化、进行社会教育、引领社会风尚等目的而开展的各种形式的信息传播行为。长期以来,上海地区依托自身的文博资源优势,围绕"爱国主义、民族主义、传统文化"、紧密结合"贴近实际、贴近生活、贴近群众"三贴近的要求,除了每年"5·18"国际博物馆日、中国文化遗产日活动、一二·八历史文化名城纪念日以外,积极开展形式多样的文化服务和社会教育活动。

上海的博物馆教育活动主要包括各博物馆的讲座和主题活动。

例如,上海博物馆的馆内专题讲座从1999年7月起开始成为定期的常规性活动。专题讲座的题目一般与该馆的性质有关,大致可分馆藏文物或展览内容的进一步的阐释;文物以及文物鉴赏;以文物为中心、作为文物存在和使用背景的文化史知识的专题报告,以及与博物馆研究领域有一定联系的科学文化知识等方向的内容。专题讲座每月两到三次,讲座的内容涉及历史、思想哲学、民族、民俗、社会生活、文学艺术、社会史或自然历史等诸多领域。主讲人一般由本馆专家和外请专家学者担任。博物馆在年底制定并发出次年全年讲座计划,接纳社会各界人士聆听。

截至2009年底,已开办特展专题、文物系列、学术报告与文化专题等讲座30场次。

2000年"5·18"国际博物馆日期间,上海博物馆举办了以"2000:博物馆与现代都市"为主题的博物馆日活动周,活动周的主要宣传活动是:(1)与东方电视台合作制作播放"2000博物馆与现代人"国际博物馆日特别节目,节目长达两个小时高密度、多视角地向市民展现上海地区博物馆的整体形象;(2)馆领导和教育部门负责人与上海人民广播电台"市民与社会"合作,直播了"我看博物馆"的节目;(3)在各种报刊上刊载博物馆理论和博物馆工作访谈的文章,并联合请上海的各家博物馆组织发表了"申城博物馆巡礼"的系列文章。

第一节　"5·18"国际博物馆日活动

"5·18"国际博物馆日是国际博协在1977年开始设立的一项活动。每年均有一个主题,以期唤起各个国家的政府和公众对这一问题的关注,促进博物馆与社会公众的彼此任职和相互理解。每年,上海市文物管理委员都会组织全市的博物馆、纪念馆积极参加"5·18"国际博物馆周宣传活动,组织、协调、举办各种不同主题的展览、讲座、捐赠仪式、知识竞赛等。这些活动展示了上海丰富的文化底蕴,宣传了上海文物保护的成就,提离了全社会保护文物的积极性,提升了大都市的文化品位和国际形象,有力地推动了和谐社会的建设。

2001年"5·18"国际博物馆日活动周的活动主题是"博物馆与社区建设"。"汉字的故事"展览在黄浦区光明中学展出。展览分"汉字的由来"和"汉字的发展"两部分,整个展览在上博和光明中学教师指导下,由光明中学学生选题、选材、设计、制作完成,并由学生担任讲解工作。上博组织了"感受博物馆"——盲人专场活动。展厅中的12张条桌上,分别摆放着36件青铜器、古钱币和古代

图 6-4-1 "5·18"国际博物馆日活动

雕塑,每件文物都用盲文标注着品名和时代,每张桌子都配备一名来自青铜器研究部、保管部、教育部的专业人员在旁讲解,指导盲人如何触摸、体会,帮助他们用手和心去感受博物馆。在活动周期间,上博辅导员还深入豫园和广场街道为居民作了"玉器鉴赏"和"怎样收藏"两个专题讲座。市文管委、上博和《上海中学生报》联合举办了"新世纪·我看博物馆"中学生征文活动,参加征文活动的有来自50余所学校的5 000多名学生。

2005年上海市各区县博物馆、纪念馆围绕"博物馆:沟通文化的桥梁"这一主题开展了丰富多彩的系列活动。

中共徐汇区委宣传部、区文管委、区文广局联合发出"关于组织开展徐汇区文物保护宣传周活动的通知",并在徐家汇港汇广场举行文物法规、文物常识咨物活动。卢湾区文物保护管理所、团中央机关旧址纪念馆在淮海中路伊势丹广场举行大型宣传活动,展示卢湾区不可移动文物的图板,电视机滚动播出"渔阳里团中央机发旧址"纪录短片。闵行区博物馆、张充仁纪念馆在地铁莘庄站联合开展系列宣传活动,展示了图解《中华人民共和国文物保护法》,赠送张充仁艺术生平资料。

长宁区革命文物陈列馆举办了长宁区优秀近代历史建筑展、长宁区革命文物陈列图片资料照,松江博物馆举办秦时明月、汉唐雄风文物展,闵行区博物馆举办闵行区发展成就展,南汇博物馆、浦东新区文物管理办公室组织了本区博物馆图板巡回展览,介绍了上海中国烟草博物馆、上海自来水展示馆、复旦大学博物馆、上海水产大学鱼文化博物馆、中国印刷博物馆等展馆的展示内容。

上海博物馆举行了"博物馆与国际大都会———一个文化的坐标""玄奘西行与文化沟通""贯通中西的陶瓷之路"和"中西绘画中的自然"等专题讲座,从不同角度向公众介绍了博物馆在现代化国际大都市的地位,中西文化不同的美学观以及文化沟通和交融所带来的文化繁荣。徐汇区文化局邀请国家历史文化名城研究中心主任阮仪三主讲"历史文化遗产的保护与合理利用"专题讲座,介绍了巴黎、威尼斯等世界文化遗产的保护以及丽江、平遥、苏州等国内著名文物胜地的保护和利用。长宁区革命文物陈列馆邀请文物专家为省吾中学、复旦中学、延安中学分别作了文物知识讲座,二校听讲的师生多达4 177人。南汇博物馆邀请上海博物馆陶瓷专家主讲"瓷器收藏与鉴赏"专题讲座,取得良好的社会反响。奉贤区博物馆组织各镇文物保护小组组长参加文博业务短期培训班,进行《中华人民共和国文物保护法》培训,并详细本区文物保护单位分布状况和保护要求,提高了文物保护专业知识。同时,还举办了"5·18"国际博物谊日中小学生《中华人民共和国文物保护法》知识竞赛。长宁区则组织了有25个大中学校参加的"走近张闻天"演讲比赛。

上海市文物管理委员会从全市4 199处文物点中选定40处历史文物建筑,在5月21—22日两天免费对外开放。其中有上海孙中山故居、中国社会主义青年团中央机关旧址、中国共产党第一次全国代表大会会址、上海邮政总局大楼等9处全国重点文物保护单位,《布尔什维克》编辑部旧址、马勒别墅等24处市级文物保护单位,沈尹默、刘长胜、张闻天、黄炎培、宋庆龄等7处名人故居,以历史文物建筑为主线,串连起上海丰厚、灿烂的历史文化,行程市民"红色之旅""名人故居之旅""古遗址之旅"的热潮。中共"一大"会址纪念馆两天内接待观众12 000余人次,孙中山故居纪念馆观众比平常增加了10倍。各开发单位两天接待观众17万7千余人次。

静安、卢湾、虹口、徐汇区在博物馆日活动周期间举行了章太炎、徐志摩、来楚生、胡蝶、丰子恺、郭沫若、胡风等23位名人的18处故居挂牌仪式,增强了全社会对名人故居文物建筑的保护意识。

表6-4-1　2000—2010年上海市"5·18"国际博物馆日主要活动情况表

年　度	主　题	活　动
2000	致力于社会和平与和睦的博物馆	"2000·我看博物馆"中学生征文活动
		"我看博物馆"直播节目
		"2000·博物馆与现代人"的特别节目
		"专家义务接待日"活动
		举办"夏代晚期镶嵌十字纹青铜钺"的再展仪式
2001	博物馆与社区建设	"新世纪·我看博物馆"中学生征文活动
		"感受博物馆"——盲人专场活动
		举办"汉字的故事"展览
2002	博物馆与全球化	"我看博物馆"中学生征文活动
		"我和爸爸妈妈去上博"活动
		"大家来动手"软陶制作晋侯墓群出土文物活动
		举办"人民广场社区民间收藏展"
		举行"文博育才园和文博研习室揭幕"仪式
		组织"为驻沪外交官家属举办陶瓷鉴赏会"
		"这也是上海——我们身边的文物"博物馆日电视专题节目

（续表）

年　度	主　　题	活　　　动
2004	博物馆与无形遗产	竹刻、古琴、昆曲、蓝印花布制作表演
		无形遗产纪录片展播与"昆曲艺术赏析"讲座
		免费开放 23 处文物建筑
2005	博物馆——沟通文化的桥梁	在港汇广场、伊势丹广场、莘庄地铁站举行文物法规、文物常识咨询活动等
		各区县博物馆组织了灵活多样的展览活动
		举行了多种多样的文博专题讲座
		组织培训班和演讲比赛
		40 处历史文物建筑免费开放
		举行名人故居挂牌仪式
2007	博物馆和共同遗产	组织了上海地区考古遗址、方言习俗、城市建筑等专题讲座，并在 9 所大专院校和 2 所中学设立分会场
		嘉定区文管部门组织了"文博与文化遗产知识竞赛"
		65 座博物馆免费开放
		组织了广场宣传、流动展览和征文竞赛等系列活动
2008	博物馆：促进社会变化的力量	组织全市 60 家主要的博物馆纪念馆向公众免费开放，并在解放日报、文汇报刊登专题彩版
		举办了 19 个展览、10 个特展、6 个系列讲座以及文博知识竞赛
		民间文物收藏免费咨询、鉴定
2009	博物馆与旅游	协调全市主要的博物馆、纪念馆举办各种不同主题的展览、讲座、捐赠仪式、知识竞赛等，并于 5 月 16—18 日免费开放
2010	博物馆致力于社会和谐	组织协调全市多家博物馆、纪念馆推出了多个精彩展览，并于 18 日前后免费开放

第二节　中国文化遗产日活动

2005 年 12 月 22 日，国务院发布《国务院关于加强文化遗产保护工作的通知》，要求进一步加强文化遗产保护工作。其中一项重要举措就是：决定从 2006 年起，每年 6 月的第二个星期六为中国的"文化遗产日"。上海市文物管理委员会每年都在市委、市政府的统一部署下，围绕主题，积极组织文物挂牌、文物展示、学术研讨、专题展览、广场宣传、文艺演出、专题讲座、征文竞赛、专家咨询以及文物建筑免费开放等一系列主题宣传活动。此处仅以 2010 年的"中国文化遗产日"活动为例。

图6-4-2 2008年中国文化遗产日活动

表6-4-2 2010年上海市"中国文化遗产日"系列活动情况表

日 期	主办区县	地 点	活 动
6月6—20日	黄浦区	豫园商城中心广场及黄金广场	豫园中国日(节)豫园·金龙鱼端午文化节
5月1日—7月31日	卢湾区	卢湾区文化馆	"城市记忆"卢湾区石库门瓦雕展
6月10—20日	卢湾区	田子坊李守白工作室	"剪上生花,纸看天下"李守白剪纸艺术展
6月12日	徐汇区	上海土山湾博物馆	上海土山湾博物馆开馆
6月12日	长宁区	长宁民宿文化中心	第1批非遗传承人颁证仪式及文艺演出;保护项目"西郊农民画"展览;少儿端午"赛旱龙舟抛彩粽比赛";传统香袋DIY手工技艺;越剧名家讲堂;皮影戏表演;老街风采真人秀"非遗日"免费开放
6月11日	静安区	张园大客堂	"非遗日"主题活动
6月15日	闸北区	彭浦新村社区文化活动中心	"非遗保护,人人参与"——彭浦新村街道2010端午民俗风情展示
6月12日	虹口区	多伦路215号	"虹口区第3次全国文物普查掠影""虹口区文博事业发展概况""虹口免费展览场馆"3个宣传流动展并免费发放《左联五烈士》等资料
6月12日	杨浦区	平凉路东宫广场	"非遗"项目码头号子、上海花样经现场展演
6月12—20日	普陀区	长风公园	普陀区2010年端午民宿文化节
6月11日	浦东新区	浦东三民博物馆	"非遗"类优秀节目展演;参观三民博物馆

（续表）

日　　期	主办区县	地　　点	活　　动
6月16日	宝山区	罗店镇文化中心3楼圆形展厅	剪纸、编彩线、包粽子等互动体验活动
6月12日	闵行区	上海城市剧院	2010"丝竹情韵"专场音乐会
6月16日	闵行区	浦江镇世博家园	"龙跃浦江"端午节民宿文化活动
5月14日—7月15日	嘉定区	嘉定竹刻博物馆	相约世博——2010年全国竹刻艺术邀请展
6月12日	金山区	金山区漕泾镇文化广场	金山民俗风民俗民间文化表演展示
6月6—8日 6月18—20日	松江区	世博会公众参与馆	顾绣展示、叶榭民间竹编工艺展示
6月16日	青浦区	朱家角古镇	农耕文化民间行街、水上摇快船表演
6月9日	奉贤区	四团文化中心小剧场	主题为"文化遗产　在我身边"专题讲座
6月12日	崇明县	崇明县中兴镇广福商城	崇明扁担戏传人朱氏兄弟们展演崇明扁担戏
6月12日	崇明县	崇明县城桥镇八一路人民路口	崇明县非物质文化遗产名录项目展览

第三节　青少年教育活动

　　博物馆的社会教育功能主要是为广大观众提供课外教育服务的文化素养服务，青少年教育项目研发也是博物馆重要的业务工作。上海地区博物馆十分注重青少年教育项目研发策划，意在将上海建设成为传承发展中华优秀传统文化的重要阵地。

　　1991年8月4—5日上海博物馆组织近百名中学生参加以"知我上海，爱我上海"为主题的考古夏令营。上海已发现新石器时代至战国的古文化遗址26处，大都集中在西郊，其中青浦县占10处，松江县占7处。夏令营活动主要是参观青浦、松江两个县的文物古迹，并把营地选在青浦福泉山古文化遗址。夏令营内容包括文物采集活动、文物古迹的参观考察、文物知识竞赛等，提高了中学生对文物的兴趣和爱好，普及了文物知识。

　　1992年8月3—4日上海博物馆在青浦、松江、嘉定三县举行夏令营活动。上海师大附中、实验学校，以及部分中学的"考古"和"书画"兴趣小组的代表一百人参加了考古夏令营。开营仪式在青浦福泉山古文化遗址举行。上海博物馆副馆长、考古发掘专家黄宣佩参加开营仪式并介绍了福泉山考古的情况和考古基础知识同时，亲自指导同学们在福泉山遗址采集陶片。夏令营参观了青浦县博物馆出土文物、嘉定县博物馆科举展览和嘉定竹刻展览、松江天马山护珠塔，并组织有奖文史智力竞赛。

　　1993年7月11—21日，由上海博物馆发起，与江苏省文化厅、浙江省文物局联合举办了首次"江浙沪中学生文物博物馆考察团"活动。这次活动的主要目的是丰富中学生暑期生活，落实中央六部委"二史一情教育"的精神，扩大博物馆的社会效益，探索博物馆教育和学校教育的新路子。参加这次中学生文博考察团的有56人，其中学生32人，教师和博物馆人员24人。学生是从江浙沪地区"博物馆和我"征文比赛中选拔出来的优胜者。

　　1995 年 7 月 24—25 日,嘉定博物馆为纪念中国人民抗日战争和世界人民反法西斯战争胜利 50 周年,组织嘉定区首届青少年文博夏令营。59 名优秀学生代表参加了夏令营活动。宝山区文管所、淞沪抗战纪念馆和嘉定区党史办选派专人为夏令营师生作抗战事迹的专题报告,并陪同实地考察了吴淞炮台遗址、罗店红十字纪念碑、海军上海博览馆、陈化成纪念馆、嘉定侠戴二忠节纪念馆、嘉定博物馆等,使同学们受到丰富的爱国主义教育。

　　2000 年 7 月 27—28 日、7 月 30 日—8 月 5 日,上海博物馆组织中学生赴上海松江和西安、洛阳夏令营。上海博物馆教育部主办的“2000 年文博夏令营”分为两批,分别在上海松江和西安、洛阳进行了专题考察活动。两批夏令营的学生分别为 2000 年“5·18”国际博物馆日和“2000·我看博物馆”中学生征文活动优秀奖、入围奖的获得者。

　　2000 年,上海博物馆夏令营的主题是“历史、艺术与人生”,旨在使参加夏令营的学生通过有组织、有引导的参观考察活动,亲身感受中华民族悠久的历史与灿烂的文化艺术,从中汲取知识和智慧,激发起爱国主义情感,为树立健康向上的人生观打下基础。许多同学希望今后能将上海博物馆当作他们的终身课堂,经常从中汲取知识,得到美的熏陶。不少同学还希望今后有机会到上博担任志愿工作者,用所学的知识为社会服务。

　　2001 年 7 月 19 日—8 月 5 日先后举办了“博物馆一日”小学生一日营、“上海文明探源”中学生二日营和“中国青铜文化之旅”中学生七日营等三个专题文博夏令营活动。旨在让学生“感受历史与艺术,汲取知识和智慧,激发爱国主义情感”。7 月 20 日的“博物馆一日”活动参加者是昌邑文博教育基地昌邑小学的小学生,主要是参观上海自然博物馆、上海博物馆“雪域藏珍”展,举行“小小讲解员”实践活动,文博社团活动汇报及表彰会等。一日营活动丰富了文博教育基地的教育形式,加强了小学生对不同类型的博物馆及其文物的认识。7 月 19 日、20 日的“上海文明探源”中学生二日营活动,营员参观了上海博物馆玉器馆、青浦博物馆、金山博物馆、福泉山古文化遗址、戚家墩古文化遗址等一系列活动,寻找上海地区的文明源头。考古专家向中学生作了“上海古文化概况”的报告。7 月 29 日—8 月 5 日举办的“中国青铜文化之旅”中学生七日营活动,营员参观了三星堆博物馆、四川省博物馆、永陵博物馆、商业街船棺葬遗址、成都武侯祠博物馆以及杜甫草堂、都江堰等。

　　2008 年 8 月 1 日、2 日、7 日和 19 日,各博物馆分别接待都江堰市青少年暑期活动上海博物馆、上海铁路博物馆、中国乳业博物馆、上海邮政博物馆举行了“情系四川·爱满浦江 2008 阳光爱心”夏令营系列活动。8 月 1 日,参加阳光爱心夏令营的都江堰师生来到了上海博物馆。为了能给都江堰师生们留下美好的印象,上海博物馆安排了近百位志愿者和多位经验丰富的讲解老师,从导览、参观、讲座到手工制作,每一项活动都有经验丰富、极富耐心的工作人员积极引导、细心介绍。同时博物馆还特意安排了趣味手工活动——软陶制作,使每一位师生在趣味参与中体验“陶艺”这门中国古代文明与艺术的特殊魅力。8 月 2 日,上海铁路博物馆举行了“热烈欢迎都江堰小朋友参加闸北活动日”的活动,工作人员带领都江堰师生参观了博物馆。

　　上海昆虫博物馆举办“昆虫夏令营”上海昆虫博物馆、上海市昆虫学会、徐汇区科委和徐汇青少年活动中心于 2008 年 7 月 21 日—8 月 7 日联合举办“昆虫夏令营”活动。营员们在上海昆虫博物馆老师带领下深入浙江天目山进行野外昆虫考察。参加夏令营的学生对昆虫知识有一定了解,对野外自然环境有着浓厚兴趣。白天,他们在老师带领下,以小组为单位进行活动,包括采集工具的整理和制作,植物叶片的收集,对蘑菇的观察、蝴蝶的捕捉和甲虫的采集;晚上。又聚集在灯光下,利用昆虫的趋光性捕捉那些上灯的昆虫;空余时间还安排了植物、动物、昆虫和菌类的科普报告。每天完成这些工作后,还要求学生相互配合,整理标本,真正体验科学考察的整个过程。回到上海后，他们还自己动手对蝴蝶进行处理再做成标本，最后独立完成考察小报告。

第四节　志愿者、博物馆之友

上海市博物馆的志愿者大都由在编志愿者、大学生志愿者和社会志愿者三部分组成。

志愿者活动是社会对博物馆的支援，但更重要的是，体现了博物馆面向社会开放的姿态，是博物馆现代化的一个标志，更是博物馆为社会公益事业搭建的平台，其所倡导的是为人民服务的精神，是博物馆对社会文明建设的一大贡献。

在此认识的指导下，上海市博物馆的志愿者工作参与得以稳妥地逐步扩大。目前志愿者所承担的工作包括陈列展览的讲解导览、博物馆艺术体验的活动辅导以及公众的讲座活动的组织与资料整理，多种临时性的工作任务等多项。

上海博物馆之友组织始于20世纪60年代。"文化大革命"以后停止活动，2000年1月25日活动恢复。"博物馆之友"是博物馆联系社会的一种组织形式。

1991年7月28日至8月10日，上海博物馆组织美、英、香港、台湾等海外"文物之友"考察甘肃、新疆的文物古迹。参加的有美国纽约大都会艺术博物馆高级研究人员屈志仁、文物收藏家范季融，美国文物爱好者朱仁明，香港文物鉴赏家、收藏家杜维善、顾小坤、张宗宪、徐伯郊和台湾文物工作者等30余人，冒着42℃的高温在新疆吐鲁番火焰山下考察柏孜克里克千佛洞石窟壁画艺术。

2000年5月9日，上博组织恢复活动后的第一次"博物馆之友"文物鉴赏活动——古代玉器鉴赏，应邀参加观赏的有19名馆友。上博从库藏玉器中提取了从新石器时代晚期到清代的玉器精品11件，其中有玉琮、玉璧、玉璜、玉带板、玉龙等礼器和装饰品。工艺研究部副研究员张尉担任鉴赏会的主讲人，系统地介绍了玉文化内涵、玉材质的种类和制玉方法、玉器的种类和用途，历代玉器的演变以及玉器鉴定等知识。

2007年，为满足公众对博物馆文化的需求，上海博物馆决定在当年开始的第一个"中国文化遗产日"之际，面向社会开放博物馆之友活动。该举措一经推出，立刻受到了广泛好评。为顺利开展会员活动，上海博物馆重新制定了《上海博物馆之友章程》。按照《章程》，上海博物馆的博物馆之友采取会员制，会员暂定为普通会员、家庭会员、教师会员以及特邀会员四类，普通会员和家庭会员每年收取一定的会费，教师会员免费。专题文化考察等活动的费用均由所有参加者自行支付。会员按照《章程》的规定，享受一定的权益。

第七篇

人　物

上海地区人文荟萃，在文物博物馆工作方面涌现出大批收藏家、鉴赏家和文物科技、文物修复、书画裱拓、标本剥制、考古发掘、文物研究以及博物馆学的专家。他们之中，凡对上海市文物博物馆事业作出贡献的列入本篇。根据生不立传原则，已故的人物（卒年1978—2010年）立传；在世的择有代表性的人员列入简介；有高级职称的人员列入人物表。

对上海市文物博物馆工作做出贡献的已故（卒年从1978年至2010年）人物，凡获正高二级职称及以上者，国家文物鉴定委员会委员，享受国务院津贴者，在文博领域获得国家、上海市表彰者，担任国家级学术团体副职以上职务者，符合其中条件之一即予以收录。

已故人物传略以卒年先后为序排列，本部分收录44人。

对上海市文物博物馆工作做出贡献的在世人物（卒年截至2010年），凡获正高二级职称及以上者，国家文物鉴定委员会委员，享受国务院津贴者，在文博领域获得国家、上海市表彰者，担任国家级学术团体副职以上职务者，符合其中条件之一即予以收录。

人物简介以出生先后为序排列，本部分收录28人。

第一章 人物传略

袁伯辰（1904—1978）

上海崇明人。民国 9 年（1920 年），在上海学习照相制版技术。曾在上海三一印刷公司、华东照相制版社、上海烟草印刷厂等从事照相制版工作。1955 年，入上海博物馆陈列部工作。专长照相制版，为上海博物馆馆藏文物照相制版，达到国内领先水平。1955 年、1956 年两次被评为先进工作者，1956 年出席全国文化先进工作者大会。

乐笃周（1894—1979）

名衍孙，字叶潜，号笃周，同仁堂的第 13 代传人，北京人。早年留学法国，民国 8 年（1919 年）回国后长期经营药材，一生致力于民族工商业。民国 12 年（1923 年）在北京创办宏仁堂国药号，后又在上海、青岛、天津等地开设分号。中华人民共和国成立后曾被选为上海市第一届政协委员，第三、四、五届南京市人民代表。

乐笃周爱好收藏古玩，尤以明清紫檀家具和瓷器最为精致。其中紫檀家具收藏甚富，多达 166 件，特别是紫檀宝座、紫檀雕龙方桌，堪称上品。

乐笃周热爱文博事业，曾多次将其藏品捐赠给博物馆。1952 年将清乾隆窑青花云水笔筒等 7 件捐赠给上海博物馆；1956 年，将清康熙景德镇窑青花凤穿牡丹瓶、清雍正景德镇窑青花人物大笔筒等 40 件捐赠给上海博物馆；1958 年，又将明清紫檀家具 166 件捐赠给上海市文物保管委员会。

丁惠康（1904—1979）

江苏无锡人。民国 16 年（1927 年）毕业于上海同济大学医科。民国 17 年（1928 年）和民国 23 年（1934 年），先后在上海创办肺病疗养院和虹桥疗养院。民国 24 年德国汉堡大学授予医学博士学位。1951 年被聘为上海市文物管理委员会顾问。1966 年 4 月被聘为上海市文史研究馆馆员。

丁惠康既是医务工作者，又是文物收藏家。抗日战争时期和第三次国内革命战争时期，将出售 40 幢房屋所得款项，全部用于收购历代名画与文物。民国 28 年（1939 年）春，联合上海美专校长刘海粟及其他收藏家在上海发起"中国历代书画展"，出版《中国历代名画大观》，提出"展我先民遗迹，发扬民族精神"的口号。

1949 年，丁惠康赴北京参加"全国少数民族文物展览会"后，即将所藏台湾高山族文物和书籍 500 余种捐赠中央民族学院。同时将西周青铜大鼎、唐二色釉大壶捐赠国家博物馆。11 月，又收购常熟瞿氏"铁琴铜剑楼"所藏文物（包括宋元孤本等）和古籍 1 100 余种，并全部捐赠北京图书馆，此后又向故宫博物院捐赠了他所收藏的全部文物。他珍藏的宋马远《雪屐观梅图》、明仇英《剑阁图》等精品佳作则为上海博物馆所藏。中央人民政府教育部、文化部分别授予褒奖状。

仇焱之(1910—1980)

江苏太仓人。早年师从晋古斋古玩店业主朱鹤亭,精于瓷器鉴定。民国34年(1945年)由卢吴公司在沪负责人吴启周介绍,结识英国古董商厄宝德,为其在沪办理古玩出口托运业务。民国35年(1946年)以200万法币独资开设"仇焱记"(又名"仇焱之文玩会")于嵩山路44号。同年出任上海市古玩商业同业公会候补监事。1949年结束在沪经营活动,去香港、瑞士继续经营古代陶瓷。收藏甚丰,且多精品。已面世的五只成化斗彩鸡缸杯中,他曾藏有四只,其中2.8亿鸡缸杯亦为其旧藏(此杯在西方收藏界一度被称为"仇杯")。1980年病逝于瑞士,所有庋藏由裔嗣交苏富比拍卖公司在香港、伦敦拍卖。仇氏生前与上海博物馆多有交往,1979年6月和10月,曾两次向上海博物馆出售古陶瓷藏品共167件。

蒋大沂(1904—1981)

江苏苏州人。民国19年(1930年)毕业于上海持志大学国学系,同年春参加考古学家卫聚贤主持的南京栖霞山六朝墓发掘,个人兴趣遂由考据转向考古。民国21年(1932年)到民国24年(1935年)在江苏省立界首师范和上海正风文学院执教,业余同留法博士张凤等自发在江、浙、沪、皖各地从事田野考古调查。民国24年(1935年)考察常州淹城古文化遗址,9月参与上海金山卫戚家墩古文化遗址踏勘;11月,经杨宽先生邀请,任上海市立博物馆筹备处干事。民国26年(1937年)上海市立博物馆试行开放后升任研究馆员。民国29年(1940年)5月到次年10月为浙西昭明馆副馆长、天目书院导师。后入蜀任成都华西大学讲师、副教授、研究馆员。民国35年(1946年)春应上海市立博物馆杨宽馆长之请,返沪任艺术部主任。中华人民共和国成立后历任上海市历史博物馆陈列部主任、上海同济大学副教授、华东文化部文物科科长、上海博物馆地方历史研究部、陈列部副主任、主任、上海博物馆馆刊编辑委员会委员等职。参与上海博物馆陈列设计和文物图册出版工作,筹建了以复制古代绘画作品代替真迹陈列的出版复制组,并指导上海马桥古文化遗址的首次发掘。

蒋大沂对青铜器和古文字研究有一定成就,撰有论文《保卣铭考释》《说早期青铜器中的"角"》等,编辑出版了《盂鼎克鼎》《齐量三器》等书。

陈器成(1902—1983)

名木,以字行,别名辛伟,浙江鄞县人。曾任拜耳公司华副经理、谦信洋行华副经理、德孚洋行华副经理、大成号总经理、光明化学制药厂股份有限公司董事长兼经理,1981年7月任上海市文史研究馆馆员。

陈器成收藏颇丰,青铜器、瓷器、甲骨、石刻造像均有收藏,画多精品,南浔庞莱臣加所散出的第三批藏品,有数件归其所有。1962年,他将88件珍贵文物捐赠给上海博物馆。"文化大革命"中所藏文物均被抄。1980年落实政策发还后,又主动将重要文物130件捐赠给市文物管理委员会。其中商代甲骨100片,部分从未发表过,是研究商代历史的珍贵史料。五代白釉梅花罐、宋定窑刻花大盘、明宣德白釉莲瓣暗花碗等都属稀见之物。

陈器成所购得书画均不盖收藏印,谓古人讥项子京藏画印痕累累,如美人黥面,徒糟蹋名画。他认为收藏之物如过眼烟云,应与世人共之。

钱镜塘(1907—1983)

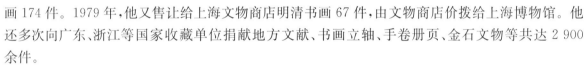

原名钱德鑫,字镜塘,晚号菊隐老人,浙江海宁人。

钱镜塘幼年得其祖父钱笠群、其父钱鸿遇的家学熏陶,工书法绘画,精于鉴赏。20岁以后,钱镜塘来沪,独资经营书画,掌握了古代书画鉴别能力。数十年来,他鉴别珍藏了历代书画数千件之多,积累了丰富的鉴别经验,成为沪上著名的书画鉴定收藏家。海上书画界无人不识他开设的六莹堂。日伪时期,他不顾生命安全,保全了许多宋元名画。

中华人民共和国成立后,钱镜塘多次将所藏历代名家书画捐献给国家。1958年和1962年先后两次捐赠给上海博物馆赵之谦、任伯年等近代名家书画174件。1979年,他又售让给上海文物商店明清书画67件,由文物商店价拨给上海博物馆。他还多次向广东、浙江等国家收藏单位捐献地方文献、书画立轴、手卷册页、金石文物等共达2 900余件。

孙伯渊(1898—1984)

江苏苏州人。出生于装裱篆刻世家,其父孙念乔善于镌刻碑石,擅长鉴定碑帖,且开设"集宝斋"小作坊。父亡,他继承家业,从事刻石拓碑,对碑帖书画鉴定有较深造诣,徐森玉、刘海粟等推崇他为碑帖鉴定专家。抗日战争爆发后,他宁弃一切,而将珍藏的书画、文物由苏州转移来沪,以防战乱损失。中华人民共和国成立后,他先后将金石碑文4 000余件捐献给上海市文物管理委员会,将颜真卿多宝塔、欧阳询皇甫君碑、李北海岳麓寺碑等宋拓法帖10种捐献给北京故宫博物院,将高攀龙书札卷捐献给苏南文管会(现由南京博物院收藏),将书画文献资料捐献给南京博物院;1980年又将长期珍藏的大量碑刻拓本、善本宋版书、唐人写经和元明清书画23件捐赠给上海博物馆,其中,宋拓张旭《尚书省郎官石记序》、宋拓孤本米芾书《圆菴记碑》、宋版孤本《竹友集》、宋拓唐李邕书《云麾将军李思训碑》、宋版乖崖集、宋拓本茶录、宋夹麻拓黄庭经、元袁泰行书诗页、明刘基、杨廷麟、沈周、清丁元公、吴历、钱杜等人的书画真迹都十分珍贵。

孙伯渊还为国内文物单位鉴定过大批书画文物。

秦廷棫(1917—1984)

号明之、仲玄,江苏无锡人。民国31年(1942年)由同济大学医学院毕业,是肺科医师。

秦廷棫祖辈都爱好书画文物。曾祖秦学冶擅刻印章;祖父能书善画,开设艺苑真赏社专营碑帖书画;其父秦清曾雅好古玩,尤以收藏碑帖出名。秦廷棫自幼受家庭熏陶,从20多岁起就开始搜集古代艺术品。收藏有历代陶瓷、书画、铜器等文物1 000余件。尤爱古陶瓷,颇有研究,鉴赏能力较高,因而收藏的陶瓷器既多且精。如唐郏县窑蓝褐釉罐、宋登封窑划花瓶、宋白釉黑花瓶、宋当阳峪窑白釉刻花枕等,均属精品。他收藏的西汉拱手陶俑和舞袖陶俑,造型简朴浑厚,气韵生动,是西汉时期的典型范例,还曾被借去参展1936年民国政府在英国伦敦举办的"中国艺术品博览会"。1961年,他参加"上海博物馆之友"组织,并积极参与其活动。1963年,上海博物馆举办"上海博物馆之友所藏文物展"时,他是筹备组成员之一,并为展览提供了汉陶舞俑、唐胡人骆驼俑等佳品103件,丰富了展览内容。

著有《中国古代陶塑艺术》《中国瓷器的发明》等。

沈迈士(1891—1986)

名祖德,号宽斋,浙江吴兴(今湖州市)人。早年随母学画,后进徐汇公学,毕业于震旦大学文科,获学士学位。曾任职江苏交涉署、外交部政务司,并任北京大学文科讲师、北京古物陈列所副所长、南京考选委员会专门委员、上海市文献委员会副主任。中华人民共和国成立后,历任上海市文物管理委员会委员、上海市文物鉴别收购委员会委员、上海市文史研究馆馆员、上海中国画院画师、中国美术家协会上海分会理事、中国书法家协会上海分会名誉理事、湖州书画院名誉院长。曾当选为卢湾区人大代表、市政协委员。1979年被聘为上海市文史研究馆馆员。

沈迈士受家庭环境熏陶,一生致力于书画艺术,其作品融合古今,别创新意,形成了自己的风貌。《武夷山胜揽图》《指画梅石图》《新安江水电站图》为其精心之作,出版有《沈迈士画集》,著有《宽斋纪游诗》《海署楼题画稿》《沈迈士画集》《沈迈士画选》等。

沈迈士热爱文物事业。抗战期间,上海沦陷,他将中法文化出版会下属的汉学研究机构"孔德图书馆"所藏甲骨文、仰韶彩陶等一批文物,秘密运往复兴坊家中保管。新中国成立后全部送交上海市军管会。1949年被上海市人民政府聘任为市文物管理委员会第一批委员,是任期最长(38年)的一名文管会委员,他还将其制作的精品佳作132件捐献给上海博物馆。

朱孔阳(1892—1986)

字云裳,号浣云,晚号庸丈、龙翁、聋翁,曾用名朱既人。上海松江县人。民国后在杭州青年会创办书法、国画、篆刻班等。朱孔阳精鉴赏,富收藏。抗战期间,为免使杭州岳坟精忠柏化石沦落日本侵略者之手,多方筹款购得,据说为阮元家物,辗转入孔阳手,珍藏数十年,后捐献给杭州岳墓管理所。个人收藏除书画外尚有印玺、古砚、陶瓷、竹石雕等。民国36年(1947年)上海市立博物馆复馆,他向该馆捐献了文物。中华人民共和国成立后在沪发起成立上海美术考古学社。1952年夏,得王国维手拓殷墟甲骨文本和李汉青摹写本,校勘辑成《殷墟文字考释补正》,成为研究甲骨文的重要参考书。郭沫若主编《甲骨文合编》时,曾多次借用。1953年应上海中医学院医史博物馆聘任,负责征集、鉴定医史文物资料。1972年被聘为杭州市文管会委员。1982年被聘为上海市文史研究馆馆员。80年代初应邀赴浙江美术学院研究班讲学。

1951年和1962年向上海博物馆捐赠书画、玺印文物5件。此外,还向北京故宫博物院、中国国家博物馆、南京博物院、上海市历史博物馆、浙江博物馆、太原文物局等博物馆、文化、宗教部门捐献文物。著有《名墓志》《分韵古迹考》《分韵山川考》等。

江南蘋(1902—1986)

女,名采,号南蘋,浙江杭州人,生于河南。16 岁时随母亲到北京外祖家,以后就在北京定居。拜陈半丁、陈师曾学画。曾在中国画学研究会任助教。1930 年全家迁上海。后参加何香凝创办的女子书画会。1954 年 2 月进上海博物馆,专门从事古画复制临摹工作,1965 年退休。1981 年被聘为上海市文史研究馆馆员。

江南蘋精通琴棋书画,善丹青、工花卉,擅长墨梅和月季。民国 14 年(1925 年),她的《黄月季》参加"中日绘画联合展览"在东京展出,被日方购藏,并印成明信片,在日本发行。民国 19 年(1930 年),她的作品又参加比利时举行的"莱奇万国博览会",获得奖状。此外,还为鲁迅、郑振铎所编《北平笺谱》创作 10 幅花卉。其作品在上海博物馆、辽宁省博物院等都有收藏。

江南蘋从事古画复制,擅长临摹,为上海博物馆临摹复制了宋徽宗赵佶《柳鸦芦雁图》、宋王诜《烟江叠嶂图》、明文徵明《春深高树图》等许多名家佳作,为文物保护作出了贡献。1958 年,她还将珍藏的陈师曾《墨竹》捐赠上海博物馆。

陈兼善(1898—1988)

浙江诸暨人。民国 10 年(1921 年)毕业于北京高等师范学校博物部,师事邓萃英、翁文灏、丁文江等名教授。民国 12 年就职于上海商务印书馆编辑所;民国 14 年后任广东大学讲师、中山大学教授;民国 20 年(1931 年)赴法国巴黎植物园鱼类研究室、英国大英博物馆鱼类研究室从事鱼类学研究;民国 23 年(1934 年)任广东勷勤大学教授;抗战胜利后曾任台湾博物馆馆长,台湾大学、台湾师范大学、台中东海大学鱼类研究室教授;1972 年任美国军部动物病理调查所顾问;1982 年任上海自然博物馆一级研究馆员。兼任中国鱼类学会名誉理事长、中国水产学会顾问。1983 年任全国第六届政协委员。

他一生从事教学和鱼类分类学研究,著作丰富。他编写了《鱼类学》《台湾脊椎动物志》《普通动物学》《广东鳗鱼研究》《鱼类的演化和分类》《英汉动物学辞典》等;论文有《广东无腹鳍鱼类考察》《虎鱼类的研究》《中国总鳍鱼的比较》等,为我国鱼类分类学的研究做出了宝贵贡献。

吴福宝(1926—1988)

江苏苏州人。父亲毕生从事古董修复行业。他小学毕业即随父学艺,掌握了青铜器、陶瓷器、玉器、竹木器的修复技能。先后在金才记古玩店、上海古玩市场修复古玩。1956 年 8 月进上海博物馆修复工场,后调文物保护技术实验室从事竹木器修复研究。1986 年 3 月退休。

吴福宝从事文物修复 40 多年,勤奋好学,掌握了传统修复技术,功底深厚,技术全面。他应用现代科学技术与传统方法相结合的方法对古代木器进行脱水处理的研究获得成功,保护了一批出土木器;对古代漆器传统制作工艺进行研究,揭开了宋代漆器圈叠胎制作工艺的奥秘。《宋代漆器圈叠胎制作工艺的探索》的研究课题,经技术鉴定获得了文化部科技成果奖。他不仅为上海博物馆修复了福泉山遗址出土的新石器时代象牙雕刻、青浦任氏墓出土的元代剔红东篱采菊漆盒等一批文物,还为兄弟博物馆修复了不少文物精品,如常州宋墓出土金漆器、剔犀执镜盒、元墓出土八思巴文漆器;镇江南宋墓出土剔犀扇;江阴宋墓出土藤编胎漆器;安徽天山出土东汉漆器;浙江良渚反山出土胎骨已消失的嵌玉漆器等重要文物百余件。

卫聚贤(1899—1989)

字怀彬、号介山,又号卫大法师,山西万泉人。民国16年(1927年)毕业于清华国学研究院。历任暨南大学、中国公学、持志大学教授。民国17年(1928年)任南京古物保存所所长,民国18年(1929年)发掘南京明故宫。民国19年(1930年)主持南京栖霞山三国墓葬发掘,并致力于江浙古文化遗址调查。民国24年(1935年)春,参与常州淹城遗址调查,同年秋参加上海金山卫戚家墩古文化遗址考察研究。民国25年(1936年)上海成立中国古泉学会,会长丁福保,卫氏与之合著有《古钱》,编刊《古钱学》杂志,并担任评议;同年8月任"吴越史地研究会"总干事,主编《吴越文化论丛》。民国26年(1937年)上海市博物馆落成,担任设备选购委员。民国32年在重庆任"说文社"理事长,主编学术月刊《说文》。1949年离开大陆,历任香港珠海、联合、联大、光夏、远东、华夏等书院教授,香港大学东方文化研究院研究馆员,台湾辅仁大学教授。

著有《中国考古学史》《中国考古小史》《古史研究》《中国社会史》《古今货币》《古器物学》《台湾山胞由华西迁来》等,其中最具影响的是《中国考古学史》(商务印书馆"中国文化史丛书"之一),是中国第一部考古学史。

王有林(1900—1989)

江苏常州人。解放前开设华纶染织厂,解放后并入第七印染厂,任副科长。他早年爱好书画,并有较高鉴赏能力。因此在经营染织行业之外,喜欢搜集、鉴赏历代书画,具有较高的鉴赏力。他珍藏了宋拓、元明清书画等珍品400余件。"文化大革命"后,查抄文物落实政策发还时,他将其中73件珍贵文物出让给上海博物馆,其中包括宋拓张从申玄静碑册、宋拓清华寺碑、元杨维桢行书诗轴、明仇英人物山水轴、明徐渭杂画册、清髡残书画卷等珍贵文物。

其子王南屏,号玉斋主人,是旅港文物收藏家,珍藏中尤以宋王安石《楞严经旨要卷》和宋刻龙舒本《王文公文集》最为重要,系稀世珍宝。《楞严经旨要卷》是现存王安石法书的唯一精品;龙舒本《王文公文集》是利用宋代政府用过的公文纸印的,背面所书的公文纸400余页,计宋人手札300余通,内容包括政治、经济、文化等各方面,具有重要史料价值,已由文物管理委员会编为《宋人佚简》影印本。1985年3月,王南屏夫人房淑嫣遵照王南屏的遗愿,将这些珍贵文物捐赠给上海市文物管理委员会。

沈之瑜(1916—1990)

原名茹志成,曾用名茹茹、鲁楷,浙江杭州人。民国24年(1935年)上海美术专科学校西洋画系毕业,留校当助教。民国29年5月在浙江遂昌参加中共地下组织。建国前曾任苏中抗日民主根据地滨海报编辑、苏浙军区司令部参谋处参谋、华中雪枫军政大学文工团和华东军政大学文工团团长。中华人民共和国成立后历任上海军管会文艺处美术室主任,上海市文化局社文处副处长、处长、上海美术工作者协会党组副书记,上海新成区文化局局长,上海博物馆副馆长、馆长和名誉馆长、研究馆员、上海市文物管理委员会副主任兼上海美术专科学校副校长，同时，被选为中国博物馆学会副理事长、中国文物保护科学技术协会副理事长。

沈之瑜从事文物博物馆工作近40年。在他主管上海市社会文化期间，接管了亚洲文会博物馆和震旦博物院，并在这两院的标本基础上，筹建了上海自然博物馆；查实了中国共产党第一次代表大会会址，并恢复原状，成立纪念馆；协助有关单位整理恢复了中山故居；接办了华东文化部移交的文物仓库，加强了从废铜废纸中抢救文物、文献的工作；参与鲁迅墓的移葬和筹建鲁迅纪念馆。

1958年后，沈之瑜主持上海博物馆工作，先后建立了文物修复复制工场、文物保护技术科学实验室和电脑室，为文物保护和科学管理打下了基础；1972年之后，将上海博物馆综合陈列改为四个专题陈列，提高陈列的学术性、系统性、艺术性；改革开放之后，他筹划、组织出国展览，加强对外文化交流，提高了上海博物馆在国际上的声誉；在他领导下，编辑出版了文物图录、专著和《上海博物馆集刊》，加强了博物馆的学术研究。

沈之瑜在学术研究上，带头刻苦钻研、严谨治学。在"文化大革命"遭受严重迫害的恶劣处境下，仍潜心学习，钻研甲骨文。经多年努力，他与郭若愚合著《戬寿堂所藏殷墟文字补正》，撰写了《套卜大骨一版考释》《甲骨卜辞新获》《介绍一片伐人的卜辞》《"百沟"、"正河"解》和《郭沫若同志在甲骨学方面的重大贡献》等学术论文。

谭 敬(1911—1991)

字和庵(龢盦)，广东开平人。民国25年(1936年)上海复旦大学商科毕业。民国28年(1939年)美国纽约大学研究院国际贸易系毕业。回国后，任华业信托公司、华业工程有限公司董事长、东南信托银行常务董事等职。民国37年(1948年)赴香港，任香港华商总会理事。1950年经中央文化部郑振铎副部长去信动员，从香港回上海。1956年后任公私合营上海房产公司董事。1981年，加入中国国民党革命委员会，任民革六、七届中央监察委员、民革上海市七届委员。

谭敬出生于豪富家庭，爱好文物书画，20世纪三四十年代在上海与张大千、郑振铎等友好，因而精于文物鉴定，亦富于收藏。其所藏宋、元及明初书画较为珍贵的有：宋代赵遹《泸南平夷图》、南宋赵子固《水仙图》、元代赵孟頫《双松平原图》和《赵氏一门合札》、赵原《晴川送客图》、倪瓒《虞山林壑图》、柯九思《上京宫词》、明初夏昶《竹泉春雨图》、解缙《自书杂诗》和明杨一清《自书诗》等。在美国有关书刊中，将谭敬列为中国现代收藏家鉴赏家之一。谭敬在港时亦曾被聘为香港文物协会顾问。1950年回上海，在青铜专家陈梦家的劝说下，次年8月将珍藏战国时期齐国量器"陈纯釜"和"陈子禾子釜"等捐献给上海市文物管理委员会，文化部颁发奖状予以表彰。谭敬还将所藏北宋司马光《资治通鉴》稿卷孤本捐献国家，现由故宫博物院收藏。

马定祥(1916—1991)

曾用名马莲初，字联元，号吉斋，浙江杭州人。民国21年(1932年)毕业于杭州蕙兰高级中学。青年起爱好收集钱币。民国28年(1939年)随张季量钻研泉学，从事钱币经营。民国29年(1940年)，与丁福保等在上海创办"中国泉币学社"。1964年，调入上海市文物商店总店。1978年调入上海博物馆，专司钱币研究。1981年，因病退休。曾任上海市钱币学会名誉理事、上海市文史研究馆馆员、浙江省博物馆顾问。

他长期从事中国古钱、金银镍币、铜元和纸币的研究、鉴定工作。撰有

《太平天国钱币》《马定祥批注〈历代古钱图说〉》《咸丰泉汇》等论著。

戚叔玉(1912—1992)

原名璋、鹤九,山东威海人,明代抗倭名将戚继光的后裔。自幼受家庭熏陶,得名师指点,学书法、治印、绘画。六岁拜书法家丁佛吾为师,八岁向画家金北楼学国画,十二岁开始收集三代铭文,进而收集石刻、碑拓。成年后与张大千等交往,博览书画名迹,因而在书画篆刻艺术方面基础坚实。民国22年(1933年)肄业于北京国民大学文学系,从孙学悟博士学颜料制造。他在经营颜料同时,爱好书画、篆刻,民国34年(1945年)加入上海画人协会,民国37年(1948年)春赴美举办个人书画展,展品被抢购一空。同年《中国美术年鉴》收录他的篆、隶、魏、草等书法9幅,山水人物、花鸟等绘画8幅,篆刻作品27件。1962年当选为上海市政协委员。1979年被聘为上海市文史研究馆馆员。

戚叔玉还是国内著名的碑帖收藏家和鉴赏家。他毕生从事碑帖收集和研究,收藏既精且丰,宋拓《圣教序》《九成宫》甚精,旧拓《宋高灵庙碑》则是国内最好的拓本,《十钟山房印举》《十六金符斋印存》系稀有之珍品。他热爱祖国文物博物馆事业,先后于1980年和1983年两次将珍藏书画、碑帖碑刻拓本等220件捐献给上海博物馆。此外,他还将《十钟山房印举》印谱18箱捐献给杭州西泠印社;将《二十四史》《四部丛刊》等史书捐献给上海市文史研究馆。他把几十年来收藏的历代金石碑帖、文物、字画等7 000余件,全部捐献给了国家。

饶鸿发(1916—1992)

江苏江都人。民国20年(1931年),在扬州学习绘画和古玩修复。民国23年(1934年),在扬州得胜桥修补古董。民国32年(1943年),在上海珊瑚林古玩商店修补文物。1956年,入上海博物馆,从事文物修复工作,开创了上海博物馆陶瓷修复技艺。1986年退休。他专长陶瓷类文物修复,修复了众多上海博物馆藏珍贵文物,例如唐代龙泉执壶、元代影青菩萨坐像等。此外,他为上海博物馆培养了一批修复人才。

唐 云(1910—1993)

浙江杭州人,字侠尘,号药城、老药、大石翁,室名"大石斋""八壶精舍"。著名书画家、鉴定家、收藏家。19岁时任杭州冯氏女子中学国画教师,历任新华艺专、上海美专国画教授,上海博物馆鉴定委员会委员,上海市文物保管委员会委员,中国画研究院院务委员,上海中国画院画师、代院长、名誉院长,第三、四届中国美术家协会理事,中国美术家协会上海分会副主席,中国书法家协会上海分会名誉理事、西泠印社理事等。

唐云擅长花鸟、山水、人物,诗书画皆至妙境。精鉴赏,对古书画收藏亦情有独钟,醉心于石涛、八大、新罗、金农、伊秉绶、赵之谦、吴昌硕、齐白石诸家作品;其又嗜紫砂壶、砚台、竹刻、印章等,尤以收藏八把曼生壶著称于世。出版有《唐云画集》《唐云花鸟画集》《革命纪念地写生选》等。

刘海粟（1896—1994）

名槃，字季芳，号海翁、静远老人，江苏常州人，现代杰出画家、美术教育家。1912年创办中国第一所美术学校——上海图画美术院。历任上海美术专科学校、华南艺术专科学校校长，南京艺术学院院长、教授。全国政协常委，中国文联委员，中国书法家协会名誉理事，中国美术家协会顾问、上海分会名誉主席，中国画研究院院务委员，上海市美术教育研究会名誉会长，上海中国画院画师，意大利国家学院院士，美国世界大学文化艺术博士。

刘海粟收藏的古书画颇丰，其中以五代关仝《溪山幽居图》（传）及巨然《茂林叠嶂图》（传）、金代李早《白描会盟图》、明代仇英《秋原猎骑图》最为著名，其他的如元明清书画家赵孟頫、沈周、唐寅、文征明、董其昌、陈道复、八大、石涛、"四王"、吴历、恽南田、"扬州八怪"及近代吴昌硕、康有为、梁启超、陈师曾、齐白石、谭延闿、陈独秀等人的诸多作品。

刘海粟逝世后，家属遵照其遗愿，将其毕生收藏的中西绘画名迹和生平杰作悉数献给国家，有911件收入上海刘海粟美术馆，60件藏品捐给南京艺术学院和常州刘海粟美术馆。

沈以行（1914—1994）

江苏苏州人。民国18年（1929年）在省立苏州中学肄业，次年入上海邮局为邮务佐。九一八事变后在上海邮局发起组织邮工救亡同志会，后参加职业界救亡协会，从事救亡宣传。民国27年加入中国共产党，长期从事工人运动。中华人民共和国成立后，历任南京市总工会文教部部长、全国总工会华东办事处文教部副部长、办公厅主任、副秘书长，劳动报社副社长、总编辑，上海工人运动史料委员会副总干事等职。1958年11月任上海革命历史纪念馆筹委会委员、筹备处主任，负责基本陈列计划的制订。同时主持中共"一大"会址辅助陈列的修改，领导完成了"工人阶级的成长""马列主义的传播""五卅运动""二战时期的文化革命运动"和"隐蔽精干、长期埋伏、积蓄力量，以待时机的方针"等5个专题陈列研究，举办了"列宁生平事迹展览会""五卅运动35周年图片展览"和"太平军进军上海一百周年纪念展览"。1960年调任上海社会科学院历史研究所副所长。主要著作有《工运史鸣辩录》《上海工人运动史》等。

刘靖基（1902—1997）

江苏常州人。早年就读于江苏省第二工业专科学校，后长期从事纺织业，1938年在上海开设安达纱厂，中华人民共和国成立后历任上海市工商界爱国建设公司董事长兼总经理、市贸易促进会顾问、市工商联主任委员、市人大常委会副主任、全国工商联副主任委员、全国政协副主席、民主建国会中央常委。

年轻时即和文学家、书画家、鉴赏家交往，受到他们的熏陶和启示，对书画特别爱好。多年来，收藏了宋元明名家作品千余件。1980年6月，将宋张即之行书《待漏院记卷》、宋吴琚行书《五段卷》、元王蒙《天香深处图轴》、元倪瓒《六君子图轴》、元朱德润行书《田园杂兴诗轴》等40件最珍贵的书画捐赠给上海博物馆。1982年，上海博物馆举办了"刘靖基同志珍藏书画展览"。

谢稚柳(1910—1997)

原名谢子桬,晚号壮暮生,斋名鱼饮溪堂、杜斋、烟江楼、苦篁斋,江苏常州人。早年就学于肖黪专门学校,及师从晚清进士钱振煌(名山)读书。建国前曾任国民政府财政部关务署书记官、重庆中央大学艺术系教授、上海新闻报社秘书主任等职。1950年入上海市文物管理委员会,历任上海市文物管理委员会副主任、顾问,上海市市文物收购鉴定委员会副主任,上海美术家协会副主席,上海书法家协会主席,上海博物馆顾问,国家鉴定委员会委员及第五、六届市政协委员。

谢稚柳是著名画家、书画鉴定家,致力于古书画研究。绘画擅长山水、花鸟、人物,曾多次举办个人画展,著有《陈老莲》《敦煌石室记》《敦煌艺术叙录》《朱耷》《试论宋元之间水墨花卉画的传统关系》及《鉴余杂稿》等,编有《唐五代宋元名迹》《董源巨然合集》等。

谢稚柳还兼任国家文物局全国古代书画鉴定小组组长,连续八年对全国各省市博物馆所藏书画作了真伪与等级鉴定,理清了国家馆藏书画家底,因而获国务院褒奖,1992年获国务院"为文化艺术作出突出贡献"证书。

钱君匋(1907—1998)

浙江桐乡人。原名钱玉堂,笔名宇文节。著名书法家、画家、篆刻家、书籍设计家。1924年毕业于上海艺术师范学校。曾任西泠印社副社长、上海文史研究馆馆员、中国美术家协会会员及上海分会常务理事、中国书法家协会会员,上海市政协第三、四、五、六届委员,君匋艺术院院长。

钱君匋一生以上海为活动中心,收藏宏富,精于鉴赏。其收藏共分四类:一是书画类,包括明代文征明、陈老莲、徐渭,清代吴昌硕、赵之谦、任伯年,近代谭延闿、于右任,现代张大千、齐白石、丰子恺、刘海粟、黄宾虹、陆俨少、潘天寿、徐悲鸿等人的作品,以及他本人的作品,共1 294件。二是印章类,包括赵之谦石章、吴昌硕石章、黄牧甫石章、名家石章、自刻印章、自用印章,共1 169件,其中有田黄5方、鸡血13方、冻石30方。三为书籍、拓本类(包括原拓),共1 571件。四为其他类,有瓷、陶、青铜器、笔墨砚49件。

20世纪80年代,钱君匋将毕生所藏书画文物4 083件悉数捐给家乡,浙江省海宁市专建钱君匋艺术研究馆予以庋藏。经专家鉴定,捐赠文物中属国家一级文物的有17件,即赵之谦的八尺花卉四屏条、金冬心的墨梅、陈洪绶的赏梅图、陈白阳的松石图、石涛的兰竹册页、吴昌硕的信札诗稿和印章六方、赵之谦印章三方、黄牧甫印章两方。

万育仁(1916—1999)

字瑞昌,江苏无锡人,1931年在苏州集宝斋金石书画古玩店就职,从事文物传拓装裱兼业务员工作,1955年至上海市文物保管委员会临时从事文物摹拓工作,1957年转为正式工作人员,1979年退休。副研究馆员,曾任国家文物鉴定委员会委员,上海市文物管理委员会编纂,上海市文物图书暨特种手工艺出口鉴定委员会委员等职。

他长期从事碑帖、书画鉴定和青铜器铭文、纹饰、器形及玺印传拓工作。在文物鉴定中,既为国家保留了一些禁止出口的文物,也发现了许多珍贵文物,其中有代唐摹本王羲之《上虞帖》、清代恽寿平《山水册》、明代丁云鹏《罗汉轴》等书画,避免了一批珍贵文物流失海外。在传拓工作中,主持完成了《安徽寿县蔡侯墓出土遗物》《上海博物馆藏青铜器》附录、《上海博物馆藏印》的墨拓工作,参与完成《商周青铜器铭文》部分墨拓任务。他是国内知名的碑帖裱拓专家之一,传拓技术属国内一流。

王荣达(1921—1999)

山东恩县人。民国 20 年(1931 年),赴北京拜师学艺,学习青铜器修复技术。曾在古玩店从事青铜器修复工作。1955 年入上海博物馆,从事文物修复工作,开创了上海博物馆青铜器修复技艺。高级技师,1986 年退休。他专长青铜器文物修复、复制,修复了众多上海博物馆藏珍贵文物。主要论文有《从修复角度谈商周青铜器的真伪鉴定问题》。此外,他为上海博物馆培养了几代青铜器修复人才,也为全国各地博物馆培养了一批修复人员。

方 行(1915—2000)

江苏常州人。1937 年 8 月参加上海文化界救亡协会,1938 年毕业于上海沪江大学社会科学讲习所。早年曾任《团结周刊》发刊人、《综合半月刊》和《学习半月刊》编委、《大耳朵丛书》副主编,民国 34 年任《新文化半月刊》副主编和《消息半月刊》副主编。上海解放后曾任上海市工商局主任秘书、上海市人民检察院副检察长、上海市政法委员会委员兼秘书长;1957 年后任上海市文化局副局长、上海市文物管理委员会副主任,并为上海社联常委、上海市历史学会理事和上海图书馆学会会长。曾任上海文物管理委员会顾问、上海市党史资料征集委员会委员、上海市地方志编纂委员会委员、中国古籍善本书目编委会副主任、上海政协之友社常务理事、复旦大学文博学院兼职教授,并为影印出版《鲁迅辑校古籍手稿》《鲁迅辑校石刻手稿》《鲁迅重订〈寰宇贞石图〉》《鲁迅藏汉画像》四书的顾问。

方行长期从事文献史料的编选和博物馆管理工作,主编《图书馆杂志》《中国文化》研究集刊、《上海文献丛书》,另编有《上海当代丛书》《瞿秋白文集》《郑振铎文集》《李大钊著译系年目录》《李大钊选集》《唐才常著作系年目录》《徐光启著译集(廿集)》《樊锥文集》《王韬日记》《宋人佚简》《谭嗣同真迹》等,翻印《萝轩变古笺谱》,合编有《瞿秋白著译系年目录》《谭嗣同全集》,策划完成《中国近代期刊编目汇录》。他和顾廷龙一起主持为上海博物馆收购了大量家谱、族谱。

陈从周(1918—2000)

浙江绍兴人。之江大学毕业,曾在圣约翰大学任教,长期任同济大学建筑系副教授、教授、博士生导师,并任中国园林学会顾问、中国建筑学会建筑史学术委员会副主任、上海市文物管理委员会委员,从事中国古建筑、古园林的研究,所著《说园》获得"全国优秀科技图书二等奖"。提出"园有静观、动观之分"的造园见解。曾赴美国筹建我国第一座展出园林——明轩。1987 年主持上海豫园东部修复工程并亲自设计假山布局。此外还设计了昆明楠园等古典园林,编著有《苏州园林》《扬州园林》《绍兴石桥》《中国厅堂》《上海近代建筑史稿》《园林谈丛》等。

彭仁甫(1929—2001)

广东潮阳人。1941年毕业于上海三省义务学校,1945年进入九华堂笺扇庄,后曾任职于上海古旧书店、上海荣宝斋。1961年1月起任职于朵云轩,擅长鉴定字画、金石、碑帖等。曾任朵云轩副经理兼收购部主任。

彭仁甫在几十年的收购生涯中,经手收集到的社会上流散文物有数万件之多,有的还是馆藏一级品。收购的有宋、元、明、清以及大量近代的字画文物,其中有宋人册页、元代吴孟思字卷,有明代沈周、徐渭长、陈淳等作品,以及清代"四僧""四王"、扬州八怪、龚贤、袁江、恽南田、邓石如、赵之谦、任伯年等作品,还有近代吴昌硕、齐白石、黄宾虹、徐悲鸿、张大千等作品。除收购,还参与朵云轩20世纪80、90年代在中国香港、新加坡等地举办的书画展览,为提升上海的书画收藏事业作出了显著贡献。编著有《近代书画家简介》等。

王仁波(1939—2001)

福建晋江人。1957年入读北京大学历史系考古学专业。1962年成为我国第一批考古学专业研究生,师从北京大学历史系宿白等。1965年北京大学历史系考古专业研究生毕业,在北京大学从事文物整理和社教工作。1968年8月就职于陕西省文物管理委员会和陕西省博物馆,从事考古发掘、调查,文物保护,考古研究。曾任陕西省博物馆、西安碑林博物馆馆长,研究馆员,兼任中国博物馆学会理事、中国海外交通史研究会理事、中日关系史研究会理事,陕西省第六届人大常务委员会委员等职。1993年调任上海博物馆青铜研究部研究员,1995年起任上海博物馆副馆长、上海市文物管理委员会委员、上海市文物管理委员会办公室副主任等职。

王仁波长期从事文物博物馆事业,致力于陕西省博物馆、西安碑林博物馆、陕西历史博物馆、上海文物管理委员会、上海博物馆新馆的建设和发展。在他负责主管的文物管理工作中,推动并全面指导了上海地区的古建筑修复保护工作以及区县博物馆和行业性博物馆的建设。他对秦汉隋唐考古、古代中日文化交流史、丝绸之路历史及博物馆学有着深入研究。著有《隋唐文化》《中国美术全集——墓室壁画》《秦汉文化》,译著《日本出土的中国瓷器》等十余部专著,在国内及美国、日本,香港、台湾等国家及地区发表学术论文数百万字,先后获得陕西省社会科学优秀成果二等奖、陕西省社会科学优秀成果三等奖、陕西省文物局社会科学优秀成果一等奖、中国第五届优秀图书一等奖等。

1992年获国务院"政府特殊津贴",并获国务院颁发的"为文化艺术事业做出突出贡献"证书。

陈 植(1902—2002)

浙江杭州人。清华大学毕业,美国宾夕法尼亚大学建筑系硕士。民国16年(1927年),获柯浦纪念奖竞赛一等奖。历任东北大学、之江大学、同济大学建筑系教授,华东建筑设计院、上海市规划建筑管理局总建筑师,上海市民用建筑设计院院长,上海市人民政府建设委员会委员,上海市文物管理委员会副主任、顾问,当选为全国人大第三至六届代表。1989年建设部授予中国工程设计大师称号。

在文物保护和博物馆工作上,他设计了全国重点文物保护单位鲁迅墓,与汪定曾合作设计上海鲁迅纪念馆。亲自审阅了中共一大会址、中国社会主义青年团中央机关旧址、真如寺、松江方塔、天马山护珠塔、南翔寺砖塔等修复方案。20世纪80年代末,现场考察优秀近代建筑80余次,提出了上海近代建筑保护名单,最后经上海市政府批准作为近代建筑一级保护项目的达59项。

马承源(1927—2004)

浙江镇海人。1947年大夏大学历史社会系毕业。1946年任上海市建承中学中共地下党支部书记,1947年任大厦大学历史系党分支委员,1948年任华中党校解放区党委学习组长。1949年至1954年间,先后担任上海市军事管制委员会市政教育处政教科科员、上海新华仪表厂公方代表。1954年进上海博物馆,历任保管部副主任、陈列研究部副主任、青铜研究部主任、上海博物馆馆长、顾问,上海市文物管理委员会常务副主任、顾问、研究馆员,兼任国家文物鉴定委员会委员、中国博物馆学会副理事长、中国古文字研究会理事、中国考古学会理事、上海文物博物馆学会理事长、上海市文物鉴定委员会主任、复旦大学和华东师范大学兼职教授等职。中共上海市第六次代表大会代表、上海市第十届人大代表。

在主持上海博物馆工作中,开展学科研究,革新陈列体系与陈列形式,举办出国展览与学术交流,并倡议与主持了上海博物馆新馆建设,1996年领导建成上海博物馆新馆,使上海博物馆进入世界著名博物馆行列。在文物管理委员会工作上,筹建了上海市历史博物馆,修缮了一批重要文物保护单位。经马承源之手为国家抢救了大量珍贵文物,仅在香港就收归青铜器、石刻、陶瓷、玉器等300多件流散文物,其中1994年先后两次收归被誉为"国家重宝"的战国楚竹书1 200余枚,其价值更是不可估量。

他长期从事青铜器和古文字、楚简研究,主要论文有《商鞅方升和战国量制》《何尊铭文和周初史实》《商周青铜双音钟》《西周金文和周历的研究》《商周贵族使用日干问题的探讨》《晋侯稣编钟》《长江下游地区土墩墓出土青铜器的研究》等。编撰的专著有《仰韶文化的彩陶》《上海博物馆藏青铜器》《中国古代青铜器》《青铜礼器》《中国青铜器研究》《商周青铜器铭文选》《商周青铜器纹饰》《中国青铜器》《中国玺印篆刻全集》《中国青铜器全集》《上海博物馆藏战国楚竹书》等。

1984年,被国务院授予"中青年有突出贡献专家"称号;1991年,获国务院颁发的"为文化艺术事业做出突出贡献"证书,并享受政府特殊津贴;1996年,荣获美国亚洲文化委员会授予的洛克菲勒奖;1998年,荣获法国总统希拉克颁发的"法兰西共和国国家荣誉军团勋章";2000年,获"全国文化系统先进工作者"称号;2002年,获"美国上海博物馆之友"基金会卓越学者奖。

杨 宽(1914—2005)

上海青浦人。民国25年(1936年)毕业于上海光华大学中文系,曾任光华大学教授。民国24年参加筹建上海市博物馆。抗战后任上海市立博物馆馆长。中华人民共和国成立后,历任上海博物馆副馆长、上海社科院历史研究所副所长、复旦大学教授。1948年,在他任上海市立博物馆馆长期间,对保护国宝毛公鼎与阻止著名的山西浑源李峪村出土铜器盗运出口作出贡献。他致力于先秦文物考古和文献的研究,著有《战国史》《论先秦的分封史》《古史新探》《中国古代冶铁技术发展史》等。90年代,出版《西周史》《中国古代都城制度史研究》《中国古代陵寝制度史研究》等,并在《文学遗产》杂志上发表了研究有关长沙子弹库楚帛书创世神话的研究文章。

郑 为(1922—2005)

上海松江人。1944年毕业于国立艺术专科学校油画专业,1945年至1947年间在犍为县立中学、重庆宜宾神学院、苏州圣光中学任教,1950至1954年先后在上海市美术工作者协会和上海市文化局美术科任职,1954年进上海博物馆。历任图书资料室组长、陈列部副主任、陈列研究部副主任、书画研究部学术指导、研究馆员,兼任国家文物鉴定委员会委员、中国考古学会、中国美术家协会、中国美术家协会上海分会、上海市美学研究会会员、中国大百科全书《美术卷》编辑委员会委员、复旦大学兼职教授、"文物之友"理事、第八届上海市人民代表大会代表等职。

他长期致力于中国古书画征集、鉴定和研究及文物陈列展览的内容设计。1970年,郑为听说上海工艺品进出口公司欲将六十多万件中国书画按件计价外销海外,平均每件人民币只有十元左右。这批东西,属于"文化大革命"造反派们在上海的抄家所得。得知消息后,郑为和承名世等立即赶赴上海市文物清理小组,要求留下这批书画,等鉴定后再议。得到批准后,他俩和钟银兰等四人先奔赴宁波慈城上海书画仓库,从中清理出六万件明清及近代书画精品,定为"不能外流之文物",入库封存。后又赶往乌鲁木齐路上海博物馆仓库、徐家汇天主堂仓库、苏州博物馆仓库、宁波天一阁仓库等处。历时两年的抢救性整理,将其中八万件国家级书画留在了国内,免遭流失。

从1974年开始,他带领上海博物馆同仁,历时八年多,走遍全国收藏丰富的各大博物馆,从真迹上把重要的题跋图章拍下,编辑出版了中国书画鉴定工具书——《中国书画家印鉴款识》。

他主持创建了"中国绘画陈列""中国陶瓷陈列",主持策划了"中国古代木刻年画展""台湾高山族艺术展""明四家书画展""扬州八怪书画展""上海出土文物展""中国书法艺术展""中国陶瓷艺术展"等大型展览。出版专著有《点石斋时事画选》《虚谷画选》《徐渭画集》《中国彩陶艺术》等,编著有《石涛》《中国绘画史》《中国书画家印鉴款识》等,并撰有《论石涛生活行径、思想递变及艺术成就》《大涤子石涛》《石涛〈画谱〉发微》《论闸口盘车图卷》《论清初绘画的摹古与创新》《论中国书法艺术》等论文。

汪庆正(1931—2005)

江苏苏州人。1952年东吴大学法学院毕业,同年入职上海市文物保管委员会。历任上海市文物管理委员会图书资料组组长、办公室主任、上海博物馆馆长学术秘书、陶瓷组组长、上海博物馆副馆长、上海市文物管理委员会委员、副主任、研究馆员,兼任国家文物鉴定委员会委员、中国古陶瓷学会会长、中国钱币学会常务理事、中国古陶瓷研究会副秘书长、上海文物博物馆学会理事、上海钱币学会副理事长、上海市文史研究馆馆员、复旦大学、上海大学、南京大学兼职教授、美国洛杉矶宝尔博物馆名誉馆长、上海市第八、九届政协委员等职。

他长期致力于博物馆事业的发展,改建了上海博物馆的陶瓷陈列室,使之达到国际先进水平;在上海博物馆新馆建设中,争取海外爱国人士、国际友人支持,募集资金1000万美元,为上海博物馆新馆落成作出重大贡献;主持征集流散文物工作,抢救了无数文物珍宝,如元代卵白釉釉上描金瓷器、宋高宗《养生帖》、明清家具、翁氏善本书籍、"两塗轩"中国古代书画、《淳化阁帖》四卷本等,使许多流失海外国宝级中华文物回归祖国。

他对中国古代陶瓷有系统和深入研究,先后撰写或主编了《中国陶瓷史》《上海博物馆藏瓷选》

《景德镇彩绘瓷》《青花釉里红》等专著,《汝窑的发现》被称为中国陶瓷史研究上的重大突破;他对中国古代钱币亦有系统研究,撰写了《货币》,主编《中国货币大系——先秦卷》,发表了《关于中国古代货币发生和发展的研究中存在的问题》《三孔布为中山国货币考》等论文;在碑帖及版本研究上发表过《隋龙藏寺碑》《泰山石刻考略》《〈淳化阁帖〉存世最善本考》等论文。

1992 年,获国务院"政府特殊津贴",并获国务院颁发的"为文化艺术事业做出突出贡献"证书;2004 年,获"上海市优秀专业技术人才"荣誉称号;"2001—2003 年度上海市劳动模范";2005 年被法国文化部授予"文学艺术勋章"。

王一平(1914—2007)

山东荣成人。1932 年 10 月加入中国共产党,投笔从戎,在淮海战役时任华东野战军八纵政委,率部参加了渡江战役和解放上海战役。1952 年初奉调转业到上海,历任上海市委常委、组织部部长、市委秘书长、书记处候补书记、书记。1978 年后担任市委书记、副市长,上海市第五届政协主席,中共第十一届中央委员,中共十二届、十三届中顾委委员。

王一平的收藏主要包括:古代书画一百余件,其中有宋人佚名《雪竹图》、元代倪瓒《汀树遥岑图》、赵孟𫖯行书诗、明代林良《古树寒鸦图》等重要藏品;近现代书画数百件,包括吴昌硕、齐白石、徐悲鸿等人的作品,还有沈尹默、林风眠、吴湖帆、贺天健、谢稚柳、黄宾虹、潘天寿、傅抱石、林散之、李可染、关山月、黎雄才等大家仿作品;其余则为文房杂件,如唐三彩马、明青花大罐、朱三松款竹雕盘松水盂、潘老桐和周牧山所刻竹雕或黄花梨笔筒、高凤翰和吴湖帆铭宋坑小方壶观赏石等。

晚年他将收藏品中的精华——古代书画、古董杂项分别捐赠给上海博物馆、青岛博物馆等。后又将其近现代书画藏品中的齐白石、潘天寿、李可染、刘海粟、谢稚柳等精品捐给上海博物馆。

程十发(1921—2007)

名潼,上海人。斋名曾用"步鲸楼""不教一日闲过斋",后称"三釜书屋""修竹远山楼"。1941 年毕业于上海美术专科学校中国画系。1952 年入职上海人民美术出版社(华东人民美术出版社)创作员,1956 年参加上海画院的筹备工作,并任画师。曾任中国美术家协会理事,全国文联委员,中国画研究院院务委员,西泠印社副社长,上海中国画院院长。1993 年获第二届上海文学艺术杰出贡献奖。

程十发为海派书画大家,在人物、花鸟方面独树一帜。在连环画、年画、插画、插图等方面均有深厚造诣。工书法,得力于秦汉木简及怀素狂草,善将草、篆、隶结为一体。其作品多次在国内外展出并获奖,出版有《程十发书画》《程十发画集》《程十发画选》《程十发近作选》《程十发花鸟习作》《程十发作品展》(日本版)等。

1996 年程十发将其收藏的诸如元代王蒙的《修竹远山图》、明代唐寅的《红桥看花图》、清代罗聘的《驴背钟馗图》等 122 件历代字画捐献给国家。

上海建有程十发艺术馆(松江区中山中路 458 号)和程十发美术馆(虹桥路 1398 号)。

谈家桢(1909—2008)

浙江宁波人。1930 年苏州东吴大学毕业,1932 年获燕京大学理硕士,1936 年美国加州大学理工学院哲学博士。长期从事遗传学的科研和教学工作。曾任浙江大学生物系教授、复旦大学生物系主任、遗传学研究所所长、复旦大学副校长、复旦大学生命科学院院长,中国科学院院士。1980

年 12 月任上海自然博物馆筹备委员会主任。1981 年 6 月任上海自然博物馆馆长。曾当选为第三届、四届全国人民代表大会代表，第八届全国政治协商会议常务委员会委员，上海市第七至十届人民代表大会常务委员会副主任。中国民主同盟中央委员会副主席兼上海市委员会主任。

1985 年当选为美国科学院外籍院士和第三世界科学院院士；1987 年被授予意大利国家科学院院士；1991 年当选为世界科学院委员会委员，1999 年当选为纽约科学院名誉终身院士。1995 年获求是科学基金会杰出科学家奖。1999 年获国际正式批准，中科院紫金山天文台发现的国际编号为 3542 号小行星命名为"谈家桢星"。

谈家桢早在出任馆长之前就参与上海自然博物馆的陈列展览工作。1959 年参与动物的陈列计划；1964 年聘为动物馆学术委员；指导了"动物进化厅"的陈列展览。

著有《谈家桢论文集》《谈家桢文选》。

王壮弘（1931—2008）

浙江慈溪人。书法家，精鉴赏，尤精碑帖鉴定及书画鉴定。先后任职于上海古籍书店、朵云轩，从事书画碑帖鉴定工作。后为上海书画出版社副编审，任《书法》等出版物编辑。任中国书法家协会学术委员会委员、上海书法家协会理事。

王壮弘数十年间经眼的碑帖达十数万件，为国家抢救了大批珍贵文物，其中珍稀善本为人所津津乐道者有：北宋拓《集王圣教序》，明张应召旧藏，目前存世最旧拓，此本现藏中国历史博物馆；四欧堂藏《化度寺邕禅师塔铭》，唐拓唯一原石本，此本现藏上海图书馆。

王壮弘著作有《增补校碑随笔》《碑帖鉴别常识》《崇善楼笔记》《帖学举要》《六朝墓志检要》（合著），以及《历代名帖自学选本》等数十本；参加编纂《中国书法大辞典》《中国历代法书墨迹大观》等。

李朝远（1953—2009）

安徽阜阳人。出生于北京，1970 年于江西生产建设兵团二团八连务农。1976 年调江西南昌铁路配件厂工作。1979 年 9 月考入华东师范大学历史系学习，后留校任教，1990 年 7 月华东师范大学史学研究所博士研究生毕业，同年 7 月入职上海博物馆。历任青铜研究部副主任、主任，馆长学术秘书、上海博物馆副馆长、研究馆员，兼任华东师范大学、复旦大学文物博物馆学院兼职教授，中国先秦史学会副理事长、中国古文字学会理事、中国殷商文化学会理事、上海市历史学会理事、上海文物博物馆学会副理事长等职。

在任上海博物馆副馆长期间，组织举办了"中国古代青铜乐器""山西晋侯墓地出土青铜器"等展览及国际学术研讨会；带领青铜器研究团队，适时推出"上海博物馆藏甲骨文精品展"和"上海博物馆藏铜镜展"等上海博物馆馆藏文物系列展；主导策划博物馆主题活动等。此外，他也是"上海市文博系列中级职称考试""上海市文物经营水平认证"大纲的主要设计者之一，并多次应邀在美国、法国、俄罗斯、台湾、香港等大学进行学术交流和专业成果的讲学。

他致力于中国古代史、先秦文化、青铜器、古文字学、考古学的研究，出版的专著有《西周土地关系论》《青铜器学步集》《先秦史学步集》等，并撰写了《试论中国私有制起源》《青铜器火纹象征意义的原型及其转换》《礼制与中国古代青铜器》《先秦诸子人的价值观的亚细亚特性》等论文。

2006年获"上海市领军人才"称号,2007年获"文化部优秀专家"称号。

王惠基(1932—2010)

江苏吴县人。1958年8月复旦大学生物系毕业,同年9月入职中国科学院南京地质古生物研究所,从事地质古生物研究;1981年1月到上海自然博物馆从事地质古生物研究工作。曾任上海自然博物馆筹备部主任等职,1991年8月被评为研究员,1993年1月退休。

王惠基一生从事地质古生物研究,在古生物腹足类专业研究领域享有较高的声誉。自1963年起,他单独或与他人合作在国内外发表了近50篇文章、论文、书籍、图册,尤其是《中国各门类化石》中的《中国的腹足类化石》论文获1978年全国科学大会奖,1982年国家自然科学奖二等奖;他撰写的《中国各纪的地层》中的《中国新生代地层的划分与对比问题》获1978年全国科学大会奖、1978年中国科学院重大科技成果四等奖;他参加编写的南京地古所《川西藏东地区地层古生物》一书获"中国科学院1987年科学技术进步二等奖"。

他曾到新加坡参加《动物演化史》的科普展览工作,还曾受邀到美国斯密桑宁研究所参加学术交流,用个人深厚的造诣,得到了国际同行的敬佩和认可。尤值一提的是,他拒绝了美国斯密桑宁研究所高级人才入籍计划,携带着他的研究成果——母式标本回到上海,投身国家的科普工作中。

1993年10月,他获国务院"政府特殊津贴",1982年被评为"上海市科委系统先进个人",1981年至1983连续3年被评为"上海自然博物馆先进工作者"。

第二章　人物简介

薛贵笙（1912—）

曾用名薛文祥，江苏南京人，回族。1921 年 5 月，从南京到上海，在回教堂上学；1927 年至 1928 年，在传春记古玩店工作；1929 年至 1956 年 3 月在上海古玩市场（现上海文物商店）开设薛贵记古玩店；1936 年、1939 年先后当选为第一、二届上海市古玩商业同业公会理事。1950 年 5 月被聘为上海市古玩商业公会筹备委员会委员。中华人民共和国成立后长期从事文物鉴赏工作，曾任上海文物商店副经理、名誉经理、上海市文物管理委员会委员、国家文物鉴定委员会委员。

他擅长对中国玉器和瓷器的研究与鉴定，曾担任《中国玉器赏鉴》主编和《清代瓷器赏鉴》副主编。

他还投身保护社会流散文物的工作，并于 1951 年、1955 年和 1979 年先后将个人珍藏的"西周恭王效卣"等 80 件文物捐赠给上海博物馆。1985 年 12 月，被国家文化部评为"全国先进个人"；同年还被国家文物局授予"全国文博系统先进工作者"称号；2009 年 6 月，被国家文物局授予"中国文物、博物馆事业杰出人物"。

杨嘉祐（1920—）

曾用名杨赫文、杨文，安徽怀远人。1940 年 9 月至 1941 年 12 月就读于震旦大学法学院政治经济系。早年曾任杂志社、报刊、出版公司等编辑，1953 年就职于上海市文化局社文处，1958 年至上海市文物保管委员会工作。先后担任地方历史研究部、考古部地文组、地面文物保护管理部学术指导，上海市文物管理委员会委员。兼任中国文物保护技术协会、中国考古学会、中国城科会历史文化名城研究会、中国圆明园学会会员，上海市建筑学会、上海史志研究会、上海科技史学会会员，上海市宗教学会一、二、三届理事，上海大学、同济大学兼职教授等职。研究馆员，1990 年退休。

杨嘉祐长期从事文物博物馆保护和研究工作，尤其对上海地方历史及上海地区地面文物有系统的深入研究。曾多次参与本市文物普查，主持或参与修复豫园、嘉定孔庙、徐光启墓、松江方塔、唐经幢、真如寺等名胜古迹二十余处，还原了历史古代原貌，又参与勘定上海市优秀近代建筑保护单位及拟定保护措施的工作。撰写和编著有《上海名胜古迹》《中国名胜词典·上海分册》《上海地区古建筑》《上海风物志·古迹篇》《上海文物古迹的故事》《明代江南造园之风与士大夫生活》《明末清初上海地区"奴变"述略》《曚域与娄县古城》《上海：老房子的故事》《黄道婆研究三题》《淀山湖的变迁与元李升〈淀山送别图〉》等专著和文章达 80 余万字，并任《上海文物博物馆志》（1997 年版）编委，为上海地区文物保护和研究做出了贡献。

1985 年获国家文物局授予"全国文物先进工作者"称号。2009 年获国家文物局颁发的"文物、博物馆工作 30 年荣誉从业人员证书"。

郭若愚（1921—）

上海人。光华大学中国文学系毕业。师从邓散木、阮性山、郭沫若等，与金祖同、陈志良等组建上海美术考古学社，并出版有《模印砖画》。1950年供职于华东军政委员会文化部文物处，后调入上海历史与建设博物馆、上海市文物保管委员会。1980年被上海师范大学中文系聘为教授，后入上海博物馆为研究馆员。曾任上海市文物保管委员会考古部副主任、保管部主任，香港《中国书法大辞典》《中国篆刻大辞典》副主编，《中华书法篆刻大辞典》执行副主编，《上海钱币通讯》主编等。长期从事甲骨文、楚简文字、钱币学等方面的研究，出版专著、论著有《殷契拾掇》《殷契拾掇二编》《殷契拾掇缀合》《陈端友刻砚艺术》《战国楚简文字编》《红楼梦风物考》《篆刻史话》《先秦铸币文字考释和辨伪》《智龛品壶录》《智龛品钱录》《智龛品砚录》等。

严贵荣（1921—）

又名严桂荣，江苏镇江人。民国25年（1936年），在上海"集宝斋"装裱店当学徒，从事裱画工作。民国34年（1945年），开设"集成斋"装裱店，从事文物鉴定及古字画修复工作。1956年至1958年进合作社和地方国营书画装裱厂工作。1959年入上海博物馆文物修复工场工作。副研究馆员，1979年退休。1980年被聘为上海市文史研究馆馆员。

他在上海博物馆工作20年，长期从事中国古旧书画修复、装裱研究。著有《图说中国书画装裱》。修复了晋王羲之《上虞帖》、五代徐熙《雪竹图》、北宋董源《山水图》绢本等国家珍贵文物300余件，特别是修复明代安正文宫廷画《黄鹤楼》《岳阳楼》，为重建这两处历史古迹提供了可靠依据。独创火烧法，为确认《高逸图》等的真伪鉴定提供了可靠依据。此外，曾任北京故宫博物院艺术指导，主持修复北宋名画《柳雁图》等。

丁义忠（1929—）

山东蓬莱人。1952年9月毕业于华东师范大学英语系，1952年在上海市文物管理委员会任职，1953年入职上海博物馆工作，就职期间先后担任图书资料室副主任、文化交流办公室主任等职，研究馆员，兼任复旦大学、上海大学兼职教授，中国博物馆学会会员等职，1999年退休。

他长期从事博物馆文化交流工作，在宣传推广中华优秀传统文化，争取世界各国及民间团体支持与合作，尤其是对日文化交流方面成绩卓著。他在学术研究方面成果丰硕，主持编撰《中国青铜器资料索引》《中国陶瓷器资料索引》《中国历代绘画图录索引》等，撰写了《辞海》《中国近代史词典》《世界历史词典》《中国大百科全书·文物、博物馆卷》《现代日汉双解词典》等大型工具书中有关文物、博物馆章节，译著有《陶瓷史话》《博物馆新编》等。

1993年获国务院"政府特殊津贴"，1994年获国务院"为文化艺术事业做出突出贡献"证书。2009年获国家文物局颁发的"文物、博物馆工作30年荣誉从业人员证书"。

陈绍康（1929—）

安徽太平人，1950年2月至1955年3月，在中国人民解放军第三野战军某部服役；1955年5月至1958年12月在上海历史与建设博物馆（筹）陈列部担任副组长，后调入上海革命历史纪念馆筹备处，担任陈列工作组成员和资料组专职征集员；1966年至1970年7月在中共一大会址纪念馆接待组,担任外宾接待员;1980年2月起,先后担任中共一大会址纪念馆陈列组副组长、组长,陈列研究部主任等职。

陈绍康曾征集到李大钊用过的打字机、贺绿汀《游击队之歌》原稿、俞秀松在新疆时使用过的俄语辞典等珍贵文物,为中共一大会址纪念馆馆藏和陈列研究工作打下了坚实基础。此外,他注重中共党史研究、史实考证、人物述评等,在中共上海发起组及李汉俊、俞秀松等相关研究方面颇有建树,编撰有《上海共产主义小组》《陈绍康党史研究文集》等。

陈绍康曾先后获得文化部全国文博系统先进个人奖章、上海市文化局先进工作者、上海市文化局记大功奖励等荣誉。

黄宣佩(1930—)

浙江鄞县人。1950年上海水产学院渔捞专科毕业,1952年进上海博物馆,先后从事文物讲解和保管征集及考古等工作。历任考古组长、上海历史研究部副主任、考古部主任、上海博物馆副馆长、上海市文物管理委员会委员、研究馆员、中国考古学会理事、上海文物博物馆学会副理事长(常务)、中国社科院古代文明研究中心专家委员会委员、华东师大城市与环境考古遥感教育部开放实验室学术委员、上海大学文学院兼职教授,上海市政协第七、八届文化委员会委员等职。2000年退休。

他致力于中国新石器时代与太湖地区的考古发掘和研究。通过考古调查与发掘,发现和确认了崧泽、福泉山、亭林等一批古文化遗址。先后领队发掘了马桥、崧泽和福泉山等古文化遗址,不仅为上海成陆年代提供了科学依据,更将上海历史向前推进到距今6000多年,完善了长江下游地区考古学文化谱系,并为上海在中国考古学上获得了"崧泽文化""马桥文化"的命名。主持筹建了青浦、嘉定、松江、奉贤等区县博物馆及西林塔、法华塔、青龙塔、万寿塔、泖塔等文物的修缮工作,为博物馆建设和文物保护做出了杰出贡献。

主编《崧泽》《福泉山——新石器时代遗址发掘报告》《上海古代历史文物图录》《良渚文化珍品展》等专著与图录,发表《从考古发现谈上海成陆年代及港口发展》《马桥类型文化分析》《良渚文化特征分析》《略论我国新石器时代玉器》《略论太湖地区几何印纹陶遗存的分期》等论文60余篇。为上海文化起源、中国古代文明等研究奠定了基础,是上海现代科学考古事业的奠基人。

1993年获国务院"政府特殊津贴",并获国务院颁发的"为文化艺术事业做出突出贡献"证书。2009年获国家文物局颁发的"文物、博物馆工作30年荣誉从业人员证书"。

费钦生(1930—)

曾用名费大柯,上海人。1953年毕业于华东艺术专科学校(上海美术专科学校)。1954年入职上海市文化局社文处文博科,同年进上海博物馆陈列部设计组工作。历任上海博物馆陈列设计部主任、研究馆员,兼任中国博物馆学会第二届理事暨陈列艺术委员会副主任、国家文物局出国文物展览办公室展览设计组组长、陕西省历史博物馆筹建处建筑工艺设计总代表、复旦大学文博学院兼职教授、《中国大百科全书·文物博物馆卷》博物馆建筑分支主编等职。1990年退休。

他长期从事博物馆陈列展览的艺术设计工作。1954年至1990年的37年间为上海博物馆完成三次基本陈列改建,100余项临时展览设计。1959年上海博物馆迁馆,他主持了将银行大楼改造为博物馆的建筑设计。其代表性的设计作品有"台湾高山族文物展览""敦煌艺术展览""突尼斯迦太基出土文物展览""中国古代雕刻陈列""中国古代青铜器陈列""中国古代陶瓷陈列"等。著有《六十年陈列艺术之路》,主编了《中国博物馆陈列艺术图集》,撰写了《博物馆建筑设计中若干问题的探讨》《论陈列的特有语言》《陈列艺术设计的现状、发展与其他》《博物馆教育与博物馆陈列》《设计师理性思考备忘录》等多篇论文。

2009年获国家文物局颁发的"文物、博物馆工作30年荣誉从业人员证书"。

朱习理(1930—)

上海青浦人。中共党员,副研究馆员。1949年参加革命工作,1995年离休。历任青浦县练塘区人民政府区长、县人民委员会文化科副科长、青浦县"三馆一园"(文化馆、博物馆、图书馆、曲水园)馆长、县博物馆馆长等职。长期致力于青浦地区的文物保护和管理工作,曾负责或参与筹建青浦县博物馆、任屯血防陈列馆、小蒸农民暴动指挥所旧址陈列馆、青浦县革命历史陈列馆,为青浦县文物博物馆事业的开创和发展做出了重要贡献。爱好摄影,曾任中国摄影家协会上海分会理事,拍摄了许多有关青浦的照片,成为珍贵的区域档案。离休后,这些照片档案捐赠给青浦档案馆、上海档案馆等单位。主编《崧泽文化》《青浦县志》《青浦抗战史料》《青浦烈士小传》《青浦地名小志》等书籍。

钟银兰(1932—)

女,浙江定海人。1952年进上海博物馆,就职于书画研究部,曾任书画研究部绘画组组长、书画研究部副主任,研究馆员,兼任华东师范大学兼职教授,国家文物鉴定委员会委员,上海市文物鉴定委员会委员,上海文物博物馆学会理事等职。2003年退休。

她长期致力于中国古代书画鉴定和研究。在陈列展览中,参与筹划"中国艺术——上海博物馆珍藏五千年文物展""董其昌世纪展""中国书画名品展""晋唐宋元书画国宝展"等大型展览展品的遴选和说明的编写;在书画鉴定上对很多个案做了深入研究,如王维《雪溪图》、宋徽宗《柳鸦芦雁图》、南宋马和之《唐风图》卷、王蒙《青卞隐居图》、文徵明《石湖清胜图》等;在学术成果里,参加编撰了《中国历代书画家印鉴·款识》《八大山人全集》《中国墨迹大观》《中国文物精华辞典》《中国书画鉴赏辞典》等多部专著和专业工具书,发表了《南宋马和之唐风图卷》《对王诜水墨〈烟江叠嶂图〉及苏、王唱和诗的再认识》《唐寅和他的绘画》《董其昌烟江叠嶂图真伪辨析》《董其昌〈各体古诗十九首卷〉辨伪及作者考》《八大山人作品真伪辨析初探》《石涛何时始用"大涤子"之号》《文征明散考》《沈周的绘画艺术》《唐寅和他的绘画》等几十万字论文。

2009年获国家文物局颁发的"文物、博物馆工作30年荣誉从业人员证书"。

杜维善(1933—)

上海川沙人。少年时代在上海。1949年随父赴港定居。在港读完中学,赴澳大利亚攻读地质学。他酷爱收藏,曾搜集了几千种世界各地的地质标本。返港后经商,并开始收藏古币,最丰富的是秦半两、汉半两和五铢。1980年代末,他因考古学家夏鼐论文中谈到新疆曾发掘出土了中亚古国萨珊王朝的古币,萌发了收藏和研究古丝绸之路沿途中亚细亚古国发行流通的金银币的念头。他搜集的中亚古币,藏品之丰,数量之多,品种之全,质量之高,堪称国内第一。部分藏品已于1991年、1992年先后两次捐赠给上海博物馆,合计399枚。其中包括阿赫美尼波斯王朝、萨珊王朝、埃兰王朝、安息王朝、西突厥、贵霜王朝和蒙古帝国、奔多斯王朝等50余个国家的各个时代钱币。尤其可贵

的是伊利汗国的阿八哈汗、帖古迭儿汗、阿鲁浑汗、合赞汗、迄合都汗、阿八骞音汗、拜都大汗等九位大汗的金银币被他全部收齐。

杜维善又是对钱币研究颇深的学者,是联合国教科文组织的学术团体——东方钱币学会在港仅有的两个会员之一、上海博物馆钱币特别顾问。他研究古币以出土钱币作为断代依据,用考古出土资料与史料结合的方法,把半两、五铢分朝、分类排比对照进行断代,编印出版了《五铢系年汇考》。

陈佩芬(1935—)

女,浙江鄞县人,1950年上海市静文女中肄业。1952年入职上海博物馆,历任征集编目组副组长、青铜研究组副组长、青铜研究部主任、上海博物馆副馆长,研究馆员、国家文物鉴定委员会委员、上海市文物鉴定委员会委员、复旦大学文博学院兼职教授、上海大学文物考古研究中心顾问,中国考古学会会员等职,2005年退休。

她长期从事青铜器的研究和鉴定。编著有《上海博物馆藏青铜镜》《夏商周青铜器研究》等专著,参与编著的有《商周青铜器纹饰》《商周青铜器铭文选》《中国古代青铜器》等多部著作。撰写了《殷墟以外的商代晚期青铜器》《凤纹牺觥》《青铜器辨伪》《大盂鼎和大克鼎的第二次出土》等几十万字论文。

1993年获国务院"政府特殊津贴",并获国务院"为文化艺术事业做出突出贡献"证书。1998年荣获法国总统希拉克授予的"法兰西国家功勋骑士勋章",以表彰其在文物研究及中国博物馆事业发展中作出的卓越贡献。2009年获国家文物局颁发的"文物、博物馆工作30年荣誉从业人员证书"。

陈元生(1935—)

江苏扬州人。1963年上海市静安区业余工学院化工专业毕业,1952年入职上海博物馆,先后在保管部、陈列部工作,1960年参与筹建文物保护科学技术实验室,曾任生物化学组组长、实验室主任,研究馆员,兼任中国文物保护技术协会、中国考古学会会员、《文物保护与考古科学》编委等职,2005年退休。

他长期从事文物科技保护工作,致力于博物馆环境和有机质文物保护研究。主持多项课题研究并获得有效应用,其中:"严重朽蚀饱水竹简的真空冷冻干燥研究"获1998年度国家文物局文物科学技术进步一等奖;"溴甲烷熏蒸剂在文物保护中的应用及废气治理"获1985—1986年度文化部科技成果二等奖;"三号中药气相防霉剂的研制和在书画保护中的应用"获1983—1984年度文化部科技成果三等奖;"BMC湿度调节剂"获1991年度国家文物局文物科技进步三等奖;"史前漆膜的分析鉴定技术研究"获1994年度国家文物局文物科学技术进步三等奖;"博物馆内主要污染气体的检测及其分布情况的研究"获1991年度国家文物局文物科学技术进步四等奖。主持成功揭取保护明代墓葬出土的说唱本、脱水保护大量出土饱水竹简等。参编专著《中国文物保护与修复技术》,发表有《博物馆文物保存环境质量标准研究》《严重朽蚀饱水竹简的真空冷冻干燥研究》《书画上"狐斑"成因研究》《明墓出土古书的消毒杀菌与除臭研究》等30余篇论文和译文。

1993年获国务院"政府特殊津贴",并获国务院颁发的"为文化艺术事业做出突出贡献"证书。

2009 年获国家文物局颁发的"文物、博物馆工作 30 年荣誉从业人员证书"。

谭德睿（1936—）

浙江嘉兴人，1961 年上海交通大学毕业。先后在上海市无线电技术研究所、上海仪表铸锻厂等任工程师、技术科副科长。1981 年入职上海博物馆，任文物保护与考古科学实验室副主任，研究馆员。兼任中国科技考古学会（筹）常务理事、中国铸造协会艺术铸造专业委员会首任主任委员兼秘书长、中国传统工艺研究会理事长、亚洲铜装饰协会会长、《铸造》杂志社名誉编委、《特种铸造与有色合金》杂志社顾问、《雕塑》杂志社顾问、《青铜文化研究》辑刊编委、《文物保护与考古科学》杂志编委。铜陵市人民政府文化顾问，复旦大学、上海交通大学、北京科技大学兼职教授等职。2002 年退休。

毕业后，前 20 年从事多项现代金属铸造技术研发工作，主持核潜艇耐压耐腐蚀精密铸件试制，参加上海市西汉"透光"镜研究小组并复制成功。后 20 年致力于中国古代青铜技术、铸造史和艺术铸造研究，主持多项科研课题。其中，"东汉'水银沁'铜镜表面处理技术研究"获 1985—1986 年度文化部科技成果一等奖，"东周铜兵器菱形纹饰技术研究"获 1998 年度国家文物局文物科学技术进步二等奖，"吴越青铜技术研究"获 2005 年度国家文物局文物保护科学和技术创新二等奖。

发表论文约 60 篇，代表性论文为《中国青铜时代陶范铸造技术研究》《东周"水银沁"铜镜表面处理技术研究》。主要著作为《陶瓷型精密铸造》（合著）、《熔模铸造手册》（合著），主编《灿烂的中国古代失蜡铸造》（获华东地区科技著作优秀奖，由日本铸造工学会译成日文），合作主编《艺术铸造》（获华东地区高校出版系统优秀学术著作一等奖）《中国传统工艺全集·金属工艺卷》《中国传统铸造图典》等。任中国科学院九五重点科研项目《中国传统工艺全集》常务副主编至今。他是我国艺术铸造学科的奠基人和领军者。

获 1987 年度上海市劳动模范，1989 年度上海市科技精英提名奖。

祝鸿范（1937—）

浙江衢州人。1963 年浙江大学化学系毕业，同年 8 月入职上海博物馆，在文物保护科学技术实验室就职，曾任《文物保护与考古科学》编委，研究馆员，兼任复旦大学文博学院兼职教授，中国文物保护技术协会会员。2006 年退休。

他长期从事文物科技保护工作，致力于金属文物科学保护的研究。作为技术负责人，承担"十五"国家科技攻关计划课题"金属文物的病害及其防治的研究"的子课题"青铜病的产生和发展原因的研究"，另主持多项科研课题。主要成果有："出土铁器脱盐缓蚀保护处理研究"获 1994 年度国家文物局文物科学技术进步一等奖和 1996 年度国家科学技术进步三等奖；"浸渗处理青铜器有害锈的研究"获 1988 年度文化部科技成果二等奖；"银器文物抗变色处理的研究"获 2005 年度国家文物局文物保护科技创新二等奖；"软 X 射线对书画、漆木器等文物的无损检测"和"用全息照相时间平均法研究明代《游鱼喷水洗》喷水原理"二项获 1983—1984 年度文化部科技成果四等奖。主要研究论文有《青铜器的腐蚀与防护》《青铜病的闭塞孔穴腐蚀特征的研究》《银器文物的变色原因及防变色缓蚀剂的筛选》《铁器文物保护中锈层化学稳定转化的研究》《珐琅器的性质及其保护》《用软 X 射线无损检测研究文物》《激光全息干涉度量术在文物检测中的试验研究》《用全息照相时间平均法显示明代游鱼喷水洗的振型》等 30 多篇。

1997年获国务院"政府特殊津贴"，并获国务院颁发的"为文化艺术事业做出突出贡献"证书。2009年获国家文物局颁发的"文物、博物馆工作30年荣誉从业人员证书"。

王维达（1939—）

浙江宁波人。1963年上海师范学院物理系毕业，同年8月入职上海博物馆，在文物保护科学技术实验室就职，历任实验室副主任、主任、研究馆员，兼任中国文物保护技术协会副理事长和释光与电子自旋共振测定年代专业委员会主任，《文物保护与考古科学》副主编，复旦大学文博学院兼职教授等职。2009年退休。

他长期从事文物科技保护工作，致力于热释光测定古陶瓷年代技术的研究，主持多项科研课题。主要成果有："热释光测定陶瓷器文物年代"获1977年上海市科学大会重大科技成果奖；"前剂量饱和指数法测定瓷器热释光年代"获2004年度国家文物局文物保护科学和技术创新一等奖；"瓷器热释光断代及其真伪鉴别研究"获1997年度国家文物局文物科学技术进步二等奖；"用TLD测量α、β年剂量的细粒热释光测定年代技术"获1983—1984年度文化部科技成果三等奖；"微机在热释光测定年代中的应用"获1985—1986年度文化部科技成果三等奖；"不测剂量的热释光断代技术"获1988年度文化部科技成果四等奖。发表有《热释光断代研究：全剂量TLD法》《前剂量饱和指数法测定瓷器的热释光年代》《从α剂量识别陶器的人工辐照》《瓷器热释光测定年代中古剂量的正确估算》《热激活和辐照熄灭特性及其在瓷器前剂量测定年代中的应用》等60多篇论文。编撰专著《中国热释光与电子自旋共振测定年代研究》和《古陶瓷热释光测定年代研究》；主编《全国释光与电子自旋共振测定年代学术讨论会论文选编》十辑等。

1977年获上海市先进科技工作者称号，1996年获国务院"政府特殊津贴"，并获国务院颁发的"为发展我国科学技术事业做出的突出贡献"证书，2006年获上海市"五一"劳动奖章，2009年获国家文物局颁发的"文物、博物馆工作30年荣誉从业人员证书"。

单国霖（1942—）

浙江萧山人。1965年中央美术学院美术史系美术史论专业毕业，同年9月入职上海博物馆，历任陈列研究部书画组组长、书画研究部副主任、主任、研究馆员，兼任复旦大学、华东师范大学兼职教授，国家文物鉴定委员会委员，中国考古学会、中国美术家协会会员，上海市文物鉴定委员会委员，上海文物博物馆学会理事等职。

单国霖长期从事中国书画理论历史研究，致力于中国古书画研究和鉴定。主持或参与筹划了"晋唐宋元书画国宝展""淳化阁帖大展""书画经典——故宫博物院上海博物馆书画藏品展""世貌风情——中国古代人物画精品展""翰墨荟萃——美国藏中国历代书画珍品展""明清书法名品展"（赴日本展出）、"水晕墨章谱写万物——中国明清水墨画展"（赴法国展出）、"董其昌世纪展"（赴美国展出）等大型展览，编著了《华嵒书画集》《元四家画集》《仇英画集》《历代山水画名家画选：周臣》《中国书法全集·清代卷》《明代文化》等十多部专著，发表了《"停云馆言别图"同类图式考辨》《虚谷的绘画艺术及真伪鉴别举例》《董其昌燕吴八景图册及早期画风》《吴门画派综述》《笔端下的历史世貌风情》等数十万字论文。

1992年获"文化部优秀专家"称号，2009年获国家文物局颁发的"文物、博物馆工作30年荣誉从业人员证书"，2010年被上海市人民政府聘任为上海市文史研究馆馆员。

许勇翔（1947—）

上海人，1966年上海市南汇县中学毕业，1972年进上海博物馆，入职保管部征集组。曾任文物出境鉴定组副组长、上海口岸文物出境鉴定站站长、上海市文物管理委员会流散文物管理部副主任、主任，2004年被聘为上海博物馆研究馆员，历任国家文物鉴定委员会委员，国家文物局文物流通专家组成员，上海市文物鉴定委员会委员兼秘书等职。2008年退休。

他长期从事中国古代玉器、瓷器的鉴定和研究，主编《文物鉴赏指南》等专著，发表的论文有《唐代玉雕中的云龙纹装饰研究》《龙泉窑贴花龙凤盖罐》《上海博物馆藏·明代宣德瓷器》《上海市青浦县元代任氏墓葬记述》《中国古代玉雕纹饰简述》等，参与主编《鉴余留珍》。2004年起，负责上海市流散文物管理，建立健全流散文物管理的规章，在文物出口鉴定中，抢救了一批珍贵文物，使之避免流失海外。多次荣获国家文物局"全国文物进出境审核工作先进个人"的称号，被民革中央评为"全国社会服务工作先进个人"。

2009年获国家文物局颁发的"文物、博物馆工作30年荣誉从业人员证书"。

陶继明（1947—）

笔名练川生，上海人。曾任嘉定博物馆研究部主任、副研究馆员。现任嘉定区非物质文化遗产保护专家组长、嘉定区古籍整理小组主编，上海市历史学会会员、上海市古典文学学会会员、上海文物博物馆学会会员。参与上海中国科举博物馆、嘉定竹刻博物馆的筹建，参与嘉定竹刻申报国家级非物质文化遗产保护名录、嘉定镇、南翔镇申报国家级历史文化名镇等多项工作。

有散文随笔集《疁城漫笔》，主编和参与编撰《嘉定县志》《上海锡剧志》《嘉定文化志》《民俗上海——嘉定卷》《归有光与嘉定四先生研究》《练水风雅——嘉定四先生诗文选注》《嘉定碑刻集》《嘉定抗清斗争史料集》《海上绝技——嘉定竹刻艺术》《嘉定李流芳全集》等书籍四十余种，其中《嘉定李流芳全集》（与王光乾合作）获"华东地区古籍优秀图书"二等奖。在各类报刊上发表文章二百余篇。

1992年，被上海市文化局授予"先进史志工作者"称号；2007年，被评为"2004—2007年度上海市劳动模范"；同年，又被评为"文化部非物质文化遗产保护先进个人"。

倪兴祥（1948—）

浙江镇海人。华东师范大学政治教育系毕业。1985年进入中共一大会址纪念馆，长期从事中国共产党创建史研究和纪念馆的管理工作。先后担任中共一大会址纪念馆副馆长、常务副馆长和馆长，兼任上海革命历史博物馆筹备处副主任和中共代表团驻沪办事处纪念馆馆长，研究馆员，上海大学兼职教授，中共上海市委党史研究室特约研究员。曾任中国博物馆学会常务理事、中国博物馆学会纪念馆专业委员会副主任委员、上海市社联委员、上海市文物管理委员会委员、上海市政协文史委员会特聘委员、上海市文博学会副理事长、上海市中共党史学会常务理事、上海市文物博物馆系列高级专业技术职务任职资格审定委员会委员。

独立和与人合作出版《中国共产党创建史大事记》《开天辟地》《此间曾着星星火——中共创建及中共中央在上海》等多部著作。主编有《中国共产党创建史辞典》《中国共产党创建史论著目录（1949.10—2004.12）》《中国共产党创建史研究》《中国共产党创建图史》《中共一大代表早期文稿选编（上、下册）》和《馆藏文物精华》《中共一大会址纪念馆 60 年大事记》及《上海革命史资料与研究》（第一至十三辑）等著作 20 多部。

1999 年被上海市重点工程实事立功竞赛领导小组授予"上海市重点工程建设优秀组织者"称号。2000 年被上海市人事局、上海市文化局评为"上海市文化系统先进工作者"。2001 年被上海市人民政府授予"上海市劳动模范"称号。

陈克伦（1951—）

浙江镇海人。1982 年厦门大学考古学专业毕业，同年 8 月入职浙江省博物馆。1986 年复旦大学硕士研究生毕业，留校任教。1990 年进上海博物馆。历任馆长室业务秘书、展览部副主任、陶瓷研究部副主任、上海博物馆副馆长，研究馆员，国家文物鉴定委员会委员，中国古陶瓷学会副会长，馆藏文物保存环境国家文物局重点科研基地学术委员会主任，上海文物博物馆学会副会长兼秘书长，上海新学科学会副会长，兼任复旦大学、交通大学兼职教授等职。

他长期从事文物学、考古学和博物馆学的系统研究，致力于中国古陶瓷及博物馆展览领域的研究和实践。1996 年以来，是上海博物馆举办近百个展览的主要策划者和组织者，在中外陈列展览界有一定影响。主持多个古陶瓷课题研究，出版了《中国瓷器》《彩陶》《上海博物馆藏康熙瓷图录》《文博研究论集》《中国陶瓷辞典（英文版）》《泱泱瓷国——中国古代瓷器制作术》等多部专著；发表了《秘色瓷及其相关问题》《明洪武朝景德镇瓷业初步研究》《关于宋代越窑的研究》《钧台窑"北宋钧窑"产品时代的再探讨》《十七世纪景德镇瓷器编年研究》等数十篇论文。

1998 年荣获法国总统希拉克授予的"法兰西国家功勋骑士勋章"，以表彰他在文物研究及中国博物馆事业发展中作出的卓越贡献。

陈先行（1951—）

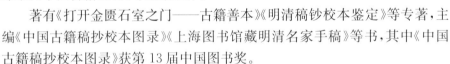

上海人，上海图书馆研究馆员，上海师范大学兼职教授。

师从顾廷龙、潘景郑研习版本目录、碑版金石之学。长期从事古籍鉴定、古籍编目与碑帖考订工作，主持编纂上海图书馆普通古籍目录。自 2005 年起担任国家文物鉴定委员会委员。先后参加《中国古籍善本书目》《中国丛书综录》《中国古籍总目》等编纂工作。

著有《打开金匮石室之门——古籍善本》《明清稿钞校本鉴定》等专著，主编《中国古籍稿抄校本图录》《上海图书馆藏明清名家手稿》等书，其中《中国古籍稿抄校本图录》获第 13 届中国图书奖。

陈燮君（1952—）

浙江宁波人。历任上海图书馆副馆长、上海博物馆常务副馆长、馆长、上海市文物管理委员会副主任、上海市文化广播影视管理局党委书记、亚欧基金会博物馆协会执委、美国亚洲协会国际理事会理事、国际博协中国国家委员会副主席、中国博物馆学会副理事长、上海文博学会理事长、上海市新学科学会会长、上海市美术家协会理事、上海市书法家协会常务理事、上海市作家协会理事、上海市计算机音乐协会理事、上海市第十、十一届政协委员、政协文史委员会副主任、2010 年上海世博会顾问、主题演绎总策划等职。

陈燮君主要研究哲学原理、科学哲学、新学科宏观理论、图书馆学、博物

馆学、信息学和文化管理,首创时间学(与金哲合作)、空间学、学科学,并首先提出开创新学科学和新学科史学的系统构想,率先进行新学科理论研究。著作有《学科学导论——学科发展理论探索》《时间学》等(包括合作)80多部,主编有《新学科辞海》等;论文有《关于开创空间学的思考》《百代法书》《城市的文化风骨——上海文明史探源》等,文章1 000多篇,计达2 000多万字。

在任上海市文物管理委员会副主任和上海博物馆馆长期间,致力于处理城市快速发展与地面文物保护的关系,促进流散文物管理、博物馆纪念馆发展和上海地区考古工作,发挥上海革命文物遗存、民族工业文化遗存、优秀近现代建筑和名人故居在爱国主义教育、弘扬民族传统文化中的作用;推进上海博物馆"三大功能"的现代化,加强基础业务建设和管理工作,组织各项捐赠和海外文物回归祖国,组织了"晋唐宋元书画国宝展""《淳化阁帖》最善本大展大赛大讲坛""周秦汉唐文明大展"等一系列大展,弘扬了中华民族文化和城市精神,促进青少年教育和爱国主义教育。

曾获"上海社会科学院精英奖""上海市有突出贡献的中青年专家"称号、"上海市青年十大精英"荣誉证书和全国、省市哲学社会科学优秀成果奖70多项,1992年获国务院颁发的为文化艺术事业做出突出贡献证书,被英国剑桥世界名人传记中心授予"世界名人""20世纪2 000名杰出科学家"证书。

谭玉峰(1952—)

上海市人,1983年毕业于复旦大学分校历史系,1983年入职上海博物馆。历任地面文物保护部副主任、主任,上海市文物局文物处处长,研究馆员,兼任复旦大学文博学院兼职教授,国家文物局专家组成员,中国文物保护技术协会副理事长、上海市规划委员会咨询专家,国际古迹遗址保护协会(ICOMOS)会员,国际博物馆学会(ICOM)会员,中国文物学会传统建筑园林委员会副会长,中国城市科学研究会历史文化名城委员会常务委员等职。

他长期从事上海文物建筑、历史文化名城、名镇保护研究工作,主持抢救维修了五十余处国家级、市级和区县级文物建筑,在文物建筑保护维修、古塔纠偏、文物建筑整体迁移、近现代文物建筑修缮保护以及管理等方面具有丰富的实践经验。任上海市第三次全国文物普查办公室副主任期间,组织、指导各区(县)初步摸清全市不可移动文物家底。

主要论著和研究成果有"上海市近代优秀建筑保护综述""松江圆应塔修复方案与史料补证""松江清真寺修复述要"、《中国文物地图集·上海分册》执行主编、《中国民族建筑》上海篇副主编、《上海工业遗产实录》执行主编、《上海工业遗产新探》副主编、《上海虹口工业遗产图录》副主编、《上海市明清海防遗址调查报告》副主编、《基于破损硬基层上的无损可逆修复方法》专利发明人之一、《近现代历史建筑结构稳定性评估导则》主要编制人之一,主持完成"上海倾斜古塔远程实时监测研究",以及国家文物局《中美近现代文物建筑保护技术比较研究》课题。1998年获国家文物局授予的"全国文物博物馆系统先进个人"称号。

宋　建(1953—)

江西奉新人。1987年毕业于南京大学历史系考古专业,历史学硕士学位,同年7月入职上海博物馆。曾任上海博物馆考古部副主任、主任等职,研究馆员。兼任中国社会科学院古代文明研究中心专家委员会委员,中华文明探源工程第三方评估咨询专家监理组成员,中国考古学会理事,中国环境考古学会理事,上海历史学会副理事长,上海人类学会副理事长,上海大学文学院历史系客座教授、博士生导师,河南大学兼职教授,日本国立历史民俗博物馆客座教授等职。

他致力于中国文明起源和新石器时代、青铜时代考古研究,先后主持发掘了马桥、志丹苑元代水闸和广富林等遗址。以福泉山、青龙镇遗址为发掘、研究重点,对马桥文化进行了系统的综合性研究;辨识并确认了新石器时代末期的广富林文化,获得"广富林文化"的考古学命名,完善了长江下游地区考古学文化序列。编纂了《马桥——1993—1997年发掘报告》《上海元代水闸遗址考古报告》,发表了《上海松江区广富林遗址1999~2000年发掘简报》《上海松江区广富林遗址2001~2005年发掘简报》。著有《马桥文化原始瓷和印纹陶研究》《关于崧泽文化到良渚文化过渡阶段的几个问题》《论良渚文明的兴衰过程》《良渚文化衰变研究》《广富林遗存的发现与思考》《环太湖地区夏商遗址环境研究》《上海文物考古50年》等多篇研究文章。

他主编的《马桥——1993~1997发掘报告》荣获"夏鼐考古学研究成果"三等奖;主持的志丹苑元代水闸遗址项目被评为2006年"中国十大考古发现"之一;2006年被国家文物局评为"全国文物保护工作先进个人"。

王锡荣(1953—)

江苏无锡人。1971年进入上海第五钢铁厂当工人,曾任团总支副书记、书记。1981年起进入上海鲁迅纪念馆,曾任副馆长并主持工作。参加了1981年版和2005年版两版《鲁迅全集》注释、编辑、出版和修订工作。2009年4月被选为中国鲁迅研究会第八届副会长。

博物馆管理方面,筹划改扩建上海鲁迅纪念馆,1999年新馆建成,并获得上海市工程建设白玉兰特别奖。主持、策划陈列改建,首创人物类生平陈列专题化的陈展类型。在上海鲁迅纪念馆中创设"朝华文库",专门收集与鲁迅相关的历史人物的文物史料,开拓了文物征集的新路径。

著有《鲁迅学发微》《鲁迅画传》《鲁迅生平疑案》《周作人生平疑案》,主编有《鲁迅文萃》(鲁迅文集题注本)、《画者鲁迅》《鲁迅和他的绍兴》《藏家鲁迅》《鲁迅的艺术世界》,策划编译《鲁迅诗撷》(中日英对照)等书刊100多种,并发表鲁迅及相关论文400多篇,在鲁迅研究史料上有鲁迅演讲稿等重要发现,廓清了很多史实问题,厘正了社会对鲁迅的历史评价。

李蓉蓉(1957—)

女,辽宁人。1975年进上海博物馆。1988年华东师范大学艺术系专科毕业。历任陈列设计部副主任、主任,兼任全国博物馆十大陈列展览精品评审专家、苏州博物馆陈列设计顾问等职,研究馆员。上海市美术家协会会员、上海市文化发展基金会项目资助评审专家、上海文博行业专家成员,上海市第十、十一、十二届政协委员。

李蓉蓉长期从事陈列文物展览的形式设计。主持设计基本陈列有:中国古代青铜、中国古代陶瓷、中国古代书法、绘画等十一个展馆。主持设计特别展览有《新疆维吾尔自治区丝路考古珍品展》《大英博物馆藏古埃及艺术珍宝展》《晋国奇珍——山西晋侯墓出土文物精品展》《晋唐宋元书画国宝展》《〈淳化阁帖〉最善本特展》《周秦汉唐文明大展》《北方之星:叶卡捷琳娜二世与俄罗斯帝国的黄金时代》等。论著有《宁静的辉煌——上海博物馆新馆陈列设计解析》。主持设计的《上海博物馆中国历代书法、绘画馆》荣获1998年度全国博物馆十大陈列展览精品奖。《雪域藏珍——西藏文物精华展》荣获2001—2002年第五届全国博物馆十大陈列展览精品奖。《晋唐宋元画国宝展》荣获第六届2003—2004年度全国博物馆十大陈列展览精品奖。2000年、2010年两度获得上海市"三八"红旗手荣誉称号。2002年获全国文物系统先进个人荣誉称号。2007年被国家文物局、中国文博学会收入《中国当代文博专家志》，并获专家证书。2009年获美国洛杉矶郡阿凯迪亚市市长John Wao颁发的"您在中国文化交流中的杰出贡献"荣誉证书。

周　祥(1962—)

江苏淮安人，1984年毕业于上海大学文学院历史系考古与博物馆学专业，同年7月进入上海博物馆，在青铜研究部就职，研究馆员，国家文物鉴定委员会委员，中国钱币学会学术委员会委员，上海市钱币学会副理事长兼学术委员会副主任委员，《中国历代货币大系》编辑委员会委员。

周祥长期从事中国历代货币的整理和鉴定，致力于中国古代钱币的鉴定和研究。先后发表学术论文《圆足布研究》《郡国五铢、赤仄五铢和上林三官五铢钱管》《齐明刀相关问题研究》《湖北本省银元考》《四明银行纸币印制与暗记》等40余篇有关中国历代古钱、机制币和纸币的论文，著有《中国珍稀钱币》《清代纸币珍赏》《施嘉幹先生旧藏中外钱币》《上海博物馆藏品研究大系·中国古代纸钞》《银锭》《纸币》《纸上繁华——李伟先先生旧藏纸币掇英》，与人合著《罗伯昭钱币学文集》《简明钱币辞典》《钱币学纲要》等。先后多次获得中国钱币学会优秀学术成果金泉奖、上海市钱币学会优秀学术成果一等奖和二等奖。

第三章 人物表

表 7-3-1 1978—2010 年上海文物博物馆系统高级专业技术职称人名表

姓 名	生卒年份	单 位	职 称	专 长	获高级职称时间	备 注
傅维康	1930—	上海医史博物馆	教授	中国医学史	1986 年 12 月	
王惠基	1932—2010	上海自然博物馆	研究员	古生物学腹足类	1987 年 11 月	
张美珍(女)	1933—	上海自然博物馆	研究馆员	种子植物分类	1987 年 11 月	
谢稚柳	1910—1997	上海博物馆	研究馆员	古书画	1987 年 12 月	
沈之瑜	1916—1990	上海博物馆	研究馆员	美术、考古、甲骨文	1987 年 12 月	
承名世	1918—2011	上海博物馆	研究馆员	书画	1987 年 12 月	
吴贵芳	1920—1996	上海市历史博物馆	研究馆员	上海史	1987 年 12 月	
杨嘉祐	1920—2019	上海博物馆	研究馆员	上海历史与文物	1987 年 12 月	
郑为	1922—2005	上海博物馆	研究馆员	绘画美术史、陈列	1987 年 12 月	
马承源	1927—2004	上海博物馆	研究馆员	青铜器、竹刻、甲骨文	1987 年 12 月	
丁义忠	1929—2016	上海博物馆	研究馆员	日语、英语、博物馆学	1987 年 12 月	
费钦生	1930—	上海博物馆	研究馆员	陈列设计	1987 年 12 月	
黄宣佩	1930—2013	上海博物馆	研究馆员	考古发掘与研究	1987 年 12 月	
汪庆正	1931—2005	上海博物馆	研究馆员	陶瓷、钱币、碑帖	1987 年 12 月	
李俊杰	1932—2016	上海博物馆	研究馆员	文物保管、博物馆学	1987 年 12 月	
陈佩芬(女)	1935—2013	上海博物馆	研究馆员	青铜器	1987 年 12 月	
谭德睿	1936—	上海博物馆	研究馆员	青铜器工艺技术	1987 年 12 月	
王仁波	1939—2001	上海博物馆	研究馆员	汉唐考古	1987 年 12 月	
王维达	1939—	上海博物馆	研究馆员	热释光测定年代	1987 年 12 月	
薛贵笙	1912—2013	上海文物商店	研究馆员	瓷器、玉器鉴定	1988 年 3 月	
王荣达	1921—1999	上海博物馆	研究馆员	文物修复	1989 年 7 月	
任武雄	1926—	中共一大会址纪念馆	研究馆员	中共党史	1989 年 7 月	
黄仁生	1933—	上海博物馆	研究馆员	青铜修复与复制	1989 年 7 月	

（续表一）

姓　名	生卒年份	单　位	职　称	专　长	获高级职称时间	备　注
朱念慈	1911—2007	上海文物商店	研究馆员	书画鉴定	1989 年 12 月	
陈燮君	1952—	上海博物馆	研究员	博物馆学、图书馆学	1990 年 12 月	
陈元生	1935—	上海博物馆	研究馆员	文物保护技术	1992 年 10 月	
祝鸿范	1937—	上海博物馆	研究馆员	金属文物保护	1992 年 10 月	
赵友琴	1934—	上海医史博物馆	研究员	中国医学史	1992 年 11 月	
潘君祥	1943—	上海市历史博物馆	研究员	上海城市经济史	1992 年 12 月	
陈绍康	1929—2011	中共一大会址纪念馆	研究馆员	中共党史	1993 年 6 月	
周国伟	1931—	上海鲁迅纪念馆	研究馆员	鲁迅研究	1993 年 6 月	
钟银兰（女）	1932—2021	上海博物馆	研究馆员	古书画	1993 年 6 月	
单国霖	1942—	上海博物馆	研究馆员	中外美术史论	1993 年 6 月	
徐永庆	1935—2008	上海自然博物馆	研究馆员	人类学	1994 年 8 月	
吴长华	1945—	上海鲁迅纪念馆	研究馆员	陈列与鲁迅研究	1994 年 8 月	
何新桥	1937—	上海自然博物馆	研究馆员	动物学	1994 年 10 月	
谢万明	1937—	上海自然博物馆	研究员	古生物学	1994 年 10 月	
杨松年	1941—	上海自然博物馆	研究馆员	地质矿产	1994 年 10 月	
张松龄	1940—	上海自然博物馆	研究馆员	博物馆学、海洋动物	1995 年 2 月	
席与华	1938—	上海自然博物馆	研究员	古生物学	1995 年 12 月	
金杏宝（女）	1949—	上海科技馆	研究馆员	昆虫	1997 年 7 月	
吴鸿州	1950—	上海医史博物馆	研究员	中医	1997 年 8 月	
曹铎成	1940—	上海自然博物馆	研究员	雕塑	1998 年 1 月	
李朝远	1953—2004	上海博物馆	研究馆员	历史学、青铜器	1998 年 5 月	
王小明	1963—	上海科技馆	教授	生态学	1998 年 8 月	
王锡荣	1953—	上海鲁迅纪念馆	研究馆员	鲁迅与中国文学研究	1999 年 5 月	
秦祥堃	1950—	上海科技馆	研究馆员	生物	2000 年 1 月	
梁兆正	1962—	上海科技馆	研究馆员	机电一体化	2001 年 4 月	
陈克伦	1951—	上海博物馆	研究馆员	陶瓷研究与鉴定	2001 年 6 月	
宋建	1953—	上海博物馆	研究馆员	考古发掘与研究	2001 年 6 月	
崔志兴	1952—	上海科技馆	研究馆员	生物	2002 年 4 月	

（续表二）

姓　名	生卒年份	单　位	职　称	专　长	获高级职称时间	备　注
薛理勇	1947—	上海市历史博物馆	研究馆员	上海史	2002 年 11 月	
周丽丽(女)	1948—	上海博物馆	研究馆员	陶瓷研究与鉴定	2002 年 11 月	
张明华	1949—	上海市历史博物馆	研究馆员	考古发掘与研究	2002 年 11 月	
周燕群(女)	1957—	上海博物馆	研究馆员	文博英语翻译	2002 年 11 月	
解玉林(女)	1948—	上海博物馆	研究馆员	文物保护技术	2003 年 12 月	
谭玉峰	1952—	上海博物馆	研究馆员	古建筑	2003 年 12 月	2010 年调上海市文物局
孙慰祖	1953—	上海博物馆	研究馆员	篆刻研究	2003 年 12 月	
周亚	1956—	上海博物馆	研究馆员	青铜器	2003 年 12 月	
张雷	1946—	上海博物馆	研究馆员	宣传教育	2004 年 12 月	
倪兴祥	1948—	中共一大会址纪念馆	研究馆员	中共创建史、纪念馆管理	2004 年 12 月	
陆明华	1952—	上海博物馆	研究馆员	陶瓷研究与鉴定	2004 年 12 月	
唐友波	1952—	上海博物馆	研究馆员	古文字	2004 年 12 月	
夏君定	1952—	上海博物馆	研究馆员	热释光测定年代	2004 年 12 月	
何继英(女)	1954—	上海博物馆	研究馆员	考古发掘与研究	2004 年 12 月	
尚辉	1962—	上海美术馆	研究馆员	近现代美术史研究	2004 年 12 月	2008 年 8 月调北京画院
张岚	1957—	上海市历史博物馆	研究馆员	文物保护技术	2005 年 12 月	
钱宗灏	1958—	上海市历史博物馆	研究馆员	上海史	2005 年 12 月	2006 年 10 月调同济大学
周祥	1962—	上海博物馆	研究馆员	古钱币	2005 年 12 月	
张尉	1958—	上海博物馆	研究馆员	古代工艺	2006 年 12 月	
胡江	1962—	上海博物馆	研究馆员	中外艺术史	2006 年 12 月	
杭侃	1965—	上海市历史博物馆	研究馆员	考古、中国古代史	2006 年 12 月	2007 年 9 月调北京大学
濮茅左	1947—	上海博物馆	研究馆员	古文字	2007 年 12 月	
刘一闻	1949—	上海博物馆	研究馆员	古代书法	2007 年 12 月	
沈亚洲	1950—	上海博物馆	研究馆员	书画复制	2007 年 12 月	
傅为群	1951	上海市历史博物馆	研究馆员	上海金融史	2007 年 12 月	

（续表三）

姓　名	生卒年份	单　位	职　称	专　长	获高级职称时间	备　注
顾音海	1961—	上海市历史博物馆	研究馆员	历史文献	2007年12月	
张小红（女）	1961—2011	中共一大会址纪念馆	研究馆员	中共党史	2007年12月	
陶喻之	1964—	上海博物馆	研究馆员	书法、碑帖	2007年12月	
廉海萍（女）	1965—	上海博物馆	研究馆员	青铜器工艺技术	2007年12月	
陆米强	1949—2017	中共一大会址纪念馆	研究馆员	中共党史研究、库房保管	2008年12月	
罗曦芸（女）	1962—	上海博物馆	研究馆员	文物保护技术	2008年12月	
李浩	1966—	上海鲁迅纪念馆	研究馆员	鲁迅与中国文学研究、博物馆学	2008年12月	
李蓉蓉（女）	1957—	上海博物馆	研究馆员	陈列设计	2009年12月	
马今洪	1963—	上海博物馆	研究馆员	青铜器	2009年12月	
徐云根	1963—	中共一大会址纪念馆	研究馆员	中共党史、博物馆学	2009年12月	
乔丽华（女）	1969—	上海鲁迅纪念馆	研究馆员	鲁迅研究与现当代文学研究	2009年12月	
王晓娟（女）	1972—	上海科技馆	教授	生态学	2010年5月	
林丽成（女）	1953—	上海韬奋纪念馆	研究馆员	不详	2010年12月	
缪君奇	1953—	上海鲁迅纪念馆	研究馆员	鲁迅研究	2010年12月	
钱屿	1955—	上海博物馆	研究馆员	古钱币	2010年12月	
陈杰	1972—	上海博物馆	研究馆员	考古发掘与研究	2010年12月	
陈先行	1951—	上海图书馆	研究馆员	古籍鉴定	不详	
储保海	1939—	上海自然博物馆	高级工程师	电器	1980年11月	
王德鑫	1939—	上海自然博物馆	副研究馆员	绘画	1987年8月	
邱莲卿（女）	1931—	上海自然博物馆	副研究馆员	种子植物分类	1987年11月	
谭惠慈（女）	1931—	上海自然博物馆	副研究馆员	真菌	1987年11月	
陈赛英（女）	1932—	上海自然博物馆	副研究馆员	无脊椎动物	1987年11月	
刘月珍（女）	1933—2003	上海自然博物馆	副研究馆员	两栖、爬行动物	1987年11月	
陆瑞琳（女）	1934—	上海自然博物馆	副研究馆员	种子植物分类	1987年11月	
宗愉（女）	1936—	上海自然博物馆	副研究馆员	两栖、爬行动物	1987年11月	
陈翁良	1938—	上海自然博物馆	副研究馆员	人类学	1987年11月	
马积藩	1940—	上海自然博物馆	副研究馆员	两栖、爬行动物	1987年11月	

（续表四）

姓　名	生卒年份	单　位	职　称	专　长	获高级职称时间	备　注
张公午	1906—1992	上海博物馆	副研究馆员	钱币	1987年12月	
沈宗威	1914—1997	上海博物馆	副研究馆员	版本	1987年12月	
万育仁	1916—1999	上海博物馆	副研究馆员	文物鉴定	1987年12月	
徐孝穆	1916—1999	上海博物馆	副研究馆员	文物保护技术	1987年12月	
窦治荣	1921—2012	上海博物馆	副研究馆员	古书画修复	1987年12月	
尚业煌	1922—2012	上海博物馆	副研究馆员	文物鉴定	1987年12月	
丁文光	1924—2014	上海博物馆	副研究馆员	书画复制	1987年12月	
唐大公	1925—	上海博物馆	副研究馆员	陈列设计	1987年12月	
夏玉琛	1925—2005	上海博物馆	副研究馆员	古书画	1987年12月	
刘自中	1927—2001	上海博物馆	副研究馆员	柯罗版印刷	1987年12月	
张敏	1928—2002	上海博物馆	副研究馆员	文物保管	1987年12月	
胡渐宜	1929—2015	上海博物馆	副研究馆员	陶瓷修复	1987年12月	
李娟春（女）	1930—1987	上海博物馆	副研究馆员	书画复制	1987年12月	
郑金星	1930—2000	上海博物馆	副研究馆员	考古发掘与研究	1987年12月	
周庚余	1930—2004	上海博物馆	副研究馆员	文物保护科技	1987年12月	
周觉民	1930—	上海博物馆	副研究馆员	陶瓷	1987年12月	
孙维昌	1931—	上海博物馆	副研究馆员	考古发掘与研究	1987年12月	
庄云霞（女）	1931—	上海博物馆	副研究馆员	宣传教育	1987年12月	
冯尧根	1932—2012	上海博物馆	副研究馆员	书画复制	1987年12月	
夏顺奎	1933—	上海市文化局	副研究馆员	革命史迹	1987年12月	
顾友楚	1934—	上海博物馆	副研究馆员	青铜器修复	1987年12月	
华惠伦	1934—	上海自然博物馆	副研究馆员	博物馆学、生物学	1987年12月	
金阶平	1934—	上海博物馆	副研究馆员	文博管理	1987年12月	
倪文俊	1934—	上海博物馆	副研究馆员	考古发掘与研究	1987年12月	
蒋树成	1935—	上海博物馆	副研究馆员	古代工艺美术	1987年12月	
朱淑仪（女）	1935—	上海博物馆	副研究馆员	古代工艺美术	1987年12月	
蔡筱明	1943—	上海博物馆	副研究馆员	陈列设计	1987年12月	
戴永吉	1943—	上海博物馆	副研究馆员	古字画修复	1987年12月	
孙坚（女）	1944—	上海博物馆	副研究馆员	古字画修复	1987年12月	
范冬青（女）	1946—	上海博物馆	副研究馆员	陶瓷	1987年12月	1992年辞职
祝敬国	1946—	上海博物馆	副研究馆员	文博信息	1987年12月	2001年辞职

（续表五）

姓　名	生卒年份	单　位	职　称	专　长	获高级职称时间	备　注
许勇翔	1947—	上海博物馆	副研究馆员	文物鉴定	1987 年 12 月	
潘建明	1948—	上海博物馆	副研究馆员	青铜器	1987 年 12 月	1988 年留学离职
劳继雄	1950—	上海博物馆	副研究馆员	书画鉴定	1987 年 12 月	1991 年离职
袁敝	1925—2002	上海自然博物馆	高级工艺美术师	绘画	1988 年 1 月	
陈沛存	1928—	中共一大会址纪念馆	副研究馆员	革命史迹	1988 年 1 月	
徐承祖	1929—2002	中共一大会址纪念馆	副研究馆员	中共创建史	1988 年 1 月	
冯祖庄（女）	1930—	上海自然博物馆	高级工艺美术师	绘画	1988 年 1 月	
施伟梁（女）	1930—	上海自然博物馆	高级工艺美术师	绘画	1988 年 1 月	
朱习理	1930—已故	青浦县博物馆	副研究馆员	文史、博物	1988 年 1 月	
虞积华	1931—	上海鲁迅纪念馆	副研究馆员	陈列与鲁迅研究	1988 年 1 月	
朱嘉栋	1932—1993	上海鲁迅纪念馆	副研究馆员	鲁迅研究	1988 年 1 月	
姚庆雄	1936—	上海鲁迅纪念馆	副研究馆员	鲁迅研究、博物馆管理	1988 年 1 月	
唐应光	1937—	上海鲁迅纪念馆	副研究馆员	文史	1988 年 1 月	
凌月麟	1953—	上海鲁迅纪念馆	副研究馆员	陈列与鲁迅研究	1988 年 1 月	
霍銮辉	1925—	上海自然博物馆	副研究馆员	真菌	1988 年 2 月	
柏春生	1931—2011	上海自然博物馆	高级实验师	翻制模型	1988 年 2 月	
宗志新	1931—	上海科技馆	高级实验师	不详	1988 年 2 月	
郑留光	1927—2006	上海文物商店	副研究馆员	玉器、翡翠鉴定	1988 年 3 月	
钱振宗	1930—1996	上海文物商店	副研究馆员	瓷器鉴定	1988 年 3 月	
周美珍（女）	1933—	上海市历史博物馆	副研究馆员	博物馆学	1988 年 3 月	
谢德秋	1936—	上海自然博物馆	副教授	医学遗传学、科学技术史	1988 年 6 月	
桂永定	1941—	上海博物馆	副研究馆员	地方史	1989 年 2 月	
宗典	1911—2004	上海博物馆	副研究馆员	绘画史	1989 年 7 月	
程方英（女）	1919—2009	上海博物馆	副研究馆员	陶瓷鉴定	1989 年 7 月	
华启明	1920—2015	上海博物馆	副研究馆员	古书画修复	1989 年 7 月	
谭治	1921—2011	上海自然博物馆	副研究馆员	博物馆学	1989 年 7 月	

（续表六）

姓 名	生卒年份	单 位	职 称	专 长	获高级职称时间	备 注
黄钦罴	1925—2011	上海博物馆	副研究馆员	文物保管	1989年7月	
杨蓝(女)	1929—	上海鲁迅纪念馆	副研究馆员	博物馆管理	1989年7月	
韩罗以	1930—	上海市文化局	副研究馆员	近现代革命史	1989年7月	
许玉林	1933—1999	中共一大会址纪念馆	副研究馆员	中共党史研究、文物保管	1989年7月	
黄福康	1944—	上海博物馆	副研究馆员	文物保管	1989年7月	
唐兆魁	1919—1994	上海自然博物馆	高级实验师	动物样本剥制	1989年8月	
林嘉旺	1929—1994	上海自然博物馆	副研究馆员	人类学	1989年8月	
周海忠	1933—	上海自然博物馆	副研究馆员	鸟类	1989年8月	
袁艺兰(女)	1934—已故	上海自然博物馆	副研究馆员	昆虫	1989年8月	
杭金欣	1936—	上海自然博物馆	副研究馆员	藻类	1989年8月	
夏定敏	1921—2014	上海自然博物馆	副编审	编辑	1989年11月	
张绥	1943—2010	上海博物馆	副研究馆员	中国历史	1990年10月	
马新文	1940—	上海自然博物馆	高级工程师	机械设计	1990年12月	
李登科	1937—2011	上海自然博物馆	副研究馆员	苔藓子	1991年8月	
陈彬	1938—	上海自然博物馆	副研究馆员	鸟类、兽类动物	1991年8月	
谈惠珍(女)	1940—	上海自然博物馆	副研究馆员	鱼类	1991年8月	
秦德昌	1941—	上海科技馆	副研究馆员	不详	1991年8月	
季崇建	1955—	上海博物馆	副研究馆员	石刻	1991年12月	2002年辞职
胡学增	1942—	上海科技馆	副研究馆员	不详	1992年6月	
周满章	1932—	上海自然博物馆	副研究馆员	兽类	1992年10月	
黄象洪	1936—2013	上海自然博物馆	副研究馆员	人类学	1992年11月	
史济宏	1945—	上海文物商店	副研究馆员	玉器鉴定	1993年6月	
蒋道银	1946—	上海博物馆	副研究馆员	陶瓷修复	1993年6月	
王正书	1946—	上海博物馆	副研究馆员	古代工艺	1993年6月	
乔金伯	1947—	中共一大会址纪念馆	副研究馆员	中共党史	1993年6月	
汤伟康	1947—	上海市历史博物馆	副研究馆员	上海史	1993年6月	
杨颂平	1948—	上海博物馆	副研究馆员	文物保护	1993年6月	
诸品芳(女)	1950—	上海博物馆	副研究馆员	古字画修复	1993年6月	
沈维祝	1951—	上海博物馆	副研究馆员	古字画修复	1993年6月	

（续表七）

姓　名	生卒年份	单　　位	职　称	专　长	获高级职称时间	备　注
俞乐滨	1951—	上海市龙华烈士陵园	副研究馆员	上海近现代史	1993 年 6 月	
朱仲岳	1942—	上海博物馆	副研究馆员	图书资料	1993 年 7 月	
王世杰	1945—	上海科技馆	副研究馆员	不详	1993 年 7 月	
王祥明	1939—	上海自然博物馆	副研究馆员	古生物学	1993 年 8 月	
范明三	1938—	上海博物馆	副研究馆员	民族艺术史	1994 年 8 月	
陈光宗	1939—	上海自然博物馆	副研究馆员	编辑	1994 年 8 月	
高毓秋（女）	1947—	上海中医药大学医史博物馆	副研究馆员	医学史	1994 年 8 月	
肖炳龙	1952—	上海市龙华烈士陵园	副研究馆员	文博	1994 年 9 月	
陈平（女）	1956—	上海博物馆	副研究馆员	雕塑造影	1994 年 12 月	2010 年调上海市文物局
戎垦	1936—	上海市龙华烈士陵园	高级工程师	水土保持	1995 年 5 月	
范文海	1941—	上海市历史博物馆	副研究馆员	博物馆学	1995 年 9 月	
刘国友	1941—	宋庆龄陵园管理处	副研究馆员	宋庆龄研究	1995 年 9 月	
郭林福	1942—	上海博物馆	副研究馆员	文物摄影	1995 年 9 月	
潘美娣（女）	1945—	上海图书馆	副研究馆员	古籍修复	1995 年 9 月	
周志聪	1954—	上海博物馆	副研究馆员	文博英语翻译	1995 年 9 月	2003 年解约
信洪林	1958—	中共一大会址纪念馆	副研究馆员	中共党史、抗日战争史	1995 年 9 月	
沈一元	1945—	上海科技馆	高级工程师	不详	1995 年 10 月	
陈菊兴	1952—	青浦县博物馆	副研究馆员	地方史研究	1995 年 10 月	
曹克清	1939—	上海自然博物馆	副研究馆员	古生物学	1995 年 12 月	
唐庆瑜	1941—	上海科技馆	高级实验师	不详	1995 年 12 月	
宋宝华	1953—	上海科技馆	高级美术师	不详	1995 年 12 月	
马建华	1954—	上海市龙华烈士陵园	副研究馆员	文博	1995 年 12 月	
张心一	1958—	上海工艺美术博物馆	中国工艺美术大师；高级工艺美术师	老凤祥金银细工技艺第五代传人；工艺品的设计和制作	1993 年；1995 年	

（续表八）

姓　名	生卒年份	单　位	职　称	专　长	获高级职称时间	备　注
周蕙（女）	1948—	上海市龙华烈士陵园	副研究馆员	文博	1996 年 12 月	
宋明明（女）	1949—	上海博物馆	副研究馆员	宣传教育	1996 年 12 月	
张庆豪	1957—	上海博物馆	副研究馆员	文物鉴定	1996 年 12 月	2010 年调上海市文物局
李孔三	1958—	上海博物馆	副研究馆员	古建筑	1996 年 12 月	2010 年调上海市文物局
周保春	1963—	上海科技馆	副研究馆员	古生物学	1996 年 12 月	
周学军	1966—	上海博物馆	副研究馆员	上海地方史研究	1996 年 12 月	2001 年 6 月离职
王庆之（女）	1940—	上海自然博物馆	副研究馆员	古生物学	1997 年 1 月	
顾八纮	1947—	上海鲁迅纪念馆	副研究馆员	陈列与鲁迅研究	1997 年 1 月	
黄亚平	1962—	上海市孙中山宋庆龄文物管理委员会	副研究馆员	孙中山宋庆龄研究	1997 年 1 月	
刘楚邑	1944—	嘉定博物馆	副研究馆员	陈列展览	1998 年 5 月	
王菊如	1944—	上海市龙华烈士陵园	副研究馆员	文博	1998 年 5 月	
邱力	1949—	上海自然博物馆	副研究馆员	不详	1998 年 5 月	
王运天	1951—	上海博物馆	副研究馆员	古文编辑	1998 年 5 月	
郑威	1957—	上海博物馆	副研究馆员	中国古代书画研究与鉴定	1998 年 5 月	
吴来明	1962—	上海博物馆	副研究馆员	青铜器工艺技术、文物保存环境	1998 年 5 月	
蔡金法	1947—	中共一大会址纪念馆	副研究馆员	中共党史	1998 年 6 月	
顾柏荣	1953—	上海市历史博物馆	副研究馆员	上海史	1998 年 6 月	
何惠琴（女）	1954—	上海科技馆	副研究馆员	不详	1998 年 6 月	
顾建生	1952—	上海科技馆	高级工程师	不详	1998 年 11 月	
孙天孟	1950—	上海科技馆	高级工程师	不详	1998 年 12 月	
章兴飞	1951—	上海科技馆	副研究馆员	太阳物理	1998 年 12 月	
薛峻	1952—	上海科技馆	副研究馆员	天体物理	1998 年 12 月	
钱之广	1953—	上海科技馆	副研究馆员	生物	1999 年 4 月	

（续表九）

姓　名	生卒年份	单　位	职　称	专　长	获高级职称时间	备　注
童芷珍（女）	1950—	上海图书馆	副研究馆员	古籍修复	1999 年 5 月	
于存海	1953—	上海博物馆	副研究馆员	古建筑	1999 年 5 月	2005 年 9 月调崇明县文化市场行政执法大队，2010 年调上海市文物局
贾雪虹（女）	1955—	上海市龙华烈士陵园	副研究馆员	文博	1999 年 5 月	
秦海琦	1956—	上海鲁迅纪念馆	副研究馆员	文物保管	1999 年 5 月	
徐虹（女）	1957—	上海美术馆	副研究馆员	美术理论研究	1999 年 5 月	2000 年 8 月调中国美术馆
裘争平（女）	1965—	上海市历史博物馆	副研究馆员	上海史	1999 年 5 月	
毛和利（女）	1945—	上海市龙华烈士陵园	副研究馆员	文博	1999 年 9 月	
张晨（女）	1960—	中共一大会址纪念馆	副研究馆员	中共党史	1999 年 9 月	
邢晓舟	1967—	上海博物馆	副研究馆员	文博法语翻译	1999 年 9 月	2010 年解约
林晓明	1956—	松江区博物馆	副研究馆员	古建筑	2000 年	
何文权	1970—	上海博物馆	副研究馆员	科技考古分析	2001 年 6 月	2005 年调上海市委宣传部
肖荣兰	1944—	豫园管理处	副研究馆员	不详	2002 年 3 月	
郭青生	1956—	上海博物馆	副研究馆员	宣传教育	2002 年 3 月	
黄红蓝（女）	1959—	上海市龙华烈士陵园	副研究馆员	文博	2002 年 3 月	
包燕丽（女）	1961—	上海博物馆	副研究馆员	古代工艺	2002 年 3 月	
周丽娟（女）	1962—	上海博物馆	副研究馆员	考古发掘与研究	2002 年 3 月	2010 年调上海市文物局
顾丽华（女）	1954—	上海科技馆	高级工程师	不详	2002 年 5 月	
周丽中（女）	1948—	上海博物馆	副研究馆员	博物馆学	2002 年 11 月	
流沙玲（女）	1949—	中共一大会址纪念馆	高级政工师	不详	2002 年 11 月	
李青舫	1953—	崇明县博物馆	副研究馆员	文物博物	2002 年 11 月	
张东	1967—	上海博物馆	副研究馆员	陶瓷研究	2002 年 12 月	
马继奋	1954—	陈云纪念馆	副研究馆员	陈云研究	2003 年 11 月	

（续表一〇）

姓　名	生卒年份	单　位	职　称	专　长	获高级职称时间	备　注
温秋明(女)	1957—	上海博物馆	副研究馆员	文物鉴定	2003 年 12 月	2010 年调上海市文物局
张光敏	1957—	上海博物馆	副研究馆员	青铜修复	2003 年 12 月	
陈菁(女)	1963—	上海博物馆	副研究馆员	文物保管	2003 年 12 月	
李峰	1964—	上海博物馆	副研究馆员	博物馆学	2003 年 12 月	
金建敏(女)	1954—	上海科技馆	高级工程师	不详	2004 年 4 月	
陶继明	1947—	嘉定博物馆	副研究馆员	嘉定地方史	2004 年 12 月	
蒋雅萍(女)	1957—	上海鲁迅纪念馆	副研究馆员	宣教	2004 年 12 月	
张毅(女)	1963—	上海博物馆	副研究馆员	古籍整理	2004 年 12 月	
徐汝聪(女)	1964—	上海博物馆	副研究馆员	文字编辑	2004 年 12 月	
赵敬立	1964—	上海鲁迅纪念馆	副研究馆员	鲁迅研究	2004 年 12 月	2007 年 5 月调上海应用技术学院
朱玖琳(女)	1969—	上海市孙中山宋庆龄管理委员会	副研究馆员	宋庆龄研究	2004 年 12 月	
郭兆祥	1951—	上海市龙华烈士陵园	二级美术师	美术创作	2005 年 2 月	
唐先华(女)	1970—	上海科技馆	副研究馆员	生物科学	2005 年 5 月	
褚晓波	1970—	上海市文物局	副研究馆员	考古和文博管理	2005 年 11 月	
沈融	1952—	上海博物馆	副研究馆员	古籍整理	2005 年 12 月	
王莲芬(女)	1954—	上海博物馆	副研究馆员	博物馆学	2005 年 12 月	
吴志伟	1954—	上海市历史博物馆	副研究馆员	上海史	2005 年 12 月	
董卫平	1958—	上海博物馆	副研究馆员	陈列设计	2005 年 12 月	
刘健	1962—	上海博物馆	副研究馆员	文博信息	2005 年 12 月	
丁叙钧	1963—	上海博物馆	副研究馆员	文博资料	2005 年 12 月	
蔡伟	1965—	宋庆龄陵园	副研究馆员	不详	2005 年 12 月	
施彤(女)	1967—	上海博物馆	副研究馆员	博物馆学	2005 年 12 月	2010 年调上海市文物局
马建萍(女)	1968—	中共一大会址纪念馆	副研究馆员	中共创建史	2005 年 12 月	
张力华(女)	1968—	青浦区博物馆	副研究馆员	地方史研究	2005 年 12 月	
惠蓝(女)	1970—	上海中国画院	副研究馆员	美术史论	2005 年 12 月	
凌利中	1970—	上海博物馆	副研究馆员	书画鉴定	2005 年 12 月	
包仕武	1968—	嘉定博物馆	二级美术师	书法	2006 年 1 月	

（续表一一）

姓　名	生卒年份	单　位	职　称	专　长	获高级职称时间	备　注
王蓓（女）	1957—	上海博物馆	副研究馆员	宣传教育	2006年12月	
王毅	1958—	上海市历史博物馆	副研究馆员	文物鉴定	2006年12月	
吴仁宏	1958—2013	徐汇区文物文化管理办公室	副研究馆员	文物保护	2006年12月	
胡绪雯（女）	1960—	上海博物馆	副研究馆员	书画复制	2006年12月	
华慈祥	1963—	上海博物馆	副研究馆员	古代工艺	2006年12月	
孙峰（女）	1964—	上海博物馆	副研究馆员	文博日语翻译	2006年12月	
周浩	1970—	上海博物馆	副研究馆员	金属文物保护	2006年12月	
罗月琴（女）	1971—	上海中医药博物馆	副研究馆员	不详	2006年12月	
房芸芳（女）	1973—	上海市历史博物馆	副研究馆员	上海史	2006年12月	2007年6月调徐汇区图书馆
施远	1973—	上海博物馆	副研究馆员	古代工艺	2006年12月	
翟杨	1973—	上海博物馆	副研究馆员	考古发掘与研究	2006年12月	
佘彦焱（女）	1973—	上海博物馆	副研究馆员	古籍研究	2006年12月	2009年辞职
孙娟娟（女）	1954—	上海孙中山故居纪念馆	副研究馆员	孙中山宋庆龄研究	2007年3月	
金楽	1974—	上海科技馆	副教授	生态学	2007年7月	
郑毓明	1949—	上海市历史博物馆	副研究馆员	上海史	2007年12月	
张文勇	1950—	上海市历史博物馆	副研究馆员	上海史	2007年12月	
陆志荣	1953—	上海博物馆	副研究馆员	古籍整理	2007年12月	
吕水珍（女）	1955—	中共一大会址纪念馆	副研究馆员	博物馆学	2007年12月	
奚吉平	1956—	金山区博物馆	副研究馆员	博物馆管理	2007年12月	
王鲁燕（女）	1958—	上海鲁迅纪念馆	副研究馆员	陈列	2007年12月	
李柏华	1959—	上海博物馆	副研究馆员	石刻	2007年12月	
华一民	1961—	上海市历史博物馆	副研究馆员	上海史	2007年12月	
乐融	1962—	上海鲁迅纪念馆	副研究馆员	文物保管	2007年12月	
黄韵之（女）	1963—	上海博物馆	副研究馆员	文物鉴定	2007年12月	2010年调上海市文物局
倪杰	1963—	上海科技馆	副研究馆员	文物博物	2007年12月	

（续表一二）

姓　名	生卒年份	单　位	职　称	专　长	获高级职称时间	备　注
王军	1964—	上海中国航海博物馆	高级经济师	古船研究	2007年12月	
王辉	1966—	青浦区博物馆	副研究馆员	地方史研究、展览策划	2007年12月	
胡宝芳(女)	1972—	上海市历史博物馆	副研究馆员	上海史	2007年12月	
刘刚	1972—	上海博物馆	副研究馆员	古代工艺	2007年12月	
施泳峰	1972—	上海文物商店	副研究馆员	瓷器鉴定	2007年12月	
黄朋(女)	1973—	上海博物馆	副研究馆员	中国古代书画研究与鉴定	2007年12月	
柳向春	1973—	上海博物馆	副研究馆员	古籍研究	2007年12月	
郑朝平	1966—	上海孙中山故居纪念馆	副研究馆员	博物馆管理、文物研究	2008年8月	
方芳(女)	1972—	陈云纪念馆	副研究馆员	陈云研究	2008年11月	
钱益中	1949—	上海油雕院	副研究馆员	油画修复	2008年12月	
李东画(女)	1955—	上海韬奋纪念馆	副研究馆员	不详	2008年12月	
郭南凯	1957—	浦东新区南汇博物馆	副研究馆员	瓷器鉴定	2008年12月	
任锐	1957—	中共一大会址纪念馆	副研究馆员	博物馆学	2008年12月	
吴静霞(女)	1958—	上海博物馆	副研究馆员	青铜复制	2008年12月	
茅宏坤	1959—	上海美术馆	副研究馆员	美术研究	2008年12月	
徐耀琦	1959—	上海博物馆	副研究馆员	文博信息	2008年12月	
赵胜土	1965—	嘉定博物馆	副研究馆员	明清竹刻	2008年12月	
徐亚芳(女)	1967—	上海市历史博物馆	副研究馆员	上海史	2008年12月	
张慧红(女)	1968—	上海科技馆	副研究馆员	文物博物	2008年12月	
周惠斌	1968—	崇明县博物馆	副研究馆员	文物博物	2008年12月	
俞宝英(女)	1969—	上海中医药博物馆	副研究馆员	不详	2008年12月	
杨坤	1974—	松江区博物馆	副研究馆员	文物研究	2008年	
沈耀耀	1953—	青浦区博物馆	副研究馆员	陈列设计	2009年2月	
黄玉抒(女)	1968—	上海市孙中山宋庆龄管理委员会	副研究馆员	孙中山宋庆龄研究	2009年2月	
张斌盛	1974—	上海科技馆	副研究馆员	国际经济与贸易	2009年3月	

（续表一三）

姓　名	生卒年份	单　位	职　称	专　长	获高级职称时间	备　注
张鹏程	1950—	上海图书馆	副研究馆员	不详	2009 年 12 月	
王志鲜	1952—	上海市孙中山宋庆龄文物管理委员会	副研究馆员	文物保护	2009 年 12 月	
王樾	1970—	上海博物馆	副研究馆员	古钱币	2009 年 12 月	
张玉菡（女）	1975—	中共一大会址纪念馆	副研究馆员	专门史	2009 年 12 月	
李丽（女）	1976—	上海孙中山故居纪念馆	副研究馆员	孙中山宋庆龄研究	2009 年 12 月	
戴家华	1952—	上海博物馆	副研究馆员	古字画修复	2010 年 12 月	
邱作健	1954—	上海鲁迅纪念馆	副研究馆员	博物馆管理	2010 年 12 月	
吴耀珉（女）	1956—	上海博物馆	副研究馆员	文物保管	2010 年 12 月	
侯立	1957—	上海博物馆	副研究馆员	陈列设计	2010 年 12 月	
乔玮（女）	1959—	上海博物馆	副研究馆员	宣传教育	2010 年 12 月	
宋时娟（女）	1974—	上海市孙中山宋庆龄管理委员会	副研究馆员	孙中山宋庆龄研究	2010 年 12 月	
陈凌（女）	1976—	上海博物馆	副研究馆员	古文编辑	2010 年 12 月	
王言夫	1926—	上海市文化局	副研究馆员	图书馆、博物馆管理	不详	
金相勋	1927—	上海市文化局	副研究馆员	文物商业管理	不详	
庄永贵	1932—	上海博物馆	馆员	工艺美术	不详	上海博物馆自聘为副研究馆员
林兆祥	1939—	上海科技馆	高级工程师	不详	不详	
马新文	1940—	上海科技馆	高级工程师	不详	不详	
徐伟达	1945—	上海文物商店	副研究馆员	书画鉴定	不详	1991 年离职
刘仲苓	1953—	上海自然博物馆	副研究馆员	苔藓学	不详	

说明：

1. 本表收录 1978 年至 2010 年获高级职称的人员；研究馆员在前，副研究馆员在后。

2. 本表按照所录人物获得高级职称的先后排序，同一年获得者按出生先后排序，同一年获得又同一年出生者，再按姓名首字母音序排序。

3. 1978 年至 2010 年间离开上海市文物博物系统、或工作单位有变动的人物，备注说明。

4. 文物博物专业研究馆员、副研究馆员资格的获得时间，因人事变动、档案转移等原因，查询不到的，暂空缺。

专　记

一、水 下 考 古

我国水下考古的开端可以追溯至1987年中国历史博物馆（现中国国家博物馆）考古部成立水下考古研究室，该机构随后组织了多次水下考古人员培训，在全国多个区域实施了多项调查发掘项目。1989年，国务院颁布《中华人民共和国水下文物保护管理条例》，明确了水下考古工作的对象是位于我国内水、领海等水域的具有历史、艺术和科学价值的人类文化遗产，并规定了各级政府对水下文物的工作内容和保护职责。作为考古领域中的新兴门类，为使本篇记述更完整地反映这一时期上海考古事业的发展情况，特作本专记，对始于2010年的上海地区水下考古工作作择要介绍。

【水下考古的对象和方法】

水下考古的对象指至少100年来，周期性地或连续地，部分或全部位于水下的具有文化、历史或考古价值的所有人类生存的遗迹，如遗址、建筑、工艺品、人的遗骸、船只、飞行器，及其有考古价值的环境和自然环境等。我国的水下考古实践包含了沉船、水下建筑遗址、沿海港口码头、海塘、海防遗址等淹没或半淹没遗址的调查、发掘，地域范围从沿海扩展至深海、湖泊、内河，年代下限已经突破至20世纪中叶第二次世界大战时期。

水下考古是田野考古学在水域的延伸，要遵循考古学的一般方法和原则，以田野考古学理论与方法为基础。由于水下考古工作区域的特殊性，在水下考古调查发掘中，更加广泛且深入地引进海洋探测、海底地形地貌、海洋工程、信息技术等领域的理论方法，并在此基础上内化形成适用于水下考古的调查思路、勘测技术和分析手段，从而提升水下考古调查发掘、资料获取和数据分析方面的科学性和系统性。

【水下考古工作概况】

上海水下考古起步于2007年。是年，上海博物馆考古部派员参加"第四期全国水下考古专业人员培训班"，并先后参加山东青岛鸭公岛明代沉船、福建平潭大练岛元代沉船发掘和青岛石老人海域的水下文物普查工作。

2008年，上海博物馆考古部派员参加南海西沙华光礁一号南宋沉船发掘工作。

2009年，上海市水下考古工作正式启动。2月，国家文物局在宁波召开"全国水下文物普查工作会议"。根据会议精神，上海博物馆考古部在上海市文物管理委员会指导下，制定了《上海市水下文物普查规划》，报请国家文物局批准；根据《上海市水下文物普查规划》，进一步制定了《上海市水下文物前期陆上调查方案》。上海博物馆考古部在文献调查的基础上，将上海市水域分为长江口、黄浦江、青浦淀山湖、奉贤和金山杭州湾等4个片区，并按片区进行实地走访调查，找到了崇明县域内长江口水域清代沉船的线索，表明该水域是上海水下文化遗产埋藏地。

2009年，上海博物馆考古部参加由中国国家博物馆、中国社会科学院、法国远东学院和法国国家科研中心共同举办"中·法船与人国际学术研讨会"，并作"上海长江口清代晚期沉船"报告；参加中国国家博物馆开展《中国出土（出水）古船及船件研究》和《中国古代外销瓷窑址调查与研究》合作研究。

2009年，上海博物馆考古部派员参加由中国国家博物馆举办的"第二期全国水下考古专业人员技术潜水培训班",获得了干式潜水服和技术潜水基本技能。

2010年7月,上海博物馆考古部与国家博物馆中国水下考古中心合作开展崇明县横沙岛水下考古调查工作,调查目标是在横沙岛附近长江口水域寻找水下文化遗产线索。参加调查工作的14名水下考古队员来自上海博物馆、中国国家博物、福建省博物院、福州市文物考古工作队、宁波市文物考古研究所和江西吉安市博物馆等单位。综合运用文献研究、口碑调查、实地勘探、海洋物探和潜水探摸等多种方法,结合不同时期海图和军用长江口、杭州湾海域海图整理分析,实地采用浅地层、旁侧等声呐设备进行勘探,基本确认了一处水下文化遗产疑点。

2010年11月至2011年1月,上海博物馆考古部参加肯尼亚拉穆岛调查和对外文化援助项目,以拉穆群岛、马林迪为重点进行水下考古调查。

2010年,上海博物馆考古部派员参加由中国国家博物馆组织的"中国水下考古第三期技术沉船潜水培训班",赴菲律宾参加技术沉船潜水培训,获得IANTD(国际氮氧混合潜水及技术潜水员协会)颁发的技术沉船潜水员资格证书。

2012年,上海市文物保护研究中心成立,自此上海市水下考古的工作主要由该单位承担。在水下文化遗产保护"全国一盘棋"的布局之下,上海市的水下考古工作受到国家文物局水下文化遗产保护中心(以下简称"水下中心")、国家水下文化遗产保护宁波基地和武汉基地等多家机构的支持,同时与上海打捞局、上海大学、华东师范大学、复旦大学等机构合作,先后对长江口水域的沉船开展多学科多领域的调查。

【水下文物概况】

上海位于东海边缘,地处长江入海口、太湖流域东缘,境内江、河、湖、塘相间,水网交织,主要水域和河道有长江口,境内河道(湖泊)面积约500平方公里,河道长度2万余公里,长江口水域面积1 107平方公里。历史文献、海图等资料均显示本市水域内蕴藏着丰富的水下文物资源。目前已经梳理出长江口、杭州湾等水域的水下文物线索共记198处,其中绝大多数是沉船遗址。从已经掌握的资料来看,大多数疑似沉船遗址集中分布于长江口水域(按照长江口现在河势格局,分南支、北支、北港、南港、北槽、南槽、口外、杭州湾8个区域),大量沉船集中分布在南槽和九段沙西南方,口外区域还有部分沉船,北支附近尚未发现历史沉船,南支到长兴岛近岸附近有个别沉船,北槽处有少量沉船。

长江口一号沉船即最初于2009年发现线索的水下文化遗产疑点,位于长江口海域崇明区横沙岛东侧水域。后由于横沙岛沉船附近水域开始围海造地,沉船面临被破坏的危险,经国家文物局批复,先后于2014年、2015年进行了两次水下考古物探调查和潜水探摸。调查得知沉船全长77.3米,宽13米,方向253°,主要材质为铁,呈正沉坐底状态。沉船船舷部分左右舷基本对称,特征物分布也基本对称。总体保存良好。船货主要集中在前舱第二层舱室内,包括一件飞机螺旋桨,以及自带铸铭的金属构件,货舱中还有发动机等飞机零件。长江口一号沉船中部有一处较大破损,破损面达数十米,且钢板呈外翻状态,损坏部位多由内至外,沉船内部可能发生过爆炸。沉船船舷及船尾未发现船号。

调查提取文物65件,以金属类文物为主,还有部分木质文物和复合质文物。金属质文物主要为铁器,包括螺旋桨、线盒、钩、板、管、舱门、铆钉和铝线管等;木质文物主要是木板和木杆;另外还有棕绳、贴片水泥块、橡胶管和石块等。

综合分析长江口一号沉船的船型、结构特点和出水文物,可以推断长江口一号沉船是一艘体量庞大的、20世纪上半叶的军舰。该船是国内首次发现装载飞机零部件的军舰，有填补相关研究领域空白的地位，其国籍、船标、严重破损以及沉没原因等问题仍需进一步调查，对第二次世界大战军事考古研究具有重要意义。

二、上海文博行业参与中国 2010 年上海世博会

2002年12月3日，中国在国际展览局第132次成员国大会上取得2010年世博会的主办权。上海世博会进入筹办、举办阶段。围绕上海世博会的筹办、举办，在中共中央、国务院的领导下，通过上海世博会组织委员会、执行委员会、中国政府总代表、上海世博会工作协调小组、上海市世博会工作领导小组、上海世博会事务协调局以及上海世博会各阶段、各系统的各级组织指挥体系，充分发挥社会主义制度举国体制的强大优势，发挥上海市先进城市管理的优势，依托中央各部委办、全国各省区市，尤其是长三角地区苏浙沪三省市的联动，依靠解放军、武警、公安部队，依靠人民群众特别是上海市民办博的热情和奉献，自上而下、纵横结合地开展筹办、举办的组织领导工作。

主题演绎是国际展览局要求世博会筹备期间的一项重要工作，主要包括世博会主题的选择与确定、主题内涵的阐述与解释，以及通过各种形式来表现主题。2006年9月，上海市政府与国际展览局联合举办了第四届上海世博会国际论坛，论坛讨论了上海世博会的主题，其中一个主要观点是，要从人、城市、空间3个角度来看城市与生活的关系。之后，上海世博会组织者和专家经过讨论，在5个副主题基础上，提出从人、城市、环境3各层面，从历史与未来的动态演变来演绎主题的新框架。

上海世博会主要通过展示、活动、论坛三大形式来表现主题。在展示方面，上海世博局重点做好其承担的中国馆和5个主题馆的主题演绎。2005年4—11月，上海世博局第一次公开征集中国国家馆、主题馆展示方案；2005年12月—2007年7月，上海高校、政府组和企业组、联合团队先后策划"两馆"方案，期间，上海世博局主题演绎部也提出了主题馆策划设想；2007年5月，上海世博局再次公开征集中国国家馆和主题馆的策划方案。从2007年5月起，中国国家馆、主题馆的展示策划分为两个项目，策划体制和工作机制都分别进行。

上海世博会主题馆集中、典型地反映了本届世博会的主题，包括城市人馆、城市生命馆、城市地球馆、城市足迹馆和城市未来馆5个主题馆和生命阳光馆、公众参与馆、世博会博物馆3个主题展馆。其中，城市足迹馆和世博会博物馆由上海博物馆承办，两馆以"用文物演绎世博的精彩和人类文明进程中的城市魅力"办展理念。

【城市足迹馆】

城市足迹馆位于世博园区D片区，展馆面积1.2万平方米。建筑原为江南造船厂西区装焊工场。在建筑改造利用的过程中，尽可能完整地保留原厂房柱、梁、网架等主体结构。结合规划和功能要求，拆除西段底标高为18米的屋顶网架部分，将新增建筑设于屋顶网架底标高为26米的东段。拆除原封闭老厂房外围护体系，显露具有美学价值的钢屋架，把原匀质空间转变成公共开放空间和封闭空间的结合体。在公共部分置入门厅、序厅等开放性空间，在封闭部分置入一般展厅、后勤、仓储和设备辅助空间。通过新旧建筑体量穿插，以开放和封闭两种空间延续工业建筑的历史文脉。改建后的城市足迹馆共三层，建筑高度32.75米。内部由展厅区、仓储后勤区和

交通服务核组成。除一厅层高 8.4 米外,其余各厅层高均在 10 米以上,基本采用老厂房原有的空间高度。

城市足迹馆由上海博物馆负责,以代甲方身份牵头承担展示设计和展示工程。以城市发展的时间顺序为主线,分为序厅、城市起源厅、城市发展厅和城市智慧厅四大展区。

序厅,向参观者呈现了世界文明史上城市 5 000 年的发展足迹。"开放的城市"展现用 2 000 多块水晶搭建而成的几何形建筑装置和多媒体设备,演绎了城市的天际线,象征着一座融合东西方文化的理想之城。"唐代敦煌石窟中的理想幻城"复原了敦煌榆林窟第 25 窟和敦煌莫高窟第 220 窟的洞窟样式及其壁画,展现了盛唐时期城市的恢宏盛世、开放胸怀和繁华富丽的景象。"希腊雅典卫城的理想幻城"用 45 度反射巨型玻璃装置,向观众展现西方古代城市的文明气息。"理想城市的营造"运用三维高科技手段,呈现古往今来理想城市的影像,反映人类对理想城市的孜孜追求。

主展厅包括"城市起源""城市发展"和"城市智慧"为三大展厅,分层次地展现诞生与崛起的城市元素、人文与转型的城市哲理、创意与和谐的城市智慧。城市起源厅以"两河晓星""黄河长江城脉""众神之城"和"特洛伊之城"4 个展项,从不同角度叙述城市的起源过程,表现早期农业时代的城市面貌。城市发展厅用"理想城市""达·芬奇与城市设计""三朝帝都""雪域之乡""街城叠影"和"宫城情怀"6 个展项,主要表现了人类从早期以神权、王权为核心的城市文明走向以人文、市民、公众为城市生活主体的发展轨迹。城市智慧厅主要展示城市大规模集成人的智慧,通过"机器卓别林""创意都市""世遗城映""运河城曲""申城遗风"5 个展项,展示工业革命时代人类如何应对技术发展给城市带来的种种问题,以纽约、伦敦为实例表现城市的创意智慧,以各具特色的老建筑来展示中国京杭大运河的文化交融,以连环画上的今昔石库门来体现上海的城市更新改造,让参观者了解世界各地的人们如何在不同历史时期建设自己的城市,使观众意识到要让城市能够可持续发展和让生活更加美好,就必须从科技和城市的交互发展历程中探寻出人、城市、生态之间可持续的、和谐的发展之道。

城市足迹馆在国家文物局的支持下,向包含英国大英博物馆、德国德累斯顿博物馆、柏林佩加蒙博物馆、意大利达·芬奇博物馆、荷兰阿姆斯特丹国立博物馆、希腊雅典国立考古博物馆、墨西哥国立人类考古学博物馆、日本东京国立博物馆、土耳其托普卡匹王宫博物馆、埃及开罗国立博物馆、中国故宫博物院、中国国家博物馆、辽宁省博物馆、西藏博物馆、三星堆博物馆和敦煌博物馆等国内外 30 余家博物馆借来 227 件珍贵文物,其中外国文物 200 余件。

【世博会博物馆】

世博会博物馆由国际展览局提议创建,是 159 年世博会历史上的首次。世博会博物馆位于世博园区 D 片区,建筑面积 5 216 平方米,建筑原为江南造船厂部件装焊工场。建造后的建筑外形以折线形肌理橙黄社聚碳酸酯装饰板构造"文化容器",在尽可能保留原厂房钢结构、屋架基础上,以简洁外形、精致细节构成富有冲击力的视觉效果,创出"老厂房、新建筑"的改造模式,以满足相对复杂的世博会博物馆要求。

2008 年 4 月,上海世博局启动上海博物馆承担城市足迹馆和世博会博物馆展示设计工作。9 月上海世博局与上海博物馆签订世博会博物馆项目委托合同,期间上海博物馆堆栈式设计方案进行多次讨论、修正、改善与优化。2009 年,世博会博物馆展示深化设计完成并通过专家评审。2010 年 4 月中旬,展馆布展完成。

世博会博物馆聚焦世博历史上的创意之光，从科技、艺术和生活等方面深刻领悟"创造是世博不竭的动力"。展览设序厅和历程、发现、运筹四大部分，呈现世博会的精彩历史和历届世博会上的经典，梳理世博会如何成为"人类创意、创造和创新摇篮"的脉络，记录世博会"博物——博览——博智"的发展历程。

博物馆主要由前厅世博智库、序厅吉祥世博城，第一厅世博历程厅，第二厅市博发现厅和第三厅世博运筹厅组成。

前厅世博智库以电子书柜、触摸互动屏等多媒体媒介使参观者能系统查阅历届世博会的文字、音频、视频资料，了解世博会相关信息。序厅吉祥世博城以寿山宝石世博城、10 万颗田黄金顶，环幕、飘幕、顶幕三位一体组合投影、世博花车和吉祥玩具为元素，结合全息互动，演绎世博会历史、世博会精神和中国 2010 年上海世博会的盛况。整个展厅以热烈狂欢的氛围凸显出世博会的"盛况、盛景、盛情"。

世博历程厅由创意之光、格尼尔卡、蓝绿童谣三部分组成。创意之光，主要展示 1851—1933 年间英、法、美等国历届世博会的展品、技术和创意，侧重关注工业的发展。格尼尔卡以毕加索名画《格尔尼卡》命名，主要展示 1935—1970 年间历届世博会的展品展项，侧重关注对和平的向往。蓝绿童谣以代表水资源的蓝色和代表环境能源的绿色为基色，向观众呈现 1974—2010 年历届世博会对"人与自认和谐共存"主题的探讨与尝试。整个世博历程厅重点演绎了世博会创意、和平、和谐的主题。

世博发现厅包括了超越极限、镜中魅影和我家就是世博会三部分，侧重展现世博与科技、艺术和生活的关联。超越极限，讲述了科技发明本身及其发展的故事。镜中魅影展现了历届世博会上的艺术精品。我家就是世博会，通过"家"的概念，将自行车、单灯、可口可乐、冰激凌等一系列创新发明串联起来，表达了历届世博会上展示的众多创新科技成果对人们日常生活的影响。

世博运筹厅分别由 BIE 之树、主题长廊、盛会掠影、世博八音盒和世博余韵等主题展项组成。BIE 之树介绍了国际展览局的组织、机构和职能，展现了国际展览局及其成员国为世界和谐发展所作的贡献。主题长廊介绍了世博会主题的产生和发展过程，并突出了上海世博会的主题演绎。盛会掠影记录了集结世博会的开闭幕式及精彩瞬间。世博八音盒展示了历届世博会主题曲、经世博会流传开的经典名曲以及上海世博会中的部分原创音乐。世博余韵，展现了由世博会催生的各种遗产。整个世博运筹厅集中展示了历届世博会的精华、遗产与启迪，从方法论上介绍世博会的申办和筹办，为后续承办者提供借鉴与经验。

世博会博物馆向全世界相关著名博物馆借展 103 件/组文物精品，向民间借展世博会 349 枚相关邮票和 85 枚明信片，向对外交流协会借展 195 幅儿童画，以及上海书法家协会的两批为世博会创作的 396 件/组书法作品。

城市足迹馆和世博会博物馆的设计布展过程中，上海艺术研究所、同济大学、华东师范大学、上海美术馆、上海师范大学、上海音乐学院也纷纷提供智力支持，上海市历史博物馆、上海鲁迅纪念馆、中共一大会址纪念馆、陈云纪念馆等上海 110 个博物馆、纪念馆都加入总体团队，多方合力有效推进了项目设计与施工，确保整体项目如期完成。

三、民间收藏家与博物馆文物征集

上海因为其特殊的地理位置和人文环境，在新中国文博行业建设之初，城市区域范围内出土文物非常少。上海博物馆在1952年开馆,与故宫博物院、陕西博物馆等文物大省的博物馆相比,馆藏古代艺术品收藏的基础薄弱。上海考古发掘工作的大力推进主要是在城市建设过程中不断发现的,此前,上海城市内的考古遗址只有1936年发现的戚家墩遗址。因此,上海博物馆建立之初,要把流散在民间或者别的地方的文物征集来,主要依靠政府拨款征购,或是收藏家捐赠。

上海在中国历史上,曾是民间收藏的"半壁江山"。上海博物馆的藏品由建馆之初的9 000件,增加到近100万件。其中有近1/10的馆藏是个人捐赠。上海博物馆原副馆长汪庆正也曾说:"没有民间收藏,没有收藏家的捐赠,就没有今天的上海博物馆。"巴金、夏衍这些耳熟能详的名字都列于上海博物馆的捐赠者名单。

上海博物馆镇馆之宝大克鼎是其第八任收藏主人潘达于向上海博物馆捐赠的。1951年,潘达于主动致信当时的华东人民政府文化部,表示愿意将捐献出来大克鼎,由国家保管。大克鼎于1890年陕西扶风县法门寺任村窖藏出土,一同出土的还有小克鼎、克钟等数十件青铜器。当时担任清政府工部尚书的潘祖荫爱好收藏,尤其喜欢青铜器,便用重金购下了大克鼎。此外,大盂鼎也是潘祖荫收藏的珍品之一。清代道光初年,该鼎在陕西岐山县出土,它面世后先为当地豪绅宋金鉴所有,后一度被岐山县令夺去。道光三十年(1850年),宋金鉴上京赴试被点为翰林,他在北京用三千两白银赎回了大盂鼎,运归家乡岐山。后来宋家衰败,他的后人把大鼎以七百两银子的价格出让给左宗棠的部下,宝鼎又易主为左氏。以后左宗棠受人诬陷,受潘祖荫救助才得以脱难,左宗棠为表感激之情,以大盂鼎相赠。潘祖荫故去后,潘氏后人将其收藏的青铜器运回苏州,并作为传家宝世代相传。20世纪20年代至1949年间,曾有外国收藏家、国民党要员、日本军官等多批人垂涎宝鼎,均被潘家后人谢绝。后为躲避日军的搜刮,避免文物落入敌军手里,潘达于命人将两个宝鼎埋在后院,躲过劫难。中华人民共和国成立后,潘达于老人看到中国共产党和人民政府对古代文物的重视,也感到自己保存宝鼎责任重大,就在1951年主动写信给上海市文物管理委员会,表示愿意把家藏六十年的大盂鼎、大克鼎捐献给政府,并希望这两件国宝能陈列在上海即将成立的博物馆中。中央文化部极为重视,接受了潘达于的捐赠,对她的爱国热情和行动予以大力表彰,并颁发了褒奖状。文管会组织了人力,在潘达于老人女儿的陪同下,一同赶赴苏州,两件稀世珍宝重新出土。1952年上海博物馆开馆,两件闻名了半个世纪的宝鼎第一次面世。1959年,中国历史博物馆成立,大盂鼎被调拨。献鼎之后,潘达于又分批向国家捐赠了大批文物及元明清字画,分别保存在上海博物馆和南京博物院诸馆。

在"文化大革命"期间,上海的收藏家及资本家收藏的文物被抄后,全部归入上海博物馆所代管的上海市文物清理小组。文物清理小组把所有抄家文物以户为单位,登记做账,再划入各区、县、局,最后将重要文物收入上海博物馆,一些普通文物则存入上海市文物清理小组的几个仓库。在上海市文物清理小组工作的上海博物馆工作人员按上海博物馆原先征集文物的工作方式,作了细致的文物清单。因此,"文化大革命"结束后,当党和政府决定落实政策,归还抄家文物时,能够准确地发还被抄对象,同时也对上海收藏家秘藏的所有文物,作了彻底的清查。在归还文物时,如遇国家需要的、极好的精品文物,则希望说服藏家能够捐献或出让给国家。最后,收藏家拥有的所有重要的文物精品,几乎都按这两种方式征集进上海博物馆。

其中包括有国之重器商鞅方升。商鞅方升为合肥收藏家龚心铭旧藏,原称作"秦量"。上海博物馆得知此事后,曾多次派征集人员上门劝说龚氏后人将商鞅方升交予国藏。但龚氏后人不愿违背祖训,坚决不让。"文化大革命"开始后,龚家被抄,几辈人殚精竭虑苦心收藏的文物被尽数抄没,商鞅方升也在龚旭人的妻侄家被抄出。上海博物馆得知龚家被抄的消息,忧心国宝被毁,便以上海博物馆的名义"感谢"红卫兵为国家发现了这件珍贵文物,将商鞅方升和其他被抄文物交给上海博物馆保管。"文化大革命"结束之后,落实发还抄家物资政策时,商鞅方升仍作为龚旭人家所有物归还。但龚旭人因商鞅方升被抄一事悲愤自尽,其夫人朱静宜也逝世。最后龚旭人子女决定将商鞅方升与印子金等文物作价转让给上海博物馆,共计193件。

刘靖基是著名的上海实业家,也是收藏家。他收藏的古画不但数量大,而且精品多,从不拿出来给人品赏。抄家之风刚起时,刘靖基知道自己在劫难逃,就打电话给上海博物馆求救,并写了"捐献申请"。沈之瑜馆长得到消息,立即派征集组、书画组的人赶在红卫兵抄家前,来到刘靖基家。从第一天下午5点到第二天中午,1 000余件书画清点登记完毕,然后用卡车拉进上海博物馆,帮他代管。刘靖基虽然写了自愿捐献书,考虑到这是非常时期,纯属"代管"性质,并没有把它当作捐献处理,所有权仍属刘靖基。"文化大革命"结束后,上海博物馆将1 000余件书画悉数奉还。最后,刘靖基将上海博物挑选出的40件精品书画全部无偿捐赠。上海博物馆为此举办了"刘靖基同志珍藏书画展览",同时举办了刘靖基捐赠书画授奖仪式。

为保护国家重要文物,文清组成员夜以继日地到收藏家家里造册登记代管文物,共登记265户,代管文物2 233件,青铜器、书画、陶瓷、玉石以外,另有历代印章3 491方、纸币8 317张、古币4 387枚、金币2 257枚、银币1 112枚。上海重要收藏家的珍藏文物,基本上都由于博物馆"代为保管"而避免在"文化大革命"中受损。在经历"文化大革命"之后,一大批收藏家改变了固有的收藏观念,更深切地体会到家传不如国藏。党的十一届三中全会以后,落实文物归还政策。许多藏家或其家人决定将当时由上海博物馆代管的文物部分或全部转让给博物馆。其中有1979年,孙志飞夫人杨赕縣捐赠的孙氏藏书画128件;1982年孙煜烽夫人及子女捐赠的82幅名家精品字画;1983年华笃安家人捐赠的流派印章、明清诗翰、尺牍,还有钱镜塘、吴湖帆、李荫轩、吴芳生、罗伯昭、顾恺时等进行捐赠。

20世纪90年代,随着改革开放以后,上海收藏事业的市场化、国际化、开放化的大环境不断优化,也为民间收藏家向国家捐赠营造了良好的氛围。1991年2月,91岁高龄的上海文艺界前辈夏衍同志向上海博物馆捐献毕生收藏珍贵邮票。计有:清红印花邮票146枚、清大龙邮票14套51枚、清小龙邮票16套135枚以及日本早期和近期实寄封邮票136件,共计:469枚(件)。当时这批邮品的估价在100万人民币以上。1992年6月,原市人民政府秘书长张甦平遗属苏秋,向市文管委捐献张甦平所藏字画205件。

国家干部的捐赠义举为民间收藏家的捐赠做了表率。而相对于1949年后封闭的大陆收藏界,不少移居港澳、海外的华人实业家,此时已成为华人收藏家的主体。国内外收藏家对文物回归也作出了巨大的贡献。

1989年9月经上海市人民政府外事办公室批准,同意上海市文物管理委员会接收香港著名收藏家胡惠春夫妇捐赠的存沪文物瓷器76件,由上海博物馆保存。其中宋钧窑月白釉尊、明宣德青花人物罐、嘉靖青花黄彩大盘为稀世珍品。为表彰其爱国热情9月10日至10月10日在上海博物馆举办《胡惠春先生、王华云女士捐赠瓷器珍品展》,时任上海市副市长倪天增对胡氏家族颁发奖状,同时授予胡惠春上海市文物管理委员会永久名誉委员的聘书。

1990年10月,香港爱国实业家杜维善和夫人谭端言捐赠所珍藏的丝绸之路流通西域金银币200余件给上海博物馆,并在10月26日举办捐赠仪式,同时聘请杜维善为"上海博物馆特别顾问"。杜维善是原"海上闻人"杜月笙的儿子。2003年7月,杜维善、谭端言夫妇又将1 533枚古丝绸之路金银币全部捐赠上海博物馆,同时捐赠的还有他收集的古钱币研究最重要版本的藏书六大箱200多册(套)。自1991年起,杜维善夫妇两次共捐赠中亚古金银币2 077枚。为此,上海市人民政府授予杜维善、谭端言夫妇上海市白玉兰奖荣誉。

1993年3月,上海市人民政府外事办公室批准上海博物馆接收美籍华人雕塑家陈哲敬先生及其夫人捐赠的中国古代珍贵雕刻作品25件。陈哲敬同时被聘为上海博物馆特约顾问。1995年新加坡实业家、画家、收藏家佘亦村以7.15万元人民币竞拍购得鲁迅文稿二篇共5页(《以夷制夷》及《言论自由的界限》)无偿捐赠给上海鲁迅纪念馆,并在北京中国嘉德国际拍卖有限公司在上海贵都大饭店举办95春季拍卖品巡展之际举办捐赠仪式。1997年6月11日,香港太阳集团董事会主席叶肇夫先生将其收藏的稀世珍宝春秋子仲姜盘,捐赠给上海博物馆,并亲手放进青铜器陈列室内。1998年7月6日,时任中国核工业华兴三公司上海工程公司书记曹贵民自愿将个人收藏的近代新疆哈萨克族皮马搭子一件无偿捐赠给上海博物馆,并于11月13日办理移交。1999年1月,时任香港浙江第一银行董事长孔祥勉向上海博物馆表达意愿出资150万港币收购流失海外的珍贵文物,以其父孔绥蘅先生的名义捐赠上海博物馆。上海博物馆当即表示欢迎并提议把马承源馆长于1998年10月从法国觅得的一件大日如来鎏金铜像以孔绥蘅名义捐赠,孔祥勉先生接收此建议,并于2月办理文物捐赠仪式。

2000年,庄长江先生、庄良有女士代表菲律宾庄氏家族,以庄万里文化基金会名义,将其父庄万里藏于"两塗轩"的中国书画作品计188号(计232幅)捐赠给上海博物馆。此为华裔外籍人员首次向国内博物馆捐赠巨大数量珍贵文物。2002年6月21日,上海博物馆举办《两塗轩珍藏书画精品展》开幕式及庄氏家族捐赠仪式。同年编辑《庄万里家族捐赠上海博物馆两塗轩书画集萃》一书。

2004年2月14日,上海博物馆为全国政协常委、香港中华总商会副会长张永珍女士举办接受捐赠仪式。张永珍女士于2002年香港苏富比有限公司秋季拍卖时,用4 150万港币竞投取得清雍正粉彩蝠寿纹橄榄瓶一件,无偿捐献给上海博物馆。捐赠仪式上,授予张永珍女士上海人民政府颁发的白玉兰奖、国家文物局颁发的奖状,上海博物馆颁发的捐赠证书。

2008年6月,荷兰籍人士Henk Nieuwenhuys向上海博物馆捐赠97件瓷器和1件陈列橱柜,并向海关办理免税入关手续。

早期收藏家向文博单位捐赠文物,多集中于上海博物馆。随着上海文博事业的蓬勃发展,各博物馆、纪念馆的定位、特色越来越清晰明确。上海其他博物馆也成为收藏家捐赠的对象。2008年11月,出生于日本的著名建筑学家、郭沫若之子郭博先生,将其所拍摄的2万余张(含底片)上海历史照片全部捐赠给上海市历史博物馆收藏。

2009年初,加拿大籍华人孙建伟及其丈夫帕拉克维茨先生(Mr. Laszlo Parakovits)向上海市历史博物馆捐赠西洋瓷265件。同年6月29日,为纪念中国共产党成立88周年和马林诞辰126周年,中共一大纪念馆举办《马林与中国》文献图片展开幕式上,马林外孙巴尔特代表全家将菊花砚台捐赠给中共一大纪念馆。这枚菊花砚台是北方劳动组合书记部极少见的存世文物,马林、罗章龙、高君宇、包惠僧等都使用过,20世纪90年代,罗章龙把它送给马林的女儿西玛并写有说明。

2010年1月,经上海市人民政府外事办公室同意上海鲁迅纪念馆接受日本友人吉田旷二先生捐赠的"鲁迅与内山完造所见的时代"展览展品。

随着上海文博事业的蓬勃发展,同时,也得益于上海民间收藏良好的发展态势,越来越多的市民有了收藏和文物保护意识,参与到收藏活动中来。20世纪80年代成立的上海市收藏协会,经过二十多年的发展,大大促进了上海民间收藏的繁荣发展,吸收并培养了大批民间收藏家。他们的收藏门类丰富,收藏视野开阔。在进入 21 世纪后,民间收藏家与上海的博物馆征集工作关系密切,互动频繁。社会名人乃至普通市民将家中旧物、毕生所藏无偿捐赠给国有博物馆的事迹层出不穷,丰富了各馆馆藏。市民收藏与博物馆的互动,增强了博物馆的社区服务功能,成为推动上海文博事业的发展的重要力量。

附　录

1961—2010 年全国重点文物保护单位一览表
（据历史遗存时期排序）

编号	名　称	时　期	地　点	公布日期
1	福泉山遗址	新石器时代、战国、西汉、唐、北宋	重固镇福泉山及周围	2001 年 6 月 25 日
2	松江唐经幢	唐大中十三年（859 年）	松江县松江镇中山小学内	1988 年 1 月 13 日
3	兴圣教寺塔	北宋	中山东路 235 号（方塔园内）	1996 年 11 月 20 日
4	龙华塔	宋	龙华路 2853 号	2006 年 5 月 25 日
5	真如寺大殿	元	兰溪路 399 号	1996 年 11 月 20 日
6	徐光启墓	明	南丹路 17 号	1988 年 1 月 13 日
7	豫园（豫园—沉香阁）	明、清	安仁街 218 号	1982 年 2 月 23 日
		明万历二十八年（1600 年）	沉香阁路 29 号	1996 年 11 月 20 日
8	上海孙中山故居	1918 年	香山路 7 号	1961 年 3 月 4 日
9	中国社会主义青年团中央机关旧址	1920—1921 年	淮海中路 567 弄 6 号	1961 年 3 月 4 日
10	中国共产党第一次全国代表大会会址	1921 年	兴业路 76 号（望志路 106 号）	1961 年 3 月 4 日
11	上海邮政总局	1924 年	北苏州路 276 号	1996 年 11 月 20 日
12	张闻天故居	1900 年至 1931 年	祝桥镇邓三村闻居路 50 号	1985 年 9 月 19 日
13	国际饭店	1934 年	南京西路 170 号	2006 年 5 月 25 日
14	马勒住宅	1934 年	静安区陕西南路 30 号	2006 年 5 月 25 日
15	龙华革命烈士纪念地	1927—1937 年	龙华西路 180 号	1988 年 1 月 13 日
16	上海外滩建筑群	1872—1947 年	延安东路口至上海大厦	1996 年 11 月 20 日
17	上海宋庆龄故居	1948—1981 年	淮海中路 1843 号	2001 年 6 月 25 日
18	鲁迅墓	1956 年	虹口区四川北路 2288 号鲁迅公园内	1961 年 3 月 4 日
19	宋庆龄墓	1981 年	宋园路 21 号	1982 年 2 月 23 日

1977—2010 年市级文物保护单位一览表

编号	名　称	时　期	区、县	地　点	公布日期
1	柘林古文化遗址	新石器时代	奉贤区	柘林镇	1977 年 12 月 7 日
2	寺前村古文化遗址	新石器时代、商、周	青浦区	新桥镇孔宅村	1977 年 12 月 7 日
3	崧泽古文化遗址	新石器时代、商、周	青浦区	赵巷镇崧泽村	1977 年 12 月 7 日
4	亭林古文化遗址	新石器时代、商、周	金山区	亭林镇华亭路 51 号亭林公园内	1977 年 12 月 7 日
5	查山古文化遗址	新石器时代、商、周	金山区	金山卫镇长春村	1977 年 12 月 7 日
6	招贤浜古文化遗址	新石器时代、商、周	金山区	亭林镇东新村	1984 年 5 月 4 日
7	金山坟古文化遗址	新石器时代、春秋、战国	青浦区	蒸淀镇大燕村	1977 年 12 月 7 日
8	马桥古文化遗址	新石器时代晚期春秋、战国	闵行区	马桥多俞塘村	1977 年 12 月 7 日
9	广富林古文化遗址	新石器时代、春秋、战国	松江区	方松街道广富林村	1984 年 5 月 4 日
10	汤庙村古文化遗址	新石器时代、秦汉	松江区	科技园区汤庙村	1977 年 12 月 7 日
11	平原村古文化遗址	商、周	松江区	佘山镇	1977 年 12 月 7 日
12	刘夏古文化遗址	西周—战国	青浦区	徐泾镇	1977 年 12 月 7 日
13	戚家墩古文化遗址	春秋、战国、西汉	金山区	石化街道临湖 3 村	1977 年 12 月 7 日
14	南翔寺砖塔	五代—北宋	嘉定区	南翔镇解放街香花桥北块	1980 年 8 月 26 日
15	青龙塔	北宋	青浦区	白鹤镇青龙村	1982 年 9 月 29 日
16	普济桥	北宋	青浦区	金泽镇	1987 年 11 月 17 日
17	秀道者塔	北宋	松江区	佘山镇西佘山	2002 年 4 月 27 日
18	护珠塔	南宋	松江区	松江天马山	1983 年 3 月 16 日
19	松江清真寺	元、明	松江区	中山中路 365 号	1980 年 8 月 26 日
20	黄道婆墓	元代始建现代重建	徐江区	华泾镇徐梅路 700 号	1987 年 11 月 17 日
21	夏允彝、完淳父子墓	明	松江区	松江科技园区荡湾村	1980 年 8 月 26 日
22	泖塔	明	青浦区	朱家角镇沈巷太阳岛	1980 年 8 月 26 日
23	西林塔	明	松江区	中山中路 666 号	1982 年 9 月 29 日
24	徐光启故居——九间楼	明	黄浦区	乔家路 266 号	1983 年 8 月 5 日
25	放生桥	明	青浦区	朱家角镇	1987 年 11 月 17 日
26	砖刻照壁	明	松江区	方塔公园内	1987 年 11 月 17 日
27	唐一岑墓	明	崇明县	城桥镇鳌山路	1992 年 6 月 1 日

编号	名　　称	时　期	区、县	地　点	公布日期
28	法华塔	明	嘉定区	嘉定镇州桥南堍	2002 年 4 月 27 日
29	华严塔	明	金山区	亭林镇九丰村	2002 年 4 月 27 日
30	李塔	明	松江区	石湖荡镇李塔汇	2002 年 4 月 27 日
31	嘉定孔庙	明、清	嘉定区	嘉定镇南大街 183 号	1980 年 8 月 26 日
32	秋霞圃	明、清	嘉定区	嘉定镇东大街 314 号	1984 年 5 月 4 日
33	上海古城墙和大境道观	明、清	黄浦区	大境路 269 号	1984 年 5 月 4 日
34	黄淳耀墓	明代始建现代重建	嘉定区	安亭镇方泰顾垒村	1992 年 6 月 1 日
35	崇明学宫	明	崇明县	城桥镇鳌山路 696 号	1984 年 5 月 4 日
36	老宝山城遗址	清	浦东新区	外高桥港区	1984 年 5 月 4 日
37	东林寺大殿	清	金山区	朱泾镇	1987 年 11 月 17 日
38	黄母祠	清	徐汇区	龙吴路 1111 号	1987 年 11 月 17 日
39	商船会馆	清	黄浦区	中山南路会馆街 38 号	1987 年 11 月 17 日
40	书隐楼	清	黄浦区	天灯弄 77 号	1987 年 11 月 17 日
41	奉贤华亭海塘	清	奉贤区	柘林镇奉柘公路南侧	2002 年 4 月 27 日
42	孔庙大成殿	清	宝山区	友谊路一号	2002 年 4 月 27 日
43	上海文庙	清	黄浦区	文庙路 215 号	2002 年 4 月 27 日
44	上海城隍庙	明至民国 15 年（1926 年）	黄浦区	方浜中路 249 号	2002 年 4 月 27 日
45	上海人民反对帝国主义扩张"租界"的斗争——四明公所血案地点	清	黄浦区	人民路 852 号	1977 年 12 月 7 日
46	吴淞炮台遗址	清	宝山区	海滨街道塘后支路	1992 年 6 月 1 日
47	黄炎培故居	清至民国	浦东新区	川沙镇兰芬堂 74 弄 1 号	1992 年 6 月 1 日
48	陈云故居	清至民国	青浦区	练塘镇	2002 年 4 月 27 日
49	陈子龙墓	清代始建现代重建	松江区	方松街道广富林村	1987 年 11 月 17 日
50	董家渡天主堂	清道光二十七年（1847 年）	黄浦区	董家渡路 175 号	1993 年 7 月 14 日
51	圣三一基督教堂	清同治五年（1866 年）	黄浦区	九江路 211 号	1989 年 9 月 25 日
52	杨树浦水厂	清光绪七年（1881 年）	杨浦区	杨树浦路 830 号	1989 年 9 月 25 日
53	盛宣怀住宅	清光绪二十六年（1900 年）	徐汇区	淮海中路 1517 号	1989 年 9 月 25 日
54	佘山天文台	清光绪二十六年（1900 年）	松江区	佘山镇西佘山	2002 年 4 月 27 日

（续表二）

编号	名　　称	时　期	区、县	地　点	公布日期
55	邹容墓	清光绪三十一年（1905 年）	徐汇区	华泾路 1018 号	1981 年 8 月 25 日
56	汾阳路 79 号住宅	清光绪三十一年（1905 年）	徐汇区	汾阳路 79 号	1989 年 9 月 25 日
57	徐家汇天主堂	清宣统二年(1910 年)	徐汇区	浦西路 158 号	1989 年 9 月 25 日
58	中国同盟会中部总会秘密接洽机关遗址	1911 年	闸北区	浙江北路 61 号	1992 年 6 月 1 日
59	吴昌硕故居	1913 年	闸北区	山西北路 457 弄 12 号	1985 年 8 月 20 日
60	公共租界工部局	1913 年	黄浦区	江西中路 215 号、209 号	1989 年 9 月 25 日
61	宋教仁墓	1914 年	闸北区	共和新路 1555 号（闸北公园内）	1981 年 8 月 25 日
62	俄罗斯领事馆	1914 年	虹口区	黄浦路 20 号	1989 年 9 月 25 日
63	先施公司	1917 年	黄浦区	南京东路 690 号	1989 年 9 月 25 日
64	老、新永安公司	1918 年、1932 年	黄浦区	南京东路 635 号、627 号	1989 年 9 月 25 日
65	"五四" MES 群众集会场所——南市公共体育场	1919—1937 年	黄浦区	方斜路 555 号	1977 年 12 月 7 日
66	嘉道理爵士住宅	1919 年	静安区	延安西路 64 号	1989 年 9 月 25 日
67	四行仓库抗日纪念地	1920 年	静安区	安义路 63 号	1985 年 1 月 7 日
68	《新青年》编辑部旧址	1920—1922 年	卢湾区	南昌路 100 弄 2 号	1980 年 8 月 26 日
69	中国共产代表大会宿舍旧址	1921 年	卢湾区	太仓路 127 号	1977 年 12 月 7 日
70	中国劳动组合书记部旧址	1921 年	静安区	成都北路 893 弄 7 号	1977 年 12 月 7 日
71	《布尔什维克》编辑部旧址	1921—1932 年	静安区	成都北路 7 弄 42—44 号	1984 年 5 月 4 日
72	中国共产党集全国代表大会旧址	1922 年	静安区	成都北路 7 弄 30 号	1977 年 12 月 7 日
73	中国社会主义青年团中央机关遗址	1922 年	静安区	大沽路	1987 年 11 月 17 日
74	上海大学遗址	1923 年	闸北区	青云路 309—317 弄处	1987 年 11 月 17 日
75	新新公司	1926 年	黄浦区	南京东路 720 号	1989 年 9 月 25 日
76	上海书店遗址	1923—1926 年	黄浦区	人民路以东，万竹街以南	1992 年 6 月 1 日

（续表三）

编号	名 称	时 期	区、县	地 点	公布日期
77	一次国共合作时期国民党中央上海执行部旧址	1924 年	卢湾区	南昌路 180 号	1977 年 12 月 7 日
78	上海茂名路毛泽东旧居	1924 年	静安区	茂名北路 120 弄	1977 年 12 月 7 日
79	编辑部旧址	1924 年	黄浦区	淡水路 66 弄 4 号	1977 年 12 月 7 日
80	大世界游乐场	1924 年	黄浦区	西藏南路 1 号	1989 年 9 月 25 日
81	多伦路 250 号住宅	1924 年	虹口区	多伦路 250 号	1989 年 9 月 25 日
82	国际礼拜堂	1924 年	徐汇区	衡山路 53 号	1989 年 9 月 25 日
83	华安人寿保险公司、金门饭店	1924 年	黄浦区	南京西路 104 号	1989 年 9 月 25 日
84	尚贤坊	1924 年	卢湾区	淮海中路 358 弄	1989 年 9 月 25 日
85	上海大学旧址	1924—1925 年	静安区	陕西北路	1980 年 8 月 26 日
86	上海总工会第四办事处遗址	1925 年	普陀区	远景路 800 号	1977 年 12 月 7 日
87	"五卅"运动爱国群众流血牺牲地点	1925 年	黄浦区	南京东路	1977 年 12 月 7 日
88	"五卅"运动初期的上海总工会遗址	1925 年	闸北区	宝山路 393—403 弄处	1980 年 8 月 26 日
89	沪西工友俱乐部遗址	1925 年	普陀区	安远路西康路	1987 年 11 月 17 日
90	上海工商学联合会遗址	1925 年	黄浦区	黄家阙路 99 号（原庆安里 2 号）	1987 年 11 月 17 日
91	中国共产党第四次全国代表大会遗址	1925 年	虹口区	东宝兴路	1987 年 11 月 17 日
92	金城银行	1926 年	黄浦区	江西中路 200 号	1989 年 9 月 25 日
93	佘山天主教堂	1925 年	松江区	佘山镇西佘山	1989 年 9 月 25 日
94	秘密办公机关遗址	1925—1927 年	虹口区	四平路	1977 年 12 月 7 日
95	"五卅"烈士墓遗址	1926 年	虹口区	广中路新同心路	1987 年 11 月 17 日
96	宏恩医院	1926 年	静安区	延安西路 221 号	1989 年 9 月 25 日
97	"四一二"惨案革命群众流血牺牲地点	1927 年	闸北区	宝山路 220—300 号处	1977 年 12 月 8 日
98	1927 年中共江苏省委旧址	1927 年	虹口区	山阴路 69 弄 90 号	1977 年 12 月 7 日
99	上海工人第三次武装起义发布命令地点	1927 年	卢湾区	自忠路 361 号	1977 年 12 月 7 日
100	上海工人纠察队总指挥部遗址（东方图书馆）	1927 年	闸北区	宝山路 584 号	1977 年 12 月 7 日
101	上海总工会（湖州会馆）	1927 年	闸北区	会文路 155—163 号处	1977 年 12 月 7 日

编号	名　　称	时　　期	区、县	地　　点	公布日期
102	内山书店旧址	1927 年	虹口区	四川北路 2050 号	1980 年 8 月 26 日
103	上海工人第三次武装起义时工人纠察队沪南总部——三山会馆	清宣统元年(1909 年)	黄浦区	中山南路 1551 号	1980 年 8 月 26 日
104	瞿秋白寓所址	1927 年	长宁区	愚园路 1376 弄 34 号	1984 年 5 月 4 日
105	中共淞特委办公地点旧址	1928 年	静安区	山海关路 387 弄 5 号	1987 年 11 月 17 日
106	西桥青年会	1928 年	黄浦区	南京西路 150 号	1989 年 9 月 25 日
107	中共"六大"以后党中央政治局机关旧址	1928—1931 年	黄浦区	云南中路 171—173 号二楼	1980 年 8 月 26 日
108	彭湃烈士在沪革命活动地点	1929 年	静安区	新闸路 613 弄 12 号	1977 年 12 月 7 日
109	八仙桥基督教育	1929 年	黄浦区	西藏南路 123 号	1989 年 9 月 25 日
110	华懋公寓	1929 年	卢湾区	茂名南路 59 号	1989 年 9 月 25 日
111	南京大戏院	1929 年	黄浦区	延安东路 523 号	1989 年 9 月 25 日
112	孙科住宅	1929 年	长宁区	番禺路 60 号	1989 年 9 月 25 日
113	慕尔堂	1929 年	黄浦区	西藏中路 316 号	1993 年 7 月 14 日
114	瑞金二路住宅(瑞金宾馆 1 号楼)	1917 年	卢湾区	瑞金二路 118 号	1989 年 9 月 25 日
115	中国左翼作家联盟成立大会旧址	1930 年	虹口区	多伦路 201 弄 2 号	1980 年 8 月 26 日
116	步高里	1930 年	卢湾区	陕西南路 287 号	1989 年 9 月 25 日
117	虹桥路 2310 号	1930 年	长宁区	虹桥路 2310 号	1989 年 9 月 25 日
118	王伯群住宅	1930 年	长宁区	愚园路 1136 弄 31 号	1989 年 9 月 25 日
119	修道院公寓	1930 年	徐汇区	复兴西路 62 号	1989 年 9 月 25 日
120	中华职业教育社旧址	1930 年	卢湾区	雁荡路 80 号	2002 年 4 月 27 日
121	韬奋故居	1930—1936 年	卢湾区	重庆南路 205 弄(万宜坊)54 号	1977 年 12 月 7 日
122	国际饭店	1931 年	黄浦区	南京西路 170 号	1989 年 9 月 25 日
123	旧上海特别市政府	1931 年	杨浦区	清源环路 650 号	1989 年 9 月 25 日
124	无名英雄纪念墓遗址	1932 年	宝山区	爱辉路 198 号泗塘二中内	1984 年 3 月 19 日
125	大上海大戏院	1933 年	黄浦区	西藏中路 500 号	1989 年 9 月 25 日
126	汾阳路 45 号住宅	1932 年	徐汇区	汾阳路 45 号	1989 年 9 月 25 日
127	沙逊别墅	1932 年	长宁区	虹桥路 2419 号	1989 年 9 月 25 日
128	路易·艾黎故居	1932 年	长宁区	愚园路 1315 弄 4 号	1992 年 6 月 1 日

编号	名　称	时　期	区、县	地　点	公布日期
129	山海工学团遗址	1932 年	宝山区	大场镇大华路	1992 年 6 月 1 日
130	鲁迅存书室	1933 年	虹口区	溧阳路 1359 号二楼	1977 年 12 月 7 日
131	蔡元培故居	1933 年	虹口区	山阴路 133 弄 12 号	1984 年 5 月 4 日
132	大光明大戏院	1933 年	黄浦区	南京西路 216 号	1989 年 9 月 25 日
133	跑马总会	1933 年	黄浦区	南京西路 325 号	1989 年 9 月 25 日
134	鲁迅故居	1933—1936 年	虹口区	山阴路 132 弄 9 号	1977 年 12 月 7 日
135	大新公司	1934 年	黄浦区	南京东路 830 号	1989 年 9 月 25 日
136	华业公寓	1934 年	静安区	陕西北路 175 弄 173 号	1989 年 9 月 25 日
137	江湾体育场	1934 年	杨浦区	国和路 346 号	1989 年 9 月 25 日
138	新康花园	1934 年	徐汇区	淮海中路 1273 弄	1989 年 9 月 25 日
139	峻岭公寓、茂名公寓	1935 年	卢湾区	茂名南路 59 号	1989 年 9 月 25 日
140	兴国路住宅（兴国宾馆 1 号楼）	1935 年	长宁区	兴国路 72 号	1989 年 9 月 25 日
141	金山卫侵华日军金山卫城登陆地	1936 年	宝山区	泗塘二中内	1984 年 3 月 19 日
142	马勒住宅	1936 年	静安区	陕西南路 30 号	1989 年 9 月 25 日
143	涌泉坊	1936 年	静安区	愚园路 395 弄	1989 年 9 月 25 日
144	八路军驻沪办事处（兼新四军驻沪办事处）旧址	1937 年	静安区	延安中路 504 弄 21 号	1977 年 12 月 7 日
145	金山卫城侵华日军杀人塘	1937 年	金山区	石化街道南安路 87 号	1984 年 3 月 19 日
146	侵华日军小川沙登陆地点	1937 年	金山区	罗泾镇	1984 年 3 月 19 日
147	罗店红十字纪念碑	1937 年	宝山区	罗店镇	1984 年 3 月 19 日
148	1920 年毛泽东寓所旧址	1937 年	静安区	华山路 303 弄 16 号	1984 年 11 月 14 日
149	吴昌硕故居	1937 年	闸北区	四行仓库抗日纪念地	1985 年 8 月 10 日
150	姚子青营抗日牺牲处	1937 年	宝山区	友谊路 1 号内	1992 年 6 月 1 日
151	裕华新村	1938 年	静安区	富民路 182 弄	1989 年 9 月 25 日
152	美琪大戏院	1941 年	静安区	江宁路 66 号	1989 年 9 月 25 日
153	李白烈士故居	1945 年	虹口区	黄渡路 107 弄 15 号	1985 年 11 月 13 日
154	平民女校旧址	1946 年	宝山区	罗店镇罗店中学内	1984 年 3 月 19 日
155	张元济故居	1946 年	徐汇区	淮海中路 1285 弄 24 号	1992 年 6 月 1 日

（续表六）

编号	名　称	时　期	区、县	地　点	公布日期
156	提篮桥监狱关押、审判和处决日本战犯处	1946 年	虹口区	长阳路 147 号	1997 年 8 月 11 日
157	中国共产党代表团驻沪办事处（周公馆）旧址	1946—1947 年	卢湾区	思南路 73 号	1977 年 12 月 7 日
158	刘长胜故居	1946—1949 年	静安区	思园路 81 号	1992 年 6 月 1 日
159	刘晓故居	1946—1949 年	静安区	愚园路 579 弄 44 号	1992 年 6 月 1 日
160	中共中央上海局机关旧址	1947—1949 年	长宁区	江苏路 389 弄 21 号	1992 年 6 月 1 日
161	淮阴路姚氏住宅	1948 年	长宁区	淮阴路 200 号	1989 年 9 月 25 日
162	泰安路 115 弄住宅	1948 年	长宁区	泰安路 115 弄	1989 年 9 月 25 日
163	上海人民保安队总指挥部旧址	1949 年	黄浦区	中山东一路 13 号	1987 年 11 月 17 日
164	太平天国烈士墓	1954 年	浦东新区	高桥镇西北草高支路、屯根巷村南	1977 年 12 月 7 日

1959—2011 年区、县部分文物保护单位一览表

区、县	编号	文物保护单位	时　期	地　点	公布时间
黄浦区	1	老闸捕房旧址	清光绪十四年（1888 年）	贵州路 101 号	1985 年 1 月 18 日
	2	火警钟楼和上海救火联合会旧址	清光绪三十三年（1907 年）	中华路 581 号	2000 年 5 月 22 日
	3	梓园	清康熙二十一年（1682 年）	乔家路 113 号	2000 年 5 月 22 日
	4	徐光启祠堂	明、清	光启南路 232 弄 1 号	1962 年
	5	上海特别市临时政府旧址	民国 16 年（1927 年）	蓬莱路 171 号	2000 年 5 月 22 日
	6	梨园公所	清光绪三十一年（1905 年）	方浜中路 593 号	2000 年 5 月 22 日
	7	慈修庵	清同治八年（1869 年）	榛岭街 15 号	2000 年 5 月 22 日
	8	福佑路清真寺	清同治九年（1870 年）	福佑路 378 号	2000 年 5 月 22 日
	9	海上白云观	清光绪八年（1882 年）	大境路 239 号	2000 年 5 月 22 日
	10	万竹小学	清宣统三年（1911 年）	露香园路 242 号	2000 年 5 月 22 日
	11	浙绍永锡堂大殿（古戏台）旧址	清同治元年（1862 年）	丽园路 650 号	2008 年 6 月 12 日
卢湾区	12	原韩国临时流亡政府旧址之一	民国 23 年（1934 年）	马当路 306 弄 4 号	1990 年 6 月 5 日
	13	法藏讲寺	民国 13 年（1924 年）	吉安路 271 号	2007 年 12 月 29 日
	14	张充仁旧居	民国 24 年（1935 年）	合肥路 592 弄 25 号	2008 年 6 月 12 日
	15	刘海粟旧居	民国 24 年（1935 年）	复兴中路 512 号	2009 年 6 月 5 日

（续表一）

区、县	编号	文物保护单位	时　期	地　点	公布时间
卢湾区	16	震旦学院旧址（一舍、四舍、八舍）	清光绪三十四年（1908年）	重庆南路 227 号	2009 年 6 月 5 日
	17	孙中山上海行馆	清宣统三年（1911 年）	淮海中路 650 弄 3 号	1996 年 5 月 15 日
	18	煦园	清宣统三年（1911 年）	延安中路 549 号	2007 年 12 月 29 日
	19	大同幼稚园旧址	民国 20 年（1931 年）	南昌路 48 号	2007 年 12 月 29 日
	20	中华学艺社旧址	民国 19 年（1930 年）	绍兴路 7 号	2008 年 6 月 12 日
	21	复兴公园（玫瑰园、大草坪、沉床花坛、水榭）	清宣统元年（1909 年）	复兴中路 516 号	2009 年 6 月 5 日
	22	花园住宅	民国 24 年（1935 年）	绍兴路 5 号	2009 年 6 月 5 日
	23	花园住宅	20 世纪 20 年代	绍兴路 54 号	2009 年 6 月 5 日
	24	林风眠旧居	1951 年	南昌路 53 号	2009 年 6 月 5 日
	25	巴金旧居	民国 26 年（1937 年）	淮海中路 927 弄 59 号	2007 年 12 月 29 日
	26	徐悲鸿旧居	民国 16 年（1927 年）	淮海中路 927 弄 99 号	2008 年 6 月 12 日
	27	梅兰芳旧居	民国 22 年（1933 年）	思南路 87 号	2008 年 6 月 12 日
徐汇区	1	新四军驻上海办事处旧址	1941 年	嘉善路 140 弄 15 号	1991 年 6 月 11 日
	2	中共江苏省委旧址	1939 年	永嘉路 291 弄 66 号	1991 年 6 月 11 日
	3	桂林公园	1931 年始建，1934 年竣工	桂林路 128 号	2004 年 1 月 5 日
	4	上海特别市政府旧址	1927 年	平江路 48 号	2004 年 1 月 5 日
	5	鸿英图书馆旧址	1932 年	淮海中路 1413 号	2004 年 1 月 5 日
	6	徐家汇观象台旧址	清光绪二十八年（1902 年）	漕溪北路 280 号	2004 年 1 月 5 日
	7	百代公司旧址	1921 年	衡山路 811 号	2004 年 1 月 5 日
	8	励家花园	1930 年	高安路 63 号	2004 年 1 月 5 日
	9	上海中学龙门楼、先棉堂	1934 年	上中路 400 号	2004 年 1 月 5 日
	10	黄兴旧居	1912 年	武康路 393 号	2004 年 1 月 5 日
	11	徐家汇藏书楼	清光绪二十二年（1896 年）	漕溪北路 80 号	2004 年 1 月 5 日
	12	徐汇中学崇思楼	清道光三十年（1850 年）	虹桥路 68 号（原 50 号）	2004 年 1 月 5 日
	13	南春华堂（徐光启纪念馆）	始建于明代，2003 年迁建	南丹路 17 号	2004 年 1 月 5 日
	14	宋庆龄旧居	1920 年	桃江路 45 号	2005 年 10 月 11 日
	15	丁香花园	清同治元年（1862 年）	华山路 849 号 1 号楼	2007 年 8 月 2 日
	16	爱庐	1932 年	东平路 9 号	2007 年 8 月 2 日
	17	徐家汇圣母院旧址	1929 年	漕溪北路 201 号	2007 年 8 月 2 日

(续表二)

区、县	编号	文物保护单位	时　　期	地　　点	公布时间
徐汇区	18	孔祥熙旧居	1935 年	东平路 7 号	2007 年 8 月 2 日
	19	上海虹桥疗养院旧址	1934 年	淮海中路 966 号 5 号楼	2007 年 8 月 2 日
	20	土山湾孤儿院旧址	清同治三年(1864 年)	蒲汇塘路 55 号	2007 年 8 月 2 日
	21	岳阳路 45 号住宅	1932 年	岳阳路 45 号 1 号楼	2007 年 8 月 2 日
	22	杜重远旧居	1931 年	淮海中路 1897 号	2008 年 12 月 4 日
	23	东正教堂	1932 年	新乐路 55 号	2008 年 12 月 4 日
	24	东湖路 70 号住宅	1934 年	东湖路 70 号	2008 年 12 月 4 日
	25	法国领事馆馆舍旧址	1928 年	岳阳路 319 号 11 号楼	2008 年 12 月 4 日
	26	国立上海医学院旧址	1936 年	医学院路 138 号	2008 年 12 月 4 日
	27	中国福利基金会托儿所旧址	1945 年	五原路 314 号	2008 年 12 月 4 日
	28	巴金旧居	1923 年	武康路 113 号	2008 年 12 月 4 日
	29	太原别墅	1928 年	太原路 160 号	2008 年 12 月 4 日
	30	永嘉路孔祥熙旧居	1936 年	永嘉路 383 号	2008 年 12 月 4 日
	31	同济德文医工学堂旧址	清光绪三十三年(1907 年)	复兴中路 1195 号	2008 年 12 月 4 日
	32	张乐平旧居	1930 年代	五原路 288 弄 3 号	2008 年 12 月 4 日
	33	江南弹药厂翻砂车间旧址	清光绪二年(1876 年)	龙华路 2577 号	2008 年 12 月 4 日
	34	颜福庆旧居	1923 年	武康路 40 弄 4 号	2009 年 11 月 17 日
	35	聂耳旧居	1920 年代	淮海中路 1258 号三楼	2009 年 11 月 17 日
	36	启明女校旧址	1917 年	天钥桥路 100 号	2009 年 11 月 17 日
	37	南洋公学旧址建筑群	清代、民国	华山路 1954 号	2010 年 11 月 18 日
	38	刘鸿生旧居	1948 年	肇嘉浜路 687 弄 7、8 号	2010 年 11 月 18 日
	39	雷米小学旧址	1932 年	永康路 200 号	2010 年 11 月 18 日
	40	永嘉路 555 号花园住宅	1932 年	永嘉路 555 号	2010 年 11 月 18 日
	41	南洋中学校友厅	1926 年	中山南二路 225 号	2010 年 11 月 18 日
	42	霖生医院旧址	1920 年代	岳阳路 190 号	2010 年 11 月 18 日
长宁区	1	中国民主同盟一届二中全会旧址、农工民主党第四次全国干部会议会址	1926 年	愚园路 1320 弄 5 号楼	2011 年 3 月 4 日
	2	新华路 294 弄 5 号	1926 年	新华路 294 弄 5 号	2011 年 3 月 4 日
	3	青霉素实验所旧址	1950 年代	延安西路 1146 号	2011 年 3 月 4 日
	4	复旦公学旧址	1912 年	华山路 1626 号	2011 年 3 月 4 日
	5	邬达克旧居	1930 年	番禺路 129 号	2011 年 3 月 4 日

（续表三）

区、县	编号	文物保护单位	时　　期	地　　点	公布时间
静安区	1	上海佛教居士林	1926 年	常德路 418 号	2006 年 11 月 17 日
	2	赵朴初旧居	1928 年	常德路 418 号南厢房	2006 年 11 月 17 日
	3	上海市立实验民众学校旧址	1945 年	胶州路 601 号	2006 年 11 月 17 日
	4	荣宗敬旧居	1918 年	陕西北路 186 号	2006 年 11 月 17 日
	5	宋家老宅旧址	1918 年	陕西北路 369 号	2006 年 11 月 17 日
	6	史量才旧居	1922 年	铜仁路 257 号	2006 年 11 月 17 日
	7	小校经阁旧址	1934—1951 年	新闸路 1321 号	2006 年 11 月 17 日
闸北区	1	钱氏宗祠	民国	共和新路 1555 号闸北公园内	2000 年 8 月
	2	会文堂印书局旧址	1925 年	会文路 125 弄 6 号	2000 年 8 月
	3	天妃宫	清代	河南北路 3 号	2000 年 8 月
	4	梁氏民宅	清代	山西北路 457 弄 61 号	2000 年 8 月
	5	上海商务印书馆总厂遗址	清光绪三十三年（1907 年）	宝源路 209 弄 23 号	2000 年 8 月
	6	上海北火车站遗址	清宣统元年（1909 年）	天目东路 100 号	2000 年 8 月
	7	宝华寺遗址	1921 年	少年村路 500 号	2000 年 8 月
	8	大东书局旧址	1917 年	福建北路 300、301 号	2005 年 9 月 8 日
	9	中共三大后中央局机关三曾里遗址	1923 年	临山路 202—204 号处	2006 年 12 月
	10	上海总商会中国商品陈列所旧址	1918 年	北苏州路 470 号	2006 年 6 月 9 日
普陀区	1	沪西工人半日学校旧址	1920 年	安远路 62 弄内第 3 弄 178—180 号	1989 年 9 月 24 日
	2	顾正红烈士殉难处	1925 年	澳门路 300 号	1989 年 9 月 24 日
	3	十九路军抗日临时军部遗址	1932 年	真如镇车站新村 38—40 号	1989 年 9 月 24 日
	4	申九"二·二"斗争纪念地点	1948 年	澳门路 150 号	1989 年 9 月
	5	韩塔	南宋始建，现代重建	敦煌路 569 号地块	2006 年 1 月 29 日
	6	新会路华童公学旧址	1933 年	新会路 25 号	2011 年 6 月 9 日
	7	上海啤酒有限公司旧址	1930 年代	宜昌路 130 号	2011 年 6 月 9 日
	8	江苏药水厂旧址	1907 年	宜昌路 550 号	2011 年 6 月 9 日
	9	宜昌路救火会大楼旧址	1932 年	宜昌路 216 号	2011 年 6 月 9 日
	10	国际和平妇幼保健院旧址	1927 年	长寿路 170 号	2011 年 6 月 9 日

（续表四）

区、县	编号	文物保护单位	时　期	地　点	公布时间
普陀区	11	玉佛禅寺	1910 年	安远路 170 号	2011 年 6 月 9 日
	12	大夏大学旧址	1930 年代	中山北路 3663 号	2011 年 6 月 9 日
	13	天利氮气制品厂旧址	1935 年	云岭东路 345 号	2011 年 6 月 9 日
虹口区	1	沈尹默故居	1946 年	海伦路 504 号	1988 年
	2	上海戏剧专科学校旧址	1945 年	四川北路 1838 号	2004 年
	3	精武体育会	1929 年	四川北路 1702 弄 34 号	2004 年
	4	美犹联合救济委员会（JDC）旧址	1938 年	霍山路 119、121 号	2004 年
	5	四川北路 2023 弄 35 号住宅	1926 年	四川北路 2023 弄 35 号	2004 年
	6	多伦路 210 号住宅	1926 年	多伦路 210 号	2004 年
	7	拉摩斯公寓	约 1920 年	四川北路 2079—2099 号（北川公寓）	2004 年
	8	摩西会堂旧址	1927 年	长阳路 62 号	2004 年
	9	上海工部局宰牲场旧址	1933 年	沙泾路 10、29 号	2004 年
	10	周恩来在沪早期革命活动旧址	1931 年	四川北路 1953 弄 44 号	2009 年
杨浦区	1	飞机楼	1936 年	杨浦区长海路 174 号	2004 年 2 月 25 日
	2	沪江大学历史建筑	1906—1948 年	杨浦区军工路 516 号	2004 年 2 月 25 日
	3	公共租界工部局电气处新厂	1913 年	杨浦区杨树浦路 2800 号	2004 年 2 月 25 日
	4	上海煤气公司自来水房	1934 年	杨浦区杨树浦路 2524 号	2004 年 2 月 25 日
	5	东区污水处理厂	1926 年	杨浦区河间路 1283 号	2004 年 2 月 25 日
	6	旧上海市图书馆	1936 年	杨浦区黑山路 181 号	2004 年 2 月 25 日
	7	旧上海市博物馆	1936 年	杨浦区长海路 174 号	2004 年 2 月 25 日
	8	国立音乐专科学校	1935 年	杨浦区民京路 918 号	2004 年 2 月 25 日
	9	闸北水厂老办公楼、水塔、出水泵房	1926 年	杨浦区闸殷路 65 号	2004 年 2 月 25 日
	10	复旦大学数学楼、校史馆、相辉堂	1922 年	杨浦区邯郸路 220 号	2004 年 2 月 25 日
	11	圣心教堂、医院	1931 年	杨浦区杭州路 349 号	2004 年 2 月 25 日
闵行区	1	民国上海县政府旧址	民国	上海市闵行区颛桥镇沪闵路 2550 号院内	2014 年公布为市保
	2	上海普慈疗养院旧址	民国	上海市闵行区颛桥镇沪闵路 3210 号	2014 年公布为市保

区、县	编号	文物保护单位	时　期	地　　点	公布时间
闵行区	3	漕宝路七号桥碉堡	民国	上海市闵行区七宝镇漕宝路七号桥东堍北侧	2014 年公布为市保
	4	南张天主堂	清	上海市闵行区莘庄镇秀文路 485 弄 50 号	2014 年公布为市保
	5	梅　园	清	上海市闵行区浦江镇革新村 13 组 1—48 号	2003 年
	6	奚氏宁俭堂宅院	清	上海市闵行区浦江镇革新村 12 组 2 号	2009 年
	7	赵家宅院	清	上海市闵行区浦江镇跃进村 4 组 61—64 号	2003 年
	8	秦伯未故居宅院	清	上海市闵行区浦锦街道徐凌村 1 组 84、85 号	2009 年
	9	胡氏三寿堂宅院	清	上海市闵行区浦锦街道陈行村 1 组 71 号	2009 年
	10	众兴桥	清	上海市闵行区浦江镇先进村 8 组境	2009 年
	11	同福桥	清	上海市闵行区浦江镇联星村 3 组境	2006 年
	12	张家楼房	民国	上海市闵行区浦锦街道近浦村 6 组 61、62 号	2009 年
	13	赵元昌商号宅院	民国	上海市闵行区浦江镇召楼保南街 34、36、38、50、52、54、56、58 号	2009 年
	14	华家桥	民国	上海市闵行区浦江镇浦星公路西约 200 米、先新路北侧绿地	2006 年
	15	水月庵桥	民国	上海市闵行区浦江镇浦星公路东约 400 米、浦放路北侧	2006 年
	16	尚义桥	明	上海市闵行区吴泾镇东川路北侧、莲花南路东约 150 米处	2003 年
	17	彭家花园洋房	民国	上海市闵行区吴泾镇塘湾村三新街 78 号	2009 年
	18	节孝坊	清	上海市闵行区江川路街道临沧路 148 号古藤园内西北隅	1999 年
	19	项家宅院	民国	上海市闵行区江川路街道新闵路 481 弄星河景苑南缘	2000 年

（续表六）

区、县	编号	文物保护单位	时　期	地　点	公布时间
闵行区	20	靖安桥	明	上海市闵行区马桥镇联建村西侧与松江交界的茜浦泾上	2003 年
	21	马桥天主堂	清	上海市闵行区马桥镇马桥东街 25 号(临)	2000 年
	22	钮氏镕才堂	民国	上海市闵行区马桥镇北松公路 1600 弄 520 号(临)	2011 年
	23	何家宅院	清	上海市闵行区颛桥镇颛建路 114 号	2000 年
	24	北桥侵华日军杀人塘	民国	上海市闵行区颛桥镇沪闵路 2550 号大院北墙外	1996 年
	25	朋寿园钱福诗碑	明	上海市闵行区莘庄镇莘浜路 421 号莘庄公园内	2009 年
	26	蒲汇塘桥	明	上海市闵行区七宝镇七宝南、北大街相接的蒲汇塘上	1996 年
	27	四面厅	清	上海市闵行区七宝镇七莘路 2678 号院内东北隅	1996 年
	28	斗姆阁	清	上海市闵行区七宝镇七莘路 2678 号院内东北隅	1996 年
	29	七宝莲涌堂	清	上海市闵行区七宝镇民主路 26 号七宝第二中学校园西北隅	2009 年
	30	七宝天主堂	清	上海市闵行区七宝镇塘南居委南街 50 号	2000 年
	31	南洋模范中学七宝新校旧址	民国	上海市闵行区七宝镇民主路 26 号七宝第二中学校园中部偏西地块	2009 年
	32	七一人民公社旧址	中华人民共和国	上海市闵行区七宝镇塘南居委浴堂街 4 号	2009 年
	33	倭井	明	上海市闵行区华漕镇纪翟路 221 号闵行区诸翟学校西南隅	1996 年
	34	鹤龙桥	清	上海市闵行区华漕镇诸翟村诸翟西街南侧,小涞港弯道外侧	2003 年

区、县	编号	文物保护单位	时　　期	地　　点	公布时间
闵行区	35	积善桥	清	上海市闵行区华漕镇朱家泾村谭家址 29 号东北约 50 米	2009 年
	36	秦家桥	清	上海市闵行区华漕镇杨家巷村秦家桥组 5 号南约 20 米	2006 年
	37	三丫叉侵华日军杀人塘	民国	上海市闵行区新虹街道申长路西约 100 米的北翟路南侧	1996 年
		（已取消）闵行巨紫藤	明	江川路街道临沧路 148 号内	1996 年
宝山区	1	梵王宫	清	罗店镇塘西街桥北	1992 年 7 月 22 日
	2	丰德桥	清	罗店镇新桥居委布长街南端	1992 年 7 月 22 日
	3	大通桥	清	罗店镇新桥居委亭前街弄口	1992 年 7 月 22 日
	4	钱世桢墓	明	罗店镇毛家弄村三树南路以东	1992 年 7 月 22 日
	5	上海少年村旧址	1946 年	大场镇东街居委少年村路 500 号	2002 年 11 月 12 日
	6	宝山城墙遗址	明	友谊路街道友谊路 1 号	2002 年 11 月 12 日
	7	行知育才学校旧址	1947 年	大场镇行知路 180 号（上海市行知实验中学内）	
嘉定区	1	登龙桥（州桥）	宋（明重建）	嘉定南大街北端	2000 年 11 月 1 日
	2	德富桥	清	嘉定中下塘街南横沥北口	2000 年 11 月 1 日
	3	太平永安桥	清	嘉定州桥西侧察院弄	2000 年 11 月 1 日
	4	翥云堂（周家祠堂）	清	嘉定州桥法华塔院内	2000 年 11 月 1 日
	5	永宁桥（圆通寺桥）	元	嘉定清河路秋霞楼东侧	2000 年 11 月 1 日
	6	普济桥（通济普福桥）	元	嘉定博乐路东侧	2000 年 11 月 1 日
	7	登瀛桥（熙春桥）	明	嘉定大东街秋霞圃斜对	2000 年 11 月 1 日
	8	宾兴桥（青云桥）	宋（清重建）	嘉定孔庙东侧	2000 年 11 月 1 日
	9	百鸟朝阳台	清	嘉定汇龙潭公园内	2000 年 11 月 1 日
	10	明忠节侯黄二先生纪念碑	1935 年	嘉定汇龙潭公园内	2000 年 11 月 1 日
	11	井亭	明	嘉定汇龙潭公园内	2000 年 11 月 1 日

（续表八）

区、县	编号	文物保护单位	时 期	地 点	公布时间
嘉定区	12	万佛宝塔（石塔）	宋	嘉定汇龙潭公园内	2000 年 11 月 1 日
	13	翥云峰	明	嘉定汇龙潭公园内	2000 年 11 月 1 日
	14	叶池碑	1962 年	嘉定城中路、清河路东北侧	2000 年 11 月 1 日
	15	陶庵留碧碑	1962 年	嘉定城中路、塔城路上海大学校内	2000 年 11 月 1 日
	16	王敬铭住宅	清	嘉定人民街 194 号	2000 年 11 月 1 日
	17	思贤堂	明	嘉定人民街 159 号	2000 年 11 月 1 日
	18	聚善桥（虬桥）	明	嘉定西大街 200 号	2000 年 11 月 1 日
	19	报功祠折漕碑	明	嘉定西大街 340 号、接官亭桥西	2000 年 11 月 1 日
	20	高氏住宅	民国	嘉定南大街 295 弄 17 号	2000 年 11 月 1 日
	21	陶氏住宅	民国	嘉定西大街 344 号	2000 年 11 月 1 日
	22	高义桥	清	嘉定西大街西端	2000 年 11 月 1 日
	23	嘉丰三村住宅	1953 年	嘉定清河路、沪宜路口西北侧	2000 年 11 月 1 日
	24	尊胜陀罗尼经幢（两座）	唐	南翔古猗园内	2000 年 11 月 1 日
	25	南厅	明	南翔古猗园内	2000 年 11 月 1 日
	26	普同塔	宋	同上	2000 年 11 月 1 日
	27	补阙亭（缺角亭）	1932 年	南翔古猗园内	2000 年 11 月 1 日
	28	微音阁	1946 年	南翔古猗园内	2000 年 11 月 1 日
	29	许苏民墓	1925 年	南翔解放街苏民学校院内	2000 年 11 月 1 日
	30	天恩桥	清	南翔永丰村沪宜公路大桥头东南侧	2000 年 11 月 1 日
	31	鹤槎山	宋	南翔沪宜公路、宝安路口东北侧	2000 年 11 月 1 日
	32	娄塘纪念坊	1932 年	娄塘小东街东首	2000 年 11 月 1 日
	33	敦谊堂	民国	娄塘路 626 弄 11 号	2000 年 11 月 1 日
	34	夏采曦故居旧址	清—民国	安亭黄渡劳动街 70 号	2000 年 11 月 1 日
	35	严泗桥（集庆桥）	明	安亭东大街西首	2000 年 11 月 1 日
	36	井亭桥	明	安亭安亭街 43 弄西首	2000 年 11 月 1 日
	37	菩提寺碑	清	安亭和静路安亭中学校园内	2000 年 11 月 1 日

区、县	编号	文物保护单位	时　期	地　点	公布时间
嘉定区	38	六泉桥	1923 年	安亭墨玉路吕浦村	2000 年 11 月 1 日
	39	钱氏宗祠	清	外冈镇西街 62 号	2000 年 11 月 1 日
	40	望仙桥	清	外冈望新顾浦桥南侧	2000 年 11 月 1 日
	41	廖家礽烈士墓	1928 年	马陆包桥沈石路西、马陆塘南岸	2000 年 11 月 1 日
	42	潜研堂	清	嘉定镇南下塘街 12 号	2011 年
	43	秦大成住宅	清	华亭双塘村浏岛少儿活动营地	2000 年 11 月 1 日
浦东新区	1	高桥仰贤堂	20 世纪 30 年代	义王路 1 号	2003 年 6 月 25 日
	2	陈桂春住宅	民国	陆家嘴东路 15 号	2003 年 6 月 25 日
	3	翊园	1921 年	康桥镇川周公路 2607 号	2002 年 5 月 29 日
	4	新场第一楼书场	清	新场大街 424 号	2002 年 5 月 29 日
	5	新场信隆典当	清	新场大街 367—371 号	2009 年 2 月 17 日
	6	钦赐仰殿大殿	清	源深路 476 号	2002 年 1 月 14 日
	7	杨斯盛故居、杨斯盛墓、铜像	1908 年	浦三路 648 号浦东中学内	2002 年 1 月 14 日
	8	上海溶剂厂近代建筑群	20 世纪 30 年代	南码头路 200 号	2002 年 1 月 14 日
	9	严桥遗址	唐	杨高路、峨山路口	2002 年 1 月 14 日
	10	李白等十二烈士就义纪念地	1949 年	世纪大道、浦电路（纪念像在世纪公园内）	2002 年 1 月 14 日
	11	永乐御碑	明	高桥镇小浜路 199 号高桥中学内	2002 年 1 月 14 日
	12	东炮台遗址	清	高桥镇凌桥炮台浜路 118 号	2002 年 1 月 14 日
	13	钟家祠堂	20 世纪 30 年代	高桥镇钟家弄 74 号外高桥民办中学	2002 年 1 月 14 日
	14	钟氏民宅	20 世纪 30 年代	高桥镇西街 160 号外高桥轻工技术学校	2002 年 1 月 14 日
	15	高桥海塘抢险纪念地点	近代	高桥镇凌桥沿海海塘	2002 年 1 月 14 日
	16	高桥黄氏民宅	民国	高桥镇西街 133 弄 3 号	2003 年 6 月 25 日
	17	高桥敬业堂	民国	高桥镇西街 124 弄 2 号	2003 年 6 月 25 日
	18	洪德桥	清	唐镇虹三村 4 队	2002 年 1 月 14 日
	19	川沙古城墙	清	川沙新镇新川路 171 号观澜小学内	2002 年 1 月 14 日
	20	岳碑亭	1929 年	川沙新镇新川路 171 号观澜小学内	2002 年 1 月 14 日

（续表一〇）

区、县	编号	文物保护单位	时　　期	地　　点	公布时间
浦东新区	21	川沙天主堂	清同治十一年（1872年）	川沙新镇中市街 42 弄 15 号	2002 年 1 月 14 日
	22	七灶天主堂	清	川沙新镇六团纯新村	2002 年 1 月 14 日
	23	林钧故居	民国	川沙新镇新川路 171 号观澜小学内	2002 年 1 月 14 日
	24	陶桂松住宅	1930 年	川沙新镇操场街 48 号	2003 年 6 月 25 日
	25	宋氏家族居住纪念地	晚清	川沙新镇新川路 218 号	2003 年 6 月 25 日
	26	上川铁路川沙站旧址	民国（1922 年）	华夏东路 2696 号	2003 年 6 月 25 日
	27	六灶古戏台	清	川沙新镇镇六灶路 399 号	2002 年 5 月 29 日
	28	朱家店抗日之战纪念地点	1944 年	川沙新镇朱店村 8 组	2002 年 5 月 29 日
	29	汤氏民宅	清	三林镇三林路 550 号	2002 年 1 月 14 日
	30	杨氏民宅	民国	高行镇解放村牡丹园内	2002 年 1 月 14 日
	31	喻氏民宅	民国	高行镇解放村牡丹园内	2002 年 1 月 14 日
	32	李平书墓	民国	高行镇高西村（航津路 316 号西侧绿化地）	2003 年 6 月 25 日
	33	杜宅（杜家祠堂）	1930 年	杨高北路 2856 号	2002 年 1 月 14 日
	34	吴家祠堂	民国	高东镇富特中路、意威路路口	2002 年 1 月 14 日
	35	陶家宅 1 号	清	王桥路 999 号	2002 年 1 月 14 日
	36	南汇古城墙遗址	明	惠南镇卫星东路 16 号	2002 年 5 月 29 日
	37	大成殿	清	惠南镇卫星东路 16 号	1986 年 3 月
	38	潘氏宅	民国	惠南镇新华路 8 号	2009 年 2 月 17 日
	39	钟亭及铜钟	明	惠南镇古钟园内	2002 年 4 月 17 日
	40	新场耶稣堂	民国	新场镇向阳路 37 号	2002 年 5 月 29 日
	41	保佑桥（又名莲笔华桥）	清	新场镇坦直社区连南村 1 组	2002 年 5 月 29 日
	42	南山寺	元	新场镇南首	2002 年 5 月 29 日
	43	新场张氏宅第	清	新场大街 271 号	2002 年 5 月 29 日
	44	千秋桥	清	新场镇洪东街 4 号	2002 年 5 月 29 日
	45	新场镇石驳岸及马鞍水桥	清	新场镇镇区	2002 年 5 月 29 日
	46	横河顾家楼天主堂	清	康桥镇汤巷村 4 组	2002 年 5 月 29 日
	47	浙宁会馆	清	周浦镇川周公路 4482 号	2002 年 5 月 29 日

区、县	编号	文物保护单位	时 期	地 点	公布时间
浦东新区	48	傅雷旧居	清	周浦镇东大街 48 号	2002 年 4 月 17 日
	49	苏家宅（又名东湖山庄）	清	周浦镇牛桥村 10 组	2002 年 4 月 17 日
	50	南汇县保卫团第四中队队部遗址	1938 年	祝桥镇新如村陆如 5 组	2002 年 5 月 29 日
	51	反抽丁农民运动集会遗址	1947 年	祝桥镇新东村竞新 2 组	2002 年 5 月 29 日
	52	六墩天主堂	清	祝桥镇盐仓社区星火村 7 组	2002 年 5 月 29 日
	53	朱家潭子	民国	航头镇方窑村 5 组	2009 年 2 月 17 日
	54	永济桥	清	航头镇下沙社区沈庄北街	2002 年 5 月 29 日
	55	吴仲超故居	清	大团镇南大居委永宁东路 18 号	2009 年 2 月 17 日
	56	泥城暴动党支部活动遗址	1930 年	泥城镇横港村发蒙小学	2002 年 5 月 29 日
	57	南汇县保卫团第二中队队部遗址	1937 年	泥城镇横港村褚家宅	2002 年 5 月 29 日
	58	中国第一枚自行设计制造的试验探空火箭 T—7M 发射场遗址	1950 年代	老港镇东进村 2 组	2003 年 7 月 23 日
金山区	1	致和桥	元	枫泾镇友好居委会南大街 88 号东侧	2000 年 5 月 11 日
	2	陆龙飞烈士墓	1988 年	枫泾镇新春村 1 组枫泾公墓内	1984 年 11 月 19 日
	3	程十发祖居	清	枫泾镇和平居委会和平街 151 号	2005 年 10 月 26 日
	4	陈胡氏节孝坊	1728 年	枫泾镇新黎村 6 组	2003 年 11 月 21 日
	5	袁世钊故居	1901 年	枫泾镇友好居委会南大街 123 号	2005 年 10 月 26 日
	6	顾水如故居	1890 年	枫泾镇友好居委会友好街 228 号	2005 年 10 月 26 日
	7	济众桥	明	朱泾镇广福居委会西林街 381 号东侧	2000 年 5 月 11 日
	8	孙旭初宅	民国	朱泾镇新汇居委会东风街与仓桥街交汇口	2007 年 2 月 9 日
	9	钱家祠堂	清	张堰镇解放居委会东河沿 15 号	2007 年 2 月 8 日
	10	张单氏节孝坊	1795 年	张堰镇旧巷村 15 组	2003 年 11 月 21 日

（续表一二）

区、县	编号	文物保护单位	时　　期	地　　点	公布时间
金山区	11	济渡桥	1875 年	漕泾镇金光村 1038 号东侧	1992 年 4 月 15 日
	12	冈身遗址	新石器时代	漕泾镇沙积村 2140 号	2005 年 10 月 26 日
	13	翔龙桥	清	漕泾镇蒋庄村 11 组	2003 年 11 月 21 日
	14	顾观光墓	1862 年	金山卫镇塔港村 20 组 1062 号东南 150 米	1962 年
	15	寿带桥	宋	吕巷镇吕巷居委会新西街 135 号西侧	1992 年 4 月 15 日
	16	山塘桥	清	廊下镇山塘村 1009 号南侧	2007 年 2 月 8 日
	17	南阳港遗址	春秋战国	山阳镇向阳村 11 组	2005 年 10 月 26 日
松江区	1	云间第一桥	明成化十四年至十九年间(1478—1483 年)	中山西路花园浜与古浦塘交汇口东侧	1985 年 7 月 18 日
	2	杜氏雕花楼	清	中山西路 266 号	1998 年 9 月 9 日
	3	费骅宅	清	中山西路 258 号	1998 年 9 月 9 日
	4	葆素堂	明代晚期	中山西路 150 号	1985 年 7 月 18 日
	5	杜氏宗祠	清	陈家弄 3 号	1998 年 9 月 9 日
	6	赵氏宅	清、民国	松汇西路 480 号内	1998 年 9 月 9 日
	7	王氏宅	清代晚期	启安弄 17、18、19 号，玉树路 103 号	2013 年 6 月 8 日
	8	钱以同宅	清	景德路 35、39、40 号	1998 年 10 月 12 日
	9	韩三房	民国	中山中路 844 号内	1993 年 10 月 12 日
	10	雕花厅	清	人民南路 64 号醉白池公园外园内	1985 年 7 月 18 日
	11	袁昶宅	清	中山中路 458 号	1998 年 9 月 9 日
	12	王冶山宅	明、清	中山中路 429 号	1998 年 9 月 9 日
	13	吴光田烈士墓	1931 年	菜花泾 96 号	1985 年 7 月 18 日
	14	中国共产党淀山湖工作委员会旧址	1941 年	松汇中路 972 弄 41 号南侧	1993 年 10 月 12 日
	15	瞿氏宅	清、民国	中山中路 580 号	1998 年 9 月 9 日
	16	云间第一楼	元、明、清	中山东路 250 号松江二中校门	1985 年 7 月 18 日
	17	邱家湾教堂	清同治年间(1862—1874 年)	方塔北路 10 号	1985 年 7 月 18 日
	18	史量才故居	清末、民国初	泗泾镇江达北路 85 号	2000 年 12 月 4 日

区、县	编号	文物保护单位	时 期	地 点	公布时间
松江区	19	马家厅（泗滨草堂）	清	泗泾镇开江中路312号	1985年7月18日
	20	平倭墓碑	明嘉靖三十四年（1555年）	车墩镇香山村138号西侧	1985年7月18日
	21	广济桥（东杨家桥）	元至元年间（1271—1294年）	车墩镇华阳村281号南侧	2002年8月13日
	22	拨云桥（西杨家桥）	元至元年间（1271—1294年）	车墩镇华阳街723号南	2002年8月13日
	23	永济桥	明	车墩镇华阳街254号南	2002年8月13日
	24	钱家桥	明成化八年（1472年）	车墩镇华阳街299号东	2002年8月13日
	25	三里桥	明	车墩镇华阳街199号东	2002年8月13日
	26	北竿山古文化遗址	西周、东周	佘山镇北干山南麓、佘北公路淀浦河桥东侧	1985年7月18日
	27	姚家圈古文化遗址	新石器时代	小昆山镇姚家圈北	1985年7月18日
	28	枫泾暴动指挥所旧址	1928年	新浜镇赵王村村西500米	1961年1月22日
青浦区	1	骆驼墩古文化遗址	西周—西汉	重固镇中新村西赵重公路东侧	1959年7月21日
	2	顺德桥	元至正三年（1343年）	练塘镇前进街	1979年5月8日
	3	青浦城隍庙头门、戏台和娘娘殿	明万历元年（1573年）	盈浦街道公园路650号	1959年7月21日
	4	关王庙	明	朱家角镇淀峰村淀山湖南岸、拦路港东岸	1979年5月8日
	5	小蒸农民暴动活动旧址	民国16年（1927年）	练塘镇小蒸三管桥路86弄	1979年5月8日
	6	课植园	民国元年（1912年）	朱家角镇西井街111号	1986年11月11日
	7	庆泽桥	清道光二十九年（1849年）	白鹤镇塘湾村东首	1986年11月11日
	8	朱家角镇城隍庙	清乾隆二十八年（1763年）	朱家角镇漕河街69号	1986年11月11日
	9	林老桥	清雍正八年（1730年）	金泽镇北市	1994年8月3日
	10	朝真桥	明嘉靖三十四年（1555年）	练塘镇前进街	1994年8月3日
	11	南塘桥	清道光十三年（1833年）	重固镇通波塘东街中段	1994年8月3日
	12	瑞龙桥	清乾隆五十八年（1793年）	练塘镇东库村东团	1994年8月3日
	13	泰安桥	清康熙二十四年（1685年）	朱家角镇北大街中段	1994年8月3日
	14	永兴桥	清乾隆四十一年（1776年）	练塘镇中市	1994年8月3日
	15	金泽放生桥	清乾隆五十六年（1791年）	金泽镇南市	1994年8月3日
	16	九峰桥	清乾隆三年（1738）	朱家角镇小港村小港二组	1994年8月3日

（续表一四）

区、县	编号	文物保护单位	时　期	地　　点	公布时间
青浦区	17	麟趾桥	清嘉庆年间（1796—1820年）	香花桥街道金米村金家村	1994年8月3日
	18	青龙桥	清乾隆四十年(1775年)	白鹤镇大盈村北	1994年8月3日
	19	如意桥	清光绪二十五年(1899年)	金泽镇南市	1994年8月3日
	20	天皇阁桥	清康熙三十七年(1698年)	金泽镇中市	1994年8月3日
	21	襄臣桥	清嘉庆十三年(1808年)	香花桥街道襄臣街中段	1994年8月3日
	22	义学桥	清道光十七年(1837年)	练塘镇东风街	1994年8月3日
	23	天恩桥	民国20年(1931年)	盈浦街道天恩桥村	1994年8月3日
	24	徐庆桥	元	练塘镇联农村四农	2001年5月10日
	25	席家住宅	明嘉靖年间（1522—1566年）	朱家角镇东湖街49弄42号	2001年5月10日
	26	福星桥	清光绪二十八年(1902年)	朱家角镇东湖街西段	2001年5月10日
	27	继善桥	清嘉庆五年(1800年)	白鹤镇老街南首	2001年5月10日
	28	天光寺	宋	练塘镇练东村泖口	2001年5月10日
	29	香花桥	清乾隆五十三年(1788年)	徐泾镇蟠龙老街中心	2001年5月10日
	30	云虹桥	清嘉庆二十年(1815年)	朱家角镇山湾村小圩庄	2001年5月10日
	31	中和桥	清同治七年(1868年)	朱家角镇东湖街中段	2001年5月10日
	32	大清邮局旧址	清同治年间（1862—1874年）	朱家角镇西湖街35号	2001年5月10日
	33	童天和国药号	清	朱家角镇大新街60号	2001年5月10日
	34	涵大隆酱园	民国	朱家角镇北大街287号	2001年5月10日
	35	颜安小学(老教室、杜衡伯纪念塔)	清光绪十五年（1889年）	练塘镇下塘街16号	2001年5月10日
	36	泰来天主堂	民国16年(1927年)	夏阳街道城南村70号	2001年5月10日
	37	塘郁遗址	元、明	夏阳街道塘郁村东北	2001年5月10日
奉贤区	1	江海古文化遗址	新石器时代	奉贤区南桥镇江海村	1997年7月16日
	2	奉城古城墙	明洪武十九年(1386年)	奉贤区奉城镇北街	1997年7月16日
	3	通津桥	南宋	奉贤区柘林镇新塘村	2000年5月11日
	4	南石桥(积善桥)	清同治六年(1867年)	奉贤区南桥镇南街	2000年5月11日
	5	卜罗德祠	清同治元年(1862年)	奉贤区南桥镇新建西路	2000年5月11日
	6	南塘第一桥	清	奉贤区南桥镇古华公园内	2000年5月11日
	7	保安桥	明正德十五年(1520年)	奉贤区金汇镇南行村	2004年1月8日
	8	法华桥	明崇祯年间	奉贤区柘林镇法华村	2004年1月8日

区、县	编号	文物保护单位	时　　期	地　　点	公布时间
奉贤区	9	飞云桥	清乾隆十六年(1751 年)	奉贤区金汇镇墩头村	2004 年 1 月 8 日
	10	南虹桥	清康熙三十一年(1692 年)	奉贤区青村镇中街	2004 年 1 月 8 日
	11	继芳桥	明万历六年(1578 年)	奉贤区青村镇光明社区东街	2004 年 1 月 8 日
	12	万佛阁	明洪武十九年(1386 年)	奉贤区奉城镇北街 189 号	2004 年 1 月 8 日
	13	曙光中学旧址	1927 年	奉城镇奉粮路 70 号	1983 年 11 月 28 日
	14	李主一烈士纪念碑	1957 年	奉贤区奉城镇曙光中学	1983 年 11 月 28 日
	15	赵天鹏烈士纪念碑	1953 年	奉贤区四团镇四团中学	1983 年 11 月 28 日
	16	庄行暴动烈士纪念碑	1929 年	奉贤区庄行镇东市	1983 年 11 月 28 日
	17	北宋抗日英雄纪念碑	1964 年	奉贤区奉城镇北宋村 5 组	1983 年 11 月 28 日
	18	重建新市桥	明永乐二年(1404 年)	奉贤区奉城镇东新市村	2007 年 12 月 28 日
	19	貤封坊	明代嘉靖三十二年(1553 年)	奉贤区头桥镇新市村 5 组	2007 年 12 月 28 日
	20	高桥	清同治六年(1867 年)	奉贤区奉城镇高桥村	2007 年 12 月 28 日
	21	仁寿桥	清嘉庆二十年(1815 年)	奉贤区南桥镇光明社区南街	2007 年 12 月 28 日
	22	环秀桥(拱桥)	清光绪三年(1877 年)	奉贤区南桥镇西渡金港村刘港 2 组	2007 年 12 月 28 日
	23	履祥桥	清	奉贤区庄行镇吕桥村 4 组	2007 年 12 月 28 日
	24	旌义坊	清道光十八年(1838 年)	奉贤区海湾旅游区海马路	2007 年 12 月 28 日
	25	张翁庙(二严寺)	清	奉贤区南桥镇张翁庙村沪杭公路 1749 号	2007 年 12 月 28 日
	26	鼎丰酱园旧址	清同治三年(1864 年)	奉贤区南桥镇新建东路 450 号	2007 年 12 月 28 日
	27	"客乐浦"万国商团夜总会 CLUB	民国	奉贤区庄行镇邬桥社区浦秀村 4 组	2007 年 12 月 28 日
崇明县	1	金鳌山	清	崇明县城桥镇涛声路 1200 号	1981 年 5 月
	2	黄家花园	1927 年	崇明县城桥镇南门路 25 号内	2006 年 10 月 31 日
	3	寿安寺	明万历年间	崇明县城桥镇涛声路 1188 号	1981 年 5 月
	4	杜少如住宅	民国	崇明县堡镇正大街 122 号	2006 年 10 月 31 日
	5	陈干青住宅	民国	崇明县港西镇团结村 998 号	2006 年 10 月 31 日

2005—2010 年历史文化名村名镇公布时间一览表

序号	区(县)	名　称	公布批次	公　布　时　间
1	金山区	枫泾镇	第二批	2005 年 9 月 16 日
2	青浦区	朱家角镇	第三批	2007 年 5 月 31 日
3	浦东新区	新场镇	第四批	2008 年 10 月 14 日
4	嘉定区	嘉定镇	第四批	2008 年 10 月 14 日
5	嘉定区	南翔镇	第五批	2010 年 7 月 22 日
6	浦东新区	高桥镇	第五批	2010 年 7 月 22 日
7	青浦区	练塘镇	第五批	2010 年 7 月 22 日
8	金山区	张堰镇	第五批	2010 年 7 月 22 日

2007 年公布 64 条"永不拓宽"的马路一览表

序号	风　貌　区	道　路	范　围
1	外滩历史文化风貌区	中山东一路	外滩
2	外滩历史文化风貌区	四川北路—四川中路	四川北路—四川中路
3	外滩历史文化风貌区	虎丘路—乍浦路	北苏州路—北京东路
4	外滩历史文化风貌区	香港路	江西中路—圆明园路
5	外滩历史文化风貌区	北京东路	河南中路—中山东一路
6	外滩历史文化风貌区	广东路	江西中路—中山东一路
7	外滩历史文化风貌区	福州路	河南中路—中山东一路
8	外滩历史文化风貌区	九江路	河南中路—中山东一路
9	外滩历史文化风貌区	汉口路	河南中路—中山东一路
10	外滩历史文化风貌区	滇池路	四川中路—中山东一路
11	外滩历史文化风貌区	圆明园路	南苏州路—滇池路
12	外滩历史文化风貌区	江西中路	南苏州路—广东路
13	外滩历史文化风貌区	南京东路	江西中路—中山东一路
14	外滩历史文化风貌区	北苏州路—黄浦路	河南北路—武昌路
15	人民广场历史文化风貌区	南京东路—南京西路	黄陂北路—浙江中路
16	衡山路—复兴路历史文化风貌区	淮海中路	乌鲁木齐中路—重庆南路
17	衡山路—复兴路历史文化风貌区	复兴中路—复兴西路	华山路—重庆南路
18	衡山路—复兴路历史文化风貌区	香山路	瑞金二路—思南路
19	衡山路—复兴路历史文化风貌区	皋兰路	瑞金二路—思南路
20	衡山路—复兴路历史文化风貌区	巨鹿路	常熟路—陕西南路
21	衡山路—复兴路历史文化风貌区	富民路	东湖路—巨鹿路

序号	风　貌　区	道　　路	范　　围
22	衡山路—复兴路历史文化风貌区	长乐路	常熟路—陕西南路
23	衡山路—复兴路历史文化风貌区	延庆路	常熟路—陕西南路
24	衡山路—复兴路历史文化风貌区	新乐路	富民路—陕西南路
25	衡山路—复兴路历史文化风貌区	东湖路	长乐路—淮海中路
26	衡山路—复兴路历史文化风貌区	华亭路	长乐路—淮海中路
27	衡山路—复兴路历史文化风貌区	衡山路	天平路—姚江路
28	衡山路—复兴路历史文化风貌区	思南路	淮海中路—建国中路
29	衡山路—复兴路历史文化风貌区	雁荡路	淮海中路—南昌路
30	衡山路—复兴路历史文化风貌区	余庆路	淮海中路—衡山路
31	衡山路—复兴路历史文化风貌区	广元路	华山路—衡山路
32	衡山路—复兴路历史文化风貌区	湖南路	华山路—淮海中路
33	衡山路—复兴路历史文化风貌区	宛平路	淮海中路—衡山路
34	衡山路—复兴路历史文化风貌区	高安路	淮海中路—建国西路
35	衡山路—复兴路历史文化风貌区	乌鲁木齐南路	淮海中路—建国西路
36	衡山路—复兴路历史文化风貌区	兴国路	华山路—淮海中路
37	衡山路—复兴路历史文化风貌区	康平路	华山路—高安路
38	衡山路—复兴路历史文化风貌区	泰安路	华山路—武康路
39	衡山路—复兴路历史文化风貌区	安亭路	建国西路—永嘉路
40	衡山路—复兴路历史文化风貌区	高邮路	复兴西路—湖南路
41	衡山路—复兴路历史文化风貌区	华山路	常熟路—兴国路
42	衡山路—复兴路历史文化风貌区	武康路	华山路—淮海中路
43	衡山路—复兴路历史文化风貌区	桃江路	乌鲁木齐南路—岳阳路
44	衡山路—复兴路历史文化风貌区	永福路	五原路—湖南路
45	衡山路—复兴路历史文化风貌区	东平路	乌鲁木齐南路—岳阳路
46	衡山路—复兴路历史文化风貌区	太原路	汾阳路—建国西路
47	衡山路—复兴路历史文化风貌区	永嘉路	衡山路—陕西南路
48	衡山路—复兴路历史文化风貌区	汾阳路	淮海中路—岳阳路
49	衡山路—复兴路历史文化风貌区	岳阳路	汾阳路—肇嘉浜路
50	衡山路—复兴路历史文化风貌区	建国西路	衡山路—岳阳路
51	衡山路—复兴路历史文化风貌区	五原路	武康路—常熟路
52	虹桥路历史文化风貌区	虹桥路	环西大道—古北路
53	山阴路历史文化风貌区	山阴路—祥德路	四川北路—欧阳路

（续表二）

序号	风 貌 区	道 路	范 围
54	山阴路历史文化风貌区	甜爱路	甜爱公寓—四川北路
55	山阴路历史文化风貌区	溧阳路	四川北路—宝安路
56	提篮桥历史文化风貌区	霍山路	东大名路—临潼路
57	提篮桥历史文化风貌区	惠民路	杨树浦路—临潼路
58	提篮桥历史文化风貌区	舟山路	昆明路—霍山路
59	南京西路历史文化风貌区	北京西路	胶州路—江宁路
60	南京西路历史文化风貌区	陕西北路	新闸路—南阳路南京西路—威海路
61	南京西路历史文化风貌区	茂名北路	南京西路—威海路
62	愚园路历史文化风貌区	武夷路	定西路—延安西路
63	愚园路历史文化风貌区	愚园路	定西路—乌鲁木齐北路
64	新华路历史文化风貌区	新华路	定西路—番禺路

1978—2010 年上海经批准的文物经营单位一览表

编号	名 称	地 址	文物经营条件	许可经营范围
1	上海文物商店	广东路 240 号	甲	历代文物
2	上海文物商店多伦路分店	多伦路 145 号	甲	历代文物
3	上海朵云轩古玩有限公司	南京东路 422 号	甲	历代文物
4	上海创新旧货有限公司	淮海中路 1297 号	甲	历代文物
5	上海陕西旧货有限公司	长乐路 324 号	甲	历代文物
6	上海博古斋	福州路 426 号	甲	古代书籍、碑帖、印谱、书法、绘画
7	上海友谊商店	真北路	甲	历代文物
8	上海古玩有限公司	丽水路 88 号	甲	历代文物
9	上海兰馨珠宝文物商行	长乐路 398 号	甲	历代文物
10	上海豫园管理处	安仁街 218 号	甲	历代文物
11	上海大众华林艺术品有限公司	高阳路 136 号	甲	历代文物
12	北京华银金饰品上海钱币经销中心	骊山路 16 号 409 室	甲	历代钱币
13	上海如意艺术品有限公司	方斜路 22 号	甲	工艺品、旧家具、旧钱币、旧书、邮票、字画、瓷器、漆器、珠宝玉石、铜器、金银制品
14	集云阁	华山路 245 号	乙	1911 年以后的各类文物
15	上海工艺美术厂	钦州路 528 号	乙	1911 年以后的各类文物

编号	名　　称	地　　址	文物经营条件	许可经营范围
16	上海工艺美术研究所	汾阳路 79 号	乙	代销甲类文物经营特许单位文物
17	鼎古斋收藏品商行	金陵东路 505 号	乙	1911 年以后的各类文物
18	上海国际收藏品有限公司	四川北路 73 号	乙	1911 年以后的各类文物
19	上海缘友文化艺术品有限公司		乙	1911 年以后的各类文物
20	上海洁思园画廊有限公司	淮海中路 1850 号	乙	1949 年后已故著名书画家作品
21	上海小力画廊	欧阳路 16 号	乙	1949 年后已故著名书画家作品

1978—2010 年上海拥有文物拍卖许可资质的拍卖公司一览表

编号	公司名称	地　　址	经营范围
1	上海敬华拍卖有限公司	长宁路 1952 号	第一、二、三类
2	上海大众拍卖公司	丹徒路 377 号 3 楼	第一、二、三类
3	上海长城拍卖有限公司	黄浦路 99 号上海滩国际大厦 22 楼	第一、二、三类
4	朵云轩拍卖公司	延安西路 593 号	第一、二、三类
5	上海国际商品拍卖公司	福州路 108 号	第一、二、三类
6	上海工美艺术品拍卖行	南京东路 432 号 4 楼	第一、二、三类
7	上海新华拍卖公司	欧阳路 580 号	第一、二、三类
8	上海嘉泰拍卖公司	思南路 86 号	第一、二、三类
9	上海青莲阁拍卖公司	福州路 515 号 3 楼	第一、二、三类
10	上海国泰拍卖行	西藏南路 748 号	第一、二、三类
11	上海拍卖行	四川北路 73 号	第一、二、三类
12	上海信仁拍卖公司	梅园路 228 号 1601 室	第一、二、三类
13	上海东方国际商品拍卖公司	长寿路 728 号	第一、二、三类
14	上海老城隍庙拍卖行	方浜中路 265 号	第一、二、三类
15	上海崇源拍卖有限公司	常熟路 179 号	第二、三类
16	上海黄浦拍卖行	金陵东路 55 号工商联大厦 5 楼	第二、三类
17	上海华夏拍卖公司	制造局路 409—411 号	第二、三类
18	上海中天拍卖公司	西康路 709 号	第二、三类
19	上海天衡拍卖公司	凯旋路 3131 号明申中心大厦 1 楼	第二、三类
20	上海鸿海商品拍卖公司	泰兴路 399 号 2 楼	第二、三类
21	上海道明拍卖公司	淮海东路 85 号 16 楼	第一、二、三类
22	上海博海拍卖公司	周家嘴路 368 号	第二、三类
23	上海申之江拍卖公司	牛庄路 781 号 2—5 楼	第二、三类
24	上海金槌商品拍卖公司	江宁路 445 号 15D	第二、三类

（续表）

编号	公 司 名 称	地 址	经营范围
25	上海中亿拍卖公司	河南南路 318 多宝古玩城 4 层 401 室	第二、三类
26	上海泓盛拍卖有限公司	漕溪北路 18 号实业大厦 37 层	第一、二、三类
27	上海宏大拍卖有限公司	黄浦路 106 号红楼 3 楼	第二、三类
28	上海和韵拍卖有限公司	俞泾港路 18 号	第二、三类
29	上海鸿生拍卖有限公司	福州路 655 号 3 楼	第二、三类
30	上海正浩拍卖有限公司	西康路 757 号 607 室	暂停一年
31	上海博古斋拍卖有限公司	福建中路 188 号 1201 室	第二、三类
32	上海晟安拍卖公司	古宜路 186 号	第二、三类
33	上海恒利拍卖有限公司	成都北路 199 号 1802 室	第二、三类
34	上海驰翰拍卖有限公司	汉口路 398 号 1506 室	第二、三类
35	上海博华拍卖有限公司	梅川路 1249 号 602 室	第二、三类
36	上海和润拍卖有限公司	制造局路 27 号 3 楼	第二、三类
37	上海聚德拍卖有限公司	中国(上海)自由贸易试验区峨山路 613 号 11 幢 1107 室	第二、三类
38	上海汇元拍卖有限公司	中华路 1600 号黄浦中心大厦 4 楼	第二、三类
39	上海瑞星拍卖有限公司	新华路 211 弄新华别墅 3 乙	第二、三类
40	上海涵古轩拍卖有限公司	周家嘴路 1220 弄 2 号 212 室	第二、三类
41	上海中福拍卖有限公司	福州路 542 号/浙江中路 188 号/湖北路 199 号 2A01 室	第二、三类
42	上海汉霖拍卖有限公司	崇明县长兴镇潘园公路 1800 号 2 号楼 462 室(上海泰和经济发展区)	第二、三类
43	上海离原拍卖有限公司	华青南路 481—485 号 605、606、607 室	第二、三类

1978—2010 年上海市文物管理委员会批准的上海市文物交易市场一览表

编号	名 称	开 发 商	形 式	面积(平方米)	备 注
1	上海老城隍庙古玩市场	豫园商城工艺品公司	商城	1 500(华宝楼) 1 500(南丰分场)	华宝楼与上海老城隍庙古玩市场南丰分场
2	上海有方古玩市场		商城	4 000	上海静安寺珠宝古玩城(业态转换),收购上海南京西路奇石古玩市场(场地拆迁)
3	上海东台路古玩市场	黄浦区市容管理办公室	马路货亭与店铺	略	即浏河路旧工艺品市场
4	上海泰康路古玩市场		商城	略	即静安珠宝古玩城—大同古玩殿
5	上海多伦路文化名人街古玩市场		古镇老街	略	

（续表）

编号	名　　称	开　发　商	形　式	面积（平方米）	备　　注
6	上海云洲邮币卡古玩市场	新徐汇集团	商城	20 000	
7	上海福佑路工艺品市场		商城	4 000	即藏宝楼
8	上海中福古玩城	上海中福（集团）有限公司	商城	10 000	收购南丰市场

　　说明：2001年，上海市文物行政部门根据《上海市文物经营管理办法》批准了9家古玩市场，核准其经营1911年以后的文物。后位于陕西南路的精文文化广场的花卉市场里二楼的上海精文花卉工艺品市场因场地拆迁被撤销，2010年底共有8家古玩市场。

<h3 align="center">1978—2010 年主要出版论著</h3>

书　　名	年份	作　　者	出　版　社
《上海的光辉革命史迹》	1978	上海市文物保管委员会	上海教育出版社
《宋人花鸟》	1979	上海博物馆	文物出版社
《宋拓兰亭序帖》	1979	上海博物馆	上海古籍书店
《祝允明草书前后赤壁赋》	1979	上海博物馆	上海古籍出版社
《上海博物馆藏瓷选集》	1979	上海博物馆藏	文物出版社
《宋人画册》	1980	上海博物馆	上海人民美术出版社
《金王庭筠书重修蜀先主庙碑》	1980	上海博物馆藏	文物出版社
《上海碑刻资料选辑》	1980	上海博物馆图书资料室	上海人民出版社
《笔墨纸砚》	1981	上海博物馆工艺美术研究组	上海教育出版社
《陈端友刻砚艺术》	1981	上海博物馆工艺美术研究组	文物出版社
《陶瓷：明彩瓷》	1981	上海博物馆	上海人民美术出版社
《上海博物馆藏明清法书选》	1981	上海博物馆	上海书画出版社
《上海博物馆藏历代法书选集.第二集》	1982	上海博物馆	文物出版社
《上海博物馆珍藏中国青铜器》	1983	香港市政局，上海博物馆	香港艺术馆
《虚谷画册》	1983	（清）虚谷作；上海博物馆	四川人民出版社
《上海博物馆藏明清折扇书画集》	1983	上海博物馆	上海人民美术出版社
《徐光启著译（上下）》	1983	上海市文物保管委员会	古籍出版社
《商周青铜器纹饰》	1984	上海博物馆青铜器研究组	文物出版社
《明清篆刻选》	1984	上海博物馆	上海书画出版社
《虚白斋藏书画专辑（艺苑掇英31、32期）》	1986	艺苑掇英编辑部、上海博物馆	上海人民美术出版社
《上海博物馆藏明清书法名品展图录》	1986	上海博物馆、大阪市立美术馆、日本书芸院	日本书芸院
《商周青铜器铭文选（一）》	1986	上海博物馆商周青铜器铭文选编写组	文物出版社

（续表一）

书　　名	年份	作　　者	出　版　社
《中国书迹大观·上海博物馆卷（上下）》	1986	上海博物馆	讲谈社
《中国书画家印鉴款识》	1987	上海博物馆	文物出版社
《上海博物馆所藏中国明清书道名品展图录》	1987	上海博物馆	北辰书道会
《敦煌吐鲁番文物特展图录》	1987	上海博物馆、香港中文大学文物馆	香港中文大学文物馆
《商周青铜器铭文选（二）》	1987	上海博物馆商周青铜器铭文选编写组	文物出版社
《崧泽——新石器时代遗址发掘报告》	1987	上海市文物保管委员会编	文物出版社
《上海博物馆藏青铜镜》	1987	陈佩芬	上海书画出版社
《汝窑的发现》	1987	汪庆正等；上海博物馆陶瓷研究组编	上海人民美术出版社
《华喦书画集》	1987	单国霖主编；上海博物馆编	文物出版社
《恽寿平书画集》	1987	承名世、上海博物馆主编	文物出版社
《清初四画僧精品集：纪念上海博物馆建馆三十五周年（上下）》	1987	《艺苑掇英》编辑部、上海博物馆编	上海人民美术出版社
《青花釉里红》	1987	汪庆正主编	文物出版社
《中国书迹大观·上海博物馆卷（上下）》	1988	上海博物馆	文物出版社
《商周青铜器铭文选（三）》	1988	马承源主编；陈佩芬等编撰	文物出版社
《中国青铜器》	1988	马承源主编	上海古籍出版社
《上海鲁迅研究》	1988	上海鲁迅纪念馆	上海社会科学院出版社
《上海博物馆"文房四宝"展》	1989	上海博物馆中文原稿；（日）汎亚西亚文化交流センター	（日）汎亚西亚文化交流センター
《灿烂的中国古代失蜡铸造》	1989	谭德睿	上海科学技术出版社
《上海博物馆藏宝录》	1989	上海博物馆藏宝录编辑委员会	上海文艺出版社
《商周青铜器铭文选（四）》	1990	马承源	文物出版社
《宋人佚简》	1990	上海市文物管理委员会、上海博物馆合编	上海古籍出版社
《上海博物馆藏四高僧画集》	1990	谢稚柳主编	人民美术出版社
《四僧画集（渐江、髡残、石涛、八大山人）》	1991	故宫博物院、上海博物馆、天津市艺术博物馆	天津人民美术出版社
《中国明清书画名品展图册》	1991	上海博物馆	二玄堂
《上海博物馆藏：海上名画家精品集》	1991	上海博物馆	大业公司
《文物荟萃》	1991	上海历史文物陈列馆	上海画报出版社

书　名	年份	作　者	出　版　社
《中国美の名宝（5册）》	1991/1992	上海博物馆	日本放送出版协会、上海人民美术出版社
《丝绸之路古国钱币》	1992	上海市文物管理委员会、上海博物馆	
《良渚文化珍品展》	1992	上海博物馆、（英）香港市政局	香港市政局
《上海百年掠影：1840—1940》	1992	上海市历史博物馆	上海人民美术出版社
《上海革命史资料与研究》	1992	中共"一大"会址纪念馆、上海革命历史博物馆筹备处	开明出版社
《馆藏革命文物选编》	1992	上海革命历史博物馆筹备处	上海人民美术出版社
《上海博物馆藏敦煌吐鲁番文献》	1993	上海博物馆	上海古籍出版社
《两汉官印汇考》	1993	马承源、孙慰祖	书画出版社、大业公司
《上海博物馆藏古代钱币·元明清钱币》	1994	上海博物馆青铜器研究部	上海书画出版社
《上海博物馆藏古代钱币·外国钱币》	1994	上海博物馆青铜器研究部	上海书画出版社
《上海博物馆藏古代钱币·魏晋隋唐钱币》	1994	上海博物馆青铜器研究部	上海书画出版社
《上海博物馆藏古代钱币·宋辽金西夏钱币》	1994	上海博物馆青铜器研究部	上海书画出版社
《上海博物馆藏古代钱币·钱苑》	1994	上海博物馆青铜器研究部	上海书画出版社
《上海博物馆藏古代钱币·先秦钱币》	1994	上海博物馆青铜器研究部	上海书画出版社
《上海博物馆藏古代钱币·秦汉钱币》	1994	上海博物馆青铜器研究部	上海书画出版社
《上海博物馆藏古代钱币·清代民国机制币》	1994	上海博物馆青铜器研究部	上海书画出版社
《江西新淦出土青铜艺术：长江中游青铜王国》	1994	江西省博物馆、上海博物馆	两木出版社
《中国六千年の秘宝展》	1994	上海博物馆、新潟市美术馆原稿；寺泽中国语研究所译	新潟市美术馆
《认识古代青铜器》	1995	陈佩芬	艺术家出版社
《天民楼珍藏青花瓷器》	1996	汪庆正、葛师科主编	上海科学技术出版社
《上海博物馆文物保护科学论文集（平/精）》	1996	马承源主编；张岚执行编辑	上海科学技术文献出版社
《上海博物馆藏明四家精品选集》	1996	上海博物馆主	大业出版社
《上海博物馆中国古代陶瓷馆》	1996	上海博物馆陶瓷研究部	上海古籍出版社
《艺术铸造》	1996	谭德睿、陈美怡主编	上海交通大学出版社
《上海鲁迅纪念馆藏文物珍品集》	1996	上海鲁迅纪念馆	上海古籍出版社

（续表三）

书　名	年份	作　者	出　版　社
《上海文物博物馆志》	1997	《上海文物博物馆志》编撰委员会	上海社会科学院出版社
《西方现代艺术精粹纽约古根海姆博物馆藏品选》	1997	上海博物馆编	上海书画出版社
《上海文物博物馆学会论文集1997》	1997	上海市文物博物馆学会编	上海文物博物馆学会
《中国热释光与电子自旋共振测定年代研究》	1997	王维达主编	中国计量出版社
《上海博物馆中国古代雕塑馆》	1997	上海博物馆青铜研究部	上海古籍出版社
《新疆维吾尔自治区：丝路考古珍品》	1998	上海博物馆	上海文物出版社
《上海博物馆藏历代花鸟画精品集》	1998	上海博物馆	上海书画出版社
《上海博物馆藏康熙瓷图录》	1998	上海博物馆	上海博物馆
《近代中国国货运动研究》	1998	潘君祥主编	上海社会科学院出版社
《海上风情1840s—1990s》	1998	潘君祥主编	上海人民美术出版社
《大英博物馆藏：古埃及艺术珍品展》	1999	上海博物馆	上海画报出版社
《亚洲艺术遗珍：亚洲协会洛克菲勒藏品精选》	1999	上海博物馆	上海书画出版社
《甲骨文发现一百周年》	1999	上海博物馆	上海出版印刷有限公司
《日本文物精华》	2000	上海博物馆	上海书画出版社
《古乐新韵：中国古代青铜乐器》	2000	上海博物馆	上海人民美术出版社
《施嘉幹先生旧藏中外钱币》	2000	上海博物馆	上海人民美术出版社
《夏丏尊旧藏弘一法师墨迹》	2000	上海博物馆	华宝斋书社
《日本文物精华》	2000	上海博物馆	上海书画出版社
《福泉山遗址发掘报告》	2000	上海市文物管理委员会	文物出版社
《草原瑰宝：内蒙古文物考古精品（平/精）》	2000	上海博物馆	上海书画出版社
《走在历史的记忆里：南京路1840—1950》	2000	上海科学技术出版社	上海科学技术出版社
《鲁迅文萃》	2000	上海鲁迅纪念馆	百家出版社
《上海博物馆藏战国楚竹书（1—8）》	2001—2009	马承源主编	上海古籍出版社
《邓石如篆刻》	2001	孙慰祖	上海书店出版社
《唐宋元私印押记集存》	2001	孙慰祖	上海书店出版社
《秦汉文化》	2001	王仁波	学林出版社
《八大山人全集》	2001	单国霖、钟银兰（参撰）	江西美术出版社
《辽夏金元——草原帝国的荣耀》	2001	杭侃	上海辞书出版社

（续表四）

书　名	年份	作　者	出　版　社
《两宋——在繁华中沉没》	2001	杭侃	上海辞书出版社
《古瓷艺术鉴赏与修复》	2001	蒋道银(第二作者)	上海科技教育出版社
《中国美术分类全集·碑帖卷》	2001	汪庆正	湖北美术出版社
《上海出土唐宋元明清玉器》	2001	上海市文物管理委员会	上海人民出版社
《梅花草堂白石印存》	2001	上海博物馆	上海书店出版社
《墨西哥玛雅文明珍品》	2001	上海博物馆	上海书画出版社
《文房四宝》	2001	上海博物馆	上海博物馆
《麦田和睡莲：美国火奴鲁鲁美术馆珍藏油画名品展》	2001	火奴鲁鲁艺术学院	上海博物馆
《屺瞻墨宝》	2001	上海博物馆、朱屺瞻艺术馆	上海书画出版社
《雪域藏珍：西藏文物精华》	2001	上海博物馆	上海书画出版社
《20 世纪初的中国印象：一位美国摄影师的纪录》	2001	上海市历史博物馆	上海古籍出版社
《中国陶瓷》	2002	陆明华	上海外语教育出版社
《秦汉三国两晋南北朝货币(中国历代货币大系第二卷)》	2002	汪庆正等主编	上海辞书出版社
《中国陶瓷辞典(英文版)》	2002	汪庆正主编	新加坡太阳树出版社
《中国古代封泥》	2002	孙慰祖著	上海人民出版社
《马桥 1993—1997 年发掘报告》	2002	上海市文物管理委员会	上海书画出版社
《中国隋唐至清代玉器学术研讨会论文集》	2002	上海博物馆	上海古籍出版社
《晋侯墓地出土青铜器国际学术研讨会论文集》	2002	上海博物馆	上海书画出版社
《谢稚柳》	2002	上海博物馆	上海人民出版社
《马桥 1993—1997 年发掘报告》	2002	上海市文物管理委员会	上海书画出版社
《上海博物馆藏欧洲玻璃陶瓷器》	2002	上海博物馆	上海书画出版社
《中国隋唐至清代玉器学术研讨会论文集》	2002	上海博物馆	上海古籍出版社
《上海博物馆建馆 50 周年纪念学术论文：文物保护与考古科学》	2002	上海博物馆	
《上海博物馆建筑装饰图册(中文)》	2002	上海博物馆	上海书画出版社
《九府裕民：上海钱庄票图史》	2002	上海博物馆	上海书店出版社
《顾公雄家属捐赠上海博物馆过云楼书画集萃》	2002	上海博物馆	上海书画出版社
《晋国奇珍：山西晋侯墓群出土文物精品》	2002	上海博物馆	人民美术出版社

（续表五）

书　名	年份	作　者	出　版　社
《开天辟地》	2002	倪兴祥、陆米强	上海书店出版社
《上海市历史博物馆馆刊》	2002	上海市历史博物馆	上海社会科学院出版社
《可斋论印新稿》	2003	孙慰祖	上海辞书出版社
《中国篆刻大辞典》	2003	孙慰祖（编委、撰稿）、刘一闻（撰稿）	上海辞书出版社
《螺旋纹密码》	2003	胡江	中国友谊出版公司
《银锭》	2003	周祥	上海书店出版社
《古镜》	2003	陈晴	上海书店出版社
《名笔》	2003	余春雷	上海书店出版社
《版画》	2003	顾音海	上海书店出版社
《飘逝的风景（卢芹斋文物经营档案明信片解读）》	2003	顾音海	浙江摄影出版社
《心印：中国书画结构风格分析研究》	2003	李维琨（译著）	陕西人民美术出版社
《中国历代小品画——山水卷》	2003	单国霖主编	山东美术出版社
《上海博物馆藏书法释文选》	2003	上海博物馆	上海人民美术出版社
《上海文物博物馆学会论文集 2003》	2003	上海博物馆	上海书画出版社
《上海博物馆建筑装饰图册（英文）》	2003	上海博物馆	上海书画出版社
《东京国立博物馆藏西川宁书法艺术展》	2003	上海博物馆、东京国立博物馆、谦慎书道会	上海人民美术出版社
《伊特鲁利亚人的世界》	2003	上海博物馆	上海人民美术出版社
《上海博物馆：淳化阁帖最善本（精）》	2003	上海博物馆	上海书画出版社
《〈淳化阁帖〉与"二王"书法艺术研究论文集》	2003	上海博物馆	上海出版印刷有限公司
《沈之瑜文博论集》	2003	沈之瑜著，上海博物馆编	上海古籍出版社
《中国共产党创建史研究文集 1990—2002》	2003	中共一大会址纪念馆	上海人民出版社
《晋唐宋元书画国宝特集》	2003	故宫博物院、辽宁省博物院、上海博物馆	上海书画出版社
《应修人日记》	2003	上海鲁迅纪念馆	上海书画出版社
《夏商周青铜器研究》	2004	陈佩芬	上海古籍出版社
《中国青铜器》	2004	李朝远、周亚、马今洪、吴来明、廉海萍	五洲传播出版社
《明清青铜器》	2004	马今洪	上海书店出版社
《纸币》	2004	周祥	上海书店出版社
《明清金铜佛像》	2004	李柏华	上海书店出版社
《圣火与净土的艺术》	2004	张东	上海书店出版社

（续表六）

书　名	年份	作　者	出　版　社
《二十世纪图书馆与文化名人》	2004	陈燮君	上海社会科学院出版社
《对联十讲》	2004	刘一闻	上海书画出版社
《印章艺术及临摹创作》	2004	刘一闻	上海书店出版社
《北欧文艺复兴美术》	2004	李维琨	中国人民大学出版社
《吴昌硕作品选》	2004	张雷	上海人民美术出版社
《吴湖帆的艺术世界》	2004	顾音海、佘彦焱	文汇出版社
《新见古玉真赏》	2004	张尉主编	上海古籍出版社
《古玩真赝鉴定自测》	2004	张尉	上海古籍出版社
《中国古玉发现与研究100年》	2004	张明华	上海书店出版社
《文房用具》	2004	华慈祥	上海书店出版社
《外国玻璃艺术》	2004	刘刚	上海书店出版社
《告别安逸——古家具》	2004	刘健	上海书店出版社
《古玉艺术鉴赏》	2004	丁叙钧	上海科技教育出版社
《明清釉上彩绘瓷器》	2004	丁叙钧	上海书店出版社
《中国古代纸钞》	2004	周祥著	上海人民出版社
《周秦汉唐的辉煌》	2004	上海博物馆	香港文汇出版社
《长江下游地区文明化进程学术研讨会论文集》	2004	上海博物馆	上海书画出版社
《周秦汉唐文明（精）》	2004	陕西省文物局、上海博物馆编	上海书画出版社
《周秦汉唐文明（珍藏）》	2004	陕西省文物局、上海博物馆编	上海书画出版社
《古罗马文明：罗马帝国的人与神》	2004	上海博物馆编	上海书画出版社
《卡地亚艺术珍宝展》	2004	上海博物馆编	上海书画出版社
《上海博物馆藏品精华》	2004	上海博物馆编	上海书画出版社
《象尊与牺尊：中法文化年交流展览》	2004	上海博物馆编	
《艺术与历史——上海博物馆文物读本》	2004	上海博物馆	香港文汇出版社
《中国上古史：历史编纂学的理论与实践》	2004	上海博物馆编	
《上海博物馆》	2004	上海博物馆编	文物出版社
《周秦汉唐文明特集》	2004	陕西省文物局、上海博物馆编	上海书画出版社
《至人无法：故宫上博珍藏八大石涛书画精品》	2004	故宫博物院研究人员、上海博物馆研究人员编	澳门艺术博物馆
《中国共产党创建史大事记》	2004	倪兴祥	上海人民出版社
《党史研究文集》	2004	任武雄、倪兴祥	上海古籍出版社

（续表七）

书　　名	年份	作　　者	出　版　社
《中国的租界》	2004	上海市历史博物馆编	上海社会科学院出版社
《四个月的战争："八一三"淞沪抗战纪实》	2004	上海市历史博物馆编	上海社会科学院出版社
《殷契拾掇》	2005	郭若愚	上海古籍出版社
《中国绘画史》	2005	郑为	北京古籍出版社
《赵孟頫与"吴兴画派"》	2005	李维琨	山东美术出版社
《中国出土玉器全集(第7卷)》	2005	张尉(副主编),周丽娟、何继英(参与编写)	科学出版社
《书画经典国际学术研讨会论文集》	2005	上海博物馆编	上海博物馆
《书画经典国际学术研讨会论文提要》	2005	上海博物馆编	上海博物馆
《书画经典:故宫博物院·上海博物馆　中国古代书画藏品集》	2005	故宫博物院　上海博物馆编	紫荆城出版社
《怀胜:故宫博物院上海博物馆晋唐宋元书画国宝》	2005	上海博物馆编	紫荆城出版社
《练形神冶莹质良工:上海博物馆藏铜镜精品》	2005	上海博物馆编	上海书画出版社
《中国古代书画藏品集:故宫博物院　上海博物馆》	2005	故宫博物院　上海博物馆编	紫禁城出版社
《吴筹中先生旧藏纸币精粹》	2005	上海博物馆编	上海书画出版社
《宁静的辉煌:上海博物馆新馆陈列设计解析》	2005	李蓉蓉编著	文物出版社
《书画印壶:陈鸿寿的艺术》	2005	上海博物馆、南京博物院、香港中文大学文物馆	
《中国古代白瓷国际学术研讨会论文集》	2005	上海博物馆编	上海书画出版社
《宝石之光》	2005	上海博物馆编	上海书画出版社
《十七、十八世纪法国马赛艺术》	2005	上海博物馆编	上海画报出版社
《"太阳王"路易十四法国凡尔赛宫珍藏展》	2005	上海博物馆编	上海书画出版社
《暂得楼清代官窑单色釉瓷器展》	2005	暂得楼、上海博物馆、首都博物馆、香港中文大学文物馆编	香港中文大学文物馆
《十七世纪景德镇国际学术研讨会论文稿》	2005	上海博物馆编	
《"太阳王"路易十四法国凡尔赛宫珍藏展》	2005	上海博物馆编	上海书画出版社
《上海博物馆与英国巴特勒家族所藏十七世纪景德镇瓷器》	2005	上海博物馆编	上海书画出版社

（续表八）

书　名	年份	作　者	出　版　社
《收藏上海》	2005	上海市历史博物馆编	学林出版社
《百年回望——上海外滩建筑与景观的历史变迁》	2005	钱宗灏、陈正书、华一民	上海科学技术出版社
《黄源文集》	2005—2009	上海鲁迅纪念馆编	上海文艺出版社
《故宫博物院宫廷珍宝》	2006	故宫博物院、上海博物馆编	紫禁城出版社
《戚叔玉捐赠历代石刻文字拓本目录》	2006	上海博物馆图书馆	上海古籍出版社
《亚述》	2006	上海博物馆教育部	香港文汇出版社
《楚竹书〈周易〉研究》	2006	濮茅左	上海古籍出版社
《金文常用字汇》	2006	濮茅左	上海书店出版社
《甲骨文常用字汇》	2006	濮茅左	上海书店出版社
《殷墟卜辞研究》	2006	濮茅左（第一翻译）	上海古籍出版社
《陈鸿寿篆刻》	2006	孙慰祖	上海书店出版社
《吴筹中先生旧藏纸币精粹》	2006	吴旦敏（编撰）	上海书画出版社
《近代机制币辨伪图鉴》	2006	钱屿	上海人民出版社
《读书敏求记校证》	2006	佘彦焱（整理）	上海古籍出版社
《滂喜斋藏书记》	2006	佘彦焱（整理）	上海古籍出版社
《文禄堂访书记》	2006	柳向春（整理）	上海古籍出版社
《宝礼堂宋本书目》	2006	柳向春（整理）	上海古籍出版社
《上海百年名楼·名宅》	2006	李孔三、谭玉峰（参与撰稿）	光明日报出版社
《海派代表书法家系列作品集·王蘧常》	2006	王运天主编	上海书画出版社
《海派代表书法家系列作品集·弘一》	2006	刘一闻主编	上海书画出版社
《幽涧潺湲　元末明初的文人画》	2006	李维琨	上海书画出版社
《湿墨繁笔　吴镇、王蒙的山水画》	2006	黄朋	上海书画出版社
《崇石平远　元代的李郭传派》	2006	孙丹妍	上海书画出版社
《绍往开来　20世纪20—40年代的山水画》	2006	孙丹妍	上海书画出版社
《林泉高致　郭熙、王诜的山水画》	2006	孙丹妍	上海书画出版社
《三家鼎峙　北宋三家的山水画》	2006	孙丹妍	上海书画出版社
《中日古代书法珍品特集》	2006	东京国立博物馆、上海博物馆、朝日新闻社编	
《上海考古精粹》	2006	上海市文物管理委员会	上海人民美术出版社
《上海博物馆藏丝绸之路古代国家钱币》	2006	上海博物馆青铜器研究部主编	上海书画出版社

（续表九）

书　名	年份	作　者	出　版　社
《千年遗珍国际学术研讨会论文集》	2006	上海博物馆编	上海书画出版社
《从塞尚到波洛克：纽约现代艺术博物馆藏绘画名作选》	2006	上海博物馆	上海辞书出版社
《全球百家博物馆》	2006	上海博物馆编	上海书画出版社
《艺术与帝国：大英博物馆藏亚述珍品》	2006	上海博物馆编	上海书画出版社
《明吴门四杰书画精品集》	2006	苏州博物馆、上海博物馆编	文物出版社
《此间曾著星星火——中共创建及中共中央在上海》	2006	倪兴祥、陆米强	人民出版社
《中国共产党创建史论著目录(1949.10—2004.12)》	2006	倪兴祥	上海人民出版社
《老上海的当铺与当票》	2006	上海市历史博物馆编	上海古籍出版社
《左联与中国共产党》	2006	张小红	上海人民出版社
《新学科文化肖像》	2007	陈燮君主编	文汇出版社
《可斋论印三集》	2007	孙慰祖	上海辞书出版社
《古玉鉴要》	2007	张尉	浙江摄影出版社
《旋乾斋书法篆刻集》	2007	王运天	香港今日出版公司
《明清家具鉴定》	2007	王正书	上海书店出版社
《古瓷鉴要》	2007	张东	浙江摄影出版社
《碑拓鉴要》	2007	魏小虎	浙江摄影出版社
《金属工艺：中国传统工艺全集》	2007	谭德睿、孙淑云编著	大象出版社
《明代官窑瓷器》	2007	陆明华著	上海人民出版社
《中国文博名家画传：徐森玉》	2007	郑重著	文物出版社
《美国艺术三百年：适应与革新》	2007	上海博物馆	上海辞书出版社
《上海博物馆赴俄珍品展》	2007	上海博物馆	上海博物馆
《瑞典银器五百年》	2007	上海博物馆	上海古籍出版社
《伦勃朗与黄金时代：荷兰阿姆斯特特丹国立博物馆藏珍》	2007	上海博物馆	上海古籍出版社
《海上锦绣：顾绣珍品特集》	2007	上海博物馆	上海古籍出版社
《陈绍康中共党史研究文集》	2007	陆米强	上海古籍出版社
《海上名医——张氏中医世家》	2007	张文勇主编	上海人民美术出版社
《青岛旧影》	2007	上海市历史博物馆	
《厦门旧影》	2007	上海市历史博物馆	
《武汉旧影》	2007	上海市历史博物馆	

（续表一〇）

书　名	年份	作　者	出　版　社
《泱泱瓷国——古代瓷器制作术》	2008	陈克伦、叶倩	文物出版社
《明代吴门画派研究》	2008	李维琨	东方出版中心
《中国花鸟画通鉴：墨花墨禽》	2008	孙丹妍	上海书画出版社
《一闻艺论》	2008	刘一闻	上海辞书出版社
《上海历史文物建筑》	2008	陈燮君主编	上海教育出版社
《明代文化》	2008	单国霖共同主编	学林出版社、上海科技教育出版社
《中国出土瓷器全集》	2008	陈克伦（副主编）	科学出版社
《商周文化》	2008	周亚（副主编）	学林出版社、上海科技教育出版社
《孙慰祖印谱》	2008	孙慰祖	西泠印社出版社
《印中岁月——可斋忆事印记》	2008	孙慰祖	吉林美术出版社
《世博与艺术》	2008	陈燮君、刘健	东方出版中心
《顾绣（中华锦绣丛书）》	2008	包燕丽	苏州大学出版社
《中国考古 60 年》	2008	宋建、何继英（参与撰写）	文物出版社
《新中国出土墓志（上海卷）》	2008	周丽娟主编	文物出版社
《上海工业遗产实录》	2008	上海市文物管理委员会编	上海交大出版社
《上海工业遗产新探》	2008	上海市文物管理委员会编	上海交大出版社
《上海虹口工业遗产图录》	2008	上海市文物管理委员会编	香港东方艺术中心
《奇迹天工——中国古代发明创造文物展》	2008	吴来明、周亚、廉海萍、丁忠明	文物出版社
《雄奇宝器——古代青铜铸造术》	2008	吴来明、周亚、廉海萍、丁忠明	文物出版社
《鉴余留珍》	2008	上海市文物管理委员会编	上海古籍出版社
《周秦汉唐文明研究论集》	2008	上海博物馆	上海古籍出版社
《书画经典国际学术研讨会论文集》	2008	上海博物馆	上海古籍出版社
《世貌风情：中国古代人物画精品集》	2008	上海博物馆、辽宁省博物馆	上海古籍出版社
《古代奥林匹克运动与艺术》	2008	上海博物馆	上海古籍出版社
《首阳吉金：胡盈莹、范季融藏中国古代青铜器》	2008	首阳斋、上海博物馆、香港中文大学文物馆编	上海古籍出版社
《南陈北崔：故宫博物院、上海博物馆藏陈洪绶崔子忠书画集》	2008	故宫博物院、上海博物馆	上海古籍出版社
《帝王之龙》	2008	上海博物馆	上海古籍出版社
《赵家璧文集》	2008	上海鲁迅纪念馆	上海文艺出版社
《融古开今：纪念谢稚柳百年诞辰书画精品集》	2009	上海博物馆	上海书画出版社

（续表一一）

书 名	年份	作 者	出 版 社
《中国古代玉器》	2009	张尉著	上海人民出版社
《谢稚柳系年录》	2009	郑重著	上海书店出版社
《上海明墓》	2009	上海市文物管理委员会	文物出版社
《海帆留踪：荷兰倪汉克捐赠明清贸易瓷展》	2009	上海博物馆	上海书画出版社
《冒广生友朋书札》	2009	上海博物馆图书馆	上海书画出版社
《上海博物馆藏甲骨文字》	2009	濮茅左编著；谢海元裱拓；上海博物馆编	上海辞书出版社
《新中国出土墓志：上海、天津》	2009	中国文化遗产研究院、上海博物馆、天津市文化遗产保护中心编著，常熟博物馆编	文物出版社
《中国印章——历史与艺术（中文版/英文版）》	2010	孙慰祖	外文出版社
《历代玺印断代标准品图鉴》	2010	孙慰祖	吉林美术出版社
《当代书法论文选·印学卷》	2010	孙慰祖（执行主编）	荣宝斋出版社
《实证上海史——考古学视野下的古代上海》	2010	陈杰	上海古籍出版社
《中国历代书画文物的保护与管理》	2010	吴耀珉	上海锦绣文章出版社
《博览劝业——世博会与中国近代博览会》	2010	刘健	上海教育出版社
《陈奂交游研究》	2010	柳向春	华东师范大学出版社
《经学博采录》	2010	柳向春（整理）	华东师范大学出版社
《古陶瓷热释光测定年代研究》	2010	王维达编著	上海科学技术出版社
《千年丹青：日本中国藏唐宋元绘画珍品》	2010	上海博物馆	东方出版中心
《古印度文明：辉煌的神庙艺术》	2010	上海博物馆	上海书画出版社
《北方之星：叶卡捷琳娜二世与俄罗斯帝国的黄金时代》	2010	上海博物馆	东方出版中心
《唐物（鉴真和空海）》	2010	上海博物馆	广西师范大学出版社
《顾绣国际学术研讨会论文集》	2010	上海博物馆	上海书画出版社
《中国古代青铜器国际研讨会论文集》	2010	上海博物馆、香港中文大学文物馆编	上海博物馆
《鉴真与空海：中日文化交流的见证》	2010	上海博物馆	东方出版中心
《千年丹青——细读中日藏唐宋元绘画珍品》	2010	上海博物馆	北京大学出版社

（续表一二）

书　名	年份	作　者	出版社
《上海往事探寻》	2010	上海市历史博物馆	上海书华出版社
《迈向更美好的城市：第22届国际博物馆协会大会城市博物馆专业委员会论文集》	2010	上海市历史博物馆	学林出版社

1978—2010年科研获奖项目一览表

成果名称	获奖年份	执行年月	完成单位	主要完成人	获奖情况	项目性质
一、国家级奖项						
出土铁器脱盐缓蚀保护处理研究	1997 1995	1992.6—1994.4	上海博物馆 华东理工大学*	祝鸿范　陆仁杰* 蔡兰坤*　周浩等	1996年度国家科学技术进步三等奖 1994年度国家文物局文物科学技术进步一等奖	国家文物局课题
上海科技馆重大工程建设与研究	2001	1996—2001	上海科技城建设指挥部、上海交通大学、上海建工总公司、上海现代设计集团、复旦大学等	曹臻　毛小涵 胡学增　钱之广 朱立达　李宗猛 赵金城等	2003年度国家科技进步二等奖 上海市科学2001年科技进步一等奖	上海市政府项目
二、省部地市级奖项						
热释光测定陶瓷器文物年代	1977	1975—1977	上海博物馆	王维达	1977年上海市科学大会重大科技成果奖	上海博物馆立项
三号中药气相防霉剂的研制和在书画保护中的应用	1985	1980.12—1983.2 鉴定日期1983/2/23	上海博物馆 上海医药工业研究所*	陈元生　解玉林 周仲良*	1983、1984年度文化部科技成果三等奖	文化部文物事业管理局《1978—2000年文物保护科学技术发展规划》项目
用TLD测量α、β年剂量的细粒热释光测定年代技术	1985	1975.5—1984.3 鉴定日期1984/3/24	上海博物馆 上海市工业卫生研究所*	王维达　周智新 夏君定	1983、1984年度文化部科技成果三等奖	文化部文物事业管理局《1978—2000年文物保护科学技术发展规划》项目
软X射线对书画、漆木器等文物的无损检测	1985	1979—1980 鉴定日期1984/3/22	上海博物馆 上海新跃仪表厂*	祝鸿范　周庚余 杨新荣*	1983、1984年度文化部科技成果四等奖	上海博物馆立项

(续表一)

成果名称	获奖年份	执行年月	完成单位	主要完成人	获奖情况	项目性质
宋代漆器圈叠胎制作工艺	1985	1981.12—1983.5 鉴定日期 1984/3/22	上海博物馆 常州市博物馆*	吴福宝　张岚 陈晶*	1983、1984年度文化部科技成果四等奖	上海博物馆立项
用全息照相时间平均法研究明代《游鱼喷水洗》喷水原理	1985	1976.6—1984.11 鉴定日期 1984/12/12	上海博物馆	祝鸿范　周庚余	1983、1984年度文化部科技成果四等奖	文化部文物事业管理局《1978—2000年文物保护科学技术发展规划》项目
东汉"水银沁"铜镜表面处理技术研究	1987	1984.7—1986.10 鉴定日期 1986/10/18	上海博物馆 上海材料研究所*	谭德睿　舒文芬* 吴来明等	1985、1986年度文化部科技成果一等奖	上海市文化局立项
溴甲烷熏蒸剂在文物保护中的应用及废气治理	1987	1983.4—1984.12 鉴定日期 1986/9/23	上海博物馆 华东华工学院*	陈元生　葛海林* 解玉林　王克华	1985、1986年度文化部科技成果二等奖	上海市文化局立项
微机在热释光测定年代中的应用	1987	1985.7—1986.9 鉴定日期 1986/12/19	上海博物馆 中国科学院上海原子核研究所*	王维达　夏君定 林金锌*　王裕政* 钱春梁*	1985、1986年度文化部科技成果三等奖	文化部立项
不测剂量的热释光断代技术	1988	1983.10—1985.12 鉴定日期 1987/11/10	上海博物馆 上海医科大学放射科医学研究所*	王维达　周智新* 夏君定	1988年度文化部科技成果四等奖	文化部立项(83-15)
浸渗处理青铜器有害锈的研究	1988	1984.9—1987.11 鉴定日期 1987/11/25	上海博物馆	祝鸿范　周庚余 陈萍	1988年度文化部科技成果二等奖	文化部文物事业管理局《1978—2000年文物保护科学技术发展规划》项目
藏品编目图像管理系统	1988	1987—1988	上海博物馆	祝敬国等	1988年度文化部科技成果四等奖	文化部立项
关于野生麋鹿种群在中国重建问题的探讨	1990	1984—1990	上海自然博物馆	曹克清等	1990年上海市科技进步三等奖	上海市重大科学研究项目
博物馆内主要污染气体的检测及其分布情况的研究	1992	1987.9—1988.12 鉴定日期 1989/9/8	上海博物馆 华东华工学院*	陈元生　金鑫荣* 解玉林　郑世红* 蔡培光	1991年度国家文物局文物科学技术进步四等奖	文化部立项

（续表二）

成果名称	获奖年份	执行年月	完成单位	主要完成人	获奖情况	项目性质
BMC 湿度调节剂（BMC 湿度调节剂的研及其应）	1992	1989.9—1991.4 鉴定日期 1991/4/25	上海博物馆 华东华工学院*	陈元生　金鑫荣* 陈德康*　解玉林 蔡培光	1991 年度国家文物局文物科学技术进步三等奖	国家文物局课题
西藏海相中生代腹足类	1992	1986—1990	上海自然博物馆	王惠基、杨胜秋	1992 年度上海市科学技术进步二等奖	
"水银沁"形成机理及其应用前景研究	1993	1990—1992	上海博物馆 上海材料研究所*	谭德睿　吴来明 吴则嘉*　等	1992 年度国家文物局文物科学技术进步四等奖	国家文物局课题
出土铁器脱盐缓蚀保护处理研究	1995	1992.6—1994.4	上海博物馆 华东理工大学*	祝鸿范　陆仁杰* 蔡兰坤*　周浩等	1994 年度国家文物局文物科学技术进步一等奖	国家文物局课题
史前漆膜的分析鉴定技术研究	1995	1992—1994 鉴定日期 1995/8/1	上海博物馆	陈元生　解玉林	1994 年度国家文物局文物科学技术进步三等奖	国家文物局课题
多媒体动态立体模型——弄堂之声	1997	1993.10—1994.10	由上海市历史博物馆、上海东方电视台、上海沙迪克软件有限公司	张文勇、单子恩、莫骄、华昌法、冯海樑	上海市科学技术进步三等奖	
瓷器热释光断代及其真伪鉴别研究	1998	1996—1997	上海博物馆	王维达　夏君定 周智新	1997 年度国家文物局文物科学技术进步二等奖	国家文物局课题
严重朽蚀饱水竹简的真空冷冻干燥研究	1999	1994—1997	上海博物馆	陈元生　解玉林 罗曦芸	1998 年度国家文物局文物科学技术进步一等奖	国家文物局课题
东周铜兵器菱形纹饰技术研究	1999	1992.7—1997.7	上海博物馆 上海材料研究所* 宝钢冶金研究所	谭德睿　廉海萍 吴则嘉*　等	1998 年度国家文物局文物科学技术进步二等奖	上海市科委项目
前剂量饱和指数法测定瓷器热释光年代	2004	1997.6—2003.10 鉴定日期 2003/12/16	上海博物馆	王维达　夏君定 周智新	2004 年度国家文物局文物保护科学和技术创新一等奖	国家文物局课题
银器文物抗变色处理处理的研究	2005	1999.12—2002.5	上海博物馆 华东理工大学*	祝鸿范　周浩 蔡兰坤*	2005 年度国家文物局文物保护科学和技术创新二等奖	国家文物局立项(9919)

（续表三）

成果名称	获奖年份	执行年月	完成单位	主要完成人	获奖情况	项目性质
吴越青铜技术研究（吴文化青铜器铸造技术研究）	2005	1991—2000	上海博物馆南京博物院*	谭德睿 廉海萍 万俐* 徐惠康	2005年度国家文物局文物保护科学和技术创新二等奖	国家文物局立项(910901)
馆藏文物保存环境应用技术研究（2006BAK20B01）	2010	2006—2009鉴定日期2010/4/16	上海博物馆华东理工大学复旦大学等	吴来明 蔡兰坤 等	2009年国家文物局文物保护科学和技术创新二等奖	国家科技支撑计划

1978—2010年申请与授权专利成果一览表

序号	授权公告日	专利申请日	专利名	专利权人	发明人	授权（申请）专利号
1	2007.05.30	2004.03.17	发明专利《一种无氯钎剂及其在青铜文物钎焊修复中的应用》	上海博物馆*上海交通大学	张光敏、周 浩、张佩琛、张 茗、吴鲁海*、薛小怀*	授权专利号：ZL 2004 1 0016987.2
2	2008.03.12	2007.04.19	实用新型专利《无动力扩散采样器》	上海博物馆	解玉林、徐方圆、吴来明、施超欧	授权专利号：ZL 2007 2 0069075.0
3	2008.11.12	2007.11.08	实用新型专利《博物馆藏展材料评估筛选用测试容器》	上海博物馆*复旦大学	张 敏*、吴来明、周新光、罗曦芸、王克华、孔令东*、陈建民*、陈 晖*、周娇妮*、王 升*	授权专利号：ZL 2007 2 0076521.0
4	2009.01.28	2008.06.27	实用新型专利《馆藏文物保护环境多功能组合式空气净化器》	华东理工大学上海博物馆	刘兆辅、修光利、张大年、魏 华、吴 燕、徐利行、赵 康、王大为、蔡 婧、孙启悦、修 艺	授权专利号：ZL 2008 2 0150092.1
5	2010.06.02	2008.04.29	发明专利《一种含有壳聚糖的甲醛吸附剂》	上海博物馆*华东理工大学	张文清*、吴来明、罗曦芸、夏 玮*、王声宇*	授权专利号：ZL 2008 1 0036746.2
6	2011.08.31	2007.08.23	发明专利《博物馆藏展材料评估筛选用金属薄膜试片及其制备方法》	*复旦大学上海博物馆	孔令东*、张 敏*、陈建民*、吴来明、周新光、解玉林、王克华	授权专利号：ZL 2007 1 0045193.2
7	2013.01.16	2008.08.20	发明专利《一种压电晶体气体传感器的制备方法》	上海博物馆*华东理工大学	蔡兰坤*、闫 莹*、吴来明、周 浩、朱 晶*、赵利红*、彭熙瑜	授权专利号：ZL 2008 1 0041905.8

（续表）

序号	授权公告日	专利申请日	专利名	专利权人	发明人	授权(申请)专利号
8	2011.08.31	2008.10.04	发明专利《一种用于空气中痕量组分动态膜采样器及其检测方法》	* 华东理工大学 上海博物馆	杜一平*、罗曦芸*、张维冰*、吴来明、张　磊*、梅　嫒*	授权专利号：ZL 2008 1 0200836.0
9	2011.09.2	2008.10.27	发明专利《羧甲基壳聚糖的用途》	* 华东理工大学 上海博物馆	张文清*、罗曦芸*、夏　玮*、曹家洌*、吴来明	授权专利号：ZL 2008 1 0201817.X
10	2011.08.31	2008.12.11	发明专利《基于图像处理的藏展材料的快速评估方法》	西安交通大学（* 上海博物馆）（** 复旦大学）	齐　春、庞　宁、黄　华、吴来明*、陈建民**	授权专利号：ZL 2008 1 0232777.5
11	2011.05.18	2009.03.10	发明专利《溶剂性古墨专用修补胶粘剂及其植被方法》	* 南京航空航天大学 上海博物馆	邱建辉*、徐雷雷*、徐方圆、吴来明、陈国清*	授权专利号：ZL 2009 1 0025804.6

1995—2010 年上海考古发掘简报一览表

序号	名　称	作　者	期　刊	发表时间
1	《上海市闵行区马桥遗址 1993—1995 年发掘报告》	上海市文物管理委员会	《考古学报》	1997 年 2 期
2	《上海市金山县查山和亭林遗址试掘》	孙维昌	《南方文物》	1997 年 3 期
3	《上海奉贤县冯桥宋井的清理》	王世杰	《考古》	1997 年 5 期
4	《上海青浦寺前村和果园村遗址试掘》	孙维昌	《南方文物》	1998 年 1 期
5	《上海嘉定法华塔元明地宫清理简报》	上海市文物管理委员会	《文物》	1999 年 2 期
6	《上海松江李塔明代地宫清理简报》	上海市文物管理委员会	《文物》	1999 年 2 期
7	《上海市李惠利中学明代墓群发掘简报》	上海市文物管理委员会	《东南文化》	1999 年 6 期
8	《上海打浦桥明墓出土玉器》	王正书	《文物》	2000 年 4 期
9	《1994—1995 年上海青浦崧泽遗址的发掘》	上海市文物管理委员会	《上海博物馆集刊（第八期）》	2000 年
10	《上海市松江县姚家圈遗址发掘简报》	上海市文物管理委员会考古部	《考古》	2001 年 9 期
11	《上海青浦区寺前史前遗址的发掘》	上海博物馆考古研究部	《考古》	2002 年 10 期
12	《上海松江区广富林遗址 1999—2000 年发掘简报》	上海博物馆考古研究部	《考古》	2002 年 10 期

（续表）

序号	名　称	作　者	期　刊	发表时间
13	《上海金山区亭林遗址 1988、1990 年良渚文化墓葬的发掘》	上海博物馆考古研究部	《考古》	2002 年 10 期
14	《上海青浦区塘郁元明时期码头遗址》	上海博物馆考古研究部	《考古》	2002 年 10 期
15	《上海奉贤县江海遗址 1996 年发掘简报》	上海市文物管理委员会	《考古》	2002 年 11 期
16	《上海市松江区华阳明代墓群发掘简报》	上海博物馆考古研究部	《上海博物馆集刊（第九期）》	2002 年
17	《上海松江圆应塔珍藏文物及碑文考释》	谭玉峰、于存海、罗时惠	《上海博物馆集刊（第九期）》	2002 年
18	《上海市天钥桥路清代墓葬发掘简报》	上海市文物管理委员会	《东南文化》	2003 年 1 期
19	《上海浦江花苑遗址清理简报》	上海博物馆考古研究部	《文物》	2003 年 2 期
20	《上海市松江区明墓发掘简报》	上海博物馆考古研究部上海市松江博物馆	《文物》	2003 年 2 期
21	《上海青浦福泉山发现一座战国墓》	上海博物馆考古研究部	《考古》	2003 年 11 期
22	《广富林遗址良渚文化墓葬与水井的发掘》	周丽娟	《东南文化》	2003 年 11 期
23	《上海青浦寺前村遗址历史时期遗存发掘报告》	上海博物馆考古研究部	《上海博物馆集刊（第十期）》	2005 年
24	《上海市普陀区志丹苑元代水闸遗址发掘简报》	上海博物馆考古研究部	《文物》	2007 年 4 期
25	《上海松江区广富林遗址 2001—2005 年发掘简报》	上海博物馆考古研究部	《考古》	2008 年 8 期
26	《上海市金山区招贤浜遗址发掘简报》	上海博物馆考古研究部	《南方文物》	2009 年 2 期

索　引

X

（王彦祥、张若书、刘子涵　编制）

编 后 记

《上海市志·图书·文博分志·文博卷(1978—2010)》经过全体编纂人员近八年的努力,终于在中国共产党百年华诞之际面世了。本卷根据《上海市人民政府办公厅关于印发〈上海市第二轮编地方志书编纂规划〉的通知》〔沪府办发(2010)5 号〕、《上海市地方志编纂委员会〈上海市志(1978—2010)〉编纂实施方案》〔沪志委(2010)1 号〕有关工作要求,由上海市文化和旅游局牵头负责,上海十六个区县文化(文广)局和约二十家文博单位联合编纂,严格按照国务院《地方志工作条例》的各项规定,全面真实记载了党的十一届三中全会以来上海市文博事业的成就、经验和教训,反映上海文博业发展的历史轨迹和客观规律。

经过 2011 年至 2012 年的摸底准备和广泛调研,2013 年该卷具体编纂工作正式启动。2014年,编纂工作小组建立,制定修志计划,拟定编纂大纲,经多轮该志编委会会议、专家学者座谈会、小型研讨会,并听取市地方志办公室领导与专家意见,2014 年 6 月编纂大纲正式报上海市文化广播影视管理局(上海市文物局)批准。

2014 年下半年,编纂办公室正式成立,同时,邀请全市 35 家文博单位参与编纂,该志工作网络体系建设完成。11 月 19 日,编纂办公室组织召开《文博卷》编纂动员会暨修志业务培训会,向参编单位发放《编纂指南》(绿皮书),上海市地方志办公室领导专家对参编单位工作人员进行培训。

2015 年,编纂办公室在查阅 30 年以来上海文博文物工作档案的同时,组织各参编单位调查搜集区县、各馆的资料档案,调阅及搜索相关媒体报道、图书资料、影像图片等素材,在此基础上编纂办公室完成 100 余万字的资料卡片。

2016 年,编纂办公室走访收藏家协会、上海市各拍卖公司、文化执法大队、文物出入境管理机构等单位,查阅档案资料,解决疑难问题。在局领导的协调下,又获得上海博物馆文物科技保护中心加入编纂队伍助力,提供文博科研篇资料。当年补充资料卡片至 115 万余字,录入并整理为长编80 余万字。

2017—2018 年,在全市范围内建立撰稿队伍,编纂办公室将大纲细化至撰稿条目,并试写初稿,经市文广文物局地方志专家督导审核,发至各撰稿人全面试写初稿。反复试写修订,经上海市文化和旅游局、上海市地方志办公室审定,最终确定写稿模式。

2019 年 5 月,整卷 70 余万字的《文博卷》初稿完成。编纂办公室主任、本书副主编、上海市文化和旅游局领导、市地方志办公室专家先后审阅并提出意见。编纂办公室及撰稿人在汇集各方意见、与相关专家多次讨论研究后,于 10 月中旬完成修订。修改后的全书分为七篇,共计 71 万余字,图片 150 余张,报市文旅局和方志办审核。2019 年 11 月,收到文旅局和市地方志办公室修改建议后,再次组织内审及讨论,侧重对概述、各章节重点内容、大事记等进行修改完善。至 11 月底,在听取相关专家学者和领导意见的基础上,全书字数增加至 73 万余字,图片 200 余张,于 12 月完成送审稿,正式提交市地方志办公室。

2020年4月,市地方志办公室组织专家对全书进行评议。根据评议意见,编纂办公室组织各参编单位对志书进行修改,补充相关内容及图片,下发全市各文博相关单位进行核对后完成修订。9月,市地方志办公室组织专家对全书进行审定。根据审定意见,再次对全书作出补充调整。2021年2月,市地方志办公室对本书组织验收,本卷的编纂工作正式完成。全书共计84万余字,图片200余张。

《文博卷》编纂工程深受市文化和旅游局领导的重视,并得到了市地方志办公室的热情指导与帮助。尤其上海文化广播影视管理局原党委书记、上海博物馆原馆长陈燮君,上海新闻出版局原副局长(正局级)祝君波,对志书详细审定,并提出宝贵意见,为志书的编纂提供了专业支撑。全书总纂上海市历史博物馆(上海革命历史博物馆)副馆长裘争平从确立编纂大纲到全书终稿,亲力亲为,带领一支年轻的编纂队伍对志书不断修订打磨。张霞任第一篇城市文化遗产的分纂,并负责编纂平台的组织搭建和编纂办公室的日常事务;戎静侃任第二篇考古发掘的分纂;陈汉鸿任第三篇博物馆事业的分纂和编纂办公室的日常管理;邵文菁任第四篇文物流通的分纂,并负责全书的编辑校订;丁佳荣与张泽广任第五篇教育科研的分纂;吕承朔与周享弘任第六篇文博管理的分纂;王成兰任大事记与第七篇文博人物的分纂。2020年4月,新任的上海市历史博物馆副馆长周群华也对志书的编撰提出了重要的建议,为全书的概述作出重要贡献。在编纂过程中,编纂大纲和志书的起草修订经编委会数次内审讨论,相关专家多次开会论证评审,不断完善。全书的资料卡片和初稿撰写则由参编单位撰稿人员与各篇分纂具体执行并反复修改。同时,得到市、区各级文化文物管理部门、文博单位、高校、学会协会、老同志老专家,以及上海古籍出版社的大力支持和帮助,在此一并表示衷心感谢。

上海市历史博物馆(上海革命历史博物馆)作为《上海市志·图书·文博分志·文博卷(1978—2010)》的主要承编机构,始终与参编单位保持紧密交流,编纂撰稿人员在修志的过程中,对上海三十年来的文物博物馆工作有了全面的学习、认知和整理。纵观全书,仍有许多资料不足与错漏之处,不仅是编纂人员的水平有限,也是史志工作的艰难之处。希望读者与行家在阅读本书和使用资料时查缺补漏,批评指正。

《上海市志·图书·文博分志·文博卷(1978—2010)》编纂办公室

2021年2月

图书在版编目(CIP)数据

上海市志.图书.文博分志.文博卷：1978-2010/
上海市地方志编纂委员会编. —上海：上海古籍出版社，
2021.11
ISBN 978-7-5732-0068-6

Ⅰ.①上… Ⅱ.①上… Ⅲ.①上海-地方志②文物工
作-概况-上海-1978-2010③博物馆-工作-概况-上
海-1978-2010 Ⅳ.①K295.1②G269.275.1

中国版本图书馆 CIP 数据核字(2021)第 224186 号

责任编辑 盛　洁
封面设计 严克勤

上海市志·图书·文博分志·文博卷(1978—2010)
上海市地方志编纂委员会　编

出版发行　上海古籍出版社
　　　　　(201101　上海市闵行区号景路 159 弄 1-5 号 A 座 5F)
印　　刷　上海中华商务联合印刷有限公司
开　　本　889×1194　1/16
印　　张　54.75
插　　页　28
字　　数　1,435,000
版　　次　2021 年 11 月第 1 版
印　　次　2021 年 11 月第 1 次印刷
ISBN 978-7-5732-0068-6/K·3050
定　　价　360.00 元